LOUIS XIV.

Hyacinthe Rigaud Pinx.

B. L. Henriquez Sculp.

RECUEIL

DE TOUTES

LES DÉLIBÉRATIONS IMPORTANTES

PRISES DEPUIS 1763

PAR LE BUREAU D'ADMINISTRATION

DU COLLEGE

DE LOUIS-LE-GRAND

ET

DES COLLEGES Y RÉUNIS.

A PARIS,

Chez Pierre-Guillaume Simon, Imprimeur du Parlement
& du College de Louis-le-Grand.

M. DCC. LXXXI.

DE
LOUIS LE GRAND.

RECUEIL

DE toutes les Délibérations importantes prises depuis 1763 par le Bureau d'Administration du College de Louis-le-Grand & des Colleges y réunis.

OBJET DE CE RECUEIL.

EXTRAITS des regiſtres du Bureau d'Administration du College de Louis-le-Grand & Colleges y réunis.

Du 3 Décembre 1778.

LE BUREAU conſidérant la néceſſité de réunir toutes les Délibérations importantes prises depuis 1763, & combien il ſeroit utile que chacun de MM. les Adminiſtrateurs fût à portée de conſulter journellement cette collection, qui d'ailleurs mettroit chaque nouvel Adminiſtrateur, auſſi-tôt après ſa nomination, au courant des opérations & lui épargneroit par-là un travail long & fatigant:

A unanimement arrêté que MM. *de Sainfray* & *Chupin* ſeront priés de faire le dépouillement de toutes les Délibérations importantes priſes depuis le premier inſtant de la réunion des Colleges dans celui de Louis-le-Grand, de les mettre en ordre, en réuniſſant tout ce qui concerne chaque College particulier, & de rapporter la collection de ces Délibérations au Bureau, pour en être enſuite ordonné l'impreſſion.

Délibération qui nomme des Commiſſaires, pour rédiger le préſent Recueil.

Du 28 Mai 1781.

MESSIEURS les Commiſſaires nommés par Délibération du 3 Décembre 1778,

Compte deſdits

A ij

OBJET

Commiffaires & plan de ce Recueil.

pour raffembler toutes les Délibérations importantes faites depuis la réunion, ont rendu compte qu'ils avoient cru devoir prier M. le Préfident Rolland de préfider à la rédaction & même de fe charger de la confection de ce Recueil, ce qu'il avoit bien voulu faire ; que fon travail fini, ils l'avoient revu & examiné enfemble ; qu'ils penfoient que le Recueil, tel qu'ils avoient l'honneur de le préfenter, rempliroit l'objet que le Bureau s'étoit propofé par fa Délibération fufdatée ; mais que pour mettre Meffieurs à portée de juger fi en effet on avoit bien faifi leurs intentions, ils croyoient devoir tracer en peu de mots le plan que M. le Préfident Rolland avoit adopté, & qui leur a paru être celui que l'on pouvoit defirer pour, conformément à la Délibération du 3 Décembre 1778, « mettre chaque nouvel Adminiftrateur, auffi-tôt après fa nomination, au courant des » opérations & lui épargner par-là un travail long & fatigant.

Que d'abord M. le Préfident Rolland avoit cru devoir divifer ce Recueil en deux parties ;

Que la premiere étoit compofée de *dix-fept Chapitres*, précédée d'une *Introduction* qui contenoit l'hiftorique de la réunion ; qu'il avoit inféré dans cette Introduction l'objet des différentes Loix intervenues depuis 1763 jufqu'à ce jour ; la fubftitution qui avoit été faite du College de Beauvais à celui de Lifieux ; le précis, tant du travail de MM. les Commiffaires pour accélérer la réunion, que des travaux du Bureau pour le même objet ; les difficultés que le Bureau avoit éprouvées pour les exhumations ; les variations que la révolution de 1771 avoit occafionnées dans le Bureau d'Adminiftration ; les Délibérations des 4 Septembre, 2 Octobre & 4 Décembre 1777, qui contiennent les détails de l'Adminiftration du Bureau intermédiaire, & fous quel point de vue elle avoit été confidérée par Meffieurs.

Que les dix-fept Chapitres de cette partie contiennent :

Le *premier*, les Délibérations relatives au portrait du feu Roi & aux jetons frappés par ordre du Bureau.

Qu'ils avoient cru devoir mettre ce Chapitre le premier, parce que la Délibération du 11 Octobre 1764, qui le commence, contenoit un dire de M. le Préfident Rolland qui exprimoit les fentimens dont le Bureau étoit pénétré pour les bienfaits du feu Roi, & qu'il leur avoit paru convenable de commencer le Recueil par les témoignages de la reconnoiffance du Bureau.

Qu'enfuite ils avoient penfé devoir placer la partie légiflative, & qu'à l'égard des autres Chapitres, ils les avoient rangés par ordre alphabétique, regardant cette diftribution comme la plus commode.

Qu'en conféquence on trouveroit,

Dans le *fecond* Chapitre, les Lettres patentes regiftrées au Parlement.

Dans le *troifieme*, celles regiftrées à la Chambre des Comptes.

Dans le *quatrieme*, les Arrêts & Réglemens.

Dans le *cinquieme*, ce qui avoit rapport à l'Adminiftration.

Dans le *fixieme*, ce qui avoit rapport aux droits d'amortiffemens demandés au Bureau.

Dans le *feptieme*, ce qui étoit relatif aux Bourfiers confidérés en général.

Dans le *huitieme*, la forme des comptes & des objets à y comprendre.

Que le *neuvieme*, contenoit les Délibérations prifes au fujet des couverts & des gobelets d'argent, des Maîtres & des Bourfiers.

Le *dixieme*, celles relatives à la cuifine & le détail des dépenfes de bouche.

Le *onzieme*, celles concernant les Domeftiques & leurs gages.

Le *douzieme*, celles relatives aux Médecin, Chirurgien & à l'infirmerie.

Le *treizieme*, la forme de la nomination aux Bourfes & aux Bénéfices dont le Bureau eft Collateur.

Le *quatorzieme*, les Délibérations qui forment l'Obituaire.

Le *quinzieme*, celles relatives aux Ouvriers.

Le *feizieme*, celles concernant les Penfionnaires.

Et enfin le *dix-feptieme*, tout ce qui a rapport au Principal, aux Maîtres & à leurs honoraires.

Que la feconde partie étoit divifée en *ving-neuf Chapitres*, un pour chaque College; qu'ils étoient précédés d'un *Avertiffement* dont l'objet étoit principalement de rendre compte des détails & des articles que l'on avoit fupprimés dans chaque Délibération de réunion.

Que l'on avoit réuni dans chaque Chapitre tout ce qui étoit relatif à chaque College & aux différentes fondations qui en faifoient partie, & que lorfque ces fondations étoient adminiftrées féparément & avoient un compte particulier, elles formoient dans chaque Chapitre autant d'article féparé. Qu'en conféquence,

Le *premier* Chapitre étoit pour le College d'Arras.

Le *fecond*, pour celui d'Autun & fes fondations.

Le *troifieme*, pour celui de Bayeux.

Le *quatrieme*, pour celui de Beauvais & fes fondations.

Le *cinquieme*, pour celui de Boiffy.

Le *fixieme*, pour celui des Bons-Enfans.

Le *feptieme*, pour celui de Bourgogne.

Le *huitieme*, pour celui de Cambray.

Le *neuvieme*, pour celui des Cholets.

Le *dixieme*, pour celui de Cornouailles.

Le *onzieme*, pour celui de Dainville.

Le *douzieme*, pour celui des Dix-Huit.

Le *treizieme*, pour celui de Fortet.

Le *quatorzieme*, pour celui de Huban.

Le *quinzieme*, pour celui de Juftice & fes fondations.

Le *feizieme*, pour celui de Laon & fes fondations.

Le *dix-feptieme*, pour celui de Louis-le-Grand, fa bibliotheque & fes fondations.

Le *dix-huitieme*, pour celui du Mans.

Le *dix-neuvieme*, pour celui de Me Gervais.

Le *vingtieme*, pour celui Mignon.

Le *vingt-unieme*, pour celui de Narbonne.

Le *vingt-deuxieme*, pour celui de Preſle.

Le *vingt-troiſieme*, pour celui de Reims & ſes fondations.

Le *vingt-quatrieme*, pour celui de Sainte Barbe & ſes fondations.

Le *vingt-cinquieme*, pour celui de Saint Michel.

Le *vingt-ſixieme*, pour celui de Séez.

Le *vingt-ſeptieme*, pour celui de Tours.

Le *vingt-huitieme*, pour celui de Tréguier.

Et le *vingt-neuvieme*, pour celui du Tréſorier.

Après ce détail, M. Chupin a ajouté que ſi Meſſieurs le deſiroient, il emploiroit ſes vacances à faire une Table des matieres.

Enſuite lecture a été faite de l'*Introduction* qui doit être placée à la tête de la premiere partie, ainſi que de l'*Avertiſſement* qui commencera la ſeconde partie, & de différens Chapitres de chacune des deux parties.

La matiere miſe en délibération.

LE BUREAU a unanimement approuvé le travail de MM. les Commiſſaires, les a remercié des peines & ſoins qu'ils avoient bien voulu ſe donner pour la rédaction d'un Recueil que le Bureau deſiroit depuis long-tems, & a prié M. Chupin de vouloir bien rédiger une Table des matieres.

Il a été de plus ordonné que le Recueil dreſſé par MM. les Commiſſaires avec la Table que rédigera M. Chupin, ſeront imprimés juſqu'au nombre de quatre cens exemplaires, & que la préſente Délibération, enſemble celle du 3 Décembre 1778, ſeront placées à la tête dudit Recueil, dont le Secrétaire du Bureau remettra deux exemplaires à chacun des Membres du Bureau, & un à MM. Del'Averdy, Cochin, de Bonnaire de Forge & Poan, anciens Adminiſtrateurs, ce qui ſera également pratiqué pour chaque nouvel Adminiſtrateur, & M. le Préſident Rolland a été prié d'en remettre un exemplaire à Monſeigneur le Garde des Sceaux, un à M. le Premier Préſident, & un à M. le Procureur Général.

Arrêté en outre qu'il ſeroit imprimé vingt-cinq exemplaires de chacun des vingt-neuf Chapitres de la ſeconde partie, ainſi que des différens articles y relatifs, & autant qu'il ſera néceſſaire de la Délibération du 3 Décembre 1778 & de la préſente, pour être joint auxdits vingt-neuf Chapitres & articles en dépendans, & être du tout envoyé deux exemplaires à chaque Supérieur majeur & Nominateur, & leur en être ſucceſſivement donné lors de chaque changement de Nominateurs ou Supérieurs majeurs.

.5 Juillet 1781.

LE BUREAU délibérant ſur la préſentation qui doit être faite du Recueil dont il a ordonné l'impreſſion par ſa Délibération du 28 Mai dernier, a arrêté que SON ALTESSE EMINENTISSIME MONSEIGNEUR LE CARDINAL DE ROHAN ſera prié d'en remettre un exemplaire au ROI,

Et Monſieur le Grand-Maître temporel a été chargé d'en porter un exemplaire à Monſieur le Comte de Maurepas, à Meſſieurs les Préſidens & Avocats Généraux du Parlement, à Monſieur de Fleury, Miniſtre d'Etat ; à Monſieur de Neville, Maître des Requêtes & Directeur Général de la Librairie ; à M. le Prévôt de Paris, à Meſſieurs les Lieutenans Civil, de Police, Criminel & Particulier du Châtelet, ainſi qu'à Meſſieurs les Procureur & Avocats du Roi du Châtelet, à MM. du Tribunal de l'Univerſité, à Monſieur Bignon, Bibliothécaire du Roi, & d'en remettre un exemplaire à la Bibliotheque du Roi, & un dans chacune des Bibliotheques publiques ; ſavoir dans la Bibliotheque du College Mazarin, dans celle des Avocats, dans celle des Prêtres de la Doctrine Chrétienne, dans celle de la ville de Paris, dans celle de l'Univerſité & dans celle de la Faculté de Médecine, ainſi que dans les Bibliotheques du Châtelet, de Saint Germain-des-Prés, de Sainte Genevieve, de Sorbonne, des Auguſtins de la place des Victoires, des Céleſtins & de l'Hôtel Soubiſe, enfin à toutes les perſonnes qui compoſent le Bureau du Journal des Savans.

Arrêté en outre que la préſente Délibération ſera imprimée à la ſuite du compte rendu par MM. les Commiſſaires le 28 Mai dernier.

INTRODUCTION.

Le Collège de Louis-le-Grand peut être considéré sous deux points de vue différens ; *le premier,* comme Collège particulier ayant des Boursiers ; *le second,* comme étant le point de réunion de tous les Boursiers des petits Colleges qui n'avoient pas de plein exercice. C'est sous ce second rapport que nous le considérerons ici : quant à ce qui le concerne comme Collège particulier, les détails qui y sont relatifs se trouveront ci-après, Chapitre XVII de la seconde partie.

On a vu dans le Mémoire sur l'Administration du Collège de Louis-le-Grand & Colleges y réunis (1), *l'inutilité des Bourses avant 1762 ; les différens plans dressés pour les rendre utiles ; que celui qui avoit pour objet de réunir les Boursiers des Colleges de non plein exercice dans un seul, avoit été dressé dès 1730; que ce plan avoit été approuvé dès lors par M. le Chancelier D'AGUESSEAU & M. le Procureur Général* (M. JOLY DE FLEURY); *& que la révolution des Jésuites avoit facilité les moyens d'exécuter ce plan;* mais pendant que l'on s'occupoit, tant de la *translation du Collège de Lisieux,* qui avoit été ordonnée par l'Arrêt du 7 Septembre 1762, que de la *réunion des Boursiers* des petits Colleges, auxquels il avoit été ordonné par le même Arrêt de suivre les classes du Collège de Lisieux, les créanciers des Jésuites éleverent la difficulté de savoir si les terreins & bâtimens du Collège de Louis-le-Grand n'étoient pas frappés de leurs hypothéques : ce fut l'objet d'une contestation sérieuse qui fut plaidée aux Chambres assemblées & décidée en faveur de l'éducation par l'Arrêt du 28 Juillet 1763, que l'on joint ici en note (2).

---

(1) Voyez ce Mémoire imprimé en 1778 par ordre du Bureau, & présenté au Roi, pag. 1-7.

28 Juillet 1763. Arrêt du Parlement, qui déclare tous les terreins & bâtimens composans le Collège que les ci-devant Jésuites, occupoient rue Saint Jacques, ne pouvoir être employés, suivant leur destination à autre usage qu'à l'instruction publique.

(2) Entre le Procureur Général du Roi, demandeur aux fins de la Requête insérée en l'Arrêt de la Cour du 1er Mars 1763, à ce qu'il fût ordonné que les terreins & bâtimens composans le Collège que les ci-devant soi-disans Jésuites occupoient dans la rue Saint-Jacques, ne pourroient suivant leur destination originaire, être employés à autre usage qu'à l'instruction de la Jeunesse, & que les Créanciers des ci-devant soi-disans Jésuites ne pourroient exercer aucune poursuite ni droits sur les terreins & bâtimens, sans préjudice néanmoins à statuer par la Cour, toutes les Chambres assemblées, après l'ordre fait en la Grand'Chambre des biens non-servans à des Colleges, & non destinés à des fondations, sur ce qui pourroit concerner ceux des Créanciers de la Société des ci-devant soi-disans Jésuites, qui se trouveroient avoir des hypothéques antérieures à l'acquisition desdits terreins & bâtimens, ainsi que ceux qui pourroient avoir acquis des privileges ou autres droits sur lesdits terreins & bâtimens, dans le cas où ils ne seroient pas utilement colloqués dans ledit ordre ; comme aussi il fût ordonné que le contrat de 4375 livres sur les Aides & Gabelles du 20 Juillet 1720, ensemble les arrérages de ladite rente qui ont été perçus jusqu'à ce jour par Bronod, Séquestre nommé par la Cour, & ceux qui échoiront à l'avenir, seront & demeureront affectés à l'exécution de la fondation de Bourse

D'après

D'après cet Arrêt, l'Université marqua aux Commiſſaires du Parlement le deſir qu'elle avoit de ſe mettre en poſſeſſion du College de Louis-le-Grand & d'y établir

faite par Jean Molony par contrat du 18 Août 1701 ; en conſéquence faire main-levée de toutes ſaiſies, empêchemens & oppoſitions faites ou à faire entre les mains des Payeurs de ladite rente : attendu la réduction de 2500 livres de rente, originairement donnée pour la-dite fondation, à 1375 livres de rente, & la néceſſité de pourvoir à ladite fondation, qu'il fût ordonné que Copie de ladite fondation ſeroit remiſe au Recteur & Tribunal de l'Univer-ſité, à l'effet par eux de donner leur avis ſur les moyens les plus prompts & les plus faciles pour parvenir à l'exécution du tout ou partie de la fondation, & ce dans tel délai qu'il plai-roit à la Cour ; qu'il fût ordonné pareillement que le contrat de 667 livres 10 ſols de rente ſur les Aides & Gabelles du 30 Juillet 1720, celui de 100 livres de rente auſſi ſur les Aides & Gabelles du 18 Décembre 1720, & celui de 60 livres de rente à prendre dans le ſuſdit contrat, de 69 livres ſur l'ancien Clergé du 21 Août 1720, ſeront & demeureront affectés en exécution des fondations des Bourſes, faites tant par Guillaume Duprat que par Raoul Bontemps & Euſtache Meurice en 1560, 1616 & 1643, ainſi que les arrérages deſdites rentes qui ont été perçus juſqu'à ce jour par ledit Bronod, & qui échoiront à l'avenir, le tout montant à 827 livres 8 ſols ; en conſéquence faire main-levée de tous empêchemens & toutes ſaiſies, oppoſitions faites entre les mains des Payeurs deſdites rentes, qu'il fût or-donné que pour ſuppléer aux 166 livres de rentes dues auxdites fondations, & dont il ne ſe trouve pas des remplois, les 9 livres de rentes reſtantes du contrat de 69 livres ſur l'ancien Clergé, ſeront & demeureront affectées à l'exécution deſdites fondations de Bourſes, & que pour fournir le ſurplus deſdites 166 livres de rente, il ſeroit par les Prévôt des Marchands & Echevins de cette ville de Paris, paſſé ſous le nom dudit Bronod pour leſdites fondations, un contrat de conſtitution de 157 livres de rente annuelle & perpétuelle au principal de 6240 livres, au moyen de quoi le Roi ſeroit d'autant déchargé ſur les autres contrats ſur les Aides & Gabelles appartenans ci-devant auxdits ci-devant ſoi-diſans Jéſuites, de 157 livres de rente audit principal de 6240 livres ; qu'il fût ordonné que pour être ſtatué par la Cour ſur la ma-niere dont ſeront exécutées leſdites fondations de Bourſes, ſur le nombre auquel il conviendra les fixer, eu égard à l'état actuel des revenus qui y ſont deſtinés, & à qui appartiendra la no-mination deſdites Bourſes, le Recteur & Tribunal de l'Univerſité ſeroient tenus, dans tel délai qu'il plairoit à la Cour fixer, de donner leurs avis ſur leſdits objets ; à l'effet de quoi il lui ſe-roit remis copie, tant du Teſtament dudit Guillaume Duprat, en ce qui concerne leſdites Bourſes, que des actes paſſés le 29 Décembre 1616 par Raoul Bontems, & le 31 Décembre 1643, par Euſtache Meurice ; & au ſurplus, qu'il fût donné acte au Procureur Général du Roi, de ce qu'il conſent que les Syndics & Directeurs des Créanciers de la ci-devant Société ſe diſant de Jéſus faſſent valoir leurs droits, aux termes des Lettres patentes du 2 Février 1763, regiſtrées en la Cour le 5 dudit mois de Février ſur les autres biens des ci-devant ſoi-diſans Jéſuites ; qu'il fût ordonné que la préſente Requête ſeroit communiquée aux Syndics & Direc-teurs des Créanciers des ci-devant ſoi-diſans Jéſuites, pour y faire & dire ce qu'ils aviſeroient, dans tel délai qu'il plairoit à la Cour, d'une part ; & les ſieurs Créanciers, Syndics & Direc-teurs des droits des Créanciers de la ci-devant Société des ſoi-diſans Jéſuites, & ſieur Nicolas-François de Ponchon, au nom & comme curateur créé par Arrêt de la Cour du 9 Mars 1763, aux biens vacans ayant appartenus aux ci-devant ſoi-diſans Jéſuites, Défendeurs, d'autre part ;

I. Partie.   B

un chef lieu ; & comme la demande de l'Univerſité ſe trouvoit appuyée du vœu des Officiers Municipaux , & étoit conforme au plan adopté , le Parlement, ſur la requête

& entre ledit Nicolas - François de Ponchon , Avocat en la Cour , Curateur aux biens vacans des ci-devant ſoi-diſans Jéſuites, Demandeur en Requête du 13 Mai 1763 , à ce qu'il lui fût donné aête de ce qu'en ſadite qualité de Curateur aux biens vacans des ci-devant ſoi-diſans Jé-ſuites , il s'en rapportoit à la prudence de la Cour , de ſtatuer ce qu'elle jugeroit à propos ſur les ſuſdites demandes ; & qu'il fût ordonné en tout cas, qu'il pourroit employer ſes dépens en frais de curatelle , d'une part ; & le Procureur Général du Roi , & leſdits Syndics de l'union des Créanciers des ci-devant ſoi-diſans Jéſuites , Défendeurs , d'autre part ; & entre Jacques-François Lioncy , Intéreſſé dans les affaires du Roi , en ſon nom , & comme repréſentant les Syndics de la maſſe des Créanciers des ſieurs Lioncy freres , & Gouffre ; Antoine Lefebvre de Givry , ancien Intendant de Marine ; Jacques-Sébaſtien Prepaud , Fermier du Roi ; Pierre Famin , Négociant à Paris ; Jacques Arnoult , Trochereau de la Beſliere , ancien Ecrivain Prin-cipal de la Marine , & Jacques Cazotte , Intéreſſé dans les affaires du Roi , tous Créanciers & Syndics nommés par Arrêt de la Cour du 19 Mai 1762 , de l'union des Créanciers des Prê-tres & Ecoliers ſoi - diſans de la Compagnie de Jeſus , Demandeurs en requête dudit jour treize Mai 1763 , tendante à ce qu'il plaiſe à la Cour , ſans s'arrêter à la demande du Pro-cureur Général du Roi , portée par ſa Requête inſérée en l'Arrêt de la Cour dudit jour pre-mier Mars dernier , ordonner que l'Arrêt de la Cour du huit Mai mil ſept cent ſoixante-un , ſera exécuté ſelon ſa forme & teneur ; en conſéquence , que les terreins & bâtimens com-poſans le College que les ci-devant ſoi-diſans Jéſuites occupoient dans la rue Saint Jacques , demeureront affeêtés & hypothéqués au paiement des Créanciers du corps des Créanciers unis deſdits ci-devant ſoi-diſans Jéſuites ; ce faiſant , que les Supplians ſeront autoriſés en leurdite qualité , à faire procéder inceſſamment à la vente & adjudication deſdits biens , en la forme preſcrite par les Lettres Patentes des deux Février & cinq Mars dernier , dûement enregiſtrées en la Cour ; ſur le ſurplus de la demande de M. le Procureur Général , portée par ſadite Requête , donner aête aux Supplians , de ce qu'en leurdite qualité ils s'en rapportent à cet égard à la prudence de la Cour d'ordonner ce qu'elle jugera à propos ; déclarer l'Arrêt qui inter-viendra , commun avec le ſieur Nicolas-François de Ponchon , en ſa qualité de curateur aux biens vacans ayant appartenu auxdits ci-devant ſoi-diſans Jéſuites , pour être exécuté avec lui ſelon ſa forme & teneur ; & en cas de conteſtation de la part dudit ſieur Ponchon , curateur , le condamner aux dépens que les Supplians pourront en tout cas employer en frais d'union & de direêtion , ſans préjudice aux Supplians de leurs autres droits & aêtions , & à prendre dans la ſuite telles autres concluſions qu'ils aviſeront bon être d'une part ; & le Procureur Général du Roi , & ledit de Ponchon audit nom , défendeurs d'autre part : entre le Procureur Général du Roi , demandeur judiciairement , à ce qu'il plût à la Cour déclarer , même en tant que de beſoin , le College de Clermont , ſitué rue Saint Jacques de cette Ville de Paris , appartenances & dépendances , ainſi que le tout ſe pourſuit & comporte hors du commerce & inaliénable ; au ſurplus , que les concluſions priſes par la Requête du Procureur Général du Roi , inſérée en l'Arrêt de la Cour du premier Mars 1763 , lui fuſſent adjugées *ſans préjudice* au Procureur Général du Roi ; de faire valoir tous les droits réſultans pour autres fondations de Bourſes audit College , par Guillaume Duprat , Evêque de Clermont , des aêtes de délivrance de legs faits & paſſés les 7 Mai & 2 Juillet 1567 , pardevant Jacques Chapelain & Jean Cruce , Notaires de M. le Procureur Général, ordonna par son Arrêt du 30 Août 1763, ci-joint en

au Châtelet de Paris, entre les Exécuteurs Testamentaires dudit Duprat d'une part, & du fondé de procuration de la ci-devant Société des ci-devant soi-disans Jésuites d'autre part; *ensemble* ceux résultans, pour la fondation de douze Bourses audit College faite par Henri III, de l'acte passé le 27 Août 1582 avant midi, dans l'Abbaye de Saint Victor-lès-Paris, pardevant Mathurin Nutrat & Gui Ninan, Notaires au Châtelet de Paris; entre Henri III d'une part, & d'autre part Pierre-Claude Mathieu, Provincial de ladite ci-devant Société, & en présence aussi de Renée Nicolai, Dame de Champcen, veuve de Jean l'Huillier, sieur de Boulancourt, & *sans préjudice* aussi de tous autres droits pour fondations de pareille nature ou autres objets qui pourroient se découvrir par la suite de l'examen & inventaire des différens titres étant au Greffe de la Cour, ou qui pourroient parvenir entre les mains du Procureur Général du Roi, en vertu des compulsoires permis & ordonnés par l'Arrêt de la Cour du 18 Janvier dernier d'une part; & les Syndics de l'Union des Créanciers des ci-devant soi-disans Jésuites, & ledit de Ponchon audit nom de Curateur aux biens vacans desdits soi-disans Jésuites, défendeur d'autre part : après que Joly de Fleury, pour le Procureur Général du Roi, le Gouvé Avocat des Syndics de l'Union desdits Créanciers des ci-devant soi-disans Jésuites, & Carré de Saint-Pierre, Avocat de Ponchon, Curateur aux biens vacans desdits ci-devant soi-disans Jésuites, ont été ouis pendant neuf Audiences, & qu'il en a été délibéré.

La Cour donne acte aux Parties de le Gouvé, de ce qu'elles s'en rapportent à la prudence de la Cour en ce qui concerne les rentes pour les Bourses fondées dans le College de Clermont; en conséquence ordonne que toutes les rentes, données pour fondations de Bourses dans ledit College, continueront d'être employées à cet objet; à l'effet de quoi fait main-levée pure & simple de toutes saisies ou oppositions faites ou à faire entre les mains des Payeurs ou débiteurs desdites rentes à la requête desdites Parties de le Gouvé; & pour en fixer l'état & le montant, ordonne qu'il sera dressé, même en tems de Vacations, Procès-verbal de liquidation desdites rentes par les Commissaires nommés par l'Arrêt du 6 Août 1762, au nombre de deux au moins, en présence d'un Substitut du Procureur Général du Roi, des Recteur & Syndic de l'Université de Paris, les Parties de le Gouvé & de Carré de Saint Pierre présentes ou dûement appellées; & seront toutes Ordonnances rendues par lesdits Commissaires lors dudit Procès-verbal, exécutées par provision, nonobstant opposition ou appellations quelconques; ordonne que les Titres de fondation desdites Bourses, ensemble expédition du Procès-verbal de liquidation, seront remis aux Recteur & anciens Recteurs de l'Université, déja nommés par Arrêt du 4 Février 1763, à l'effet de donner leur avis sans délai sur les moyens d'exécuter, au plus grand avantage du Public, tout ou partie desdites fondations, pour, ledit avis communiqué au Procureur Général du Roi, être par lui requis, & par la Cour ordonné ce qu'il appartiendra : déboute les Parties de le Gouvé de leur demande à fin de permission de faire procéder à la vente des Terreins & Bâtimens dudit College; ayant aucunement égard aux demandes du Procureur Général du Roi : *Déclare tous les Terreins & Bâtimens composans le College que les ci-devant soi-disans Jésuites occupoient rue Saint Jacques, ne pouvoir être employés, suivant leur destination, à autre usage qu'à l'instruction publique,* sans préjudice néanmoins de l'exécution des Lettres Patentes du 14 Juin dernier, registrées en la Cour le premier du présent mois de Juillet, à l'égard de ceux des Créanciers qui prétendroient avoir des droits spéciaux &

B ij

note (3) , *que le chef lieu de l'Univerſité ſeroit , par proviſion , placé dans le College de*

privilégiés à exercer ſur leſdits Terreins & Bâtimens ; défenſes au contraire , ſans dépens ; pourront néanmoins les Parties de la Gouvé employer en frais d'union & de direction ceux par elles faits , & la Partie de Carré de Saint-Pierre en frais de curatelle. Fait en Parlement , toutes les Chambres aſſemblées , le vingt-huit Juillet mil ſept cent ſoixante-trois.

30 Août 1763.
Arrêt pour placer par proviſion le chef-lieu de l'Univerſité dans le College de Louis-le-Grand.

(3) Vu par la Cour , toutes les Chambres aſſemblées , la Requête préſentée par le Procureur Général du Roi , contenant que la Cour ayant par Arrêt du 28 Juillet 1763 , déclaré tous les terreins & bâtimens compoſans le College que les ci-devant ſoi-diſans Jéſuites occupoient dans cette ville , rue Saint-Jacques , ne pouvoir être employés ſuivant leur deſtination , à autre uſage qu'à l'inſtruction publique , le Procureur Général du Roi a cru ne devoir pas différer plus long-tems à propoſer à la Cour différentes obſervations ; que d'abord les bâtimens étant deſtinés à l'inſtruction publique il paroîtroit naturel de prendre dès à préſent un parti ſur la propoſition de l'Univerſité d'y établir ſon chef-lieu , propoſition faite également par les Prévôt des Marchands & Echevins qui l'ont propoſé dans le Mémoire donné en exécution de l'Arrêt de la Cour , du 28 Août 1762 , & viſé dans celui du 7 Septembre ſuivant , qui ordonne la tranſlation proviſoire du College de Lizieux dans leſdits bâtimens ; qu'il paroîtroit auſſi naturel de prendre dès à préſent des meſures définitives pour opérer dans ce lieu la réunion de tous les Bourſiers des Colleges de plein exercice ; mais que la Cour n'ayant pas encore ſtatué ſur le référé ordonné par Meſſieurs les Commiſſaires ſur les différentes demandes du College de Lizieux , ni ſur les demandes incidemment formées par les Supérieurs majeurs dudit College , & n'ayant pas encore reçu les avis des Recteur & anciens Recteurs nommés par l'Arrêt du 4 Février 1763 , pour donner leur avis ſur la façon d'opérer la réunion deſdits Colleges de non plein exercice , il paroît difficile au Procureur Général du Roi d'adjuger dans le moment actuel à l'Univerſité , pour y établir ſon chef-lieu , & pour y réunir tous les Bourſiers des Colleges de non plein exercice , la totalité du College qu'occupoient rue Saint-Jacques les ci-devant ſoi diſans Jéſuites ; que cependant il eſt à deſirer que ces bâtimens ne demeurent inhabités que le moins qu'il ſera poſſible ; que d'ailleurs le Procureur Général du Roi cherche depuis long-tems l'occaſion de remédier au peu d'ordre dans lequel ſe trouvent forcément les archives de l'Univerſité , & à les réunir dans un lieu proche de celui où ſe tiendroit le Tribunal de l'Univerſité , & qu'il croit devoir s'occuper de ces objets dans ce moment , & avant que la Cour ait ſtatué ſur l'emploi de ces bâtimens ; qu'en effet il eſt contraire à l'intérêt public que des archives qui contiennent des titres importans à toute la France , & même aux pays étrangers , dont pluſieurs habitans viennent prendre des dégrés à Paris , n'ayent pas de lieu fixe , paſſent de main en main , & changent de lieu , non-ſeulement à chaque mutation de Greffier , mais même chaque fois que le Greffier quitte un logement pour en habiter un autre ; qu'il eſt très-aiſé que dans ces différens déménagemens quelques-uns de ces titres s'égarent ou ſe perdent , ce qui emporteroit un très-grand préjudice à nombre de citoyens ; que l'éloignement qui ſe trouve preſque toujours entre le lieu où ſe tient le Tribunal de l'Univerſité , & celui où eſt le Greffe , préſente encore un très-grand inconvénient auquel il paroît au Procureur Général du Roi , néceſſaire de pourvoir ; qu'en effet l'uſage étant , & ne pouvant être autre dans la poſition actuelle des choſes , que le Tribunal ſe tienne chez le Recteur , & que les archives ſoient chez le Greffier , il eſt très-rare que les archives ſe

Louis-le-Grand; ce qui fut exécuté par MM. les Commiffaires, par leur procès-verbal du 9 Septembre fuivant.

---

trouvent à la portée de ce Tribunal, qui, fouvent cependant peut en avoir befoin pour confulter fes regiftres ; qu'il paroîtroit donc au Procureur Général du Roi, très-utile de réunir ces deux objets dans le College qu'occupoient, rue Saint-Jacques, les ci-devant foi-difans Jéfuites ; qu'il croit auffi très-utile de fixer au Greffier un appartement proche du lieu qui fera deftiné pour les archives, & ce tant pour qu'il puiffe veiller plus exactement à un dépôt fi important, que pour que le public puiffe à tout moment fe procurer les expéditions qui peuvent lui être néceffaires, & connoitre à qui il doit s'adreffer ; que le Procureur Général du Roi ne propofera point à la Cour de fixer un appartement pour le Recteur, parce que ce premier Officier de l'Univerfité changeant tous les trois mois, & au moins tous les ans, ou tout au plus tous les deux ans, il ne paroît pas naturel au Procureur Général du Roi de déplacer pour un tems auffi court le Recteur de l'appartement qu'il occupe dans un des Colleges de l'Univerfité où fa préfence d'ailleurs peut être néceffaire pour les autres fonctions qu'il remplit dans le College où il habite ; qu'il eft même d'autant plus naturel de ftatuer fur tous ces objets, qu'en premier lieu, il ne s'agit ici que d'un provifoire fous le bon plaifir du Roi ; en fecond lieu, qu'il y a une portion de ce College qui paroît naturellement propre à fervir à tous ces objets fans déranger l'établiffement actuel du College de Lizieux, ni les vues qu'on peut avoir relativement à la réunion des Bourfiers des Colleges de non plein exercice ; qu'en effet Meffieurs les Commiffaires de la Cour ont, le 18 Septembre 1762, ordonné que l'on arrangeroit au-deffus de la grande porte dudit College qu'occupoient les ci-devant foi-difans Jéfuites, un appartement pour le Principal de Lizieux, ce qui a été exécuté ; mais quand il a été prêt à être habité, ce Principal a demandé qu'on lui en fît conftruire un autre dans un autre endroit qu'il a défigné, & que Meffieurs les Commiffaires ont bien voulu ordonner le 17 Décembre 1762, & que même le Principal de Lizieux habite actuellement ce fecond appartement. A ces caufes, requéroit le Procureur Général du Roi, &c. Ladite Requête fignée du Procureur Général du Roi. Oui le rapport de Me Jôfeph-Marie Terray, Confeiller : Tout confidéré.

LA COUR ordonne qu'en continuant les procès-verbaux encommencés dans le College qu'occupoient les ci-devant foi-difans Jéfuites dans la rue Saint-Jacques, en préfence de l'un des Subftituts du Procureur Général du Roi, fous le bon plaifir du Roi, & par provifion le Tribunal de l'Univerfité fera, par les Commiffaires nommés par l'Arrêt du 6 Août 1762, au nombre de deux au moins, même en tems de vacations, mis en poffeffion de l'appartement défigné anciennement par lefdits Commiffaires, par leur Ordonnance du 18 Septembre 1762, pour l'appartement du Principal de Lizieux, enfemble d'une falle & cabinet y joignant, & formant la totalité du premier étage des bâtimens qu'occupoient, dans la rue Saint-Jacques, lefdits ci-devant foi-difans Jéfuites, & qui ont vue tant fur la grande cour dudit College, que fur ladite rue Saint-Jacques, (*) & que, par lefdits Commiffaires de la Cour, il fera dans ledit premier étage, fixé & déterminé les lieux néceffaires pour la tenue du Tribunal du Recteur, un Greffe pour y dépofer les archives de l'Univerfité, & un logement

---

(*) Depuis les Lettres Patentes du 21 Novembre 1763, le local a été changé.

Ce provifoire eft devenu définitif d'après les Lettres Patentes du 21 Novembre 1763 (4). Ces Lettres Patentes ordonnent tant *la tranflation du College de Lifieux* dans celui de Louis-le-Grand, que *la réunion*, dans le même College, *de tous les Bourfiers des Colleges de non plein exercice*, & établiffent un Bureau d'adminiftration (5) compofé de M. le Grand Aumônier, de quatre Officiers du Parlement (6), d'un Subftitut de M. le Procureur Général (7), de quatre Notables (8) & d'un Grand-Maître temporel (9) chargé de la recette & de la dépenfe.

Ori doit obferver qu'avant ces Lettres Patentes, & en exécution de l'Arrêt du 7 Septembre 1762, les Profeffeurs du College de Lifieux donnoient, depuis le 1er Octobre 1762, leurs leçons dans les claffes du College de Louis-le-Grand; que les Bourfiers des Colleges de non plein exercice fuivoient les cours de ces Profeffeurs; & que les Principal, Profeffeurs, Maîtres & Ecoliers du College de Lifieux étoient logés dans le College de Louis-le-Grand; mais cet établiffement n'avoit été fait par MM. les Commiffaires que provifoirement; ils avoient ordonné qu'il en feroit référé au Parlement, qui, par Arrêt du 12 Mars 1764, fixa les objets qui appartiendroient en propriété au College

pour le Greffier de ladite Univerfité, & ftatuer le jour où le Tribunal de l'Univerfité commencera à s'y affembler, ainfi que celui où ledit Greffier fera tenu d'habiter le logement qui lui fera deftiné, & de dépofer les archives de l'Univerfité dans le lieu où lefdits Commiffaires l'auront ordonné; ordonne pareillement que le préfent Arrêt fera fignifié aux Recteur, Syndic & Greffier de l'Univerfité, tant pour lui que pour le Tribunal de l'Univerfité. Fait en Parlement, toutes les Chambres affemblées, le trente Août mil fept cent foixante-trois.

(4) Voyez ces Lettres Patentes ci-après dans le Chapitre II de cette 1re partie.

(5) Ces Lettres Patentes établiffoient auffi un Bureau de difcipline, mais qui a été fupprimé par les Lettres Patentes du 20 Août 1767.

(6) Le feu Roi jugea à propos de choifir pour Membres du Bureau d'Adminiftration les quatre Officiers du Parlement qui étoient nommés Commiffaires de leur Compagnie par l'Arrêt du 6 Août 1762 ; favoir, M. l'Abbé *Terray*, qui, quoique devenu Contrôleur Général le 24 Décembre 1769, conferva toujours jufqu'à la révolution de 1771 fa Charge de Confeiller au Parlement, & en conféquence fa féance au Bureau ; M. le Préfident *Rolland*, M. *Rouffel de la Tour* & M. *Del'Averdy*. Ce Magiftrat ayant été nommé Contrôleur Général le 13 Décembre 1763, eut pour fucceffeur M. *Cochin*, qui fut nommé par Arrêt du 23 Décembre 1763; M. Cochin, devenu Intendant des Finances, fut par Arrêt du 18 Décembre 1767 remplacé par M. *de Bonnaires de Forges*, qui ayant été reçu Maître des Requêtes, eut pour fucceffeur M. *Talon*, qui fut nommé par Arrêt du 29 Décembre 1768, & eft décédé en Juillet 1772.

(7) M. *de Sainfray* fut nommé par les Lettres Patentes du 21 Novembre 1763 pour remplir cette place, qu'il occupe encore.

(8) Les quatre Notables nommés par le Bureau le 14 Décembre 1763, furent M. *Vallette le Neveu*, ancien Recteur, qui eft décédé le 9 Août 1770 ; M. l'Abbé *le Gros*, Chanoine de la Sainte Chapelle, qui eft refté Adminiftrateur jufqu'en Novembre 1777, que le *Bureau intermédiaire* a été fupprimé; M. *Poan*, Confervateur des Hypothèques, qui a donné fa démiffion en 1778, & M. *Lempereur*, ancien Echevin, décédé le 11 Décembre 1779.

(9) M. *Fourneau*, lors Recteur de l'Univerfité, fut nommé à cette place, qu'il continue d'occuper.

de Lifieux, & ordonna que dans le furplus des bâtimens on placeroit l'Univerfité, les Bourfiers des petits Colleges, & les autres objets compris dans les Lettres Patentes du 21 Novembre 1763.

Cette tranflation déplaifoit aux Supérieurs majeurs & Adminiftrateurs du College de Lifieux; en conféquence ils fe prêtoient avec peine à toutes les opérations néceffaires pour la réunion; on crut donc utile de fubftituer un autre College à celui de Lifieux, & à la fatisfaction de toutes les parties intéreffées, le feu Roi, par fes Lettres Patentes du 7 Avril 1764, *fubftitua le College de Beauvais à celui de Lifieux* (10); mais l'inftruction fut continuée le refte de l'année claffique par les Profeffeurs du College de Lifieux & ceux de Beauvais; ainfi les Principal, & Ecoliers de ce College ne furent transférés dans celui de Louis-le-Grand que pour la rentrée des claffes en 1764.

Pour terminer en un mot tout ce qui eft relatif au College de Lifieux, on obfervera que comme fes bâtimens avoient été détruits pour faciliter la conftruction de la nouvelle Eglife de Sainte Genevieve, les Lettres Patentes du 7 Avril 1764 ordonnoient que le College de Lifieux feroit transféré dans les bâtimens de celui de Beauvais; mais le College de Lifieux n'étoit autorifé à demeurer dans les bâtimens de celui de Beauvais que jufqu'au 1er Octobre 1767; & avant l'expiration de ce terme, fes Supérieurs fe déciderent d'en faire l'acquifition, ainfi que celle de quelques autres maifons adjacentes. Cette vente fut confommée par contrat du premier Septembre 1767.

Le defir de rapporter de fuite tout ce qui avoit rapport au chef-lieu de l'Univerfité & aux Colleges de Lifieux & de Beauvais, a fait négliger de parler de plufieurs faits relatifs à la tranflation des Bourfiers, & fur lefquels il faut revenir.

Quoique cette réunion n'eut été ordonnée, par l'Arrêt du 7 Septembre 1762, que fur la demande de l'Univerfité & des Officiers Royaux & Municipaux, on crut utile de conftater l'état des Colleges de non plein exercice pour connoître plus en détail leur fituation, & juger de quelle utilité pouvoit leur être la réunion; en conféquence les Commiffaires du Parlement chargés de l'exécution de l'Arrêt du 7 Septembre 1762 avoient rendu, le 20 Octobre fuivant, une Ordonnance pour obliger les Principaux, Procureurs & autres Adminiftrateurs des Colleges dont on projettoit la réunion, de leur repréfenter, le 25 Novembre lors fuivant, des mémoires d'eux certifiés véritables & contenant,

« *En premier lieu*, l'extrait de la fondation originaire de chacun defdits Colleges, & » des différentes fondations qui y ont été faites depuis.

» *En fecond lieu*, le nom des Supérieurs & Adminiftrateurs actuels defdits Col-» leges, ainfi que les fonctions & droits qu'ils y exercent.

» *En troifieme lieu*, le nombre des Bourfiers & Etudians qui doivent être, aux

(10) Voyez ces Lettres Patentes dans le détail relatif au College de Beauvais, ci-après, 2ᵉ partie, Chapitre IV, & tout ce qui concerne la fubftitution du College de Beauvais à celui de Lifieux, dans le compte de M. le Préfident Rolland du 16 Février 1768. Recueil *de Simon*, tome VI.

» termes des titres primitifs de fondations, dans lesdits Colleges, le montant origi-
» naire tant du produit de chacune des Bourses, que des appointemens des Princi-
» paux, Procureurs, Chapelains & autres composans lesdits Colleges, les charges &
» conditions de l'acquit desquelles sont tenus lesdits Boursiers, Principaux, Procureurs
» & autres, & les qualités nécessaires pour remplir lesdites Bourses.

» *En quatrieme lieu*, le nom & le nombre des Boursiers actuellement existans dans
» ledit College, le College & les classes qu'ils fréquentent, le produit actuel de chaque
» Bourse, ainsi que les motifs qui auroient fait anéantir ou suspendre aucunes desdites
» Bourses, & la forme que l'on auroit pris pour y parvenir.

» *En cinquieme lieu*, le nombre & le nom de tous autres Etudians qui se trouvent,
» à quelque titre que ce puisse être, dans lesdits Colleges, le College & les classes
» qu'ils fréquentent; le produit actuel de chaque Bourse, ainsi que les motifs qui au-
» roient fait anéantir ou suspendre aucunes desdites Bourses, & les formes que l'on
» auroit pris pour y parvenir.

» *En sixieme lieu*, le montant actuel des honoraires & appointemens des Princi-
» paux, Procureurs, Administrateurs ou autres, qui, indépendamment des Boursiers,
» composent lesdits Colleges.

» *En septieme lieu*, la forme de l'administration originaire & actuelle desdits Col-
» leges, le nom de ceux qui nommoient originairement & qui nomment actuellement
» auxdites Bourses, ainsi qu'aux places de Principaux, Procureurs, Administrateurs
» ou autres personnes composans lesdits Colleges.

» *En huitieme lieu*, un état, article par article, tant des biens & revenus que des
» dettes de chacun desdits Colleges, & la mention de l'état dans lequel se trouvent
» tant les bâtimens composans chacun desdits Colleges, que les bâtimens faisant partie
» de leurs biens.

» *En neuvieme lieu*, un état de ceux qui régentent dans lesdits Colleges, avec le
» nom des classes dans lesquelles ils professent, l'extrait des titres de fondations des-
» dites Chaires, si aucunes y a, & le nom des Ecoliers qui fréquentent lesdites classes ».

Les Principaux se conformerent à l'Ordonnance de MM. les Commissaires, & leur
remirent leur Mémoire au jour indiqué; les Commissaires en ordonnerent la communication au Substitut de M. le Procureur Général qui assistoit à leur procès-verbal,
& le chargerent de prendre des conclusions au 17 Décembre lors suivant: d'après les
conclusions du Ministere public, MM. les Commissaires prononcerent un référé sur lequel
il fut, le 4 Février 1763, rendu un Arrêt qui est ici en note (11), & dont l'objet étoit

---

(11) « Vu par la Cour, toutes les Chambres assemblées, le procès-verbal fait au College
» dit de Clermont, par les Commissaires nommés par les Arrêts de la Cour des 6 Août & 7
» Septembre 1762, commencé le 15 Septembre audit an, contenant entr'autres choses, à la
» vacation des 26 Novembre & 17 Décembre 1762, les dires des Principaux, Procureurs &
» Séquestres des Colleges de non plein exercice, & la présentation des Mémoires par eux
» dressés en conséquence de l'Ordonnance desdits Commissaires du 20 Octobre 1762, sur

de

de faire vérifier par le Recteur & anciens Recteurs la vérité des faits contenus dans les Mémoires reçus par MM. les Commiſſaires, en exécution de leur Ordonnance du 20 Octobre précédent.

» leſquels eſt intervenu ledit jour 17 Décembre 1762, Ordonnance de référé; l'Arrêté de *des Colleges de*
» la Cour, du 25 Janvier 1763, qui ordonne qu'il ſera ſtatué ſur ledit référé, ſur la Requête *non plein exer-*
» du Procureur Général du Roi; la Requête préſentée par le Procureur Général du Roi, *cice.*
» contenant qu'il a pris communication, en conſéquence de l'Arrêté de la Cour du 25 Janvier
» dernier, du compte rendu ledit jour des différentes opérations faites par Meſſieurs les Com-
» miſſaires nommés par les Arrêts des 6 Août & 7 Septembre 1762, ainſi que des différens
» procès-verbaux par eux dreſſés, & ſur leſquels ils ont rendu pluſieurs Ordonnances de
» référé; à l'égard deſquels la Cour a ordonné qu'il ſeroit ſtatué ſur la Requête du Pro-
» cureur Général du Roi; que pour remplir les vues que la Cour s'eſt propoſées, il croit devoir
» ſéparer les différens objets qui ſont contenus dans ces procès-verbaux & référés, pour mettre
» la Cour en état de ſtatuer ſéparément ſur chacun d'eux: tout ce qui concerne les Colleges
» de non plein exercice, eſt un des objets des plus importans compris dans ces référés; &
» comme il eſt préalable de conſtater l'exactitude des Mémoires remis auxdits Commiſ-
» ſaires les 25 Novembre & 17 Décembre dernier, en exécution de leur Ordonnance du 20
» Octobre précédent, & qu'il paroît utile d'avoir, ſur un pareil objet, l'avis des perſonnes
» expérimentées du corps de l'Univerſité, & qui en aient rempli les charges principales: A
» ces causes requiert le Procureur Général'du Roi..... Ladite Requête ſignée du Procureur
» Général. Oui le rapport de Me Joſeph-Marie Terray, Conſeiller: Tout conſidéré.

» La Cour, avant de ſtatuer ſur l'Ordonnance de référé des Commiſſaires de la Cour,
» ſur tout ce qui concerne les Celleges de non plein exercice, ſitués en cette ville de Paris,
» du 17 Décembre de relevée, inſérée au procès-verbal par eux dreſſés dans le College dit de
» Clermont, ordonne que par Guy-Antoine *Fourneau*, Recteur; Jacques *Vallete le Neveu*,
» Jean *Cochet*, Paul *Hamelin*, François-Nicolas *Guerin*, anciens Recteurs; Daniel *Gigot*,
» ex-Recteur; que la Cour commet, vérification & examen ſeront faits des Mémoires préſentés
» auxdits Commiſſaires de la Cour, les 25 Novembre & 17 Décembre dernier, dépoſés, en
» exécution de leur Ordonnance, au Greffe civil de la Cour, ainſi que de tous les objets relatifs
» à l'Ordonnance deſdits Commiſſaires du 20 Octobre 1762, à l'effet de quoi ladite Ordon-
» nance ſera ſignifiée auxdits ſuſnommés, & leſdits Mémoires leur ſeront communiqués;
» autoriſe leſdits ſuſnommés de ſe tranſporter, au nombre de deux au moins, dans chacun
» deſdits Colleges de non plein exercice, pour procéder auxdits examen & vérifications ſur
» les titres originaux des fondations, dotations & acquiſitions, comptes en recette & dépenſe,
» notamment des vingt dernieres années, & tous autres titres généralement quelconques:
» enjoint aux Principaux, Procureurs, Bourſiers & autres Adminiſtrateurs deſdits Colleges,
» de les leur repréſenter ſans déplacer: permet à tous leſdits Principaux, Chapelains, Procu-
» reurs, Bourſiers & à tous autres compoſans ou faiſant partie deſdits Colleges, de donner
» lors de ladite vérification, telles obſervations par écrit qu'ils jugeront à-propos, ſignées
» d'eux & paraphées, tant par eux que par leſdits ſuſnommés: ordonne que leſdits ſuſnommés
» dreſſeront un état ou Mémoire de vérification pour chacun deſdits Colleges ſéparément,
» enſuite duquel ils donneront leur avis par écrit, tant ſur les Mémoires remis aux Commiſ-

I. Partie. C

Les Recteur & anciens Recteurs répondirent à la confiance que leur avoit accordé le Parlement; non-feulement ils firent les procès-verbaux qu'ils étoient autorifés de dreffer, mais de plus ils rédigerent un Mémoire qui fut enfuite dépofé au Greffe du Parlement & imprimé (12). Ce Mémoire fervit de bafe tant au compte que M. Del'Averdy rendit aux Chambres affemblées le 12 Novembre 1763 (13), qu'aux Lettres Patentes du 21 du même mois, qui ordonnent la réunion. Ces Lettres Patentes chargent en même tems le Parlement

» faires de la Cour, les 25 Novembre & 17 Décembre dernier, que fur les obfervations que
» lefdits Principaux, Chapelains, Procureurs, Bourfiers ou autres compofant ou faifant partie
» defdits Colleges pourront leur remettre en conféquence du préfent Arrêt; defquels tranfports,
» vérification, obfervations y jointes & avis, il fera rendu compte tous les quinze jours
» auxdits Commiffaires de la Cour nommés par lefdits Arrêts des 6 Août & 7 Septembre
» 1762, & ce en préfence de l'un des Subftituts du Procureur Général du Roi, duquel compte
» les Commiffaires de la Cour drefferont procès - verbal, lors duquel lefdites fufnommés
» repréfenteront & remettront auxdits Commiffaires de la Cour lefdits obfervations, mé-
» moires de vérification & avis, & pour l'entiere exécution des opérations preferites par
» le préfent Arrêt, & au cas où il fe trouveroit néceffaire, dans aucun defdits Colleges,
» que lefdits fufnommés priffent en communication aucuns defdits titres & comptes & les
» emportaffent chez eux, autorife lefdits Commiffaires de la Cour à l'ordonner, après que
» lefdites pieces & titres auront été paraphés par l'un d'eux, & tant à cet effet que pour tout
» ce qui pourroit fe trouver néceffaire pour l'exécution du préfent Arrêt, autorife lefdits
» Commiffaires de la Cour à rendre toute Ordonnance à l'effet de faire affigner en leur hôtel
» tous & un chacun des membres compofans lefdits Colleges de non plein exercice, fi par
» eux il eft jugé néceffaire, ou même à ordonner, fi befoin eft, leur tranfport dans lefdits
» Colleges, à l'effet d'y dreffer procès-verbal, & ce même par un feul d'entr'eux lorfqu'ils
» le jugeront à propos, & toutes Ordonnances qui feront par eux rendues dans le cours
» defdits procès-verbaux, feront exécutées par provifion nonobftant oppofitions ou appella-
» tions quelconques & fans y préjudicier. Permet pareillement auxdits fufnommés de fe retirer
» toutes & quantes fois qu'ils le jugeront à propos devers lefdits Commiffaires de la Cour,
» pour être par eux ftatué fur les difficultés qui pourroient s'élever dans les cours defdites
» vérifications; ordonne en outre que le préfent Arrêt fera fignifié, à la requête du Procureur
» Général du Roi, tant auxdits fufnommés, avec fommation pour commencer lefdites véri-
» fications dans la huitaine, qu'aux Principaux, Procureurs ou Séqueftres de chacun defdits
» Colleges où il n'y a point de plein exercice, tant pour eux que pour les Chapelains,
» Bourfiers ou autres compofant lefdits Colleges, & que le jour du tranfport defdits fuf-
» nommés dans chacun defdits Colleges, fera, à la requête du Procureur Général du Roi
» & de l'Ordonnance defdits Commiffaires de la Cour, fignifié auxdits Principaux, Procureurs
» ou Séqueftres, tant pour eux que pour tous ceux qui compofent lefdits Colleges. Fait en
» Parlement, toutes les Chambres affemblées, le 4 Février 1763 ».

(12) Il contient 97 pages in-4°. & eft intitulé : *Mémoire fur la réunion des petits Colleges fondés en l'Univerfité de Paris.*

(13) Ce compte eft intitulé : *Compte rendu concernant la réunion des Bourfes fondées dans les Colleges de non plein exercice fis en la ville de Paris,* & fe trouve dans le *Recueil de Simon fur l'affaire des Jéfuites,* tom. VII.

de nommer des Commiſſaires pour ſuivre les opérations encommencées ; les Magiſtrats déja nommés par l'Arrêt du 7 Septembre 1762, furent également chargés des travaux que néceſſitoient les Lettres Patentes du 21 Novembre 1763, qui elles-mêmes n'étoient que la confirmation de ce que le Parlement avoit ordonné par ſon Arrêt du 7 Septembre 1762.

La premiere opération de MM. les Commiſſaires fut de ſe procurer les titres des Colleges réunis ; ils ſe diviſerent entr'eux les vingt-ſix Colleges réunis, & dans la journée du 1ᵉʳ Décembre 1763, ils parvinrent à faire dépoſer dans le College de Louis-le-Grand la totalité des titres des petits Colleges ; enſuite ils en dreſſerent des procès - verbaux détaillés. Ce ſoin & les autres travaux que la réunion leur occaſionnoit, les occupa toute l'année 1764 : on peut en voir le détail, ainſi que de tout ce qui a été fait en exécution de l'Arrêt du 7 Septembre 1762, tant dans les comptes de M. le Préſident Rolland des 25 Janvier 1763 & 26 Février 1768, que dans celui de M. Del'Averdy du 12 Novembre 1763 (14).

Au ſurplus, pendant que MM. les Commiſſaires du Parlement dreſſoient des procès-verbaux pour procurer l'exécution des Lettres Patentes des 21 Novembre 1763 & 7 Avril 1764, le Bureau d'Adminiſtration, dont ils étoient Membres, s'occupoit du même objet. Ils travailloient de concert pour effectuer la réunion : on a déja dit que l'on pouvoit voir dans le compte rendu par M. le Préſident Rolland, le 26 Février 1768, tous les travaux de MM. les Commiſſaires, & le préſent Recueil conſtatera ceux du Bureau d'Adminiſtration. On trouvera dans les différens chapitres dont il eſt compoſé, non-ſeulement ce qui a rapport à chacun des Colleges réunis, mais encore les Délibérations générales, & on obſervera aiſément que pour parvenir aux réſultats qui ſeront ci-après préſentés, il a fallu beaucoup de ſoins & une application continue, qui n'a laiſſé échapper aucuns détails, même ceux qui paroîtroient minutieux (rien ne l'étant dans une ſi grande adminiſtration). On remarquera auſſi que l'on a ſouvent été obligé de prendre des Délibérations proviſoires, dont quelques-unes n'ont pas été confirmées en définitif ; que pluſieurs n'étoient que des tentatives & des expériences ; qu'enfin l'adminiſtration de près de 500,000 livres de rente qu'il a fallu mettre en regle, & dont plus d'un quart a été produit par la bonne adminiſtration que le Bureau a introduite dans toutes les parties de la recette & de la dépenſe ; a néceſſité beaucoup de Délibérations, dont aucune ne ſe trouvera dans ce Recueil. Cette obſervation eſt la ſeule que l'on ſe permettra ; car on croit devoir éviter d'entrer dans le détail des tracaſſeries, pour ne pas dire davantage, que le Bureau a éprouvées, & on ſe bornera à un récit ſuccinct de ce que l'on peut appeler l'hiſtorique de la réunion.

Avant que de faire habiter dans le College de Louis-le-Grand les Bourſiers des petits Colleges, le Bureau qui avoit tenu ſa premiere ſéance le 14 Décembre 1763, crut devoir préalablement nommer un Principal ; ce fut l'objet de ſa Délibération du 3 Février 1764. Celui qu'il avoit nommé pour remplir . cette place importante ayant été détourné de l'accepter, donna ſa démiſſion le 12 du même mois : le Bureau l'accepta

---

(14) Voyez ces comptes dans le Recueil de *Simon*, Tom. VI & VII.

le 16, & dès le 23 nomma M. *Gardin*, Profeſſeur de Rhétorique du College d'Harcourt : ce Principal a eu depuis 1763 deux ſucceſſeurs ; le premier a été nommé le 2
Août 1770, le ſecond le 25 Février 1778 ; mais le Bureau deſirant exciter l'émulation,
a cherché dans les Principaux des Colleges de Province ceux qui s'étoient procuré
l'eſtime & la confiance de leurs concitoyens & du public ; en conſéquence en 1770
on a choiſi M. *Poignard*, Principal du College d'Orléans, & Licentié de la Faculté de
Théologie de Paris, & en 1778 M. *Berardier*, Docteur en Théologie de la Faculté de
Paris, & alors Principal depuis environ quinze ans du College de Quimper. De plus,
en 1778 le Bureau crut devoir ſe faire une loi de choiſir toujours le Principal du College
de Louis-le-Grand dans la Faculté de Théologie : ce fut l'objet d'une Délibération du
même jour 25 Février 1778 (15).

Lorſque M. Gardin eût accepté la place que le Bureau lui avoit confiée par ſa Délibération du 23 Février 1764, il ſe trouva deux Principaux dans le College de Louis-
le-Grand ; leurs fonctions réciproques étoient fixées par les Lettres Patentes du 21 Novembre 1763 ; mais il s'éleva deux difficultés ; la premiere ſur leurs honoraires, la ſeconde
ſur la queſtion de ſavoir s'ils pouvoient tous deux gagner en même tems l'*Emérite*, ou
pour mieux dire, ſi par la ſuite le Principal du College de Louis-le-Grand pouvoit,
pour former les vingt ans qui lui étoient néceſſaires pour obtenir l'*Emérite*, compter
le tems qu'il auroit été Principal conjointement avec celui de Liſieux.

Quant à la premiere difficulté, le Roi, ſur la demande du Bureau d'Adminiſtration,
eut la bonté de la réſoudre, en faiſant payer par les Adminiſtrateurs des Poſtes, au
Principal du College de Louis-le-Grand, une ſomme égale à celle que les Principaux
des Colleges recevoient ſur le produit des Meſſageries, ce qui même a ſubſiſté juſqu'au
6 Mars 1766, quoique longtems avant le Principal de Louis-le-Grand eût réuni la
qualité de Principal du College de Beauvais (16).

A l'égard de la ſeconde difficulté, elle a été levée par un Arrêt du Parlement du
23 Mars 1764, qui ordonne, ſur la requête de M. le Procureur Général, que l'exercice de la Principalité du College de Louis-le-Grand, même avant la réunion qui
devoit y être faite de la Principalité du College de Liſieux, ſerviroit au Principal
du College de Louis-le-Grand pour acquérir l'*Emérite* (17).

Un des objets de la réunion étoit de procurer une augmentation de revenus aux
Colleges par la location des lieux qu'habitoient les Bourſiers ; mais il y avoit pluſieurs
Colleges où il exiſtoit des Chapelles dans leſquelles il avoit été fait des inhumations,
le Bureau crut donc devoir s'occuper des formalités néceſſaires pour faire transférer
les corps des fideles dépoſés dans ces Chapelles, il s'adreſſa à l'Ordinaire qui s'y
refuſa ; après avoir, vis-à-vis de M. l'Archevêque, épuiſé toutes les voies poſſibles de

(15) Voyez cette Délibération dans cette Iere Partie ci-après chapitre XVII.
(16) Voyez les Lettres de M. le Contrôleur Général à ce ſujet dans les Délibérations des
15 Mars, 5 Avril, 14 Mai 1764 & 6 Mars 1766.
(17) Regiſtre des Délibérations du Bureau d'Adminiſtration du 5 Avril 1764.

politeffe, le Bureau fut forcé d'en venir aux moyens judiciaires, & même de fe pourvoir devant M. le Primat: fans entrer dans un plus grand détail à ce fujet, on mettra ici en note (18) l'Arrêt du Parlement du 28 Novembre 1764 qui termina cette affaire,

---

(18) Ce jour, les Gens du Roi font entrés, & Mᵉ Omer Joly de Fleury, Avocat dudit Seigneur Roi, portant la parole, ont dit :

28 Novembre 1764.

Arrêt du Parlement, concernant les exhumations faites dans les Chapelles des Colleges des *Cholets*, de *Boiſſy*, d'*Autun* & de *Bourgogne.*

MESSIEURS,

Nous avons pris communication de différentes Pieces, au nombre de dix-huit, dépofées au Greffe de la Cour le 12 du préfent mois ; elles concernent l'exhumation qui a été faite des corps qui repofoient dans les Chapelles du College des Cholets, fitué fur la Paroiffe de Saint Etienne-du-Mont, de celui de Boiffy, de celui d'Autun, fitué fur celle de Saint André-des-Arcs, & de celui de Bourgogne, fitué fur celle de Saint Côme, pour tranfporter & inhumer lefdits corps dans les Cimetieres de chacune de ces trois paroiffes.

Cette opération fi fimple, fi naturelle dans la circonftance où elle fe préfentoit, a cependant occafionné, par l'effet du peu de lumieres fans doute des Curés qui devoient y procéder, des difficultés d'un genre extraordinaire, qu'il nous paroît digne de la fageffe de la Cour de terminer.

Les Lettres-Patentes du 21 Novembre 1763, que vous avez regiftrées le 25 du même mois, & dont il eft inutile de vous rappeller les difpofitions, ont été le titre en vertu duquel le Bureau d'Adminiftration du College de *Louis-le-Grand* s'eft conduit dans toute cette affaire particuliere.

La tranflation & l'établiffement dans le College de *Louis-le-Grand* des autres Colleges de l'Univerfité, dans lefquels il ne fe trouvoit plus de plein exercice, ayant été confommés, le Bureau a été dans le cas de difpofer des bâtimens & emplacemens de ces petits Colleges, fuivant la forme prefcrite par les mêmes Lettres Patentes. En conféquence il a été néceffaire de fe pourvoir pardevant l'Ordinaire, à l'effet de parvenir à pouvoir employer à des ufages profanes les terreins fur lefquels étoient conftruites celles des Chapelles de ces différens Colleges où il y avoit eu des inhumations.

Le premier College, par rapport auquel cette démarche a été néceffaire, eft celui d'Autun, & fucceffivement d'autres Colleges s'étant trouvés dans le même cas, le Bureau d'Adminiftration a pris deux délibérations les 14 Mai & 21 Août 1764 ; la premiere pour autorifer le Grand-Maître temporel à faire les démarches & procédures néceffaires, relativement à la Chapelle du College d'Autun feulement ; & la feconde pour autorifer M. Cochin, Confeiller en la Cour, l'un des Adminiftrateurs, & celui des Subftituts de M. le Procureur Général, qui remplit auffi pareille fonction, à faire lefdites démarches & procédures auprès de M. l'Archevêque de Paris, tant pour le College d'Autun, que pour les autres qui fe trouvoient dans le même cas.

La premiere requifition en forme a été faite à M. l'Archevêque de Paris en la perfonne de M. l'Evêque de Sydon, fon Grand-Vicaire, le 23 Août 1764, lequel a répondu, que M. l'Archevêque ayant connoiffance de cette affaire, il ne pouvoit déférer à la fommation, fans avoir pris les dernieres intentions du Prélat à ce fujet : ce qui annonce que cette affaire s'étoit déja traitée, & que ce n'étoit qu'après avoir épuifé toutes les voies de devoir & d'honnêteté, que l'on s'étoit déterminé à prendre la forme réguliere.

Cette réponfe de M. de Sydon a été prife pour refus ; mais le même jour, fur le compte rendu au Bureau par les deux Adminiftrateurs de ce qui s'étoit paffé, le Bureau a continué la

& on y joindra ce qui s'est passé en 1769 relativement au College Mignon, d'où il résulte que M. l'Archevêque de Paris ne persistoit plus, en 1769, dans son opposition à la réunion, opposition qui paroît avoir été, en 1764, le seul principe de sa résistance.

délibération au 27 Août, dans l'espérance que peut-être le tout se termineroit à la satisfaction de toutes les Parties intéressées.

Le 27 Août, les mêmes Commissaires nommés par les précédentes délibérations, ont été chargés de faire faire une nouvelle requisition & sommation à M. l'Archevêque de Paris.

Le 29 Août elle a été faite à son Grand-Vicaire. Il a donné pour réponse l'extrait d'une Lettre de M. l'Archevêque de Paris, par laquelle ce Prélat marque en substance : *que les Lettres-Patentes du 21 Novembre 1763, contenant plusieurs articles contraires au droit de son Siege, il ne peut se dispenser de se pourvoir au Conseil du Roi à ce sujet ; que dans ces circonstances, il ne lui est pas possible de faire droit sur la Requête dont il s'agit, puisque ce seroit consentir à ce qui est contenu dans les Lettres-Patentes, & abandonner des droits qu'il se propose de réclamer.* Cette réponse, signée de M. de Sydon, a donné lieu à des protestations de la part des Commissaires du Bureau d'Administration.

Si l'objet actuel permettoit de se prêter à des réflexions sur cette réponse, il seroit difficile de concevoir sous quelle couleur le projet de se pourvoir par des voies de droit contre les Lettres-Patentes pouvoit faire différer au Prélat l'exhumation demandée. Difficilement conçoit-on que les droits du Siege Archiépiscopal puissent être intéressés à ce que l'on conserve des Chapelles qui ne sont plus d'aucune utilité ; elles ne pouvoient tout au plus être susceptibles d'être conservées, que dans le cas où lesdits Colleges auroient pu être conservés ; mais cette conservation des Colleges ne peut intéresser davantage les droits du Siege de M. l'Archevêque. Ce Prélat doit desirer sans doute, en qualité de Pasteur, que les enfans des Citoyens de la Capitale & autres, soient instruits dans les principes de la Religion & dans les Lettres ; mais que cette instruction soit reçue par la Jeunesse dans tels ou tels édifices, rien ne paroît plus étranger à son ministere & à son Siege.

Quoi qu'il en soit, le Bureau instruit de cette derniere réponse de M. de Sydon, a autorisé, par délibération du 30 Août dernier, le Grand-Maître temporel de ladite Administration à se pourvoir pardevers M. l'Archevêque de Lyon, Primat, & en cette qualité, Supérieur de M. l'Archevêque de Paris.

C'est une maxime reconnue que la dévolution dans les affaires de Jurisdiction volontaire saisit les Métropolitains & les Primats, comme l'appel simple dans la contentieuse.

Le Grand-Maître Temporel s'est, en conséquence, pourvu devant M. l'Archevêque de Lyon, auquel il a présenté sa Requête & en exposant tout ce qui s'étoit passé.

M. l'Archevêque de Lyon a rendu son Ordonnance le 19 Octobre 1764, & a permis l'exhumation, toutes formalités en pareils cas requises, préalablement remplies. Il a ordonné qu'après l'exhumation les convois & transports seront faits par les Curés des Paroisses où sont situées les Chapelles, ou par tels Prêtres qu'ils commettront, soit aux Eglises ou aux Cimetieres desdites Paroisses, soit à la Chapelle du College de *Louis-le-Grand* ; il a interdit les Chapelles, fait mention de la soumission du Bureau concernant les Epitaphes & Tombeaux, & enfin il a porté les égards jusqu'à déclarer que, par son Ordonnance, il n'entendoit pas préjudicier aux droits que M. l'Archevêque de Paris entend réclamer contre la disposition des

Les détails relatifs à la réunion ne diftrayoient pas MM. les Commiffaires du Parle-

---

Lettres Patentes du 21 Novembre 1763, *lefquels*, eft-il dit, *lui demeureront entiérement réfervés.*

Le Bureau, en conféquence de cette Ordonnance, a nommé, le 20 Octobre, M. Cochin, Confeiller en la Cour, & le Subftitut de M. le Procureur-Général, tous deux, en leur qualité d'Adminiftrateurs, pour faire, auprès des Curés des Paroiffes où font fituées les Chapelles, les démarches requifes pour procurer l'exécution de l'Ordonnance de M. l'Archevêque de Lyon, faire toutes réquifitions convenables & néceffaires, & rendre compte à l'Affemblée fuivante.

Le 22 du même mois, les Commiffaires du Bureau fe font tranfportés avec deux Notaires, chez les Curés des trois Paroiffes de S. Etienne, de S. André & de S. Côme; on leur a donné communication & laiffé copie de l'Ordonnance de M. l'Archevêque de Lyon, & fur cette communication ils n'ont pas héfité à donner jour pour les exhumations. Le Curé de S. Etienne a indiqué le lendemain 23 à 7 heures du foir, en déclarant néanmoins de fa part, n'entendre par cette démarche faite uniquement par des vues fages, prudentes & pacifiques, préjudicier aux droits réclamés par M. l'Archevêque de Paris: on ne pouvoit, jufqu'à ce moment, entrer davantage dans les vues du Prélat qui avoit rendu l'Ordonnance; les Curés de S. André & de S. Côme ont donné leur jour au 24 Octobre 7 heures du matin, fans autre explication ni réferve.

Sur le compte rendu le même jour au Bureau, deux Commiffaires ont été nommés pour fe trouver au nom du Bureau, à chacune des exhumations.

La premiere exhumation devoit fe faire dans la Chapelle du College des Cholets, Paroiffe S. Etienne-du-Mont; elle avoit été indiquée pour le 23 fept heures du foir.

Les Commiffaires s'y font rendus. L'exhumation a été faite, & le tranfport dans le Cimetiere de la Paroiffe de S. Etienne. Le Curé a fait la cérémonie avec une partie de fon Clergé.

Il ne reftoit plus qu'à obferver le même cérémonial le lendemain 24, pour les Chapelles des Colleges d'Autun, de Boiffy & de Bourgogne. Jufqu'à préfent qui pourroit fe perfuader, d'après la fuite de tout ce procédé, que ce n'eft pas-là une affaire finie & terminée felon les regles? Voilà une exhumation néceffaire, & qui eft une fuite des Lettres Patentes enregiftrées fur les conclufions de M. le Procureur Général; Lettres Patentes données en connoiffance de caufe, après le plus mûr examen. On s'adreffe à M. l'Archevêque de Paris, ce Prélat a des délicateffes, craint de compromettre les droits de fon Siege, non fans doute, en permettant l'exhumation, mais il craint que cette permiffion n'emporte une foumiffion à des Lettres Patentes qui lui paroiffent bleffer les droits de fon Siege: il refufe; la Partie intéreffée s'adreffe au Supérieur de ce Prélat; ce Supérieur faifit un moyen bien naturel qui avoit vraifemblablement échappé aux Confeils de M. l'Archevêque de Paris, & qui auroit pu concilier dans le principe, la permiffion demandée avec la réferve des droits prétendus du Siege Archiépifcopal: M. l'Archevêque de Lyon rend fon Ordonnance qui renferme ces tempéramens: la Partie intéreffée préfente cette Ordonnance aux trois Curés & leur en laiffe copie, ils ne balancent pas: c'eft le 22 Octobre que les Curés adhèrent à la réquifition fondée fur l'Ordonnance de M. l'Archevêque de Lyon, & qu'ils donnent jour pour les exhumations, l'un le 23, les deux autres le 24; on y procede le 23 de la part du Curé de S. Etienne-du-Mont; & le 24, de la part des deux autres. Perfonne ne fe figurera qu'en faifant de la part de ces

ment, qui, ainfi qu'il a été déja obfervé, réuniffoient la double qualité de Commiſ-

Curés, la cérémonie de l'exhumation aux yeux du public, cérémonie refpectable & religieuſe, à laquelle affiftent les Parties requérantes, qui croyent de bonne foi que l'on exécute l'Or-donnance de M. l'Archevêque de Lyon, ces Curés n'ont pas exécuté, ni entendu exécuter cette Ordonnance. Et voici cependant comment la choſe a été découverte, & ſe trouve prouvée.

L'exhumation, le tranſport & l'inhumation faite pour le College des Cholets, il a été queſ-tion d'en ſigner l'acte, où le procès-verbal ſur le regiſtre mortuaire de S. Etienne-du-Mont. Les Commiſſaires du Bureau prennent lecture de cet acte, & par cette lecture, ils voyent *que* le Curé déclare avoir agi en conſéquence d'un acte extra-judiciaire à lui ſignifié le même jour 23, à la requête de M. l'Archevêque de Paris, *que* cet acte extra-judiciaire porte op-poſition à l'Ordonnance de M. l'Archevêque de Lyon, du 19 Octobre précédent, *que* ce même acte indique un appel interjetté de la même Ordonnance ; *que* M. l'Archevêque de Paris fait inhibitions & défenſes d'exécuter l'Ordonnance de ſon Supérieur ; & *qu'enfin* ce Curé a agi, en procédant à cette exhumation, tant en conſéquence de cet acte extra-judiciaire, *qu'en* vertu de l'Ordonnance rendue par M. l'Archevêque de Paris, le 23 dudit mois d'Octobre, ſur la requête que lui Curé, a préſentée à ce Prélat, & en s'y conformant. Toutes ces énonciations ſont écrites ſur le regiſtre.

Tel eſt l'expédient qui a été imaginé, telle eſt la voie obſcure & détournée qui a été ſuivie, & à quelle fin ? Pour qu'une exhumation demandée à M. l'Archevêque de Paris comme né-ceſſaire, refuſée par ce Prélat, quoique néceſſaire, dont la néceſſité a été démontrée à ſon Supérieur qui l'a ordonnée, parce qu'elle étoit juſte & indiſpenſable, ne fût pas réputée faite de l'Ordonnance de M. l'Archevêque de Lyon.

Et nous obſerverons ce que nous diſons de la néceſſité de cette exhumation, ne peut être douteux, puiſque M. l'Archevêque de Paris ſe trouve uni de ſentiment ſur cette néceſſité avec ſon Supérieur, dès qu'ils ont ordonné l'un comme l'autre cette exhumation, avec cette ſeule différence que M. l'Archevêque de Lyon l'a permiſe ſur la requête des ſeules Parties intéreſſées (le Bureau d'Adminiſtration), & que M. l'Archevêque de Paris n'a paru vouloir la permettre que ſur la requête de ces trois Curés, qui n'avoient nul caractere pour la demander : les actes d'exhumation du lendemain, rédigés par les Curés de S. André & de S. Côme, ſont copiés mot pour mot ſur celui qui a été rédigé par le Curé de S. Etienne-du-Mont.

Il faut éviter, MESSIEURS, d'approfondir plus long-tems un procédé ſur lequel les réflexions ne pourroient conduire qu'à concevoir des opinions peu favorables de l'eſprit de ſingularité qui a préſidé aux démarches de ces trois Curés dans cette circonſtance. Ils ſont à plaindre de s'être abuſés eux-mêmes & de s'être égarés dans un circuit de démarches où l'on ne trouve pas la bonne foi qui devroit éclairer la conduite des Coopérateurs d'un Prélat auſſi reſpectable que M. l'Archevêque de Paris, dont ils devoient être les premiers à ménager la délicateſſe, loin de chercher à le compromettre dans une affaire d'une ſi légere importance.

Les Commiſſaires du Bureau d'adminiſtration ont refuſé de ſe prêter à autoriſer, par leurs ſignatures, de pareils procédés. Ils en ont rendu compte au Bureau, les actes ont été levés, & toutes les délibérations dont nous venons d'avoir l'honneur de vous rendre compte, après avoir été remiſes à M, le Premier Préſident & à M. le Procureur Général, ont été dépoſées au Greffe de la Cour ; c'eſt ce qui nous met dans le cas de vous en faire le récit, perſuadés

ſaires

faires du Parlement & de Membres du Bureau d'Adminiftration, des grands objets qui

que vous vous porterez à étouffer, dans fon principe, une affaire qui préfente des circonftances fi fingulieres ; & que n'attribuant la part que les Curés y ont prife, qu'à un défaut de
lumieres ou de réflexions fur leurs devoirs & fur leurs obligations, vous les croirez fufceptibles
de votre indulgence.

Mais en même-tems, MESSIEURS, il nous paroît convenable que, pour la confervation
des principes qu'il n'eft jamais permis de facrifier, vous prononciez définitivement fur toutes
les irrégularités de ces aftes rédigés ou énoncés fur les regiftres de ces trois Paroiffes.

L'abus des défenfes énoncées comme faites, & de l'Ordonnance énoncée comme rendue par
M. l'Archevêque de Paris, & provoquée par les requêtes de ces trois Curés, eft fi palpable,
fi évident, que nous n'héfitons pas à nous en porter appellans comme d'abus, & à vous demander de les déclarer abufives ; c'eft une chofe inouie jufqu'à ce jour dans l'ordre judiciaire,
qu'un Juge inférieur faffe des défenfes d'exécuter les Jugemens de fon Supérieur, & qu'il rende
une Ordonnance pour fortifier ces défenfes, & pour en fauver, s'il lui étoit poffible, l'irrégularité.

Dans l'ordre des Jurifdiftions, les rangs font réglés entre M. l'Archevêque de Paris & M.
l'Archevêque de Lyon : dans le droit, il eft porté par les Capitulaires de Charlemagne, que
fi l'on fe plaint du Métropolitain, il faut adreffer fa plainte au Primat, quand il y en a un
dans la Province, & c'eft un des articles de nos Libertés : ce dégré de Jurifdiction de la Primatie n'eft point contraire à la difcipline de l'Eglife ; ce point de notre droit a été établi par
nos prédéceffeurs, & porté à ce dégré d'évidence qui fubjugue tout efprit raifonnable. Dans
le fait, l'Archevêché de Paris eft fous la Primatie de Lyon ; cette dépendance eft fondée fur
le titre même d'éreftion du Siege de Paris en Archevêché, cette Eglife fut érigée en Mé-
tropole en 1622, par la Bulle du Pape Grégoire XV, à condition que l'Eglife de Paris demeureroit affujettie à la Primatie de Lyon, à l'inftar de l'Eglife de Sens : *Nos igitur* (ce font
les termes de la Bulle) *prædiftam Ecclefiam Parifienfem in Metropolim, Sedemque Epifcopalem
Parifienfem in Archiepifcopalem erigimus....... ita tamen quòd Ecclefia ipfa Parifienfis Ecclefiæ Pri-
matiali Lugdunenfi & illius Archiepifcopo feu Primati ad inftar diftæ Ecclefiæ Senonenfis fubjacere
debeat.* L'exécution de cette Bulle a été ordonnée par des Lettres Patentes regiftrées en la
Cour le 8 Août 1623. Ces pieces font dans les Mémoires du Clergé.   Tome II, pag. 46.

Le droit & le fait fe réuniffent & fe réuniront donc toujours, pour établir cette dépendance qui dérive du titre, fans lequel le Prélat qui remplit aujourd'hui le Siege de Paris,
ne feroit pas Métropolitain, & n'en feroit pas moins encore foumis, médiatement à la vérité, à la Primatie de Lyon.

Par une fuite de cet abus, tous ces autres aftes extrajudiciaires, conjointement & confufé-
ment énoncés dans les Extraits des Regiftres mortuaires de ces Paroiffes, font nuls : indépendamment même de leur irrégularité, on apperçoit avec évidence, qu'ils n'ont eu d'autre objet
que de faire prévaloir le dégré de la Jurifdiction inférieure, qui par fon refus, avoit donné lieu
à la dévolution, fur le dégré fupérieur, auquel, par ce refus, la dévolution étoit acquife.

Vous croirez, fans doute, MESSIEURS, qu'il fera également néceffaire de remettre fous les
yeux de ces trois Curés, le devoir & l'obligation où ils font de fe conformer à la difcipline de
l'Eglife, & de ne rien faire contre des Régles fages, qui confervent à chaque dégré de Jurifdiction, fon ordre, fon autorité & fes prérogatives.

Enfin, nous croyons devoir vous propofer, d'ordonner la radiation dans les Regiftres des

I. Partie.   D

tendoient au même but ; ils demandèrent au Gouvernement les Réglemens qu'il n'étoit

---

trois Paroiſſes, de tous ces actes illégaux ou abuſifs, ſi peu conformes aux principes de la Juriſ-prudence, & ſi contraires à la dignité même du Siege que remplit M. l'Archevêque de Paris.

C'eſt l'objet des Concluſions par écrit, que nous laiſſons à la Cour, avec les pieces dépoſées au Greffe, & dont nous avons pris communication.

Et ſe ſont leſdits Gens du Roi retirés.

Eux retirés :

VU les Lettres patentes du 21 Novembre 1763, regiſtrées en la Cour le 25 deſdits mois & an, portant réunion dans le College de Louis-le-Grand, des Bourſiers des Colleges de Paris où il ne ſe trouve plus de plein Exercice ; la Délibération du Bureau d'Adminiſtration dudit Col-lege, du 14 Mai de la préſente année 1764, qui autoriſe le Grand-Maître Temporel à faire toutes les démarches, & à faire faire toutes les procédures néceſſaires pour obtenir la permiſ-ſion d'employer à un uſage profane la Chapelle du College d'Autun ; autre Délibération dudit Bureau, du 21 Août 1764, qui autoriſe MM. Cochin & Sainfray à faire leſdites démarches & procédures auprès de M. l'Archevêque de Paris pour pluſieurs deſdits Colleges réunis ; la Requiſition faite par leſdits Commiſſaires à M. l'Archevêque de Paris, en la perſonne de M. l'Evêque de Sydon, ſon Vicaire Général, le 23 Août audit an, pour faire ordonner l'ex-humation des corps, avec les formalités requiſes en pareil cas ; la Réponſe de M. l'Evêque de Sydon à ladite requiſition, & Proteſtation deſdits Commiſſaires ; autre Délibération dudit Bureau qui continue au 27 Août, le tout en date du 23 dudit mois ; autre Délibération dudit Bureau du 27 Août audit an, qui autoriſe leſdits Commiſſaires à faire faire une nouvelle Re-quiſition à M. l'Archevêque de Paris ; Procès-verbal de nouvelle Requiſition faite à M. l'Ar-chevêque de Paris le 29 Août audit an, en la perſonne de M. l'Evêque de Sydon ; Réponſe de M. de Sydon, & Proteſtation deſdits Commiſſaires, le tout en date du 29 Août audit an ; autre Délibération dudit Bureau du 30 Août audit an, qui a autoriſé ledit Grand-Maître Tem-porel à ſe retirer pardevers M. l'Archevêque de Lyon, ſur la ſuſdite Réponſe de M. de Sydon ; Ordonnance de M. l'Archevêque de Lyon du 19 Octobre audit an, qui a permis l'Exhumation des corps & offemens des Fidèles dans les Chapelles deſdits Colleges réunis, & l'Inhumation deſdits corps par les Curés des Paroiſſes dans leſquelles ſont ſituées leſdites Chapelles : autre Délibération du 20 Octobre audit an, qui a nommé les mêmes Commiſſaires, pour faire au-près deſdits Curés les démarches requiſes & néceſſaires, pour procurer l'exécution de ladite Ordonnance de M. l'Archevêque de Lyon ; Procès-verbal dreſſé par deux Notaires, contenant la réquiſition faite ſucceſſivement par leſdits Commiſſaires aux Curés de Saint-Etienne-du-Mont, de Saint-André, & de Saint-Côme, du 22 Octobre audit an, & l'indication des jours & heures par leſdits Curés, pour faire leſdites Exhumations & Inhumations. La Délibération dudit Bu-reau dudit jour 22 Octobre audit an, contenant nomination de deux Commiſſaires dudit Bu-reau, pour aſſiſter, au nom dudit Bureau, à toutes ces Exhumations, avec prieres de veiller, chacun en droit ſoi, à l'exécution la plus entiere de ladite Ordonnance de M. l'Archevêque de Lyon ; Procès-verbaux dreſſés par leſdits Notaires les 23 & 24 Octobre audit an, deſdites Exhu-mations & Inhumations, par leſquels il eſt conſtaté, que lorſque les Commiſſaires nommés ſe ſont préſentés pour ſigner les Actes portés ſur les Regiſtres deſdites Paroiſſes, il s'eſt trouvé que ces Actes ne faiſoient aucune mention de l'Ordonnance de M. l'Archevêque de Lyon, & qu'au

pas en leur pouvoir de faire. On ne parlera point ici des Lettres Patentes qui accordoient

contraire il y étoit énoncé, que le tout avoit été fait en vertu d'un Acte extrajudiciaire, signifié ledit jour 23 Octobre à la requête de M. l'Archevêque de Paris, portant opposition à ladite Ordonnance de M. l'Archevêque de Lyon, avec indication de l'appel interjetté de ladite Ordonnance, & défense de l'exécuter, & en vertu de l'Ordonnance de M. l'Archevêque de Paris, rendue ledit jour 23 Octobre, sur la Requête à lui présentée par lesdits Curés; lesdits Procès-verbaux établissant en outre, que la fouille des terres n'avoit été faite que le 23 Octobre audit an, qu'il n'y avoit pour lors aucun dérangement d'ornemens, autels & tableaux dans lesdites Chapelles; les Expéditions délivrées par lesdits Curés, desdits Actes d'Exhumations, portant qu'ils ont agi en conséquence dudit Acte extrajudiciaire, & en vertu de ladite Ordonnance de M. l'Archevêque de Paris, rendue sur les Requêtes qu'ils lui ont présentées; la Délibération dudit Bureau du 25 Octobre 1764, par laquelle il a été arrêté, que chacun des Administrateurs, en ce qui les concernoit, feroit ôter avec les cérémonies ordinaires les pierres bénites, & démolir les Autels, transporter dans la Sacristie du Collège de Louis-le-Grand, les Vases sacrés, Linges & Ornemens, ainsi que les Tombeaux & Epitaphes; & que par M. Rolland, Conseiller-Président, des Expéditions de toutes les pièces relatives auxdites Exhumations seroient remises à M. le Premier Président, & à M. le Procureur Général. Vu aussi les Extraits desdites Exhumations & Inhumations des 23 & 24 Octobre 1764, délivrés le 27 desdits mois & an par les Vicaires, Sous-Vicaires & Dépositaires des Registres mortuaires desdites Paroisses; Conclusions du Procureur Général du Roi: Oui le rapport de Me Leonard de Sahuguet, Conseiller: Tout considéré.

LA COUR reçoit le Procureur Général du Roi Appellant comme d'abus, tant des défenses faites par l'Archevêque de Paris, d'exécuter l'Ordonnance de l'Archevêque de Lyon du dix-neuf Octobre mil sept cent soixante-quatre, que de l'Ordonnance dudit Archevêque de Paris du vingt-trois desdits mois & an, lesdites défenses portées dans un Acte extrajudiciaire énoncé dans les Registres mortuaires des Paroisses de Saint-Etienne-du-Mont, Saint-André-des-Arts & Saint-Côme, & dans les Extraits desdits Registres délivrés par les Vicaires, Sous-Vicaires & Dépositaires des Registres desdites Paroisses, & ladite Ordonnance énoncée pareillement dans lesdits Registres & Extraits desdits Registres; faisant droit sur ledit appel comme d'abus, dit qu'il y a abus; en conséquence déclare nuls l'Acte extrajudiciaire énoncé auxdits Registres & Extraits, ensemble les autres Actes y mentionnés, & les Significations qui en ont été faites: Fait défenses auxdits Curés & à tous autres, de plus faire à l'avenir aucuns Actes contraires à la Jurisdiction de l'Archevêque de Lyon, Primat, & en cette qualité Supérieur dudit Archevêque de Paris, nonobstant toutes oppositions, significations ou défenses qui pourroient être faites de la part dudit Archevêque de Paris: Ordonne que les mentions, tant de ladite Ordonnance de l'Archevêque de Paris, que dudit Acte extrajudiciaire, seront rayées & biffées desdits Registres & Extraits par le Greffier de la Cour, en présence du Conseiller-Rapporteur que la Cour commet à cet effet, & en celle de l'un des Substituts du Procureur Général du Roi; à l'effet de quoi lesdits Registres seront apportés & représentés par les Dépositaires d'iceux audit Conseiller, dont & de tout, Procès-verbal sera dressé par ledit Conseiller, & mention faite sur lesdits Registres & Extraits, du présent Arrêt. Fait défenses auxdits Curés & à tous Dépositaires, de délivrer des Extraits desdits Actes d'Exhumation & Inhumation, au-

D ij

quelques exemptions particulieres au College de Louis-le-Grand , ce détail fe trouvera

trement qu'ils fe trouveront fur lefdits Regiftres après lefdites radiations : Ordonne qu'expéditions du préfent Arrêt feront envoyées par le Procureur Général du Roi , tant audit Archevêque de Lyon , qu'audit Archevêque de Paris, que le préfent Arrêt fera notifié au Bureau d'Adminiftration du College de Louis-le-Grand , & qu'il fera fignifié auxdits Curés de Saint-Etienne , Saint-André & Saint-Côme , à ce qu'ils n'en ignorent , & ayent à s'y conformer. Ordonne que le préfent Arrêt fera imprimé. Fait en Parlement le vingt-huit Novembre mil fept cent foixante-quatre.

Non - feulement cet Arrêt a eu fon exécution, mais même M. l'Archevêque n'a plus fait éprouver de difficultés au Bureau, relativement aux Exhumations, ainfi qu'il eft conftaté relativement au College Mignon , par les Délibérations fuivantes.

7 Septembre 1769.

1769.
Exhumation faite de la Chapelle du College *Mignon* par permiffion de M. l'Archevêque de Paris.

MM. les Adminiftrateurs fpécialement chargés du College *Mignon* , ont dit qu'ils ont été inftruits que depuis la réunion faite de ce College à l'Ordre de Grandmont en 1582 , quelques Religieux de cet Ordre ont été inhumés dans la Chapelle de ce College ; que par l'article 1er des Lettres Patentes du 25e Juin 1769, enregiftrées au Parlement le 14e Juillet fuivant, Sa Majefté a ordonné qu'à compter du 1er dudit mois de Juillet le College de Louis-le-Grand jouiroit des maifons , cours , Eglifes & bâtimens qui compofent actuellement ledit College , & que fuivant la difpofition de l'article 3e des mêmes Lettres Patentes , le prix de ces maifons , cours, Eglifes & bâtimens doit être employé à éteindre les dettes de ce College , & à acquitter les autres charges qu'il a plu à Sa Majefté d'impofer au College de Louis-le-Grand, en lui réuniffant le College Mignon.

MM. les Adminiftrateurs ont ajouté qu'il n'eft pas poffible d'exécuter les intentions du Roi, jufqu'à ce que le Bureau ait obtenu de Monfeigneur l'Archevêque de Paris la permiffion d'appliquer à des ufages profanes la Chapelle de ce College ; que le mauvais état des affaires du College Mignon ne permet pas le moindre retardement à ce fujet ; que tout délai feroit préjudiciable à ce College , parce que la Maifon, dont la Chapelle eft une dépendance , ne produit actuellement prefque aucun revenu , & qu'on ne peut en tirer un parti avantageux , qu'autant qu'il fera poffible de difpofer de cette Chapelle.

Sur quoi la matiere mife en délibération , MM. le Préfident Rolland & Abbé le Gros ont été priés de fe transporter inceffamment chez M. l'Archevêque de Paris , pour le prévenir fur la demande qui doit lui être faite , & M. le Grand - Maître a été autorifé à préfenter à mondit Seigneur l'Archevêque de Paris toutes les Requêtes néceffaires pour obtenir de ce Prélat la permiffion de faire exhumer & transporter dans un lieu décent & convenable les corps des Fideles qui repofent dans la Chapelle du College Mignon ; comme auffi mefdits fieurs les Préfident Rolland & Abbé le Gros ont été autorifés, conjointement avec M. le Grand-Maître , à faire toutes les démarches néceffaires pour l'exécution de l'Ordonnance, que le Bureau a lieu d'attendre de la juftice de mondit Seigneur l'Archevêque de Paris, tant pour l'Exhumation, que pour le tranfport des corps des Fideles inhumés dans ladite Chapelle ; & , attendu que cette affaire requiert la plus grande célérité, le Bureau indiqué pour le 5 du mois d'Octobre prochain, eft & demeure autorifé, quoiqu'en tems de Vacations, à arrêter & délibérer définitivement, fur le rapport de MM. les Commiffaires , tout ce qu'il appartiendra.

5 Octobre 1769.

M. le Préfident Rolland a dit qu'en exécution de la Délibération du dernier Bureau, il fe

ou ci-après (19) avec la partie législative, ou dans la seconde Partie (Chapitre XVII), lorsque l'on traitera du College de Louis-le-Grand comme College particulier. Cependant il est quelques-unes de ces loix qui, quoique relatives au College de Louis-le-Grand comme College particulier, le concernent aussi comme College général, & on se croit obligé de parler de ces dernieres, ainsi que des Lettres Patentes générales pour les Colleges ci-devant desservis par les Jésuites, dont quelques dispositions ont aussi rapport au College de Louis-le-Grand, considéré comme College général.

La premiere de ces loix est du 30 Mars 1764, (elle a pour objet tous les Colleges ci-devant desservis par les Jésuites); l'article XI de ces Lettres Patentes exempte les registres des Délibérations des Bureaux, & les expéditions que dérivent leurs Secrétaires, de la formalité du contrôle (20).

Les secondes sont du 16 Août 1764; elles ne concernent que le College de Louis-le-Grand. Elles ont pour objet principal la confirmation de la réunion des Bénéfices que les Jésuites avoient ci-devant obtenues pour leur College; & sous ce point de vue, elles ne concerneroient le College de Louis-le-Grand, que comme College particulier, mais vu les autres dispositions qui y sont insérées, elles doivent être relatées ici à leur ordre de date (21).

Les troisiemes sont celles du 20 Août 1767; elles permettent à la vérité au College de Louis-le-Grand de faire un emprunt de 250,000 livres en rentes perpétuelles à quatre

---

seroit, dès le lendemain 8 Septembre, transporté avec M. l'Abbé le Gros chez M. l'Archevêque de Paris pour s'acquitter de la mission dont ils avoient été chargés par le Bureau; que ce Prélat leur avoit paru disposé à écouter très-favorablement la demande du Bureau, & qu'il avoit désiré que M. le Grand-Maître lui remît le plutôt possible la Requête pour ce nécessaire; ce qui ayant été exécuté aussitôt, ce Prélat, après avoir fait faire les procédures préalables, avoit, le 28 Septembre dernier, rendu son Ordonnance, portant qu'en présence du sieur Curé de la Paroisse de Saint-Côme, ou de tel autre Prêtre par lui commis, le terrein du caveau de ladite Chapelle du College de Grandmont, servant ci-devant aux Inhumations, sera défoncé dans toute sa superficie à la profondeur de quatre pieds, pour les terres en provenantes être passées à la claye, & les corps & ossemens qui s'y trouveront être exhumés & transportés dans une fosse pratiquée à cet effet dans le Cimetiere de la Paroisse de Saint-Côme, avec les Prieres accoutumées & la décence convenable; après quoi déclare profane ledit bâtiment, terrein & emplacement servant ci-devant de Chapelle & de lieu de sépulture pour ledit College de Grandmont, & permet de les employer à tels usages qu'on jugera convenables; qu'en exécution de ladite Ordonnance il avoit été procédé le 2 du présent mois à la fouille & Exhumation portée par ladite Ordonnance, & que le lendemain 3 le transport & Inhumation avoit été faite dans le Cimetiere de la Paroisse Saint-Côme, ainsi qu'il appert par l'Extrait de ladite Inhumation.

Sur quoi lecture faite de ladite Ordonnance & dudit Extrait, il a été arrêté que ces deux pieces seront déposées aux archives, pour être jointes aux titres du College Mignon.

(19) 1ere Part. Chap. II & III.
(20) Voyez ces Lettres Patentes ci-après, Ire Part. Chap. II.
(21) *Idem.*

pour cent, & dont le remboursement est ordonné 10,000 livres par année. Mais cet emprunt étoit dans le fait pour l'avantage des Colléges réunis, ainsi qu'il est détaillé dans le *Mémoire sur l'administration du College de Louis-le-Grand*, déja ci-dessus cité. En effet l'emprunt de 1767, ainsi que celui de 200,000 livres en rentes viageres, autorisé par les Lettres Patentes du 19 Avril 1769 (22), avoit pour objet de donner au College de Louis-le-Grand la facilité de libérer les Colleges réunis, ce qu'il a fait sans leur en faire payer aucuns intérêts; opérations dans le détail dequels on n'entrera pas, parce qu'on peut les voir dans le Mémoire qui vient d'être cité.

D'après ces éclaircissemens, & en revenant aux Lettres Patentes de 1767, on observera que par cette loi le feu Roi augmentoit de trois, le nombre des Administrateurs Notables (23), & donnoit séance au Bureau au Principal du College; au surplus, à ces Lettres Patentes étoit joint un Réglement en sept titres, qui, en y comprenant les Lettres Patentes, composoit plus de cent vingt articles: on le trouvera ci-après (24), on a cru devoir y insérer en outre les différentes Loix & Délibérations qui ont ou annullé, ou expliqué, ou étendu les dispositions de ce Réglement; & on se contentera d'ajouter ici que tous les articles de ce Réglement étoient tirés des Délibérations prises par le Bureau, & n'en étoient que la confirmation.

On trouvera dans le Mémoire de M. le Président Rolland, déja cité, les détails des contradictions que ce Réglement a éprouvées, & des changemens qui y ont été apportés par les Lettres Patentes du premier Juillet 1769, qui seront aussi imprimées ci-après (25). On a cru devoir pareillement joindre au Réglement de 1769 quelques notes qui ont paru nécessaires pour en faciliter l'intelligence. On observera seulement ici que par une Déclaration du 3 Septembre 1778, dont on parlera ci-après, ce Réglement a été implicitement annullé.

Les choses étoient en cet état lorsqu'est arrivée la révolution de 1771. Le College de Louis-le-Grand (comme tous les établissemens publics), a souffert de cette révolution; les Administrateurs, Membres du Parlement, ont été exilés; plusieurs des Notables ou ont donné leur démission ou se sont retirés: alors le feu Roi, par Lettres Patentes du 25 Septembre 1771 (26), qui ont été adressées à la Commission intermédiaire, com-

---

(22) *Idem.*

(23) Les trois Notables dont le feu Roi jugea à propos d'augmenter le Bureau d'Administration furent nommés par les Lettres Patentes de 1767. Le premier étoit M. *Villiers de la Noue*, Conseiller au Châtelet, encore membre du Bureau d'Administration: le second M. *Cellier*, Avocat au Parlement, décédé pendant la révolution de 1771, & M. *Maistrell*, ancien Principal du College de Me. Gervais, qui est resté Administrateur jusqu'en Septembre 1777 que le *Bureau intermédiaire* a été supprimé.

(24) Voyez ces Lettres Patentes ci-après, Ire Part. Chap. II.

(25) *Idem.*

(26) *Idem.*

poſa un nouveau Bureau d'Adminiſtration, où il n'eſt reſté que deux des anciens Adminiſtrateurs (27).

Avant l'exiſtence de ces Lettres Patentes, & pendant que le Bureau étoit réduit
aux deux ſeuls Adminiſtrateurs Notables (28) qui ont enſuite fait partie du Bureau
intermédiaire, l'Econome, le ſieur Héron, qui en rempliſſoit les fonctions à la très-
grande ſatisfaction du Bureau, & ce depuis le moment de la réunion, avoit été renvoyé
en vertu d'ordres du Roi, notifié par une lettre de M. le Chancelier, du 13 Août 1771;
lettre adreſſée à M. le Grand-Aumônier, & par ce Prélat renvoyée à l'Abbé le Gros (29).

---

(27) MM. les Abbés *Legros* & *Maiſtrel.*

(28) On ne parle pas du Grand-Maître temporel & du Principal qui ont été forcés (même
pour le bien de la choſe) de ne pas quitter leurs fonctions qui les rendoient membres du
Bureau d'Adminiſtration.

(29) On trouve la Lettre de M. le Chancelier dans la délibération du 17 Août 1771. Elle
eſt conçue en ces termes:

Compiegne, 13 Août 1771.

« L'intention du Roi, Monſieur, eſt que le Bureau d'Adminiſtration du College de Louis-
» le-Grand nomme un autre Econome à la place de celui qui y eſt; vous voudrez bien le
» lui faire connoître: vous connoiſſez les ſentimens avec leſquels je fais profeſſion de vous
» honorer, Monſieur, plus que perſonne. *Signé* DE MAUPEOU. Et au bas eſt écrit: M. l'Ar-
» chevêque de Reims ».

La Délibération du 17 Août 1771, porte qu'en communiquant cette Lettre, M. l'Abbé
Legros avoit dit que M. le Grand-Aumônier, en la lui adreſſant, *lui obſerve qu'il eſt important*
d'exécuter au plutôt & ſans délai les ordres du Roi: en conſéquence dans la même ſéance où
ces ordres avoient été notifiés, le ſieur Héron a été dépoſſédé, & on lui a nommé un ſucceſſeur.

Au ſurplus, auſſitôt que le Bureau a été rétabli, & dès ſa premiere ſéance qui fut tenue
le 4 Septembre 1777, le ſieur Héron a été remis en place, ſuivant la Délibération priſe le
même jour en ces termes:

« M. le Préſident Rolland, comme chargé ſpécialement du College de Louis-le-Grand, a
» repréſenté que le ſieur Héron, nommé Econome du College de Louis-le-Grand dès le mo-
» ment de la réunion des Bourſiers dans ledit College, avoit été remercié, le 17 Août 1777,
» par des motifs & pour des raiſons relatives aux événemens d'alors, que quoique ſon renvoi
» eût été auſſi précipité qu'imprévu, ſes Regiſtres s'étoient trouvés dans le meilleur ordre
» poſſible, ainſi que tous les objets confiés à ſon adminiſtration; que ce fait eſt conſtaté par
» le rapport fait le 5 Septembre 1771, par MM. Maiſtrel & Fourneau, chargés par le Bureau
» de cet examen, & que ces Commiſſaires ont rendu du ſieur Héron le témoignage le plus
» flatteur, ainſi qu'il eſt aiſé de s'en convaincre par la lecture de la Délibération dudit jour;
» qu'au ſurplus ceux de Meſſieurs qui lui font l'honneur de l'entendre & qui avoient, ainſi
» que lui, l'honneur, avant 1771, d'être membres du Bureau, connoiſſent la probité, la ca-
» pacité & les talens du ſieur Héron pour la place d'Econome, & que ſans prétendre élever
» aucun doute ſur les mêmes qualités dont il eſt convaincu qu'eſt également pourvu celui qui
» remplit actuellement la place d'Econome, il croit juſte de rendre audit Héron la place dont

Il feroit peut-être naturel d'entrer dans le détail de l'administration du Bureau intermédiaire, mais cela meneroit trop loin : on croit fuffifant, pour la faire connoître, d'inférer ici la Délibération du Bureau du 4 Décembre 1777, après que, pour en rendre l'intelligence plus facile, on aura repris quelques faits.

On fait que le Parlement fût rétabli le 12 Novembre 1774; mais il n'en fut pas de même de l'Administration du College de Louis-le-Grand; les Administrateurs Notables nommés par les Lettres Patentes du 25 Septembre 1771 continuerent feuls, avec M. le Grand-Aumônier, M. le Grand-Maître temporel & M. le Principal, à former le Bureau d'Administration; car depuis ce moment, les Membres de la Commiffion intermédiaire (redevenus le Grand-Confeil), qui du 25 Septembre 1771 au 12 Novembre 1774, avoient été Membres du Bureau d'Administration, ne fe crurent plus autorifés à y affifter. Cette Administration, quelqu'imparfaite qu'elle fût, fubfifta jufqu'en 1777.

Dès le commencement de cette année on defira de connoître les opérations du Bureau depuis la réunion jufqu'en 1771 : les premiers Magiftrats eurent à ce fujet des conférences avec M. le Préfident Rolland : on parut très-fatisfait des détails dans lefquels il entra : on infifta pour qu'il voulût bien les mettre par écrit; après y avoir réfifté pendant très-longtems, il fe rendit aux inftances réitérées que l'on lui faifoit (30), & rédigea en très-peu de jours le Mémoire, depuis imprimé en exécution de la Délibération du Bureau du 7 Mai 1778 (31).

Ce Mémoire fut préfenté au Roi, qui voulut bien en témoigner fa fatisfaction (32), il

---

» il a été privé, qu'il croit même devoir ajouter que n'ayant plus, depuis la nouvelle formation
» du Bureau, qu'un coopérateur dans le département dont il a l'honneur d'être chargé, & la
» dèpenfe pour la nourriture des Maîtres & Ecoliers du College de Louis-le-Grand étant un
» des objets les plus importants, il defire beaucoup que ce détail foit confié à quelqu'un qu'il
» connoiffe, & fur lequel il puiffe compter & fe repofer. Sur quoi *la matiere mife en délibé-*
» *ration*, il a été unanimement arrêté que fans aucun délai & ainfi & de la maniere qu'a été
» dépoffedé le fieur Héron, il fera réintégré & rétabli dans fa place d'Econome, aux ap-
» pointemens & gratification à lui ci-devant accordés ».

(30) Ce fait eft configné dans le dire de M. le Grand Aumônier, fur lequel eft intervenue la Délibération du 7 Mai 1778.

(31) Ce Mémoire eft intitulé : *Mémoire fur l'adminiftration du College de Louis-le-Grand, & Colleges y réunis, depuis le moment de la réunion jufqu'au 1er Janvier 1771*, & a été déja cité plufieurs fois dans cette introduction, notamment note 1ere.

(32) On trouve dans la Gazette de France du 17 Août 1778 l'article fuivant.

« Le 9 Août, le Grand-Aumônier de France préfenta au Roi un *Mémoire fur l'Adminiftration*
» *du College de Louis-le-Grand & Colleges y réunis*. Ce Mémoire, rédigé par le Préfident Rolland,
» l'un des Adminiftrateurs, fait connoître les principes qui ont dirigé les opérations du Bureau,
» non-feulement pour l'acquittement de dettes confidérables, mais encore pour l'augmentation
» des Bourfes & des revenus. Sa Majefté a reçu ce Mémoire avec bonté, & en a bien voulu
» témoigner fa fatisfaction ».

opéra

opéra fur le Gouvernement le même effet que tout le public a depuis éprouvé lorfque ce Mémoire fut imprimé ; il fit tomber tous les nuages que depuis quinze ans on cherchoit à jetter fur les opérations du Bureau d'Adminiftration, & convainquit le Gouvernement que le Bureau avoit été très utile aux Colleges réunis.

Le premier effet de cette conviction fut de décider le rétabliffement du Bureau ; en conféquence les Lettres Patentes du 30 Août 1777 (33) furent expédiées. Ces Lettres Patentes fe reportent pour la formation du Bureau à celles du 21 Novembre 1763, n'y donnent pas en conféquence entrée au Principal, ne rétabliffent que quatre Notables, & par le fait fuppriment les trois ajoutés par les Lettres Patentes du 20 Août 1767; elles furent enregiftrées en la Grand'Chambre affemblée le 2 Septembre 1777, & dès le furlendemain le Bureau (34) tint fa premiere féance & procéda à la nomination des Notables; ceux qui avoient été Membres de l'ancien Bureau, & qui étoient à Paris, furent à l'inftant inftallés (35), & auffi-tôt que le Bureau fut formé, on prit la Délibération fuivante :

« DÉCLARE au furplus le Bureau, qu'attendu les événemens furvenus en 1771, il
» entend, au mois de Décembre prochain, relire, confirmer ou changer, fuivant qu'il le
» croira convenable, toutes les Délibérations prifes depuis & y compris le 9 Avril 1771,
» premier Bureau où le nombre des Adminiftrateurs n'a pas été complet ; le tout cepen-
» dant fans prétendre porter atteinte aux baux qui auroient pu être faits, fi ce n'eft dans
» les cas de droit ; non plus qu'à la nomination particuliere des Bourfiers, & les Déli-
» bérations concernant ces deux objets par des *vues fupérieures du bien public*, & par

---

(33) Voyez ces Lettres Patentes ci-après, Iere Partie, Chapitre II.

(34) Le Bureau étoit compofé de quatre Officiers du Parlement, nommés en exécution defdites Lettres Patentes du 30 Août 1777, par Arrêt du 2 Septembre fuivant; de M. *de Sainfray*, Subftitut de M. le Procureur Général, & nommé par ce Magiftrat par acte dudit jour 2 Septembre, & de M. *Fourneau*, Grand-Maître temporel.

Les quatre Officiers du Parlement étoient M. l'Abbé *Sahuguet d'Efpagnac*, Confeiller de Grand'Chambre, M. *le Préfident Rolland*, M. *Rouffel de la Tour*, qui ayant depuis quitté fon Office, a été remplacé par M. *Lefebvre d'Amecourt*, Confeiller de Grand'Chambre, nommé par Arrêt du 29 Mars 1779, & de M. l'Abbé *Tandeau de Marfac*.

(35) Sçavoir, M. *Lempereur*, ancien Echevin, qui après fon décès a été remplacé par M. *Rat de Mondon*, nommé le 7 Janvier 1780, & M. *Villiers de la Noue*, Confeiller au Châtelet; à l'égard de M. *Poan* qui n'étoit pas à Paris, M. le Préfident Rolland fut chargé de lui écrire; il a depuis donné fa démiffion, & a été remplacé par M. *Chupin*, Confeiller au Châtelet, nommé le 19 Février 1778 : enfin le quatrieme Notable qui fut nommé, fut M. *Eftienne*, ancien Bâtonnier des Avocats. Il faut obferver que lorfque les trois premiers Notables eurent été nommés, il fut délibéré *que* MM. *Poan*, *Lempereur & de Villiers*, *qui avoient déja prêté ferment à la Grand'Chambre les 20 Décembre 1763 & 5 Septembre 1767, n'avoient pas de nouveau ferment à prêter ;* & qu'en conféquence MM. *Lempereur & de Villiers* furent dans l'inftant introduits dans la falle d'affemblée, prirent leur place, & concoururent à la nomination de M. *Eftienne*.

I. Partie.   E

» la loi *Barbarius Philippus* (36), font & demeurent dès-à-préfent confirmées par le
» Bureau, qui fe réferve de ftatuer, ce qu'il croira convenable fur les Délibérations
» qui auroient établi lefdits Bourfiers, & que l'exécution qui pourroit être donnée à
» quelques-unes des Délibérations prifes depuis le 9 Avril 1771, de quelque nature
» que fût ladite exécution, ne pourroit être cenfée fuppofer l'approbation d'aucune
» defdites Délibérations, qui ne font réputées que provifoires, jufqu'après la relute &
» confirmation ci-deffus ordonnées ».

On fentit que la relute ordonnée par la Délibération du 4 Septembre 1777, feroit
longue, difficile & fur-tout très-ennuyeufe, c'eft ce qui détermina le Bureau à prendre
le 2 Octobre la Délibération fuivante :

« LE BUREAU, délibérant fur l'exécution de fon arrêté du 4 Septembre dernier,
» relativement à la révifion des Délibérations prifes depuis le 9 Avril 1771, pour
» accélérer ladite révifion, a prié M. le Préfident Rolland de vouloir bien faire ledit
» examen, de fe mettre en état, s'il lui eft poffible, de rendre compte au premier
» Bureau de Décembre prochain, de toutes celles qui font dans le cas d'être confir-
» mées ou infirmées, & généralement de tout ce qu'il croira néceffaire pour l'exécu-
» tion de ladite Délibération ».

Le 4 Décembre 1777, M. le Préfident Rolland rendit le compte dont il avoit été
chargé ; ce compte fut inféré dans la Délibération du même jour, qui eft ainfi
conçue :

M. le Préfident Rolland a dit, « que Meffieurs ayant pris en confidération dans le
» Bureau du 2 du mois d'Octobre dernier, la Délibération du 4 Septembre précé-
» dent, qui ordonne la relute au préfent Bureau, de tout ce qui a été fait pendant leur
» abfence, ont cru, pour éviter la perte de tems qu'entraîneroit cette relute, néceffaire
» cependant pour confirmer ou infirmer (fuivant la Délibération du 4 Septembre)
» tout ce qui a été fait, devoir le prier de faire la lecture & l'examen de toutes les
» Délibérations, pour ne propofer à délibérer au Bureau que fur celles qui ne font pas
» relatives aux baux ou à l'adminiftration journaliere, ces Délibérations ayant été

_____

(36) La Loi *Barbarius Philippus*, qui eft la troifieme du Digefte, au titre *de Officio Prætorum*,
eft relative à un *Efclave*, qui vu fa qualité, étoit incapable de toutes fonctions publiques, &
qui cependant, fous le Triumvirat de *Marc-Antoine*, avoit été nommé *Préteur* ; la Loi décide
que cet *Efclave* ne pouvoit être confidéré que comme un *intrus* ; mais que fes Ordonnances
& Jugemens devoient fubfifter & être exécutés : les Commentateurs, & même la Loi, donnent
deux motifs de cette décifion. 1°. L'intérêt commun de ceux qui avoient été obligés de recourir
à fon Tribunal. 2°. *La tranquillité publique*, motif qui, dans pareilles circonftances, autorifent
à s'éloigner des principes reçus.

Il paroît que les mêmes raifons qui ont dicté la Loi *Barbarius Philippus* avoient fait confirmer par l'*Edit de Novembre mil fept cent foixante-quatorze* ce qui avoit été ftatué par le *Tribunal intermédiaire* ; elles ont également décidé MM. les Adminiftrateurs du College de Louis-
le-Grand à confirmer, par leur Délibération du 4 Septembre 1777, tout ce qui avoit été
délibéré par le *Bureau intermédiaire*, & qui pouvoit intéreffer *la tranquillité publique*.

» confirmées par celle du 4 Septembre dernier, & pour les raifons y énoncées.

» Qu'en exécution de cette Délibération du 2 Octobre dernier, pour mettre le Bu-
» reau en état d'exécuter celle du 4 Septembre précédent, & de connoître toutes les
» opérations qui ont été faites pendant le tems intermédiaire, & par conféquent de les
» confirmer ou infirmer, fuivant que MM. le croiront néceffaire; il avoit lu avec toute
» l'attention dont il étoit capable, toutes les Délibérations prifes depuis & y compris le
» 9 Avril 1771, jufques & y compris le 17 Août dernier; qu'il croit devoir la juftice
» à ceux qui ont tenu le Bureau pendant ces fix ans, d'affurer Meffieurs que l'on a
» fuivi avec beaucoup d'exactitude, relativement au temporel, & notamment en ce
» qui concerne le renouvellement des baux, le plan qui avoit été tracé & pratiqué
» pendant plus de fept ans, avant la difperfion du Parlement. Qu'il en avoit été de
» même du plan de libération des petits Colleges, ce que tous Meffieurs reconnoîtront
» par la comparaifon de la recette & de la dépenfe des différens Colleges réunis au
» moment de la révolution en 1771, & actuellement; qu'enfin, quant à ces deux
» objets importans, il penfe que fi ceux qui ont géré pendant le tems intermédiaire
» s'étoient conformés aux Lettres Patentes de 1767, en remboursant chaque année
» 10,000 livres fur les 250,000 livres empruntées par le College de Louis-le-Grand,
» ce qu'ils ont négligé; s'ils avoient veillé à la confervation du mobilier, qui eft dans
» le plus grand défordre; s'ils n'avoient pas infifté à vouloir rendre M. le Grand-Maître
» refponfable d'un *deficit* prevenu en grande partie par la non exécution, depuis 1771,
» du Réglement du 20 Août 1767, & n'avoient pas, par cette conduite, laiffé échapper
» ou confommer en frais une très-grande partie du gage des Colleges, il n'y auroit
» (relativement au temporel) à donner à leur adminiftration que les plus grands éloges.

» M. le Préfident Rolland a ajouté qu'il étoit fâché de ne pouvoir pas en dire autant
» du furplus de leur adminiftration; que pour en donner à Meffieurs une idée, il fe
» contenteroit de les affurer qu'à l'exception d'un très-petit nombre de Délibérations
» qui feroient dans le cas d'être confirmées, prefque toutes celles qui ont été prifes
» pendant le tems intermédiaire feront fufceptibles d'être réformées (37), & que même
» celles, en très-petit nombre, que le Bureau adoptera, feront prefque toutes dans le
» cas d'être refaites en entier, vu que prefqu'aucunes ne font homologuées; que de
» plus, beaucoup font contraires aux Edits, Arrêts & Réglemens; & que tel eft par
» exemple un Réglement fort long, arrêté le 21 Avril 1774, & dont il faudra faire
» un examen particulier (38), objet même d'autant plus intéreffant, qu'à l'exception

---

(37) En effet, il eft conftant que des quatre-vingt délibérations ou environ qui ont été prifes
par le Bureau, notamment en Décembre 1777 & Janvier 1778, toutes d'après celles faites
par le Bureau intermédiaire, il n'y a pas un quinzieme qui confirment celle du Bureau intermédiaire, toutes les autres les annullent ou au moins les modifient.

(38) Le même jour il a été pris, au fujet de ce Réglement, la délibération fuivante.

4 Décembre 1777.

« M. le Préfident Rolland a dit qu'en exécution des délibérations des 4 Septembre &

» de quelques articles, en très-petit nombre, qui peuvent être bons à conferver, la
» plupart paroiffent dictés par un efprit bien contraire à celui qui a animé le Bureau,
» depuis la réunion jufqu'en 1771 ; qu'au furplus, pour donner à Meffieurs une idée
» de ces Délibérations, il fe contentera de parler de celles relatives aux créations de
» Bourfes. Qu'indépendamment de trente Bourfes créées dans le College de Louis-le-
» Grand les 2 Décembre 1773 & 7 Septembre 1775, fur lefquelles il va propofer
» au Bureau de délibérer, il en a été créé quarante-neuf dans les Colleges réunis ; . . . . .

» 2 Octobre, & pour s'y conformer, il a examiné le Réglement arrêté dans l'affemble de ceux
» qui adminiftroient le College de Louis-le-Grand le 21 Avril 1774 ; que ce Réglement non
» homologué, & qui auroit dû l'être, avoit été précédé de plufieurs délibérations fur différens
» objets, & notamment de deux les 2 Janvier 1772, & onze Janvier 1774, relatives à la
» quantité de bois à fournir aux Maîtres ; qu'il eft divifé en deux Chapitres ; le premier con-
» cernant *l'économie du réfectoire* ; & le deuxieme, *les Maîtres* ; que ce Réglement, qui
» contient cependant, mais en très-petit nombre, quelques articles qui lui ont paru bien vus,
» a excité & devoit véritablement exciter la plus grande réclamation ; que non-feulement cette
» réclamation eft conftatée par différentes délibérations qui ont été prifes à leur fujet, &
» notamment les 5 & 19 Mai 1774 ; mais que ceux qui ont fait le Réglement ont été eux-
» mêmes néceffités d'en changer quelques difpofitions, & ce, par délibérations des 7 Juillet
» 1774, & 24 Avril 1775 ; qu'il croit devoir obferver qu'il eft quelques objets relatifs fur-tout
» à la partie dont l'Econome eft chargé, que le Bureau a implicitement annullées, en ordon-
» nant verbalement, le 4 Septembre dernier au fieur Héron, que le Bureau rétabliffoit dans la
» place d'Econome, de fuivre les erremens qu'il pratiquoit avant 1771 ; que malgré les défauts
» qu'il a trouvés dans ce Réglement, dont d'ailleurs plufieurs articles font littéralement contraires
» aux Edits, Déclarations, Arrêts & Réglemens, il n'a pas cru devoir prendre fur lui de rien
» propofer à ce fujet ; qu'il fe contentera d'obferver à Meffieurs, qu'il croiroit convenable
» de nommer des Commiffaires pour examiner ce Réglement, & en faire un autre ; & qu'il
» penferoit que pour ftatuer fur cet objet avec une pleine & entiere connoiffance, il feroit
» néceffaire d'en conférer avec M. le Principal, avec l'Econome, même avec plufieurs des
» Membres que ce Réglement concerne, & d'avoir en outre les Mémoires qui ont été donnés
» contre plufieurs de ces difpofitions, & qui font dépofés aux archives. »

» « Sur quoi, la matiere mife en délibération, le Bureau a prié MM. Tandeau, de Sainfray,
» Eftienne, & M. le Grand-Maître, de fe réunir chez M. le Préfident Rolland pour y examiner
» ledit Réglement ; enfemble les délibérations des 2 Janvier 1772, 11 Avril, 5, 19 Mai &
» 7 Juillet 1774, & 2 Avril 1775 ; enfemble les Mémoires énoncés dans quelques-unes de ces
» mêmes délibérations, & qui font dépofés aux archives pour, fur leur rapport, être ftatué
» par le Bureau ce qu'il appartiendra. »

» « Arrêté en outre que Meffieurs les Commiffaires pourront confulter l'Econome, ainfi que
» toutes les perfonnes qu'ils croiront pouvoir procurer quelques lumieres fur un Réglement qui
» doit avoir pour objet de perfectionner un établiffement auffi utile que la réunion des Bour-
» fiers dans le College de Louis-le-Grand. »

Lorfque l'on a voulu réformer ce Réglement, il a paru en général fi mauvais que les Commiffaires ont jugé à propos de n'en plus parler, & on a agi comme s'il n'avoit jamais exifté.

» que ces différens Colleges étoient en état de fupporter ces charges & même davan-
» tage, ainfi que les Délibérations qui vont être propofées (& à ce qu'il croit approu-
» vées), le prouveront (39) ; mais qu'aucunes de ces Délibérations ne font en regle,
» n'ayant pas été homologuées; que bien plus, il a été créé dans le College de
» Louis-le-Grand trente Bourfes, par deux Délibérations des 2 Décembre 1773 &
» 7 Septembre 1775 ; que ces deux créations ont, ainfi que les autres, le vice de n'avoir
» pas été homologuées; mais que de plus elles font abfolument nulles, comme con-
» traires aux Délibérations du Bureau des 10 Mai & 21 Août 1770, homologuées par
» Arrêt du 4 Septembre fuivant ; qu'en effet, loin de fuivre l'ordre prefcrit par lefdites
» Délibérations de 1770, pour l'établiffement des Bourfes, & que le défintéreffement
» avoit dicté à Meffieurs, (ordre dont M. le Procureur Général avoit fait le plus grand
» éloge dans fa requête, fur laquelle ces Délibérations avoient été homologuées,) &
» en conféquence, de n'en créer à la nomination libre du Bureau, qu'après en avoir
» créé qui puiffent profiter aux Etudes, les trente Bourfes établies par lefdites Déli-
» bérations des 2 Décembre 1773 & 7 Septembre 1775, font toutes à la nomina-
» tion libre du Bureau.

» Au furplus, M. le Préfident Rolland a fini fon compte en obfervant que pour mé-
» nager les momens de Meffieurs, il n'avoit pas cru devoir leur faire un état détaillé
» de toutes les Délibérations qui font dans le cas d'être confirmées ou infirmées; mais
» qu'il avoit remis à chacun des Meffieurs toutes les Délibérations relatives aux Col-
» leges de leurs départemens, fur lefquelles il croyoit que le Bureau devoit délibérer;
» qu'il s'étoit contenté d'y joindre fes réflexions, même quelquefois le projet des
» Délibérations qu'il penfoit convenables de propofer; que Meffieurs de chaque dépar-
» tement rendront compte de ces objets, & mettront en délibération ce qu'ils jugeront
» à propos pour le bien & l'avantage des Etudes & des Colleges dont le foin leur eft
» confié; qu'à fon égard il étoit en état de propofer fes idées & fes vues fur tout ce
» qui concerne le premier département dont il a l'honneur d'être chargé.

» Que ces Délibérations étoient de deux fortes, les unes générales & les autres
» particulieres; que les générales étoient celles ou qui formoient Réglement ou qui
» concernoient l'adminiftration générale, foit des biens, foit des Bourfiers réunis, foit
» du College de Louis-le-Grand, confidéré comme renfermant dans fon fein la totalité
» des Bourfiers & la geftion de leurs biens ; & que tout ce qui avoit rapport aux
» Maîtres, & notamment à leurs honoraires & au choix qui devoit en être fait ; à la
» nourriture & aux marchés y relatifs ; aux réparations générales & aux marchés à faire
» à ce fujet avec les Entrepreneurs; aux claufes générales à inférer dans les baux; à la
» fûreté de la caiffe; à la facilité de la perception & à la diminution des dépenfes;
» quoique la plupart particulieres au College de Louis-le-Grand, lui paroiffoient cepen-
» dant devoir être confidérés comme des objets intéreffant la totalité de l'adminiftra-

---

(39) En effet, en Décembre 1777 & Janvier 1778, il a été créé environ cent Bourfes dans
les Colleges réunis.

» tion. Que les particulieres étoient celles qui concernoient chaque College en parti-
» culier, & qui étoient relatives à fes biens ou à fes Bourfiers......... Sur quoi le
» Bureau a unanimement remercié M. le Préfident Rolland des foins & des peines
» que l'opération dont il a bien voulu fe charger, & dont il vient de rendre compte,
» lui a coûté, & a arrêté qu'il fera fait regiftre du récit de M. le Préfident Rolland ».

Un des premiers foins du Bureau fut de mettre la comptabilité en regle. Il penfa ne
devoir avoir aucun égard aux comptes arrêtés par le Bureau intermédiaire, & il s'en
fit rendre un des fept années, du 1er Octobre 1770 au 1er Octobre 1777; il crut cependant utile de conferver à titre de renfeignemens les comptes arrêtés par le Bureau intermédiaire, il fut même le 2 Septembre 1779 délibéré de les faire relier pour qu'ils ne
s'égaraffent pas.

Le premier examen des dépenfes faites pendant les fept années prouva l'infuffifance
de la part contributoire; en conféquence le Bureau s'en occupa dès le 2 Janvier 1778,
& on trouve dans la Délibération de ce jour les principes d'après lefquels on doit déterminer cette contribution; mais il jugea à propos de remettre à la fixer après qu'il auroit
arrêté le compte des fept années échéantes le 1er Octobre 1777, & effectivement fa
Délibération fur ce fujet n'eft que du 16 Juillet 1778 (40). Cette Délibération a été
une de celles confirmées par l'article II des Lettres Patentes du 19 Mars 1780 (41).

Mais avant de parler de ces Lettres Patentes, il faut obferver que le Roi avoit
jugé à propos de donner le 3 Septembre 1778, une Déclaration pour le College de
Me Gervais (42), & que dans cette Loi on a inféré plufieurs articles du Réglement
de 1767, ou qui partoient du même efprit. Le dernier article de cette Déclaration eft
conçu en ces termes :

*Voulons au furplus que les Lettres Patentes du 20 Août 1767, & le Réglement atta-
ché fous le contre-fcel defdites Lettres Patentes, foient exécutés en ce qui n'eft pas contraire à ces préfentes.*

Comme le Réglement de 1769 avoit été rédigé en très-grande partie pour contrarier
celui de 1767 dont on reconnoiffoit l'utilité : cet article avoit été ajouté pour rendre
toute fon activité au Réglement de 1767 : ce fut dans le même efprit que le Roi fit, le

---

(40) C'eft le même jour 16 Juillet 1778 que fur la demande de M. *Fourneau* le Bureau lui a
accordé pour furvivancier & coadjuteur M. *Girault de Keroudon*, ancien Principal du College
de Cornouailles, Profeffeur Emérite en l'Univerfité de Paris, Lecteur & Profeffeur au College
Royal. La Délibération porte que cette nomination eft faite *à la charge par ledit Coadjuteur
de ne pouvoir prendre féance au Bureau qu'en l'abfence du Grand-Maître temporel, & feulement
après qu'il aura prêté ferment en la Grand'Chambre.* Et effectivement le premier Bureau où le
Coadjuteur a affifté, eft celui du 6 Août 1778, & il avoit prêté ferment en la Grand'Chambre
le 17 du mois précédent.

(41) Voyez ces Lettres Patentes ci-après, Iere Part. Ch. II.

(42) Voyez cette Déclaration dans le Chapitre relatif au College de Me Gervais, ci-après
IIe Part. Chapitre XIX.

14 Février 1779, expédier pour le College de Beauvais, des Lettres Patentes (43) conformes à la Déclaration du 3 Septembre précédent, & où on avoit encore repris plusieurs articles du Réglement de 1767.

Le Bureau vit avec une très-grande satisfaction que l'on revenoit au Réglement de 1767. Il avoit, dès le 6 Août 1778, délibéré « de prier M. le Grand-Aumônier d'em-
» ployer ses bons offices à l'effet que, dans les premieres Lettres Patentes qui feront
» données en exécution de l'article VI des Lettres Patentes du 30 Août 1777, il plaise
» à Sa Majesté vouloir bien rendre au Principal la place au Bureau d'Administration,
» que le feu Roi avoit jugé à propos de lui accorder par ses Lettres Patentes du 20
» Août 1767 ».

Les loix des 3 Septembre 1778 & 14 Février 1779 déciderent le Bureau à faire de nouvelles instances, & par Délibération du 4 Juin 1779, il fut arrêté « que le Roi
» seroit supplié d'étendre, ainsi que Sa Majesté a bien voulu le déclarer dans le préam-
» bule des Lettres Patentes du 14 Février 1779, à tous les Boursiers réunis au
» College de Louis-le-Grand, les dispositions desdites Déclarations & Lettres Patentes,
» même abroger, autant que de besoin, les Lettres Patentes du 1er Juillet 1769, &
» ordonner, plus en détail, l'exécution de celles du 20 Août 1767, & en conséquence
» rétablir le Principal dans le Bureau, ainsi qu'il a déja été demandé par la Délibé-
» ration du 6 Août dernier; remettre dans le Bureau les trois Administrateurs Nota-
» bles ajoutés par la loi de 1767, & supprimés par celle de 1777, & rendre au Bureau
» la nomination & destitution des domestiques qui lui avoient été confiées par la loi de
» 1767, & que lui avoit ôté celle de 1769. M. le Président Rolland a été prié de
» dresser incessamment le projet de ces Lettres Patentes, & de se réunir à M. le
» Grand-Aumônier & à M. de Sahuguet d'Espagnac, (qui ce jour-là n'étoient pas au
» Bureau,) pour engager M. le Garde des Sceaux à obtenir du Roi des Lettres Pa-
» tentes conformes à la présente Délibération ».

Cette Délibération n'a pas été adoptée en entier par les Lettres Patentes du 19 Mars 1780. Le Roi s'est contenté, en confirmant d'autres Délibérations du Bureau, de statuer seulement sur deux objets de celle du 4 Juin 1779; il a étendu à toutes les Boursses réunies dans le College de Louis-le-Grand les dispositions de ses loix de 1778 & 1779 pour les Colleges de Me Gervais & de Beauvais, & a accordé au Principal *actuel* séance au Bureau; mais il n'a pas jugé à propos de statuer sur les autres objets de la Délibération du 4 Juin 1779: pour y suppléer, d'abord quant aux domestiques (44), M. le Principal a lui-même proposé de revenir au Réglement de 1767, tant sur cet objet, que sur la forme d'avertir les Nominateurs, lors de la vacance (45) des

---

(43) On trouvera ces Lettres Patentes ci-après IIe Part. Chap. IV, avec les détails relatifs au College de Beauvais.

(44) Voyez la Délibération du 15 Février 1781, en note des Lettres Patentes du 1er Juillet 1769 ci-après, Iere Part. Chap. II.

(45) Voyez la Délibération du 5 Avril 1781, pareillement en note desdites Lettres Patentes du 1er Juillet 1769.

Bourfes : reſtoit l'augmentation des trois Notables. M. le Préſident Rolland jugea néceſſaire de foumettre de nouveau cet objet à la delibération du Bureau : on a cru devoir inférer ici en note (46) la propoſition faite à ce fujet par M. le Préſident

---

(46) M. le Préſident Rolland a dit,

 « Monſeigneur,

 » Je ſuis convaincu que vous vous rappellez, ainſi que tous Meſſieurs, les diſcuſſions qui ont
 » été faites en différens tems, & même en différens lieux, tant au Bureau que chez vous ,
 » Monſeigneur, pour ſavoir s'il étoit utile d'augmenter les Adminiſtrateurs notables ; j'ai tou-
 » jours, ainſi que la très-grande pluralité du Bureau, été pour l'augmentation ; ceux qui adop-
 » toient cet avis, avoient pour eux la choſe jugée par les Lettres Patentes du 20 Août 1767,
 » qui n'ont été données qu'après le plus grand examen, ainſi que je l'ai détaillé dans mon
 » Mémoire dont le Bureau a bien voulu ordonner l'impreſſion par ſa Délibération du 7 Mai
 » 1778. Lorſque cette affaire fut diſcutée le 4 Juin 1779 dans un Bureau ordinaire, compoſé
 » des deux tiers des Adminiſtrateurs, Meſſieurs furent unanimes : cependant cette diſpoſition
 » n'a pas été inférée dans les Lettres Patentes du 19 Mars 1780.

 » Dans ces circonſtances, pénétré, comme je l'ai toujours été, de la néceſſité de cette aug-
 » mentation, j'ai cru devoir profiter du moment où le Bureau étoit complet, pour remettre
 » cette matiere en délibération ; & perſuadé, d'après une expérience de dix-huit ans, fruit
 » du travail pénible auquel je me ſuis livré depuis 1763 pour la formation du College de Louis-
 » le-Grand, qu'il eſt d'autant plus néceſſaire que chaque département ſoit compoſé de trois Ad-
 » miniſtrateurs, qu'il eſt certain que j'ai preſque toujours été le ſeul des Magiſtrats du Parle-
 » ment qui s'en ſoit occupé, & le changement qui a été fait par les Lettres Patentes du 30
 » Août 1777, ne peut que contribuer à priver le Bureau de leur préſence ; en conſéquence,
 » ſi ma ſanté & mes affaires m'obligent (ce qui eſt fort probable) de ſuivre l'exemple de mes
 » Confreres, exemple au ſurplus qui ſera ſûrement ſuivi par mon ſucceſſeur, & peut-être auſſi
 » par le Subſtitut de M. le Procureur Général, qui remplacera celui qui a coopéré avec nous à
 » ce grand & bel établiſſement ; il en réſultera que l'adminiſtration ſera concentrée dans quatre
 » ſeuls Adminiſtrateurs, auxquels joignant M. le Grand-Maître, (car M. le Principal n'eſt pas
 » pour les Lettres Patentes du 19 Mars 1780, déterminément du Bureau) il n'exiſtera dans le
 » fait que cinq Adminiſtrateurs ; & cependant les Délibérations ne ſont, d'après les Réglemens,
 » valables que quand il ſe trouve ſix Adminiſtrateurs au moins. Je pourrois ajouter que le Bureau
 » n'étant pas ſûr d'avoir toujours un Grand-Maître auſſi attaché au College, auſſi capable &
 » d'une probité auſſi certaine que celui que nous avons, il peut ſe trouver des circonſtances
 » (& il y en a même de prévues par les Lettres Patentes de 1767) où le Bureau auroit à dé-
 » libérer, relativement au Grand-Maître, ce qui deviendroit impoſſible dans l'état actuel, ſi les
 » Officiers du Parlement s'en abſentoient totalement, ou même n'y aſſiſtoient qu'ainſi que ſont
 » les premiers Magiſtrats dans les Bureaux de l'Hôtel-Dieu & de l'Hôpital-Général.

 » De plus, des raiſons d'affaires, de ſanté ou de grand âge, peuvent empêcher Meſſieurs les
 » Notables de s'occuper de leurs départemens. Quel déſordre n'en réſulteroit-il pas alors, ſur-
 » tout lorſqu'il ſera queſtion du premier département ? A ces raiſons, quelques importantes
 » qu'elles ſoient, on peut encore en ajouter deux, qui ſeules, je crois, ſeroient capables de
 » décider pour l'admiſſion ; raiſons qui, jointes à celles que je viens d'expoſer, ont déterminé

                                                                              Rolland

Rolland le 15 Février 1781, & ce qui enſuivit, & c'eſt par cette diſcuſſion que l'on terminera cette Introduction.

» le ſuffrage de toutes les perſonnes, & notamment de tous les Magiſtrats qui ont coopéré, en » très-grand nombre, à la rédaction des Lettres Patentes de 1767.

» La premiere de ces raiſons eſt, que lorſque deux Notables étoient chargés du même dé- » partement, l'un des deux s'eſt toûjours donné la peine de vérifier lui-même toutes les répa- » rations à faire, & de les conſtater après qu'elles étoient faites; d'inſpecter même juſques à » un certain point les réparations conſidérables, détail qui ſera peut-être regardé comme mi- » nutieux par quelques perſonnes, mais détail important dans une adminiſtration qui poſſede » environ deux cents maiſons, dont il y en a beaucoup de mauvaiſes; détail enfin auquel » Meſſieurs les Notables ſe ſont livrés juſqu'en 1771, mais dont leur petit nombre depuis » 1777 ne leur a pas permis de s'occuper; d'où il réſulte une augmentation conſidérable » dans les réparations, & par conſéquent une diminution dans la portion des revenus deſtinés » à créer des Bourſes.

» La ſeconde, qu'exiſtant dans chaque département deux Notables, l'on préſumoit qu'il y » en auroit toujours un 'en état de veiller aux intérêts des Colleges qui leur étoient confiés; & » que l'un des deux ceſſant d'être Adminiſtrateur pour quelque cauſe que ce ſoit, celui qui reſ- » teroit ſeroit à portée d'inſtruire le nouvel Adminiſtrateur, de le mettre au courant des opé- » rations, ce qui conſerveroit une uniformité d'adminiſtration, objet important pour ſa per- » pétuité.

» Au ſurplus, Monſeigneur, je le répéte, une expérience de dix-huit ans; la connoiſſance » que j'ai de tous les détails de notre adminiſtration; la néceſſité où eſt le premier départe- » ment, même compoſé de trois Adminiſtrateurs, de ſe faire aider par ceux des autres dépar- » temens (ce qui eſt effectivement preſcrit pour pluſieurs circonſtances dans le Réglement de » 1767); la conviction intime où je ſuis que le défaut d'admiſſion des trois nouveaux Notables » entraînera la ruine du College de Louis-le-Grand; la décharge de ma conſcience; le deſir & » même la volonté la plus déterminée que l'on ne m'accuſe pas d'avoir laiſſé perdre par ma » faute un établiſſement auſſi important; toutes ces raiſons, Monſeigneur, me déterminent à » vous prier de mettre en délibération, s'il convient de perſiſter dans la Délibération du 4 Juin » 1779, relativement à l'admiſſion dans le Bureau de trois Adminiſtrateurs notables. Au ſur- » plus, quelle que ſoit l'iſſue de la Délibération que je provoque, ainſi que des démarches qui ſe- » roient faites en conſéquence pour obtenir de Sa Majeſté des Lettres Patentes conformes à » celles de 1767; ces Lettres Patentes qui ont été le fruit de la plus mûre délibération, & qui » n'ont été données qu'après qu'un grand nombre de Magiſtrats, tant du Conſeil que du Parle- » ment, ont été conſultés (Magiſtrats dont je conſerve précieuſement les avis) ſeront, ainſi » que l'avis de ces Magiſtrats & mon préſent dire, ma décharge, dans le cas où Meſſieurs les » Adminiſtrateurs notables ne ſeroient pas augmentés, & qu'il en réſulteroit (ainſi que j'oſe le » prédire) le même cahos qui a exiſté pendant le Bureau intermédiaire, cahos qui auroit en- » traîné la ruine totale de ce College, s'il n'y avoit été par Meſſieurs promptement remédié, » & qui l'entraînera inévitablement, s'il exiſte jamais dans notre adminiſtration.

» Sur quoi la matiere miſe en délibération.

» Le Bureau a continué la délibération à la premiere aſſemblée du mois de Mai prochain, » qui ſe tiendra le Jeudi 3 dudit mois, & le Secrétaire Archiviſte a été chargé de rappeller à

I. Partie. F

Au furplus, ce Recueil fera divifé en deux Parties.

La premiere contiendra les Loix, Réglemens & Délibérations générales, & fera compofée de *dix-fept Chapitres.*

La feconde renfermera les détails relatifs à chaque College réuni, & contiendra *vingt-neuf Chapitres.*

» Meffieurs les Adminiftrateurs qui fe trouveront à la feconde affemblée du mois d'Avril pro-
» chain, laquelle, attendu la quinzaine de Pâques, fe tiendra le Lundi 23 dudit mois, l'objet
» de la délibération indiquée au 3 Mai fuivant, & d'écrire pour le même objet ledit jour 23
» Avril à ceux de Meffieurs les Adminiftrateurs qui ne fe trouveroient pas à l'affemblée dudit
» jour ».

Le Secrétaire s'eft, le 23 Avril 1781, acquitté de la miffion qui lui avoit été donnée ; cependant plufieurs des Adminiftrateurs s'étant trouvés abfens le 3 Mai, il n'a pas été délibéré fur la propofition faite le 15 Février précédent par M. le Préfident Rolland.

CHAPITRE PREMIER.

Du Portrait du feu Roi & des Jetons frappés par ordre du Bureau.

Du Jeudi 11 Octobre 1764.

LE BUREAU assemblé pour la premiere fois dans la Salle à ce destinée par MM. les Commissaires, M. le Président Rolland a dit :

Délibérations relatives au portrait de *Louis XV* que ce Prince a bien voulu accorder au Bureau sur sa demande.

MESSIEURS, ayant l'honneur de présider le Bureau d'Administration le jour qu'il prend possession des Salles destinées à ses Assemblées par MM. les Commissaires, en exécution des Lettres Patentes du 21 Novembre 1763, je croirois manquer à ce que je vous dois, si, avant toute délibération, je ne commençois par vous proposer de porter au pied du Trône les assurances de notre respect, de notre fidélité & de notre reconnoissance pour le Souverain sous l'empire duquel nous avons le bonheur de vivre. Ce Prince, si digne de notre amour, non-seulement a de nouveau fondé ce College, l'a comblé de ses dons, lui a accordé des privileges, des exemptions, l'a rendu à l'Université qui le réclamoit à tant & à de si justes titres; a étendu ses soins paternels sur une portion considérable & précieuse de la jeunesse de ses Etats qu'il a mise à portée de remplir les intentions des Fondateurs en devenant utile à leur Patrie, mais encore il a voulu que l'Université & ses différentes Facultés, Nations ou Corps qui en dépendent fussent réunis dans un College qui jouit de l'honorable distinction d'avoir pour fondateur LOUIS-LE-GRAND, & pour restaurateur LOUIS-LE-BIEN-AIMÉ.

L'inscription que ceux de MM. du Parlement qui ont ainsi que moi le double avantage d'être membres de ce Bureau & Commissaires de la Cour ont fait placer (47) sur la principale entrée de ce College, & les Médaillons représentant Sa Majesté & son auguste Bisaïeul que nous avons fait graver sur la porte, ont été les foibles marques que nous avons pu donner de notre zele & de notre reconnoissance. Si en qualité de Commissaires de la Cour, nous avons prévenu les vœux du Bureau, en qualité d'Administrateur, je crois devoir, à la place que j'ai l'honneur de remplir aujourd'hui,

---

(47) Cette inscription est ainsi conçue :

Collegium Ludovici Magni, in quo Academiæ Parisiensis Ædes alumnique & Collegium Dormano-Bellovacæum, ex munificentia Ludovici decimi quinti Regis dilectissimi 1764.

F ij

d'être le premier à proposer de faire passer à Sa Majesté les témoignages des sentimens qui animent tous Messieurs les Administrateurs.

Images vivantes de la Divinité, les Souverains ne peuvent recevoir plus dignement les vœux de leurs Sujets que lorsque ceux-ci suivent la route que nous a tracée l'Éternel pour le remercier des graces dont il nous comble. La demande de nouveaux bienfaits est l'hommage le plus pur & le plus digne que l'on puisse rendre pour ceux que l'on a obtenus. Supplions donc Louis le Bien-Aimé de nous accorder son portrait pour le placer dans cette Salle. Il est gravé dans tous nos cœurs en caracteres ineffaçables; il le sera également dans ceux de nos successeurs, & ce nouveau bienfait mettant le comble à ceux que nous avons reçus, augmentera, s'il est possible, notre reconnoissance & notre zèle à remplir les devoirs que Sa Majesté nous a imposés en nous confiant l'Administration de ce College. Pouvons-nous remettre le soin de nous procurer cette grace en de meilleures mains qu'en celles de M. le Contrôleur Général. Messieurs sçavent l'intérêt qu'avec tant de raison il prend à cet établissement. La confiance que Sa Majesté lui a marquée en le chargeant de l'administration de ses finances, si Elle nous prive de sa présence, est en même tems un témoignage non-seulement bien flatteur pour M. le Contrôleur Général, mais je puis dire pour tous les Membres de ce Bureau, puisque nous devons toujours le compter parmi nous, & que nous regarderons toujours comme nous étant personnelles, les différentes graces dont Sa Majesté récompensera son zèle pour son service & son attachement à sa personne sacrée.

Sur quoi la matiere mise en délibération,

Le Bureau a unanimement arrêté que la proposition faite par M. le Président Rolland sera transcrite sur le Registre, comme étant l'expression fidelle des sentimens de tous Messieurs, & qu'il lui en sera, par le Secrétaire du Bureau, délivré, ainsi que de la présente délibération, une expédition, pour, par lui, l'envoyer à M. le Contrôleur Général, en le priant de vouloir bien la remettre à Sa Majesté, & la supplier d'accorder son portrait pour le placer dans la Salle destinée aux Assemblées du Bureau d'Administration.

Du Jeudi 25 Octobre 1764.

Lecture faite d'une Lettre de M. le Contrôleur Général en date du 23 de ce mois, par laquelle il fait part au Bureau que Sa Majesté veut bien accorder son portrait; il a été arrêté que ladite Lettre sera transcrite sur le Registre à la suite de la Délibération de ce jour, & que M. le Président Rolland sera prié de lui accuser la réception de ladite Lettre, & de le prier de marquer à Sa Majesté la soumission & le respect du Bureau; & à lui personnellement la reconnoissance dudit Bureau, & sa confiance aux bons offices qu'il voudra bien continuer de rendre aux Colleges réunis.

Du Jeudi 7 Mars 1765.

M. Le Président Rolland a fait part au Bureau d'une Lettre de M. le Contrôleur Général, en date du 9 Février dernier à lui adressée, par laquelle M. le Contrôleur

Général le prévient que le Portrait du Roi que le Bureau d'Adminiftration a demandé, eft prêt ainfi que la bordure que M. de Marigny y a fait ajouter : lecture faite de ladite Lettre, il a été arrêté qu'elle fera dépofée aux archives du College de Louis-le-Grand, & que le fieur de Ponchon fera chargé de s'adreffer à M. Jeaurat, Garde des Tableaux du Roi à Verfailles, pour retirer ledit Portrait, & fera toutes les démarches néceffaires pour le faire tranfporter à Paris; à l'effet de quoi il lui fera remis une copie de la Lettre de M. le Contrôleur Général.

Du Jeudi 21 Février 1765.

LE BUREAU délibérant fur les Jetons à frapper pour être diftribués aux Membres du Bureau de difcipline, en exécution de l'article XIV des Lettres Patentes du 16 Août 1764, vérifiées en la Cour le 28 dudit mois, a arrêté que fur la Médaille il fera gravé les buftes de Louis XIV & de Louis XV, avec ces mots pour légende, *Collegii Fundatores augufti :* & fur le revers, une montagne dont fortiront plufieurs fources fe réuniffant dans un même baffin & formant dès leur naiffance un fleuve, & pour légende : *Major è confluvio ubertas* ; & dans l'exergue : *Coll. Ludov. Mag. Acad. ex munificentia Ludovici dilectiffimi 1763* , & M. le Préfident Rolland, conjointement avec M. l'Empereur, ont été chargés de donner leurs foins pour faire graver ladite Médaille (48).

Du Jeudi 18 Juillet 1765.

M. le Préfident Rolland a dit qu'en exécution de la Délibération du 7 Mars dernier, il a, conjointement avec M. Lempereur, fait les démarches néceffaires, tant pour faire graver les coins que pour faire frapper les Jetons arrêtés par le Bureau en conféquence de ladite Délibération ; que dans ces circonftances il croit devoir propofer à Meffieurs de délibérer, 1°. fur les préfens à faire dudit Jeton. 2°. S'il ne conviendroit pas d'en faire frapper un d'or pour être préfenté au Roi. 3°. S'il ne feroit pas opportun d'en faire frapper de cuivre pour être diftribués. 4°. De pourvoir au paiement tant du fieur Roëtiers, qui a fait les coins, qu'à celui du prix defdits Jetons. 5°. De prefcrire à M. le Grand-Maître l'emploi defdits Jetons, &c. Sur quoi la matiere mife en délibération, il a été arrêté :

─────────────────────────

(48) On a cru devoir joindre ici l'empreinte des deux côtés de ce jeton.

1°. Que MM. Rolland & Lempereur feront priés de faire frapper un Jeton d'or & 200 de cuivre.

2°. Que M. le Préfident Rolland fera chargé d'adreffer à M. le Contrôleur Général le Jeton d'or, & de le fupplier de le préfenter au Roi comme un modele du Jeton que Sa Majefté a ordonné par fes Lettres Patentes du 16 Août 1764 ; & de lui renouveller en même tems les affurances du refpeĉt, de la foumiffion & de l'amour des Membres du Bureau pour fa perfonne facrée, & de le fupplier de continuer de protéger un établiffement qui eft l'ouvrage de fa fageffe & de fon amour pour fes Sujets.

3°. Qu'en même tems M. le Préfident Rolland enverra à M. le Contrôleur Général deux Jetons d'argent & deux de cuivre en le priant de les accepter comme une marque de la reconnoiffance du Bureau.

4°. Que M. le Grand-Maître fera chargé de porter à M. le Premier Préfident, à M. le Procureur Général & à M. Molé, ancien Premier Préfident, pareille quantité de Jetons d'argent & de cuivre.

5°. Que par le Secrétaire du Bureau il fera porté à M. Bignon, Bibliothéquaire du Roi, fix Jetons d'argent & 12 de cuivre, en le priant d'en dépofer deux de chaque façon dans le Cabinet des Médailles.

6°. Qu'il fera remis au prochain Bureau, à tous MM. les Membres du Bureau d'Ad-miniftration, deux Jetons d'argent & quatre de cuivre, & que le Secrétaire du Bureau fera chargé de les porter aux Membres du Bureau qui ne fe trouveront point à la prochaine féance, & qu'il fera pareillement remis au Secrétaire, pour lui, un Jeton d'argent & deux de cuivre.

7°. Qu'il fera par M. le Grand-Maître donné à chacun des Membres du Tribunal de l'Univerfité, un Jeton d'argent & deux de cuivre, & feulement deux de cuivre à chaque Membre du Bureau de Difcipline.

8°. Qu'il fera par le même donné à chaque Profeffeur du Collège de Louis-le-Grand un Jeton d'argent & un de cuivre.

9°. Qu'il fera, auffi, par M. le Grand-Maître, donné à chaque Sous-Principal, Maître ou Sous-Maître, ainfi qu'aux Précepteurs particuliers, deux Jetons de cuivre.

10°. M. Lempereur a été autorifé à retenir fix Jetons d'argent & douze de cuivre pour être diftribués aux Graveurs & aux Artiftes auxquels il eft d'ufage d'en donner......

15°. Que les coins feront dépofés aux archives dans un étui qui fera fait à cet effet.

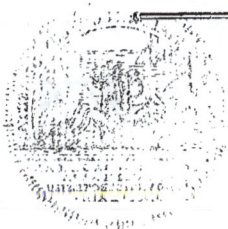

CHAPITRE II.

Lettres Patentes enregiſtrées au Parlement.

ON a cru utile de réunir dans ce Chapitre toutes les différentes **Lettres Patentes** que le Roi & ſon illuſtre aïeul ont jugé à propos de donner pour la réunion des Bourſiers ou à ſon occaſion ; quelques-unes de ces Loix ou plutôt quelques-unes de leurs diſpoſitions, n'ont rapport qu'au College de Louis-le-Grand , *comme College particulier*, mais elles ſont en très-petit nombre ; en conſéquence on n'a pas cru devoir les ſéparer des autres articles de ces Loix : on a rangé toutes les Lettres Patentes, ſuivant leurs dates, parce que cet ordre a paru le plus ſimple ; que d'ailleurs , au moyen de la Table que M. *Chupin* ſe propoſe de rédiger, on retrouvera aiſément cha-que objet particulier : on a déja dit dans l'*Introduction**, qu'à chaque article on avoit ajouté les éclairciſſemens qui avoient paru néceſſaires ; on finira ce préambule par obſerver que l'on a cru devoir ſupprimer pluſieurs articles ; ſavoir , ceux relatifs au College de Liſieux, qui n'eſt pas reſté dans le College de Louis-le-Grand, & ceux qui depuis ont été changés par des Lettres Patentes.

* *Page* 30.

LOUIS, par la grace de Dieu, Roi de France & de Navarre, à tous ceux qui ces préſentes Lettres verront, SALUT. (49) Lorſque nous avons fait connoître nos inten-tions pour la conſtruction de la nouvelle Egliſe de Sainte Genevieve, Nous avons permis aux Abbé & Chanoines Réguliers de l'Abbaye Royale de Sainte Genevieve-du-Mont, de traiter avec les propriétaires de différens terreins néceſſaires pour ladite Egliſe, & pour les place & abords d'icelle : & comme le College de Liſieux s'eſt trouvé faire partie deſdits terreins, le progrès de la conſtruction de ladite Egliſe a engagé leſdits Abbé & Chanoines Réguliers à faire, de concert avec les Supérieurs dudit College, les eſtimations deſdits terreins & bâtimens, & de Nous propoſer les arrangemens qui leur ont paru les plus convenables pour remplir l'objet de noſdites intentions, & dédommager en même tems ledit College, dans ces arrangemens, de tout ce qui lui pourroit porter préjudice. C'eſt dans cette vue qu'ils Nous auroient ſupplié d'agréer & de munir du Sceau de notre autorité, la tranſlation de l'Exercice dudit College dans celui de Louis-le-Grand, qui n'en eſt pas éloigné, & dont le terrein & les bâtimens ſont originairement deſtinés à l'Inſtruction publique de la Jeuneſſe : mais l'étendue de ces bâtimens, trop grande pour la deſſerte dudit College de Liſieux ,

LETTRES PATENTES *du* 21 *Novembre* 1763. Portant tranſla-tion du College de Liſieux dans celui de Louis-le-Grand, ainſi que des Bourſiers des Colleges de non plein exercice, & du Tribunal, des archives & des aſſemblées de l'Univerſité, & réglement pour ces objets.

---

(49) On a ſupprimé du diſpoſitif de ces Lettres Patentes tout ce qui y étoit relatif au College de Liſieux, remplacé depuis par celui de Beauvais, & au Bureau de Diſcipline depuis ſupprimé par les Lettres Patentes du 20 Août 1767, ainſi que les articles devenus inutiles dans l'exé-cution.

LETTRES
PATENTES
du 21 *Novembre*
1763.

Nous a fait porter nos vues plus loin., & notre attention pour tout ce qui touche à l'éducation & à l'inftruction de nos Sujets , fur-tout de ceux dont les facultés ne leur permettent pas de jouir des mêmes avantages que les autres , Nous a fait envifager que rien ne feroit plus utile que de réunir en même tems dans ledit College tous les Bourfiers fondés en différens Colleges de notre bonne ville de Paris , dont le peu de revenu y a depuis long-tems fait ceffer l'inftruction publique ; en mettant par ce moyen tous lefdits Bourfiers en état de profiter des Exercices publics qui feront faits dans ledit College par ceux qui defferviront le College de Lifieux , Nous les ramenerons à leur premiere inftitution , où ils avoient l'avantage d'être inftruits dans leurs Colleges par des Maîtres de notre Univerfité ; Nous leur procurerons une éducation plus fûre du côté des mœurs & de la difcipline, extrêmement affoiblie par leur partage en différens Colleges ; Nous chargerons notre Univerfité d'y veiller continuellement par un Bureau qui fera compofé de fes principaux Membres ; & par une inftitution fi utile , nous formerons une pepiniere abondante de Maîtres dont notre Etat a befoin , & qui y répandront par-tout cette émulation fi défirable pour l'éducation de nos Sujets ; nous maintiendrons en même temps avec foin les droits & les intentions des Fondateurs ; & comme nous avons lieu d'efpérer que la bonne adminiftration que nous établirons auffi de tous les biens defdits Colleges , en augmentera le revenu , l'ufage qui en fera fait fuivant les regles que nous prefcrirons à cet égard, ajoutera encore aux droits defdits Fondateurs , en mettant un plus grand nombre d'enfans des pauvres , qu'ils ont eu principalement en vue , à portée d'en reffentir les effets par l'augmentation defdites Bourfes ; & fi un arrangement auffi favorable , à tous égards , nous oblige de fupprimer des places qui , trop multipliées, ne pouvoient être remplies au gré de nos defirs , le dédommagement que nous procurerons à ceux qui en font actuellement revêtus., fera connoître qu'aucun objet n'a échappé à notre attention & à notre juftice ; nous nous fommes d'autant plus déterminé à cet arrangement, que nous avons vu par les avis des perfonnes les plus capables de notredite Univerfité, auxquelles notredite Cour de Parlement avoit , fous notre bon plaifir., confié l'examen de cet objet important , qu'elle regardoit cette réunion comme le feul moyen de réformer les abus qui s'étoient gliffés dans lefdits Colleges , & de rendre tant de fondations de Bourfes vraiment utiles à notre Etat : les vues du bien public qui l'ont feules conduite dans ce projet , nous ont fait reconnoître en elle avec fatisfaction ce même attachement à Nous & au bien de nos Sujets , qui lui a procuré fi juftement le titre honorable de notre fille aînée , & c'eft pour lui témoigner de plus en plus notre affection , que nous avons cru ne pouvoir faire un meilleur ufage du furplus des bâtimens du College de Louis-le-Grand , que de lui permettre d'y tenir fon Tribunal & fes Affemblées , & d'y dépofer fes Archives, même d'y donner des logemens , autant que faire fe pourra , à quelques-uns de fes Profeffeurs Emérites, afin que leur repos même puiffe être utile audit College , & que tout concourre à faire de cet établiffement ; comme une efpece de barriere infurmontable à toutes les attaques que la corruption des mœurs, l'affoibliffement de la Difcipline, les faux principes, ou les mauvaifes Etudes pourroient lui livrer : nous
n'oublierons

n'oublierons pas en même tems les ſoins que nous avons pris juſqu'ici, à l'exemple du feu Roi notre très-honoré Seigneur & Biſayeul, pour élever de jeunes Etrangers des Pays les plus éloignés, qui puiſſent être utiles à nos Sujets, après. qu'ils y ſeront retournés, & nous leur conſerverons dans ledit College, & à nos frais, l'éducation & le logement qu'ils y ont eu par le paſſé. Nous eſpérons que l'exemple d'une ſi bonne & ſi ſage adminiſtration mettra notredite Univerſité, ainſi que notredite Cour de Parlement, en état de completter nos vues pour le bien de l'éducation, en nous pro-poſant inceſſamment les plans les plus convenables pour parvenir à la réformation ou à la plus grande perfection des Colleges de plein Exercice de notredite Univerſité, & même de tout notre Royaume; & nous confirmerons à un College de cette Univer-ſité, qui étant déclaré être de fondation Royale, doit devenir l'exemple de tous les autres, toutes les prérogatives attachées à une qualité ſi honorable, & tous les droits qui lui avoient été accordés par les Lettres Patentes du mois du Juin 1682, ſauf à faire connoître par la ſuite plus particuliérement nos intentions ſur ce qui concerne les unions de Bénéfices qui y avoient été faites. A CES CAUSES, & autres à ce nous mouvant, de l'avis de notre Conſeil & de notre certaine ſcience, pleine puiſſance, & autorité Royale, nous avons ordonné, & par ces préſentes ſignées de notre main, ordonnons, voulons & nous plaît ce qui ſuit:

ARTICLE VI.

L'INSTRUCTION publique qui ſe faiſoit dans ledit College (de Liſieux), ſera & demeurera à perpétuité transférée dans le College de Louis-le-Grand, ſitué dans la rue Saint-Jacques de notre bonne vi le de Paris; à l'effet de quoi il y ſera donné à perpétuité, aux Principaux, Profeſſeurs, Régens & autres Officiers & Domeſtiques employés à la deſſerte dudit College, les Cours & Logemens qui ſeront à ce néceſſaires, principalement dans la grande Cour du College de Louis-le-Grand, &c.

VIII.

LES Bourſiers des Colleges de notre bonne ville de Paris, dans leſquels il n'y a plus de plein Exercice, à l'exception ſeulement de ceux des Lombards & des Ecoſſois, à la réunion deſquels il ſera ſurcis juſqu'à ce qu'il en ait été par Nous autrement ordonné en la forme ordinaire, ſeront & demeureront à l'avenir & à perpétuité, réunis dans ledit College de Louis-le-Grand, pour y être élevés dans la Religion Catholique, Apoſtolique & Romaine, inſtitués aux Sciences & bonnes Lettres, & formés aux maximes de notre Royaume, ſous les Maîtres particuliers qui leur ſeront donnés; & leſdits Bourſiers ſeront tenus de ſuivre les Leçons publiques faites dans ledit College, par ceux qui deſſerviront le College de Liſieux.

IX.

IL ſera aſſigné dans ledit College auxdits Bourſiers les cours & lieux qui leur ſeront néceſſaires pour y loger avec les Officiers qui leur ſeront prépoſés, & les grands

I. Partie. G

LETTRES
PATENTES
du 21 Novembre
1763.
Bourfiers étudians en Théologie, ou autres Facultés fupérieures, y feront, autant que faire fe pourra, placés dans un bâtiment à part & féparé de celui des autres Bourfiers.

X I.

LESDITS Bourfiers réunis feront fous la conduite d'un Supérieur Général ou Principal, qui, vacance avenant de la Principalité du College de Lifieux, fera en même tems Principal dudit College de Lifieux & de Louis-le-Grand.

X I I.

OUTRE ledit Principal, lefdits Grands Bourfiers feront fous l'infpection d'un Maître ou Supérieur Particulier, qui veillera à leur conduite & à leurs études ; & à l'égard des Bourfiers Humaniftes ou Philofophes, ils feront fous la conduite & direction de Maîtres Particuliers, qui, autant que faire fe pourra, feront diftribués fuivant l'ordre des Claffes.

X I I I.

LEDIT Principal veillera au maintien de la difcipline, des Etudes & des Mœurs defdits Bourfiers, &c.

X V I I.

EN cas de vacance de la place de Principal, il fera remplacé par délibération du Bureau d'Adminiftration (50), &c.

X I X.

EN cas de vacance defdits Profeffeurs & Régens, ils feront remplacés par ledit Principal, de l'agrément toutefois dudit Bureau de Difcipline (51).

X X.

LES Sous-Principaux, Maîtres & Sous-Maîtres de quartier, les Supérieurs des grands Bourfiers, & autres perfonnes néceffaires pour la defferte dudit College, feront choifis par ledit Principal feul, fauf audit Bureau de Difcipline à exiger de lui d'en choifir d'autres, par des motifs qui feront difcutés en fa préfence.

X X I I.

IL fera dreffé inceffamment par ledit Bureau les Réglemens de Difcipline qu'il jugera les plus convenables pour le bien de l'Etude, de la Religion & des Mœurs, pour former des Maîtres capables d'élever la Jeuneffe de notre Royaume, & pour entretenir le bon ordre & la police la plus exacte dans ledit College ; même pour deftituer defdites Bourfes ceux qui n'ayant pu être corrigés, troubleroient la difcipline du College, à la charge toutefois de conferver les droits des Fondateurs & Supérieurs Majeurs

---

(50) Voyez fur la nomination du Principal confiée au Bureau d'Adminiftration, une anecdote dans le Mémoire de M. le Préfident Rolland, *Sommaire* 18.

(51) Cet article ainfi que l'homologation exigée par l'article XLIV ci-après n'a plus lieu, & d'après les Lettres Patentes de 1767 & 1769, le Principal nomme feul les Profeffeurs & Régens fans être obligé de faire homologuer fa nomination au Parlement.

deſdits Colleges de non plein Exercice , & ne pourront leſdites deſtitutions être ordonnées que par des délibérations paſſées à la pluralité des deux tiers des voix (52).

XXIII.

Tous les biens , ſans exception , qui ont été donnés ou ont appartenu juſqu'à
préſent auxdits Colleges où il n'y avoit point de plein Exercice , ainſi que ceux qui ,
aux termes de nos Lettres Patentes du 14 Juin dernier , faiſoient partie des biens du
College de Louis-le-Grand , ſeront régis & adminiſtrés par un Grand - Maître des
Bourſiers , auquel il ſera aſſigné un logement dans ledit College , en la forme qui
ſera ci-après preſcrite.

XXIV.

Voulons que pour veiller avec l'attention la plus exacte à la régie & adminiſtration du temporel de tous leſdits Colleges , il ſoit....... formé un Bureau particulier ,
lequel ſera compoſé de notre Grand - Aumônier qui y préſidera , de quatre Officiers
de notredite Cour de Parlement , d'un Subſtitut de notre Procureur Général , de
quatre notables Perſonnes de notre bonne ville de Paris , & du Grand-Maître deſdits
Bourſiers.

XXV.

Lesdits quatre Officiers de notre Cour de Parlement ſeront commis en la forme
ordinaire ſur la requête de notre Procureur Général ; le Subſtitut ſera nommé par
notredit Procureur Général , & les quatre Notables & le Grand-Maître des Bourſiers
ſeront choiſis par ledit Bureau d'Adminiſtration : Voulons que leſdits Notables &
Grand-Maître ſoient tenus de prêter ſerment en la Grand'Chambre de notre Cour
de Parlement , en la même forme que les Adminiſtrateurs des Hôpitaux de notre
bonne ville de Paris , avant qu'ils puiſſent prendre ſéance dans ledit Bureau.

XXVI.

Et néanmoins , pour que l'aſſemblée & les opérations dudit Bureau ne puiſſent
être retardées , avons nommé & nommons dès-à-préſent , & pour cette fois ſeulement , notre très-cher & bien amé Couſin Charles-Antoine de la Roche-Aymont ,
Archevêque de Reims , premier Duc & Pair de France , & Grand-Aumônier de France ,
les Sieurs Joſeph-Marie Terray , Barthelemy-Gabriel Rolland , Pierre Philippes Rouſſel
de la Tour , & Clément-Charles-François Del'Averdy , Officiers de notre Parlement ,
& le Sieur Sainfray , Subſtitut de notre Procureur Général , leſquels procéderont , lors
de leur premiere Aſſemblée , à la nomination deſdits quatre Notables , & du Grand-
Maître. Voulons que tous ceux qui compoſeront ledit Bureau y prennent ſéance dans
l'ordre porté par l'article ci-deſſus , & par le préſent , & que les Officiers de notredite
Cour & le Subſtitut de notre Procureur Général ne puiſſent y reſter , que tant & ſi
long-tems qu'ils ſeront Titulaires de leurs Offices.

---

(52) Voyez ci-après dans cette Ire Partie , Chapitre IV , les Réglemens faits à ce ſujet ſoit
par le Bureau de Diſcipline , ſoit par les Examinateurs établis par le Réglement de 1767 , ſoit
enfin par le Bureau d'Adminiſtration.

LETTRES
PATENTES
du 21 *Novembre*
1763.

X X V I I I.

LES Titres, Regiſtres, & tous les papiers ſans exception appartenans à chacun deſdits Colleges, ſeront repréſentés dans un mois au plus tard, à compter du jour de l'enregiſtrement des Préſentes, par les Principaux, Procureurs, Chapelains & Bourſiers d'iceux, aux Commiſſaires nommés par notredite Cour de Parlement, avec un état ou bref inventaire deſdits Titres, Regiſtres & Papiers, & un état du mobilier deſdits Colleges, & ils ſeront tenus de ſe purger par ſerment pardevant leſdits Commiſſaires, qu'ils n'en retiennent aucun, directement ou indirectement, & n'ont point connoiſſance qu'il en ait été détourné aucun (53).

X X I X.

LESDITS Regiſtres, Titres & Papiers, comme auſſi les Mémoires remis aux ſix anciens Recteurs de notredite Univerſité de Paris, ainſi que les Mémoires & avis par eux donnés au ſujet deſdits Colleges occupés par leſdits Bourſiers, & dépoſés au Greffe de notredite Cour de Parlement, en ſeront retirés par le Secrétaire dudit Bureau d'Adminiſtration, & le tout ſera remis en ordre, tant par ledit Secrétaire, que par le Grand-Maître deſdits Bourſiers, pour être placé dans les armoires qui ſeront pratiquées dans le lieu qui ſera à ce deſtiné........ ſans qu'aucune de toutes leſdites pieces puiſſe être déplacée, ſi ce n'eſt ſur un récépiſſé donné par celui à qui elles auront été confiées.

X X X.

IL ſera fait inceſſamment, par ledit Bureau d'Adminiſtration, tels Réglemens qu'il aviſera bon être, ſoit pour la régie des biens de chacun deſdits Colleges, dont la recette & la dépenſé formera un compte ſéparé, en telle ſorte que leurs créances & leurs dettes ne puiſſent être confondues, ſoit pour la forme dans laquelle leſdits comptes ſeront rendus & arrêtés, tant pour le paſſé que pour l'avenir, ſoit pour l'emploi du Reliquat deſdits comptes, ſi aucun y a, en augmentation des Bourſes fondées dans chacun deſdits Colleges, ſoit pour déterminer ce qui ſera fait des terreins & bâtimens des Colleges dont les Bourſiers auront été réunis dans celui de Louis-le-Grand ; ſoit en général pour établir, dans l'adminiſtration deſdits biens, la forme la meilleure & la plus avantageuſe que faire ſe pourra ; le tout néanmoins ſans porter préjudice aux droits de nomination accordés aux Supérieurs majeurs, ou à autres par les Fondations, ou à tels autres droits qu'ils pourroient avoir en ce qui concerne l'adminiſtration du temporel de chacun deſdits Colleges.

X X X I.

TOUT ce qui concerne la fixation & reglement des Penſions deſdits Bourſiers réunis,

---

(53) En exécution de cet article, les quatre Commiſſaires nommés par l'Arrêt d'enregiſtrement, ſe tranſporterent le 1er Décembre 1763 chacun dans un certain nombre de Colleges, & firent le même jour tranſporter dans le College de Louis-le-Grand tous les titres des Colleges réunis. Voyez ci-deſſus dans l'*Introduction*, p. 19.

Lettres
Patentes
du 21 Novembre
1763.

ainfi que leur nourriture, fera pareillement réglé par ledit Bureau, fuivant ce qui fera jugé leur être le plus avantageux.

XXXII.

Les honoraires du Principal, du Grand Maître des Bourfiers, des Commis qui feront jugés lui être néceffaires, du Secrétaire dudit Bureau, de l'Econome chargé de la nourriture defdits Bourfiers, du Supérieur des grands Bourfiers & des Maîtres de quartier des Bourfiers Humaniftes & Philofophes; comme auffi les réparations & reconftruCtiOns qui feroient à faire dans les biens defdits Colleges & dans les Bâtimens de celui de Louis-le-Grand qui leur auront été affeCtés; & en général tout ce qui concernera le temporel defdits Bourfiers, fera pareillement traité, délibéré & réglé par ledit Bureau d'Adminiftration.

XXXIII.

Les Baux à ferme ou à loyer, les acquifitions ou les ventes de biens, les emprunts & les rembourfemens feront auffi réglés par ledit Bureau, & lefdites ventes y feront faites au plus offrant & dernier enchériffeur, après trois publications faites par affiches, de quinzaine en quinzaine, fans toutefois qu'il puiffe être fait aucuns emprunts ni aliénations, ni même aucunes acquifitions, qu'il n'en ait été délibéré à la pluralité des deux tiers des voix.

XXXIV.

Les ACtes délibérés en la forme portée par l'Article précédent, feront paffés au nom de ceux defdits Bourfiers réunis qu'ils concerneront, & fignés feulement par deux defdits Adminiftrateurs, qui feront nommés à cet effet par la délibération qui aura donné lieu auxdits ACtes.

XXXV.

Il ne pourra être entrepris aucun Procès, ni interjetté aucun appel au nom defdits Colleges & defdits Bourfiers, fi ce n'eft en vertu d'une délibération expreffe dudit Bureau, formée à la pluralité des deux tiers des voix; & s'il a été jugé néceffaire d'intenter ou de pourfuivre quelqu'aCtion en Juftice réglée, la procédure fera faite fous le nom dudit Grand-Maître, & de ceux des Bourfiers réunis que ladite aCtion concernera.

XXXVI.

Les conteftations qui pourront s'élever, foit en demandant, foit en défendant, par rapport aux biens des Colleges defdits Bourfiers, ou à l'exécution des fondations faites en iceux, feront portées en premiere inftance pardevant le Prévôt de notre bonne ville de Paris, Juge-Confervateur des Privileges de notredite Univerfité, & par appel, en la Grand'Chambre de notredite Cour de Parlement, fans qu'elles puiffent être portées ailleurs, nonobftant tous droits de *committimus*, de garde-gardienne, ou toute attribution qui en auroit été faite à d'autres Juges: Voulons qu'elles foient jugées tant au Châtelet qu'en notredite Grand'Chambre, à l'audience, ou, fur délibéré, fans qu'elles puiffent être appointées, fi ce n'eft en cas de partage d'opinions; & à l'égard des conteftations qui fe feroient élevées avant la publication & enregiftrement des préfentes, & qui feroient pendantes ailleurs qu'en notredit Châtelet, nous les avons évoquées & évoquons, renvoyées & renvoyons en notredite Grand'Chambre pour y être jugées en premiere & derniere inſtance ſuivant les derniers erremens, ſans qu'aucuns autres Juges puiſſent en prendre connoiſſance.

X X X V I I.

LESDITS Bourſiers feront transférés dans ledit College aux jours qui feront indiqués par Ordonnances des Commiſſaires de notre Cour de Parlement, & les places de Principaux & Procureurs des Colleges dont lefdits Bourſiers fortiront, feront & demeureront ſupprimées, à compter du jour de leur fortie: voulons néanmoins qu'il leur foit conſervé leur vie durant, telle fomme qui fera réglée par la Grand'Chambre de notredite Cour fur l'avis du Bureau d'Adminiſtration ; laquelle leur fera payée annuellement par le Receveur dudit Bureau, jufqu'à ce qu'ils aient été pourvus de quelques autres places qui les mettent à portée de s'en paſſer: défendons au furplus de remplacer ceux d'entr'eux qui décéderoient, ou fe démettroient avant ladite ſuppreſſion.

X X X V I I I.

LES fondations bien & duement établies dans lefdits Colleges, & qui étoient acquittées dans les chapelles d'iceux, feront acquittées à l'avenir dans la chapelle dudit College de Louis-le-Grand, ſuivant l'ordre qui fera réglé par ledit Bureau d'Adminiſtration, lequel pourra conferver, s'il y échet, les Aumôniers defdits Colleges dont le fervice feroit jugé néceſſaire, fauf à être autrement par lui pourvu après leur décès, à l'acquit defdites fondations ; & en cas qu'il fe trouvât dans lefdits Colleges des Chapelains fondés en titre de Bénéfice, ils feront tenus de remplir leurs fonctions dans ledit College de Louis-le-Grand, toutes formalités requifes préalablement obfervées, & il leur fera aſſigné un logement dans ledit College, s'ils en doivent avoir un par le titre de leur fondation.

X X X I X.

LES Enfans nés dans le Levant, & connus fous le nom des Enfans des Langues, qui ont été jufqu'à préfent élevés, entretenus & inſtruits à nos dépens dans ledit College, continueront d'y être élevés & inſtruits comme par le paſſé, & feront logés dans les lieux qui leur auront été aſſignés dans les bâtimens occupés par ledit College de Lifieux.

X L.

LE Tribunal de notredite Univerſité fera tenu dorénavant dans ledit College, ainſi que les Aſſemblées des quatre Nations de la Faculté des Arts, & celle de chacune defdites quatre Nations, les Archives & Greffe de notredite Univerſité y feront pareillement placés, & le Greffier de notredite Univerſité aura un logement près d'icelles; voulons que la Chapelle dudit College ferve auſſi à l'ufage de notredite Univerſité.

X L I.

LE furplus des bâtimens dudit College, fi aucun y a, fera employé à loger des Profeſſeurs Emérites de notredite Univerſité, ſuivant qu'il aura été réglé par délibération dudit Bureau d'Adminiſtration.

X L I I.

ET pour être procédé à la diſtribution de tous les bâtimens & terreins dudit College, voulons qu'il foit commis & député par notredite Cour de Parlement, tel nombre de

Commiffaires qu'elle avifera, à l'effet d'être par eux, vifite préalablement faite par un feul Expert nommé d'office, s'ils le jugent néceffaire, de tous lefdits terreins & bâtimens, affigné & marqué fur le plan dudit College, les cours & bâtimens qui feront affectés à la defferte du College de Lifieux ; ceux qui feront affectés auxdits Bourfiers, Supérieurs, Maîtres ou Domeftiques ; ceux qui feront deftinés auxdits Ecoliers du Levant ; ceux dans lefquels notredite Univerfité & fes Facultés pourront tenir leurs Affemblées, & où leurs Archives & Greffe pourront être placés ; ceux où fe tiendront les Bureaux ci-deffus ordonnés ; ainfi que ceux qui pourront être occupés par les Profeffeurs Emérites ; dont & de tout quoi il fera dreffé Procès verbal par lefdits Commiffaires, auquel ledit plan, duement paraphé, fera & demeurera annexé, & fera en fin ou dans le cours d'icelui, donné par eux telles Ordonnances qu'il appartiendra, pour la tranflation des perfonnes fufdites dans ledit College, laquelle tranflation fera faite le plutôt qu'il fe pourra, & au plus tard pour la rentrée prochaine des claffes. Voulons que la minute du Procès-verbal & plan y annexé foient dépofés au Greffe de notredite Cour, & une expédition d'iceux aux Archives dudit College.

X L I I I.

L'ENTRETIEN defdits bâtimens, les réparations groffes, menues & locatives, & tous les changemens ou améliorations qui fe trouveront à y faire, feront à la charge des Adminiftrateurs du College de Lifieux, defdits Bourfiers & de notredite Univerfité, chacun à proportion du terrein qui leur aura été accordé par ledit Procès-verbal.

X L I V.

LES délibérations mentionnées dans les Articles XVII, XIX, XXXI, XXXII, XXXIII ci-deffus, concernant la nomination des Principal, Profeffeurs & Régens ; la fixation de la penfion des Bourfiers ; les honoraires du Principal, du Grand-Maître defdits Bourfiers & de leurs Supérieurs & Maîtres ; les reconftructions à faire aux biens defdits Colleges ; les ventes & aliénations defdits biens, où les emprunts qu'il y auroit à faire, ainfi que les Réglemens portés par les Articles XXII & XXX de nos préfentes Lettres, feront homologués en notre Grand'Chambre de notredite Cour de Parlement, fur la feule Requête de notre Procureur Général, & fans frais.

X L V.

VOULONS au furplus que ledit College continue de jouir fous le titre de College de Louis-le-Grand, de toutes les prérogatives de College de fondation royale, & de tous les autres priviléges & exemptions portés par les Lettres Patentes du mois de Novembre 1682, fans toutefois porter atteinte au titre du College *de Lifieux* (54) qui demeurera confervé ; Nous réfervant de faire connoître par la fuite plus particuliérement nos intentions fur ce qui concerne les unions des bénéfices faites audit College, lefquels Bénéfices continueront d'être par provifion régis & adminiftrés en la forme prefcrite par nos Lettres Patentes du deux Février dernier.

─────────────────────

(54) Pour entrer dans l'efprit de cet article on a inféré le nom du College de *Beauvais* dans l'infcription mife fur la principale porte du College de Louis-le-Grand ; voyez ci-deffus p. 43, *note* 47.

LETTRES
PATENTES
du 21 *Novembre*
1763.

XLVI.

FAISONS au surplus, par ces Présentes, auxdits Boursiers, pleine & entiere remise & don de tous Droits d'Amortissemens ou autres qui pourroient Nous être dûs, tant à l'occasion de ladite translation, que pour l'emploi qui pourroit avoir été ou être fait des bâtimens appartenans auxdits Colleges, ainsi que pour la location d'iceux. Et seront nos Présentes Lettres exécutées selon leur forme & teneur, nonobstant tous Edits, Déclarations, Lettres, Statuts, Arrêts, usages & toutes choses à ce contraires, auxquels Nous avons dérogé & dérogeons en tant que de besoin par ces Présentes. SI DONNONS EN MANDEMENT à nos amés & féaux Conseillers les Gens tenant notre Cour de Parlement à Paris, que ces Présentes ils aient à faire registrer, & le contenu en icelles exécuter selon sa forme & teneur. CAR tel est notre plaisir; en témoin de quoi Nous avons fait mettre notre scel à cesdites Présentes. DONNÉ à Versailles le vingt-unieme jour de Novembre, l'an de grace mil sept cent soixante-trois, & de notre Regne le quarante-neuvieme. *Signé*, LOUIS: *Et plus bas*, par le Roi PHELYPEAUX ; & scellées du grand Sceau de cire jaune.

Registrées, oui ce requérant le Procureur Général du Roi, pour être exécutées selon leur forme & teneur; & seront les Procès-verbaux mentionnés auxdites Lettres Patentes, faits en présence de l'un des Substituts du Procureur Général du Roi, pardevant les Commissaires de la Cour nommés par l'Art. XXVI desdites Lettres, le tout par continuation des Procès-verbaux par eux encommencés, en exécution de l'Arrêt de la Cour du sept Septembre mil sept cent soixante-deux, à l'effet de quoi lesdits Commissaires pourront se transporter, pour l'exécution desdites Lettres Patentes, par-tout où besoin sera ; dans le cours desquels procès-verbaux lesdits Commissaires rendront telles Ordonnances qu'il appartiendra, lesquelles seront exécutées par provision, nonobstant & sans préjudice de l'appel ; & copies collationnées envoyées, tant à l'Université de Paris, pour y être registrées, qu'aux Bailliages & Sénéchaussées du Ressort, pour y être lues, publiées & registrées ; enjoint aux Substituts du Procureur Général du Roi d'y tenir la main, & d'en certifier la Cour dans le mois, suivant l'Arrêt de ce jour. A Paris, en Parlement, toutes les Chambres assemblées, le vingt-cinq Novembre mil sept cent soixante-trois. Signé DUFRANC.

LETTRES
PATENTES
du 30 *Mars* 1764.
Concernant les
biens des Colle-
ges ci - devant
desservis par les
Jésuites.

LOUIS, par la grace de Dieu, Roi de France & de Navarre : A tous ceux qui ces présentes Lettres verront ; SALUT. L'attention que nous ne cessons de donner à ce qui peut intéresser l'Education de nos Sujets, & au maintien des Etablissemens qui y avoient été destinés, Nous a engagé à établir, par nos Lettres Patentes du 14 Juin 1763, les principes qui pourroient servir à distinguer les biens qui devoient appartenir aux Colleges ci-devant desservis par la Compagnie & Société des Jésuites, d'avec ceux de cette Société qui pouvoient être le gage de ses Créanciers ; mais des vues supérieures nous auroient bientôt après déterminé à prévenir l'immensité des contestations qui se feroient élevées à ce sujet entre lesdits Colleges & lesdits Créanciers à la ruine des

uns

uns & des autres, en fixant avec équité, par nos Lettres Patentes du 21 Novembre ſuivant, une ſomme proportionnelle dont nous avons trouvé juſte que leſdits Colleges contribuaſſent au paiement des dettes de ladite Société, pour jouir paiſiblement & ſans recherches, de tous les biens dont jouiſſoient leſdits Colleges lorſqu'ils ont ceſſé d'être deſſervis par ladite Société ; & quoique nous ayons écarté par ce moyen toutes occaſions de conteſtations entr'eux, cependant nous ſommes informé qu'il s'eſt élevé quelques difficultés ſur l'exécution de noſdites Lettres Patentes, que le même eſprit, qui les a produites, doit nous hâter de prévenir, en expliquant plus particuliérement nos intentions pour la pleine & entiere exécution de Loix auſſi utiles à l'Education qu'auxdits Créanciers (55), &c. . . .

ARTICLE PREMIER.

L'ARTICLE premier de nos Lettres Patentes, du 21 Novembre 1763, ſera exécuté ſelon ſa forme & teneur, & en conſéquence les Cens & Rentes, les Lods & Ventes, les Fermages & Loyers qui ſeroient dus auxdits Colleges, comme auſſi ce qui reſteroit dû du prix du mobilier vendu dans les lieux dépendans des Bénéfices ci-devant unis auxdits Colleges, ſeront réputés leur appartenir, & ſeront remis ès mains du Receveur du Bureau d'Adminiſtration du College, ſans que les Créanciers de ladite Compagnie & Société des Jéſuites puiſſent y rien prétendre.

I I.

NE pourront néanmoins leſdits Bureaux d'Adminiſtration répéter, contre leſdits Créanciers, les frais payés ſur le produit deſdites ventes, ou autres deniers remis en leurs mains, en exécution des Arrêts de nos Cours, par les Sequeſtres établis par elles, ou par nos Bailliages & Sénéchauſſées pour régir les biens de ladite Société, & où il reſteroit encore quelques frais à payer, ils ſeront pris ſur les biens dont la diſcuſſion eſt pourſuivie par les Syndics deſdits Créanciers, ſauf à être par la ſuite, s'il y écheoit, expliqué par nous plus particuliérement nos intentions, par nos Lettres expédiées en la forme ordinaire, en ce qui concerne les frais faits dans nos Provinces de Franche-Comté, de Flandres & d'Artois.

I I I.

ET à l'égard des ſommes qui ſeroient dues pour les penſions des Ecoliers qui formoient le Penſionnat deſdits Colleges, lorſqu'ils étoient deſſervis par ladite Société, ou pour les avances qu'elle auroit faites pour l'entretien deſdits Ecoliers, elles ſeront réputées appartenir à ladite Société, & les Débiteurs ſeront tenus d'en remettre le montant ès mains du Sequeſtre établi en conſéquence de nos Lettres Patentes, pour être diſtribuées auxdits Créanciers en la forme & ainſi qu'il eſt porté par noſdites Lettres.

---

(55) On a ſupprimé de ces Lettres Patentes tout ce qui ne pouvoit avoir aucun rapport au College de Louis-le-Grand.

I. Partie. H

V.

LES Administrateurs desdits Colleges ne pourront exercer aucun recours contre les Créanciers de ladite Société, qui, avant le jour de l'enregistrement de nosdites Lettres Patentes du 21 Novembre dernier, auroient reçu sur le prix de la vente des effets mobiliers desdits Colleges, le paiement d'une créance privilégiée sur lesdits effets, ni même contre le Corps des Créanciers de ladite Société.

V I.

ET où il se trouveroit encore quelques Créanciers privilégiés sur lesdits effets mobiliers ou sur les deniers provenans de leur vente, qui n'eussent pas été payés, ils seront tenus de se pourvoir dans la distribution qui sera faite du prix du mobilier de ladite Société, en la forme prescrite par nos Lettres Patentes du 14 Juin 1763, à l'effet d'y être employés & payés, s'il y écheoit, par privilege, sur les deniers provenans du dixieme de la contribution desdits Colleges, conformément à l'Article X de nosdites Lettres Patentes du 21 Novembre, sans qu'ils puissent exercer à cet égard aucun recours contre lesdits Colleges.

X I.

LES Registres des Délibérations des Bureaux d'Administration & de Discipline seront tenus sur papier ordinaire & non timbré, ainsi que les Expéditions desdites Délibérations, qui seront délivrées par les Secrétaires desdits Bureaux, & notamment des Délibérations énoncées ès Articles XXII & XXIII de notre Edit de Février 1763; voulons que lesdites Expéditions soient exemptes de tous droits de contrôle, lors même qu'il sera nécessaire de les produire en Justice, ou de les annexer à des Actes passés devant Notaires, dérogeant à cet égard, en tant que de besoin, & sans tirer à conséquence, par rapport aux Délibérations passées par les autres Corps ou Communautés, à tous Edits, Déclarations, Lettres Patentes, Arrêts & Réglemens à ce contraires, sans néanmoins que ladite exemption puisse avoir lieu pour les Actes qui seroient passés devant Notaires, en conséquence desdites Délibérations, lesquels Actes seront sujets auxdits droits comme les autres Actes des Notaires, & sans que lesdites Délibérations puissent suppléer à aucun des Actes que les gens de main-morte sont tenus, suivant les Réglemens, de passer pardevant Notaires. Si donnons en mandement, &c. DONNÉ à Versailles le trentiéme jour du mois de Mars l'an de grace mil sept cent soixante-quatre, & de notre regne le quarante-neuviéme. *Signé* LOUIS. *Et plus bas:* Par le Roi, PHELYPEAUX. Et scellées du grand Sceau de cire jaune.

Registrées, oui, ce requérant le Procureur Général du Roi, pour être exécutées selon leur forme & teneur, & copies collationnées envoyées aux Bailliages & Sénéchaussées du Ressort, pour y être lues, publiées & registrées. Enjoint aux Substituts du Procureur Général du Roi d'y tenir la main, & d'en certifier la Cour dans le mois, suivant l'Arrêt de ce jour. A Paris, en Parlement, toutes les Chambres assemblées, le onze Avril mil sept cent soixante-quatre. Signé DUFRANC.

LOUIS, par la grace de Dieu, Roi de France & de Navarre: A tous ceux qui ces préfentes Lettres verront; SALUT. (56) Par l'article XLV de nos Lettres Patentes, du 21 Novembre dernier, par lefquelles Nous aurions réglé ce qui concerne le College Royal de Louis-le-Grand, de notre bonne Ville de Paris, Nous nous ferions réfervé de faire connoître, par la fuite, plus particuliérement nos intentions fur les unions de Bénéfices faites audit College avant les Lettres Patentes du mois de Novembre 1682, qui l'avoient déclaré fondation royale, & lui auroient accordé différens priviléges, exemptions & prérogatives; & Nous aurions ordonné que lefdits Bénéfices continueroient d'être, par provifion, régis & adminiftrés en la forme prefcrite par nos Lettres Patentes du 2 Février 1763; mais la néceffité de foutenir un établiffement devenu encore plus utile & plus confiérable, par la réunion que Nous aurions jugé à propos d'y faire, par nofdites Lettres Patentes du 21 Novembre, de tous les Bourfiers des Colleges de notredite Ville, dans lefquels il ne fe trouvoit plus de plein exercice; & les repréfentations qui Nous ont été faites à ce fujet, par le Bureau d'Adminiftration dudit College, ne Nous ont pas permis de différer plus longtems de Nous expliquer fur lefdites unions; Nous avons donc cherché à concilier autant qu'il étoit poffible, les engagemens que Nous avons bien voulu prendre par nofdites Lettres Patentes du 2 Février 1763, & par celles du 2 Avril dernier, avec la faveur que mérite cet établiffement; & c'eft dans cette vue que Nous nous fommes réfervé, pendant le tems que Nous avons jugé néceffaire pour les remplir, une fomme annuelle fur le revenu defdits Bénéfices, en même tems que Nous confirmerons lefdites unions, & que Nous laifferons la régie defdits Bénéfices unis, & la jouiffance du furplus de leurs revenus aux Adminiftrateurs dudit College. Nous avons même cru devoir le dédommager en quelque forte de cette retenue, en lui accordant la permiffion de couper le quart de réferve des Bois de l'un des Bénéfices unis, & Nous avons bien voulu augmenter encore cette faveur, en l'exemptant des formalités, & des droits auxquels lefdites coupes font foumifes. Nous avons enfin cherché à lui donner de nouvelles preuves de notre protection, foit en lui accordant le franc-falé, & les différentes Exemptions dont jouiffoient la Maifon-Profeffe & celle du Noviciat, & en le maintenant dans la jouiffance de quelques rentes dont il avoit joui avant nos Lettres Patentes du 21 Novembre, foit en expliquant plus expreffément nos intentions fur quelques points de police & de difcipline intéreffans pour le fuccès d'un établiffement fi utile pour nos Sujets, & fi digne de toute notre attention. A CES CAUSES & autres, à ce Nous mouvans, de l'avis de notre Confeil, & de notre certaine fcience, pleine puiffance & autorité royale, Nous avons ordonné, & par ces préfentes, fignées de notre main, ordonnons, voulons & Nous plaît ce qui fuit:

ARTICLE PREMIER.

L'ABBAYE de Saint-Martin-aux-Bois, Diocèfe de Beauvais, les Prieurés de Gargen-

LETTRES PATENTES du 16 Août 1764. Qui confirment les unions de Bénéfices faites au College de Louis-le-Grand, & la conceffion de différens priviléges, exemptions & prérogatives qui lui ont été accordés.

(56) On a fupprimé de ces Lettres Patentes les articles relatifs au Bureau de difcipline.

affignés, ou les fonds donnés à cet effet feront placés en rentes de la nature de celles que les gens de main-morte peuvent poffèder.

I X.

LESDITES fondations ne pourront être acceptées que par Délibérations prifes à la pluralité des deux tiers des voix, lefquelles feront homologuées par Arrêt de notre Grand'Chambre fur les conclufions de notre Procureur Général, & fans frais.

X.

TOUTES fignifications qui feront à faire à notre College de Louis-le-Grand, ou aux Colleges dont Nous avons ordonné la réunion en icelui, ne pourront être faites qu'au Grand-Maître temporel dudit College de Louis-le-Grand, & feulement aux jours & heures indiqués pour les affemblées dudit Bureau d'Adminiftration, le tout à peine de nullité de procédures, & de tous dépens, dommages & intérêts, fi ce n'eft toutesfois que lefdites fignifications fuffent inftantes & ne puiffent être différées fans perte des droits des Parties, auquel cas elles pourront être faites extraordinairement, à la charge de les réitérer le jour & aux heures de l'affemblée du plus prochain Bureau, à peine de nullité de procédures, & de tous dépens, dommages & intérêts, & les frais defdites fignifications feront à la charge de ceux qui les auront fait faire, fans qu'en aucun cas elles puiffent être paffées en taxe.

X I V.

VOULANT récompenfer l'affiduité des Membres du Bureau de Difcipline aux affem-blées dudit Bureau, ordonnons aux Adminiftrateurs de notre College de Louis-le-Grand de faire remettre au Secrétaire dudit Bureau de Difcipline vingt-quatre jetons de feize au marc, par chaque jour de féance ordinaire ou extraordinaire dudit Bureau, pour être diftribués également entre ceux qui feront préfens, conformément à ce qui fe pratique dans nos Académies, & ce à compter du premier Octobre prochain.

X V I.

LES Bourfiers des Colleges d'Arras, d'Autun, de Bayeux, de Bourgogne, de Boiffy, des Bons-Enfans, de Cambray, de Saint Michel, des Cholets, de Cornouailles, d'Ainville, de Fortet, d'Huban, de Juftice, de Laon, du Mans, de Me Gervais, de Narbonne, des Dix-Huit, de Prefle, de Reims, de Sainte Barbe, de Séez, de Tours, de Tréguier & du Tréforier, ainfi que ceux du College de Dormans-Beauvais & du College de Louis-le-Grand, feront tenus, conformément à l'article VIII de nos Lettres Patentes du 21 Novembre dernier . . . . . , d'habiter dans notredit College de Louis-le-Grand, & n'en pourront fortir fans la permiffion du Principal, ni s'en abfenter plus de quinze jours fans ladite permiffion, & fans un congé du Bureau de Difcipline.

X V I I.

LESDITS Bourfiers ne pourront, fous quelque prétexte que ce foit, poffèder à la fois deux Bourfes différentes, foit de celles réunies dans ledit College de Louis-le-Grand, foit une defdites Bourfes, & une autre fondée dans un autre College.

X V I I I.

CEUX à qui il a été donné des logemens dans notre College de Louis-le-Grand, par nos Lettres Patentes du 21 Novembre dernier, feront tenus de les occuper par eux-mêmes, fans qu'il puiffe leur être permis de les céder à d'autres, fous quelque prétexte que ce foit ; ce qui fera exécuté, quand même il fe trouveroit qu'ils en duffent avoir, & qu'il leur en eût été donné plufieurs à différens titres.

X I X.

PERMETTONS audit College de Louis-le-Grand d'avoir un fceau à nos armes, autour duquel fera gravé, *College de Louis-le-Grand.*

X X.

ORDONNONS au furplus que nos Lettres Patentes des 21 Novembre & 7 Avril derniers feront exécutés fuivant leur forme & teneur en tout ce qui ne fera pas contraire à nos préfentes Lettres, qui feront exécutées fuivant leur forme & teneur, & nonobftant tous Edits, Déclarations, Lettres, Statuts, Arrêts, Ufages ou autres chofes à ce contraires, auxquels Nous avons dérogé & dérogeons en tant que de befoin. SI DONNONS EN MANDEMENT à nos amés & féaux Confeillers les Gens tenant notre Cour de Parlement à Paris, que ces préfentes ils aient à faire regiftrer, & le contenu en icelles exécuter felon fa forme & teneur. CAR tel eft notre plaifir ; en témoin de quoi Nous avons fait mettre notre fcel à cefdites préfentes. DONNÉ à Verfailles le feizieme jour du mois d'Août, l'an de grace mil fept cent foixante-quatre, & de notre regne le quarante-neuvieme. *Signé* LOUIS. *Et plus bas :* Par le Roi, PHELYPEAUX, avec grille & paraphe. Et fcellées du grand fceau de cire jaune.

Regiftrées, oui, ce requérant le Procureur Général du Roi, pour être exécutées felon leur forme & teneur, & copies collationnées defdites Lettres Patentes notifiées aux Bureaux d'Adminiftration & de Difcipline établis par les Lettres Patentes du 21 Novembre 1763, envoyées, tant à l'Univerfité de Paris, pour y être regiftrées, qu'aux Bailliages & Sénéchauffées du reffort, pour y être lues, publiées & regiftrées : Enjoint aux Subftituts du Procureur Général du Roi d'y tenir la main & d'en certifier la Cour dans un mois, fuivant l'Arrêt de ce jour. A Paris, en Parlement, toutes les Chambres affemblées, le vingt-huit Août mil fept cent foixante-quatre. Signé DUFRANC.

LOUIS, par la grace de Dieu, Roi de France & de Navarre, à tous ceux qui ces préfentes Lettres verront, SALUT. Après avoir réuni par nos Lettres Patentes du 21 Novembre 1763, les Bourfiers des Colleges de non-exercice dans celui de Louis-le-Grand, & lui avoir donné, par nos Lettres Patentes des 7 Avril & 16 Août 1764, 3 & 29 Mai 1766, des preuves fignalées de notre bienveillance & de notre attention pour tout ce qui peut le rendre floriffant, Nous nous fommes fait rendre compte des différens Réglemens que le Bureau d'Adminiftration, établi par nofdites Lettres Patentes du 21 Novembre 1763, a cru néceffaires pour le bien dudit College, & Nous avons reconnu que non-feulement ces Réglemens devoient être munis du fceau de notre

LETTRES
PATENTES
du 20 Août 1767.

Qui ordonnent l'exécution d'un Réglement concernant le College de Louis-le-Grand & Colleges y réunis.

autorité, mais qu'il restoit encore plusieurs objets auxquels il n'appartenoit qu'à Nous de pourvoir. Il Nous a paru en même tems que ce College Royal devant être destiné principalement à former des Eleves capables de devenir eux-mêmes de bons Maîtres qui pussent se répandre ensuite dans les autres Colleges de notre Royaume, il étoit convenable qu'il fût entiérement sous l'inspection de notre Université de Paris, de la même maniere que les autres Colleges qui sont dans son sein : Et Nous nous sommes porté d'autant plus volontiers à donner à la premiere Ecole de notre Royaume cette nouvelle preuve de notre confiance, que les principales vues qui Nous avoient déterminé à établir un Bureau particulier pour veiller à la discipline de ce College, jusqu'à ce qu'il eût pris une forme fixe & stable, se trouvant aujourd'hui remplies avec le succès que Nous attendions du zele & de l'expérience de ceux dont ce Bureau étoit composé, il ne pouvoit y avoir aucun inconvénient à le supprimer, en y substituant, pour le maintien de l'ordre & de la régularité, en ce qui concerne l'admission ou le renvoi desdits Boursiers, un Conseil composé d'Emérites retirés, choisis dans les différentes Nations de la Faculté des Arts, par le Tribunal de notre Université, sur la présentation qui lui en seroit faite par le Principal dudit College. Les soins & les détails que la manutention de notredit College exige, & la réunion que Nous avons cru devoir faire audit Bureau d'Administration, des fonctions de la place du Contrôleur du Grand-Maître temporel, que Nous avons jugé à propos de supprimer, Nous ont aussi engagé à augmenter le nombre de ceux qui devoient former ce Bureau, afin que leurs fonctions se trouvant réparties entre plus d'Administrateurs, elles pussent être remplies plus facilement & avec plus d'exactitude ; Nous les avons aussi autorisés à faire, pour l'acquittement des dettes du College de Louis-le-Grand, & de ceux qui y ont été réunis, & sur-tout de celles dont il est fait mention dans nos Lettres Patentes du 21 Novembre 1763, portant Réglement entre les Administrateurs des Colléges ci-devant desservis par la Compagnie & Société des Jésuites, & les Syndics des Créanciers de ladite Société, un Emprunt à constitution de rente que Nous avons jugé indispensable, & dont en même tems nous avons assuré la libération par des remboursemens successifs dont Nous avons réglé les termes & assigné les fonds. Des dispositions si sages, & l'observation des Statuts ou Réglemens particuliers que Nous avons arrêté en notre Conseil, & dans lesquels Nous n'avons pas dédaigné de Nous occuper des détails relatifs au régime intérieur & à l'administration économique de ce College, feront connoître combien Nous avons à cœur de perfectionner & de porter au plus haut degré d'utilité un Etablissement fondé par le feu Roi notre très-honoré Seigneur & Bisaïeul, pour le bien de nos Sujets, & qui, par la nouvelle existence que nos bienfaits lui ont procuré, dans la vue de le faire servir à perpétuer d'âge en âge les vrais principes de la bonne éducation, est devenu de plus en plus intéressant pour le bonheur public & pour la gloire de notre Regne. A CES CAUSES, & autres à ce Nous mouvant, de l'avis de notre Conseil, & de notre certaine science, pleine puissance & autorité royale, Nous avons ordonné, & par ces Présentes signées de notre main, disons, ordonnons, voulons & Nous plaît ce qui suit :

ARTICLE

ARTICLE PREMIER.

LE nombre des Adminiſtrateurs qui compoſent le Bureau d'Adminiſtration établi par nos Lettres Patentes du 21 Novembre 1763, ſera augmenté de trois Notables & du Principal du College de Louis-le-Grand, & ſeront leſdites places de Notables remplies par les ſieurs de Villiers de la Noue, Conſeiller en notre Châtelet de Paris, Cellier, Avocat en notre Parlement de Paris, & Maiſtrel, ancien Principal du College de Me Gervais, que Nous avons nommés & nommons à cet effet. Voulons que lorſqu'elles viendront à vaquer, il y ſoit pourvu ainſi qu'à celles antérieurement établies en la forme preſcrite par noſdites Lettres Patentes.

I I.

LA place de Cuſtode du College des Cholets, ainſi que celle du Contrôleur du Grand-Maître temporel dudit College de Louis-le-Grand, ſeront & demeureront ſupprimées, & ce, à compter du jour de l'enregiſtrement des Préſentes.

I I I.

ORDONNONS pareillement que les Articles XXXVII & XXXVIII de nos Lettres Patentes du 21 Novembre 1763, ſoient exécutées ſuivant leur forme & teneur ; qu'en conſéquence toutes les places de Chapelains exiſtans dans les différens Colleges réunis, notamment celles du College de Beauvais, ſoient & demeurent ſupprimées. Voulons qu'à compter du premier Octobre prochain, il ſoit payé à chacun deſdits Chapelains du College de Beauvais, leur vie durant, la ſomme de 300 livres, (58) & ce par chacun an ; & qu'à compter dudit jour il ſoit pourvu, dans la forme preſcrite par ledit Article XXXVIII, à l'acquittement des fondations faites dans ledit College.

I V.

LE Bureau de Diſcipline établi par noſdites Lettres Patentes du 21 Novembre 1763, ſera & demeurera ſupprimé, & ledit College demeurera ſous la Juriſdiction du Tribunal de notre Univerſité, ainſi que les autres Colleges de ladite Univerſité.

V.

L'EXAMEN des Bourſiers, ſoit lors de leur entrée dans ledit College, ſoit dans les autres tems qui ſeront ci-après preſcrits, ſera fait par le Principal & quatre Emérites retirés, leſquels ſeront pris dans les quatre Nations de la Faculté des Arts, & nommés par le Tribunal de noticredite Univerſité, ſur la préſentation qui lui ſera faite par le Principal dudit College, de trois deſdits Emérites pour chaque place vacante ; & pour cette fois ſeulement, avons nommé & nommons pour remplir ladite fonction avec ledit Principal, les ſieurs Lallemand, Dagoumer, Turquet & Mazeas, à la charge par ledit ſieur Turquet de donner, dans le mois de l'enregiſtrement deſdites Lettres Patentes, la démiſſion de ſa chaire.

V I.

LES Bourſiers ne pourront être admis dans ledit College, ni en être renvoyés que par délibération deſdits Principal & Emérites.

---

(58) Par le Réglement de 1769, cette penſion a été portée à 400 livres.

I. Partie. I

V I I.

Le Tribunal de notredite Université, les Facultés de Droit & de Médecine , & les Adminiftrateurs dudit College, feront tenus de Nous donner, dans un an au plus tard du jour de la publication & enregiftrement de nos préfentes Lettres, leurs Mémoires & leurs avis fur la maniere la plus avantageufe d'appliquer ou de deftiner les Bourfes fondées pour les Facultés de Droit & de Médecine , & en général fur les changemens qu'ils eftimeront que l'on y pourroit faire ; & feront tenus en outre lefdits Adminiftrateurs de Nous remettre dans ledit tems un état defdites fondations. Voulons que jufqu'à ce que Nous ayons fait connoître à ce fujet nos intentions , il foit furfis à nommer auxdites Bourfes, & que les Bourfiers étudians actuellement dans lefdites Facultés , continuent leurs études , à la charge toutefois de demeurer dans ledit College.

V I I I.

Avons permis & permettons auxdits Adminiftrateurs dudit College de Louis-le-Grand, d'emprunter au denier vingt-cinq , & fans retenue , jufqu'à concurrence de la fomme de 250,000 livres, pour être employée au paiement des dettes dudit College , & de ceux qui y ont été réunis. Autorifons en conféquence lefdits Adminiftrateurs à affecter & hypothéquer à la fûreté des fommes empruntées, tous les biens préfens & à venir dudit College, comme auffi à figner tous contrats de reconftitutions & autres , avec fubrogation de nouveaux prêteurs aux droits & hypotheques des anciens ; à la charge que la délibération qui fera prife à ce fujet fera dépofée chez le Notaire dudit Bureau, & que mention y fera faite de chaque Emprunt lors de la paffation du contrat.

I X.

Les arrérages defdits contrats feront payés fur la fomme de 30,000 livres que Nous avons accordée au College de Louis-le-Grand par l'Article IV de nos Lettres-Patentes du 29 Mai 1766 , & il fera en outre prélevé fur icelle, à compter du premier Janvier 1770 , une fomme de 10,000 livres (59) qui fera annuellement employée au rembourfement du capital defdits contrats, en la forme qui fera prefcrite par une Délibération , dudit Bureau d'Adminiftration , qui fera homologuée en notre Cour de Parlement, à la requête de notre Procureur Général, & fans frais.

X.

Ladite fomme de 30,000 livres continuera d'être payée audit College de Louis-le-Grand, pendant tout le tems qu'il eft obligé par l'Article III de nos Lettres Patentes du 16 Août 1764 , de payer fur les Bénéfices que nous lui avons réunis, une fomme au Receveur des Economats, ainfi que jufqu'à l'entier acquittement, tant de l'emprunt que Nous l'avons autorifé de faire par l'Article VIII ci-deffus, que des charges aux-

---

(59) Non-feulement le Bureau a toujours fait les rembourfemens ordonnés par cet article , mais il a toujours été en avance d'une année ; comme le Bureau intermédiaire avoit négligé cet objet, la Délibération du 4 Décembre 1777 ordonna les rembourfemens néceffaires pour completter l'année 1777 & opérer les rembourfemens pour 1778 & 1779 , & le 5 Avril 1781, il a ordonné le rembourfement de 1782 , & même un à-compte fur celui de 1783.

quelles Nous l'avons assujetti par l'article IV de nos Lettres Patentes du 21 Novembre 1763, portant Réglement entre les Administrateurs des Colleges ci-devant desservis par la Compagnie & Société des Jésuites & les Syndics des Créanciers de ladite Société, Nous réservant de statuer alors sur l'emploi ultérieur de ladite somme.

<h3 style="text-align:center">X I.</h3>

IL Nous sera rendu tous les ans, & ce, en exécution d'une Délibération qui sera prise à cet effet chaque année après la reddition des comptes du Grand-Maître temporel, un compte exact de l'état dudit College & de ceux qui y ont été réunis, pour être par Nous, s'il y a lieu, pourvu ce qu'il appartiendra par nos Lettres Patentes adressées à notredite Cour de Parlement en la forme ordinaire.

<h3 style="text-align:center">X I I.</h3>

VOULONS au surplus que le Réglement arrêté en notre Conseil le vingt du présent mois, & attaché sous le contrescel de nos présentes Lettres, soit exécuté en tout son contenu, à compter du jour de leur publication & enregistrement, & ce, nonobstant tous Edits, Déclarations, Lettres Patentes, Arrêts de Réglement, Statuts, fondations, usages, & toutes choses à ce contraires, auxquels Nous avons dérogé par ces Présentes. SI DONNONS EN MANDEMENT à nos amés & féaux Conseillers les Gens tenans notre Cour de Parlement à Paris, que ces Présentes ils aient à faire registrer, & le contenu en icelles exécuter selon sa forme & teneur : CAR TEL EST NOTRE PLAISIR. En témoin de quoi Nous avons fait mettre notre Scel à cesdites Présentes. DONNÉ à Compiegne le vingtieme du mois d'Août, l'an de grace mil sept cent soixante-sept, & de notre Regne le cinquante-deuxieme. Signé, LOUIS. Et plus bas : Par le Roi, PHELYPEAUX. Et scellées du grand Sceau de cire jaune.

Registrées, oui, ce requérant le Procureur Général du Roi, pour être exécutées selon leur forme & teneur, suivant l'Arrêt de ce jour. A Paris, en Parlement, les Grand'Chambre & Tournelle assemblées, le quatre Septembre mil sept cent soixante-sept. Signé DUFRANC.

<h1 style="text-align:center">RÉGLEMENT</h1>

Arrêté par le Roi en son Conseil, pour l'administration du College de Louis-le-Grand & Colleges y réunis.

<h3 style="text-align:center">TITRE PREMIER.</h3>

Du Bureau d'Administration, de ses assemblées & fonctions.

<h3 style="text-align:center">ARTICLE PREMIER.</h3>

LE Bureau d'Administration dudit College sera présidé par le Grand Aumônier de France, & en son absence, par le plus ancien des quatre Officiers du Parlement, ou

I ij

à leur défaut, par le Subſtitut du Procureur Général de Sa Majeſté, ou enfin par le plus ancien des Notables.

II.

PARMI leſdits quatre Officiers du Parlement il y en aura un de Grand'Chambre, deux des Enquêtes & un des Requêtes. Ils ne pourront, conformément à ce qui eſt ordonné par l'Article XXVI des Lettres Patentes du 21 Novembre 1763, conſerver leſdites places d'Adminiſtrateurs que tant & ſi long-tems qu'ils ſeront Titulaires de léurs Offices. Ceux des Enquêtes ou Requêtes qui monteroient à la Grand'Chambre, conſerveront pareillement leurdite place d'Adminiſtrateur. Lorſqu'il vaquera une deſdites quatre places, il y ſera pourvu en la forme preſcrite par l'Article XXV deſdites Lettres Patentes du 21 Novembre 1763, à la charge cependant que ladite place ſera remplie de façon que la diviſion preſcrite par le préſent Article ſera rétablie, ſi elle ſe trouvoit dérangée par l'admiſſion à la Grand'Chambre de quelques-uns des Adminiſtrateurs qui auroient été nommés pour être des Enquêtes ou Requêtes. (60)

III.

LESDITS quatre Officiers du Parlement ſiégeront entr'eux ſuivant l'ordre de leur réception au Parlement, le tout cependant ſans préjudice aux diſpoſitions de l'Article XXVI des Lettres Patentes du 21 Novembre 1763. Le Subſtitut du Procureur Général ſiégera immédiatement après leſdits quatre Officiers du Parlement, enſuite les ſept Notables, ſuivant leur preſtation de ſerment; enfin le Principal & le Grand-Maître temporel, ſuivant l'ancienneté de leur nomination auxdites places.

IV.

LE Principal ſera tenu de prêter ſerment au Parlement, lorſque ſa nomination y aura été homologuée, & ce, en la forme preſcrite pour les Notables & pour le Grand-Maître, par l'Article XXV des Lettres Patentes du 21 Novembre 1763. Voulons en conſéquence, que le Principal actuel ſoit tenu de prêter ledit ſerment avant de prendre ſéance audit Bureau.

V.

LADITE qualité d'Adminiſtrateur ne pourra empêcher les Officiers du Parlement & du Châtelet d'être Juges des affaires dudit College & de ceux qui y ont été réunis; mais ils ne pourront ſe charger du rapport des délibérés ni des appointemens, qui conformément à l'Article XXXVI des Lettres Patentes du 21 Novembre 1763, ne pourront être prononcés qu'en cas de partage.

VI.

LES Aſſemblées dudit Bureau ſe tiendront à quatre heures de relevée, le premier & le troiſieme Jeudi de chaque mois, à l'exception ſeulement des vacances; & ſi leſdits jours ſe trouvent un jour de fête ou de vacation du Parlement, l'Aſſemblée ſera remiſe au premier jour non férié qui ſuivra.

VII.

EN cas qu'il ſe trouve néceſſaire d'aſſembler ledit Bureau extraordinairement, l'Aſ-

---

(60) Ces diſpoſitions ont été changées par les Lettres Patentes du 30 Août 1777 ci-après.

femblée fera indiquée par le Bureau ordinaire , & s'il furvient quelques cas urgens, par deux des Adminiftrateurs feulement , qui en indiqueront les motifs par la lettre de convocation , laquelle fera fignée d'eux , & infcrite à la tête de la Délibération prife en conféquence ; & il ne pourra être traité dans lefdits Bureaux extraordinaires d'aucune autre matiere que de celle pour laquelle ils auront été convoqués ou indiqués, fi ce n'eft cependant des réparations urgentes qui fe trouveroient à faire à quelques-uns des biens dudit College de Louis-le-Grand , ou de ceux y réunis.

V I I I.

LES Délibérations dudit Bureau ne pourront être prifes qu'au nombre de fept Adminiftrateurs ; & dans tous les cas où elles ne doivent pas être prifes à la pluralité des deux tiers des fuffrages , elles le feront à la pluralité des voix ; & en cas de partage, la voix de celui qui préfidera fera prépondérante. (61)

I X.

LES Délibérations fignées par tous les Adminiftrateurs qui auront affifté à l'Affemblée du Bureau , fans qu'aucun puiffe s'en difpenfer. (62)

X.

LE Regiftre des Délibérations fera coté & paraphé par l'un defdits Officiers du Parlement , & il contiendra toutes les Délibérations des Affemblées dudit Bureau, foit ordinaires , foit extraordinaires.

X I.

PENDANT la vacance du Parlement , il ne fera tenu qu'une Affemblée le premier

---

(61) *Quatre Septembre 1777.*

Attendu que par les Lettres Patentes du 30 Août dernier , les Adminiftrateurs du College de Louis-le-Grand , qui , fuivant les Lettres Patentes du 20 Août 1767, étoient au nombre de quinze, font réduits à onze, & ce conformément à ce qu'ils avoient été établis originairement par les Lettres Patentes du 21 Novembre 1763, & qu'il feroit en conféquence très-difficile de réunir le nombre de fept Adminiftrateurs exigés par l'art. VIIIe du titre Ier des Lettres Patentes du 20 Août 1767 pour rendre une Délibération valable ; il a été arrêté 1°. Que le Bureau fe trouvant réduit au même nombre de Membres qu'il avoit été créé par les Lettres Patentes du 21 Novembre 1763, l'article VIIe de la Délibération du 23 Janvier 1764 feroit exécuté fuivant fa forme & teneur ; en conféquence que les Délibérations dudit Bureau feront valables quand elles auront été prifes par fix Adminiftrateurs , excepté pendant les vacances où cinq Adminiftrateurs feront fuffifans. 2°. Que dans le cas où le nombre d'Adminiftrateurs exigé par la préfente Délibération & par celle du 23 Janvier 1764, ne fe trouveroit pas complet, les Délibérations qui alors feront prifes ne feront que provifoires , & feront fujettes à être relues & confirmées dans le premier Bureau où fe trouvera le nombre d'Adminiftrateurs fuffifant : le tout fans préjudice aux Délibérations qui feront prifes du 7 Septembre au 1er Décembre , lefquelles auront toujours befoin d'être relues & confirmées, conformément à l'article XI du titre 1er des Lettres Patentes du 20 Août 1767.

(62) La Délibération du 8 Février 1764 ordonne de plus que chaque page fera paraphée par les deux premiers en féance , ce qui s'exécute.

LETTRES
PATENTES
du 20 Août 1767.

Jeudi d'après la rentrée des classes, si ce n'est toutefois en cas urgent: il en sera pareillement tenu une le Jeudi d'après les Mercuriales du Parlement. Les Délibérations qui auront été prises, soit pendant les vacances, soit même au Bureau du lendemain des Mercuriales, ne seront exécutées que provisoirement, & elles seront relues au premier Bureau qui sera tenu dans le mois de Décembre, pour y être délibéré sur leur confirmation.

X I I.

LES détails de l'administration du College de Louis-le-Grand & des Colleges y réunis, seront distribués entre lesdits Administrateurs, qui en feront entr'eux le partage; sans toutefois que le Grand Aumônier, ni le Principal & le Grand-Maître en puissent être chargés.

X I I I.

IL sera formé à cet effet quatre départemens composés chacun de sept Colleges, & chaque Département sera sous l'inspection d'un desdits Officiers du Parlement & de deux Notables : le Substitut du Procureur Général tiendra lieu d'un Notable dans un desdits Départemens. (63)

X I V.

LE premier Département sera composé des Colleges d'Arras, de Beauvais, de Cambray, de Justice, de Louis-le-Grand, de Narbonne & de Treguier ; le second, des Colleges de Boissy, des Bons-Enfans, de Presle, de Sainte Barbe, de Saint Michel, des Trésoriers & de Tours ; le troisieme, des Colleges de Bourgogne, de Cornouaille, de Dainville, Huban, de Me Gervais, du Mans & de Reims ; & le quatrieme, des Colleges d'Autun, de Bayeux, des Cholets, des Dix-Huit, de Fortet, de Laon & de Seez. (64)

X V.

LE choix desdits Départemens sera fait entre les Officiers du Parlement, le Substitut du Procureur Général & les Notables, suivant leur ordre de séance ; & lorsqu'il y aura quelques changemens dans lesdits Administrateurs, il sera libre aux anciens d'opter le Département de celui qui aura quitté, & de laisser le leur au nouvel Administrateur qui remplira la place vacante, le tout en se conformant au contenu en l'article XIII ci-dessus.

X V I.

LES Administrateurs chargés de chaque Département répartiront entr'eux les affaires relatives aux Colleges dont ils auront l'inspection, pour en être rendu compte audit Bureau par celui qui en sera particuliérement chargé, après toutefois qu'il en aura

---

(63) Quoique par les Lettres Patentes de 1777 le nombre des Administrateurs ait été diminué, il y a toujours eu quatre départemens, mais il n'a été composé que d'un Officier du Parlement & deux Notables.

(64) Ces départemens sont toujours les mêmes ; mais en 1777 le College Mignon a été ajouté au premier département.

conféré avec les deux autres Adminiftrateurs, ou l'un d'eux au moins, & y être pourvu ainfi qu'il fera avifé par ledit Bureau.

X V I I.

CEUX defdits Adminiftrateurs qui auront dans leur Département le College de Louis-le-Grand, & un de chacun des trois autres Départemens, qui fera à ce député au premier Bureau du mois de Décembre, feront la vifite dudit College, & de tous les lieux & falles en dépendans, fans aucune exception, & ce, fuivant la répartition qui en fera faite entr'eux; de façon qu'au moins un defdits Adminiftrateurs, faffe une fois par mois la vifite; pour être, fur fon rapport, délibéré & réglé par le Bureau ce qu'il appartiendra. (65)

X V I I I.

NE pourront au furplus, lefdits Adminiftrateurs, dans les vifites qu'ils feront en exécution de l'Article précédent, ainfi qu'aucun des Membres dudit Bureau, rien ordonner, foit relativement à l'adminiftration des biens des Bourfiers, foit par rapport aux autres objets qui concerneront les Colleges de leur Département, ou les Bourfiers d'iceux, que provifoirement; & à la charge d'en rendre compte au Bureau, pour être lefdits ordres approuvés & confirmés, s'il y a lieu, & réglé ce qui fera bon être.

TITRE SECOND.

Des Bourfes.

ARTICLE PREMIER.

TOUTES les Bourfes feront égales à l'avenir, fans qu'elles puiffent être divifées en grandes & petites Bourfes.

I I.

LA Penfion defdits Bourfiers continuera d'être fixée à la fomme de (66)

I I I.

L'INTÉRÊT des différentes fommes anciennement données pour les fondations des Bourfes, & dont l'emploi fera juftifié avoir tourné à l'avantage defdits Colleges, fera prélevé au profit defdires fondations, fur les revenus defdits Colleges, au denier 25, fans aucune retenue; & en cas que lefdits revenus foient infuffifans pour le paiement d'une Bourfe entiere, il fera, par le Secrétaire dudit Bureau d'Adminiftration, auffi-tôt après l'enregiftrement des Lettres Patentes de ce jour, adreffé à ceux qui ont droit d'y nommer, un Exemplaire defdites Lettres & du préfent Réglement, avec une Lettre pour les inviter à faire dans le délai d'un an du jour dudit enregiftrement, le fupplément de fonds néceffaires pour le paiement d'une Bourfe entiere; finon, & ledit tems paffé,

---

(65) La diminution de trois Notables faite par les Lettres Patentes de 1777, a empêché d'exécuter cet article.

(66) Voyez pour cette fixation, les Lettres Patentes du 19 Mars 1780 ci-après.

il fera pris audit Bureau une délibération pour la réunion de plufieurs defdites Bourfes, afin de n'en former qu'une feule qui puiffe fuffire à l'entretien d'un Bourfier, auquel cas, la nomination en appartiendra alternativement à chacun des Collateurs dont les Bourfes auront été réunies, en ayant cependant égard à la force de chaque fondation, fans néanmoins que ladite délibération puiffe être prife autrement qu'aux deux tiers des voix, ni exécutée qu'elle n'ait été fur la Requête du Procureur Général de Sa Majefté, & fans frais, homologuée en la Grand'Chambre dudit Parlement, & fignifiée avec l'Arrêt d'homologation, auxdits Nominateurs, à la requête dudit Procureur Général.

I V.

L'ADMISSION des Bourfiers defdits Colleges réunis, pourra être fufpendue pendant un certain tems, pour acquitter les dettes du College auquel lefdites Bourfes font attachées, fans toutefois que la Délibération qui aura été prife à ce fujet, & qui contiendra les motifs de ladite fufpenfion ou augmentation, & le tableau exact des revenus & charges dudit College, puiffe être exécutée, fi elle n'a été prife & homologuée en la forme prefcrite par l'Article précédent. (67)

V.

IL ne pourra être rétabli aucune des Bourfes qui étoient fufpendues lors de la réunion defdits Colleges, ou qui auroient été furfifes, fuivant ce qui eft porté par l'Article précédent, ni établi de nouvelles, fi ce n'eft toutefois, par une nouvelle fondation faite dans toutes les formes ordinaires, que toutes les dettes du College auquel elles font affectées n'aient été entiérement acquittées, & que les revenus ne fe trouvent fuffifans pour payer la Penfion entiere ci-deffus fixée.

V I.

APRÈS que les fommes néceffaires pour les Penfions des Bourfiers actuellement fubfiftans, auront été prélevées fur le pied ci-deffus réglé, l'excédent des revenus de chaque College, foit qu'il ait été produit par la bonne adminiftration de leurs biens, foit qu'il provienne de la ceffation des honoraires attribués aux Places fupprimées par les Lettres Patentes du 21 Novembre 1763, ou par celles de ce jour, fera employée à établir de nouvelles Bourfes, fuivant ce qui fera réglé à cet égard, par une Délibération du Bureau d'Adminiftration, prife & homologuée en la forme ci-deffus prefcrite ; & feront lefdites Bourfes, à la nomination de ceux qui ont le droit de nommer à celles actuellement fubfiftantes.

V I I.

S'IL fe trouve dans lefdits Colleges quelques Bourfes fondées anciennement ou depuis les Lettres Patentes du 21 Novembre 1763, ainfi que celles qui auroient été rétablies, foit par Lettres Patentes enregiftrées au Parlement, ou par Acte homologué en ladite Cour, dont le revenu excedât les fommes néceffaires pour chaque Bourfe, fuivant ce qui eft

---

(67) Les Lettres Patentes du premier Juillet 1769 néceffitent de plus la préfence d'un repréfentant des Fondateurs.

ordonné

ordonné par les Articles II & V ci-deſſus ; ledit excédent ſera employé, ainſi qu'il eſt
preſcrit par leſdites Fondations, Actes ou Lettres Patentes, & payé même aux Bourſiers
qui ſe retireroient aux Séminaires.

VIII.

CHACUN deſdits Colleges réunis, paiera pour ſa contribution aux dépenſes communes, la ſomme pour laquelle il ſera compris dans l'état de répartition attaché ſous le
contre-ſcel des Lettres Patentes de ce jour, &c. (68)

IX.

SERONT encore prélevées, par préférence à toutes autres dépenſes, ſur les revenus
de chacun deſdits Colleges, les ſommes néceſſaires qui ont été fixées en la forme
preſcrite par l'Article XXXVIII deſdites Lettres Patentes du 21 Novembre 1763, pour
l'acquit des fondations dont ledit College eſt chargé.

X.

LA Penſion entiere, telle qu'elle ſera fixée en exécution des Articles II & V ci-deſſus,
ſera payée pour les Bourſiers qui entreront au mois d'Octobre ; & à l'égard de ceux
qui n'entreront qu'à Pâques, il ne ſera payé qu'une demi-année ; ce qui ſera exécuté
à l'égard de ceux qui quitteroient, décéderoient ou ſeroient renvoyés dans le courant
de l'année Scholaſtique ; & ſeront leſdites Penſions, payables d'avance & par quartier.

XI.

LES ſommes mentionnées dans les trois Articles précédens, ſeront verſées dans la
caiſſe des revenus du College de Louis-le-Grand, & allouées dans les comptes du
Grand-Maître, ſur ſa ſimple quittance, & ſur un état des Bourſiers de chaque College,
qui ſera arrêté chaque année dans les premiers Bureaux des mois de Décembre & de
Mai (69) : à l'égard des fondations, il ſera tenu de joindre à ſa quittance un certificat

---

(68) La contribution a été de nouveau fixée par les Lettres Patentes du 19 Mars 1780
ci-après.

(69) Pour l'intérêt des Colleges, le Bureau a décidé d'arrêter quatre états à chaque trimeſtre,
ſuivant la Délibération du 23 Avril 1770 dont la teneur en ſuit.

Du vingt-trois Avril 1770.

Le Bureau délibérant ſur l'état à arrêter des Bourſiers, a obſervé qu'il s'éleve une difficulté
pour ſavoir s'il faudra compter le tems que réſidera chaque Bourſier, *de die in diem*, ou ſi
le trimeſtre commencé ſera réputé acquis au College de Louis-le-Grand. Dans ces circonſtances le Bureau a cru convenable d'adopter à peu près pour les Bourſiers ce qui a été décidé
pour les Penſionnaires, par les Délibérations des 7 Février 1765, 17 Juillet 1766 & 17
Août 1769, & ce d'autant plus volontiers que ces articles ont été adoptés pour la fondation
des Bourſes Bazin, dans la Tranſaction du 9 Mars 1770, homologuée par Arrêt de la Cour
du 21 du même mois ; en conſéquence le Bureau a arrêté ce qui ſuit :

ARTICLE PREMIER.

IL ſera arrêté tous les ans quatre états des Bourſiers des différens Colleges réunis, & ce
pour le trimeſtre d'Octobre, le premier Bureau de Janvier ; pour le trimeſtre de Janvier, le

I. Partie. K

figné au moins de deux des Adminiftrateurs chargés de chaque College, lefquels atteſ-
teront que lefdites fondations ont été acquittées.

X I I.

LES Bourfes qui feront fondées en vertu de l'Article VIII des Lettres Patentes du
16 Août 1764, feront au moins du revenu de 500 livres franc & quitte de toutes
charges & impofitions, dont 50 livres appartiendront au College de Louis-le-Grand;
le furplus, prélévement fait de la penfion des Bourfiers, fera employé ainfi qu'il fera
ftipulé par l'Acte de fondation; & fera la Délibération du Bureau d'Adminiftration,
à cet égard, prife & homologuée en la forme ci-deffus prefcrite.

X I I I.

IL fera payé une fomme de 200 livres par an, à chacun des deux anciens Bourfiers
du College des Cholets, Docteurs en Théologie, & réfidens à Paris, pour leur tenir

---

premier Bureau d'Avril; pour le trimeftre d'Avril, le premier Bureau de Juillet; & pour le
trimeftre de Juillet, le Bureau qui doit fe tenir le premier Jeudi du mois d'Octobre d'après
la rentrée des claffes.

I I.

LESDITS états feront compofés de cinq colonnes; dans la premiere fera la date de
l'entrée defdits Bourfiers au College; dans la feconde, les noms de Baptême & de famille;
dans la troifieme, la claffe dans laquelle ils font; la quatrieme fera deftinée à marquer le
jour de leur fortie, & dans la cinquieme fera portée la fomme qui doit être payée pour chaque
Bourfier au College de Louis-le-Grand.

I I I.

DANS le premier état qui fera dreffé après l'entrée de chaque Bourfier, à la fuite de fon
nom, on mettra le nom de celui qu'il remplacera.

I V.

TANT qu'un Bourfier, une fois admis dans le College, fera titulaire de fa Bourfe, fa penfion
fera portée en dépenfe dans ledit état.

V.

DANS le cas de vacance d'une Bourfe pendant le courant d'un trimeftre, il ne fera fait
déduction que pour un mois, fix femaines ou deux mois dudit trimeftre; de forte que fi un
Bourfier étoit admis au College le dernier jour ou le premier d'un mois, ledit mois fera tiré
en entier au profit du College de Louis-le-Grand.

V I.

DANS le cas où un Bourfier quitteroit fa Bourfe par décès, démiffion, renvoi ou autre-
trement, avant le quinze du fecond mois d'un quartier, il ne fera tiré en dépenfe qu'un demi-
quartier.

V I I.

LORS de l'arrêté defdits états, la totalité de la dépenfe pour chaque College, relativement aux Bourfiers qu'ils auront eu le trimeftre précédent, fera marquée au bas de la cinquieme colonne mentionné article II ci-deffus, & conformément au Réglement fait pour les
Ordonnances le 17 Août 1769, le montant dudit état fera mis en toutes lettres par l'un des
Adminiftrateurs chargés fpécialement dudit College, lequel fignera le premier ledit état.

lieu du logement, dont ils avoient droit de jouïr dans ledit College, laquelle fomme leur fera payée par quartier.

XIV.

LA nomination aux Bourfes, appartiendra, comme par le paffé, à ceux qui ont droit d'y nommer par le titre de fondation, ou à leurs repréfentans ; & où lefdits Nominateurs, ou leurs repréfentans, n'exifteroient plus, ladite nomination fera & demeurera dévolue audit Bureau d'Adminiftration.

XV.

LA nomination aux Bourfes auxquelles nommoient, foit féparément, foit conjointement, les Bourfiers defdits Colleges réunis, & les Officiers defdits Colleges, qui ont été fupprimés par Lettres Patentes du 21 Novembre 1763, & par celle de ce jour, appartiendra pareillement audit Bureau d'Adminiftration : à la charge toutefois de conférer lefdites Bourfes, dans tous les cas où lefdits Adminiftrateurs auront droit d'y nommer, aux perfonnes auxquelles elles ont été affectées par la fondation.

XVI.

NUL Bourfier ne fera admis qu'en vertu d'Actes ou Brevets de nomination, qui feront rédigés fuivant le modele attaché fous le contre-fcel des Lettres Patentes de ce jour ; ce qui ne fera cependant exécuté, qu'à compter de Pâques prochain.

XVII.

LES vingt Bourfes du College des Cholets, étant actuellement à la nomination des Adminiftrateurs, ne pourront être complétées, que les vingt Bourfes qui y ont été fondées à la nomination des Chapitres d'Amiens & de Beauvais, n'aient été rétablies, & leurs Penfions fixées conformément à ce qui eft prefcrit par les Articles II & V ci-deffus.

XVIII.

LEDIT Principal remettra auxdits Adminiftrateurs, à chaque Bureau d'Adminiftration, les noms des Bourfiers, & même des Penfionnaires qui feront entrés ou fortis du College depuis le dernier Bureau, ainfi qu'expédition des Délibérations qui auroient été prifes dans la forme qui fera ci-après prefcrite, pour l'admiffion ou le renvoi des Bourfiers.

XIX.

SERA de plus tenu, le Principal dudit College, de remettre au premier Bureau qui fe tiendra après la Pentecôte, un état général de toutes les Bourfes vacantes ou qui vaqueront à la fin de l'année Scholaftique, pour en être, par le Secrétaire du Bureau, donné avis aux Nominateurs, afin qu'ils puiffent conférer lefdites Bourfes dans le tems & en la forme prefcrite par le préfent Réglement. (70)

---

(70) Le Réglement de 1769 avoit chargé le Principal d'avertir les Nominateurs des vacances des Bourfes ; mais d'après le dernier article de la Déclaration du 3 Septembre 1778 (ci-après IIᵉ Part. Chap. XIX), le Bureau, par fa Délibération du 5 Avril 1781, qui fera en note à l'article des Lettres Patentes de 1769 relatif à cet objet, a ordonné l'exécution de l'article ci-deffus.

LETTRES
PATENTES
du 20 Août 1767.

XX.

EN cas qu'il se présente quelques jeunes gens pour être admis dans ledit College, moyennant une somme une fois payée, ils pourront y être reçus par une Délibération du Bureau d'Administration, sans même qu'il soit besoin de la faire homologuer au Parlement; sans toutefois que ladite somme puisse être moindre que celle de 330 liv. par chacune des années que lesdits Ecoliers devront rester audit College; & sans, qu'en cas de décès ou de renvoi, lesdits Administrateurs soient tenus de rendre plus que 300 livres par an, pour le tems qui auroit resté auxdits Ecoliers à passer dans ledit College; & seront lesdits Ecoliers, traités en tout comme les Boursiers dudit College.

XXI.

AUSSI long-tems que le Bureau d'Administration jugera à propos d'admettre des Pensionnaires, leurs exercices & habitations seront communs avec les Boursiers, & leur pension sera de 460 livres (71), & seront, ainsi que les Boursiers, soignés tant en santé que maladie, le tout sans préjudice de l'exécution des conventions qui auroient été précédemment faites à ce sujet.

TITRE TROISIEME.

Des Boursiers.

ARTICLE PREMIER.

TOUS les Boursiers des Colleges réunis, seront tenus de commencer leurs études par les Humanités (72); il n'en sera reçu aucun qui ne soit en état d'entrer au moins en Sixieme, qu'il n'ait neuf ans commencés, & moins de treize révolus; à l'exception seulement des Enfans de Chœur des Cathédrales, qui pourront être reçus jusqu'à leur seizieme année accomplie.

II.

LES Boursiers qui ne résideroient pas dans le College de Louis-le-Grand, ou qui s'en seroient absentés pendant plus de quinze jours, hors le tems des vacances, & sans une permission par écrit du Principal & des Examinateurs, seront privés de leur Bourse, & il y sera nommé par ceux qui en ont droit; en conséquence les Boursiers des différens Colleges réunis, qui, en vertu de quelque titre que ce soit, même revêtu de Lettres Patentes registrées au Parlement, auroient la liberté de jouir de leurs Bourses sans résider dans ledit College, seront tenus de s'y rendre pour le premier Octobre prochain, sinon lesdites Bourses seront de droit vacantes.

III.

LESDITS Boursiers ne pourront être reçus dans ledit College, que depuis le 15

---

(71) Cette pension a été portée à 550 livres par les Lettres Patentes de 1780.

(72) Les Lettres Patentes du 19 Mars 1780, ci-après, changent l'âge, & permettent d'entrer en toutes classes & d'étudier dans toutes les Facultés.

Septembre de chaque année, juſqu'au premier Novembre excluſivement, & pendant la quinzaine de Pâques : ceux qui auront négligé de s'y préſenter à ces deux époques, perdront, pour cette année ſeulement les fruits de leurs Bourſes, qui reſteront dans la Caiſſe du College auquel elles ſeront attachées. (73)

I V.

AUCUN Bourſier ne pourra poſſéder deux Bourſes à la fois, ſoit de celles des Colleges réunis à celui de Louis-le-Grand, ſoit des Bourſes fondées en d'autres Colleges.

V.

CHAQUE Bourſier ſera tenu d'avoir à Paris deux Correſpondans qui feront leur ſoumiſſion, ſuivant le modele attaché ſous le contre ſcel des Lettres Patentes de ce jour. (74)

V I.

LE Sujet propoſé ſe préſentera au Principal du College, & aux Examinateurs déſignés par l'Article V. des Lettres Patentes de ce jour, avec la ſoumiſſion de ſes deux (ſon) Correſpondans, ſon Extrait-baptiſtaire, & ſes Lettres de nomination : ſi ces piéces ſont en regle & trouvées conformes aux Réglemens qui ſeront faits inceſſamment par le Bureau d'Adminiſtration, pour chaque College réuni, ils procéderont ſur le champ à ſon examen ; & ſur leur avis par écrit, il ſera inſtallé par le Principal dans la claſſe pour laquelle il aura été admis.

V I I.

LEDIT Principal préſentera au Bureau, qui ſuivra immédiatement l'inſtallation des Bourſiers, toutes les pieces énoncées dans l'Article précédent, dont ſera fait regiſtre, & elles ſeront dépoſées dans les Archives du College auquel ladite Bourſe eſt affectée.

V I I I.

LES Sujets reçus ſeront éprouvés pendant deux ans, dans le cours deſquels les Examinateurs, conjointement ou ſéparément, leur feront ſubir pluſieurs examens ; & à la fin de la ſeconde année, ils décideront définitivement, s'ils ſeront confirmés dans la jouiſſance de leurs Bourſes, ou s'ils ſeront renvoyés. (75)

I X.

LES Bourſiers ainſi admis ne pourront être renvoyés que par une Délibération deſdits Principal & Examinateurs, priſe à la pluralité des deux tiers des voix, & dans laquelle les motifs du renvoi dudit Bourſier ſeront inſérés, dans le cas ſeulement où ledit Bourſier refuſeroit de ſigner ſa démiſſion ſur le Regiſtre des Délibérations deſdits Principal & Examinateurs.

---

(73) Cette diſpoſition avoit été changée par le Réglement de 1769, mais a été rétablie par les Lettres Patentes du 19 Mars 1780.

(74) Les Lettres Patentes du 1ᵉʳ Juillet 1769 n'exigent qu'un Correſpondant, & ſe contentent d'une ſignature ſur un regiſtre.

(75) Les Lettres Patentes de 1769 avoient réduites les épreuves à un an, mais celles de 1780 ont rétabli deux ans d'épreuves.

X.

LES Bourfiers des Colleges réunis, excepté ceux mentionnés aux deux Articles fuivans, ne jouiront à l'avenir de leurs Bourfes, que jufqu'à leur Philofophie inclufivement; fi ce n'eft cependant qu'ils n'aient déclaré par écrit audit Principal, dans la première femaine de Carême de leur année de Phyfique, qu'ils entendent concourir pour être aggrégés : auquel cas ils jouiront de leur Bourfe pendant encore une année, à condition toutefois qu'ils obtiendront à la fin de leur Philofophie le degré de Maître-ès-Arts, & un Certificat de capacité, qui leur fera délivré par le Principal & les Examinateurs, après leur avoir fait fubir un examen fur les matieres relatives à la claffe d'Aggrégés pour laquelle ils fe deftineront, dont ils feront tenus de juftifier auxdits Adminiftrateurs, au plus tard au fecond Bureau d'Août; faute de quoi leur Bourfe fera de droit vacante.

X I.

LES Bourfiers qui fe deftineront à l'étude de la Théologie, pourront jouir de leur Bourfe après leur Philofophie; à la charge par eux d'obtenir des Nominateurs de leur Bourfe, de nouveaux Brevets qu'ils préfenteront au Bureau d'Adminiftration, au plus tard entre Pâques & la Pentecôte de leur feconde année de Philofophie : & à la charge de juftifier audit Bureau, dans le délai prefcrit par l'Article précédent, & fous les peines y portées, de leurs lettres de Maître-ès-Arts ; ceux defdits Bourfiers qui fe deftineront à être Aggrégés, pourront auffi, après leur troifieme année de Théologie, jouir pendant un an de leur Bourfe, en fe conformant à ce qui eft prefcrit par l'Article précédent pour les autres Bourfiers, fi ce n'eft qu'ils ne feront tenus de fe déclarer & de fubir l'examen prefcrit par ledit Article, que dans la troifieme année de leur Théologie.

X I I.

LES deux Articles précédens ne feront exécutés, qu'à l'égard des Bourfiers qui feront nommés par la fuite, ou qui au jour de l'enregiftrement des Lettres Patentes de ce jour, étudieroient en Rhétorique, ou dans des claffes inférieures; quant à ceux qui audit jour étudieroient en Philofophie, ou dans quelques-unes des Facultés fupérieures, ils conferveront leur Bourfe pendant le tems prefcrit, foit par les anciens Statuts, foit par les Délibérations de réunion homologuées; le tout fans préjudice de l'exécution du contenu en l'Article VII des Lettres Patentes de ce jour. (76)

X I I I.

IL fera dreffé par les Principal & Examinateurs, dans un an de l'enregiftrement des Lettres Patentes de ce jour, un Réglement contenant les exercices que les Bourfiers qui fe deftineront à être Aggrégés, & qui en conféquence, jouiront de leur Bourfe une année après leur Philofophie ou leur Théologie, feront tenus de faire dans le College, fous les yeux & l'infpection fpéciale des Principal & Examinateurs.

---

(76) Ces trois articles avoient été annullés par les Lettres Patentes de 1769, celles de 1780 les ont rétablis quant au fond, mais avec d'autres formes.

X I V.

LORSQUE les Supérieurs Majeurs des Colleges réunis à celui de Louis-le-Grand, jugeront à propos de vifiter, interroger & examiner les Bourfiers defdits Colleges, ils fe tranfporteront par eux, ou par un fondé de procuration fpéciale, audit College, après en avoir prévenu la veille au plus tard par écrit le Principal, lequel nommera un Maître de Quartier, pour, à la tête defdits Bourfiers, recevoir lefdits Supérieurs-Majeurs à la porte du College, & les conduire chez le Principal, ou en fa préfence, ou d'un des Sous-Principaux ou Préfets d'études par lui pour ce choifi, lefdits Supérieurs-Majeurs examineront lefdits Bourfiers, & s'informeront de leurs mœurs & conduite, & de leurs progrès dans les études ; pourront lefdits Supérieurs-Majeurs, lors defdits examens, renvoyer les Bourfiers qu'ils jugeront devoir être renvoyés.

X V.

IL fera payé par le Grand-Maître, aux Bourfiers qui, après en avoir obtenu la permiffion, tant du Principal & des Examinateurs, que du Bureau d'Adminiftration, fe retireroient au Séminaire, une fomme de 300 liv. par an, payable par quartier, fur le certificat de réfidence donné par le Supérieur du Séminaire (77).

X V I.

NE feront, au furplus, les articles I & V ci-deffus exécutés, qu'à compter de Pâques prochain.

TITRE QUATRIEME.

Du Principal & des Examinateurs.

ARTICLE PREMIER.

LE Principal, lors de la vacance d'une Chaire, propofera au Bureau d'Adminiftration trois Sujets pour la remplir, en fe conformant, au furplus, aux difpofitions des Lettres-Patentes des 3 Mai & 10 Août 1766 ; il aura voix délibérative lorfqu'il fera procédé audit choix : & où lefdits trois Sujets auroient été rejettés par délibération prife à la pluralité des deux tiers des voix, il fera tenu d'en propofer trois autres (78).

I I.

LES Profeffeurs dudit College habiteront dans les bâtimens qui leur font affectés par l'article IV des Lettres-Patentes du 7 Avril 1764 ; il leur fera, en outre, payé, à titre de fupplément d'honoraires, & ce, des deniers du College de Louis-le-Grand, par chacun an & par quartier, la fomme de 300 liv., laquelle fomme leur fera même confervée lorfqu'ils quitteront leurs Chaires, s'il eft ainfi décidé à la pluralité des deux tiers des voix. (79)

---

(77) Cette fomme a été portée à 400 livres par les Lettres Patentes de 1769, & n'a pas été augmentée, malgré l'augmentation faite de ces penfions, par les Lettres Patentes du 19 Mars 1780, & ce en exécution de la Délibération du 20 Juillet 1780, ci-après, Chapitre VII.

(78) Voyez ci-deffus, *note* 51.

(79) Délibération des 26 Juillet 1764 & 15 Décembre 1765.

Lettres
Patentes
du 20 *Août* 1767.

III.

LEDIT Principal nommera feul les Maîtres & Sous-Maîtres dudit College , & choifira feul les Portiers & Domeftiques néceffaires , qu'il pourra pareillement renvoyer quand il le jugera à propos : pourra néanmoins , le Bureau d'Adminiftration , par des motifs qui feront difcutés en fa préfence & par délibération , dans laquelle ledit Principal aura voix délibérative , ordonner qu'ils feront par lui renvoyés.

IV.

LES Examinateurs pourront être choifis parmi les Principaux , Profeffeurs ou Régens en exercice , qui auroient acquis à l'émérite , à la charge par eux de donner , dans le mois de leur nomination , la démiffion de leur Chaire ou Principalité : ne pourront au furplus , lefdits Examinateurs , poff* aucune des places d'Officiers généraux de l'Univerfité , mentionnées dans l'article XV des Lettres-Patentes du 3 Mai 1766.

V.

LESDITS Examinateurs feront nommés par le Tribunal de l'Univerfité , dans la forme prefcrite par l'Article V des Lettres-Patentes de ce jour , & ils ne pourront faire aucune fonction , que la Délibération prife à ce fujet n'ait été homologuée en la Grand'-Chambre du Parlement , en la forme ci-deffus prefcrite , tit. II , art. III.

VI.

LESDITS Examinateurs feront logés dans les bâtimens qui font deftinés par l'article XVIII des Lettres-Patentes du 3 Mai 1766 , pour être le chef-lieu de l'Univerfité ; & en attendant , ils demeureront , autant que faire fe pourra , dans le College de Louis-le-Grand.

VII.

LES Affemblées defdits Examinateurs fe tiendront chez le Principal , & toutes les fois qu'il le requerra ; leurs Délibérations feront prifes à la pluralité des voix , & au nombre de trois au moins ; elles feront fignées de tous les Délibérans , & infcrites par le plus jeune d'entr'eux dans un regiftre figné & paraphé par le plus ancien.

VIII.

LESDITS Principal & Examinateurs feront tenus , dans lefdites Délibérations , de fe réunir à deux avis ; & en cas de partage , le plus ancien aura la voix prépondérante : le regiftre defdites Délibérations reftera ès mains du Principal , & fera par lui remis dans les archives dudit College dès-lors qu'il fera rempli.

IX.

IL fera remis par le Secrétaire du Bureau d'Adminiftration , à chacun defdits Principal & Examinateurs , & ce par chacun an , une bourfe de cent jetons de feize au marc.

TITRE CINQUIEME.

De la régie & adminiftration des biens du College de Louis-le-Grand & Colleges y réunis.

ARTICLE PREMIER.

LES Adminiftrateurs du College de Louis-le-Grand , pourront , fur les 250,000 liv.
dont

dont l'emprunt a été autorifé par les Lettres Patentes de ce jour, prêter au denier 25 telle fomme qu'ils jugeront néceffaire pour fubvenir aux befoins defdits Colleges réunis, à la charge d'en indiquer l'emploi par la Délibération qui fera prife à ce fujet, ainfi que les moyens d'en procurer le rembourfement, fans qu'il foit, pour valider ledit emploi, befoin d'autre formalité que d'une Délibération prife & homologuée en la forme pref-crite par l'article III du titre II du préfent Réglement.

I I.

POURRONT pareillement les Adminiftrateurs, fous les conditions prefcrites par l'article précédent, prêter aux Colleges réunis qui en auront befoin, les deniers que quelques-uns d'iceux pourroient avoir à placer, à la charge toutefois de laiffer dans la caiffe de chaque College, le revenu d'une année au moins. (80)

I I I.

TOUT ce qui peut concerner les ventes, acquifitions, emprunts, conftructions, reconftructions, baux à ferme ou à loyer, ainfi que les réparations des biens dudit College de Louis-le-Grand, & de ceux qui y ont été réunis, fera réglé par le Bureau d'Adminiftration, dans la forme ci-après prefcrite, fans toutefois que ce qui concerne les ventes, acquifitions, emprunts, conftructions ou reconftructions en entier, puiffe être arrêté autrement qu'à la pluralité des deux tiers des voix, à la charge qu'il fera fait mention, dans la Délibération, de l'objet que le Bureau fe propofe de remplir, & de fes motifs, & qu'elle ne pourra être exécutée fans avoir été homologuée en la forme ci-deffus prefcrite, tit. II, art. III.

I V.

OUTRE ce qui eft porté par l'article précédent, les Délibérations qui ordonneront lefdites ventes, indiqueront l'emploi qui fera fait des deniers qui en proviendront : celles qui concerneront des acquifitions, énonceront les fommes qui y feront employées. Il fera joint à celles qui régleront des conftructions ou reconftructions, un devis eftima-tif d'icelles, & les deniers qui feront deftinés auxdits ouvrages, y feront indiqués; & dans celles qui ordonneront des emprunts, mention fera faite des fommes qui feront deftinées à les rembourfer.

V.

A l'égard des réparations, leur objet & le montant d'icelles feront détaillés dans un devis eftimatif, qui fera fait fur papier commun & fans frais, par l'Architecte du Bureau ou par quelqu'un par lui commis. Il fera, par l'Adminiftrateur qui en aura fait le rapport, fait mention de la Délibération qui fera prife à ce fujet, tant fur ledit devis que fur un regiftre particulier qui fera tenu defdits devis & Délibérations : ladite mention fera

---

(80) Le Bureau a avancé, fans en retirer aucuns intérêts aux différens Colleges, toutes les fommes dont ils ont eu befoin, & a placé les fonds de ceux qui en ont eus.

Quoique la derniere difpofition de cet article fut changée par le Réglement de 1769, il a toujours été exécuté comme étant très-utile à tous les Colleges.

I. Partie. L

signée dudit Adminiſtrateur, & ledit regiſtre ſera, à la fin de chaque Bureau, ſigné de celui qui y aura préſidé (81).

VI.

LES baux à ferme ou à loyer ſeront réglés par les Adminiſtrateurs, à la pluralité des voix, en ſe conformant aux regles preſcrites pour les gens de main-morte, & ils pourront, s'il y échet, arrêter qu'ils ſeront faits au Bureau, au plus offrant & dernier enchériſſeur.

VII.

LES ventes des biens & bâtimens dépendans deſdits Colleges réunis, ſeront faites en la forme preſcrite par l'Article XXXIII des Lettres Patentes du 21 Novembre 1763, & conformément à l'Arrêt du Parlement donné en exécution d'icelles, le 21 Août 1764, pour la vente du College de Boiſſy (82).

(81) Délibération du 5 Décembre 1765.

21 Août 1769.

Arrêt qui preſ-
crit la forme de
vendre les biens
des Colleges réu-
nis.

(82) Vu par la Cour la Requête préſentée par le Procureur Général du Roi, contenant que par la Délibération du Bureau d'Adminiſtration du College de Louis-le-Grand, du 9 de ce mois, que la Cour a homologué par ſon Arrêt du 13 du même mois, il a été arrêté qu'il ſeroit procédé, en l'aſſemblée dudit Bureau, à la vente du College de Boiſſy, ſis en cette Ville, rue du Cimetiere S. André-des-Arts, en la forme preſcrite par l'article XXXIII des Lettres Patentes du 21 Novembre dernier, portant réunion dudit College, enregiſtrées en la Cour le 25 dudit mois de Novembre; mais cette maniere de vendre les biens des Colleges réunis n'eſt pas ſi clairement expliquée par cet article XXXIII deſdites Lettres Patentes, qu'il ne laiſſe quelque doute ſur la forme qu'il faut ſuivre pour y parvenir. L'article porte les baux à ferme ou à loyer, les acquiſitions ou les ventes des biens, les emprunts & les rembourſemens ſeront auſſi réglés par ledit Bureau, & les ventes y ſeront faites au plus offrant & dernier enchériſſeur, après trois publications faites par affiches, de quinzaine en quinzaine. Quelle eſt la forme de ces publications faites par affiches? Sont-ce des publications telles qu'elles ſe pratiquent en la Cour dans les ventes qui ſe font à la Barre, qui doivent contenir le détail des biens par tenans & aboutiſſans, avec l'énoncé du titre en vertu duquel ſe fait la vente & les qualités des Parties; qui doivent ſe publier par trois Dimanches aux portes des Paroiſſes, de la ſituation des biens & des domiciles des Parties & de leur Procureur, ainſi qu'à l'audience du Siege royal où le bien eſt ſitué, & de celui où la vente ſe fait, qui doit en outre être affichée tant dans le lieu de la ſituation qu'en certains endroits publics de cette ville de Paris? Sont-ce au contraire de ſimples affiches imprimées qui contiendront ſommairement, & en groſſes lettres, l'annonce du bien qui eſt à vendre; le jour, le lieu & l'heure de la vente, qui ſeront collées & affichées aux coins de toutes les rues & carrefours de Paris, & atteſtées par la ſimple préſence & ſignature d'un Huiſſier? C'eſt ſur cette incertitude de forme que le Procureur Général du Roi croit devoir propoſer à la Cour de s'expliquer & d'interprêter plus clairement cet article des Lettres Patentes, qui doit faire loi pour toutes les ventes qui ſurviendront par la ſuite des immeubles dépendans des Colleges réunis. Le Procureur Général ne croit pas que l'intention du Roi ait été, par cet article des Lettres Patentes, d'aſſujettir les Colleges aux formalités diſpendieuſes des publications de la premiere eſpece ci-deſſus détaillées, parce qu'il n'y a rien de judiciaire dans la vente de ces biens; il

VIII.

LES actes faits en vertu deſdites Délibérations du Bureau d'Adminiſtration, ſeront ſignés par le Grand-Maître temporel du College de Louis-le-Grand & Colleges réunis,

ne s'agit point de dépouiller un propriétaire, ni de vendre ſon bien malgré lui pour payer ſes créanciers ; il ne s'agit pas non plus, comme dans une licitation, de forcer un co-propriétaire à renoncer, par la chaleur des encheres, à une propriété qui lui eſt chere ; ce ſont des ventes purement volontaires qui ſe feront de plein conſentement des propriétaires pour l'utilité & l'arrangement de leurs affaires, il n'eſt queſtion que de notifier au public les ventes pour aſſembler les enchériſſeurs, & rendre, par leur concours, la vente plus avantageuſe. Perſonne n'ignore que ce ſont des affiches imprimées qui ſe portent dans les maiſons qui donnent de la publicité à ces ventes, bien plus que des procédures écrites à la main, ou des publications à la porte d'une Egliſe, qui ne frappent ſouvent l'oreille que de la populace. L'intention de Sa Majeſté ſe manifeſte même par le contexte de l'article dans lequel Elle a cumulé les baux à ferme & à loyer ; on ne dira pas que pour parvenir à de ſimples baux, le Roi ait voulu qu'il fût fait des publications aux portes des Egliſes & aux Greffes des Jurisdictions ; enfin les termes dont le Roi s'eſt ſervi, de publications par affiches, annoncent bien clairement que ce ne ſont que de ſimples affiches imprimées qu'Elle a voulu preſcrire, parce qu'une publication ſe fait par un Greffier ou par un Huiſſier, & que ſi enſuite on l'affiche, c'eſt une procédure diſtincte & ſéparée ; le Roi auroit indiqué les lieux où ſe devoient faire les publications, s'il eut eu intention qu'il s'en fît. Le Procureur Général du Roi eſtime donc que l'objet ayant été de faire procéder aux ventes ſans frais, ſon intention a été, dans l'article XXXIII des Lettres Patentes, d'ordonner qu'il ſeroit appoſé, à trois jours différens, de quinzaine en quinzaine, des affiches imprimées qui annonceront ſuccintement le bien qui eſt à vendre, le lieu, le jour & l'heure de cette vente, & c'eſt pour mettre la Cour en état de fixer l'incertitude que peut donner cet article des Lettres Patentes qu'il donne la préſente Requête. A CES CAUSES requiert le Procureur Général du Roi, qu'en conſéquence de l'article XXXIII des Lettres Patentes du 21 Novembre 1763, enregiſtrées en la Cour le 25 dudit mois, il plaiſe à la Cour ordonner que, pour parvenir à la vente des biens des Colleges énoncés audit article, il ſera fait ſeulement des affiches imprimées qui contiendront en lettres majuſcules le nom & la qualité du bien à vendre, enſuite en lettres moins grandes un détail fort ſuccinct deſdits biens, le lieu, le jour & l'heure de la vente, les perſonnes auxquelles il faudra s'adreſſer pour avoir des éclairciſſemens ſur le bien, & dans leſquelles il ſera annoncé que les encheres n'en ſeront reçues que par le miniſtere d'un Procureur en la Cour, leſquelles affiches ſeront appliquées à trois jours différens, de quinzaine en quinzaine, aux coins des rues, carrefours & lieux publics de cette ville de Paris, & être en outre pour les biens de la campagne, mis dans les villes, bourgs & villages circonvoiſins de leur ſituation ; le tout par des Afficheurs ordinaires, en préſence d'un Huiſſier de la Cour pour les affiches qui ſeront miſes à Paris, & d'un Huiſſier du Siege Royal dans le reſſort duquel les biens ſeront aſſis pour les affiches qui ſeront miſes hors de Paris ; leſquels Huiſſiers dreſſeront procès-verbal de cette appoſition par chaque quinzaine ſur une des affiches qui ſera timbrée à cet effet, ſans que leſdits Huiſſiers puiſſent prétendre, pour leſdits procès-verbaux, autres droits que leurs vacations, à raiſon de deux livres par heure pour les Huiſſiers de la Cour, & de trente ſols pour les autres, ni prétendre aucuns droits de copie ou d'affiches, leſquels trois procès-verbaux d'affiches ſeront annexés à

L ij

& au moins par un des trois Adminiftrateurs chargés du College que lefdits actes concerneront.

I X.

S'IL eft néceffaire de faire quelques procédures au fujet defdites Bourfes ou biens
defdits Colleges, elles feront faites fous le nom collectif du Grand-Maître temporel
du College de Louis-le-Grand & des Bourfiers du College que ladite action concernera, en fe conformant au furplus aux formalités prefcrites par les Articles XXXV &
XXXVI des Lettres Patentes du 21 Novembre 1763, & par l'Article X de celles du
16 Août 1764.

X.

L'HOMOLOGATION des Délibérations qui y font fujettes, fuivant ce qui a été ci-
deffus prefcrit, fera faite à la requête du Procureur Général, fans que la Délibération
foit tranfcrite dans la groffe de l'Arrêt qui l'homologuera, fauf à être ordonné qu'elle
demeurera jointe à la minute dudit Arrêt.

X I.

LES portions des bâtimens du College de Louis-le-Grand, diftribuées par les Commiffaires du Parlement ou par le Bureau d'Adminiftration, pour les Affemblées de

---

la minute des contrats qui feront paffés aux adjudicataires des biens ; ordonner au furplus
que lefdites Lettres Patentes feront exécutées felon leur forme & teneur. Ladite Requête
fignée du Procureur Général du Roi. Oui le rapport de Me Jofeph-Marie Terray, Confeiller :
Tout confidéré.

LA COUR ordonne que, pour parvenir à la vente des biens des Colleges énoncés en
l'article XXXIII des Lettres Patentes du 21 Novembre 1763, regiftrées en la Cour le 25 dudit
mois, il fera fait feulement des affiches imprimées qui contiendront en lettres majufcules le
nom & la qualité du bien à vendre ; enfuite, en lettres moins grandes, un détail fort fuccinct
defdits biens, le lieu, le jour & l'heure de la vente, les perfonnes auxquelles il faudra s'adreffer
pour avoir des éclairciffemens fur le bien, & dans lefquelles il fera annoncé que les encheres
ne feront reçues que par le miniftere d'un Procureur en la Cour ; lefquelles affiches feront
appliquées à trois jours différens, de quinzaine en quinzaine, aux coins des rues, carrefours &
lieux publics de cette ville de Paris ; & en outre pour les biens de campagne, dans les villes,
bourgs & villages circonvoifins de leur fituation, le tout par les Afficheurs ordinaires en préfence d'un Huiffier de la Cour pour les affiches qui feront mifes à Paris, & d'un Huiffier du
Siege Royal dans le reffort duquel les biens feront affis pour les affiches qui feront mifes hors
de Paris ; lefquels Huiffiers drefferont procès-verbal de cette appofition par chaque quinzaine
fur une defdites affiches qui fera timbrée à cet effet, fans que lefdits Huiffiers puiffent prétendre, pour lefdits procès-verbaux, autres droits que leurs vacations, à raifon de deux livres
par heure pour les Huiffiers de la Cour, & de trente fols pour les autres, ni prétendre aucuns droits de copie ou d'affiches ; lefquels trois procès-verbaux d'affiches feront annexés à la
minute des contrats qui feront paffés aux adjudicataires des baux. Ordonne au furplus que
lefdites Lettres Patentes feront exécutées felon leur forme & teneur. Fait en Parlement le vingt-
un Août mil fept cent foixante-quatre. Collationné REGNAULT. *Signé* DUFRANC.

l'Université, de son Tribunal, pour le dépôt de ses archives & le logement de ses Officiers, pour les Assemblées de la Faculté des Arts, de ses Nations & de son Tribunal, ainsi que pour le dépôt de ses archives & de celles de ses Nations, continueront d'y être affectées : la Chapelle dudit College de Louis-le-Grand sera à l'usage de l'Université, de la Faculté des Arts & de ses Nations ; les exercices du concours établi dans ladite Faculté des Arts, ainsi que les compositions des prix qui s'y distribuent solemnellement à la fin de chaque année, se feront dans les salles affectées dans ledit College de Louis-le-Grand, aux Assemblées de l'Université & à celles des quatre Nations de la Faculté des Arts ; le tout, jusqu'à ce que les bâtimens ordonnés par les Lettres Patentes du 3 Mai 1766 aient été construits.

X I I.

CEUX à qui il a été accordé des logemens dans le même College, continueront de les occuper ; & néanmoins les Membres du Bureau de Discipline supprimé par les Lettres Patentes de ce jour, qui auroient, à un autre titre, un logement affecté dans ledit College, seront tenus d'opter, dans trois mois du jour de la publication du présent Réglement, celui des deux qu'ils voudront conserver, sinon l'option sera déférée aux Administrateurs dudit Bureau d'Administration.

X I I I.

LESDITS logemens seront occupés par ceux à qui ils ont été accordés, sans qu'ils puissent être loués ni cédés à d'autres, sous quelque prétexte que ce soit ; & faute par eux de les occuper, il en sera disposé par le Bureau.

X I V.

LE surplus des bâtimens sera employé pour le logement des Boursiers & des Pensionnaires.

X V.

IL ne sera permis à aucuns de ceux qui logeront dans ledit College, d'y demeurer avec leurs femmes, filles ou parentes, ni d'y avoir, sous aucun prétexte, des femmes pour domestiques.

TITRE SIXIEME.

Du Grand-Maître temporel, & de ses comptes.

ARTICLE PREMIER.

LE Grand-Maître temporel du College Royal de Louis-le-Grand aura tel nombre de Commis que le Bureau jugera lui être nécessaire, & il pourra les renvoyer lorsqu'il le jugera à propos ; pourront néanmoins lesdits Administrateurs faire ordonner le renvoi desdits Commis par une Délibération qui sera prise en la présence du Grand-Maître, ou lui duement convoqué, & dans laquelle il aura voix délibérative.

I I.

LEDIT Grand-Maître tiendra un Journal qui contiendra de suite, & sans aucun blanc, la recette & la dépense de tous les Colleges réunis ; & en outre autant de registres particuliers de recette & dépense qu'il y a de Colleges réunis, sauf au Bureau d'Administration à exiger, s'il le juge à propos, des registres particuliers pour l'acquit de chaque fondation faite dans aucun desdits Colleges (83).

I I I.

LEDIT Regiftre-Journal sera paraphé par l'un des quatre Officiers du Parlement, & les autres par l'un des trois Administrateurs du College qui sera dans son département.

I V.

IL ne pourra être fait par ledit Grand-Maître aucun paiement qu'en vertu de délibération dudit Bureau, & sur des mandemens signés de tous les Administrateurs qui auront assisté à ladite délibération (84).

V.

CHAQUE mandement sera enregistré par ordre de numéro dans un registre à ce destiné, lequel sera coté par un desdits Administrateurs, Officiers du Parlement, & signé à la fin de chaque séance par celui qui y aura présidé; & sera fait mention sur lesdits mandemens de l'enregistrement & de son numéro, sans qu'aucun puisse être alloué dans les comptes dudit Grand-Maître, s'il n'est dans la forme prescrite par le présent article, à l'exception seulement de ceux qui seront délivrés à l'Econome par les Administrateurs chargés du College de Louis-le-Grand, qui seront acquittés par ledit Grand-Maître, pourvu qu'ils soient signés par deux des Administrateurs chargés dudit College; auquel cas il en sera rendu compte au Bureau suivant, pour en être fait mention sur le registre indiqué au présent article.

V I.

LESDITS six Administrateurs chargés, en exécution de l'article XVII du titre premier ci-dessus, de faire la visite des lieux dépendans dudit College de Louis-le-

---

(83) C'est ce qui a été fait.

(84) *4 Décembre 1777.*

Vu par le Bureau la Délibération du 19 Décembre 1771, portant que sur ce qui a été observé que la signature des Mandemens qui, aux termes de l'article IV du titre VI du Réglement attaché sous le contre-scel des Lettres Patentes du 20 Août 1767, doit être faite par tous les Administrateurs qui auront assisté à la Délibération, fait perdre un tems considérable & interrompt souvent les Délibérations, il a été unanimement arrêté qu'à l'avenir il suffira que les Mandemens soient signés par les deux Administrateurs qui auront été à la tête du Bureau dans la séance & par celui de Messieurs qui ayant fait la proposition aura écrit en toutes lettres le montant dudit Mandement, en exécution de la Délibération du 17 Août 1769.

Le Bureau a annullé ladite Délibération, & a ordonné qu'il continuera de se conformer, ainsi qu'il l'a fait, dès le 4 Septembre dernier, premier jour de ses séances, à ce qui est prescrit par l'article IV du titre VI du Réglement de 1767; & qu'en conséquence les Mandemens seront toujours signés à chaque Bureau de tous les Administrateurs qui y assisteront.

Du 17 Août 1769.

Il a été arrêté que tout Administrateur qui proposera une Ordonnance, sera tenu de mettre en toutes lettres le montant de ladite Ordonnance, & de signer le premier.

Grand, auront ſoin, ſuivant la répartition qui en ſera faite entr'eux, que l'un d'eux au moins arrête tous les jours de Bureau, & même plus ſouvent s'il eſt jugé néceſ-ſaire, le regiſtre-journal dudit Grand-Maître, & les regiſtres particuliers de chaque College ; & ſeront tenus leſdits Adminiſtrateurs de vérifier ſi leſdits regiſtres s'accordent enſemble, & d'en rendre compte audit Bureau, pour être leſdits comptes, leur réſultat & les délibérations priſes en conſéquence inſcrits ſur un regiſtre particulier, qui ſera paraphé par l'un deſdits Adminiſtrateurs, Officiers du Parlement, & ſigné de tous les Adminiſtrateurs préſens audit Bureau.

V I I.

IL ne pourra y avoir dans la caiſſe du Grand-Maître plus de 6000 liv., & ce qui ſe trouvera de plus en ſes mains ſera verſé, à chaque aſſemblée du Bureau d'Admi-niſtration, dans une caiſſe particuliere fermant à trois clefs, dont une ſera remiſe au plus ancien des Adminiſtrateurs Officiers du Parlement, l'autre au plus ancien des Notables, & la derniere audit Grand-Maître temporel.

V I I I.

LES comptes du Grand-Maître temporel contiendront les recettes & dépenſes & repriſe de chaque College, relatives à l'année claſſique précédente, & ſeront rendus audit Bureau d'Adminiſtration tous les ans, dans les quatre premieres ſemaines de Carême, pour être examinés tous les jours de relevée, à l'exception des Dimanches & Fêtes, & des jours de Bureau, ſans qu'il puiſſe être traité dans leſdites aſſemblées aucuns autres objets que ceux deſdits comptes.

I X.

LESDITS comptes ſeront examinés par tous les Adminiſtrateurs qui voudront ſe trouver auxdites aſſemblées, & ſpécialement par un Adminiſtrateur de chaque dépar-tement, qui en ſeront expreſſément chargés ; ſçavoir, les trois Adminiſtrateurs adjoints à ceux du College de Louis-le-Grand, en exécution de l'article XVII dudit Titre pre-mier ci-deſſus, & par l'un des Adminiſtrateurs dudit College, qui ſera pour ce choiſi au premier Bureau du mois de Janvier ; & lors de l'examen des comptes de chaque College, les autres Adminiſtrateurs deſdits Colleges ſeront invités de s'y trouver (85).

X.

AUCUN article de recette ou dépenſe ne pourra être admis ou alloué que ſur le vû de la piece juſtificative d'iceux, & faute de la rapporter, il ſera rayé ; & ſi un ſeul Adminiſtrateur éleve quelque difficulté à ce ſujet, il en ſera référé au premier Bureau d'Adminiſtration qui ſera tenu, ou qui aura été convoqué extraordinairement, pour y être ſtatué ſur ladite difficulté.

X I.

EN arrêtant leſdits comptes, il ſera fait un bordereau de la recette, dépenſe & re-priſe de chacun d'iceux, lequel ſera ſigné de tous ceux qui les auront arrêtés.

_____

(85) Vu le petit nombre d'Adminiſtrateurs, l'exécution de cet article eſt actuellement preſque impoſſible.

X I I.

APRÈS lesdits comptes arrêtés, il sera tenu une assemblée de tous les Administra-teurs dudit College, le Lundi de la cinquieme semaine de Carême de relevée, à l'effet d'y être procédé à une révision générale desdits comptes & bordereaux, & à l'appro-bation ou réformation des arrêtés d'iceux, ainsi qu'à la formation d'un état du mon-tant desdits comptes, qui demeurera joint à la délibération prise à ce sujet; & en rap-prochant ledit état de l'arrêté sommaire qui aura été fait ledit jour en exécution de l'article VI ci-dessus, il sera dressé sur le champ un état exact des fonds qui devront se trouver en caisse.

X I I I.

IL sera fait aussi-tôt après, par deux des Administrateurs à ce députés par ledit Bu-reau d'Administration, une vérification générale de la caisse dudit College, pendant que deux autres Administrateurs, à ce pareillement commis, iront vérifier celle dudit Grand-Maître; & si le tout se trouve en regle, il lui sera donné une décharge signée de tous les Administrateurs présens, de ses recettes & dépenses pour ladite année scholas-tique précédente; sinon, il sera pris telle autre délibération qu'il sera jugé nécessaire, suivant l'exigence des cas.

X I V.

IL sera délibéré dans la même assemblée, ou dans telle autre qui sera indiquée, s'il y a lieu, sur l'emploi des deniers qui se trouveront dans lesdites caisses, ainsi que sur tout ce qui sera jugé nécessaire pour améliorer les revenus desdits Colleges, & ce, en se conformant à ce qui a été ci-dessus réglé par les articles I, II, III, IV & VII du Titre V; & où le Comptable se trouveroit en avance, il sera avisé aux moyens de le rem-bourser de ce qui se trouvera lui être dû.

X V.

LES comptes particuliers de chacun desdits Colleges réunis (à l'exception seulement des Colleges d'Arras, d'Autun, de Bayeux, de Cholets, de Louis-le-Grand, de Presle, de Saint-Michel, de Sées & de Treguier, dont les comptes ne seront portés qu'audit Bureau), seront rendus entre Pâques & la Pentecôte, tant aux Supérieurs majeurs, qu'à ceux qui ont droit d'ouïr lesdits comptes; sans néanmoins qu'ils puissent contester le paiement des dépenses qui auront été ordonnées par ledit Bureau d'Admi-nistration, ni déplacer les comptes ou les pieces justificatives d'iceux (86).

X V I.

IL sera délivré audit Grand-Maître un double desdits comptes ainsi arrêtés, & un

---

(86) Délibérations des 27 Février & 3 Mars 1768. Cette derniere constate que, lors de la reddition des comptes, on payoit une *rétribution légere* aux Supérieurs majeurs; dépense qui n'a plus lieu, & qui est une épargne pour les Colleges.

Sur la demande du Bureau, le Parlement avoit, par Arrêt du 17 Mai 1768, réglé la forme dans laquelle les comptes seroient rendus aux Supérieurs majeurs, & avoit en même tems supplié le Roi de faire connoître ses intentions à cet égard, & c'est ce qui a été fait par l'Article XIII du Titre Ier du Réglement de 1769.

autre

autre double fera dépofé aux archives dudit College, avec les pieces juftificatives d'icelui, duquel dépôt mention fera faite par les quatre Adminiftrateurs chargés de l'examen defdits comptes, fur le double remis audit Grand-Maître.

TITRE SEPTIEME.

Du Secrétaire, de l'Archivifte, de l'Econome & autres, & de leurs fonctions.

ARTICLE PREMIER.

LE Secrétaire, l'Archivifte (87), & l'Econome feront nommés par le Bureau d'Adminiftration, & ils y prêteront ferment; ils feront logés audit College dans les lieux qui leur feront, fi fait n'a été, affignés par le Bureau d'Adminiftration, & ils ne pourront être deftitués que par une délibération prife à la pluralité des deux tiers des voix.

II.

LEDIT Secrétaire tiendra les Regiftres des délibérations, en délivrera les expéditions, remettra les Ordonnances du Bureau à ceux en faveur defquels elles auront été expédiées, & il fera même chargé de la garde des archives & papiers, & d'en donner des expéditions, en cas que ledit Bureau n'ait pas jugé à propos de nommer un Archivifte. Seront au furplus tenus lefdits Secrétaire & Archivifte de fe conformer exactement à ce qui fera réglé par ledit Bureau à leur fujet.

III.

L'ECONOME dudit College fera tenu de donner une caution telle qu'elle aura été fixée par le Bureau; il fera chargé du détail de la dépenfe journaliere dudit College, à l'effet de quoi il tiendra un livre-journal qui fera arrêté chaque jour de Bureau, en la même forme que celui du Grand-Maître; & fera le compte qui en fera rendu, infcrit fur le regiftre prefcrit par l'Article VI du Titre VI ci-deffus. Seront en outre les Adminiftrateurs chargés dudit College de Louis-le-Grand, libres de faire la vérification des regiftres dudit Econome, toutes les fois qu'ils le jugeront à propos.

IV.

LEDIT Econome tiendra un autre regiftre qui fera paraphé par l'un defdits Adminiftrateurs Officiers du Parlement, dans lequel chaque Fourniffeur aura fa feuille, fur laquelle il mettra la quittance des fommes qu'il recevra.

V.

LES regiftres de l'infirmier feront arrêtés toutes les femaines par ledit Econome, & vifés au moins tous les trois mois par un des Adminiftrateurs chargés de l'arrêté des livres & regiftres-journaux du Grand-Maître & de l'Econome, pour être le montant de la dépenfe de l'infirmerie porté dans les comptes dudit Econome, & y former un article féparé de dépenfe.

---

(87) Par Délibération du 16 Mars 1769, le Bureau a jugé à propos de réunir ces deux Places.

I. Partie. M

V I.

LEDIT Econome préfentera tous les ans au premier Bureau du mois de Janvier, fes comptes de l'année claffique précédente, pour y être arrêtés au premier Bureau du mois de Février, après avoir été examinés par les quatre Commiffaires chargés fpécialement d'arrêter les comptes du Grand-Maître.

V I I.

IL fera pourvu par le Bureau d'Adminiftration à toutes les places qui concernent l'Infirmerie, la Cuifine, la Boulangerie, & généralement à toutes celles qui ont rapport au temporel dudit College; & ceux qui en auront été pourvus ne pourront être révoqués que par Délibération dudit Bureau (88).

Fait & arrêté au Confeil d'Etat du Roi, tenu à Compiegne, Sa Majefté y étant, le vingt Août mil fept cent foixante-fept. *Signé*, LOUIS. *Et plus bas:* PHELYPEAUX.

Regiftrées, oui, ce requérant le Procureur Général du Roi, pour être exécuté felon fa forme & teneur, fuivant l'Arrêt de ce jour. A Paris en Parlement, les Grand'Chambre & Tournelle affemblées, le quatre Septembre mil fept cent foixante-fept. Signé DUFRANC.

MODELE des Lettres de nomination aux Bourfes, prefcrit par l'article XVI du titre II du Réglement arrêté par le Roi le 20 Août 1767, & attaché fous le contre-fcel des Lettres Patentes du 20 Août du préfent mois.

N. N...... dilecto noftro N...... Diœcefis N..... falutem in Domino, Burfam in Collegio N...... Parifiis fundatam, nunc, per Sanctiones regias Verfaliis datas 21 Nov. 1763, tranflatam in collegium Ludovici Magni Academicum, cujus vacatione adveniente, collatio, provifio & omnimoda difpofitio ad nos pleno jure fpectant & pertinent, liberam nunc & vacantem per obitum (vel per dimiffionem, vel per expulfionem, vel per non admiffionem) dilecti noftri N...... ejufdem Burfæ ultimi poffefforis pacifici, tibi tanquam fufficienti, capaci & idoneo contulimus & donavimus, conferimus ac donamus per præfentes, ut illà juxtà Collegii Ludovici Magni ftatuta & confuetudines fruaris; quapropter dicti Collegii Adminiftros necnon Burfariorum Examinatores, per Sanctiones regias datas Compendii 20 Augufti 1767, inftitutos requirimus, quatenus te in poffeffionem dictæ Burfæ ponant & inducant, feu poni aut induci faciant. Datum N...... fub figno, figilloque noftris, ac Secretarii noftri chirographo, anno Domini N..... die verò menfis N. N.

Fait & arrêté au Confeil d'Etat du Roi, tenu à Compiegne, Sa Majefté y étant, le vingt Août mil fept cent foixante-fept. *Signé* LOUIS. *Et plus bas*, PHELYPEAUX.

Regiftré, oui, ce requérant le Procureur Général du Roi, pour être exécuté felon fa forme & teneur, fuivant l'Arrêt de ce jour. A Paris, en Parlement, les Grand'Chambre & Tournelle affemblées, le quatre Septembre mil fept cent foixante-fept. Signé DUFRANC.

---

(88) Ces difpofitions avoient été changées par les Lettres Patentes de 1769; mais d'après la Déclaration du 3 Septembre 1778, elles ont été rétablies par la Délibération du 15 Février 1781, qui fera mife en note à l'article des Lettres Patentes de 1769, relatif à cet objet.

MODELE de l'acte de ſoumiſſion à faire par les Correſpondans des Bourſiers.

Nota. Depuis les Lettres Patentes des 1er Juillet 1769 & 19 Mars 1780, il a fallu dreſſer une autre formule que celle attachée ſous le contre-ſcel des Lettres Patentes de 1769 ; ce modele eſt ainſi conçu :

JE ſouſſigné
demeurant à Paris, rue   paroiſſe   promets, en exécution
de l'article V du titre III du Réglement attaché ſous le contre-ſcel des Lettres Patentes
du 20 Août 1767, & de l'article VIII du titre III des Lettres Patentes du 1er Juillet
1769, de ſervir de Correſpondant au ſieur
nommé pour remplir dans le College de Louis-le-Grand une des Bourſes de celui
de   ſuivant les Lettres de proviſion qui lui en ont été accordées
le   par M   Supérieur Majeur *ou*
Collateur des Bourſes dudit College de   & en conſéquence je
m'oblige envers MM. les Adminiſtrateurs du College de Louis-le-Grand de reprendre
ledit ſieur   pour le remettre à ſa famille, ſoit à la fin de ſes
Etudes, ſoit dans le cas où il viendroit à être congédié du College, ſoit enfin ſi, après
le tems d'épreuve ordonné par l'article IV des Lettres Patentes du 19 Mars 1780,
ledit ſieur   n'étoit pas jugé capable de remplir ladite Bourſe.
Fait à Paris ce

VU par la Cour la Requête à elle préſentée par le Procureur Général du Roi, contenant, que le Roi ayant, par l'article VII des Lettres Patentes du 20 Août 1767, vérifiées en la Cour le 4 Septembre audit an, ordonné que le Tribunal de l'Univerſité &
la Faculté de Droit & de Médecine, lui remettroient des Mémoires & leurs Avis ſur
les Bourſes fondées dans les Colleges réunis à celui de Louis-le-Grand, pour leſdites
Facultés de Droit & de Médecine, il croit indiſpenſable d'adreſſer leſdites Lettres-Patentes audit Tribunal & auxdites Facultés de Droit & de Médecine. Qu'un nouveau motif
qui fera connoître à la Cour la néceſſité de cet envoi audit Tribunal, réſulte des diſpoſitions des articles IV & V deſdites Lettres Patentes, par leſquelles il eſt ordonné, d'un
côté, que le College de Louis-le-Grand, & les Colleges y réunis, demeureront ſous
la Juriſdiction du Tribunal de l'Univerſité ; & d'un autre côté, que la nomination des
Examinateurs des Bourſiers établis par leſdites Lettres Patentes, appartiendra audit
Tribunal : qu'enfin, il lui paroît indiſpenſable de les adreſſer pareillement au Bureau
d'Adminiſtration, & de les faire tranſcrire ſur les regiſtres du Bureau de Diſcipline,
ſupprimé par ledit article IV ; qu'il eſt auſſi néceſſaire de pourvoir au dépôt des regiſtres dudit Bureau de Diſcipline : qu'un autre objet lui paroît encore mériter l'attention
de la Cour ; qu'il eſt intéreſſant que ceux qui étoient revêtus des places de Chapelain

ARRÊT
du 5 Septembre
1767.
Pour l'exécu-
tion des Lettres
Patentes & Ré-
glement du 20
Août 1767.

M ij

dans le College de Beauvais , lefquelles font fupprimées par l'article III defdites Lettres Patentes , le Religieux de Saint-Jean-des-Vignes , qui étoit Titulaire d'une Bourfe dans le College de Beauvais , ladite Bourfe fupprimée par l'article II du titre III du Régle-ment attaché fous le contrefcel defdites Lettres Patentes , & tous les Nominateurs des Bourfes réunies , connoiffent les différentes difpofitions de ces Lettres Patentes , pour qu'ils aient à s'y conformer : Que c'eft pour pourvoir à tous ces objets , que le Pro-cureur Général du Roi croit devoir donner à la Cour la préfente Requête. A CES CAUSES , requiert le Procureur Général du Roi , qu'il plaife à la Cour ordonner que , par le Procureur Général du Roi , il fera envoyé des exemplaires defdites Lettres Pa-tentes du 20 Août 1767 , du Réglement & pieces attachées fous le contrefcel defdites Lettres Patentes , enfemble de l'Arrêt qui interviendra fur la préfente Requête au Tri-bunal de l'Univerfité de Paris , aux Facultés de Droit & de Médecine de ladite Univer-fité , & au Bureau d'Adminiftration dudit Còllege de Louis-le-Grand , pour être toutes lefdites pieces enregiftrées fur les regiftres de ladite Univerfité , defdites Facultés , & dudit Bureau d'Adminiftration , pour qu'ils aient à s'y conformer : comme auffi ordon-ner que le Secrétaire du Bureau de Difcipline , fupprimé par lefdites Lettres Patentes , fera tenu de rapporter au Bureau d'Adminiftration du College de Louis-le-Grand , les regiftres dudit Bureau de Difcipline , pour , en préfence dudit Secrétaire , être les pieces ci-deffus énoncées , infcrites par le Secrétaire du Bureau d'Adminiftration fur les regif-tres dudit Bureau de Difcipline ; ce fait , lefdits regiftres du Bureau de Difcipline remis enfuite , conformément à ce qui eft ordonné par l'article XXIX des Lettres Patentes du 21 Novembre 1763 , aux archives dudit Bureau d'Adminiftration dudit College ; ordonner en outre que lefdites pieces feront pareillement renvoyées par le Procureur Général du Roi au plus ancien des quatre Examinateurs établis par lefdites Lettres Pa-tentes , pour être infcrites en tête du regiftre des Délibérations defdits Principal & Exa-minateurs ; ordonner que ledit Bureau d'Adminiftration enverra , par la voie qu'il efti-mera la plus convenable , lefdites pieces à ceux qui rempliffoient les places de Chape-lains du College de Beauvais , au Religieux de Saint-Jean-des-Vignes , qui étoit Titu-laire d'une Bourfe dépendante dudit College de Beauvais , & à tous les Nominateurs des Bourfes réunies dans le College de Louis-le-Grand , pour qu'ils aient à s'y confor-mer ; ordonner que l'Arrêt qui interviendra , fera imprimé : ladite Requête fignée du Procureur Général du Roi. Oui le rapport de Me Léonard de Sahuguet , Confeiller ; tout confidéré :

LA COUR ordonne que par le Procureur Général du Roi , il fera envoyé des exemplaires defdites Lettres Patentes du 20 Août 1767 , du Réglement & pieces atta-chées fous le contre-fcel defdites Lettres Patences , enfemble du préfent Artêt , au Tri-bunal de l'Univerfité de Paris , aux Facultés de Droit & de Médecine de ladite Univer-fité , & au Bureau d'Adminiftration dudit College de Louis-le-Grand , pour être toutes lefdites pieces enregiftrées fur les regiftres de ladite Univerfité , defdites Facultés , & dudit Bureau d'Adminiftration , pour qu'ils aient à s'y conformer : comme auffi ordonne que le Secrétaire du Bureau de Difcipline, fupprimé par lefdites Lettres Patentes, fera tenu de rapporter au Bureau d'Adminiftration du College de Louis-le-Grand, les regif-tres dudit Bureau de Difcipline, pour, en préfence dudit Secrétaire, être les pieces ci-deffus énoncées, infcrites par le Secrétaire du Bureau d'Adminiftration, fur lefdits regiftres dudit Bureau de Difcipline ; ce fait, lefdits regiftres du Bureau de Difcipline, remis enfuite, conformément à ce qui eft ordonné par l'article XXIX des Lettres Pa-tentes du 21 Novembre 1763, aux archives dudit Bureau d'Adminiftration dudit Col-lege : ordonne en outre, que lefdites pieces feront pareillement envoyées par le Pro-cureur Général du Roi au plus ancien des quatre Examinateurs établis par lefdites Let-tres Patentes, pour être infcrites en tête des regiftres des Délibérations defdits Principal & Examinateurs : ordonne que ledit Bureau d'Adminiftration enverra (89), par la voie qu'il eftimera la plus convenable, lefdites pieces à ceux qui rempliffoient les places de Chapelains du College de Beauvais, au Religieux de Saint-Jean-des-Vignes, qui étoit Titulaire d'une Bourfe dépendante dudit College de Beauvais, & à tous les Nomina-teurs des Bourfes réunies dans le College de Louis-le-Grand, pour qu'ils aient à s'y conformer. Ordonne que le préfent Arrêt fera imprimé. Fait en Parlement le cinq Sep-tembre mil fept cent foixante-fept. Collationné, REGNAULT. *Signé*, DUFRANC.

 LETTRES
PATENTES
du 20 Août 1767.

LOUIS par la grace de Dieu, Roi de France & de Navarre : A nos amés & féaux Confeillers les Gens tenant notre Cour de Parlement à Paris, SALUT. Les Adminiftra-teurs du College de Louis-le-Grand nous ont repréfenté que par nos Lettres Patentes du 20 Août 1767, regiftrées le 4 Septembre fuivant, nous leur aurions permis d'em-prunter jufqu'à concurrence de 250,000 liv. ; qu'ils fe font empreffés d'entrer dans nos vues, en employant cette fomme à rembourfer la totalité des dettes exigibles des Col-leges réunis, & environ la moitié de leurs dettes hypothécaires ; que les bienfaits que nous avons répandus fur le College de Louis-le-Grand, le mettant en état de fe paffer des intérêts de cette fomme, ils ont cru remplir encore mieux nos intentions, en n'en exigeant aucun de ces Colleges pour celles qu'ils ont été dans le cas de leur prêter, quoique nous les euffions autorifés, par nofdites Lettres Patentes, à ftipuler l'intérêt à quatre pour cent des fommes qu'ils leur avanceroient : que cette opération procure le plus grand bien de ces Colleges, en hâtant le moment de leur libération, par l'emploi qu'ils feront pour l'extinction des capitaux dont ils fe trouvent aujourd'hui débiteurs envers le College de Louis-le-Grand, de fommes qui ne fervoient auparavant qu'à en acquitter les intérêts : que le fruit en fera le plus prompt rétabliffement des Bourfes, que la mul-tiplicité des dettes avoit obligé de fufpendre, & fera également recueilli par la jeuneffe de notre Royaume, qui fera plus à portée de profiter des exemples & des leçons des Maîtres de notre Univerfité, & par les Supérieurs-Majeurs, qui auront un plus grand nombre de places à nommer ; que tant d'avantages réunis, feroient defirer aux Admi-niftrateurs de notre College de Louis-le-Grand, de pouvoir exécuter entièrement le

 LETTRES
PATENTES
du 19 Avril 1769.
Qui autorifent
le College de
Louis-le-Grand à
faire un emprunt
en rentes viage-
res de 200,000 li-
vres.

---

(89) Par Délibération du 7 Septembre 1767, le Secrétaire du Bureau a été chargé de cet envoi.

plan qu'ils se sont proposé, en achevant d'éteindre ce qui reste encore de dettes hypo-thécaires de ces Colleges, mais qu'ils ne le peuvent sans un nouveau secours; pourquoi ils nous auroient fait supplier de leur permettre d'emprunter encore une somme de 200,000 liv. en rentes viageres, à dix pour cent sur une tête, & à huit pour cent sur deux têtes, le tout avec retenue du dixieme, & ce, sous les offres qu'ils nous faisoient de l'employer à l'extinction de ce qui peut rester dû par les Colleges réunis, & de ne retirer aucun intérêt des sommes qu'ils leur prêteront à cet effet, & aux autres charges & conditions énoncées dans leur Délibération du 15 Décembre dernier (90); & voulant donner aux Administrateurs du College de Louis-le-Grand une nouvelle marque de notre satisfaction de leur zele pour l'exécution de nos vues, aux Supérieurs-Majeurs une nouvelle preuve de notre attention pour le bien d'établissemens confiés en partie à leurs soins, & à tous nos Sujets de nouveaux témoignages de notre affection, en rendant plus abondans les secours pour l'éducation de la Jeunesse : A CES CAUSES, de l'avis de notre Conseil, qui a vu la Délibération dudit Bureau d'Administration du College de Louis-le-Grand, du 15 Décembre 1768, ci-attachée sous

---

(90) *Du 15 Décembre 1768.*

MM. les Administrateurs, spécialement chargés du College de Louis-le-Grand, ont dit que les dettes hypothécaires des différens Colleges réunis (sans y comprendre les dettes des Colleges des Bons-Enfans & de l'Ave-Maria), montoient, au moment de la réunion, à trois cens quatre-vingt-deux mille deux cens quatre-vingt-treize livres six sols huit deniers, & ce sans y comprendre leurs dettes exigibles, qui passoient cent cinquante mille livres; que ces dernieres sont totalement payées; qu'à l'égard des dettes hypothécaires, il a été procédé au remboursement d'environ la moitié, & ce en partie avec les fonds qu'a produit l'emprunt des deux cens cinquante mille livres, que le College a été autorisé de faire par Lettres Patentes du 20 Août 1767, & que le College de Louis-le-Grand a avancé toutes les sommes nécessaires pour payer les dettes exigibles & celles hypothécaires qui ont été remboursées, sans en retirer, de la part desdits Colleges, aucuns intérêts; que les dettes hypothécaires des Colleges réunis qui restent à payer montent à environ deux cens mille livres, & qu'ils sont convaincus que s'il étoit possible de procurer cette somme, Messieurs se porteroient volontiers à la prêter sans aucun intérêt aux Colleges réunis.

Sur quoi la matiere mise en délibération,

LE BUREAU, vu l'état des charges & revenus du College de Louis-le-Grand, & qu'in-dépendamment des avances qu'il a déja faites pour la libération des petits Colleges, il étoit en état d'y employer encore tous les ans une somme de vingt mille livres, a unanimement arrêté que le Roi seroit très-humblement supplié d'autoriser le College de Louis-le-Grand à emprunter une somme de deux cens mille livres; sçavoir, à dix pour cent sur une tête à tous âges, & à huit pour cent sur deux têtes aussi à tous âges, le tout sous la retenue du dixieme, tant sur la rente à dix que sur celle à huit pour cent, & que les deniers dudit emprunt seront employés au remboursement de toutes les dettes des Colleges réunis, & ce sans tirer, de la part du College de Louis-le-Grand, aucun intérêt des sommes dont il se trouvera, au moyen des remboursemens, créancier des Colleges réunis.

notre contre-ſcel, & de notre certaine ſcience, pleine puiſſance & autorité royale, nous avons permis &, par ces préſentes ſignées de notre main, permettons au Bureau d'Adminiſtration du College de Louis-le-Grand, d'emprunter juſqu'à concurrence de *deux cens mille livres* de capital à rentes viageres; ſavoir, ſur une tête, à tout âge, à dix pour cent; & ſur deux têtes, auſſi à tout âge, à huit pour cent, avec retenue du dixieme, à la charge que la Délibération qui ſera priſe à cet effet, ſera dépoſée chez le Notaire dudit Bureau, & que mention y ſera faite de chaque emprunt lors de la paſſation des contrats. Autoriſons en conſéquence leſdits Adminiſtrateurs à affecter & hypothéquer, à la ſureté deſdites rentes viageres, tous les biens préſens & à venir dudit College. Voulons que, conformément à la Délibération dudit Bureau, du 15 Décembre 1768, ladite ſomme ſoit uniquement employée à la libération de tous les Colleges réunis dans celui de Louis-le-Grand, & que leſdits Colleges ne ſoient tenus de payer aucuns intérêts pour les ſommes qui leur ſeront prêtées ſur celle de 200,000 l. ci-deſſus. SI VOUS MANDONS ET ENJOIGNONS que ces préſentes vous ayez à faire regiſtrer, & du contenu en icelles faire jouir & uſer les Expoſans pleinement & paiſiblement, ceſſant & faiſant ceſſer tous troubles & empêchemens contraires : CAR tel eſt notre plaiſir. DONNÉ à Verſailles le dix-neuvieme jour d'Avril, l'an de grace mil ſept cent ſoixante-neuf, & de notre regne le cinquante-quatrieme. *Signé*, LOUIS. Par le Roi, *ſigné*, PHELYPEAUX. *A la marge* : Vu au Conſeil, *ſigné*, MAYNON.

Regiſtrées, ce conſentant le Procureur Général du Roi, pour jouir par les Impétrans de leur effet & contenu, & être exécutées ſelon leur forme & teneur, aux charges, clauſes & conditions y portées, ſuivant l'Arrêt de ce jour. A Paris, en Parlement, le 6 Mai 1769. Signé DUFRANC.

Nota. Ces Lettres Patentes ont été dépoſées aux archives, & inſcrites ſur le regiſtre du Bureau, en exécution de la Délibération du 11 Mai 1769.

LOUIS, par la grace de Dieu, Roi de France & de Navarre : A tous ceux qui ces préſentes Lettres verront; SALUT. Sur le compte que nous nous ſommes fait rendre des Mémoires qui nous ont été préſentés par l'Univerſité de Paris, & par les Supérieurs majeurs des Colleges réunis à celui de Louis-le-Grand, Nous avons reconnu que nos Lettres-Patentes du 20 Août 1767 demandoient quelque éclairciſſement; que malgré l'attention que nous avons eue de fixer les limites du pouvoir attribué au Bureau d'Adminiſtration, il pouvoit cependant s'élever des difficultés qui produiroient des diviſions ou des abus; nous avons vu encore qu'il convenoit d'aſſurer d'une maniere plus préciſe le droit d'inſpection qui appartient à l'Univerſité, & de nous rapprocher de plus en plus de l'eſprit des Fondateurs dans tout ce qui pourroit ſe concilier avec nos vues eſſentielles, & avec l'exiſtence d'un établiſſement devenu plus intéreſſant par le ſuccès, & qui réaliſe toutes les eſpérances que nous nous en étions formées. A CES CAUSES, & autres à ce Nous mouvant, de l'avis de notre Conſeil & de notre certaine ſcience, pleine puiſſance & autorité Royale, Nous avons ordonné, & par ces

LETTRES
PATENTES
du 1ᵉʳ Juillet
1769.

Préfentes fignées de notre main, difons, ordonnons, voulons & Nous plaît ce qui fuit :

TITRE PREMIER.

Du Bureau d'Adminiftration.

ARTICLE PREMIER.

L'ADMINISTRATION du temporel du College de Louis-le-Grand & Colleges y réunis, appartiendra au Bureau établi par nos Lettres Patentes du 20 Août 1767 : tout ce qui regarde l'ordre moral & la difcipline fcholaftique, fera du reffort du Principal, fous l'infpection du Tribunal de l'Univerfité, ainfi qu'il en eft ufé par rapport aux autres Colleges de ladite Univerfité.

II.

LE Bureau d'Adminiftration fera compofé à l'avenir de notre grand Aumônier, de quatre de nos Confeillers en notre Cour de Parlement, d'un Subftitut de notre Procureur Général, de cinq Notables, de deux Membres de l'Univerfité (91), du Principal & du grand Maître temporel.

III.

VOULONS néanmoins que les Notables actuels continuent d'avoir féance audit Bureau ; &, arrivant la vacance des deux premieres places d'entre lefdits Notables, ils feront fucceffivement remplacés par deux Membres de l'Univerfité.

IV.

NE pourra aucun Profeffeur être admis audit Bureau d'Adminiftration, tant qu'il poffédera fa chaire.

V.

TOUT Supérieur Majeur fera tenu, dans le délai de deux mois, à compter du jour de la publication de notre préfente Déclaration, de nommer une perfonne fuffifante & capable, réfidente dans notre bonne ville de Paris, à l'effet de le repréfenter & de prendre place au Bureau toutes les fois que l'invitation lui en fera faite ; le tout dans les cas & en la forme & maniere qui feront réglées ci-après.

VI.

LEDIT Repréfentant fera muni de pouvoirs fuffifans à l'effet de fa commiffion, & il fera tenu, dans le délai d'un mois, à compter du jour de fa nomination, de les repréfenter au grand Maître temporel, lequel en fera la lecture au Bureau, pour être enfuite lefdits pouvoirs tranfcrits fur les regiftres des délibérations, avec mention de la préfentation & de la lecture qui en auront été faites.

VII.

SI le Repréfentant venoit à décéder ou à remettre au Supérieur Majeur fa commiffion,

---

(91) En fupprimant trois Notables, & rétabliffant le Bureau tel qu'il avoit été créé en 1763, les Lettres Patentes de 1777 ont implicitement annullé cet article ; l'Univerfité s'en eft plaint & en a demandé le rétabliffement, ce que le Roi n'a pas encore jugé à propos d'ordonner.

ledit

Iedit Supérieur ſera tenu de le faire ſavoir au Bureau d'Adminiſtration, & d'en nommer un autre dans les deux mois du jour auquel aura ceſſé la fonction dudit Repréſentant, pour en être uſé par celui qui ſera nommé, ainſi qu'il a été ordonné par l'article précédent.

V I I I.

LESDITS Repréſentans aſſiſtans au Bureau y auront voix délibérative (92) dans les affaires pour leſquelles ils auront été invités, & ſeront placés immédiatement après le Subſtitut de notre Procureur Général.

I X.

FAUTE par les Supérieurs majeurs d'avoir nommé un Repréſentant, ou par le Repréſentant de s'être fait connoître au Bureau, le tout dans les délais ci-deſſus, toutes les délibérations priſes ſur les affaires auxquelles ils devroient être appellés, ainſi qu'il ſera réglé ci-après, ſeront de même force & vertu que ſi elles avoient été priſes en préſence deſdits Repréſentans.

X.

VOULONS que toutes les fois qu'il pourroit être queſtion de vendre, aliéner, échanger & hypothequer aucuns des biens appartenans à l'un des Colleges réunis, de faire quelque emprunt pour iceux, de la reconſtruction des bâtimens en dépendans, de ſuſpendre ou de ſupprimer aucunes des bourſes deſdits Colleges, & en général, d'objets qui intéreſſeront, en quelque maniere que ce ſoit, la ſubſtance & l'eſſence de leurs fondations, il ne puiſſe être pris aucune délibération ſans appeller le Repréſentant du Supérieur majeur, de celui des Colleges réunis qui ſera intéreſſé à ladite délibération.

---

(92) M. le Préſident Rolland a dit que M. le Grand-Maître venoit de lui faire part que les repréſentans des Supérieurs majeurs du College de Dainville, invités par Délibération du 18 du préſent mois, s'étoient rendus au College; qu'avant de les introduire dans le Bureau, il croyoit néceſſaire de ſtatuer ſur une difficulté qui s'étoit élevée à leur ſujet le 5 Octobre dernier, lors de la repréſentation des pouvoirs qui leur ont été donnés; que cette difficulté conſiſtoit à ſavoir s'ils devoient avoir deux voix, ou s'ils ne devoient en avoir qu'une; que cet objet eſt d'autant plus intéreſſant & néceſſaire à décider, que par les Réglemens on ne pouvoit ordonner une reconſtruction qu'à la pluralité des deux tiers des voix, qu'en conſéquence il étoit néceſſaire de déterminer le nombre des voix, pour ſavoir celui néceſſaire pour en former les deux tiers; que la Délibération ſur cet objet avoit été continuée au ſecond Bureau de Décembre ſuivant; mais qu'au jour indiqué, ni depuis il n'avoit été pris à ce ſujet aucune Délibération.

Sur quoi la matiere miſe en Délibération,

LE BUREAU a arrêté que pour cette fois, & ſans tirer à conſéquence, & uniquement pour accélérer l'exécution de la Délibération du 18 du préſent mois, la voix de chacun deſdits repréſentans ſera comptée, & que, pour ſçavoir ſi par la préſente Délibération le Bureau s'eſt conformé à l'eſprit des Lettres Patentes du premier Juillet 1769, M. Rouſſel de la Tour ſera prié de la communiquer à M. le Chancelier, & de prendre ſes ordres à ce ſujet, & d'en rendre compte au Bureau. *Délibération du 22 Juin 1770.*

Nota. M. le Chancelier n'ayant donné aucune marque d'improbation de cette Délibération, il paroit qu'elle doit être regardée comme l'interprétation naturelle des Lettres Patentes de 1769, & par conſéquent exécutée.

I. Partie. N

Premiere Partie, Chapitre II.

LETTRES
PATENTES
du 1er Juillet
1769.

X I.

VOULONS que l'invitation soit ordonnée par délibération du Bureau, & qu'elle soit faite en conséquence par une lettre du grand Maître temporel, de laquelle lettre copie sera transcrite dans le Regiftre; ladite lettre sera portée au domicile du Repréfentant par le Secrétaire archivifte du College en perfonne, huitaine au moins avant le jour auquel sera indiqué le Bureau, pour délibérer fur les objets qui donneront lieu à l'invitation.

X I I.

LESDITES formalités ayant été remplies, & le Secrétaire archivifte ayant rendu compte au Bureau de fa miffion, il sera délibéré au jour indiqué par la lettre d'invitation, tant en la préfence qu'en l'abfence dudit Repréfentant, & les délibérations prifes en cas d'abfence seront réputées de même force & vertu que s'il y eût été préfent.

X I I I.

LA balance générale & état de fituation du College de Louis-le-Grand, & Colleges y réunis, feront envoyés tous les ans à notre très-cher & féal Chancelier de France. Il sera envoyé tous les ans aux Supérieurs majeurs des états particuliers des Colleges qui les concernent (93).

---

(93) *Du 23 Avril 1770.*

LE BUREAU obfervant que les difpofitions de l'Article XV du Titre VI du Réglement du 20 Août 1767, qui ordonnent de rendre aux Supérieurs majeurs les comptes de leurs Colleges, ont été annullées par l'Article XIII du Titre Ier du Réglement du premier Juillet 1769, qui ordonne qu'il fera envoyé tous les ans aux Supérieurs majeurs des états particuliers des Colleges qui les concernent, a cru que, pour faciliter l'exécution dudit Article, il étoit néceffaire de conftater les Supérieurs majeurs auxquels il falloit envoyer chaque année ledit état, & qu'il falloit pareillement en régler la forme.

Que quant au premier objet il paroiffoit naturel de fe référer aux Lettres Patentes du 20 Août 1767, & d'envoyer l'état de leurs Colleges à tous les Supérieurs majeurs, auxquels, d'après lefdites Lettres Patentes du 20 Août 1767, il falloit rendre les comptes, & que par conféquent les comptes des Colleges d'Arras, Autun, Bayeux, Cholets, Louis-le-Grand, Prefles, Saint-Michel, Séez & Treguier, ne devant, fuivant qu'il eft porté par l'Article XV du Titre VI defdites Lettres Patentes du 20 Août 1767, être rendus qu'au Bureau, il n'y avoit pour ces Colleges aucuns états particuliers à envoyer; qu'en ce qui concerne le College des Bons-Enfans, dont M. le Grand-Maître ne touche les revenus que depuis le premier Avril 1769, M. l'Archevêque de Paris en étant Supérieur majeur, il étoit néceffaire de lui envoyer l'état de ce College; que par rapport au College d'Huban, dont la réunion n'a été effectuée qu'en 1769, les Supérieurs majeurs n'étant point connus, il n'y avoit aucun état à envoyer; qu'enfin à l'égard du College Mignon, réuni en exécution des Lettres Patentes du 25 Juin 1769, il n'y avoit auffi aucun état à envoyer, lefdites Lettres Patentes n'obligeant pas le Bureau à rendre les comptes dudit College au Supérieur majeur; qu'à l'égard des autres Colleges, il eft néceffaire d'arrêter l'état des perfonnes auxquelles ces états seront envoyés; ce qui a été fait ainfi qu'il s'enfuit.

Pour le College de *Beauvais*, à M. le Premier Préfident, au Doyen de MM. les Confeillers

TITRE DEUX.

Du Principal.

ARTICLE PREMIER.

LE Principal du College de Louis-le-Grand ſera nommé par le Bureau d'Adminiſtration.

Laïcs & à celui de MM. les Conſeillers Clercs, comme Grand-Vicaire né de M. l'Abbé de Saint-Jean-des-Vignes.

Pour la fondation *Bazin* dans le College de Beauvais, à l'aîné des deſcendans de M. Bazin, les mâles préférés aux femelles ; à la charge par ledit nominateur de ſe faire connoître au Bureau, dans la forme preſcrite par l'Article IX de la Tranſaction du 9 Mars 1770, homologuée par Arrêt du 21 du même mois, & au Lieutenant des habitans de la ville de Reims.

Pour le College de *Boiſſy*, au Chancelier de Notre-Dame & au Prieur des Chartreux.

Pour le College des *Bons-Enfans*, à M. l'Archevêque de Paris.

Pour le College de *Bourgogne*, au Chancelier de Notre-Dame & au Gardien des Grands-Cordeliers.

Pour le College de *Cambray*, au Chancelier de Notre-Dame.

Pour le College de *Cornouailles*, à M. l'Archevêque de Paris.

Pour le College de *Dainville*, aux Chapitres d'Arras & de Noyon, & non au Pénitencier de l'Egliſe de Paris, qui n'eſt que Viſiteur, & non Supérieur majeur.

Pour le College des *Dix-Huit*, au Doyen de l'Egliſe de Paris.

Pour le College de *Fortet*, au Chapitre de l'Egliſe de Paris.

Pour le College de *Juſtice*, au Chapitre de Rouen, en mettant dans l'arrêté que c'eſt par proviſion, & non au Prieur de Saint Victor, qui n'eſt point Supérieur majeur.

Pour le College de *Laon* & la fondation *Couſin*, à M. l'Evêque de Laon.

Pour le College du *Mans*, à M. l'Evêque du Mans.

Pour le College de *Maître Gervais*, à M. le Grand-Aumônier.

Pour le College de *Narbonne*, à M. l'Archevêque de Narbonne.

Pour le College de *Reims*, à M. l'Archevêque de Reims.

Pour le College de *Sainte-Barbe*, à M. le Doyen des Conſeillers Clercs du Parlement, au Chancelier de Notre-Dame & au Doyen de la Faculté de Droit.

Pour le College de *Tours*, à M. l'Archevêque de Tours.

Pour le College du *Tréſorier*, à MM. les Archidiacres du grand & du petit Caux, dans l'Egliſe de Rouen.

Le Bureau, délibérant enſuite ſur la forme de l'état à envoyer, tant à Monſeigneur le Chancelier qu'aux Supérieurs majeurs compris en l'état qui vient d'être arrêté, a délibéré que dans la même ſéance où il ſera donné à M. le Grand-Maître temporel la quittance de l'année claſſique précédente, dans la forme preſcrite par l'Article XIII du Titre VI des Lettres Patentes du 20 Août 1767, il ſera arrêté trois bordereaux de caiſſe pareils à ceux qui ſont, tous les quinze jours, remis à l'Adminiſtration ; que leſdits trois bordereaux ſeront ſignés par tous les Adminiſtrateurs préſens ; que l'un ſera pour M. le Grand-Maître temporel, & lui ſervira de

I I.

LES Professeurs seront nommés par le Principal, mais ne pourront être par lui choisis que parmi les Aggrégés.

décharge ; le second sera pour le Bureau, & sera déposé dans les Archives ; & le troisieme pour Monseigneur le Chancelier ; qu'à celui destiné pour Monseigneur le Chancelier, ainsi qu'à celui qui restera déposé aux Archives, il sera ajouté à la marge, avant le nom des Colleges, le montant des rentes ou pensions viageres dont sera chargé chaque College, & le nombre des têtes sur lesquelles seront lesdites pensions ou rentes viageres ; & en outre, dans la même colonne où sont les noms des Colleges & fondations, & à la suite desdits noms, le nombre des Bourses existantes actuellement dans lesdits Colleges & fondations.

Que l'arrêté qui sera mis au dos desdits états sera ainsi conçu :

L'an .... le .... jour du mois de ..... le Bureau assemblé, où étoient MM. les Administrateurs soussignés, vérification faite des registres de M. le Grand-Maître temporel, tant pour la derniere année classique, finissant le 30 Septembre dernier, que de la recette & dépense faites jusqu'à ce jour ; ledit Grand-Maître temporel s'est trouvé avoir reçu la somme de ...... & avoir dépensé celle de ..... partant reste seulement en caisse la somme de ..... ; laquelle s'y étant trouvée, après que la vérification en a été faite dans la forme prescrite par l'Article XIII du Titre VI du Réglement du 20 Août 1767, il a été donné décharge par ces présentes à M. le Grand-Maître temporel pour l'année classique derniere ; & le présent bordereau de caisse a été signé triple, l'un pour lui, & pour lui servir de décharge ; un autre pour le Bureau, & le troisieme pour Monseigneur le Chancelier, pour être ledit bordereau, en exécution de l'Article XIII du Titre 1er des Lettres Patentes du premier Juillet 1769, envoyé à Monseigneur le Chancelier ; & à ces bordereaux, destinés pour Monseigneur le Chancelier & pour le Bureau, il a été ajouté le montant des pensions & rentes viageres dont chaque College est chargé, le nombre des personnes auxquelles lesdites rentes ou pensions sont payées, ainsi que le nombre des Bourses existantes dans les différens Colleges réunis ; d'où il résulte que lesdits Colleges sont chargés de la somme de ..... de pensions ou rentes viageres, lesquelles sont payables à ..... personnes, & font partie des charges ordinaires desdits Colleges, & qu'il existe dans les Colleges réunis ..... Bourses. Faits triple lesdits jour & an que dessus.

Ensuite l'on mettra sur l'un, celui-ci pour M. le Grand-Maître temporel ; sur le second, celui-ci pour le Bureau, & sur le troisieme, celui-ci pour Monseigneur le Chancelier ; & lesdits trois bordereaux seront signés par tous MM. les Administrateurs présens, & par le Secrétaire-Archiviste ; & ensuite celui destiné pour M. le Grand-Maître lui sera remis, celui destiné pour le Bureau sera remis au Secrétaire-Archiviste, & celui destiné à Monseigneur le Chancelier sera remis à celui qui présidera ce jour-là le Bureau, pour par lui être adressé à Monseigneur le Chancelier.

Ensuite il a été délibéré sur les états particuliers à envoyer à chacun des Supérieurs majeurs, lesquels seront, pour chaque Supérieur majeur, l'extrait de celui envoyé à Monseigneur le Chancelier, mais seulement pour ce qui concerne le College de chacun ; & au dos dudit état sera mis un arrêté en ces termes :

L'an .... le .... jour du mois de ..... le présent état du College de ..... a

I I I.

LA nomination des Sous-Principaux, Préfets d'étude, Maîtres de conférence & Sous-Maîtres, appartiendra au Principal.

I V.

LA nomination & deſtitution de l'Econome appartiendra au Bureau d'Adminiſtration.

V.

LE Principal aura le droit de choiſir & de renvoyer l'Infirmier, les Portiers & tous les Domeſtiques généralement quelconques dudit College (94).

———————————

été arrêté par MM. les Adminiſtrateurs ſouſſignés, pour être envoyé à . . . . . . Supérieur majeur dudit College, & ce en exécution de l'Article XIII du Titre Iᵉʳ du Réglement du premier Juillet 1769; d'où il réſulte que les revenus dudit College ſont de la ſomme de . . . . les charges ordinaires, *non compris les réparations* (*), de la ſomme de . . . . . ; qu'il exiſte dans ledit College . . . . . Bourſes (dans le cas où ledit College ſeroit chargé de quelque penſion ou rente viagere, il ſera ajouté : que dans les charges ordinaires dudit College, eſt compriſe la ſomme de . . . . . penſions ou rentes viageres, payables à . . . . . perſonnes); que la recette de la derniere année claſſique a été de la ſomme de . . . . , la dépenſe de celle de . . . . ; d'où il réſulte que ledit College a en caiſſe (ou eſt débiteur), ſuivant le compte arrêté par le Bureau pour la derniere année claſſique, de la ſomme de . . . . . ; & qu'au moyen des recettes & dépenſes faites juſqu'à ce jour pour ledit College, y compris le reliquat (ou le débet) dudit dernier compte, ledit College a aujourd'hui en caiſſe la ſomme de . . . . . (ou eſt débiteur de la ſomme de . . . . .) Fait au Bureau d'Adminiſtration les jour & an que deſſus.

Ledit arrêté ſera ſigné de tous les Adminiſtrateurs préſens & du Secrétaire-Archiviſte, qui ſera chargé d'envoyer ledit état à chacun deſdits Supérieurs majeurs.

(94) *Du 15 Février 1781.*

M. le Principal a dit que Meſſieurs ſe rappellent les diſpoſitions des Lettres Patentes & Réglement du 20 Août 1767, dont l'Article VII du Titre VII attribuoit au Bureau d'Adminiſtration la nomination de toutes les places qui concernent l'Infirmerie, la Cuiſine, la Boulangerie, & généralement de toutes celles qui ont rapport au temporel du College.

Que ces diſpoſitions avoient été changées par le Titre II du Réglement du premier Juillet 1769, qui ne laiſſoit au Bureau que la nomination de l'Econome, & attribuoit au Principal le droit de choiſir & de renvoyer l'Infirmier, les Portiers & tous les Domeſtiques généralement quelconques du College.

Que dans ce même Titre, la nomination des Maîtres, accordée au Principal par l'Article III du Titre IV du Réglement de 1767, lui étoit confirmée.

Qu'à la vérité, le Roi, par ſa Déclaration du 3 Septembre 1778, avoit implicitement annullé les Lettres Patentes de 1769, en ordonnant que celles du 20 Août 1767 & le Réglement attaché ſous le contre-ſcel d'icelles, ſeroient exécutés ſuivant leur forme & teneur; mais

(*) D'après la Délibération du 3 Mai 1781, qui fixe une ſomme à porter dans les charges pour les réparations de chaque College, il faudra par la ſuite mettre, *Y compris les réparations.*

102

LETTRES
PATENTES
du 1er Juillet
1769.

Premiere Partie, Chapitre II.

TITRE TROIS.

Des Bourses & Boursiers (95).

ARTICLE PREMIER.

LES Bourses demeureront affectées aux familles, pays & facultés désignés par les titres de fondation & réglemens primitifs; celles dont lès Fondateurs auroient laissé aux Titulaires la liberté de choisir entre les facultés supérieures, continueront d'être possédées avec les mêmes prérogatives.

VI.

NE pourront lesdits Boursiers donner la démission de leurs Bourses sans le consentement par écrit de leurs parens.

VII.

LES Boursiers renvoyés par le Principal & les Examinateurs Emérites, pourront se pourvoir au Tribunal de l'Université.

---

que, tant qu'il n'avoit pas été Membre du Bureau, il paroissoit difficile d'exécuter les Lettres Patentes de 1767, qui exigeoient son concours pour nommer aux places dépendantes du College.

Qu'aussi-tôt qu'il a eu l'honneur d'être Membre du Bureau, & dès le premier jour qu'il y a pris séance (le 5 Mai 1780), il a cru devoir se conformer à ces Lettres Patentes, & que, sur sa proposition, il a été nommé par le Bureau à la place d'Infirmier; mais que, pour éviter qu'il pût y avoir par la suite des difficultés à ce sujet, il croiroit devoir proposer au Bureau de rappeller les dispositions des Lettres Patentes de 1767, & de fixer invariablement les droits du Bureau & ceux du Principal.

Sur quoi la matiere mise en délibération,

LE BUREAU a unanimement arrêté que, sans avoir égard aux Lettres Patentes de 1769, conformément à l'Article dernier de la Déclaration du 3 Septembre 1778, & à l'Article III du Titre IV, & à l'Article VII du Titre VII du Réglement attaché sous le contre-scel des Lettres Patentes du 20 Août 1767, M. le Principal nommera seul les Maîtres & Sous-Maîtres du College, & choisira seul les Portiers & Domestiques nécessaires, même ceux de l'Infirmerie, lesquels il pourra renvoyer quand il le jugera à propos; pourra néanmoins le Bureau, par des motifs qui seront discutés en la présence de M. le Principal, & par Délibérations dans lesquelles il aura voix délibérative, ordonner qu'ils seront par lui renvoyés; mais il sera pourvu par le Bureau à la place de l'Infirmier, ainsi qu'à toutes celles qui concernent la Cuisine, la Boulangerie, & généralement à toutes les places qui ont rapport au temporel du College; & ceux qui en auront été pourvus ne pourront être révoqués que par Délibérations du Bureau, lesquelles M. le Principal pourra cependant provoquer, lorsqu'il le jugera nécessaire.

(95) On a supprimé de ce titre & du titre IV tous les articles annullés expressément par les Lettres Patentes du 19 Mars 1780.

V I I I.

LESDITS Bourſiers ne ſeront tenus d'avoir qu'un ſeul Correſpondant, lequel fera ſa ſoumiſſion ſur les regiſtres du College purement & ſimplement, ſans être aſſujetti à aucune autre formalité.

I X.

LES ſommes provenantes des Bourſes qui n'auroient pas été remplies par le fait des Bourſiers, ou par défaut de nomination de la part des Collateurs, rentreront dans la caiſſe de chacun des Colleges auxquels ces Bourſes appartiendront, & leſdites ſommes, ainſi que celles qui proviendront de l'économie des revenus des Colleges particuliers, ſeront employées à l'acquit des dettes ou au paiement des réparations, ſi aucunes y a; ſinon, auſſi-tôt qu'elles excéderont la ſomme de trois mille livres (96), elles ſeront employées, ſoit en acquiſition des rentes du genre de celles que peuvent poſſéder les Gens de main-morte, ſoit à l'acquit des dettes des autres Colleges; auquel cas elles ne ſeront prêtées qu'au denier vingt-cinq, & les arrérages provenans, tant deſdites rentes que du prêt, ſeront employés à fonder de nouvelles Bourſes.

X.

LES nouvelles Bourſes, provenantes de l'économie des Colleges particuliers, ſeront conférées par les Supérieurs majeurs deſdits Colleges: celles qui ſeront formées des épargnes des revenus du College de Louis-le-Grand, celles dont les Collateurs n'exiſteroient plus, celles qui étoient ci-devant à la nomination des Grands Bourſiers, ſeront conférées par le Bureau d'Adminiſtration, à la pluralité des ſuffrages, conformément aux titres de fondation & titres primitifs (97).

X I.

Le Principal du College de Louis-le-Grand ſera tenu d'avertir les Collateurs préſen-

---

(96) Malgré cette diſpoſition, l'avantage que les Colleges retirent d'avoir en caiſſe une année de leur revenu a décidé le Bureau à continuer de ſe conformer à l'article II du titre V du Réglement de 1767.

(97) Cet article a été modifié dès le 3 Août 1769, par la Délibération ſuivante:

Du 3 Août 1769.

LE BUREAU, délibérant ſur la maniere d'exécuter les Lettres Patentes du premier Juillet dernier, a unanimement arrêté,

3°. L'Article X du même Titre III deſdites Lettres Patentes, portant que les Bourſes qui ſont & ſeront dans la ſuite à la nomination du Bureau, ſeront conférées à la pluralité des ſuffrages, ſera exécuté ſuivant la forme & maniere preſcrite dans la Delibération du 26 Juillet 1764, homologuée par Arrêt du Parlement du 8 Août ſuivant, & en conſéquence la collation tant des Bourſes libres que de celles qui ſont affectées à de certaines Paroiſſes, Dioceſes ou Provinces, continuera d'être faite par le Bureau, ſur la préſentation d'un de MM. les Adminiſtrateurs, à tour de rôle, ainſi qu'il en a été uſé depuis l'établiſſement du Bureau d'Adminiſtration. *Voyez* au ſurplus le Chapitre XIII de cette premiere Partie, ci-après.

tateurs dans la huitaine de la vacance des Bourfes, & de fpécifier dans fon avertiffement la faculté à laquelle lefdites Bourfes feront affectées (98).

---

(98) *Du* 5 *Avril* 1781.

M. le Principal a obfervé qu'il croyoit néceffaire que le Bureau voulût bien décider fi c'étoit à lui ou au Secrétaire du Bureau à avertir les Nominateurs de la vacance des Bourfiers ; que par l'Article XIII du Titre II du Réglement de 1767, le Secrétaire étoit chargé de ce foin, mais qu'il a été confié au Principal par l'Article XI du Titre III du Réglement de 1769 ; qu'à la vérité la Déclaration du Roi du 3 Septembre 1778 ordonnoit l'exécution du Réglement de 1767, & dérogeoit en conféquence implicitement au Réglement de 1769 ; que c'eft d'après cette dérogation, que le Bureau a cru devoir, le 15 Février dernier, rétablir relativement à la nomination des perfonnes chargées du temporel du College, ce qui avoit été réglé par le Roi, en 1767 ; qu'il préfumoit que le même motif porteroit Meffieurs à rétablir relativement à l'objet qu'il mettoit en délibération, ce qui a été prefcrit par le Réglement de 1767 ; qu'en fon particulier, il le defiroit d'autant plus, que la vacance des Bourfes lui néceffitoit une correfpondance très-confidérable, dont il feroit très-obligé au Bureau de le décharger.

Sur quoi la matiere mife en délibération,

LE BUREAU a unanimement arrêté qu'en exécution de la Déclaration du Roi, du 3 Septembre 1778, le Réglement de 1767 fera exécuté, & ce fans avoir égard à celui de 1769 ; qu'en conféquence, conformément à ce qui eft prefcrit par l'Article XIX du Titre II dudit Réglement de 1767, M. le Principal remettra chaque année au premier Bureau, qui fe tiendra après la Pentecôte, un état général de toutes les Bourfes vacantes ou qui vaqueront à la fin de l'année claffique, pour en être, par le Secrétaire du Bureau, donné avis aux Nominateurs, afin qu'ils puiffent conférer lefdites Bourfes dans le tems ou en la forme prefcrite par les Réglemens.

Le Bureau a arrêté en outre que le Secrétaire ne donnera avis aux Nominateurs de la vacance des Bourfes qu'en vertu d'une Délibération, qui fera prife d'après l'état général des Bourfes vacantes, remis par M. le Principal, & d'après le compte que MM. les Adminiftrateurs, chargés de chaque College, rendront de l'état de fituation des Colleges ou fondations, dans lefquels il fe trouve des Bourfes vacantes, & ce d'après les comptes defdits Colleges ou fondations arrêtés pour l'année claffique précédente, fans cependant que fous prétexte de liquider les Colleges ou fondations, de leur procurer l'année d'avance prefcrite par le Réglement de 1767, ou fous quelqu'autre prétexte, le Bureau puiffe laiffer les Bourfes vacantes plus d'une année, fi ce n'eft d'après une Délibération homologuée en la Cour, & prife dans la forme prefcrite par le Réglement de 1769, dans le cas où il feroit queftion de fufpendre les Bourfes d'un College dont le Supérieur majeur auroit nommé un repréfentant au Bureau ; & fera ladite Délibération prife au plus tard à l'un des deux Bureaux du mois de Juillet.

On ajoutera à cette Délibération une obfervation importante ; favoir, que par la Délibération du 18 Décembre 1777, il a été arrêté qu'en avertiffant, foit de la création, foit de la vacance d'une Bourfe, celui qui feroit chargé d'en inftruire le Nominateur (& par conféquent, d'après la Délibération ci-deffus, le Secrétaire), le préviendroit qu'il faut que le Sujet foit *au moins capable de Sixieme*, ce qui équivaut à la *Quatrieme* en Province ; avertiffement que le Secrétaire *répétera chaque fois* qu'il écrira pour ce fujet aux Nominateurs. *Voyez* cette Délibération dans cette premiere Partie ci-après, Chapitre XVII.

XII.

LETTRES.
PATENTES
du 1er *Juillet*
1769.

X I I.

LA penſion viagere des Chapelains du College de Beauvais, ſupprimés par nos Lettres Patentes du 20 Août 1767, demeurera fixée à la ſomme de quatre cens livres, à compter du jour de la publication des Préſentes.

·T I T R E   Q U A T R E.

Bourſiers des Facultés ſupérieures.

A R T I C L E   P R E M I E R.

LES Etudians qui jouiront des Bourſes auxquelles eſt attachée la liberté d'entrer dans les Facultés ſupérieures ne ſeront point aſſujettis à prendre un nouveau Brevet ; mais ſeront tenus uniquement de déclarer au Principal, à la fin de leur cours de Philoſophie, qu'ils entendent étudier dans une deſdites Facultés, à moins qu'il n'en ſoit autrement ordonné par les titres de fondations (99).

I I.

LES Etudians de Théologie & en Droit ſeront placés dans les bâtimens particuliers, où ils ſeront ſurveillés par un Préfet, & répétés dans leurs études par des Maîtres de conférences gradués dans leſdites Facultés.

I I I.

LES Bourſiers, étudians dans les Facultés ſupérieures, ſeront éprouvés pendant la premiere année (100), & ſubiront les années ſuivantes deux examens, l'un à Pâques, l'autre à la fin de l'année académique, par deux Commiſſaires de chaque Faculté.

I V.

CEUX deſdits Bourſiers qui ſeront jugés incapables, ſeront renvoyés de la même maniere que dans la Faculté des Arts.

V I.

LES Bourſiers de la Faculté de Médecine n'habiteront point dans le College de Louis-le-Grand, mais ſeront tenus de s'y faire inſcrire ſur un regiſtre particulier qui contiendra l'époque de leur nomination & leur domicile ; voulons qu'ils ſoient ſous l'inſpection particuliere de ladite Faculté : Ne pourront leſdits Bourſiers recevoir les fruits de leurs Bourſes, qu'en rapportant un certificat de leur conduite, & de leur exactitude à ſuivre les leçons qui leur ſeront preſcrites par ladite Faculté ; leſquels fruits leur ſeront payés ſur le pied de quatre cens livres, & ſans aucune retenue (101).

---

(99) Cet article, ainſi que les articles III & IV, ſont modifiés par les Lettres Patentes du 19 Mars 1780, & le Réglement homologué par l'Arrêt du 6 Mars 1781.

(100) Les Lettres Patentes du 19 Mars 1780 ont rétabli deux années d'épreuve.

(101) On les leur paie actuellement ſur le pied de 450 livres, ſuivant la Déliberation du 20 Juillet 1780. Voyez ci-après, Chapitre VII.

I. Partie.   O

TITRE CINQ.

Fondations pieuſes.

" DANS un mois, à compter du jour de la publication des Préſentes, toutes les délibérations priſes par le Bureau d'Adminiſtration concernant les fondations pieuſes, ſeront remiſes entre les mains de notre très-cher & féal Chevalier Chancelier de
France, pour, ſur le compte qui nous en ſera rendu, être ordonné ce qu'il appartiendra.

·TITRE SIX.

Archives.

ARTICLE PREMIER.

IL ſera fait inceſſamment, par l'Archiviſte du College de Louis-le-Grand, un inventaire de tous les titres & papiers, tant dudit College que des Colleges y réunis;
& il ſera remis à chacun des Supérieurs majeurs une expédition des articles qui concernent le College dont il eſt Supérieur majeur.

II.

Nos Lettres Patentes & Réglemens du 20 Août 1767, ſeront exécutés en tout ce
qui n'y eſt pas dérogé. SI DONNONS EN MANDEMENT à nos amés & féaux Conſeillers
les Gens tenans notre Cour de Parlement à Paris, que ces Préſentes ils aient à faire
lire, publier & regiſtrer, & le contenu en icelles garder, obſerver & exécuter ſelon
leur forme & teneur, nonobſtant tous Edits, Déclarations, Arrêts, Réglemens &
autres choſes à ce contraires, auxquels nous avons dérogé & dérogeons par ces Préſentes : CAR tel eſt notre plaiſir. En témoin de quoi Nous avons fait mettre notre ſcel
à ceſdites Préſentes. DONNÉ à Verſailles le premier jour du mois de Juillet, l'an de grace
mil ſept cent ſoixante-neuf, & de notre regne le cinquante-quatrieme. *Signé* LOUIS.
Et plus bas : Par le Roi, PHELYPEAUX. Et ſcellées du grand ſceau de cire jaune.

*Regiſtrées, oui, ce requérant le Procureur Général du Roi, pour être exécutées ſelon leur
forme & teneur; & néanmoins pourront les Enfans de Chœur qui, par l'uſage des Cathédrales, en ſortent après l'âge de dix-huit ans accomplis, être admis à poſſéder des Bourſes,
pourvu qu'ils y ſoient nommés dans l'année de leur ſortie, ſuivant l'Arrêt de ce jour. A
Paris, en Parlement, les Grand'Chambre & Tournelle aſſemblées, le onze Juillet mil ſept
cent ſoixante-neuf. Signé* YSABEAU.

LETTRES
PATENTES
du 25 Septembre
1771.
Portant nomina-
tion par proviſion
d'Adminiſtrateurs
du College de
Louis-le-Grand.

LOUIS, par la grace de Dieu, Roi de France & de Navarre : A tous ceux qui ces
préſentes Lettres verront, SALUT. L'état actuel du Bureau d'Aminiſtration du College
de Louis-le-Grand, exige de notre ſageſſe & de notre attention à maintenir cet établiſſement, que nous prenions de juſtes meſures pour la compoſition nouvelle de ce Bureau ; mais en attendant que nous ſoyons en état de faire connoître nos dernieres inten-

tions à ce ſujet, nous avons cru qu'il étoit néceſſaire de nommer proviſoirement des Adminiſtrateurs qui puſſent veiller avec ſoin à la régie des biens dont l'adminiſtration eſt confiée audit Bureau. A CES CAUSES & autres à ce nous mouvant, de l'avis de notre Conſeil, de notre certaine ſcience, pleine puiſſance & autorité royale, nous avons dit, ſtatué & ordonné, & par ces préſentes ſignées de notre main, diſons, ſtatuons & ordonnons, voulons & nous plaît, que, par proviſion & en attendant qu'il en ſoit par nous autrement ordonné, le Bureau d'Adminiſtration du College de Louis-le-Grand ſoit compoſé de notre Grand-Aumônier, de quatre Officiers de notre Parlement, d'un Subſtitut, du Grand-Maître Temporel, & du Principal dudit College; des ſieurs Abbés Legros, Maiſtrel, Gardin, Coppette, Bonnet & Vallé; voulons qu'ils rempliſſent toutes les fonctions ci-devant attribuées aux anciens Adminiſtrateurs dudit Bureau, à la charge par leſdits ſieurs Gardin, Coppette, Bonnet & Vallé, de prêter ſerment en la Grand'Chambre de notredite Cour de Parlement, dérogeant, en tant que de beſoin, à toutes choſes à ce contraires. SI DONNONS EN MANDEMENT à nos amés & féaux Conſeillers les Gens tenant notre Cour de Parlement à Paris, que ces préſentes ils aient à faire regiſtrer, même en tems de Vacations, & le contenu en icelles garder & obſerver ſelon ſa forme & teneur, ceſſant & faiſant ceſſer tous troubles & empêchemens, & nonobſtant toutes choſes à ce contraires : CAR tel eſt notre plaiſir; en témoin de quoi nous avons fait mettre notre ſcel à ceſdites préſentes. DONNÉ à Verſailles le vingt-cinquieme jour de Septembre, l'an de grace mil ſept cent ſoixante-onze, & de notre regne le cinquante-ſeptieme. *Signé,* LOUIS. *Et plus bas :* Par le Roi, PHELYPEAUX. Et ſcellées du grand ſceau de cire jaune.

Regiſtrées, oui, ce requérant Mᵉ Nicolas Pierron, Doyen des Subſtituts du Procureur-Général du Roi, pour être exécutées ſelon leur forme & teneur, aux charges y portées; & en outre, à la charge de réitérer ledit enregiſtrement au lendemain de Saint Martin, ſuivant l'Arrêt de ce jour. A Paris, en Parlement en Vacations, le 1ᵉʳ Octobre 1771. Signé DUFRANC.

LOUIS, par la grace de Dieu, Roi de France & de Navarre : A tous ceux qui ces préſentes Lettres verront, SALUT. Le compte qui nous a été rendu de la ſituation actuelle du College de Louis-le-Grand, nous a fait connoître la néceſſité de rappeler dans l'Adminiſtration de ce College les Officiers de notre Parlement que les circonſtances en avoient éloignés, de perfectionner & *de réunir en un ſeul corps les Réglemens qui ont eu lieu depuis la formation de cet établiſſement.* Nous ne doutons pas que le nouveau témoignage de la confiance dont nous les honorons, n'excite leur zele, & ne les engage à répondre à nos vues, afin d'affermir & de conſolider de plus en plus un monument auſſi précieux de la ſageſſe du Roi notre très-honoré Seigneur & Aïeul, & de ſon affection paternelle pour ſes Sujets : mais en même-tems, comme il nous a paru qu'il étoit du bien de l'adminiſtration dudit College de ne pas y laiſſer subsister un nombre aussi considérable d'Administrateurs , nous avons pris la résolution de supprimer le Bureau actuel d'Administration dudit College , & de le composer du même nombre d'Administrateurs qui avoit été fixé par les Lettres Patentes du 21 Novembre 1763. A CES CAUSES & autres à ce nous mouvant, de l'avis de notre Conseil , & de notre certaine science , pleine puissance & autorité royale , nous avons ordonné , & par ces présentes signées de notre main , ordonnons , voulons & nous plaît ce qui suit.

ARTICLE PREMIER.

NOUS avons éteint & supprimé le Bureau d'Administration actuelle du College de Louis-le-Grand ; voulons que l'article XXIV des Lettres Patentes du 21 Novembre 1763 soit exécuté , & en conséquence que , pour veiller à la régie & administration dudit College de Louis-le-Grand , il soit formé & établi un Bureau d'Administration ; lequel sera composé de notre Grand-Aumônier, qui y présidera , de quatre Officiers de notre Cour de Parlement , d'un Substitut de notre Procureur-Général , de quatre notables personnes de notre bonne Ville de Paris , & du Grand-Maître temporel des Boursiers dudit College , dérogeant, à cet égard, à l'article premier des Lettres Patentes du 20 Août 1767.

I I.

VOULONS & nous plaît que , desdits quatre Officiers de notre Cour de Parlement, il en soit choisi deux de la Grand'Chambre, dont l'un Clerc & l'autre Laïc (102), que les deux autres soient choisis indistinctement dans les Chambres des Enquêtes & Requêtes de notre Parlement , & que ceux des Enquêtes (103) qui monteroient à la Grand'Chambre de notre Parlement , ne puissent conserver leurs places d'Administrateurs , dérogeant, quant à ce , à l'article II des Lettres Patentes du 20 Août 1767.

I I I.

VOULONS pareillement que , conformément à l'article XXVI des Lettres Patentes du 21 Novembre 1763 , lesdits quatre Officiers de notre Parlement ne puissent conserver lesdites places d'Administrateurs que tant & si long-tems qu'ils seront Titulaires de leur Office : Voulons au surplus, que l'article XXV desdites Lettres Patentes du 21 Novembre 1763 , soit exécuté , tant en ce qui concerne le choix & le serment desdits quatre Notables & dudit Grand-Maître des Boursiers , qu'en ce qui concerne la forme en laquelle seront commis & choisis lesdits quatre Officiers de notre Cour de Parlement , ainsi que le Substitut de notre Procureur-Général.

I V.

LORSQUE les quatre Officiers de notre Cour de Parlement auront été commis ,

---

(102) Ce changement fait au Réglement de 1767 est-il utile ? Voyez ci-dessus la Délibération du 15 Février 1781 , *note* 45.

(103) Ceux des Requêtes pourront donc les conserver. On ignore la raison de cette différence.

& que notre Procureur-Général aura nommé ſon Subſtitut , il ſera tenu une aſſemblée dudit Bureau , à l'effet de nommer les quatre notables Bourgeois, qui en ſeront Membres.

V.

LES comptes de la régie des biens du College de Louis-le-Grand , & des Colleges qui y ſeront réunis, qui n'ont point encore été arrêtés , ſeront rendus au Bureau d'Adminiſtration en la forme ordinaire.

VI.

LES Edits , Déclarations , Lettres Patentes , Réglemens , Ordonnances & Arrêts qui ont été rendus relativement au College de Louis-le-Grand & à ceux qui y ſont unis , continueront d'être exécutés ſelon leur forme & teneur , en tout ce qui n'eſt point contraire aux diſpoſitions des préſentes, nous réſervant , ſur les Mémoires & Avis qui nous ſeront remis par le Bureau d'Adminiſtration dudit College & de ceux qui y ſeront réunis , de pourvoir, de la maniere la plus utile , à l'emploi & adminiſtration des biens dudit College , & au progrès de l'enſeignement. SI DONNONS EN MANDEMENT à nos amés & féaux Conſeillers les Gens tenant notre Cour de Parlement à Paris , que ces préſentes ils aient à faire enregiſtrer , & le contenu en icelles garder, obſerver & exécuter pleinement , paiſiblement & perpétuellement, ceſſant & faiſant ceſſer tous troubles & empêchemens , & nonobſtant toutes choſes à ce contraires : CAR tel eſt notre plaiſir ; en témoin de quoi nous avons fait mettre notre ſcel à ceſdites préſentes. DONNÉ à Verſailles le trentieme jour d'Août , l'an de grace mil ſept cent ſoixante-dix-ſept , & de notre regne le quatrieme. *Signé*, LOUIS. *Et plus bas :* Par le Roi , AMELOT. Et ſcellées du grand ſceau de cire jaune.

Regiſtrées , oui & ce requérant le Procureur-Général du Roi , pour être exécutées ſelon leur forme & teneur , ſuivant l'Arrêt de ce jour. A Paris , en Parlement , les Grand'-Chambre & Tournelle aſſemblées , le 2 Septembre 1777. Signé , YSABEAU.

LOUIS , par la grace de Dieu , Roi de France & de Navarre: A tous ceux qui ces préſentes Lettres verront : SALUT. Notre très-cher & bien amé Couſin le Cardinal de Rohan , Grand Aumônier de France, & en cette qualité, Préſident du Bureau d'adminiſtration du College de Louis-le-Grand , Nous a rendu compte de différentes Délibérations priſes par ledit Bureau , tant relativement à la penſion des Bourſiers, qu'à la part contributoire à payer au College de Louis-le-Grand ſur les biens des différens Colleges y réunis, ainſi que de la Délibération par laquelle ledit Bureau a arrêté de Nous ſupplier de vouloir bien accorder au ſieur Berardier , Principal du College de Louis-le-Grand , ſéance au Bureau d'Adminiſtration , & ce en conſidération & comme une récompenſe du zele avec lequel il remplit les fonctions de ſa place ; & comme ces différens objets Nous ont paru mériter notre attention , Nous avons cru devoir faire connoître à ce ſujet nos intentions, & en même tems faire jouir les Bourſiers des Colleges réunis des graces que Nous avons accordées aux Bourſiers de Me Gervais &

LETTRES
PATENTES
du 19 *Mars* 1780.
Confirmatives
de différentes Délibérations priſes
par le Bureau
d'Adminiſtration
du College de
Louis-le-Grand.

de Dormans-Beauvais, par notre Déclaration du 3 Septembre 1778, & nos Lettres Patentes du 14 Février 1779; & Nous avons cru devoir en même tems rétablir la place de Contrôleur du Grand-Maître temporel, supprimée par Lettres Patentes du 20 Août 1767. A CES CAUSES & autres à ce Nous mouvant, de l'avis de notre Conseil, & de notre certaine science, pleine puissance & autorité royale, Nous avons dit, statué & ordonné, & par ces présentes, signées de notre main, disons, statuons & ordonnons, voulons & nous plaît ce qui suit :

ARTICLE PREMIER.

CONFIRMONS les Délibérations dudit Bureau des 2 Septembre 1779 & 7 Janvier 1780 (104); en conséquence autorisons ledit Bureau à prélever sur les revenus de chaque College, à compter du premier Octobre 1779, quatre cent cinquante livres pour la pension de chaque Boursier, & à porter à cinq cent cinquante livres la pension des Pensionnaires, y compris le lit & le vin, les domestiques, le bois & la chandelle ; & si par la suite il étoit nécessaire de faire quelques changemens aux prix desdites pensions, voulons qu'ils ne puissent être faits que dans un Bureau ordinaire, où tous les Membres dudit Bureau auront été invités en vertu d'une Délibération prise au moins quinze jours auparavant, & à la charge que la Délibération sera prise à la pluralité des deux tiers de voix, & qu'elle sera homologuée en notre Cour de Parlement à la requête de notre Procureur Général ; voulons en outre que tous les Boursiers continuent à être nourris & soignés, tant en santé qu'en maladie, suivant & conformément à ce qui est prescrit par la Délibération du Bureau, du 15 Janvier 1778, que Nous voulons être exécutée suivant sa forme & teneur (105).

II.

VOULONS que, conformément à ce que Nous avons ordonné pour le College de Me Gervais, par l'article XIV de notre Déclaration du 3 Septembre 1778, & pour le College de Beauvais, par l'article XIV de nos Lettres Patentes du 14 Février 1779, la Délibération du Bureau d'Administration du College de Louis-le-Grand, du 16 Juillet 1778, (106) homologuée par Arrêt de notre Cour de Parlement du 7 Septembre suivant, soit exécutée suivant sa forme & teneur, & que la fixation y portée de la part contributoire des Colleges réunis & des fondations faites dans ledit College, pour les dépenses communes du College de Louis-le-Grand, ait lieu jusqu'au premier Janvier 1800; auquel tems il en sera fait une nouvelle d'après l'arrêté des comptes de l'année classique, finissant au premier Octobre précédent, & ce au dixieme du revenu desdits

---

(104) La Délibération du 7 Janvier 1780, contient des détails d'après lesquels il est constant que malgré l'augmentation du prix de la pension, demandée par cette Délibération & autorisée par les présentes Lettres Patentes, la pension du College de Louis-le-Grand est très-inférieure à celle de tous les autres Colleges de l'Université ; si on est curieux de ces détails, on peut recourir à la Délibération.

(105) Voyez cette Délibération dans cette Iere Partie ci-après, Chapitre XII.

(106) *Idem*, Chapitre VIII.

Colléges, conformément à ce qui est ordonné·par l'article XII du titre II du Réglement attaché sous le contre-scel des Lettres Patentes du 20 Août 1767, & par l'article VIII de celles du 25 Juin 1769 ; laquelle nouvelle fixation ne pourra être faite qu'aux deux tiers des voix, & sera également homologuée sur la Requête de notre Procureur Général & aura lieu pendant vingt ans ; après lesquels il sera fait une nouvelle fixation de ladite part contributoire dans la forme prescrite par le présent article, ce qui sera par la suite & dans la même forme tous les vingt ans exécuté à toujours : Ordonnons pareillement que l'acquit des fondations & les sommes à prélever pour chaque College feront faites ainsi qu'il est prescrit par l'article IX du titre II du Réglement attaché sous le contre-scel des Lettres Patentes du 20 Août 1767.

I I I.

AYANT égard à la Délibération du Bureau d'Administration du College de Louis-le-Grand, du 17 Février 1780 (107), Nous accordons au sieur Berardier, Principal actuel dudit College, entrée, séance & voix délibérative audit Bureau, & ce seulement tant qu'il remplira ladite place de Principal, à la charge par lui de prêter serment dans la forme prescrite pour les Notables par l'article XXV des Lettres Patentes du 21 Novembre 1763, & de siéger audit Bureau concurremment avec le Grand-Maître temporel, d'après l'ancienneté de leur nomination, ainsi qu'il est ordonné par l'article III du titre premier dudit Réglement de 1767, & ce sans tirer à conséquence pour les successeurs du sieur Berardier dans ladite place, lesquels ne pourront être admis dans ledit Bureau que sur la demande des Administrateurs.

I V.

VOULONS que les articles VIII, IX, XI, XII & XIII de notre Déclaration du 3 Septembre 1778, concernant le College de Me Gervais, & les articles XI, XII & XIII de nos Lettres Patentes du 14 Février 1779, concernant le College de Dormans-Beauvais, soient exécutés suivant leur forme & teneur, relativement à tous les Boursiers des Colleges réunis dans celui de Louis-le-Grand ; si ce n'est cependant que tous les Boursiers, autres que ceux de Dormans-Beauvais, pourront être reçus dès la Sixieme, & que Nous ne nous réservons le droit d'accorder des dispenses d'âges qu'aux

---

(107) Cette Délibération est ainsi conçue : « Tous MM. les Administrateurs, instruits du » zele avec lequel M. Berardier remplit les fonctions de la place de Principal, & desirant lui » témoigner la reconnoissance du Bureau, ont arrêté unanimement que le Roi sera très-» humblement supplié de lui accorder entrée, séance & voix délibérative au Bureau, & M. le » Grand-Aumônier a été prié d'employer à ce sujet ses bons offices pour obtenir du Roi les » Lettres Patentes à ce nécessaires ; M. le Président Rolland a été prié de rédiger le projet » de ces Lettres Patentes, & d'y insérer en même tems la confirmation des Délibérations des » 16 Juillet 1778, 2 Septembre 1779 & 7 Janvier 1780, concernant la part contributoire » des Colleges réunis aux dépenses communes, & les pensions des Pensionnaires & Bour-» siers ».

Bourfiers de Mᵉ Gervais, dont le Roi Charles V a accepté la qualité de Fondateur (108).

V.

Voulons, pour faciliter la geftion du Grand-Maître temporel, que la place de fon
Contrôleur, fupprimée par l'article II des Lettres-Patentes du 20 Août 1767, foit rétablie

---

(108) *Déclaration concernant le College de Mᶜ Gervais, du 3 Septembre 1778, regiftrée le 7 du
même mois.*

ARTICLE VIII.

« Aucun Bourfier ne fera reçu pour la claffe de *Sixieme* après *quatorze* ans (*), de *Cinquieme*
» après *quinze* ans, de *Quatrieme* après *feize* ans, de *Troifieme* après *dix-fept* ans, de *Seconde*
» après *dix-huit* ans, de *Rhétorique* après *dix-neuf* ans ; le tout révolu : & pour connoître fi
» lefdits Bourfiers n'ont pas paffé le temps prefcrit par le préfent article, leur extrait baptiftaire
» fera rapproché de leurs Lettres de nomination. Voulons cependant que les parens de Chrétien
» Gervais, Fondateur, & les jeunes gens qui auront mérité les prix de l'Univerfité, foient reçus
» fans faire attention à leur âge, de même que ceux que, pour des raifons particulieres, Nous
» jugerons à propos d'en difpenfer.

(*) *Nota.* D'après l'article premier du titre III du Réglement de mil fept cent foixante-fept, aucun Bourfier ne
peut être reçu qu'il n'ait *neuf ans commencés*, & qu'il ne foit capable au moins de *Sixieme*, ce qui revient à
peu près à la *Quatrieme* en province. *Délibérations* du 15 Janvier 1778 & 17 Mai 1781.

I X.

» Tous Bourfiers qui feront reçus, après quatorze ans révolus, feront tenus d'apporter,
» outre les pieces néceffaires, un certificat de vie & de mœurs de ceux fous lefquels ils auront
» commencé leurs études.

X I.

» Ceux defdits Bourfiers qui fe deftineront à *concourir*, pour être aggrégés dans la Faculté
» des Arts, jouiront de leurs Bourfes un an après le terme fixé par l'article précédent (*), en
» déclarant par écrit au Principal, dans la premiere femaine de Carême de leur derniere année
» d'étude, qu'ils entendent concourrir pour être aggrégés ; de laquelle déclaration ledit Prin-
» cipal donnera connoiffance aux Adminiftrateurs au premier Bureau fuivant.

(*) *Nota.* Les difpofitions de l'article X de la Déclaration de Mᶜ Gervais, font les mêmes que celles de
l'article XI des Lettres Patentes pour le College de Beauvais, inféré ci-après.

X I I.

» Les Bourfiers ne pourront être reçus dans ledit College que depuis le *quinze Septembre* de
» chaque année, jufqu'au *premier Novembre* inclufivement, & pendant la *quinzaine de Pâques ;*
» ceux qui auront négligé de s'y préfenter à ces deux époques perdront, pour cette année
» feulement, les fruits de leurs Bourfes, qui refteront dans la caiffe dudit College de
» Mᵉ Gervais.

X I I I.

» Voulons que ceux des Bourfiers qui, avant d'être promus aux Ordres Sacrés, fe trou-
» veroient dans la néceffité de fe rendre dans un *Séminaire,* puiffent continuer de jouir de
» leurs Bourfes, à la charge de ne pouvoir s'abfenter dudit College que dans l'intervalle de
» Baccalaureat à la Licence ; comme auffi de fe retirer dans celui des Séminaires de Paris qui leur
» fera indiqué par leur Evêque ; enfin de fubir, pendant leur féjour au Séminaire, les examens

aux

aux honoraires de 1200 livres , & qu'il ſoit aſſigné audit Contrôleur un logement dans le College ; à la charge par ledit Contrôleur de ne pouvoir , en ſadite qualité , prétendre avoir ſéance au Bureau, qu'il y aſſiſtera ſeulement quand il y ſera appellé , & ſans y avoir voix.

V I.

ORDONNONS au ſurplus que nos préſentes Lettres Patentes ſoient exécutées ſuivant leur forme & teneur , & ce , nonobſtant tous Edits , Déclarations Lettres-Patentes, Arrêts & Réglemens à ce contraires , auxquels nous avons dérogé & dérogeons par

---

» préalables à la Licence ; & , faute par eux de ſe conformer aux diſpoſitions du préſent article, » leurs Bourſes ſeront vacantes.

Lettres Patentes concernant le College de Dormans-Beauvais , du 14 Février 1779 , regiſtrées le 26 dudit mois.

A R T I C L E X I.

» TOUS les Bourſiers dudit College de Dormans-Beauvais...... *pourront indifféremment* » *être nommés* par les Collateurs , *pour étudier ,* ſoit *dans la Faculté des Arts ,* ſoit *dans l'une des* » *Facultés ſupérieures ;* & ceux qui *ſeront nommés* pour *la Faculté des Arts* auront , *après leur* » *Philoſophie , la liberté d'étudier dans celle des trois Facultés ſupérieures qu'ils voudront choiſir ;* » ils ſeront ſeulement tenus d'en faire leur déclaration au Principal pendant le Carême de » leur ſeconde année de Philoſophie ; leſdits Bourſiers ne pourront obtenir , dans leſdites » Facultés ſupérieures, que le degré de Licenſié ſeulement ; lequel , ainſi que celui de Bachelier , » ils ſeront tenus de prendre dans le tems pour ce preſcrit par les Statuts de chaque Faculté ; » & faute de ce , & ledit tems paſſé, leurs Bourſes ſeront de droit vacantes (*).

X I I.

» LES Bourſiers qui ſe diſpoſeront à étudier dans une des trois Facultés ſupérieures , ... » ſeront obligés de juſtifier de leur titre de Maître ès Arts dans l'Univerſité de Paris , & ils » ſeront tous tenus de réſider dans le College de Louis-le-Grand , ſans pouvoir s'en abſenter » qu'ainſi & dans les cas prévus par l'Article II du Titre III du Réglement attaché ſous le » contre-ſcel des Lettres Patentes du 20 Août 1767 , ſans préjudice cependant des Bourſiers- » Médecins , pour leſquels Nous voulons que l'Article VI du Titre IV des Lettres Patentes » du premier Juillet 1769 ſoit , quant à préſent , exécuté ſuivant ſa forme , & juſqu'à ce que » Nous ayons fait connoître nos volontés à ce ſujet.

X I I I.

» LES Sujets reçus ſeront *éprouvés pendant deux ans ,* dans le cours deſquels les Examinateurs , » conjointement ou ſéparément, leur feront ſubir pluſieurs examens , & à la fin de la ſeconde » année , ils décideront définitivement s'ils ſeront confirmés dans la jouiſſance de leurs » Bourſes , ou s'ils ſeront renvoyés ; ordonnons aux Examinateurs de n'admettre proviſoire- » ment que ceux qui ſeront capables au moins de quatrieme pour les Bourſes de Dormans, & » de cinquieme pour les autres.

(*) Voyez une Délibération du 2 Août 1781 pour confirmer le droit de *tous les Bourſiers* des différens Colleges ou Fondations , d'étudier ſuivant qu'ils le jugeront à propos , dans une des trois Facultés ſupérieures , ci-après IIe Partie , Chapitre IX.

I. Partie.   P

ces Préſentes. SI DONNONS EN MANDEMENT à nos amés & féaux Conſeillers, les Gens tenant notre Cour de Parlement à Paris , que ces Préſentes ils aient à regiſtrer & le contenu en icelles garder, obſerver & exécuter pleinement & pareillement, ceſſant & faiſant ceſſer tous troubles & empêchemens, & nonobſtant toutes choſes à ce contraires : CAR tel eſt notre plaiſir ; en témoin de quoi nous avons fait mettre notre ſcel à ceſdites Préſentes. DONNÉ à Verſailles le dix-neuvieme jour du mois de Mars, l'an de grace mil ſept cent quatre-vingt , & de notre regne le ſixieme. *Signé* LOUIS. *Et plus bas* : Par le Roi, AMELOT. Et ſcellées du grand ſceau de cire jaune.

Regiſtrées , ouï & ce requérant le Procureur Général du Roi, pour être exécutées ſelon leur forme & teneur, ſuivant l'Arrêt de ce jour. A Paris , en Parlement, les Grand'Chambre & Tournelle aſſemblées, le vingt-huit Avril mil ſept cent quatre-vingt. Signé YSABEAU.

Nota. Ces Lettres-Patentes ont été portées au Bureau le 5 Mai 1780 , & après la Délibération qui en ordonne le dépôt aux Archives , on trouve ce qui ſuit :

« M. Bérardier étant entré, a pris ſéance au Bureau, & a remercié MM. de ce qu'ils » avoient bien voulu l'aſſocier à leurs travaux & aux peines qu'ils ſe donnoient pour » l'éducation de la Jeuneſſe & la ſplendeur d'un Etabliſſement auſſi utile au Public que » la réunion des Bourſiers dans le College de Louis-le-Grand. »

« Le Bureau a remercié M. le Préſident Rolland de toutes les peines & ſoins qu'il » s'eſt donné, tant pour la rédaction que pour l'obtention des ſuſdites Lettres Patentes » du 19 Mars dernier. Le Bureau a prié M. le Préſident Rolland de vouloir bien faire , » au nom du Bureau, des remerciemens à Mgr. le Cardinal de Rohan des ſoins qu'il s'eſt » donné pour l'obtention des Lettres Patentes, & de l'intérêt qu'il prend à tout ce qui » peut contribuer au bien & à l'avantage du College de Louis-le-Grand. »

CHAPITRE III.

Lettres Patentes enregiſtrées en la Chambre des Comptes.

ON pourroit croire au premier coup d'œil, que la plupart des Lettres Patentes contenues dans ce Chapitre ne concernent le College de Louis-le-Grand que comme *College particulier*, & qu'elles devroient être rejettées à la ſeconde Partie; en effet ces Lettres Patentes ſont preſque toutes relatives à des conceſſions que le feu Roi a faites ou confirmées au profit du College de Louis-le-Grand; mais ſi on ſe donne la peine de lire ces différentes Loix, on y verra que la réunion des bourſes a été le motif prédéterminant des graces du Souverain, qui s'en explique même en termes exprès dans preſque toutes ces Loix, & notamment dans les Lettres Patentes du 19 Avril 1769 (109). En effet, le feu Roi y dit qu'il permet l'emprunt de 200,000 liv. en rentes viageres que le Bureau lui a demandé, & ce, « pour donner aux Adminiſtrateurs du » College de Louis-le-Grand une nouvelle marque de notre ſatisfaction de leur zele » pour l'exécution de nos vues, aux Supérieurs Majeurs une nouvelle preuve de notre » attention pour le bien d'établiſſement confiés en partie à leurs ſoins & à tous nos » ſujets de nouveaux témoignages de notre affection, en rendant plus abondans les » ſecours pour l'éducation de la jeuneſſe ».

Au ſurplus, on a dans ce Chapitre placé les Lettres Patentes enregiſtrées en la Chambre des Comptes ſuivant leur ordre de date, & on a, ainſi que dans le Chapitre précédent, ajouté des notes aux endroits qui ont paru en avoir beſoin.

LOUIS, par la grace de Dieu, Roi de France & de Navarre : à nos amés & féaux Conſeillers, les Gens tenans notre Chambre des Comptes à Paris, & à tous autres nos Officiers & Juſticiers qu'il appartiendra; SALUT : les Adminiſtrateurs du College de Louis-le-Grand, nous ont fait repréſenter que par nos Lettres-Patentes du 21 Novembre dernier, nous aurions ordonné que l'inſtruction publique qui ſe faiſoit dans le College de Liſieux & autres, ſeroit transférée à perpétuité dans le College des Jéſuites & que les Bourſiers des Colleges dans leſquels il n'y a plus de plein exercice ſeroient & demeureroient à l'avenir & à perpétuité réunis dans ledit College, ſous le titre de College de Louis-le-Grand, & qu'il continueroit de jouir de toutes les prérogatives de College de fondation Royale, & de tous les autres privileges & exemptions portés par nos Lettres Patentes du mois de Novembre 1682, leſquelles portent entr'autres privileges que les Jéſuites jouiront pour toujours du droit de franc-ſalé de huit minots de ſel, des exemptions des droits d'entrées de trois cens muids de vins, des droits du pont de Joigny & autres. Que dans ces circonſtances & pour mettre leſdits Adminiſ-

LETTRES PATENTES *du 23 Mai* 1764.

Pour les huit minots de ſel accordés par Louis XIV aux Jéſuites du College, & trois cens muids de vin.

(109) Ci-deſſus, Chapitre II,

P ij

LETTRES
PATENTES
du 23 *Mai* 1764.

trateurs à portée de former & de continuer cet établiſſement ſi utile à l'inſtruction de nos ſujets, Nous aurions, par Arrêt de notre Conſeil du 10 Avril dernier, ſtatué ſur les fins de la requête y inférée, pour l'exécution duquel nous aurions ordonné que toutes Lettres Patentes ſeroient expédiées, leſquelles leſdits expoſans nous ont très-humblement fait ſupplier de leur accorder. A CES CAUSES, de l'avis de notre Conſeil qui a vu ledit Arrêt du 10 Avril dernier ci-attaché ſous le contreſcel de notre Chancellerie, nous avons, conformément à icelui, & de notre grace ſpéciale, pleine puiſſance & autorité Royale, ordonné, & par ces préſentes, ſignées de notre main, ordonnons que Jean-Jacques Prevoſt, adjudicataire des Fermes générales, fera délivrer auxdits Expoſans les huit minots de franc-ſalé, dont l'emploi eſt fait dans l'état des francs-ſalés des Privilé-giés de l'année commencée le premier Octobre 1762, premiere année de ſon bail, ſous le nom des Jéſuites du College de Louis-le-Grand, en payant le prix marchand, à raiſon de ſept livres le minot, & les trois livres onze ſols comme leſdits Jéſuites l'au-roient payés. Qu'il leur ſera délivrer pareille quantité de huit minots de ſel de franc-ſalé, pour l'année commencée au premier Octobre 1763, en payant le même prix de ſept livres, & de trois livres onze ſols par minot, & nous tiendrons compte audit Prevoſt ſur le prix de ſon bail, du ſurplus du prix deſdits ſels ſur le pied qu'il ſe vend au Grenier à ſel de Paris. Permettons auxdits Expoſans de faire entrer ſur les certificats du Grand-Maître dudit College de Louis-le-Grand, pendant la préſente année, les 300 muids de vins des Privilégiés de ladite année commencée le premier Octobre 1762, ſous le nom deſdits Jéſuites, & pareille quantité de 300 muids de vins pour l'année commencée le premier Octobre 1763, pour leſquels il ne ſera payé aucuns droits d'entrée & du Pont de Joigny, dont nous tiendrons pareillement compte audit Prevoſt ſur le prix de ſon bail. Voulons & ordonnons qu'il ſoit fait emploi dans les états des Privilégiés qui ſeront arrêtés pour l'année qui commencera au premier Octobre pro-chain, & dans les états des années ſuivantes à perpétuité, ſous le nom des Adminiſ-trateurs du College de Louis-le-Grand. Savoir : dans les états des francs-ſalés des Pri-vilégiés de huit minots de ſel, en payant le prix marchand, à raiſon de ſept livres le minot, & les trois livres onze ſols comme les Jéſuites l'ont payé ci-devant, & dans les états des vins des Privilégiés de trois cens muids de vin, en exemption deſdits droits d'entrées & du pont de Joigny, comme leſdits Jéſuites en ont toujours joui. Ordonnons en outre que Pierre Henriet ci-devant Adjudicataire deſdites Fermes générales, paiera aux Expoſans ſur la quittance dudit Grand-Maître, la ſomme de 5345 liv. 2 ſ. 9 d. pour leur tenir lieu de l'exemption des droits d'entrées & du pont de Joigny, à raiſon de 23 liv. par muid pour les droits d'entrées, & de 53 ſols 9 den. auſſi par muid, auſſi pour les droits du pont de Joigny, comme la liquidation en eſt faite dans les états des vins des Privilégiés de la ſixieme année du bail dudit Henriet, des 208 muids trois ſeptiers de vin reſtant des 300 muids dont l'emploi a été fait ſous le nom des Jéſuites dans leſdits états, & nous tiendrons compte audit Henriet, de ladite ſomme ſur le prix de ladite ſixieme année de ſon bail, en rapportant la quittance dudit Grand-Maître avec copie collationnée dudit Arrêt & des préſentes. SI VOUS MANDONS que ces présentes vous ayez à faire registrer & du contenu en icelles, ensemble audit Arrêt, vous fassiez jouir & user lesdits Exposans & leurs successeurs pleinement & paisiblement & perpétuellement, cessant & faisant cesser tous troubles & empêchemens contraires : CAR tel est notre plaisir, donné à Versailles, le vingt-troisieme jour de Mai, l'an de grace mil sept cent soixante-quatre, & de notre regne le quarante-neuvieme. Signé LOUIS. Par le Roi : *Signé* PHELYPEAUX.

Registré en la Chambre des Comptes, où le Procureur général du Roi pour jouir par les impétrans de l'effet & contenu en icelles, & ont été copie des Lettres Patentes du Roi, pour la translation du College de Lisieux dans le College de Louis-le-Grand, du 21 Novembre 1763, & d'autres Lettres Patentes du mois de Novembre 1682, portant différentes concessions & exemptions en faveur du College de Louis-le-Grand, retenues au greffé pour y avoir recours en tems & lieu, le 9 Juillet 1764. Signé HENRY *, avec paraphe.*

Enregistré au Greffé du Grenier à Sel de Paris, suivant la Sentence de ce jour, 4 Août 1764. Signé COLLETTE *, avec paraphe,*

LETTRES
PATENTES
du 29 *Mai* 1766.

Pour la distribution du 28ᵉ de l'Université, dont il y a 30,000 liv. pour le College de Louis-le-Grand.

LOUIS, par la grace de Dieu, Roi de France & de Navarre, à nos amés & féaux Conseillers les Gens tenans notre Chambre des Comptes à Paris : SALUT. Nous étant fait représenter en notre Conseil l'Arrêt rendu en icelui le 14 Avril 1719, & les Lettres Patentes expédiées sur icelui le même jour, enregistrées en notre Parlement le 8 Mai 1719 & en notre Chambre des Comptes le 12 du même mois, concernant la quotité proportionnelle dans le produit des Postes & Messageries que nous aurions accordé à notre Université, pour procurer l'instruction gratuite de la jeunesse, nos Lettres Patentes du 3 Mai 1766, enregistrées en notredit Parlement le 7 dudit mois, par lesquelles nous aurions ordonné que les deniers qui seroient délivrés tous les ans à la Faculté des Arts de notredite Université par le Fermier général des Postes, sur le vingt-huitieme effectif, seroient incessamment réglés par nous, & que le surplus dudit vingt-huitieme seroit employé aux besoins du College de Louis-le-Grand & à la construction des bâtimens destinés à y servir de chef-lieu à notredite Université : nous aurions jugé nécessaire d'expliquer nos intentions à ce sujet, à quoi nous aurions pourvu par l'Arrêt cejourd'hui rendu en notre Conseil, nous y étant, pour l'exécution duquel nous aurions ordonné que toutes lettres nécessaires seroient expédiées. A CES CAUSES, de l'avis de notre Conseil qui a vu ledit Arrêt, dont expédition est ci-attachée sous le contre-scel de notre Chancellerie, & conformément à icelui, nous avons ordonné & par ces présentes signées de notre main, ordonnons ce qui suit :

ARTICLE PREMIER.

LE vingt-huitieme effectif du bail actuel des Postes & Messageries de notre Royaume sera & demeurera fixé pendant la durée dudit bail, déduction faite des gages des Maîtres des Couriers, à la somme de 273,273 liv. 15 s. 10 d.

II.

IL fera payé fur ladite fomme au Receveur général des Meſſageries de notredite Univerſité, par l'Adjudicataire général de la Ferme, celle de 193,273 liv. 15 ſ. 10 d. par an, à compter du premier Janvier dernier, & ce, quartier par quartier & par avance.

III.

LA fomme de 57,600 liv. qui a été juſqu'ici deſtinée à l'acquit de la portion appellée *actualité*, fera prélevée fur leſdits 193,273 liv. 15 ſ. 10 d., & le furplus, déduction faite des dépenſes preſcrites par les art. VI & XVI de nos Lettres Patentes du 3 Mai 1766, & les charges & frais de régie préalablement déduits, fera partagé fuivant l'uſage par portion égale, appellée *émérite*, entre tous les Membres de la Faculté des Arts qui ont droit de jouir de l'émerite, fuivant les ſtatuts & réglemens de notredite Univerſité, y compris le fous-Bibliothécaire établi par noſdites Lettres Patentes.

IV.

LA fomme de 60,000 liv., reſtante de celle de 253,273 liv. 15 ſ. 10 d., à laquelle ledit vingt-huitieme effectif du bail actuel des Poſtes a été ci-deſſus réglé, fera employé aux objets portés en l'article XXII de noſdites Lettres Patentes du 3 Mai 1766; en conſéquence ladite fomme fera par le Fermier général des Poſtes par chacun an, quartier par quartier & par avance, à compter du premier Janvier 1767, remiſe audit Receveur général des Meſſageries de notredite Univerſité, pour être par lui fur le champ remiſe, ſavoir : moitié au Grand-Maître temporel du College de Louis-Grand (110), pour être employé, ainſi qu'il ſera preſcrit par nous fur les Mémoires qui nous ſeront adreſſés par les Adminiſtrateurs dudit College, & l'autre moitié pour être employée aux conſtructions & réparations qui feront à faire dans ledit College de Louis-le-Grand, aux termes des Lettres-Patentes du 3 Mai 1766, & dépoſée juſqu'à l'emploi (111); le tout ainſi qu'il ſera par la fuite réglé pareillement par nous.

V.

LADITE fomme de 193,273 liv. 15 ſ. 10 d. fera pour la préſente année 1766, paſſée en compte audit Fermier général, en rapportant les quittances du Receveur général des Meſſageries de notredite Univerſité, & les années ſubféquentes, ladite fomme de 253,273 liv. 15 ſ. 10 d. fera fur la même quittance pareillement paſſée en compte audit Fermier général, y joignant pour la premiere fois feulement une expédition en bonne forme de l'Arrêt de ce jour. SI VOUS MANDONS, &c. CAR tel &c. Donné à Verſailles, le vingt-neuvieme jour de Mai, l'an de grace mil fept cent foixante-fix, & de notre regne le cinquante-unieme. *Signé* LOUIS. *Et plus bas*, par le Roi, PHELYPEAUX.

Regiſtré en la Chambre des Comptes, où le Procureur général du Roi, pour jouir par ladite Univerſité de l'effet & contenu en icelles, ſuivant & aux charges portées par l'Arrêt fur ce fait, le 10 Septembre 1766. Signé HENRY, *avec paraphe.*

---

(110) Voyez ci-après les Lettres Patentes du premier Février 1769, qui fixent le tems que le College de Louis-le-Grand jouira de ces trente mille livres.

(111) L'emploi de ces 30,000 l. a été changé pendant la révolution de 1771, par Lettres Patentes du 16 Mai 1772, vérifiées par la Commiſſion intermédiaire le 23 Mars 1773.

Du 6 Avril 1769.

M. le Préſident Rolland a apporté l'original des Lettres Patentes données à Ver-ſailles au mois de Juin 1768 , regiſtrées à la Chambre des Comptes le 18 Mars 1769, portant confirmation de différentes conceſſions faites par le Roi au College de Louis-le-Grand , & pour autoriſer M. le Grand-Maître à recevoir les arrérages des contrats ſur la Ville , & autres dûs antérieurement à la réunion.

Il a en même-tems obſervé que , par l'Arrêt d'enregiſtrement , la Chambre des Comptes a arrêté que la diſtribution des prix dudit College , continuera d'être ſoumiſe à l'inſpection de la Chambre , & que ſes Commiſſaires continueront d'aſſiſter à ladite diſtribution , en la maniere accoutumée , & ſur l'invitation qui en ſera faite à la Cham-bre de la part du Bureau d'Adminiſtration : qu'en conſéquence , il a cru devoir s'aſſurer de la forme dans laquelle ſe faiſoit ladite invitation ; qu'il a eu recours aux regiſtres de la Chambre des Comptes, qui portent,

» Ce jour, le premier Huiſſier ayant averti que deux Religieux Jéſuites étoient à la » porte , & demandoient à entrer , l'ordre lui a été donné de les faire entrer ; & ayant » été introduit au Bureau , près M. le Premier Préſident , où étant debout , l'un deſdits » Religieux a invité la Chambre de leur faire l'honneur d'aſſiſter à la repréſentation » de la Tragédie, qui ſe fera en leur College le . . . . deux heures de relevée , pour » la diſtribution des prix , fondée en leur College par le feu Roi Louis-le-Grand , de » glorieuſe mémoire , & a mis ſur le bureau pluſieurs imprimés en placard , contenant » le ſujet de la Tragédie : à quoi M. le Premier Préſident a répondu que la Chambre » y députeroit en la maniere accoutumée.

» Et à l'inſtant ont été commis, pour aſſiſter à la Tragédie, MM. . . . . . Conſeillers-Maîtres ; Sur quoi , la matiere miſe en délibération ,

Le Bureau a , unanimement, arrêté que leſdites Lettres Patentes ſeront dépoſées aux archives , & tranſcrites à la ſuite des délibérations de ce jour , & que, tous les ans , M. le Principal , & le Profeſſeur qui fera l'exercice pour les prix , ſe rendront à la Chambre des Comptes pour y inviter MM. de la Chambre des Comptes à ladite diſtri-bution des prix, & remettront à la Chambre des Imprimés du programme dudit exercice.

Suit la teneur deſdites Lettres Patentes.

LOUIS , par la grace de Dieu , Roi de France & de Navarre : A nos amés & féaux Conſeillers les Gens tenant notre Chambre des Comptes à Paris , & à tous autres nos Officiers & Juſticiers qu'il appartiendra , SALUT. Nous avons , par nos Lettres Patentes des 14 Juin & 21 Novembre 1763 , affecté à l'éducation de nos Sujets tous les biens appartenans aux Colleges ci-devant deſſervis par la Société & Compagnie des Jéſuites ; & par d'autres Lettres Patentes dudit jour 21 Novembre 1763 , nous avons établi dans le College de Louis-le-Grand , de notre bonne ville de Paris , une forme d'adminiſtration également utile au bien général de l'inſtruction de la Jeuneſſe ,

LETTRES PATENTES *de Juin 1768.* Portant conceſ-ſion au College de Louis - le - Grand du franc-ſalé ci-devant accordé aux Jéſuites pour leur Noviciat & leur Maiſon pro-feſſe, ainſi que de deux rentes, l'une de 400 livres pour les Prix, & l'autre de 600 livres, & droits d'entrées de 200 muids de vin ci-devant accordés auxdites Maisons.

& aux intérêts particuliers de ceux des Colleges de la même Ville, dans lesquels il n'y avoit plus de plein exercice. C'est dans ces mêmes vues, qu'en réunissant tous les Boursiers de ces différens Colleges dans celui de Louis-le-Grand, auquel nous avons incorporé dans la suite le College de Dormans-Beauvais, nous avons ordonné que tous les biens, sans exception, qui avoient été donnés, ou qui avoient appartenu jusqu'alors auxdits Colleges, ainsi que ceux dudit College de Louis-le-Grand, seroient régis & administrés par un Grand-Maître des Boursiers, sous l'inspection & l'autorité d'un Bureau, que nous avons établi pour veiller, avec l'attention la plus exacte, à la régie & administration du temporel de tous ces Colleges. Nous avons de plus ordonné, par l'article XLV de ces mêmes Lettres Patentes, que ce College continueroit de jouir, sous le titre du College de Louis-le-Grand, de toutes les prérogatives de College de fondation royale, & de tous les autres privileges & exemptions portés par les Lettres Patentes du feu Roi notre très-honoré Seigneur & Bisaïeul, du mois de Novembre 1682 : en conséquence, par Arrêt de notre Conseil, du 10 Avril 1764, & nos Lettres Patentes du 23 Mai suivant, nous avons maintenu ledit College dans la jouissance des droits de franc-salé de huit minots de sel, & dans l'exemption de tous droits d'entrée de trois cens muids de vin, dont jouissoient ci-devant les Jésuites, qui composoient ledit College. Les mêmes motifs nous ont déterminé à faire jouir le College de Louis-le-Grand, dès le 1er Octobre 1764, des droits de franc-salé de quatorze minots de sel, & de l'exemption de tous droits d'entrée de deux cens muids de vin, dont jouissoient ci-devant les Jésuites pour leur Maison professe & pour celle du Noviciat de notredite ville de Paris ; & par ce moyen, nous avons eu la satisfaction d'accorder un secours réel à ce College, sans augmenter les charges de notre Etat. Mais comme il est de notre justice de pourvoir en même-tems à l'indemnité & décharge de ceux de nos Sujets qui sont tenus d'acquitter lesdits droits, ou qui pourroient souffrir desdites exemptions ; que d'un autre côté, le College de Louis-le-Grand, celui de Dormans-Beauvais, qui lui a été incorporé, ainsi que les Colleges de non plein exercice, qui lui ont été réunis, sont propriétaires de plusieurs parties de rentes, tant sur les états de nos Finances, Tailles, Aides & Gabelles, Traites & cinq grosses Fermes, & autres nos revenus, que sur nos Domaines & sur ceux qui ont été, par nous ou par les Rois nos prédécesseurs, aliénés ou engagés, qu'il pourroit s'élever des difficultés sur le paiement des arrérages de ces rentes, & principalement de ceux qui ont couru & peuvent être dûs pour le tems qui a précédé ladite réunion & l'établissement du Bureau d'Administration, & du Grand-Maître temporel des Boursiers dudit College de Louis-le-Grand ; & qu'il est également de notre justice de pourvoir à la décharge de nos Trésoriers, Receveurs, Payeurs & autres nos Comptables, qui sont tenus d'acquitter lesdites rentes & autres charges, nous avons résolu de vous informer de nos intentions à cet égard. A CES CAUSES, de l'avis de notre Conseil, & de notre certaine science, pleine puissance & autorité royale, nous avons, par ces présentes signées de notre main, dit & ordonné, disons & ordonnons, que le College de Louis-le-Grand, de notre bonne ville de Paris, demeurera confirmé, comme nous ne le confirmons par ces présentes, dans la jouissance, à

compter

compter du 1er Octobre 1764, & à perpétuité, de quatorze minots de franc-ſalé, & de l'exemption de tous droits d'entrée pour deux cens muids de vin, dont jouiſſoient ci-devant les Jéſuites pour leur Maiſon profeſſe & pour celle du Noviciat; voulons en conſéquence, qu'à compter dudit jour, à perpétuité, il ſoit fait emploi, ſi fait n'a été, dans les états des Privilégiés, de quatorze minots de ſel, qui ſeront délivrés auxdits Adminiſtrateurs, en payant par eux le prix marchand & autres droits, ainſi que les Jéſuites de ladite Maiſon profeſſe & de celle du Noviciat, étoient dans l'uſage de les payer; & dans les états des vins des Privilégiés, de deux cens muids de vin en exemption deſdits droits d'entrée & du Pont de Joigny, comme les Jéſuites deſdites Maiſons en ont joui & dû jouir. Confirmons de plus ledit College de Louis-le-Grand, à perpétuité, dans la jouiſſance & perception de 400 liv. par chacun an, accordées aux Jéſuites dudit College par nos Lettres Patentes du mois de Novembre 1682, à prendre ſur la Recette générale de nos Finances de notre bonne ville de Paris, & de 600 liv. auſſi accordées auxdits Jéſuites dudit College, par Arrêt de notre Conſeil du 8 Avril 1710, & nos Lettres Patentes du même jour, à prendre, auſſi annuellement, ſur nos Traites & cinq groſſes Fermes, enſemble des arrérages deſdites deux parties, qui étoient dûs & échus au 1er Octobre 1764, & de ceux échus depuis, & à écheoir à l'avenir, faiſant à cet effet, par ces préſentes, en tant que de beſoin ſeroit, tout don & conceſſion deſdits exemptions, droits & revenus audit College de Louis-le-Grand, & ſans préjudice des autres exemptions & privileges ci-devant accordés audit College, & notamment de huit minots de franc-ſalé, & exemption des droits d'entrée pour trois cens muids de vin, dans la jouiſſance deſquels nous l'avons maintenu ſous l'Adminiſtration actuelle, par Arrêt de notre Conſeil du 10 Avril 1764, & nos Lettres Patentes du 28 Mai audit an. Ordonnons pareillement, que toutes les rentes aſſignées ſur les Recettes générales de nos Finances, Tailles, Aides & Gabelles, & autres nos revenus, ſur l'ancien Clergé, & ſur nos Domaines, tant ceux qui ſont libres en nos mains, que ceux qui peuvent avoir été engagés ou aliénés par nous & nos prédéceſſeurs Rois, appartenantes audit College de Louis-le-Grand, à celui de Dormans-Beauvais, qui lui eſt incorporé, & à ceux d'Arras, d'Autun, de Bayeux, de Boiſſy, des Bons-enfans, de Bourgogne, de Cambray, de Cholets, de Cornouailles, de Dainville, des Dix-Huit, de Fortet, de Huban, de Juſtice, de Laon, du Mans, de Maître-Gervais, de Narbonne, de Preſles, de Reims, de Sainte-Barbe, de Saint-Michel, de Seez, de Tours, de Tréguier, du Tréſorier réuni audit College de Louis-le-Grand, & aux différentes fondations faites dans leſdits Colleges réunis, en continuant d'appartenir auxdits Colleges, ſoient payées annuellement ſur les quittances du Grand-Maître temporel des Bourſiers dudit College de Louis-le-Grand, à compter du jour que les arrérages en peuvent être dûs, même ceux échus antérieurement à la réunion & incorporation faite audit College de Louis-le-Grand, des autres Colleges ſus énoncés. Voulons en conſéquence, que les dépenſes qui ſeront faites par les Adjudicataires de nos Fermes générales unies, & de nos Tréſoriers, Receveurs, Payeurs, & autres Comptables, des indemnités qui ſeront par nous dues pour raiſon deſdites exemptions des droits d'entrées & franc-ſalé, & du

I. Partie.   Q

paiement des arrérages defdites gratifications & rentes , foient paffées & allouées fans difficultés dans leurs états au vrai & comptes , & par-tout où il appartiendra , fur les emplois qui en ont été & qui s'en feroient faits dans nos états au profit dudit College de Louis-le-Grand , & des autres Colleges y réunis & incorporés , & fur les fimples quittances dudit Grand-Maître temporel des Bourfiers dudit College de Louis-le-Grand ; à l'effet de quoi nous avons , par ces préfentes , ratifié & ratifions , en tant que de befoin feroit , les quittances & certificats qu'il pourroit en avoir ci-devant données. SI VOUS MANDONS , que cefdites préfentes vous ayez à faire regiftrer , pour être exécutées felon leur forme & teneur , & du contenu en icelles , jouir & ufer à perpétuité ledit College de Louis-le-Grand : CAR tel eft notre plaifir ; en témoin de quoi nous avons fait mettre notre fcel à cefdites préfentes. DONNÉ à Verfailles au mois de de Juin , l'an de grace mil fept cent foixante-huit , & de notre regne le cinquante-troifieme. *Signé*, LOUIS. *Plus bas :* Par le Roi , PHELYPEAUX , avec grille & paraphe. Et fcellé du grand fceau de cire jaune.

. Regiftrées en la Chambre des Comptes , oui le Procureur-Général du Roi , pour être exécutées felon leur forme & teneur , & jouir par les Impétrans de l'effet & contenu en icelles , à la charge que la diftribution des prix dudit College continuera d'être foumife à l'infpection de la Chambre , & que les Commiffaires de la Chambre continueront d'affifter à ladite diftribution , en la maniere accoutumée , & fur l'invitation qui en fera faite à la Chambre de la part du Bureau d'Admininiftration dudit College : le 18 Mars 1769. Signé MARSOLAN , *avec paraphe.*

LETTRES
PATENTES
du 1er Février
1769.

Pour l'adminiftra-
tion des Colleges
dépendans des
Univerfités , &
notamment de ce-
lui de Louis-le-
Grand.

LOUIS, par la grace de Dieu , Roi de France & de Navarre : A nos amés & féaux Confeillers les Gens tenant notre Chambre des Comptes à Paris , SALUT. Les Adminiftrateurs du College de Louis-le-Grand nous ont fait repréfenter qu'ils fe font pourvus par-devers vous pour obtenir l'enregiftrement de nos Lettres-Patentes du mois de Juin 1768 , par lefquelles nous aurions accordé audit College la jouiffance , à commencer du 1er Octobre 1764 , & par chacun an , de quatorze minots de fel de franc-falé , & de l'exemption de tous droits d'entrée pour deux cens muids de vin , dont jouiffoient ci-devant les Jéfuites pour leur Maifon profeffe & pour celle du Noviciat ; comme auffi la jouiffance de deux parties de rentes anciennement accordées aux Jéfuites dudit College , l'une de 400 liv. fur la Recette générale des Domaines de la Généralité de Paris , & l'autre de 600 liv. fur les Traites & cinq groffes Fermes , & ce , à compter du jour que lefdites rentes ont ceffé d'être payées auxdits Jéfuites ; & ordonné que les arrérages échus & à écheoir de toutes les rentes dues audit College , à celui de Dormans-Beauvais , qui y a été incorporé , & à tous les petits Colleges qui y ont été réunis , feront payés aux Adminiftrateurs actuels , fur les quittances du Grand-Maître temporel des Bourfiers dudit College : fur quoi , par Arrêt du 20 Août 1768 , vous auriez ordonné qu'avant faire droit , lefdits Adminiftrateurs feroient tenus de vous repréfenter , 1°. nos Lettres-Patentes des 14 Juin & 21 Novembre 1763 , enfemble nos Lettres-Patentes du

30 Mars 1764 , rendues en interprétation d'icelles , par leſquelles nous aurions affecté à l'éducation de nos Sujets tous les biens appartenans aux Colleges ci-devant deſſervis par les Jéſuites ; 2°. autres nos Lettres-Patentes du 21 Novembre 1763 , portant tranſlation dans ledit College de Louis-le-Grand , de celui de Liſieux , & union audit College de Louis-le-Grand , des Bourſiers des Colleges de Paris , dans leſquels il n'y a plus de plein exercice , à l'exception de ceux des Lombards & des Ecoſſois ; 3°. nos Lettres-Patentes du 7 Avril 1764 , portant incorporation audit College de Louis-le-Grand , de celui de Dormans-Beauvais , pour être par vous procédé , ſi faire ſe doit , à l'enregiſtrement deſdites Lettres. Qu'à l'égard de nos Lettres-Patentes des 14 Juin & 21 Novembre 1763 , & 30 Mars 1764 , ils nous ſupplioient de conſidérer que leſdites Lettres , & notamment celles du 14 Juin 1763 , qui n'ont pour objet que la pourſuite des biens vacans des Jéſuites , ne concernent point particuliérement le College de Louis-le-Grand , mais ſeulement en général les biens des Colleges ci-devant deſſervis par les Jéſuites : qu'à l'égard de nos Lettres-Patentes des 21 Novembre 1763 , & 7 Avril 1764 , portant tranſlation du College de Liſieux , & enſuite , au lieu & place dudit College de Liſieux , de celui de Dormans-Beauvais , enſemble des Bourſiers des Colleges de Paris où il ne ſe trouve plus de plein exercice , & du Tribunal de l'Univerſité de Paris dans ledit College de Louis-le-Grand , nous aurions apporté différens changemens , relativement à aucunes des diſpoſitions deſdites Lettres , notamment par nos Lettres-Patentes & Réglement du 20 Août 1767. Pourquoi les Adminiſtrateurs dudit College de Louis-le-Grand nous auroient ſupplié , en les diſpenſant de vous repréſenter leſdites Lettres Patentes , de vous faire connoître nos intentions par rapport aux objets dont la connoiſſance peut vous mettre en état de procéder à l'enregiſtrement de noſdites Lettres Patentes du mois de Juin 1768 : & ayant égard , tant aux repréſentations des Adminiſtrateurs du College de Louis-le-Grand , qu'aux vues par leſquelles notre Chambre des Comptes eſtime ne pouvoir procéder à l'enregiſtrement des Lettres de conceſſions particulieres que nous jugerions à propos de faire , tant audit College de Louis-le-Grand , qu'aux autres Colleges ci-devant deſſervis par les Jéſuites , qu'autant que nous lui aurons donné une connoiſſance légale & juridique , ſoit de l'exiſtence actuelle des mêmes Colleges , ſous une nouvelle forme d'adminiſtration , & ſous les réunions & incorporations par nous ordonnées ; ſoit de la diſpoſition par laquelle nous entendons que les biens ci-devant affectés auxdits Colleges , leur demeurent propres , ſans aucune novation , & ſeulement ſous les mêmes charges dont ils étoient précédemment tenus. Nous avons déja jugé à propos de vous adreſſer notre Edit de Février 1763 , portant réglement pour les Colleges non dépendans des Univerſités ; enfin , nos Lettres Patentes du 21 Novembre 1763 , portant réglement au ſujet des prétentions reſpectives entre les Adminiſtrateurs des Colleges & les Syndics des créanciers de la Société des Jéſuites ; & après avoir ainſi pourvu en ce qui concerne les Colleges non dépendans des Univerſités , nous avons cru également néceſſaire de vous faire connoître nos intentions ſur ceux dépendans des Univerſités , & d'abord ſur le College de Louis-le-Grand , que nous avons jugé mériter particuliérement notre attention. Nous avons en même-tems penſé devoir fixer d'une façon invariable ,

LETTRES
PATENTES
du 1ᵉʳ Février
1769.

le tems pendant lequel nous voulions lui accorder la jouissance des 30,000 liv. sur les Postes & Messageries , que nous lui avons accordées par nos Lettres Patentes du 29 Mai 1766, par vous regiftrées. Inftruits en même-tems de l'Arrêt par vous rendu le 7 Mai 1768, lors de l'examen du compte de la Recette générale de Poitiers, pour l'année 1763, nous avons cru néceffaire d'expliquer nos Lettres Patentes du 7 Juillet 1764, enregiftrées en notre Chambre des Comptes le 18 du même mois, & conformément aux difpofitions inférées dans notre Edit de Février 1763, & de nofdites Lettres-Patentes du 7 Juillet 1764, de valider tous les paiemens qui ont été où feront faits aux Economes ou Régiffeurs des Colleges ci-devant deffervis par les Jefuites. A CES CAUSES, & autres à ce nous-mouvant, & de notre certaine fcience, pleine puiffance & autorité royale, nous avons ordonné, & par ces préfentes fignées de notre main, ordonnons, voulons & nous plaît ce qui fuit : (112)

ARTICLE III.

IL ne pourra être prétendu contre les Adminiftrateurs defdits Colleges, aucuns droits feigneuriaux, d'amortiffement ou indemnité, ni de centième denier, ou autres généralement quelconques, auxquels nous avons déclaré & déclarons, en tant que de befoin, ne devoir y avoir lieu, fauf pour les biens dont les droits féodaux étoient acquittés par lefdits Jéfuites, & auxquels il continuera d'être fatisfait par ceux qui leur font fubrogés.

IV.

VOULONS que , conformément à nos Lettres-Patentes du 7 Juillet 1764 (113),

---

(112) *Nota.* Ces Lettres Patentes n'étant prefque que la répétition de celles enregiftrées au Parlement, on n'inférera ici que les Articles particuliers à la Chambre des Comptes , & on fupprimera les autres.

(113) LOUIS , par la grace de Dieu , Roi de France & de Navarre : A nos amés & féaux Confeillers les Gens tenant notre Chambre des Comptes à Paris ; SALUT. Sur ce qui Nous a été repréfenté que l'Adjudicataire de nos Fermes générales , les Receveurs généraux de nos Finances , & autres nos Tréforiers , Receveurs & Payeurs , ne fe croient pas autorifés à payer aux Adminiftrateurs actuels des différens Colleges , fur lefquels il Nous a plu de faire connoître nos intentions depuis le mois de Février 1763 , les objets pour lefquels ces Colleges fe trouvent employés dans les divers états de nos Fermes générales , des recettes générales des Domaines & Bois , & autres ; Nous avons , par Arrêt de notre Confeil du 30 Janvier 1764 , ordonné que l'Adjudicataire de nos Fermes générales , les Receveurs généraux de nos Finances , les Receveurs généraux de nos Domaines & Bois , les Gardes de notre Tréfor Royal , & tous autres Tréforiers , Receveurs & Payeurs , feroient tenus de payer , fur les quittances des Adminiftrateurs actuels defdits Colleges , tous les objets pour lefquels lefdits Colleges fe trouveroient employés dans nos différens états , & généralement toutes les fommes qui peuvent leur appartenir , tant pour le paffé que pour l'avenir ; Nous avons ordonné que fur ledit Arrêt feroient expédiées toutes Lettres néceffaires. A CES CAUSES , de l'avis de notre Confeil , qui a vu ledit Arrêt du 30 Janvier 1764 , dont une expédition eft ci-attachée fous le contre-

regiſtrées en notre Chambre des Comptes le 18 du même mois , & icelles interprétant , en tant que de beſoin , l'Adjudicataire de nos Fermes unies , les Receveurs généraux de nos Finances , les Receveurs généraux de nos Domaines & Bois , les Gardes de notre Tréſor royal , les Payeurs des rentes , & tous autres Tréſoriers , Receveurs & Payeurs , & notamment le ſieur Randon de Maſſanne , Receveur général de la Généralité de Poitiers , ſoient tenus de payer aux Colleges ci-devant deſſervis par les Jéſuites , & notamment à celui de Poitiers , & ce , nonobſtant votre Arrêt du 7 Mai 1768 , intervenu au Jugement du compte de la Recette générale des Finances , rendu par ledit Randon de Maſſanne , pour ladite année 1763 , lequel Arrêt demeurera comme non avenu ; ſavoir , à l'égard de ceux dans leſquels il n'y auroit point encore de Bureau d'Adminiſtration établi , du nombre deſquels eſt le College de Poitiers , ſur la quittance des Economes-Sequeſtres nommés par nos Juges royaux ; & à l'égard de ceux où , en exécution de notre Edit de Février 1763 , il ſe trouve établi un Bureau d'Adminiſtration , ſur la quittance du Receveur prépoſé par ledit Bureau d'Adminiſtration , toutes les ſommes qui peuvent appartenir auxdits Colleges , tant pour le paſſé que pour l'avenir , même celles qui pourroient leur être dues pour le tems auquel leſdits Colleges étoient deſſervis par les Jéſuites , & ce , en conſéquence de nos Lettres Patentes du 21 Novembre 1763 , portant réglement au ſujet des prétentions reſpectives entre les Adminiſtrateurs deſdits Colleges & les Syndics des créanciers de ladite Société , que nous vous avons adreſſées , & ce , ſous quelques titres & dénominations que leſdits Colleges en aient joui , même les dons faits par nous ou nos prédéceſſeurs auxdits Colleges , ou à leurs précédens Adminiſtrateurs , en juſtifiant néanmoins , par leſdits Economes-Sequeſtres , ou par leſdits Receveurs prépoſés , pour la premiere fois ſeulement , de l'acte de leur nomination. Voulons qu'en rapportant par leſdits Tréſoriers & Payeurs , pour une fois ſeulement , expéditions en forme , qui leur ſeront fournies à cet effet par leſdits Economes-Sequeſtres ou Receveurs , deſdits actes de nomination de leur perſonne , leſdites ſommes ſoient paſſées & allouées , tant pour le paſſé que pour l'avenir , dans la dépenſe des états au

ſcel de notre Chancellerie , Nous avons ordonné , & par ces préſentes ſignées de notre main , Nous ordonnons que l'Adjudicataire de nos Fermes générales , les Receveurs généraux de nos Finances , les Receveurs généraux de nos Domaines & Bois , les Gardes de notre Tréſor Royal , les Payeurs des Rentes , & tous autres Tréſoriers , Receveurs & Payeurs , ſeront tenus de payer , ſur les quittances des Adminiſtrateurs actuels deſdits Colleges , tous les objets pour leſquels leſdits Colleges ſe trouveront employés dans nos différens états , & généralement toutes les ſommes qui peuvent leur appartenir , tant pour le paſſé que pour l'avenir : Voulons que les payemens ainſi faits , ſoient alloués dans la dépenſe des états au vrai & comptes deſdits Receveurs , Tréſoriers & Payeurs. SI VOUS MANDONS que ces préſentes vous ayez à faire regiſtrer , & le contenu en icelles garder & obſerver : CAR tel eſt notre plaiſir. DONNÉ à Compiegne le ſeptieme jour de Juillet , l'an de grace mil ſept cent ſoixante-quatre , & de notre regne le quarante-neuvieme. *Signé* LOUIS. *Et plus bas :* Par le Roi , *ſigné* PHELYPEAUX. Et ſcellé du grand ſceau de cire jaune.

Regiſtré en la Chambre des Comptes le 18 Juillet 1764. Signé HENRY.

vrai & comptes defdits Tréforiers, Receveurs & Payeurs, par-tout où il appartiendra, fans difficulté, en vertu des préfentes, validant en tant que befoin eſt ou feroit, les paiemens faits antérieurement à l'enregiſtrement des préfentes, & nous réfervant d'adreſſer à notre Chambre des Comptes les Lettres Patentes particulieres par lefquelles nous réglerons l'adminiſtration du temporel des Colleges dépendans des Univerfités, même celles par lefquelles nous aurions jugé ou jugerions à propos d'apporter quelques changemens aux difpofitions générales de notre Edit du mois de Février 1763, par rapport à l'adminiſtration des Colleges non dépendans des Univerfités, & qui étoient les uns & les autres ci-devant deſſervis par les Jéſuites.

IX.

FAISONS auxdits Bourſiers pleine & entiere remiſe & don de tous droits d'amortiſſement, ou autres qui pourroient nous être dûs, tant à l'occaſion de ladite tranſlation, que pour l'emploi qui pourroit avoir été fait ou être fait des bâtimens appartenans auxdits Colleges.

XX.

LES trente mille livres que nous avons accordées au College de Louis-le-Grand pendant le bail aɕtuel des Poſtes, par les Lettres Patentes du 29 Mai 1766, regiſtrées, en notre Chambre des Comptes le 10 Septembre fuivant, continueront de lui être payées juſqu'au 31 Décembre 1806, & feront remiſes au Grand-Maître temporel dudit College par le Receveur général des Meſſageries, ainſi & de la façon qu'il eſt ordonné par l'article IV defdites Lettres Patentes du 29 Mai 1766 ; & ledit tems paſſé, ladite fomme fera employée au bien de l'inſtruɕtion, & principalement dans le fein de notre Univerfité ; le tout ainſi qu'il fera par nous réglé d'après les mémoires qui nous feront alors préfentés par notre Univerfité.

XXIII.

AU moyen des préfentes, difpenfons les Adminiſtrateurs dudit College de Louis-le-Grand, de la repréfentation de nos Lettres Patentes des 14 Juin & 21 Novembre 1763, 30 Mars & 7 Avril 1764, ordonné vous être faite par votre Arrêt du 20 Août 1768 ; fans vous arrêter au défaut de laquelle repréfentation nous entendons que vous ayez à procéder, s'il y a lieu, à l'enregiſtrement de nos Lettres Patentes du mois de Juin 1768, par nous oɕtroyées auxdits Adminiſtrateurs du College de Louis-le-Grand.

XXV.

DÉROGEONS, en tant que befoin eſt ou feroit, à tous Edits, Déclarations & Lettres Patentes en tout ce qui fe trouveroit contraire à ces préfentes. SI VOUS MANDONS que ces préfentes vous ayez à faire regiſtrer, & le contenu en icelles garder, obferver & exécuter felon leur forme & teneur : CAR tel eſt notre plaiſir. DONNÉ à Verfailles le premier jour du mois de Février, l'an de grace mil fept cent foixante-neuf, & de notre regne le cinquante-quatrieme. *Signé*, LOUIS. *Et plus bas* : Par le Roi, *figné*, PHELYPEAUX. Et ſcellé du grand fceau de cire jaune.

Regiſtrées en la Chambre des Comptes, oüi & ce requérant le Procureur Général du

Roi, pour être exécutées ſelon leur forme & teneur, ſans approbation d'aucunes Lettres Patentes y énoncées, qui n'auroient été regiſtrées en la Chambre, & ſans préjudice des droits & privileges de l'Univerſité, ſi aucuns y a, à la charge par les Adminiſtrateurs dudit College de Louis-le-Grand, de ſe conformer à l'article XIX des préſentes Lettres, concernant les rembourſemens y énoncés, & que les délibérations concernant les emprunts & acquiſitions, ſeront homologuées en la Chambre ſur la Requête du Procureur Général du Roi, & ſans frais, ainſi que celles concernant les aliénations des biens donnés par le Roi & ſes prédéceſſeurs ; comme auſſi à la charge que, ſans préjudice de l'exécution des Déclarations du Roi des 29 Décembre 1674, & 20 Novembre 1725, concernant les déclarations du temporel, qui doivent être fournies en la Chambre par les Eccléſiaſtiques & Gens de mainmorte, le Grand-Maître temporel des Bourſiers du College de Louis-le-Grand & Colleges y réunis, ſera tenu de remettre à la Chambre, dans le délai de deux ans, un état, de lui certifié véritable, de tous les dons & conceſſions faits par le Roi ou ſes prédéceſſeurs à tous leſdits Colleges. Et ſera le Roi très-humblement ſupplié d'adreſſer à ſa Chambre des Comptes, ainſi qu'il a bien voulu le lui promettre par l'article IV des préſentes Lettres Patentes, les Lettres Patentes particulieres, portant réglement pour l'adminiſtration du temporel des Colleges dépendans des Univerſités, même celles qui apporteroient quelques changemens aux diſpoſitions générales portées par ſon Edit du mois de Février 1763, par rapport à l'adminiſtration des Colleges non dépendans des Univerſités, & notamment des Lettres Patentes des 7 Avril & 4 Septembre 1764, concernant les Colleges de la Fleche & de Reims. Le 7 Mars 1769. Signé, MARSOLAN.

CHAPITRE IV.

Arrêts & Réglemens.

DANS ce Chapitre on a réuni tous les Réglemens faits pour les Boursiers, ainsi que ceux que le Bureau a jugé nécessaires pour fixer les fonctions de ses Officiers & autres personnes attachées à l'Administration : on a cru devoir de plus commencer ce Chapitre par un Arrêt de 1766 très-important pour les Bureaux ; du reste, on a, ainsi que dans les précédens Chapitres, ajouté aux pieces qui y sont contenues les notes qui pouvoient servir à l'éclaircissement de certaines dispositions de ces Réglemens.

ARRÊT
du 29 Avril 1768.

Qui fixe le tems pendant lequel la prescription ne peut avoir lieu contre le Bureau d'Administration des Colleges.

VU par la Cour, toutes les Chambres assemblées, la Requête à elle présentée par le Procureur Général du Roi, contenant qu'il est instruit que plusieurs débiteurs des Colleges que desservoient les ci-devant soi-disans Jésuites, prétendant se dispenser de payer les sommes dont ils sont débiteurs, sous prétexte de la prescription, & que pour remplir le tems nécessaire pour établir la prescription, ils emploient tout celui qui s'est passé jusqu'au moment de la demande qui est formée contre eux : que le Procureur Général du Roi croit devoir venir au secours de ces établissemens ; qu'en effet toutes les loix relatives à la prescription ordonnent qu'elle ne peut avoir lieu contre ceux qui ne peuvent pas l'empêcher ; que c'est en partant de ce principe que lorsque les biens sont sous la main de la Justice, le tems qu'ils y restent ne peut être utile pour acquérir la prescription ; que ce moyen milite pour tous les biens des Colleges, à compter du 23 Avril 1762 jusqu'au jour où les Arrêts par lesquels les Colleges ont été envoyés en possession de leurs biens, ont été enregistrés dans les Bailliages royaux dans l'étendue desquels lesdits Colleges sont situés ; qu'en effet pendant tout ce tems ces biens ont été sous la main de la Justice, où ils ont été mis, en exécution de l'Arrêt du 23 Avril 1762, qui a de plus déterminé la faillite de la Société, tellement que par les Lettres Patentes du 3 Juin 1763, vérifiées en la Cour le premier Juillet suivant, le Roi a, par l'article XIV, fixé l'époque de sa faillite audit jour 23 Avril 1762, pourquoi requéroit le Procureur Général du Roi qu'il plût à la Cour ordonner que les Débiteurs des Colleges que desservoient les ci-devant soi-disans Jésuites, ne pourront employer comme tems utile pour acquérir la prescription, le tems qui sera écoulé depuis le 23 Avril 1762 jusqu'au jour où les Arrêts par lesquels la Cour a envoyé les Principal & College en possession des biens qui leur appartenoient, ont été enregistrés dans les Bailliages & Sénéchaussées ; ordonner pareillement que l'Arrêt qui interviendra sur ladite Requête sera imprimé, & que copies collationnées d'icelui seront envoyées à tous les Bureaux d'Administration établis en exécution de l'Edit de Février 1763, dans les Colleges que desservoient les ci-devant soi-disans Jésuites, ainsi qu'au Bureau d'Administration miniftration du Collège de Louis-le-Grand ; ladite Requête fignée du Procureur Général du Roi ; oui le rapport de Me Joseph-Marie Terray, Conseiller, tout confidéré :

LA COUR, toutes les Chambres affemblées, a ordonné & ordonne que les Débiteurs des Colleges que deffervoient les ci-devant foi-difans Jéfuites, ne pourront employer comme tems utile pour acquérir la prefcription, le tems qui fera écoulé depuis le 23 Avril 1762 jufqu'au jour où les Arrêts, par lefquels la Cour a envoyé les Principal & Collège en poffeffion des biens qui leur appartenoient, ont été enregiftrés dans les Bailliages & Sénéchauffées, dans l'étendue defquels lefdits Colléges font fitués : ordonne pareillement que le préfent Arrêt fera imprimé, & que copies collationnées d'icelui feront envoyées à tous les Bureaux d'Adminiftration établis en exécution de l'Edit de Février 1763, dans les Colleges que deffervoient les ci-devant foi-difans Jéfuites, ainfi qu'au Bureau d'Adminiftration du College de Louis-le-Grand. Fait en Parlement, toutes les Chambres affemblées, le 29 Avril 1766. *Signé* DUFRANC (114).

RÉGLEMENT

Pour les THÉOLOGIENS du Collège de Louis-le-Grand (115).

CHAPITRE PREMIER.

Regles générales.

ARTICLE PREMIER.

POUR être admis en qualité de Théologien, il faut être Maître ès Arts actuellement, ou fe mettre en état de le devenir dans les fix premiers mois de la premiere année de Théologie, faute de quoi la Bourfe fera vacante.

Pour les Théologiens.

II.

CEUX qui auront fini leur trois années de Théologie, ne pourront demeurer dans la maifon en qualité de Bourfiers, qu'autant qu'ils y feroient autorifés par leurs fondations & par l'Arrêt de réunion de leurs Colleges (116) ; & dans ce cas-là même, ils feront obligés de paffer Bachelier dans les fix mois fuivans, finon leurs Bourfes feront déclarées vacantes.

III.

CEUX qui voudroient faire leur licence, feront obligés d'entrer dans la plus prochaine, fuivant les Statuts de la Faculté, finon leurs Bourfes feront déclarées vacantes.

---

(114) Cet Arrêt, en exécution de la Délibération du 6 Juin 1766, a été tranfcrit fur le Regiftre & dépofé aux Archives.

(115) Ce Réglement a été dreffé d'après celui du Séminaire Saint Sulpice.

(116) Les Lettres Patentes du 19 Mars 1780 (ci-deffus, Chapitre II), & la Délibération du 2 Août 1781 (ci-après, IIe Partie, Chapitre IX), dérogent & expliquent les Statuts.

I. Partie. R

I V.

TOUS se ressouviendront qu'étant d'un âge plus avancé, & dans des classes plus élevées, ils doivent servir de modele à tout le reste de la maison, par la régularité, la soumission & la piété.

V.

DESTINÉS au service des autels, ils porteront tous l'habit de leur état, qui est l'habit long, non-seulement dans la maison, mais encore dans la Ville.

V I.

CEUX qui demeureront dans la Maison après avoir fini leurs cours d'étude, & même pris le dégré de Bachelier, seront soumis à M. le Principal & à leur Supérieur ou Préfet ; c'est pourquoi ils ne pourront sortir de la maison, pour aller en visite ou même aux exercices de licence, que de l'agrément du Principal ou du Préfet.

V I I.

CEUX qui seront Bacheliers ou Licenciés pourront étudier à part dans leurs Chambres, sans qu'ils puissent, sous ce prétexte, se prétendre exempts de l'inspection & de l'autorité du Principal & du Supérieur, qui auront soin d'entrer dans les chambres de ces Boursiers, d'examiner si tout est en ordre, & de visiter leurs livres.

V I I I.

SI quelqu'un abusoit de la permission d'étudier en particulier, M. le Principal le renverroit dans la salle commune.

I X.

AUCUN Théologien, même Bachelier ou Licencié, n'admettra qui que ce soit dans sa chambre sans permission ; ils recevront leurs visites dans le parloir qui leur est destiné. Cet article est de la plus grande importance.

X.

ILS ne pourront sortir que tous les quinze jours, si ce n'est pour des raisons importantes dont M. le Principal seul pourra juger.

CHAPITRE II.

Des devoirs de Religion.

ARTICLE PREMIER.

CETTE classe de Boursiers, étant destinée à fournir un jour à la religion des Ministres & des défenseurs, doit travailler de bonne heure à se remplir de son esprit, à envisager son objet & à agir par ses grands principes, avec de telles dispositions tous se rendront aux exercices de piété, aux prieres, aux instructions & aux offices avec zele & avec piété : tous regarderont comme précieux les momens qui y sont consacrés.

I I.

DÈS que la priere du matin sonnera, ils se rendront tous sans délai, dans la salle des exercices. A l'heure des offices & inftructions, ils ne traîneront pas pour fe rendre à l'Eglife ; en toutes circonftances ils feront les premiers à tout.

I I I.

ILS feront leurs prieres en commun à voix haute & diftincte, obfervant de faire des paufes dans les endroits où le fens finit, avec cette modeftie qui convient fur-tout à des Eccléfiaftiques.

I V.

LA priere du matin durera une demi-heure, y compris la priere vocale & l'oraifon mentale ; celle du foir durera un quart d'heure. La priere du matin commencera à fix heures, & celle du foir à huit heures trois quarts.

V.

LE quart d'heure qui précede le fouper fera employé à faire une lecture de piété.

V I.

ILS auront tous une Bible ; ceux qui étudieront en commun en réciteront tous les jours fix verfets, pendant le quart d'heure qui précédera la Meffe ; le Maître de conférence leur fera faire auffi l'analyfe d'un chapitre de l'ancien Teftament ; & le Dimanche, ils réciteront au Supérieur ce qu'ils auront appris pendant la femaine précédente ; le Supérieur affignera les Livres de l'Ecriture qu'il faudra apprendre.

V I I.

LES Théologiens fur tout feront chargés de chanter l'office, de porter chape, de faire Diacre, Sous-Diacre, Acolite, Thuriferaire ; le Maître des cérémonies réglera les fonctions de chacun par une lifte qui fera affichée dans la falle des exercices.

V I I I.

APRÈS la récréation du dîner, il y aura une leçon de plain-chant, qui fera donnée par ceux des Bourfiers qui le fauront le mieux. On en formera deux ou trois divifions, à commencer par ceux qui apprendront les premiers élémens.

I X.

ILS feront toujours l'office avec décence, & obferveront dans le chant & les cérémonies les diftinctions convenables à chaque folemnité.

X.

ILS ne pourront fortir de l'Eglife qu'après en avoir obtenu la permiffion du Principal ou du Supérieur.

X I.

ILS approcheront du Tribunal de la Pénitence au moins une fois le mois & les veilles des grandes folemnités.

X I I.

ILS regarderont comme un avantage ineftimable d'approcher de la Sainte-Table ; & ils fe conduiront de maniere à pouvoir y participer fouvent, & fur-tout aux grandes folemnités.

X I I I.

OUTRE la Bible, ils auront les Livres d'Eglife ordinaires & l'Imitation. Il leur eft

défendu, fous les plus grieves peines, d'en avoir qui enfeignent ou qui infinuent l'irré-
ligion, le libertinage, le mépris des autorités que Dieu a établis fur la terre, ou qui
ne feroient pas revêtus du fceau de l'autorité publique ; une regle fûre pour eux, eft de
n'en avoir aucun que de l'avis & du confentement du Supérieur.

CHAPITRE III.

Des Etudes.

ARTICLE PREMIER.

A l'exception de ceux qui auront fini leur *quinquennium*, tous étudieront en commun, & feront préfidés par un des Maîtres de conférence, auquel ils feront tenus
d'obéir & de s'adreffer pour obtenir la permiffion de fortir de la falle pour quelque
caufe que ce foit.

II.

CHAQUE Etude commencera par une priere, pour obtenir les lumieres de l'Efprit-
Saint, & finira par une autre priere en action de grace.

III.

IMMEDIATEMENT après la priere du matin, à laquelle tous les Théologiens, fans
exception, feront obligés d'affifter, on fe mettra à l'étude, dont la premiere partie
fera employée à étudier les fix verfets de l'Ecriture-Sainte ; il ne fera permis de retourner dans les chambres particulieres, qu'à ceux qui, comme on l'a dit ci-devant,
pourront y étudier.

IV.

A fept heures un quart ils iront à la Meffe en filence ; ils en reviendront de même.
Après la Meffe, ils déjeûneront dans le réfectoire & feront en récréation jufqu'à huit
heures un quart ; enfuite à l'étude jufqu'à neuf heures & demie : conférence depuis neuf
heures & demie jufqu'à dix heures & demie ; enfuite étude jufqu'à midi.

V.

LE dîner à midi ; pendant le dîner lecture par un des Théologiens. On fera en filence en allant au réfectoire & pendant le tems du repas.

VI.

APRÈS le dîner récréation jufqu'à une heure & un quart, excepté les jours où il
y aura leçon de plain-chant, à une heure trois quarts, ils partiront pour aller en
claffe.

VII.

IL eft défendu, fous de grieves peines, de s'écarter, foit en allant en claffe, foit en
revenant, foit enfin pendant le tems même de la claffe.

VIII.

ILS écouteront avec refpect les leçons de leurs Profeffeurs, & fe mettront en état de
répondre lorfqu'ils feront interrogés.

I X.

DE retour de la claſſe, ils préſenteront leurs cahiers pour être viſités par le Supérieur ou le Maître.

X.

AU retour de la claſſe, récréation juſqu'à quatre heures trois quarts ; enſuite étude juſqu'à ſept heures ; lecture à ſept heures, comme il a été dit ci-devant.

X I.

CHAQUE année ils verront ou deux ou trois Traités, ſuivant l'étendue de ces Traités. A la fin de chaque Traité, ils ſubiront un examen.

X I I.

PENDANT le cours de leurs trois années de Théologie, on leur mettra entre les mains les Traités principaux, comme la Religion, l'Egliſe, l'Incarnation, la Grace, les Sacremens, tant en général qu'en particulier.

X I I I.

IL y aura les Dimanches conférence de l'Ecriture-Sainte pendant trois quarts d'heure.

X I V.

TOUS les huit jours, ils feront des exercices ſur les Traités qu'ils étudieront ; le Supérieur ou le Maître de conférence nommeront celui qui doit faire l'exercice : on y invitera le plus de monde qu'il ſera poſſible.

X V.

POUR les diſpoſer à la prédication, le Supérieur en choiſira un, & lui aſſignera une matiere à traiter pendant un quart d'heure, ou tout au plus une petite demi-heure ; cet exercice ſe fera immédiatement après l'exercice ſur le Traité de Théologie : on invitera auſſi à ces coups d'eſſai des perſonnes en état d'aider le jeune Orateur de leurs avis.

Additions aux Réglemens précédens.

A R T I C L E P R E M I E R.

TOUS aſſiſteront à l'office en ſurplis, & s'aſſembleront dans la ſalle des exercices pour ſe rendre à la chapelle avec plus d'ordre & d'édification.

I I.

CEUX qui ſeront marqués pour les cérémonies ſe rendront à la chapelle pour y être exercés.

De la Récréation.

A R T I C L E P R E M I E R.

TOUS prendront la récréation en commun : perſonne ne s'en abſentera : on ne la quittera pas ſans permiſſion du Maître de conférence qui y préſidera ; & l'on n'affectera point de s'y trouver toujours avec les mêmes perſonnes.

Pour les Théologiens.

I I.

L'ON prendra le tems de la récréation pour donner son linge à blanchir, ou pour le recevoir; & pour éviter la confusion, on se servira du même blanchisseur autant qu'il sera possible.

I I I.

ON profitera aussi du tems de la récréation pour se faire raser ou se faire couper les cheveux. L'on ne s'adressera qu'aux Perruquiers désignés par le Principal, & qui viendront les jours de la semaine les plus commodes.

De la Promenade.

ARTICLE PREMIER.

TOUS iront à la promenade, à moins qu'ils n'aient obtenu du Principal ou du Supérieur la permission de n'y point aller.

I I.

L'ON ne s'écartera point sous quelque prétexte que ce puisse être.

Du Bréviaire.

ARTICLE PREMIER.

TOUS ceux qui sont obligés au Breviaire le réciteront en commun dans l'endroit qui sera désigné, & personne ne sera dispensé de s'y trouver.

I I.

CEUX qui ne pourront pas y assister en diront la raison à celui qui y préside.

Du Chant.

ARTICLE PREMIER.

CHACUN se rendra à l'heure marquée dans la classe de chant qui lui aura été assignée, & ne pourra y manquer sans permission.

I I.

ON observera exactement tout ce que le Maître de chant prescrira pour l'ordre, la méthode & la maniere de chanter.

I I I.

L'ON ne dispensera du chant que ceux qui seront jugés le savoir assez. Ils auront soin cependant de s'y rendre les Samedis & les veilles de Fêtes, pour se préparer à l'office du lendemain.

Du 29 Mars 1779.

Délibération qui nomme des Commissair. pour faire un Réglement.

SUR ce que MM. les Administrateurs, spécialement chargés du College de Louis-le-Grand, ont dit qu'ils étoient informés que parmi les Boursiers réunis dans ledit College, il s'est passé depuis quelque tems des faits graves qui exigent que l'on fasse des arrangemens relatifs au temporel , propres à remédier aux abus qui réfulteroient defdits faits.

Le Bureau a arrêté unanimement que MM. Fourneau & Girault feroient nommés Commiffaires du Bureau , à l'effet de prendre , de concert avec M. le Principal & MM. les Examinateurs , les moyens les plus prompts & les plus efficaces pour remédier à de pareils abus ; en conféquence , de faire tous les changemens dans les quartiers & dans les corridors , & toutes les dépenfes qui feront jugées néceffaires pour le bon ordre & la bonne difcipline dudit College.

Du 12 Avril 1779.

M. le Principal ayant demandé à entrer , & ayant été introduit , a fait lecture d'un Réglement arrêté par MM. les Examinateurs le 8 du préfent mois d'Avril.

Et M. le Principal retiré ,

Pour les Juriftes, la fûreté & le bon ordre.

Le Bureau a unanimement approuvé & agréé ledit Réglement , & ordonné qu'il fera tranfcrit à la fuite de la délibération de ce jour ; & en conféquence , le Bureau a fupprimé les deux Maîtres de dortoir , & a établi en leur place deux Maîtres furnuméraires aux honoraires de 400 livres chacun , qui feront chargés de remplir dans le College les fonctions qui leur feront indiquées par M. le Principal.

Le Bureau a pareillement ordonné qu'il fera reçu dans le College deux nouveaux domeftiques pour être veilleurs , lefquels feront tenus de veiller alternativement de deux nuits l'une avec un domeftique de quartier qui fera nommé à cet effet par M. le Principal ; & il fera donné au veilleur qui paffera la nuit , ainfi qu'au domeftique chargé de l'accompagner , une bouteille de vin à chacun par nuit.

M. le Grand Maître a été autorifé à faire faire toutes les dépenfes néceffaires pour l'exécution du Réglement de MM. les Examinateurs.

Et au furplus , M. le Principal & MM. les Examinateurs font priés de confidérer avec foin que la fubordination & le maintien de la difcipline font indifpenfables pour le bon ordre dans le College ; & que les Bourfiers qui y manquent , ainfi que ceux qui ne montrent aucune aptitude aux Sciences , ou qui font d'une pareffe que rien ne peut vaincre , doivent être remis à leurs correfpondans , & leurs Bourfes déclarées vacantes.

Et M. le Principal étant rentré , il lui a été fait lecture de la préfente délibération ; & le Secrétaire Archivifte a été chargé de lui en remettre une expédition.

Suit la teneur du Réglement arrêté par MM. les Examinateurs.

Le Jeudi 8 Avril 1779 , à cinq heures du foir , MM. les Examinateurs étant affemblés chez M. le Principal :

Il a été arrêté :

ARTICLE PREMIER.

Que MM. les Bourfiers Juriftes feroient placés dans les nouvelles chambres , au troifieme étage au-deffus des claffes de Rhétorique & de Seconde.

I I.

Qu'il feroit mis des crochets aux portes defdites chambres.

I I I.

Que le corridor feroit fermé par une grille dont M. le Principal & M. le Sous-Principal des Philofophes auroient feuls la clef.

I V.

Qu'il feroit mis des barreaux de fer aux croifées fur les goutieres du côté des Cholets.

V.

Que MM. les Juriftes affifteront régulierement aux prieres du matin & du foir, avec MM. les Phyficiens; & qu'auffi-tôt après ils fe retireront dans leurs chambres pour y étudier les matieres de droit.

V I.

Que MM. les Juriftes fe rendroient affiduement à la Meffe tous les jours, avec MM. les Théologiens.

V I I.

Qu'ils fortiroient du College à l'heure où commencent les claffes de Droits qu'ils doivent fréquenter; & qu'ils rentreroient au College à l'heure où lefdites claffes finiffent; que tous les mois, ou même plus fouvent, fi M. le Principal le juge néceffaire, MM. les Juriftes lui apporteront des certificats d'affiduités & d'application fignés de MM. les Profeffeurs dont ils reçoivent les leçons.

V I I I.

Que dans tout autre tems, MM. les Juriftes ne pourront fortir du College fans une permiffion expreffe de M. le Principal, ou en fon abfence, de M. le Sous-Principal des Philofophes.

I X.

Que le prétexte d'aller travailler chez un Procureur ne feroit admis par M. le Principal qu'après s'être affuré de l'étude où MM. les Juriftes voudroient aller, & que le Procureur juftifieroit l'affiduité & les progrès des Etudians auxquels on accorderoit cette permiffion, laquelle feroit révoquée dès le premier moment où l'on en abuferoit.

X.

Que les autres forties de MM. les Juriftes n'auront lieu que les jours de congé, & feront réglées de la même maniere que pour les autres Bourfiers du College.

X I.

Que les Dimanches & Fêtes, MM. les Juriftes affifteront à tous les Offices de la Chapelle fur un banc particulier qui fera placé dans le voifinage de M. le Principal.

X I I.

Qu'incessamment il fera pris, avec MM. de la Faculté de Droit, les arrangemens convenables pour que MM. les Bourfiers Juriftes ayant dans le College des conférences

férences régulieres pour les diriger dans leurs études & s'affurer de leur application & de leurs progrès (117).

XIII.

QUE les conférences feront faites dans une falle à ce deftinée, où les Etudians ne pourront s'affembler qu'en préfence de celui qui y préfidera, ou en vertu d'une permiffion de M. le Principal.

XIV.

QU'IL fera expreffément défendu à tout Etudiant en droit, ainfi qu'à tous autres Ecoliers du College, de s'arrêter en aucun tems dans les cours, efcaliers ou corridors, & de paffer dans les falles d'études ou dortoirs des autres quartiers, fous quelque prétexte que ce foit, fans une permiffion particuliere de M. le Principal ou d'un de MM. les Sous-Principaux en fon abfence.

XV.

QU'IL feroit recommandé à tous les Maîtres des différens quartiers d'être affidus & exacts, non-feulement dans leurs quartiers, mais auffi à tous les exercices communs de la chapelle, du réfectoire & autres; de maniere que chacun fe trouve par-tout à la tête de fa divifion, pour y veiller & y maintenir l'ordre en toutes les occafions, avec droit de commander indiftinctement à tous Etudians.

XVI.

COMME il peut arriver que quelques Maîtres foient incommodés ou légitimement empêchés, qu'il feroit établi deux Maîtres furnuméraires dans l'ordre des humanités qui remplaceroient les abfens fur l'ordre de M. le Principal, & rempliroient beaucoup d'autres fonctions utiles à la difcipline du College.

XVII.

QU'IL feroit établi deux Veilleurs pour tous les bâtimens du College, afin d'avertir des accidens ou autres dérangemens qui pourroient furvenir pendant la nuit.

XVIII.

QUE les dépenfes relatives à ces différens objets feroient ordonnées par le Bureau d'Adminiftration, ou faites par M. le Grand Maître fous le bon plaifir du Bureau.

LOUIS, par la grace de Dieu, Roi de France & de Navarre: Au premier Huiffier de notre Cour de Parlement, ou autre notre Huiffier fur ce requis. Savoir faifons; Que vu la Requête préfentée à notredite Cour par notre Procureur Général, contenant que notredite Cour a, par fon Arrêt du 18 Janvier 1769, commis les fieurs Riballier, le Beau, Lallemand & Valette le Neveu, à l'effet de rédiger un Projet de Reglement pour les Bourfiers réfidens dans le College de Louis-le-Grand, & conformément à l'état lors actuel dudit College, à l'effet de quoi notre Procureur Général a été auto-

_____

(117) Le Bureau a depuis établi des Maîtres de conférence pour les Juriftes.

I. *Partie.* S

rifé à remettre auxdits Membres de l'Univerfité le Projet dreffé par le Bureau de difcipline; que lefdits Membres de l'Univerfité ont rédigé ce Projet, & l'ont remis à notre Procureur Général, d'eux figné, fous la date du 17 Mai 1769; mais qu'avant que notredite Cour eût procédé à fon homologation, nous, ayant, par nos Lettres Patentes du premier Juillet 1769, vérifiées en notredite Cour le 11 dudit mois, apporté quelque changement à l'état dudit College, notredite Cour, par fon Arrêt du 28 Août 1769, avoit ordonné que lefdits Membres de l'Univerfité feroient, dans ledit Projet, les changemens que néceffitoient les différentes difpofitions de nofdites Lettres Patentes, & que ledit Projet ne concerneroit que les Etudians dans la Faculté des Arts, notre Procureur Général s'étant réfervé expreffément de propofer à notredite Cour de nommer des Membres des Facultés fupérieures, pour rédiger les Réglemens particuliers à chacune defdites Facultés; ce que notredit Procureur Général fe propofe de faire inceffamment; que lefdits Membres de l'Univerfité ont, en exécution dudit Arrêt du 28 Août 1769, remis à notre Procureur Général le Projet de Réglement pour les Etudians de la Faculté des Arts, d'eux figné, fous la date du 22 Novembre 1769; que par l'examen que notre Procureur Général a fait dudit Projet, il n'y a rien trouvé que de capable de maintenir le bon ordre & la difcipline dans ledit College de Louis-le-Grand, & de concourir aux vues que nous nous fommes propofées par la réunion des Bourfiers dans ledit College; qu'en conféquence, il propofera à notredite Cour d'homologuer ledit Réglement, à la charge cependant que les difpofitions relatives aux qualités néceffaires aux Sous-Principaux, Préfets, Maîtres & Sous-Maîtres, n'auront lieu que vacance avenant defdites places, & d'ordonner que l'Arrêt qui interviendra fur ladite Requête, enfemble ledit Réglement, feront imprimés, & par notre Procureur Général adreffés au Tribunal de l'Univerfité, au Bureau d'Adminiftration dudit College de Louis-le-Grand, & aux Principal & Examinateurs des Bourfiers, pour qu'ils aient, chacun en ce qui les concerne, à s'y conformer : Pourquoi requéroit notre Procureur Général qu'il plût à notredite Cour homologuer le Projet de Réglement arrêté par lefdits Riballier, le Beau, Lallemand & Vallette le Neveu, le 22 Novembre 1769, & concernant les Bourfiers de la Faculté des Arts réunis dans le College de Louis-le-Grand, pour être ledit Réglement exécuté fuivant fa forme & teneur; ordonner cependant que les difpofitions dudit Réglement, relatives aux qualités néceffaires aux Sous-Principaux, Préfets, Maîtres & Sous-Maîtres, n'auront leur exécution que vacance avenant defdites places; ordonner au furplus que l'Arrêt à intervenir fur ladite Requête, enfemble ledit Réglement du 22 Novembre 1769, feront imprimés, & qu'il en fera par notre Procureur Général envoyé des copies duement collationnées au Tribunal de l'Univerfité, au Bureau d'Adminiftration du College de Louis-le-Grand, & aux Principal & Examinateurs des Bourfiers réunis dans ledit College, pour qu'ils aient, chacun en ce qui les concerne, à s'y conformer. Ladite Requête fignée de notre Procureur Général.

Enfuit la teneur dudit Réglement.

RÉGLEMENT

Pour les Exercices intérieurs du College de Louis-le-Grand, dreſſé en exécution des Arrêts de Noſſeigneurs de Parlement des 18 Janvier & 28 Août 1769.

TITRE PREMIER.

Des Supérieurs & Maîtres en général.

ARTICLE PREMIER.

Tous les Supérieurs & Maîtres étant inſtitués pour procurer un même bien, ils doivent être animés d'un même eſprit & d'un même zele, & faire regner entre eux la paix & la concorde.

II.

Comme le bien de l'éducation ne conſiſte pas tant à corriger les fautes des jeunes gens, qu'à les prévenir, autant qu'il eſt poſſible, tous les Maîtres ſe feront de leur exactitude & de leur ſurveillance un premier moyen de faire éviter à leurs éleves les fautes que leur négligence pourroit occaſionner.

III.

Un devoir très-important, pour eux, eſt de s'appliquer à connoître le caractere de ceux qui leur ſont confiés, afin de leur inſpirer par leurs inſtructions, & ſur-tout par leurs exemples, l'amour de la vertu & du travail.

IV.

Ils ne borneront pas leurs ſoins à cultiver les talens de leurs éleves, mais ils regarderont comme leur premier devoir de former leurs mœurs, ſur-tout en leur inſpirant les ſentimens de religion & de piété.

V.

Ils n'uſeront de ſévérité qu'après avoir épuiſé tous les autres moyens qui peuvent faire impreſſion ſur une ame honnête & ſenſible.

VI.

Aux ſoins, dont il a été parlé dans les articles précédens, ils ajouteront celui de veiller ſur tout ce qui peut intéreſſer la ſanté des Ecoliers. Dès qu'ils les verront malades ou indiſpoſés, ils en avertiront ſur le champ le Principal, ou en ſon abſence, le Sous-Principal, qui les enverra à l'infirmerie, s'il eſt néceſſaire.

VII.

Le Principal, comme Chef du College, animera tout, veillera à tout, & ſe trouvera par-tout où ſa préſence peut être néceſſaire ou utile. Il aura pour tous & chacun des Maîtres les égards & les ſentimens propres à les encourager. Chacun deſdits Maîtres ſe renfermera particuliérement dans les fonctions qui lui ſont aſſignées, & tous néanmoins concourront, avec le Principal, à maintenir le bon ordre & la difcipline; ils lui porteront l'honneur & le refpect dû au Chef du College, & fe tiendront à fon égard dans une jufte fubordination.

V I I I.

POUR fe foutenir contre les peines & les dégoûts, inévitables dans l'éducation de la jeuneffe, ils confidéreront fouvent l'importance de l'œuvre dont ils font chargés, ils penferont qu'ils en font refponfables, non-feulement à la Société, mais à Dieu même, auteur de toute fcience & de tout bien; & non contens de s'inftruire, par leur propre expérience, dans l'art de former les jeunes gens à la fcience & à la vertu, ils auront recours aux Confeils des Maîtres les plus expérimentés, & auront foin de puifer les principes & les maximes de leur conduite dans l'excellent ouvrage de M. Rollin, fur la maniere d'enfeigner & d'étudier.

TITRE SECOND.

Du Principal.

ARTICLE PREMIER.

LORSQUE le Principal aura été nommé par le Bureau, & que fa nomination aura été confirmée par Arrêt, il fe préfentera à la Cour pour y prêter ferment en qualité de Membre dudit Bureau (118).

I I.

IL communiquera enfuite fa nomination, les Arrêts d'homologation & de preftation de ferment, & les autres pieces qui établiffent fes qualités, aux Recteur & Tribunal de l'Univerfité, à l'effet d'être mis en poffeffion avec les folemnités ufitées, & en prêtant, comme Principal, entre les mains du Recteur, les fermens en tel cas requis.

I I I.

APRÈS avoir pris poffeffion, il fe préfentera au Bureau pour y prendre la féance qui lui eft affignée. Il remettra auparavant les Arrêts d'homologation & de preftation de ferment, ainfi que l'acte de prife de poffeffion, & ces titres, après avoir été lus dans l'affemblée & tranfcrits dans le regiftre par le Secrétaire, lui feront rendus.

I V.

IL pourra, fuivant les circonftances, faire les changemens qu'il jugera néceffaires dans l'ordre des exercices de la journée; mais il ne pourra jamais, de lui-même, faire aucuns Réglemens, ni introduire dans le College aucuns exercices, autres que ceux qui font prefcrits, tant par les ftatuts & ufages de l'Univerfité, que par le préfent Réglement.

(118) La derniere difpofition de cet article, ainfi que le troifieme, ne peut plus avoir lieu d'après les Lettres Patentes du 30 Août 1777, fi ce n'eft pour les Principaux, qui auront des Lettres Patentes pour les admetrre au Bureau, & ce d'après les Lettres Patentes du 19 Mars 1780, (ci-deffus, Chapitre II).

V.

S'IL eftime qu'il y ait lieu de retrancher, d'ajouter, ou de changer quelqu'article du préfent Réglement; il en expofera les raifons au Tribunal de l'Univerfité, pour y être délibéré ce que ledit Tribunal avifera bon être; mais ces délibérations ne feront exécutées, qu'après avoir été homologuées en la Cour.

V I.

IL ne fe laiffera conduire dans le choix qui lui appartient, des Sous-Principaux; Préfets & Sous-Maîtres, par aucune autre vue que celle du bien général du College; & il aura la plus grande attention à ne mettre dans ces places que des perfonnes connues de lui par leur régularité, leur piété & leur fuffifance pour l'inftruction & pour la conduite de la jeuneffe. Il apportera à proportion le même foin dans le choix des domeftiques.

V I I.

LE Principal eft l'ame de tout le College; c'eft par fes impreffions que tous les Membres qui le compofent doivent être mis en mouvement; il doit les éclairer par fes inftructions, les guider par fes avis, les animer & les foutenir par fes exemples. Fidele à obferver les Réglemens, dans tout ce qui le concerne, fon exactitude ne doit laiffer aucune excufe à la négligence des Maîtres qui lui font fubordonnés.

V I I I.

L'OFFICE de Principal a deux rapports: le premier a pour objet l'inftruction publique, dont il eft le Chef; les claffes & tous les exercices claffiques dont il eft l'Infpecteur. Ses devoirs, à cet égard, font réglés par les ftatuts, décrets & ufages de l'Univerfité. Ils confiftent principalement à choifir pour Régens des Maîtres vertueux, favans, & exercés dans l'art d'enfeigner, en fe conformant pour ce choix à ce qui eft prefcrit par le Titre X du Réglement attaché fous le contre-fcel des Lettres Patentes du 10 Août 1766; à maintenir entre les Régens la bonne intelligence & l'union; à veiller à ce que les claffes foient exactement & réguliérement faites; à diftribuer les Ecoliers dans les différentes claffes, de la maniere la plus convenable pour le fuccès des études; à exciter entr'eux l'émulation; à affifter aux thefes & autres exercices publics, &c.

I X.

LE fecond rapport de l'office de Principal a pour objet le gouvernement de l'intérieur du College, c'eft-à-dire, des Maîtres particuliers prépofés à l'éducation de la Jeuneffe & des Ecoliers, foit Penfionnaires, foit Bourfiers, qui la compofent. C'eft à raifon de cette feconde qualité qu'il eft chargé, envers les uns & les autres, de différens devoirs qui vont être détaillés dans les articles fuivans.

X.

POUR maintenir la bonne intelligence & l'union, fi néceffaires dans un College, il doit avoir pour tous les Maîtres les fentimens d'un ami, s'entretenir fouvent avec chacun d'eux de la partie dont il eft chargé, leur marquer de la confiance & des égards;

de forte qu'encouragé par fes difcours, chacun retourne à fes fonctions avec un nou-veau zele.

X I.

IL doit faire enforte que chacun des Maîtres fe renferme dans les bornes de fes fonctions, & ne tente pas d'empiéter fur celles d'un autre. S'il s'éleve entr'eux quelque conteftation, il doit mettre en œuvre tous les moyens de conciliation, que fa prudence lui fuggérera.

X I I.

S'IL arrivoit que quelque Maître s'écartât de fon devoir, il n'omettra rien de ce qui pourroit fervir à l'y ramener, il ne le deftituera pas fans de très fortes & de très folides raifons; & où la deftitution feroit abfolument néceffaire, il prendra toutes les mefures poffibles pour éviter l'éclat.

X I I I.

IL veillera, par lui-même, fur toutes les parties du College, en fe portant, felon fa prudence, dans les différens quartiers, & aux différens exercices.

X I V.

IL regardera comme le premier & le plus effentiel de fes devoirs, d'inftruire par lui-même les Ecoliers des vérités & des maximes de la Religion; il ne fe déchargera fur autrui des inftructions de ce genre, que lorfqu'il ne lui fera pas poffible de les faire par lui-même; & alors il ne fe difpenfera pas d'affifter aux inftructions que feront, à fa place, ceux qui le fuppléeront, afin de s'affurer qu'ils rempliffent cette fonction importante d'une maniere convenable.

X V.

IL veillera, avec la plus grande attention, à ce que les Cathéchifmes foient faits dans les tems marqués, & à la maniere dont ils feront faits. Il examinera lui-même les Ecoliers fur les progrès qu'ils y feront, & s'attachera de préférence à ceux des hautes claffes.

X V I.

IL apportera la plus grande attention à la conduite des jeunes gens, qui feront deftinés à recevoir la Confirmation, & à faire leur premiere Communion. Il ne négligera aucun des moyens propres à perfectionner en eux les fentimens & les difpofitions néceffaires pour recevoir ces Sacremens.

X V I I.

IL affiftera tous les jours à la Meffe, & les Dimanches & Fêtes à l'Office divin avec les Ecoliers; & veillera, tant par lui-même, que par les autres Maîtres, à ce qu'ils y affiftent avec recueillement & refpect.

X V I I I.

IL aura foin d'éloigner du College tout livre qui pourroit bleffer, en quelque maniere que ce foit, la Religion, les bonnes mœurs & le gouvernement. Il n'y laiffera entrer ni tableaux, ni eftampes, ni deffins capables de bleffer la pudeur.

X I X.

S'il lui paroît que quelqu'Ecolier ait befoin de fes avis particuliers, il le fera venir dans fon appartement pour les lui donner. C'eft fur-tout dans fes occafions, qu'il doit leur montrer les fentimens d'une charité vraiment paternelle, afin de gagner leur confiance, & de leur infpirer l'amour de leurs devoirs.

X X.

Il fera de fréquentes vifites dans les différens quartiers du College, fur-tout aux heures des répétitions, tant pour s'affurer de l'exactitude des Maîtres, que pour connoître par lui-même les Ecoliers, leurs caracteres, leurs talens, leurs progrès; & pour exciter une noble émulation par fes avis, fes éloges, & même, de tems en tems, par quelque récompenfe.

X X I.

Il affiftera au réfectoire le plus exactement qu'il lui fera poffible, afin d'y maintenir le bon ordre par fa préfence; & il fe placera à quelqu'une des tables pour y préfider, afin d'empêcher les plaintes mal fondées, en vivant lui-même avec les Ecoliers, & ne prenant point d'autres alimens que ceux qui leur font fervis.

X X I I.

S'il arrivoit qu'il manquât quelque chofe à la nourriture, foit pour la qualité, foit pour la maniere de l'apprêter, il prendra fur le champ les mefures convenables pour faire ceffer cet inconvénient; il pourra même faire, à ce fujet, des repréfentations au Bureau.

X X I I I.

Il vifitera fouvent ceux qui feront dans les Infirmeries, & indépendamment des confolations qu'il portera dans leur ame, il fera attentif à ce qu'il ne leur manque aucune des chofes qui peuvent leur être néceffaires, foit en avertiffant le Médecin, foit en prenant les précautions indiquées dans l'article précédent.

X X I V.

Lorsque le Principal fera obligé de s'abfenter pour quelque-tems du College, ou lorfqu'il fera malade, il pourra commettre celui des Sous-Principaux ou Préfets qu'il jugera à propos de choifir, pour le remplacer dans fes fonctions, à l'exception néanmoins de la féance au Bureau, ainfi que de l'admiffion & du renvoi des Bourfiers, qui fe feront alors par les feuls Examinateurs.

X X V.

Si le Principal jugeoit à propos de quitter fa place, il fera tenu de remettre fa démiffion, par écrit, au Bureau; lequel, après l'avoir acceptée, s'il y a lieu, nommera l'un des Maîtres actuellement employés dans le College, pour remplir, fous les réferves portées dans l'article précédent, les fonctions de Principal, jufqu'à ce que le Succeffeur ait été nommé & inftallé.

X X V I.

Si la place du Principal devient vacante par mort, le plus ancien des Sous-Principaux fera à l'inftant chargé, de droit, d'en remplir les fonctions, fous les réferves portées par l'article XXIV. Pourra cependant le Bureau, à sa premiere assemblée, soit ordinaire, soit extraordinaire, même en tems de vacance, nommer pour remplir lesdites fonctions, un autre Maître, s'il le juge nécessaire.

TITRE TROISIEME.

Des Sous-Principaux.

ARTICLE PREMIER.

LES deux Sous-Principaux seront, au moins, Maîtres-ès-Arts en l'Université de Paris; ils seront nommés par le Principal, & choisis, *de préférence*, *parmi les Aggrégés à la Faculté des Arts*, l'un dans le premier, & l'autre dans le second ou le troisieme Ordre. Dans ce choix, le Principal aura égard à ceux qui auront été élevés dans le College, *surtout aux Boursiers, pourvu qu'ils aient d'ailleurs les qualités nécessaires*, pour bien remplir une place aussi importante.

I I.

LE Principal aura le droit de renvoyer lesdits Sous-Principaux, lorsqu'il le jugera à propos; ce qu'il ne fera cependant que pour des raisons très fortes, & avec toutes les précautions que la prudence exige.

I I I.

L'OFFICE des Sous-Principaux étant, en général, de représenter & de suppléer le Principal, dans les détails du Gouvernement du College; chaque Sous-Principal doit faire, dans le district dont il est chargé, ce que le Principal y feroit lui-même; mais néanmoins avec subordination, en réservant à la décision & à l'autorité du Principal, les difficultés qui se rencontreront, & généralement tout ce qui peut tirer à conséquence.

I V.

LES Sous-Principaux seront les premiers à tous les exercices, où leur ministere les appelle. Ils veilleront, avec la plus grande exactitude, à la manutention du bon ordre & de la discipline, & à ce que chacun, Maître ou Ecolier, soit ponctuellement à son devoir. Pour cet effet ils visiteront tous les jours, plusieurs fois, s'il est nécessaire, les parties du College, soumises à leur inspection; dortoirs, chambres, salles d'étude & de conférence; en un mot, leur vigilance doit tenir par-tout la regle en vigueur.

V.

ILS assisteront aux Prieres du matin & à celles du soir, tantôt dans une salle, & tantôt dans une autre. Dans la Chapelle, chaque Sous-Principal veillera sur les Ecoliers, qui lui sont spécialement confiés; il aura soin qu'ils s'y comportent d'une maniere décente & respectueuse, & que chacun ait à la main, pendant la Messe & les Offices, un livre propre à fixer son attention, & à lui inspirer les sentimens dont il doit être pénétré; & que, pendant les instructions, ils se tiennent décemment assis, & gardent le plus profond silence.

V I.

ILS présideront dans les Réfectoires, en l'absence du Principal; ils y feront les prieres
ordinaires ,

ordinaires, nommeront & dirigeront le Lecteur, donneront la permiffion de fortir, &
y maintiendront le bon ordre & le filence.

V I I.

Ils feront dans les cours pour contenir les Ecoliers; 1°. pendant les récréations;
2°. pendant le quart-d'heure qui précede la Claffe, & jufqu'à ce que tous les Ecoliers
foient entrés; 3°. au fortir de Claffe, jufqu'à ce que tous les Ecoliers foient retirés.
Pendant les récréations, il y aura dans chaque cour deux Domeftiques, nommés par le
Principal, & qui feront aux ordres de chacun des Sous-Principaux.

V I I I.

Lorsqu'ils s'appercevront que quelqu'un des Ecoliers de leur divifion eft malade
ou incommodé, ils auront foin de l'interroger avec bonté, de lui faire donner les fecours
convenables dans le moment, & s'il en eft befoin, de l'envoyer, ou de le faire envoyer
par le Principal, à l'Infirmerie. Ils le vifiteront pendant le tems qu'il y reftera, & lui
donneront des marques d'affection capables de gagner fon amitié & fa confiance.

I X.

Ils s'appliqueront à connoître chaque Ecolier, par eux-mêmes, afin d'exciter les
uns, d'encourager les autres, & de placer toujours à propos les avis & les éloges qu'ils
donneront. Non contens des obfervations qu'ils pourront faire, ils conféreront fréquemment avec chaque Maître de Quartier, & s'informeront, exactement & en détail, du
caractere, de la conduite, des talens & des progrès de chacun des Ecoliers.

X.

Un des points les plus effentiels de leur devoir, c'eft de rendre, tous les jours, &
plus fouvent, s'il eft néceffaire, au Principal, un compte exact de ce qu'ils auront fait
ou remarqué, de la maniere dont ils fe feront conduits dans certains momens critiques,
& de concerter avec lui, les moyens les plus propres à réprimer les abus, maintenir la
regle & le bon ordre, & faire fleurir les Etudes.

X I.

Chaque Sous-Principal fe concertera pareillement avec le Préfet attaché à la même
divifion, afin qu'ils ne fe trouvent jamais en oppofition l'un avec l'autre, & qu'au contraire, ils partagent tellement la vigilance, que tous les Sous-Maîtres & Ecoliers foient,
en tout tems, contenus dans leur devoir, par l'infpection de l'un ou de l'autre. D'ailleurs
en cas d'abfence ou de maladie du Préfet, le Sous-Principal de la même divifion, fera
chargé de le fuppléer.

X I I.

Les Sous-Principaux, étant chargés de veiller à l'exécution de tous les points du
préfent Réglement, ils fe feront une étude particuliere, d'en apprendre parfaitement
toutes les difpofitions, & d'en bien pénétrer l'efprit; afin de pouvoir varier, fuivant
les circonftances, l'ufage de leur autorité, & fe tenir toujours dans un jufte milieu,
entre l'excès de la févérité, & la foibleffe du relâchement.

I. Partie.   T

TITRE QUATRIEME.

Des Préfets.

ARTICLE PREMIER.

IL y aura dans le College deux Préfets, l'un pour les Etudians en Philofophie, l'autre pour les Etudians en Rhétorique, & dans les Claffes inférieures. *Ils feront choifis, l'un & l'autre,* parmi les Aggrégés, l'un dans le premier, & l'autre dans le fecond ou le troifieme Ordre.

I I.

CE qui eft prefcrit par les articles premier & fecond du titre précédent, fur la nomination & deftitution des Sous-Principaux, fera pareillement obfervé pour la nomination & deftitution des Préfets.

I I I.

L'OFFICE des Préfets confiftant proprement à fuppléer le Principal dans le détail des inftructions, & dans quelques parties du gouvernement; ils feront chargés, 1°. de faire le catéchifme aux Ecoliers des hautes claffes; 2°. de donner des inftructions particulieres aux jeunes gens qui fe préparent à recevoir la Confirmation, ou à faire leur premiere Communion; 3°. de faire, dans la chapelle, *des prônes ou inftructions fimples & familieres fur la religion,* lorfque le Principal jugera à propos de les en charger.

I V.

LE Préfet des hautes claffes fe rendra fréquemment aux conférences des Philofophes, non-feulement pour y maintenir le bon ordre, mais pour y exciter & entretenir l'émulation & diriger les Etudes. Il affiftera réguliérement aux examens qu'ils doivent fubir deux fois chaque année, & les interrogera lorfqu'il en fera befoin.

V.

LE Préfet des claffes d'Humanités & de Grammaire, affiftera fucceffivement aux exercices, répétitions & corrections de devoirs, dans les différens quartiers. Quelquefois il fe bornera à être témoin de la maniere dont les Sous-Maîtres inftruifent; d'autres fois il prendra la parole pour inftruire lui-même, fur-tout lorfqu'il le croira néceffaire ou utile pour l'avancement des Ecoliers. Il donnera les avis convenables, pour exciter & entretenir l'émulation, & aura toujours toute l'attention poffible, pour ne porter aucune atteinte à l'autorité des Sous-Maîtres.

V I.

CHAQUE Préfet doit, dans la divifion à laquelle il eft attaché, partager la vigilance & les foins du Sous-Principal, & veiller avec lui à la manutention de la difcipline & du bon ordre, dans les dortoirs, les falles d'étude, & de conférences, à la Chapelle, & dans toutes les autres parties du College.

V I I.

CHAQUE femaine, & plus fouvent s'il en eft befoin, les Préfets rendront compte au Principal de ce qu'ils auront fait & obfervé, foit par rapport au gouvernement, foit par rapport aux études. Ils l'inftruiront, particuliérement & en détail, de la conduite & de la capacité des Sous-Maîtres, de l'application & de la pareffe des Ecoliers, de leurs difpofitions plus ou moins favorables, &c. Ils prendront fes avis, & concerteront avec lui, les moyens les plus propres pour procurer, autant qu'il eft poffible, le bien & l'avancement des Etudes.

V I I I.

ILS feront chargés alternativement, de mois en mois, d'avoir une infpection particuliere fur les Infirmeries, & de les vifiter au moins deux fois chaque jour, tant pour confoler les malades & ne les laiffer manquer d'aucun des fecours néceffaires, que pour contenir dans le bon ordre ceux qui font en convalefcence, leur donner quelques inftructions, & leur prefcrire quelque lecture ou quelque partie de travail, dont ils leur feront rendre compte : en obfervant néanmoins de prendre l'avis du Médecin, pour ne rien exiger d'eux, qui puiffe porter le plus léger préjudice au parfait rétabliffement de leur fanté (119).

I X.

EN l'abfence du Principal, ils feront chargés de répondre aux Parens qui viendront s'informer de leurs enfans.

X.

LES jours de promenades, chaque Préfet indiquera aux Sous-Maîtres de fa divifion, le promenoir où ils doivent fe rendre, & il aura l'attention de le choifir dans une diftance proportionnée à l'âge & à la force des Ecoliers; il s'y rendra lui-même ordinairement, afin de contenir, par fa préfence, & les Maîtres & les Ecoliers, d'empêcher les abus, que la liberté ne fait naître que trop fouvent, parmi une jeuneffe vive & pétulante, & de rendre au Principal un compte exact de ce qui fe fera paffé.

X I.

CHAQUE Préfet fe concertera, avec le Sous-Principal attaché à la même divifion, comme il eft expliqué à l'article onzieme du titre précédent : & en cas d'abfence ou de maladie dudit Sous-Principal, il fera chargé d'en remplir toutes les fonctions.

X I I.

SI quelqu'un des Sous-Maîtres vient à tomber malade, le Préfet le remplacera fur le champ dans fon Quartier, jufqu'à ce que le Principal y ait pourvu d'une autre maniere (120).

TITRE CINQUIEME.

Des Sous-Maîtres.

ARTICLE PREMIER.

LES Sous-Maîtres feront tous à la nomination du Principal, qui les choifira, *autant*

---

(119) Par Délibération du 2 Août 1781, en faifant un Réglement pour l'Infirmerie, il a été en outre établi un Maître réfident dans l'Infirmerie. *Voyez* ce Régl. dans cette Iere Part. ci-après, Chap. XII.

(120) Par Délibération du 12 Avril 1779, ci-deffus page 135, il a été établi, pour ce fujet, deux Maîtres furnuméraires.

qu'il fera poffible, parmi les Eleves du College, & d'une maniere convenable pour les claffes auxquelles ils doivent être prépofés ; *il préférera les Aggrégés à la Faculté des Arts ,* fuivant les différens ordres correfpondans auxdites claffes.

I I.

CE qui eft prefcrit par les Articles premier & fecond du Titre troifieme, fur la nomination & deftitution des Sous-Principaux, fera pareillement obfervé pour la nomination & deftitution des Sous-Maîtres.

I I I.

COMME la recette & la dépenfe du Penfionnat regarde le Bureau d'Adminiftration, ce Bureau aura droit de régler chaque année, fur le rapport, foit du Principal, foit de quelqu'un des Adminiftrateurs fpécialement chargés du College de Louis-le-Grand, le nombre des Quartiers & celui des Sous-Maîtres.

I V.

LES Sous-Maîtres étant chargés immédiatement de tout ce qui concerne l'éducation des Ecoliers qui leur font confiés ; ils ne doivent pas fe regarder comme des Inftituteurs uniquement deftinés à prendre foin des Etudes, mais comme des hommes choifis pour maintenir, autant par leurs exemples que par leurs paroles, le bon ordre de la Maifon, & pour y faire régner, avec l'amour de l'étude, l'innocence des mœurs, la religion & la piété.

V.

ILS s'appliqueront à bien connoître les Ecoliers qu'ils feront chargés de conduire, & à gagner leur confiance par des manieres douces & honnêtes, fans néanmoins fe livrer à des familiarités qui ne manqueroient pas de faire tort à leur autorité.

V I.

ILS éviteront également, même dans leur extérieur, & une gravité trop auftere, & une bonté trop indulgente ; leurs réprimandes, leurs corrections même, feront accompagnées de quelques traits qui en temperent l'amertume, empêchent les Ecoliers de fe livrer au découragement, & faffent naître en eux le defir de mieux faire.

V I I.

AVANT que d'employer les corrections humiliantes, ils s'efforceront de ramener les jeunes gens à leur devoir, & pour les gagner, ils employeront les démonftrations de l'amitié, les avis particuliers, les menaces même, & enfin tout ce qui peut faire impreffion fur des cœurs fenfibles. Si, malgré ces précautions, il leur paroît néceffaire d'employer les peines afflictives, ils ne prendront point fur eux de les infliger, ni de les faire infliger ; mais ils auront recours à l'autorité du Principal, ou à celle du Sous-Principal, ou du Préfet de leur divifion.

V I I I.

SI quelque Ecolier fe révolte contr'eux, pour le réprimer, ils n'employeront pas la violence ; mais ils auront recours à l'autorité du Principal. Ils n'uferont même jamais de paroles trop dures & offenfantes, & fe garderont bien de maltraiter ou frapper les Ecoliers pour quelque caufe que ce foit.

I X.

S'ILS découvrent quelque vice capital, après s'en être bien affurés, ils en rendront compte fur le champ au Principal feul, &, en fon abfence, à celui qui remplira fes fonctions. S'il n'y avoit que des foupçons, mais qui paruffent graves & bien fondés, ils en informeroient pareillement le Principal, ou celui qui en rempliroit les fonctions, & fe conduiroient de la maniere qu'il jugeroit à propos de leur prefcrire.

X.

CHAQUE Sous-Maître vifitera fouvent les livres, dont fes Ecoliers feront ufage; il retirera ceux qui feroient dangereux, pour les mœurs, ou pour la religion, & ne leur laiffera pas même ceux qui feroient fimplement inutiles, & qui pourroient leur donner le goût de la frivolité. Il empêchera qu'ils ne s'en prêtent les uns aux autres, fans fon confentement.

X I.

LES Sous-Maîtres feront levés à l'heure du réveil des Ecoliers, & leur feront obferver le filence pendant qu'ils s'habilleront. Ils auront foin auffi que leurs Ecoliers fe couchent à l'heure marquée par la régle, &, qu'en fe couchant, ils gardent pareillement le filence. Ils ne fe coucheront eux-mêmes, qu'après s'être affurés que chaque Ecolier eft dans fon lit.

X I I.

ILS feront les premiers à tous les exercices, & ne pourront jamais s'en abfenter, qu'après avoir prévenu le Principal, & obtenu fon agrément; furtout ils ne fe difpenferont jamais d'affifter, avec les Ecoliers, aux prieres, à la meffe, à l'office divin, aux inftructions; & ils auront foin qu'ils s'y comportent avec la modeftie, le refpect & l'attention dus à de fi faints exercices. Ils feront les cathéchifmes, dont le Principal jugera à propos de les charger.

X I I I.

ILS ne fe borneront pas à veiller fur les Ecoliers, dans le quartier auquel ils font prépofés; ils auront encore foin qu'ils fe comportent décemment lorfqu'ils en fortent, & ne les perdront pas de vue, qu'ils ne foient fous les yeux d'autres Maîtres. Lorfque les écoliers reviendront, après les exercices communs, les Sous-Maîtres fe tiendront à portée de les voir & de les contenir, fur-tout dans les efcaliers & dans les corridors. De plus, il y en aura toujours deux, nommés par le Principal, lefquels, conjointetement avec le Sous-Principal & fous fes ordres, veilleront les Ecoliers pendant les récréations qui fe prennent dans les cours.

X I V.

LES Sous-Maîtres d'humanités exigeront de leurs Ecoliers, 1°. qu'ils faffent le devoir donné par les Profeffeurs; 2°. qu'ils en remettent la copie; 3°. qu'ils en faffent la lecture, pour être corrigés; 4°. qu'ils apprennent & récitent leurs leçons; 5°. qu'ils préparent l'explication de leurs Auteurs. Quant à ceux de Philofophie, ils auront foin que leurs Ecoliers étudient & fçachent les cahiers de leurs Profeffenrs, & profitent des conférences qui leur font faites.

X V.

Un moyen très-propre pour encourager leurs Ecoliers au travail, eſt de leur en donner l'exemple, & de leur inſpirer de l'eſtime pour ce qu'ils leur enſeignent, en travaillant eux-mêmes pendant le tems des études ; ſans préjudicier néanmoins à la vigilance, qu'ils doivent avoir ſur l'application de leurs éléves.

X V I.

Les jours de congés, de dimanches & de fêtes, ils auront l'attention de ménager ſur le tems d'étude, au moins une demi-heure, pour donner à leurs Ecoliers des leçons élémentaires de Géographie & d'Hiſtoire. Ils commenceront par l'Hiſtoire ſainte, & paſſeront enſuite à l'Hiſtoire profane, dans l'ordre ſuivi par M. Rollin. Ils ſe conformeront pour le tems de ces leçons, & ſur la maniere de les donner, à ce qui leur ſera preſcrit par le Principal.

X V I I.

Quoique l'on ſoit naturellement porté à donner des ſoins particuliers aux Ecoliers qui ont des diſpoſitions plus heureuſes pour réuſſir dans les études, ils ſe ſouviendront néanmoins qu'ils ſe doivent à tous ; que ceux en qui ils remarqueront moins de diſpoſitions, n'en ont qu'un plus grand beſoin de leurs ſecours, & que ſouvent il eſt arrivé que des eſprits tardifs, cultivés par des mains habiles & patientes, ſont devenus des hommes précieux à la République.

X V I I I,

Ils s'appliqueront à inſpirer aux Ecoliers le ton de politeſſe, ſi rare parmi les jeunes gens, & néanmoins ſi propre à les faire eſtimer. Ce n'eſt qu'inſenſiblement que la jeuneſſe l'acquiert, & la meilleure leçon, dans ce genre, eſt l'exemple.

X I X.

Soit dans les ſalles, ſoit dans les promenades, ils ne ſouffriront aucun jeu dangereux ou indécent ; ils interdiront abſolument les jeux de cartes, & ne ſouffriront pas qu'à des jeux même permis on joue de l'argent.

X X.

Avant de partir pour la promenade, ils auront ſoin de demander au Préfet quel eſt le promenoir où il juge à propos qu'ils conduiſent leurs Ecoliers.

X X I.

Ils auront ſoin que les Ecoliers de province écrivent de tems en tems à leurs parens, & les obligeront même de répondre aux lettres qu'ils en auront reçues ; ils leur aſſigneront un tems convenable pour ſatisfaire à ce devoir.

X X I I.

Dès qu'ils appercevront que quelqu'un de leurs Ecoliers eſt malade, ou incommodé, ils en avertiront auſſi-tôt le Principal ou le Sous-Principal ; ils viſiteront, le plus ſouvent qu'il leur ſera poſſible, ceux qui ſeront à l'infirmerie.

X X I I I.

Ils veilleront à ce que les domeſtiques s'acquittent exactement de leurs ſervices ; Ils ne ſouffriront pas qu'ils aient des entretiens avec les Ecoliers, ni qu'ils leur parlent d'une maniere groffiere & indécente. Si quelque domeftique ne tient pas compte des avis qu'ils lui donneront fur fes devoirs, ils en informeront le Principal pour qu'il y mette ordre.

XXIV.

En général, les Sous-Maîtres fe conformeront aux principes de conduite qui leur feront donnés par le Principal, & ils regarderont comme un devoir indifpenfable d'obferver eux-mêmes, & de faire obferver par leurs Ecoliers, avec la plus grande exactitude, tous les points du préfent Réglement.

TITRE SIXIEME.

Des Bourfiers & Penfionnaires.

ARTICLE PREMIER.

Le College étant deftiné, par la bienveillance du Roi, à loger les Bourfiers ci-devant répandus dans les Colleges de non plein exercice, afin d'y recevoir une éducation folide & chrétienne, qui puiffe les rendre utiles à l'Etat & à la Religion, les Sujets nommés par ceux à qui le droit en appartient, à quelqu'une des Bourfes des Colleges réunis; deftinées aux Etudians de la Faculté des Arts, feront tenus de s'y rendre pour jouir de la Bourfe à laquelle chacun d'eux aura été nommé.

II.

En arrivant au College, ils s'adrefferont au Principal, & lui préfenteront leurs provifions ou lettres de nomination, leur extrait de baptême, & les certificats de vie & mœurs : toutes ces pieces feront communiquées par le Principal aux Examinateurs, pour vérifier fi elles font en regle.

III.

Quant aux provifions ou lettres de nomination, il fera vérifié, 1°. fi elles font conformes au modele donné par le Roi; 2°. fi elles font fignées de ceux auxquels le droit de nommer appartient.

IV.

Les Bourfiers nommés par le Bureau, ne feront tenus de préfenter d'autre titre que la Délibération qui les nomme; & ceux du College de Beauvais feront reçus fuivant l'ancien ufage, en vertu d'un Arrêt du Parlement, qui admettra la nomination faite par l'Abbé de Saint Jean des Vignes. Il fera accordé, pour remettre ledit Arrêt, un délai jufqu'au 1er Décembre, à ceux defdits Bourfiers qui fe préfenteront au commencement de l'année claffique.

V.

Quant à l'extrait baptiftaire, il fera vérifié, 1°. fi le Sujet qui fe préfente a l'âge prefcrit par la loi pour être admis en qualité de Bourfier; 2°. s'il eft né dans les pays déterminés par la fondation. Ne pourront les Principal & Examinateurs s'écarter de ce Réglement fous aucun prétexte, même fous celui d'incorporation d'un Sujet dans le diocefe, en faveur duquel la bourfe auroit été fondée.

V I.

Sɪ le Principal & les Examinateurs trouvent en regle toutes les pieces préfentées par le Candidat, il fera par eux admis à l'examen, au jour & à l'heure qui lui feront marqués par le Principal.

V I I.

Dans cet examen, fi, au jugement du Principal & des quatre Examinateurs, il étoit reconnu que le jeune Candidat n'a pas les difpofitions abfolument néceffaires pour faire fes études d'une maniere utile, ou qu'il n'eft pas encore en état de prendre les leçons dans aucune des claffes du College, il ne fera point admis; mais s'il fait preuve de difpofitions & de capacité fuffifantes, il fera admis, non encore comme Bourfier, mais feulement comme Afpirant, pendant le tems fixé pour les épreuves, c'eft-à-dire, pendant une année. (121)

V I I I.

Lorsque le Candidat aura été admis au tems de probation, le Principal lui en donnera un certificat, que ledit Candidat portera au Grand-Maître temporel, lequel exigera la foumiffion du Correfpondant, par écrit, fur un regiftre deftiné à cet ufage, & le paiement des droits, fi aucuns font dûs (122); enfuite le Grand-Maître remettra au Candidat, 1°. un billet ou mandat à l'économe de lui donner un couvert, & même de lui fournir un lit; 2°. un certificat portant que le Correfpondant a fait fa foumiffion par écrit, & que tous les droits ont été acquittés : ce certificat fera remis au Principal, lequel, en conféquence, affignera place au Candidat dans l'un des quartiers du College.

I X.

Jusqu'a ce que le Roi ait fait connoître plus particuliérement fes intentions fur les Bourfiers qui fe deftinent au concours; la Cour eft fuppliée d'ordonner que ceux qui fe propoferont de concourir pour le fecond ou le troifieme Ordre, ne pourront être choifis que parmi les Etudians qui auront été nommés confécutivement dans les claffes de Seconde & Rhétorique, à la diftribution générale des prix de l'Univerfité, ou qui, dans cette derniere claffe, auront été nommés en plufieurs Facultés (123).

X.

A la premiere affemblée du Bureau d'Adminiftration, le Principal préfentera un état des nouveaux Bourfiers qui auront été admis, où il marquera leurs noms de baptême & de famille, leur diocefe, leur âge, le College auquel ils appartiennent, le nom de leur Nominateur, & celui des Bourfiers auquel ils fuccedent; à mefure qu'il les nommera, il remettra au Secrétaire, 1°. leurs actes de nomination, 2°. l'extrait de la délibération prife par les Examinateurs, 3°. le certificat donné par le Grand-Maître temporel, & ces pieces feront dépofées dans les Archives.

---

(121) Les Lettres Patentes du 19 Mars 1780 accordent deux années d'épreuve.

(122) Il n'en eft dû aucuns.

(123) Le Roi, par les Lettres Patentes du 19 Mars 1780, a ftatué fur cet objet. *Voyez* ci-deffus Chapitre II.

XI.

X I.

PENDANT l'année de probation (124), le Bourfier jouira des fruits de la bourfe à laquelle il aura été nommé ; & fi, durant cet intervalle, il foutient les efpérances qu'il a données, il fera admis définitivement, & mis en pleine poffeffion de fa bourfe ; mais s'il paroît abfolument incapable d'inftruction, ou fi l'on découvre en lui quelque défaut capital, le Principal en conférera avec les quatre Examinateurs, &, à la pluralité des voix, il fera décidé s'il y a lieu à le renvoyer du College : ce qui cependant ne fera exécuté qu'en prenant toutes les précautions convenables, & que la prudence exige.

X I I.

LES Bourfiers admis définitivement, dans la forme prefcrite par l'article précédent, ne pourront être renvoyés que pour des caufes graves, & autant qu'ils feroient incorrigibles. Les délibérations pour les deftituer de leurs bourfes, feront prifes par le Principal & les quatre Examinateurs, à la pluralité des deux tiers des voix, fauf & fans préjudice de l'appel au tribunal du Recteur, foit par lefdits Bourfiers, foit par leurs parens ayant charge de leur conduite, ou par leurs correfpondans. (125)

X I I I.

LES Bourfiers ne pourront donner la démiffion de leurs bourfes, fans le confentement par écrit de leurs parens.

X I V.

DÈS leur entrée dans la Maifon, & pendant tout le tems qu'ils y demeureront, les Bourfiers doivent la confidérer comme un afyle qui leur a été préparé par la Providence, par la bonté bienfaifante du Roi, par la piété des premiers Fondateurs, & par la fageffe des Magiftrats, pour y recevoir une éducation honnête & chrétienne ; ils ne laifferont paffer aucun jour fans remercier Dieu d'un fi grand bienfait, & fans lui adreffer leurs prieres pour les Fondateurs & Bienfaicteurs auxquels il en font redevables (126).

X V.

ILS auront pour leurs Supérieurs & Maîtres l'obéiffance & le refpect qu'un fils doit avoir pour fon pere ; ils s'efforceront de profiter de leurs inftructions, & de mériter leur bienveillance & leur amitié, par la régularité de leur conduite, leur docilité & leur application à remplir fidellement tous leurs devoirs.

X V I.

ILS éviteront entr'eux toute rixe & conteftation ; s'ils ont quelques différends, ils s'en rapporteront à la prudence & à la décifion de leurs Maîtres. Ils fe regarderont tous comme freres & enfans d'une même famille. La charité fraternelle doit produire entre

(124) C'eft-à-dire, pendant les *deux* années.

(125) Voyez ci-après le Réglement autorifé par l'Arrêt du 6 Mars 1781, qui explique cet article.

(126) Voyez ci-après dans le Chap. XIV de cette Iere Partie, la Délibération qui ordonne de dreffer des Nécrologes pour chaque College, qui feront imprimés dans la IIe Partie.

I. Partie. V

eux la paix, la politeſſe, les prévenances réciproques, & une émulation louable pour la vertu & pour les ſciences.

X V I I.

Jusqu'a ce que le nombre des Bourſiers ſuffiſe pour remplir le College, on pourra y admettre des Penſionnaires, leſquels feront nourris & inſtruits de la même maniere que les Bourſiers, ſoumis aux mêmes Maîtres, à la même regle & aux mêmes exercices.

X V I I I.

Les Penſionnaires dont les parens demeurent en province, auront un Correſpondant à Paris, lequel s'obligera de la même maniere que les Correſpondans pour les Bourſiers.

X I X.

Le Principal n'admettra aucun Penſionnaire que ſur le certificat du Grand-Maître temporel que l'obligation du Correſpondant lui a été remiſe, & que le premier quartier de la penſion & les autres droits ont été payés. Il ſera rendu compte au Bureau de l'entrée des Penſionnaires, de la maniere expliquée ci-deſſus, article V, pour l'admiſſion des nouveaux Bourſiers.

T I T R E   S E P T I E M E.

De l'Econome & des Domeſtiques.

A R T I C L E   P R E M I E R.

La nomination & deſtitution de l'Econome appartiendra au Bureau d'Adminiſtration.

I I.

Le Penſionnat étant à la charge du Bureau d'Adminiſtration, les domeſtiques immédiatement chargés de la dépenſe ſous les ordres de l'Econome, tels que le Cuiſinier & les Garçons de cuiſine, le Sommelier ou Dépenſier, le Geindre ou Boulanger, feront nommés par ledit Bureau, qui aura auſſi le droit de les renvoyer.

I I I.

L'Econome veillera, avec la plus grande attention, à ce que les domeſtiques nommés dans l'article précédent, n'aient aucune communication avec les Penſionnaires & Bourſiers.

I V.

Si le Principal a quelque ſujet de ſe plaindre des mœurs & de la conduite deſdits domeſtiques, le Bureau d'Adminiſtration ſera tenu de les renvoyer.

V.

L'Infirmier, les Portiers, & tous les autres domeſtiques du College, feront à la nomination du Principal, lequel aura ſoin de s'aſſurer de leur bonne conduite, de leur fidélité & de leur religion (127).

---

(127) L'Infirmier & les Domeſtiques concernant le temporel ſont à la nomination du Bureau. Voyez la Délibération du 15 Février 1781 ci-deſſus, Chapitre II, note 94.

V I.

LE Bureau d'Administration, sur le rapport, soit du Principal, soit des Administrateurs spécialement chargés du College de Louis-le-Grand, fixera chaque année le nombre des domestiques nécessaires pour le service du College, & il ne sera pas loisible au Principal d'en nommer un plus grand nombre.

V I I.

LESDITS domestiques pourront être renvoyés par le Principal lorsqu'il le jugera à propos ; & s'il arrivoit qu'aucun d'eux causât quelque préjudice dans la dépense du College, le Bureau d'Administration, & même les Administrateurs spécialement chargés du College de Louis-le-Grand, pourront exiger du Principal qu'il le renvoie.

V I I I.

TOUS les domestiques, sans exception, seront soumis à l'inspection & correction de l'Econome, qui veillera & tiendra la main à ce qu'ils remplissent exactement & fidellement leurs devoirs.

I X.

ILS seront obligés d'obéir aux Sous-Principaux, Préfets & Sous-Maîtres, dans tout ce qui concerne le service du College, & ce, à peine d'être renvoyés.

X.

LES domestiques des quartiers assisteront avec les Ecoliers aux prieres du matin & du soir ; l'Econome fera faire lesdites prieres à ceux de la cuisine & de la dépense, & l'Infirmier à ceux de l'infirmerie.

X I.

TOUS les domestiques assisteront au Service divin les Dimanches & Fêtes, ainsi qu'aux Instructions générales, autant que leur service le pourra permettre : ils s'acquitteront, au surplus, de tous les devoirs de religion dont ils sont tenus en qualité de Chrétiens catholiques, & s'efforceront de profiter des instructions particulieres qui leur seront données *par le Boursier théologien*, nommé à cet effet par le Principal, & auquel le Bureau a, pour cette raison, accordé des honoraires.

X I I.

ILS s'acquitteront aussi, avec une exactitude ponctuelle, de tous les autres devoirs qui entrent dans leur service. Si quelqu'un d'eux y manque après en avoir été averti, il sera renvoyé.

X I I I.

ILS n'auront ni entretiens, ni familiarités avec les Ecoliers, en quelque lieu & en quelque circonstance que ce soit ; ils ne se chargeront pour eux d'aucune commission au-dehors, sans une permission expresse du Maître de quartier, & n'en recevront aucune chose, sous quelque prétexte & raison que ce puisse être, à peine d'être renvoyés.

X I V.

S'ILS apperçoivent quelque Ecolier s'écarter du bon ordre, ou des Réglemens du College, ils en avertiront, sur le champ, le Sous-Maître, & même le Principal, s'il s'agit de quelque faute grave.

V ij

X V.

TOUT Domeſtique irrégulier, infidele, jureur, ivrogne, ou de mauvaiſe conduite, ſera renvoyé du College, ſans pouvoir jamais y rentrer.

TITRE HUITIEME.

De la Police générale.

ARTICLE PREMIER.

LES portes du College ſeront ouvertes à cinq heures & demie du matin, & fermées à neuf heures & demie du ſoir; les clefs ſeront portées chez le principal, & en ſon abſence, chez celui des Maîtres qui ſera ſes fonctions.

II.

AUCUN étranger ne ſera admis à coucher dans le College, ſans la permiſſion du Principal.

III.

AUCUN Maître, Ecolier, ou Domeſtique, ne couchera hors du College, ſans la permiſſion du Principal.

IV.

L'ENTRÉE de l'intérieur du College ſera interdite à toute perſonne du ſexe, excepté aux meres & proches parentes des Ecoliers, qui pourront y entrer, avec la permiſſion du Principal; lequel les fera conduire, ſi elles le deſirent, dans le dortoir du quartier, où les Enfans leur ſeront amenés. Toutes les autres ſeront reçues dans le parloir.

V.

CONFORMÉMENT au Décret de l'Univerſité, il ne ſera permis, en aucune cir-conſtance, de tirer dans le College, ni boîtes, ni fuſées, ni pétards. Il eſt très-expreſſé-ment défendu de garder, dans ſa chambre, aucunes armes, de quelque ſorte que ce ſoit; ceux même qui porteront des épées, les mettront, en rentrant au College, entre les mains du Portier, qui les gardera & ne les leur remettra que lorſqu'ils ſortiront en ville.

VI.

IL eſt pareillement défendu d'avoir dans ſa chambre ni chiens, ni oiſeaux; les Ecoliers ne pourront même y avoir des pots à fleurs, ſans une permiſſion expreſſe du Principal.

VII.

LES Maître de Danſe, de Muſique, de Deſſin, ne pourront donner leurs leçons que pendant les récréations. Ce ſera auſſi pendant ce tems qu'on recevra, pour l'ordinaire, les Tailleurs, les Cordonniers, les Blanchiſſeuſes, &c.

VIII.

LES Perruquiers n'entreront qu'aux jours & aux heures qui ſeront marqués par le Principal.

IX.

TOUS les Maîtres veilleront, de concert avec le Principal, à ce que les Ecoliers ne donnent aucune commiſſion aux Domeſtiques du College, ou autres, à moins qu'ils ne l'aient permis, après s'en être fait expliquer l'objet.

X.

ILS défendront aussi, très-expressément, aux Ecoliers, de rien donner ou vendre à leurs Condisciples, de faire des trocs entr'eux, ou de se prêter de l'argent, des livres ou quelque autre chose que ce soit, si ce n'est du consentement des Maîtres de quartier.

X I.

ILS auront l'attention d'empêcher qu'on ne dégrade volontairement ni les bâtimens, ni les meubles de la maison ; & s'ils remarquent que quelque Ecolier le fasse, sur-tout si c'est par malice, ils en avertiront le Principal, qui le fera punir suivant la qualité de la dégradation, & le degré de méchanceté de l'Ecolier (128).

X I I.

TOUS les exercices communs feront annoncés au son de la cloche, & chacun s'y rendra exactement & fans délai.

TITRE NEUVIEME.

Des exercices de Religion.

ARTICLE PREMIER.

TOUS ceux qui feront reçus dans le College, Maîtres, Ecoliers ou Domestiques, feront profession de la Religion Catholique, Apostolique & Romaine. La Jeunesse y fera formée, avec le plus grand foin, à la connoissance & à la pratique de cette fainte Religion, ainsi qu'au respect & à l'obéissance dus à l'Eglise, aux premiers Pasteurs, particuliérement au Pere commun des Fideles, à la Personne Sacrée du Roi, & à fon autorité ; pour cet effet, l'on emploiera les instructions & les exercices prescrits dans les articles fuivans.

Des Prieres & des Lectures de piété.

I I.

LA Priere étant l'ame de la vie Chrétienne, on ne sçauroit apporter trop d'attention pour accoutumer les hommes, dès leur enfance, à fanctifier toutes leurs actions par ce faint exercice.

I I I.

AU réveil, tous auront foin d'offrir leur cœur à Dieu, & de lui demander les graces nécessaires, pour s'acquitter fidellement de leurs devoirs, & accomplir fa fainte volonté pendant la journée. Ils fe léveront promptement, & s'habilleront modestement & en filence.

I V.

A l'heure de la Priere, tous feront entiérement habillés ; ils fe rendront dans la falle, fans délai & en filence ; ils prendront les places, qui leur font affignées, & feront la Priere à genoux, dans une attitude droite & modeste, prononçant distinctement, fans

---

(128) Pour affurer l'exécution de cet article, par différentes Délibérations, & notamment par celles des 2 Septembre 1778 & 3 Septembre 1779, (ci-après, Chap. V de cette Iere Partie), les Maîtres ont été chargés de payer les dégradations faites en leur quartier.

Pour les Artiens.

précipitation & fans lenteur. Cette Priere fera fuivie d'une courte lecture de quelque livre de Piété, enforte que la priere & la lecture ne durent qu'un bon quart-d'heure. Les jours de Dimanche & de Fête, les Ecoliers des hautes Claffes, à commencer par la Troifieme, réciteront Prime, pour la priere du matin.

V.

A P R È S la priere, les Ecoliers apprendront & réciteront les Verfets de l'Ecriture-Sainte, qui leur feront marqués par les Maîtres, foit dans le nouveau Teftament, foit dans les livres Moraux de l'ancien. Les Maîtres auront foin de leur en expliquer le fens, & de leur en faire fentir la vérité & l'importance. Le Dimanche, on récitera tous les Verfets appris dans la femaine.

V I.

D A N S le courant de la journée, les Etudes & Exercices commenceront par la priere, *Veni Sancte Spiritus*, & finiront par l'Oraifon *Actiones noftras*, &c. qui feront récitées à genoux. Les repas feront auffi précédés & terminés par les prieres convenables, pendant lefquelles on fe tiendra debout & découvert.

V I I.

L O R S Q U E la priere du foir fonnera, tous fe mettront à genoux, dans la place affignée à chacun d'eux, & feront cette priere de la même maniere que celle du matin. Elle fera pareillement fuivie d'une courte lecture de Piété.

V I I I.

D A N S les prieres, foit du matin, foit du foir, on n'oubliera jamais de prier pour les Fondateurs & Bienfaicteurs du College, auquel on appartient. C'eft un devoir que la Religion & la reconnoiffance impofent à ceux qui jouiffent de leurs bienfaits (129).

I X.

E N fe couchant, ils demanderont pardon à Dieu de leurs fautes, notamment de celles qu'ils auront commifes pendant la journée; ils tâcheront de fe mettre dans le même état, auquel ils voudroient être trouvés à l'heure de la mort, dont le fommeil, auquel ils vont fe livrer, eft l'image.

X.

L E S Maîtres auront foin que toutes les prieres fe faffent avec recueillement & modeftie; ils avertiront leurs éléves, qu'il ne fuffit pas de réciter, par habitude & fans attention, des formules de prieres; que c'eft le cœur feul qui parle à Dieu, & qu'il doit être pénétré de tous les fentimens que la bouche exprime.

X I.

L E S livres, pour les lectures de piété, feront affignés par le Principal, qui les diftribuera de telle forte dans les différentes Claffes, qu'ils foient toujours à la portée des Ecoliers, & qu'ils leur donnent une connoiffance, auffi parfaite qu'il fera poffible, des vérités de notre Sainte Religion.

---

(129) Au Nécrologe mentionné en la note 126 ci-deffus eft joint un avertiffement qui développe cet article. *Voyez* cet avertiffement en note dans le Chap. XIV de cette I.er.e Partie.

X I I.

LES Ecoliers auront chacun les livres de piété convenables à leur ufage & à leur Claffe : tous auront le nouveau Teftament , l'Imitation de Jefus-Chrift , le Catéchifme du Diocèfe, les livres néceffaires pour la Meffe & pour l'Office Divin; & généralement ceux qui feront exigés par le Principal, comme entrans dans le plan de leur inftruction.

De la Meffe & de l'Office Divin.

X I I I.

ON affiftera tous les jours à la Meffe de Communauté; perfonne ne s'en difpenfera, même fous prétexte qu'il auroit affifté à une autre Meffe, à moins qu'il n'en ait obtenu la permiffion.

X I V.

LES Ecoliers fe rendront à la Chapelle modeftement & en filence, fans courir & fans s'arrêter en chemin. En entrant, ils prendront de l'eau bénite, s'inclineront vers l'autel, & iront fe mettre à genoux, dans la place marquée à chacun d'eux.

X V.

PLEINS de refpect pour la fainteté du lieu, foit qu'ils foient à genoux, debout ou affis, ils fe tiendront dans le recueillement, pour rendre à Dieu l'hommage dû à fa divine Majefté. Lorfqu'ils affifteront à la Meffe, ils tâcheront de fe mettre dans les difpofitions d'offrande, d'anéantiffement, de componction, de reconnoiffance & d'amour, que doit exciter, dans l'ame des Chrétiens, cet augufte & redoutable Sacrifice.

X V I.

AUX Meffes baffes, ils feront toujours à genoux, excepté pendant les deux Evangiles. Aux grandes Meffes, ils feront à genoux pendant l'Introït, & depuis la Confécration jufqu'au dernier Evangile; pendant les autres parties, ils feront affis ou debout, avec le chœur. Tous les jours, à la fin de la Meffe de communauté, c'eft-à-dire, pendant la Poft-Communion, on chantera le Verfet, *Domine falvum fac Regem*, & l'Oraifon pour le Roi.

X V I I.

EN affiftant aux Vêpres & autres Offices chantés, ils fuivront le ton & le mouvement du Chœur, fans effort de voix, fans précipitation, chantant alternativement les parties de l'Office qui doivent être ainfi chantées, & ayant toujours fous les yeux les livres où fe trouve cet Office.

X V I I I.

PENDANT la Meffe & l'Office divin, ils ne pourront fortir fans permiffion, & cette permiffion ne leur fera point accordée pendant la Meffe baffe, ou pendant les inftructions, fans une grande néceffité. Ceux qui arriveront tard, en diront la raifon au Maître qui préfidera.

X I X.

A la fin de la Meffe ou de l'Office, le fignal donné, ils fortiront avec modeftie & dans l'ordre marqué par le Principal, fans précipitation & fans confufion. Ils feront en fortant, une inclination à l'autel, & fi le Saint-Sacrement étoit expofé, ils feroient une génuflexion.

Des Inftruftions chrétiennes & Catéchifmes.

X X.

CHAQUE Dimanche de l'année, à l'exception du tems des vacances, il fera fait, pendant ou après la Meffe, un prône ou inftruction chrétienne fur les vérités de la Religion. Cette inftruction doit être fimple & familiere, de forte que tous les Ecoliers, même ceux des petites Claffes, puiffent en profiter.

X X I.

PENDANT cette inftruction, les Ecoliers feront affis, garderont un maintien modefte & un filence profond, & prêteront la plus grande attention. Il leur eft très-expreffément défendu de fe pouffer, de s'appuyer les uns fur les autres, ni de rien faire qui puiffe interrompre celui qui parle, ou détourner l'attention de leurs Condifciples.

X X I I.

LES jours de Fête & les Dimanches des vacances, où il n'y aura pas de Prône, il fe fera, dans chaque Quartier, au commencement de l'étude qui fuivra la Meffe, une demi-heure de lecture dans quelque livre convenable, par exemple, *l'Inftruction de la Jeuneffe*, par Gobinet.

X X I I I.

DEPUIS la Touffaint jufqu'au mois d'Août, il y aura Catéchifme les jours de Dimanche & de Fête, au fortir de Vêpres, jufqu'à trois heures trois quarts. Outre les Préfets, le Principal choifira, foit parmi les Bourfiers Théologiens, les Eccléfiaftiques les plus capables de bien remplir une fonction fi importante. Il partagera, de telle forte, les Ecoliers pour les différentes Claffes de Catéchifmes, que les grands foient avec les grands, & les petits avec les petits.

X X I V.

TOUS les Ecoliers feront foumis à la perfonne chargée de leur faire le Catéchifme, & feront tenus de lui obéir. Si quelqu'un vient tard, il lui en dira la raifon en entrant. Perfonne ne fortira fans fa permiffion. Ceux qui fe feront renvoyer, feront punis, fuivant la griéveté de leur faute.

X X V.

ON fuivra le Catéchifme du Diocèfe. Les explications feront toujours proportionnées à la portée des Ecoliers, & tirées des fources les plus pures. On évitera toutes les vaines fubtilités, les exagérations, les hiftoires apochryphes, & l'on fe contiendra dans la pureté & la fimplicité de l'Evangile.

X X V I.

CEUX des Ecoliers qui fe propoferont de faire leur premiere Communion, ou de recevoir le Sacrement de Confirmation, dans le courant de l'année, donneront leur nom au Principal; les premiers avant la fin de Décembre, & les autres au commencement du Carême.

X X V I I.

LES Catéchifmes, ou inftructions particulieres, pour la premiere Communion, commenceront

commenceront dans le mois de Janvier, & celles pour la Confirmation, le second Dimanche de Carême. Les unes & les autres se feront deux fois par semaine, aux jours & heures assignés par le Principal.

X X V I I I.

LE Principal aura soin de choisir, pour faire ces instructions, les Ecclésiastiques les plus éclairés & les plus vertueux, capables de faire bien connoître aux jeunes gens les vérités chrétiennes, par leurs leçons, & de leur en faire aimer la pratique, par leurs exemples. Il assistera lui-même, très-souvent, à quelque partie de ces Catéchismes, pour faire sentir aux Ecoliers, qu'il regarde cette préparation comme une chose de la plus grande importance.

Des Sacremens.

X X I X.

AVANT d'admettre les Ecoliers à faire leur premiere Communion, ou à recevoir la Confirmation, le Principal les examinera, ou les fera examiner en sa présence, pour juger s'ils sont suffisamment instruits. Il n'admettra d'ailleurs, que ceux qui par leur bonne conduite, auront mérité son suffrage, & celui de leurs Professeurs & autres Maîtres.

X X X.

POUR les disposer prochainement à recevoir ces Sacremens, on leur fera commencer, la surveille à cinq heures du soir, une petite retraite, qui durera jusqu'au soir du jour de la Confirmation ou de la premiere Communion. Pendant cette retraite, ils ne seront occupés que par des lectures, instructions & prieres, propres à remplir leurs cœurs des sentimens, dont ils doivent être pénétrés.

X X X I.

TOUS les Ecoliers seront exhortés à s'approcher souvent des Sacremens. Ils se confesseront, au moins une fois le mois, & sur-tout la veille, ou le jour des grandes solemnités. Ils donneront le matin leur nom au Préfet, qui les fera avertir lors de l'arrivée des Confesseurs.

X X X I I.

AUSSITÔT qu'ils seront avertis, ils se rendront à la Chapelle, où ils demeureront modestement & en silence, uniquement occupés à repasser leurs fautes, à demander à Dieu qu'il veuille bien les effacer par sa grace, & les leur pardonner. Après s'être confessés, ils feront leurs prieres, se recueilleront pendant quelques tems, & retourneront à leurs exercices.

X X X I I L

LE Principal aura soin que l'un des Sous-Principaux ou Préfets se tienne dans la Chapelle, pendant le tems des Confessions, pour veiller sur la conduite des Ecoliers.

X X X I V.

ILS regarderont comme un avantage inestimable, d'être admis à la Sainte Table; ils s'efforceront, par une conduite vraiment chrétienne, d'y participer souvent, & sur-tout aux grandes solemnités. Ils penseront aussi que le plus grand des crimes seroit d'en

I. Partie.   X

approcher indignement ; que ce seroit encore une très-grande faute d'en approcher sans les préparations & les dispositions convenables ; & pour ne pas s'exposer, ils prendront l'avis de leur Confesseur & s'y conformeront.

TITRE DIXIEME.

Des Etudes.

ARTICLE PREMIER.

AUCUN moment des études, des conférences, des répétitions & des autres exercices ne sera perdu, ni en amusemens, ni à errer dans la maison, ni à rien d'étranger à ces exercices.

I I.

CEUX qui arriveront après l'étude commencée, se mettront à genoux & feront leur priere à voix basse, & s'ils n'ont point eu de permission du Maître, ils iront, avant de se mettre à leur place, lui dire la raison de leur retard.

I I I.

CHACUN se tiendra, pendant le tems de l'étude, dans la place qui lui aura été assignée, & s'occupera uniquement de son devoir. Il est très-expressément défendu d'écrire sur les tables, ou sur les pupitres, & de rien faire qui puisse gâter ou dégrader les meubles du College.

I V.

ON gardera dans la salle un profond silence ; on étudiera tout bas ; on aura l'attention de ne point faire de bruit en ouvrant ou en fermant son pupitre : lors même qu'on aura quelque permission à demander, on le fera de maniere à ne point distraire les autres.

V.

ON ne sortira point de la salle sans en avoir obtenu la permission ; on expliquera au Maître la raison pour laquelle on demande à sortir. On reviendra le plûtôt possible. La permission de sortir ne sera point accordée à deux Ecoliers en même tems.

V I.

SI un Ecolier se faisoit renvoyer de classe, même pour un tems, dès que le Principal en sera informé, il le fera punir suivant sa prudence ; mais si cet Ecolier étoit renvoyé absolument, le Principal avertiroit ses parens & ses correspondans, & après quinze jours sa Bourse seroit déclarée vacante par ledit Principal & les quatre Examinateurs ; le tout sans préjudice au droit de Jurisdiction du Recteur & de son Tribunal.

V I I.

LES Etudians en Philosophie s'appliqueront à bien entendre les cahiers de leur Professeur ; ils les apprendront & se mettront en état d'en rendre compte, soit dans la classe, lorsqu'ils seront interrogés, soit dans les conférences qui leur seront faites chaque jour.

V I I I.

ILS ne fortiront point pendant ces conférences, fans la permiffion du Maître, qui ne l'accordera que dans les cas les plus indifpenfables, & pour un inftant.

I X.

DEPUIS la Touffaint jufqu'aux vacances, il fe fera chaque femaine, au jour marqué par le Principal, un exercice de philofophie, alternativement par les Phyficiens & par les Logiciens. Les Théologiens feront tenus d'y affifter & d'y argumenter. On y invitera les Profeffeurs de Philofophie pour y préfider, & le plus de perfonnes qu'il fera poffible.

X.

OUTRE ces exercices, il fera fait chaque année deux examens des Ecoliers de chaque claffe de philofophie, l'un pendant le Carême, & l'autre à la fin de l'année fcholaftique. Les Examinateurs & les Maîtres interrogeront, & pourront auffi faire interroger par quelques Etudians en Théologie, & même par des Etrangers.

X I.

LE Principal & les Examinateurs jugeront du fuccès des Ecoliers; ils en feront une lifte, dans laquelle ils feront placés fuivant leur degré de capacité; enfuite ils les raffembleront au jour dont ils feront convenus, leur feront lecture de ladite lifte, & donneront à chacun les éloges ou les avis qu'il aura mérités.

X I I.

LES Humaniftes s'appliqueront, avant tout, à travailler le devoir prefcrit par le Profeffeur, à préparer l'explication des Auteurs pour la claffe fuivante, & à prendre les leçons qu'ils doivent y réciter. Les Maîtres auront foin que les copies des devoirs foient bien écrites, & les leçons récitées diftinctement & d'une maniere qui faffe comprendre qu'on les entend.

X I I I.

LORSQUE les Ecoliers auront mal fait leur devoir, où qu'ils l'auront copié fur un autre, les Maîtres le leur feront recommencer; fi les copies font mal écrites, ou pechent contre l'orthographe, ils leur en feront faire d'autres.

X I V.

CHAQUE jour, la derniere heure d'étude fera employée aux répétitions que les Maîtres feront à leurs Ecoliers. Ils auront foin, non-feulement de leur faire bien entendre les Auteurs qu'ils doivent expliquer en claffe, mais de les leur faire rendre dans notre langue d'une maniere facile & correcte. Ceux des claffes de grammaire leur feront remarquer l'application des regles qu'ils leur enfeignent.

X V.

LES Maîtres auront foin de prendre l'avis des Profeffeurs au fujet des études de leurs Ecoliers, & fe concerteront avec eux fur les moyens d'affurer & de hâter leurs progrès. Ils ne permettront les lectures particulieres qu'avec difcernement, à ceux des Ecoliers qu'ils jugeront capables d'y employer une partie de leur tems, fans nuire aux cours ordinaires de leurs études. Ils feront prefcrire par le Principal, ou par le Profeffeur,

Pour
les Artiens.

les livres que les Ecoliers pourront lire, & ils exigeront qu'ils leur remettent, à la fin de
chaque mois, un extrait de ce qu'ils auront lu.

XVI.

DANS le cas où quelque Ecolier auroit mérité une tâche extraordinaire par punition,
il n'aura pas la liberté d'y travailler pendant le tems destiné à faire le devoir ordinaire ;
ce sera au Maître de quartier à lui assigner un tems convenable pour ce travail.

XVII.

DE tems en tems, aux jours & heures marqués par le Principal, il se fera dans chaque
quartier des Rhétoriciens, Humanistes & Grammairiens, des exercices sur les Auteurs
qui s'expliqueront en classe. Les Professeurs seront priés de vouloir bien y assister, &
on y invitera des personnes capables d'interroger & d'exciter l'émulation. Ces exercices
se feront depuis le commencement du mois de Décembre jusqu'à la fin de Mai.

XVIII.

LE Principal présentera, au second Bureau du mois de Mai, les noms de ceux qui
auront le mieux réussi dans les exercices particuliers de Philosophie, d'Humanités & de
Grammaire, & qui auront d'ailleurs le suffrage de leurs Professeurs & des autres Maîtres ;
afin que le Bureau ordonne le paiement des frais nécessaires, pour leur faire soutenir des
thèses ou des exercices publics.

XIX.

A l'étude des Belles-Lettres & de la Grammaire, les Ecoliers joindront celle de l'Histoire & de la Géographie, sur-tout des parties de ces sciences, qui ont un rapport plus
direct aux Auteurs, qu'ils expliqueront en classe. Les Maîtres auront soin de ménager un
tems suffisant pour cette étude, sur celle des jours de Dimanche, de Fête & de congé.

XX.

PENDANT le courant du mois de Juin, il sera fait, dans les différens quartiers, des
exercices sur la Géographie & l'Histoire. On y observera ce qui a été ci-devant marqué,
article XVI, pour les autres exercices.

XXI.

A chaque composition, ceux qui auront obtenu l'une des deux premieres places de
leur classe, auront soin d'aller présenter au Principal la liste des places.

XXII.

TOUS ceux qui auront été couronnés à la distribution générale des prix de l'Université, seront présentés par le Principal, au Bureau d'administration, pour y recevoir
les éloges & les récompenses dus à leur travail & aux succès de leurs études (130).

XXIII.

LORSQUE la fin de l'étude sonnera, tous mettront leurs papiers & leurs livres en ordre,
& après avoir fait la priere, ils se rendront promptement, & sans bruit, à l'exercice suivant.

---

(130) Par Délibération du Bureau intermédiaire, il a été accordé des prix à ceux qui en
obtiendroient à l'Université. Le Bureau a non-seulement confirmé cette Délibération, mais l'a
étendue à ceux qui auroient des *accessit. Voyez* cette Délibération ci-après Chap. VII.

XXIV.

A l'heure de la claffe, tous defcendront dans la cour, pour attendre leurs Profeffeurs; ils y feront fous l'infpection des Sous-Principaux, & ne pourront en fortir, fans leur permiffion.

XXV.

PENDANT la claffe, ils écouteront leur Profeffeur, avec la plus grande attention, & fe conformeront exactement aux regles & à la difcipline qui doit s'y obferver.

XXVI.

PAR les Réglemens & ufages de l'Univerfité, il eft défendu à tous les Ecoliers, fans exception, de fe promener dans la cour, pendant la durée des claffes. Si quelqu'un les demande pendant ce tems, & que le Profeffeur juge à propos de leur permettre de fortir, ils ne pourront refter plus d'un demi-quart-d'heure avec les perfonnes qui les auront demandés, & ce fera toujours au parloir.

TITRE ONZIEME.

De la Politeffe & de la Propreté.

ARTICLE PREMIER.

COMME la vraie politeffe ne confifte pas dans de vaines formules de complimens, ni dans les feules démonftrations extérieures, mais qu'elle prend fon principe dans la charité, qui doit nous unir tous les uns aux autres, les Maîtres, pour faire régner la politeffe, parmi les Ecoliers, feront tous leurs efforts, pour leur infpirer & maintenir entr'eux les fentimens chrétiens de l'union & de l'amitié fraternelle.

II.

ILS auront foin de prévenir, ou d'arrêter les difputes, les animofités & les querelles; ils ne fouffriront ni les groffieretés, ni les injures, ni les reproches, ni les fobriquets; les outrages, les juremens, les mauvais traitemens, pour quelque caufe que ce foit, feront rigoureufement défendus, & féverement punis.

III.

DESTINÉS à vivre dans la fociété au fortir du College, les Ecoliers fe formeront, de bonne heure, à un commerce doux, aifé & honnête. Dans leur extérieur, dans leurs difcours, dans leurs actions, ils éviteront tout ce qui peut choquer d'honnêtes gens, les airs fuffifans & avantageux, les hauteurs, les mépris, la caufticité, les railleries, les jeux de mains, &c.

IV.

DANS les récréations & promenades, ils auront les uns pour les autres les égards convenables. Ils ne poufferont point des cris perçans & confus, ils ne jetteront point de pierres, ni quoique ce foit, qui puiffe bleffer leurs camarades; ils n'empêcheront pas & ne troubleront pas leur jeu.

V.

DANS les converfations, ils feront plus curieux d'écouter que de parler; ils n'inter-

rompront pas ceux qui parlent, & ne préviendront pas leur jugement, sur-tout si ce
font des perfonnes plus âgées & plus instruites. Obligés de parler, ils le feront avec
une liberté honnête & modeste ; ils s'arrêteront, lorsque quelqu'un prendra la parole.
Ils souffriront, sans aigreur, la contradiction, & ne contrediront perfonne eux-mêmes
sans nécessité, & sans les ménagemens, qui font écouter la contradiction, & qui peuvent
la rendre utile, & quelquefois même agréable.

V I.

A table, ils feront attentifs à ce qui peut manquer à leurs voisins, sur-tout à ceux qui
font nouvellement entrés au College ; ils le leur procureront par eux-mêmes, s'ils en
ont la facilité ; & quand ils ne le pourront pas, ils en avertiront celui qui préside à la table.

V I I.

EN toutes occasions, s'ils peuvent être utiles, ils obligeront avec un air satisfait &
sans délai. Ils loueront volontiers les autres, mais sans affectation & sans fadeur, & ne
parleront jamais avantageufement d'eux-mêmes. Ils ne feront point les délateurs des
fautes de leurs Condifciples, mais ils répondront avec vérité aux questions de leurs
Maîtres, qui en auront quelque connoissance, ou quelque soupçon.

V I I I.

ILS rendront à tous ceux qui font prépofés à leur éducation, dans quelque partie
que ce soit, des devoirs de respect, de déférence & de foumiffion. Ils ne parleront aux
domestiques qu'avec douceur & politeffe. Il leur est très-expreffément défendu de les
traiter jamais avec dureté ou avec hauteur.

I X.

S'ILS apperçoivent quelqu'Etranger dans le College, ils le falueront, ils fufpendront
leur jeu pour le laiffer paffer librement, & fi cet Etranger s'adreffe à eux pour demander
quelque chofe, ils fe feront un plaifir de l'instruire par eux-mêmes, s'ils le peuvent, ou
de le faire instruire.

X.

IL leur fera fort recommandé non-feulement de rendre le falut, mais de prévenir
tout le monde par le falut ; ils ne s'en difpenferont jamais, même à l'égard des domestiques ou des pauvres, qu'ils falueront, non pas précifément par obéiffance, mais par
motif de Religion.

X I.

LEUR extérieur fera modefte, mais propre & décent. Ils ne porteront point d'habits
déchirés ; ils feront peignés tous les jours, & même plus fouvent s'il leur est ordonné :
les Maîtres, fur-tout ceux des baffes claffes, font chargés d'y veiller attentivement. Ils
laveront leurs mains, au moins une fois chaque jour ; ils changeront de linge plufieurs
fois par femaine.

X I I.

SI quelqu'Enfant s'abandonnoit à la malpropreté, on emploiera tous les moyens
poffibles pour l'en corriger ; on ira même jufqu'aux punitions, fi cela est néceffaire.

TITRE DOUZIEME.

Du Réfectoire & des Repas.

ARTICLE PREMIER.

LE déjeûner & le goûter se feront dans les salles; le pain y sera porté tout coupé, & sera distribué par le Maître Particulier. Les Ecoliers ne pourront jamais, sans une permission expresse, réservée au Principal seul, faire venir rien de dehors, comme café, chocolat, liqueurs fraîches, &c. Ils auront, pendant le déjeûner & le goûter, la liberté non de jouer, mais de converser entr'eux modestement, & sans faire un bruit, qui retentisse dans les autres parties du College.

I I.

QUAND la cloche sonnera pour le dîner ou le souper, les Ecoliers se rendront au Réfectoire promptement & sans bruit, sous l'inspection de leurs Maîtres Particuliers, qui les accompagneront. Arrivés au Réfectoire, chacun se mettra dans la place qui lui est assignée, & s'y tiendra debout, découvert & en silence.

I I I.

LE repas commencera par le *Benedicite*, & finira par les Graces, après lesquelles on dira matin & soir le *De profundis*, pour les Fondateurs & Bienfaiteurs défunts. Les Maîtres auront soin que ces Prieres se fassent avec recueillement & piété. Après le *Benedicite*, chacun s'asseoira dans la place qui lui est marquée. Les Maîtres auront soin que les tables soient complettes, sur-tout les jours de congé.

I V.

SI quelque Ecolier arrive au Réfectoire après le commencement du repas, il ira d'abord dire les raisons de son retard au Maître qui y présidera; il dira ensuite le *Benedicite*, à voix basse, avant de prendre sa place.

V.

PENDANT le repas, on gardera le silence; on écoutera attentivement la lecture; on se tiendra dans une attitude honnête. Les Ecoliers ne pourront sortir du Réfectoire, sans en avoir obtenu la permission du Maître qui y préside.

V I.

A chaque table, celui qui présidera, sera seul chargé de servir. Nul Ecolier ne portera la main au plat; mais s'il lui manque quelque chose, il le demandera modestement & sans bruit.

V I I.

LES Ecoliers auront l'attention de couper proprement le pain & les viandes qui leur seront servies, afin que les restes, destinés aux Domestiques & aux Pauvres, ne soient point perdus. Les Maîtres sont chargés d'y veiller avec le plus grand soin.

V I I I.

IL est défendu de faire des traces sur les plats, les assiettes, les couverts, les gobelets; de les percer, ou de les dégrader de quelque autre maniere; de couper le pain sur la nappe, d'y répandre du vin ou de l'eau, d'en verfer par terre, ou d'y jetter quelque autre chofe que ce foit.

IX.

PENDANT les repas, l'Econome fera tenu de faire la ronde dans les différens Réfectoires, afin de s'affurer que le fervice fe fait, par les Domeftiques, avec exactitude & propreté.

X.

LES Ecoliers s'accoutumeront, autant qu'il fera poffible, à manger de tous les mets qui leur feront fervis, ou du moins à ne rien refufer par fantaifie. Ils ne prétendront pas à une nourriture délicate, & s'abftiendront à ce fujet de toutes plaintes & de tous murmures.

XI.

S'IL arrivoit qu'il manquât quelque chofe, foit dans la quantité, foit dans l'apprêt des alimens, ils doivent être perfuadés que leurs Maîtres prendront, à ce fujet, les mefures les plus convenables. Ils ne feront donc point éclater leur mécontentement; mais ils pourront feulement avertir, modeftement & en particulier, le Maître qui préfide à leur table, pour en rendre compte au Principal, fi les plaintes lui paroiffent fondées.

XII.

DANS le cas où, malgré les foins du Bureau d'Adminiftration, il manqueroit effectivement quelque chofe à la nourriture, le Principal mandera à l'Econome, pour l'inftruire des fujets de plaintes, & celui-ci fera tenu d'en rendre compte auffitôt aux Adminiftrateurs chargés du Collège de Louis-le-Grand, lefquels donneront les ordres inftans & néceffaires. Le Principal & lefdits Adminiftrateurs feront enfuite leur rapport au premier Bureau, pour y être délibéré, s'il en eft befoin (131).

XIII.

A la fin du repas, chaque Ecolier pliera proprement fa ferviette, il y joindra fon couvert & fon gobelet, & mettra le tout fur la table, dans la place qui lui eft affignée au Réfectoire.

XIV.

LORSQUE le Maître, qui préfide au Réfectoire, aura donné le fignal, tous fe leveront, & fe tiendront dans leurs places, debout & découverts, pendant les graces; après lefquelles, le Maître donnera un fecond fignal, & tous fortiront en filence & fans confufion.

TITRE TREIZIEME.

Des Récréations, des Promenades & des Sorties.

Des Récréations.

ARTICLE PREMIER.

LA récréation fe prendra dans les cours, lorfque le tems le permettra. Les Ecoliers

---

(131) On trouvera ci-après, dans cette premiere Partie, Chapitre VIII, les Délibérations qui fixent la nourriture qui doit être donnée aux Bourfiers.

y

y feront fous l'infpection d'un Sous-Principal & de deux Maîtres de Quartier, & ne pourront en fortir, même pour paffer d'une cour dans l'autre, fans avoir obtenu la per- miffion du Sous-Principal.

I I.

LES jeux dangereux ou indécens feront abfolument défendus; ceux qui donnent au corps un exercice proportionné à l'âge & aux forces des jeunes gens, feront préférés à tous autres. Les Maîtres veilleront à ce que les Ecoliers ne jouent pas avec excès, même à des jeux permis. Ils interdiront abfolument les baffes familiarités, les jeux de mains, les lectures clandeftines, le commerce de lettres des uns aux autres.

I I I.

S'IL s'élève quelque difpute, les Ecoliers s'en rapporteront, fur le champ, à quelqu'un des Maîtres qui préfident à la cour. Ceux qui fe laifferoient aller à quelque violence, jufqu'à fe battre, fe terraffer, déchirer les habits, &c. Comme auffi ceux qui fe laifferoient emporter à la colere, qui proféreroient des juremens ou des paroles outrageantes, feront féverement punis, pour la premiere fois, & renvoyés, s'ils retombent dans les mêmes fautes.

I V.

L'AFFECTATION de converfer toujours avec les mêmes perfonnes, pendant les ré- créations, eft une fingularité, qui marque au moins un mépris tacite des autres. Les liaifons trop particulieres entre les Ecoliers, donnent très-fouvent occafion aux médifan- ces, aux calomnies, à la défiance envers les Maîtres, à la diffipation, à la perte du tems. Les Ecoliers auront foin de les éviter, & les Maîtres font très-expreffément chargés d'y veiller attentivement.

V.

LORSQUE le tems ne permettra pas de prendre la récréation dans les cours, elle fe prendra dans les falles, où les Ecoliers feront fous la garde de leurs Maîtres de quar- tier. Outre les regles générales, prefcrites dans les articles précédens, les Maîtres auront foin que ces récréations ne foient pas tumultueufes; que les Ecoliers ne gâtent point les tables, les bancs, les pupitres, & autres meubles; qu'ils ne s'affeoient pas fur les fenêtres; qu'ils ne fe parlent pas d'une falle à l'autre; qu'ils n'appellent pas les paf- fans, &c.

V I.

C'EST dans ces récréations que les Maîtres pourroient, de tems en tems, amufer leurs Ecoliers par quelques récits capables de piquer leur curiofité, & qui fuffent éga- lement inftructifs & agréables. Il les tireront de l'Hiftoire Sainte ou Profane, quelque- fois même de la Fable; mais dans ce dernier cas, ils avertiront que les faits qu'ils au- ront racontés font fabuleux. Ils fe garderont bien de parler jamais, fur-tout aux En- fans, de ces Contes, qui ne font propres qu'à frapper leur imagination & à jetter de vaines frayeurs dans leurs ames.

I. Partie.

Y

Des Promenades.

V I I.

ON ira en promenade tous les jours de Congé, à l'exception des Samedis avant le premier Dimanche de chaque mois, & des veilles des grandes folemnités. Le lieu de la promenade fera indiqué par le Préfet aux Maîtres de quartier, qui feront tenus d'y conduire leurs Ecoliers.

V I I I.

EN hiver, immédiatement après le dîner, les Ecoliers remonteront dans leurs quartiers, pour fe préparer à la promenade; dont ils feront de retour avant cinq heures. En été, c'eft-à-dire, depuis le 15 d'Avril jufqu'à la rentrée des claffes, ils partiront à trois heures, & feront rentrés au College à fept heures. Ceux qui ne feront pas prêts à l'heure du départ pour la promenade, refteront dans le College.

I X.

SOIT en allant, foit en revenant, les Ecoliers marcheront devant leur Maître de quartier, de maniere qu'ils foient toujours fous fes yeux. Ils n'iront ni trop lentement ni trop vîte; ils n'éleveront point la voix, & n'infulteront perfonne; en un mot, ils fe comporteront avec décence & modeftie. Le Domeftique de chaque quartier marchera à fa fuite.

X.

LES Ecoliers ne pourront s'écarter de leurs Maîtres, pour quelque caufe que ce foit, même pour faire vifite à leurs parens. Les Maîtres eux-mêmes ne pourront leur en accorder la permiffion, fans en avoir prévenu le Principal, & obtenu fon confentement.

X I.

ARRIVÉS au lieu de la promenade, ils refteront tous réunis dans un même lieu, fous les yeux de leur Maître; aucun ne pourra s'éloigner, même fous prétexte d'étude, fans en avoir obtenu la permiffion. Ils obferveront dans leurs jeux les regles ci-devant prefcrites pour les récréations; ils éviteront d'ailleurs tout ce qui pourroit occafionner des plaintes ou du tumulte, comme de courir après le gibier, d'entrer dans les vignes, de paffer dans les bleds ou les marais, &c.

X I I.

IL leur eft abfolument défendu de rien acheter eux-mêmes, ou de faire rien acheter par d'autres, fans la permiffion de leur Maître, & en fa préfence. Les Maîtres veilleront très-attentivement à l'obfervation de cet article, & les Ecoliers qui y contreviendront feront punis.

X I I I.

CEUX qui, pour quelque légere incommodité, qui n'exige pas qu'ils aillent à l'Infirmerie, ou pour quelqu'autre motif que ce foit, n'iront point en promenade, feront tenus de fe réunir dans une même falle, fous l'infpection d'un Maître ou d'un Théologien, commis à cet effet par le Principal, & lui feront foumis, jufqu'à ce que leur Maître de quartier foit de retour.

Des Sorties en ville.

X I V.

LES forties en Ville feront très-rares; la permiffion n'en fera point accordée les Dimanches & Fêtes, les jours de claffe, les veilles des premiers Dimanches des mois, & des grandes Solemnités, ni les jours de Congé, avant la fin de l'étude du matin, fans des raifons graves & preffantes, dont le Principal feul fera le Juge.

X V.

LES Ecoliers qui voudront obtenir cette permiffion, préfenteront, dès la veille, au Principal, un *exeat*, figné de leur Maître de quartier; cet *exeat* leur fera rendu le lendemain matin, contrefigné par le Principal, ou par celui des Sous-Principaux ou Préfets qu'il aura commis; & en fortant, ils le remettront au Portier.

X V I.

ILS ne pourront fortir fans être accompagnés d'une perfonne fûre & connue, qui fe chargera de les conduire & de les ramener; ou de les faire ramener fûrement.

X V I I.

ILS feront de retour au College, en hiver, avant fix heures, & en été, avant le fouper; en rentrant, ils iront faluer le Principal.

TITRE QUATORZIEME.

Ordre des Exercices de la journée.

Jours de Claffe.

A cinq heures & demie le lever.

La demi-heure accordée pour s'habiller étant plus que fuffifante, on fera totalement habillé à la fin de cette demi-heure; & perfonne, après la priere, ne pourra retourner dans le dortoir.

A fix heures la priere, fuivie d'une lecture de piété.

On paffe du dortoir dans la falle pour faire la priere.

A fix heures un quart, étude.

Cette étude eft d'abord employée à apprendre & réciter les verfets de l'Ecriture-Sainte.

A fept heures trois quarts, le déjeûner & récréation dans les falles.

A huit heures un quart, on defcend pour entrer en claffe.

A dix heures & demie, la Meffe.

Après la Meffe (132), étude jufqu'au dîner.

A midi, le dîner, & enfuite récréation.

A une heure un quart, étude jufqu'à la claffe.

---

(132) La multiplicité des Bourfiers a fait établir deux Meffes, dont une fe dit avant la Claffe, & l'autre après.

A deux heures un quart, la claſſe.

A quatre heures & demie, goûter, & récréation dans les ſalles.

A cinq heures, étude.

A ſix heures & un quart, conférence pour les Philoſophes, Répétition pour les Rhétoriciens & Humaniſtes.

A ſept heures & un quart, le ſouper, & enſuite récréation.

A huit heures trois quarts, la priere & la lecture de piété.

A neuf heures, on paſſera dans les dortoirs.

Pendant le déshabiller, on fera la lecture de la vie du Saint dont la Fête ſe fait le lendemain.

A neuf heures & un quart, tous ſeront couchés.

On ne pourra ſortir du dortoir pendant la nuit.

Jours de Congé.

S'il n'eſt congé que l'après-midi, les exercices de la matinée ſeront les mêmes que les jours de claſſe.

S'il eſt Congé tout le jour.

A ſix heures, le lever.

A ſix heures & demie, la priere & la lecture de piété.

A ſix heures trois quarts, étude.

A huit heures, la Meſſe.

Après la Meſſe, déjeûner dans les ſalles, & enſuite récréation dans les cours, ſi le tems le permet.

A neuf heures & demie, étude.

A dix heures & demie, conférence & répétition.

A onze heures & demie, récréation juſqu'au dîner.

A midi, le dîner.

En hiver, immédiatement après le dîner, préparation & départ pour la promenade.

A cinq heures, goûter & récréation dans les ſalles.

A ſix heures & un quart, conférence & répétition juſqu'au ſouper.

En été, récréation après le dîner.

A une heure un quart, étude.

A deux heures, conférence & répétition.

A trois heures, on diſtribuera le goûter, & enſuite départ pour la promenade.

Si le tems ne permet pas d'aller en promenade.

Après le dîner, récréation juſqu'à deux heures & demie.

A deux heures & demie, étude.

A quatre heures, goûter & récréation.

A cinq heures & demie, étude.

A ſix heures & un quart, conférence & répétition.

Le ſouper, & le reſte de la journée, comme les jours de claſſe.

Dimanches & Fêtes ordinaires.

A fix heures, le lever.

A fix heures & demie, la priere.

A fix heures trois quarts, étude.

Les Dimanches, cette étude fera employée à repaffer & réciter les verfets de l'Ecriture-Sainte appris pendant la Semaine.

A huit heures, la Meffe; il y aura prône ou inftruction chrétienne tous les Dimanches, excepté pendant le tems des Vacances.

Après la Meffe, déjeûner dans les falles, & enfuite récréation dans les cours, fi le tems le permet.

A dix heures & demie, étude jufqu'au dîner.

A midi, le dîner, & enfuite récréation.

A une heure trois quarts, on montera dans les falles, pour apprendre ou repaffer le Catéchifme, & prendre les livres néceffaires pour Vêpres.

A deux heures, les Vêpres, & tout de fuite Complies.

Après les Vêpres, Catéchifme jufqu'à trois heures trois quarts, & enfuite récréation jufqu'à quatre heures & demie.

A quatre heures & demie, goûter dans les falles.

A cinq heures, étude.

Le refte de la journée, comme les jours de claffe.

Grands Solemnels.

On obfervera pour le lever & la priere, ce qui eft prefcrit pour les Fêtes ordinaires.

A fept heures, Laudes & Prime dans la Chapelle.

Enfuite déjeûner, & récréation dans les falles.

A neuf heures, étude.

A dix heures, Tierce, puis la Meffe & Sexte.

Après la Meffe, récréation jufqu'au dîner.

A midi, le dîner, & enfuite la récréation.

A deux heures, None, Vêpres & Complies.

Le refte du jour, comme dans les Fêtes ordinaires.

Annuels.

La veille, les premieres Vêpres à deux heures.

Le refte de la journée, comme les jours de Fête.

Le jour de la Fête.

Lever à cinq heures & demie.

A fix heures, Matines, Laudes & Prime.

Enfuite, déjeûner, & récréation dans les falles.

A neuf heures & demie, lecture fpirituelle fur la Fête du jour.

A dix heures, Tierce, la Meſſe, & Sexte.

Le reſte, comme dans les grands Solemnels.

Office de Noel.

La veille ſera comme celles des autres Fêtes annuelles, juſqu'à la priere du ſoir.

A huit heures trois quarts, la priere, qui ſera ſuivie d'une lecture ſpirituelle, ſur le Myſtere dont on célebre la Fête.

A neuf heures & un quart, tous les Ecoliers au-deſſous de la troiſieme, ſe retireront dans leurs dortoirs, & ſe coucheront.

Les autres ſe rendront en ſilence à la Chapelle, où l'on chantera Matines, la premiere grande Meſſe, & Laudes.

Après l'Office de la nuit, tous ſe retireront en ſilence dans leurs quartiers, & ſe coucheront promptement.

Les Maîtres veilleront, avec le plus grand ſoin, à ce qu'il ne ſoit fait aucun repas, pendant cette nuit.

Le jour de Noel, le lever ſera à huit heures.

A huit heures & demie, on chantera Prime, & enſuite ſe dira la Meſſe de l'aurore, qui ſera une Meſſe baſſe.

Après cette Meſſe, déjeûner, & récréation dans les ſalles.

A dix heures, Tierce, la grande Meſſe, & Sexte.

Le reſte, comme aux autres Fêtes annuelles.

Le lendemain de Noel, le lever ſera différé juſqu'à ſept heures.

OFFICE DE LA SEMAINE-SAINTE.

Le Dimanche des Rameaux.

Déjeûner à ſept heures & demie.

A huit heures, la grande Meſſe.

Après la Meſſe, récréation dans les ſalles.

A onze heures, étude juſqu'au dîner.

Le reſte de la journée, comme les Dimanches ordinaires.

Le Mercredi-Saint, & les deux jours ſuivans.

Après le dîner, récréation juſqu'à deux heures.

A deux heures, étude.

A trois heures & demie, goûter.

A quatre heures, l'office de la nuit ſuivante, ou ténebres.

Après cet office, récréation juſqu'à ſix heures & demie.

A ſix heures & demie, étude juſqu'au ſouper.

Le Jeudi, le Vendredi & le Samedi-Saints.

Le lever, la priere, &c. comme les autres jours de congé.

A huit heures, le déjeûner.

A huit heures & demie, étude.

A neuf heures & demie, l'office du matin.

Après l'office, récréation jusqu'au dîner.

Le Vendredi-Saint.

A deux heures & demie, on prêchera la Paffion dans la chapelle.

Après la Paffion, on remontera dans les falles, pour y faire quelques lectures édifiantes jufqu'aux ténebres.

Le Samedi-Saint.

A une heure, Complies.

Enfuite promenade, fi le tems le permet.

Retour de la promenade & goûter à cinq heures.

Si le tems ne permet pas d'aller en promenade.

Après dîner, récréation jufqu'à deux heures.

A deux heures, étude.

A trois heures, Complies.

Après Complies, récréation dans les cours.

A quatre heures & demie, goûter dans les falles.

Le refte, comme les Dimanches.

FÊTE ET OCTAVE DU SAINT SACREMENT.

Le jour de la Fête du Très-Saint Sacrement.

La grande Meffe fe chantera à fept heures & demie.

Après la Meffe, déjeûner, & enfuite récréation dans les cours.

A dix heures, étude.

A onze heures & demie, récréation.

Après la grande Meffe, la porte de la chapelle donnant fur la rue fera ouverte, & les portes qui communiquent dans l'intérieur du College feront fermées.

Le Principal aura foin qu'il y ait deux domeftiques dans la chapelle pendant tout le tems qu'elle reftera ouverte.

Les proceffions qui viendront faire ftation dans la chapelle, feront reçues avec décence & piété par le Principal & les Sous-Principaux en robes, affiftés de deux Eccléfiaftiques en chappes, avec chacun un encenfoir, & deux Acolythes.

Les autres Eccléfiaftiques feront envoyés à la proceffion de la Paroiffe, fous la conduite du Préfet des hautes claffes, & des deux Maîtres de conférence.

Avant leur départ, ils déjeûneront dans l'un des réfectoires, où il leur fera donné du vin : il leur eft très-expreffément défendu de rien accepter à boire ou manger hors le College.

Les mêmes chofes feront obfervées le jour de l'Octave.

Le jour de l'Octave, la procession de la Faculté de Théologie sera reçue par le Principal, les Sous-Principaux & Préfets en robes, avec deux Ecclésiastiques en chappes & deux Acolythes ; tous les autres Ecclésiastiques assisteront en surplis.

Pendant toute l'Octave, l'étude du soir finira à cinq heures trois quarts ; ensuite conférence & répétition.

A six heures trois quarts, tous se rendront à la chapelle, modestement & en silence, pour assister au Salut.

Les jours de congé, on sera de retour de la promenade à six heures & demie, pour assister au Salut à six heures trois quarts.

Nous soussignés, Ambroise Riballier, Docteur de la Maison & Société de Sorbonne, Syndic de la Faculté de Théologie, & Grand-Maître du College Mazarin ; Charles Le-Beau & Jean-Nicolas Lallemand, Professeurs Emerites ; & Jacques Vallette Le-Neveu, Professeur Emerite, & ancien Recteur, nommés par Arrêts des 18 Janvier & 28 Août dernier, à l'effet de rédiger un projet de Reglement pour les Pensionnaires & Boursiers du College de Louis-le-Grand, Etudians dans la Faculté des Arts ; en exécution desdits Arrêts, & conformément aux Lettres Patentes enregistrées en la Cour, qui reglent l'état actuel dudit College, avons rédigé le projet de Réglement contenu en ce cayer, en quatre-vingt-huit pages, & par Nous paraphé à chaque page, que nous soumettons aux lumieres supérieures & à l'autorité de la Cour. A Paris, ce vingt - deux Novembre mil sept cent soixante-neuf. Signé, *Riballier*, *Lallemand*, *Le-Beau*, & *Vallette Le-Neveu*.

Oui le rapport de Me Léonard Sahuguet, Conseiller ; tout considéré :

NOTREDITE COUR a homologué & homologue le Projet de Réglement arrêté par lesdits Riballier, Le-Beau, Lallemand, & Vallette Le-Neveu, le 22 Novembre 1769, & concernant les Boursiers de la Faculté des Arts réunis dans le College de Louis-le-Grand, pour être ledit Réglement, exécuté selon sa forme & teneur ; ordonne cependant que les dispositions dudit Réglement, relatives aux qualités nécessaires aux Sous-Principaux, Préfets, Maîtres & Sous-Maîtres, n'auront leur exécution que vacance advenant desdites Places ; ordonne au surplus, que le présent Arrêt, ensemble ledit Réglement du 22 Novembre 1769, seront imprimés, & qu'il en sera, par notre Procureur Général, envoyé des copies duement collationnées, au Tribunal de l'Université, au Bureau d'Administration du College de Louis-le-Grand, & au Principal & Examinateurs des Boursiers réunis dans ledit College, pour qu'ils aient, chacun en ce qui les concerne, à s'y conformer. SI MANDONS mettre le présent Arrêt à exécution. DONNÉ en notredite Cour de Parlement, le quatre Décembre mil sept cent soixante-neuf, & de notre regne le cinquante-quatrieme. Collationné, REGNAULT. *Signé* DUFRANC.

Nota. Ce Réglement, ainsi que l'Arrêt qui l'homologue, a été adressé au Bureau d'Administration par M. le Procureur Général, & déposé aux archives, en exécution de la délibération du 22 dudit mois de Décembre.

VU

V U par la Cour la Requête préfentée par le Procureur Général du Roi, contenant qu'il lui a été remis deux Délibérations du Bureau d'Adminiftration du College de Louis-le-Grand, des 4 Janvier & 15 Février dernier, qui contiennent un Réglement pour les Bourfiers réfidens dans ledit College; que par l'examen qu'il a fait de ce Réglement, le Procureur Général du Roi a reconnu qu'il pourroit être très-utile pour maintenir le bon ordre, & en conféquence procurer le bien des Etudes, rendre de plus en plus utiles les fondations des Bourfes faites dans l'Univerfité, & maintenir un établiffement auffi utile que la réunion des Bourfiers dans le College de Louis-le-Grand. A CES CAUSES, requéroit le Procureur Général du Roi, qu'il plût à la Cour homologuer le Réglement arrêté par le Bureau d'Adminiftration du College de Louis-le-Grand le 15 Février 1781, ordonner qu'il fera exécuté felon fa forme & teneur, &, que, conformément au Réglement du 20 Août 1767, lefdites Délibérations des 4 Janvier & 15 Février 1781, ne feront pas inférées dans l'Arrêt à intervenir, mais demeureront annexées à la minute dudit Arrêt; ordonner que l'Arrêt à intervenir, enfemble lefdites deux Délibérations, feront imprimés, publiés & affichés dans le College de Louis-le-Grand, laquelle affiche fera réitérée deux fois tous les ans; favoir, au mois d'Oftobre à la rentrée des Claffes, & après les fêtes de Pâques; ordonner que le procureur Général du Roi enverra une expédition duement en forme de l'Arrêt à intervenir au Bureau d'Adminiftration du College de Louis-le-Grand, & aux Examinateurs des Bourfiers, pour être infcrit fur leurs regiftres & dépofé aux archives. Vu auffi lefdites Délibérations attachées à ladite Requête fignée du Procureur Général du Roi. Oui le rapport de Me Pommyer, Confeiller: Tout confidéré.

LA COUR a homologué & homologue le Réglement arrêté par le Bureau d'Adminiftration du College de Louis-le-Grand le 15 Février 1781, pour être exécuté felon fa forme & teneur, & conformément au Réglement du 20 Août 1767; ordonne que les deux Délibérations dont il s'agit ne feront point tranfcrites dans la préfente groffe, mais demeureront feulement annexées à la minute d'icelui; ordonne que le préfent Arrêt, enfemble lefdites deux Délibérations, feront imprimés, publiés & affichés dans le College de Louis-le-Grand, laquelle affiche fera réitérée deux fois tous les ans; favoir, au mois d'Oftobre à la rentrée des Claffes, & après les fêtes de Pâques; ordonne en outre qu'expédition duement en forme du préfent Arrêt fera, par le Procureur Général du Roi, envoyée au Bureau d'Adminiftration du College de Louis-le-Grand & aux Examinateurs des Bourfiers, pour être infcrit fur leurs regiftres & dépofé aux archives. Fait en Parlement le fix Mars mil fept cent quatre-vingt-un. Collationné LUTTON. *Signé* DUFRANC.

Extrait des Regiftres des Délibérations du Bureau d'Adminiftration du College de Louis-le-Grand.

Du 4 Janvier 1781.

S U R ce qui a été obfervé au Bureau, qu'il feroit très-important que tous les Bour-

I. Partie. Z

(marginal note:) ARRÊT *du 6 Mars 1781.* Portant homologation d'une Délibération du Bureau d'Adminiftration du Col- lege de Louis-le- Grand, relative aux Bourfiers.

A r r ê t
du 6 Mars 1781.
Pour le renvoi
des Boursiers.

siers du College fussent examinés pendant les deux années d'épreuve, & que ceux d'entr'eux qui seroient trouvés négligens, paresseux, incapables d'instruction & de progrès, incorrigibles, fussent renvoyés sur le champ, afin de ne conserver dans le College que des jeunes gens qui, par leur application & leurs progrès, deviennent capables d'être un jour utiles à l'Eglise & à l'Etat; que telle est l'intention formelle ou présumée (133) des différens Fondateurs des Bourses; qu'en outre plusieurs desdits Boursiers se persuadent que quand ils ont été définitivement admis, après les deux années d'épreuve, il n'est presque plus possible de les destituer de leurs Bourses; qu'à la faveur de cette opinion ils négligent étonnamment leurs devoirs & deviennent des mauvais sujets; qu'à la vérité le Réglement du 22 Novembre 1769, homologué au Parlement le 4 Décembre de la même année, autorise M. le Principal & les quatre Examinateurs à renvoyer les Boursiers pour des *causes graves*, & lorsqu'ils sont incorrigibles; mais qu'il paroîtroit nécessaire d'expliquer ces causes graves & de développer les cas où les Boursiers pourroient ou devroient être déclarés incorrigibles & destitués de leurs Bourses, suivant l'esprit des Réglemens déja intervénus à ce sujet: qu'il conviendroit, sans doute, de prendre une Délibération précise sur une matiere aussi intéressante, & de remettre ensuite cette Délibération à M. le Procureur Général, pour qu'il veuille bien en requérir l'homologation en la Cour.

Sur quoi la matiere mise en délibération,

Le Bureau a nommé MM. *le Président Rolland, de Villiers de la Noue, Rat de Mondon & Fourneau*, Commissaires, à l'effet de dresser un projet de Réglement à ce sujet, pour ledit projet, rapporté au premier Bureau du mois de Février, y être arrêté & l'exécution d'icelui ordonnée. *Signé au registre,* Le Cardinal de Rohan, Rolland, Tandeau de Marsac, Sainfray, de Villiers, Estienne, Rat de Mondon, Fourneau, Berardier & *Reboul.*

Du 15 Février 1781.

Messieurs les Commissaires nommés par Délibération du 4 Janvier dernier, pour dresser un projet de Réglement sur le renvoi des Boursiers, ont dit: qu'en exécution de ladite Délibération ils s'étoient assemblés & avoient rédigé un projet de Réglement dont ils alloient faire lecture au Bureau.

Sur quoi lecture faite dudit projet de Réglement, la matiere mise en délibération,

Le Bureau a unanimement arrêté le Réglement dont la teneur ensuit.

A r t i c l e p r e m i e r.

Les Boursiers seront examinés avec la plus grande exactitude, pendant les deux années d'épreuve portées par les Lettres Patentes du 19 Mars 1780; ceux desdits Boursiers qui, pendant la durée desdites deux années d'épreuve, seront déclarés ineptes

---

(133) Voyez ci-après dans la IIe Partie, article VIII du XVIIe Chapitre, la fondation faite par M. *Pourchot*, qui atteste la vérité de cette intention.

ou incapables d'inftruction & de progrès, négligens, indociles, incorrigibles, par le Principal & les quatre Examinateurs, à la pluralité des voix, feront renvoyés du College fans délai, après en avoir averti ou prévenu les correfpondans ou proches parens; & ils feront déclarés tels, d'après les témoignages des Principal, Profeffeurs ou Régens & Sous-Maîtres, fans qu'il foit befoin d'aucune autre formalité. Il en fera ufé de même à l'égard de ceux defdits Bourfiers qui, pendant lefdites deux années d'épreuve, & d'après les témoignages des Médecins & Chirurgiens du College, feroient reconnus d'une conftitution trop foible ou d'une fanté trop mauvaife pour pouvoir foutenir les exercices du College & l'application des études.

I I.

CEUX des Bourfiers qui auront été définitivement admis par le Principal & les Examinateurs, feront renvoyés pour des caufes graves; & lorfqu'ils feront trouvés incorrigibles, fuivant l'article XII du titre VI du Réglement du 22 Novembre 1769, homologué par Arrêt du 4 Décembre de la même année, & tout délit commis contre les mœurs, contre la religion & contre le bon ordre & la difcipline du College, l'intro-duction de mauvais livres dans ledit College, le refus opiniâtre de fe foumettre à la punition ou à la correction, l'infulte caractérifée faite aux Maîtres ou Sous-Maîtres, l'abandon qu'aucun defdits Bourfiers feroit de fon Maître ou Sous-Maître aux prome-nades, la fabrication ou fuppofition de fauffes lettres de leurs Correfpondans ou proches parens, les mauvais traitemens envers leurs condifciples, la déprédation & deftruction des effets mobiliers du College, &c. feront réputées autant de caufes graves, pour lefquelles les Bourfiers pourront être renvoyés du College par les Principal & Exami-nateurs, à la pluralité des deux tiers des voix; comme auffi feront réputés incorrigibles ceux defdits Bourfiers qui, après trois monitions faites, au moins de huitaine en hui-taine, pardevant les Principal & Examinateurs, & écrites fur un regiftre à ce unique-ment deftiné, de fe conformer aux Réglemens & à la police du College, & de s'acquitter de leurs devoirs de religion & d'étude, ne fe feroient pas corrigés; & les difpofitions du préfent article auront lieu contre tous les Bourfiers du College indiftinc-tement, foit qu'ils étudient en la Faculté des Arts ou dans les Facultés fupérieures. Il fera dreffé procès-verbal du renvoi ou de la deftitution defdits Bourfiers dans les cas ci-deffus énoncés, lequel procès-verbal fera infcrit fur ledit regiftre & figné par les Principal & Examinateurs.

I I I.

LES Correfpondans feront avertis de venir ou envoyer retirer inceffamment ceux defdits Bourfiers dont le renvoi auroit été prononcé en exécution des articles I & II ci-deffus, & faute par les Correfpondans de venir ou envoyer retirer lefdits Bourfiers dans les vingt-quatre heures après l'avertiffement, le Principal dudit College fera & demeurera autorifé à les faire conduire, par telle perfonne qu'il jugera convenable, chez chacun defdits Correfpondans.

I V.

LES Bourfiers, dont les Correfpondans viendroient à décéder ou à quitter Paris, feront tenus d'en fournir un nouveau dans le délai de trois mois, après l'avertiffement qui leur en aura été donné par M. le Grand-Maître temporel ; & ceux defdits Bourfiers qui, ledit délai expiré, n'auront pas fourni un nouveau Correfpondant, feront renvoyés du College.

V.

EXPÉDITION de la préfente Délibération, enfemble de celle du 4 Janvier dernier, fera délivrée à M. Sainfray, pour être par lui remife à M. le Procureur Général, lequel eft inftamment prié d'en requérir l'homologation en la Cour. *Signé au regiftre* LE CARDINAL DE ROHAN, DE SAHUGUET D'ESPAGNAC, ROLLAND, LEFEBVRE D'AMECOURT, SAINFRAY, DE VILLIERS, ESTIENNE, CHUPPIN, RAT DE MONDON, FOURNEAU, BERARDIER & *Reboul.*

Du 5 Mai 1780.

MESSIEURS *de Sainfray* & *Devilliers de la Noue* ont été nommés Commiffaires, pour, conjointement avec M. *le Grand Maître temporel*, rédiger un projet de Réglement contenant les fonctions dont fera chargé le fieur Hebert, en fa qualité de Contrôleur, & pour fixer invariablement les fonctions des différentes perfonnes attachées à l'adminiftration, pour ledit projet rapporté au Bureau, y être difcuté & arrêté par le Bureau.

Du 5 Juillet 1781.

MM. les Commiffaires nommés par délibération du 5 Mai 1780, pour fixer les fonctions du Contrôleur de M. le Grand-Maître temporel & des autres perfonnes attachées à l'Adminiftration ont dit, qu'ils avoient rédigé à ce fujet un projet de Réglement. Examen fait dudit projet, les fonctions du Secrétaire Archivifte & du Contrôleur de M. le Grand Maître temporel ont été arrêtées, ainfi qu'il s'enfuit, & la délibération pour le furplus a été continuée à la prochaine Affemblée.

RÉGLEMENT

Qui fixe les fonctions du Secrétaire-Archivifte.

Du Secrétaire. LE BUREAU ayant jugé à propos de réunir les deux places de Secrétaire & d'Archivifte, par fa délibération du 16 Mars 1769, le Réglement concernant le Secrétaire-Archivifte fera divifé en deux chapitres. Le premier contiendra fes fonctions comme Secrétaire, le fecond comme Archivifte.

CHAPITRE PREMIER.

Des fonctions du Secrétaire.

ARTICLE PREMIER.

LE Secrétaire affiftera à toutes les affemblées du Bureau, & rédigera par écrit toutes les délibérations, de maniere qu'elles foient en état d'être fignées à l'affemblée fuivante. Mais s'il y a des délibérations preffées, elles feront fur le champ portées fur le regiftre, pour être fignées avant la levée de la féance (134).

I I.

Il enregiftrera, fur le regiftre à ce deftiné, les Ordonnances qui auront été fignées à chaque affemblée, après lequel enregiftrement, il remettra lefdites Ordonnances à M. le Grand-Maître, & il aura foin de faire figner ledit regiftre à l'affemblée fuivante par celui de MM. les Adminiftrateurs qui aura préfidé le Bureau le jour qu'elles auront été fignées.

I I I.

Il remettra & délivrera des expéditions des délibérations à toutes les perfonnes qui feront mentionnées dans lefdites délibérations, & toutes les fois que l'ordre lui en fera donné par le Bureau.

I V.

Il notifiera les délibérations aux perfonnes auxquelles il fera ordonné par le Bureau ; & il remettra au Contrôleur du Grand Maître les devis, d'après lefquels le Bureau aura ordonné des réparations.

V.

Il écrira toutes les lettres ordonnées par le Bureau, & notamment en exécution de la Délibération du 5 Avril 1781 (135) celles relatives aux vacances des Bourfes, & fe conformera à ce fujet à la Délibération du 18 Décembre 1777 (136).

V I.

Il recevra les foumiffions des perfonnes qui fe préfenteront pour louer les maifons, biens de campagne, dîmes & autres revenus des Colleges réunis, & remettra lefdites foumiffions à MM. les Adminiftrateurs particuliérement chargés des Colleges qu'elles concerneront, pour qu'ils en faffent leur rapport au Bureau ; & il joindra à ces foumiffions le montant & la date des trois derniers baux des objets qui feront à louer.

V I I.

Il tiendra fecrettes les délibérations du Bureau, & gardera foigneufement les regiftres fur lefquels elles font infcrites, fans en donner communication à perfonne, ni confier lefdits regiftres à qui que ce foit, à moins d'un ordre exprès du Bureau.

V I I I.

Il gardera pareillement avec foin les regiftres des ordonnances & ceux des réparations.

I X.

Il fuivra l'exécution des affaires relatives à l'Adminiftration, tant au Confeil, comme *obtention de Lettres Patentes, Arrêts pour les coupes des bois,* &c. qu'au Parlement, *comme enregiftremens, homologations.*

---

(134) Délibération du 17 Août 1769, ci-après Chapitre V.
(135) Voyez cette Délibération ci-deffus *note* 98.
(136) Voyez ci-après dans cette Iere Partie, Chapitre XVII.

CHAPITRE II.

Des fonctions d'Archiviste.

ARTICLE PREMIER.

De l'Archiviste. EN exécution de la délibération du Bureau du 25 Septembre 1764, l'Archiviste ne donnera communication d'aucunes pieces déposées aux archives, & n'en délivrera des copies ou expéditions qu'en vertu d'une délibération du Bureau ; & quant aux originaux, ils ne pourront jamais sortir des archives qu'en exécution d'une délibération précise du Bureau ; & dans lesdits cas, il sera tenu de prendre des récépissés, conformément à ce qui est prescrit par l'art. 29 des Lettres Patentes du 21 Novembre 1763. Pourront cependant, MM. les Administrateurs, prendre communication des titres ou pieces, mais sans déplacer.

I I.

EN exécution de la délibération du 7 Juin 1765, il tiendra un registre des ensaisinemens, des contrats, ou jugemens translatifs de propriété des biens situés dans les Seigneuries & censives du College de Louis-le-Grand & Colleges y réunis, desquels titres il fera sur ledit registre un extrait pour tout ce qui pourra faire connoître la filiation des propriétaires, ainsi que les objets relevans des Colleges réunis, & mettra en marge de son extrait le nom du College dont dépendent les biens ensaisinés ; & il dressera lesdits ensaisinemens qu'il fera signer par MM. les Administrateurs particuliérement chargés des Colleges qu'ils concerneront, & par M. le Grand Maître.

I I I.

IL recevra les déprix, & se conformera pour les remises à ladite délibération du 7 Juin 1765.

I V.

IL veillera avec soin à la conservation des Seigneuries & censives des Colleges réunis, & il aura soin de faire passer des aveux, dénombremens & déclarations aux nouveaux propriétaires, à moins qu'elles ne soient relatives à des objets pour lesquels le Bureau auroit commis des personnes à cet effet.

V.

IL aura également soin de retirer du Notaire du Bureau, & de tous autres, les grosses des baux, & autres actes qui seront passés par le Bureau, ou qui pourront le concerner, auxquels il joindra l'état des maisons & autres objets que lui remettra le Contrôleur du Grand Maître temporel, & auquel il en donnera son récépissé, faisant mention du terme où chaque bail doit finir ; il aura également soin de se faire délivrer les Sentences & Arrêts qui pourront regarder les Colleges réunis, ainsi que des expéditions de tous les actes de quelque nature qu'ils soient, & qui seront passés pour & au nom d'un desdits Colleges réunis ; & de déposer toutes lesdites pieces aux archives ; & les Administrateurs, particuliérement chargés de chaque College, vérifieront de tems en tems, & au moins tous les quatre ans, à commencer en Janvier 1785, si ledit Secrétaire Archiviste s'est conformé au présent article & au précédent.

V I.

LORSQU'IL se présentera des affaires qui pourront entraîner des contestations judiciaires, ou qui seront relatives aux droits des Colleges réunis, il dressera, d'après les titres déposés aux archives, des mémoires qu'il remettra à MM. les Administrateurs particuliérement chargés des Colleges que lesdites affaires concerneront, pour qu'ils en faffent leur rapport au Bureau.

V I I.

IL sera chargé de la pourfuite des affaires contentieuses relatives à la propriété des biens & revenus des Colleges, & aux droits utiles ou honorifiques qui peuvent leur appartenir, desquelles affaires il tiendra un regiftre dans la forme prefcrite par la délibération du Bureau du 2 Septembre 1779. Il marquera fur ce regiftre les dates du commencement desdites affaires, leur fuite & leur fin, avec notes & renvois aux délibérations qui y auront rapport, & les noms des Officiers de Juftice chargés de ces affaires, de maniere qu'à chaque affemblée, MM. les Adminiftrateurs foient à portée de connoître en quel état font lefdites affaires, & ce qui en empêche la conclufion, pour la pourfuite defquelles affaires, il prendra les ordres de MM. les Adminiftrateurs particuliérement chargés des Colleges qu'elles concerneront.

V I I I.

IL tiendra un regiftre fur lequel il fera mention des titres & pieces en communication, foit fous récépiffés, foit aux Avocats & Procureurs du College pour l'inftruction des affaires contentieufes, le tout d'après les délibérations du Bureau, & fur lequel il infcrira les noms des perfonnes auxquelles elles auront été confiées, & lors de la remife des titres & pieces aux archives, il en déchargera ledit regiftre.

I X.

IL fe rendra tous les ans à l'Abbaye de Saint-Martin-aux-Bois pour y affifter à la vente de la coupe annuelle des bois; & les frais de fon voyage lui feront payés fur fon mémoire de lui certifié véritable; il y vérifiera les opérations du régiffeur, & remplira au furplus toutes les autres fonctions dont il fera chargé par le Bureau.

IL a été en outre arrêté que le fieur Reboul, Secrétaire Archivifte actuel du Bureau, chargé de dreffer l'inventaire des titres des différens Colleges, juftifiera tous les trois mois de la partie de travail qu'il aura fait fur cet objet, & à mefure que lefdits inventaires feront dreffés, il les remettra fur le Bureau, pour être communiqués à MM. les Adminiftrateurs fpécialement chargés des Colleges qu'ils concerneront, & par eux examinés avant qu'il en foit fait des copies; le tout ainfi qu'il a déja été pratiqué pour plufieurs Colleges.

RÉGLEMENT

Qui fixe les fonctions du Contrôleur du Grand-Maître temporel.

L'IMMENSITÉ du mobilier, les réparations locatives qui se multiplioient à l'excès dans l'intérieur du College, & dans les maisons des Colleges réunis, qui sont au nombre de cent soixante-six, produisant environ 175000 liv. de revenu annuel, ont nécessité l'Administration d'établir quelqu'un qui pût surveiller ces deux objets. C'est pour cela qu'a été créé, par l'article V des Lettres Patentes du 19 Mars 1780, la place de Contrôleur du Grand Maître temporel, & qu'il lui a été assigné un logement dans le College.

Les Administrateurs ont fait dresser & ont vérifié par eux-mêmes l'état du mobilier qui est dans chaque quartier; ils ont constaté que tout étoit en bon état de réparations locatives; ils ont fait dresser du tout des états doubles signés du Maître de Quartier qui a gardé un double par devers lui, & l'autre double sera remis audit Contrôleur.

D'après ces observations, le Bureau a arrêté que le Contrôleur du Grand Maître sera chargé,

ARTICLE PREMIER.

DE visiter très-souvent, au moins tous les trois mois, tous les Quartiers; de constater que les réparations locatives sont exactement faites, & que le mobilier est en bon état & est le même que celui porté sur les états, de remettre sur lesdits deux états un visa daté & signé de lui & du Maître de Quartier ou autres personnes chargées du mobilier; & ce, pour constater leur exactitude & mettre les Maîtres de Quartier, ou Boursiers, tels que Sacristains ou autres, & même les Domestiques, en état d'aller toucher leurs appointemens & gages.

I I.

DE se faire instruire des changemens & déplacemens qui surviendront dans les Maîtres, Boursiers ou Domestiques, à l'effet d'empêcher le déplacement d'aucun effet mobilier, & de connoître ceux qui se trouvent nouvellement chargés de ces détails.

I I I.

C'EST sur-tout à l'approche des vacances que ledit Contrôleur doit surveiller pour qu'aucun Maître ou Boursier n'emporte ou ne déplace aucun effet mobilier du College, quand même ce seroit pour le remettre dans un autre quartier ou chambre. Il doit pareillement tenir la main à ce que chaque Maître ou Boursier rende son quartier ou sa chambre en bon état de réparations locatives, & garnis des mêmes effets mobiliers qui lui ont été livrés, & faire remettre aux Maîtres toutes les clefs des quartiers & chambres vuides ou non occupés, personne en sortant du College ne devant emporter sa clef; en conséquence, lesdits Maîtres de Quartier & Boursiers occupans des chambres dans le College, ne pourront aller en vacance ni sortir du College qu'après la vérification ci-dessus ordonnée, dont ledit Contrôleur leur donnera son certificat qui sera nécessaire

à

à un chacun, pour recevoir le dernier quartier de leurs honoraires, soit en sortant, soit en allant en vacances; & M. le Principal n'accordera pareillement d'*exeat* aux Boursiers qu'après s'être fait représenter ledit certificat.

I V.

LA rentrée des classes exige du Contrôleur un redoublement de travail; il faut livrer les quartiers aux nouveaux Maîtres, prendre leurs signatures, connoître les Domestiques chargés du quartier, livrer les chambres aux Boursiers, suivant l'indication de M. le Principal, & s'assurer par de nouvelles signatures de l'existence & de la conservation du mobilier.

V.

LEDIT Contrôleur se mettra en état de rendre compte de son travail toutes les fois que le Bureau le jugera convenable, & notamment aux seconds Bureaux de Janvier, d'Avril, de Juillet, & aux Bureaux de Septembre & d'Octobre.

V I.

LEDIT Contrôleur sera tenu de visiter pareillement, une fois par an seulement, les appartemens occupés par tous ceux qui tiennent des logemens du Bureau d'Administration, ou qui dans leurs appartemens ont un mobilier dépendant de l'Administration; & ce, pour constater le bon état des effets appartenans au College de Louis-le-Grand. Il est à observer que les logemens & appartemens dépendans de l'Université ne sont pas compris dans le présent article.

V I I.

LEDIT Contrôleur sera chargé de vérifier les réparations demandées par les locataires des maisons dépendantes des Colleges. Il examinera avec l'Architecte du Bureau l'utilité & la nécessité de ces réparations, & avisera avec ledit Architecte aux moyens de les faire avec le moins de dépenses possibles, mais cependant avec solidité. Il remettra aux Administrateurs particuliérement chargés de chaque College les devis qui auront été dressés par l'Architecte du College.

V I I I.

LORSQUE le Bureau aura jugé à propos d'ordonner des réparations, d'après les devis énoncés en l'article précédent, le Secrétaire du Bureau remettra lesdits devis audit Contrôleur, après que mention aura été faite sur iceux, ainsi que sur le registre à ce destiné de la délibération du Bureau; le tout conformément à l'article V du tit. V du Réglement de 1767. Ledit Contrôleur sera alors tenu de faire avertir les ouvriers (nécessaires pour faire les réparations mentionnées dans les devis), d'aller prendre les ordres de l'Architecte auquel il fera passer lesdits devis, mais après en avoir conservé une note.

I X.

PENDANT la confection desdites réparations, ledit Contrôleur veillera à ce que les ouvriers se conforment aux devis adoptés par le Bureau, & s'il s'appercevoit de quelque négligence ou mal façon de la part des ouvriers, il en avertira l'Architecte, & même, si le cas le requéroit, les Administrateurs particuliérement chargés du département dont dépendroit la maison où se feroient lesdites réparations.

I. Partie.   A a

X.

Un des objets les plus importans des fonctions dudit Contrôleur, est la confection de l'état des lieux à faire signer par les différens locataires. En conséquence, ledit Contrôleur vérifiera avec le Secrétaire Archiviste les états qui sont aux archives, en exécution des précédentes délibérations, & fera dresser par l'Archiviste du Bureau l'état de toutes les maisons dont il n'en trouvera pas un signé par les principaux locataires, & après que l'Architecte lui en aura remis les deux doubles, il les vérifiera avec le Principal locataire, les lui fera signer, lui en laissera un, & remettra l'autre au Secrétaire Archiviste pour être déposé aux Archives, dont il se fera donner un reçu par ledit Secrétaire Archiviste, qui dans son reçu datera la fin de l'expiration du bail de chaque maison. Les frais nécessaires pour rédiger lesdits états seront payés par lesdits locataires ; quant à ceux qui en sont chargés par leurs baux, & quant aux autres, par le College dont dépendra la maison.

X I.

D'après les reçus qui seront donnés audit Contrôleur par le Secrétaire Archiviste, en exécution de l'article précédent, ledit Contrôleur connoîtra la fin du bail de chaque maison ; il aura soin, avant son expiration, de vérifier l'état des lieux, & de constater ce qui pourroit y manquer, dont il fera faire l'estimation par l'Architecte du Bureau, & la remettra à M. le Grand Maître temporel, pour qu'il en fasse payer le montant aux locataires. Et après le renouvellement des baux, ledit Contrôleur aura soin de faire signer un nouvel état aux nouveaux locataires ou à l'ancien qui auroit renouvellé sa location.

X I I.

Ledit Contrôleur visitera de tems en tems, & au moins deux fois par an, toutes les maisons des Colleges réunis, dont il lui sera donné incessamment un état par le Secrétaire Archiviste, pour s'assurer que les locataires en usent en bons peres de famille ; qu'ils n'y introduisent pas des personnes prohibées par leurs baux, & toutes autres qui pourroient troubler la tranquillité publique.

X I I I.

Dans le cas où le Bureau jugeroit à propos de charger ledit Contrôleur de se transporter dans les biens de campagne, il sera tenu de le faire, & d'y remplir la mission qui lui sera donnée ; mais dans ce cas, il lui sera tenu compte des frais de son voyage, d'après son mémoire de lui certifié véritable.

X I V.

Ledit Contrôleur s'acquittera au surplus de toutes les autres fonctions dont il sera chargé par le Bureau ; à l'effet de quoi, ainsi que pour être à portée de donner au Bureau tous les éclaircissemens dont il pourroit avoir besoin, il sera tenu de se trouver à tous les Bureaux, même à ceux qui n'auroient pour objet que l'arrêté des comptes. Il se rendra avant MM. les Administrateurs dans la salle d'assemblée, & lorsque MM. les Administrateurs prendront place pour commencer leurs délibérations, il se retirera dans la chambre du Conseil, où il restera tant que durera l'assemblée, pour être plus à portée Du Contrôleur du Grand-Maître temporel. d'entrer au Bureau, s'il y étoit mandé ; & il ne pourra se retirer qu'après la levée du Bureau.

Du 19 Juillet 1781.

LE Bureau continuant en exécution de son arrêté du 5 du présent mois la délibération sur le compte de MM. les Commissaires nommés le 5 Mai 1780, pour fixer les fonctions des personnes attachées à l'Administration, a arrêté, ainsi qu'il s'ensuit, les fonctions de l'*Econome*, du *Caissier*, & du *Contrôleur de la Caisse.*

RÉGLEMENT

Qui fixe les fonctions de l'Econome.

CET Officier est un des plus importans de l'Administration, il en est en quelque façon De l'Econome. l'œil & la main, il doit être exempt de tous reproches & même de tous soupçons, il ne doit point perdre de vue que de son plus ou moins d'intelligence, d'application, ou d'exactitude, il en peut résulter pour le College de Louis-le-Grand des bénéfices ou des préjudices considérables ; que dans une Administration aussi immense il ne doit négliger aucuns détails, & qu'il doit employer la totalité de son tems aux fonctions dont il est chargé.

D'après ces vues générales, les fonctions de l'Econome peuvent se réduire à dix-sept objets.

ARTICLE PREMIER.

IL se conformera à la conduite qu'a toujours tenue l'Econome actuel ; en conséquence il résidera habituellement dans le College, dont il ne sortira que pour faire les emplettes nécessaires, & aura soin de tout acheter de la premiere main : dans le cas cependant soit de maladie, soit d'absence forcée & approuvée par les Administrateurs spécialement chargés du College de Louis-le-Grand, lesdits Administrateurs nommeront, par provision, quelqu'un pour remplir ladite place, & ce jusqu'au premier Bureau qui statuera ; & en cas d'absence de tous lesdits Administrateurs, il y sera pourvu provisoirement par le Grand-Maître Temporel.

II.

LORSQUE ledit Econome aura rempli pendant dix ans ladite place à la satisfaction du Bureau, il lui sera accordé, s'il le demande, un *Aide*, lequel sera choisi par le Bureau, d'après l'indication dudit Econome & les informations qui en seroient faites. Il ne pourra être renvoyé que par le Bureau. Cet Aide sera, dans le cas d'absence ou maladie, ci-dessus spécifié, le suppléant naturel de l'Econome ; au surplus ledit Aide sera absolument subordonné à l'Econome, & sera tenu de s'acquitter de tout ce qui lui sera prescrit par l'Econome.

III.

LEDIT Aide sera logé dans le College, dans l'appartement qui sera fixé ; il sera nourri,

De l'Econome. & mangera avec l'Econome, & aura 600 liv. d'appointement, & trois voies de bois, sauf à lui être accordé des gratifications, si le Bureau le juge à propos (137).

I V.

Ledit Econome se conformera exactement, tant pour la tenue de son sommier que pour la qualité & la quantité de la nourriture, à ce qui a été pratiqué jusqu'à présent par l'Econome actuel, sous les yeux des Administrateurs & par les ordres du Bureau, & surtout il se pénétrera bien des observations faites jusqu'à ce moment & qui seront continuées ; observations dont le Bureau a tellement reconnu l'importance, que par délibération du 5 du présent mois, il a chargé l'Econome de les réunir, de les déposer aux archives, & d'y ajouter chaque année les observations nouvelles qui seront faites.

V.

Les plats doivent être de dix personnes : l'Econome veillera à la cuisine, lors de la distribution des plats, afin qu'ils soient faits convenablement : sur-tout les jours de congés, il s'assurera en allant dans les réfectoires, que les plats soient complets, & s'ils ne l'étoient pas, il priera MM. les Principal ou Sous-Principaux, & autres qui présideroient aux réfectoires, de les completter : au surplus, quant à la nourriture, il se conformera aux délibérations du Bureau réunies dans le Chapitre X de la premiere partie du Recueil, dont le Bureau a ordonné l'impression le 28 Mai dernier.

V I.

Il vérifiera avec le plus grand soin les fournitures qui seront faites par les Marchands avec lesquels il aura été fait des marchés, pour constater si les fournitures sont conformes aux marchés, tant pour la qualité que pour la quantité, & pour éviter toutes difficultés avec les fournisseurs, il leur fera tenir un livret qui restera entre leurs mains, & sur lequel il écrira tout ce qu'il recevra d'eux.

V I I.

Il ne pourra, sous aucun prétexte, recevoir aucun présent d'aucuns Fournisseurs ou Marchands.

V I I I.

Le College de Louis-le-Grand payant comptant tous ses achats, l'Econome est à portée de faire des marchés à meilleur compte ; cette observation très-importante dans le com-

---

(137) Le 2 Août 1781 il a été pris la Délibération suivante :

» Le sieur Heron, Econome, entré, a remercié le Bureau d'avoir bien voulu lui accorder un
» Aide ; mais se trouvant encore en état de remplir toutes ses fonctions, il a supplié le Bureau
» de lui donner, pour le moment, au lieu d'un Aide, un Commis aux mêmes appointemens,
» & qui sera également nourri, espérant que le Bureau voudra bien lui laisser entièrement le
» choix de ce Commis & la liberté entiere de le conserver ou renvoyer quand il le jugera à propos.
» Lui retiré.
» La matiere mise en délibération.

Le Bureau a accordé en totalité au sieur Heron sa demande, il a été en outre arrêté que
» le Commis de l'Econome auroit le même traitement qui avoit été accordé à son Aide par la
» Délibération du Bureau du 19 Juillet dernier, & que ses gages coureront du premier du mois ».

De l'Econome.

merce n'échappera pas à l'Econome qui aura foin d'en faire ufage avec toutes les perfonnes vis-à-vis defquelles il fera fait des marchés.

I X.

Il aura foin de faire l'achat des farines dans les tems les plus favorables, & des Marchands qui fourniffent de la meilleure qualité; il s'en fournira autant qu'il lui fera poffible
d'en placer dans le magafin actuel. Il fera avifé par le Bureau, à donner plus d'efpace
audit magafin, en y réuniffant la falle où eft actuellement la claffe de Logique, ce qui
ne pourra avoir lieu qu'en tranfportant ladite Claffe dans quelques-unes des falles occupées par l'Univerfité, notamment dans celle des grands Meffagers.

X.

LORSQU'IL fera queftion de choifir un *Geindre*, il aura foin de n'indiquer au Bureau
que quelqu'un qui fache lire & écrire, & même calculer, le tout cependant fans préjudice du Geindre actuel, qui vu fon ancienneté, fon affiduité & fa probité, fera confervé.

X I.

S'IL eft opportun de faire des provifions de farine & de bois, il eft plufieurs autres
objets, notamment le vin, les épiceries & le deffert, dont il eft plus utile de ne point
faire de provifions & de s'en fournir en détail & prefque jour par jour, on évite par ce
moyen la confommation inutile, ainfi que la détérioration qui, fur-tout pour les objets
comeftibles, peut provenir non-feulement de l'infidélité, mais même de la négligence
des Domeftiques.

X I I.

La vigilance fur les Domeftiques eft un des objets importans de l'Econome; il aura
foin que pour ce qui le concerne, ils rempliffent exactement leur devoir; il veillera fur-
tout avec le plus grand foin fur ceux de la Cuifine, de la Boulangerie, de la Pâtifferie;
s'il s'appercevoit relativement aux autres Domeftiques de quelques abus, même dans
les objets dont il n'eft pas chargé, il en avertira M. le Principal. Ledit Econome pourra
punir tous les Domeftiques qui lui font fubordonnés, foit par amende au profit des
Pauvres, foit autrement, fuivant l'exigence des cas; mais en cas d'infidélité ou de déprédation confidérable, il en rendra compte à M. le Principal, & aux Adminiftrateurs
particuliérement chargés du College de Louis-le-Grand; au furplus, il doit s'occuper
d'allier, vis-à-vis de tous ceux qui lui font fubordonnés, la bonté avec la fermeté, c'eft le
moyen de réuffir à s'en faire aimer, refpecter & craindre.

X I I I.

QUOIQUE par le Réglement des fonctions du Contrôleur du Grand-Maître temporel,
arrêté le 5 du préfent mois, cet Officier ait été chargé de conftater avec les Maîtres &
autres perfonnes chargées du mobilier, les effets dont ils feront refponfables, l'Econome
n'en eft pas moins chargé de tenir un regiftre exact de ce mobilier, mais qui contiendra
feulement fes quantités, fans fpécifier les lieux où il fera placé, & l'Econome fera le feul
chargé de l'entretien & réparation dudit mobilier pour les objets qui font à la charge du
College, dépenfe qu'il ne fera que d'après la note du Contrôleur du Grand-Maître, fur

De l'Econome. laquelle il prendra les ordres, foit du Bureau, foit des Adminiftrateurs particuliérement chargés du College de Louis-le-Grand.

X I V.

IL fera pareillement chargé des couverts & des gobelets des Maîtres, des Bourfiers : il ne les remettra aux Bourfiers que d'après le certificat de leur admiffion délivrée par le Contrôleur de la Caiffe ; fe conformera au furplus, quant à cet objet, aux Réglemens faits par le Bureau, & qui feront imprimés dans le neuvieme Chapitre de la premiere Partie du Recueil mentionné, article 5 ci-deffus.

X V.

IL préfentera tous les ans au Bureau, dans une des deux Affemblées qui fe tiennent au mois de Juillet, l'état des dépenfes à faire, foit pour le renouvellement, foit pour l'entretien du mobilier du College, en lits, linges, batteries de cuifine, ou autres chofes quelconques.

X V I.

L'ECONOME veillera à ce qu'il ne foit fourni de la Cuifine, Boulangerie, Pâtifferie & Sommellerie, aucune chofe que ce qui a été délibéré, & pour éviter l'abus à cet égard, il remettra inceffamment à MM. les Adminiftrateurs, particuliérement chargés du College de Louis-le-Grand, un état de toutes les perfonnes auxquelles il eft fourni la nourriture en tout ou en partie, mais feulement de ceux qui ne mangent pas au ré- feétoire ; pour fur ledit état être par le Bureau délibéré ce qu'il jugera à propos : au fur- plus ledit Econome continuera d'avoir dans fes regiftres, un chapitre particulier pour les extraordinaires, & il fera également par la fuite délibéré fur cet objet, s'il y a lieu.

X V I I.

EN exécution des articles XXIII de la Délibération du 5 Mai 1769, 16 de celle du 30 Mai 1770, & 14 de celle du 2 Septembre 1779, ledit Econome aura foin de faire chaque année, à la fin de fon compte, un réfumé d'icelui, où il portera 1°. un état du nombre des perfonnes qui auront été nourries dans le College mois par mois ; 2°. un autre état contenant le prix des bleds ou farines confommées pendant l'année claffique, dont il rendra compte, en y joignant les frais relatifs auxdits bleds & farines, ainfi que toutes les dépenfes relatives à la Boulangerie, pour fixer le prix commun du pain pen- dant l'année ; 3°. les prix fuivant lefquels on paie aux différens Fourniffeurs, le vin, la viande, les épiceries, le beurre & œufs, chandelles, charbon, bois, & généralement tous les objets de confommation pour lequel il a été fait des marchés avec les différens Fourniffeurs, & même, s'il eft poffible, les prix communs qu'auront coûté pendant l'année claffique les commeftibles, pour lefquels il n'y a point de marchés ; il marquera la quantité de bois qui aura été confommé, foit dans les Bureaux, foit dans les quartiers, les chambres des Maîtres, & quant à cet objet, il rappellera en détail ce qui eft accordé à chacun ; il finira ce tableau en réuniffant toutes les dépenfes, les divifant enfuite par jour & par perfonne, pour que l'on fache combien chaque perfonne a coûté par jour.

RÉGLEMENT

Pour fixer les fonctions du Caissier, du Contrôleur de la Caisse.

COMME il y a plusieurs objets qui sont communs à l'un & à l'autre, on divisera le Réglement en trois Chapitres. Dans le premier, on fixera les fonctions qui leur sont communes ; dans le second, on déterminera celles du *Caissier* ; & dans le troisieme, celles du *Contrôleur de la caisse.* Du Caissier & du Contrôleur de la Caisse.

CHAPITRE PREMIER.

Des fonctions communes au Caissier & au Contrôleur de la Caisse.

ARTICLE PREMIER.

Ils seront tenus d'être exacts de se rendre au Bureau tous les matins, d'y rester depuis huit heures & demie, au plus tard, jusqu'à midi & demi, sonné ; & toutes les après-midi, depuis trois heures & demie ou quatre heures, au plus tard, jusqu'à huit heures sonnées, à l'exception des Dimanches & Fêtes ; car les Fêtes particulieres à l'Université, ne les dispenseront pas de se trouver au Bureau. Ils auront soin d'employer la totalité du tems qu'ils seront dans le Bureau, aux fonctions prescrites dans le présent Réglement, & emploieront le tems qui leur restera à faire les copies des comptes, & autres copies, pour éviter, s'il est possible, d'avoir des Copistes ou Commis aux écritures.

I I.

L'ARTICLE précédent sera commun à tous ceux qui travailleront dans les Bureaux, à quelque titre que ce soit, & aura lieu l'hiver comme l'été.

I I I.

LESDITS Caissiers & Contrôleurs de la caisse seront égaux entr'eux ; & dans le cas de maladies ou d'affaires, ils se suppléeront réciproquement, à moins que le Bureau ou M. le Grand-Maître ne jugent à propos, dans les cas d'absences longues, ou de maladies, de commettre quelqu'un pour remplir les fonctions de celui qui ne pourra pas s'en acquitter.

I V.

ILS seront l'un & l'autre dépendans de M. le Grand-Maître temporel, qui, vacance advenant desdites places, présentera un Sujet au Bureau pour les remplir ; & si le Sujet n'étoit pas agréé par le Bureau, ledit Grand-Maître temporel sera tenu d'en présenter un autre.

V.

M. le Grand-Maître ne pourra remercier lesdits Caissiers ou Contrôleurs de la caisse, qu'avec l'agrément du Bureau, qui pourra même, malgré M. le Grand-Maître, les remercier, s'il en étoit ainsi délibéré.

V I.

Il ſera cependant loiſible, dans les cas urgens, audit Grand-Maître de ſuſpendre, par proviſion, leſdits Caiſſier ou Contrôleur de la caiſſe de leurs fonctions, & de commettre une autre perſonne pour les remplir ; le tout ſeulement juſqu'à la tenue du prochain Bureau ; & même, dans ce cas, s'il ſe trouvoit à Paris un des Adminiſtrateurs particuliérement chargé du College de Louis-le-Grand, ledit Grand-Maître ſera tenu de prendre auparavant ſon avis, & de ne rien faire que d'accord avec lui.

V I I.

Lorsque ledit Caiſſier ou Contrôleur de la caiſſe auront à s'abſenter, ce qui leur ſera permis de faire une matinée par ſemaine, & uniquement pour vaquer aux affaires dont ils ſont chargés (à l'exception des trois premieres ſemaines de chaque trimeſtre, qu'ils ne pourront abſolument quitter), ils ſeront tenus d'en prévenir auparavant M. le Grand-Maître temporel, & même d'avoir ſon conſentement ; & ils auront ſoin de ſe laiſſer réciproquement des quittances, d'eux ſignées, pour que le ſervice du public n'en ſouffre point.

V I I I.

Les jours de Bureau, ordinaires ou extraordinaires, même les jours de Bureau de compte, ils ne pourront ſe retirer qu'après la levée du Bureau, & de la part de tous MM. les Adminiſtrateurs.

I X.

Lesdits Caiſſier ou Contrôleur de la caiſſe continueront de tenir chacun un regiſtre particulier ; celui du Caiſſier s'appellera *Journal*, & celui du Contrôleur s'appellera *Contrôle du Journal*. Ils auront, chacun, ſoin d'écrire, de ſuite & ſans aucun blanc, ſur ledit regiſtre dont ils ſeront chargés, tous les articles de recette & de dépenſe qui ſeront faites par le Caiſſier, de ſorte que MM. les Adminiſtrateurs puiſſent, à chaque inſtant, ſavoir, d'après ce regiſtre, l'état de la caiſſe générale. Leſdits regiſtres continueront d'être cotés & paraphés par l'un des Adminiſtrateurs chargés du College de Louis-le-Grand ; & à défaut de l'un d'eux, par M. le Subſtitut. Ces regiſtres ſeront renouvellés tous les ans au 1er Octobre : on ſe ſervira cependant de l'ancien regiſtre, & ce, juſqu'au 31 Décembre incluſivement, pour écrire la recette & dépenſe relatives à l'année claſſique précédente ; mais au 1er Janvier, les regiſtres anciens ſeront totalement clos & arrêtés ; il ne pourra plus y être inſcrit aucun objet.

X.

Lesdits regiſtres ſeront, chaque jour de Bureau ordinaire, arrêtés par un Adminiſtrateur, qui ſera, chaque année, au mois de Décembre, nommé à cet effet. Cet Adminiſtrateur vérifiera avec ſoin ſi leſdits regiſtres journaux & de contrôle ſe correſpondent exactement, le tout ſans préjudice des vérifications que tous les Adminiſtrateurs, ainſi que M. le Grand-Maître, pourront faire toutes fois & quantes ils le jugeront à propos ; à l'effet de quoi, leſdits Caiſſier & Contrôleur de la caiſſe ſeront obligés de repréſenter leurs regiſtres auxdits Adminiſtrateurs & Grand-Maître toutes les fois qu'ils en ſeront requis.

X I.

TOUTES les quittances qui feront données aux fermiers & locataires, ou débiteurs des Colleges réunis, continueront d'être numérotées, en commençant chaque trimeftre, par le Nº 1. Elles continueront pareillement d'être fignées du Grand-Maître temporel, vifées du Caiffier, & contrôlées par le Contrôleur de la caiffe. S'il fe trouvoit des quittances qui ne fuffent que vifées ou que contrôlées, celui des deux dont la fignature fe trouveroit appofée auxdites quittances, en répondra perfonnellement.

X I I.

LES perfonnes qui fe préfenteront à la caiffe pour payer, s'adrefferont au Caiffier, qui recevra leur argent, & leur donnera fon récépiffé, d'après lequel le Contrôleur remplira la quittance fignée de M. le Grand-Maître. Le Contrôleur l'enregiftrera & la remettra au Caiffier, qui la vifera & la donnera à celui qui aura payé. Faute de la mention du contrôle faite par le Contrôleur, la quittance ne feroit pas réguliere. Toute quittance qui ne feroit pas munie des trois fignatures, fera nulle : en conféquence, il eft expreffément défendu auxdits Caiffier ou Contrôleur de la caiffe, de donner jamais en leur nom aucune quittance ; & s'il s'en trouvoit, elle leur feroit perfonnelle, fauf au Bureau à y délibérer fuivant l'exigence des cas.

X I I I.

CEUX qui au contraire viendront pour recevoir, doivent, en premier lieu, s'adreffer au Contrôleur, qui examinera leurs pieces ; fi elles font en bonne forme, il les vifera, portera la quittance fur fon regiftre, & remettra lefdites pieces à ceux qui les lui auront préfentées, pour enfuite fe faire payer à la caiffe ; & le Caiffier ne doit payer que d'après la mention du Contrôle mife par le Contrôleur fur la quittance, en obfervant néanmoins que, dans le cas où les paiemens fouffriroient quelques difficultés, & pour éviter de porter & enfuite d'effacer fur les regiftres quelques articles (attendu que la dépenfe eft toujours portée avant que les paiemens ne foient faits) le Contrôleur fe concertera avec le Caiffier fur l'approbation ou rejet des pieces au foutien defdits paiemens, le caiffier ayant le droit d'examiner & critiquer les pieces, pour la plus grande fûreté du Grand-Maître, au nom duquel tous les paiemens fe font.

X I V.

LORSQUE les fucceffeurs de quelques rentiers, ou autres perfonnes fe prétendant créancieres d'un des Colleges réunis, viendront pour fe faire payer d'un objet qui ne fera pas connu defdits Caiffier & Contrôleur, & qu'en conféquence ils n'auroient pas encore payé, fi le créancier n'eft pas porteur d'une ordonnance du Bureau, lefdits Caiffier & Contrôleur de la caiffe ne pourront le payer qu'après en avoir référé à M. le Grand-Maître ; lequel, après avoir examiné les pieces juftificatives de la créance, vifera la quittance, qui n'en fera pas moins fujette aux formalités prefcrites par l'article précédent.

X V.

LESDITS Caiffier & Contrôleur de la caiffe rempliront avec exactitude tout ce

1. Partie. B b

Du Caiffier &
du Contrôleur de
la Caiffe.

qui leur eft prefcrit dans le préfent Chapitre & les deux fuivans, ainfi que ce qui leur fera ordonné par le Bureau.

CHAPITRE II.

Des fonctions du Caiffier.

ARTICLE PREMIER.

OUTRE le regiftre Journal que le caiffier eft tenu d'avoir, en exécution de l'article IX du Chapitre précédent, & qu'il doit tenir, fuivant qu'il eft prefcrit audit Chapitre, il continuera d'avoir un fommier, d'après lequel il rendra, jour par jour, compte à M. le Grand-Maître de fa recette & de fa dépenfe, & ce fommier fera tous les jours arrêté par le Grand-Maître, lequel eft chargé de ne jamais laiffer entre les mains du Caiffier plus de 3000 liv.

II.

LEDIT Caiffier ne pourra jamais, fans une autorifation expreffe & par écrit de M. le Grand-Maître, recevoir aucuns billets, lettres-de-change ou effets, de quelque nature qu'ils foient ; & fi ledit Grand-Maître autorife le Caiffier à en recevoir, ledit Grand-Maître demeurera, vis-à-vis l'Adminiftration, perfonnellement refponfable defdits effets.

III.

IL fera chargé de veiller aux paiemens des fermiers, locataires, rentiers, ou autres débiteurs des Colleges réunis, fans qu'il lui foit permis de laiffer arriérer les locataires de plus de fix mois, & les fermiers d'une année fur l'autre ; les rentiers & autres dans la même proportion, de laquelle claufe il fera autorifé à prévenir lefdits débiteurs, & même à les faire affigner, après cependant avoir pris les ordres des Adminiftrateurs.

IV.

IL fera auffi tenu de veiller aux paiemens & renouvellemens des reconnoiffances des rentes foncieres & des cens, & de former les oppofitions, d'après la délibération du 2 Septembre 1779 (138) ; il fera chargé de fuivre les procès pour le paiement des arrérages ; mais fi la propriété de ces objets eft conteftée, c'eft alors l'Archivifte qui doit fuivre ces procès, fuivant qu'il en eft chargé par l'article VII du réglement de fes fonctions, arrêté le 5 du préfent mois.

V.

IL doit pareillement fuivre la rentrée des reprifes, tant anciennes que nouvelles, & même les conteftations relatives à ces objets, fi ce n'eft que la propriété fût conteftée ; car alors cette conteftation regarderoit l'Archivifte, ainfi qu'il eft mentionné en l'article précédent.

VI.

EN CONSEQUENCE, ledit Caiffier tiendra un regiftre des conteftations mentionnées dans les trois articles précédens, & ce, dans la forme prefcrite par ladite délibération du

---

(138) Voyez ci-après Chapitre V de cette Partie.

Bureau du 2 Septembre 1779 (139) ; il marquera ſur ce regiſtre les dates du commen-cement deſdites affaires, leurs ſuites & leur fin, avec notes & renvois aux délibérations qui y auront rapport, & les noms des Officiers de Juſtice chargés de ces affaires, de maniere qu'à chaque aſſemblée MM. les Adminiſtrateurs ſoient à portée de connoître en quel état ſont leſdites affaires, & ce qui en empêche la concluſion : pour la pour-ſuite deſquelles affaires il prendra les ordres de MM. les Adminiſtrateurs particuliére-ment chargés des Colleges qu'elles concerneront.

V I I.

M. le Grand-Maître remettra audit Caiſſier toutes les oppoſitions qui pourroient être faites entre ſes mains, il aura ſoin de les faire porter ſur un Regiſtre qui ſera uniquement deſtiné à cet objet, & ſignera ſur ledit Regiſtre conjointement avec ledit Caiſſier, chaque article d'oppoſition, ledit Caiſſier ſera reſponſable des paiemens qu'il fera au préjudice des oppoſitions qui ſeront inſcrites ſur ſon livre, & M. le Grand-Maître ſera reſponſable de ceux qui ſeront faits au préjudice des oppoſitions non inſ-crites ſur ledit Regiſtre.

V I I I.

Il ſera laiſſé audit Regiſtre, qui ſera paraphé par le Grand-Maître, une grande marge pour y inſcrire les mains-levées qui ſeront données deſdites oppoſitions.

CHAPITRE TROISIEME.

Des fonctions du Contrôleur de la Caiſſe.

ARTICLE PREMIER.

LEDIT Contrôleur continuera d'être chargé de porter chaque article de recette & de dépenſe qui ſeront inſcrits ſur ſon Regiſtre du Contrôle en exécution de l'article IX du Chapitre premier ci-deſſus, ſur les Regiſtres particuliers des différens Colleges & Fondations, afin que l'on puiſſe connoître tous les jours leur ſituation & ſçavoir s'ils ont des fonds en caiſſe, ou s'ils doivent à la caiſſe, & leſdits Regiſtres ſeront arrêtés en même tems que ceux mentionnés article X du Chapitre premier ci-deſſus.

I I.

DE plus ledit Contrôleur de la caiſſe continuera à être obligé de tenir pour chaque College un Regiſtre particulier de leurs biens, ſur lequel ſeront inſcrits, à la ſuite de chaque article, les ſommes payées par les Débiteurs, Fermiers ou Locataires, pour qu'en examinant ce livre les Adminiſtrateurs voient à l'inſtant ceux qui ſeront en retard de payer & ce qu'ils devront, les baux, leur date, les conditions qui y ſeront portées & leur prix ſeront inſcrits ſur ces Regiſtres qui ſeront paraphés par l'un des Adminiſ-trateurs chargés de chaque Collége.

(139) Voyez cette Délibération dans le Chapitre ſuivant.

I I I.

Conformément à ce qui eſt preſcrit par la délibération du 17 Mai 1781, le Contrôleur remettra tous les ſeconds Bureaux de chaque mois, ainſi qu'au Bureau d'Octobre & Novembre, aux Adminiſtrateurs particuliérement chargés du College de Louis-le-Grand, un bordereau général de la caiſſe ; & au deuxieme Bureau de Janvier, Avril, Juillet, & au Bureau du mois d'Octobre, il remettra en outre aux Adminiſtrateurs de chaque département un bordereau de caiſſe de leur College, en obſervant que les bordereaux de Novembre & Janvier ſeront doubles, un pour l'année claſſique finie, un pour l'année claſſique courante.

I V.

Il dreſſera les comptes du College de Louis-le-Grand & des Colleges & Fondations y réunis, ſur ſes Regiſtres & ſur les piéces qui lui ſeront remiſes par M. le Grand-Maître, & les préſentera exactement (dans le tems preſcrit par le Réglement de 1767) au Bureau d'Adminiſtration pour les faire arrêter, toutes fois après les avoir fait examiner par le Grand-Maître temporel, & les avoir fait par lui certifier véritables ; il aura ſoin de rédiger le compte du College de Louis-le-Grand dans la forme de celui arrêté le 17 Mai 1781, pour l'année claſſique échéant le premier Octobre précédent, & ſur-tout d'y faire un relevé pour conſtater la recette & la dépenſe du Penſionnat ; de plus, en ajoutant à la dépenſe faite par l'Econome les honoraires & gages des perſonnes attachées, ſoit à l'éducation, ſoit au temporel, il conſtatera combien chaque Bourſier a dépenſé par jour.

V.

Conformément à la Délibération du 2 Septembre 1779, le Contrôleur de la caiſſe remettra aux Adminiſtrateurs, chacun pour leur département, & ce au premier Bureau de Janvier de chaque année, un état des Fermiers qui ſeront en retard de payer leurs fermages ; ainſi qu'au premier Bureau des mois de Février, Mai, Août & Décembre de chaque année, de pareils états de tous les Locataires qui devront des loyers ; leſquels états contiendront les noms des Colleges, ceux des Fermiers ou Locataires, & les ſommes qu'ils devront ; pour être par le Bureau délibéré ſur les diligences & pourſuites à faire pour le recouvrement des ſommes qui ſe trouveront dues par leſdits Fermiers ou Locataires, & leſdits Adminiſtrateurs remettront leſdits états au Caiſſier, après avoir mis en marge les ordres qui auront été jugés néceſſaires, ſoit pour attendre, ſoit pour écrire, ſoit pour pourſuivre.

V I.

Il délivrera aux Bourſiers les billets, ſur le vu deſquels l'Econome leur remettra les couverts & gobelets d'argent dont ils ſe ſervent au réfectoire, toutes fois après que M. le Principal aura certifié leur admiſſion.

V I I.

Tous les Maîtres, Bourſiers & Penſionnaires qui ſortiront du College ſeront tenus de ſe préſenter à ſon Bureau pour avoir un billet à l'effet de ſortir leurs effets, lequel ne leur ſera délivré qu'après avoir juſtifié, 1°. qu'ils ne laiſſent point de dettes ; 2°. qu'il n'y a aucune déprédation provenant de leurs faits ; quant au premier objet il fera, en ce qui concerne les Bourfiers & Penfionnaires, conftaté par un certificat de leur Maître particulier ; & par rapport aux Maîtres, par un certificat de M. le Principal, & le fecond fera conftaté par le certificat du Contrôleur de M. le Grand-Maître.

LES Réglemens qui viennent d'être arrêtés pour l'Econome, le Caiffier & le Contrôleur de la caiffe feront, ainfi que ceux délibérés au dernier Bureau, pour le Secrétaire Archivifte & le Contrôleur du Grand-Maître temporel imprimés à la fin du quatrieme Chapitre de la premiere partie du Recueil, dont le Bureau a ordonné l'impreffion le 28 Mai dernier, & il en fera en outre imprimé féparément cent exemplaires de chacun defdits Réglemens, pour être dépofés aux Archives & remis aux perfonnes qui feront obligés d'avoir connoiffance de leur contenu.

Du 2 Août 1781.

M. le Préfident Rolland a dit que le 9 Août 1764, le Bureau avoit arrêté un tarif des honoraires de fon Notaire ; mais qu'au moyen de l'augmentation des droits, quelques articles de ce tarif fe trouvoient au-deffous de leur valeur, & que quelques autres fourniffoient matiere à conteftation ; qu'en conféquence il avoit cru devoir, d'accord avec Me Gueret, Notaire actuel du Bureau, dreffer un nouveau tarif qu'il propofoit à Meffieurs d'arrêter.

Sur quoi, lecture faite dudit tarif, il a été arrêté ainfi qu'il fuit :

TARIF arrêté au Bureau d'Adminiftration du Collège de Louis-le-Grand, de ce qui doit être payé au Notaire du Bureau, pour le coût des actes qu'il paffera, foit à la charge des Parties contractantes avec le Bureau, foit à la charge du Bureau.

BAUX A LOYER ET A FERME.

Pour minute, groffe & expédition.

	Maifons dans Paris.	Biens de Campagne.
Pour ceux de 50ᵈ à 200ᵈ fera payé	12ᵈ	12ᵈ
De 200ᵈ à 500	15	15
De 500 à 800	18	21
De 800 à 1000	24	27
De 1000 à 1200	27	30
De 1200 à 1500	30	33
De 1500 à 2000	36	39
De 2000 à 2500	42	48
De 2500 à 3000	48	54
De 3000 à 3500	54	60
De 3500 à 4000	60	66
De 4000 à 4500	72	78
De 4500 à 5000	78	84
De 5000 à 6000	84	90

Et pour les baux au-deſſus de 6000 livres, ſera payé 12 livres par mille livres, tant pour Paris que pour la campagne.

Et pour *les baux à vie ou à longues années*, ſera payé le double de ce qui eſt porté en l'état ci-deſſus.

BAUX A RENTES FONCIERES, RACHETABLES OU NON RACHETABLES.

Pour minute, groſſe & expédition.

Pour ceux de 50ᵘ & au-deſſous ſera payé · 12ᵘ
De 50ᵘ à 100ᵘ · 18
De 100 à 400 · 24
De 400 à 800 · 48
Et pour ceux au-deſſus de 800ᵘ ſera payé 6ᵘ par 100ᵘ

DÉSISTEMENS DES BAUX A FERME ET DE MAISONS.

Pour minute & deux expéditions.

Lorſqu'ils ſeront purs & ſimples & mis enſuite des minutes des baux, ſera payé · 6ᵘ
Lorſqu'on ſera obligé d'y ajouter une feuille de papier · · · · · · · · · · · · · · · · · · · 9
Compte de loyers échus, s'il eſt mis à la ſuite du bail, quand même il contiendroit déſiſtement de bail · 9
S'il eſt ſéparé du bail, pour minute, groſſe & expédition · · · · · · · · · · · · · · · · · · · 12
Actes portant obligation de payer, augmentations de loyers, pour embelliſſemens, améliorations & augmentations demandées par les Locataires, quand ces actes ne pourront pas être mis à la ſuite des baux, ſans y ajouter du papier ou du parchemin, ſera payé · 9
Et pour ceux où il n'y aura pas de débourſés à faire, ne ſera payé que · · · · · 6

OBLIGATIONS.

Pour minute & groſſe.

Pour une obligation de 2000ᵘ & au-deſſous, ſera payé · · · · · · · · · · · · · · · · · · 12ᵘ
De 2000ᵘ à 10000ᵘ · 15
Et au-deſſus de 10000ᵘ · 24

FONDATIONS.

Pour minute & deux groſſes.

Pour une fondation de Bourſes, Meſſes, Obits, &c. ſera payé · · · · · · · · · · · · 24ᵘ
Par rôle de minute, non compris les débourſés.
Les groſſes ou expéditions, au-deſſus de deux, ſeront payées à part.

TITRES NOUVELS.

Pour minute & groſſe.

Les titres nouvels ſeront payés 24ᵘ par rôle de minute, non compris les débourſés.

Contrats de ventes de biens dans Paris ou a la Campagne.

Pour minute, grosse & expédition.

Pour les contrats au-dessous de 2000" sera payé······················ 18"

De 2000" à 5000"·· 24

De 5000 à 10000·· 54

Et pour ceux au-dessus de 10000" sera payé 6" par 1000", le tout non compris les déboursés.

Transports de rentes.

Pour minute & expédition.

Pour ceux de 50" & au-dessous, sera payé······················ 12"

Pour ceux au-dessus de 50"·· 15

Quittances.

Pour minute, expédition & mention.

Pour quittances de remboursemens de 4000" de principal & au-dessous, sera payé ·· 12"

Au-dessus de 4000" sera payé 3" par 1000"

Pour tous actes en brevet, comme procurations, mains-levées, &c. sera payé·· 3

S'il y a minute, sera payé··· 6

Pour extrait d'acte·· 2

Lorsqu'il y en aura plusieurs sur une même feuille, sera payé 3" par rôle.

Actes a la charge du Bureau.

Tous les actes qui seront à la charge du Bureau, seront payés conformément à la fixation ci-dessus, mais il lui sera fait remise du tiers sur le prix de chaque acte.

Arrêté en outre que le présent tarif sera inséré dans le Recueil dont l'impression a été ordonnée par la Délibération du 28 Mai dernier, & ce à la fin du quatrieme Chapitre de la Iere Partie, & qu'il en sera en outre imprimé cent exemplaires, pour être distribués & donnés en communication aux personnes qui seront dans le cas d'en prendre connoissance.

CHAPITRE V.

Adminiſtration.

ON croira peut-être en liſant le titre de ce Chapitre, que l'on y trouvera les Réglemens relatifs à la compoſition, aux fonctions & à l'autorité du Bureau d'Adminiſtration,
& on ſe trompera ; cependant pour que ce Chapitre contienne quelque choſe qui
ait un rapport direct avec ſon titre, on joindra ici en note (140) des détails ſur le

---

(140) Les Lettres Patentes du 25 Septembre 1771 (ci-deſſus page 106) ont été dépoſées
aux Archives, en exécution de la Délibération du Bureau intermédiaire du 3 Octobre 1771.
La première fois que les Officiers de la Commiſſion intermédiaire s'y ſont préſentés a été le
5 Décembre 1771, le Bureau étant préſidé par M. le Grand-Aumônier (de la Roche-Aymond).
Enſuite on trouve écrit :

« M. le Premier Préſident du Parlement.

» M. le Procureur Général.

» M. l'Abbé Legros ; M. Maiſtrel ; M. l'Abbé Mignot, Conſeiller au Parlement ; M. Four-
» neau, Grand-Maître ; M. de Luker, Conſeiller au Parlement ; M. Poignard, Principal ;
» M. Gardin.

» MM. Bonnet, Copette & Vallée ont rapporté l'Arrêt de preſtation de leur ſerment.....
» Après quoi, Meſſieurs ont pris ſéance, ſans garder entr'eux aucun ordre ni préſéance ».

Mais à l'Aſſemblée ſuivante, tenue le 19 du même mois de Décembre, & où s'eſt également
trouvé M. le Grand-Aumônier, les Magiſtrats ſont, dans l'intitulé du Regiſtre, inſérés au
rang où ils devoient être, & le procès-verbal de cette Aſſemblée commence ainſi :

« LE BUREAU aſſemblé, Meſſieurs ont pris ſéance ſuivant l'ordre marqué ci-deſſus, &
» M. le Premier Préſident a remis ſur le Bureau une expédition de l'Arrêt portant ſa nomi-
» nation & celle de MM. de Bonnaire, Mignot & Luker, pour l'adminiſtration du College.
» Lecture faite dudit Arrêt, il a été unanimement arrêté que l'expédition en ſera dépoſée aux
» Archives dudit College de Louis-le-Grand, & qu'il ſera tranſcrit à la ſuite de la préſente
» Délibération.

» Du lundi 16 Décembre 1771, du matin.

» M. le Premier Préſident.

» M^{re} Joſeph-Avoye de la Bourdonnaye,

» Mre Pierre-Armand de la Briffe,   } Préſidens.

» Mre Aymar-Charles-François de Nicolaï,

» Ce jour, M. le Premier Préſident a dit qu'en conſéquence des Lettres Patentes du Roi
» du 25 Septembre dernier, regiſtrées en la Cour le premier Octobre ſuivant, ledit Seigneur
» Roi l'avoit choiſi pour l'adminiſtration du College de Louis-le-Grand, conjointement avec
» MM. de Bonnaire, Mignot & de Luker, Conſeillers. *Collation faite.* Signé *VANDIVE* ».

Au ſurplus, les procès-verbaux des Aſſemblées du Bureau intermédiaire prouvent que les
Membres de la Commiſſion intermédiaire, même le chef, y étoient aſſez exacts ; mais il n'y

Bureau

Bureau intermédiaire, que l'on n'a pas voulu inférer dans l'*Introduction* (141), où ils auroient peut-être été plus naturellement placés; quant aux éclaircissemens que l'on peut desirer relativement au Bureau & à son administration, ils sont réunis dans les Chapitres Ier & V des Lettres Patentes de 1767 & dans le Ier Chapitre de celles de 1769 (142); on trouvera aussi dans le présent Recueil (143), les différens Réglemens que le Bureau a cru devoir faire relativement à son administration & aux fonctions des différentes personnes qui lui sont attachées; au surplus la Délibération du 17 Août 1769, qui est la seconde de celles contenues dans ce Chapitre, est la seule qui ait un rapport direct au Bureau d'Administration, toutes les autres sont des Délibérations détachées que l'on a réunies sous un même titre qui pouvoit leur être commun.

En effet, de ce Chapitre on pourroit en former une douzaine & même plus, mais on a cherché à ne pas multiplier les divisions; en conséquence on y trouvera toutes les délibérations qui n'ont pas pu être placées dans les Chapitres suivans, & relatives à la conservation des *archives*, à la *signature* des registres des *délibérations*, aux *ensaisinemens*, aux *foi* & *hommages* à rendre par le Bureau; aux *concessions d'appartemens* dans le Collège de Louis-le-Grand; à la conservation du *mobilier* dudit Collège; & aux *réparations locatives* à faire par ceux qui y habitent; au *bois* à fournir aux Maîtres & Boursiers pour leur consommation; à la suite des *procès*; aux *pensions & gratifications* que le Bureau accorde; aux moyens de *conserver les rentes* dues aux Colleges réunis; au taux où l'on peut recevoir *le remboursement* de celles qui ne sont pas seigneuriales; à la dépense pour *la bougie pour les classes*; pour les *Expériences de Physique*; pour aux *prix*; pour *l'impression des Thèses*; pour le marché avec le *Tapissier*, relativement aux objets le concernant; pour la conservation des *sceaux pour les incendies*; & enfin pour les *services* à célébrer pour les *Administrateurs* après leurs décès.

Du 25 Septembre 1764.

L E B U R E A U délibérant sur l'exécution de l'article XXIX des Lettres Patentes du 21 Novembre 1763, a arrêté que l'Archiviste chargé des titres ne pourra donner communication d'aucunes pieces déposées aux archives, & qu'il n'en sera délivré aucune copie ou expédition, si ce n'est après qu'il lui aura apparu d'une Délibération du Bureau, dans lequel cas, il sera tenu de prendre un récépissé conformément à ce qui est prescrit par ledit article; que cependant il sera loisible aux différens Membres du Bureau de prendre

Communication des pieces déposées aux archives.

---

a assisté, à aucunes Assemblées, aucunes personnes pour représenter le Substitut de M. le Procureur Général, qui, en exécution des Lettres Patentes du 25 Septembre 1771, devoit être Membre du Bureau d'Administration. Au surplus, la derniere Assemblée où se sont trouvés des Commissaires du Bureau intermédiaire est du premier Septembre 1774. *Voyez* dans *l'Introduction*, page 32.

(141) Avant le premier *alinea* de la page 32.

(142) Ci-dessus, Chapitre II.

(143) Ci-dessus, Chapitre IV.

I. Partie.

C c

communication de tous titres ou pieces, mais sans déplacer. Il a été arrêté en outre qu'il sera remis à l'Archiviste une expédition de la présente Délibération (144).

Du 17 Août 1769.

De la signature des registres des Délibérations.

Il a été arrêté que les Délibérations qui n'auront pu être portées sur le registre & signées dans le même Bureau où elles auront été prises, seront lues au Bureau suivant, & ensuite signées par ceux de Messieurs les Administrateurs qui y auront assisté, sans néanmoins que ladite lecture emporte aucune confirmation, mais seulement pour servir à vérifier que la rédaction est conforme à ce qui a été délibéré ; il a été arrêté de plus que lors que l'exécution d'une Délibération sera pressée, elle sera portée sur le registre & signée avant que le Bureau se déplace.

7 Juin 1765.

Des enfaisinemens.

Il a été arrêté que MM. les Administrateurs du College de Louis-le-Grand (145), spécialement chargés de chaque College, conjointement avec M. le Grand-Maître temporel, au nombre de deux au moins, demeurent autorisés à enfaisiner tous les contrats des biens qui se trouveront dans les censives & districts des différentes Seigneuries appartenantes aux différens Colleges réunis, & ce à la remise, quant aux ventes volontaires, du quart pour les rotures, & du tiers pour les fiefs, & sans aucune remise pour les droits de relief, ni pour les ventes forcées, & que par l'Archiviste du College de Louis-le-Grand, il sera tenu un registre général de tous les enfaisinemens, lequel sera coté par M. le Président Rolland, & sur lequel sera marqué la somme qu'aura produit chaque enfaisinement, & en marge le nom du College dont dépendent lesdits biens.

15 Janvier 1778.

Foi & hommage à fournir par le Bureau.

Vu par le Bureau la Délibération du Bureau intermédiaire du 6 Juin 1777, qui a ordonné que, sur la demande d'un Seigneur, il seroit, par l'homme vivant & mourant d'un des Colleges réunis, porté de nouveau la foi & hommage, & rendu aveu & dénombrement audit Seigneur aux frais du College dont dépendent les biens dont est question.

Le Bureau a arrêté que c'étoit à tort qu'il avoit été délibéré ledit jour 6 Juin 1777, que lesdits actes seroient à la charge du College, attendu que tout nouveau Seigneur a bien le droit de demander une nouvelle foi & un nouvel aveu à ses vassaux, mais qu'alors c'est à ses propres frais & non à ceux du vassal, parce que le vassal qui a une fois porté la foi &

(144) Voyez pour cet objet le Chapitre VI des Lettres Patentes du 1er Juillet 1769, ci-dessus Chapitre II.
(145) Par l'usage cette Délibération a été changée, & les enfaisinemens se font par les Administrateurs chargés des Colleges dont dépendent les seigneuries qui donnent occasion aux enfaisinemens.

rendu aveu, n'eſt pas obligé de le faire à tout nouveau Seigneur, & que la préſente Délibération ſera exécutée toutes les fois que l'occaſion s'en préſentera dans la ſuite.

2 Janvier 1778.

Vu par le Bureau la Délibération du 16 Juin 1774, portant que lors qu'il vaquera un appartement dans le corps du bâtiment deſtiné à MM. les Profeſſeurs Emérites, ceux de ces MM. déja logés dans ce corps de logis pourront changer l'appartement qu'ils occuperont pour celui qui ſera devenu vacant, s'il leur paroît plus commode, & que le choix ſera fait reſpectivement entre tous ces Meſſieurs, en gardant entr'eux, non l'ordre d'ancienneté pour l'Emérite, mais la priorité du tems auquel les appartemens leur auront été accordés par le Bureau.

Conceſſions d'apartemens dans le College de Louis-le-Grand, & conditions de ces conceſſions.

Le Bureau a confirmé & approuvé ladite Délibération, & en outre a ordonné & ordonne qu'il ſera dreſſé, par l'Architecte du Bureau, étage par étage, un état de ceux qui occupent des logemens dans la totalité du College de Louis-le-Grand & dépendances, pour ledit état rapporté au premier Bureau du mois de Février prochain, être délibéré ſur les moyens de procurer des logemens aux Bourſiers qui viennent d'être établis, & ce par tous les moyens poſſibles notamment par la diminution des logemens des Maîtres, & même par la ſuppreſſion d'aucuns d'iceux qui ne ſont pas d'une néceſſité indiſpenſable.

2 Juin 1769.

Sur ce qui a été repréſenté par M. Poan, que M. l'Allemant, l'un des Profeſſeurs Emérites logés dans ce College, demande qu'il ſoit formé un dégagement dans la partie de la garde-robe qui eſt derriere ſon cabinet pour rendre toutes ſes pieces libres; que cette dépenſe peut monter à environ ſoixante-douze livres, & qu'il paroît que le Bureau ne peut point ſe refuſer à cette demande, M. l'Allemant étant le dernier des Profeſſeurs Emérites qui ſoit venu occuper un appartement, lequel étoit reſté vacant depuis la réunion; de ſorte que tous les autres étant occupés, il n'eſt pas à craindre que le Bureau ſoit expoſé à de pareilles demandes.

Le Bureau a arrêté qu'il ſera fait, dans l'appartement de M. l'Allemand, les arrangemens par lui demandés, mais qu'à l'avenir il ne ſera fait aucun changement ni embelliſſement dans l'intérieur des appartemens occupés par MM. les Profeſſeurs Emérites, ſous quelque prétexte que ce puiſſe être.

Du Jeudi 7 Décembre 1769.

Sur ce qui a été repréſenté au Bureau, que quelques-uns de MM. les Profeſſeurs Emérites à qui il a été accordé des logemens dans le College de Louis-le-Grand, ne les occupent point, contre la diſpoſition de l'art. XIII du titre III du Réglement attaché ſous le contre-ſcel des Lettres Patentes du 20 Août 1767, lequel porte que les logemens ſeront occupés par ceux à qui ils ont été accordés ; & que faute par eux de les occuper, il en fera disposé par le Bureau.

Il a été unanimement arrêté que MM. les Professeurs Emérites, à qui il a été accordé des appartemens dans le College de Louis-le-Grand, seront avertis de se conformer à la disposition du susdit article dudit Réglement ; & qu'à faute par eux d'y avoir satisfait avant le premier du mois d'Avril prochain, par leur logement effectif dans lesdits appartemens, il leur sera déclaré que le Bureau disposera audit tems desdits appartemens, auquel effet extrait de la présente Délibération sera dressé par le Secrétaire Archiviste auxdits sieurs Professeurs Emérites.

Du Jeudi 6 Octobre 1774.

M. le Grand-Maître a observé que MM. les Professeurs Emérites, qui sont logés dans le College, demandent que les vitres placées sur les escaliers & corridors du quartier qu'ils occupent soient réparées, après qu'il a été observé que les réparations ne devroient point être à la charge du College de Louis-le-Grand, & qu'elles sembleroient devoir concerner les Professeurs Emérites qui, occupant seuls cette portion des bâtimens du College, doivent être tenus de réparations locatives, il a été pourtant arrêté unanimement que pour cette fois seulement, & sans tirer à conséquence pour l'avenir, les vitres des croisées placées sur les escaliers & corridors de la portion des bâtimens occupés par MM. les Professeurs Emérites, seront réparés aux frais du College.

5 Juillet 1781.

Vu par le Bureau ses Délibérations dès 2 Juin & 7 Décembre 1769, 6 Octobre 1774, & 2 Janvier 1778, relatives aux logemens occupés dans le College de Louis-le-Grand par MM. les Professeurs Emérites, ainsi que celles des 17 Août 1769, 3 Septembre 1778, & 2 Septembre 1779, concernant le mobilier dudit College.

LE BUREAU les a unanimement confirmés, & a ordonné que les états mentionnés dans la Délibération du 2 Janvier 1778, qui ne seront pas encore dressés, le seront incessamment, & ce, tant des logemens de MM. les Professeurs Emérites, que de tous les logemens occupés à quelque titre que ce soit dans le College de Louis-le-Grand, autres cependant que ceux appartenant à l'Université ou à ses Officiers, attendu que les réparations de ces logemens ne peuvent jamais, sous aucun prétexte, regarder ledit College ; lesquels états seront dressés par l'Architecte du Bureau & signés doubles, tant par celui qui occupe chaque appartement, que par le Contrôleur établi par les Lettres Patentes du 19 Mars 1780 ; que tous ceux qui occupent lesdits appartemens seront tenus de toutes les reparations, soit locatives, soit usufruitieres, & de rendre les lieux suivant l'état qu'ils en auront signé.

Et sera la présente Délibération imprimée à la suite de celle du 6 Décembre 1774, dans le Chapitre V de la Ire Partie du Recueil dont le Bureau a ordonné l'impression par sa Délibération du 28 Mai dernier.

19 Décembre 1765.

M. le Préſident Rolland a dit que, par la Délibération du 3 Mai 1765, il a été arrêté qu'il eſt du bien & de l'avantage du College de Louis-le-Grand, que ſon Médecin y ſoit logé; qu'en même tems il s'étoit élevé des difficultés pour fixer ſon logement.....
Que le changement arrivé au College par la ſortie des Précepteurs, a paru donner ouverture à un arrangement dont il a été parlé pluſieurs fois au Bureau, ſur lequel il a propoſé de prendre une derniere réſolution.

Sur quoi, la matiere miſe en délibération, il a été arrêté que le Médecin aura ſon logement au ſecond étage au-deſſus de celui du Grand-Maître, avec la cave & dépendances néceſſaires qui ſeront fixées d'après le plan que l'Architecte du Bureau eſt chargé de dreſſer.

Du 30 Août 1767.

Le Bureau a accordé au ſieur Reboul, Archiviſte du College de Louis-le-Grand, l'appartement actuellement vacant au-deſſus de celui deſtiné au Greffier de l'Univerſité, à l'effet de quoi il a été arrêté que la porte ſur les eſcaliers de l'intérieur du College ſera inceſſamment fermée & murée, & qu'il en ſera ouvert une ſur l'eſcalier des Bureaux de M. le Grand-Maître.

Du 6 Mai 1779.

Le Bureau a accordé au ſieur Pantin de Verceil, Caiſſier, l'appartement au quatrieme étage dáns la Cour de la Cordonnerie, étant au-deſſus de celui actuellement occupé par le ſieur Jouenne de Longchamps, & ce, aux charges & conditions accoutumées.

16 Mars 1769.

Sur la demande faite par le Grand-Maître en faveur du ſieur de Longchamps, l'un de ſes commis, de l'appartemement qu'occupoit le ſieur le Flamand, Secrétaire du Bureau;

Le Bureau a accordé ledit appartement audit ſieur de Longchamps, tant qu'il ſera dans les Bureaux de M. le Grand-Maître, & ce, par conſidération perſonnelle pour ledit ſieur de Longchamps, & ſans qu'en aucun cas ledit appartement puiſſe être réputé accordé à celui qui remplit la place de Commis, & à la charge qu'il reſtera toujours à la diſpoſition du Bureau.

Du Jeudi 6 Octobre 1774.

M. le Grand-Maître ayant repréſenté que l'eſpace occupé par les commodités, ſituées ſur la cour de la Cordonnerie, qui ont été ſupprimées en exécution des délibérations du Bureau, ne ſert à rien, & qu'il peut accommoder le ſieur de Longchamps, un de ſes Commis, à qui le Bureau a accordé un logement, qui y eſt contigu, ainſi que la choſe a été vérifiée par M. Maiſtrel & par lui;

Il a été unanimement arrêté que l'appartement que le fieur de Longchamps occupe au fecond étage de la cour de la Cordonnerie, fera aggrandi, & que la piece qui fervoit aux commodités qui ont été fupprimées, fera jointe audit appartement ; qu'en conféquence, la porte de communication, avec le College, fera murée, & qu'il fera fait à ladite piece les réparations & arrangemens néceffaires pour la rendre logeable, telles qu'elles feront ordonnées par M. Maîftrel & M. le Grand-Maître, que le Bureau a prié de vouloir bien fe charger de cette opération.

Du 6 Mai 1779.

Attendu que les pieces formant le rez-de-chauffée des bâtimens étant dans la cour, appellée de la Cordonnerie, n'ont été accordées à perfonne, par délibération du Bureau, fur-tout pour y faire des écuries ;

Le Bureau a unanimement arrêté que les perfonnes qui ont pratiqué des écuries dans lefdites pieces, feront prévenues d'en retirer leurs chevaux, & autres effets qui peuvent leur appartenir ; & le fieur Lecamus de Mezieres, Architecte du Bureau, a été autorifé à faire pofer inceffamment aux portes defdites pieces des cadenats de fûreté, fe réfervant le Bureau d'en difpofer, ainfi qu'il le jugera convenable & néceffaire.

17 Août 1769.

Du mobilier du College de Louis-le-Grand & des réparations locatives dans le College.

Sur les repréfentations faites, tant par M. le Principal, que par l'Econome, au fujet du mauvais état où font prefque toutes les ferrures, des dortoirs, chambres, falles d'études, & autres lieux habités par les Ecoliers, & de la néceffité qu'il y a que M. le Principal, les fous-Principaux & Préfets d'études puiffent s'introduire dans tous ces lieux pour y faire leur infpection, & que l'Econome ait la même facilité pour veiller à la confervation des meubles & effets qui appartiennent au College.

Il a été arrêté, 1°. qu'il fera fait huit paffe-partout pour les portes des quartiers, chambres & autres lieux habités par les Ecoliers, dont cinq feront remis à M. le Principal, & les trois autres à l'Econome ; 2°. qu'il fera fait les réparations néceffaires aux ferrures qui fe trouveront en avoir befoin ; & que pour prévenir tous abus par la fuite, il fera fait au commencement de chaque quartier, par un des Serruriers du College, une vifite générale de toutes lefdites ferrures ; que ledit Serrurier diftinguera les réparations concernant le propriétaire, d'avec les réparations locatives, & que celles-ci feront à la charge des Maîtres, dans les quarties defquels lefdites réparations auront lieu.

Du 3 Septembre 1778.

Le Bureau a chargé le fieur Lecamus de Mezieres, Architecte, de faire faire avant le premier Octobre prochain toutes les réparations locatives qui fe trouveront à faire dans les différens quartiers du College, & de faire rétablir toutes les ferrures fur un même passe-partout, & de rendre compte au Bureau, qui se tiendra le huit du mois d'Octobre prochain, que lesdites réparations sont faites, auquel Bureau M. le Principal sera invité de se trouver, & prié de déclarer à MM. les Maîtres de quartier, que conformément à la délibération du 17 Août 1769, & en y ajoutant les réparations locatives, qui se trouveront dorénavant à faire dans les différens quartiers, seront à leur charge, sauf à eux à en répéter le prix contre les Ecoliers qui auront commis des dégradations.

Le Bureau a arrêté de plus que lorsque les différentes personnes qui sont logées dans le College de Louis-le-Grand, à quelque titre que ce soit, viendront à quitter leur logement, elles seront tenues d'y faire faire les réparations locatives, dont tous les locataires sont tenus, & qu'il sera donné connoissance de la présente délibération à toutes les personnes qui sont logées dans le College.

Du 2 Septembre 1779.

LE BUBEAU délibérant, d'après le compte dudit College (de Louis-le-Grand) arrêté le 15 Juin dernier, pour l'année classique, échéant au premier Octobre précédent, a arrêté,

15°. Que pour éviter la déprédation des effets mobiliers du College de Louis-le-Grand, existant dans les différens quartiers, il a été arrêté que les Maîtres desdits quartiers seront tenus d'y veiller, & qu'en conséquence il en seront & demeureront responsables; & pour constater lesdits effets, l'Econome a été chargé de faire, conformément à la délibération du premier Septembre 1768, s'il est possible, dans les vacances, des états du mobilier du College de Louis-le-Grand, quartier par quartier; y compris les vîtres & les serrures, qui, en exécution des délibérations des 17 Août 1769 & 3 Septembre 1778, seront à la charge des Maîtres; à l'effet de quoi le Bureau l'autorise à prendre des copistes s'il en a besoin, lesquels états seront faits doubles, & signés par lui, & par le Maître qui sera à la tête de chaque quartier; il sera fait trois fois par an vérification desdits états; savoir, au commencement & à la fin de chaque année scolastiques & à Pâques; ce qui sera renouvellé en outre dans le cas où un Maître changeroit de quartier ou quitteroit le College, & le Caissier ne pourra payer le dernier quartier de l'année scolastique ou portion d'un quartier, qui soit due à un Maître lors de sa sortie, qu'après qu'il lui aura été justifié de la décharge de l'Econome, des objets compris aux états dont les Maîtres sont chargés.

16°. Conformément à la délibération du 3 Septembre 1778, toutes les personnes qui sont logées dans le College, à quelque titre que ce soit, seront obligées de faire les réparations locatives de leurs appartemens, à l'effet de quoi l'Architecte est chargé de dresser des états doubles des appartemens, occupés par les personnes qui ne sont point partie du College, lesquels états seront signés par ledit Architecte, & par les personnes qui occupent ledit appartement.

17°. Il sera dressé de pareils états des effets concernant la chapelle, l'infirmerie, la lin-

gerie, la cuisine, la boulangerie, & généralement de tout le mobilier du College de
Louis-le-Grand, ainfi qu'un état féparé de l'argenterie, fervant à l'ufage des Maîtres &
Bourfiers; lefquels états, quand à ceux dont l'Econome fera chargé, feront fignés double par M. de Villier de la Noue & ledit Econome, & les autres par ledit Econome, &
par ceux qui en feront chargés.

   Nota. Voyez la délibération du 5 Juillet 1781, ci-deffus, page 204.

Du 7 Septembre 1769.

Des poëles &
du bois à fournir
aux différens
quartiers.

Sur les repréfentations faites par l'Econome, que les poëles de fayance qui ont été
placés dans les différens quartiers depuis l'établiffement du College, font entiérement
dégradés, ce qui occafionneroit une dépenfe confidérable & annuelle, fi on les rétabliffoit de la même qualité.

   Il a été arrêté que lorfqu'il fera néceffaire de rétablir des poëles dans les différens quartiers, on y placera des poëles de fonte, & qu'à ce fujet l'Econome fera tenu de fe
concerter avec M. Poan.

3 Décembre 1778.

Le Bureau a arrêté qu'il fera pofé un poële dans la falle commune des Bourfiers,
qui fe deftinent à l'aggrégation, & qu'il leur fera fourni deux voies de bois, fans que
cette quantité puiffe être augmentée, à quelque nombre que foient portés lefdits Bourfiers.

Du 11 Avril 1774.

M. Gardin a fait part au Bureau d'une lettre qui lui a été écrite le 9 du mois
d'Août courant, par M. de la Macellerie, ancien Maître des enfans de langues, par
laquelle il inftruit le Bureau que le Miniftre a décidé que quatre voies de bois fuffifoient
pour le chauffage des enfans de langues; & qu'à l'égard de la chandelle, le Bureau
étoit le maître d'enjoindre à l'inftituteur de ces enfans, d'y veiller avec le plus grand
foin.

   Lecture faite de ladite lettre, il a été unanimement arrêté qu'elle fera dépofée aux Archives.

Du 15 Janvier 1767.

Vu l'état du bois fourni, en exécution de la délibération du 21 Août 1766, par
l'Econome, & l'état de ce qu'il en refte actuellement dans chaque quartier,

   Il a été arrêté, pour cette fois feulement & fans tirer à conféquence, que l'Econome
fera autorifé à fournir aux différens quartiers une voie de bois outre celle fixée par
ladite Délibération, & deux voies au quartier de Théologie; & que l'excédent, s'il
en eft fourni, fera payé par les Maîtres de chaque quartier & retenu fur leurs honoraires:
que néanmoins M. le Principal, auquel fera remis expédition de la préfente Délibération,
fera prié de veiller à ce que les Bourfiers foient fuffifamment chauffés, & que fous aucun
prétexte aucun Maître ne faffe payer du bois à fes Ecoliers; & qu'il fera pareillement
                                                                              invité

invité de veiller à ce que les chandelles soient éteintes aussi-tôt que les Maîtres sortiront de leurs quartiers; que de plus la présente Délibération sera notifiée aux différens Maîtres dont le bois a été trop promptement consommé ; arrêté en outre qu'il sera *retenu* par M. le Grand Maître au sieur Duhamel, l'*un d'iceux*, la somme de *vingt-quatre livres* (146) *sur ses honoraires.*

Du 17. Mai 1781.

Vu par le Bureau ses différentes Délibérations relatives au bois à fournir pour le College, & notamment celles des premier Février, 20 Août 1766, 15 Janvier 1767, 7 Septembre 1769, premier Avril 1774, & 3 Décembre 1778 ; vu aussi les états de la consommation du bois depuis plusieurs années,

Il a été arrêté que la Délibération du 7 Septembre 1769, relative aux poëles de fonte à placer au lieu des poëles de fayance ; celle du trois Décembre 1778, qui fixe la quantité de bois à fournir aux Boursiers qui se destinent à l'aggrégation, & celle du 11 Avril 1774, qui, d'après les intentions du Ministre de la Marine, a fixé à quatre voies la consommation des enfans de langues, seront exécutées; & qu'en conséquence, la distribution du bois sera faite chaque année suivant l'ordre ci-après :

1°. Pour le Bureau d'Administration, trois voies.

2°. A M. le Principal, dix voies.

3°. A chacun des Sous-Principaux, trois voies.

4°. Au quartier de Théologie, quatre voies ; & dans les grands hivers, cinq.

5°. Au quartier des Boursiers, pour l'aggrégation, deux voies.

6°. Au quartier des Juristes, deux voies.

7°. A leur Maître, une voie.

8°. Aux quartiers dont les poëles échauffent deux salles d'études, quatre voies, & trois voies seulement aux autres.

9°. A chacun des Sacristains, une voie.

10°. A chacun des Maîtres de conférence de Théologie, une voie.

11°. A chacun des Maîtres surnuméraires, une voie.

12°. Aux Eleves de langues, quatre voies, & dans les grands hivers, cinq.

13°. Aux deux Visiteurs, une voie pour eux deux.

14°. Au Visiteur-Correcteur, une voie.

15°. A M. le Grand-Maître, huit voies.

16°. Pour ses Bureaux, dix voies.

17°. A l'Econome, six voies.

18°. A la Sommeliere, trois voies.

Le tout en bois de gravier de chêne.

Qu'à l'égard de la *cuisine*, de la *boulangerie*, de la *pâtisserie* & de l'*infirmerie* (147);

---

(146) Pareille retenue a été en 1781 faite sur les honoraires d'un autre Maître.

(147) On a cru devoir réunir ici sous un même point de vue la dépense du bois pour ces quatre

I. Partie. D d

l'Econome veillera foigneufement à ce que la confommation foit la moins confidérable que faire fe pourra.

Que la Délibération du 15 Janvier 1767, qui oblige les Maîtres de chaque quartier de fournir à leurs frais le bois qui fera néceffaire outre & par deffus la fixation ci-deffus, fera exécutée fuivant fa forme & teneur, & qu'expédition d'icelle enfemble de la préfente fera remife à M. le Principal, qui eft prié de les communiquer aux différens Maîtres de quartier; arrêté en outre que fous aucun prétexte il ne fera accordé aucun fupplément à la fixation faite par la préfente Délibération.

Du 2 Septembre 1779.

Réglement fur la fuite des procès. LE BUREAU délibérant fur l'importance dont il eft de fuivre les procès & conteftations ordonnés par le Bureau, a chargé le Caiffier de dépouiller tous les regiftres des Délibérations, pour relever tous les procès exiftans, en dreffer un regiftre qui fera figné & paraphé par l'un des Adminiftrateurs du College de Louis-le-Grand, ou M. le Subftitut; & dans ce regiftre, chaque conteftation fera portée fur une feuille féparée, en laiffant pour chaque affaire une ou plufieurs feuilles, fuivant fa nature. Tous les fix mois ledit Caiffier s'informera des Procureurs & Avocats & autres perfonnes qui pourroient être chargées de ces affaires, de leur état actuel, dont il fera mention fur ledit regiftre; & aux mois de Janvier & de Juillet de chaque année, & même plus fouvent, s'il eft néceffaire, il rendra compte de l'état de chaque affaire aux Adminiftrateurs particuliérement chargés de chaque College, pour, d'après leurs ordres & les Délibérations du Bureau, fi elles font jugées néceffaires, être par lui fait ce qui fera ordonné, & les ordres qu'il recevra defdits Adminiftrateurs ou du Bureau, feront par lui portés fur ledit regiftre.

Nota. En réglant les fonctions des perfonnes attachées à l'Adminiftration, le Bureau a chargé le *Secrétaire Archivifte* de la fuite des procès concernant la propriété des biens & des droits utiles ou honorifiques appartenans aux Colleges réunis; & le *Caiffier* des procès relatifs aux revenus. Voyez les Réglemens faits à ce fujet ci-deffus, chapitre IV.

Du 7 Mai 1778.

Réglement fur les penfions & gratifications. LE BUREAU délibérant fur ce qui concerne les penfions à accorder à ceux qui rempliront par la fuite les places de Principal ou autres de quelque nature qu'elles foient,

objets, mais feulement depuis le rétabliffement du Bureau, en obfervant qu'au moyen de *nouveaux fourneaux* que le Bureau fait faire d'après ceux de *la Charité* & des *Enfans-Trouvés* du fauxbourg S. Antoine, on efpere que la confommation *de la cuifine* fera moindre de près de trente voies.

	Cuifine.	Boulangerie.	Pâtifferie.	Infirmerie.
Du 1er Octobre 1777 au 30 Septembre 1778	68	90	24	28
Du 1er Octobre 1778 au 30 Septembre 1779	66	91	28	24
Du 1er Octobre 1779 au 30 Septembre 1780	82	108	31	33

a arrêté qu'il ne pourra être accordé de penſions à aucunes perſonnes, que dans le cas où elles auroient occupé pendant vingt ans leurs places, ſi ce n'eſt dans le cas de maladie; & que dans le cas où les penſions feroient accordées avant les vingt ans, elles ne pourront l'être qu'à la pluralité des deux tiers de voix.

Du Jeudi 4 Janvier 1781.

L E B U R E A U a arrêté qu'il ne ſera accordé aucunes gratifications aux différentes per-ſonnes employées dans les Bureaux ou à la Régie & Adminiſtration des biens des Colleges, qu'après que tous les ans les comptes, tant des Colleges réunis que du College de Louis-le-Grand, auront été arrêtés, & que l'état de ſituation réſultant leſdits comptes aura été adreſſé à M. le Chancelier, ainſi qu'il eſt d'uſage.

Du 19 Juillet 1781.

S UR le compte rendu par M. le Principal des talens éminens du ſieur de Robeſpierres, Bourſier du College d'Arras, lequel eſt ſur le point de terminer ſon cours d'étude, de ſa bonne conduite pendant douze années, & de ſes ſuccès dans le cours de ſes claſſes, tant aux diſtributions des prix de l'Univerſité qu'aux examens de Philoſophie & de Droit.

L E B U R E A U a unanimement accordé audit ſieur de Robeſpierres une gratification de la ſomme de 600 livres, laquelle lui ſera payée par M. le Grand-Maître des deniers du College d'Arras, & ladite ſomme ſera allouée à M. le Grand-Maître dans ſon compte, en rapportant expédition de la préſente Délibération, & la quittance dudit ſieur de Robeſpierres.

Du 4 Janvier 1770.

L ECTURE a été faite d'un Mémoire préſenté par les ſieur Curé & Habitans de la Paroiſſe de Saint-Martin-aux-Bois, dans lequel ils ſupplient le Bureau de vouloir bien les aider charitablement pour augmenter les émolumens du Maître d'Ecole de cette Paroiſſe, en lui accordant une corde de bois & un cent de fagots à prendre dans les coupes annuelles de chaque année.

Sur quoi le Bureau voulant favoriſer l'éducation de la jeuneſſe dans ladite Paroiſſe de Saint-Martin-aux-Bois, a unanimement arrêté qu'à commencer en la préſente an-née 1770, il ſera, par le Régiſſeur de l'Abbaye, délivré au Maître d'école de ladite Paroiſſe annuellement une corde de bois & un cent de fagots pour ſon chauffage, de laquelle gratification le Maître d'école actuel & ſes ſucceſſeurs jouiront tant & ſi long-tems qu'il plaira au Bureau, qui aura toujours la liberté de la retrancher ſuivant les oc-currences; & pour cet effet, expédition de la préſente Délibération ſera adreſſée au ſieur Lorry, Régiſſeur, par le Secrétaire Archiviſte.

D d ij

Du 2 Septembre 1779.

Des moyens de conferver les rentes dues aux Colleges.

L E B U R E A U délibérant fur les moyens d'empêcher la perte des rentes dues fur des maifons dans Paris, a arrêté que par le caiffier il fera fait un relevé de toutes les rentes dues aux différens Colleges réunis fur des maifons dans Paris, & qu'il fera foufcrit pour l'état des contrats affichés au Châtelet de Paris, à compter du premier Janvier, & le Caiffier a été chargé de lire exactement tous les mois ledit état, afin de former oppofition aux lettres de ratification des maifons qui pourroient être chargées de quelque rentes envers les Colleges réunis.

Du premier Décembre 1768.

Du rembourfement des rentes qui ne font que foncieres & non feigneuriales.

M. le Préfident Rolland a dit que Meffieurs fe rappellent la multitude de petites rentes appartenantes aux différens Colleges réunis, & qui font détaillées dans les comptes refpectifs defdits Colleges; que ces rentes, foit qu'elles foient affectées fur des maifons de Paris, foient qu'elles foient affignées fur des biens de campagne, demandent, malgré leur peu de valeur, la plus grande attention, & que les comptes anciens prouvent qu'il s'en eft perdu encore beaucoup plus qu'il n'en refte; que fi le Bureau ne prend des arrangemens à ce fujet, il eft à craindre que celles qui reftent n'éprouvent tôt ou tard le même fort; qu'il a cru que cet objet méritoit l'attention de Meffieurs; qu'il les prioit d'y délibérer, leur obfervant feulement qu'il ne propofe de délibérer que fur les rentes fimplement foncieres, & qui n'emportent aucune Seigneurie ni profits féodaux ou cenfiers, & qu'il penfe qu'il y auroit lieu de fe conformer relativement à toutes ces petites rentes, à ce qui a été ordonné par la Délibération du premier Septembre dernier, pour une rente de trois livres fix fols fix deniers due au College de Beauvais.

Sur quoi la matiere mife en délibération,

L E B U R E A U a autorifé MM. les Adminiftrateurs, chacun pour les Colleges qui les concernent, à traiter avec les débiteurs des rentes dues aux différens Colleges réunis du rembourfement de toutes rentes foncieres, dont le produit annuel n'excédera pas la fomme de 12 liv., pourvu toutefois que lefdites rentes n'emportent aucune Seigneurie ni profits féodaux du cenfier; & ce, au denier le plus favorable qu'il fera poffible, & au moins fur le pied du denier trente, & s'il fe peut, fur le pied du denier quarante.

Du 20 Décembre 1764.

Bougie pour les Claffes.

S U R le compte rendu par M. Poan que les claffes étant dans le cas d'être éclairées pendant une partie de l'hiver,

L E B U R E A U a arrêté que pour dédommager MM. les Profeffeurs de la dépenfe néceffaire pour cet objet, il fera remis à chacun des huit Profeffeurs du College de Louis-le-Grand, dix livres de bougies par chacun an.

Du 7 Juin 1765.

M. le Principal ayant demandé à entrer, & ayant été introduit, a prié le Bureau de vouloir bien fixer ſi les Bourſiers étudians en Phyſique devoient contribuer aux frais des expériences de Phyſique, & ce qu'ils devoient payer pour leur part contributoire deſdits frais : Expériences de Phyſique, aux frais du Colleg. de Louis-le-Grand.

Sur quoi lui retiré,

Le Bureau a arrêté qu'il ſera payé ſur les revenus du College de Louis-le-Grand la ſomme de 3 liv. pour chacun des Bourſiers demeurans dans ledit College de Louis-le-Grand qui étudieront dans la claſſe de Phyſique.

Du 4 Juillet 1765.

Le Bureau délibérant ſur ce qu'il étoit néceſſaire de faire pour l'acquiſition des Livres deſtinés à être diſtribués en prix, a arrêté que M. le Principal ſera autoriſé à faire l'acquiſition des Livres qui ſeront employés à la diſtribution des prix, à les faire relier ſi beſoin eſt, & à y faire mettre les armes du College, & à employer auxdits objets juſqu'à concurrence de la ſomme de *quatre cens livres*, & que M. le Principal préſentera au premier Bureau du mois d'Août, & dans les années ſubſéquentes, au premier Bureau du mois de Juillet, l'état des Livres par lui acquis, & le montant de l'acquiſition par lui faite, pour être ſur ledit état délivré une ordonnance pour le rembourſement du prix d'icelle, & qu'expédition de la préſente Délibération ſera remiſe à M. le Principal. Dépenſe des Prix.

Nota. Quant à la forme d'invitation de MM. de la Chambre des Comptes à la diſtribution des prix, voyez ci-deſſus Chapitre III, p. 119.

19 Février 1767.

Sur le compte rendu par M. le Neveu de l'arrangement qu'il a pris avec le ſieur Butard, Imprimeur, pour le paiement des Thèſes & Programes fournis aux Bourſiers depuis le mois de Juillet 1765. Des impreſſions & du nombre des theſes à fournir à chaque Bourſier.

Le Bureau voulant établir un ordre certain ſur cet objet arrêté ; 1°. Que les Thèſes & Programes pour les Bourſiers ne ſeront déformais imprimés que par l'Imprimeur du Bureau ; 2°. qu'il ſera fourni à chaque Bourſier ſoutenant une Thèſe ou un exercice deux cents exemplaires de ſa Thèſe ou de ſon Programe & non davantage ; 3°. Que le prix deſdites Thèſes ou Programes ſera fixé conformément à l'état d'impreſſion préſenté par le ſieur Simon Imprimeur du Parlement & du College de Louis-le-Grand, lequel état arrêté & ſigné par M. l'Abbé Terray reſtera dépoſé aux Archives, après avoir été tranſcrit à la ſuite de la Délibération de ce jour ; 4°. que la dépenſe de chaque Thèſe ou Exercice ſera portée dans les comptes du Collége auquel appartiendra le Bourfier qui aura foutenu ladite Thèfe ou exercice ; 5°. que copies de la préfente Délibération feront remifes à M. le Principal & à chacun de MM. les Profeffeurs du College.

15 Janvier 1778.

VU par le Bureau la délibération du premier Avril 1773, portant qu'à l'avenir le fieur Simon ne pourra porter fur le mémoire des impreffions qu'il aura faites pour le College, que les impreffions ordinaires pour la manutention & la régie, comme quittances, extraits des délibérations, billets de convocations, & autres impreffions de pareille nature; comme auffi les affiches pour la location des maifons & fermes des Colleges réunis, mais qu'il ne pourra porter dans ledit mémoire aucune dépenfe pour impreffion de difcours, pieces de vers & autres ouvrages, à moins qu'il ne rapporte un extrait de la délibération du College de Louis-le-Grand qui ordonne l'impreffion de ces fortes d'ouvrages ; ladite délibération portant en outre qu'il ne fera plus imprimé de Thèfes de Philofophie en cahier, pour les Bourfiers des Colleges réunis, mais qu'il fera fourni à chacun des Bourfiers qui feront jugés capables de faire des exercices, deux cens thèfes en placard.

LE BUREAU a unanimement confirmé ladite délibération, pour être exécutée fuivant fa forme & teneur, & a chargé le Secrétaire Archivifte de remettre audit fieur Simon expédition, en ce qui le concerne, de la préfente délibération.

15 Janvier 1778.

VU par le Bureau la délibération du 19 Avril 1773, contenant la foumiffion du fieur Lefort, Giaveur, pour la fourniture des thèfes & placards pour les Bourfiers des Colleges réunis, à 6 livres le cent, & l'acceptation faite de ladite foumiffion par ladite délibération, fous la réferve qu'il ne feroit fourni que deux cents thèfes pour chaque Bourfier.

LE BUREAU a unanimement approuvé & confirmé ladite délibération, pour être exécutée fuivant fa forme & teneur, & le Secrétaire Archivifte a été chargé de remettre audit Lefort expédition de la préfente délibération.

3 Août 1780.

LECTURE faite d'un mémoire préfenté par le fieur Lefort, dans lequel il repréfente que par délibération du Bureau intermédiaire, du 19 Avril 1773, confirmée par délibération du Bureau, du 15 Janvier 1778 ; il a été délibéré que la fourniture des thèfes pour les Bourfiers qui étudient en Philofophie, lui feroit payée à raifon de 6 livres le cent; mais que cette fomme eft infuffifante, & que cette fourniture lui devient onéreufe ;

LE BUREAU a arrêté qu'à l'avenir les thèfes de Philofophie feront payées audit fieur

Lefort à raison de 7 livres le cent, & qu'il ne sera fourni à chaque Boursier que deux cens exemplaires pour chaque exercice, conformément à ladite délibération du 15 Janvier 1778.

15 Janvier 1778.

VU par le Bureau la délibération du 20 Juin 1774, contenant la soumission du sieur Grandin, Marchand Tapissier; ladite soumission a été unanimement acceptée, & ladite délibération du 20 Juin 1774 confirmée; & en conséquence il a été unanimement arrêté qu'il sera payé tous les ans au sieur Grandin la somme de 200 livres, au moyen de laquelle il s'obligera de fournir les tentures pour le reposoir le jour du Jeudi-Saint; il décorera la chapelle le jour de la fête de M. le Principal, & le jour où le Sacrement de Confirmation sera administré aux Ecoliers; il tendra les façades du College, tant sur la rue Saint-Jacques, que sur celles des Cholets, de Reims & Charretiere les jours de la Fête-Dieu & de l'Octave; & fournira pour la salle le jour de la distribution des prix, les décorations qu'il est dans l'usage de fournir pour le compte du College; le Secrétaire Archiviste a été chargé de remettre expédition de la présente délibération audit sieur Grandin.

Convention avec le Tapissier.

13 Novembre 1764.

M. LEMPEREUR a rendu compte que sur la demande qu'il avoit été chargé de faire au Bureau de la Ville, de seaux pour les incendies, ledit Bureau de la Ville en avoit accordé six douzaines au College de Louis-le-Grand, surquoi M. Lempereur a été chargé de faire au Bureau de la Ville des remercimens au nom du Bureau d'Administration du College de Louis-le-Grand.

Des Seaux de la Ville.

Du 17 Mai 1781.

LE BUREAU, délibérant sur l'endroit à placer les seaux pour les incendies, donné par la Ville, & mentionnés dans la délibération du 13 Novembre 1764, a arrêté que lesdits seaux seront placés dans le passage du grand réfectoire à la cuisine.

17 Août 1770.

LE BUREAU a unanimement arrêté que lorsqu'un de MM. les Administrateurs, soit actuels, soit anciens, viendra à décéder, il sera célébré dans la chapelle du College de Louis-le-Grand un Service solemnel, au jour dont il sera convenu avec sa famille, auquel Service le Tribunal de l'Université & la famille dudit Administrateur seront invités, au nom du Bureau, par des billets qui seront distribués; que le Tribunal de l'Université sera placé dans les stales hautes du chœur, & que dans le sanctuaire il sera placé des chaises & des banquettes à droite pour la famille de l'Administrateur, & à gauche pour le Bureau d'Administration.

Service pour MM. les Administrateurs.

CHAPITRE VI.

Amortissemens.

LES demandes, délibérations & décisions comprises dans ce Chapitre, relativement aux *amortissemens*, paroîtroient inutiles à conserver, s'il n'arrivoit pas souvent qu'après plus de vingt, & même trente ans, les fermiers généraux formoient encore de nouvelle demande; d'ailleurs la cessation des pensions viageres accordées aux Officiers des Colleges, pourroit être une époque où on voudroit redemander ce droit, vu que ces pensions ont été affectées sur les bâtimens des Colleges réunis; ces différens motifs ont décidé à former un Chapitre de tout ce qui étoit relatif à cet objet.

Du 6 Juillet 1769.

Droits d'*Amortissemens* demandés aux Colleges, dont ils sont déchargés.

M. le Grand-Maître a dit que MM. les Fermiers Généraux avoient fait signifier au Bureau trois contraintes; la premiere, de 3000 livres sur le College de Justice, à cause de la reconstruction faite en 1762, d'une maison appartenante audit College, sise rue de la Mortellerie & à la place aux Veaux; la seconde, de 2000 livres sur le College de Beauvais, à cause de la reconstruction faite en 1761 d'une maison appartenante audit College de Beauvais, située rue du Mont-Saint-Hilaire, vis-à-vis le Puits Certain; & la troisieme aussi, de 2000 livres sur le College de Laon, à cause de la reconstruction faite en 1758 d'une maison appartenante audit College de Laon, sise rue Judas; que ces contraintes paroissent contraires à l'article XLVI des Lettres Patentes du 21 Novembre 1763, enregistrées au Parlement le 24 du même mois, & à l'art. IX des Lettres Patentes du premier Février 1766, enregistrées en la Chambre des Comptes le 7 du mois de Mars dernier.

Sur quoi la matiere mise en délibération, il a été arrêté qu'il sera fait part à MM. les Fermiers Généraux de l'intention où se trouve le Bureau de faire valoir au profit des Colleges réunis à celui de Louis-le-Grand, la disposition des deux articles des Lettres Patentes ci-dessus mentionnées pour l'exemption des droits d'amortissemens portés auxdits articles; & qu'à cet effet il sera remis auxdits Fermiers Généraux extrait de la présente délibération.

Du 23 Avril 1770.

M. le Président Rolland a dit : qu'il lui a été remis, par M. le Grand-Maître, une liasse composée de seize pieces paraphées par premiere & derniere; que cette liasse avoit été communiquée à M. le Grand-Maître par le sieur Charles Barbier, sous-fermier des domaines & droits y joints, des Ville & Généralité de Paris, du bail de 1733 à 1739; que la premiere piece de cette liasse est un relevé des contraintes données par

ledit

ledit ſieur Barbier, depuis & y compris 1733, juſques & y compris 1741, contre vingt-trois Colleges de non plein exercice, pour prétendues conſtructions, reconſtructions & locations, faites dans l'intérieur deſdits Colleges; que les troiſieme, quatrieme, cinquieme, ſixieme, ſeptieme, huitieme, neuvieme, dixieme, onzieme, douzieme & treizieme pieces, ſont différens Arrêts du Conſeil, prétendus favorables à la prétention dudit ſous-fermier, mais tous étrangers à l'Univerſité de Paris & à ſes Colleges; que la quatorzieme piece eſt un imprimé des Lettres Patentes, portant réunion des Bourſiers dans le College de Louis-le-Grand, du 21 Novembre 1763; que la quinzieme eſt la groſſe d'un Arrêt du Conſeil, du 16 Septembre 1760, dont ſera ci-après parlé; que la deuxieme piece eſt un Mémoire, en date du 26 Avril 1761, préſenté par ledit ſieur Barbier à M. le Contrôleur Général, en marge duquel eſt une déciſion du Conſeil, dont ſera également parlé ci-après; qu'enfin, la ſixieme eſt une Requête préſentée au Roi par ledit Barbier, tendante au paiement du montant des contraintes portées en ſon relevé ci-deſſus, coté premiere piece, & dont le total eſt de 75536 livres 7 ſols 4 deniers, en marge de laquelle Requête eſt de l'écriture de M. Cochin, Intendant des Finances, un ſoit communiqué à MM. les Adminiſtrateurs du College de Louis-le-Grand, ſous la date du 5 Mars 1770.

Que de l'examen qu'il a fait de ces pieces, il en réſulte pluſieurs obſervations; que d'abord le relevé qui forme la premiere piece, contient les contraintes données contre les Colleges, d'Autun, pour 3666 livres 13 ſols 4 deniers; de Bayeux, pour 2933 livres 6 ſols 8 deniers; de Boiſſy, pour 1833 livres 6 ſols 8 deniers; de Boncourt, pour 8466 livres 13 ſols 4 deniers; de Bourgogne, pour 5500 livres; de Cambrai, pour 1466 livres 13 ſols 4 deniers; des Cholets, pour 3666 livres 13 ſols 4 deniers; de Cluny, pour 3666 livres 13 ſols 4 deniers; de Cornouailles, pour 1100 livres; de Dainville, pour 2200 livres; de Fortet, pour 4400 livres; de Grandmont, pour 2200 liv.; d'Huban, pour 2200 livres; de Juſtice, pour 2933 livres 6 ſols 8 deniers; de Laon, pour 2200 livres; du Mans, pour 2200 livres; de Maître-Gervais, pour 3636 livres 7 ſols 4 deniers; de Narbonne, pour 2200 livres; de Preſles, pour 2200 livres; de Reims, pour 4400 livres; de Sainte-Barbe, pour 4400 livres; de Saint-Michel, pour 3666 liv. 13 ſols 4 deniers; & de Tréſorier, pour 4400 livres; que par ce détail MM. voyant que les objets relatifs aux Colleges de Boncourt & de Cluny ne concernent nullement le Bureau d'adminiſtration, ces deux Colleges n'étant point réunis; que par rapport au College de Grandmont, qui n'eſt réuni que par les Lettres Patentes du 25 Juin 1769; comme cette prétendue dette n'eſt point dans l'état des charges attaché ſous le contre ſcel deſdites Lettres Patentes, cet objet ne peut concerner encore le Bureau d'adminiſtration; qu'à l'égard des vingt autres Colleges, c'eſt au Bureau à les défendre; ce qui eſt très-facile.

Que d'abord dans le cas où il ſeroit dû au ſieur Barbier quelques ſommes par les Colleges réunis, le Roi, par l'article 46 des Lettres Patentes du 21 Novembre 1763, en a fait remiſe & don auxdits Colleges, ce qui réſulte dudit article conçu en ces termes: « Faiſons au ſurplus par ces préſentes auxdits Bourſiers, pleine & entiere remiſe & don

I. *Partie.*   E e

» de tous droits d'amortiſſemens, ou autres qui pourroient nous être dus, tant à l'oc-
» caſion de ladite tranſlation, que pour l'emploi *qui pourroit avoir été* ou être *fait*
» *des bâtimens appartenans auxdits Colleges, ainſi que pour la location d'iceux.*

Que le ſieur Barbier l'a bien ſenti ; qu'en conſéquence dans ſa Requête, dont M.
Cochin a ordonné la communication au Bureau, il a conclu que Sa Majeſté, ou fît
payer par les Colleges les 75536 livres 7 ſols 4 deniers qu'il demandoit, ou que dans le
cas qu'il ſeroit décidé qu'en exécution deſdites Lettres Patentes du 21 Novembre 1763,
ce ſeroit à Sa Majeſté à payer ladite ſomme, il lui plût d'en ordonner le paiement ;
mais que cette ſeconde demande n'eſt pas plus juſte que celle que le ſieur Barbier forme
directement contre ces Colleges, parce qu'il eſt aiſé de démontrer que même indépendamment des Lettres Patentes du 21 Novembre 1763, leſdits Colleges ne doivent
rien pour les objets demandés par le ſieur Barbier.

Qu'en effet il faut obſerver que tous les objets pour leſquels ledit ſieur Barbier forme
des prétentions, ſont pour des locations prétendues par lui avoir été faites *dans l'intérieur des Colléges dont eſt queſtion ;* que quoiqu'il ait donné des contraintes contre
vingt-trois Colleges, cependant il n'a ſuivi ſes demandes que contre les Colleges des
Cholets & de Juſtice ; qu'à la vérité il avoit d'abord obtenu une déciſion favorable
du Conſeil, en date du 21 Juillet 1740, laquelle eſt rappellée dans l'Arrêt du 16
Septembre 1760 dont va être parlé ; mais que ſur le vu de cette déciſion, l'Univerſité
eſt intervenue, & qu'il a été rendu contradictoirement avec elle, ledit jour 16 Septembre 1760, un Arrêt du Conſeil, dont les diſpoſitions ſont d'autant plus importantes,
qu'en proſcrivant ce qui n'étoit pas juſte dans les prétentions de l'Univerſité, cet Arrêt
regle le vrai état de la queſtion ; & quel eſt le genre de location de l'intérieur des Colleges qui pouvoit produire des droits d'amortiſſemens ? Cet Arrêt, qui eſt la quinzieme
piece du doſſier du ſieur Barbier, eſt conçu en ces termes :

» Le Roi en ſon Conſeil, ſans s'arrêter aux demandes des Recteur, Doyens, Pro-
» cureurs & Suppôts de l'Univerſité de Paris, ni à leur priſe de fait & cauſe, a ordonné
» & ordonne que les Colleges des Cholets & de Juſtice ſeront tenus de payer à Charles
» Barbier, ſous-fermier des domaines de la Ville & Généralité de Paris, du bail de
» 1733, ſes commis & prépoſés, *les droits d'amortiſſemens des locations, conſtructions,*
» *reconſtructions & augmentations de batimens faits dans l'enceinte deſdits Colleges, &*
» *occupés par d'autres perſonnes que par les Officiers, Bourſiers, Ecoliers, Etudians &*
» *Penſionnaires, pendant les années 1700 & 1701, & depuis le premier Mai 1708,*
» *juſqu'en l'année 1739, pour leſquels leſdits Colleges ont été compris dans la contrainte*
» *dudit Barbier,* du premier Avril de ladite année 1739, & ce ſur le pied de l'eſtima-
» tion du revenu qui en ſera faite par Experts, dont les Parties conviendront dans hui-
» taine, du jour de la ſignification du préſent Arrêt, ſinon pris & nommés d'Office ;
» & dans le cas où les deux Experts qui ſeront nommés ne ſe trouveroient pas d'ac-
» cord, ordonne Sa Majeſté qu'il ſera choiſi un tiers-Expert, qui déterminera défini-
» tivement le montant dudit revenu, par le procès-verbal qui en ſera par lui dreſſé,
» ſur lequel pied les droits d'amortiſſemens ſeront acquittés aux termes du Réglement.
» Fait au Conſeil d'Etat du Roi, tenu à Verſailles le 16 Septembre 1760.

Que cet Arrêt a été le 15 Novembre 1760 ſignifié au Recteur de l'Univerſité, & aux Officiers des Colleges de Juſtice & des Cholets; que le 26 Avril 1761 le ſieur Barbier ſe pourvut encore au Conſeil; & quoiqu'il n'eut pas conſtaté (ce qui, d'après l'Arrêt, étoit un préalable néceſſaire & indiſpenſable) *les locations faites à d'autres qu'à des Officiers, Bourſiers, Ecoliers, Etudians ou Penſionnaires*, il voulut cependant forcer les Colleges de Juſtice & des Cholets de nommer un Expert, ce qui fut même ordonné par déciſion du Conſeil, ledit jour 26 Avril 1761 (deuxieme piece de ſon doſſier) que muni de cette déciſion, & pour en opérer mieux l'exécution, le ſieur Barbier fit ſaiſir les revenus, non-ſeulement des Colleges de Juſtice & des Cholets, mais encore de tous les autres Colleges détaillés dans le relevé qui forme la premiere piece de ſon doſſier; qu'alors l'Univerſité reclama l'exécution de l'Arrêt du 16 Septembre 1760; & que ſur un Mémoire qu'elle préſenta au Miniſtre, & dont M. le Grand-Maître Temporel, comme Greffier de l'Univerſité à l'original, & a délivré deux expéditions, qui ont été miſes ſur le Bureau par M. le Préſident Rolland, il intervint le 3 Juin 1761 une déciſion du Conſeil, qui ordonne aux Fermiers de donner main-levée proviſoire des ſaiſies par lui faites, & de ne pouvoir les renouveller qu'après avoir juſtifié préalablement « que pendant le tems de ſa ferme, les appartemens deſdits Colleges avoient » été donnés à loyer à autres perſonnes qu'à celles qui ſont autoriſées par les loix & » réglemens à y habiter.

Que depuis ce tems ledit ſieur Barbier s'eſt tenu tranquille, & n'a point ſatisfait à l'Arrêt du 16 Septembre 1760, à la déciſion du Conſeil du 3 Juin 1761, mais a ſeulement donné main-levée de ſes ſaiſies; qu'en conſéquence, quand bien même le Roi n'auroit pas par ſes Lettres Patentes du 21 Novembre 1763 fait remiſe aux Colleges réunis des ſommes qu'ils auroient pu devoir pour amortiſſement, il n'en ſeroit pas moins vrai que le ſieur Barbier ne pourroit rien demander, qu'au préalable il n'eût, en exécution de l'Arrêt du Conſeil du 16 Septembre 1760, & de la déciſion du Conſeil du 3 Juin 1761, juſtifié que les objets qu'il prétendoit ſujets au paiement du droit d'amortiſſement, *avoient été loués à d'autres perſonnes qu'à celles qui, par les Réglemens, ſont autoriſées à y habiter.*

Après lequel récit, lecture faite deſdites pieces, & la matiere miſe en délibération, il a été unanimement arrêté,

1°. Que le récit de M. le Préſident Rolland ſera tranſcrit dans la délibération de ce jour;

2°. Qu'une des deux expéditions de la déciſion du Conſeil du 3 Juin 1761, ſera dépoſée aux archives des Colléges réunis;

3°. Que l'autre expédition ſera envoyée par M. le Préſident Rolland à M. Cochin, avec copie de la préſente délibération, & que M. Cochin ſera ſupplié de faire mettre fins aux pourſuites du ſieur Barbier, qui, d'après la diſcuſſion faite dans le récit de M. le Préſident Rolland, ſont mal fondés; mais de plus ne pourroient jamais, d'après l'article XXXXVI des Lettres Patentes du 21 Novembre 1763, être à la charge des Colleges réunis, & de faire part au Bureau de la déciſion qui ſera donné à ce ſujet.

E e ij

7 Février 1771.

M. POAN a fait part au Bureau d'une lettre écrite par M. Cochin le 24 Décembre dernier, par laquelle il apprend que l'affaire concernant les droits d'amortiſſemens prétendus par le ceſſionnaire des reſtes du bail de Barbier, contre les Colleges de non plein exercice réunis à celui de Louis-le-Grand, ſur laquelle affaire il a été pris par le Bureau une délibération le 23 du mois d'Avril 1770, a été terminée le 11 dudit mois de Décembre par un Arrêt, qui déclare ce ceſſionnaire non-recevable dans ſa demande, & que l'Arrêt a été remis au Greffe de M. de Vougny, où le Bureau pourra s'en faire délivrer une expédition quand il le jugera à propos.

Lecture faite de ladite lettre, il a été unanimement arrêté que M. le Grand-Maître ſera chargé de porter à M. Cochin les remercîmens du Bureau ſur la déciſion de cette affaire, & mondit ſieur Grand-Maître a été prié de retirer du Greffe du Conſeil une expédition de l'Arrêt du 11 Décembre 1770, pour être dépoſée aux archives.

CHAPITRE VII.

Des Bourſiers.

LES Bourſiers peuvent être conſiderés, ſoit en général comme *Bourſiers*, ſoit en particulier comme *Bourſiers d'un tel College* ; quant à ce ſecond point de vue, on trouvera tous les détails que l'on peut déſirer dans la ſeconde partie ci-après, où chaque College ſera l'objet d'un Chapitre ſéparé ; mais dans ce préſent Chapitre on ne conſidérera les Bourſiers qu'en général, & on ſe contentera à ce ſujet de remarquer, que quoique les *Bourſes aient été depuis la réunion plus que doublées* (148) , toutes celles que l'on a rétablies l'ont été à *la nomination de ceux qui y nommoient avant la réunion*. On ne parlera pas de la différence du prix des Bourſes avant & après la réunion, cet objet étant traité dans le Mémoire de M. le Préſident Rolland cité dans la note précédente, & aux endroits indiqués dans cette note ; on ſe bornera, quant à cet objet, à obſerver que beaucoup de Bourſes étoient de 75, 100, 150 & 200 livres ; mais qu'en faiſant un prix commun de ce que coûtoient à tous les Colleges les Bourſes exiſtantes lors de la réunion, elles n'étoient pas l'une dans l'autre de 300 liv. & qu'elles ſont toutes actuellement de 450 liv. ; qu'ainſi, outre l'augmentation ſur le nombre, qui eſt plus que doublé, le prix eſt auſſi augmenté de plus d'un tiers.

Au ſurplus, les Délibérations ci-après réunies ne néceſſitent aucune remarque particuliere, ſi ce n'eſt celle qui a ordonné l'impreſſion de différens états qui ont été dreſſés pour connoître en un moment les qualités néceſſaires à l'effet d'obtenir des Bourſes, & les perſonnes qui y nomment. Le Bureau a cru ce détail très-ſatisfaiſant pour le public, & c'eſt ce qui l'a décidé, non-ſeulement à faire imprimer cet état dans le préſent recueil, mais encore à en faire tirer ſéparément des exemplaires pour pouvoir les diſtribuer à tous ceux qui y ont intérêts. En réuniſſant ce qui ſe trouve, ſoit dans les titres II

---

(148) Voyez dans le Mémoire de M. le Préſident Rolland, déja cité, ſur *l'adminiſtration du College de Louis-le-Grand* , ce point de fait prouvé par un tableau (pag. 94, &c.) & enſuite (pag. 96) par un calcul. Depuis 1778 que ce Mémoire a été imprimé, les Bourſes ont été encore augmentées, & le tableau imprimé à la fin du Chapitre ſuivant prouve que les Bourſiers actuellement ſubſiſtans ſont au nombre de cinq cens vingt-ſix, dont 83 pour le College de Louis-le-Grand ou fondations y réunies, reſte donc quatre cens quarante-trois Bourſiers pour les vingt-huit autres Colleges : or au moment de la réunion, il n'exiſtoit dans ces Colleges que *cent quatre-vingt-treize* Bourſiers, & il y en a actuellement *quatre cens quarante-trois ;* donc depuis la réunion les Bourſes ont été plus que doublées. On ajoutera que d'après le même Mémoire de M. le Préſident Rolland, & aux endroits ci-deſſus cités, il eſt de plus prouvé qu'en y comprenant les ſix Bourſiers fondés dans le College *d'Huban* (qui, vu ſon mauvais état, n'a ni n'aura ſi-tôt des Bourſiers), il n'a été fondé dans *tous les Colleges réunis* que *quatre cens quatre* Bourſes, & cependant, on le répete, il en exiſte actuellement *quatre cens quarante-trois.*

& III du Réglement de 1767, soit dans les Titres III & IV du Réglement de 1769, soit dans les Lettres Patentes du 19 Mars 1781 (149), soit dans les *notes* ajoutées à quelques articles de ces différentes Loix, soit enfin dans la Délibération du 2 Août 1781 (150), on aura tout ce qui est relatif aux Bourses & aux Boursiers réunies dans le College de Louis-le-Grand.

Du 17 Mai 1781.

M. Le Grand-Maître a dit qu'en exécution de la Délibération du 5 Mai 1780, il avoit rédigé un nouveau projet de Réglement pour l'administration des Boursiers dans le College de Louis-le-Grand ; celui arrêté le 15 Janvier 1778, ne pouvant plus avoir lieu, d'après les Lettres-Patentes du 19 Mars 1780.

Lecture a été faite dudit projet de Réglement, dont la teneur suit :

ARTICLE PREMIER.

Aucun Boursier ne pourra être nommé à aucune des Bourses réunies dans le College de Louis-le-Grand, pour y étudier dans la Faculté des Arts, qu'il n'ait au moins neuf ans commencé, & qu'il ne soit en état d'entrer en la classe de *sixiéme*, & d'en suivre les exercices, ce qui revient à peu près à la *quatriéme* en province (151).

I I.

Aucun Boursier ne sera reçu pour la classe de sixiéme après quatorze ans, de cinquiéme après quinze ans, de quatriéme après seize ans, de troisiéme après dix-sept ans, de seconde après dix-huit ans, & de Rhétorique après dix-neuf ans, le tout révolus ; & pour connoître si lesdits Boursiers n'ont pas passé l'âge prescrit par lesdits articles, leur extrait baptistaire sera rapproché de leurs lettres de nomination, à l'exception cependant des parents des Fondateurs & des jeunes gens qui auront mérité des prix aux distributions de l'Université, lesquels seront reçus sans faire attention à leur âge.

I I I.

Tous les Boursiers qui seront reçus après quatorze ans révolus, seront tenus d'apporter, outre les pieces nécessaires, un certificat de bonne vie & mœurs de ceux sous qui ils auront commencé leurs études.

I V.

Avec ces conditions, un enfant peut solliciter une des Bourses réunies & y être nommé. Il doit apporter des provisions de Bourses en bonne forme, & avoir un correspondant qui réside à Paris & signe un acte sur le registre du Bureau d'Administration, par lequel il s'engage à servir de Tuteur au Boursier qu'il présente.

V.

Le Boursier présentera à M. le Principal son extrait baptistaire, les provisions de sa Bourse, un certificat de bonne santé, signé du Médecin & du Chirurgien des Colleges, & l'acte de son correspondant. M. le Principal lui assignera le jour & l'heure où il fera

---

(149) Ci-dessus, Chapitre II.

(150) Ci-après, IIᵉ Partie, Chapitre XIX.

(151) Délibération du 18 Décembre 1777.

ses preuves de capacité ; le conseil des Examinateurs prononcera sur son admission, & s'il est jugé trop foible, il sera remis entre les mains du correspondant.

V I.

Le Boursier admis apportera trois paires de draps & une douzaine de serviettes pour son usage, & il achetera une robe de pensionnaire.

Le College lui fournira un couvert d'argent & un lit complet, la nourriture, tant en santé qu'en maladie, le vin, le feu, la chandelle, les médicamens, sans qu'il en coute rien à ses parens.

V I I.

A l'égard de l'entretien qui comprend le blanchissage, le Perruquier, le linge, les habits, la fourniture des livres, plumes, encre & papier, ainsi que les menus plaisirs, c'est aux parens à y pourvoir.

Ladite lecture faite, le Bureau a unanimement approuvé ledit Réglement & ordonné qu'il seroit imprimé.

Du 20 Juillet 1780.

Sommes à payer aux Boursiers, Théologiens & Médecins non résidens au College.

M. le Grand-Maître a dit que par l'article premier des Lettres Patentes du 19 Mars dernier, la pension des Boursiers réunis ayant été portée à 450 livres, il demandoit au Bureau s'il devoit payer la pension des Boursiers Théologiens qui se retirent dans des Séminaires, & celle des Boursiers-Médecins qui résident hors du College, sur ledit pied, ou bien à raison de 400 seulement :

Sur quoi le Bureau considérant que par l'art. XV du tit. III du Réglement attaché sous le contre-scel des Lettres Patentes du 20 Août 1767, il est porté qu'il ne sera payé aux Boursiers qui se retireront dans des Séminaires, que la somme de 300 livres par année, tandis que la pension des Boursiers étoit alors à 360 livres ; que les motifs de cette disposition étoient les dépenses considérables que le College de Louis-le-Grand étoit obligé de faire pour les Boursiers-Théologiens, lesquelles étoient les mêmes en quelque nombre que fussent ces Boursiers résidens dans le College. Que ces considérations subsistent aujourd'hui, puisque le College de Louis-le-Grand est tenu, 1°. d'entretenir pour ces Boursiers une salle d'étude qu'il faut chauffer & éclairer ; 2°. d'avoir trois Maîtres auxquels on donne, outre leur nourriture & leur chauffage à chacun, 400 livres d'honoraires ; 3°. d'entretenir un Domestique pour le service de ces Boursiers ; 4°. de réparer les bâtimens du College qui sont habités par eux.

Que de plus ces Boursiers ont la faculté, même lorsqu'ils résident dans des Séminaires, d'user de l'infirmerie établie dans le College de Louis-le-Grand, & pour lesquels on fait des dépenses considérables.

Le Bureau considérant de plus que le College Louis-le-Grand ne fait aucunes de ces dépenses pour les Boursiers-Médecins, lesquels résident hors du College, & n'ont point la faculté de se servir de l'infirmerie.

A unanimement arrêté que la pension des Boursiers-Théologiens qui se retireront (152)

(152) Ce qu'ils ne peuvent faire que dans l'interstice du Bacalaureat à la Licence. *Voyez* les Lettres Patentes du 19 Mars 1780 ci-dessus, Chapitre II.

dans des Séminaires, après en avoir obtenu la permission de M. le Principal & de MM. les Examinateurs, ne leur sera payée qu'à raison de 400 livres par année, & que la pension des Boursiers-Médecins leur sera payée sur le pied de 450 liv. par année, conformément à l'augmentation portée par l'article premier des Lettres Patentes du 19 Mars dernier.

Du 6 Août 1772.

Prix donnés aux Boursiers qui sont nommés aux prix de l'Université.

M. le Principal a observé que le College s'est distingué dans la distribution des prix de l'Université qui a été faite le jour d'hier, & qu'il croit devoir en instruire le Bureau, pour lui faire partager la satisfaction que toutes les personnes qui s'intéressent à la célébrité du College ressentent d'un pareil succès.

Sur quoi le Bureau, pour témoigner aux Ecoliers qui se sont distingués dans cette distribution des prix, combien il est satisfait de leur conduite, & exciter de plus en plus l'ambition & l'émulation parmi eux, a unanimement arrêté, qu'il sera acheté par M. le Principal la quantité de livres qu'il jugera convenables, relativement au nombre des Ecoliers qui ont eu des prix à l'Université; & qu'au premier Bureau du mois de Décembre, ces Ecoliers seront présentés à l'Assemblée, & recevront de la main de l'Administrateur qui y présidera, un présent de livres, qui leur seront distribués suivant l'indication de M. le Principal; ce qui s'observera tous les ans, sans qu'il soit besoin d'une nouvelle Délibération.

Cette Délibération a été confirmée par le Bureau depuis sa rentrée; de plus, par Délibération du 4 Février 1779, la distribution des livres a été étendue à ceux qui avoient eu des *accessit* aux prix de l'Université.

Nota. Le Bureau accorde de plus, des gratifications aux Boursiers qui se distinguent dans les examens particuliers, & ces gratifications se paient des deniers du College dont est le Boursier auquel elle est accordée. Voyez ci-dessus, Chapitre V, p. 212, la Délibération du 19 Juillet 1781.

15 Janvier 1778.

Gratification pour les Lettres de Maître ès Arts aux Boursiers, soit Gentilshommes ou Roturiers.

VU par le Bureau, la Délibération du 4 Février 1773, portant qu'attendu que la dépense pour obtenir le degré de Maître ès Arts est double pour les Gentilshommes; il sera accordé par la suite aux Boursiers de la fondation de Harlay, qui sont obligés d'être Gentilshommes, le double de ce qui est accordé aux autres Boursiers, pour prendre ledit degré.

LE BUREAU a unanimement confirmé ladite Délibération pour être exécutée suivant sa forme & teneur, & il a été en outre aussi unanimement arrêté que la présente Délibération seroit commune pour tous les Boursiers Gentilshommes qui seront par la suite reçus dans le College de Louis-le-Grand, & ce, soit que lesdits Boursiers soient tenus par les titres de fondations ou autres équivalans d'être Gentilshommes, soit que sans y être obligés, ils se trouvent cependant décorés de la Noblesse, mais à la charge toutes fois que tant la somme de quatre-vingt livres pour les Boursiers Gentilshommes,

que

que celle de quarante livres pour ceux qui ne le font pas, ne fera payée à aucun defdits Bourfiers que d'après une Ordonnance précife du Bureau, qui fera donnée pour chaque Bourfier en particulier.

15 Janvier 1778.

Il ne fera rien payé aux Bourfiers qui ne prendront pas les dégrés dans le tems fixé par les Statuts des Facultés.

VU par le Bureau la Délibération du 20 Mars 1773, portant que M. le Grand-Maître ne paiera à l'avenir aucune fomme aux Bourfiers, obligés par les ftatuts de leurs Colleges d'obtenir des dégrés dans un tems fixe & limité, foit pour les gratifications qui leur feront accordées pour leurs dégrés, foit pour leurs penfions au Seminaire ou autrement, qu'après que les Bourfiers lui auront repréfenté les Lettres qu'ils auront obtenues de ces dégrés.

LE BUREAU a unanimement confirmé ladite Délibération, pour être exécutée fuivant fa forme & teneur.

15 Janvier 1768.

Gratification aux Bourfiers-Médecins.

VU par le Bureau la Délibération du 23 Mars 1776, portant qu'il fera accordé par la fuite à tous les Bourfiers-Médecins qui entreront en licence, une fomme de foixante livres, pour chacune des quatre Thefes, qu'ils font obligés de foutenir, & pareille fomme de foixante livres, pour le Baccalaureat; ce qui revient à la fomme totale de trois cents livres, pour tous les actes qui doivent être foutenus par chaque Bourfier-Médecin, pour parvenir à la licence.

LE BUREAU a unanimement confirmé ladite Délibération, pour être exécutée fuivant fa forme & teneur.

Du 6 Juillet 1780.

Le Bureau s'occupe de diminuer la dépenfe particuliere des Bourfiers.

QU'IL fera pareillement avifé aux moyens de diminuer les dépenfes particulieres des Bourfiers: M. le Grand-Maître & M. le Principal font priés de fe concerter à cet égard, & de propofer au Bureau ce qu'ils eftimeront convenable.

17 Août 1781.

Défenfes aux Bourfiers qui ne feroient pas Prêtres d'avoir des ferrures de fûreté.

SUR le compte rendu au Bureau, que plufieurs Bourfiers qui ont des chambres particulieres, mettent à leurs portes des ferrures de fûreté, d'où il en réfulte deux inconvéniens; le premier, que pour placer ces ferrures l'on fait fucceffivement des troux aux portes, ce qui en peu de tems les mettroient hors d'état de fervir; le fecond, & le plus important, eft qu'au moyen de ces ferrures de fûreté, MM. les Principal, Sous-Principaux ou autres Maîtres, ne peuvent entrer dans la chambre des Bourfiers lorfqu'ils le jugent à propos; ce qui eft contraire au bon ordre & à la difcipline du College.

Sur quoi la matiere mife en Délibération.

LE BUREAU a unanimement arrêté que, fous aucun prétexte, aucun Bourfier, même étudiant dans les Facultés fupérieures, fi ce n'eft feulement ceux qui feront Prêtres, ne pourront mettre à leur porte des ferrures de fûreté, fauf à eux à avoir

I. Partie. F f

dans leur chambre telles commodes, secrétaires, armoires ou autres meubles qu'ils aviseront bon être, qu'ils seront les maîtres de faire fermer ainsi qu'ils le jugeront à propos; à la charge cependant par eux d'en faire l'ouverture aux Principal, Sous-Principaux & autres Maîtres lorsqu'ils le requéreront.

Et sera la présente Délibération insérée dans le Chapitre VII de la premiere Partie du Recueil dont l'impression a été ordonnée par la Délibération du 28 Mai dernier.

Du 5 Juillet 1781.

Etats
des Boursiers.

M. le Président Rolland a exposé que MM. lui ayant témoigné le désir qu'ils avoient de réunir dans le Recueil, dont l'impression a été ordonnée par délibération du 28 Mai dernier, tous les détails dont il étoit susceptible, & notamment un tableau ou état de toutes les Bourses réunies dans le College de Louis-le-Grand, il s'étoit occupé de la rédaction de cet état; que pour plus de netteté, il avoit cru devoir en former six; que le premier contenoit les *Bourses libres*; le deuxieme, les Bourses *au concours*; le troisieme, les Bourses créées pour *des familles particulieres*; le quatrieme, les Bourses destinées à *certaines Provinces*; le cinquieme, celles affectées à *certains Diocèses*; & le sixieme, celles assignées *à certaines Villes.*

Que les deux premiers de ces états ne contiennent que *quatre colonnes*; la premiere, pour les *noms des Colleges*, la seconde pour *les Nominateurs*, la troisieme pour le *nombre des Bourses*, & la quatrieme pour les *observations* qu'il a cru nécessaires d'ajouter, à l'effet de procurer de plus grands éclaircissemens.

Que de plus, le premier état étoit divisé en deux parties; la premiere, des Bourses *créées libres*; la seconde, de celles qui ne le *deviennent* qu'à défaut de sujets des familles, Villes, Diocèses ou Provinces désignées dans les fondations.

Que dans les quatre autres états, il y avoit *une colonne* de plus, la *troisieme en formant deux*; sçavoir, une pour les *Familles*, les *Provinces*, les *Diocèses* ou les *Villes*, auxquelles les Bourses sont affectées, & une autre pour le *nombre des Bourses.*

Que dans chacun des deux premiers états, il a cru devoir placer les Colleges suivant leur ordre alphabétique; mais que dans les troisieme, quatrieme & cinquieme, il lui avoit paru plus convenable de suivre l'ordre alphabétique des Familles, Provinces ou Diocèses; qu'enfin, à l'égard du sixieme état, il avoit pensé qu'il falloit ranger les Villes, non pas suivant l'ordre alphabétique de leurs noms particuliers, mais suivant celui des Diocèses dans lesquelles elles sont situées.

Lecture faite desdits états.

Le Bureau les a unanimement approuvés, & a ordonné que non-seulement ils seront imprimés, ainsi que la présente délibération, à la suite du septieme Chapitre de la premiere Partie du Recueil, dont l'impression a été ordonnée le 28 Mai dernier; mais qu'en outre il sera séparément tiré 600 exemplaires du premier de ces six états, & la moitié de chacun des cinq autres, pour être distribués à tous ceux qui voudront connoître les différentes fondations faites dans les Colleges réunis.

ÉTATS DES BOURSES
FONDÉES DANS LE COLLEGE DE LOUIS-LE-GRAND ET COLLEGES Y RÉUNIS.
PREMIER ÉTAT.
BOURSES LIBRES, OÙ QUI PEUVENT LE DEVENIR.

NOMS DES COLLEGES.	NOMINATEURS.	NOMBRE DES BOURSES.	OBSERVATIONS.
PREMIERE PARTIE. *Bourfes créées libres.*			
ARRAS	Le Bureau d'Adminiftration	4	Lorfque le procès relatif à ce College, & qui exifte entre le Bureau & les Prêtres de la Miffion fera fini, il fera créé plufieurs Bourfes également libres & à la même nomination.
BONS-ENFANS	M. l'Archevêque de Paris	1	
DIX-HUIT	M. le Doyen de l'Eglife de Paris.	8.	
FORTET	Le Chapitre de l'Eglife de Paris	1.	
LOUIS-LE-GRAND	Le Bureau d'Adminiftration	24.	
Idem. Fondation Duprat.	Idem	4.	
Idem. Fondation de Henri III.	M. le Grand Aumônier, & le Bureau d'Adminiftration, chacun par moitié.	6.	
Idem. Fondation de Harlay.	M. le Prince Tingry, comme defcendant de la Maifon de *Harlay.*	2	Affeftées à la Nobleffe.
Me GERVAIS	M. le Grand Aumônier	24	La moitié affeftée à la Nobleffe.
MIGNON	Idem		Toutes celles qui feront créées lorfque les dettes de ce College feront acquittées.
DEUXIEME PARTIE. *Bourfes qui ne deviennent libres qu'à défaut de fujets des lieux défignés dans les fondations.*			
AUTUN	M. le Maréchal Prince de Soubife, en fa qualité de *Marquis d'Annonay.*		Mais feulement s'il ne fe trouve pas de fujets à Annonay, diocèfe de Vienne, & dans plufieurs autres diocèfes ci-après défignés.
LAON, Fondation *Coufin.*	M. l'Evêque de Laon		La première Bourfe qui devient vacante après fon facre.
LOUIS-LE-GRAND, Fondation *Bontemps.*	Le Bureau d'Adminiftration		Mais feulement à défaut de parens du Fondateur, & pour leur donner le tems de fe préfenter, *la Bourfe doit demeurer un an vacante.*
Idem. Fondation *Braquet.*	M. l'Abbé du Perron, & après lui, M. l'Evêque de Meaux.		Mais feulement à défaut de parens du Fondateur.
Idem. Fondation *Meurice.*	Le Curé de Poiffard, près de Breteuil, diocèfe d'Amiens.		*Idem.* Par Délibération du 5 Juillet 1781, cette Bourfe a été *fufpendue* pour quelque tems.

ÉTAT DES BOURSES
FONDÉES DANS LE COLLEGE DE LOUIS-LE-GRAND ET COLLEGES Y RÉUNIS.
DEUXIEME ÉTAT.
BOURSES AU CONCOURS.

NOMS DES COLLEGES.	NOMINATEURS.	NOMBRE DES BOURSES.	OBSERVATIONS.
LAON Fondation *Cousin.*	Les deux Chanceliers de l'Université & le Principal du Collège de Louis-le-Grand.	···· 3	
LOUIS-LE-GRAND·	Le Bureau d'Administration··	··· 12 (a)·	Pour les Ecoliers.
Idem··············	··········*Idem*···········	···· 6 ···	Pour les Aspirans à l'aggrégation.

(a) Par Délibération du 5 Avril 1781, homologuée par Arrêt du 10 du même mois, on a supprimé les épreuves du concours, & on a affecté ces Bourses aux Ecoliers qui ont été nommés dans les distributions des prix de l'Université, voyez ci-après, IIe Part. Chap. XVII, art. V; ce changement a été adopté par les Nominateurs des Bourses de la fondation *Cousin.*

Quant aux Bourses pour les Aspirans à l'aggrégation, lorsqu'il ne se présente pas de sujets pour remplir celles qui deviennent vacantes, le Bureau d'Administration les confere de la même maniere que les Bourses au concours des Ecoliers.

ÉTATS DES BOURSES
FONDÉES DANS LE COLLEGE DE LOUIS-LE-GRAND ET COLLEGES Y RÉUNIS.
TROISIEME ÉTAT.
BOURSES AFFECTÉES A CERTAINES FAMILLES.

NOMS DES COLLEGES.	NOMINATEURS.	FAMILLES.	NOMBRE DES BOURSES.	OBSERVATIONS.
AUTUN, Fond. d'*Oudart de Moulins.*	Le Bureau d'Adminiftration···	Oudart *de Moulins*··	·· (a)	Faute de parens, de la Ville & Châtellenie de *Moulins*, des Villes fituées entre l'*Allier* & la *Loire*, & des Châtellenies de *Souvigny* & de *Belle-Perche*, & enfin de tout le *Bourbonnois*.
BEAUVAIS··	L'aîné de la famille de M. Taboureau des Reaux, Nominateur, fur la préfentation du Lieutenant des habitans de la ville de Reims, qui doit lui préfenter deux Sujets.	Gerard *Bazin*·····	·· 3 ··	Et faute de parens, pour le diocèfe de Reims.
LOUIS-LE-GRAND·	Le Bureau d'Adminiftration··	*Bontemps*·········	·· 1 ··	Faute de parens, ces Bourfes deviennent libres.
Idem·········	M. l'Abbé du Perron, & après lui M. l'Evêque de Meaux.	*Braquet*··········	·· 2 ··	
LAON········	M. l'Evêque de Laon······	Jean *le Caron*····	·· 1 ··	A défaut de parens, les Habitans de *Montchallon*, ou enfin du diocèfe de *Laon*.
BOISSY·····	Le Chancelier de l'Eglife de Paris & le Prieur des Chartreux.	Alain *Chartier*·····	·· 8 ··	Faute de parens, les Habitans de *Boiffy-le-fec*, près d'E-tampes, & enfuite les enfans nés fur la paroiffe de *S. André-des-Arts* à Paris.
FORTET·····	Le Chapitre de l'Eglife de Paris.	Claude *Croifier*····	·· 2 ··	
Idem·········	L'aîné de la famille, Préfentateur, le Chapitre de Paris, Collateur.	Joseph *Gremiot*·····	·· 1 ··	
LAON·······	M. l'Evêque de Laon·······	Raoul *de Harbes*···	·· 1 ··	Faute de parens, cette Bourfe est pour les habitans de *la Herie*, & enfin du diocèfe de *Laon*.
LOUIS-LE-GRAND	Le Curé de Poiffard, près Breteuil, au diocèfe d'Amiens.	*Meurice*·········	·· 1 ··	Faute d'avoir completté cette Bourfe, en exécution des Lettres Patentes de 1767, elle eft fufpendue par Délibération du 5 Juillet 1781.
SAINTE-BARBE, Fond. *Menaffier*.	Trois parens du Fondateur, & à leur défaut les Maire & Echevins de Semur.	*Menaffier*·······	·· (b) ··	Et faute de parens, pour un enfant de *Semur* en Bourgogne.
LOUIS-LE-GRAND	Le plus ancien Bourfier, Préfentateur, le Bureau d'Adminiftration, Collateur.	*Molony*··········	·· 2 ··	A défaut de parens, tout Irlandois Catholique.
LAON·······	M. l'Evêque de Laon·······	Jean *Motel*······	·· 1 ··	A défaut de parens, les habitans d'*Origny*, ou enfin de tout le diocèfe de *Laon*.
BEAUVAIS··	Le Prieur-Curé & le Lieutenant Général de Montmirel, Préfentateurs, le Parlement, Collateur.	Charl.-Pierre *Perrot*·	·· 3··	Faute de parens, les enfans de *Montmirel*, diocèfe de Troyes & autres lieux circonvoifins.
BONS-ENFANS·	Les Marguilliers du Mesnil-Aubry & de Fontenay, Préfentateurs, M. l'Archevêque de Paris, Collateur.	*Pluyette*·········	·· 4 ··	A défaut de parens, pour les fujets des villages du *Menil-Aubry* & de *Fontenay*, diocèfe de *Paris*.

(a) Cette Bourfe ne fera établie que lorfque fes revenus fuffiront pour la dépenfe du Bourfier. *Voyez* les Délibérations y relatives.

(b) Le Bureau, depuis 1764, n'a pu encore parvenir à mettre cette Fondation en regle.

SUITE DU TROISIEME ÉTAT.

BOURSES AFFECTÉES A CERTAINES FAMILLES.

NOMS DES COLLEGES.	NOMINATEURS.	FAMILLES.	NOMBRE DES BOURSES.	OBSERVATIONS.
REIMS......	Le plus proche parent du Fondateur.	Ponsinet.........	1	A défaut de parens, pour *Neuville en Tournafeu, Doyenné de Vannes*, diocèse de *Reims*.
SAINTE-BARBE, Fondat. *Seurat.*	Inconnus, par conséquent le Bureau d'Administration.	Seurat..........	(c)	
LAON......	Les Curé & Maire de la ville de Marles & l'ancien de la famille du Fondateur s'il est âgé de 25 ans, sinon le Curé de Saint-Nicolas-sous-Marles, Présentateurs, M. l'Evêque de Laon, Collateur.	Gilles *Tillorier*.....	1	A défaut de parens, les habitans de *Marles*, & enfin de tout le diocèse de *Laon*.
FORTET.....	Le Chapitre de l'Eglise de Paris.	Watin..........	1	A défaut de parens, les habitans de *Curclu*, diocèse de *Noyon*.

(c) Le Bureau, depuis 1764, n'a pu encore parvenir à mettre cette Fondation en regle.

ÉTAT DES BOURSES

FONDÉES DANS LE COLLEGE DE LOUIS-LE-GRAND ET COLLEGES Y RÉUNIS.

QUATRIEME ÉTAT.

BOURSES AFFECTÉES A CERTAINES PROVINCES.

NOMS DES COLLEGES.	NOMINATEURS.	PROVINCES.	NOMBRE DES BOURSES.	OBSERVATIONS.
AUTUN, Fond. d'*Oudart de Moulins.*	Le Bureau d'Adminis-tration.	*Bourbonnois* · · · · · ·		Mais feulement faute de parens & des autres lieux défignés au 6ᵉ Etat.
TRÉSORIER ·	Le Seigneur du fief de la Po-terie-au-Bufc, qui eft actuelle-ment M. le Procureur Général du Parlement de Rouen, Col-lateur, les Archidiacres des grand & petit Caux, Nomina-teurs.	L'Archidiaconé des grand & petit Caux, *diocèfe de Rouen.*	· · I.	
BOURGOGNE · ·	Le Chancelier de l'Eglife de Paris & le Gardien des Cordeliers de la même Ville.	*Franche-Comté* · · · · ·	· · 46.	
Mᵉ GERVAIS · ·	M. le Grand Aumônier · ·	*Normandie* · · · · · · · ·	· · 11.	
NARBONNE · · · ·	M. l'Archevêque de Narbonne.	Toute la province Eccléfiaftique *de Nar-bonnne.*	· · 12 · ·	Les Sujets de la ville de Narbonne ou du dio-cèfe doivent avoir la pré-férence.

ÉTAT DES BOURSES
FONDÉES DANS LE COLLEGE DE LOUIS-LE-GRAND ET COLLEGES Y RÉUNIS.
CINQUIEME ÉTAT.
BOURSES AFFECTÉES A CERTAINS DIOCÈSES.

NOMS DES COLLEGES.	NOMINATEURS.	DIOCÈSES.	NOMBRE DES BOURSES.	OBSERVATIONS.
CHOLETS	Le Chapitre d'Amiens & le Bureau d'Administration, chacun par moitié.	Amiens	24.	
BAYEUX	M. l'Evêque d'Angers & le Tréforier du Chapitre dudit lieu.	Angers	6.	
ARRAS	Les Abbé & Religieux de Saint-Vaft d'Arras.	Arras	4	Avec préfence pour la *ville* d'*Arras*.
DAINVILLE	Le Chapitre de l'Eglife d'Arras.	Idem	8.	
SAINTE-BARBE	Le Doyen des Confeillers-Clercs du Parlement, le Chancelier de l'Eglife de Paris, & le plus ancien des Profeffeurs de la Faculté de Droit,	Autun	1.	
CAMBRAY	Le Chancei. de l'Eglife de Paris.	Idem	6.	
Idem	Le même	Auxerre	6.	
JUSTICE	Le Chapitre de Rouen *par provifion*.	Bayeux	2.	
Me GERVAIS	M. Le Grand Aumônier	Idem	7	Il y a encore dans ce College cinq autres Bourfes pour le même Diocèfe, mais affectées par préférence à des villages particuliers, & à défaut de Sujets dans ces villages, ces cinq Bourfes font pour tout le Diocèfe.
CHOLETS	Le Chapitre de Beauvais & le Bureau d'Adminiftration, chacun par moitié.	Beauvais	24.	
CAMBRAY	Le Chancel. de l'Eglife de Paris.	Cambray	7.	
AUTUN	M. le Maréchal Prince de Soubife, *comme Marquis d'Annonay*.	Clermont & autres Diocèfes.		Mais feulement à défaut de Sujets d'Annonay, au diocèfe de Vienne.
Me GERVAIS	M. le Grand Aumônier	Coutances	1.	
SAINTE-BARBE	Les trois Nominateurs ci-devant nommés au même College.	Evreux	1.	
LAON	M. l'Evêque de Laon	Laon	13	Non compris cinq Bourfes fufpendues & celles des fondations *Jean le Caron, de Harbes, Motel & Tillorier*, s'il ne fe trouve pas des parens des Fondateurs, ni des enfans des villages de *Montchallon* pour la 1ere fondation, de *la Hérie* pour la 2e, d'*Origny* pour la 3e, & de *Marles* pour la 4e.
TREGUIER	Mad. la Marquife de Houchin.	Leon	2	
S. MICHEL	M. le Comte de Perigord	Limoges	5.	
BAYEUX	M. l'Evêque du Mans & l'Archidiacre de Paffais.	Le Mans	6.	
LE MANS	M. l'Evêque du Mans	Idem	10.	
SÉEZ	L'Archidiacre de Paffais	Idem	2	Avec préférence pour l'Archidiaconné de Paffais.

SUITE

SUITE DU CINQUIEME ÉTAT.

BOURSES AFFECTÉES A CERTAINS DIOCÈSES.

NOMS DES COLLEGES.	NOMINATEURS.	DIOCÈSES.	NOMBRE DES BOURSES.	OBSERVATIONS.
NARBONNE.	M. l'Archevêque de Narbonne.	*Narbonne*	. . 12 . . .	Et à défaut du Diocèse, pour toute la province Eccléſiaſtique de Narbonne.
DAINVILLE.	Le Chapitre de Noyon	*Noyon*	. . . 8 . .	A défaut de parens du ſieur *Watin*, la Bourſe par lui fondée dans le Collège de Fortet eſt affectée à un enfant de *Curclu* au dioceſe de Noyon.
SAINTE-BARBE.	Les trois Nominateurs ci-devant nommés.	*Paris*	. . . 1.	
AUTUN.	M. le Maréchal Prince de Soubiſe, *comme Marquis d'An-nonay.*	*Le Puy* en Velay & autres Diocèſes.		Mais ſeulement à défaut de Sujets d'Annonay au dioceſe de Vienne.
CORNOUAILLES	M. l'Archevêque de Paris	*Quimper*	. . . 6.	
REIMS	M. l'Archevêque de Reims . . .	*Reims*	. . . 8.	
JUSTICE	Le Chapitre de Rouen *par proviſion.*	*Rouen*	. . . 4.	
SAINTE-BARBE.	Les trois Nominateurs ci-devant nommés.	Idem	. . . 1.	
TRÉSORIER.	Les Archidiacres des grands & petit Caux dans l'Egliſe de Rouen.	Idem	. . 13 . .	Avec préférence pour les Su-jets nés dans les grand & petit Caux.
AUTUN	M. le Maréchal Prince de Soubiſe, *comme Marquis d'An-nonay.*	*Saint-Flour* & autres Diocèſes.		Mais ſeulement à défaut de Sujets d'Annonay au dioceſe de Vienne.
SÉEZ	M. l'Evêque de Séez.	*Séez*	. . . 3 . .	Par préférence de *ſa ville* & des lieux où l'*Evêché* poſſede des *biens.*
BEAUVAIS . .	L'Abbé de Saint-Jean-des-Vignes.	*Soiſſons*	. . 18 . .	S'il ne ſe trouve pas des Su-jets à *Dormans* pour les vingt Bourſes qui y ſont affectées, elles peuvent être conférées à des Sujets de tout le *dioceſe de Soiſſons.* Un ancien Bourſier du Col-lege de Beauvais, des Bour-ſes affectées ſoit au dioceſe, ſoit à la ville de *Dormans*, qui eſt Maître-ès-Arts, a droit à la Bourſe *Wittement*, dont le Bu-reau eſt Collateur.
PRESLES	Le Bureau d'Adminiſtration . . .	Idem	. . 18 . .	Par préférence des lieux de *Preſles*, *Lys*, *Ru*, *Saint-Marc* & les *Boves*.
TOURS	M. l'Archevêque de Tours . . .	*Tours*	. . 4.	
TREGUIER Fondat. *Donjon.*	M. l'Evêque de Treguier . . .	*Treguier*	. . 6.	
Idem. Fond. *Kerambert.*	Le même, & M. le Préſident de Robien, chacun par moitié & *par proviſion.*	Idem	. . 12.	
AUTUN	M. le Maréchal Prince de Soubiſe, *comme Marquis d'An-nonay.*	*Vienne*, partie endeçà du Rhône.		Mais ſeulement à défaut de Sujets de la ville d'Annonay, même dioceſe.

ÉTAT DES BOURSES

FONDÉES DANS LE COLLEGE DE LOUIS-LE-GRAND ET COLLEGES Y RÉUNIS.

SIXIEME ÉTAT.

BOURSES AFFECTÉES A CERTAINES VILLES.

NOMS DES COLLEGES.	NOMINATEURS.	VILLES.	NOMBRE DES BOURSES.	OBSERVATIONS.
ARRAS·····	Les Abbés & Religieux de S. Waast d'Arras.	Arras ············	·· 4 ··	A défaut de Sujets de la ville d'Arras, ces Bourses sont pour tout le diocése.
AUTUN, Fond. *d'Oudart de Moulins.*	Le Bureau d'Administration···	1°. De la Ville & Châtellenie de *Moulins.* 2°. Des Villes situées entre l'*Allier* & la Loire. 3°. Des Châtellenies de *Souvigny* & *Belleperche*, diocése d'*Autun.*	·····	Mais seulement faute de parens.
SAINTE-BARBE, Fond. *Menassier.*	Les Maire & Echevins de Semur.	Semur, *diocése d'Autun.*	··(a)··	Mais seulement à défaut de parens du Fondateur.
Mᵉ GERVAIS·	M. le Grand Aumônier·····	S. Germain d'Halot, *au diocése de Bayeux.*	···· 1.	
Idem·········	Le même···········	Vendes, *au même diocése.*	··· 3·	
Idem· ········	Le même···········	Varaville, *au même diocése.*	···· 1.	
SAINTE-BARBE·	Le Doyen des Conseillers-Clercs du Parlement, le Chancelier de l'Eglise de Paris & le plus ancien Professeur de la Faculté de Droit.	La Neuville d'Aulmont, *diocése de Beauvais.*	···· 1.	
Idem· ········	Les mêmes···········	S. Nicolas des Alleux, *diocése de Chartres.*	··· 1.	
FORTET, Fondat. *Croiset.*	Le Chapitre de l'Eglise de Paris.	Burgheac, près Vichy en Auvergne, *diocése de Clermont.*	···· 2.	
LOUIS-LE-GRAND· Fondat. *Duprat.*	Les Consuls & Habitans de Mauriac.	Mauriac, *même diocése.*	···· 1.	
JUSTICE····	Les Curé & Consuls de Salers·	Salers, *même diocése.*	···· 1.	
LAON·········	M. l'Evêque de Laon·······	La Hérie, *diocése de Laon.*	··· 1 ··	Mais à défaut de parens de Raoul *de Harbes.*
Idem··········	Le même···········	Marles, *même dio:ése.*	···· 1 ··	Seulement à défaut de parens de Gilles *Tillorier.*
Idem··········	Le même···········	Monchalon, *même diocése.*	···· 1 ··	Seulement à défaut de parens de Jean *le Caron.*
Idem··········	Les Curé & Maire de Marles·	Origny, *même diocése.*	···· 1 ··	Seulement à défaut de parens de Jean *Motel.*
JUSTICE, Fond. *d'Etienne de Haro.*	Le Chapitre de Rouen·······	Les Enfans de Chœur de la Cathédrale de *Rouen.*	··· 1 ··	Cette Bourse, faute de revenu, n'a pas encore d'existence, mais elle en aura un jour. *Voyez* les Délibérations y relatives, 2ᵉ Part. Chap. XV.
FORTET····	Le Chapitre de l'Eglise de Paris·	Paris·········	··· 6 ··	Les enfans de la paroisse S. *André-des-Arts* à Paris sont appellés aux Bourses du Collège de *Boissy*, mais seulement à défaut de parens du Fondateur & d'enfans de *Boissy-le-sec*, près *Etampes.*
JUSTICE····	Le Prieur de S. Victor·····	Idem···········	·· 1 ··	
SAINTE-BARBE·	Les trois Nominateurs ci devant nommés, au même Collège.	Idem. *paroisse S. Hilaire.*	··· 2 ··	

(a) Le Bureau, depuis 1764, n'a pas pu parvenir à mettre cette Fondation en regle.

SUITE DU SIXIEME ÉTAT.

BOURSES AFECTÉES A CERTAINES VILLES.

NOMS DES COLLEGES.	NOMINATEURS.	VILLES.	NOMBRE DES BOURSES.	OBSERVATIONS.
BONS - ENFANS. Fondat. *Pluyette.*	Les Marguilliers du Mesnil-Aubry & de Fontenay, Préfentateurs, M. l'Archevêque, Collateur.	Menil-Aubry & Fontenay, *diocèse de Paris.*	... 4 ...	Mais feulement à défaut de parens du Fondateur.
BEAUVAIS...	L'Abbé de S. Jean des Vignes.	Athis & Biffeuil, *au diocèse de Reims.*	... 3 ...	A défaut de parens du fieur *Bafin*, les Bourfes par lui fondées dans le College de *Beauvais*, font pour des enfans de la ville de *Reims*. A défaut de parens du fieur *Ponfinet*, la Bourfe par lui fondée dans le College de *Reims*, eft pour le diocèse de ce nom; mais la préférence eft pour le diocèfe de *Vannes*, & même pour le lieu de la *Neuville en Tournafcu.*
FORTET.....	Le Chapitre de l'Eglife de Paris.	Aurillac, *diocèse de S. Flour.*	... 6.	
BOISSY.....	Le Chancelier de l'Elife de Paris & le Prieur des Chartreux.	Boiffy-le-fec, près Etampes *diocèse de Sens.*	....	Mais feulement à défaut de parens du Fondateur.
LOUIS-LE-GRAND, Fond. *Pourchot.*	Le Tribunal de l'Univerfité...	Poilly, *même diocèse.*	... 1 ...	Et faute de Sujets à Poilly, le Bourfier fera pris des villages de *Chaffy*, *S. Maur ce*, *Fleury*, *Leduc*, *Guercy*, *Villené*, *Keuffi*, *S eou*, *Villiers - tous-Tholon*, & enfin de *Joigny.*
BEAUVAIS...	L'Abbé de S. Jean des Vignes.	Compiegne, *diocèse de Soiffons.*	... 2 ...	Les deux premieres Bourfes qui feront établies dans ce College, feront pour la ville de Compiegne.
Idem.........	Le même............	Dormans, *même diocèse.*	... 20 ...	Un ancien Bourfier du College, foit des Bourfes affectées au Diocèse, foit de celles affectées a la ville de *Dormans*, Maitre - ès - Arts, a droit à la Bourfe *Wittement*, dont le Bureau eft Collateur.
BEAUVAIS, Fondat. *Perrot.*	Le Prieur-Curé & le Lieutenant Général de Montmirel.	Montmirel, *diocèse de Troyes.*	... 3 ...	Mais feulement à défaut de parens du Fondateur.
AUTUN.....	M. le Maréchal Prince de Soubife, *comme Marquis d'Annonay.*	Annonay, *diocèse de Vienne.*	.. 14.	

CHAPITRE VIII.

Des Comptes.

LA forme des comptes à rendre par M. le Grand-Maître (ainsi que ce qui doit être délibéré en exécution desdits comptes) est déterminé par le titre VI du Réglement de 1767, & par l'article XIII du titre premier des Lettres Patentes du 1er Juillet 1769 (153) ; mais ces loix n'ont pu entrer dans certains détails , ni statuer sur des objets que l'on n'apperçoit qu'en opérant ; c'est donc pour suppléer à ce qui a été omis dans ces loix , que le Bureau a cru devoir prendre quelques délibérations , qui vont être rapportées ci-après , auxquelles on joindra celles relatives , soit au débet des *locataires & fermiers* , soit aux clauses à insérer dans les *baux des maisons de Paris* , ou des biens de campagne , soit à la fixation de la *part contributoire* , soit au montant annuel des *réparations*. Enfin , en exécution de la délibération du 28 Mai 1781 , on terminera ce Chapitre par le bordereau de caisse arrêté le même jour. Ce bordereau est le même que celui qu'il étoit d'usage de remettre tous les mois , & dont le Bureau a fait une loi le 17 Mai 1781 : on y a cependant ajouté la premiere & la derniere colonne le tout pour procurer de plus grands éclaircissemens sur la situation actuelle des Colleges réunis.

Du 19 Août 1779.

Les locataires, fermiers ou débiteurs des Colleges réunis doivent payer ce qu'ils doivent nonobstant toutes oppositions , qui tiendront ès mains du Grand-Maître temporel. LE BUREAU étant informé que plusieurs locataires des maisons appartenantes au College de Louis-le-Grand , ou aux Colleges y réunis , prennent occasion de quelques oppositions ou saisies faites entre leurs mains , sous de vains prétextes , pour ne point payer leurs loyers , de sorte que lesdits loyers s'accumulent au point , qu'il y a lieu de craindre que lesdits locataires ne deviennent insolvables , a unanimement autorisé M. le Grand-Maître temporel à présenter Requête au Parlement par le ministere de Me Contant, Procureur du Bureau , à l'effet d'obtenir un Arrêt, portant que tous les locataires de maisons appartenantes au College de Louis-le-Grand , ou Colleges y réunis , seront tenus & contraints de payer à la caisse desdits Colleges les loyers dont ils peuvent se trouver débiteurs , nonobstant toutes oppositions & saisies , lesquelles vaudront entre les mains de M. le Grand-Maître temporel , chacune pour les Colleges qu'elles peuvent concerner.

28 Août 1779.

LOUIS , par la grace de Dieu Roi de France & de Navarre : au premier Huissier de notre Cour de Parlement, ou autre notre Huissier ou Sergent sur ce requis ; savoir fai-

(153) Ci-dessus , Chapitre II.

fons que, vu par notre Cour la Requête préfentée par le Grand-Maître temporel du College de Louis-le-Grand, & Colleges y réunis, à ce qu'il plût à notredite Cour d'ordonner Commiffion être délivrée au Suppliant, à l'effet de faire affigner en notredite Cour tous les débiteurs dudit College & de ceux y réunis, & tous les oppofans entre les mains de leurs fermiers, locataires & débiteurs, pour voir dire, à l'égard des débiteurs, qu'ils feront condamnés à payer ce qu'ils doivent, & à l'égard des oppofans, pour déduire les caufes & moyens de leurs oppofitions; finon, main-levée, & le tout avec dépens. Cependant, attendu l'infolvabilité qui peut arriver dans les perfonnes defdits locataires, fermiers & débiteurs, ordonner par provifion, que tous lefdits locataires, fermiers & débiteurs de maifons, terres, fermes & loyers appartenans au Col-lege de Louis-le-Grand, & aux Colleges y réunis, feront tenus de payer le prix de leurs baux, & ce qu'ils doivent & devront par la fuite, entre les mains du Caiffier defdits Colleges, qui leur en donnera bonne & valable décharge, & ce, dans le lendemain de la fignification de l'Arrêt à intervenir, avec fommation audit commandement, non-obftant toutes oppofitions ou empêchemens faits ou à faire, qui tiendront entre les mains du Suppliant, & fur les revenus des Colleges y relatifs à la confervation des droits des oppofans; quoi faifant, ils en feront & demeureront bien & valablement quittes & déchargés envers & contre tous, finon, & à faute de le faire, qu'ils y feront contraints par les voies qu'ils font obligés, & par faifie, gagerie & vente de leurs meubles. Vu auffi les pieces attachées à ladite Requête, fignée Contant, Procureur. Con-clufions du Procureur-Général du Roi. Oui le rapport de Me François-Emmanuel Pommyer, Confeiller, tout confidéré:

NOTREDITE COUR permet au Suppliant de faire affigner en icelle qui bon lui fem-blera, aux fins de la Requête, & par provifion, ordonne que tous lefdits locataires, fermiers & débiteurs du College de Louis-le-Grand, & Colleges y réunis, feront tenus de payer le prix de leurs baux, & ce qu'ils doivent & devront par la fuite, entre les mains du Caiffier defdits Colleges, qui leur donnera valable décharge, & ce, dans le lendemain de la fignification du préfent Arrêt, nonobftant toutes oppofitions ou empêchemens faits ou à faire, lefquels tiendront ès mains du Suppliant, & fur les reve-nus defdits Colleges, à la confervation des droits des oppofans; quoi faifant, il en feront bien & valablement quittes & déchargés envers & contre tous; finon, & à faute de ce faire, ordonne qu'ils y feront contraints par les voies qu'ils y font obligés. Si mandons mettre le préfent Arrêt à exécution. Fait en notredite Cour de Parlement le vingt-huit Août, l'an de grace mil fept cent foixante-dix-neuf, & de notre regne le fixieme. Collationné. Par la Chambre, *figné*, DUFRANC.

Du 17 Mai 1781.

VU par le Bureau fa Délibération du 19 Décembre 1765, qui ordonne qu'il fera, tous les trois mois au moins, dreffé un bordereau de caiffe, & croyant utile de con-

Bordereaux de caiffe à remettre aux Adminiftra-

teurs & à imprimer. noître plus souvent la situation des Colleges, le Bureau a cru devoir faire une loi de ce qui s'est, depuis long-tems, pratiqué en conséquence.

Il a été ordonné qu'aux Bureaux des mois d'Octobre & de Novembre, & dans les mois suivans, au second Bureau de chaque mois, il sera, par le Contrôleur de la caisse, remis aux Administrateurs particuliérement chargés du College de Louis-le-Grand, un bordereau général de la caisse, & qu'au second Bureau des mois de Janvier, Avril, Juillet, & au Bureau du mois d'Octobre, il sera, en outre, remis aux Administrateurs de chaque département, le bordereau de caisse de leurs Colleges. Ordonne, en outre, qu'à compter & y compris le mois de Décembre, jusqu'après l'arrêté de compte de l'année classique précédente, lesdits bordereaux feront doubles; l'un, pour l'année classique, échue au 1er Octobre précédent, & l'autre pour l'année classique courante.

28 dudit mois.

L<small>E</small> B<small>UREAU</small> a délibéré que l'état (ou bordereau) de caisse qui vient d'être arrêté pour l'année classique, échue au 1er Octobre dernier, sera imprimé à la suite du Chapitre huitieme de la premiere partie du Recueil dont l'impression vient d'être ordonnée, lequel Chapitre concerne les comptes, & qu'il y sera ajouté le montant des réparations, ainsi qu'il a été fixé par la Délibération du 3 du présent mois.

Nota. Cet état ou bordereau se trouvera à la fin du présent Chapitre, p. 249 & 250.

Du 28 Mai 1781.

Arrêté de compte pour l'année classique finissant au 1er Octobre 1780. M. de Sainfray a remis sur le bureau un bordereau contenant la situation des Colleges, résultant de leurs comptes arrêtés pour l'année classique, échue le 1er Octobre 1780, par lequel la recette générale, faite par M. le Grand-Maître depuis ledit jour 1er Octobre 1780, jusqu'à ce jour, y compris le reliquat desdits comptes, se monte à la somme de 599612 livres 2 sols 2 deniers, & la dépense générale, pendant le même tems, y compris pareillement le débet de ces comptes, à celle de 394862 liv. 9 sols 2 den.; qu'ainsi M. le Grand-Maître doit avoir en caisse la somme de 204749 liv. 13 sols, y comprise la somme renfermée dans la caisse à trois clefs.

MM. Chuppin & Rat de Mondon, ont été priés de se transporter à la caisse pour en vérifier l'état, & eux de retour, ont rendu compte qu'ils avoient en effet trouvé dans la caisse la somme de 204749 liv. 13 sols; sçavoir, 146665 liv. 19 f. 9 den. en argent comptant, & 58083 liv. 13 sols 3 den., montant de deux obligations faites au profit du College de Louis-le-Grand, & des Colleges y réunis, par le sieur Hennon, ci-devant Régisseur de l'Abbaye Saint Martin-aux-Bois.

Sur quoi le B<small>UREAU</small> a unanimement arrêté que, conformément à l'article XIII du titre VI du Réglement attaché sous le contre-scel des Lettres Patente du 20 Août 1767, il sera présentement donné une décharge à M. le Grand Maître temporel, de ses recettes & dépenses jusqu'au 1er Octobre 1780 : & en effet, il a été dressé trois bordereaux de caiſſe des comptes des différens Colleges, pour, conformément à ce qui eſt preſcrit par l'article XIII du titre premier des Lettres Patentes du 1er Juillet 1769, l'un être remis à M. le Grand-Maître temporel pour lui ſervir de décharge, un autre être dépoſé aux archives, & le troiſieme être envoyé à MONSEIGNEUR LE GARDE DES SCEAUX, à chacun deſquels bordereaux il a été ajouté le montant des penſions & rentes vageres dont chaque College eſt chargé, le nombre des perſonnes auxquelles ces penſions ſont payées, ainſi que le nombre des bourſes exiſtantes dans les différens Colleges réunis; d'où il réſulte que leſdits Colleges ſont chargés de 48382 liv. de penſions ou rentes viageres, leſquelles ſont payables à quatre-vingt-une perſonnes, & ſont partie des charges ordinaires deſdits Colleges, & qu'il exiſte dans les Colleges réunis 526 bourſes. Leſquels trois bordereaux ont été ſignés par tous MM. en ſéance & par le Secrétaire(154).

Du 16 Juillet 1778.

VU par le Bureau ſa Délibération du 2 Janvier dernier, portant qu'après la reddition des comptes juſqu'au 1er Octobre 1777, il ſera délibéré ſur la fixation de la part contributoire de chaque College, en ſe conformant à ce qui a été pratiqué lors de la réunion, ainſi qu'à ce qui a été ordonné, tant par le Réglement de 1767, que par les Lettres Patentes portant réunion du College Mignon, & qu'en conſéquence ladite fixation ſera faite au dixieme, ou environ, du revenu; mais au-deſſous dudit dixieme: Vu pareillement leſdits comptes d'où il réſulte que les revenus du College d'Arras ſont de 4030 liv.; ceux du College d'Autun, de 10735 liv.; ceux du College de Bayeux, de 8379; ceux du College de Beauvais, de 26838 liv.; ceux de la fondation Bazin, dans le College de Beauvais, de 2000 liv.; ceux de la fondation Perrot, faite dans le même College, de 1599 liv.; ceux du College de Boiſſy, de 7593 liv.; ceux du College des Bons-Enfans, de 9615 liv.; ceux du College de Bourgogne, de 29114 liv.; ceux du College de Cambray, de 10117 liv.; ceux du College de Cholet, de 26320 liv.; ceux du College de Cornouaille, de 5393 liv.; ceux du College de Dainville, de 17165 l.; ceux du College des Dix-Huit, de 7162 liv.; ceux du College de Fortet, de 18112 liv.; ceux du College de Juſtice, de 9956 liv.; ceux du College de Laon, de 18029 liv.; ceux de la fondation Couſin, dans ledit College, de 1501 liv.; ceux de la fondation Molony, faite dans le College de Louis-le-Grand, de 1375 liv.; ceux de la fondation de Harlay, dans le même College, de 1250 liv.; ceux de la fondation Braquet, dans le même College, de 1313 liv.; ceux du College du Mans, de 6959 liv.; ceux du College de Me Gervais, de 28604 liv.; ceux du College de Narbonne, de 6760 liv.; ceux du College de Preſles, de 11169 liv.; ceux du College de Reims, de 9962 liv.; ceux de la fondation Ponſinet, faite dans ledit College de Reims, de 606 liv.; ceux du College de Sainte-Barbe, de 5824 liv.; ceux du College de Saint-Michel, de 6572 liv.; ceux du College de Seez, de 11309 liv.; ceux du College de Tours, de 3520 liv.; ceux

Fixation de la part contributoire.

---

(154) *Voyez* à ce ſujet la Délibération du 23 Avril 1770, ci-deſſus, *note* 93, page 100.

du College de Tréguier ; de 10671 liv. ; ceux du College du Tréforier, de 11727 l. (155)

Il a été unanimement arrêté que la part contributoire defdits Colleges & Fondations aux dépenfes communes, fera & demeurera fixée, à compter du 1er Octobre dernier, aux fommes fuivantes ; fçavoir, pour le College d'Arras, à 400 liv. ; pour le College d'Autun, à 1000 liv. ; pour le College de Bayeux, à 800 liv. ; pour le College de Beauvais, à 2600 liv. ; pour la fondation Bazin dans ledit College, à 200 liv. ; pour la fondation Perrot dans le même College, à 150 liv. ; pour le College de Boiffy, à 700 liv. ; pour le College des Bons-Enfans, à 900 liv. ; pour le College de Bour-gogne, à 2900 liv. ; pour le College de Cambray, à 1000 liv. ; pour le College des Cholets, à 2600 liv. ; pour le College de Cournouaille, à 500 liv. ; pour le College de Dainville, à 1700 liv. ; pour le College des Dix-Huit, à 700 liv. ; pour le College de Fortet, à 1800 liv. ; pour le College de Juftice, à 900 liv. ; pour le College de Laon, à 1800 liv. ; pour la fondation Coufin dans ledit College, à 150 liv. ; pour la fondation Molony, faite dans le College de Louis-le-Grand, à 125 liv. ; pour la fondation de Harlay dans le même College, à 100 liv. ; pour la fondation Braquet dans le même College, à 100 liv. ; pour le College du Mans, à 600 liv. ; pour le College de Me Gervais, à 2800 liv. ; pour le College de Narbonne, à 600 liv. ; pour le College de Prefles, à 1100 liv. ; pour le College de Reims, à 900 liv. ; pour la fondation Ponfinet dans ledit College de Reims, à 50 liv. ; pour le College de Sainte-Barbe, à 500 liv. ; pour le College de Saint-Michel, à 600 liv. ; pour le College de Seez, à 1100 liv. ; pour le College de Tours, à 300 liv. ; pour le College de Tré-guier, à 1000 liv. ; pour le College du Tréforier, à 1100 liv.

Et à l'égard des Colleges d'Huban & Mignon, leur part contributoire ne fera fixée que lorfque l'acquittement de leurs dettes permettra d'y établir des Bourfiers.

Et il a été, en outre, arrêté que la préfente Délibération fera remife à M. Sainfray, pour, par lui, la remettre à M. le Procureur-Général, lequel fera inftamment prié d'en requérir l'homologation en la Cour.

Non-feulement cette Délibération a été homologuée par Arrêt du 7 Septembre 1778, mais elle a été confirmée par l'article II des Lettres Patentes du 19 Mars 1780, ci-deffus, chap. II, p. 110.

---

(155) On doit obferver que l'état des revenus énoncés en cette Délibération, eft celui porté dans les comptes de l'année claffique échéante au premier Octobre 1777, (époque où a ceffé l'adminiftration du Bureau intermédiaire), & la même qui fe trouve imprimée à la fuite du Mémoire de M. le Préfident Rolland *fur l'adminiftration du College de Louis-le-Grand*, &c. pages 94 & 95, & que l'état des revenus imprimé à la fin de ce Chapitre eft celui du bordereau pour l'année claffique échéante au premier Octobre 1780. Or en fupprimant de ce dernier état les Colleges ou fondations dont par la Délibération ci-deffus il n'a pas été fixé de part con-tributoire, & calculant les deux totaux des revenus des Colleges ou fondations mentionnés dans la Délibération ci-deffus, tant au premier Octobre 1777 qu'à pareil jour en 1780, on trouvera que pendant ces trois ans le Bureau a procuré aux Colleges réunis une augmentation de revenus de *quinze mille cent quinze livres*.

Du 16 Mars 1769.

LE BUREAU délibérant fur ce qui concerne les redevances en grains appartenantes aux différens Colleges réunis, a arrêté qu'à l'avenir, dans les comptes defdits Colleges, à commencer par les comptes de l'année claffique courante, il fera fait réduction à la mefure de Paris, de toutes les mefures particulieres, fuivant lefquelles lefdites redevances peuvent être dûes.

Les rentes ou redevances en grains rapprochées de la mefure de Paris.

Du 19 Juillet 1781.

VU par le Bureau, fa délibération du 2 Septembre 1779, portant que dans les baux que l'on fe propofoit de paffer pour l'Abbaye de Saint-Martin-aux-bois, il feroit fpécifié que les Fermiers feroient tenus de payer chaque année le prix des grains portés en leurs baux, fuivant le prix des mercuriales, mais avec une diminution fixe, le Bureau a cru devoir rendre cette difpofition générale, & en conféquence :

Prix du grain dû par les fermiers ou rentiers.

Il a été unanimement délibéré que tous les Fermiers qui font obligés de payer des grains pour portion du prix de leurs Baux, feront tenus de le faire fuivant le taux des mercuriales du marché le plus prochain, lefquels marchés feront indiqués dans les baux, & ce en prenant le prix du plus beau grain de la nature qu'il fera dû au marché d'avant & à celui d'après le jour fixé dans leurs baux pour le paiement defdits grains, & faifant un prix commun defdits deux prix, fur lequel prix commun il fera diminué 20 fols par fac de bled de la pefanteur de celui de Paris, & 15 fols par feptier d'avoine, auffi mefure de Paris, & des autres grains à proportion.

Arrêté en outre que fi les Débiteurs des rentes en grains veulent payer leurs redevances aux mêmes conditions, ils en feront les maîtres.

Et fera la préfente délibération imprimée dans le Chapitre huitieme de la premiere partie du Recueil arrêté le 28 Mai dernier.

Du 15 Janvier 1778.

VU par le Bureau la Délibération du 3 Juin 1774, portant qu'il a été repréfenté par M. le Principal, qu'il arrive quelquefois que des Penfionnaires font nommés à des bourfes des différens Colleges réunis, & qu'il n'a point connoiffance que le Bureau ait décidé de quel jour leur penfion doit ceffer de courir ; fi c'eft du jour de la préfentation de leurs lettres de provifion, ou du jour de la date de ces mêmes lettres de provifion.

De quand les Penfionnaires devenus Bourfiers doivent être comptés au nombre des Bourfiers.

Il a été unanimement arrêté que les Bourfiers ne feront réputés tels que du jour de leur admiffion dans le College en cette qualité, & non du jour de la date de leurs provifions, & que tous ceux des Penfionnaires qui obtiendront des bourfes paieront leur penfion jufqu'au jour qu'ils auront fait connoître leur qualité de Bourfier par la préfentation de leurs lettres de provifion à M. le Principal, & par la réception d'un correfpondant au Bureau de M. le Grand-Maître.

I. Partie.   H h

LE BUREAU a unanimement approuvé & confirmé ladite Délibération du 3 Juin 1774, pour être exécutée suivant sa forme & teneur.

Premier Septembre 1768.

Précautions prises pour diminuer le chapitre des reprises.

M. le Préfident Rolland a dit que par l'examen de tous les comptes rendus pour les Colleges réunis, le Bureau a pu remarquer que le Chapitre de reprife étoit compofé d'un grand nombre d'articles qui, n'étant pas reçus au premier Octobre 1767, l'ont été avant cette époque & avant la préfentation de ces comptes ; qu'en effet, le terme des loyers échéant au premier Octobre ne fe paie que le 8 ou le 15 du même mois au plutôt ; que les fix premiers mois des rentes, principalement de celles fur l'Hôtel-de-Ville ne font reçues que dans le courant des trois derniers mois, & quelquefois plus tard ; que dans ces circonftances, il lui paroîtroit convenable de s'occuper des moyens de parer à ces inconvéniens, afin qu'à l'avenir les Colleges réunis, lors de la clôture de leurs comptes, ne paroiffent plus devoir au College de Louis-le- Grand des fommes confidérables, lefquelles font néanmoins pour l'ordinaire rentrées dans la caiffe dudit College, non-feulement avant la préfentation des comptes, mais même avant le premier Janvier : fur quoi la matiere mife en délibération, il a été unanimement arrêté :

1°. Que tous les ans, au premier Octobre, il fera commencé un nouveau Journal dans lequel on écrira, dans le quartier d'Octobre feulement, les recette & dépenfe relatives à l'année claffique commencée ledit jour premier Octobre ; & à l'égard des recette & dépenfe qui auroient une caufe antérieure audit jour, elles continueront d'être portées fur l'ancien Journal, jufques & compris le 31 Décembre, paffé lequel tems ledit ancien Journal fera totalement clos & arrêté, & toutes les recettes & dépenfes poftérieures audit jour 31 Décembre, quel qu'en foit l'objet, feront portées fur le nouveau Journal :

2°. Qu'il en fera de même ufé pour les livres particuliers de recette & dépenfe de chaque College ou fondation, pour lefquels on ne commencera pourtant pas chaque année un nouveau Journal, mais fur celui qui exifte, il fera laiffé une quantité de feuilles en blanc fuffifante pour y porter les recette & dépenfe relatives à l'année claffique précédente qui fe feront jufques & compris ledit jour 31 Décembre......

4°. Que l'arrêté des Livres qui doit être fait en exécution de l'article VI du titre VI du Réglement du 29 Août 1767, fe fera pendant les mois d'Octobre, Novembre & Décembre, tant fur l'ancien Journal & la partie des Livres particuliers des Colleges deftinée à écrire la recette & dépenfe relative à l'année claffique précédente, que fur les nouveaux livres, & qu'au premier Bureau du mois de Janvier lefdits livres feront clos & arrêtés, & ferviront à établir la recette effective & la dépenfe qui fera employée par M. le Grand-Maître dans les comptes de ladite année ; que ceux de MM. les Adminiftrateurs qui feront chargés de cette opération, arrêteront le même jour le nouveau Journal commencé le premier Octobre précédent ; enfemble tous les regiftres particuliers des Colleges & fondations, jufqu'audit jour, & que les refultats de ces différens arrêtés feront infcrits féparément fur le regiftre à ce deftiné.

Du 2 Septembre 1779.

ATTENDU qu'il est constant que les rentes sur les Tailles & sur les Domaines du Roi ne se paient que plusieurs années en retard :

Il a été arrêté que dans les comptes de la présente année classique, il ne sera point fait recette desdites rentes ; mais que dans le compte de l'année classique échéante au premier Octobre 1780, il sera fait recette de l'année 1778 desdites rentes, & ainsi de suite d'année en année.

Du 5 Mai 1769.

LE BUREAU, pour faciliter l'intelligence des résultats des comptes de chaque College, & perpétuer la connoissance de ce qui a été délibéré, & fait depuis le dernier compte, a unanimement arrêté que dans les comptes qui seront rendus à l'avenir, après l'état des revenus & des charges de chaque College, & avant la recette, la Délibération prise sur les comptes précédens sera rappellée, & qu'à chaque article de ladite Délibération, il sera fait mention de ce qui aura été fait en conséquence, ainsi que de l'endroit du nouveau compte où se trouve la preuve de l'exécution de ladite Délibération.

Délibération à rapporter chaque année dans les comptes.

Du 2 Septembre 1779.

LE BUREAU a arrêté qu'après l'état des charges du compte de chaque College, les noms de leurs Boursiers seront transcrits avec la date de leur entrée, leur âge, & la classe dans laquelle ils se trouvent, & ce, d'après l'état qui sera arrêté au premier Bureau de Janvier de chaque année pour les Boursiers existans dans les Colleges réunis, pendant le quartier d'Octobre précédent.

Noms, âge & classe des Boursiers à mettre dans les comptes.

Du 2 Septembre 1779 (156).

LE BUREAU délibérant sur la nécessité de ne point laisser les Fermiers débiteurs & les locataires en retard, a arrêté que sa Délibération du 20 Avril 1769, sera exécutée suivant sa forme & teneur ; qu'en conséquence il sera chaque année remis au premier Bureau du mois de Janvier par le *Commis à la recette* (157) qui tient les registres particuliers des biens de chacun des Colleges réunis, un état des Fermiers qui seront en retard de payer leurs fermages, ainsi qu'aux premiers Bureaux des mois de Février, Mai, Août & Décembre de chaque année, de pareils états de tous les locataires qui devront des loyers ; lesquels états contiendront les noms des Colleges, ceux des Fermiers ou locataires, & les sommes qu'ils devront, pour être, par le Bureau, délibéré

Réglement pour connoître les locataires, fermiers & débiteurs en retard de paiement.

---

(156) Il avoit été pris à ce sujet une Délibération le 20 Avril 1769, que l'on n'a pas insérée ici, celle du 2 Septembre étant plus étendue.

(157) Autrement dit *le Contrôleur de la Caisse.* Voyez ci-dessus, Chapitre IV, page 196 ; l'article V du Réglement qui fixe ses fonctions, où il est chargé de ce soin.

fur les diligences & pourfuites à faire pour le recouvrement des fommes qui fe trouveront dûes par lefdits Fermiers ou Locataires.

Modele des baux
à loyer des mai-
fons.

P A R D E V A N T les Confeillèrs du Roi, Notaires au Châtelet de Paris, fouffignés,
font comparus.

MM. les Adminiftrateurs du College de Louis-le-Grand & de ceux y réunis, particuliérement chargés de l'adminiftration du College de

Lefquels, en conféquence d'une Délibération du Bureau d'Adminiftration dudit Collége de Louis-le-Grand, du   dont un extrait
délivré par le Secrétaire dudit Bureau eft demeuré

après avoir été feulement, de mondit fieur le Grand-Maître
temporel, figné & paraphé en préfence des Notaires fouffignés; donnent par ces préfentes à loyer pour

ainfi que lefdits lieux fe pourfuivent & comportent.

Pour en jouir par   Preneur audit titre de loyer pendant le tems fus
exprimé, ainfi

Ce Bail eft fait aux charges, claufes & conditions fuivantes que
Preneur   promet   & s'oblige
d'accomplir & exécuter, fans pouvoir pour ce prétendre aucune diminution de prix
dudit loyer, dépens, dommages ni intérêts.

S Ç A V O I R :

1°. De garnir & tenir lefdits lieux garnis de meubles & effets fuffifans pour fûreté
du loyer ci-après ftipulé.

2°. De les entretenir & rendre en fin du préfent bail en bon état de toutes réparations locatives, même d'entretenir à   frais les auvents qui pourroient fe
trouver dans les objets ci-deffus loués (158).

3°. De fouffrir que les groffes réparations foient faites s'il en convient faire pendant
le cours du préfent bail.

4°. De payer la taxe des Pauvres & des Gardes, foit Françoifes, foit Suiffes (159),
s'il y a lieu, & en outre de fatisfaire à toutes les charges de Ville & de Police dont les
Locataires font ordinairement tenus.

5°. De fournir à fes frais, dans le cours de la premiere année du préfent bail, un
état détaillé defdits lieux qui fera figné   Preneur. & d'un des Adminiftrateurs particuliérement chargé du College de   dont dépend (160)

---

(158) Délibération du 4 Juin 1778.
(159) Délibération du 2 Septembre 1779.
(160) La Délibération du 2 Septembre 1779 va plus loin & eft conçue en ces termes:
LE BUREAU, en exécution de fa Délibération du 6 Août 1767, a arrêté qu'il ne fera paffé
dorénavant aucun bail qu'il n'ait été auparavant dreffé un état des lieux, qui fera figné par les
Locataires & par l'un des Adminiftrateurs chargés defdits Colleges; & le Secrétaire-Archivifte

6°. De ne pouvoir céder ni tranfporter droit du préfent bail à qui que ce foit, & notamment à aucunes Blanchiffeufes, ou à aucunes perfonnes dont les profeffions les mettent dans le cas de faire ufage de fours ou marteaux, fans le confentement par écrit de mefdits fieurs Adminiftrateurs, à peine de réfiliation du préfent bail, laquelle claufe ne pourra être réputée comminatoire, mais de rigueur, & fans laquelle le préfent bail n'auroit été fait (161).

7°. De fournir inceffamment à mefdits fieurs Adminiftrateurs la groffe des préfentes duement enregiftrée au Greffe des Gens de main morte.

Et en outre le préfent bail eft fait moyennant la fomme de pour & par chacun defd. années que Preneur promet & s'oblige de payer audit College de entre les mains & fur les quittances de M. le Grand-Maître temporel en fon Bureau à Paris, aux quatre termes ordinaires de l'année; dont le premier terme échéra, & le paiement s'en fera le le fecond le fuivant & continuer ainfi de terme en terme jufques en fin du préfent Bail.

Et de fa part ledit College de tiendra le Preneur clos & couvert efdits lieux fuivant l'ufage.

Déclare mondit fieur le Grand-Maître temporel avoir reçu d Preneur la fomme de

Pour l'exécution des préfentes, mefdits fieurs Adminiftrateurs élifent domicile à Paris audit Bureau d'Adminiftration fis audit College de Louis-le-Grand, & le Preneur en demeure ci-devant défignée; auxquels lieux, nonobftant, obligeant renonçant. Fait & paffé à Paris le mil fept cent quatre-vingt & ont figné.

Du 3 Mai 1781.

VU par le Bureau les comptes des différens Colleges réunis pour l'année claffique révolue au premier Octobre dernier, il a paru néceffaire de conftater les fommes auxquelles peuvent monter chaque année les réparations.

Du montant annuel des réparations.

Il eft à obferver que les réparations font de deux fortes; les unes relatives aux mai-

a été chargé de chercher dans les archives les états qui peuvent s'y trouver pour faciliter la rédaction des nouveaux états, lefquels, au renouvellement des baux, feront faits à la charge des Locataires; & quant aux Locataires dont les baux font commencés, & auxquels cette charge n'a pas été impofée lors de la paffation de leurs baux, les frais defdits états feront faits à la charge des différens Colleges. Par le Réglement des fonctions du *Contrôleur du Grand-Maître temporel*, arrêté le 5 Juillet 1781; c'eft lui qui eft chargé de faire dreffer & de figner ces états.

(161) Délibération du Bureau intermédiaire du 24 Avril 1775, confirmée par le Bureau le 5 Février 1778.

fons fituées dans Paris, & les autres aux bâtimens des Fermes appartenantes aux Colleges réunis.

Qu'à l'égard des premieres, d'après les relevés qui en ont été faits l'année derniere, le Bureau avoit fixé, lors des délibérations qui ont été prifes fur chaque compte, le montant annuel des réparations des maifons, en faifant une année commune fur les neuf années dernieres ; qu'en conféquence, en ajoutant le montant des réparations portées dans les derniers comptes, le Bureau connoîtra aifément la fomme à laquelle il doit raifonnablement eftimer chaque année les réparations, fur-tout en rapprochant le total du montant des loyers, attendu qu'ordinairement on eftime les réparations environ au fixieme du revenu des maifons.

Que pour ce qui concerne les réparations des biens de campagne, il n'a été fait à ce fujet aucuns relevés.

Sur quoi la matiere mife en délibération,

LE BUREAU a unanimement arrêté :

1°. Pour ce qui concerne les réparations des fermes & bâtimens de campagne, il fera fait dans chaque College, par le fieur Longchamp, un relevé du montant defdites réparations pour les dix années antérieures au premier Octobre dernier, & que dans le compte de l'année courante, à la fuite des charges de chaque College, il fera mis un article portant que les réparations des biens de campagne ont coûté pendant les dix dernieres années la fomme de   en obfervant à quoi dans ladite fomme pourroient monter les reconftructions & réparations extraordinaires qui ne doivent pas être comprifes dans les réparations annuelles.

2°. Que quant aux réparations des maifons dans Paris, le montant annuel, tel qu'il va être fixé par la préfente délibération, fera compris annuellement dans les charges des Colleges, en marquant que ladite fomme y eft portée en exécution de la délibération de ce jour.

3°. Qu'en outre, après l'état des charges de chaque College, il fera chaque année mis un *nota* portant la fomme à laquelle auront monté, dans l'année claffique dont on rendra compte, les réparations des maifons appartenantes à chaque College, en obfervant de ne pas comprendre dans ce montant les reconftructions & autres réparations qui ne pourroient être regardées comme un entretien annuel.

4°. Qu'après l'arrêté des comptes de l'année claffique qui finira au premier Octobre 1800, il fera fait un relevé du montant des réparations d'entretien dans les vingt années antérieures, d'après lequel relevé, il fera fait une année commune, dont le montant fera porté par la fuite dans l'article des charges ; ce qui fera fucceffivement & à toujours renouvellé tous les vingt ans.

5°. Enfin, d'après le relevé des réparations defdites dix dernieres années, & eu égard au bon & au mauvais état des maifons, ainfi qu'à leur produit, le Bureau a fixé ainfi qu'il s'enfuit les fommes à porter pour chaque College dans l'état des charges.

Pour le College d'*Autun*, quoique fes réparations n'aient monté, en faifant une anée commune fur lefdites dix dernieres années , qu'à 1310 livres ; cependant le fixieme des loyers de fes maifons étant de 1700 livres , ces réparations feront portées dans l'état des charges pour 1400 livres.

Pour le College de *Bayeux*, quoique pendant ledit tems , l'année commune de fes réparations ait monté à 1660 livres, cependant, attendu les reconftructions qui ont été faites dans une maifon rue des Maçons, l'article de fes réparations ne fera porté qu'à 1200 livres , valeur à peu près égale au fixieme de fes loyers.

Pour le College de *Beauvais*, l'année commune pendant ledit tems n'ayant été que de 220 livres, cet article ne fera porté dans fes charges que pour 300 livres ; ce qui forme un peu moins du douzieme de fes loyers.

Pour le College de *Boiſſy*, l'année commune de fes réparations ayant été pendant ledit tems de 386 livres, & le fixieme de fes loyers étant de 500 livres, il ne fera mis pour cet objet, dans l'état des charges, que 400 livres.

Pour le College de *Bourgogne*, fes réparations ont été, année commune pendant ledit tems, de 1550 livres ; mais attendu la reconftruction prefque entiere d'une maifon rue des Cordeliers, cet article ne fera porté dans fes charges que pour 900 livres, montant du fixieme de fes loyers.

Quant au College des *Cholets*, quoique le fixieme de fes loyers ne foit que de 400 livres, cependant l'article des réparations , dans l'état des charges , fera porté à 450 livres, fomme à laquelle elles ont monté pendant lefdites dix années.

Quant au College de *Cornouailles*, fes réparations ayant été portées pendant ledit tems à 570 livres 10 fols, elles feront portées annuellement à 600 livres ; & ce, quoique le fixieme de fes loyers ne foit que de 500 livres.

Quant au College de *Dainville*, quoique fes réparations, année commune, ne montent qu'à 1840 liv., & le fixieme de fes loyers à près de 1700 liv., cependant, attendu le mauvais état de fes maifons, cet article fera porté, dans les charges, pour 2000 liv.

Quant au College des *Dix-Huit*, quoique fes réparations pendant ledit tems n'ayant été, année commune, que de 520 livres, cependant, comme le fixieme de fes loyers eft de près de 600 liv., fes réparations feront portées, dans l'état des charges, à 2000 liv. 600 livres.

Quant au College de *Fortet*, fes réparations pendant ledit tems ont été de 4540 livres ; en conféquence, quoique le fixieme de fes loyers ne foit que d'environ 2600 livres, attendu le grand nombre de fes maifons & leur mauvais état , il fera néceffaire de porter cet article, dans l'état des charges, à 4500 livres.

Quant au College de *Juftice*, fon année commune pendant ledit tems eft de 1170 livres ; mais vu le mauvais état de plufieurs de fes maifons, cet article fera porté, dans fes charges, à 1300 livres, fomme égale au fixieme de fes loyers.

Quant au College de *Laon*, fes réparations pendant ledit tems ont été, année commune, de 4090 livres ; en conféquence, quoique le fixieme de fes loyers ne monte qu'à environ 2800 l., il faudra cependant porter cet article, dans fes charges, pour 4000 liv.

Quant au College du *Mans*, quoique fes réparations, année commune pendant ledit tems, aient été de 340 livres, il sera cependant suffisant de porter cet article, dans ses charges, pour 300 livres, somme égale à peu près au sixieme de ses loyers.

Quant au College de *Maître Gervais*, ses réparations pendant ledit tems, ont été, année commune, de 1910 livres, & le sixieme de ses loyers étant de 2500 livres, cet article sera porté, dans ses charges, pour 2000 livres.

Quant à celui de *Narbonne*, ses réparations, année commune pendant ledit tems, n'ont été que de 70 livres, & le sixieme de ses loyers étant de 160 livres, cet article sera porté, dans ses charges, pour 100 livres.

Quant à celui de *Presles*, quoique ses réparations aient été, année commune pendant ledit tems, de 700 livres, cependant elles ne seront portées, dans l'état des charges, que pour 600 livres, montant du tiers de ses loyers.

Quant à celui de *Rhelms*, ses réparations, année commune pendant ledit tems, ont été d'environ 1500 livres; ce qui est un peu au-dessous du sixieme de ses loyers; en conséquence, il n'y a point d'inconvénient à les porter annuellement pour cette somme dans l'état des charges.

Quant à celui de *Sainte-Barbe*, ses réparations, année commune pendant ledit tems, ont été de 1050 livres; en conséquence, quoique le sixieme de ses loyers ne soit que de 800 livres, il faudra porter cet article, dans ses charges, pour 1000 livres.

Quant à celui de *Saint-Michel*, quoique ses réparations aient été pendant ledit tems, année commune, à 1800 livres, cependant attendu les reconstructions & réparations extraordinaires qui ont été faites, notamment à la chapelle dont on a fait des appartemens, il sera suffisant de porter cet article, dans les charges, pour 900 livres, sixieme de ses loyers.

Quant à celui de *Séez*, ses réparations pendant ledit tems ont été, année commune, de 1750 livres; & vu le mauvais état de ses maisons, quoique le sixieme de ses loyers ne soit que de 1300 liv., il faudra porter cet article, dans l'état des charges, pour 1800 liv.

Quant à celui de *Tours*, quoique ses réparations aient été pendant ledit tems à 700 livres, cependant vu l'état de ses maisons, il suffira de porter cet article, dans les charges, à la somme de 500 livres, sixieme de ses loyers.

Quant à celui de *Tréguier*, ses réparations pendant ledit tems ont été, année commune, de près de 800 livres, & le sixieme de ses loyers n'est que de 500 livres; en conséquence, il faudra porter cet article, dans les charges, pour 700 livres.

Quant à celui du *Trésorier*, quoique ses réparations n'aient monté, année commune, qu'à 1000 livres, cependant il faudra porter cet article, dans ses charges, pour 1200 livres; ce qui se trouve encore de 500 livres au-dessous du sixieme de ses loyers qui est de 1700 livres.

6°. Quant au College des *Bons-Enfans*, la fixation de ce à quoi pourront monter ses réparations annuelles, sera faite après que le procès existant avec les Lazaristes sera terminé, & que l'état de ce College sera définitivement réglé.

7°. Et quant à celles relatives aux Colleges d'*Huban* & de *Mignon*, elle ne sera faite que par les délibérations qui rétabliront des Bourses dans ces Colleges.

BORDEREAU

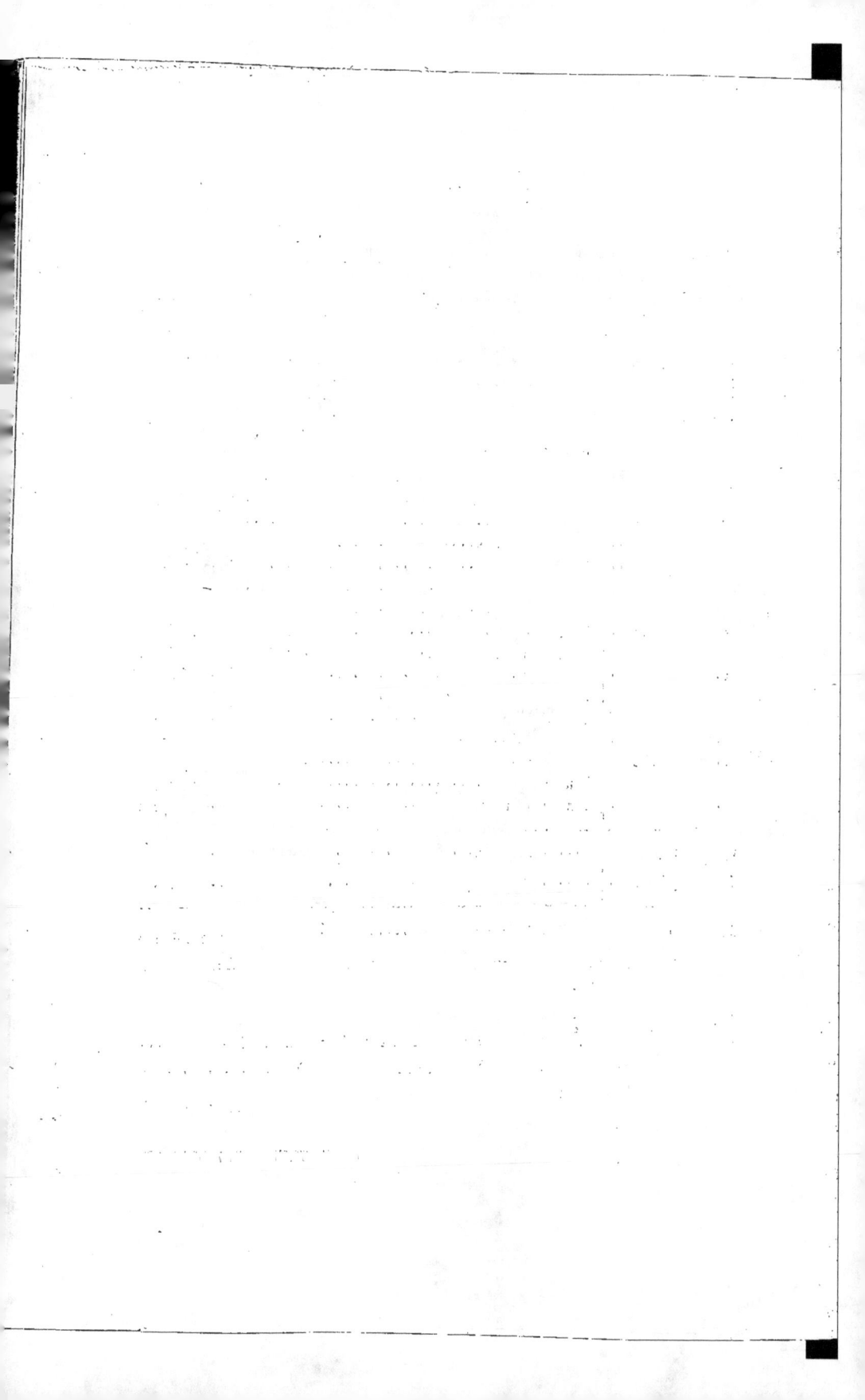

ON croit devoir ajouter ici la dépenfe des Officiers & Domeftiques de l'Adminiftration, telle qu'elle eft portée dans le compte pour l'année échue le premier Octobre
1780, avec les augmentations faites par les délibérations des 17 Mai, 19 Juillet & 2
Août 1781.

A M. le Grand-Maître temporel	2400"
A M. le Coadjuteur	1200
Au Contrôleur du Grand-Maître temporel	1200
Au Secrétaire Archivifte	1800
Au Caiffier	1800
Au Contrôleur de la Caiffe	1800
A l'Econome	1500
Son aide	600
Au Médecin (163)	600
Au Chirurgien (164)	600
A l'Architecte	2400
A l'Organifte	120
Au Facteur d'orgue	50
A l'Horloger	100
Au Concierge du Bureau d'Adminiftration	150
Au Garçon de Bureau & Garde magafin (165)	210
Au Domeftique de M. le Grand-Maître	150
A celui de M. le Coadjuteur	150
TOTAL	16830"

Nota. De toutes les perfonnes ci-deffus dénommées, il n'y a que l'Econome, fon
Aide, & les Domeftiques de M. le Grand-Maître & de M. le Coadjuteur qui foient
nourris au College.

(163) Indépendamment de fon logement eftimé 800 livres.
(164) Il eft d'ufage d'accorder au Chirurgien une gratification de 100 livres par quartier.
(165) Plus, à titre de gratification annuelle 150 livres.

CHAPITRE IX.

Des Couverts & des Gobelets d'argent.

Dès le moment de la réunion, le Bureau a délibéré de fournir à chaque Boursier, des deniers de chaque Collège particulier, *un couvert & un gobelet d'argent*; mais le peu de soin non-seulement des Ecoliers, mais même des Maîtres, a forcé de prendre à ce sujet plusieurs délibérations : on les trouvera toutes réunies dans ce Chapitre.

Du 4 Septembre 1766.

Réglemens pour les couverts.

Le Bureau a délibéré que l'Econome sera chargé de tenir un registre des personnes auxquelles il distribuera des couverts, & qu'aucun Maître ou Boursier ne pourra sortir du Collège qu'il n'apparoisse à M. le Principal & à M. le Grand-Maître du récépissé dudit Econome, tant dudit couvert que de tous les objets qu'ils pourront avoir au Collège de Louis-le-Grand, & qu'expédition de la présente délibération sera remise à M. le Grand-Maître, à M. le Principal & à l'Econome.

Du 2 Octobre 1777.

Le Bureau considérant qu'il peut résulter des abus du défaut de reconnoissances de la part de MM. les Principal, Professeurs & Maîtres pour les couverts qui leur sont distribués; que plusieurs des Sous-Maîtres, sur-tout ceux des classes inférieures, sortent du Collège sans que le Bureau en soit instruit; que d'autres étant Boursiers des différens Colleges, ne remettent point le couvert de leur Collège & exigent celui qui est destiné pour la place de Maître qu'ils occupent, ce qui jette beaucoup de confusion dans cette partie de couverts dont il n'est pas possible que l'Econome se charge,

A unanimement arrêté qu'il sera fourni par MM. les Principal, Professeurs & Maîtres du Collège des reconnoissances des couverts qui leur ont été ou qui leur seront distribués dans la suite, pour être lesdites reconnoissances remises à l'Econome, qui se chargera de la totalité desdits couverts, & n'en pourra délivrer qu'un seul à la même personne, quoiqu'elle réunisse sur sa tête les deux qualités de Boursier & de Maître ; & M. le Principal est prié de faciliter l'exécution de la présente délibération, dont il lui sera délivré extrait par le Secrétaire.

Du 7 Septembre 1780.

Le Bureau ayant été informé du mauvais état dans lequel la majeure partie des Maîtres & Boursiers avoient rendu leurs couverts à la fin de la présente année classique, & se les étant fait représenter, a ordonné que pour cette fois seulement lesdits couverts seront rétablis en bon état, & a arrêté que dorénavant lesdits Maîtres &

Bourſiers ſeront tenus de répondre chacun de leurs couverts, & de les remettre en bon état, le Bureau défendant expreſſément au ſieur Econome d'en recevoir aucun, s'il ne lui eſt rapporté en bon état.

LE BUREAU a arrêté de plus qu'il ne ſera délivré aucun couvert aux Maîtres du College, que par eux en donnant un reçu.

Arrêté en outre que la préſente délibération ſera imprimée & affichée dans tous les réfectoires & quartiers, afin que perſonne n'en prétende cauſe d'ignorance ; & M. le Principal a été prié de veiller à ce qu'elle ſoit exécutée avec la plus grande rigueur.

Du 17 Mai 1781.

VU par le Bureau ſes délibérations des 4 Septembre 1766, 2 Octobre 1777 & 7 Septembre 1780, qu'il a de nouveau confirmées, & en y ajoutant, le Bureau a ordonné que les Maîtres qui ſortiront du College ne ſeront payés de ce qui pourra leur être dû qu'en rapportant un certificat de l'Econome comme ils lui ont remis leurs couverts en bon état ; & qu'à l'égard des Penſionnaires & Bourſiers, le Portier ne laiſſera point ſortir leurs effets qu'ils ne lui rapportent un certificat du Bureau de M. le Grand-Maître qu'ils ont remis leurs couverts en bon état.

CHAPITRE X.

De la Cuisine & de la dépense de Bouche.

CE Chapitre eſt peut-être le plus important de tout ce Recueil ; en conséquence, on a cherché à y réunir tous les détails poſſibles. Le Bureau a toujours été inſtruit des plaintes que l'on faiſoit de ſon Adminiſtration, il en connoiſſoit la fauſſeté ; en conséquence ſans y avoir égard, il s'eſt contenté de faire le bien ; mais il a toujours deſiré de pouvoir trouver une occaſion de mettre au plus grand jour toute ſon Adminiſtration, perſuadé que l'examen que l'on en feroit ne pourroit que lui procurer de plus en plus l'eſtime & la confiance du public & du Gouvernement ; c'eſt la ſeule choſe dont il ſoit jaloux ; c'eſt la ſeule choſe qu'ait ambitionné ceux de ſes Membres qui ont formé l'établiſſement du College de Louis-le-Grand ; c'eſt enfin pour rendre compte au Public de toutes ſes opérations, que le Bureau a fait imprimer (en 1778) le *Mémoire ſur l'Adminiſtration du College de Louis-le-Grand*, ainſi que le préſent Recueil ; qui ſont l'un & l'autre de la même main, & contiennent tous les détails que l'on peut deſirer.

Au ſurplus, on trouvera dans ce Chapitre non-ſeulement les délibérations relatives à la nourriture des Bourſiers, mais le relevé de toutes les dépenſes qui leur ſont particulieres, & la fixation de ce que chaque Bourſier coûte par jour au College de Louis-le-Grand.

Du 7 Juin 1764.

De la nourriture. LE BUREAU délibérant ſur la façon de nourrir les Bourſiers ou Penſionnaires, a arrêté que les plats ſeront de dix perſonnes, Maîtres ou Ecoliers ; que les jours gras, le matin, il ſera donné, outre le bouilli une entrée, & le Dimanche & jour de congé, gras le ſoir, une ſalade outre la piece de rôti ; & les jours maigres, deux plats (167) matin & ſoir, dont l'un, & autant que faire ſe pourra le matin, un plat de poiſſon ; & en outre tous les jours (matin & ſoir), un plat de deſſert.

Il ſera donné aux Maîtres une pinte de vin par jour (168), & les Penſionnaires & Bourſiers auront à dîner & à ſouper une roquille.

Du 19 Juin 1766.

Des extraordinaires, SUR le compte rendu par M. le Grand Maître que la Fête de M. le Principal arrivoit la ſemaine prochaine, & que l'année paſſée le Bureau avoit fait donner aux réfectoires des plats extraordinaires ce jour-là, il a été ordonné que le jour de la Fête de M. le Principal, il ſera donné au ſouper, outre le ſervice ordinaire des tables, une entrée d'extraordinaire, une tourte de franchipane par chaque table, un petit gâteau par chaque perſonne, & le double du vin preſcrit par la délibération du 7 Juin 1764.

Nota. La même choſe ſe pratique les jours de S. Nicolas, des Rois, le Mardi-gras, & de S. Martin, & les autres jours de réjouiſſances.

---

(166) Depuis il a été décidé de donner trois plats les jours maigres, ce qui s'exécute.
(167) Depuis il a été ajouté un demi-ſeptier pour le déjeûner.

Du 28 Novembre 1765.

SUR le compte rendu par M. Poan qu'il y avoit eu cette année une quantité confidérable de belle graisse produite par la cuisson des viandes à la cuisine ; que cette quantité monte à *quatre mille soixante-treize livres* (168), laquelle a été prise en compte par le Chandelier, & qu'on avoit fait espérer au chef de cuisine & à ses aides, à raison de chaque livre pesant de graisse, une petite gratification qui les engage à veiller avec attention à cet objet d'économie, il a été arrêté qu'il sera accordé par forme de gratification à tous les domestiques faisant le service de la cuisine, tant pour l'avenir que pour le passé, 1 sol par chaque livre pesant de graisse qui sera produite à la cuisine, ladite gratification à distribuer entre eux dans la proportion ci-après ; savoir, moitié du total au chef de cuisine, le quart au sous-chef, & le dernier quart sera distribué par l'Econome entre toutes les autres personnes servant à la cuisine, & ce suivant le contentement que lui témoignera le chef de la cuisine, & ainsi qu'il le jugera le plus convenable, d'après les services de chacun.

Des graisses.

Du 17 Décembre 1767.

SUR le compte rendu par M. Poan d'un Mémoire présenté à Messieurs par M. le Curé de Saint-Benoît, relativement à la distribution des restes de pain que le Bureau fait faire aux pauvres de la Paroisse, le Bureau a arrêté que lesdits restes de pain seront portés chaque jour chez M. le Curé de S. Benoît pour en être la distribution faite aux pauvres de ladite Paroisse, sous les yeux & par les ordres de M. le Curé, & de la maniere qu'il estimera le plus à propos (169).

Des restes.

Du 5 Juillet 1781.

LE BUREAU délibérant, d'après les comptes que les différens Administrateurs, successivement chargés chaque année d'arrêter les registres de l'Econome, ont rendus, a arrêté :

Relevé des observations de l'Econome.

1°. Que l'Econome fera le relevé des différentes observations qu'il a portées chaque année dans ses sommiers ; que ledit relevé sera déposé aux archives pour l'instruction de ses successeurs & les guider dans leurs fonctions, & que, chaque année, il ajoutera à ce recueil les observations qu'il pourroit avoir faites.

2°. Qu'à la fin du Chapitre X de la premiere partie du Recueil arrêté le 28 Mai dernier, la présente délibération sera imprimée, ainsi que bordereau des dépenses particulieres de l'Econome, & le relevé de toutes celles faites dans le College de Louis-le-Grand par le même, & ce, pour l'année classique échéant au premier Octobre 1780 ; ensuite desquels bordereaux M. le Président Rolland est prié de faire un résumé de la dépense totale des Boursiers depuis le rétablissement du Bureau.

Bordereau des dépenses.

---

(168) Depuis 1766, le nombre des Boursiers étant presque doublé, les graisses ont augmenté à proportion.

(169) Depuis, M. le Curé a désiré que cette distribution se fît au College, ce qui s'exécute ; on y joint ce qui reste sur les assiettes & on en nourrit plusieurs pauvres ménages de la paroisse, le nombre en est ordinairement de quinze à vingt.

RELEVÉ GÉNÉRAL

Des totaux des Chapitres de dépenses payées par l'Econome dans le courant de l'année commencée le 1ᵉʳ Octobre 1779, & finissant le 30 Septembre 1780, suivant le sommier.

Renvois au Sommier,		
fol. 9····	Menus frais de Boulangerie····················	748ᵗᵗ19ᶠ
26 v°·	Pieds de Moutons·························	130 ∥
35····	Dépenses journalieres de Cuisine·············	4,625 9
37 v°·	Lait·······························	1,253 17
42 v°·	Poisson & Marée····················	3,673 10
62 v°·	Dessert·······················	6,322 16
80 v°·	Eau de riviere······················	246 ∥
89····	Fêtes annuelles & autres extraordinaires··········	1,664 5
97····	Gratifications du sixieme sur la vente des graisses···	482 ∥
100····	Sciage & transport du bois·················	315 9
102 v°·	Charbon (170)·······················	125 ∥
103····	Gratifications casuelles·················	24 ∥
111 v°·	Blanchissage·······················	2,212 13
113 v°·	Menues dépenses journalieres d'infirmeries·······	686 19
116 v°·	Menues frais d'administration················	918 12
132····	Gages des Domestiques·················	7,919 7
135····	Lingerie & Ouvriere en linge·············	687 7
136····	Ecurage··························	53 9
137 v°·	Ramonnage·························	29 10
138 v°·	Cardage & recardage de matelats·············	811 12
144····	Orfevre··························	57 19
	TOTAL égal à celui du Journal au folio 80 & du sommier folio 162·····················	32,988ᵗᵗ13ᶠ

(170). *Voyez* sur le peu de consommation apparente de *charbon* la *note* 175 ci-après.

RELEVÉ

DES totaux des Chapitres payés en vertu d'Ordonnances.

Renvois au Sommier,		
fol. 9 v°.	Achats de farine	26,898ᵗᵗ " "
26 v°.	Boucherie	55,266 12ˢ "
32 v°.	Charcuterie	2,002 1 "
43	Salines	1,991 " "
47 v°.	Epiceries	7,175 9 "
50 v°.	Vinaigre & Moutarde	300 16 "
53 v°. & 54	Graineterie	2,136 " "
58 v°. & 59	Beurre & Œufs	13,061 13 "
59 v°.	Sel de privilege	711 " "
60	Sel d'achat	940 10 "
79	Vin	29,745 10 "
91	Reverberes & lampes	1,008 15 9ᵈ
91	Bougie	216 " "
91 v°.	Bougie & cire de la Chapelle	608 14 "
92 v°.	Chandelle	6,613 18 6
100	Bois à brûler	7,797 " "
100	Voitures	494 8 "
133 v°.	Toiles	1,708 14 "
140	Tapissier	5,446 1 "
144	Orfevre	1,647 6 "
145	Potier d'étain	268 12 "
147 v°.	Chauderonnier	808 " "
	TOTAL égal au sommier au folio 163	166,846ᵗᵗ " 3ᵈ

RÉSULTAT

Des articles de dépenses contenus dans le Sommier de l'année commencée le 1er. Octobre 1779, & finissant au 30 Septembre 1780, dont celles payées par l'Econome, se trouvent au folio 162 R°., & celles en vertu d'Ordonnances, au folio 163 R°.

SÇAVOIR:

Celles payées par l'Econome······················· 32,988ᵗᵗ 13ᶠ ⁄⁄

Celles payées en vertu d'Ordonnance················ 166,846 ⁄⁄ 3ᵈ

TOTAL···················· 199,834ᵗᵗ 13ᶠ 3ᵈ

Prix & consommation du pain & de la viande, nombre des Consommateurs, & combien ils dépensent par jour. En exécution de la Délibération du 5 Juillet 1781, ci-dessus, il a été dressé un résumé de la dépense totale des Boursiers depuis 1777. On y observera que la consommation du pain & de la viande a successivement augmenté par chaque personne, & cela par une raison très-simple; savoir, que le nombre des grands Boursiers s'est accru tant par la création de nouvelles Bourses affectées à de grands Boursiers, que par la permission donnée à tous les Boursiers par les Loix de 1778, 1779 & 1780, d'étudier dans les Facultés supérieures.

	Prix du Pain (171).	Sa consommation par personne.	Prix de la Viande.	Sa consommation par personne (172).	Nombre des Consommateurs par jour (173).	Dépense par personne (174).
Du 1er Oct. 1777 au 1er Oct. 1778	2ᶠ 9ᵈ	1 liv. 8 onc. ½.	7ᶠ 7ᵈ	1 liv. 1 onc. ½.	420.	1ᵗᵗ 1ᶠ 9ᵈ
Du 1er Oct. 1778 au 1er Oct. 1779	2 3	1 9	8 ⁄⁄	1 2	560.	19 7
Du 1er Oct. 1779 au 1er Oct. 1780	2 2	1 9 ½	8 3	1 2	575.	19 ⁄⁄

(171) Pour former ce prix on a réuni absolument toutes les dépenses relatives au pain, même l'entretien & la réparation du four & les gages & nourriture de toutes les personnes employées à la boulangerie.

(172) Dans cette consommation la charcuterie est comprise; de plus il faut observer que les
                                                                            légumes,

gumes, dont au moins deux fois par semaine on fait des entrées en y joignant un peu de
ande, diminuent la confommation de cette denrée d'environ une once pour chaque perfonne
r jour, & ces légumes ne coûtent pas à beaucoup près ce que coûteroit la viande que l'on
argne par ces entrées.

(173) On a fait un taux moyen de toute l'année ; car fur tout dans l'année fcholaftique du
emier Septembre 1779 au premier Octobre 1780, il y a eu depuis Novembre jufqu'en Août
s de fix cens perfonnes ; mais dans le mois d'Octobre, ainfi que dans ceux d'Août & de
ptembre, il a manqué beaucoup de Bourfiers ou Penfionnaires, & même des Maîtres ; c'est
égard à cette diminution, pendant ces trois mois, que l'on a eftimé chaque jour les
onfommateurs au nombre fixé dans cette colonne : on obfervera de plus que la graiffe qui fe
nd fait un objet confidérable ; en effet, d'après les calculs faits à cette occafion depuis trois
s, il réfulte que les graiffes que l'on vend, équivalent à la valeur d'une demi-once de
ande pour chaque perfonne par jour, ainfi dans le fait la confommation de la viande devroit
e diminuée d'une demi-once par jour.

(174) D'après les différens prix portés en cette colonne, on voit qu'en faifant des trois
nées une année commune, le College de Louis-le-Grand a dépenfé *vingt fols un denier un tiers*
r tête ; mais il faut obferver que dans les perfonnes que nourrit le College de Louis-le-Grand,
y en a un fixieme environ qui ne paie pas de penfion, favoir les Maîtres & les Domeftiques ;
prix de la nourriture de ce fixieme doit donc être reporté fur la dépenfe des Bourfiers &
nfionnaires, ce qui fait pour chacun 3 fols 4 deniers.

En réuniffant ces deux fommes, la dépenfe de chaque Bourfier fe trouve de *vingt-trois fols
q deniers un tiers*, ce qui fait par an 422 livres ; par conféquent comme la penfion des
urfiers eft fixée à 450 livres par les Lettres Patentes du 19 Mars 1780, il fe trouve, dé-
ction faite de la dépenfe de bouche, un *excédent de vingt-huit livres* pour chaque Bourfier,
uel forme pour les cinq cens Bourfiers ou environ, *quatorze mille livres*, fomme bien infuffi-
te pour payer les honoraires ou appointemens foit des Officiers ou autres perfonnes attachées
Adminiftration, foit des Maîtres exiftans dans le College, puifque d'après les états qui en
t inférés dans les Chapitres VIII & XVII de cette Iere Partie, ces deux objets montent à
viron 36,000 livres ; en conféquence le College de Louis-le-Grand, même en déduifant les
,000 livres reftans (ainfi qu'il eft prouvé ci-deffus), de la penfion des Bourfiers, eft donc
igé (feulement pour ces deux objets) de fournir environ 22,000 livres ; mais il faut ajouter les
res dépenfes dont le College de Louis-le-Grand eft chargé pour les Bourfiers réunis, favoir
les réparations du College de Louis-le-Grand, lefquelles (attendu les nouvelles diftributions
e l'on a été forcé de faire) ont monté chaque année à plus de 15,000 livres, mais objet que
n doit porter annuellement à au moins 6,000 livres ; 2°. les gratifications, frais de voyages,
comptes, de copiftes, d'actes, d'impreffion, les penfions aux anciens Maîtres ou Profeffeurs,
les dépenfes extraordinaires, qui montent chaque année à plus de 15,000 livres ; ainfi ces trois
jets réunis forment un total de plus de 40,000 livres que le College de Louis-le-Grand eft obligé
fournir chaque année, d'où il réfulte par conféquent pour les cinq cens Bourfiers réunis *un
éfice de quatre-vingts livres* par tête, & cependant on ne parle pas de l'habitation qu'ils ont
tis dans le College de Louis-le-Grand, avantage qui leur produit un double bénéfice, puifque
n côté ils font logés *gratis*, & que de l'autre on loue au profit des Colleges réunis les bâti-
ns que les Bourfiers occupoient avant la réunion.

I. Partie. K k

CHAPITRE XI.

Des Domestiques.

CE Chapitre fera très-court; il ne renfermera que deux délibérations, & l'état de la dépense relative aux domestiques.

Du 2 Août 1764.

Gages des Portiers,   LE BUREAU délibérant fur les gages à fixer des différens portiers néceffaires au College de Louis-le-Grand, il a été arrêté qu'il fera payé au portier qui fera à la grande porte dudit College la fomme de trois cens livres par an, & qu'il lui fera fourni deux voies de bois, à la charge par ledit portier de balayer les claffes, la grande cour, & celle de l'infirmerie, & *de ne pouvoir rien prendre des Bourfiers à quelque titre & pour quelque caufe que ce foit*, & d'avoir un garçon qui fera, ainfi que le portier, nourri par le College avec les domeftiques; & que les gages dudit portier coureront à compter du premier du préfent mois; que le Portier qui fera à la porte des Profeffeurs fera nourri avec les domeftiques du College, aura deux voies de bois & deux cens livres de gages qui coureront du premier Octobre prochain, à la charge qu'il ne pourra rien prendre de ceux qui habiteront dans le College de Louis-le-Grand, pour quelque caufe & quelque titre que ce foit; & qu'il fera tenu de balayer la cour des Profeffeurs, celle de la rôtifferie, & celle étant en face du bâtiment des Arméniens; que le portier de la cour des Profeffeurs Emérites aura foixante-quinze livres de gages & deux voies de bois, à la charge par lui de balayer ladite cour & l'efcalier des Profeffeurs Emérites(176).

Du 2 Octobre 1764.

Balayage de la rue.   SUR le compte rendu par MM. les Adminiftrateurs particuliérement chargés du College de Louis-le-Grand, qu'il étoit néceffaire de charger quelqu'un du foin de balayer la rue au devant des bâtimens dépendans du College, & que le nommé Pierre Havaux, qui avoit été jufqu'ici chargé de ce foin, fupplioit Meffieurs de vouloir bien agréer la continuation de fes fervices,

LE BUREAU a arrêté que ledit Pierre Havaux fera chargé du foin de balayer la rue au devant des bâtimens dépendans du College de Louis-le-Grand; favoir, depuis le bâtiment de la Chapelle jufqu'à la grande porte d'en bas près le College Dupleffis rue Saint-Jacques, & par derriere, depuis le College des Cholets jufqu'aux bâtimens dudit College Dupleffis, rue Charretiere; pour raifon de quoi fera tenu ledit Havaux de fournir

----

(176) Pendant la révolution de 1771 on a fupprimé les deux voies de bois & on lui a accordé 150 livres de gages.

s pelles & balais néceffaires, & de répondre en fon propre & privé nom des amendes
ncourues en cas de négligence ; & que pour ce, il fera accordé audit Havaux la re-
ife du loyer de la petite boutique qu'il occupe montant à foixante livres par an, &
e quoi dîner & fouper de ce qui reftera de la defferte des tables.

Le nombre des domeftiques varie néceffairement, d'après le nombre des Bourfiers ;
nais pour en donner une idée, on inférera ici ce qui en eft porté dans le compte du
Collège de Louis-le-Grand pour l'année claffique finiffant au premier Octobre 1780.

Aux chefs de cuifine & de la pâtifferie, & à trois garçons·················	950"
Au boulanger & à fon garçon·······························	500
Au fommelier·····································	200
Au chef des infirmeries 300", & à fes deux garçons 150" chacun···········	600
A trois portiers····································	650
Au domeftique du Principal·····························	150
A celui de l'Econome·······························	150
A vingt-quatre garçons de quartier, à chacun 150"·················	3600
A trois vifiteurs, dont un à 150"························	350
A deux veilleurs de nuit·····························	300
Et au garçon des lampes·····························	150
TOTAL·······················	7600"

CHAPITRE XII.

Des Médecin & Chirurgiens, & de l'Infirmerie.

Dès le moment de la réunion, le Bureau crut nécessaire d'établir une infirmerie; & en conséquence il nomma un Médecin & un Chirurgien (177); le Médecin (178) fut même peu après logé dans le College; mais l'Oculiste n'a été établi que le 18 Janvier 1780 (179).

Toutes les délibérations de réunion parlent de l'infirmerie. Dans le premier moment de son établissement, & en exécution des différentes délibérations de réunion, & de celle du premier Septembre 1764, chaque Boursier & chaque Pensionnaire payoit en entrant 36 livres pour cet objet : cet arrangement avoit même été confirmé par le Réglement de 1767; mais celui de 1769, en augmentant les pensions de 40 livres, & les fixant à 400 livres, supprima le paiement de 36 livres; & depuis ce tems, il n'a plus rien été payé pour l'infirmerie.

Au surplus, on a réuni dans ce chapitre toutes les délibérations relatives à son titre, ainsi que le Réglement arrêté pour l'infirmerie le 2 Août 1781; enfin, on a cru convenable d'y ajouter deux états; l'un, *des malades*; & l'autre, *de la dépense de l'infirmerie* : ces deux états, dont l'impression a été ordonnée par une délibération du 28 Mai 1781, aussi imprimée ci-après, donnera sur l'infirmerie tous les éclaircissemens que l'on pourra desirer.

Du 18 Octobre 1764.

Établissement de l'Infirmier & Réglement qui le concerne.

Le Bureau a délibéré qu'il sera établi un Infirmier auquel il sera donné 400 livres d'appointemens, qu'il sera nourri comme les domestiques; & qu'il lui sera donné une pinte de vin par jour; en outre, un demi-septier de vin par nuit qu'il passera, lequel Infirmier sera nommé par M. le Principal, & aura en outre un domestique à ses ordres qui sera pareillement choisi par M. le Principal.

Nota. Le Réglement de 1767 accordoit au Bureau la nomination de l'Infirmier; celui de 1769 la donnoit au Principal; mais depuis la Déclaration du 3 Septembre 1778, qui annulle implicitement le Réglement de 1769, il a été pris, le 15 Février 1781, une délibération du Bureau sur la proposition du Principal, qui confirme les droits du Bureau pour nommer à cette place. Voyez ci-dessus, chap. II. p. 101, *note* 94.

---

(177) Voyez ci-dessus, Chapitre VIII, page 251, les honoraires du Médecin & du Chirurgien.

(178) Voyez ci-dessus, Chapitre V, page 205, la Délibération du 19 Décembre 1765.

(179) Voyez cette Délibération ci-après, p. 271.

Du 3 Mai 1763.

Sur ce qu'il a été représenté par M. Poan qu'il seroit nécessaire d'établir un ordre dans l'infirmerie, & de regler plusieurs objets y relatifs :

Le Bureau a arrêté 1º. qu'il sera fait un état double signé de l'Econome & de l'Infirmier, des lits & de leurs garnitures, sieges, tables, draps, nappes, serviettes, linge, & généralement de tout ce qui est dans lesdites infirmeries, d'après lequel état l'Infirmier restera chargé desdits effets, pourquoi l'un des doubles lui demeurera entre ses mains, & l'autre double sera remis à l'Econome ; que lors des changemens ou augmentations, il en sera fait pareillement mention sur lesdits deux états, desquels sera fait récolement tous les six mois ou tous les ans par M. le Grand-Maître & l'un de MM. les Administrateurs chargés du College de Louis-le-Grand.

2º. Que par ledit Infirmier, il sera tenu un Livre-Journal paraphé par M. le Grand-Maître, sur lequel ledit Infirmier inscrira jour par jour le nom des malades, tant Maîtres que Domestiques qui entreront à l'Infirmerie, la nature de leurs maladies, & le jour de leur sortie de l'Infirmerie.

3º. Que ledit Infirmier tiendra aussi un état des gardes-malades extraordinaires que le Médecin jugera à propos de faire prendre à raison du nombre & de la qualité des malades, lesquels gardes seront présentés audit Econome, afin d'en tenir registre de son côté du jour de leur entrée & du jour de leur sortie, auquel jour il les paiera, à proportion du tems & suivant le prix qui aura été convenu (180).

4º. Qu'il ne sera délivré par l'Apothicaire aucune espece de drogues ou médicamens que sur un billet signé du Médecin ou Chirurgien du College ; & que l'Infirmier tiendra, jour par jour, un registre de tous les médicamens qui seront ou par lui fournis, ou pris chez l'Apothicaire, avec leur destination.

5º. Et enfin, que par ledit Infirmier il sera tenu un petit Livre-Journal des fournitures de bois, chandelle, sel & viande, &c. qui seront livrés à l'Infirmerie par ledit Econome, & que de la présente Délibération, il sera délivré deux expéditions ; l'une pour ledit Econome, & l'autre pour l'Infirmier, & un extrait pour l'Apothicaire en ce qui le concerne, afin qu'ils aient chacun à s'y conformer.

Du 2 Août 1781.

M. le Président Rolland a dit que conjointement avec MM. les Commissaires nommés le 5 Mai 1780, il avoit proposé des Réglemens pour toutes les personnes attachées à l'Administration, excepté pour l'Infirmier ; que ces Reglemens avoient été arrêtés dans les deux Bureaux ordinaires tenus le mois dernier ; & qu'il croyoit devoir proposer

----

(180) Au lieu de ses gardes-malades, l'Econome a été autorisé de prendre deux domestiques qui restent attachés à l'infirmerie, & qui sont accoutumés à garder les malades.

aujourd'hui à Meffieurs de fixer les fonctions de l'Infirmier , & de faire en même-tems
un Réglement pour l'Infirmerie.

Enfuite lecture a été faite dudit projet , & après qu'il y a été délibéré , ledit Réglement
a été arrête ainfi qu'il fuit :

RÉGLEMENT

Pour l'Infirmier & l'Infirmerie.

CE Réglement doit naturellement être divifé en trois Chapitres. Le premier contiendra *les fonctions du Maître attaché à l'Infirmerie.*

Le fecond , *les devoirs de l'Infirmier.*

Et le troifieme , *les obligations de ceux qui font à l'Infirmerie.*

CHAPITRE PREMIER.

Des fonctions du Maître attaché à l'Infirmerie.

ARTICLE PREMIER.

UN des Maîtres furnuméraires établi par la Délibération du 12 Avril 1779, habitera
dans le quartier de l'Infirmerie , y aura fa chambre particuliere , préfidera au réfectoire
y dira le *Benedicite* & les Graces , & fera faire , le matin & le foir , la priere aux perfonnes qui feront à l'Infirmerie.

II.

IL fera chargé de préfider dans la falle du réfectoire , non-feulement pendant le repas , mais dans le refte de la journée & tant-qu'il y aura des Ecoliers , en exécution de
l'article VI du chapitre III ci-après , & accompagnera les convalefcens qui iront prendre
l'air.

III.

IL mangera avec les Ecoliers dans le réfectoire de l'Infirmerie , & il lui fera apporté
à dîner & à fouper de la cuifine du College.

IV.

IL fera les inftructions & lectures dont M. le Principal le chargera , & fur-tout veillera à empêcher l'introduction des mauvais Livres.

V.

IL fera même travailler les Ecoliers auxquels leurs incommodités , comme engelures
& autres de pareill nature , permettent de s'occuper ; le tout d'après l'avis des Médecin & Chirurgiens.

VI.

IL aura foin de vifiter plufieurs fois par jour les malades , fur-tout ceux dont les maladies
paroîtront graves ; il leur fera à tous , fuivant les circonftances , des exhortations courtes
& réitérées , & remplira auprès d'eux toutes les fonctions que la charité & la religion

igent, & fur-tout lorfqu'il verra quelques malades en danger, il en avertira M. le Prin-
pal pour leur procurer les fecours fpirituels dont ils auront befoin.

V I I.

LE tout au furplus fans préjudice, tant des vifites & infpections, & inftructions qui feront
tes dans l'Infirmerie par celui des Sous-Principaux fpécialement chargé de cet objet,
ec lequel le Maître particuliérement attaché à l'Infirmerie fe concertera en toutes cir-
nftances, & notamment lorfqu'il fera obligé de s'abfenter; que des vifites que tous
s Sous-Principaux font chargés de faire des Ecoliers de leur divifion, conformément
ce qui eft prefcrit par l'article VIII du titre III du Réglement pour les Artiens (181).

CHAPITRE II.

Des devoirs de l'Infirmier.

ARTICLE PREMIER.

L'INFIRMIER, en exécution du Réglement de 1767, & de la délibération du 15 Fé-
ier 1781, fera nommé & ne pourra être deftitué que par le Bureau; dans un cas ur-
nt, M. le Principal pourra cependant fufpendre ledit Infirmier de fes fonctions, &
mmettre une autre perfonne pour les remplir; le tout feulement jufqu'à la tenue du
ochain Bureau; & même s'il fe trouvoit à Paris un des Adminiftrateurs fpécialement
argés du College de Louis-le-Grand, M. le Principal fera tenu de prendre aupara-
nt fon avis, & de ne rien faire que d'accord avec lui.

I I.

IL fera, ainfi que les Domeftiques de l'Infirmerie, nourri de la cuifine du College.

I I I.

LEDIT Infirmier fera fous la dépendance & les ordres de l'Econome, & exécutera
ut ce que ledit Econome lui ordonnera au nom du Bureau; le tout fans préjudice
s ordres de M. le Principal & des Médecin & Chirurgiens auxquels il fera tenu de
conformer exactement.

I V.

IL doit toujours être réfident dans l'Infirmerie, tant pour y maintenir le bon ordre
ue pour y faire exécuter les ordonnances du Médecin & des Chirurgiens, veiller fur
ux qui feront dans l'Infirmerie, & fuivre le cours des maladies, & être prêt d'en
ndre compte à tout moment, tant aux Médecin & Chirurgiens qu'aux parens ou cor-
fpondans des Ecoliers; fi cependant il étoit forcé de s'abfenter quelquefois, il ne
fera qu'après en avoir prévenu l'Econome & avoir eu fon confentement; & dans
e cas, l'Econome chargera, s'il le croit néceffaire, quelqu'un de remplir les fonctions
e l'Infirmier pendant fon abfence.

V.

S'IL s'apperçoit qu'il fe paffe dans l'Infirmerie des chofes contraires au bon ordre,

(181) Ci-deffus, Chapitre IV, page 145.

Réglement pour l'Infirmier & l'Infirmerie.

il tâchera par ses représentations d'y remédier ; & si elles n'étoient pas suffisantes, que les choses fussent graves, il en avertira d'abord le Maître chargé de l'Infirmerie, ensuite M. le Principal ; au surplus, l'Infirmier aura soin de se conduire avec polit & prudence, & d'allier l'activité, la douceur & même la patience, avec une ferm honnête.

V I.

Il aura l'inspection & l'autorité sur les domestiques de l'Infirmerie, qui, aux ter de ladite Délibération du 15 Février 1781, sont à la nomination de M. le Principa

V I I.

Il tiendra un état du mobilier & argenterie de l'Infirmerie, signé double de lui & Contrôleur du Grand-Maître temporel, & tâchera d'empêcher le dégât ou le dépérit ment du mobilier qui lui est confié.

V I I I.

Il aura soin d'entretenir la plus grande propreté dans toutes les Infirmeries, & d renouveller l'air le plus souvent qu'il sera possible, en ouvrant, suivant les saison les fenêtres ; & si le tems s'y oppose absolument, en ouvrant les portes.

I X.

Il aura soin de faire exposer souvent à l'air les rideaux, oreillers, couvertures matelats des lits, & de les faire battre, sur-tout lorsqu'ils cesseront d'être occupés ; lorsqu'ils auront servi à des maladies contagieuses ou à des personnes qui seroient cédées, il en avertira l'Econome, pour qu'il fasse blanchir les rideaux, les couvertu & les toiles de matelats, & recarder ceux-ci.

X.

Il tiendra un registre sur lequel le Médecin écrira ses ordonnances qu'il aura f de faire exécuter ponctuellement, ainsi que celles de l'Oculiste & du Chirurgien po les maladies qui pourroient les concerner ; & ce registre servira de contrôle à ce de l'Apothicaire (182).

X I.

Il aura un registre divisé par chapitres pour y écrire journellement le pain, viande, le vin, le sel, le sucre, l'eau-de-vie, &c., ainsi que tout ce qu'il reçoit po les besoins des malades, & généralement toute la dépense de l'Infirmerie, lequel r giftre fera toutes les semaines arrêté par l'Econome.

X I I.

Il doit de même avoir un livre pour y enregistrer ce qui a rapport à chaque m lade ; les pages de ce livre seroient divisées en plusieurs colonnes ; la première, po écrire l'entrée des malades ; la seconde, pour leur nom ; la troisieme, pour le gen de leur maladie ; la quatrieme, pour la date de leur sortie ; la cinquieme, pour

---

(182) Le Bureau, pour de bonnes & justes causes, n'a pas jugé à propos d'avoir une phar macie.

nombr

nombre journalier des malades ; & la fixieme , pour la durée de la demeure de chacun. Ce regiftre fera tous les jours vifé par le Médecin ; il fera , ainfi que celui mentionné en l'article précédent , paraphé par l'Econome.

X I I I.

AU premier Bureau de chaque mois, l'Infirmier continuera de remettre à ceux de MM. les Adminiftrateurs qui ont dans leur département le College de Louis-le-Grand, & qui par conféquent font chargés de l'Infirmerie, les deux états qu'il eft dans l'ufage de leur donner. Lefdits deux états approuvés par la Délibération du 28 Mai dernier ; états qui ne font que la copie de ce qui eft porté pour le mois précédent dans les deux regiftres mentionnés aux deux articles ci-deffus , avec la mention fommaire des mêmes objets depuis le commencement de l'année claffique courante , ledit Infirmier continuera de figner lefdits deux états, & de faire vifer le fecond par le Médecin.

X I V.

IL ne doit laiffer à la garde d'aucun domeftique le fucre, le fel, l'eau-de-vie, les confitures , & toutes les autres provifions dont il eft chargé.

X V.

COMME il y a un Médecin & des Chirurgiens choifis par le Bureau qui font deux fois par jour la vifite de l'Infirmerie, l'Infirmier ne peut fous aucun prétexte s'immifcer à rien faire de fon chef, ni à donner aucun remede; & ce, fous peine de deftitution ; qu'il faffe coucher ceux qui fe préfenteront aux Infirmeries, qu'il les tienne à la diete & à l'eau chaude; s'ils font à jeun, ou lorfqu'ils auront paffé quelques heures fans manger , qu'il leur donne un lavement, c'eft tout ce qu'il fe peut permettre.

C H A P I T R E   I I I.

Des obligations de ceux qui font à l'Infirmerie.

A R T I C L E   P R E M I E R.

AUCUN ne pourra être admis à demeurer aux Infirmeries qu'en apportant un billet du Principal, & qu'après que le Médecin aura jugé qu'il eft dans le cas d'y demeurer.

I I.

CELUI qui, après avoir déclaré fa maladie, ne voudra point exécuter les ordres des Médecin & Chirurgiens fera renvoyé fur le champ, & s'il eft en état d'être tranfporté après en avoir fait prévenir fon correfpondant, l'Infirmier, après avoir pris les ordres de M. le Principal, le renverra fur le champ chez fon correfpondant par une perfonne fure; & fi le malade n'étoit pas tranfportable, l'Infirmier prendra à ce fujet les ordres de M. le Principal.

I I I.

IL ne fera donné de chambre particuliere à aucun Bourfier ou Penfionnaire que pa

I. Partie. L l

Rég'ement. pour
l'Infirmier & l'In-
firmerie.

ordre exprès de M. le Principal. Quant aux Maîtres & aux domestiques, ils seront mis dans des chambres particulieres, à moins qu'il n'en soit autrement ordonné par M. le Principal.

I V.

LORSQUE, les Médecin & Chirurgiens, chacun dans ce qui les concerne, auront jugé que quelqu'un qui est à l'Infirmerie n'est plus malade, il sera obligé d'en sortir sur le champ; mais aucun ne pourra quitter l'Infirmerie que par l'ordre des Médecin & Chirurgiens.

V.

DÈS que quelqu'un sera déclaré par le Médecin être atteint d'une maladie contagieuse, l'Infirmier le fera passer aussi-tôt dans les chambres séparées & destinées pour ces maladies; un des Domestiques s'y enfermera pour ne point quitter le malade, & cessera toute communication avec le reste des Infirmeries; il sonnera pour demander les choses qui lui seront nécessaires, & elle lui seront données par un guichet.

V I.

CEUX qui ne feront pas alités se tiendront au réfectoire de l'Infirmerie, & seront regardés comme convalescens; ils seront tenus de s'y comporter avec sagesse & tranquillité, n'y feront pas de bruit, & n'y joueront que des jeux tranquilles & permis; il sera défendu de jouer, ni de l'argent, ni aux cartes, ni même à la balle à cause de la rupture des carreaux.

V I I.

SERONT tenus aussi tous ceux qui seront aux Infirmeries de ne pas être un seul instant à la cuisine, afin de ne pas empêcher le travail des domestiques.

V I I I.

AUCUN des Ecoliers ne pourra venir voir ses confreres malades sans en apporter une permission de M. le Principal, & sans avoir fait voir à la porte d'entrée qu'il n'est chargé d'aucune sorte de nourriture; & dans le cas de résistance, la porte sera refusée.

I X.

L'INFIRMIER doit veiller à ce que les parens ou amis des malades n'apportent aucun commestible du dehors.

X.

IL veillera pareillement avec la plus grande attention à ce que les domestiques n'aient pas de familiarité avec les jeunes gens, à ce qu'aucuns ne fassent des commissions secrettes & n'achetent rien de la part, ou pour les malades, ne fassent des trafics avec eux, ou ne les mettent à contribution. Il prescrira même aux domestiques l'obligation de lui déclarer dans le moment ce que quelques-uns voudroient leur donner par un pur mouvement de générosité, & les préviendra que s'il en est instruit autrement, ils seroient renvoyés sur le champ par le Principal, d'après le compte de l'Infirmier.

X I.

IL ne sera permis à personne de se rendre aux Infirmeries les jours maigres pour y manger gras, que d'après une permission par écrit des Médecin ou Chirurgiens, ou de M. le Principal.

X I I.

CEUX qui ne se rendront à l'Infirmerie que pour y prendre du lait, du bouillon ou autres objets de pareille nature, seront également obligés de présenter à l'Infirmier un billet des Médecin ou Chirurgiens, ou de M. le Principal.

X I I I.

TOUS ceux qui se rendront à l'Infirmerie dans les cas portés dans les deux articles précédens, ne pourront, sans aucun prétexte, entrer dans la grande Infirmerie; mais ils s'y tiendront dans le réfectoire, & aussi-tôt qu'ils auront pris ce dont ils ont besoin, ils retourneront dans le College.

X I V.

IL est expressément défendu à tout Ecolier de se rendre à l'Infirmerie pendant la classe, ou de se cacher dans quelques chambres; ceux qui contreviendront au présent article seront, par l'Infirmier, sur le champ mené à M. le Principal, qui leur infligera les punitions qu'il jugera à propos, & sur-tout en cas de récidive, M. le Principal en rendra compte aux Examinateurs, qui sont priés, dans les cas graves, de prononcer l'expulsion du sujet.

Le présent Réglement sera imprimé dans le Recueil approuvé le 28 Mai dernier, dans le douzieme Chapitre de la premiere Partie; il en sera en outre imprimé séparément cent exemplaires; & le troisieme Chapitre sera de plus imprimé en placard aussi au nombre de cent, pour être affiché dans l'Infirmerie.

Du 15 Janvier 1778.

M. le Président Rolland a dit: que par Délibération du 23 Mars 1776, ceux qui formoient le Bureau en l'absence des Membres du Parlement, avoient pris une Délibération pour charger les Boursiers ou Pensionnaires du paiement des honoraires des Médecins qui seroient appellés pour les maladies que les personnes de l'art, attachées au Collége, ne seroient pas dans le cas de guérir, notamment les Oculistes; que cette Délibération charge en outre les Boursiers ou Pensionnaires du paiement des remédes extraordinaires qu'il faudroit employer pour leur guérison; que cette Délibération lui paroît absolument contraire à la lettre & à l'esprit de celles des 21 Août & premier Septembre 1764, & 22 Janvier 1765, qui fixe les sommes à payer par les Boursiers & Pensionnaires pour l'Infirmerie, qu'en conséquence il croit devoir proposer au Bureau d'y délibérer.

Sur quoi la matiere mise en délibération,

LE BUREAU a unanimement arrêté que la Délibération du 23 Mars 1776, sera & demeurera comme non avenue; qu'en conséquence tous les Boursiers qui auront été reçus sains dans le College, seront traités, quelques soient les maladies dont ils seront atteints par la fuite, aux frais du College de Louis-le-Grand, qui leur fournira tous les médicamens dont ils pourront avoir befoin, même les Médecins & Chirurgiens étrangers, qui, d'après l'avis & confeil du Médecin & du Chirurgien du College, feront jugés néceffaires pour leurs différentes fortes de maladies; mais que dans le cas où les parens jugeront à propos d'appeller particuliérement des Médecins & Chirurgiens étrangers, ils feront tenus de les payer; ce qui fera exécuté dans tous les cas où les circonftances, fauf ceux où les gens de l'art eftimeront qu'il fera convenable de faire prendre aux malades l'air natal (183).

Du 18 Janvier 1780.

Etabliffement
d'un Oculifte.

SUR ce qui a été repréfenté au Bureau que le grand nombre de jeunes gens qui fe trouvoient avoir mal aux yeux, il feroit convenable d'attacher au College un Chirurgien Oculifte,

LE BUREAU, lecture faite de la Délibération du 15 Janvier 1778, a unanimement arrêté qu'il fera nommé un Chirurgien Oculifte, lequel viendra faire réguliérement fes vifites & donner fes foins aux Bourfiers & Penfionnaires qui feront malades des yeux, & réfideront dans les Infirmeries du College, & auquel il fera accordé 300 livres d'honoraires par année.

Du 15 Mars 1781.

VU par le Bureau la Délibération du 15 Janvier 1778, qui autorife les parens des enfans qui tomberont malades dans le College, à appeller des Médecins & Chirurgiens autres que ceux du College, mais à la charge de les payer, & en expliquant ladite Délibération, il a été unanimement arrêté,

1°. que les correfpondans des enfans malades auront, ainfi que les parens, le droit d'appeller les Médecins & Chirurgiens étrangers.

2°. Que les remédes & médicamens, de quelque nature qu'ils foient, qui feront ordonnés par les Médecins ou Chirurgens autres que ceux du College, feront payés par les parens & correfpondans qui auront appellé lefdits Médecins ou Chirurgiens étrangers; cependant dans le cas de maladies très-longues, & fur la demande des parens & correfpondans, lefdits remedes & médicamens feront fournis par l'Apothicaire du College, & payés par le College de Louis-le-Grand.

3°. Expéditions de la préfente Délibération feront adreffées au Médecin, au Chirurgien, au Chirurgien oculifte & à l'Apothicaire du College; & il fera pareillement délivré à l'Infirmier expédition, tant de la préfente Délibération que de celle du 15 Janvier 1778; & fera tenu ledit Infirmier de communiquer lefdites Délibérations aux parens ou correfpondans qui jugeront à propos d'appeller dans le College des Médecins ou Chirurgiens étrangers.

(183) Cette Délibération a été nommément confirmée par l'article Ier des Lettres Patentes du 19 Mars 1780. *Voyez* ci-deffus, Chapitre II, page 111.

Du 28 Mai 1781.

U par le Bureau les deux états qui ont été dreſſés pour l'Infirmerie, & dont on
t uſage depuis l'année derniere, le Bureau les a approuvés, & a arrêté qu'ils ſeront
primés dans le Recueil ordonné par la Délibération du 3 Décembre 1778, & qui
ent d'être approuvé ; qu'à l'égard de l'état des malades, on imprimera celui du mois
rnier, mais en ſupprimant les noms ; & que pour ce qui concerne l'état des dépenſes,
imprimera celui de la totalité de la préſente année claſſique, du premier Octobre
rnier au premier Octobre ptochain.

Nota. Ces deux états ſe trouveront à la fin de ce Chapitre.

Du 11 Avril 1768.

U R le compte rendu par M. le Préſident Rolland qu'il y a de tems en tems dans
College des malades auxquels les Sacremens ſont adminiſtrés par les Prêtres de la
roiſſe, & qu'il paroît convenable de ſe conformer dans ces ſortes d'occaſions à l'uſage
néralement établi dans Paris ; & en conſéquence de faire une offrande au Prêtre qui
miniſtre les Sacremens *in extremis*,

L E B U R E A U a arrêté que lorſqu'il ſera fait une adminiſtration de Sacremens dans
nfirmerie du College par les Prêtres de la Paroiſſe, il ſera préſenté au Prêtre qui
a adminiſtré une offrande de la ſomme de trois livres pour chaque adminiſtration des
cremens.

Nota. On verra par l'état ci-après (page 275) que dans l'année claſſique 1780,
iſſant le 30 Septembre 1781, il eſt entré aux Infirmeries quatre cens vingt-cinq
alades, & qu'au 1er Octobre 1780, il en étoit reſté deux de l'année précédente ;
ſorte que, pendant *l'année claſſique mil ſept cent quatre-vingt*, il y a eu à l'Infirmerie
atre cens vingt-ſept malades, dont il en eſt *mort un*. Pendant *l'année claſſique précé-*
nte, il n'y en avoit eu que *cent quatre-vingt-dix-huit malades*, & il en étoit également
rt un.

On remarquera dans le même état que, quoique dans l'année claſſique 1779, il y
eu plus de moitié de moins de malades que dans l'année 1780, cependant le
mbre des journées des malades a été, en 1779, d'environ un huitieme plus conſi-
rable qu'en 1780.

ÉTAT des Malades qui ont été aux Infirmeries du College de Louis-le-Grand, dans le mois d'Avril 1781.

DATES DES ENTRÉES.		Noms des personnes, & leurs qualités.	GENRES DE MALADIES.	Dates des sorties.	Nombre journalier des Malades.	DURÉE de la demeure de chacun aux Infirmeries
Du	*Du*					
18 Oct. 1780.	· · · ·	M · · · · · · · · · · · · ·	Une révolution d'humeur	· 21 · ·	· · · · · · · · · ·	· · · 186
7 Fév. 1781	· · · ·	M · · · · · · · · · · · · ·	Une révolution d'humeur ·			
28 · · · · · · · ·	· · · ·	M · · · · · · · · · · · · ·	Mal d'œil · · · · · · · · · · ·			
11 Mars · · ·	· · · ·	M · · · · · · · · · · · · ·	Un rhume de poitrine · · ·	· 27 · ·	· · · · · · · · · ·	· · · 47
		M · · · · · · · · · · · · ·	Un rhume de poitrine · · · ·	· 3 · ·	· · · · · · · · · ·	· · · 23
15 · · · · · · · ·	· · · ·	M · · · · · · · · · · · · ·	Mal de jambe · · · · · · · · ·	· 2 · ·	· · · · · · · · ·	· · · 18
21 · · · · · · · ·	· · · ·	M · · · · · · · · · · · · ·	La fiévre · · · · · · · · · · ·	· 4 · ·	· · · · · · · · ·	· · · 14
22 · · · · · · · ·	· · · ·	M · · · · · · · · · · · · ·	La diarrhée · · · · · · · · ·	· 4 · ·	· · · · · · · · ·	· · · 13
23 · · · · · · · ·	· · · ·	M · · · · · · · · · · · · ·	La diarrhée · · · · · · · · ·	· 3 · ·	· · · · · · · · ·	· · · 11
24 · · · · · · · ·	· · · ·	M · · · · · · · · · · · · ·	Mal de poitrine · · · · · · ·	· 3 · ·	· · · · · · · · ·	· · · 10
27 · · · · · · · ·	· · · ·	M · · · · · · · · · · · · ·	Mal d'eſtomac · · · · · · · ·	· 14 · ·	· · · · · · · · ·	· · · 18
28 · · · · · · · ·	· · · ·	M · · · · · · · · · · · · ·	La fiévre · · · · · · · · · · ·	· 3 · ·	· · · · · · · · ·	· · · 6
29 · · · · · · · ·	· · · ·	M · · · · · · · · · · · · ·	La gourme à la tête · · · · ·	· 29 · ·	· · · · · · · · ·	· · · 32
	1 · ·	M · · · · · · · · · · · · ·	Mal d'œil · · · · · · · · · · ·	· 29 · ·	· · · 14 · · · · ·	· · · 29
	2 · ·	· · · · · · · · · · · · · · ·	· · · · · · · · · · · · · · · · ·	· · · · ·	· · · · 13	
	3 · ·	M · · · · · · · · · · · · ·	Une fluxion · · · · · · · · · ·	· 8 · ·	· · · 11 · · · · ·	· · · 5
		M · · · · · · · · · · · · ·	Mal d'œil · · · · · · · · · · ·	· 4 · ·	· · · · · · · · · ·	· · · 1
	4 · ·	M · · · · · · · · · · · · ·	Mal de jambe · · · · · · · · ·	· 14 · ·	· · · · 9 · · ·	· · · 10
	5 · ·	M · · · · · · · · · · · · ·	Médecine de précaution · ·	· 6 · ·	· · · · · 12 · · · ·	· · · 2
		M · · · · · · · · · · · · ·	Mal de poitrine · · · · · · ·	· 13 · ·	· · · · · · · · · ·	· · · 8
		M · · · · · · · · · · · · ·	Une fluxion · · · · · · · · · ·	· 9 · ·	· · · · · · · · · ·	· · · 4
	6 · ·	· · · · · · · · · · · · · · ·	· · · · · · · · · · · · · · · · ·	· · · · ·	· · · · 11	
	7 · ·	· · · · · · · · · · · · · · ·	· · · · · · · · · · · · · · · · ·	· · · · ·	· · · · 11	
	8 · ·	· · · · · · · · · · · · · · ·	· · · · · · · · · · · · · · · · ·	· · · · ·	· · · · 10	
	9 · ·	· · · · · · · · · · · · · · ·	· · · · · · · · · · · · · · · · ·	· · · · ·	· · · · 9	
	10 · ·	· · · · · · · · · · · · · · ·	· · · · · · · · · · · · · · · · ·	· · · · ·	· · · · 9	
	11 · ·	· · · · · · · · · · · · · · ·	· · · · · · · · · · · · · · · · ·	· · · · ·	· · · · 9	
	12 · ·	· · · · · · · · · · · · · · ·	· · · · · · · · · · · · · · · · ·	· · · · ·	· · · · 9	
	13 · ·	· · · · · · · · · · · · · · ·	· · · · · · · · · · · · · · · · ·	· · · · ·	· · · · 8	
			TOTAL · · · · · · ·		· · 135	

SUITE de l'ÉTAT des Malades qui ont été aux Infirmeries du College de Louis-le-Grand, dans le mois d'Avril 1781.

DATES DES ENTRÉES.	Noms des personnes, & leurs qualités.	GENRES DE MALADIES.	Dates des sorties.	Nombre journalier des Malades.	DURÉE de la demeure de chacun aux Infirmeries.
Du 14				6	
15				6	
16	M	Mal de gorge	24	8	8
	M	Une fluxion	22		6
17	M	Mal de gorge	27	10	10
	M	La fiévre	27		10
18				10	
19				10	
20				10	
21				9	
22	M	Mal d'estomac	26	10	4
	M	La diarrhée			
23				10	
24				9	
25	M	Des coliques d'estomac		11	
	M	Dépôt à la cuisse gauche	29		4
26				10	
27	M	La fiévre		8	
28	M	Mal de gorge		10	
	M	La fiévre			
29	M	Une fluxion de poitrine		9	
30				9	
Extraordinaire en gras les jours maigres, trois jours, à 18 personnes chaque jour.				54	
Et cinq jours à huit				40	
De l'autre part				135	
TOTAL				384	

RÉCAPITULATION des Malades de l'année Classique, du 1er Octobre 1780 au 30 Septembre 1781.

MOIS	Nombre des malades entrés par chaque mois.	Combien reste du mois précédent.	Nombre de ceux qui, par chaque mois, font enrés à l'Infirmerie pour y faire gras.	Extraordinaires en gras les jours maigre.	Journées de maladies. (a)	Jours des maladies pendant tout le mois, y compris l'extraordinaire des jours maigres.	Combien par jour. De gras	De maladies	Reste qui n'a pu être divisé. De gras	De maladies
Octobre	31	2	4	36	337	373	1	10	5	27
Novembre	31	15	7	56	387	443	1	12	26	27
Décembre	40	13	10	70	527	597	2	17	8	9
Total du trimestre d'Octobre	102		21	162	1251	1413	"	"	"	"
Janvier	44	22	6	30	637	667	"	20	30	17
Février	41	14	12	108	467	575	3	16	22	25
Mars	30	14	19	285	356	641	9	11	4	15
Total du trimestre de Janvier	115		37	423	1460	1883	"	"	"	"
Avril	19	13	23	94	280	384	3	9	4	13
Mai	44	9	13	169	308	477	5	9	12	29
Juin	46	12	11	165	352	517	5	11	15	22
Total du trimestre d'Avril	109		47	428	940	1378	"	"	"	"
Juillet	56	11	8	169	411	580	5	13	14	8
Août	16	11	1	10	306	316	"	9	10	27
Septembre	27	7	3	31	257	288	1	8	1	17
Total du trimestre de Juillet	99		12	210	974	1184	"	"	"	"
Idem du trimestre d'Octobre	102		27	162	1251	1413	"	"	"	"
Idem du trimestre de Janvier	115		37	423	1460	1883	"	"	"	"
Idem du trimestre d'Avril	109		47	428	940	1378	"	"	"	"
TOTAL général	425		123	1223	4625	5858	"	"	"	"

(a) Dans l'année Classique finissant le 30 Septembre 1780, le nombre des malades n'a été que de 198, & cependant le nombre des journées de maladie a été de 5294; & en y joignant les extraordinaires pour les jours maigres, il a été de 6069.

ÉTA...

CHAPITRE XIII.

Nomination aux Bourſes ou aux Bénéfices.

LE BUREAU a deux ſortes de nominations, celle des Bourſes & celle des Bénéfices.

Quant à la nomination des Bourſes, elles ſont de trois ſortes, les unes ſont affectées à une famille, les autres à un Diocèſe ou à une Province, enfin quelques-unes ſont libres; le tout ainſi qu'il eſt détaillé dans les états imprimés ci-deſſus, à la fin du cinquieme Chapitre. Le Bureau a par ſa Délibération du 26 Juillet 1764, & les ſubſé-quentes, réglé la forme de la nomination à ces différentes Bourſes.

A l'égard des Bénéfices, le Bureau a éprouvé des conteſtations qui ont été décidées par les Arrêts ci-joints, & quand il a été en paiſible poſſeſſion de ces nominations, il en a auſſi réglé la forme, ainſi que les difficultés qui ſe ſont élevées à ce ſujet; le tout par les différentes Délibérations ci-après.

Du 26 Juillet 1764.

LE BUREAU délibérant ſur la nomination des Bourſes, qui ſuivant la Délibération du 16 Février 1764, homologuée par Arrêt du 10 Mars ſuivant, ont été rétablies, & ſont à ſa nomination; enſemble ſur les autres nominations qui lui appartiennent, ou pourroient lui appartenir par la ſuite; a arrêté: *Ordre pour la nomination des Bourſes.*

Qu'il ſera fait deux rôles, l'un des Bourſes à la libre collation du Bureau, l'autre de celles dans leſquelles ſa nomination eſt gênée, & où il eſt obligé de prendre des ſujets d'une Province ou d'une Paroiſſe particuliere: tel, par exemple, que les Bourſes Molony, dans le cas où il ne ſe trouveroit point de parens.

Qu'à l'égard des Bourſes à ſa nomination, mais affectées à une famille, elles ne ſeront pas compriſes dans leſdits Rôles, mais ſeront conférées par le Bureau, ſuivant les titres de fondation.

Qu'à l'égard des deux autres natures de Bourſe; la premiere à nommer, tant de celles abſolument libres que de celles affectées à une Province ou à une Paroiſſe, ſera nom-mée par le Bureau, ſur la préſentation de M. le Grand Aumônier; la ſeconde de chaque nature, ſur celle du premier Officier du Parlement, membre du Bureau. La troiſieme de chaque eſpece, ſur celle du ſecond Officier du Parlement, & enſuite, en ſuivant l'ordre de la ſéance, ſur la préſentation des différens Membres du Bureau, juſques & y compris M. le Grand-Maître temporel (184); après leſquels, M. le Grand-Aumônier reviendra

---

(184) Lors de cette Délibération, M. le Principal n'avoit pas encore ſéance au Bureau, & quand il a été du nombe des Adminiſtrateurs, il a nommé à ſon tour aux Bourſes: on croit devoir obſerver à cet égard que pendant le tems que le Principal n'aſſiſtoit pas au Bureau, on lui avoit accordé la nomination d'un Bourſier, & ce par Délibération du 20 Septembre 1764,

I. Partie. M m

en tour de préfenter au Bureau, & l'ordre ci-deſſus preſcrit ſera de nouveau & à toujours ſuivi pour les Bourſes contenues dans leſdits deux rôles. Il a été de plus arrêté, qu'il ſera délivré une expédition de la préſente Délibération à M. de Sainfray, pour par lui la remettre à M. le Procureur Général, à l'effet d'en demander l'homologation en la Cour.

Cette Délibération a été homologuée par Arrêt du 8 Août 1764, dépoſée aux archives le 21 du même mois, & l'exécution en a été de nouveau ordonnée par délibération du 3 Août 1769 ci-deſſus, Chapitre II, pag. 103, *note* 97.

Du 19 Mai 1774.

Quand le droit des Adminiſtrateurs de nommer aux Bourſes eſt-il conſommé ?

M. l'Abbé Mignot ayant repréſenté qu'ayant nommé dans le mois de Décembre dernier le ſieur de Frarans de Saint-Romain, à une des vingt Bourſes établies par la Delibération du 2 du même mois, dans le College de Louis-le-Grand, ce Bourſier a eu le malheur de terminer ſa vie le 21 de Février dernier, n'ayant reſté qu'environ deux mois dans le College, qu'il lui paroît que le droit de préſentation de l'Adminiſtrateur ne devroit pas être conſommé par une poſſeſſion de la Bourſe d'une durée auſſi courte; ſur quoi il prie le Bureau de l'éclaircir; & le Secrétaire ayant fait lecture d'une Délibération priſe le 20 Octobre 1764, portant que lorſque les Bourſiers préſentés par MM. les Adminiſtrateurs & agréés par le Bureau, n'auront pas paſſé trente jours dans le College, le droit de préſentation de l'Adminiſtrateur ne ſera point conſommé, il a été obſervé par pluſieurs de Meſſieurs, que cette Délibération a été priſe dans un tems où le droit à la Bourſe étoit irrévocablement acquis aux Bourſiers par leur réception dans le College, mais les Lettres Patentes du premier Juillet 1769, portant à l'article V du titre II, que les Bourſiers pourront être renvoyés pendant la première année de leur entrée au College, s'ils ne ſont pas jugés capables de remplir la Bourſe à laquelle ils ont été admis; il ſemble que le droit du Bourſier étant en ſuſpens pendant la première année de ſon admiſſion, celui de l'Adminiſtrateur qui l'a préſenté ne doit être conſommé qu'après l'expiration de l'année. Cette réflexion, fondée ſur un principe auſſi ſolide, a été généralement approuvée, & en conſéquence,

Il a été unanimement arrêté, en dérogeant à la ſuſdite Délibération du 20 Octobre 1764, que lorſque les Bourſiers préſentés par MM. les Adminiſtrateurs & agréés par le Bureau, n'auront point occupé pendant une année entière la Bourſe à laquelle ils auront été nommés, ſoit qu'ils viennent à décéder dans le courant de cette année, ſoit qu'ils abandonnent volontairement leurs Bourſes, ou qu'ils ſoient renvoyés du College; le droit de l'Adminiſtrateur qui aura préſenté à ladite Bourſe ne ſera point conſommé, & qu'il pourra y préſenter de nouveau, en quelqu'état que ſoit le tour, & jouir du droit de préſentation, lorſque ſon tour viendra.

---

privilege dont il s'eſt déſiſté le 7 Décembre 1769, & ce attendu, eſt-il dit dans ſon déſiſtement, *qu'étant devenu membre du Bureau,* (par les Lettres Patentes du 20 Août 1767,) *il concourt comme tous Meſſieurs à la nomination des Bourſes qui ſont à la collation du Bureau.*

Du 15 Janvier 1778.

VU par le Bureau la Délibération du 19 Mai 1774, qui fixe l'époque où le droit de chaque Nominateur, membre du Bureau, ſera conſommé. Vu pareillement la Délibération du Bureau du 20 Octobre 1764 ; le Bureau en adoptant les réflexions & obſervations portées en ladite Délibération du 19 Mai 1774.

A unanimement arrêté que ladite Délibération du 19 Mai 1774 ſera exécutée ſuivant ſa forme & teneur, & qu'en conſéquence lorſque les Bourſiers préſentés par MM. les Adminiſtrateurs & agréés par le Bureau, n'auront point occupé pendant une année entiere la bourſe à laquelle ils auront été nommés, ſoit qu'ils viennent à décéder dans le courant de cette année, ſoit qu'ils abandonnent volontairement leurs bourſes, ou qu'ils ſoient renvoyés du College, le droit de l'Adminiſtrateur qui aura préſenté à ladite Bourſe ne ſera point conſommé, & il pourra y préſenter de nouveau, en quelqu'état que ſoit le tour, & jouir néanmoins du droit de préſentation lorſque ſon tour reviendra. Il a été en outre arrêté que ladite année ne courera pas du jour de la nomination, mais de celui que le Bourſier ſera entré audit College.

17 Mai 1781.

D'APRÈS les principes établis dans la Délibération du Bureau intermédiaire du 19 Mai 1774, principes adoptés par la Délibération du 15 Janvier 1778, & vu les Lettres Patentes du 19 Mars 1780, qui ordonnent que les Bourſiers ne ſeront définitivement reçus dans le College qu'au bout de deux années d'épreuves

LE BUREAU a unanimement arrêté que chaque Adminiſtrateur auroit le droit de renommer aux Bourſes, qu'il auroit conférées à des ſujets qui ſeroient renvoyés, décéderoient ou quitteroient le College dans le courant deſdites deux années, & qu'au ſurplus la Délibération dudit jour 15 Janvier 1778, ſera exécutée ſuivant ſa forme & teneur.

LOUIS, par la grace de Dieu, Roi de France & de Navarre, au premier des Huiſſiers de notre Cour de Parlement, ou autre Huiſſier ou Sergent ſur ce requis. Sçavoir faiſons, qu'entre Frere Gerard Homo, Prêtre, Chanoine Régulier de la Congrégation de France, Ordre de Saint Auguſtin, nommé au Prieuré-Cure de Pomponne, par les Adminiſtrateurs du College de Louis-le-Grand, Appellant comme d'abus des refus à lui faits par l'Archidiacre de l'Archevêché de Paris, & par M. Chriſtophe de Beaumont, Archevêque de Paris, les douze & dix-neuf Août mil ſept cent ſoixante-huit, d'une part, & Frere Leger Papin, Prêtre, Chanoine Régulier de l'Ordre de Saint Auguſtin, Congrégation de France, ſe diſant pourvu par l'Ordinaire dudit Prieuré-Cure de Pomponne, & M. Chriſtophe de Beaumont, Archevêque de Paris, Intimé, d'autre part : Entre le Grand-Maître du College de Louis-le-Grand, Demandeur en Requête du treize Avril mil ſept cent ſoixante-neuf, tendante à ce qu'il fût reçu partie in-

ARRÊT du 12 Janvier 1770.
Qui maintient le Frere Gerard Homo, en la poſſeſſion du Prieuré-Cure de Pomponne, dépendant de l'Abbaye Saint-Martin aux Bois, ſur la nomination faite par le Bureau d'Adminiſtration du Colleg. de Louis-le-Grand, auquel cette Abbaye eſt unie.

Mm ij

tervenante dans les conteſtations pendantes en la Cour entre les défendeurs ci-après ;
ſur les appels interjettés par le Frere Homo, des refus à lui faits, tant par le ſieur Lacorne
Launay, que par l'Archevêque de Paris, il lui fût donné aête de ce que pour moyens
d'intervention, il employoit le contenu en ſa Requête ; ce faiſant, que le Bureau d'Adminiſtration du College de Louis-le-Grand fût maintenu & gardé dans le droit de préſentation & nomination qu'il avoit audit Prieuré-Cure Régulier de Pomponne, ſauf à inter-
jetter appel comme d'abus des refus de viſa de l'Archevêque de Paris, d'une part, &
le Frere Homo & le Frere Leger Papin Défendeurs, d'autre : & entre ledit Frere Gerard
Homo, Demandeur en deux Requêtes, la premiere du vingt-deux Mai mil ſept cent
ſoixante-neuf, tendante à ce qu'il fût dit qu'il y avoit abus dans les refus faits au Demandeur, tant par l'Archidiacre de Paris, que par M. l'Archevêque, en conſéquence, la
poſſeſſion par lui priſe de la Cure de Pomponne, par aête du ſix Septembre mil ſept
cent ſoixante-huit, comme autoriſé par Arrêt du trois dudit mois, fût déclarée définitive ;
en conſéquence, il fût ordonné que dans huitaine, à compter du jour de l'Arrêt à intervenir, le Frere Papin ſeroit tenu de ſe retirer de ladite Cure de Pomponne, ſinon & à
faute de ce, qu'en vertu dudit Arrêt & ſans qu'il en fût beſoin d'autre, il y ſeroit con-
traint par toutes voies dues & raiſonnables, ainſi qu'à en laiſſer la libre poſſeſſion &
deſſerte au Demandeur ; il lui fût en outre donné aête de ce qu'il ſommoit & dénonçoit
au défendeur ci-après nommé, la Requête d'intervention du College de Louis-le-Grand,
du treize Avril précédent, & en cas de conteſtation, les conteſtans fuſſent condamnés
aux dépens ; la ſeconde, en date du neuf Janvier préſent mois, tendante à ce qu'en cor-
rigeant, reêtifiant & augmentant aux concluſions ci-devant, le Demandeur fût autoriſé
à ſe retirer par-devant le Primat, pour l'inſtitution canonique, & avoir ſon viſa en la
maniere accoutumée, & ceux qui ſuccomberoient fuſſent condamnés aux dépens par
lui faits envers & contre tous, même en ceux réſervés par l'Arrêt ſur appointé à mettre
& autres frais & miſes d'exéention, d'une part, & M. l'Archevêque de Paris, le Frere
Leger Papin, & le Grand-Maître du College de Louis-le-Grand, Défendeurs, d'autre
part ; & entre le Frere Leger Papin, Demandeur en Requête du onze Janvier préſent
mois, tendante à ce que ſans s'arrêter aux interventions & demandes du College de
Louis-le-Grand, & faiſant droit ſur l'appel comme d'abus du Frere Homo, il fût dit qu'il
n'y avoit abus, & en jugeant la complainte, le Demandeur fût maintenu & gardé dans
la poſſeſſion & jouiſſance du Prieuré-Cure de Pomponne, & des fruits, revenus & émolumens en dépendans ; il fût fait défenſes au Frere Homo & à tous autres, de l'y troubler ; main-levée lui fût faite du Sequeſtre établi par l'Arrêt de la Cour du ſeize Janvier
mil ſept cent ſoixante-neuf ; en conſéquence, il fût ordonné que Me Gillet, Notaire à
Lagny, Sequeſtre nommé par ledit Arrêt, ſeroit tenu de lui rendre compte de ſa commiſſion, & de lui payer les ſommes dont il ſe trouveroit reliquataire, & ce, nonobſtant
toutes oppoſitions faites ou à faire de la part dudit Frere Homo, & tous autres, dont
main-levée pure & ſimple lui ſeroit faite, quoi faiſant déchargé ; le Frere Homo fût condamné à lui reſtituer les fruits dudit Prieuré qu'il auroit pu percevoir, & en tous les dépens faits envers & contre tous, & en ceux réſervés par l'Arrêt du ſeize Janvier mil ſept

cent foixante-neuf, d'une part, & le Frere Gerard Homo, le Grand-Maître du College de Louis-le-Grand, & M. l'Archevêque de Paris, Défendeurs d'autre part; & entre le Frere Gerard Homo, Demandeur en Requête de cejourd'hui, employée pour défenfes aux demandes ci-deffus, tendante à ce qu'il y fût déclaré purement & fimplement non-recevable; en conféquence, main-levée fût faite au Demandeur du Sequeftre établi par l'Arrêt de la Cour du feize Janvier mil fept cent foixante-neuf; il fût ordonné que Me Gillet, Notaire Royal à Lagny, feroit tenu de lui rendre compte de fa commiffion, & de lui payer ce dont il fe trouveroit reliquataire par l'événement d'icelui, nonobftant toutes oppofitions faites par le Frere Papin, & tous autres, dont main-levée pure & fimple lui feroit faite, quoi faifant déchargé; le Frere Papin fût en outre condamné à lui reftituer les fruits & revenus qu'il auroit perçus, provenans dudit Prieuré, & en tous les dépens d'une part, & ledit Frere Leger Papin, Défendeur d'autre part. Après que Trouffeau, Avocat de Gerard Homo, Rouhette, Avocat de Guy-Antoine Fourneau, Grand-Maître temporel du College de Louis-le-Grand, Vulpian, Avocat de Papin, & Laget, Avocat de l'Archevêque de Paris, ont été ouis pendant cinq audiences, enfemble Seguier pour le Procureur Général du Roi:

NOTREDITE COUR reçoit la Partie de Rouhette, partie intervenante; faifant droit fur ladite intervention, maintient & garde le Bureau d'Adminiftration du College de Louis-le-Grand, Partie de Rouhette, dans le droit de nomination & préfentation du Prieuré-Cure de Saint-Pierre de Pomponne; faifant droit fur l'appel comme d'abus interjetté par la Partie de Trouffeau, du refus de vifa à elle fait par la Partie de Laget, dit qu'il y a abus; autorife la Partie de Trouffeau à fe retirer pardevers le Primat, à l'effet d'obtenir de lui le vifa en la maniere accoutumée; déclare la prife de poffeffion de ladite Partie de Trouffeau, définitive; ordonne que la Partie de Vulpian, fera tenue de fe retirer dudit Prieuré-Cure, dans le délai de quinzaine; comme auffi que dans le même délai de quinzaine, tous Sequeftres & Dépofitaires feront tenus de vuider leurs mains en celles de ladite Partie de Trouffeau, & de lui compter, aux termes de l'Arrêt du feize Janvier mil fept cent foixante-neuf; condamne les Parties de Vulpian & de Laget en tous les dépens, même en ceux réfervés: SI MANDONS mettre le préfent Arrêt à exécution. DONNÉ en Parlement, le douze Janvier, l'an de grace mil fept cent foixante-dix, & de notre regne le cinquante-cinquieme. Collationné, *Signé* JULLIENNE, avec paraphe. Par la Chambre, *Signé* YSABEAU.

Nota. M. l'Evêque de Beauvais, (M. le Cardinal de Gefvres), avoit fait pareille difficulté pour la Cure d'Halluyn; par Arrêt du 14 Mars 1765, le Parlement avoit jugé qu'il y avoit abus dans fon refus, cependant le titulaire qui avoit obtenu l'Arrêt du 14 Mars 1765 étant décédé, fon fucceffeur nommé par le Bureau, a encore effuyé un refus de la part de M. l'Evêque de Beauvais; mais il s'eft adreffé devant le Supérieur Eccléfiaftique, (M. de la Roche-Aymont, Archevêque de Reims), qui a donné des provifions au Pourvu par le Bureau; les provifions de ce Curé, ainfi que fa prife de poffeffion, ont été dépofées aux archives, en exécution de la Délibération du 16 Mars

1769. Au furplus, d'après l'Arrêt du 12 Janvier 1770, le Bureau n'a plus éprouvé de difficulté de la part d'aucuns Prélats.

Du 19 Juillet 1770.

Ordre pour la nomination aux Bénéfices. LE BUREAU délibérant fur ce qui concerne la nomination des Bénéfices dépendans de la menfe Abbatiale de Saint-Martin-aux-Bois, anciennement unie au College de Louis-le-Grand & dont l'union a été confirmée par Lettres Patentes du 16 Août 1764, vérifiée au Parlement le 28 dudit mois ; nomination dans laquelle le Bureau a été confirmé par les Arrêts de la Cour des 14 Mars 1768, & 12 Janvier 1770, & fous le bon plaifir de la Cour, a arrêté ce qui fuit :

ARTICLE PREMIER.

TOUS les Bénéfices qui deviendront vacans, même ceux qui pourroient l'être actuellement, & ce pour quelque caufe ou pour quelque motif que ce foit, feront nommés par le Bureau, fur la préfentation qui en fera faite fucceffivement par chacun de MM. les Adminiftrateurs, en commençant par M. le Grand-Aumônier & en fuivant, à mefure des vacances, l'ordre de la féance de MM. les Adminiftrateurs.

I I.

L'ORDRE prefcrit par l'article précédent, aura lieu pour tous les Bénéfices, foit féculiers ou réguliers, foit à charge d'ame, foit n'ayant pas de charge d'ame (185), & généralement pour tous ceux qui font à la nomination du Bureau.

I I I.

L'ADMINISTRATEUR qui fera en tour, fera tenu de faire fa préfentation au Bureau dans les deux mois du jour que le Secrétaire lui aura donné connoiffance de ladite vacance ; finon, en vertu de la préfente Délibération & fans qu'il en foit befoin d'autre, le droit de préfentation paffera à celui qui fe trouvera alors en tour.

I V.

LA date de la vacance de chaque Bénéfice réglera l'ordre dans lequel il doit y être préfenté, de forte que le Bénéfice qui vacquera le premier, fera à la préfentation de l'Adminiftrateur qui fera le premier en tour.

V.

L'ADMINISTRATEUR qui fera en tour, préfentera au Bureau le fujet auquel il voudra que le Bénéfice foit conféré ; il fera fait mention de fa préfentation fur le regiftre des Délibérations, & le Bureau donnera à cet Eccléfiaftique des provifions dans la forme de celles qui ont été données jufqu'à préfent, & dans lefquelles il ne fera fait aucune mention de ladite préfentation.

---

(185) De tous les Bénéfices à la nomination du Bureau , il n'en exiftoit que deux qui ne fuffent pas à charge d'ames, dont un dans le diocèfe de Beauvais, & un dans celui de Senlis ; pendant la révolution de 1771, le Bureau intermédiaire a confenti à la réunion au Séminaire de Senlis, du Bénéfice fimple fitué dans ce diocèfe (qui s'appelloit le Prieuré de S. Germain de Verfigny) Voyez les Délibérations des 7 , 18 Juin 1773 & 6 Avril 1775.

V I.

S'IL s'élevoit quelques difficultés, pour l'exécution des provisions qui feroient données par le Bureau, les conteftations feront fuivies au nom du Grand-Maître temporel, ainfi que l'ont été celles que le Bureau a effuyé à ce fujet jufqu'à préfent.

V I I.

LORSQU'UN Adminiftrateur qui aura préfenté à un Bénéfice fera remplacé, fon fucceffeur ne pourra prétendre faire aucune préfentation que tous ceux poftérieurs en féance à celui qu'il aura remplacé, n'aient chacun préfenté à un Bénéfice, & le nouvel Adminiftrateur ne pourra préfenter à aucun Bénéfice, que lorfqu'en recommençant par M. le Grand-Aumônier, il fe trouvera en tour de préfenter.

Cette Délibération a été homologuée par Arrêt du 26 du même mois.

5 *Septembre* 1776.

M. l'Abbé le Gros a fait part au Bureau d'une 'lettre, par laquelle on le prie de con-fulter MM. les Adminiftrateurs, s'ils voudroient bien confentir à la réfignation *in favorem*, d'un Bénéfice qui eft à la préfentation du Bureau, comme dépendant de l'Abbaye Saint-Martin-aux-Bois.

Il a été unanimement arrêté qu'il ne fera jamais donné de confentement de la part du Bureau à aucune réfignation *in favorem* qui feroit faite des Bénéfices qui font à la no-mination du Bureau.

Peut-on réfigner les Bénéfices à la nomination du Bureau, & le Bu-reau doit-il y con-fentir ?

2 *Janvier* 1778.

VU par le Bureau la Délibération du 5 Septembre 1776, conçue en ces termes : M. l'Abbé le Gros a fait part au Bureau d'une lettre, par laquelle on le prie de confulter MM. les Adminiftrateurs, s'ils voudroient bien confentir à la réfignation *in favorem* d'un Bénéfice qui eft à la préfentation du Bureau, comme dépendant de l'Abbaye Saint-Martin-aux-Bois; il a été unanimement arrêté qu'il ne fera jamais donné de confente-ment de la part du Bureau, à aucune réfignation *in favorem* qui feroit faite des Bénéfices qui font à la nomination du Bureau. Sur quoi la matiere mife en délibération :

LE BUREAU a unanimement arrêté que ladite Délibération du 5 Septembre 1776, fera regardée comme non-avenue, & que lorfqu'il fe préfentera des titulaires des béné-fices à la nomination du Bureau qui demanderont la permiffion de réfigner, il y fera dé-libéré, pour ladite permiffion être accordée ou refufée, ainfi qu'il fera jugé à propos, d'après les circonftances particulieres à chaque réfignation dont fera queftion.

20 *Août* 1778.

LECTURE a été faite d'un Mémoire adreffé à MM. les Adminiftrateurs du College de Louis-le-Grand, conçu en ces termes :

Supplie humblement François-Pierre Cumont, Chanoine régulier de l'Ordre de Saint-Antoine, réuni à l'Ordre de Malte, difant qu'étant âgé de 77 ans, infirme, & ayant

poſſédé ſucceſſivement pendant près de 34 ans deux Bénéfices-Cures dépendans de l'Abbaye Saint-Martin-aux-Bois, le dernier deſquels eſt la Cure réguliere de Saint-Martin-de-
Mouſſy-le-Viel, Diocèſe de Meaux, à laquelle il a été nommé l'an 1761, par le R. P.
Recteur dudit College, auquel cette Abbaye étoit auſſi unie; il deſireroit de ſe retirer, &
pouvoir réſigner ladite Cure de Mouſſy-le-Viel en Cour de Rome, & ſous la réſerve
d'une penſion proportionnée à ladite Cure; ce que le Suppliant ne voudroit faire que
du conſentement de MM. les Adminiſtrateurs dudit College, leſquels ayant égard à l'âge,
aux infirmités & longs ſervices du Suppliant, ils lui permettent, ſans préjudice de leurs
droits, de faire ladite réſignation en faveur de Me Claude-Louis Ducheſne, Chanoine
régulier de la Congrégation de France; & le Suppliant continuera ſes vœux pour MM. les
Adminiſtrateurs. *Signé* P. Cumont, Prieur-Curé de Mouſſy-le-Viel, ce 2 Août 1778.
Surquoi la matiere miſe en délibération,

LE BUREAU a unanimement arrêté que ledit Mémoire ſera dépoſé aux archives, &
attendu que le Bureau eſt un Corps Laïc, non ſujet à réſignation & prévention en
Cour de Rome; pour cette fois ſeulement, & ſans tirer à conſéquence, il a unanimement donné ſon conſentement, à ce que ledit Frere Pierre Cumont, Chanoine
régulier de l'Ordre de Saint-Antoine, réſigne le Prieuré-Cure régulier de Saint-Martin-
de-Mouſſy-le-Viel, dépendant de l'Abbaye de Saint-Martin-aux-Bois, unie au College
de Louis-le-Grand, dont il eſt titulaire, en faveur de Frere Claude-Louis Ducheſne,
Chanoine régulier de la Congrégation de France, ſous la réſerve de telle penſion qui
ſera entr'eux ſtipulée, à la charge que le préſent conſentement ſera relaté dans l'acte de
réſignation; expédition duquel, ainſi que des proviſions dudit Frere Ducheſne, ſera
par lui rapportée pour être dépoſée aux archives.

Nota. Cette réſignation n'a pas eu lieu, ce titulaire ayant changé d'avis.

CHAPITRE XIV.

Délibérations relatives à l'OBITUAIRE du College de Louis-le-Grand & des Colleges y réunis.

Dès le premier moment de l'établissement du Bureau, & dans toutes les délibérations de la réunion, on avoit fixé avec le plus grand soin qu'il avoit été possible le nombre des Messes, Obits & Services que l'on devoit célébrer par chaque College, en se conformant à ce qui s'y pratiquoit avant la réunion; mais bientôt on s'est apperçu de l'inexactitude de leur obituaire; pour les rectifier, l'Archiviste a été chargé de dépouiller tous les titres, & de dresser des états détaillés de toutes les fondations pieuses faites dans ces Colleges, & ensuite l'Obituaire a été fixé par chaque College, par des délibérations particulieres : on n'a pas cru nécessaire de les réunir ici toutes, mais seulement un état contenant leur date & leur résultat, d'autant que d'après cet état, il sera très-aisé de recourir à la délibération, si on le juge à propos, ainsi qu'aux Lettres Patentes du premier Juillet 1769, chapitre V, pour voir ce que le feu Roi avoit ordonné à ce sujet.

Au surplus, on a réuni dans ce Chapitre,

1°. Les délibérations qui contiennent le détail des états & mémoires dressés par l'Archiviste, pour constater toutes les fondations faites dans les Colleges réunis, ce qui avoit été donné pour ces fondations, & ce qu'étoit devenu les choses données;

2°. Celles qui contiennent les détails de la façon, dont, jusqu'en 1763, il avoit été opéré pour faire des réductions dans les fondations pieuses ;

3°. Celles où le Bureau a fixé les regles d'après lesquelles l'Obituaire a été arrêté;

5°. Celles enfin dans lesquelles M. le Président Rolland a rendu compte des tables dressées par l'Archiviste, pour former, d'après les délibérations du Bureau, un Obituaire perpétuel.

Du 2 Avril 1767.

M. LE PRÉSIDENT ROLLAND a dit, que lors des délibérations portant réunion des différens Colleges qui ont été incorporés dans celui de Louis-le-Grand, le Bureau n'a pu, vu la multitude des opérations dont il étoit occupé, donner une attention suivie à un objet important; les fondations faites dans les chapelles des différens Colleges réunis; que l'on s'est alors contenté de prendre à ce sujet les délibérations qui ont paru les plus convenables; que même un des motifs qui ont décidé le Bureau d'Administration à ne point s'occuper uniquement de ce travail, étoit qu'il pensoit alors que l'Obituaire devoit être dressé par le Bureau de discipline; que cette erreur avoit été celle des deux Bureaux; que c'est ce qui a déterminé la clause de toutes les Délibérations de réunion, où il est dit expressément que les fondations seront acquittées suivant qu'il sera reglé par le Bureau de discipline; que dans les premiers mois de l'année derniere, MM. du Bureau

I. *Partie.* N n

de difcipline s'apperçurent les premiers de cette erreur, & obferverent qu'aux termes de l'article XXXVIII des Lettres Patentes du 21 Novembre 1763, ce travail regardoit le Bureau d'Adminiftration ; qu'auffitôt qu'il avoit été inftruit de cette découverte, de la vérité de laquelle il s'étoit rendu certain par la lecture dudit article, il avoit eu l'honneur d'en faire part à MM. ; que conformément à leurs fentimens & à leurs ordres, il avoit enfuite chargé le fieur Reboul de continuer les recherches auxquelles il travailloit depuis long-tems, & qui avoient été jugées convenables pour mettre le Bureau en état de ftatuer en connoiffance de caufe ; qu'il apporte à MM. les mémoires & états qu'il a fait dreffer ; mais qu'avant d'en rendre compte, il croit devoir obferver que dès l'inftant de la réunion, il a été dit des Meffes à l'acquit des fondatious des Colleges réunis ; que fuivant l'état qu'il s'en eft fait remettre, il en a été acquitté, jufqu'au premier Janvier, le nombre de 8671.

Que les états dreffés par le fieur Reboul, font de deux fortes ; què les premiers, au nombre de vingt-cinq, étoient rédigés fur du papier in-folio ; que ces états étoient dreffés en cinq colonnes, & contenoient chacun le détail de tout ce qui avoit rapport à chacun des Colleges d'Arras, d'Autun, de Sainte-Barbe, de Bayeux, de Beauvais, de Boiffy, de Bourgogne, de Cambray, des Cholets, de Cornouailles, de Dainville, des Dix-Huit, de Fortet, de Me Gervais, de Juftice, de Laon, du Mans, de Chenac dit de S. Michel, de Narbonne, de Prefles, de Rheims, de Séez, de Tours, de Treguier & du Tréforier, & ce par ordre de date, & en numérotant toutes les fondations de chaque College, qui font pour chacun comprifes dans un feul cayer ; que la première colonne contient la date de chaque fondation ; la deuxieme, le nom des fondateurs ; la troifieme, les charges de chaque fondation ; la quatrieme, les biens donnés pour lefdites fondations ; que cependant quatre de ces états ont quelques différences ; que ceux des Colleges de Beauvais & de Laon, ont de plus une colonne, où l'on marque ce qui avoit été ftatué fur les fondations, par les réductions de 1613 & 1714 ; qu'à l'égard des états de fondations faites dans les Colleges d'Arras & de Narbonne, ils ne contiennent aucunes colonnes, mais un détail très-fimple par les raifons y expofées ; que pour rédiger ces états, dont les autres ne font que les réfultats, (en y joignant cependant d'autres détails dont il parlera dans un moment) le fieur Reboul avoit examiné tous les papiers de ces Colleges ; qu'il avoit auffi dépouillé tous les comptes, objet fur-tout qui étoit important, pour favoir fi les fommes données avoient tournées au profit des Colleges ; qu'en effet on trouve plufieurs des titres de fondations qui portent l'emploi des fommes données, d'autres ne le fpécifient pas, & pour lors il a fallu conftater dans les comptes fi ces fommes avoient été portées en recette ou non ; que le prix de plufieurs fondations fe trouve porté en recette, & par conféquent a été employé utilement pour les Colleges ; qu'au contraire il en eft plufieurs autres dont il n'eft fait aucune mention dans les comptes ; qu'au furplus, pour mieux faire faifir la forme du travail & le réfultat, il paroiffoit convenable de faire lecture de plufieurs defdits états, ce qui a été fait à l'inftant.

Enfuite M. le Préfident Rolland a ajouté qu'il croyoit également devoir rendre compte à MM. de l'autre forte d'état qu'il avoit fait dreffer par le fieur Reboul ; que ces états étoient au nombre de neuf ; qu'ils étoient fur du très-grand papier ; qu'il va les faire paffer les uns après les autres fous les yeux de MM., après avoir rendu compte d'un chacun ; que celui coté premier eft intitulé : *Etat général des fondations qui doivent être acquittées fuivant les Arrêts de réunion des différens Colleges ;* que cet état contient vingt-fix colonnes, qui peuvent fe divifer en *fix parties.*

1°. Les difpofitions des *Délibérations* de réunion pour les fondations.

2°. Les détails relatifs aux Obits.

3°. Ceux qui concernent les Grand'Meffes.

4°. Ceux qui ont rapport aux Meffes baffes.

5°. Ce qui peut donner des éclairciffemens fur les Saluts & Abfoutes.

6°. L'état des fommes prélevées pour l'acquit de ces fondations, par les délibérations de réunion.

Que *la premiere partie* renferme trois colonnes.

Que fur la premiere, eft par ordre alphabéthique le nom du College de Louis-le-Grand, & des vingt-fept Colleges réunis.

Que fur la feconde, eft la date des Arrêts de réunion.

Sur la troifieme, fe trouve la difpofition des articles des Délibérations de réunion concernant les fondations.

Que *la feconde partie* contient fept colonnes, qui portent pour titre général, le mot *Obit ;* que de ces fept colonnes.

La premiere, contient ceux fondés par ou pour les fondateurs de Bourfes, que le total de ceux-ci eft de trente-fept ; que les autres font intitulés, favoir :

La feconde, *avantageux* (186).

La troifieme, *bons* (187).

La quatrieme, *douteux* (188).

La cinquieme, *mauvais* (189).

La fixieme, *inconnus* (190).

Et que la feptieme contient le total des fix colonnes précédentes.

La *troifieme partie* eft intitulée Offices & Grand'Meffes, & eft divifée en cinq colonnes.

La premiere, contient les fondations faites pour ou par les fondateurs de Bourfes.

---

(186) C'eft-à-dire ceux pour lefquels on a donné des objets rapportant beaucoup plus qu'il n'eft néceffaire pour les acquitter, il y en a 11 de cette forte.

(187) C'eft-à-dire ceux dont les fonds font fuffifans pour la dépenfe, le total eft de 65.

(188) C'eft-à-dire ceux dont les revenus ne font pas fuffifans pour la dépenfe, le total eft de 71.

(189) C'eft-à-dire ceux dont les fonds ne peuvent fuffire pour fournir aux frais defdits Obits, le total eft de 86.

(190) C'eft-à-dire dont les fonds originairement donnés ne fubfiftent plus, le total eft de 8.

Les autres font intitulées *avantageuses* (191), *bonnes* (192), *douteuses* (193); *mauvaises* (194).

Et que la derniere comprend le total des quatre colonnes précédentes.

La *quatrieme partie* concerne les Messes basses, & contient cinq colonnes également divisées.

La *cinquieme*, renferme les Statuts & Absoutes, divisés en cinq colonnes, dans la même forme que les précédentes.

Enfin la *sixieme partie*, qui ne renferme que la vingt-sixieme colonne, contient les sommes prélevées par les différens Arrêts de réunion.

Que l'état coté 2, est intitulé : *Tableau général des Obits , Grand'Messes , Messes basses, Saluts & Absoutes, fondés & acquittés dans les Colleges réunis à celui de Louis-le-Grand.*

Que cet état est divisé en quarante-huit colonnes, qui peuvent se partager en huit objets différens.

Que le premier, qui ne contient qu'une colonne, renferme les noms de tous les Colleges, par ordre alphabéthique.

Que le deuxieme est relatif aux Obits.

Le troisieme, aux Grand'Messes.

Le quatrieme, aux Messes basses.

Que le cinquieme comprend les sommes prélevées, pour les acquitter, par les Arrêts de réunion.

Que le sixieme renferme les détails relatifs aux Saluts & Absoutes.

Le septieme, les donations , sans aucune charge, que la participation aux prieres.

Le huitieme , le nombre des fondateurs desdits offices dans les différens Colleges.

Que la premiere, la cinquieme & la huitieme partie, n'ont pas besoin de plus grand détail ; qu'il croit seulement devoir observer que dans les vingt-sept Colleges, il y a 492 personnes qui ont fondé des Offices Divins.

Que la 2e, 3e, 4e & 6e parties, sont toutes divisées sous le même nombre de colonnes que les mêmes objets portés dans l'état précédent, si ce n'est qu'à chaque objet les mêmes titres sont répetés deux fois, c'est-à-dire, par exemple , à l'art. coté *Obits ;* on la divise en deux parties, l'une intitulée *fondés* , l'autre intitulée *acquittés ;* & sous chacun desdits titres, se trouve six colonnes pour les fondateurs, pour ceux avantageux, bons, mauvais, douteux, & le total ; que même, pour mieux faire sentir la différence entre ceux fondés originairement, & ceux acquittés lors de la réunion, on a écrit les premiers en rouge, & les autres en noir ; ce qui est également suivi pour les quatre & sixieme parties ; à l'égard de la cinquieme, elle ne contient que trois colonnes , intitulées avantageuse, bonne, peu avantageuse.

---

(191) Il n'y en a qu'une.
(192) Total 5.
(193) Total 5.
(194) Total 7.

Que *les sept autres états* contiennent les *détails particuliers à chaque College réuni.*

Que *le troisieme* contient les Colleges d'*Arras*, d'*Autun*, de *Sainte-Barbe* & de *Bayeux.*

Le quatrieme ne renferme que le College de *Beauvais.*

Le cinquieme contient les Colleges de *Boiſſy*, des *Bons-Enfans*, de *Bourgogne*, de *Cambray*, de *Cornouailles* & de *Dainville.*

Le ſixieme, eſt pour le ſeul College des *Cholets.*

Le ſeptieme, pour les Colleges des *Dix-Huit*, de *Fortet*, d'*Huban* & de *Juſtice.*

Le huitieme, pour les Colleges de *Laon* & de *Louis-le-Grand.*

Le neuvieme, pour ceux du *Mans*, de *Saint-Michel*, de *Narbonne*, de *Preſles*, de *Rheims*, de *Séez*, de *Tours*, de *Treguier* & du *Tréſorier.*

Ces ſept états ſont diviſés chacun en cinquante colonnes.

La premiere, contient le numéro des fondations, ſuivant qu'elles ſont inſcrites dans les premiers états, en papiers in-folio, dont il vient avoir l'honneur de parler à Meſſieurs.

Les douze colonnes ſuivantes, ſont intitulées *Obits*; ſavoir, ſix colonnes pour ceux fondés, & autant pour ceux acquittés.

Enſuite viennent trente colonnes, diviſées en trois parties, relatives *aux Grand'-Meſſes, Meſſes baſſes, Saluts ou Abſoutes*; chaque partie également diviſée en deux, dont cinq colonnes pour les *fondés*, & cinq pour ceux *acquittés.*

Les trois colonnes ſuivantes ſont pour les donations ſans charges.

Les trois d'après contiennent le montant des fondations diviſé ſous trois titres, *emploi certain*, *emploi douteux*, *emploi mauvais.*

Enfin là cinquantieme colonne, contient le nom de ceux qui ont fait chacune deſdites fondations.

Que d'après ce travail, il réſulte qu'il y a eu de fondés en tout 722 Obits, 497 Meſſes hautes, 12936 Meſſes baſſes, & 1695 Saluts ou Abſoutes; qu'il eſt vrai que toutes n'étoient point acquittées lors de la réunion; qu'il paroît qu'il ne ſe diſoit que 297 Obits, 159 Grand'Meſſes, 9850 Meſſes baſſes, & 506 Saluts ou Abſoutes; qu'au ſurplus il eſt actuellement très-facile de faire le Réglement ordonné par l'article XXXVIII des Lettres Patentes du 21 Novembre 1763; qu'il préſume que MM. prieront chacun de MM. les Commiſſaires chargés des différens Colleges de dreſſer un projet dudit Obituaire; qu'il ſe fera un plaiſir de les aider du travail particulier qu'il a déja fait ſur tous les états qu'ils a dépouillés, fondation par fondation; mais qu'avant que MM. puiſſent travailler, & pour que leur travail ſoit uniforme, il eſt des préalables à ſtatuer; que d'abord il eſt important de connoître les différentes formes qui ont été employées dans tous les Colleges réunis, lorſqu'il y a été fait des réductions; qu'il a, pour y parvenir, fait rédiger un mémoire, dont il penſe qu'il eſt convenable de faire lecture; laquelle lecture ayant été faite, M. le Préſident Rolland a continué en ces termes:

Que du dépouillement qui avoit été fait de la façon dont il avoit été juſqu'à préſent opéré, il réſultoit qu'il étoit certain que les Supérieurs majeurs avoient cru pouvoir faire de leur propre autorité, ou au moins approuvé tacitement par l'arrêté des comptes, les réductions & suppressions qui avoient été jugées convenables (195) ; qu'ainsi il n'y a point de difficulté que le Bureau peut, & même qu'il doit se presser d'arrêter un Obituaire, pour le faire exécuter, par provision, sauf ensuite à y faire des changemens qui peuvent être jugés nécessaires, & à prendre toutes les formes de droit, pour y donner une force légale & définitive ; mais qu'avant tout, il est indispensable de résoudre quelques questions, au nombre de sept ; savoir,

1º. Conservera-t-on les Obits & Grand'Messes, ou se contentera-t-on d'une Messe basse au lieu de chacun desdits Obits & Grand'Messes, sauf à en établir un certain nombre seulement ; & dans ce cas, quel nombre en établira-t-on ?

2º. Conservera-t-on les Messes quotidiennes fondées dans chaque College pour les Boursiers ?

3º. Conservera-t-on les Offices dont les fonds sont inconnus ou éclipsés ?

4º. Examinera-t-on seulement les fondations qui s'acquittoient lors de la réunion, ou toutes celles fondées dans chaque College ?

5º. Sur quel pied estimera-t-on l'intérêt des fonds tournés au profit du College ?

6º. Que fera-t-on dans les fondations, où la totalité des revenus est nécessaire pour leur acquittement ?

7º. Lorsque les fonds ne suffisent pas en même-tems pour les fondations pieuses & les Bourses, *quid juris ?*

Sur quoi la matiere mise en délibération, il a été unanimement arrêté,

1º. Qu'à l'exemple de l'Université, il sera célébré un Obit solemnel, avec Vigiles, à neuf Leçons, pour les bienfaiteurs & fondateurs desdits Colleges, & ce dans le mois de Novembre ; & entre Pâques & la Pentecôte, une Messe solemnelle pour les bienfaiteurs & fondateurs vivant, auxquelles deux Messes & Services seront tenus d'assister tous les Boursiers & Pensionnaires, Maîtres & Sous-Maîtres ; & que dans chaque College où il y avoit des Obits de fondés & acquittés, il sera conservé un Obit solemnel à neuf Leçons, auquel tous les Boursiers de chacun desdits Colleges assisteront pareillement, & que chacun des autres Obits & Grand'Messes seront remplacés par autant de Messes basses, qu'il sera prélevé sur les revenus respectifs desdits Colleges 20 sols pour chaque Messe basse, & 10 livres pour chaque Obit.

2º. Qu'attendu qu'il ne seroit ni commode, ni inutile, ni praticable de faire assister les Boursiers des vingt-huit Colleges à vingt-huit Messes différentes, & que le bon ordre exige qu'ils assistent en commun à la même Messe, la Messe de Communauté (196) con-

_____

(195) Plusieurs de ces réductions ont été faites par les Supérieurs-Majeurs de ces Colleges, comme dans celui de Fortet, par le Chapitre de Notre-Dame en 1735 ; dans celui de Laon, par ledit Evêque le 7 Mai 1714. D'autres par des Commissaires du Parlement, comme dans les Colleges de Bayeux, Beauvais ; & quelques-uns enfin par l'Université.

(196) Depuis l'augmentation des Boursiers il y a deux Messes de Communauté, l'une au commencement & l'autre à la fin des Classes ; elles sont toutes deux aux frais du College de Louis-le-Grand, ce qui est une épargne pour les Colleges réunis.

tinuera d'être célébrée, & tiendra lieu de la Messe quotidienne qui se disoit dans chaque College.

3°. Comme par les états qui ont été dressés, il paroît prouvé qu'il y a des fondations dont les fonds sont perdus ou inconnus; les Administrateurs, chacun relativement aux Colleges dont ils sont chargés, feront toutes les recherches & diligences possibles pour avoir à ce sujet tous les renseignemens qu'ils pourront se procurer; & s'il est prouvé que les fonds desdites fondations sont anéantis ou n'ont point tournés au profit dudit College, l'acquit desdites fondations demeurera par provision suspendu.

4°. Lesdits Commissaires examineront toutes les fondations, pour mettre le Bureau en état de délibérer sur celles qui, conformément audit art. **XXXVIII**, sont bien & duement établies dans les Colleges, & doivent y être acquittées.

5°. Que par rapport aux fondations faites en argent, lesquelles ont tourné au profit desdits Colleges, l'intérêt desdites sommes reçues, sera tiré sur le pied du denier vingt-cinq, sans aucune retenue (197).

6°. Qu'attendu qu'aucune fondation n'a pu, ni dû être acceptée, qu'autant qu'elle seroit utile & fructueuse aux Colleges qui les ont acceptées, il ne pourra être établi de charges sur lesdites fondations, que jusqu'à concurrence des quatre cinquiemes de leur revenu.

7°. Que relativement aux fondations qui ne peuvent en même-tems fournir à l'acquit des Offices & à la subsistance des Boursiers, il y sera délibéré suivant les occurences, en observant néanmoins que les Bourses sont le premier & principal objet desdites fondations, & en observant en outre d'établir une bourse pleine, par la réunion de différentes fondations, qui chacune, séparément, ne pourroient y suffire.

8°. Messieurs les Administrateurs, chargés particulierement de chaque College, sont priés de s'occuper de dresser l'Obituaire de leurs Colleges, de le concerter avec M. le Président Rolland, & de le rapporter au Bureau le plutôt qu'il leur sera possible.

Du 27 Avril 1767.

M. le Président Rolland a dit, qu'en exécution de ce qui avoit été décidé le 2 de ce mois, il avoit, conjointement avec MM. les Administrateurs, chargés des différens départemens, rédigé l'Obituaire de chaque College; que lors de cette rédaction, MM. ont reconnu qu'au moyen de la réduction en Messe basse de la plupart des Obits fondés dans les différens Colleges, la plus grande partie dont les fonds n'étoient pas suffisans pour être acquittés en Obits, & qui même étoient suspendus avant la réunion, peuvent être rétablis; que la multiplication des Obits avoit une cause naturelle; les Bourses étoient presque toutes peu considérables dans leur origine; & que pour les augmenter, les Procureurs, Chapelains ou Principaux, avoient fondé des Obits, à chacun desquels il y avoit une distribution manuelle pour les Boursiers, revenu qui leur servoit en partie au paiement de leur nourriture; que le Bureau ayant cru nécessaire d'établir une uniformité dans les Bourses, indépendante de toutes distributions qui ont été supprimées,

_____

(197) Par Edit de Juin 1766, l'intérêt de l'argent étoit fixé au denier 25.

la multiplication des Obits n'avoit plus cet objet; qu'au furplus du travail qui avoit été fait avec MM., il en réfultoit qu'il y avoit encore quelques objets fur lefquels il étoit néceffaire de prendre un parti général; que ces objets fe réduifoient à deux; favoir:

1°. Ne feroit-il pas convenable de donner connoiffance à chaque Bourfier de chaque College des fondateurs & bienfaiteurs dudit College, & quelle voie emploiera-t-on pour ce ?

2°. Quelle fera la regle qui fera fuivie pour placer les différentes fondations, qui n'ont point de jour fixe & déterminé ?

Sur quoi le Bureau délibérant, a unanimement arrêté,

1°. Qu'il feroit dreffé & imprimé un nécrologe (198) des fondateurs & bienfaiteurs de chaque College, dont il fera remis chaque année un exemplaire à chaque Bourfier, en lui recommandant d'avoir foin de prier particulierement pour lefdits fondateurs & bienfaiteurs, auxquels il a l'obligation de l'éducation qui lui eft donnée dans ce College, dans lequel nécrologe feront également compris tous ceux non-feulement dont les fondations feront confervées fuivant l'Obituaire, qui doit être arrêté, par provifion, en exécution de la Délibération du 2 de ce mois, ou qui n'ont demandé que la fimple participation aux prieres defdits Colleges, mais encore ceux dont par les raifons détaillées dans la délibération du 2 de ce mois l'exécution defdites fondations fera par provifion fufpendue.

2°. Que les fondations faites, fans indication de jours, feront acquittées, ou du moins une des Meffes confervées par l'Obituaire qui fera fait, fera dite le jour du décès du fondateur, ou au moins le jour de l'acte de fondation, le tout s'il eft poffible de le découvrir.

3°. Que les états & mémoire détaillés dans le récit fait par M. le Préfident Rolland le 2 de ce mois, au nombre de trente-cinq, feront dépofés ès Archives du College de Louis-leGrand, après avoir été cotés & paraphés par premier & dernier de mondit fieur Préfident Rolland.

---

(198) Ces Nécrologes font imprimés à la fuite des Délibérations relatives à chaque College; & pour inftruire les Bourfiers de l'objet de ces Nécrologes, on y a ajouté l'avertiffement fuivant:

« On recommande aux Bourfiers, comme une partie importante de leur devoir, d'offrir
» tous les jours leurs prieres à Dieu pour les Fondateurs & Bienfaiteurs, qui par leurs pieufes
» libéralités leur ont procuré le bien ineftimable d'une éducation honnête & chrétienne. Leur
» reconnoiffance ne doit pas même fe borner au tems de leurs études, elle doit s'étendre auffi
» loin que les avantages de la bonne éducation, c'eft-à-dire à toute leur vie. Les noms de ces
» Fondateurs & Bienfaiteurs font contenus dans ce Nécrologe ».

On finira cette note par obferver que l'on a placé tous les Bienfaiteurs par ordre de la date de leur libéralité, mais qu'à l'égard de ceux dont on n'a trouvé d'autres traces que leurs noms placés dans l'Obituaire des Colleges, on les a placés d'après le peu de renfeignemens que l'on a pu fe procurer.

Du

Du 30 Avril 1767.

M ESSIEURS les Adminiſtrateurs délibérant ont arrêté ,

1°. Qu'expéditions des Délibérations concernant l'obituaire des Colleges, enſemble de celles des 2 & 27 de ce mois, contenant les régles générales qui ont été adoptées par le Bureau pour ladite rédaction, feront, par le Secrétaire du Bureau, remis à l'Archiviſte, pour par lui dreſſer un obituaire général & le rapporter au Bureau le plutôt qu'il fera poſſible à l'effet d'être ledit obituaire examiné par le Bureau & par lui approuvé.

2°. Que ledit obituaire fera exécuté, à compter du premier Octobre prochain , & qu'au premier Bureau du mois de Décembre prochain il fera remis un état des Meſſes qui ont dû être acquittées, depuis la réunion des Colléges juſqu'au 30 Septembre 1767 incluſivement, & ce en ſe conformant audit obituaire, & de celles qui auront été acquittées, pour être ſur ledit état ſtatué par le Bureau ce que de raiſon (199).

3°. Qu'en dreſſant ledit obituaire général il en fera dreſſé vingt-ſix Particuliers leſquels feront par colonnes, dont la premiere contiendra le numéro des fondations conſervées , commençant par un & en ſuivant les numéros ainſi qu'ils ſont détaillés dans les obituaires arrêtés les 27 de ce mois & cejourd'hui ; la ſeconde contiendra les numéros qu'avoient leſdites fondations dans les états dont a été rendu compte le 2 de ce mois, & qui ont été paraphés & dépoſés aux Archives en exécution des Délibérations priſes à ce ſujet, ſoit le 27 du préſent mois, ſoit aujourd'hui.

4°. Que dans l'obituaire général, il ſera fait mention de chaque College particulier, dont chaque article ſera tiré , & ce en appliquant auxdits Colleges vingt-ſix numéros, de façon que le College d'Arras ſoit indiqué par I ; celui d'Autun par II ; celui de Bayeux par III; celui de Beauvais par IV; celui de Boiſſy par V; celui de Bourgogne par VI; celui de Cambray par VII; celui des Cholets par VIII; celui de Cornouailles par IX; celui de Dainville par X; celui des Dix-huit par XI; celui de Fortet par XII; celui de Juſtice par XIII; celui de Laon par XIV; celui de Louis-le-Grand par XV; celui du Mans par XVI; celui de Me Gervais par XVII; celui de Narbonne par XVIII; celui de Preſles par XIX; celui de Rheims par XX; celui de Sainte-Barbe par XXI; celui de Saint-Michel par XXII; celui de Séez par XXIII; celui de Tours par XXIV; celui de Treguyer par XXV, & celui du Tréſorier par XXVI; de chacun deſquels numéros fera fait mention ſur chacun des obituaires particuliers, & en outre des vingt-ſix numéros, dans un nota ſur l'obituaire général.

5°. Qu'il ſera, par l'un des deux Adminiſtrateurs, au moins chargés de chaque College, fait mention ſur le regiſtre contenant l'état des biens de chaque College, & ce en marge de l'article des biens grevés de quelques-unes des fondations ci-deſſus conſervées, de l'article de l'obituaire relatif audit objet, & qu'à l'égard des fondations, dont les fonds ſont entrés dans les comptes dudit College, & dont tous les biens de

---

(199) La Délib. du 21 Janv. 1768 conſtate qu'il avoit été acquitté antérieurement au 1er Octobre 1767 , *dix-huit cens vingt-neuf* Meſſes de plus qu'il n'y en avoit de fixées par les Obituaires,

chaque College répondent, il en fera fait mention fur le verfo du premier feuillet dudit regiftre, contenant l'état des biens de chacun defdits Colleges, lefquelles mentions feront fignées au moins d'un defdits deux Adminiftrateurs, pour qu'arrivant augmentation ou diminution des revenus defdits objets, les fondations foient, ou réduites ou augmentées, s'il y a lieu, en fe conformant aux articles V & VI de la Délibération du 2 de ce mois.

6°. Que dans les comptes il ne fera prélevé, pour l'acquit des fondations, que les fommes fixées par les obituaires arrêtés le 27 du préfent mois & cejourd'hui, & ce nonobftant le contenu aux Délibérations, portant réunion defdits Colleges.

Du 16 Juillet 1767.

Messieurs les Adminiftrateurs chargés de chaque College ont rendu compte, qu'en exécution de la Délibération du 2 de ce mois, ils ont collationné, chacun en ce qui le concerne, les différens états & obituaires dreffés en exécution de la Délibération du 30 Avril dernier ; enfemble l'obituaire particulier que le fieur Reboul a dreffé pour l'année claffique prochaine, & qu'ils ont trouvé le tout conforme aux Délibérations du Bureau.

Surquoi lecture faite des obfervations générales étant fur une feuille *in-folio*, & examen fait de l'obituaire général, compofé de treize feuilles, dont la premiere contient différens états de tous les objets & Meffes qui ne font point fixés à des jours certains, & les douze autres, une pour chaque mois, contiennent feulement les Meffes & Offices qui font indiqués à des jours fixés dans le mois ; enfemble des vingt-fix obituaires particuliers, un pour chaque College, & de l'obituaire dreffé pour l'année claffique prochaine fur papier *in-4°*, en douze cahiers différens, un pour chaque mois de ladite année. Il a été unanimement arrêté :

1°. Que les différens états, qui compofent l'obituaire général & les obituaires particuliers au nombre de quarante, en y comprenant les obfervations qui font à la tête, feront dépofés ès Archives, après avoir été fignés & paraphés par tous MM. en féance, & par le Secrétaire, & qu'ils feront réunis & reliés, tant avec les états déja dépofés ès Archives en exécution de l'article III. de la Délibération du 27 Avril 1767, qu'avec le nécrologe qui fera dreffé conformément à l'article premier de la même Délibération & avec des expéditions, tant de la préfente Délibération que de celles prifes les 2, 27, 30 Avril dernier & 2 du préfent mois, relativement auxdits obituaires.

2°. Que chaque page de l'obituaire particulier dreffé pour l'année claffique prochaine fera paraphée par M. le Préfident Rolland, & que chaque cahier fera paraphé & figné à la fin par tous MM. en féance ; qu'expédition fignée du Secrétaire du Bureau, tant du préfent article, que des obfervations générales concernant lefdits obituaires pour l'année claffique y fera jointe, & que le tout fera relié & dépofé aux Archives pour y avoir recours.

3°. Que tout ce qui eft écrit en noir dans ledit obituaire fera imprimé, & ce qui eft en rouge fera laiffé en blanc, pour être rempli à la main chaque année.

4°. Qu'il fera dreffé tous les ans un femblable obituaire pour l'année claffique fuivante, lequel après avoir été collationné par l'Archivifte, tant fur l'obituaire dépofé aux Archives en exécution de l'article II ci-deffus, que fur les tables générales qui feront inceffamment dreffées par le fieur Reboul pour les Obits & Meffes, qui n'ont point de jour fixe, fera préfenté chaque année au premier Bureau du mois de Juillet, dans lequel il fera nommé des Commiffaires pour l'examiner, & en rendre compte au premier Bureau du mois d'Août où ledit obituaire fera arrêté, en double original, dont l'un fera dépofé aux Archives, & l'autre remis à la facriftie du College (200).

5°. Que les Prêtres qui acquitteront les Obits & Meffes contenus dans ledit obituaire figneront fur la derniere colonne qui fera laiffée en blanc à cet effet, & que les honoraires dus auxdits Prêtres feront payés par M. le Grand Maître temporel, fur les mandemens qui feront délivrés tous les trois mois à chacun defdits Prêtres par les Adminiftrateurs du College de Louis-le-Grand, fur le relevé qui fera fait des Meffes & Obits qu'ils auront acquittés.

6°. Que fur les 20 fols fixés & prélevés pour chaque Meffe baffe au profit du Col- lege de Louis-le-Grand par l'article premier de la Délibération du 2 Avril 1767, il fera payé aux Prêtres qui les acquitteront 15 fols, & que fur les 10 livres fixées par la même Délibération pour l'honoraire des Obits & Meffes folemnelles, il fera payé; fçavoir, pour le Prêtre qui chantera la Meffe la fomme de 30 fols & celle de 20 fols pour chacun des Diacre & Sous-Diacre & deux Chapiers.

7°. Que tous les ans au premier Bureau du mois de Décembre il fera préfenté un état des Meffes qui n'auront pas été acquittées pendant l'année claffique précédente, à l'effet d'être par le Bureau pourvu à leur acquit.

Premier Décembre 1768.

L E fieur Reboul, Archivifte, s'eft préfenté au Bureau pour rendre compte du travail dont il avoit été chargé par l'article premier de la Délibération du Bureau du 30 Avril 1767, & il a apporté, 1°. un nécrologe deftiné à l'ufage de la Sacriftie, à l'effet de pouvoir y recourir, pour connoître les qualités de ceux pour lefquels il y a des fon- dations, ledit nécrologe en douze feuilles; 2°. un nécrologe général contenant le nom de tous les Bienfaiteurs & Fondateurs des différens Colleges réunis, pour être imprimé & diftribué à chaque Bourfier, fuivant qu'il eft ordonné par l'article premier de la Déli- bération du Bureau du 27 Avril 1767, ledit nécrologe en cinquante feuillets; 3°. & enfin, des tables générales pour chaque année, dreffées d'après les Délibérations du Bureau lefdites tables en quatre-vingt-huit feuillets; & s'eft, ledit fieur Reboul, retiré.

LE BUREAU a unanimement arrêté, 1°. que lefdits nécrologes & tables feront paraphés à toutes les pages par M. le Préfident Rolland, & fignés à la tête & à la fin, par tous MM. en féance;

2°. Qu'il fera par l'Archivifte du Bureau fait expédition du nécrologe à l'ufage de la facriftie, pour ladite expédition de lui fignée être mife à la facriftie.

(200) On a trouvé plus fimple de ne point faire un double *Obituaire*, mais tous les ans on dépofe aux archives celui qui a été mis à la Sacriftie.

ÉTAT

Des Fondations que le Bureau d'Administration a ordonné être acquittées dans la Chapelle du College de Louis-le-Grand, tant pour ledit College que pour ceux y réunis.

NOMS DES COLLÈGES.	DATE DES DÉLIBÉRATIONS.	NOMBRE DES OBITS SOLEMNELS.	NOMBRE DES MESSES BASSES.	TOTAL DES MESSES.
Arras	30 Avril 1767		12	12
Autun	Idem		416	416
Bayeux	27 Avril	1	5	6
Beauvais	Idem	1	1038	1039
Boissy	30 dudit mois		109	109
Bourgogne	27 dudit	1	115	116
Cambray	Idem	1	4	5
Cholets	30 dudit	2	506	508
Cornouailles	27 dudit		55	55
Dainville	Idem	1	28	29
Dix-Huit	30 dudit		46	46
Fortet	Idem	1	64	65
Justice	27 dudit	1	145	146
Laon	30 dudit	2	118	120
Le Mans	27 dudit	1	4	5
Louis-le-Grand	Idem	2	2	4
Fondation Molony	Idem		1	1
Fondation de Harlay	Idem		1	1
Me Gervais	Idem	1	334	335
Narbonne	Idem		4	4
Presles	30 dudit		11	11
Reims	27 dudit		4	4
Sainte-Barbe	30 dudit		102	102
Saint-Michel	Idem		49	49
Séez	27 dudit	1	103	104
Tours	30 dudit		47	47
Treguier	27 dudit		9	9
Trésorier	Idem	1	12	13
		17	3344	3361

À quoi ajoûtant les deux Messes de Communauté qui se célebrent tous les jours, ce qui fait............ 730

TOTAL............ 4091

CHAPITRE XV.

Des Ouvriers.

L'ARTICLE des Ouvriers eſt un de ceux qui a le plus néceſſité de détails ; d'abord on a nommé un Ouvrier de chaque nature pour chaque département, & cependant on a conſervé ceux qui travailloient depuis long-tems dans quelques-uns des Colleges réunis ; mais quand ils quittoient, l'Ouvrier du département reſtoit ſeul chargé de ce qui le concernoit ; cette multiplicité d'Ouvriers a occaſionné des plaintes ; ils empié-toient les uns ſur les autres ; enfin on a préféré de n'avoir qu'un ſeul Ouvrier pour les quatre départemens, excepté les principaux dont on en a nommé deux ; le Bureau a auſſi adopté un Réglement du Bureau intermédiaire, qui obligeoit les Ou-vriers d'avoir un livre, & qui ſtatuoit que l'Architecte ne paſſeroit dans ces mémoires que ce qui ſeroit inſcrit ſur ce livre.

Du 6 Février 1764.

IL a été convenu que les Ouvriers nommés par chaque département, ſeront les ſeuls qui pourront, chacun dans les parties pour leſquelles ils ont été nommés, travailler dans les choſes concernant leur profeſſion, ſans qu'aucuns ouvrages faits par d'autres puiſſent être reçus, ni les paiemens d'iceux être alloués dans les comptes de M. le Grand-Maître ; & dans le cas où aucuns deſdits Ouvriers ne ſe comporteroient pas avec le zele & l'exactitude convenables, ils ſeront changés par Délibération du Bureau.

Nomination des Ouvriers.

Du 5 Juillet 1781.

LE BUREAU a arrêté qu'il ne ſera plus, à compter du premier Octobre prochain, employé aucun des Plombiers nommés dans les différens départemens ; mais que l'on prendra tout le plomb qui ſera néceſſaire à la Manufacture du plomb laminé.

Vu par le Bureau ſa Délibération du 3 Décembre 1778, qui ordonne qu'il n'y aura pour tous les Départemens, à compter du premier Octobre prochain, qu'un Paveur & qu'un Peintre ; le ſieur Hunoult a été nommé pour Paveur, & le ſieur Lecaiſſe pour Peintre.

Il a été arrêté de plus que ſucceſſivement MM. les Adminiſtrateurs, en nommant les Ouvriers qui ſeront à remplacer, prendront ceux des autres départemens de la même profeſſion ; de façon que pour les quatre départemens, il n'y ait qu'un ſeul Ouvrier de chaque eſpece ; ſi ce n'eſt qu'il pourra y avoir pour les quatre départemens deux Maçons, deux Charpentiers, deux Menuiſiers & deux Serruriers ; & pour parvenir à cet arran-gement, & fixer définitivement, d'après la préſente Délibération, les Ouvriers de chaque département, MM. les Adminiſtrateurs ſont priés d'en conférer avec l'Architecte du Bureau, & de dreffer une lifte des Ouvriers (201) qu'ils rapporteront au prochain Bureau ; & à compter du premier Octobre prochain, il ne pourra être employé d'autres Ouvriers que ceux mentionnés en ladite lifte, & ces Ouvriers feront les feuls auxquels l'Architecte remettra les livres mentionnés dans la Délibération du 4 Juin 1772 (ci-après.)

Et fera la préfente Délibération inférée dans le Recueil arrêté le 28 Mai 1781, au Chapitre XV de la premiere partie.

Du 21 Avril 1768.

Leur autorifation pour travailler. LE SECRÉTAIRE a été chargé d'écrire, par une lettre imprimée & circulaire, à tous les Ouvriers, tant du College de Louis-le-Grand, que des Colleges y réunis, à ce qu'ils n'aient à faire le plus petit ouvrage fans attache & fans en avoir reçu l'ordre de l'un de MM. les Adminiftrateurs au moins du département, duquel ordre ils feront tenus de juftifier par écrit, lors de la repréfentation de leurs mémoires, à peine de voir rayer defdits mémoires les articles dont l'ordre ne feroit pas rapporté, à quelque fomme que lefdits articles duffent monter.

Nota. Les ordres que l'Architecte donnera en exécution des Délibérations du Bureau font également des autorifations pour les ouvriers, mais ils doivent être, ainfi que ceux que donneroient les Adminiftrateurs, portés fur le regiftre mentionné dans la Délibération du 4 Juin 1772, qui fuit :

4 Juin 1772.

M. Maiftrel a dit qu'il paroît néceffaire d'apporter la plus grande attention à empêcher que les Entrepreneurs & Ouvriers qui font employés aux réparations des maifons appartenantes au College de Louis-le-Grand & Colleges y réunis, ne puiffent point s'écarter des ordres qu'ils reçoivent pour l'exécution des réparations qui font délibérées par le Bureau. Qu'un des moyens qui paroît le plus aifé pour éviter les abus à cet égard, eft d'obliger chacun de ces Ouvriers à infcrire les ordres qu'ils recevront de l'Architecte fur un livre qui leur fera remis à cet effet, lequel livre, pour plus grande fûreté, fera vifé tous les mois par un de MM. les Adminiftrateurs chargé du département dans lequel fera le College dont chaque Ouvrier fera chargé de faire les réparations, à la tête duquel livre on peut mettre un avertiffement, ou plutôt une convention paffée avec l'Ouvrier qui en fera chargé, conçue à peu près dans les termes fuivans.

L'an   & le   jour du mois de   en exécution de la délibération prife par le Bureau d'Adminiftration du College de Louis-le-Grand le 4 Juin 1772, il a été convenu, avec tous les Ouvriers Entrepreneurs de bâtimens employés pour ledit College de Louis-le-Grand & Colleges y réunis, & notamment avec le fieur
Maître   chargé d'exécuter tous les Ouvrages de fa profeffion dans les maifons & bâtimens dépendans des Colleges de   fuivant le choix

(201) Cette lifte a été arrêtée au Bureau du 2 Août 1781.

qui a été fait de sa personne par autre délibération du   *qu'il ne sera fait aucun ouvrage dont il puisse exiger la valeur, que préalablement l'ordre n'en ait été écrit sur le présent livre par l'Architecte dudit Bureau d'Administration, ou par l'un de MM. les Administrateurs du département ; & dans le cas où il arriveroit que faute d'avoir le présent livre sous la main, l'ordre seroit donné sur une feuille volante, ledit sieur sera tenu de faire reporter ledit ordre sur le présent livre, huit jours au plus tard de la date de ladite feuille volante, qu'il représentera à l'Architecte, & que tous les mois il sera tenu de faire viser par l'un de MM. les Administrateurs du département tous les ordres inscrits sur le présent livre concernant les ouvrages faits ou à faire dans les maisons desdits Colleges qui composent le département, lequel visa ne pourra être différé que jusqu'au 8 du mois suivant, qu'il sera tenu compte audit sieur*   *lors du réglement de ses Mémoires, que de ce qui aura été enregistré au présent livre, à laquelle clause ledit sieur*   *se soumet comme à une condition expresse de son marché, qui est de rigueur & non comminatoire, & sans laquelle le Bureau n'auroit pas fait choix dudit sieur*   *pour lui confier l'entreprise des ouvrages de sa profession, étant essentiel qu'il regne le plus grand ordre dans cette partie, comme aussi ledit sieur se soumet & s'oblige de remettre ses mémoires dans le courant du mois de Janvier de chaque année à l'Architecte du Bureau, à l'effet du Réglement qui sera fait desdits mémoires à l'ordinaire, pour le paiement des ouvrages qui auront été faits dans le courant de l'année précédente, & consent qu'à faute par lui d'avoir fait cette remise dans le susdit mois de Janvier, le paiement du prix desdits ouvrages puisse être différé pendant trois ans, laquelle clause est aussi de rigueur, le Bureau ayant même le droit de punir cette négligence par la privation totale de la pratique & le choix d'un autre Entrepreneur, en foi de quoi je*   *susdit ai signé le présent avec le sieur*   *Secrétaire du Bureau, qui m'a remis le présent livre & auquel j'en ai fourni ma reconnoissance. Fait à Paris les an & jour susdits.*

LE BUREAU a unanimement arrêté qu'il sera fait registre du dire de M. Maistrel, & de la formule par lui proposée ; & en conséquence qu'il sera fourni, aux frais du College de Louis-le-Grand, à chacun des Ouvriers employés pour les différens Colleges, un petit livre relié à la tête duquel sera transcrite la formule proposée par M. Maistrel & adoptée par le Bureau, laquelle sera imprimée aussi aux frais dudit College de Louis-le-Grand, & le Bureau a chargé le Secrétaire-Archiviste de tenir la main à l'exécution de la présente Délibération, & d'en donner connoissance à M. le Camus, Architecte, ainsi que des opérations qu'il sera obligé d'exécuter en conséquence.

Du 17 Mai 1781

LECTURE faite par le Bureau de la Délibération du 4 Juin 1772, contenant l'obligation à chaque Ouvrier de tenir un registre sur lequel seront inscrits tous les ouvrages dont ils seront chargés.

LE BUREAU a approuvé & ratifié ladite Délibération pour être exécutée suivant sa forme & teneur, si ce n'est qu'il a chargé l'Architecte de remettre aux Ouvriers les livres mentionnés en ladite Délibération, de signer avec eux leur soumission, & de recevoir d'eux la reconnoissance desdits livres; reconnoissances qu'il remettra ensuite au Secrétaire-Archiviste pour être déposée aux archives.

Du 21 Décembre 1780.

Tems où ils doivent présenter leurs mémoires. LE BUREAU, informé que plusieurs Entrepreneurs & Ouvriers différoient tous les ans de remettre leurs mémoires, de sorte qu'il n'étoit pas possible au sieur le Camus de Meziere de présenter tous les mémoires ensemble, & de donner un état exact des dépenses faites tous les ans en réparations, a chargé le Secrétaire-Archiviste d'écrire à tous les Entrepreneurs & Ouvriers, pour les prévenir que l'intention du Bureau est que dorénavant ils remettent au plus tard au 15 Février (202) de chaque année, chez le sieur le Camus de Mesiere, Architecte du Bureau, les mémoires des ouvrages qu'ils auront faits pendant l'année précédente, & que ceux qui n'auront pas remis leurs mémoires à cette époque seront révoqués; en conséquence il a été arrêté que le sieur le Camus de Mezieres remettra tous les ans au second Bureau du mois de Février, un état des Ouvriers auxquels il aura donné des ordres pendant l'année précédente & qui ne lui auront pas remis leurs mémoires pour y être délibéré ainsi qu'il appartiendra.

Du 27 Septembre 1764.

Forme du paiement des Ouvriers. LE BUREAU, délibérant sur la forme à procéder relativement au paiement des ouvrages qui sont ordonnés par le Bureau, a arrêté que lorsque les ouvrages auront été reçus par l'Architecte & par lui arrêtés, lesdits mémoires arrêtés par l'Architecte, ainsi que celui sur lequel a été fait mention de la Délibération du Bureau pour autoriser lesdites réparations, seront remis aux Administrateurs chargés des Colleges pour lesquels auront été faites lesdites réparations, & par l'un d'eux au moins visés & signés après qu'ils les auront examinés, & ensuite remis à M. le Grand-Maître, pour, par lui, en être rendu compte au Bureau, lequel au bas du mémoire, donnera son mandement pour le paiement dudit mémoire, ainsi & de la maniere qu'il sera ordonné; lesquelles ordonnances seront signées de tous MM. les Administrateurs présens.

Du 20 Avril 1769.

Des billets de caisse. LE BUREAU délibérant sur le paiement des ouvriers pour les réparations........ a arrêté que pour le paiement desdits Ouvriers, M. le Grand-Maître temporel sera & demeurera autorisé à faire des billets de caisse payables des deniers du College de Louis-le-Grand, jusqu'à concurrence de la somme qu'il estimera convenable. Lesquels billets de caisse ne pourront avoir un terme plus éloigné que le trente-un Décembre prochain. Lesdits billets de caisse seront numérotés, à commencer depuis le numéro 1.

---

(202) Cette Délibération a été changée par celle du 17 Mai 1781 ci-dessus, qui en adoptant celle du 4 Juin 1772, oblige les Ouvriers à fournir leurs mémoires dans le mois de Janvier.

Ils

Ils ne feront délivrés aux Ouvriers, qu'après avoir été fignés dudit Grand-Maître, vifés par M.... que le Bureau a pour ce commis, contrefignés par le Secrétaire du Bureau, & par lui enregiftrés fur le regiftre des Ordonnances, avec la date de leur échéance, dont fera fait mention fur lefdits billets ; & pour faciliter lefdites opérations, lefdits billets feront imprimés, conformément au modele approuvé par le Bureau, & qui fera tranfcrit à la fuite de la préfente Délibération. Il a été en outre arrêté qu'à chaque Bureau, M. le Grand-Maître repréfentera un état contenant les noms de ceux auxquels ils auront été délivrés, leur montant, leur échéance, leur numéro, ainfi que celui de leur infcription aux regiftres des Ordonnances. Lequel état fera figné de lui & certifié véritable par M.... & par le Secrétaire Archivifte, & fera figné & paraphé par tous MM. en féance. Le montant defdits billets fera, par celui de MM. les Adminiftrateurs qui aura arrêté les Regiftres de M. le Grand-Maître, porté fur le champ en recette fur le Regiftre journal, pour le compte du College de Louis-le-Grand, & ledit état demeurera dépofé aux archives. Il a été en outre arrêté que, tant pour la préfente année claffique que pour les fuivantes, les billets de caiffe à acquitter jufques & compris le 31 Décembre de chaque année, feront réputés dépenfe de l'année claffique précédente ; & qu'en conféquence, conformément à la Délibération du Bureau du premier Septembre 1768, (203) ils feront portés fur le Regiftre de l'année claffique précédente.

ANNÉE 17

N°.

Billet de Caiffe de la fomme de

BILLET DE CAISSE, *fait en exécution de la Délibération du Bureau d'Adminiftration du COLLEGE DE LOUIS-LE-GRAND, du mil fept cent*

JE fouffigné, Grand-Maître temporel du College de Louis-le-Grand & Colleges y réunis, promets payer fur le fonds de la Caiffe dudit College de Louis-le-Grand, le   mil fept cent   à
ou à fon ordre, la fomme de
valeur reçue de lui en ouvrages de fa profeffion. A Paris, audit College de Louis-le-Grand, ce

Vu par Nous Adminiftrateur du COLLEGE DE LOUIS-LE-GRAND & Colléges y réunis, pour ce nommé, par Délibération du Bureau, du
mil fept cent   pour vifer les Billets de Caiffe de la préfente année. Fait à Paris, ce   mil fept cent

PAR ORDRE DU BUREAU.

Vu & vérifié   Et porté par nous Secrétaire-Archivifte, fur le Regiftre des Ordonnances, folio   N°.   Fait audit College de Louis-le-Grand, ce   mil fept cent

(203) Ci-deffus, Chapitre VIII, *des Comptes*, page 242.
I. Partie.   Pp

Du 2 Août 1781.

Ouvrier pour
réparer les lége-
res dégradations.

SUR la repréſentation faite par M. le Principal, que pour procurer l'exécution des différentes Délibérations, & notamment de celles du 17 Août 1769, 3 Septembre 1778, & 2 Septembre 1779 (204), qui chargent les perſonnes demeurantes dans le College, à quelque titre que ce ſoit, de réparer à leurs frais les dégradations qu'ils commettront, il feroit utile d'avoir ſous la main un ouvrier, pour faire, ſur le champ, les légeres réparations.

Le Bureau a unanimement arrêté que M. le Principal prendra pour un des Veilleurs établis par Délibération du 12 Avril 1779, une perſonne capable de rétablir les carreaux, ſceller un gond, & de faire d'autres legers ouvrages qui ſeront payés audit Veilleur par ceux à la charge deſquels ils ſe trouveront, & ce ſans préjudice de ſes gages, qui ſeront de 150 livres, ainſi que ceux des autres domeſtiques ; mais à la charge par ledit Veilleur de continuer de remplir les fonctions dont il eſt chargé par ladite Délibération du 12 Avril 1779, & ſera la préſente Délibération inférée dans le quinzieme Chapitre de la premiere partie du Recueil dont l'impreſſion a été ordonnée le 28 Mai dernier.

_____

(204) Ci-deſſus, Chapitre V, p. 207.

CHAPITRE XVI.

Des Penfionnaires.

L'INCORPORATION du College de Beauvais dans celui de Louis-le-Grand , a fait naître deux queftions.

La premiere , étoit de fçavoir fi on recevroit des Penfionnaires.

Et la feconde , s'ils pourroient être en chambres particulieres.

La décifion a été , fans difficulté , affirmative fur la premiere queftion ; ainfi que fur la feconde , relativement aux Penfionnaires lors exiftans dans le College de Beauvais, mais non pas relativement à ceux qui fe préfenteroient par la fuite. Quelques-uns de MM. les Adminiftrateurs vouloient que le College de Louis-le-Grand fût abfolument à l'inftar des autres Colleges de l'Univerfité , & qu'il pût y avoir des Penfionnaires en chambres particulieres ; mais la négative a été adoptée , & les différentes Délibérations provoquées par les partifans des chambres particulieres, n'ont fait que confirmer la premiere décifion , qui avoit deux motifs.

Le premier , que le nombre des Bourfiers deviendroit , par la fuite , trop confidérable pour admettre dans ce College aucuns Penfionnaires ; que ceux en chambres particulieres occupoient beaucoup de place , & qu'il étoit donc utile de les exclure. (205)

Le fecond (& c'étoit le prédéterminant) étoit puifé dans l'objet du College de Louis-le-Grand , & dans l'expérience de ce qui fe paffe dans tous les autres Colleges de l'Univerfité. Les Adminiftrateurs qui l'avoient adopté, affuroient que tous les Colleges de l'Univerfité avoient été originairement fondés pour des Bourfiers, mais que l'introduction de Penfionnaires , fur-tout de ceux en chambres particulieres, avoit fait éclipfer , en quelque forte , les Bourfiers , qui font relégués dans un endroit du College , & qui ne font pas admis avec les Penfionnaires ; qu'il y avoit à craindre le même abus pour le College de Louis-le-Grand , fi on y admettoit des Etudians en chambres particulieres , & qu'il ne falloit mettre aucun obftacle aux vues qui avoient décidé la réunion. C'eft dans cet efprit qu'a été rédigé l'article 21 du titre 2 du Réglement de 1767 (206) , qui annonce qu'il n'y auroit pas toujours des Penfionnaires dans le College de Louis-le-Grand.

Du 7 Juin 1764.

M. le Préfident Rolland a dit que M. le Principal l'avoit prévenu que l'on s'adreffoit à lui pour fçavoir s'il y auroit des Penfionnaires , & à quelles conditions ils feroient pris : fur quoi le Bureau délibérant ,

Délibérations qui ordonnent que l'on ne recevra dans le College

(205) L'expérience a prouvé la vérité de ce motif. *Voyez* ci-après la Délibération du 2 Septembre 1779.

(206) Ci-deffus , Chapitre II , page 76.

de Louis - le-Grand des Pensionnaires qu'en chambres communes, & même qu'ils ne seront reçus qu'en vertu de Délibérations.

A arrêté qu'il ne sera reçu que des Pensionnaires en chambre commune, qui vivront avec les Boursiers à la même table, seront soumis à la même discipline, & nourris tant en santé que maladie, sans aucune déduction pour les vacances ni aucune autre absence; dont la pension sera payable d'avance & par quartier; & seront tenus ceux de province d'avoir un Correspondant à Paris, auquel l'enfant sera remis faute de paiement ou pour toute autre cause. A été arrêté, en outre, que les pensions seront payées ès mains de M. le Grand-Maître temporel.

Du 22 Juin 1764.

M. le Président Rolland a dit que M. Hamelin, Principal du College de Beauvais, demandoit à entrer au Bureau pour savoir de MM. ce qu'il répondroit aux parens qui s'informoient de lui si leurs enfans seroient reçus en chambres particulieres, & ledit Principal entré, après avoir exposé sa demande & s'être retiré,

Le Bureau, délibérant sur ladite proposition, a arrêté que la Délibération du 7 du présent mois, sera exécutée suivant sa forme & teneur; que cependant, & sans tirer à conséquence, les Pensionnaires du College de Beauvais, qui sont actuellement en chambres particulieres, pourront être reçus pareillement dans le College de Louis-le-Grand, à la charge par eux & leurs Précepteurs de vivre à la même table que les Boursiers, & être soumis à la même administration & discipline: à la charge, en outre, que lesdits Précepteurs desdits Pensionnaires ne pourront entrer dans ledit College de Louis-le-Grand, qu'après avoir été agréés du Principal dudit College, & qu'après la sortie desdits Pensionnaires, il ne pourra en être reçu d'autres en chambres particulieres.

Du 7 Juin 1765.

Sur le compte rendu qu'il se présentoit un Pensionnaire dans le College de Louis-le-Grand pour y demeurer en chambre particuliere, & que M. le Principal faisoit difficulté de le recevoir, fondé sur la Délibération du Bureau, du 7 Juin 1764, par laquelle il a été arrêté de ne recevoir en chambres particulieres dans le College de Louis-le-Grand, d'autres Pensionnaires que ceux qui se trouvoient lors en chambres particulieres au College de Louis-le-Grand; que cependant il s'étoit introduit quelques Ecoliers en chambres particulieres pendant le cours de la présente année scholastique: sur quoi, la matiere mise en délibération,

Le Bureau a arrêté que la Délibération dudit jour 7 Juin 1764, sera exécutée suivant sa forme & teneur; & néanmoins, que si, pendant le cours de la présente année scholastique, il avoit été reçu quelques Pensionnaires en chambres particulieres, ils seroient libres de terminer dans le College, le cours de leurs études.

Du 20 Juin 1765.

Sur la présentation faite par M. le Grand-Maître temporel, de deux Mémoires, l'un de la part de MM. les Proteseurs du College de Louis-le-Grand, l'autre des

Maîtres en chambres particulieres dudit College, le Bureau a remis à en entendre la lecture au 27 Juin préſent mois.

Du 27 Juin 1765.

LECTURE faite des Mémoires préſentés au précédent Bureau par M. le Grand-Maître, il a été arrêté qu'il n'y avoit matiere à délibérer;

À été au ſurplus arrêté, en perſiſtant dans les Délibérations des 7 & 22 Juin 1764, & 7 Juin 1765, qu'expédition deſdites trois Délibérations & de la préſente, ſera remiſe à M. le Principal, qui ſera invité de s'y conformer (207).

Du 2 Septembre 1779.

LE BUREAU........ a arrêté........ 2°. qu'attendu la multiplicité des Bourſiers & le défaut d'emplacement, il ne ſera reçu aucuns Penſionnaires que d'après une délibération préciſe du Bureau.

---

(207) Les Maîtres particuliers qui étoient lors de la réunion dans le College de Beauvais, & l'avoient ſuivi dans celui de Louis-le-Grand, n'ayant pu obtenir que le Bureau s'écartât de ſes Délibérations, ils ſe retirerent; mais ſur leur demande il fut pris le 3 Octobre 1765, la Délibération ſuivante.

Du 3 Octobre 1765.

Sur le compte rendu par M. le Préſident Rolland, que les arrangemens du College de Louis-le-Grand ayant exigé que les Maîtres particuliers qui y avoient été admis, allaſſent prendre des logemens hors de l'enceinte dudit College, trois deſdits Maîtres, ſavoir, Mes *Barrême*, *Gravier* & *Laboſſe*, lui auroient remis chacun un mémoire adreſſé au Bureau, dans lequel ils demandent à être toujours regardés ſur le pied de Maîtres particuliers du College de Louis-le-Grand, attendu qu'en quittant l'habitation de ce College, leurs Eleves ne ceſſeront pas de lui appartenir, par l'obligation que leſdits Maîtres contractent de leur faire ſuivre les leçons publiques des Profeſſeurs dudit College: ſur quoi, lecture faite deſdits mémoires, enſemble de l'article X des Lettres Patentes du 21 Novembre 1763, & eu égard à ce que leſdits Maîtres ſe retirent dans un College voiſin, dont l'adminiſtration eſt confiée au Bureau; comme auſſi qu'il eſt d'uſage que les Maîtres Particuliers logent au-dehors, lorſque l'arrangement des Colleges paroît l'exiger,

LE BUREAU a arrêté que les mémoires préſentés par leſdits ſieurs *Barrême*, *Gravier* & *Laboſſe*, ſeront dépoſés aux archives du College de Louis-le-Grand, & a conſenti de prendre leſdits Maîtres particuliers & leurs Eleves ſous ſa protection, & de les conſidérer comme appartenans au College de Louis-le-Grand, de la même maniere que s'ils ne ceſſoient pas d'y habiter, à la charge que les Eleves continueront de fréquenter les leçons publiques des Profeſſeurs dudit College, ſans néanmoins que la préſente Délibération puiſſe être étendue, par la ſuite, à aucun autre Maître Particulier qu'à ceux qui ont paſſé du College de Beauvais dans le College de Louis-le-Grand. Arrêté en outre qu'expédition de la préſente Délibération ſera délivrée par le Secrétaire du Bureau, à chacun deſdits Maîtres particuliers.

Du 7 Février 1765.

LE BUREAU a arrêté que les Penfionnaires du College de Louis-le-Grand , paieront leur penfion du jour de leur entrée dans le College ; que ceux d'entr'eux qui fortiront volontairement & librement , même ceux qui viendroient à y décéder , paieront en entier le quartier dans lequel ils fortiroient ou viendroient à décéder ; & qu'à l'égard des Ecoliers qui feront renvoyés du College , ils ne feront tenus de payer que jufqu'au jour defdits renvoi & fortie.

Du 17 Juillet 1766.

LE BUREAU a arrêté que fa Délibération du 7 Février 1765 , fera exécutée fuivant fa forme & teneur ; en conféquence , que les Penfionnaires phyficiens qui , ayant achevé leurs cours d'étude , fortiront du College avant le 15 Août , ne paieront que la moitié du quartier de leur penfion.

Du 17 Août 1769.

LE BUREAU a arrêté que les Délibérations des 7 Février 1765 , & 17 Juillet 1766 , prifes au fujet du paiement des penfions , feront exécutées felon leur forme & teneur ; & cependant , que les Penfionnaires , en quelque Claffe qu'ils fe trouvent , qui fortiront du College avant le 15 Août de chaque année , dans l'intention de ne plus y rentrer , ne paieront que la moitié du quartier de Juillet de leur penfion , ainfi qu'il en a été ufé jufqu'aujourd'hui pour les Penfionnaire phyficiens : mais fi , dans la fuite , ces Penfionnaires revenoient au College pour continuer leurs études , ils feront obligés de payer , en entrant , le demi quartier dont il leur a été remife , en exécution de la préfente Délibération.

━━━━━━━━━━━━━━━━━━━━━━━━━━━━━━━━━━━━━━━

CHAPITRE XVII.

Du Principal, des Maîtres & de leurs honoraires.

CE Chapitre fera terminé par l'état de la dépenfe des Maîtres ; on y trouvera des Maîtres de feptieme, mais comme abfolument MM. les Examinateurs ne reçoivent plus aucuns feptiemes, il y a lieu d'efpérer qu'il n'y aura plus de Maître fous cette dénomination dans le compte de l'année claffique prochaine ; au furplus, on n'a rien à ajouter au contenu aux Délibérations réunies dans ce Chapitre, & l'on aura tout ce qui eft relatif au Principal, fi on en rapproche le Chapitre IV du Réglement de 1767, & le Chapitre II de celui de 1769.

25 Février 1778.

M. LE Préfident Rolland a dit que le Bureau étoit affemblé pour la nomination d'un Principal ; mais qu'il étoit un objet fur lequel il croyoit devoir propofer à Meffieurs de délibérer préalablement ; favoir, dans quelle Faculté ce Principal feroit choifi ; que ceux de Meffieurs qui ont été membres du Bureau dans le moment de la réunion, fe rappellent que dès cet inftant l'on avoit defiré de choifir un Docteur en Théologie ; que même la premiere perfonne qui avoit été nommée pour remplir cette place par Délibération du 3 Février 1764, étoit non-feulement de cette Faculté, mais même Profeffeur de la Maifon de Sorbonne ; que fi, fur fon refus, il avoit été choifi un Principal dans la Faculté des Arts, le Bureau ne s'y étoit déterminé que par des circonftances particulieres & finguliérement parce que, 1°. dans le premier moment de la réunion il y avoit très-peu de Théologiens parmi les Bourfiers ; 2°. que la conteftation qui exiftoit alors fur la réunion du College des Cholets, (conteftation dans laquelle la Faculté de Théologie prenoit, fans y paroître, un intérêt réel) éloignoit les membres de cette Faculté d'accepter la premiere place d'un établiffement que plufieurs perfonnes ne regardoient pas alors comme très-folide ; mais qu'en 1770, après la retraite de M. Gardin, & que la réunion eût été confolidée par différentes loix du Souverain & par les foins de Meffieurs, le Bureau crut devoir mettre un Docteur en Théologie à la tête du College ; que dans le moment actuel où le nombre des Bourfes théologiennes étoit plus confidérable qu'il n'avoit jamais été dans les Colleges réunis, Meffieurs penferoient peut-être qu'il feroit utile de prendre cet objet en confidération ; que la feule chofe qui lui paroiffoit à defirer pour perfectionner l'établiffement confié à leurs foins, étoit, que tous MM. les Prélats vouluffent bien regarder cette maifon comme un Séminaire, & qu'il croyoit que fi le Bureau fe déterminoit à toujours choifir le Principal dans la Faculté de Théologie, ce feroit un des moyens les plus capables de procurer ce bien. Sur quoi la matiere mife en Délibération.

Le Principal ne peut être pris que dans la Faculté de Théologie.

Le Bureau en adoptant en entier les obfervations de M. le Préfident Rolland, dont il fera fait regiftre, a cru devoir fe faire une loi d'une chofe qu'il a toujours defirée & dont il ne s'eft écarté qu'à regret, & feulement une fois forcé par des circonftances que l'on ne doit plus craindre ; en conféquence, il a été unanimement délibéré & ftatué, que le Principal du College de Louis-le-Grand ne pourra être choifi que parmi les Docteurs de la Faculté de Théologie de Paris, ou parmi les Licentiés, à la charge par ceux-ci de prendre le bonnet de Docteur.

Du 6 Août 1778.

Le Roi fupplié de rendre au Principal fa place dans le Bureau.

Il a été délibéré que S. A. E. Monfeigneur le Cardinal Prince de Guémené fera inftamment prié d'employer fes bons offices, à l'effet que dans les premieres Lettres Patentes qui feront données en exécution de l'article VI de celles du 30 Août dernier, il plaife à Sa Majefté vouloir bien rendre au Principal la place au Bureau d'adminiftration, que le feu Roi avoit jugé à propos de lui accorder par fes Lettres Patentes du 20 Août 1767 (208).

Du 3 Février 1764.

Honoraires de MM. les Principaux, Sous-Principaux & Maîtres.

Le Bureau délibérant en exécution de l'article XXXII des Lettres Patentes du 21 Novembre dernier, a arrêté,

1°. Que le Principal fera nourri à la table commune & aura *deux mille quatre cens livres* d'honoraires (209).

2°. Que le Sous-Principal aura *huit cens livres*, le Préfet d'études des Artiens, *fix cens livres*, & celui des grands Bourfiers *fept cens livres*, & qu'ils feront en outre nourris.

3°. Que les Sous-Maîtres de Quatrieme, Cinquieme & Sixieme auront *quatre cens livres* d'honoraires ; ceux de Troifieme & de Seconde *quatre cens cinquante livres ;* & ceux de Rhétorique, Philofophie & Théologie *cinq cens livres ;* à la déduction defquels honoraires il fera remis auxdits Sous-Maîtres, s'ils font pris du nombre des Bourfiers, le montant de leurs Bourfes; attendu qu'ils feront en qualité de Sous-Maîtres, nourris par l'adminiftration.

Du 15 Février 1781.

M. le Principal a dit qu'il croyoit devoir repréfenter au Bureau, que le grand nombre de Bourfiers & fur-tout de Bourfiers Théologiens qui augmentent tous les jours, le néceffitoit à une très-grande correfpondance, que cette correfpondance lui occafionnoit une dépenfe très-confidérable, laquelle étoit encore augmentée par les vifites qu'il étoit obligé de faire aux différens Prélats qui fe trouvoient à Paris, pour obtenir

(208) C'eft ce qui a été fait, mais feulement pour le Principal actuel. *Voyez* les Lettres Patentes du 19 Mars 1780, ci-deffus, Chapitre II, & l'*Introduction*, page 39.

(209) Ces honoraires ont été augmentés par la Délibération du 15 Février 1781, ci-après.

d'eux

d'eux des démiſſoires pour les Bourſiers de leurs Diocèſes, que même la délivrance des certificats que les Bourſiers lui demandoient, lui emportoit un tems conſidérable, & qu'il prioit le Bureau de prendre ces objets en conſidération.

Et M. le Principal retiré : la matiere miſe en délibération.

Le Bureau a unanimement arrêté :

1°. Qu'il ſera accordé annuellement à M. le Principal une gratification de la ſomme de ſix cents livres, laquelle lui ſera payée des deniers du College de Louis-le-Grand; mais que les différens Colleges & fondations réunies tiendront compte audit College de Louis-le-Grand de leur cote part de ladite gratification, chacun au prorata du nombre de ſes Bourſiers; laquelle gratification aura lieu à compter du 1er Janvier dernier.

2°. Que M. le Principal demeure autoriſé à faire imprimer tous les modeles des certificats dont il pourra avoir beſoin.

Et M. le Principal étant rentré, il lui a été fait lecture de ladite Délibération, & il en a fait ſes remercimens au Bureau.

6 Août 1778.

M. le Principal ayant été introduit au Bureau a propoſé pluſieurs objets de Délibération, & lui retiré, il y a été délibéré ainſi qu'il ſuit.

Le Bureau a arrêté, qu'en attendant que MM. les Commiſſaires nommés par la Délibération du 4 Décembre 1777, aient rendu compte des objets (210) qui ont été ſoumis à leur examen par ladite Délibération, les honoraires des Maîtres, ſoit Bourſiers ou non Bourſiers ſeront fixés à la même ſomme qu'ils l'étoient au premier Janvier 1771, & ce à compter du premier Juillet dernier (211).

Nota. Voyez dans le Chapitre V, intitulé *Adminiſtration* (p. 210), la Délibération du 7 Mai 1778 ſur les penſions à accorder aux Principal & Maîtres.

Du 5 Août 1779.

Le Bureau délibérant ſur les meſures à prendre pour rendre au College de Louis-le-Grand ſon ancien éclat, & pour éviter aux écoliers dudit College le déſagrément de n'avoir pas à l'avenir, dans la diſtribution des prix de l'Univerſité, un plus grand nombre de nominations que celui qu'ils ont eu cette année, n'ayant eu des prix que dans les claſſes de Seconde & de Cinquieme, dans leſquelles il y a eu auſſi quelques *acceſſit* & fort peu dans les autres claſſes : a arrêté que M. le Principal ſera invité d'en-

Les Profeſſeurs ne doivent s'occuper que de leurs claſſes.

---

(210) Le Réglement fait par le Bureau intermédiaire le 21 Avril 1764. *Voyez* ci-deſſus dans l'*Introduction*, page 35, *note* 38.

(211) Le Bureau intermédiaire avoit, par ce Réglement, diminué de preſque moitié les honoraires fixés par la Délibération du 3 Février 1764; il les avoit rendus inférieurs à ceux des autres Colleges de l'Univerſité, & avoit ſur-tout diminué les honoraires des *Bourſiers* devenus *Maîtres*, ce qui tendoit à éloigner les Bourſiers d'accepter ces places, & par conſéquent contrediſoit abſolument le plan des Lettres Patentes de 1763, & faiſoit un préjudice conſidérable au College de Louis-le-Grand, qui ne bénéficioit plus des penſions des Bourſiers devenus Maîtres.

gager les Maîtres particuliers du College à correspondre avec soin avec MM. les Professeurs, pour rendre au College de Louis-le-Grand la splendeur dont il a joui dans les années précédentes, & que MM. les Professeurs seront invités à se renfermer uniquement dans les travaux relatifs à l'instruction de la jeunesse qui leur est confiée ; ce qui leur facilitera les moyens de donner, ainsi que l'a fait le Professeur de Cinquieme, des soins particuliers & suivis à leurs Ecoliers, indépendamment de leurs classes ordinaires. M. le Principal est prié d'observer à MM. les Professeurs & aux Maîtres particuliers, que le Bureau espere qu'ils sentiront l'importance de la présente Délibération, & qu'ils y feront toute l'attention qu'elle mérite.

M. le Principal, ayant été invité de venir prendre séance au Bureau, s'y est rendu, & M. de Sahuguet d'Espagnac lui a fait lecture de la présente Délibération, dont le Secrétaire Archiviste a été chargé de lui remettre une expédition.

Du 4 Août 1768.

Doit-il y avoir une classe de Septieme au College de Louis-le-Grand ?

M. le Principal ayant exposé que plusieurs personnes s'adressoient à lui pour sçavoir, si dans l'année classique prochaine il y auroit au College de Louis-le-Grand une classe de Septieme (212), & ayant prié le Bureau de vouloir bien lui prescrire ce qu'il pourroit répondre. La matiere mise en Délibération,

Il a été arrêté que désormais il n'y auroit plus dans le College de Louis-le-Grand une classe de Septieme, mais que pour mettre les Boursiers & Pensionnaires actuels qui ne pourroient encore être reçus dans la classe de Sixieme au 1er Octobre prochain, en état d'entrer dans ladite classe de Sixieme au 1er Octobre 1769, M. le Principal sera chargé de faire instruire lesdits Boursiers & Pensionnaires pendant la classe publique, par tel Maître ou Boursier Théologien qu'il estimera convenable, & que pour ladite instruction pendant ladite année classique prochaine seulement, il sera payé audit Maître ou Boursier Théologien qui sera choisi par M. le Principal, la somme de trois cents livres ; le tout sans préjudice aux exercices & instructions de la chambre commune, ou quartier établi pour les enfans dont il s'agit, ou qu'il seroit nécessaire d'établir.

---

(212) Quoique les Statuts de l'Université défendent d'établir aucun Professeur au-dessous de la Sixieme, cependant avant la réunion il existoit une Septieme dans le College de Beauvais, ainsi qu'il est constaté par la Délibération suivante du premier Septembre 1764.

M. le Principal est entré & a dit qu'il y avoit au College de Beauvais un Maître chargé d'enseigner la Septieme ; que pour cette fonction il étoit nourri dans le College comme les autres Maîtres & recevoit un écu par mois de chaque Ecolier qui alloit en Septieme ; qu'il lui paroissoit nécessaire de conserver une Septieme, mais qu'il pensoit qu'il seroit à desirer que les Ecoliers ne payassent rien, ainsi que cela se pratique dans les autres classes. Ledit Principal retiré :

Il a été arrêté qu'il y aura au College de Louis-le-Grand un Maître qui y enseignera la Septieme ; que ce Maître sera nommé par le Principal, logé au College, qu'il sera nourri de la même façon que les Professeurs du College de Louis-le-Grand, & qu'il lui sera accordé trois cens livres d'honoraires à compter du 1er Octobre prochain, & se à la charge de ne rien prendre des Ecoliers, Et M. le Principal rentré, il lui a été fait part de la présente Délibération.

18 Décembre 1777.

M. le Président Rolland a dit: que peu après la réunion, le Bureau avoit cru devoir établir dans le Collège de Louis-le-Grand une classe de Septieme ; que la délibération prise à ce sujet souffrit beaucoup de réclamation dans le Bureau, notamment de la part de feu M. l'Abbé le Neveu ; que les Lettres Patentes & Réglement de 1767 ayant ordonné (Article Ier du Titre III) qu'il ne seroit par la suite reçu aucun Boursier, qu'il ne fût en état d'entrer au moins en Sixieme, le Bureau, par sa Délibération du 4 Août 1768, supprima la classe de Septieme, en la laissant seulement subsister pendant l'année classique suivante, attendu qu'avant la publication dudit Réglement de 1767, il avoit été reçu dans le Collège plusieurs Pensionnaires & Boursiers qui n'étoient pas en état d'entrer en Sixieme ; que ceux qui, pendant l'absence du Parlement, ont administré le Collège, ont, par Délibération du 5 Septembre 1771, rétabli la classe de Septieme, mais pour les Pensionnaires seulement ; que par autre Délibération du 2 Janvier 1772, ils avoient arrêté que le Roi seroit supplié de changer les dispositions du Réglement de 1767, & en attendant que Sa Majesté eût fait connoître ses intentions à ce sujet, ils s'étoient cru autorisés à prendre par provision une Délibération absolument contraire au Réglement de 1767, & avoient autorisé M. le Principal à admettre les Boursiers en Septieme: sur quoi la matiere mise en Délibération.

LE BUREAU a unanimement arrêté que, conformément aux dispositions du Réglement de 1767 & à la Délibération prise par le Bureau le 4 Août 1768, en exécution dudit Réglement, les Délibérations des 5 Septembre 1771 & 2 Janvier 1772, seront regardées comme non avenues ; qu'en conséquence, il n'y aura plus dans le Collège de Louis-le-Grand de classe de Septieme, & cependant que l'effet de la présente Délibération sera & demeurera suspendue jusqu'au premier Octobre prochain 1778.

Arrêté en outre que soit, lorsque M. le Principal (213), en exécution du Réglement de 1769, instruira les Nominateurs de la vacance des Bourses, soit le Secrétaire Archiviste, lorsqu'il enverra auxdits Nominateurs les Délibérations portant création des Bourses, ils préviendront lesdits Nominateurs qu'il faut que les sujets auxquels ils conféreront les Bourses soient au moins capables d'entrer en Sixieme. Avertissement que M. le Principal & le Secrétaire Archiviste renouvelleront à toujours, & chaque fois qu'ils feront part aux Nominateurs qu'ils ont des Bourses à conférer, à l'effet de quoi expédition de la présente Délibération sera remise par le Secrétaire Archiviste à M. le Principal, ce qui sera observé à chaque changement de Principal.

Du 2 Septembre 1779.

M. le Principal étant entré au Bureau a dit : qu'il étoit nécessaire de rétablir le Des Sacristains. second Sacristain, supprimé par le Bureau intermédiaire, afin que l'un ou l'autre pût dire assiduement la Messe de Communanté ;

---

(213) C'est actuellement le Secrétaire, *voyez* ci-dessus, *note* 98.

Qq ij

Surquoi le Bureau a arrêté, qu'à compter du premier Octobre prochain il fera établi deux Sacriftains, aux appointemens de cent cinquante livres chacun, lefquels feront tenus l'un ou l'autre de dire affiduement la Meffe de Communauté.

Honoraires des Maîtres. On croit devoir ajouter ici le montant des honoraires de MM. les Principal & Maîtres fuivant le compte arrêté pour l'année claffique échéant au premier Octobre 1780, y compris l'augmentation accordée à M. le Principal par la Délibération du 15 Février 1781.

M. le Principal (214) ·	3000"
4 Sous-Principaux dont un *Bourfier du College de Dainville* & un *Bourfier du College de Séez* ·	2800
1 Maître de conférence de Théologie · · · · · · · · · · · · · · ·	500
1 Maître de falle d'étude de Théologie, *Bourfier du College des Cholets* · · ·	200
1 Maître de conférence de Droit, *Bourfier du College des Cholets* · · · · ·	500
2 Maîtres de conférence de Philofophie, *Bourfiers du College des Cholets* · ·	1000
2 Sous-Maîtres, *Bourfiers du College de Bourgogne & de l'Aggrégation* · · ·	480
2 Maîtres de Rhétorique ·	1000
2 Maîtres de Seconde, *Bourfiers des Colleges des Cholets & de Juftice* · · ·	900
2 Maîtres de Troifieme, *Bourfiers du College des Cholets & de la fondation d'Henri III* ·	900
3 Maîtres de Quatrieme, *Bourfiers des Colleges de Beauvais, des Cholets & de l'Aggrégation* ·	1200
4 Maîtres de Cinquieme *Bourfiers*, dont *un du College de Beauvais, deux du College des Cholets, & le quatrieme du College de Prefles* · · · · · ·	1600
5 Maîtres de Sixieme, dont *deux Bourfiers, l'un du College de Beauvais, l'autre du College de Laon.* · · · · · · · · · · · · · · · · · · ·	2000
2 Maître de Septieme (215) ·	800
2 Maîtres furnuméraires ·	800
4 Maîtres, le premier pour la priere des Domeftiques, le fecond pour les cérémonies & les deux autres pour le chant · · · · · · · · · · · ·	200
2 Sacriftains, *Bourfiers du College de Louis-le-Grand* · · · · · · · · ·	300
1 Maître de falle pour les Ecoliers privés d'aller en promenade · · · · ·	72
40 Maîtres y compris le Principal, dont *vingt-quatre Bourfiers* · · · · · ·	18252"
Aux quatre examinateurs des Bourfiers & au Principal, chacun 300 liv. total · ·	1500

(214) M. le Principal a de plus un domeftique qui eft nourri par le College, & auquel on paie pour fes gages · 150

(215) Ces Maîtres n'exifteront plus enfin au premier Octobre 1781.

19802"

SUPPLÉMENT

Au Chapitre IV. Arrêts & Réglemens.

En rédigeant le Chapitre IV ci-deſſus, ou plutôt en réuniſſant les différentes pieces qui le compoſent, M. le Préſident Rolland avoit oublié d'y joindre *deux états* très-importans pour l'adminiſtration; états qu'il avoit rédigés dès 1770, mais qu'il avoit refaits d'après les Lettres Patentes du 19 Mars 1780; il a paru néceſſaire de les ajouter à la fin de cette Iere Partie par forme de *Supplément* au Chapitre IV : on n'entrera à ce ſujet dans aucuns détails, les *états* ci-après portant avec eux tous les éclairciſſemens que l'on peut deſirer.

ÉTAT DES AFFAIRES

Qui doivent être traitées dans les différens Bureaux.

Tous les Bureaux····	M. le Principal doit remettre les noms des Bourfiers & des Penfionnaires qui font entrés ou fortis du College depuis le dernier Bureau, ainfi qu'expédition des délibérations prifes par MM. les Examinateurs pour l'admiffion ou le renvoi des Bourfiers.	Reglement du 20 Août 1767, tit. I, art. XVIII. (216).
	Les Délibérations prifes pendant les vacances, ainfi que celle du Bureau de Novembre, doivent être relues pour être délibéré fur leur confirmation.	Idem, tit. I, art. II.
Décemb. 1er Bureau·	L'état des Locataires ou débiteurs de loyers doit être préfenté.	Délibérat. des 20 Avril 1769 & 2 Sept. 1779 (217)
	Nomination d'un de MM. les Adminiftrateurs de chacun des trois derniers départemens pour faire la vifite du Col-lege, au moins une fois le mois (218); arrêter les Regiftres de M. le Grand-Maître temporel chaque jour de Bureau, & affifter à l'examen de fes comptes.	Reglement du 20 Août 1767, tit. I, art. XVII, & tit. VI, art. VI & IX.
	L'état des Meffes qui n'ont point été acquittées (fi aucune y a) pendant l'année claffique précédente, doit être pré-fenté pour être pourvu par le Bureau à leur acquit.	Délibération du 16 Juillet 1767.
Janvier 1er Bureau··	Nomination de l'Adminiftrateur du College de Louis-le-Grand qui doit examiner les comptes de M. le Grand-Maître conjointement avec les Adminiftrateurs des trois autres départemens nommé au 1er Bureau de Décemb. (219).	Reglement du 20 Août 1767, tit. VI, art. IX.
	Préfentation des comptes de l'Econome·············	Idem, tit. VII. art. VI.
	L'état des Bourfiers pour le trimeftre d'Octobre doit être arrêté	Délibération du 23 Avril 1770 (220).
Février 1er Bureau·	Arrêté & clôture des comptes de l'Econome········	Reglement du 20 Août 1767, titre VII, art. VI.
	L'état des Fermiers qui doivent des fermages, ainfi que celui des Locataires débiteurs de loyers, doit être préfenté.	Délibérations des 20 Avril 1769 & 2 Septem. 1779.
Quatre premieres femaines de Carême·	Examen des comptes de M. le Grand-Maître, tous les jours de relevée à l'exception des Dimanches & Fêtes & des jours de Bureau, fans qu'il puiffe être traité dans lefdites affemblées aucuns autres objets que ceux defdits comptes.	Reglement du 20 Août 1767 tit. VI, art. VIII.
Lundi de la 5e femaine de Carême.	Révifion générale des comptes de M. le Grand-Maître. Bordereau formé fur les arrêtés de ces comptes. Formation d'un état du montant de ces comptes, lequel fera fait triple, l'un pour fervir de décharge au Grand-Maître, le fecond pour être dépofé aux archives & le troifieme pour être envoyé à Monfeigneur le Chancelier.	Idem, tit. VI, art. XII, XIII & XIV.
	Vérification de la caiffe générale du College & de celle de M. le Grand-Maître. Décharge à donner à M. le Grand-Maître. Réfultats des comptes à figner pour être envoyés aux Supérieurs majeurs dénommés dans la délibération du 23 Avril 1770. Délibération fur ce qui réfulte des comptes, laquelle peut être continuée dans les affemblées fuivantes.	Reglement de 1769, tit. I, art. 13, & Délibération du 23 Avril 1770 (221).

(216) *Voyez* les Lettres Patentes & Réglemens de 1767, 1769 & 1700 ci-deffus chap. II.
(217) Ci-deffus Chapitre VIII, page 243.
(218) *Voyez* à ce fujet ci-deffus Chapitre II, page 87, *Note* 85.
(219) *Idem.*
(220) *Voyez* cette Délibération ci-deffus *Note* 69.
(221) *Voyez* la Délibération du 23 Avril 1770 ci-deffus Chapitre II, pag. 98–101, *Note* 93.

SUITE DE L'ÉTAT DES AFFAIRES

Qui doivent être traitées dans les différens Bureaux.

Avril 1ᵉʳ. Bureau··	L'état des Boursiers, pour le trimestre de Janvier, doit être arrêté.	Délibération du 23 Avril 1770.
1ᵉʳ Bureau après le Carême.	M. le Principal remettra le nom des Boursiers qui se destinent à l'aggrégation ou qui se proposent d'étudier dans une des Facultés supérieures, avec le nom de la Faculté choisie par les Boursiers, lesquels doivent en faire leur déclaration au Principal pendant le Carême, & ce délai n'est pas comminatoire, mais de rigueur, suivant la Délibération du 2 Août 1781.	Art. X & XI de la Déclaration du 3 Sept. 1778 concernant le College de Mᵉ Gervais, & art. XI des Lettres Patentes du 14 Février 1779 concernant le College de Beauvais dont l'exécution a été étendue à tous les Colleges par l'art. IV des Lettres Patentes du 19 Mars 1780 & Délibération du 2 Août 1781 (222).
Mai 1ᵉʳ Bureau····	L'état des Locataires débiteurs de loyers, ainsi que celui des fermiers en retard de paiement, doit être présenté.	Délibérations des 20 Avril 1769 & 2 Sept. 1779.
1ᵉʳ Bureau après la Pentecôte.	M. le Principal doit remettre un état général de toutes les Bourses vacantes ou qui vaqueront à la fin de l'année scholastique.	Reglement du 20 Août 1767, tit. II, art. XIX, & Délibération du 5 Avril 1781 (223).
Juillet 1ᵉʳ Bureau···	M. le Principal doit représenter le catalogue des Livres achetés pour les Prix.	Délibération du 4 Juillet 1765.
	L'Archiviste doit représenter l'Obituaire dressé pour l'année scolastique suivante.	Délibération du 16 Juillet 1767 (224).
	L'état des Boursiers pour les trimestre d'Avril doit être arrêté.	Délibération du 23 Avril 1770.
Août 1ᵉʳ Bureau···	L'Obituaire doit être arrêté, paraphé & signé·········	Délibération du 16 Juillet 1767.
	L'état des Locataires débiteurs de loyers, ainsi que celui des fermiers en retard de paiement, doit être présenté.	Délibérations des 20 Avril 1769 & 2 Sept. 1779.
2ᵉ Bureau·········	Ceux des Boursiers qui se destineront à l'Étude de la Théologie doivent justifier des Lettres de Maître-ès-Arts par eux obtenus.	Reglement du 20 Août 1767, tit. III, art. X.
Bureau d'*Octobre*···	L'état des Boursiers du trimestre de Juillet doit être arrêté···	Délibération du 23 Avril 1770.

(222) *Voyez* la Déclaration du 3 Septembre 1778 ci-après IIᵉ Partie, Chap. XIX, la Délibération du 2 Août 1781 dans la même seconde Partie, Chap. IX, & les Lettres Patentes du 14 Février 1779, aussi dans la seconde Partie Chap. IV.
(223) *Voyez* la Délibération du 5 Avril 1781, ci-dessus Chapitre II, pag. 104, *Note* 98.
(224) *Voyez* cette Délibération ci-dessus Chapitre XIV, page 294.

ÉTAT
des Délibérations qui doivent être (225)

	Prises à la pluralité des deux tiers des voix, & homologuées au Parlement.	Prises à la pluralité des deux tiers des voix, mais dont l'homologation n'est pas requise.	Homologuées au Parlement, mais qui n'exigent point les deux tiers des voix.	
Réglement du 20 Août 1767, Tit. II, art. II.	L'augmentation de la pension des Boursiers. *Nota.* Cette disposition a été changée par le Réglement de 1769, mais a été rétablie par l'art. I.er des Lettres Patentes du 19 Mars 1780.	Les Délibérations qui seront prises pour conférer à MM. les Professeurs la pension de trois cens livres lorsqu'ils quitteront leurs Chaires. Reglement du 20 Août 1767, tit. IV, art. II.	La nomination qui doit être faite par le Bureau, de MM. les Notables, lesquels doivent prêter serment en la Grand'-Chambre du Parlement.	Lettres Patentes du 21 Novembre 1763, art. XXV. Lettres Patentes du 20 Août 1767, art. I.er.
Ibid. art. III.......	La réunion en une seule des Bourses de différentes fondations.			
Ibid. art. IV......	La suspension des Bourses dans les différens Colleges: le Supérieur majeur duement convoqué, suivant le Réglement de 1769.			
Ibid. art. VI......	Le rétablissement des Bourses des anciennes fondations.			
Ibidem...........	L'établissement de nouvelles Bourses à cause de l'augmentation des revenus des Colleges.			
Ibid. art. XII.....	La fondation de nouvelles Bourses.		La nomination de M. le Grand-Maître temporel, lequel est tenu de prêter le même serment.	Ibidem.
Tit. V. art. II......	Les prêts que les Colleges peuvent se faire mutuellement.	Les Délibérations qui peuvent être prises pour la destitution du Secrétaire, de l'Archiviste & de l'Econome, . Reglement du 20 Août 1767, tit. VII, art. I.er.		
Ibid. art. III.......	Les constructions à faire dans les biens des Colleges où ledit Représentant doit être également appellé.			
Ibid.	Les reconstructions en entier des maisons des Colleges: le Représentant du Supérieur majeur duement convoqué, suivant le Réglement de 1769.		La nomination de M. le Principal, obligé à la même prestation de serment.	Réglement du 20 Août 1767, tit. I.er, att. IV.
Ibidem...........	Les emprunts. Le Représentant du Supérieur majeur duement convoqué, suivant le Réglement de 1769.			
Ibidem...........	Les acquisitions à faire pour les Colleges.			
Ibidem...........	Les aliénations des biens des Colleges qui, par le Réglement de 1769, ne peuvent être faites que le représentant du Supérieur majeur duement convoqué.			

(225) Les Lettres Patentes de 1767, 1769 & 1780, mentionnées dans le présent Etat, se trouvent ci-dessus, Chapitre II.

Supplément au *CHAPITRE VII* des *Boursiers.*

Pendant l'impression du présent Recueil, M. le Comte de Périgord, représentant les Fondateurs du College de Saint-Michel, a obtenu des Lettres Patentes qui seront insérées ci-après dans la seconde Partie, Chapitre XXV; d'après lesquels, par délibération du 4 Octobre 1781, il a été créé trois Bourses.

Par ces Lettres Patentes le Roi a, sur sa demande, étendu la fondation originaire, & a permis à M. le Comte de Périgord de nommer librement aux Bourses qui seront établies outre & pardessus les six originairement fondées.

Il est en conséquence nécessaire d'après ces Lettres Patentes de rectifier les états des Boursiers imprimés ci-dessus à la fin du VII.e Chapitre, pages 227—235; on ajoutera en même tems quelques objets qui avoient échapé, & en on rectifira d'autres dans lesquels il s'étoit glissé des fautes.

I.ere Colonne.	2.e Colonne.	3.e Colonne.	4.e Colonne.

PREMIER ÉTAT, page 227, I.ere PARTIE.

Après le mot FORTET, *ajoutez*,

Fondation *Gremiot.*

A la fin de cet Etat il faut ajouter :

SAINT-MICHEL····	M. le Comte de Périgord·	··········2··········	Toutes les Bourses qui seront établies au par-delà des six originairement fondées.

TROISIEME ÉTAT, page 229.

I.ere Colonne.	2.e Colonne.	3.e Colonne.	4.e Colonne.	5.e Colonne.

Après le College de BOISSY, *il faut ajouter :*

SAINT-MICHEL ·	M. le Comte de Périgord ·	*Chenac* Ponpadour··	··· 6 ·	Et à défaut de parens, les Boursiers doivent être pris d'abord du Limousin, ensuite du Périgord ou de la Haute-Guyenne.

Après le Collége FORTET *il faut ajouter :*

CORNOUAILLE ·	M. l'Archevêque de Paris ·	*Fontaine*··········	··· 1 ·	Et faute de parens, de la ville de *Quimper.*
FORTET······	Le Chapitre de l'Eglise de Paris.	*Fortet*··········	··· 6 ·	A défaut de parens, pour les habitans d'*Aurillac*, diocèse de Saint-Flour.

Entre le College de LAON *& celui de* LOUIS-LE-GRAND, *il faut ajouter :*

HUBAN·····	Le Curé d'Huban, & à son défaut le Prieur de la Montagne.	*Huban*··········	· (226) ·	Et faute de parens, les Boursiers doivent être pris du lieu d'Huban ou des villages circonvoisins jusqu'à cinq lieues.

Dans la cinquieme colonne de la fondation *Moloni*, rayez *tout Irlandois Catholique*, & mettez en place, les familles *Obrienne, Macnemara* & de *Macmahon* du diocèse de Laon, autrement *Kellaloe* & les familles d'*Artur Créagh* & *Withe* du diocèse de *Limerick* sont appellés, & enfin tout Irlandois Catholique; mais s'il se présente un Boursier du nom de *Moloni*, il a droit d'*exclure* le Boursier qui jouiroit de la Bourse.

Dans la suite du même TROISIEME ÉTAT, *page 230.*

A la deuxieme colonne concernant le Nominateur de la Bourse Ponsinet, ajoutez : *& faute de parens le Curé de la Neuville en Tournafuy.*

A la derniere colonne de la même fondation, au lieu de ces mots : *Tournafeu, Doyenné de Vannes,* mettez; *Tournafuy, Doyenné de la Vannes.*

Nota. Il faut faire la même *correction*, dans le sixieme Etat, page 235, à la cinquieme colonne.

---

226) Vu les dettes énormes de ce College, ces Bourses ne seront pas sitôt rétablies. *Voy.* ci-après dans la II.e Part. le Chap. XIV.

QUATRIEME ÉTAT, page 231.

| 1ᵉʳᵉ *Colonne.* | 2ᵉ *Colonne.* | 3ᵉ *Colonne.* | 4ᵉ *Colonne.* | 5ᵉ *Colonne.* |

Dans la cinquieme colonne de la fondation d'*Oudard de Moulins*, ligne deuxieme, après le mot &, ajoutez, *de sujets.*

Après le Collège DU TRÉSORIER, *ajoutez* :

| SAINT-MICHEL. | M. le Comte de Périgord. | Haute Guienne . . . . | . . . 6 . . | Mais à défaut de sujet du diocèse de Limoges, & concurremment avec ceux du diocèse de Perigueux. |

CINQUIEME ÉTAT, page 232.

A la seconde colonne du Collège d'Arras, au lieu des *Abbé & Religieux de Saint-Waaft d'Arras*, mettez: le *Supérieur clauftral de Saint-Waaft d'Arras* , au nom de la Communauté.

Nota. Faire la même *correction* au sixieme *Etat* au Collège d'ARRAS, page 234.

A la cinquieme colonne dudit Collège d'Arras, au lieu de *préfence*, mettez: *préférence.*

Entre les Colleges des CHOLETS & de CAMBRAI, *ajoutez* :

| SAINTE-BARBE. | Les trois Nominateurs ci-devant nommés. | *Idem* . . . . | . . . 1 . . | Mais à défaut de sujets dans la paroiffe de *Neuville d'Aulmont.* |

Entre les Colleges de CAMBRAI & d'AUTUN, *ajoutez* :

| SAINTE-BARBE. | Les trois Nominateurs ci-deffus nommés. | Chartres . . . . | . . . 1 . . | Mais à défaut de sujets dans la paroiffe de *Saint-Nicolas-des-Alleux.* |

Dans la premiere colonne, au Collège de TREGUIER, ajoutez: fondation *Kerambert.*

A l'article fuivant concernant le Collège SAINT-MICHEL, ajoutez à la derniere colonne, & à défaut, du Perigord & de la haute Guienne, & même s'il y avoit des parens, ils doivent être préférés.

Dans la fuite du CINQUIEME ÉTAT, page 233.

A la quatrieme colonne du Collège de Cornouaille, au lieu d'un 6, mettez un 5.

Entre les Colleges de SAINTE-BARBE & d'AUTUN, *ajoutez* :

| SAINT-MICHEL. | M. le Comte de Périgord. | Perigueux . . . . | . . . 6 . . | Mais à défaut de sujets du diocèse de *Limoges.* |

A l'article du Collège de BEAUVAIS, ajoutez une note en ces termes : ces Bourfes font d'abord affeétées aux parens de Jean de *Dormans*, Fondateur, mais comme on n'en connoît aucuns, il n'en a pas été fait mention dans le troisieme Etat ci-deffus.

Dans le même Collège, à la cinquieme colonne, après le mot *Maître-ès-Arts*, ajoutez: mais avec préférence pour un fujet de *Dormans.* Correction qu'il faudra faire auffi à la cinquieme colonne de la page 235.

A la premiere colonne, au lieu de *Kerambert*, mettez, *Koetmohan.*

Il faudra auffi déplacer les deux fondations *Donjon* & *Koetmohan*, & mettre la premiere la fondation *Koetmohan*, qui eft celle pour laquelle le Collège de *Treguier* a été établi.

Dans la cinquieme colonne, au Collège de PRESLES, ajoutez: & la vacance doit être publiée dans chacun de ces lieux.

SIXIEME ÉTAT, page 234.

1ᵉʳᵉ *Colonne.*	2ᵉ *Colonne.*	3ᵉ *Colonne.*	4ᵉ *Colonne.*	5ᵉ *Colonne.*

Dans les deux articles du College de SAINTE-BARBE qui se trouvent entre le College de Mᵉ GERVAIS & celui de FORTET à la cinquieme colonne, ajouter:

Sçavoir, au premier article, & faute de sujets *de la Neuville*, de tout le diocèse *de Beauvais*.

Et au deuxieme, & faute de sujets de cette Paroisse, de tout le diocèse de *Chartres*.

Et avant le College de JUSTICE, *il faudra ajouter:*

HUBAN······	Le Curé d'Huban, & à son défaut le Prieur de la Montagne.	Huban, *diocèse de Nevers*, & les villages situés dans la distance de cinq lieues.	· (227) ·	Mais seulement à défaut de parens du Fondateur.

Dans la suite du SIXIEME ÉTAT, page 235.

Après la fondation Pluyette, *ajouter:*

CORNOUAILLE··	M. l'Archevêque de Paris·	*Quimper*··········	··· 1 ··	Mais à défaut de parens du sieur *Fontaine*.

Au College de FORTET, dans la cinquieme colonne, il faut ajouter: mais à défaut de parens de Pierre *Fortet*.

---

(227) *Voyez* la Note 226 ci-dessus.

SUPPLÉMENT

Au Chapitre VIII. Des Comptes.

D'APRÈS la Délibération du Bureau d'Adminiſtration du College de Louis-le-Grand du 4 Octobre 1781, mentionnée ci-deſſus (page 317), qui a créée trois Bourſes dans le *College de Saint-Michel* , il faudra au bordereau ci-deſſus (page 250), changer le 5 qui indique le nombre des Bourſes de ce College & y mettre un 8 ; & augmenter pareillement de 3 le total des Bourſes des Colleges réunis, qui feront en conſéquence de *cinq cens vingt-neuf.*

DEUXIEME PARTIE.

AVERTISSEMENT.

CETTE feconde Partie fera divifée en *vingt-neuf Chapitres*, un par College ; les fondations différentes faites dans chaque College formeront dans les Chapitres relatifs à ces Colleges autant d'articles féparés.

Mais en rédigeant le préfent Recueil on a obfervé que fur-tout dans les Délibérations de réunion il y avoit un grand nombre de difpofitions qui fe trouvoient répétées dans toutes ; pour fimplifier, on a cru convenable de fupprimer tous ces articles généraux, & d'en faire feulement mention au commencement de cette feconde Partie ; il n'y a qu'à la fondation *Pourchot* *, dont (par les raifons qui feront expliquées dans l'article VIII du Chapitre XVII, ci-après,) on n'a fupprimé prefque aucuns détails ; au furplus ceux qui ont été fupprimés dans tout le préfent Recueil font au nombre de *quatorze*.

> * Dans le Col-
> lege de Louis-le-
> Grand.

1º. Le détail des biens de chaque College : on a fupprimé ces détails (excepté pour les Colleges *d'Huban* & *de Louis-le-Grand*) vu les variations que ces biens ont fouffertes finguliérement quant aux revenus ; d'ailleurs, comme on connoîtra la date de la Délibération de réunion, fi on a befoin de quelques éclairciffemens fur ces biens, que l'on préfume être inférés dans cette Délibération, on pourra, fi l'on veut, y recourir.

Au furplus, comme on a penfé que la feule chofe importante étoit de connoître l'état actuel, & que les comptes de chaque année & les Délibérations y jointes (228) donnent à ce fujet toutes les connoiffances que l'on peut defirer ; on s'eft contenté de commencer le Chapitre concernant chaque College, par marquer le montant de fes revenus en 1763 & en 1780.

2º. La difpofition qui ordonne que le mémoire d'après lequel la Délibération de réunion a été rédigée, fera dépofée aux archives.

3º. Les articles relatifs aux prix des Bourfes ; dans le moment de la réunion il a varié, vu le montant des revenus de chaque College ; mais depuis 1767, toutes les Bourfes font pleines & fuffifantes pour payer la penfion entiere de chaque Bourfier.

4º. Ceux concernant la part contributoire, qui a auffi varié, vu l'augmentation des revenus ; elle eft fixée récemment par Délibération du 16 Juillet 1778, & les Lettres

---

(228) Voyez à ce fujet la Délibération du 5 Mai 1769 dans la Ire Partie , Chapitre VIII, page 243, & le Sommaire 54 du mémoire rédigé par M. le Préfident Rolland en 1777, ce Sommaire eft ainfi conçu : *forme des comptes d'après lefquels il étoit tous les ans délibéré fur les améliorations dont les revenus de chaque College étoient fufceptibles.*

Patentes du 19 Mars 1780, & cette fixation se renouvellera tous les vingt ans (229).

5°. Ceux qui statuoient sur les fondations pieuses, attendu que cet objet a été depuis reglé d'après la plus grande connoissance de cause en 1767 : on a cru devoir réunir ensemble toutes les Délibérations relatives à l'objet : elles forment le Chapitre XIV de la premiere Partie ; mais on doit observer à ce sujet que dans presque tous les Colleges, les Bourses n'étoient pas à beaucoup près suffisantes pour la nourriture des Boursiers, & que pour y suppléer, les Principaux & autres Officiers, ainsi que quelques particuliers étrangers à ces Colleges, ont fondé des obits auxquels ils obligeoient les Boursiers d'assister, & leur accordoit une rétribution de *cinq sols*, *dix sols*, *vingt sols*, & quelquefois davantage; comme le Bureau a fait toutes les Bourses pleines, il a supprimé ces rétributions, & pour ne pas distraire les Boursiers de leurs études, il ne les a obligés d'assister qu'aux obits qui se célebrent pour les Fondateurs de leur College.

6°. Ceux qui régloient la forme de la reddition des comptes, Sa Majesté y ayant statué par les Réglemens de 1767 & 1769 ci-dessus, Chapitre II de la premiere Partie.

7°. Ceux relatifs aux études que devoient faire les Boursiers de différens Colleges, Sa Majesté les ayant rendus uniformes par ses Lettres Patentes du 19 Mars 1780, ci-dessus Chapitre II de la premiere Partie.

8°. Ceux qui fixoient les pensions des anciens Officiers quand elles sont éteintes; mais on a laissé subsister ces articles dans les Colleges qui en sont encore chargés.

9°. Ceux qui régloient la forme de conférer les Bourses & de les créer ou de les suspendre, ou de les rétablir, ces objets ayant été fixés uniformément par les Réglemens de 1767 & 1769; mais à la tête de chaque Chapitre on a fait mention du nombre des Bourses existantes en 1763, & de celles actuellement subsistantes, ainsi que des conditions nécessaires pour pouvoir en être pourvu, & on y a ajouté le nom des nominateurs. Pour abréger, on se contentera d'ajouter en note des Délibérations de réunion, la date des créations des Bourses faites dans chaque College. On a cependant rapporté en entier les Délibérations, qui, outre les créations de Bourses, contenoient des détails importans relativement, soit à ceux qui devoient occuper les Bourses, soit à la distribution qui devoit en être faite entre différens Nominateurs, ou différens Diocèses, soit enfin à l'ordre qui doit être pratiqué dans les cas de suspensions. Au surplus, toujours dans le même principe d'abréger, on n'a pas même voulu dater les Arrêts qui les ont homologués; mais il est certain que le Bureau ne s'est jamais permis de se dispenser de remplir cette formalité; de plus, comme le Bureau intermédiaire ne s'étoit pas plus conformé aux Réglemens sur cet article que sur les autres, le Bureau, lors de son rétablissement, a eu soin de remettre cet objet en regle.

10°. Ceux qui ordonnoient que les nominateurs seroient avertis des vacances des Bourses, cette forme ayant été déterminée par le Réglement de 1767.

11°. Ceux qui obligeoient les Boursiers d'être soumis aux Réglemens, exercices & discipline du College de Louis-le-Grand, cet article étant une suite nécessaire de la réunion.

_____

(229) Voyez ci-dessus Chapitre II.

12°. Ceux qui ordonnoient que M. le Procureur Général seroit prié de faire homologuer les Délibérations de réunion.

13°. Ceux qui établissoient que les Boursiers ne pouvoient entrer au College qu'au premier Octobre de chaque année ; le Réglement de 1767 avoit adopté cette disposition & avoit de plus accordé aux Boursiers la liberté d'entrer au College de Louis-le-Grand pendant la quinzaine de Pâques ; mais le Réglement de 1769 avoit changé ces dispositions, qui ont été rétablies par les Lettres Patentes du 19 Mars 1780 (230).

14°. En faisant imprimer à la suite des Délibérations, ou actes relatifs à chaque College, le *nécrologe de ses fondateurs & bienfaiteurs*, dressé en exécution de la Délibération du 27 Avril 1767, & *qui doit être remis à chaque Boursier lors de son entrée au College ;* on a également supprimé l'avertissement, dont l'objet est d'engager chaque Boursier de prier pour les fondateurs & bienfaiteurs de son College ; & de conserver toute sa vie la reconnoissance qu'il lui doit ; on s'est contenté d'imprimer cet avertissement en note de ladite Délibération du 27 Avril 1767 (231).

Mais quoique l'on ait supprimé tous ces détails des Délibérations de réunion, on a cru devoir conserver aux articles que l'on a laissé subsister, les numéros qu'ils avoient dans la Délibération de réunion.

Au surplus, ceux qui ne seront pas satisfaits de ce qu'ils trouveront dans le présent recueil, & qui desireront de plus grands éclaircissemens, peuvent se les procurer.

1°. En consultant le compte rendu par M. de l'Averdy aux Chambres assemblées, les 12 Novembre 1763, lequel est imprimé, & se trouve dans le 7e volume de la collection de *Simon*, sur l'affaire des Jésuites.

2°. En examinant les titres particuliers de chaque College, & l'inventaire qui en a été dressé par le Secrétaire.

On finira cet avertissement par quatre observations importantes, & que *l'on prie de ne point perdre de vue* en lisant les Chapitres suivans.

I. Que dans l'état des charges des Colleges dont on fera ci-après mention, en mettant au commencement du Chapitre l'état de situation de chaque College, on y a compris la fixation annuelle de ses réparations, suivant qu'il a été délibéré le 3 Mai 1781 (232), & que l'on espere ne pas employer en réparations la totalité de la somme fixée par cette Délibération.

II. Que dans le montant des revenus & des charges, & généralement dans toutes les sommes rapportées dans les différens Chapitres de ce recueil, on a supprimé les sols & les deniers.

III. D'après le détail que l'on va donner de chaque College, on sera bien étonné que plusieurs, tels, par exemple, que ceux d'Arras, Me Gervais, &c. qui ont très-peu de revenu

---

(230) *Voyez* ces différentes Lettres Patentes dans le Chapitre II de la Ire Partie.

(231) *Voyez* ci-dessus, Ire Partie, Chapitre XIV, page 292, *note* 198.

(232) Voyez cette Délibération, ci-dessus, Ire Partie, Chapitre VIII.

de net, c'eſt-à-dire d'excédent de leur revenu, déduction faite de leurs charges ordinaires; aient cependant un reliquat quelque fois même conſidérable, d'autant qu'outre les charges ordinaires, il y en a d'extraordinaires (233) auxquelles il faut pourvoir ; mais l'étonnement ceſſera quand on ſera inſtruit.

1°. Que l'on a laiſſé dans ces Colleges pendant ſix mois ou un an, & quelquefois davantage, des Bourſes vacantes, ce qui naturellement leur a formé un reliquat; que d'ailleurs le nombre des Bourſes actuellement ſubſiſtant, n'a été établi que ſucceſſivement (234) & qu'après que ces Colleges ont eu en caiſſe à-peu-près la même ſomme qu'ils ont actuellement.

2°. Qu'en paſſant les baux, le Bureau exige, ſous la dénomination *de droit de Chapelle*, le dixieme d'une année du bail, ce qui forme un revenu extraordinaire qui entre dans la caiſſe de chaque College particulier.

IV. On ſe plaindra peut-être que pluſieurs Colleges ont des ſommes trop conſidérables en caiſſe, & on demandera pourquoi ces ſommes ne ſont pas placées

Cette obſervation eſt en quelque façon contradictoire avec la précédente, mais la réponſe ſe trouve dans le Réglement de 1767, qui exige (art. 2 du tit. V) que *chaque College ait au moins une année de ſon revenus en caiſſe ;* l'objet de cette réſerve eſt de pouvoir parer à tous les événemens, & notamment aux reconſtructions pour leſquelles les Colleges réunis ſe prêtent mutuellement, ſans intérêts, ce qui facilite la libération de ceux qui ſont obligés de faire des reconſtructions.

D'après le bordereau de caiſſe imprimé ci-deſſus, Iere partie, chap. VIII, pag. 249 & 250, on remarquera que très-peu de Colleges ont en caiſſe l'année de leur revenu ; mais le Bureau a deſiré d'abord de completter les Bourſes fondées ; en conſéquence on obſervera que les Colleges qui ont plus de Bourſiers qu'il n'en avoit été originairement fondés, (tels que Bourgogne, Cholets, Dainville, Preſles, &c.) ont un reliquat plus conſidérable & plus approchant de l'année de leur revenu ; mais le reliquat des autres Colleges n'eſt pas auſſi conſidérable ; cependant, au moyen de l'excédent annuel de leurs revenus ſur leurs charges, & des améliorations que le Bureau eſpere pouvoir faire, ces Colleges parviendront auſſi ſucceſſivement à avoir en réſerve l'année entiere de leurs revenus.

Au ſurplus, chaque année après la reddition des comptes, le Bureau (ainſi qu'il a été obſervé dans la note 228 ci-deſſus) délibere en exécution de l'art. 16 du titre VI du Réglement de 1767, ſur les placemens à faire en faveur des Colleges qui ſe trouvent avoir en caiſſe plus que l'année de leurs revenus, c'eſt ce qui a été fait le 5 Avril & le 3 Mai 1781 ; en conſéquence le Bureau a dans ces deux ſéances ordonné le placement de

_____

(233) Ces charges ſont les gratifications que le Bureau accorde aux Bourſiers, ſoit pour prendre des dégrés, ſoit à titre d'encouragement, ſur-tout lorſqu'ils ont des Prix à l'Univerſité, ainſi que les frais d'impreſſion des theſes, &c.

(234) Voyez la tranſaction du 4 Mars 1779 pour le College d'*Autun* (ci-après Chapitre II), ainſi que les créations de Bourſes pour les différens Colleges faites par le Bureau en Décembre 1777 & Janvier 1778.

41000 liv., le tout à prendre sur les épargnes des Colleges des *Bons-Enfans*, de *Dain-ville*, de *Presles*, de *Rheims*, de *Saint-Michel* & de *Tours*, ainsi qu'au profit des fondations d'*Oudard de Moulins*, dépendant du College d'Autun ; de *Cousin*, dépendant de celui de Laon ; & de *Harlay*, dépendant de celui de Louis-le-Grand ; placemens qui feront rappellés ci-après, chaçun dans les Chapitres où il sera question de ces Colleges ou fondations.

On finira cet avertissement par observer que l'on a cru utile de faire connoître ceux de Messieurs les Administrateurs chargés des différens départemens ; en conséquence, à la suite du nom de chaque College, on a ajouté dans quel département il étoit ; & on insérera ici la distribution qui en a été faite entre MM. les Administrateurs ; ainsi que le nom des Colleges qui composent chaque département.

M. *le Président Rolland* & M. *Villiers de la Noue*, sont chargés du premier dépar-tement, qui est composé des Colleges d'*Arras* ; de *Beauvais*, de *Cambray*, de *Justice*, de *Louis-le-Grand*, de *Mignon*, de *Narbonne* & de *Tréguier*.

M. le *Febvre d'Amécourt*, & M. l'*Abbé Rat de Mondon*, du second, qui est composé des Colleges de *Boissy*, des *Bons-Enfans*, de *Presles*, de *Sainte-Barbe*, de *Saint-Michel*, du *Trésorier* & de *Tours*.

M. le Président *Camus de Pontcarré*, & M. *Chuppin*, du troisieme, qui est composé des Colleges de *Bourgogne*, de *Cornouailles*, de *Dainville*, d'*Huban*, de *Maître-Gervais*, du *Mans* & de *Rheims*.

M. l'Abbé *Tandeau de Marsac* (235) & M. *Estienne*, du quatrieme, qui est composé des Colleges d'*Autun*, de *Bayeux*, des *Cholets*, des *Dix-Huit*, de *Fortet*, de *Laon* & de *Séez*.

---

(235) M. *Tandeau* étant devenu Conseiller de Grand'Chambre par la mort de M. l'Abbé d'*Espagnac*, arrivée le 21 Juillet 1781, a *cessé* d'être alors membre *du Bureau d'Administration* ; mais comme *la mort* de l'Abbé *d'Espagnac* faisoit *vaquer* une place d'*Administrateur Clerc de Grand'Chambre*, M. l'Abbé *Tandeau* a, par Arrêt du 27 Juillet, été nommé *pour la remplir* ; le même Arrêt nomme M. le Président *de Pontcarré* pour remplacer M. l'Abbé *Tandeau*. Ils ont pris l'un & l'autre séance au Bureau le 2 Août 1781.

CHAPITRE PREMIER.

COLLEGE D'ARRAS (236).

QUANT à ce College, on obfervera,

1°. Que dans le moment de la réunion, il ne jouiffoit que d'environ *dix-huit cent livres* de rente, & qu'actuellement fes revenus font de *quatre mille trente livres*, & fes charges ordinaires de *quatre mille douze livres*; qu'en conféquence fon *excédent* de la recette fur la dépenfe, n'eft que de *dix-huit livres*; que cependant, au premier Octobre 1780, il avoit en caiffe 1851 livres.

2°. Qu'au moyen de la tranfaction ci-après, il n'avoit au moment de la réunion aucunes dettes.

3°. Qu'il n'y avoit alors & qu'il ne devoit y avoir, d'après un Arrêt du Grand Con-feil du 26 Mai 1691, que *quatre* Bourfiers qui n'étoient pas logés, & à chacun defquels les Religieux de Saint-Waaft d'Arras donnoient par an *foixante-quinze livres*, & qu'il y a actuellement *huit Bourfiers*, pour chacun defquels il eft payé au College de Louis-le-Grand *quatre cens cinquante livres*.

4°. Qu'en exécution de la tranfaction ci-après, des *huit* Bourfes actuellement fub-fiftantes, *quatre* font à la nomination du *Prieur clauftral de S. Waaft d'Arras*, qui les nomme au nom de la Communauté; ces Bourfes ne peuvent être conférées qu'à des fujets du *diocefe d'Arras*. A l'égard des *quatre* autres Bourfes, elles font à la nomination libre du *Bureau*, & ne font *affectées à aucun diocefe*.

(236) *Premier département.*

Pᴀʀᴅᴇᴠᴀɴᴛ les Conſeillers du Roi, Notaires au Châtelet de Paris, ſouſſignés, furent préſens MM. les Adminiſtrateurs du College de Louis-le-Grand, repréſentés par

Meſſire Auguſtin-Henry Cochin, Chevalier, Conſeiller du Roi en ſa Cour de Parlement demeurant à Paris, rue Saint-Benoît, Paroiſſe Saint-Sulpice, & l'un des Adminiſtrateurs dudit College de Louis-le-Grand.

M. Jacques Vallette le Neveu, ex-Recteur de l'Univerſité de Paris, demeurant au College de Bourgogne, rue des Cordeliers, paroiſſe Saint-Côme.

Et Mᵉ Guy Antoine Fourneau, Prêtre, ancien Recteur de l'Univerſité, Grand-Maître dudit College de Louis-le-Grand.

Tous trois ſpécialement autoriſés à l'effet de ces préſentes, par délibération dudit College de Louis-le-Grand, du 17 Avril 1764, dont une expédition délivrée par le ſieur le Flamand, & repréſentée par ledit ſieur Cochin, eſt demeurée annexée à la minute des préſentes, après avoir été de lui ſignée & paraphée, en préſence des Notaires ſouſſignés, d'une part.

Et les ſieurs Abbé, Grand-Prieur & Religieux Bénédictins de l'Abbaye royale de Saint-Waaſt d'Arras, repréſentés par Dom Romain l'Etocart, Religieux de la même Abbaye, fondé de leur procuration ſpéciale, étant au bas du projet des préſentes, paſſé devant les Notaires royaux d'Artois le 26 Avril 1764, dont l'original duement légaliſé, avec le certificat que le contrôle & le papier timbré ne ſont point en uſage à Arras, eſt demeuré joint à la minute des préſentes, après avoir été certifié véritable, ſigné & paraphé, en préſence des Notaires ſouſſignés par ledit ſieur Romain l'Etocart, demeurant à Paris, rue d'Arras, paroiſſe Saint-Nicolas-du-Chardonnet, d'autre part.

Leſquels ont dit qu'ils ont reſpectivement intérêt d'arrêter le cours d'une conteſtation qui s'étoit élevée entr'eux, & dont les ſuites auroient pu entraîner des frais conſidérables, capables de conſommer le tout ou la plus grande partie des fonds d'un établiſſement de quatre Bourſes, exiſtantes dans la maiſon, connue ſous le nom du College de Saint-Waaſt d'Arras, ſituée en cette Ville, rue d'Arras; que les Religieux de l'Abbaye de Saint-Waaſt, depuis un très-long-tems, étoient en poſſeſſion de ſe regarder comme propriétaires de cette maiſon, ainſi que de quelques biens fonds attachés à cette maiſon, dont le détail eſt dans le compte rendu par M. Del'Averdy aux Chambres aſſemblées le 12 Novembre 1763; qu'en cette qualité & à ce titre, ils avoient employé les propres deniers de l'Abbaye à la reconſtruction totale de ladite maiſon, & qu'ils croient y être autoriſés par des titres hors de toute critique; qu'en même-tems ils ne diſconvenoient pas que les titres les ſoumettent à la charge de fournir au logement & à la ſubſiſtance de quatre Bourſiers, avec les Supérieurs deſtinés à leur éducation; que dans les derniers tems, cette fondation n'avoit été exécutée que par une rétribution de cent écus, que leſdits Religieux avoient payée annuellement à quatre jeunes gens déſignés, comme revêtus deſdites Bourſes; d'où il réſultoit des droits à liquider entre leſdits Religieux & MM. les Adminiſtrateurs du College de Louis-le-Grand, en ce que leſdites Bourſes & les fonds deſtinés pour icelles ſe trouvoient transférés audit College de Louis-le-Grand, en vertu

S ſ ij

8 *Mai* 1764.
Tranſaction paſſée entre MM. les Adminiſtrateurs du Coll. de Louis-le-Grand, & les ſieurs Abbé, Grand-Prieur & Religieux de l'Abbaye Royale de S. Waaſt d'Arras.

des Lettres Patentes du 21 Novembre 1763, enregiſtrées le 25 du même mois, meſdits ſieurs les Adminiſtrateurs avoient penſé que la dépenſe néceſſaire deſdites Bourſes abſorbant, & au-delà, les revenus des fonds du College, en y comprenant même la valeur des loyers que la maiſon pourroit produire, indépendamment de la queſtion qu'on pourroit élever, de ſavoir ſi la maiſon & leſdits fonds n'étoient pas le véritable patrimoine d'un College compoſé deſdits quatre Bourſiers & de leurs Supérieurs; & ſi conſéquemment MM. les Adminiſtrateurs n'étoient pas autoriſés à ſe mettre en poſſeſſion deſdites maiſon & biens fonds, & même à exercer un recours contre leſdits Religieux, à raiſon de ce qu'ils pourroient avoir pris dans les poſſeſſions deſdites maiſon & biens fonds pour les uſages de leur Communauté; que le réſultat de ceſdites obſervations étoit que l'Abbaye étoit débitrice envers le College des fonds néceſſaires pour l'établiſſement de quatre Bourſes, & des Supérieurs néceſſaires aux Bourſiers; que ſi leſdits Religieux étoient jaloux de conſerver la paiſible jouiſſance & propriété de ladite maiſon & biens fonds, MM. les Adminiſtrateurs pourroient ſe prêter à ce deſir, à la charge par leſdits Religieux de leur fournir en argent comptant, ou autrement, les fonds néceſſaires pour l'exécution de la fondation deſdites quatre Bourſes, ſuivant l'évaluation qui en ſeroit faite entr'eux à l'amiable, à quoi leſdits Religieux acquieſçant; & voulant même de leur part contribuer à l'accompliſſement de ladite fondation, même ſuppléer par forme d'augmentation de donation; & pour concourir aux vûes de Sa Majeſté dans le nouvel établiſſement du College de Louis-le-Grand, à ce qui pourroit être néceſſaire pour que ladite fondation ne fût en aucune maniere onéreuſe audit College, ſont convenus de ce qui ſuit :

ARTICLE PREMIER.

DEMEÛRERONT les Religieux en paiſible propriété & poſſeſſion de ladite maiſon & fonds en dépendans, ſans pouvoir être inquiétés en aucune maniere, & ſous quelque prétexte que ce ſoit, de recouvrement, révendication ou autrement, à quoi meſdits ſieurs les Adminiſtrateurs, renoncent tant pour le paſſé que pour l'avenir.

II.

DEMÉURERA pareillement ladite Abbaye déchargée de la fondation des quatre Bourſes; ladite fondation transférée au College de Louis-le-Grand, au deſir deſdites Lettres Patentes; ſe ſoumettant leſdits Adminiſtrateurs à les acquitter, garantir & indemniſer de toutes pourſuites à raiſon de ce, à l'effet de quoi ſe chargent leſdits Adminiſtrateurs de loger, nourrir & inſtruire aux frais dudit College, à perpétuité, quatre Bourſiers, leſquels ſeront de la Ville ou Dioceſe d'Arras, & ſeront leſdits Bourſiers nommés par le Supérieur clauſtral de Saint-Waaſt au nom de la Communauté.

III.

PAIERONT leſdits Religieux auxdits Adminiſtrateurs dudit College, entre les mains de Me Guy Antoine Fourneau, Grand-Maître temporel dudit College, la ſomme de 72000 livres, payable au 15 Mai prochain, après l'homologation des préſentes, laquelle ſomme leſdits Religieux déclarent devoir être fournie des deniers de la menſe conventuelle de ladite Abbaye, à laquelle par conféquent ladite maifon & biens en dépendans, & la nomination defdits Bourfiers, feront unis à perpétuité, de laquelle maifon & biens fonds lefdits Supérieur clauftral & Communauté pourront difpofer ainfi qu'ils aviferont bon être, & fera la déclaration de l'origine des deniers répetée dans la quittance, de laquelle fomme de 72000 livres lefdits fieurs Adminiftrateurs s'obligent à faire emploi, & à en juftifier dans fix mois.

I V.

TOUS les frais qui pourroient être néceffaires pour l'entiere exécution des préfentes, de quelque nature qu'ils foient, même les frais du préfent acte, dont les Religieux s'obligent, dans la huitaine, de fournir une groffe à mefdits fieurs Adminiftrateurs, feront payés par lefdits Religieux de Saint-Waaft.

Au moyen de quoi demeurent toutes les conteftations & prétentions refpectives éteintes & affoupies, & fera la préfente tranfaction homologuée. Fait & paffé le 8 Mai 1764; la minute demeurée à Mᶜ Gueret.

Nota. Cette tranfaction a été homologuée par Arrêt du 16 dudit mois, lequel a été dépofé aux Archives, en exécution de la Délibération du 24 du même mois; les 72000 livres ont été payées par les Religieux de Saint-Waaft dans le délai porté en la tranfaction, & employées en contrats fur les Aides & Gabelles, en exécution de la Délibération du Bureau dudit jour 24 Mai 1764.

Du Jeudi 5 Juillet 1764.

SUR le rapport fait par MM. les Adminiftrateurs chargés fpécialement de ce qui concerne le College d'Arras, fondé en l'Univerfité de Paris, contenant que les Abbé, Religieux & Communauté de l'Abbaye de Saint-Waaft d'Arras, en exécution de la tranfaction paffée entre eux & le Bureau, le 8 Mai dernier, homologuée par Arrêt du 16 dudit mois, ayant remis entre les mains de M. Fourneau, Grand-Maître du College de Louis-le-Grand, la fomme de foixante-douze mille livres; il a été fait emploi de ladite fomme au defir de la Délibération du 24 dudit mois de Mai, en acquifition de contrats de conftitution fur l'Hôtel-de-Ville de Paris, lefquels produifent 3750 livres de rente; que ces contrats repréfentent aujourd'hui les fonds appartenans audit College d'Arras; & que par la fufdite tranfaction, il a été ftipulé qu'une partie des revenus feroit employée à l'entretien des quatre Bourfiers qui paroiffent avoir exifté ou dû exifter dans le College d'Arras, fuivant les plus anciens titres dont on ait pu avoir connoiffance; que le furplus defdits revenus doit être employé conformément aux pieufes intentions des fondateurs du College, foit pour donner une folidité inaltérable aux Bourfes fondées, foit pour augmenter le nombre de celles qui feront placées dans le College de Louis-le-Grand, le tout fuivant les Délibérations qui feront prifes par le Bureau, relativement aux différentes circonftances. Vu le compte rendu par M. Del'Averdy aux Chambres affemblées le 12 Novembre dernier; le Mémoire remis à MM. les Commiffaires de la Cour par les anciens Recteurs de l'Univerfité, qui fe font tranfportés dans ledit College d'Arras, en

Délibération qui fixe les conditions de la réunion de ce College.

exécution de l'Arrêt du 4 Février 1763 ; la tranfaction paffée entre le Bureau & les Abbé Religieux & Communauté de l'Abbaye de Saint-Waaft d'Arras, le 8 Mai dernier, & l'Arrêt d'homologation d'icelle, du 16 dudit mois de Mai ; les contrats fur l'Hôtel-de-Ville produifant 3750 livres de rente, acquis des deniers payés par lefdits Abbé, Religieux & Communauté de Saint-Waaft, le Bureau délibérant a arrêté,

2°. Que conformément à la tranfaction du 8 Mai dernier, il fera établi dans le College de Louis-le-Grand, à compter du premier Octobre prochain, quatre Bourfes en faveur de quatre enfans de la Ville ou du Diocèfe d'Arras..........

4°. Que la nomination à ces quatre Bourfes appartiendra aux Abbé régulier, Religieux & Communauté de Saint-Waaft, ainfi & de la maniere qu'il eft porté par la fufdite tranfaction........

9°. Que conformément à la tranfaction, il fera par la fuite, & fitôt que l'état du College de Louis-le-Grand le permettra, établi quatre nouveaux Bourfiers, lefquels feront à la nomination de MM. les Adminiftrateurs (237).

Nota. Cette délibération a été homologuée par Arrêt du 16 Juillet 1764, & dépofée aux Archives en vertu de la Délibération du 19 defdits mois & an.

Noms des fondateurs & bienfaiteurs du College D'ARRAS.

Nicolas le Candrelier, Abbé de Saint-Vaaft d'Arras, fondateur du College, au commencement du quatorzieme fiecle.

Nota. On n'a aucune connoiffance des autres bienfaiteurs de ce College, au nombre defquels on peut cependant mettre l'Abbé *Jean,* lequel a donné des Statuts au College le 29 Octobre 1426 ; & un autre Abbé de Saint-Waaft, nommé *Philippe,* qui a fait réparer la maifon du College, & a donné de nouveaux Statuts au commencement du dix-feptieme fiecle.

---

(237) Ces quatre Bourfes ont été rétablies par Délibérations des 19 Décembre 1765 & 4 Septembre 1766.

CHAPITRE II.

COLLEGE D'AUTUN (238).

CE Chapitre fera divifé en deux articles; dans le premier on traitera ce qui a rapport au *College d'Autun*, & dans le fecond, ce qui eft relatif à la fondation d'*Oudard de Moulins*, faite dans ledit College.

ARTICLE PREMIER.

Du College D'AUTUN.

Quant à ce College, on obfervera :

1º. Qu'au moment de la réunion, ces revenus étoient de *huit mille fept cent vingt-fept livres*, & qu'ils font aujourd'hui de *dix mille fept cent trente-neuf livres*, & fes charges ordinaires, y compris une *penfion de quatre cent livres* à fon ancien Principal, ainfi que le montant de fes *réparations*, fixé à *quatorze cent livres*, par la Délibération du 3 Mai 1781, font de *dix mille cinq cent quatre-vingt-dix-neuf livres*; qu'en conféquence l'*excédent* de fa recette fur fes charges eft de *cent quarante livres*, & qu'il avoit en caiffe au premier Octobre 1780 la fomme de *huit mille quatre cent foixante-douze livres*.

2º. Que ce College devoit en 1763, *foixante-neuf mille quatre cent foixante-douze liv.*, dont plus de neuf mille livres en dettes exigibles, & le furplus en rentes conftituées, & qu'actuellement le College *ne doit rien*.

3º. Qu'il n'y avoit alors que *deux Bourfiers* qui, outre le logement, touchoient environ *trois cent quarante livres* chacun, & qu'actuellement il y a dans ce College *quatorze Bourfiers*, pour chacun defquels il eft payé au College de Louis-le-Grand *quatre cens cinquante livres*.

4º. Que les Bourfiers de ce College qui doivent être pris particulierement de la ville d'*Annonay*, font actuellement à la nomination de *M. le Maréchal Prince de Soubife en fa qualité de Marquis d'Annonay*, & ce d'après la tranfaction du 4 Mars 1779 ci-après.

---

(238) *Quatrieme département.*

Du premier Septembre 1764.

Délibération qui
fixe les conditions
de la réunion de
ce College. Messieurs les Adminiftrateurs fpécialement chargés de ce qui concerne le College
d'Autun, ont rendu compte dudit College, ainfi qu'il fuit : Meffieurs, le Cardinal
Bertrand d'Annonay, par actes des premier Août 1341, & 29 Octobre 1345,
fonda le College qui porte fon nom, mais qui eft plus connu fous le nom de College
d'Autun, & ordonna qu'il feroit compofé d'un Maître ou Principal, d'un Chapelain qu'il
inftitua auffi Procureur ou Provifeur, & de quinze Bourfiers, ... il voulut que les Bourfiers
fuffent pris, 1°. par préférence de fa parenté ; 2°. de la ville & banlieue d'Annonay &
de la partie du Diocèfe de Vienne, fife en-deçà du Rhône, & que chaque Bourfe reftât
vacante pendant deux mois, pour donner aux fujets ci-deffus défignés le tems de fe
préfenter ; 3°. Si dans cet intervalle il ne fe préfentoit aucun fujet des lieux dénommés,
ou fi ceux qui fe feroient préfentés étoient trouvés incapables, on en pourra choifir de
la ville de Puy-en-Velay ou de celle de Clermont, ou même de celle de Saint-Flour,
ou des Diocèfes de ces mêmes Villes ; 4°. à défaut de fujets des lieux marqués, les
Bourfes pourront être conférées à tous fujets nés dans le Royaume & ayant les autres
qualités requifes ; la nomination aux Bourfes doit être faite par le Principal & le plus ancien Bourfier de chacune des trois Facultés ; celle du Principal doit fe faire par les Bourfiers capitulairement affemblés dans l'efpace de quatre jours après la vacance, comme
les quatre jours paffés, la nomination eft dévolue d'abord au Chancelier de l'Univerfité
dans l'Eglife de Paris, Supérieur, Vifiteur & Réformateur du College, avec les trois plus
anciens Profeffeurs en Théologie ; enfuite à M. l'Archevêque de Paris, Par l'acte de
1341, le Cardinal Bertrand établit fon College dans fon Hôtel, rue & vis-à-vis Saint-
André-des-Arts......

André de Saufea, Evêque de Béthléem & Principal du College, par fon teftament du
24 Juillet 1643, légua au College 500 livres de rente, pour la fondation de trois Bour-
fiers-Grammairiens, qui furent réduits à deux, par transaction paffée le 22 Septembre
1644, avec fon exécuteur-teftamentaire ; il deftina ces Bourfes, 1°. aux enfans de fa
famille, pourvu qu'ils fuffent catholiques ; 2°. aux fujets de la Ville & Marquifat d'Annonay ; 3°. au défaut à ceux du Diocèfe de Vienne & non d'ailleurs. Les 500 livres de
rente données pour cette fondation ont été rembourfées, & les 10200 livres de fon
principal qui produifoit la rente ont été employées à racheter d'autres rentes que le College avoit conftituées à différens particuliers.

Il a été fait dans le College un grand nombre de fondations de Meffes & Obits, la
plupart pour des fommes modiques & infuffifantes, même eu égard au tems où elles ont
été faites ; cet objet méritera dans la fuite un examen détaillé, l'état du College exigeant,
comme nous allons le montrer, qu'on travaille à la réduction de fes charges (239).

_____

(239) C'eft ce qui a été fait par Délibération du 30 Avril 1767. *Voyez* ci-deffus, Chapitre XIV, *de l'Obituaire*, page 296.

La

La Communauté du College devroit être compofée d'un Principal, d'un Procureur & de vingt Bourfiers; il paroît qu'elle a fubfifté dans cet état jufqu'en 1726. Dans cette année, le nombre des Bourfiers fut réduit à dix; il fut encore diminué de quatre en 1729; on le réduifit à trois en 1731. Le dernier Principal étant mort en 1736, & les trois Bourfiers n'ayant pu s'accorder entr'eux, la nomination du Principal fut dévolue au Chancelier de l'Univerfité & aux trois anciens Profeffeurs en Théologie, lefquels, par Délibération du 23 Octobre 1736, arrêterent qu'il feroit furfis à la nomination audit Office: cette Délibération a donné lieu à un procès dans lequel la ville d'Annonay s'eft rendue Partie intervenante, & qui fut jugé par Arrêt du 8 Mars 1741. Cet arrêt homologue ladite Délibération; ordonne que, pendant douze ans, il fera furfis à la nomination d'un Principal & à celle d'une des trois Bourfes, & que, vacance arrivant des deux Bourfes confervées ou de la provifforie, il y fera pourvu par le Chancelier de l'Univerfité. Par autre Arrêt du 2 Septembre 1755, l'exercice de celui de 1741 a été prorogé pour douze ans; ainfi le College n'eft plus compofé, depuis 1741, que d'un Provifeur & de 2 Bourfiers.

Surquoi la matiere mife en délibération, le Bureau a arrêté,

4°. Que les honoraires du Provifeur demeureront fixés à la fomme de 400 livres de penfion par année, dont il jouira auffi & de la maniere réglée par la Délibération du 17 Avril dernier, homologuée par Arrêt de la Cour du 24 Mai fuivant (240).

5°. Que le nombre des Bourfiers reftera réduit à deux, jufqu'à ce qu'autrement par le Bureau il en ait été délibéré (241).

6°. Que la nomination, tant aux deux Bourfes fubfiftantes lorfqu'elles viendront à vacquer, que celles qui feront rétablies par la fuite, appartiendra au Bureau d'Adminiftration, & que lefdites Bourfes ne pourront être conférées qu'à des fujets des lieux marqués par les fondations, à l'effet de quoi, vacance advenant defdites Bourfes, il en fera donné avis aux Officiers Municipaux de la ville d'Annonay, à l'effet qu'il fe puiffe préfenter dans trois mois au plus tard, à compter de l'avis donné auxdits Officiers Municipaux, des fujets de la qualité requife par les fondations (242)............

(240) La Délibération du 17 Août 1764 eft conçue en ces termes:
« LE BUREAU affemblé, eft comparu Me Alexandre-Charles de Montgolfier, Prêtre, » Licentié en Théologie, Profeffeur au College d'Autun, lequel a propofé à MM. du Bureau » de lui accorder, à compter du premier Octobre prochain, la fomme de quatre cens livres de » penfion portable par-tout, mais cependant payable à Paris, à la charge & condition qu'il » confervera cette penfion, quelques bénéfices & places qu'il obtînt par la fuite, & ce fans » aucune réduction, & a figné. Lui retiré:
» LE BUREAU confidérant que par cet arrangement le College d'Autun gagnoit dès à préfent » au profit de fes Bourfiers pareille fomme de quatre cens livres, puifque l'appartement dudit » Provifeur & dépendances étoient un objet de deux cens livres de loyer, & qu'il avoit fix » cens fix livres d'honoraires, a accepté les offres ci-deffus ».
(241) Prefque toutes les Bourfes ont été depuis rétablies. *Voy.* ci-après la Tranfac. du 4 Mars 1779.
(242) Voyez ci-après la tranfaction du 4 Mars 1779, par laquelle le Bureau a cédé cette nomination à M. le Maréchal Prince de Soubife, en fa qualité de Marquis d'Annonay.

II. Partie. T t

12°. Que le mobilier du College d'Autun, eftimé par gens à ce connoiffans, la fomme de 727 livres, appartiendra au College de Louis-le-Grand, à la charge de tenir compte audit Collège d'Autun de ladite fomme de 727 liv.

13°. Que les quinze Bourfes fondées par le Cardinal Bertrand, & les deux par M. de Saufea feront rétablies par Délibération du Bureau, à mefure que les facultés du College le pourront permettre, & que les deux premieres Bourfes qui feront établies après le nombre defdits Bourfiers complet, lefquels tiendront lieu de l'office de Principal, feront à la nomination du Chancelier de l'Univerfité dans l'Eglife de Paris, & par dévolution à celle de M. l'Archevêque de Paris, ainfi & de la même maniere que leur appartenoit, par dévolution la nomination du Principal (243).

Nota. Cette Délibération a été homologuée par Arrêt du 7 Septembre 1764, dépofée aux archives en vertu d'autre Délibération du 12 Septembre 1764.

4 Mars 1779. Tranfaction entre M. le Maréchal de Soubife & le Bureau d'Adminiftration, par laquelle le Bureau cede à M. le Maréchal de Soubife la nomination des Bourfes du College d'Autun.

PARDEVANT les Confeillers du Roi, Notaires au Châtelet de Paris, fouffignés, furent préfents très-haut & très-puiffant Prince Monfeigneur Charles de Rohan, Prince de Soubife & d'Epinay, Duc de Rohan Rohan, Marquis d'Annonay, Comte de Tournon, Baron de Serrieres & autres lieux, Pair & Maréchal de France, &c. &c. d'une part.

Mre Barthelemy-Gabriel Rolland, Chevalier, Comte de Chambeaudoin, Seigneur de Rolland, Blondeau, Villiers-Chappuis & autres lieux, Confeiller du Roi en fes Confeils & en fa Cour de Parlement & Préfident premier des Requêtes du Palais, &c.

Mre Léonard de Sahuguet d'Efpagnac, Confeiller du Roi en fa Cour de Parlement & Grand'Chambre d'icelle, &c.

Mre Pierre-Philippes Rouffel de la Tour, Chevalier, Confeiller du Roi en fa Cour de Parlement & Grand'Chambre d'icelle, &c.

Mre Gabriel Tandeau de Marfac, Chevalier, Confeiller du Roi en fa Cour de Parlement, &c.

Mre Jean Sainfray, Ecuyer, Confeiller du Roi, Subftitut de M. le Procureur-Général de fa Majefté, &c.

Mre Jean-Denis Lempereur, Ecuyer, Confeiller du Roi, Doyen de Quartiniers & ancien Echevin de la ville de Paris, &c.

Mre Prudent de Villiers, Chevalier, Seigneur de la Noue, Confeiller du Roi en fon Châtelet de Paris, &c.

Mre Henry-Ifaac Eftienne, Ecuyer, ancien Echevin de la Ville de Paris, & ancien Bâtonnier de l'Ordre des Avocats, &c.

Mre Jean-Nicolas Chuppin de Germiny, Confeiller du Roi en fondit Châtelet, &c.

Et Mre Guy-Antoine Fourneau, Prêtre, ancien Recteur de l'Univerfité, Grand-Maître temporel du College de Louis-le-Grand & Colleges y réunis, &c.

Tous Adminiftrateurs du College de Louis-le-Grand & Colleges y réunis, affemblés en leur Bureau, fis audit College, d'autre part.

---

(243) Voyez la même tranfaction.

Lesquels ont dit : que par actes des premier Août 1341 & 29 Octobre 1345, le Cardinal Bertrand d'Annonay, Evêque d'Autun, a fondé le College d'Autun à Paris, & y a établi un Principal, un Chapelain & quinze Boursiers, dont cinq devoient étudier en Théologie, cinq en Droit, & cinq dans la Faculté des Arts, pour être lesdites Bourses conférées à des personnes de sa famille, s'il s'en trouvoit de capables, ensuite à des jeunes gens de la ville & châtellenie d'Annonay, & à leur défaut, à des jeunes gens de la partie du Diocèse de Vienne, qui appartenoit dès-lors à la France, puis à des jeunes gens des villes & diocèses du Puy en Vélay, de Saint-Flour & de Clermont, le tout à la nomination du Principal dudit College, & du plus ancien des Boursiers.

Que par son testament du 24 Juillet 1643, André de Sausea, Evêque de Béthléem, Principal du College d'Autun, a fondé dans ledit College trois autres Bourses qui ont été réduites à deux, par transaction du 22 Septembre 1644.

Qu'avant la réunion de ce College à celui de Louis-le-Grand, faite en exécution des Lettres Patentes du 21 Novembre 1763, les dettes dont ledit College d'Autun étoit alors surchargé, avoient obligé le Parlement de suspendre toutes les Bourses par Arrêt des 8 Mars 1741 & 2 Septembre 1755, à l'exception seulement de deux qui devoient être conservées.

Que mondit Seigneur Prince de Soubise, en sa qualité de Seigneur, Marquis d'Annonay, & d'autres terres situées dans la partie du diocèse de Vienne, en-deçà du Rhône, ayant intérêt au rétablissement desdites Bourses, s'est fait rendre compte de tout ce qui s'étoit passé à ce sujet, & qu'ayant pris communication du Mémoire sur l'Administration du College de Louis-le-Grand, que le Bureau a bien voulu rendre public l'année dernière, il a reconnu les avantages considérables que le College d'Autun a retirés de sa réunion ; puisque ses dettes qui montoient alors à près de 70000 livres, n'étoient plus, suivant le dernier compte arrêté en 1778, que d'environ 12000 livres, & que cette bonne administration avoit déja mis le Bureau dans le cas de rétablir, par délibération du 21 Mai 1778, deux nouvelles Bourses au premier Octobre 1778, & de déterminer le rétablissement de quatre autres nouvelles Bourses, savoir : deux pour le premier Octobre 1779, & deux pour le premier Octobre 1780.

Que mondit Seigneur Prince de Soubise desirant ardamment, pour le bien & l'avantage de ses vassaux, de voir rétablir promptement la totalité desdites Bourses, a proposé auxdits Seigneurs-Administrateurs, auxquels le droit de nomination auxdites Bourses appartient, en exécution de l'article XV du titre II du Réglement attaché sous le contre-scel des Lettres Patentes du 20 Août 1767, registrées au Parlement le 4 Septembre suivant, de lui céder ledit droit de nomination, moyennant la somme de 12000 livres, qu'il offroit de payer audit College d'Autun, entre les mains du Grand-Maître temporel, pour employer à l'acquittement desdites dettes, accélérer sa libération, & mettre ce College en état d'avoir promptement en caisse une année d'avance de son revenu, objets d'où dépend le rétablissement desdites Bourses.

Que mondit Seigneur Prince de Soubise, devenu en quelque sorte, par cette libéralité, le restaurateur dudit College d'Autun, & se trouvant par cette cession le collateur

T t ij

defdites Bourfes, feroit plus à portée que perfonne de les remplir d'une maniere con-forme à l'efprit des Fondateurs, tant pour l'avantage des habitans de fa terre d'Annonay & des autres terres qui lui appartiennent dans la partie du diocèfe de Vienne, qui eft en-deçà du Rhône, & qui font appellés à ces Bourfes par les actes de Fondations; que pour le choix des fujets qui pourroient fe diftinguer dans ce College; qu'outre les con-noiffances particulieres qu'il eft en état de prendre par lui-même ou par fes gens d'affai-res, de la capacité de fes fujets, il auroit la facilité d'envoyer audit College les jeunes gens qui auroient montré le plus de difpofitions pour l'étude, foit dans la Pédagogie d'Annonay, foit dans le College de Tournon dont il eft le Fondateur.

Que lefdits Seigneurs Adminiftrateurs defirant de leur part de contribuer à l'avantage dudit College d'Autun, en accélérant fa libération & le rétabliffement defdites Bourfes, & de donner à mondit Seigneur Prince de Soubife des marques de leur déférence & de la confiance qu'ils ont au choix judicieux qu'il fera des fujets pour remplir lefdites Bour-fes auxquelles il a un intérêt particulier, fe font empreffés d'accepter fa propofition, & de lui céder pour lui & fes fucceffeurs Marquis d'Annonay, la nomination des Bourfiers dudit College d'Autun, efpérant que cet acte fera à mondit Seigneur Prince de Soubife, un témoignage de l'envie qu'ils ont de lui être agréable & du defir dont ils font remplis de procurer, même aux dépens de leurs droits & intérêts particuliers, le bien & avan-tage des Colleges confiés à leurs foins.

En conféquence & fous le bon plaifir du Roi, & de fa Cour de Parlement, les Parties ont fait & arrêté ce qui fuit :

Lefdits Seigneurs Adminiftrateurs cédent & abandonnent à mondit Seigneur Prince de Soubife, ce acceptant pour lui & pour fes fucceffeurs Marquis d'Annonay, à perpétuité, le droit de nomination à toutes les Bourfes fondées dans ledit College d'Autun, foit par le Cardinal Bertrand d'Annonay, foit par l'Evêque de Bethléem, ainfi qu'à toutes celles qui pourroient être établies fur les revenus dudit College, en remplacement des places de Principal & de Chapelain ou autrement, pour exercer ledit droit de nomination, con-formément aux titres de fondations & aux réglemens intervenus depuis, ainfi que le tout fera ci-après expliqué.

Cette ceffion eft ainfi faite, moyennant la fomme de 12000 livres que mondit Seigneur Prince de Soubife promet & s'oblige de payer audit College d'Autun, entre les mains de M. le Grand-Maître temporel dudit College de Louis-le-Grand & Colleges y réunis, dans le mois après l'enregiftrement des Lettres Patentes qui interviendront fur le préfent acte, pour être ladite fomme employée à l'acquittement des dettes dudit College d'Au-tun, auquel paiement mondit Seigneur Prince de Soubife affecte, oblige & hypothéque tous fes biens préfens & à venir.

Ces préfentes font faites fous les charges, claufes & conditions ci-après ftipulées, que les Parties promettent & s'obligent d'exécuter & accepter en tout leur contenu, & qui doivent en même tems fervir de loi pour les Bourfiers, en conformité des réglemens in-tervenus fur cette matiere.

ARTICLE PREMIER.

LES fondations faites par le Cardinal Bertrand d'Annonay, Evêque d'Autun, les premier Août 1341 & 29 Octobre 1345, ainsi que la fondation faite par André de Saufea, Evêque de Bethléem & Principal du College d'Autun, par fon teftament du 24 Juillet 1643, feront exécutées felon leur forme & teneur; en conféquence les quinze Bourfes établies par ledit Cardinal Bertrand, & les deux auxquelles ont été réduites par tranfaction du 22 Septembre 1644, les trois Bourfes fondées par ledit Evêque de Bethléem, feront rétablies dans ledit College aux époques ci-après fixées; confentant en outre le Bureau, que les deux Bourfiers qui par la Délibération du 21 Mai 1778 ne doivent être reçus au College que le premier Octobre 1780, le foient dès le premier Octobre 1779, avec les deux qui, fuivant ladite Délibération du 21 Mai 1778, doivent être reçus audit jour premier Octobre 1779, ce qui complettera huit Bourfiers dans ledit College, & à l'égard des neuf autres Bourfiers néceffaires pour completter les fondations mentionnées au préfent article, ils feront rétablis en trois fois, favoir; trois au premier Octobre 1781, trois au premier Octobre 1783, & trois au premier Octobre 1785. (244).

I I.

LESDITS Bourfiers, conformément à la fondation, feront pris 1°. dans la famille du Fondateur; 2°. dans la ville & châtellenie d'Annonay; 3°. dans la partie du diocèfe de Vienne qui eft en-deçà du Rhône; 4°. dans les villes & diocèfe du Puy en Vélay, de Saint-Flour & de Clermont; 5°. enfin au défaut de fujets dans les villes & lieux ci-deffus, lefdites Bourfes pourront être remplies par tous fujets régnicoles, ayant d'ailleurs les qualités pour ce requifes............

I V.

LES quatre premieres Bourfes qui pourront être créées après celles mentionnées dans les articles précédens, feront repréfentatives du Principal & du Chapelain dudit College d'Autun, fondées par le Cardinal Bertrand, & elles feront également à la nomination de mondit Seigneur Prince de Soubife & de fes fucceffeurs Marquis d'Annonay; & faute par eux d'y nommer dans les trois mois du jour que la vacance leur aura été notifiée dans la forme prefcrite par l'article XVI ci-après, ladite nomination fera, conformément à ladite fondation, dévolue au Chancelier de l'Eglife de Paris, & à défaut par lui d'y nommer dans le même délai de trois mois, à l'Archevêque de Paris; le tout à la charge par lefdits Chancelier & Archevêque de nommer des fujets des lieux défignés dans l'article II ci-deffus.

---

(244) Attendu l'augmentation faite de 50 livres du prix de chaque Bourfe par les Lettres Patentes du 19 Mars 1780, le Bureau a le 15 Juin fuivant délibéré de fufpendre le rétabliffement des trois Bourfes qui devoient avoir lieu au premier Octobre 1785; d'après cette Délibération, il n'exifte dans le College d'Autun que quatorze Bourfiers, dont huit actuellement (Mai 1781) fubfiftans, trois qui entreront au 1er Octobre 1781, & trois au 1er Octobre 1783.

V.

DANS le cas où les revenus du College d'Autun permettroient de créer de nouvelles Bourses, outre & par-dessus celles mentionnées aux articles premier, troisieme (245) & quatrieme ci-dessus, elles seront affectées à la noblesse du Royaume, & mondit Seigneur Prince de Soubise & ses successeurs Marquis d'Annonay auront aussi le droit de nomination auxdites Bourses, & seront les maîtres de les conférer à tels des sujets du Roi qu'ils jugeront à propos de choisir, & ce en quelque lieu du Royaume que lesdits jeunes gens soient nés; & à cet égard, conformément à l'article IV des Lettres Patentes du 3 Septembre 1778, concernant le College de Me Gervais, lesdits Boursiers seront tenus de faire des preuves pareilles à celles qui sont prescrites pour être admis à l'Ecole Royale Militaire, sans cependant que mondit Seigneur Prince de Soubise & sesdits successeurs soient astreints à suivre l'ordre des classes établies pour ladite Ecole Royale, par l'Edit de Janvier 1751.

V I.

DANS le cas où la diminution des revenus obligeroit de suspendre quelques-unes desdites Bourses, la suspension ne pourra être faite que dans la forme prescrite par les Lettres Patentes du 21 Novembre 1763, & autres réglemens sur ce depuis intervenus, & elle portera d'abord sur les Bourses libres mentionnées en l'article V, & ensuite sur celles mentionnées en l'article IV ci-dessus.

VII, VIII, IX, X, XI, XII, XIII, XIV, XV & XVII.

CES articles étant copiés mot à mot des Lettres Patentes du 19 Mars 1780, qui sont imprimés, (dans la 1re Partie, Chap. II); on a cru inutile de les réimprimer.

X V I.

D'APRÈS l'état & la date de la vacance des Bourses que le Principal est obligé de remettre au Bureau, en exécution des articles XVIII & XIX du titre II du Réglement attaché sous le contre-scel des Lettres Patentes du 20 Août 1767, le Bureau par son Secrétaire donnera connoissance à mondit Seigneur Prince de Soubise & à ses successeurs Marquis d'Annonay, de la vacance desdites Bourses, & ce, avant le 15 Juillet de chaque année, pour être lesdites Bourses par lesdits Seigneurs nominateurs conférées dans les tems & dans la forme ci-dessus prescrite.

X V I I I.

SERONT au surplus, mondit Seigneur Prince de Soubise & ses successeurs Marquis d'Annonay, relativement à la collation desdites Bourses, & lesdits Boursiers obligés de se conformer à tous les Réglemens que le Roi ou le Parlement sous son autorité jugeront à propos de faire concernant les Boursiers réunis dans le College de Louis-le-Grand, ainsi qu'aux Délibérations qui seront prises par le Bureau d'Administration dans la forme prescrite par les Lettres Patentes du 21 Novembre 1763, & autres Réglemens sur ce intervenus ou qui interviendront.

---

(245) L'article III concerne la fondation d'Oudard de Moulins. Voyez l'article II, ci-après.

X I X.

MONDIT Seigneur Prince de Soubife obtiendra inceffamment fur la préfente ceffion des Lettres Patentes qu'il fera enregiftrer à la Cour, le tout à fes frais, ainfi que le coût des préfentes, & auffi-tôt après ledit enregiftrement, lefdites Lettres Patentes feront dépofées par acte enfuite des préfentes, dont il fera délibéré deux expéditions en parchemin, avec copie defdites Lettres Patentes, l'une pour mondit Seigneur Prince de Soubife, & l'autre pour le Bureau.

Car ainfi le tout a été convenu & arrêté entre lefdites Parties, élifant mondit Seigneur Prince de Soubife pour l'exécution des préfentes, fon domicile à Paris, en fon Hôtel, & lefdits Seigneurs Adminiftrateurs en leur Bureau, auxquels lieux nonobftant, promettant, obligeant, renonçant. Fait & paffé à Paris, favoir : par mondit Seigneur Prince de Soubife, en fon Hôtel ci devant défigné, & à l'égard defdits Seigneurs Adminiftrateurs, en leur Bureau, fis audit College de Louis-le-Grand, rue Saint-Jacques, paroiffe Saint-Benoît, l'an 1779, le 4 Mars après midi, & ont figné deux minutes femblables des préfentes, dont une eft demeurée à Me Gueret & l'autre à Me Garnier Defchefnes, tous deux Notaires fouffignés ; cet acte ainfi fait double à la réquifition des Parties, ainfi qu'il eft dit en la minute demeurée audit Me Gueret, Notaire fouffigné (246).

Le 18 Août 1779, M. le Prince de Soubife a payé les 12000 liv. ftipulées dans cette tranfaction.

---

(246) Cette tranfaction avoit été projettée par les Adminiftrateurs nommés le 21 Janvier précédent par la Délibération fuivante :

M. le Préfident Rolland a dit que Meffieurs fe rappellent qu'en exécution des Lettres Patentes du 21 Novembre 1763, ils ont droit de nommer aux Bourfes du College d'Autun ; que comme ces Bourfes font affectées par préférence à des fujets de la ville d'Annonay & des lieux voifins, le Bureau avoit toujours paru difpofé à abandonner ce droit, fi cet abandon pouvoit devenir avantageux à ce College ; que lors de la réunion du College d'Autun à celui de Louis-le-Grand, M. Maréchal Prince de Soubife, Marquis d'Annonay, avoit paru défirer que la nomination aux Bourfes de ce College lui fût cédée, mais que le Bureau ne crut pas devoir rien décider alors à ce fujet, attendu les différentes reclamations qui s'élevoient dans les premiers momens contre la réunion des petits Colleges dans celui de Louis-le-Grand ; que poftérieurement, la ville d'Annonay propofa de donner une fomme au profit du College, fi le Bureau vouloit abandonner aux Officiers Municipaux de cette ville la nomination aux Bourfes de ce College ; que le Bureau nomma le 4 Juin 1767 des Commiffaires pour examiner en détail ces propofitions, mais qu'elles ne furent point agréées, parce que le Bureau penfa que s'il abandonnoit fon droit de nomination à ces Bourfes, ce devoit plutôt être en faveur de M. le Maréchal Prince de Soubife, Marquis d'Annonay, que de toutes autres perfonnes ; que la publicité que le Bureau a donnée au Mémoire qu'il avoit rédigé concernant le College de Louis-le-Grand & les Colleges y réunis, avoit réveillé l'attention de M. le Maréchal Prince de Soubife à ce fujet, & que M. le Cardinal Prince de Guémenée lui avoit fait l'honneur de lui en parler & de lui témoigner combien toute fa Maifon feroit flattée fi le Bureau vouloit bien fe défifter de fon droit en faveur de M. le Maréchal Prince de Soubife, en fa qualité de Marquis

LOUIS par la grace de Dieu, Roi de France & de Navarre, à tous préfens & à venir, falut : Notre très-cher & bien amé coufin le Maréchal Prince de Soubife nous a fait expofer que, par acte paffé devant Gueret & fon confrere, Notaires à Paris, le 4 Mars dernier, les Adminiftrateurs du College de Louis-le-Grand & de ceux y réunis, lui ont cédé & abandonné, fous notre bon plaifir, pour lui & fes fucceffeurs Marquis d'Anno-nay, à perpétuité, le droit de nomination qui leur appartenoit en exécution de l'article XV du titre II du Réglement attaché fous le contre-fcel des Lettres Patentes du 20 Août 1767, à toutes les Bourfes fondées dans le College d'Autun, foit par le Cardinal Bertrand d'Annonay, Evêque d'Autun, foit par André de Saufea, Evêque de Bethléem, Princi-pal du College d'Autun, ainfi qu'à toutes celles qui pourroient être établies fur les reve-nus dudit College, en remplacement des places de Principal & de Chapelain dudit Col-lege ou autrement, pour exercer ledit droit de nomination, conformément aux titres de fondation & aux réglemens depuis intervenus, & à ceux qui interviendront dans la fuite; que de fon côté notredit Coufin s'eft obligé de payer audit College d'Autun, entre les mains du Grand-Maître temporel du College de Louis-le-Grand & Colleges y réunis, dans le mois après l'enregiftrement des Lettres Patentes qui interviendront, la fomme de 12000 livres, pour être employée à l'acquittement des dettes dudit College, ainfi que le tout eft plus au long énoncé audit acte de ceffion, lequel contient en outre un Ré-glement en dix-neuf articles concernant les Bourfiers dudit College, lequel Réglement eft conforme à ce que nous avons ordonné pour le College de Me Gervais, par notre Déclaration du 3 Septembre 1778, & pour celui de Beauvais par nos Lettres Patentes du 14 Février 1779; que notredit Coufin fe propofe de faire réfulter de cet arrangement, avec le concours defdits Adminiftrateurs, les plus grands avantages pour le College d'Autun, & que c'eft ce qui lui fait efperer que nous ne refuferons pas de confirmer du fceau de notre autorité, l'acte de ceffion qui leur a été paffé. A CES CAUSES, & autres à ce nous mouvant, de l'avis de notre Confeil & de notre certaine fcience, pleine puif-fance & autorité Royale, nous avons approuvé, loué & confirmé; approuvons, louons & confirmons par ces préfentes fignées de notre main ledit acte de ceffion du 4 Mars

d'Annonay, qui confentoit de payer comptant une fomme de 12000 livres pour liquider entié-rement les dettes du College d'Autun,

Sur quoi la matiere mife en délibération,

LE BUREAU a unaniment arrêté d'accepter les propofitions faites au nom de M. le Maréchal Prince de Soubife, & a confenti de fe défifter en fa faveur, comme Marquis d'Annonay, de fon droit de nomination aux Bourfes du College d'Autun, au moyen du paiement qui fera fait par M. le Maréchal Prince de Soubife, fuivant fes offres d'une fomme de 12000 livres qui fera employée à acquitter les dettes du College d'Autun, & à la charge que l'acte qui fera paffé à ce fujet fera revêtu de Lettres Patentes qui feront enregiftrées au Parlement, & le Bureau a nommé MM. *Tandeau de Marfac* & *Eftienne*, particuliérement chargés du College d'Autun, pour, conjointement avec M. le Préfident *Rolland*, convenir & traiter avec M. le Maréchal Prince *de Soubife* des conditions dudit abandon.

dernier,

dernier, ci-attaché fous le contre-fcel de notre Chancellerie ; voulons & nous plait qu'il foit exécuté fuivant fa forme & teneur, ainfi que le Réglement en dix-neuf articles qu'il contient, & qu'en conféquence notredit Coufin le Maréchal Prince de Soubife & fes fucceffeurs Marquis d'Annonay, jouiffent à perpétuité du droit de nomination à toutes les Bourfes fondées dans ledit College d'Autun, foit par le Cardinal Bertrand d'Anno- nay, foit par l'Evêque de Bethléem, ainfi qu'à toutes celles qui pourront être établies fur les revenus dudit College, en remplacement des places de Principal & de Chapelain ou autrement, pour exercer ledit droit de nomination, conformément aux titres de fondations, aux réglemens depuis intervenus & à ceux qui interviendront dans la fuite, & notamment ainfi & de la maniere qu'il eft énoncé audit acte du 4 Mars 1779. Si donnons en mandement à nos amés & féaux Confeillers, les gens tenant notre Cour de Parlement à Paris, que ces préfentes ils aient à faire regiftrer, & du contenu en icelles & audit acte de ceffion du 4 Mars dernier, faire, jouir & ufer notredit Coufin le Maréchal Prince de Soubife & fes fucceffeurs Marquis d'Annonay, pleinement, paifiblement & perpétuellement, ceffant & faifant ceffer tous troubles & empêchemens contraires : car tel eft notre plaifir ; & afin que ce foit chofe ferme & ftable à toujours, nous avons fait mettre notre fcel à cefdites préfentes. Donné à Verfailles, au mois de Juillet, l'an de grace 1779, & de notre regne le fixieme. *Signé* LOUIS. *Et plus bas*, par le Roi. AMELOT, avec grille & paraphe.

Ces Lettres Patentes ont été enregiftrées le 9 Août 1779, & dépofées pour minute audit Gueret, par acte du 24 du même mois, enfuite de la minute de ladite tranfaction.

Noms des Fondateurs & Bienfaiteurs du College D'AUTUN.

1. Le Cardinal *Pierre Bertrand*, dit *d'Autun*, Fondateur du College, 1341.
2. *Jean Roger*, Prêtre, Doyen de Sens, & Chanoine de Rouen, 1345.
3. *Pierre Lecomte* & *Gillette* fa femme, 1370.
4. *Oudard de Moulins*, Préfident en la Chambre des Comptes de Paris, Fondateur de trois Bourfes qui n'ont jamais exiftées, 1397.
5. *Gerard d'Athies*, Archevêque de Befançon, 1404.
6. *Pierre Rouffelot*, Procureur au Parlement, & *Simonne la Rollande* fa femme, 1484.
7. *Pierre Faulcon*, Prêtre, Docteur en Théologie, & Principal du College, 1501.
8. *Etienne Petit*, Maître des Comptes, & *Catherine Fournier* fa femme, 1515.
9. *Jean du Beffet*, Prêtre & Provifeur du College, 1515.
10. *Pierre Coulhet*, Prêtre & Provifeur du College, 1521.
11. *Catherine Antonis*, veuve de Jean Malingre, Avocat, 1522.
12. *Antoine Combes*, Prêtre, Curé de Meru, au Diocèfe de Beauvais, 1530.
13. *Léonard Chauvet*, Procureur au Parlement, 1531.
14. *Michel Bonnet*, Prêtre & Provifeur du College, 1535.
15. *Bertrand Bobelene*, Prêtre, 1538.
16. *Claude Verne*, 1553.

II. Partie. Vv

17. *Gilbert Roulard*, Prêtre & Bourſier Decretiſte, 1557.

18. *Etienne d'Arangeon*, Prêtre & Bourſier Théologien, 1564.

19. *Antoine Leorier*, Prêtre de Valence, en Dauphiné, 1570.

20. *Claude de Corrieres*, Prêtre & Curé de Mahiet, au Diocèſe de Clermont, en Auvergne, 1571.

21. *Louis Robin*, Prêtre habitué de la Paroiſſe Saint André-des-Arts, 1575.

22. *Bon de Broë*, Préſident aux Enquêtes du Parlement de Paris, 1587.

23. *Fleury Darvieux*, Prêtre, 1600.

24. *Pierre de Monchal*, Avocat au Parlement de Paris, 1627.

25. *André de Sauſea*, Evêque de Bethléem, Fondateur de trois Bourſes, réduites à deux, 1644.

26. *Alexandre de Limonne*, Docteur en Médecine de la Faculté de Paris, 1652.

27. *Pierre Leblanc*, Prêtre habitué de la Paroiſſe Saint Severin, 1652.

28. *Etienne Faurié*, 1661.

29. *Nicolas des Francois*, Prêtre & Proviſeur du College, Doyen de l'Egliſe Cathédrale du Puy, en Vélay, 1668.

30. *Gilbert Ogier*, Prêtre & Proviſeur du College, 1704.

31. *Charles Fourel*, Prêtre & Principal du College, 1735.

ARTICLE II.

Fondation d'Oudard de Moulins dans le College d'Autun (247).

CETTE fondation, faite à la fin du quatorzieme fiecle, n'a jamais eu d'exécution; le Bureau lui a donné un commencement d'exiftence, fes revenus font actuellement de 233 livres, & elle n'a aucune charge.

Elle avoit, le premier Octobre 1780, 916 livres en caiffe; en conféquence, attendu la recette faite depuis, le Bureau a, par fa Délibération du 3 Mai 1781, ordonné qu'il fera placé au profit de cette fondation, 1000 livres; en continuant d'avoir foin de placer les revenus de cette fondation toutes les fois qu'il y aura 1000 livres; avant la fin de ce fiecle, cette fondation pourra avoir une Bourfe; & les intentions d'Oudard de Moulins feront, par les foins du Bureau, exécutées quatre cens ans après fon décès.

Au furplus, on a cru devoir réunir dans cet article toutes les Délibérations prifes par le Bureau à fon fujet.

Du 8 Mai 1764.

SUR le compte rendu par M. le Préfident Rolland que M. de Fleffelles, Intendant de Moulins, lui avoit remis ce matin une Délibération de la ville de Moulins du 3 du préfent mois, relativement au fupplément que la ville de Moulins offroit pour, avec les 160 livres, revenu de 3200 livres, données originairement par un de leurs concitoyens, ainfi qu'il eft détaillé dans le compte rendu par M. Del'Averdy le 12 Novembre dernier, former une Bourfe au profit des Habitans de leur Ville;

Propofitions de la Ville de Moulins.

LE BUREAU a arrêté qu'il ne pouvoit fe charger de la fondation propofée par la Ville de Moulins qu'aux conditions fuivantes :

1°. Que la ville de Moulins s'obligera à payer tous les ans, à compter du premier Janvier dernier, 200 livres de rente, fans aucune retenue, rembourfable cependant au principal de 6000 livres en un ou deux termes égaux (248).

2°. Que chaque Bourfier apportera trois paires de draps de quatorze aunes fur une aune & demie de large, & deux douzaines de ferviettes, le tout neuf, qui refteront au College; & aura foin de fe fournir d'un lit garni, d'une cuillere, fourchette, couteau & gobelet, qu'il remportera (249).

3°. Que vacance advenant de ladite Bourfe, elle reftera un an vacante; & les 200 livres payables par la ville de Moulins, ainfi que les 160 livres que doivent fournir les re-

---

(247) *Quatrieme département.*

(248) Dans le tems que cette Délibération a été prife, les penfions n'étoient que de 360 livres.

(249) Le Bureau n'avoit pas encore délibéré de fournir les lits, les couverts & les gobelets.

V v ij

venus du College d'Autun, feront, pendant ledit tems, appliqués au profit du College de Louis-le-Grand, pour la part contributoire de ladite Bourfe dans les frais communs.

4°. Que ledit Bourfier ne pourra jouir de ladite Bourfe que jufqu'à la Philofophie inclufivement.

5°. Que le Bourfier ne pourra être envoyé que pour la rentrée des Claffes prochaines.

Du 21 Janvier 1779.

MESSIEURS les Adminiftrateurs fpécialement chargés du College d'Autun ont dit que Meffieurs fe rappellent qu'il a été fait lecture à la derniere affemblée d'un mémoire adreffé au Bureau par les Officiers municipaux de la ville de Moulins, par lequel ils demandent le rétabliffement de trois Bourfes fondées dans ce College par Oudard de Moulins; & que fur cette demande, il a été ordonné qu'il feroit dreffé, d'après les titres de la fondation d'Oudard de Moulins, un mémoire pour connoître l'origine de cette fondation, la nature des biens donnés pour fa dotation & fon état actuel; que ce mémoire avoit été en effet rédigé, & qu'ils alloient en faire lecture au Bureau ; fur quoi lecture faite dudit mémoire, il a été arrêté que copie d'icelui, enfemble expédition de la Délibération du 8 Mai 1764 & de la préfente, feront envoyées aux Officiers municipaux de la Ville de Moulins.

Du 20 Mai 1779.

OUVERTURE a été faite d'une lettre adreffée à MM. les Adminiftrateurs du College de Louis-le-Grand à Paris, laquelle s'eft trouvée être de MM. les Officiers municipaux de la ville de Moulins en date du 14 du préfent mois, à laquelle étoit jointe une expédition d'une Délibération prife à l'affemblée générale des Habitans de ladite Ville, le 10 du préfent mois ; le tout relatif au rétabliffement d'une des Bourfes fondées dans le College d'Autun par Oudard de Moulins.

Lecture faite de ladite lettre & de ladite Délibération, il a été unanimement arrêté qu'elles feront dépofées aux archives, & que le Bureau ne pouvoit confentir au rétabliffement d'une des Bourfes fondées par Oudard de Moulins dans le College d'Autun, prépofé par les habitans de la ville de Moulins, qu'aux conditions fuivantes :

1°. Que la ville de Moulins s'obligera de payer à Paris une fomme de 6000 livres que le Bureau placera de la maniere la plus avantageufe au profit de la fondation d'Oudard de Moulins.

2°. Que la ville de Moulins s'obligera en outre, que dans le cas où par la fuite la rente qui fera acquife de ladite fomme de 6000 livres viendroit à fupporter quelque réduction, comme auffi dans le cas où la penfion des Bourfiers réunis dans le College de Louis-le-Grand, aujourd'hui fixée à 400 livres pour chacun, viendroit à être augmentée, de payer pour ledit Bourfier le fupplément néceffaire pour parfaire la fomme à laquelle fera fixée la penfion des autres Bourfiers

3°. Que chaque Bourfier qui entrera ne fera plus tenu d'apporter trois paires de draps & deux douzaines de serviettes pour rester au College après sa sortie, ainsi qu'il étoit porté en l'article II de la Délibération du Bureau du 8 Mai 1764; cette condition ne pouvant plus avoir lieu, d'après l'article II du titre III des Lettres Patentes du premier Juillet 1769; mais que chaque Boursier sera tenu de se fournir de linge de table, de corps & de lit, comme font tous les autres Boursiers réunis; & qu'il sera acheté un couvert & un gobelet d'argent à l'usage dudit Boursier des deniers dudit College d'Autun.

4°. Que la rente que produira la susdite somme de 6000 livres, jointe aux 160 livres réservées pour la fondation d'Oudard de Moulins, par la transaction passée entre le Bureau & M. le Maréchal Prince de Soubise, le 4 Mars dernier, étant suffisante pour payer la pension actuelle du Boursier, & sa part contributoire aux dépenses communes, le Bureau consent que ladite Bourse soit remplie aussi-tôt qu'elle deviendra vacante (250), à la charge néanmoins par le sujet qui sera nommé à ladite Bourse, de ne pouvoir se présenter pour être admis au College que pendant la quinzaine de Pâques, ou depuis le premier Octobre jusqu'au 15 Novembre de chaque année.

5°. Que le Bureau ne peut consentir que la Bourse ne soit remplie que par les Eccliers qui auroient fait leur Rhétorique au College de la ville de Moulins, parce que les classes étant beaucoup plus fortes dans l'Université de Paris que dans celles de Province, les Sujets qui sortiroient de Rhétorique du College de Moulins ne seroient peut-être pas en état d'être admis dans la même classe, ou en Philosophie au College de Louis-le-Grand; mais que les Sujets qui seront pourvus de ladite Bourse pourront étudier d'abord en Humanité, & être reçus dans la classe de sixieme depuis huit ans commencés jusqu'à quatorze ans; en cinquieme, jusqu'à quinze ans; en quatrieme, jusqu'à seize ans; en troisieme, jusqu'à dix-sept ans; en seconde, jusqu'à dix-huit ans; & en Rhétorique jusqu'à dix-neuf ans; le tout révolus, conformément à ce qui a été ordonné par la Déclaration du Roi du 3 Septembre dernier concernant le College de Maître Gervais; que lesdits Sujets pourront ensuite étudier en Philosophie, & qu'après avoir pris le dégré de Maître ès Arts, ils pourront étudier en Théologie ou en Droit jusqu'à la Licence inclusivement.

6°. Consent le Bureau d'abandonner le droit de nomination qui lui appartient à ladite Bourse à établir, aux Officiers municipaux de la ville de Moulins, à la charge néanmoins par eux de ne nommer que des sujets nés dans les lieux requis par la fondation d'Oudard de Moulins.

7°. Le Secrétaire-Archiviste a été chargé d'envoyer expédition de la présente Délibération aux Officiers municipaux de la ville de Moulins.

Du premier Septembre 1764.

Messieurs les Administrateurs spécialement chargés du College d'Autun ont dit.... qu'Oudard de Moulins, Président en la Chambre des Comptes, par son codicile du

Délibération de réunion.

(250) Cette clause est une dérogation à l'article III de la Délibération du 8 Mai 1764, ci-dessus

7 Décembre 1397, légua au College 2900 livres d'or pour la fondation de trois Boursiers qui étudieroient, l'un en Théologie, le deuxieme en Droit, & le troisieme dans
la Faculté des Arts; ces Boursiers doivent être pris, 1°. par préférence, de la famille des
Fondateurs; 2°. de la Ville & Châtellenie de Moulins; 3°. des Villes situées entre la
Loire & l'Allier; 4°. des Châtellenies de Souvigny & de Belle-Perche; 5°. & à défaut
de tout, le Bourbonnois: des deux mille neuf cens livres, il fut employé 900 livres pour
la construction de trois chambres destinées au logement de trois Boursiers, & des 2000
livres restantes, le College s'obligea d'acquérir 50 livres parisis de rente.

Nota. Sur ce compte, il ne fut alors rien délibéré, d'autant que l'on attendoit la réponse des Officiers Municipaux de Moulins à la Délibération du 8 Mai précédent.

LE BUREAU ayant, le 4 Mars 1779, en exécution de sa Délibération du 21 Janvier
précédent, céde à M. le Maréchal Prince de Soubise la nomination des Bourses du College d'Autun; il eut soin de conserver les droits de la fondation d'Oudard de Moulins;
en conséquence, l'article suivant fut inféré dans cette transaction.

ARTICLE III.

4 Mars 1779.
Transaction avec
M. le Maréchal
Prince de Sou-
bise.

QUANT à la fondation faite par Oudard de Moulins, Président de la Chambre des
Comptes, par son testament de 1397, pour un habitant de la ville de Moulins, la Délibération du Bureau d'Administration du 8 Mai 1764, dont une expédition délivrée par
M. Reboul, Secrétaire-Archiviste dudit Bureau, le 22 Février dernier, représentée par
lesdits Seigneurs & Administrateurs, & à la requisition des Parties, demeurée annexée
à la minute des présentes, après que mention dudit annexe y a été faite par les Notaires soussignés, & dont l'exécution a été ordonnée par autre Délibération du 21 Janvier 1779, sera exécutée suivant sa forme & teneur; en conséquence, dans le cas où
la ville de Moulins jugeroit à propos de completter les sommes nécessaires pour un
Boursier, il sera pris sur les revenus du College d'Autun la somme de 160 livres pour
contribuer à ladite fondation, & ledit Boursier sera à la nomination des Officiers municipaux de la ville de Moulins, ou de tous autres qui completteront ladite fondation;
le tout ainsi qu'il sera reglé entre le Bureau & ceux qui completteroient ladite fondation,
se réservant même le Bureau de completter ladite Bourse, en plaçant annuellement le
produit desdites 160 livres de rente, à compter du jour de la réunion; & audit cas,
la nomination à ladite Bourse appartiendra au Bureau.

En exécution de cet article, le Bureau a pris le 2 Septembre 1779, la Délibération
suivante:

VU par le Bureau l'article III de la transaction passée en double minute devant Gueret
& Garnier des Chesnes, le 4 Mars dernier, entre M. le Maréchal Prince de Soubise &
le Bureau, ladite transaction concernant la nomination des Bourses du College d'Autun,
& confirmée par Lettres Patentes de Sa Majesté du mois de Juillet dernier, enregistrées
le 9 Août suivant, portant qu'il seroit prélevé au profit de la fondation d'Oudard de

Moulins 160 livres par année ; & confidérant qu'il feroit utile de féparer les fonds fixés
à 3200 livres, de ceux du College d'Autun ; qu'il eft jufte de plus de prélever au profit de
ladite fondation lefdites 160 livres par an , environ depuis la réunion ; il a été arrêté
que des 12000 livres payées par M. le Maréchal Prince de Soubife , fuivant la quittance
du 18 Août dernier devant Gueret , enfuite de la minute de ladite tranfaction , il fera placé
au profit de ladite fondation d'Oudard de Moulins , tant pour le principal que pour les
arrérages échus jufqu'à ce jour , la fomme de 5000 livres ; & qu'il fera fait un compte
particulier de ladite fondation.

CHAPITRE III.

COLLEGE DE BAYEUX (251).

LES détails relatifs à ce College font :

1°. Que les revenus, lors de la réunion n'étoient que de *fix mille cent foixante-neuf livres*, & ils font actuellement de *neuf mille deux cens trente-cinq livres* ; & fes charges ordinaires, y compris la *penfion* de fon ancien Principal, qui eft de *douze cens livres*, & le montant de fes *réparations* fixé à *douze cens livres* par la Délibération du 3 Mai 1781, font de *neuf mille cent quatre-vingt-quatre livres* ; qu'en conféquence, *l'excédent* de fon revenu fur fes charges n'eft que de *cinquante & une livres* ; qu'il étoit au premier Octobre 1780, débiteur de 1621 livres, dont il s'acquittera fucceffivement, notamment en ménageant le plus qu'il fera poffible fur les réparations que l'on a porté dans fes charges pour 1200 livres ; & effectivement, fuivant le bordereau imprimé ci-deffus, premiere Partie, Chapitre VIII, p. 249, ce College ne devoit plus au 28 Mai 1781 que 704 livres.

2°. Que ce College n'avoit aucune dette en 1763, & s'il en a dans ce moment, elles proviennent finguliérement des dépenfes occafionnées par des réparations extraordinaires & des placemens qui ont été faits à fon profit.

3°. Qu'il n'avoit en 1763 que *quatre Bourfiers* qui ne touchoient chacun que 150 livres, & qu'il y en a actuellement *douze* ; mais vu l'augmentation du prix de la penfion des Bourfiers, ordonnée par les Lettres-Patentes du 19 Mars 1780, le Bureau, par Délibération du 15 Juin fuivant, a arrêté que les Supérieurs-Majeurs feroient invités à laiffer deux Bourfes vacantes jufqu'après l'extinction de la penfion viagere de l'ancien Principal.

4°. Que ces Bourfiers doivent être *moitié du Diocèfe d'Angers*, & *moitié du Diocèfe du Mans* ; les premiers font nommés par l'*Evêque d'Angers & le Tréforier de fon Eglife* ; & les autres par l'*Evêque du Mans & l'Archidiacre de Paffay*.

_____

(251) *Quatrieme département.*

Du

Du Jeudi 9 Août 1764.

MESSIEURS les Administrateurs particuliérement chargés du College de Bayeux, ont dit que ce College a été fondé par Guillaume Bouvet, Evêque de Bayeux, pour douze Ecoliers, moitié du Diocèse d'Angers, moitié de celui du Mans, & particuliére-ment du Doyenné de Paffay; l'acte de fondation est du premier Mars 1309, confirmée & même augmentée par son testament. Ces actes donnent la nomination pour les Bour-siers du Diocèse d'Angers à l'Evêque Diocésain & au Tréforier de l'Eglise d'Angers, pourvu qu'il réside à Angers & desserve le Bénéfice. Quant aux autres Boursiers, la nomination est déferée à l'Evêque du Mans & à l'Archidiacre de Paffay; les Collateurs sont chargés par l'acte de fondation de choisir des sujets de bonnes mœurs & capables de faire des progrès aux études. Les actes n'imposent aux Boursiers d'autre charge que celle d'assister en corps au service qui doit se célébrer tous les ans le jour de l'aniver-saire de la mort du Fondateur. Le 30 Novembre 1315, Me Robert Benoît, Chanoine de Bayeux, en procédant à l'exécution du testament de Guillaume Bouvet, explique en détail quels étoient les biens légués pour la fondation.... Robert Benoît fait ensuite des Réglemens concernant les études....

Délibération de réunion de ce College.

Sur quoi, vu les Statuts de 1315 & les derniers Statuts du College de Bayeux, don-nés par les Commiffaires du Parlement, de l'année 1543, ainsi que la Sentence du Tribunal de l'Université de 1735,

LE BUREAU délibérant a arrêté : ....

4°. Qu'à compter du premier Octobre prochain, outre les quatre Boursiers actuelle-ment existans, il en sera rétabli deux; un du Diocèse d'Angers, & un du Diocèse du Mans; & par préférence du Doyenné de Paffay, conformément à la fondation....

8°. Qu'il sera accordé au Principal dudit College une pension de 1200 livres, sans aucune retenue, & qui courera du premier Octobre prochain, à la charge par lui de laisser son logement libre pour le terme de Saint Remy de la présente année.

9°. Que les revenus dudit College venans à augmenter par la cessation de la pension du Principal ou autrement, il sera établi des Bourses, conformément à ce qui sera délibéré par le Bureau, lesquels néanmoins ne pourront être rétablies que deux à la fois, une pour chaque Diocèse (252)....

13°. Que le mobilier dudit College de Bayeux, estimé par gens à ce connoiffant à

---

(252) Par Délibération du 12 Octobre 1775, il a été rétabli deux Bourses.

Et par autre Délibération du 4 Décembre 1777, il en été rétabli quatre pour compléter la fondation.

Mais par Délibération du 15 Février 1780, vu l'augmentation survenue par les Lettres Patentes du 19 Mars précédent, sur le prix de la pension des Boursiers, il a été arrêté que les Supérieurs Majeurs seroient priés de laisser deux Bourses vacantes jusques après l'extinction de la pension viagere accordée à l'ancien Principal.

II. Partie.   X x

la fomme de 540 livres, fera & appartiendra à l'Adminiftration, à la charge de tenir compte au College de Bayeux de ladite fomme de 540 livres. . . .

Nota. Cette Délibération a été homologuée par Arrêt du 21 Août 1764, dépofé aux Archives, en vertu de la Délibération du 23 du même mois.

Noms des Fondateurs & Bienfaiteurs du College de B A Y E U X.

1. *Guillaume de Bouvet*, Evêque de Bayeux, Fondateur du College, 1309.
2. *Grégoire*, Evêque de Séez, 1411.
3. *François le Roux*, Prêtre & Principal du College, 1586.
4. *Michel Bloyn*, Prêtre & Procureur du College, 1593.
5. *Mathurin le Brun*, Prêtre Principal du College, 1596.
6. *Philippe Allouin*, Prêtre & Curé de Saint Michel du Tertre, à Angers, 1640.
7. *Urbain Pottier*, Prêtre, Curé de Saint-Germain-du-Val, près la Flêche, 1658.

CHAPITRE IV.

COLLEGE DE DORMANS - BEAUVAIS ET SES FONDATIONS (253).

COMME il y a dans ce College deux fondations particulieres, & dont les biens se régissent séparément, ce Chapitre sera divisé en trois articles.

Le premier, pour le *College de Beauvais.*

Le second, pour la Fondation *Bazin.*

Le troisieme, pour la Fondation *Perrot.*

ARTICLE PREMIER.

Du College de Beauvais.

CE College a été fondé le 8 Mai 1370 par Jean de Dormans, Evêque de Beauvais, Cardinal & Chancelier de France ; & sa fondation a été augmentée par lui-même le 31 Janvier 1371, & 8 Janvier 1372, & 29 Octobre 1373, & ensuite par plusieurs de ses parens.

Il a été réuni dans celui de Louis-le-Grand par Lettres Patentes du 7 Avril 1764 ci-après ; il étoit sous l'inspection immédiate du Parlement, & avoit joui pendant long tems d'une très grande réputation, qu'il a dû singuliérement à MM. *Rollin & Coffin,* dont les noms seuls font l'éloge, & qui en ont été successivement Principaux ; le Bureau a cru devoir donner une preuve de ses sentimens relativement à M. Coffin, en accordant, le 2 Août 1781, une Bourse à un de ses petits neveux : on trouvera ci-après cette Délibération.

Au surplus, comme on ne connoît pas sur ce College d'autres observations à faire que sur tous les autres, on se contentera de remarquer :

1°. Que dans le moment de la réunion, ce College n'avoit *que vingt mille neuf cent quarante-une livres de revenu,* & qu'actuellement il jouit de *vingt-huit mille deux cent trente-neuf livres ;* que ses charges ordinaires, y compris *deux mille huit cent livres* de *pension* qu'il *paye à ses anciens Officiers,* ainsi que les *trois cent livres* auxquelles le montant de ses *réparations* a été fixé par la Délibération du 3 Mai 1781, sont de *vingt-sept mille neuf cent quatre-vingt-deux livres ;* qu'en conséquence, *l'excédent* de ses revenus sur ses charges n'est que de *deux cent cinquante-sept livres ;* que cependant il avoit en caisse, au premier Octobre 1780, la somme de *neuf mille quatre-vingt-dix-sept livres.*

2°. Qu'il devoit en 1763 *soixante-sept mille trois cent cinquante-quatre livres,* & qu'il ne

---

(253) *Premier département.*

doit plus que *trois mille six cent livres*, dont 2400 livres dues aux héritiers de M. Coffin, & qui ne sont pas remboursées, parce que M. Coffin les a déléguées à un ancien domestique pour en jouir sa vie durant à titre de rente viagere; on attend l'extinction de cette rente pour rembourser ces 2400 livres; quant aux autres 1200 livres, ils sont dus aux héritiers de M. Rollin, qui ne se sont pas encore présentés pour en recevoir ni le principal ni les arrérages.

3°. Qu'il n'avoit alors que *vingt Boursiers*, & qu'il en existe actuellement *quarante-cinq*, y compris les Boursiers de *Saint Jean-des-Vignes*, pour lesquels on paye à cette maison 500 livres, d'après l'article III des Lettres-Patentes du 14 Février 1779 ci-après.

4°. Les quarante-quatre Boursiers existans dans le College doivent être *trois* du village de *Bisseuil* & d'*Athis*, Diocèse de Rheims; *vingt* du village de *Dormans*, Diocèse de Soissons, mais faute de Sujets, le Présentateur peut y nommer des enfans du surplus du Diocèse; deux de la ville de Compiegne (254); & dix-huit du Diocèse de Soissons, ces quarante-trois Boursiers sont à la présentation de l'*Abbé de Saint Jean-des-Vignes de Soissons*.

Quant au quarante-quatrieme Boursier, qui est celui *Wittement*, il est à la *collation du Bureau d'Administration* (255), mais doit être pris du *Diocèse de Soissons*, & par préférence des habitans de Dormans qui ont été Boursiers.

Le *Parlement* est *Collateur* de toutes ces Bourses, & la nomination s'en fait par Arrêt, d'après les lettres de présentation.

M. le Premier Président, M. le Doyen du Parlement & M. le Doyen des Conseillers Clercs, ce dernier, comme Grand-Vicaire né de M. l'Abbé de Saint Jean-des-Vignes sont les Supérieurs-Majeurs de ce College; depuis la réunion, le Parlement a rendu un Arrêt le 29 Décembre 1769, (que l'on trouvera ci-après,) d'où il résulte que ceux de ses Membres qui sont du Bureau d'Administration y sont ses Représentans, en sa qualité de Supérieur-Majeur de ce College.

(254) Les deux premiers Boursiers à établir doivent être aussi de la ville de Compiegne. *Voyez* au surplus ci-après la Délibération du 7 Septembre 1780.
(255) *Voyez* ci-après les Lettres Patentes du 14 Février 1779.

LETTRES
PATENTES
du 7 Avril 1764.

Pour la tranſla-
tion du College
de *Beauvais* dans
celui de Louis-le-
Grand.

LOUIS, par la grace de Dieu, Roi de France & de Navarre : A tous ceux qui ces préſentes Lettres verront ; SALUT. Nous avions bien voulu par nos Lettres-Patentes du 21 Novembre dernier, agréer les arrangemens qui avoient été pris entre les Abbé & Chanoines Réguliers de l'Abbaye Royale de Sainte-Genevieve, & les Supérieurs du College de Liſieux, pour l'indemnité des terrein & bâtimens qu'il occupoit, & qui ſe trouvoient néceſſaires pour la nouvelle Egliſe de Sainte-Genevieve ; les mêmes motifs nous avoient engagé à autoriſer la tranſlation de l'exercice dudit College dans celui de Louis-le-Grand, afin que les Bourſiers des Colleges de Paris où il ne ſe trouvoit plus de plein exercice, que nous avions jugé à propos de réunir dans le College de Louis-le-Grand, puiſſent y trouver les inſtructions néceſſaires pour leur éducation ; mais les Supérieurs-Majeurs & College de Liſieux Nous ayant fait pluſieurs repréſentations à ce ſujet, & nous ayant propoſé, de concert avec les Adminiſtrateurs dudit College de Louis-le-Grand, de leur laiſſer la liberté d'établir le College de Liſieux dans tel autre lieu de notre bonne ville de Paris, qui ſeroit par Nous agréé, & dans lequel ils fuſſent plus à portée de remplir l'eſprit & les vues de leurs Fondateurs, Nous nous ſerions porté d'autant plus volontiers à y déférer, que la précaution que leſdits Supérieurs & Adminiſtrateurs avoient priſe en même-tems de s'arranger avec les Directeurs du College de *Dormans-Beauvais* de notre bonne ville de Paris, de maniere qu'il pût être ſubſtitué ſur le champ à celui de Liſieux, rendoit ce changement ſans inconvénient, n'apportoit aucune interruption aux Exercices du College de Louis-le-Grand, & ne faiſoit qu'accélérer l'exécution de nos Lettres Patentes du 21 Novembre dernier ; il Nous a même paru que le bien public que nous avons uniquement en vue par ces Lettres, & que nous deſirons voir promptement rempli, ſeroit d'autant plus aſſuré, que par ces arrangemens le College de Beauvais, & tout ce qui en dépend, ſe trouveroit tellement incorporé avec ledit College de Louis-le-Grand, qu'il n'exiſteroit plus qu'un ſeul & même College deſſervi par les mêmes Maîtres, ſoumis aux mêmes regles, à la même diſcipline, & à une ſeule & même Adminiſtration, toujours plus utile pour le maintien d'une bonne police, & pour l'avantage tant deſdits Bourſiers réunis, que des Penſionnaires & des Externes qui y feroient leurs études. Nous adopterons donc avec d'autant plus de ſatisfaction, un arrangement ſi ſimple, que notre Cour de Parlement, ſous la direction immédiate duquel ſe trouvoit ledit College de Beauvais, ne perdra par cette incorporation, aucun de ſes droits & prérogatives, puiſque le Bureau d'Adminiſtration que nous avons établi par noſdites Lettres Patentes pour la conduite du College de Louis-le-Grand, ſe trouve compoſé de pluſieurs Membres de notredite Cour, & que les comptes de la régie des biens du College de Beauvais ſeront toujours rendus en la maniere accoutumée. A CES CAUSES, & autres à ce Nous mouvant, de l'avis de notre Conſeil, & de notre certaine ſcience, pleine puiſſance & autorité royale, Nous avons par ces Préſentes ſignées de notre main, ordonné & ordonnons, voulons & nous plaît ce qui ſuit :

ARTICLE PREMIER.

Le College de Dormans-Beauvais de notre bonne ville de Paris, sera & demeurera incorporé à perpétuité avec celui de Louis-le-Grand, en telle sorte qu'il ne fasse plus qu'un seul & même College, soumis à la même discipline & à la même administration, à l'effet de quoi l'instruction publique qui se faisoit dans ledit College de Beauvais, sera transférée dans celui de Louis-le-Grand, & tous les biens & effets appartenans audit College de Beauvais, seront régis & administrés par le Bureau d'Administration dudit College de Louis-le-Grand.

I I.

Les Boursiers du College de Beauvais demeureront pareillement incorporés avec ceux des autres Colleges réunis dans ledit College de Louis-le-Grand, & y seront logés, nourris & élevés, ainsi qu'il est porté par nos Lettres Patentes du 21 Novembre dernier, le tout sans avoir par lesdits Boursiers & College de Beauvais, dans les bâtimens dudit College de Louis-le-Grand, aucune propriété distincte & séparée des autres Boursiers y réunis.

I I I.

Les places de Principal, Sous-Maître & Procureur du College de Beauvais, seront & demeureront supprimées; voulons toutefois qu'il soit payé par le Receveur du Bureau d'Administration du College de Louis-le-Grand, sur les revenus du College de Beauvais, subsidiairement sur ceux du College de Louis-le-Grand, une pension viagere de trois mille livres par an audit Principal, non compris la pension d'Emeric dont il jouit, une de deux mille livres au Sous-Maître, & une de quinze cens livres audit Procureur, lesquelles pension leur seront payées de trois mois en trois mois, à compter du premier Octobre prochain; & sera ladite pension de quinze cens livres, en cas de décès dudit Procureur, payée à celui qui avoit retenu la survivance de ladite place jusqu'à son décès.

I V.

Les Professeurs & Régens dudit College de Beauvais occuperont dans le College de Louis-le-Grand les logemens qu'occupent les Professeurs & Régens du College de Lisieux, & ce, suivant l'ordre de leurs classes.

V.

Le Pensionnat qui avoit lieu dans le College de Beauvais, pourra continuer d'être tenu dans celui de Louis-le-Grand, ainsi qu'il sera réglé par ledit Bureau d'Administration dudit College, & l'instruction continuera d'y être gratuite & ouverte à tous Externes, ainsi que dans les autres Colleges de plein exercice de notredite Université.

V I.

Ce qui concernera la discipline, la Police & les études dudit College, ainsi que la régie de ses biens & revenus, sera réglé en la forme prescrite par nosdites Lettres Patentes du 21 Novembre dernier, sans préjudice toutefois des droits, priviléges & Jurifdiction du Tribunal de notre Univerſité de Paris , leſquels demeureront conſervés en leur entier.

V I I.

IL ſera par le Grand-Maître temporel du College de Louis-le-Grand rendu compte de la recette & dépenſe faite pour ledit College de Beauvais ; & ce , en la forme & maniere accoutumée , & ledit compte arrêté , ſera par lui remis au Bureau d'Admi-niſtration du College de Louis-le-Grand.

V I I I.

L'EMPLACEMENT & les bâtimens dudit College de Beauvais ſeront vendus & ad-jugés en la forme portée par noſdites Lettres Patentes du 21 Novembre dernier, & les deniers qui en proviendront ſeront employés en augmentation de Bourſe au profit des perſonnes en faveur deſquelles les Bourſes dudit College de Beauvais ont été fondées, & ce , en la forme preſcrite par leſdites Lettres (256).

I X.

LES fondations bien & duement établies dans le College de Beauvais , & qui étoient acquittées dans la Chapelle dudit College , le ſeront à l'avenir dans celle de Louis-le-Grand ; & ce , conformément à l'article XXXVIII de noſdites Lettres Patentes.

X.

ET pour ne pas interrompre le cours de l'année claſſique , voulons que la tranſla-tion du College de Beauvais en celui de Louis-le-Grand, ne ſoit effectuée qu'au pre-mier Octobre prochain ; permettons néanmoins aux Profeſſeurs & Régens du College de Beauvais de ſe qualifier dès à préſent de Profeſſeurs & Régens du College de Louis-le-Grand.

X I.

ET voulant donner aux Supérieurs-Majeurs & College de Liſieux , le tems qui pour-roit être néceſſaire pour acquérir les maiſons & terreins , où ſous notre agrément, ils jugeront à propos d'établir ledit College à demeure , voulons que les terreins & bâ-timens occupés par le College de Beauvais , ſoient donnés à bail audit College de Liſieux pour trois années ſeulement par le Bureau d'Adminiſtration du College de Louis-le-Grand , à raiſon de trois mille livres par an , à l'effet de tranſporter dans ledit Col-lege de Beauvais , dans le courant du mois de Septembre prochain au plus tard , les Principal , Profeſſeurs , Régens & autres Officiers néceſſaires pour la deſſerte de celui de Liſieux , ainſi que ſes Bourſiers & Penſionnaires , & d'y reprendre ſes exercices au premier Octobre ſuivant.

X I I.

EN cas que les terreins & bâtimens du College de Beauvais fuſſent vendus avant l'expiration des trois années dudit bail, leſdites ventes ne pourront être faites qu'à la charge de laiſſer jouir le College de Liſieux juſqu'à la fin dudit bail ; & où ledit Col-

(256) La vente en a été faite au College de Liſieux par acte devant *Gueret* du premier Septembre 1767.

lege de Lifieux feroit tranfporté ailleurs dans le courant defdites trois années, ledit bail demeurera réfolu fans qu'il puiffe être prétendu aucunes indemnités par ledit College de Louis-le-Grand, pourvu toutefois qu'il ait été averti fix mois auparavant.

XIII.

LES Adminiftrateurs du College de Lifieux ne pourront demander, ni faire aucun changement, ni reconftruction dans ledit College de Beauvais, fi ce n'eft à leurs frais & dépens, & de l'agrément du Bureau d'Adminiftration du College de Louis-le-Grand.

XIV.

LES frais de la tranflation dudit College de Beauvais feront pris fur les revenus du College de Louis-le-Grand, & ceux de la tranflation du College de Lifieux le feront fur les deniers deftinés à la conftruction de la nouvelle Eglife de Sainte-Génevieve.

XV.

LES Bourfiers & College de Beauvais jouiront des dons, remifes & priviléges portés par l'article XLVI de nos Lettres Patentes du 21 Novembre dernier.

XVI.

VOULONS au furplus que nos Lettres Patentes du 21 Novembre dernier foient exécutées en tout leur contenu en ce qui ne fera pas contraire aux difpofitions de nos préfentes Lettres, qui feront exécutées felon leur forme & teneur, dérogeant à tout ce qui feroit contraire. SI DONNONS EN MANDEMENT à nos amés & féaux Confeillers les Gens tenant notre Cour de Parlement à Paris, que ces préfentes ils aient à faire lire, publier & regiftrer, & le contenu en icelles garder, obferver & exécuter de point en point felon leur forme & teneur, aux copies defquelles collationnées par l'un de nos amés & féaux Confeillers-Secrétaires, voulons que foi foit ajoutée comme à l'original. CAR tel eft notre plaifir; en témoin de quoi Nous avons fait mettre notre fcel à cefdites Préfentes. DONNÉ à Verfailles le feptieme jour d'Avril l'an de grace mil fept cent foixante-quatre, & de notre regne le quarante-neuvieme. *Signé* LOUIS. *Et plus bas*, Par le Roi, PHELYPEAUX. Et fcellées du grand fceau de cire jaune.

Regiftrées, oui, ce requérant le Procureur Général du Roi, pour être exécutées felon leur forme & teneur, & copies collationnées envoyées tant au Châtelet de Paris pour y être lues, publiées & regiftrées, qu'à l'Univerfité de Paris pour y être regiftrées, & pareille copie collationnée, notifiée au Bureau d'Adminiftration du College de Louis-le-Grand, fuivant l'Arrêt de ce jour. A Paris, en Parlement, toutes les Chambres affemblées, le onze Avril mil fept cent foixante-quatre. Signé DUFRANC.

2 Juin 1764.
Tranfaction entre le Bureau d'Adminiftration & les Abbé & Religieux de Saint-Jean-des-Vignes.

PARDEVANT les Confeillers du Roi, Notaires au Châtelet de Paris, fouffignés furent préfens,

Très-Haut, Très-Puiffant, & Très-Excellent Seigneur & Religieux, Monfeigneur Ignace-Robert Solar de Breille, Bailli d'Armenie, Chevalier, Grand'Croix, Commandeur de l'Ordre de Saint Jean de Jérufalem, Abbé Commendataire de l'Abbaye Royale de Saint-Jean-des-Vignes de Soiffons, en cette qualité Patron & Supérieur

rieur du College de Dormans-Beauvais, Gentilhomme de la Chambre du Roi de Sardaigne, & fon Ambaffadeur auprès de Sa Majefté, demeurant à Paris en fon Hôtel fife rue d'Enfer, paroiffe Saint-Severin.

Et les fieurs Prieur clauftral, Sous-Prieur, Procureur & Chanoines Réguliers & Profès de l'Eglife & Abbaye de Saint-Jean des Vignes de Soiffons, repréfentés par Meffire Charles Laurès, Chevalier, Confeiller du Roi en fa Cour de Parlement, Seigneur Dumeux, Jouaignes & autres lieux, fondé de leur procuration fpéciale, à l'effet des Préfentes, paffée devant les Notaires Royaux de Soiffons, le 30 Mai 1764, dont l'original duement contrôlé & légalifé eft demeuré joint à la minute des Préfentes, après avoir été certifié véritable, figné & paraphé en préfence des Notaires fouffignés, par ledit fieur Laurès, demeurant à Paris, rue de la Verrerie, paroiffe S. Merri, d'une part:

Et MM. les Adminiftrateurs du College de Louis-le-Grand repréfentés par,

Meffire Jofeph-Marie Terray, Confeiller du Roi, en fa Cour de Parlement & Grand'-Chambre d'icelle, Seigneur de la Motte-Tilly, demeurant à Paris, rue de Richelieu, paroiffe Saint-Euftache.

Meffire Barthelemi-Gabriel Rolland, Chevalier, Seigneur de Chambaudoin, Confeiller du Roi en fes Confeils & en fa Cour de Parlement, & Préfident à la premiere Chambre des Requêtes, demeurant à Paris en fon Hôtel, Quai des Miramionnes, paroiffe Saint-Nicolas-du-Chardonnet.

Meffire Pierre-Philippes Rouffel de la Tour, Chevalier, Confeiller du Roi en fa Cour de Parlement, demeurant à Paris rue des Rofiers, Fauxbourg Saint-Germain, paroiffe Saint-Sulpice.

Meffire Auguftin-Henri Cochin, Chevalier, Seigneur de Balify & autres lieux, Confeiller du Roi en fa Cour de Parlement, demeurant à Paris en fon Hôtel, rue Saint-Benoift, fauxbourg Saint-Germain, paroiffe Saint-Sulpice.

Me Jacques de Sainfray, Ecuyer, Confeiller du Roi, Subftitut de M. le Procureur Général du Roi, demeurant à Paris, rue des Prouvaires, paroiffe Saint-Euftache.

Me Jacques Valette le Neveu, Prêtre Licentié en Théologie de la Faculté de Paris, ancien Recteur de l'Univerfité, demeurant à Paris au College de Bourgogne, rue des Cordeliers, paroiffe Saint-Côme.

Me Jean-Charles-François Legros, Prêtre, Docteur en Théologie, de la Maifon & Société Royale de Navarre, Abbé Commendataire de Saint-Acheuil, Chanoine de la Sainte-Chapelle de Paris, y demeurant Cour du Palais.

Me Louis-Pierre Poan, Ecuyer, Confeiller Secrétaire du Roi, Maifon, Couronne de France & de fes Finances, Confervateur des hypotheques, demeurant à Paris, rue Sainte-Croix-de-la-Bretonnerie, paroiffe Saint-Jean-en-Greve.

Me Jean-Denis Lempereur, Ecuyer, Confeiller du Roi, & ancien Echevin de la ville de Paris, y demeurant cour de Lamoignon, paroiffe Saint-Barthelemi.

Et Me Guy-Antoine Fourneau, Prêtre, ancien Recteur de l'Univerfité, Grand-Maître temporel dudit College de Louis-le-Grand, demeurant à Paris au College des Graffins, paroiffe Saint-Etienne-du-Mont, d'autre part.

I I. Partie.   Y y

Lefquels ont dit, qu'également animés du defir de concourir à la plus entiere exécution des volontés du Roi, confignée dans les Lettres Patentes de Sa Majefté des
21 Novembre & 7 Avril derniers, vérifiées en Parlement les 25 Novembre & 11
Avril auffi derniers, de conferver les droits de toutes les perfonnes intéreffées à la
réunion du College de Dormans - Beauvais, ordonnée par lefdites Lettres Patentes
du 7 Avril, d'affurer en même tems aux intentions des Fondateurs du College
de Beauvais l'exécution la plus parfaite qu'il eft poffible ; enfin, de prévenir toutes
les difficultés qui pourroient rompre l'union & la concorde qui doit régner pour le
bien même d'un établiffement qui eft une nouvelle preuve de l'amour du Roi pour
fes Sujets ; ils ont fait, fous le bon plaifir du Roi & de fa Cour de Parlement, entr'eux
les accords & conventions fuivantes.

ARTICLE PREMIER.

LES Lettres Patentes des 21 Novembre & 7 Avril derniers, vérifiées en Parlement les 25 Novembre & 11 Avril auffi derniers, feront exécutées fuivant leur forme
& teneur ; le College de Dormans-Beauvais fera réuni au College de Louis-le-Grand;
les fondations de Bourfes faites dans ledit College de Dormans-Beauvais feront, ainfi
que les Bourfiers qui en jouiffent actuellement, transférés au premier Octobre prochain dans le College de Louis-le-Grand; en conféquence, les places de Principal,
Sous-Maître & Procureur dudit College de Dormans-Beauvais demeureront, à compter dudit jour, éteintes & fupprimées, renonçant ledit Seigneur Abbé & lefdits Prieur
& Religieux de l'Abbaye de Saint-Jean-des-vignes, en faveur de ladite union feulement, aux droits qui peuvent leur appartenir relativement à la nomination auxdites
places & à tous autres, dans lefquels ils ne feront pas maintenus par la préfente Tranfaction; fera néanmoins le nom du College de Beauvais confervé dans l'infcription
qui fera mife fur la porte du College de Louis-le-Grand (257).

I I.

CONFORMÉMENT auxdites Lettres Patentes, les fondations de prieres faites
dans la Chapelle du College, feront exécutées dans la Chapelle du College de Loui-
le-Grand, dans laquelle feront transférées, avec les cérémonies ordinaires en pareil cas,
les tombeaux des Fondateurs dudit College de Dormans-Beauvais & autres (258).

I I I.

POUR l'exécution defdites fondations, il fera établi dans ledit College de Louis-le-
Grand vingt petites Bourfes, & les Bourfiers deftinés à les remplir feront choifis,
conformément aux titres des fondations, & tenus de réfider dans ledit College (259).

---

(257) Cet article a été exécuté par l'infcription qui a été mife fur la porte du College de
Louis-le-Grand. Voyez ci-deffus, *note* 47.

(258) Au moyen de la vente faite du College de Beauvais à celui de Lifieux, les tombeaux
des Fondateurs font reftés dans la Chapelle, & le College de Lifieux a été obligé de les entretenir.

(259) Ces Bourfes ont été portées à 43 livres par les Délibérations des 3 Octobre 1775 &
2 Janvier 1778.

I V.

IL fera pareillement établi dans ledit College de Louis-le-Grand deux grandes Bourfes.

V.

L'UNE defdits grandes Bourfes fera deftinée pour un Religieux de l'Abbaye de Saint-Jean-des-Vignes, lequel fera prêtre & tenu d'acquitter les deux meffes par femaine, dont ladite fondation eft chargée, ledit Bourfier fera logé & nourri dans ledit College comme les autres Bourfiers des Facultés fupérieures & foumis aux mêmes réglemens (260)...........

V I I.

L'AUTRE grande Bourfe fera deftinée pour un Etudiant en Théologie, à commencer depuis la premiere année d'étude en Théologie jufqu'au bonnet de Docteur exclufivement, ladite Bourfe fera appellée la bourfe Wittement du nom de fon Fondateur.

V I I I.

LEDIT Bourfier fera tenu de réfider dans le College & choifi parmi ceux qui jouiront de l'une des vingt petites Bourfes, & feront du Diocèfe de Soiffons, de maniere toutes fois que les enfans de Dormans auront la préférence fur tous les autres, à moins que ce ne foient des parens du fieur Wittement, lefquels feront préférés même aux enfans de Dormans.

I X.

IL fera auffi établi, à compter du premier Octobre prochain, quatre Chapelains, efquels feront choifis conformément & ainfi qu'il eft prefcrit dans les titres de fondations (261).........

X I I I.

M. le Bailli de Solar en fadite qualité d'Abbé de Saint-Jean-des-Vignes, & les Abbés fes fucceffeurs en ladite Abbaye, jouiront dans ledit College de Louis-le-Grand de tous les droits & honneurs généralement quelconques dont il jouiffoit ou devoit jouir dans ledit College de Dormans-Beauvais.

X I V.

LA préfentation des Bourfiers qui rempliront les vingt petites Bourfes feront faites conformément au Concordat du 27 Janvier 1388........

X V I.

LA préfentation du Bourfier deftiné à remplir l'autre grande Bourfe, fondée pour

(260) Cet article a été changé par l'article III des Lettres Patentes du 14 Février 1779. Voyez ci-après dans le préfent Chapitre; en conféquence tout ce qui eft relatif à ce Bourfier dans la préfente tranfaction a été fupprimé.

(261) Ces Chapelains ont été fupprimés par les Lettres Patentes du 20 Août 1767, (voyez ci-deffus, Chapitre II) & en conféquence on a fupprimé les articles X, XI, XII & XXIII, relatifs auxdits Chapelains; il leur avoit été accordé par les Lettres Patentes de 1767 à chacun 300 livres: cette penfion a été portée à 400 livres par les Lettres Patentes du premier Juillet 1769, (ci-deffus, Chapitre II). Depuis, deux font décédés; & le College de Beauvais n'eft plus chargé pour cet objet que de 800 livres de penfion viagere.

un Etudiant en Théologie, appartiendra pareillement auxdits Seigneur Abbé de Saint-Jean-des-Vignes & à fes fucceffeurs & la collation en fera faite conformément au concordat du 27 Janvier 1388 (262).

X V I I.

S'IL étoit établi par la fuite d'autres grandes Bourfes conformément à ce qui fera ftipulé ci-après, la préfentation en appartiendra audit Seigneur Abbé & à fes fucceffeurs & la collation en fera faite conformément au Concordat du 27 Janvier 1388, les Bourfiers deftinés à les remplir feront choifis parmi ceux qui auront rempli ou rempliront les vingt petites bourfes, fi lors de la vacance il s'en trouve en état de poffèder lefdites grandes Bourfes & feront lefdits Bourfiers tenus de réfider dans ledit College (263).

X V I I I.

Pour que ledit Seigneur Abbé & fes fucceffeurs foient en état de jouir des droits ci-devant énoncés, relativement à la nomination des Bourfes, arrivant la vacance d'une defdites Bourfes par quelque circonftance que ce foit, MM. les Adminiftrateurs du College de Louis-le-Grand en feront donner avis dans quinzaine audit Seigneur Abbé ou à fes fucceffeurs, & les Bourfiers nommés dans la forme ci-devant dite pour remplir les Bourfes vacantes, feront reçus dans ledit College à la rentrée des claffes qui fuivront ladite vacance, & les revenus des Bourfes pendant la vacance, reftera dans la caiffe du College de Beauvais pour être employés conformément à ce qui fera réglé par le Bureau d'adminiftration.

X I X.

LES Regiftres Titres & Papiers dudit College de Dormans-Beauvais feront tranfportés dans ledit College de Louis-le-Grand & placés dans les Archives d'icelui en une armoire féparée ; il en fera fait un bref état ou inventaire, contenant fommairement l'objet qu'ils concerneront & le nombre des piéces de chaque liaffe, duquel bref état une copie fera remife au fondé de procuration des Religieux de Saint-Jean-des-Vignes, pour être dépofé dans le Chartrier de ladite Abbaye, les biens & revenus du College de Dormans-Beauvais feront, à compter du premier Octobre prochain, régis & adminiftrés par le Grand-Maître temporel du College de Louis-le-Grand, conformément à ce qui eft porté dans les Lettres Patentes du 21 Novembre & 7 Avril dernier, & les comptes defdits biens & revenus feront par lui rendus chaque année en la même forme qu'ils l'étoient ci-devant par les Officiers du College de Dormans-Beau-

---

(262) Cet article a été changé par les Lettres Patentes du 14 Février 1779, qui accordent cette nomination au Bureau, & ce attendu que par la fondation de M. Wittement, la nomination étoit dévolue aux Officiers du College, & que les Lettres Patentes de 1763 & 1767 accordent au Bureau les nominations dont jouiffoient lefdits Officiers fupprimés.

(263) L'article IV des Lettres Patentes du 14 Février 1779, a fait quelques changemens à cet article.

vais, & après qu'ils auront été arrêtés, ils feront par ledit Grand-Maître préfentés au Bureau d'adminiftration (264).

X X.

S UR les revenus dudit College il fera pris annuellement la fomme néceffaire pour fournir au logement, nourriture & inftruction des petits Bourfiers conformément à ce qui fera reglé par le Bureau d'adminiftration pour tous les Bourfiers réunis dans ledit College de Louis-le-Grand.

X X I.

CH A QU E grande Bourfe fera fixée à la fomme de 500 liv. par an, laquelle fera prife fur les revenus dudit College ; fur ladite fomme de 500 liv. le Grand-Maître du College de Louis-le-Grand retiendra pour la penfion du grand Bourfier la même fomme que celle à laquelle fera fixée la penfion des autres Bourfiers réunis & le furplus fera par lui remis audit Bourfier............

X X I V.

Le Surplus des revenus dudit College fera, quant à préfent, employé ;

1°. Jufqu'à concurrence de 4000 liv. à l'acquit de Partie des penfions viageres accordées par les Lettres Patentes du 7 Avril dernier, aux Principal, Procureur & Sous-Maître dudit College de Dormans-Beauvais, à raifon de 2000 liv. pour le Principal, & de 1000 livres pour chacun des Sous-Maître & Procureur (265).

2°. A l'acquit des charges & rentes dues fur les biens dudit College, des impofitions royales, & au paiement des dettes & réparations, fi aucune il y a, ou furvenoient

X X V.

L E furplus des penfions viageres accordées par les Lettres Patentes du 7 Avril dernier au Principal, Sous-Maître & Procureur du College de Dormans-Beauvais, leur fera payé fur les revenus du College de Louis-le-Grand, par le Grand-Maître d'icelui.

X X V I I.

D A N S les cas où, après l'extinction defdites penfions viageres ou autrement, les revenus dudit College de Dormans-Beauvais .... fe trouveroient excéder les charges ordinaires & extraordinaires dudit College, le furplus fera employé à l'établiffement d'une ou plufieurs grandes Bourfes deftinées pour des Etudians dans une des trois Facultés fupérieures de l'Univerfité de Paris, dont la nomination & choix feront faits conformément à ce qui eft porté dans l'article XVII de la préfente Tranfaction, & qui feront tenus de réfider dans ledit College de Louis-le-Grand (266).

---

(264) Les Lettres Patentes & Réglement du 20 Août 1767 ont fait quelques changemens à cet article relativement à la reddition des comptes du College de Beauvais, qui eft remis par ces Lettres Patentes dans la même claffe que les autres Colleges.

(265) Le Principal étant décédé, le College de Beauvais ne paie plus que 2000 livres à fes anciens Officiers, favoir 1000 livres au Sous-Maître & 1000 livres au Procureur, & le College de Louis-le-Grand paie le furplus des penfions de ces Officiers ; favoir au Sous-Maître 1000 livres & au Procureur 500 livres : total 1500 livres.

(266) Cet article a été changé par l'article V des Lettres Patentes du 14 Février 1779, ci-après.

XXVIII.

SERONT les Religieux de l'Abbaye de Saint-Jean-des-Vignes maintenus & gardés dans tous les droits qui leur appartenoient dans le College de Dormans-Beauvais; en conséquence en cas de vacance de ladite Abbaye, les Religieux d'icelle jouiront de tous & tels des droits ci-devant énoncés qui leur font accordés par les titres & fondations & autres, & notamment par la Tranfaction du 27 Janvier 1388, pour l'exercice defquels, en ce qui concerne l'adminiftration, ils feront tenus de fonder de leur pouvoir un Confeiller au Parlement.

XXIX.

POUR la ftabilité du préfent Concordat a été convenu que ledit Seigneur Abbé, le Prieur & Religieux de Saint-Jean-des-Vignes & MM. les Adminiftrateurs du College de Louis-le-Grand, fe retireront inceffamment pardevers Sa Majefté, à l'effet d'obtenir des Lettres Patentes confirmatives d'icelui, lefquelles ils préfenteront conjointement à la Grand'Chambre du Parlement pour y être enregiftrées.

Regiftré, oui le Procureur Général du Roi, pour jouir par les Impétrans de l'effet contenu en icelui, & être exécuté felon fa forme & teneur, fuivant l'Arrêt de ce jour. À Paris, en Parlement, le dix-neuf Juillet mil fept cent foixante-quatre. Signé DUFRANC.

Cette Tranfaction a été confirmée par Lettres Patentes du mois de Juin 1764, enregiftrées au Parlement le 19 Juillet fuivant.

LETTRES
PATENTES
du 14 *Février*
1779.
Concernant les
*Bourfiers du Col-
lege de Dormans-
Beauvais.*

LOUIS, par la grace de Dieu, Roi de France & de Navarre : A nos amés & féaux Confeillers les Gens tenant notre Cour de Parlement à Paris ; SALUT. Le College de Dormans-Beauvais, que le feu Roi, notre très-honoré Seigneur & Aïeul, a transféré dans celui de Louis-le-Grand, par fes Lettres-Patentes du 7 Avril 1764, mérite d'autant plus notre protection, qu'il eft fous l'infpection immédiate de notre Cour de Parlement, & que notre amé & féal Premier Préfident, & nos amés & féaux les Doyens, Clercs & Laïcs, des Confeillers de notre Cour de Parlement en font les Supérieurs nés, & en étoient les feuls Adminiftrateurs avant lefdites Lettres Patentes du 7 Avril 1764. Par le compte que Nous nous fommes fait rendre de ce qui concerne l'état de ce College, Nous avons vu avec fatisfaction que fes revenus étoient confidérablement augmentés, & que la fondation originaire de fes Bourfiers étoit prefque doublée. Empreffé de faire jouir les Bourfiers des autres Colleges des mêmes graces que Nous avons accordées à ceux de Maître-Gervais par nos Lettres Patentes du 3 Septembre dernier, Nous avons cru qu'il étoit de notre juftice de commencer par ceux du College de Beauvais, & Nous efpérons par ce moyen exciter l'émulation des autres Bourfiers réunis dans celui de Louis-le-Grand, & les engager à mériter par leur application, que Nous leur accordions les mêmes graces. A CES CAUSES & autres à ce Nous mouvant de l'avis de notre Confeil & de notre certaine fcience, pleine puiffance & autorité royale, Nous avons dit, ftatué & ordonné, & par ces préfentes fignées de notre main, difons, ftatuons & ordonnons, voulons & Nous plaît ce qui fuit.

ARTICLE PREMIER.

VOULONS que, conformément à la fondation faite par le Cardinal de Dormans & par ses héritiers, le nombre des Bourses de ladite fondation demeure fixé à vingt-trois, dont trois seront affectées aux villages de Biffeuil & d'Athis, Diocèse de Rheims, & vingt à la ville & paroisse de Dormans, Diocèse de Soissons : qu'à défaut de Sujets nés de la ville & paroisse de Dormans, capables d'occuper lesdites Bourses, l'Abbé de Saint-Jean-des-Vignes, présentateur d'icelles, puissent les conférer à des Ecoliers nés dans les lieux circonvoisins de Dormans, ou dans le surplus dudit Diocèse de Soissons, sans préjudice de la Bourse affectée à un Réligieux de l'Abbaye de Saint-Jean-des-Vignes, sur laquelle nous allons faire connoître nos intentions.

II.

DÉSIRANT que, conformément aux intentions du Cardinal de Dormans, les Boursiers établis par lui & par ses héritiers ne jouissent de leurs Bourses qu'environ six ans fixés par le Fondateur, voulons que lesdites Bourses ne soient conférées qu'à des Sujets capables au moins d'entrer en Quatrieme, & qu'après la seconde année de Philosophie lesdits Ecoliers ne pourront continuer les études dans ledit College de Louis-le-Grand, en qualité de Boursiers de ladite fondation, s'ils n'ont mérité d'être pourvus d'une nouvelle Bourse, conformément à ce qui sera prescrit par l'article V ci après.

III.

SUPPRIMONS la Bourse fondée par le Cardinal Jean de Dormans pour un Réligieux de Saint-Jean-des-Vignes. Pour en tenir lieu, voulons qu'il soit, des deniers du College de Beauvais, payé au Procureur des Réligieux de Saint-Jean-des-Vignes, par chacun an, la somme de cinq cens livres, franche & exempte de toutes charges, & ce à compter du premier Octobre 1778 ; à la charge d'être ladite somme employée, ou à faire étudier un Réligieux dudit Couvent dans la Faculté de Théologie de Paris, pour y obtenir le Bonnet de Docteur, ou d'en faire tel autre emploi qu'il appartiendra, de l'agrément du Supérieur Ecclésiastique.

IV.

VOULONS que les dix-huit Bourses, créées par Délibération du Bureau d'Administration du 2 Janvier 1778, homologuée par Arrêt de notre Cour de Parlement du 16 dudit mois, soient destinées à remplacer les places de Principal, Sous-Maître, Procureur, & les six Chapelains créés par ledit Dormans & sa famille en 1370, 1371, 1372, 1382, 1390 & 1407, & affectées par préférence à des Sujets nés dans le Diocèse de Soissons. Voulons en conséquence que l'Abbé de Saint-Jean-des-Vignes ait la liberté de choisir les jeunes gens qu'il présentera pour remplir les dix-huit Boursiers, parmi tous ceux qui seront nés dans le Diocèse de Soissons, sans préférence pour les habitans de Dormans; le tout sans préjudice de ceux qui remplissent actuellement quelques-unes desdites Bourses.

V.

VOULONS que l'Abbé de Saint-Jean-des-Vignes ait la liberté de conférer les Bourses mentionnées en l'article précédent, à ceux des Ecoliers de Dormans qui, s'étant distingués dans leurs études, defireront de les continuer dans les Facultés Supérieures.

V I.

DANS le cas où le bon état des revenus dudit College de Beauvais permettroit d'établir, fur les revenus donnés par le Cardinal de Dormans ou fa famille, de nouvelles Bourses, autres que celles mentionnées aux articles précédens, voulons qu'elles foient à la libre préfentation de l'Abbé de Saint-Jean-dés-Vignes, qui les conférera à tels de nos Sujets qu'il jugera à propos, & ce en quelque lieu de notre Royaume que les jeunes gens foient élevés, mais à la charge de ne pouvoir les choifir que parmi la Nobleffe de notre Royaume ; & voulons que lefdits Bourfiers foient tenus de faire les mêmes preuves auxquelles Nous avons foumis les Bourfiers Nobles du College de Maître Gervais, par l'article IV de nos Lettres Patentes du 3 Septembre 1778.

V I I.

DANS le cas où la diminution des revenus obligeroit de fufpendre quelques-unes defdites Bourses, la fufpenfion ne pourra être faite que dans la forme prefcrite par les Lettres Patentes du 21 Novembre 1763, & autres Réglemens fur ce depuis intervenus, & premiérement fur celles affeétées à la Nobleffe de notre Royaume, & enfuite fur celles mentionnées article IV ci-deffus. Voulons que celles affeétées au village de Dormans ainfi que la penfion repréfentative de la Bourfe du Religieux de Saint-Jean-des-Vignes, n'éprouvent aucune diminution qu'après la fufpenfion totale de toutes les autres Bourfes dudit College, établies fur les revenus provenans dudit Fondateur ou de fa famille, le tout fans préjudice des autres fondations faites ou à faire dans ledit College de Beauvais.

V I I I.

VOULONS que, tant les revenus de la fondation faite par Jean Nottin en 1501 le permettront, outre les deux Bourfes par lui fondées, il en foit inceffamment établi deux autres, pour remplacer le Chapelain fondé par ledit Nottin, & fupprimé par les Lettres Patentes de 1763 & 1767 ; lefquelles quatres Bourfes, ainfi que celles qui pourront être créées par la fuite fur les revenus de ladite fondation, feront affeétées aux habitans de notre ville de Compiegne.

I X.

ORDONNONS que l'article XIV du titre II du Réglement attaché fous le contrefcél des Lettres Patentes du 20 Août 1767, fera exécuté fuivant fa forme & teneur, & qu'en conféquence la Bourfe fondée par Jean Wittement, Sous-Précepteur du feu Roi, notre très-honoré Seigneur & aïeul, par fon teftament du 15 Février 1729, & par lui établi à la nomination des Principal, Sous-Maître, Procureur & Chapelain dudit College de Beauvais, fera à la nomination du Bureau d'adminiftration, & que le Bourfier ne pourra être choifi que parmi ceux de nos Sujets nés dans le Diocèfe

de

de Soiffons, avec préférence cependant pour les parens du Fondateur ; voulons que le prix de cette Bourfe foit & demeure fixé conformément à ce qui eft ftipulé par l'article XXI de la Tranfaction du 2 Juin 1764, homologuée par Lettres Patentes du même mois.

X.

QUANT à ce qui concerne les fondations faites dans ledit College, foit par Jean Bafin, par acte du 28 Mai 1729, foit par Charles-Pierre Perrot, par fon teftament du 10 Décembre 1755, ordonnons qu'elles feront exécutées fuivant leur forme & teneur, & à la charge par les Nominateurs & les Bourfiers de fe conformer au contenu des préfentes Lettres Patentes.

X I.

TOUS les Bourfiers dudit College de Dormans-Beauvais, autres que ceux mentionnés dans l'article premier ci-deffus, pourront indifféremment être nommés par les Collateurs, pour étudier, foit dans la Faculté des Arts, foit dans l'une des Facultés fupérieures ; & ceux qui feront nommés par la Faculté des Arts, auront, après leur Philofophie, la liberté d'étudier dans celle des trois Facultés fupérieures qu'ils voudront choifir ; ils feront feulement tenus d'en faire leur déclaration au Principal pendant le Carême de leur feconde année de Philofophie ; lefdits Bourfiers ne pourront obtenir dans lefdites Facultés fupérieures, que le degré de Licentié feulement, lequel, ainfi que celui de Bachelier, ils feront tenus de prendre dans le tems pour ce prefcrit par les Statuts de chaque Faculté ; &, faute de ce, & ledit tems paffé, leurs Bourfes feront de droit vacantes.

X I I.

LES Bourfiers qui fe difpoferont à étudier dans une des trois Facultés fupérieures, foit ceux de la premiere fondation, d'après de nouveaux Brevets, conformément à ce qui eft porté dans l'article II ci-deffus, foit tous les autres Bourfiers dudit College, d'après la liberté que Nous leur avons accordée par l'article précédent, feront obligés de juftifier de leur titre de Maître-ès-Arts dans l'Univerfité de Paris, & ils feront tous tenus de réfider dans le College de Louis-le-Grand, fans pouvoir s'en abfenter, qu'ainfi & dans le cas prévu par l'article II du titre III du Réglement attaché fous le contre-fcel des Lettres Patentes du 20 Août 1767 ; fans préjudice cependant des Bourfiers-Médecins, pour lefquels Nous voulons que l'article VI du titre IV des Lettres Patentes du premier Juillet 1769 foit, quant à préfent, exécuté fuivant fa forme & teneur, & jufqu'à ce que Nous ayions fait connoître nos volontés à ce fujet.

X I I I.

LES Sujets reçus feront éprouvés pendant deux ans, dans le cours defquels les Examinateurs, conjointement ou féparément, leur feront fubir plufieurs examens, &, à la fin de la feconde année, ils décideront définitivement s'ils feront confirmés dans la jouiffance de leurs Bourfes, ou s'ils feront renvoyés ; ordonnons aux Examinateurs de n'admettre provifoirement que ceux qui feront capables au moins de Quatrieme, pour les Bourfes de Dormans, & de Cinquieme pour les autres.

II. Partie. Z z

X I V.

VOULONS que la Délibération du Bureau d'adminiſtration du College de Louis-le-Grand du 16 Juillet 1778, homologuée par Arrêt de notre Cour de Parlement du 7 Septembre ſuivant, ſoit exécutée ſuivant ſa forme & teneur, & que la fixation y portée de la part contributoire du College de Dormans-Beauvais, & des fondations faites dans ledit College pour les dépenſes communes du College de Louis-le-Grand, ait lieu juſqu'au premier Janvier 1800; auquel tems il en ſera fait une nouvelle, d'après l'arrêté des comptes de l'année claſſique, finiſſant au premier Octobre précédent, & ce, au dixieme du revenu dudit College, conformément à ce qui eſt ordonné par les articles VIII & XII du titre II du Réglement attaché ſous le contre-ſcel des Lettres Patentes du 20 Août 1767, & par celles du 25 Juin 1769, ainſi que par la Déclaration du 3 Septembre 1778; laquelle nouvelle fixation ſera également homologuée ſur la requête de notre Procureur Général, & aura lieu pendant vingt ans, au bout deſquels il ſera fait une nouvelle fixation de ladite part contributoire dans la forme preſcrite par le préſent article; ce qui ſera par la ſuite, & tous les vingt ans, exécuté à toujours.

X V.

VOULONS que les diſpoſitions des articles VIII, IX, XI, XII, XIII de nos Lettres Patentes du 3 Septembre dernier, concernant le College de Maître-Gervais (267), ſoient exécutées pour le College de Beauvais en tout ce qui n'eſt point contraire à la teneur des préſentes, que nous ordonnons être pareillement exécutées, nonobſtant tous Edits, Déclarations, Lettres Patentes, Arrêts & Réglemens à ce contraires, auxquels Nous avons dérogé & dérogeons par ces préſentes. SI VOUS MANDONS que ces préſentes vous ayez à faire regiſtrer, & le contenu en icelles garder & obſerver ſelon leur forme & teneur, ceſſant & faiſant ceſſer tous troubles & empêchemens, & nonobſtant toutes choſes à ce contraires : CAR tel eſt notre plaiſir. DONNÉ à Verſailles le quatorzieme jour du mois de Février, l'an de grace mil ſept cent ſoixante-dix-neuf, & de notre régne le cinquieme. *Signé* LOUIS. *Et plus bas :* Par le Roi, AMELOT. Et ſcellées du grand ſceau de cire jaune.

Regiſtrées, oui & ce requérant le Procureur Général du Roi, pour être exécutées ſelon leur forme & teneur, ſuivant l'Arrêt de ce jour. A Paris, en Parlement, les Grand'Chambre & Tournelle aſſemblées, le vingt-ſix Février mil ſept cent ſoixante-dix-neuf. Signé YSABEAU.

Du 7 Septembre 1780.

Fixation des Bourſiers *Nottin*, & ordre de création & ſuppreſſion de Bourſes dans le College de Beauvais.

MESSIEURS les Adminiſtrateurs particuliérement chargés du College de Beauvais, ont dit que, d'après l'article VIII des Lettres Patentes du 14 Février 1779, concernant ledit College, ils penſoient qu'il étoit à propos de délibérer ſur la fondation faite dans ledit College par Jean Nottin, pour des Sujets de la Ville de Compiegne, par ſon teſtament du mois d'Août 1501; que le Bureau s'eſt déja occupé de cette fondation le 3 Mars 1768, & que, pour mettre MM. en état de délibérer à ce ſujet en pleine connoiſſance de cauſe, ils ont fait dreſſer par le Secrétaire Archiviſte, un mémoire conte-

(267) *Voyez* ci-après au Chapitre XIX, concernant le College de Mᵉ Gervais.

nant tous les biens de cette fondation, dont le revenu est actuellement de 3824 liv. 9 sols 6 den., savoir :

1º. Une rente foncière de 10 liv. sur la maison du Grainetier rue des Lavandiers-Sainte-Opportune, laquelle a été aliénée moyennant ladite rente.

2º. La maison de la Corne de Cerf, rue d'Arnetal, louée 750 livres.

3º. La maison de la Cage, rue Maubué, louée 850 livres.

4º. La maison de Saint-Christophe, située rue Saint-Germain-l'Auxerrois, provenant de cette fondation, a été comprise dans la vente faite au Roi le 19 Mars 1768, de trois maisons pour l'établissement du chef-lieu de l'Ecole gratuite de Dessins, moyennant une rente de vingt-quatre muids de bled ; & dans ledit contrat de vente, il a été stipulé qu'en exécution de la Délibération du 3 Mars 1768, les deux cinquiemes de ladite rente appartiendroient à la fondation Nottin. Cette rente est aujourd'hui évaluée 5536 livres 4 sols, dont les deux cinquiemes font 2214 livres 9 sols 7 deniers.

Outre ces biens, il a appartenu à la fondation Nottin, 1º. une rente de 45 sols sur des terres & vignes situées à Vitry, remboursés moyennant 78 livres 15 sols, ainsi qu'il appert de la Délibération du 16 Mars dernier ; 2º. des biens sis au Plessis-l'Evêque, & faisant partie de ceux vendus à M. le Marquis du Coudray, par contrat du 6 Novembre 1770. Ces biens ne sont pas détaillés dans le testament de Jean Nottin, & conséquemment on ne peut pas en connoître la valeur effective. Cependant, comme ce testament énonce que ces biens produisoient un muid de bled, il paroîtroit de toute justice d'affecter à cette fondation un des cinq muids de bled de la rente que paie M. le Marquis du Coudray, pour son acquisition, de la valeur au moins de 250 livres.

3º. Une maison à Nanteaux, qui doit avoir été comprise dans la vente faite par le Collége de la Terre de Nanteaux il y a plus d'un siecle.

4º. Une rente de 18 livres tournois sur des héritages sis à Deuil sous Montmorency, dont on n'a plus aucune connoissance.

Mesdits sieurs les Administrateurs ont ajouté qu'en joignant aux biens actuellement existans de la fondation Nottin, le produit du muid de bled sur la Terre du Plessis-l'Evêque, le revenu de cette fondation est de plus de 4000 livres, pendant que le revenu total du Collége n'est que d'environ 28000 livres, d'où il résulteroit que le revenu de la fondation Nottin doit être considéré comme faisant plus du septieme du revenu total du Collége ; mais que cependant il ne leur paroît pas juste d'affecter à la fondation Nottin le septieme du revenu total du Collége de Beauvais, vu les charges tant générales que particulieres de ce Collége, dont la fondation Nottin doit payer sa part.

Que les réparations & reconstructions qu'ont nécessité par le passé, & que nécessiteront par la suite les maisons qui appartiennent ou qui ont appartenu à cette fondation, exigeroient une distraction ; mais que, pour éviter toutes ces opérations, & déterminer irrévocablement le sort de cette fondation, ils proposeroient au Bureau de fixer le nombre des Boursiers du Collége de Beauvais, ainsi que ceux des fondations Nottin & Wittement ; que cette opération dispenseroit, par la suite, de suivre la filiation des biens, qui sont dans le cas d'éprouver successivement des variations.

Zz ij

Que pour mettre le Bureau à portée de statuer sur cet objet, ils croient devoir observer qu'il existe actuellement dans le College de Beauvais, quarante-cinq Boursiers,
savoir :

1°. Le Boursier Théologien de la fondation Wittement.

2°. Vingt-quatre Boursiers de la fondation du College, y compris le Boursier de Saint-
Jean des Vignes.

3°. Les deux Boursiers de la fondation Nottin.

4°. Et dix-huit Boursiers qui ont été établis pour remplacer les Principal, Sous-
Maître, Procureurs & anciens Chapelains, à raison de deux Boursiers pour chaque
ancien Officier.

Sur quoi, la matiere mise en délibération,

Le Bureau a unanimement arrêté,

1°. Que, sur les premiers revenus libres qui se trouveront appartenir au College de
Beauvais, notamment par l'extinction des pensions viageres accordées aux anciens Officiers & Chapelains, il sera, en exécution de l'article VIII des Lettres Patentes du 14
Février 1779, établi deux bourses pour remplacer le Chapelain fondé par Jean Nottin,
& les Sujets pourvus desdites bourses pourront obtenir le dégré de licencié dans une
des trois Facultés supérieures :

2°. Que même, en attendant la cessation desdites pensions viageres, le sieur Jean-
Nicolas-Marie Maurice, nommé par M. l'Abbé de Saint-Jean-des-Vignes à une des
bourses qui devoient être créées pour des Sujets de la ville de Compiegne, sera admis
parmi les Boursiers du College de Beauvais.....

3°. Que le nombre des Boursiers de la fondation Nottin sera & demeurera fixé irrévocablement au dixieme de la totalité des Boursiers du College de Beauvais, laquelle
fixation ne pourra être dérangée, pour quelque cause que ce soit, même pour la reconstruction des maisons de cette fondation, si ce n'est seulement dans le cas énoncé en
l'article suivant ; & en conséquence, après l'établissement des deux bourses mentionnées en l'article premier, ci-devant, il sera créé trois autres bourses dans le College de
Beauvais ; desquelles trois bourses, une sera pour la fondation Nottin, & sera conséquemment affectée, ainsi que les deux ci-devant énoncées, à des Sujets de la ville de
Compiegne, & les deux autres seront pour des Boursiers nobles, conformément à l'art.
VI desdites Lettres Patentes du 14 Février 1779 (268).

---

(268) Après la création des cinq Bourses mentionnées dans le premier article & dans le présent, il y en aura cinquante dans le College de Beauvais ; dont cinq pour la fondation Nottin ;
le Boursier Wittement ; celui de Saint-Jean-des-Vignes ; vingt-trois Boursiers de l'ancienne fondation, & qui doivent être nés à Dormans, mais que le nominateur peut, faute de Sujets de
Dormans, prendre dans tout le Diocèse de Soissons ; dix-huit créées le 2 Janvier 1778 & affectées, par l'article 4 des Lettres Patentes ci-dessus, au Diocèse de Soissons ; & deux Bourses
nobles, dont la collation sera absolument libre.

4°. Que dans le cas de fufpenfion de quelques-unes des bourfes du College de Beauvais, ladite fufpenfion aura lieu, conformément à l'article feptieme des Lettres Patentes
du 14 Février 1779, 1°. fur les trois bourfes mentionnées en l'article précédent ; 2°. fur
les dix-huit bourfes créées par la Délibération du 2 Janvier 1778, & mentionnées en
l'article quatrieme defdites Lettres Patentes ; 3°. fur les deux bourfes qui feront établies en exécution de l'article premier ci-deffus ; 4°. fur les vingt-trois bourfes de
l'ancienne fondation du College, mentionnées article premier defdites Lettres Patentes,
jufqu'à concurrence de treize, de forte que s'il ne reftoit plus que douze Bourfiers dans
le College de Beauvais, il y en auroit dix de l'ancienne fondation, & deux de la fondation de Jean Nottin.

Cette Délibération a été homologuée par Arrêt du 13 Décembre 1780, dépofé aux
archives, en exécution de la Délibération du 9 Janvier 1781.

Du 5 Janvier 1765.

M. le Grand-Maître ayant rendu compte que le College de Beauvais, réuni dans
le College de Louis-le-Grand, étoit dans l'obligation & l'ufage de faire préfenter par
le Principal & le plus ancien Bourfier d'icelui, chacun an, au premier jour de l'année,
à M. le Premier Préfident, M. le Doyen du Parlement, & à M. le Confeiller-Clerc
de la Cour, chargé des pouvoirs généraux de l'Abbé de Saint-Jean-des-Vignes (269),
deux chapons gras, & en outre, à la Chandeleur, tant à M. le Premier Préfident,
qu'à mefdits fieurs le Doyen du Parlement & Doyen des Confeillers-Clercs, & à M. le
Greffier en chef du Parlement, un cierge de cire blanche,

*Délibération re-
lative aux cierges
& chappons à
préfenter aux Su-
périeursMajeurs.*

Il a été arrêté que, par M. le Grand-Maître temporel du College de Louis-le-Grand,
qui fe fera accompagner par l'ancien des Bourfiers du College de Beauvais, lefdits chapons & cierges feront préfentés au nom dudit College de Beauvais, à M. le Premier
Préfident & aux autres de MM. ci-deffus défignés, conformément à l'ufage inviolable-
ment obfervé jufqu'ici ; à l'effet de quoi M. le Grand-Maître fera autorifé à porter dans
fes comptes du College de Beauvais, la dépenfe des chofes ci-deffus fpécifiées.

Par autre Délibération du 6 Avril 1769, il a été arrêté qu'il feroit annuellement porté
dans les comptes, pour cet objet, la fomme de 60 livres.

Extrait des Regiftres du Parlement.

VU par la Cour la Requête à elle préfentée par le Procureur-Général du Roi, contenant qu'il lui a été remis deux Délibérations du Bureau d'Adminiftration du College de
Louis-le-Grand, des 11 Février & 22 Décembre 1769, relative à la vente à faire d'un
moulin, terres, bois, & autres objets y joignans & en dépendans, appellé le Moulin
de la Tour, appartenans au College de Beauvais. La première de ces Déhbérations a
été prife dans une Affemblée où les quatre Officiers de la Cour qui font membres du

*Arrêt
du 29 Décembre
1769.*

*D'où il réfulte
que les Officiers
du Parlement qui
font du Bureau
d'Adminiftration
fontCommiffaires
nés du Parlement
pour le College
de Beauvais.*

(269) C'eft le Doyen de MM. les Confeillers - Clercs qui eft le fondé né des pouvoirs de M.
l'Abbé de Saint-Jean-des-Vignes.

Bureau , ont affifté , & trois fe font trouvés à celle du 22 Décembre ; qu'en conféquence la difpofition des Lettres Patentes du 1er Juillet 1769 , qui néceffitent l'affiftance
du Repréfentant du Supérieur-Majeur , lorfqu'il en a nommé un , lui paroît remplie ,
relativement au College de Beauvais , dont la Cour eft le Supérieur-Majeur , vu que
les membres de la Cour qui font Adminiftrateurs , font fes Repréfentans nés au Bureau.
Oui le rapport de Me Léonard de Sahuguet , Confeiller ; tout confidéré :

LA COUR homologue lefdites Délibérations des 11 Février & 22 Décembre 1769.
Fait en Parlement le 29 Décembre 1769. *Signé* , YSABEAU.

Du 2 Août 1781.

Bourfe conférée
à l'arriere - petit
neveu de M. Cof-
fin.

M. le Préfident Rolland a dit qu'il lui avoit été remis des pieces dont il croyoit devoir
rendre compte au Bureau ; que par ces pieces , qui font en forme probante , il eft
conftaté que , par contrat paffé devant Doyen , Notaire au Châtelet de Paris , du 19
Mai 1745 , Jean-Baptifte Prieur de la Comble , Avocat au Bailliage de Nemours , a
époufé la demoifelle Coffin , niece du célebre M. Coffin ; que de ce mariage eft né , le
29 Juillet 1749 , Jean-Baptifte-Mathurin Prieur de la Comble , actuellement Avocat du
Roi au Bailliage de Nemours , & Subdélégué de l'Intendance ; qu'enfin , ledit fieur Prieur
de la Comble , petit-neveu de M. Coffin , a pour fils Jean-Baptifte-Marie , né le 14
Août 1772 ; que dans ces circonftances , le fieur Prieur de la Comble ayant déja cinq
enfans , dont quatre garçons , & ne jouiffant que d'une fortune bornée , demandoit au
Bureau une bourfe pour fon fils.

Sur quoi , la matiere mife en délibération ,

LE BUREAU , empreffé de donner des preuves de tous fes fentimens pour M. Coffin ,
qui a fi bien mérité du public , & qui a confacré la plus grande partie de fa vie à la
direction du College de Beauvais , non-feulement l'un de ceux réunis dans le College
de Louis-le-Grand , mais celui qui , par la tranflation de fes Profeffeurs , en exécution
des Lettres Patentes du 7 Avril 1764 , a procuré l'inftruction dans le College de Louis-
le-Grand , a unanimement arrêté que ledit Jean-Baptifte-Marie Prieur de la Comble ,
né le 14 Août 1772 , feroit reçu au 1er Octobre prochain , Bourfier du College d'Arras
à la nomination du Bureau , & ce au lieu & place du fieur Prat.....

Noms des Fondateurs & Bienfaiteurs du College DE DORMANS-BEAUVAIS.

1. Le Cardinal *Jean de Dormans* , Evêque de Beauvais , & Chancelier de France ,
Fondateur du College. 1370.

2. *Miles de Dormans* , Evêque de Beauvais , neveu & exécuteur teftamentaire du
Cardinal *Jean de Dormans* , Fondateur. 1377.

3. *Clément de Soilly* , Prêtre & Chanoine de l'Eglife Collégiale Saint Benoît , à Paris.
1388.

4. *Gérard de Thianges* , Chevalier. 1388.

5. *Jean de Villeblouin*, Prêtre, Archidiacre d'Arras, & Chanoine de l'Eglise de Paris. 1389.

6. *Jeanne de Dormans*, Dame *de Silly*, veuve de *Guillaume de Dormans*, Chancelier de France. 1390.

7. *Jean Rolland*, Prêtre, Chanoine des Eglises de Chartres & de Meaux, & Curé d'Arcueil. 1393.

8. *Jean de Manneville.* 1398.

9. *Jean Villequin*, Greffier du Parlement de Paris. 1400.

10. *Jeanne de Dormans*, Dame de *Silly* & *de Paillart.* 1407.

11. *Pierre de Montdorge*, Evêque de Paris. 1409.

12. *Firmin Barbe*, Prêtre & Chanoine de l'Eglise de Meaux. 1418.

13. *Jaqueline de Paillart*, Dame *d'Orville.* 1440.

14. *Jean Richard.* 1451.

15. *Guillaume le Flameng*, Prêtre, Chanoine de la Sainte-Chapelle de Paris. 1451.

16. *Simon Pelletin*, Prêtre & Bénéficier de l'Eglise de Paris. 1452.

17. La Dame *d'Orgemont de Montjay.* 1460.

18. *Jean Barthelemy*, Prêtre & Procureur du College. 1472.

19. *Guillaume Manglouſt.* 1473.

20. *Guillaume Vincent.* 1475.

21. *Hugues Drouart*, Prêtre & Principal du College. 1478.

22. *Robert Bourſier*, Prêtre. 1485.

23. *François Fourrebour.* 1493.

24. *Robert Lejart*, Prêtre & Chapelain du College. 1499.

25. *Pierre Chauvin*, Prêtre, Abbé de Saint Maixent. 1500.

26. *Jean Nottin*, Prêtre & Procureur du College, Fondateur de Bourſes pour des Sujets natifs de Compiegne. 1501.

27. *Etienne Mengois*, Notaire & Praticien en Cour d'Eglise. 1506.

28. *Pierre Allart*, Prêtre & Curé de Garges. 1509.

29. *Guillaume Evrard.* 1514.

30. *Artus d'Aulnoy*, Prêtre & Chanoine de la Sainte-Chapelle de Paris. 1517.

31. *Jean d'Aulnoy*, dit *le Gallois*, Chevalier, Seigneur d'Orville & de Gouſſainville. 1517.

32. *Pierre Belleſſor*, Prêtre, Official de l'Eglise de Paris, & Conſeiller au Parlement. 1521.

33. *Colombe Bourſier*, veuve d'*Etienne Mengois.* 1523.

34. *Marie Anjorrant*, veuve de *Jean Berthoul.* 1526.

35. *Charles Jaquillon*, Prêtre, Chapelain du College. 1527.

36. *Jeanne Berthoul*, époufe de *François de Montholon*, Avocat au Parlement. 1528.

37. *Nicolas Queſlin*, Préſident aux Enquêtes du Parlement de Paris. 1538.

38. *Guillaume de Dormans*, Premier Préſident au Parlement de Dijon. 1570.

39. *Claude Depenſe*, Prêtre, Doĉteur en Théologie. 1571.

40. *Guillaume Cavenet*, Prêtre & Chapelain du College. 1573.

41. *Médard Bourgeotte*, Prêtre & Principal du College. 1606.

42. *Nicolas le Nain*, Prêtre & Chapelain du College. 1624.

43. *Guillaume d'Argonne*, Prêtre & Chapelain du College. 1636.

44. *Marie de Dormans*, épouse de *René de Pincé*. 1642.

45. *René de Pincé.* 1642.

46. *Renée de Pincé*, épouse de *Jean Rigolet*, Avocat au Parlement de Paris. 1642.

47. *Jean Rigolet*, Avocat au Parlement de Paris. 1642.

48. *Gabriel Legentil*, Prêtre & Procureur du College. 1652.

49. *Pierre Crin*, Prêtre & Chapelain du College. 1654.

50. *Jean du Tartre*, Prêtre & Chapelain du College. 1657.

51. *Nicolas Sevin*, ancien Professeur au College. 1663.

52. *Laurent Couvay*, Prêtre & Chapelain du College. 1663.

53. *Gilles Tripet*, Prêtre & Chapelain du College. 1690.

54. *Nicolas Guenée*, Procureur du College. 1694.

55. *François Lefort*, Prêtre & Chapelain du College. 1701.

56. *Jean Wittement*, Prêtre, Lecteur des Enfans de France, ancien Chapelain du College. 1729.

57. *Gérard Basin*, Avocat au Parlement, 1729 & 1770.

58. *Charles Coffin*, Principal du College. 1748.

59. *Laurent Waroquier*, Procureur du College. 1748.

60. *Charles-Pierre Perrot*, Procureur au Châtelet. 1755 & 1773.

61. *Charles Rollin*, Professeur d'Eloquence, & ancien Principal du College. 1757.

ARTICLE

ARTICLE II.

Fondation Basin dans le College de Dormans-Beauvais (270).

CETTE fondation, faite dès 1729, n'a pu être exécutée qu'en 1770, attendu la survie du fondateur & de sa fille, qui avoit l'usufruit du contrat de *deux mille livres* sur les Aides & Gabelles donné pour cet objet.

Les biens de cette fondation ayant été par les économies faites sur ses revenus, augmentés de 150 livres, forment actuellement un objet de *deux mille cent cinquante livres* de rente, & ses charges sont seulement de *deux mille livres ;* en conséquence l'*excédent* des revenus sur ses charges, est de *cent cinquante livres :* elle avoit en caisse, au premier Octobre 1780, la somme de *cinquante-une livres.*

Cette fondation n'étoit originairement que pour *deux* Boursiers ; il y en a actuellement *trois :* ils sont nommés par M. *Taboureau,* Conseiller d'Etat, ancien Contrôleur des Finances, & après lui par l'aîné de sa famille.

A chaque nomination le Collateur doit recevoir un présent en argenterie, livres, ou autres objets à son choix, de la valeur de 100 livres ; & si le présent est en argenterie, on doit faire graver dessus les armes du sieur Basin, fondateur, & la date de la nomination.

Il est bon d'observer que ces *Bourses* sont destinées à des enfans nés à *Rheims*, & que le *Collateur* est astreint à *choisir* entre les *deux sujets* qui doivent à chaque vacance lui être présentés par le *Lieutenant des habitans de la Ville de Rheims*, mais s'il se présente des *parens* du Fondateur, qui aient les qualités requises, ils doivent être préférés.

Du premier Mars 1770.

MESSIEURS les Adminiſtrateurs ſpécialement chargés du College de Beauvais, ont dit, que par contrat paſſé devant Marchand & ſon confrere, Notaires au Châtelet de Paris, le 28 Mai 1729, Mᵉ Gérard Baſin, Avocat au Parlement, pour contribuer à l'éducation de deux enfans mâles, nés & baptiſés dans la ville de Rheims, avoit donné à Mᵉ Coffin, ancien Recteur de l'Univerſité, ce acceptant pour lui & ſes ſucceſſeurs au même Office & charge de Principal dudit College de Beauvais, le fonds & propriété d'un contrat de conſtitution ſur les Aides & Gabelles de France, fait à ſon profit par MM. les Prévôt des Marchands & Echevins de la Ville de Paris, au principal de 80000 l., produiſant 2000 livres de rente au denier quarante, paſſé devant Veillart & Melin, Notaires à Paris, le 27 Janvier 1721, ſous la réſerve de l'uſufruit à ſon profit, ſa vie durant, & après ſon décès, au profit de la dame Taboureau des Réaux ſa fille, ſa vie durant, après le décès de laquelle la fondation faite par ledit M. Baſin devoit avoir ſon exécution, conformément audit contrat de l'année 1729; que la dame Taboureau des Réaux eſt décédée au mois de Mai 1769; que par ſon décès il y a lieu d'effectuer ladite fondation; mais que depuis l'acte de 1729, il eſt ſurvenu, tant dans le College de Beauvais, que relativement aux Bourſiers des Colleges réunis, des changemens qui rendent inexécutable la fondation, ainſi qu'elle avoit été faite originairement par ledit ſieur Baſin; que dans ces circonſtances ils ont cru devoir ſe concilier avec M. Taboureau, Intendant de Valenciennes, fils aîné de ladite dame Taboureau, nominateur deſdites Bourſes, & avec le ſieur Coquebert, vice-Lieutenant des Habitans de la Ville de Rheims; & que ſous le bon plaiſir de la Cour & du Bureau, ils ſont tombés d'accord de paſſer un acte, qui porteroit les conditions ſuivantes:

1°. Que ledit contrat de 2000 livres de rente ſerviroit de fonds à ladite fondation, & que les arrérages à compter du premier Juillet 1769 ſeroient touchés par le Grand-Maître Temporel du College de Louis-le-Grand, & que le Principal ne touchera plus aucune ſomme ſur le produit de ladite rente.

2°. Que conformément à ce qui a été ordonné par le Réglement du 20 Août 1767, le dixieme de ladite rente montant à 200 livres, ſera prélevé annuellement, à commencer du premier Octobre 1769, au profit du College de Louis-le-Grand, pour la part contributoire de ladite fondation, aux dépenſes communes.

3°. Qu'il ſera établi trois Bourſiers dans le College de Beauvais, pour remplir la fondation faite par ledit Mᵉ Baſin, leſquels Bourſiers ſeront reçus dans le College de Louis-le-Grand : y ſeront nourris & entretenus, tant en ſanté qu'en maladie, comme les autres Bourſiers dudit College de Beauvais, & autres Colleges y réunis, & ſeront ſoumis aux mêmes Réglemens & diſcipline que les autres Bourſiers deſdits Colleges, deux deſquelles Bourſes ſeront ſeulement remplies au premier Avril 1770, & la troiſieme ne ſera établie qu'au premier Octobre 1773.

4°. Que chacune deſdites Bourſes ſera de 550 livres, qui ſeront priſes tous les ans ſur les arrérages de ladite rente de 2000 livres, & dont 400 livres feront payées au College de Louis-le-Grand, pour la penfion de chacun defdits Bourfiers, laquelle fera payée, ainfi & de la même maniere qu'il a été arrêté qu'elle feroit payée par les Penfionnaires, par les Délibérations prifes par le Bureau, les 7 Février 1765, 17 Juillet 1766, & 17 Août 1769, dont expédition fera annexée à la minute du contrat, & les 150 livres de furplus feront délivrées par ledit fieur le Grand-Maître à chacun defdits Bourfiers pour leurs néceffités (271).

5°. Que le furplus des arrérages de ladite rente, ainfi que de celles qui pourront appartenir dans la fuite à ladite fondation, & les fommes qui n'auront pas été payées, foit au College de Louis-le-Grand, foit aux Bourfiers, à caufe de la vacance des Bourfes, ferviront à acquitter les autres charges de ladite fondation ; & pour fe conformer aux Lettres Patentes du premier Juillet 1769, il y aura toujours une fomme en caiffe pour fournir aux dépenfes imprévues relatives auxdits Bourfiers, laquelle fomme on propofe de fixer à celle de 1500 livres ; & lorfque déduction faite de ladite fomme de 1500 livres, il fe trouvera 1000 livres en réferve, elles feront placées au profit de ladite fondation, en acquifition de rentes de la nature de celles qui peuvent être poffédées par les gens de main morte.

6°. Que lefdits Bourfiers feront choifis, parmi les enfans nés & baptifés dans la Ville de Rheims, de belle efpérance & de famille honnête, le plus que faire fe pourra, & non fils d'Artifans, avec préférence pour les parens, tant du côté maternel que paternel dudit M. Bafin, s'il s'en trouve lors de la vacance des Bourfes, qui aient d'ailleurs les qualités requifes.

7°. Que le Lieutenant des habitans de la ville de Rheims, & en cas de vacance celui qui audit cas en remplira les fonctions, & préfidera au Confeil de ladite Ville, préfentera deux fujets pour chacune defdites Bourfes qui feront vacantes, & ce, tant pour les trois qui feront établies par ledit contrat, que par celles qui pourroient l'être par la fuite des épargnes de ladite fondation ; & que ledit Lieutenant des Habitans, ou celui qui lui fuccédera, ne fera tenu pour ladite préfentation, de demander l'avis des autres Echevins & Confeillers dudit Hôtel-de-Ville, & qu'il fera écrire fur les regiftres du Greffe dudit Hôtel-de-Ville le nom de ceux qu'il aura préfenté, dont fera délivré acte aux enfans ainfi préfentés.

8°. Que la nomination defdits Bourfiers appartiendra aux defcendans de ladite dame Taboureau, fuivant l'ordre établi par l'acte de 1729, lequel fera rappellé & détaillé dans l'acte à paffer (ce qui a été fait),

---

(271) Malgré l'augmentation de 50 livres faite au prix des Bourfes par les Lettres Patentes du 19 Mars 1781, il n'a rien été changé au fupplément que touche les Bourfiers, cette augmentation a été prife fur les revenus de la fondation, & ce en exécution de la Délibération du 6 Juillet 1780 : il a été arrêté de plus que pour procurer à cette fondation les 1500 livres qu'elle doit avoir en caiffe ; lors de la vacance de chacun de fes trois Bourfes, elles refteront un an vacantes.

9°. Que celui à qui la nomination appartiendra fera tenu de le faire connoître, tant audit Lieutenant des Habitans, qu'au Bureau ; à l'effet de quoi, lors du décès de chaque nominateur, celui auquel la nomination appartiendra, fera tenu de notifier les noms, qualités & demeure ; tant audit Lieutenant des Habitans, qui les fera tranfcrire fur le régiftre de l'Hôtel-de-Ville, qu'au Principal du College de Louis-le Grand, qui en donnera connoiffance au Bureau d'Adminiftration, pour être infcrit dans fes regiftres ; ce qui fera pareillement exécuté par ledit nominateur dans le cas de changement de demeure.

10°. Que fi ledit Lieutenant des Habitans de la Ville de Rheims, ou fon repréfentant, différoit de préfenter pendant trente jours après qu'il lui aura été donné connoiffance des Bourfes par le Principal du College (272), il pourra y être pourvu par celui à qui la nomination des Bourfes appartiendra, lequel avant de faire ladite nomination, fera cependant tenu de fommer ledit préfentateur de remplir les obligations que lui impofera ladite fondation, & ne pourra nommer que huitaine après ladite fommation, & audit cas ledit nominateur fera tenu de choifir des fujets qui aient les qualités prefcrites par l'art. VI ci-deffus ; à l'effet de quoi, lors de la vacance defdites Bourfes, il en fera donné connoiffance, non-feulement au préfentateur, mais encore au nominateur, &c..........

11°. Que dans le cas où le nominateur laifferoit paffer foixante jours francs, après la notification de la préfentation faite par ledit Lieutenant Général des Habitans de la Ville de Rheims ou fon repréfentant, fans confommer la nomination, ainfi que dans le cas de défaut de connoiffance du nominateur, foit par le défaut d'exécution de fa part, du contenu en l'article IX ci-deffus, foit parce que fon droit ou fa qualité lui feroient con-tefté par quelques-uns des defcendans dudit Me Bafin, ladite nomination fera dévolue pour cette fois feulement au Lieutenant Général des Habitans de la Ville de Rheims, ou fon repréfentant, qui fera tenu de fe conformer au modele qui fera annexé au contrat à paffer (273), en y faifant mention des raifons qui lui attribuent pour cette fois la nomination.

12°. Que chaque nominateur, à chaque nomination qu'il fera, aura la faculté d'exiger un préfent de la valeur de 100 livres, laquelle fomme lui fera remife en une piece d'ar-genterie, fur laquelle feront gravé les armes dudit M. Bafin, avec la date de la nomi-nation, ou en livres pour ladite valeur, ou en toute autre nature d'effets à fon choix, d'après lequel ladite fomme de 100 livres fera paffée en compte audit fieur Grand-Maître du College.

13°. Qu'au défaut de defcendans mâles & femelles de ladite dame Taboureau des Reaux, lefdites Bourfes feront conférées par ledit fieur Lieutenant des Habitans de la Ville de Rheims, ou fon repréfentant, en la forme prefcrite ci-deffus ; & qu'en ce cas, ainfi que dans celui porté en l'article XI ci-deffus, ledit Lieutenant des Habitans, ou fon repréfentant, ne pourra prétendre au préfent énoncé en l'art. ci-deffus.........

(272) C'eft au Sécrétaire à donner cette connoiffance fuivant la Délibération du 5 Avril 1781, ci-deffus Chapitre II, *note* 98.

(273) Ce modele eft conforme à celui annexé aux Lettres Patentes du 20 Août 1767.

18º. Qu'il fera fait trois groffes en parchemin du contrat à paffer, pour être remifes l'une au College de Louis-le-Grand, & dépofée aux Archives, & jointe aux titres du College de Beauvais, une autre pour le nominateur defdits Bourfiers, & la troifieme pour être dépofée au Greffe de l'Hôtel-de-Ville de Rheims.

19º. Que tous les frais qui feront à faire, tant pour le coût de l'acte à paffer, que pour fon exécution, feront payés des deniers appartenans à ladite fondation.

20º. Que fi dans la fuite la penfion des Bourfiers venoit à augmenter dans le College de Louis-le-Grand, ou que les revenus de ladite fondation vinffent à diminuer, les Bourfes pourront être fufpendues en tout ou en partie, mais que cette fufpenfion n'auroit lieu que lorfque les revenus ne pourroient fuffire au paiement de la penfion des Bourfiers, & à celle de 200 livres de la part contributoire aux dépenfes communes, & qu'elle ne fera effectuée qu'après que les Bourfiers, alors en place, auront accompli leur vingt-unieme année.

21º. Qu'il fera fait un compte particulier de la recette & dépenfe relative à ladite fondation, & que le réfultat de ce compte fera tous les ans envoyé, tant au nominateur qu'au préfentateur, & dans la forme prefcrite par l'art. XIII du titre premier dudit Réglement, du 1er Juillet 1769.

22º. Enfin que Noffeigneurs du Parlement feront fuppliés d'homologuer l'acte à paffer, d'en ordonner la pleine & entiere exécution; d'ordonner que par le Greffier de la Cour mention dudit acte fera fait fur la groffe du titre nouvel du 15 Mai 1767, & par le Notaire dépofitaire de la minute dudit titre nouvel fur ladite minute; à l'effet de quoi l'Arrêt d'homologation fera fignifié audit Notaire, & d'ordonner en conféquence que ledit titre nouvel fera, en vertu dudit acte & de l'Arrêt qui l'homologuera, réputé paffé au nom du Grand-Maître temporel des Bourfiers du College de Louis-le-Grand & Colleges y réunis, pour & au nom des Bourfiers Bafin, fondé dans le College de Beauvais, & dont fera fait mention expreffe par lefdits Greffier & Notaire, tant fur ladite minute, que fur ladite groffe.

Nota. L'acte de fondation a été paffé devant Me Gueret, Notaire, le 9 Mars 1770, conformément à ladite délibération, & cette tranfaction a été homologuée par Arrêt du 21 dudit mois, lequel a été dépofé aux Archives en exécution de la Délibération du 5 Avril audit an.

ARTICLE III.

Fondation Perrot dans le College de Dormans-Beauvais (274).

IL paroît n'y avoir rien à ajouter aux Délibérations ci-jointes & relatives à cette fondation, fi ce n'eft que fes revenus font de *feize cens foixante-fept livres* , & fes charges de *feize cens cinquante livres;* qu'ainfi l'excédent des revenus fur les charges n'eft que de *dix-fept* livres; que cependant elle avoit en caiffe le premier Octobre 1780 la fomme de *onze cens quatre-vingt-neuf livres.*

Cette fondation eft pour trois *Bourfiers*, qui font préfentés par les *Curé & le Lieutenant de Montmirel,* & doivent être de la *famille du fondateur; & s'il ne s'en trouve pas,* du village de *Montmirel,* ou autres lieux circonvoifins , elle a été acceptée par le Bureau intermédiaire en 1773, & a été confirmée par Délibération du Bureau du 2 Février 1778.

(274) *Premier département.*

Du 15 Juillet 1773.

MESSIEURS les Adminiſtrateurs ſpécialement chargés du College de Beauvais, ont dit que le ſieur Charles-Pierre Perrot, Procureur au Châtelet, auroit ordonné par ſon teſtament, daté du 10 Décembre 1755, qu'il ſeroit fondé dans le College de Beauvais trois Bourſes, à la faveur deſquelles il ſeroit reçu dans ledit College un enfant pour chaque Bourſe, leſquels enfans ſeroient nommés par M. le Prieur-Curé & M. le Lieutenant Général de Montmirel, qui les choiſiroient dans la famille du teſtateur, par préférence à tous autres, ſavoir, 1°. dans les deſcendans, tant des mâles que des femelles d'Etienne Perrot ſon oncle, Marchand à Montmirel; 2°. dans ceux de Louis Perrot, auſſi ſon oncle, Contrôleur des actes des Notaires au même lieu; 3°. & enfin dans ceux de M. Pignard de Vieux-Maiſons, & de la dame Meſniers ſa femme, tante du teſtateur, ou parmi les enfans de Montmirel & des environs, ſi leſdits deſcendans venoient à manquer; ou qu'il ne s'y trouvât pas de ſujets capables, enſorte, porte ledit teſtament, que leſdites Bourſes ſe trouvent toujours remplies.

Que pour le revenu de chacune deſdites trois Bourſes, le teſtateur auroit voulu qu'il fût pris ſur ſes biens 500 livres de rente, de la nature de celles qui pourroient y ſervir; qu'il auroit laiſſé à ſes héritiers le ſoin de pourvoir aux précautions, clauſes & conditions qu'ils jugeroient à propos pour remplir ſes intentions, & qu'il auroit ordonné que dans le contrat de ladite fondation qui ſeroit paſſé, outre leſdites conditions, il y fut inſéré deux clauſes principales, dont la premiere ſeroit que dans le cas de rembourſement des rentes aſſignées à ladite fondation, il ne pourroit être fait aux repréſentans du College de Beauvais, qu'en la préſence & du conſentement dudit ſieur Prieur-Curé & dudit ſieur Lieutenant Général de Montmirel, pour veiller au remploi qui en ſeroit fait, avec les déclarations néceſſaires à la ſûreté de ladite fondation; & la ſeconde, que quelque diminution qui puiſſe arriver, ſur les principaux & arrérages des rentes qui auroient été délaiſſées en premier lieu pour les fonds de ladite fondation, les repréſentans dudit College de Beauvais, non plus que leſdits ſieurs Prieur-Curé & Lieutenant Général de Montmirel, ou autres quelqu'ils puiſſent être, ne pourroient prétendre ni demander aucun ſupplément, ni exercer aucun recours ni garantie ou indemnité ſur ſes autres biens, qu'il a en diſpenſés & affranchis; qu'il auroit même voulu que les frais qui ſeroient néceſſaires pour établir régulièrement ladite fondation, fuſſent pris ſur les premiers arrérages des rentes qui ſeroient aſſignées pour cette fondation; enſorte que ladite fondation ne commenceroit à avoir lieu qu'après le paiement de tous leſdits frais.

Qu'enfin ledit ſieur Perrot, teſtateur, auroit voulu que ſes diſpoſitions concernant ladite fondation, ne pourroient commencer à avoir leur effet qu'après l'exécution du don mutuel entre ſon épouſe & lui, & même après le décès de ſon pere & de ſa ſœur, auxquels il a laiſſé la jouiſſance de tous ces biens, après la ceſſation dudit don mutuel.

Que la demoiſelle Perrot, ſœur du teſtateur, après avoir ſurvécu à la dame veuve Perrot, au ſieur Perrot ſon pere, eſt décédée elle-même le 14 Décembre 1768; que depuis ce tems-là les Adminiftrateurs du College de Beauvais, ainfi que les héritiers du fieur Perrot & leurs confeils, fe font occupés de la forme qu'il falloit donner à cette fondation, & des claufes & conditions qu'il convenoit inférer dans l'acte qui devoit en être paffé, & qu'après divers projets & plufieurs conférences tenues à ce fujet, ils font convenus de paffer un acte qui contiendroit les conditions fuivantes.

1°. Les héritiers & repréfentans dudit fieur Charles-Pierre Perrot fonderont par cet acte, en fon nom, à perpétuité, dans ledit College de Beauvais, incorporé à celui de Louis-le-Grand, le nombre de trois Bourfes en faveur de trois enfans, lefquels feront pris, comme il eft ci-devant & fuivant l'intention dudit fieur Perrot dans fon teftament ; favoir, un dans les defcéndans, foit des mâles, foit des filles du fieur Henri Perrot, Marchand à Montmirel ; un autre dans ceux du fieur Louis Perrot, Contrôleur des actes des Notaires audit Montmirel ; & le troifieme dans ceux de la dame Mefniers, femme du fieur Pignard de Vieux-Maifons ; de forte que lefdites trois Bourfes fe trouvent toujours remplies, ainfi qu'il eft porté par le teftament dudit fieur Perrot fondateur.

2°. Si dans la fuite des tems une ou deux de ces branches viennent à s'éteindre, au premier cas la Bourfe deftinée à la branche éteinte fera remplie alternativement par un enfant des deux autres branches, en telle forte que la premiere nomination fera faite d'un fujet de la premiere des deux branches furvivantes, fuivant l'ordre établi dans l'article précédent ; & au fecond cas, les trois Bourfiers feront pris dans la branche furvivante.

3°. Dans le cas où ces trois branches viendroient à s'éteindre, ou que dans aucune il ne fe trouveroit point de fujets capables de profiter defdites Bourfes, alors feulement elles feront remplies par des enfans natifs de Montmirel, ou des autres lieux circonvoifins.

4°. La préfentation auxdites Bourfes fera & appartiendra, à perpétuité, aux fieurs Prieur-Curé & Lieutenant Général de Montmirel, lefquels, en procédant à cette préfentation, feront tenus de fuivre la forme qui fera preferite ci-après, & de fe conformer au modele de préfentation qui fera annexé audit acte (275).

5°. Lefdites Bourfes feront à la collation de Noffeigneurs du Parlement, Supérieurs majeurs dudit College de Beauvais, lefquels feront fuppliés d'accorder des provifions à chacun des fujets qui leur feront préfentés par lefdits fieurs Prieur-Curé & Lieutenant Général de Montmirel.

6°. Lorfqu'il s'agira de nommer pour la premiere fois des enfans pour remplir lefdites Bourfes, & par la fuite lorfqu'elles viendront à vaquer, le choix ne pourra en être fait que dans une affemblée qui fera tenue à cet effet, & dont le lieu, le jour & l'heure feront indiqués au Prône, ou par affiches à la porte de l'Eglife par le fieur Prieur-Curé dudit Montmirel, immédiatement après qu'il aura été informé de la vacance par le Principal du College de Louis-le-Grand (276), & ledit fieur Prieur-Curé déclarera la branche

---

(275) Ce modele eft conforme à celui annexé aux Lettres Patentes du 20 Août 1767.

(276) C'eft actuellement le Secrétaire qui doit avertir les Nominateurs. Voyez la Délibération du Bureau du 5 Avril 1781, ci-deffus Iere Partie, Chapitre II, *note* 98.

dans

dans laquelle le choix devra être fait pour remplir la Bourfe vacante, & ne pourra ladite affemblée être tenue qu'un mois après ladite publication, & ne pourra être différée de plus de quarante jours.

7°. L'affemblée fera tenue dans la falle d'Audience de Montmirel, où les afpirans, en préfence de leurs peres & meres, tuteurs ou curateurs, feront par ledit acte autorifés à fe rendre, pour être lefdits Afpirans, en préfence de leurs parens, examinés par lefdits fieurs Préfentateurs, lefquels pourront même, s'ils le jugent à propos, interroger ou entendre lefdits proches parens, tuteurs ou curateurs, & choifiront celui des Afpirans qu'ils jugeront en leur ame & confcience devoir être préféré.

8°. Dans le cas où l'un des Préfentateurs ne fe trouveroit pas à l'affemblée, le choix fera fait par l'autre feul, & ce choix vaudra comme s'il avoit été fait par les deux Préfentateurs conjointement, en obfervant toutes fois que la durée de cette affemblée foit au moins de deux heures.

9°. Dans le cas où les deux Préfentateurs ne feroient pas d'accord fur le choix du fujet, ils feront tenus de nommer chacun le leur, & de leur indiquer le jour auquel les deux fujets ainfi nommés viendront à Paris au College de Louis-le-Grand, pour y être examinés par le Principal dudit College, & les Examinateurs établis par les Lettres Patentes du 20 Août 1767; & celui des deux fujets qui fera trouvé le plus capable & qui marquera le plus de difpofition à faire des progrès dans les études fur la décifion dudit Principal & Examinateur, obtiendra de Noffeigneurs du Parlement la collation de la Bourfe.

10°. Le défaut de préfence à l'affemblée des Afpirans ou de leurs parens, tuteurs ou curateurs, ne pourra nuire ni préjudicier à la nomination qui aura été faite par les Préfentateurs conjointement, ou par l'un d'eux dans le cas ci-devant prévu, en obfervant, comme il eft porté à l'art. VIII, de dreffer procès-verbal, & que ladite affemblée foit au moins de deux heures.

11°. Il fera par les Préfentateurs ou par celui qui fe trouvera à l'affemblée dans le cas prévu par l'art. VIII, dreffé procès-verbal, dans lequel il fera fait mention de l'annonce publique prefcrite par l'art. VI, de la comparution des Afpirans & de leurs parens, tuteurs ou curateurs, de leur dire & réquifition, & du tems de la durée de ladite affemblée; fera ledit procès-verbal reçu par un Notaire, & dépofé parmi fes minutes, & expédition en fera jointe à l'acte de préfentation énoncé en l'art. IV, le coût duquel procès-verbal fera payé par le fujet préfenté...........

12°. Si la Cure & la place de Lieutenant Général de Montmirel, ou l'une des deux étoient vacantes lorfqu'il s'agira de préfenter auxdites Bourfes, les fonctions attribuées par ledit acte auxdits Préfentateurs, feront exercées; favoir, celle du fieur Prieur-Curé par celui qui defervira ladite Cure, & celle dudit fieur Lieutenant Général par celui des plus anciens Officiers du Siége, ou par celui des Gradués qui exercera les fonctions de Lieutenant Général........

14°. Lefdits Bourfiers feront tenus de réfider dans le College de Louis-le-Grand, où il leur fera fourni la nourriture & le logement, tant en fanté qu'en maladie, ainfi qu'aux

II. Partie. Bbb

autres Bourfiers du College de Beauvais & autres Colleges y réunis, & feront foumis aux mêmes Réglemens & difcipline que les autres Bourfiers defdits Colleges ; feront auffi tenus d'avoir chacun à Paris un correfpondant, qui fera fa foumiffion en la forme prefcrite par les Lettres Patentes du premier Juillet 1769........

15°. Le revenu de ladite fondation fera de 1500 livres, fur laquelle il fera prélevé annuellement, & à perpétuité, au profit du College de Louis-le-Grand, la fomme de 150 livres pour la contribution de ladite fondation aux dépenfes communes, & ce à commencer du premier Octobre 1773 ; les 1350 livres de furplus feront partagées aux trois Bourfiers, 450 livres à chacun, dont 400 livres feront employées au paiement de leur penfion dans le College, & l'excédent de 50 livres fera remis auxdits Bourfiers ou à leurs correfpondans, pour être employé à leurs néceffités particulieres............

23°. Il fera accordé fur les revenus de ladite fondation une fomme de 40 livres à chacun des Bourfiers qui prendra le degré de Maître-ès-Arts, & celle de 60 livres à chacun de ceux qui prendront le degré de Bachelier en Théologie.

24°. Si par la fuite les quatre parties de rentes tranfportées pour la dotation defdites Bourfes & les rentes qui feront acquifes pour completter le revenu de 1500 livres, viennent à être réduites ou grevées de nouvelles-charges, ou que la penfion des Bourfiers foit augmentée dans le College de Louis-le-Grand à mefure que lefdites trois Bourfes viendront à vacquer, elles demeureront fufpendues, jufqu'à ce que les arrérages defdites rentes aient produit un capital dont le revenu puiffe fuffire à acquitter le fupplément qui fera néceffaire pour completter lefdites Bourfes, fans que fous aucun prétexte ce fupplément puiffe être demandé aux héritiers dudit fieur Charles-Pierre Perrot, Fondateur, lefquels en demeureront bien & valablement quittes & déchargés (277).

25°. La fufpenfion des Bourfes n'aura lieu dans le cas énoncé dans l'art. précédent, que lorfqu'elles viendront à vacquer, fans que les Bourfiers qui rempliront alors lefdites Bourfes foient tenus d'interrompre le cours de leurs études, & fans qu'ils puiffent être privés des 50 livres qui font attribuées annuellement à chacun defdits Bourfiers par l'article XV, pour être employées à leurs néceffités particulieres ; mais ce qui manquera fera avancé par le College de Louis-le-Grand, qui commencera à fe rembourfer defdites avances fur les premiers arrérages des rentes appartenantes à ladite fondation.

26°. Si les 100 livres dont il eft fait retenue fur les 1500 livres de rente tranfportées à ladite fondation viennent à être rétablies, ou que les caufes prévues par l'art. XXIV viennent à ceffer, dans l'un & l'autre cas le montant des rentes qui auront été acquifes pour fournir aux fupplémens néceffaires, fera diftribué par tiers aux Bourfiers pour leurs befoins particuliers, en obfervant néanmoins qu'ils ne pourront recevoir pour cet objet, chacun, au plus, que la fomme de 150 livres par année, laquelle pourra même être réduite jufqu'à 50 livres, s'il furvient dans la fuite de nouvelles charges; & fi les rentes

_____

(277) Vu le placement fait des épargnes de cette fondation, l'augmentation faite pour des Bourfes par les Lettres Patentes du 19 Mars 1780 a été prife fur fes revenus, fans même diminuer le fupplément accordé aux Bourfiers par l'article XV ci-deffus.

appartenantes à ladite fondation ne suffisent pas pour acquitter les nouvelles charges, il y sera pourvu par la suspension des Bourses, en la maniere prescrite par ledit article XXIV.

27°. Si par quelque événement que ce soit le revenu de ladite fondation venoit à augmenter, au point qu'il excédât ce qui seroit nécessaire pour acquitter toutes les charges de la fondation, & pour fournir à chaque Boursier une somme de 150 livres par année pour ses besoins particuliers, cet excédent sera mis en réserve, & placé au profit de ladite fondation, pour de ces épargnes créer une nouvelle Bourse, lorsqu'il y aura un revenu suffisant pour la faire égale aux trois autres, laquelle Bourse sera remplie alternativement par les enfans des trois branches, dans l'ordre prescrit par l'article Ier, & sera ladite Bourse aux mêmes présentation & collation que les trois autres Bourses.

28°. Si quelqu'une des quatre parties de rente dont le transport sera fait au College de Beauvais ou de celles qui seront acquises par la suite pour fournir aux différens supplémens, sont dans le cas d'être remboursées; le remboursement du fonds principal ne pourra être reçu par le sieur Grand-Maître, ni le remploi en être fait, qu'en vertu d'une Délibération du Bureau d'Administration, prise en présence d'un représentant domicilié à Paris, que les sieurs Prieur-Curé & Lieutenant Général de Montmirel seront tenus de nommer, conformément aux dispositions des Lettres Patentes du premier Juillet 1769.

29°. Il sera arrêté tous les ans un compte particulier de la recette & dépense faite pour ladite fondation, & le résultat dudit compte sera envoyé aux sieurs Prieur-Curé & Lieutenant Général de Montmirel, en la forme prescrite par l'art. XIII du titre premier desdites Lettres Patentes du premier Juillet 1769.

30°. Il sera fait trois grosses ou expédition en parchemin dudit acte; la premiere, pour être déposée aux Archives du College de Louis-le-Grand; la seconde, pour être remise au sieur Prieur-Curé de Montmirel; la troisieme, pour le sieur Lieutenant Général de ladite Ville; la quatrieme, pour les représentans du sieur Henri Perrot; la cinquieme, pour les représentans du sieur Louis Perrot; & la sixieme, pour les représentans de ladite dame Pignard de Vieux-Maison.

31°. Nosseigneurs du Parlement seront suppliés d'homologuer l'acte à passer, & d'en ordonner la pleine & entiere exécution, & à l'effet de requérir ladite homologation; expédition de l'Arrêt d'homologation sera annexé à la minute dudit acte, pour copie être délivrée à la suite des six expéditions en parchemin énoncées en l'article précédent.

En conséquence de la Délibération ci-dessus, il a été passé le 23 Juillet 1773 devant Me Poultier, Notaire à Paris, entre les héritiers Perrot & les Députés du Bureau intermédiaire, une transaction, conforme aux clauses contenues en ladite Délibération; cette transaction a été homologuée par Jugement du 7 Février 1774.

2 Janvier 1778.

MESSIEURS les Administrateurs spécialement chargés du College de Beauvais, ont dit: que pendant l'absence du Parlement il a été fondé trois Bourses dans ce College par les héritiers du fieur Perrot, Procureur au Châtelet ; que cette fondation a été adoptée par Délibération du 15 Janvier 1773 , en exécution de laquelle il a été paffé le 23 Juillet 1773, contrat de ladite fondation, qui a été homologué par Jugement de la Commiffion intermédiaire du 7 Février 1774, dont la groffe a été annexée à la minute dudit acte de fondation ; lecture faite dudit acte de fondation du 23 Juillet 1773.

LE BUREAU a unanimement approuvé, ratifié & confirmé ladite fondation, pour être exécutée felon fa forme & teneur, & il a été arrêté qu'expédition de la préfente Délibération fera par le Secrétaire dépofée & annexée à la minute dudit acte du 23 Juillet 1773 , & par lui tranfcrite fur la groffe dudit acte dépofée aux Archives, & qu'expédition de la préfente Délibération fera envoyée par ledit Secrétaire , à chacun des deux nominateurs, & aux chefs des trois branches qui ont droit auxdites Bourfes.

CHAPITRE V.

COLLEGE DE BOISSY (278).

LES détails relatifs à ce College font,

1°. Que, lors de fa réunion, fes revenus étoient de *cinq mille cinq livres*, & qu'ils font actuellement de *huit mille foixante livres ;* que fes charges, y compris la *penfion de dix-huit cens livres* de fon ancien principal, & le montant de fes *réparations* fixé à *quatre cens livres* par la Délibération du 3 Mai 1781, font de *fept mille quatre-vingt-feize livres ;* qu'ainfi *l'excédent* de fon revenu, déduction des charges, eft de *neuf cens foixante-quatre livres*, & qu'il avoit en caiffe, au 1er Octobre 1780, la fomme de *cinq mille quinze livres*.

2°. Qu'il devoit alors *huit mille neuf cens vingt-quatre livres*, qui font payées.

3°. Qu'il n'avoit alors que *fix* Bourfiers, & qu'il en exifte actuellement *huit*.

4°. Que les *Bourfes* de ce College ont toujours été poffédées par les *parens du Fondateur* (279), & que c'eft le *Chancelier de l'Univerfité dans l'Eglife de Paris*, & le *Prieur des Chartreux* qui les conferent.

5°. La nomination d'un *lit aux Incurables*, fondé par Me Gervais le Noir, ancien Principal de ce College, le 17 Mars 1655, & qui appartient, aux termes de la fondation, au Principal du College de Boiffy & au Curé de Saint André-des-Arts, a été, par l'article XII de la Délibération de réunion du 12 Juillet 1764 (ci-après), confervée à l'ancien Principal ; mais après fon décès, la nomination en appartiendra au Bureau, conjointement avec le Curé de Saint André-des-Arts. Ce lit doit être occupé par un *pauvre du village de Boiffy-le-Sec*, près d'Etampes, & *des environs*, & à *défaut* par un *pauvre* de la paroiffe de *Saint André-des-Arts*.

Nota. Depuis la réunion, le fieur Chevillard, ancien Principal, en exécution de cette Délibération, a nommé à ce lit, conjointement avec M. Armand, Curé de Saint André-des-Arts.

---

(278) *Second département.*

(279) Des Bourfes de ce College il y en a une particuliérement affectée à la branche de *Guillaume Hodey*, & ce par Délibération du 18 Décembre 1777, ci-après *note* 281.

Du 12 Juillet 1764.

S U R le compte rendu par MM. les Administrateurs particuliérement chargés du College de Boiffy, de tout ce qui concerne ledit College, duquel compte il résulte que le Col- lege de Boiffy doit son origine à la piété de Me Godefroy de Boiffy, Chanoine de Chartres, & Clerc du Roi Jean, qui a laissé à ses exécuteurs testamentaires, par son testament du 3 Novembre 1353, la liberté de disposer à leur gré, en faveur des pauvres de Paris, & de ceux du lieu de Boiffy-le-Sec, près Etampes, dont il étoit originaire, des sommes qui resteroient de la vente de tous ses biens, après que les legs auroient été acquittés; qu'en conféquence, après sa mort, ses exécuteurs testamentaires fonderent le College qui porte le nom de Boiffy, par un acte du 16 Décembre 1358, lequel-ils y disent devoir être composé, à perpétuité, de sept Ecoliers, dont un sera Prêtre & Chapelain, & un domeftique pour les servir.

Que par un autre acte du même jour, Me Etienne Vidé de Boiffy, Chanoine de Laon, neveu de Godefroy de Boiffy, & l'un de ses exécuteurs testamentaires, donna à ces mêmes Ecoliers trois maisons à Paris;...... que cette fondation fut approuvée par l'Univerfité le 7 Mars 1359; que ledit Me Etienne Vidé de Boiffy donna en outre au Col- lege une partie de ses autres biens, consistans alors en rentes provenantes de la fuccef- fion de son oncle, en domaine, cens & rentes à Nantouillet, tous ses livres & un lit garni pour chaque Ecolier; qu'enfin, par son testament du 19 Juillet 1363, Me Etienne Vidé nomma le College pour son légataire universel; qu'après sa mort, en l'année 1366, ses exécuteurs testamentaires donnerent au College de Boiffy des ftatuts pour régler sa difcipline & son adminiftration; que par la fondation originaire, le nombre des Bour- fiers ne devoit être que de six, y compris le Principal; que par l'acte du même jour, particulier à Me Etienne Vidé, l'intention de ce dernier avoit été qu'il y eût au Col- lege de Boiffy douze Ecoliers......; cependant, que si le revenu ne pouvoit fuffire pour entretenir ce nombre de douze Ecoliers, il vouloit que le nombre en fût déter- miné relativement à la portée des biens : que, fuivant la fondation, la collation des Bourfes, inftitution & deftitution des Bourfiers, font déférées au Chancelier de l'Uni- verfité & au Prieur des Chartreux de Paris, conjointement; qu'à l'égard du Principal & du Chapelain, ils doivent être pris du nombre des Bourfiers, par eux choifis & pré- fentés aux Collateurs : que, fuivant le même acte de fondation, les Bourfiers doivent être choifis dans la famille de M. Godefroy de Boiffy, & dans celle de M. Etienne Vidé, qui étoit son neveu par femmes; au défaut de sujets qui foient de ces familles, les Bourfes doivent être conferées à des Ecoliers originaires de Boiffy-le-Sec (près d'Etampes) ou des environs; & enfin, au défaut de ceux-ci, à des enfans de la paroiffe de Saint André-des-Arts, à Paris.

Que quoiqu'il y ait plufieurs Colleges dont la fondation affecte les Bourfes par pré- férence aux parens des Fondateurs, il n'y en a aucun où l'on ait eu plus d'attention de conferver à la famille de Boiffy, cette préférence; ce droit a été regardé comme un privilege précieux, qui a fait la matiere de plufieurs procès introduits au Grand-

Conſeil dans le ſiecle dernier ; que par un Arrêt, entr'autres, du 27 Janvier 1673, il fut ordonné que les parens s'aſſembleroient pour dreſſer une généalogie qui ſerviroit de regle pour la collation des Bourſes ; que cette généalogie a été dreſſée & homologuée par un Arrêt du Grand-Conſeil, du 29 Juillet 1680, par lequel il a été dit que nul ne ſeroit admis Principal, Chapelain, ni Bourſier du College, qu'il ne fût du nombre de ceux compris en ladite généalogie ; que de cette piece il réſulte que les ſeuls parens reſtans de la famille des Fondateurs, ſont tous deſcendans de Michel Chartier, ſieur d'Alinville, décédé en 1423, qui ſont en grand nombre, & pour la plupart des plus qualifiés ; qu'il ne paroît pas que le nombre de douze Bourſiers dans le College de Boiſſy, ait été jamais rempli ; que même, par de nouveaux ſtatuts donnés à ce College par le Chancelier de l'Univerſité & le Prieur des Chartreux, en 1680, il eſt porté que ce College ne ſera compoſé que de ſix Bourſiers, y compris le Principal, d'un Chapelain & d'un domeſtique ;....... que la vie commune y a toujours été établie ; que par les ſtatuts de 1680, il étoit permis d'y employer 400 livres tous les ans, mais que depuis ce tems il a toujours été accordé des ſupplémens conſidérables, & que même il a été fait des remiſes aſſez fortes au Principal, qui eſt chargé de la dépenſe ; qu'au moyen de ce, le produit actuel de chacune des bourſes eſt de 358 liv. par an pour la nourriture..... ; que le College de Boiſſy eſt actuellement compoſé d'un Principal, faiſant auſſi les fonctions de Chapelain & de ſix Bourſiers ; que l'acte de fondation de ce College contient auſſi celle d'un Chapelain ; que par une Bulle du Pape Clément VII, du 28 Octobre 1378, il eſt permis aux Ecoliers de célébrer & faire célébrer dans leur Chapelle la Meſſe & l'Office divin, même avec chant, & d'y recevoir le Sacrement d'Euchariſtie, ſauf les droits du Curé ; que par les comptes, il paroît qu'il a été fait différentes fondations pieuſes, leſquelles s'y acquittoient aux jours fixés ; qu'à l'égard de l'anniverſaire pour le Fondateur, il ſe fait dans l'Egliſe de Saint André-des-Arts, où il a été fondé particuliérement, & que les Bourſiers ſeulement y aſſiſtent.

Qu'en l'an 1717, Me Guillaume Hodey a fondé une ſeptieme Bourſe dans le College de Boiſſy, laquelle devant être remplie par un enfant de ſa branche particuliere, & à défaut de ſa branche, par quelqu'un de la famille des Fondateurs, aux mêmes clauſes, charges, conditions & collation que les autres Bourſiers du College (280) ; qu'il légua pour cette fondation un contrat de 10000 livres ſur les Aides & Gabelles, produiſant 400 liv. au denier vingt-cinq ; mais que depuis 1721, cette fondation n'exiſte plus en ſon entier, à cauſe de la réduction des rentes du denier vingt-cinq au denier quarante :.........

Que dès l'année 1655, il avoit été fait une autre fondation par Me Gervais le Noir, Principal du College de Boiſſy, laquelle n'intéreſſe le College que quant au droit qui en réſulte pour le Principal ; que par acte du 17 Mars de ladite année, Me Gervais le Noir a fondé un lit dans l'Hôpital des Incurables, pour un pauvre du Village de Boiſſy-le-Sec & des environs, ou à défaut, pour un pauvre de la paroiſſe de Saint André-des-Arts,

(280) Cette Bourſe a été rétablie en 1777. *Voyez* la *note* ſuivante.

dont il a accordé la nomination aux Curés ·de Saint André-des-Arts, conjointement avec les Pricipaux du College de Boiffy, actuellement en place.

Sur quoi le Bureau, délibérant, a arrêté ,..........

2°. Qu'il fera acccordé au Principal, pour lui tenir lieu de ce que pouvoit lui produire fa place, la fomme de 1800 livres de penfion, payable fans aucune retenue, laquelle aura cours à compter du 1er du préfent mois de Juillet..........

4°. Qu'il fera, à compter du 1er Octobre 1771, ou plutôt, s'il eft poffible, lorfque les dettes feront entiérement payées, établi une feptieme Bourfe, les revenus du College pouvant alors fournir cette augmentation (281)........

9°. Que le mobilier du College........ eftimés par gens à ce connoiffant, à la fomme de 500 livres, fera & appartiendra au College de Louis-le-Grand, à la charge de compter au College de Boiffy de ladite fomme de 500 livres.

10°. Que conformément aux titres des fondations, aux ftatuts & réglemens dudit College, & notamment celui de 1366, les Bourfiers feront tenus d'affifter à l'anniverfaire des Fondateurs, qui doit être chanté dans l'Eglife de Saint André-des-Arts, le 19 Juillet de chaque année (282)........

12°. Que la nomination au lit fondé aux Incurables par Me Gervais le Noir, Principal du College de Boiffy, continuera d'appartenir au Curé de Saint André-des-Arts, conjointement avec le Principal du College de Boiffy, tant qu'il vivra; mais le cas

---

(281) Par Délibération du 18 Décembre 1777, il a été établi une *huitieme* Bourfe; cette derniere eft affectée à la branche de *Guillaume Hodey*; cette Délibération eft ainfi conçue:

MM. les Adminiftrateurs, fpécialement chargés du College de Boiffy, ont dit..........: Qu'ils croyoient devoir propofer l'établiffement d'une Bourfe, & ce pour une branche particuliere de la famille du Fondateur, qui a droit aux Bourfes de ce College.

Qu'en effet, Meffieurs fe rappellent que les Bourfiers de ce College ont toujours été parens du Fondateur, ainfi qu'il eft juftifié par la généalogie dreffée en 1680; qu'en 1717, Guillaume Hodey, ancien Principal de ce College, & par conféquent parent du Fondateur, puifque le Principal étoit choifi parmi les anciens Bourfiers, légua un contrat fur la ville pour l'établiffement d'une Bourfe particulierement affectée à fa branche, & qui, au défaut de fujets dans ladite branche, devoit rentrer dans la claffe des autres Bourfes de ce College; que ce contrat ne produit actuellement que 250 livres par année, fomme infuffifante pour la penfion d'un Bourfier, mais que Guillaume Hodey n'ayant d'autre intention que de procurer à fa branche l'affectation d'une Bourfe, & le College jouiffant depuis plus de foixante ans de ces 250 liv. il leur paroiffoit jufte d'exécuter aujourd'hui la volonté de ce Principal, qu'au furplus, ils prient Meffieurs d'y délibérer.

Surquoi la matiere mife en délibération,

Il a été unanimement arrêté de créer une huitieme Bourfe dans le College de Boiffy, laquelle fera *affectée* à un enfant de la *branche de Guillaume Hodey*, & à défaut de fujet dans cette branche, ladite Bourfe rentrera dans la difpofition générale pour les parens du Fondateur.

(282) L'obligation des Bourfiers d'affifter à ce Service a été de nouveau renouvellée par la Délibération qui fixe l'Obituaire de ce College, du 30 Avril 1767.

advenant

advenant du décès dudit Principal actuel, la nomination appartiendra au Bureau d'Adminiſtration du College de Louis-le-Grand, conjointement avec le Curé de Saint André-des-Arts, ou ſes ſucceſſeurs en ladite Cure.

Nota. Cette Délibération a été homologuée par Arrêt du 26 Juillet 1764, dépoſé aux archives en vertu de la Délibération du 28 du même mois.

Du 2 Août 1781.

Messieurs les Adminiſtrateurs particuliérement chargés du College de Boiſſy, ont obſervé que ce College a été fondé en 1353, en exécution du teſtament de Godefroy de Boiſſy, & pour ſes parens, dont on ne connoît actuellement que les deſcendans de Michel Chartier, Seigneur d'Allainville, mort en 1483; que pour conſtater quels ſont ceux qui peuvent prétendre droit à ſes Bourſes, il a été, en exécution d'un Arrêt du Grand-Conſeil, du 29 Juillet 1780, dreſſé une généalogie, qui eſt aux archives du College, & qui a été depuis gravée en ſeize planches de cuivre, par les ſoins de Guillaume Hodey, alors Principal de ce College; que ces planches ont été réimprimées en 1724, par les ſoins d'Antoine Vaſſoult, auſſi Principal, qu'elles ſont toujours reſtées entre les mains des Principaux de ce College, & ſont actuellement en celles du ſieur Chevillard, ancien Principal.

Sur quoi, la matiere miſe en délibération,

Le Bureau a unanimement arrêté,

1°. Que le Secrétaire-Archiviſte ſera chargé de demander leſdites planches au ſieur Chevillard, & de les dépoſer aux archives, & qu'il en ſera, aux frais du College de Boiſſy, tiré cent nouveaux exemplaires, leſquels ſeront également dépoſés aux archives pour y avoir recours quand il y aura lieu.

2°. Que ledit ſieur Chevillard ſera invité d'engager les parens compris dans ladite généalogie dreſſée en 1680, de fournir leurs titres pour compléter leur généalogie juſqu'à ce moment.

3°. Que, conformément à ce qui a été pratiqué juſqu'aujourd'hui, ceux qui prétendront droit aux bourſes du College de Boiſſy, ſeront tenus de préſenter leurs titres audit Chevillard, & après ſon décès, à l'Archiviſte du College de Louis-le-Grand, lequel, après avoir reconnu qu'ils ſont deſcendans d'un de ceux compris dans la généalogie dreſſée en 1680, leur en délivrera ſon certificat contenant leur deſcendance depuis le dernier dégré compris dans ladite généalogie; d'après leſquels certificats les Supérieurs-Majeurs accorderont les proviſions de bourſes, dans leſquelles leſdits certificats de parenté ſeront relatés; & ſur ces proviſions, enſemble ſur leſdits certificats de parenté, les Bourſiers ſeront reçus par les Examinateurs, s'ils ſont trouvés capables.

4°. Le Secrétaire-Archiviſte ſera tenu, avant de délivrer les certificats mentionnés en l'article précédent, d'en garder des copies, de lui certifiées véritables, & qu'il dépoſera dans les archives du College de Boiſſy, pour y avoir recours s'il y a lieu.

5°. Ledit Secrétaire-Archiviſte demeure autoriſé à délivrer aux parens des Bourſiers,

II. Partie. C c c

ou aux Bourſiers eux-mêmes, un certificat de leur admiſſion, dans lequel il relatera la généalogie de chaque Bourſier; & d'après leſdits certificats, les deſcendans de ces Bourſiers ſeront admis aux bourſes en prouvant ſeulement leur deſcendance de ces Bourſiers.

6°. La préſente Délibération ſera inſérée dans le recueil dont l'impreſſion a été ordonnée le 28 Mai dernier à la fin du cinquieme Chapitre de la ſeconde Partie, & communiquée tant aux Supérieurs-Majeurs du College de Boiſſy, qu'au ſieur Chevillard, par l'envoi qui leur en ſera fait dudit Chapitre cinquieme, en exécution de la Délibération dudit jour 28 Mai dernier.

Noms des Fondateurs & Bienfaiteurs du College de *BOISSY.*

1. *Godefroy de Boiſſy*, Prêtre, Chanoine de l'Egliſe de Chartres, Fondateur du College. 1358.
2. *Etienne Vidé*, neveu du Fondateur, & ſon Exécuteur teſtamentaire. 1363.
3. *Jean Boileau*, Prêtre & Chanoine de Therouanne. 1411.
4. *Jean Guillard*, Prêtre & Principal du College 1471.
5. *Guillaume Hodey*, Prêtre, Principal du College, Fondateur, d'une bourſe. 1717.

CHAPITRE VI.

COLLEGE DES BONS-ENFANS (283).

LES bâtimens & les biens de ce College, ainfi que ceux de la fondation Pluyette, qui y eft unie, ont été, depuis 1627, entre les mains des Prêtres de la Miffion, fondés par M. Vincent de Paul. Ce College eft même le berceau de cette Congrégation, dont le chef-lieu n'a été fixé enfuite au Prieuré de Saint Lazare, qu'en 1632. On ne croit point devoir entrer dans le détail de toutes les contestations qui durent depuis près de vingt ans fur cet objet; on fe contentera d'inférer ici les Délibérations les plus importantes, favoir, *celle du 6 Mars 1766*, qui contient des détails tendans à la réu- nion, & où en outre font difcutés, ainfi que dans *celle du 22 Avril 1769*, les moyens d'abus contre l'union. Cette derniere Délibération contient, de plus, un hiftorique des démarches que les Prêtres de la Miffion ont faites pour fe fouftraire à la réunion, & pour engager le College de Louis-le-Grand d'adopter une tranfaction, qui leur auroit été très-avantageufe, & par conféquent très-nuifible au College des Bons-Enfans.

Enfuite, on a cru devoir rapporter l'*Arrêt du Parlement, du 8 Mai 1769*, qui déclare l'union abufive, ainfi que les *Lettres Patentes du 22 Avril 1773*, que les Prêtres de la Miffion ont obtenues pendant la révolution de 1771; Lettres Patentes qui leur font tota- lement favorables, & contre lefquelles le Bureau, peu après fon rétabliffement (284), a cru devoir fe pourvoir. On fe contentera, à ce fujet, de rapporter les *Délibérations des 21 Janvier 1779, & 4 Octobre 1781*, qui complettent l'hiftorique de ce College : on obfervera de plus, que les différentes voies de conciliation qui ont été ○ofées, ont empêché la décifion de cette affaire; que cependant le Bureau, defirant d'éviter les contestations judiciaires, avoit avant 1769 & depuis, employé tous les moyens de conciliation (285) poffibles; que notamment depuis fon rétabliffement il avoit offert aux Prêtres de la Miffion de s'en rapporter à la décifion de Monfeigneur le Garde des Sceaux, & de Monfeigneur le Cardinal de Rohan : ce qu'ils ont jufqu'à préfent éludé; & quoiqu'actuellement ils paroiffent confentir à prendre pour Arbitre le Confeil de M. l'Archevêque de Paris, cependant cette affaire ne paroît pas encore prête à être terminée par la voie de la conciliation (286).

Il n'eft pas inutile d'obferver que tous les biens actuels dont jouit le College des Bons-Enfans, paroiffent provenir de la fondation Pluyette; ceux de l'ancienne fondation étant

---

(283) *Second département.*

(284) Voyez les Délibérations du Bureau, des 16 Juillet & 20 Août 1778.

(285) On trouvera la preuve de ce fait dans les Délibérations ci-après.

(286) Voyez ci-après la Délibération du 4 Octobre 1781.

en la poffeffion des Prêtres de la Miffion ; & que cependant par Délibération du 19 Août 1779, il a été créé un *Bourfier* à la *nomination libre de M. l'Archevêque de Paris*, qui eft le *nominateur* de toutes les Bourfes de ce College.

Enfin, après ces différentes Délibérations, on trouvera celles relatives aux *Bourfiers Pluyette* (287), actuellement réfidans dans le College de Louis-le-Grand, au nombre de *quatre*.

Au furplus, dans l'état actuel de ce College, fon revenu eft de *neuf mille fix cens vingt-quatre livres*, & fes charges, fans y comprendre les réparations (qui font un objet très-confidérable, toutes les maifons remifes par les Prêtres de la Miffion étant prefqu'en ruine) font de *huit mille trois cens quarante-deux livres*, ainfi fes revenus n'excéderoient que de *mille deux cens quatre-vingt-deux livres;* fomme fûrement très-infuf-fifante pour les réparations annuelles. Auffi le Bureau, pour y fuppléer, a-t-il, le 5 Avril 1781, ordonné de placer fur les 18576 livres, montant du reliquat de fon compte pour l'année claffique échéant au 1er Octobre 1780, une fomme de 10000 livres.

On finira les obfervations particulieres fur ce College par deux qui font plus curieufes, qu'importantes.

La premiere relative à fon nom.

La deuxieme concernant la date de fa fondation.

Felibien, & avant lui *du Bouley*, nous apprennent qu'il y a eu deux Colleges portant le nom des Bons-enfans, l'un étoit fitué près le Palais Royal dans la rue des Bons-Enfans, qui même en a retenu le nom. Ce College a été en 1602, par Bulle du Pape Clément VIII, réuni au Chapitre Saint Honoré. L'autre eft celui qui fait l'objet du prefent Chapitre.

A l'égard de fa fondation, rien n'eft moins certain que ce fait. On verra dans la Délibération du 6 Mars 1766, qu'il paroît n'avoir commencé à être bâti que vers le milieu du treizieme fiecle, cependant les Prêtres de la Miffion foutiennent dans leur mémoire imprimé, que le Roi Robert, mort en 1031, en eft le Fondateur, & ils citent pour autorité un *factum* imprimé pour l'Univerfité en 1689 : fi ce fait eft vrai ce College feroit le plus ancien de tous ceux fondés dans l'Univerfité.

---

(287) Ces Bourfiers font à la préfentation des Marguilliers de *Fontenay* & du *Mefnil-Aubry*.

Du 6 Mars 1766.

Délibérations contenant les moyens adoptés par l'Arrêt du 8 Mai 1769, & les réponfes aux objections des Prêtres de la Miffion, ainfi que la difcuffion de leurs différentes propofitions.

MEſſIEURS les Adminiſtrateurs du College de Louis-le-Grand, chargés du College des Bons-Enfans, ont dit que, par l'examen de ce qui concerne ledit College, ainſi que des difficultés que les Prêtres de la Congrégation oppoſent à ſa réunion, & des raiſons par eux alléguées à cet effet, il leur a paru que ce College eſt le plus ancien qui aiť été fondé dans l'Univerſité, ainſi qu'il appert de pluſieurs pieces rapportées dans du Boulley, & tirées du greffe de l'Evêché de Paris. L'on voit par ces actes qu'on avoit commencé à le bâtir en 1257; que le Principal & les Bourſiers, chargés d'en gérer le temporel, ont paſſé, en 1314, un titre nouvel à l'Evêché de Paris, pour quelques cens ſur quelques pieces de jardin étant dans la cenſive dudit Evêché, & que ce titre nouvel a été ratifié par neuf Bourſiers, qui firent ſerment alors qu'il n'y avoit pas un plus grand nombre de Bourſiers étant actuellement à Paris : ainſi ce College exiſtoit dès long-tems, & il y avoit au moins *un Principal, un Chapelain & neuf Bourſiers.* Le titre originaire de la fondation de ce College, ne ſe trouve pas, de ſorte qu'il n'eſt pas poſſible de ſavoir quels étoient les biens qui lui ont été affectés lors de ſa fondation. Il ſeroit cependant difficile de penſer que, lorſque l'Inſtituteur de la Congrégation de la Miſſion a été Principal de ce College, il n'ait pas eu ce titre, & qu'il n'ait point paſſé, après ſa mort, à ceux de ſa Congrégation, qu'il a établis dans ce College. Ce qui eſt conſtant, c'eſt qu'il ne ſe retrouve plus aujourd'hui, & que le Supérieur général de la Congrégation de la Miſſion, ainſi que le Supérieur du Séminaire établi dans ce College, qui prend en même-tems la qualité de Principal, ont affirmé, en exécution d'un Arrêt de la Cour, pardevant MM. les Commiſſaires, qu'ils n'ont aucuns titres concernant le College des Bons-Enfans, autres que ceux qu'ils ont repréſentés, parmi leſquels le titre originaire de la fondation ne ſe trouve pas, & qu'ils n'ont aucune connoiſſance directe ni indirecte d'autres titres que ceux par eux rapportés. On voit dans Felibien que Rénaud, Evêque de Paris, à la ſollicitation du Pape innocent IV, permit à ce College d'avoir une Chapelle intérieure, ſans préjudice du droit du Curé de Saint Nicolas du Chardonnet; que depuis, Matthieu de Vendôme, Abbé de Saint Denis, comme exécuteur du teſtament de Guy Renat, Médecin de Philippe le Hardy, aſſigna 15 livres pariſis de revenu, à prendre ſur la Prévôté de Paris, pour l'entretien d'un Chapelain, à la charge de réſider dans le College, & de dire ou faire dire tous les jours la Meſſe à l'intention du Fondateur. Cette fondation a été amortie par Lettres de Philippe le Hardy, en 1284, & confirmées par Raoul, Evêque de Paris, en 1287. On voit auſſi que Saint Louis a légué, par ſon teſtament, 60 livres à ce College; que le Comte d'Alençon, fils de Saint Louis, lui donna 40 ſols, & que pluſieurs autres, à ſon exemple, lui firent des libéralités. De toutes les donations faites en ces tems-là, outre la maiſon du College & dépendances d'icelle, il n'exiſte aujourd'hui que le domaine de Viſſous, contenant environ vingt-deux arpens, & produiſant actuellement 300 livres de fermages; plus, un demi arpent de terre labourable en deux parties , & un quartier de vigne au territoire de Saint-Marcel , affermés 9 livres ; la rente de 15 livres parifis fur la Prévôté de Paris , dont le titre ne fe trouve point ; & une rente de 9 livres tournois fur une maifon rue des Ecrivains , défignée en ces tems-là par l'enfeigne du Mortier d'or.

En 1478 Jean Pluyetto, Curé du Mefnil-Aubry , & Principal de ce College , a , par fon teftament du 4 Septembre de ladite année , fondé deux bourfes pour deux enfans de fa famille , avec préférence pour ceux du nom de Pluyette , & à leur défaut , pour deux enfans du Mefnil-Aubry ou de Fontenay. La nomination eft déférée aux Marguilliers du Mefnil-Aubry & de Fontenay , & la collation à l'Evêque de Paris. Ces Bourfiers doivent étudier dans la Faculté des Arts , jufques & compris la licence ; & s'ils ne font pas capables d'étudier , ils doivent être renvoyés après avoir appris à lire & à écrire GROSSO MODO. Ils doivent être nourris comme le Principal , logés en chambre à cheminée , & fournis , s'il y a du refte , de fouliers , bois & chandelle. Il légua pour cette fondation neuf maifons rue Saint-Victor & rue des Murs , un quartier de jardin hors la porte Saint-Victor , quatre feptiers de bled de rente au Mefnil-Aubry , & fes livres. L'Evêque de Paris , avant d'accepter cette fondation , a fait faire par des Experts une eftimation de ces biens , qui a été fixée à 740 liv. de ce tems-là , lefquelles feroient aujourd'hui 37000 livres de notre monnoie ; après quoi la fondation fut acceptée , & la délivrance du legs faite par acte du 25 Juin 1479 : cet acte eft figné *par le Principal, le Chapelain & deux Bourfiers, compofant toute la Communauté ;* il a été ratifié le 22 Juillet fuivant par l'Evêque de Paris.

En 1627 Jean-François de Gondy , Archevêque de Paris , & en cette qualité Supérieur-Majeur du College des Bons-Enfans , & Collateur de la Principalité , de la Chapellenie & des Bourfes , voulut procurer à la Congrégation de la Miffion un établiffement fixe & une demeure permanente. Pour y parvenir , il unit , à perpétuité , à cette Congrégation , qui étoit alors dans fa naiffance , la Principalité & Chapellenie du College , fur la réfignation qu'en fit entre fes mains M. Vincent de Paul , premier Inftituteur de cette Congrégation , & qui étoit alors pourvu de ces deux places , par la ceffion que lui en avoit faite Louis Guyard , lequel s'étoit réfervé 200 livres de penfion. Cette Congrégation avoit été fondée le 17 Avril 1625 , par Philippe-Emmanuel de Gondy , Seigneur de Joigny , & Françoife-Marguerite de Silly , Baronne de Montmirelle , fa femme. Jean-François de Gondy , Archevêque de Paris , frere du Fondateur , par fon Décret du 8 Juin 1627 , unit à perpétuité lefdites deux places de Principal & de Chapelain dudit College , à la Congrégation de la Miffion , & chargea le Principal de ladite Congrégation , du foin , gouvernement & direction attachés aux deux places de Principal & de Chapelain. Ce Décret d'union fut précédé d'un procès-verbal d'information de *commodo* & *incommodo*, dont l'original n'eft point repréfenté , & dans lequel on prétend qu'il eft dit que les exercices fcholaftiques avoient totalement ceffé dans le College , & que les édifices & maifons étoient dans un péril imminent de caducité ; & fur cet expofé , le Promoteur de l'Officialité donna des conclufions favorables , fur lefquelles fut porté le Décret d'union : c'eft la feule forme qui paroît avoir été obfervée. Ce même Décret charge le Supérieur de la

Congrégation, en qualité de Principal & de Chapelain, de faire célébrer les Messes & Office divin, d'exécuter & accomplir toutes les choses prescrites par les fondations du College, & notamment tout ce qui est porté par la fondation Pluyette. Le 14 Juillet 1627, ce premier Supérieur général de la Mission a pris possession de la Principalité & Chapellenie, & de tous les droits y appartenans : il a même obtenu, le 15 Septembre suivant, des Lettres Patentes confirmatives de cette union, à condition que le College demeurera soumis & dépendant du Recteur de l'Université, en la même forme & maniere qu'il l'étoit ci-devant, & tout ainsi que les autres Colleges de l'Université, & que les Prêtres de ladte Congrégation seront tenus d'observer & entretenir toutes les charges portées par les fondations desdits College & Chapelle; en conséquence que les Prêtres de la Mission & leurs successeurs, à perpétuité, jouiront ensemble des maisons, droits, honneurs, privileges, fruits & revenus y appartenans & qui en dépendent, tant & si longuement qu'ils s'appliqueront à l'œuvre des Missions. Ces Lettres Patentes sont adressées au Parlement, mais *elles n'y ont jamais été enregistrées.*

En 1707 M. le Cardinal de Noailles a établi dans cette maison un Séminaire, qui porte le nom de Saint-Firmin; le feu Roi Louis XIV accorda pour cet établissement des Lettres Patentes, datées du mois de Janvier 1714, registrées en la Cour le 15 Mars suivant. Par ces Lettres, il confirma les Prêtres de la Mission dans la direction perpétuelle dudit Séminaire, d'où les Prêtres de la Congrégation de la Mission, prétendent, par le contenu en leur Mémoire, que cet établissement a reçu sa derniere forme d'existence, & que les titres qui lui servent de fondement, sont cimentés par une possession de près de cinquante années, qui n'a jamais essuyé de contestation de la part de personne.

Ils prétendent de plus, que la Déclaration du 25 Avril 1719, concernant l'art. XXIV de l'Ordonnance de Blois, par lequel il est dit: « Voulons pareillement que les » unions faites avant quarante ans aux Abbayes, Monasteres & Communautés ecclé- » siastiques, regulieres ou séculieres, continuent d'avoir leur plein & entier effet, » nonobstant le défaut de Lettres Patentes, que nous avons suppléées par ces présentes, » en tant que de besoin », est entièrement en leur faveur :

Ils ajoutent que les biens de l'ancienne fondation ne produisent au plus que 340 liv. par année, & qu'il n'existe aucun titre qui prouve que le College en ait jamais possédé davantage en vertu de sa fondation primitive; que les autres biens donnés au College en 1478 pour la fondation Pluyette, y sont désignés maisonnettes, appentis, cours, jardins, débris, masures, &c.; que le tout étoit en si mauvais état, qu'il n'a été estimé que 740 liv. lors de l'union au profit de la Congrégation de la Mission; qu'alors il est dit que chacune de ces maisons étoit dans un tel état de caducité, qu'elles menaçoient toutes une ruine prochaine; que pour les reconstruire ou pour les réparer, la Congrégation a été obligée d'y employer, non-seulement les 40000 livres que l'Instituteur avoit touchées des sieur & dame de Gondy par l'acte de fondation de 1625; mais encore des contributions volontaires, accordées par les autres établissemens de la Congrégation, des sommes données par des personnes qui s'intéressoient en leur faveur; & d'emprunter en outre des sommes considérables que la Congrégation n'a pas encore été en état de rembourfer ; & qu'enfin , malgré le bon état actuel des maifons , lefquelles produifent aujourd'hui un revenu annuel de 8612 livres 14 fols , fuivant qu'ils l'ont porté dans leur mémoire , un quart de ce revenu eft abforbé tous les ans pour les charges ; que les rentes dont les maifons font encore chargées, montent annuellement à 3626 livres 5 fols , & que cette union , bien loin d'avoir été avantageufe à la Congrégation, lui a toujours été à charge.

D'après cet expofé , nous avons penfé qu'il étoit indifpenfable de faire un compte exact des revenus & des charges du College des Bons-Enfans, depuis le 1ᵉʳ Avril 1624 , jufqu'au dernier Décembre 1764. Ce relevé a été fait fur les regiftres tenus par les Prêtres de la Miffion, & fur les baux, en leur préfence ; les renfeignemens & pieces juftificatives par eux fournis, difcutés ou convenus article par article ; duquel compte il réfulte que le revenu du College, (qui ne montoit , en 1624, qu'à la fomme de 450 livres 15 fols, non compris la maifon du College, de la dépendance de laquelle on louoit pour 210 livres) , fe trouve monter aujourd'hui à 8594 livres , non compris la maifon occupée par les Prêtres de la Congrégation , laquelle pourroit produire au moins 1200 livres de loyer par année. *Les biens de la fondation Pluyette*, qui forment aujourd'hui cette augmentation du revenu, *étoient donnés à bail emphytéotique* , & ne produifoient en la fufdite année 1624, que 312 livres 10 fols ; ces mêmes biens, par les réparations & reconftructions des maifons faites après l'expiration des baux emphytéotiques, par l'augmentation furvenue à la valeur des biens - fonds , & par l'augmentation des loyers actuels , produifent aujourd'hui 8276 livres , & forment prefque la totalité du revenu de ce College.

La recette totale du produit des biens du College des Bons-Enfans, tant de ceux de la premiere fondation , que de ceux provenans de la fondation Pluyette, s'eft trouvée monter, pendant les cent quarante années de ce compte, à la fomme de *cinq cens quatre-vingt-quinze mille fix cens trente-neuf liv. trois fols neuf deniers*, de laquelle recette les Prêtres de la Congrégation de la Miffion font convenus après vérification par eux faite , quoiqu'ils n'aient préfenté dans leur mémoire imprimé le produit des biens de la fondation Pluyette que fur le pied de *cinq cens trente-fix mille cinq cens quatre-vingt-trois livres onze fols huit deniers ;* ce qui formoit une erreur de *trente mille fept cens cinquante-deux livres dix-huit fols quatre deniers* fur cette partie, caufée fans doute par des erreurs de calcul & omiffions involontaires. Les Prêtres de la Congrégation de la Miffion, par leur maniere de compter, faifoient monter les charges à la fomme de *fept cens trente-trois mille quatre cens foixante liv. quatre fols ;* & fuivant la maniere de compter qu'on leur a oppofée, quoiqu'elle foit entiérement à leur avantage, la totalité des charges ne fe trouve monter qu'à *quatre cens quatre-vingt-dix-neuf mille trois cens vingt-huit livres onze fols fix deniers ;* ce qui forme une différence de *deux cens trente-quatre mille cent trente-une livres huit fols dix deniers.* Tous les différens objets qui produifent cet effet, étant amplement détaillés dans le compte que nous joignons au préfent rapport, nous croyons qu'il fera fuffifant d'en expofer les principaux, qui font ,

1°. Les réparations d'entretien , ou reconftruction faites à la maifon du College, qui ne ne peuvent être allouées, attendu qu'ils ont occupé & qu'ils occupent encore cette maison, dont on n'a point porté les loyers en ligne de compte;

2°. Les honoraires d'un Procureur, que les Prêtres de la Congrégation de la Miffion portent dans leur compte fur le pied d'une bourfe, & qu'il ne feroit pas jufte de leur paffer, attendu qu'il n'y a jamais eu de Procureur fondé dans ce College, & qu'avant la réunion, le Principal étoit chargé de cette fonction : les termes mêmes de l'union ne parlent que des deux offices de Principal & de Chapelain réunis en la perfonne du Supérieur de la Miffion.

3°. L'excédent des honoraires du Principal, qu'ils établiffoient dans leur compte fur le pied de 350 livres en 1624, quoique les penfions des Bourfiers ne fuffent alors fixées qu'à 104 livres chacune ; ce qui ne devròit produire au principal que 208 livres, conformément à ce qui a toujours été alloué pour les honoraires des Principaux des autres Colleges, évalués à deux bourfes.

4°. Les réparations des autres maifons appartenantes au College, fur lefquelles il fe trouve une différence de 7938 livres 9 fols 1 denier.

Et 5°. fur la différence de leur façon de compter les arrérages des emprunts, parce que, s'ils euffent fait les remboursemens des capitaux dans les différentes époques auxquelles il s'eft trouvé des fommes reftantes des revenus du College, toutes charges payées, au lieu de les employer, comme ils les ont vraisemblablement employées, au profit de la Congrégation, non-feulement ils ne devroient rien aujourd'hui, mais ils auroient encore une fomme de *quatre-vingt mille neuf cens foixante-quinze livres fept fols*, qu'ils ont payée d'arrérages au détriment de ce College.

Malgré toutes ces réductions, il eft encore prouvé par le compte que les Prêtres de la Congrégation de la Miffion, reftans chargés d'acquitter les *foixante-douze mille cinq cens livres* qu'ils ont empruntées pour entretenir les biens du College, ils fe trouveront en fus un bénéfice de *treize mille cent foixante-fix livres huit fols cinq deniers*, outre ce qui leur eft alloué pour les honoraires du Principal, & qui leur a produit *quatre-vingt-quatorze mille fept cens foixante-deux livres dix fols* depuis la prétendue union.

D'après cet expofé, nous eftimons,

1°. Que l'union de la Principalité & Chapellenie du College des Bons-Enfans, faite en 1627 par M. de Gondy, Archevêque de Paris, à la Congrégation de la Miffion, ne peut être valable, étant défectueufe dans le fond, parce qu'elle a été faite par un Supérieur-Majeur, qui n'a jamais eu le droit de difpofer d'un College deftiné uniquement pour des Etudians dans la Faculté des Arts. Les Offices de Principal & de Chapelain ne pouvoient être poffédés par une Congrégation, la Faculté des Arts excluant de fon fein, par fes ftatuts, tout Régulier & tout Membre de Congrégation ou Communauté.

2°. Parce que cette union donne lieu au foupçon de collufion, en voyant le premier Inftituteur de la Congrégation donner d'une main fa démiffion, comme Principal & Chapelain de ce College, & de l'autre recevoir ces deux mêmes Offices, & en prendre poffeffion comme Supérieur général de la Congrégation.

3°. Nous eftimons auffi qu'elle eft défectueufe dans la forme, parce que lors de

I I. Partie. D d d

la rédaction du procès-verbal *de commodo & incommodo*, on n'y a pas appellé les Parties intéressées ; savoir, l'Université pour le College ; la famille Pluyette pour ce qui les intéressoit ; non plus que les Marguilliers du Mesnil-Aubry & de Fontenay :

4°. Parce que cette information a été faite sur les conclusions du Promoteur de l'Officialité, qui est un Officier totalement étranger à l'Université & à ses Colleges, & qui n'a jamais eu aucun droit de s'immiscer dans leurs affaires.

5°. Parce qu'elle n'a pas été revêtue de Lettres Patentes enregistrées au Parlement :

6°. Et enfin, parce que les Lettres Patentes du mois de Janvier 1714, accordées par le feu Roi Louis XIV en faveur de l'établissement du Séminaire de Saint-Firmin, regiftrées en la Cour le 15 Mars suivant, non plus que la Déclaration du 25 Avril 1719, concernant l'article XXIV de l'Ordonnance de Blois, ne peuvent suppléer au défaut d'enregistrement des Lettres Patentes au sujet de l'union, celles de 1714 n'ayant pour objet que l'établissement d'un Séminaire dans cette Maison, & qu'il ne s'agit dans la Déclaration de 1719, relatif à l'article XXIV de l'Ordonnance de Blois, que des réunions de Bénéfices appartenans à l'Eglise, ou tous autres biens d'Eglise, les biens d'un College & les fondations qui y ont été faites pour l'entretien & l'éducation des Boursiers, n'ayant jamais été des Bénéfices ni des biens ecclésiastiques. Ces biens appartiennent au public, & font le patrimoine de la société civile; ainsi les Lettres Patentes de 1714, & la Déclaration de 1719 ne peuvent suppléer au défaut d'enregistrement des Lettres Patentes de 1627, & ne peuvent par conséquent donner, comme le prétendent les Prêtres de la Mission, une forme légale au Décret d'union.

Sur lequel rapport, & d'après l'examen fait des titres concernant l'union qui a été faite en 1627 de ce College, & des biens & revenus qui lui font affectés par Jean-François de Gondy, Archevêque de Paris, Supérieur-Majeur dudit College, aux Prêtres de la Congrégation de la Mission, il résulte que cette union ne peut être valable, par plusieurs raisons, & notamment,

1°. Parce que, s'agissant d'un College destiné uniquement pour des Etudians dans la Faculté des Arts, des Offices de Principal & de Chapelain ne peuvent être possédés par une Congrégation :

2°. Parce que, lors de la rédaction du procès-verbal au sujet de l'information *de commodo & incommodo*, qui a été faite à cette occasion, on n'y a point appellé les Parties intéressées, & que l'autorité qui a fait ladite information, & qui a rendu le Décret d'union, n'étoit point compétente pour cet objet :

3°. Parce que cette information a été faite sur les conclusions du Promoteur de l'Officialité, qui est un Officier qui est totalement étranger à l'Université & à ses Colleges, & qui n'a jamais eu aucun droit de s'immiscer dans leurs affaires :

4°. Parce qu'enfin, cette union n'a point été revêtue de Lettres Patentes duement enregistrées au Parlement, & que celles accordées par le feu Roi en 1714, en faveur de l'établissement du Séminaire de Saint-Firmin, non plus que la Déclaration du 25 Avril 1719, concernant l'article XXIV de l'Ordonnance de Blois, ne peuvent y suppléer, attendu qu'un College n'est point un Bénéfice ecclésiastique.

Sur quoi le Bureau a délibéré,

I. Que le rapport fait au Bureau par MM. les Administrateurs chargés du College des Bons-Enfans, de ce qui concerne ledit College, ainsi que les comptes & mémoires détaillés qui ont servi à la rédaction dudit rapport, & pareillement les mémoires & états fournis par les Prêtres de la Mission, le tout composant une liasse de douze pieces, cotées par premiere & derniere par l'un desdits deux Administrateurs, avec mention sur chaque piece de la Délibération de cejourd'hui, seront déposés aux archives du College de Louis-le-Grand, pour y avoir recours, si besoin est.

II. Que, conformément aux Lettres Patentes du Roi, du 21 Novembre 1763, le College des Bons-Enfans, ainsi que tous les biens qui en dépendent, & qui forment aujourd'hui son revenu avec les bourses qui ont été fondées en icelui, doivent être réunis au College de Louis-le-Grand, & que les raisons alléguées pour défenses, & contenues dans les Mémoires des Prêtres de la Mission, ne peuvent y apporter aucun empêchement valable; mais considérant que le Séminaire qui a été établi dans la Maison de ce College, peut être utile à l'Eglise & à l'éducation, & que c'est entrer dans les intentions du Roi, de ne point préjudicier à un pareil établissement, & cependant de ne se point écarter du contenu auxdites Lettres Patentes de 1763, en conséquence, de maintenir lesdits Prêtres de la Mission dans la direction dudit Séminaire, même de ne les point priver de la totalité des biens dont ils jouissent; & voulant les traiter le plus favorablement qu'il est possible, le Bureau a arrêté que lesdits deux Administrateurs, conjointement avec M. le Grand-Maître, feront & demeureront autorisés à traiter avec les Prêtres de la Congrégation de la Mission, aux charges & conditions que lesdits Prêtres de la Mission délaisseront au College,

1°. Le domaine de Wissou, consistant en vingt-deux arpens de terre ou environ.

2°. La rente de 15 livres parisis sur le domaine du Roi.

3°. Les terres labourables & quartier de vigne à Saint-Marcel.

4°. La rente de 9 livres sur la maison du Mortier d'or, lesdits quatre objets dépendans du College des Bons-Enfans, & faisant, avec la maison qui formoit anciennement le College, les seuls objets que l'on connoisse de l'ancienne fondation.

5°. Une maison faisant l'encoignure des rues Saint-Victor & de Versailles, à l'enseigne de Saint Pierre & de Saint Paul, ou de la Fortune.

6°. Une autre maison située aussi sur la rue Saint-Victor, ayant pour enseigne la Croix de Lorraine, comprise dans la location de la maison suivante.

7°. Une autre maison située même rue Saint-Victor, ayant pour enseigne le Chef Saint Denis.

8°. Une autre maison située sur la même rue Saint-Victor, ayant pour enseigne le Point-du-Jour.

9°. Une autre maison située sur les rues Saint-Victor & des Murs, ayant pour enseigne le Sauvage.

10°. Une autre maison sur les mêmes rues connue autrefois par l'enseigne de la Fleur-de-Lys, & faisant aujourd'hui partie de la maison précédente.

D d d ij

11°. Une autre maison faisant l'encoignure des rues Saint-Victor & des Mûrs, ou d'Arras, ayant pour enseigne le Nom de Jesus.

12°. Une autre maison-située sur ladite rue d'Arras, jointe dans la location de la maison précédente.

13°. Un quartier de jardin, sur lequel il a été construit plusieurs maisons, rue des Fossés Saint-Bernard.

14°. Et trois arpens & demi de terre au Mesnil-Aubry, lesdits objets compris dans les articles V, VI, VII, VIII, IX, X, XI, XII, XIII & XIV, composans les biens provenus de la fondation Pluyette, & généralement tous les biens, cens & rentes dépendans dudit College des Bons-Enfans, & ce, en l'état où ils se trouvent actuellement, à l'exception de la maison que les Prêtres de la Congrégation de la Mission occupent & qu'ils ont toujours occupée depuis la prétendue union, & dont ils conserveront la propriété.

III. Que lesdits Prêtres de la Mission se chargeront d'acquitter & décharger tous les biens ci-dessus détaillés, de toutes les dettes qu'ils ont pu contracter par emprunts hypothéqués sur lesdits biens, de quelque nature qu'elles puissent être, sous prétexte d'entretiens, réparations ou reconstructions des maisons dépendantes du College des Bons-Enfans & fondations y faites, & d'en justifier au Bureau d'Administration du College de Louis-le-Grand, dans le délai qui sera convenu.

IV. Qu'il sera cependant loisible auxdits Prêtres de la Mission, de conserver la totalité des objets compris dans l'article second ci-dessus, en transigeant en argent, moyennant une somme proportionnée à la totalité du produit desdits biens, & agréée par le Bureau.

V. Que par les présentes propositions, le Bureau d'Administration ne prétend nullement nuire ni préjudicier à ses droits, & se réserve expressément, dans les cas où les Prêtres de la Mission ne voudroient pas y adhérer, tous les moyens de droit d'attaquer l'union faite en 1627, la déclarer nulle, & former contre lesdits Prêtres de la Congrégation de la Mission, telles demandes, & notamment telles restitutions de fruits que le Bureau croira justes & convenables.

VI. Se réservant au surplus le Bureau, après ladite transaction consommée, ou après le Jugement rendu, s'il est nécessaire, de se pourvoir par la voie judiciaire; de délibérer en la forme prescrite par les Lettres Patentes du 21 Novembre 1763, sur le nombre des bourses & la qualité des Boursiers dudit College des Bons-Enfans & fondations y jointes, ainsi que sur tous les objets qui peuvent concerner ledit College.

VII. Et attendu le procès existant entre lesdits Prêtres de la Mission, d'une part, les représentans de Jean Pluyette, & les Marguilliers du Mesnil-Aubry & de Fontenay, d'autre part, il a été arrêté qu'ils seroient appellés à la transaction.

Du Samedi 22 Avril 1769.

M. le Président Rolland a dit: Qu'avant de délibérer sur l'affaire du College des Bons-Enfans, il croyoit nécessaire de rappeler à MM. tout ce qui y a rapport: que MM. se souviennent que, par la Délibération du 9 Janvier 1764, pour la répartition des Colleges entre les différens Membres du Bureau, le College des Bons-Enfans avoit été mis dans fon département ; mais que par Délibération du huit Février fuivant, pour les raifons y énoncées, il avoit été échangé avec le College de Cambray. Que cette premiere deftination, jointe à ce que c'étoit lui qui avoit, le 3 Décembre 1763, fait le procès-verbal au fujet des papiers de ce College lors de la préfentation & tranfport au College de Louis-le-Grand des titres de chaque College, en exécution du titre XVIII des Lettres Patentes du 21 Novembre 1763, avoit été caufe que les Prêtres de la Miffion s'étoient plufieurs fois adreffés à lui pour chercher à fe concilier avec le Bureau.

Qu'au moment de la réunion on a fenti la délicateffe de cette affaire non par elle-même, mais par fes rapports ; qu'il n'y a pas en effet de difficulté que toutes les procédures faites en 1627, & notamment le decret d'union du 8 Juin de la même année font nuls, & par plufieurs défauts de forme, & par le défaut de pouvoir dans M. l'Archevêque de Paris pour l'union, & par le défaut de Lettres Patentes celles données par Louis XIII le 15 Septembre 1627, n'ayant jamais été regiftrées ; & les Prêtres de la Miffion ne pouvant argumenter de la Déclaration du Roi du 25 Avril 1719, qui valide les unions antérieures à quarante ans, faites aux Séminaires, puifque le Séminaire des Bons Enfans n'a commencé a être établi légalement que par le decret de M. le Cardinal de Noailles du 19 Mars 1707, & n'a eu fon exiftence abfolue que par les Lettres Patentes du mois de Janvier 1714, regiftrées en la Cour le 15 Mai fuivant, d'où il s'enfuit, qu'aux termes de la Déclaration du Roi du 13 Juillet 1719, ladite union pour être validée devoit dans l'année, être repréfentée à Sa Majefté, pour être par elle, fi elle le jugeoit à propos, confirmée par Lettres Patentes qui auroient dû enfuite être préfentées & regiftrées en la Cour, les formalités préalablement remplies.

Que la délicateffe de cette affaire provenoit de ce que les Prêtres de la Miffion ayant réuni un Séminaire à ce College, ou plutôt ayant converti ce College en un Séminaire, prétendoient qu'en rendant les biens du College des Bons Enfans, le Séminaire de Saint-Firmin n'auroit plus de quoi fubfifter (ce qui feroit fans doute une perte réelle pour la Ville de Paris, dans laquelle il n'exifteroit plus que *onze autres Séminaires*) ; que d'ailleurs la reftitution des biens de ce College étoit (fuivant les Lazariftes) prefque impoffible, attendu que les dépenfes que ces Prêtres avoient faites dans ces biens, & les répétitions qu'ils avoient à faire en conféquence, abforboient au-delà de leur valeur.

Que dès l'année 1764(288), le Bureau s'étoit occupé de la réunion de ce College ; que dès-lors il avoit fait faire plufieurs relevés fur les Regiftres de recette & dépenfes des Prêtres de la Miffion, lefquels avoient en même tems communiqué toutes les pieces qu'ils avoient pour appuyer leurs prétentions ; que ces éclairciffemens ont occupé, en 1764 & 1765, & que les états de recette & dépenfe qui ont néceffité un travail immenfe, ont été mis fous les yeux de MM. lors de la Délibération du fix Mars 1766, dont il va être parlé ; mais qu'il ne croit pas devoir entrer quant à préfent dans ce détail, le plus ou le moins de prétentions des Prêtres de la Miffion, foit fur les biens de ce College, foit fur ceux des fondations y annexées, n'étant à difcuter que lorfqu'il aura été ftatué juridiquement, ou convenu à l'amiable fur la reftitution des biens en nature

(288) Voyez les Délibérations des 3 Février & 2 Octobre 1764, cette derniere ci-après.

appartenant fans aucune difficulté audit College & auxdites fondations. Qu'il croit même d'autant plus inutile d'entrer quant à préfent dans aucune difcuffion à ce fujet, que MM. les Adminiftrateurs particuliérement chargés du College des Bons Enfans dans leur récit inféré dans ladite Délibération du fix Mars 1766, ont expofé le précis du réfultat des opérations qui ont été faites par l'Archivifte du College contradictoirement avec les Prêtres de la Miffion, & que les états & mémoires dreffés par ledit Archivifte, ainfi que les réponfes qui y ont été faites par les Prêtres de la Miffion, font partie de la liaffe de douze pieces paraphées par M. Lempereur, & dépofées aux Archives en exécution de ladite Délibération du 6 Mars 1766.

Qu'il ne croit pas devoir garder le même filence fur une des pieces contenues dans cette liaffe ; favoir, l'avis donné par le Recteur & les anciens Recteurs de l'Univerfité le premier Septembre 1763, d'après le procès-verbal de vifite qu'ils avoient faite dans ledit College, en exécution de l'Arrêt de la Cour du 4 Février précédent ; que cet avis lui paroît mériter une attention particuliere.

Que les Recteurs, anciens Recteurs obfervent dans leur avis : « Qu'il n'y a aucun
» College par rapport auquel la réunion foit plus néceffaire que le College des Bons
» Enfans. Depuis la prétendue union à la Congrégation de la Miffion en 1627, la Com-
» munauté de ce College a difparu, il s'eft établi à fa place une Communauté nou-
» velle qui, depuis cinquante-fix ans, eft devenue l'un des Séminaires du Diocèfe, en
» forte que l'intention des Fondateurs n'eft plus exécutée, la nouvelle Communauté
» ayant plus d'intérêt d'éloigner, & même d'empêcher le rétabliffement des bourfes de
» la fondation, que de le procurer. »

« Qu'au furplus (ainfi qu'il eft rapporté dans le compte de M. Del'Averdy, rendu aux
» Chambres affemblées le 12 Novembre 1763, pag. 42 & 43) les Recteurs & anciens
» Recteurs obfervent dans leur avis que l'union de la Principalité & Chapellenie de ce
» College, faite à la Congrégation de la Miffion, eft défectueufe & abufive ; en *pre-*
» *mier lieu*, parce que s'agiffant d'un College deftiné uniquement pour la Faculté des
» Arts, ces Offices ne peuvent être poffédés par une Congrégation, cette Faculté
» excluant de fon fein, par fes ftatuts, tout Régulier, & tout Membre de Congrégation
» & Communauté ; parce qu'en *fecond lieu* on n'y a point appellé les parties intéreffées ;
» favoir, l'Univerfité pour le College, & le fieur Pluyette pour ce qui les intéreffe ;
» parce qu'en *troifieme lieu* cette union eft faite fur des conclufions du Promoteur de
» l'Officialité, qui eft un Officier également étranger à l'Univerfité & à fes Colleges,
» & qui n'a jamais eu aucun droit de s'immifcer dans leurs affaires ; parce qu'en *quatrieme*
» *lieu*, il y a une collufion manifefte de voir le premier Inftituteur de la Congrégation
» donner d'une main fa démiffion, comme Principal & Chapelain, & de l'autre rece-
» voir ces deux mêmes Offices & en prendre poffeffion comme Supérieur Général de
» la Congrégation ; parce qu'en *cinquieme lieu*, les Lettres Patentes fur l'union n'ont
» pas été regiftrées ; on a craint que l'Univerfité n'y formât oppofition, & certainement
» elle l'auroit formée. »

« Que quand même l'union feroit valable elle ne porteroit que fur la Principalité &
» la Chapellenie, & qu'ainfi la Congrégation ne pouvoit prétendre droit qu'aux hono-

» raires & logement dûs à ces deux places, tandis que depuis 136 ans elle jouit de tous
» les bâtimens, de tous les revenus, & n'acquitte que la fondation Pluyette ; ainsi le
» revenu doit être augmentée des loyers des logemens intérieurs, autres que ceux néces-
» saires pour le Principal & le Chapelain, ce qui doit l'augmenter de 1000 ou 1200 liv.
» par an. »

Qu'à ces observations, qui lui paroissent aussi tranchantes que lumineuses, il croit
devoir en joindre une autre qui se trouve dans les mémoires que les héritiers Pluyette
ont fourni dans cette affaire. Ces héritiers observent que les provisions de Principal
accordées par M. l'Archevêque de Paris au fondateur de la Congrégation de la Mission
pouvoient être attaquées de nullité, en ce que le Principal n'avoit été pourvu que sur
une résignation de son Prédécesseur, qui s'étoit réservé une pension de 200 livres, ce
qui ne pouvoit se faire, *les Principalités & Chapellenies des Colleges n'étant pas des
bénéfices*, ainsi qu'il *a été jugé par plusieurs Arrêts*, & notamment par celui du 21 Janvier 1562, pour la Principalité & les Chapellenies du College de Bourgogne, sis à Paris,
& actuellement réuni dans le College de Louis-le-Grand.

Que pendant que l'on travailloit au dépouillement des papiers du College des Bons
Enfans, pour connoître son véritable état, les Prêtres de la Mission s'adresserent au Roi
pour que ce College fût dispensé de la réunion ; M. le Grand-Aumônier adressa, par
ordre du Roi, à M. l'Abbé Terray, la lettre du Supérieur de la Congrégation de la
Mission & le mémoire qui y étoit joint ; M. l'Abbé Terray apporta ces papiers au
Bureau le 18 Avril 1765, où il fut délibéré qu'ils seroient déposés aux Archives, & M.
l'Abbé Terray fut prié de répondre à M. l'Archevêque de Reims, & de rétablir les
faits qui n'étoient pas exactement présentés dans le mémoire des Prêtres de la Mission.
C'est ce que fit à l'instant M. l'Abbé Terray, & en exécution de la Délibération du
Bureau du même jour 18 Avril 1765, copie de la Réponse de M. l'Abbé Terray à
M. l'Archevêque de Reims a été déposée aux Archives ; elle est conçue en ces termes.

« Monseigneur, j'ai communiqué à MM. les Administrateurs du College de Louis-
» le-Grand le mémoire que le Supérieur Général & les Prêtres de la Congrégation de
» la Mission ont eu l'honneur de présenter au Roi. »

« Après en avoir pris lecture & y avoir réfléchi, le Bureau m'a chargé d'avoir l'hon-
» neur de vous dire que depuis plus de deux ans les Prêtres de la Congrégation de la
» Mission ne cessent, de répéter continuellement les mêmes moyens dont ils se sont
» servis, soit pour tenter dès les premiers momens d'être exceptés de la réunion, soit
» ensuite pour se refuser à l'inventaire des titres & papiers du College des Bons Enfans,
» soit enfin pour ne point exécuter l'Edit du mois de Novembre 1763. »

« Le Bureau n'a négligé aucuns des moyens que les circonstances ont pu lui permettre
» pour concilier l'intérêt légitime du College des Bons Enfans avec les ménagemens
» que mérite un Séminaire utile, & qui lui-même étant un établissement public, sera
» toujours un objet d'attention pour une Administration qui s'occupe du soin de veiller
» à la conservation d'un autre établissement également utile au public. »

« C'est dans ces vues de ménagement que le Bureau a, jusqu'à présent, retenu, &,

» je le dirai, fait violence aux héritiers Pluyette & autres ayans droit aux biens du Col-
» lege des Bons-Enfans , qui vouloient commencer des procédures dont l'événement
» ne pourroit être que très-fâcheux pour la congrégation de Saint Lazare. »

« Le Bureau eſt toujours dans les mêmes intentions de conciliation, & les Adminiſ-
» trateurs, chargés en particulier du College des Bons-Enfans, s'occupent de calculs
» faits contradiƈtoirement avec les Prêtres de Saint Lazare , dont le réſultat mettra le
» Bureau en état de leur rendre la juſtice la plus exaƈte. »

« Le meilleur conſeil à donner aux Prêtres de Saint Lazare eſt de ſe prêter de bonne
» grace à l'exécution de la réunion , de profiter de la bonne volonté & du bon traitement
» amiable que le Bureau eſt dans le deſſein de leur faire, & d'éviter par-là les pourſuites
» des ayans droit aux biens du College qui, je le répete encore, ne ſont retenus que
» par déférence aux intentions du Bureau. »

« Je ſuis avec reſpeƈt, Monſeigneur, votre très-humble & très-obéïſſant ſerviteur.
» *Signé* TERRAY. »

Les Prêtres de la Congrégation de la Miſſion ſuivirent le conſeil que M. l'Abbé Terray
leur donnoit; il fut, ainſi que je l'ai déja obſervé, fait des mémoires & états de la ſituation de ce College, ſur leſquels, ainſi que ſur ceux faits par les repréſentans Pluyette &
par les Prêtres de la Miſſion, il a été délibéré le ſix Mars 1766; qu'il croit devoir faire
leƈture à MM. de cette délibération , dans laquelle le récit de ce qui concerne ce College , dreſſé par les Adminiſtrateurs qui en étoient alors particuliérement chargés
(MM. Terray & Lempereur) a été inféré.

Après laquelle leƈture M. le Préſident Rolland continuant ſon récit a dit: que cette
Délibération du 6 Mars 1766 a été diƈtée par les mêmes motifs qui ont toujours animé
le Bureau, & que M. l'Abbé Terray avoit expoſés dans ſa lettre du 18 Avril 1765.

Que les Prêtres de la Congrégation de la Miſſion ayant eu communication de cette
Délibération ſe tranſporterent au Bureau le 17 Avril 1766, & y firent des propoſitions
que le Bureau ne crut pas devoir accepter, ſuivant qu'il réſulte de la Délibération dudit
jour 17 Avril 1766, dont a été pareillement fait leƈture, ainſi que de la propoſition des
Prêtres de la Miſſion y inférée.

A peine cette Délibération étoit-elle faite, que le Supérieur de la Congrégation s'a-
dreſſa au Miniſtre alors chargé des Finances, pour le ſupplier de faire agréer par le Bureau
les propoſitions qu'ils avoient faites le 17 Avril 1766, & que le Bureau avoit rejettées (289);

_____

(289) Ces propoſitions ſont inférées dans la Délibération ci-après.

Du Mardi 17 Avril 1766.

M. Jean-Humbert Conſin, Prêtre de la Congrégation de la Miſſion , Procureur du College
des Bons-Enfans, étant entré au Bureau, tant en ſon nom qu'en celui du Principal & Chapelain dudit College des Bons-Enfans, & même au nom du Supérieur Général de ladite Congrégation de la Miſſion, deſquels il a dit avoir charge ; a dit qu'ils ont examiné la Délibération
du 6 Mars dernier, priſe par le Bureau; que deſirant éviter tous procès, ils ſont réſolus à offrir
au Bureau une ſomme de 60900 livres argent comptant, ou 2000 livres de rente fonciere &

que

que ces propofitions (contenues dans un mémoire où de plus le Supérieur de cette Congrégation réduifoit fes prétentions fur les biens du College à 62000 liv;, & ce (y eft-il dit) ainfi qu'il confte par la Confultation donnée par Mrs Gillet, Piales & Cochin), lui furent communiquées par M. Del'Averdy ; qu'il répondit à ce Miniftre, le 11 Mai 1766, « que cette » affaire étoit très-difficile à arranger ; mais qu'un préalable à tout, étoit que M. l'Archevê- » que voulût fe prêter.... & que le Général lui apporta fon confentement par écrit ; qu'il » ajouta à M. Del'Averdy que pour rendre cette Congrégation abfolument propriétaire » de tous les biens dudit College & de la fondation Pluyette, il penfoit qu'il étoit jufte que » cette Congrégation fe chargeât de toutes les dettes qu'elle prétendoit avoir contractées » pour cet établiffement, & payât comptant, ou dans des termes qui feroient convenus, » au moins 100000 livres». Que d'après ces obfervations, le Supérieur de cette Congrégation, par une lettre du 30 Mai 1766, confentit à porter fes offres de la fomme de 60 à 75000 livres au denier vingt-cinq, rembourfable à fa volonté ; que cette nouvelle propofition lui ayant été communiquée le 3 Juin par M. Del'Averdy, il répondit le 8 qu'il fouhaitoit que le Bureau acceptât ces offres ; mais que la feule façon d'y parvenir étoit, que conformément à ce qui avoit été délibéré le 17 Avril précédent, le Supérieur de cette Congrégation fe préfentât au Bureau indiqué pour cette affaire au 3 Juillet fuivant & y fît fes offres ; que le Supérieur Général de cette Congrégation adopta ce parti ; & par fa lettre du 14 Juin 1766, promit d'envoyer au Bureau du 3 Juillet fuivant le Supérieur du Séminaire des Bons-Enfans.

Que cependant ce projet n'eut pas d'exécution ; que le Supérieur du Séminaire des Bons-Enfans ne fe préfenta pas au Bureau ; mais que continuant à faire des propofitions d'accommodement, pour donner le tems d'y parvenir, la famille Pluyette confentit à ne pas faire ufage du bénéfice de l'Audience qu'elle avoit obtenue ; fa caufe étant, en 1766, la dixfeptieme du vingt-troifieme mémoire des caufes de fept heures. Qu'après s'être de nouveau confulté, le Supérieur de la Miffion crut qu'il étoit plus convenable d'obtenir du

non rachetable, à l'effet de conferver tous les biens dont ils jouiffent, avec toutes les dettes & charges quelconques, à la réferve cependant des Bourfiers, foit de la première fondation foit de celle du fieur Jean Pluyette ; que dans le cas où le Bureau ne croiroit pas devoir accepter les offres ci-deffus, ils prient le Bureau de leur accorder un mois de délai à l'effet d'affembler & confulter les différens Supérieurs locaux des établiffemens voifins de cette Capitale afin de prendre un parti décifif ; & a en outre remis une Confultation datée du 16 de ce mois, fignée Gillet, Cochin, Piales, pour établir leurs droits, & a figné Coufin, avec paraphe.

Lecture faite de ladite Confultation, qui a été remife audit Me Coufin, pour ce rentré, & lui retiré :

Le Bureau, fans approbation des qualités prifes par ledit Me Coufin, & de celles par lui données à différens autres Membres de la Congrégation de la Miffion, a arrêté qu'il ne pouvoit accepter lefdites offres comme étant infuffifantes, & pour donner au Supérieur Général de la Congrégation de la Miffion, & à ladite Congrégation, le tems de fe confulter, a continué la Délibération fur l'exécution de celle du 6 Mars dernier au 3 Juillet prochain, & a arrêté qu'il feroit remis expédition de la préfente Délibération audit Supérieur Général,

II. Partie. Eee

Roi des Lettres Patentes adreſſantes au Parlement, qui régleroient le ſort de ce College ; que dans ces Lettres Patentes, qui lui furent communiquées le ſeize Septembre 1766, le Roi, en confirmant l'union de 1627, & maintenant la Congrégation de la Miſſion dans la poſſeſſion des biens dudit College & fondation Pluyette, obligeoit cette Congrégation à payer une rente de 3000 livres au principal de 90000 livres, rembourſable à volonté, établiſſoit cinq bourſes, dont *une ſeule* (290) à la libre nomination de M. l'Archevêque, pour lui tenir lieu des droits qui lui appartiennent ſur les biens de la premiere fondation, &c. Qu'auſſi-tôt que ce projet, dreſſé par Me Piales, lui eut été remis, il le repréſenta aux repréſentans Pluyette, qui lui firent pluſieurs obſervations importantes, & notamment que ces Lettres Patentes, que la Congrégation eſpéroit obtenir du Roi, *proprio motu*, n'avoient d'autre objet que de juger le procès qu'ils avoient intenté dès le moment de la réunion ; que cependant ils ne demandoient que l'exécution des Lettres Patentes du 21 Novembre 1763 ; qu'ils crurent même devoir dreſſer un mémoire, tant contre le contenu au préambule de ces Lettres Patentes, que relativement au diſpoſitif, & qu'ils lui remirent ces obſervations par écrit (291).

Que pendant qu'ils y travailloient, il obſerva au Supérieur du Séminaire de S. Firmin, qui lui avoit remis ce projet le 16 Septembre 1766, que, ſans entrer dans le mérite du fond, il croyoit devoir faire quelques réflexions ſur la forme ; que d'abord il lui paroiſſoit difficile que le Parlement ſe portât à enregiſtrer, ſans aucunes formalités préalables, ces Lettres Patentes données *proprio motu*, qu'il voudroit probablement qu'elles lui fuſſent préſentées pour être communiquées à M. l'Archevêque & à la famille Pluyette (292). Pour réponſe à cette difficulté, le ſieur *Pertuiſot*, Supérieur dudit Séminaire, lui envoya, le 29 Septembre 1766, un mémoire rédigé par Me Piales, pour établir que ces Lettres Patentes pouvoient & devoient être données *proprio motu*, & qu'il ne devoit y avoir aucune difficulté à leur enregiſtrement en cette forme ; que ce mémoire ne le perſuada pas ; que les obſervations de la famille Pluyette augmenterent ſes doutes ; que cependant, comme d'après ces obſervations il paroiſſoit qu'il ſeroit facile de la contenter, il crut devoir ſe renfermer à répondre aux différens Membres de la Congrégation de la Miſſion, qu'il ne croyoit devoir faire, ni vis-à-vis du Bureau, ni vis-à-vis du Miniſtere, aucune démarche pour parvenir à une conciliation, ni obtenir des Lettres Patentes, qu'au préalable le projet n'eût l'approbation de M. l'Archevêque ; vu que, dans la poſition des choſes, l'on ne pourroit regarder les Lettres Patentes qui ſeroient données à ce ſujet que comme ayant pour objet de juger

(290) Les *quatre* autres étoient pour la famille *Pluyette.*

(291) M. le Préſident Rolland conſerve encore ce projet & les obſervations des héritiers Pluyette, dont la principale étoit, que pour *la ſûreté de leur fondation*,) ſi les Prêtres de la Miſſion conſervoient tous les biens fonds) il ſeroit néceſſaire qu'*ils créaſſent une rente en grains*, bien hypothequée, & *ſeule capable* de repréſenter des fonds, & *d'aſſurer la perpétuité de la fondation Pluyette.*

(292) Toutes ces réflexions & les ſuivantes contre le Projet de 1766, militent contre les Lettres Patentes de 1773, ci-après.

un procès exiftant, ce qui étoit contraire à tout principe. Qu'il fe référoit au furplus à ce qu'il avoit obfervé à ce fujet dans fa lettre à M. Del'Averdy du 11 Mai 1766.

Que la réclamation faite par M. l'Archevêque contre les Lettres Patentes des 21 Novembre 1763 & 20 Août 1767, tendante à anéantir la réunion des petits Collèges, (Lettres Patentes au furplus qui, faifant un Réglement général, étoient fans contredit dans le cas d'être données *proprio motu*), n'a fait que le confirmer dans fa façon de penfer à ce fujet, & qu'en 1767 & 1768 il a toujours continué de faire la même réponfe; que les changemens arrivés en Septembre 1768, lui en ont fourni une nouvelle, & qu'en Décembre 1768, ainfi que depuis, toutes les fois que les Prêtres de la Miffion font venus pour l'engager à agir, il a répondu que les chofes n'étoient pas changées vis-à-vis le Bureau; mais que vis-à-vis du Miniftere il ne pouvoit propofer aucunes Lettres Patentes qu'il n'eût à ce fujet des ordres de Monfeigneur le Chancelier; qu'ainfi il falloit, foit pour fuivre la voie de conciliation, foit pour projetter des Lettres Patentes; d'une part le confentement de M. l'Archevêque de Paris, de l'autre que M. le Chancelier le chargeât de dreffer un projet de Lettres Patentes. Que dans ces circonftances, la caufe de la famille Pluyette & des Prêtres de la Congrégation de la Miffion ayant commencé mardi dernier, il avoit été, par le Bureau de jeudi, indiqué la préfente Affemblée à cejourd'hui pour délibérer à ce fujet; qu'au furplus il croyoit devoir obferver à MM. que les Prêtres de la Miffion étoient dans la piece avant le Bureau & demandoient à entrer; que le fieur Pluyette, Chevalier de Saint-Louis, & le fieur le Flamand, ancien Secrétaire du Bureau, étoient dans ladite piece, & demandoient auffi à entrer.

Sur quoi le Bureau a unanimement arrêté, que le recit de M. le Préfident Rolland feroit inféré dans la délibération de ce jour, & qu'avant de délibérer fur ce qui concerne cet objet, il étoit convenable d'entendre les différentes parties; en conféquence elles ont été introduites féparément.

Les Prêtres de la Miffion ont dit: « que le Supérieur Général & Prêtres de la Congréga- » tion de la Miffion & Supérieurs du Séminaire de S. Firmin offrent à MM. les Adminiftra- » teurs du Collège de Louis-le-Grand, une rente de 3000 liv. au principal de 90000 liv., » quitte & nette de toutes charges, à l'effet de conferver la propriété de tous les biens du » Collège des Bons-Enfans, & d'être déchargés de toutes les bourfes qui peuvent avoir » été fondées dans ce Collége, avec réferve d'une penfion viagere de 600 livres fur les » deux têtes du Principal & du Procureur actuels, conformément au projet des Lettres » Patentes dreffées en 1766, déclarant, lefdits Supérieurs & Prêtres, que cette offre n'eft » par eux faite que fous la réferve expreffe, en cas qu'elle ne fût pas acceptée, de tous » droits, tant ceux qui réfultent du decret de M. de Gondy, que ceux qui leur font » acquis par les impenfes par eux faites dans les fonds du College des Bons-Enfans ».

Après avoir fait ces propofitions, les fieurs *Pertuifot* & *Coufin* fe retirerent, laiffant leur dire, *figné d'eux*, & terminé en ces termes:

« Fait par nous, *Alexis Pertuifot*, affiftant du Supérieur Général, & fe faifant fort » pour lui & pour fon Confeil; & *Jean-Humbert Coufin*, Supérieur du Séminaire de « Saint-Firmin, & Procureur du College des Bons-Enfans, tant en fon nom qu'au nom

» du Principal dudit College & des Prêtres du Séminaire de Saint-Firmin, au Bureau le
» 22 Avril 1769 ».

Lesdits sieurs Pluyette & le Flamand ayant été introduits, ont dit : « *Jean-Louis-Augustin*
» *Pluyette*, Chevalier de Saint-Louis, & *Antoine le Flamand*, Avocat en Parlement,
» *tant en leurs noms personnels que comme se faisant & portant fort pour leurs co-inté-*
» *ressés* en l'affaire mentionnée ci-après, & encore *au nom & comme conjointement*
» *fondés des procurations spéciales des Marguilliers des Œuvres & Fabriques de Mesnil-*
» *Aubry & Fontenay-en-France*, ont l'honneur d'exposer au Bureau qu'ayant été forcés
» de se pourvoir en la Cour contre le Supérieur Général de la Congrégation de la
» Million dite de Saint-Lazare, les Peres & Régime de ladite Congrégation, & les Su-
» périeurs particuliers de la Maison & College des Bons-Enfans, sis en la rue Saint-
» Victor, à ce que les Lettres Patentes du 21 Novembre 1763 soient exécutées selon
» leur forme & teneur ; en conséquence qu'il soit dit & ordonné que les Boursiers fondés
» dans ledit College des Bons-Enfans en l'année 1479, en exécution du testament de
» Jean Pluyette, & les biens affectés à ladite fondation soient transférés au College de
» Louis-le-Grand. Que la cause a été placée la cinquieme, au rôle des causes de Paris de la
» présente année ; que cette cause a été appellée & plaidée à tour de rôle mardi dernier
» 18 du présent mois, & qu'elle doit continuer lundi prochain & jours suivans. Que
» la veille de la plaidoirie, les Exposans, leurs Représentans & leurs co-Intéressés,
» craignant qu'on ne leur opposât un prétendu decret d'union fait en l'année 1627 par
» M. l'Archevêque de Paris à la Congrégation de la Million, des places de Principal &
» de Chapelain dudit College des Bons-Enfans, ont interjetté incidemment appel comme
» d'abus dudit prétendu decret d'union ; que cet appel incident comme d'abus a été
» signifié à la Congrégation de la Million, & Supérieurs de la maison des Bons-Enfans
» le vendredi 14 dudit présent mois.

» Dans ces circonstances, les Exposans croient devoir requérir, comme de fait ils
» requierent par ces présentes la jonction & adhésion du Bureau d'Administration ; en
» conséquence ils suppléent MM. de vouloir mettre en délibération s'il n'est point utile
» & convenable au College de Louis-le-Grand d'intervenir dans la cause dont il s'agit,
» & d'adhérer à l'appel comme d'abus interjetté par les Exposans & Consorts, cet appel
» comme d'abus intéressant directement le Bureau d'Administration à raison du College
» des Bons-Enfans, bien plus que la fondation particuliere dont les Exposans & Con-
» sors réclament l'exécution.

» Les Exposans en même tems instruits que la Congrégation de la Million va faire au
» Bureau d'Administration des propositions d'arrangement sur l'affaire dont il s'agit, espe-
» rent que le Bureau d'Administration voudra bien ne pas tranfiger sur une affaire dans
» laquelle il n'est pas encore partie ; & dans le cas où MM. jugeroient à propos (ce que
» les Exposans ne préfument pas) de passer outre, dans ce cas, sous la réserve de tous
» leurs moyens d'oppositions, & de tous leurs noms, raisons & actions, les Exposans
» supplient MM. de vouloir bien les entendre, protestant néanmoins que la présente
» demande ne pourra jamais servir d'acquiescement de leur part à aucun arrangement

» qui ne leur eft pas connu». Fait ce 22 Avril 1769. *Signés* PLUYETTE & LE FLAMAND, & fe font retirés après avoir laiffé leur dire fur le Bureau.

Après quoi le Bureau a cru devoir faire rentrer lefdits fieurs Pluyette & le Flamand, & leur a communiqué le dire des Prêtres de la Congrégation de la Miffion ; à quoi ils ont répondu

« Qu'ils avoient l'honneur de repréfenter au Bureau d'Adminiftration que les offres » de la Congrégation de la Miffion de cejourd'hui, dont MM. ont bien voulu leur » donner communication, font infuffifantes, en ce que les biens de la fondation Pluyette » feuls, & abftraction faite des biens de la dotation du College des Bons-Enfans, font un » objet de plus de 8000 livres de rente, & que par le compte que la Congrégation de la » Miffion ne peut refufer de faire de fes jouiffances, lefdites jouiffances ont plus que ba- » lancé les impenfes qui pourroient avoir été faites fur les biens de ladite fondation Pluyette; » ils ont l'honneur d'obferver que la propofition de la Congrégation de la Miffion feroit » d'ailleurs inadmiffible pour eux & leurs confors, quant à la forme en laquelle les offres » ont été faites au Bureau». Fait le 22 Avril 1769. *Signés* PLUYETTE & LE FLAMAND, & ont laiffé fur le Bureau leur dire par écrit.

Lefdits fieurs Pluyette & le Flamand retirés.

LE BUREAU, fans approbation des qualités prifes par ledit Me Coufin, & de celles par lui données à différens autres Membres de la Congrégation de la Miffion, délibérant fur le tout, & perfiftant dans l'article VI de fa Délibération du 6 Mars 1766.

A ARRÊTÉ que l'article V de ladite Délibération fera exécuté felon fa forme & teneur ; ce faifant, qu'il fera donné, au nom de M. le Grand-Maître temporel du College de Louis-le-Grand, une requête d'intervention dans l'affaire pendante en la Grand'- Chambre entre les Repréfentans M. Jean Pluyette & les Prêtres de la Congrégation de la Miffion ; qu'il fera adhéré à l'appel comme d'abus par eux interjetté de l'union de 1627, même, s'il eft néceffaire, interjetté un appel comme d'abus principal, & qu'il fera formé demande pour être envoyé en poffeffion de tous les biens dudit College des Bons-Enfans & fondations y annexées, à compter du premier Octobre 1764, fauf à tenir compte auxdits Prêtres de la Congrégation de la Miffion des dépenfes qu'ils juftifieront avoir faites depuis ledit tems à l'acquit dudit College & fondation Pluyette, & fauf pareillement à être compté des recettes & dépenfes antérieures audit tems, & ce à l'amiable, fi faire fe peut, finon en Juftice ; qu'il fera en même tems conclu à ce que le Principal & le Procureur de la maifon des Bons-Enfans foient tenus de remettre au Secrétaire-Archivifte tous les titres & papiers qui leur ont été confiés en exécution des Ordonnances des Com- miffaires de la Cour des 12, 15 & 22 Décembre 1763, & dont ils fe font chargés comme dépofitaires de Juftice, & à la charge de les remettre à la premiere demande.

LOUIS, par la grace de Dieu, Roi de France & de Navarre, au premier Huiffier de notre Cour de Parlement, ou autre notre Huiffier ou Sergent fur ce requis; favoir fai- fons: Qu'entre Nicolas Fourrier, Marchand de dentelles au Menil-Aubry, au nom &

ARRÊT *du* 8 *Mai* 1769. Qui déclare l'union faite en

1627 du College
des Bons-Enfans
à MM. de S. La-
zare abufive, &c.

comme Marguillier en charge de l'Eglife, Œuvre & Fabrique de Notre-Dame dudit
Menil-Aubry ; Nicolas Leduc, Marchand Boucher à Fontenay, au nom & comme Marguillier en charge de l'Eglife, Œuvre & Fabrique de Saint Aquilin dudit Fontenay ; Antoine-Nicolas-Etienne Pluyette, Laboureur à Goneffe, aîné de toute la famille Pluyette ;
Pierre Pluyette, Licencié en Théologie de la Faculté de Paris, ci-devant Bourfier de la
fondation Pluyette au College des Bons-Enfans ; François Pluyette, Laboureur à Goneffe ; Nicolas Pluyette, Laboureur au même lieu ; Marie-Louis Pluyette, mineur,
émancipé d'âge par Juftice, procédant fous l'autorité d'Antoine-Nicolas-Etienne Pluyette,
fon curateur aux caufes ; Pierre Pluyette, Marchand de grains à Paris ; Matthieu Pluyette,
garçon majeur, demeurant à Goneffe ; Pierre Pluyette, Bourgeois de la ville de Meaux,
aîné de la branche iffue de Thibault Pluyette, ci-devant Bourfier de la fondation Pluyette,
au College des Bons-Enfans ; Claude Pluyette, Laboureur à Aunay-fous-Bondy ; Nicolas-
Philippes Pluyette, Laboureur à Chambry ; Antoine-Nicolas Pluyette, mineur, émancipé d'âge, procédant fous l'autorité dudit Pierre Pluyette, fon curateur aux caufes ; Jean-
Louis-Auguftin Pluyette, Chevalier de notre Ordre Royal & Militaire de Saint-Louis,
Capitaine des Grenadiers-Royaux du Bataillon de Paris ; Antoine Leflamand, Avocat
en notredite Cour, tant en fon nom, comme iffu en ligne mafculine & féminine de la
famille de Jean Pluyette, qu'au nom & comme chargé de l'exécution du teftament de
Me Gilles Pluyette, décédé en 1706, Chanoine de l'Eglife de Senlis, & en cette derniere qualité, ftipulant pour tous les defcendans de Michel Pluyette, appellés à la fubftitution établie par ledit fieur Gilles Pluyette, demandeurs en requête, ordonnance &
exploit du 21 Avril 1765, tendans à ce que les Lettres Patentes par Nous données le 21
Novembre 1763, & enregiftrées en notredite Cour le 25 dudit mois, foient exécutées
felon leur forme & teneur ; comme auffi que le teftament de Jean Pluyette, paffé devant Jean Pinot & Jean Belin, Notaires au Châtelet de Paris, les 4 & 7 Septembre
1478, par lequel, entr'autres difpofitions, il eft fondé deux bourfes dans le College des
Bons-Enfans de cette Ville, & laiffé du bien pour l'acquit de ladite fondation, de la
maniere & ainfi qu'il eft porté audit teftament, & l'acte de fondation faite en exécution
dudit teftament par les exécuteurs teftamentaires & héritiers dudit Jean Pluyette, dans
le College des Bons-Enfans, en date des 25 Juin & 22 Juillet 1479, foient pareillement
exécutés felon leur forme & teneur ; ce faifant, il fût ordonné que, fans s'arrêter ni
avoir égard au decret d'union du 8 Juin 1627, lequel, en tous cas, feroit déclaré ne
pouvoir nuire ni préjudicier en maniere quelconque à ladite fondation dudit Jean Pluyette,
circonftances & dépendances, lefdites deux bourfes fondées par ledit Jean Pluyette dans
ledit College des Bons-Enfans, ainfi que tous les biens donnés par ledit Jean Pluyette,
par fondit teftament, audit College des Bons-Enfans, dépendances & acceffoires defdits
biens, feroient transférés au College de Louis-le-Grand, en conféquence fe voir, le
Supérieur Général & les Prêtres de la Congrégation de la Miffion de Saint Lazarre, enfemble les Supérieur & Séminaire de Saint Firmin, condamnés à délaiffer au profit dudit
College de Louis-le-Grand l'adminiftration & jouiffance defd ts biens pour employer
conformément & au defir dudit teftament, à remettre aux Adminiftrateurs dudit College

de Louis-le-Grand les titres de propriété & autres pieces concernant lefdits biens & dépendances, & ladite fondation, à fe purger par ferment qu'ils n'en retiennent aucun directement ni indirectement, fous la réferve expreffe des demandeurs de fe pourvoir par la fuite, s'ils le jugent à propos, pour faire rendre compte audit Général & Prêtres de la Congrégation de Saint Lazarre, Supérieur, Maifon & Séminaire de Saint Firmin, de la jouiffance qu'ils ont eu defdits biens & revenus, & à former contr'eux telles demandes qu'ils aviferont pour la reftitution des fommes qu'ils n'auront pas, conformément à ladite fondation, employées à l'ufage, entretien & utilité d'icelle, & fous la réferve encore de tous les autres droits & actions foit contre lefdits Général & Prêtres de la Congrégation de Saint Lazarre, & Supérieur, Maifon & Séminaire de Saint Firmin, & contre tels autres qu'ils aviferont bon être, & en cas de conteftation, que les conteftans fuffent condamnés aux dépens d'une part, & lefdits Supérieur Général & Prêtres de la Miffion de la Congrégation de Saint Lazarre, & les Supérieur, Maifon & Séminaire de Saint Firmin, défendeurs d'autre part: & entre lefdits Nicolas Leduc, Nicolas Fourrier ès noms, & lefdits Antoine-Nicolas-Etienne Pluyette & Conforts, demandeurs en deux Requêtes des 14 & 24 Avril dernier, la premiere tendante à ce qu'ils foient incidemment reçus appellans comme d'abus d'un prétendu decret d'union donné en 1627 par M. de Gondy, Archevêque de Paris, feulement en tant que de befoin pour ce qui les concerne, & en ce que les Prêtres de la Miffion prétendroient s'autorifer dudit decret d'union pour fe maintenir dans la propriété & poffeffion des biens de la fondation Pluyette; ledit appel fût tenu pour bien relevé; faifant droit fur icelui, il fût dit qu'il y avoit abus; en conféquence ledit decret d'union, en ce qui concerne lefdits Pluyette & Conforts, fût déclaré nul & de nul effet, & au furplus, que les conclufions par eux ci-devant prifes leur fuffent adjugées avec dépens; la feconde defdites Requêtes tendante à ce qu'il leur fût donné acte de la déclaration faite à l'audience par les Supérieur, Procureur & Prêtres de la Miffion établie en la Maifon & Séminaire de Saint Firmin du College des Bons-Enfans, que les biens de la fondation Pluyette ne leur appartenant point, qu'ils n'entendoient point en retenir la propriété ni fe prévaloir du decret d'union du 8 Juin 1627, dont lefdits Pluyette font appellans comme d'abus, & qu'en conféquence les fins & conclufions par eux ci-devant prifes leur fuffent adjugées avec dépens d'une part: & lefdits Supérieur & Prêtres de la Miffion établie en la Maifon & Séminaire de Saint Firmin, & les Supérieur Général & Prêtres de la Congrégation de la Miffion de Saint Lazarre, défendeurs d'autre part: & entre Guy-Antoine Fourneau, Grand-Maître temporel du College de Louis-le-Grand, demandeur en Requête du 24 Avril 1769, tendante à ce qu'il fût reçu partie intervenante dans la caufe pendante en notredite Cour entre les Marguilliers du Menil-Aubry & de Fontenay-en-France, les fieurs Pluyette & Conforts d'une part, & le Supérieur Général & Congrégation de la Miffion de Saint Lazarre, & les Supérieur & Prêtres de la Miffion établie en la Maifon du Séminaire de Saint Firmin d'autre part, fur l'appel comme d'abus interjetté par lefdits Marguilliers du Menil-Aubry & Fontenay, & lefdits Pluyette & Conforts, du decret rendu le 8 Juin 1627, par Jean-François de Gondy, Archevêque de Paris,

par lequel il unit à perpétuité les deux places de Principal & de Chapelain du College des
Bons-Enfans, à Paris, à ladite Congrégation de la Miffion, & a chargé le Principal de
ladite Congrégation du foin, gouvernement & direction attachés aux deux places de
Principal & de Chapelain; il lui fût donné acte de ce que pour moyens d'intervention il
employoit le contenu en fa requête, & de ce qu'il adhéroit audit appel comme d'abus,
il fût en tant que de befoin reçu appellant dudit décret d'union, fon appel fût tenu pour
bien relevé; & en prononçant fur icelui, que ledit décret d'union fût déclaré nul & de
nul effet; en conféquence, que ledit Fourneau, audit nom, fût envoyé en poffeffion de
tous les biens du College des Bons-Enfans, & fondations y annexées, & de tous les
revenus à compter du premier Octobre 1764, fauf à tenir compte auxdits Prêtres de la
Congrégation de la Miffion, des dépenfes qu'ils juftifieroient avoir faites depuis ledit
tems en l'acquit dudit College & fondation Pluyette, & fauf pareillement à être fait
compte des recettes & dépenfes antérieures audit tems, lequel compte fe fera à l'amiable, fi faire fe peut, finon en notredite Cour, pardevant tel de Meffieurs qu'il plairoit à
notredite Cour commettre; il fût ordonné en outre que les Principal & Procureur de la
Maifon des Bons-Enfans feroient tenus dans huitaine, à compter de la fignification de
l'Arrêt à intervenir, de remettre au Secrétaire-Archivifte tous les titres & papiers qui leur
ont été confiés, en exécution des Ordonnances des Commiffaires de notredite Cour,
des 12, 15 & 22 Décembre 1763, & dont ils font chargés comme dépofitaires de
Juftice, & à la charge de les remettre à la première demande, & que lefdits Supérieur
Général & Congrégation de la Miffion fuffent condamnés en tous les dépens, même
en ceux faits contre les autres Parties de la caufe, & fauf audit Fourneau à augmenter ou
rectifier à fes conclufions d'une part, & lefdits Supérieur Général & Prêtres de la Miffion,
& les Supérieur & Prêtres du Séminaire de Saint-Firmin, & lefdits Marguilliers de Menil-
Aubry & de Fontenay, & lefdits Pluyette & conforts, défendeurs d'autre part : & entre
lefdits Supérieur & Prêtres du Séminaire de Saint-Firmin, & les Supérieur Général &
Prêtres de la Congrégation de la Miffion, demandeurs en requête du 5 Mai préfent
mois, tendante à ce qu'il leur fût donné acte de la déclaration par eux faite, qu'ils font
prêts & offrent de remettre les biens du College des Bons-Enfans, fondation des Bourfes
y annexées & revenus qui en dépendent, conformément aux Lettres Patentes du 21
Novembre 1763, enregiftrées en notredite Cour le 25 defdits mois & an, & qu'à cet
égard ils n'entendoient fe prévaloir du décret en date du 8 Juin 1627, par lequel Jean-
François de Gondy, Archevêque de Paris, avoit conféré, donné, uni, annexé & incorporé à la Congrégation des Prêtres de la Miffion les Principalité & Chapellenie du
College des Bons-Enfans, avec commiffion perpétuelle pour l'adminiftration dudit
College, fe réfervant lefdits Supérieur & Prêtres de la Congrégation de la Miffion de
prendre par la fuite telles autres conclufions qu'il appartiendroit; & en cas de conteftation, les conteftans fuffent condamnés aux dépens qu'ils pourroient en tout événement
employer en frais d'adminiftration d'une part, & ledit Grand-Maître temporel du College
de Louis-le-Grand, lefdits Marguilliers des paroiffes du Menil-Aubry & Fontenay, &
lefdits Pluyette & conforts, défendeurs d'autre part. Après que *Target*, Avocat des

Marguilliers

Marguilliers du Menil-Aubry & Fontenay, & des nommés Pluyette; *Rouhette*, Avocat du Grand-Maître du College de Louis-le-Grand & Colleges y réunis; *Cochin*, Avocat des Supérieur & Prêtres du Séminaire de Saint-Firmin, & *Laget*, Avocat du Supérieur Général de la Congrégation de la Miffion, ont été ouis pendant quatre Audiences, enfemble *Joly de Fleury* pour notre Procureur Général.

NOTREDITE COUR reçoit la Partie de Rouhette Partie intervenante; *donne acte aux Parties de Target de la déclaration faite par les Parties de Cochin & Laget*, dans leur requête du 5 Mai préfent mois, *qu'elles font prêtes & offrent de remettre les biens du College des Bons-Enfans, fondations de Bourfes y annexées & revenus qui en dépendent*, & conformément aux Lettres Patentes du 21 Novembre 1763, regiftrées en notredite Cour le 25 defdits mois & an, & *qu'à cet égard elles n'entendent fe prévaloir du décret en date du 8 Juin 1627*, par lequel Jean-François de Gondy, Archevêque de Paris, avoit conféré, donné, uni, annexé & incorporé à la Congrégation des Prêtres de la Miffion, les Principalité & Chapellenie du College des Bons-Enfans, avec commiffion perpétuelle pour l'adminiftration des biens dudit College, *reçoit notre Procureur Général appellant comme d'abus dudit décret du 8 Juin 1627, & de tout ce qui s'en eft fuivi;* faifant droit, tant fur ledit appel comme d'abus, que fur celui interjetté par les Parties de Rouhette & de Target, *dit qu'il y a abus; DÉCLARE LEDIT DÉCRET NUL ET DE NUL EFFET, ainfi que tout ce qui s'en eft enfuivi;* faifant droit fur le furplus des demandes defdites Parties de Target & de Rouhette, a envoyé & envoie le Grand-Maître temporel du College de Louis-le-Grand & Colleges y réunis, Partie de Rouhette, en poffeffion de tous les biens du College des Bons-Enfans, & fondations de Bourfes y annexées & revenus qui en dépendent, à compter du premier Octobre 1764, laquelle Partie de Rouhette demeurera en conféquence chargée, à compter du premier Octobre 1764, de l'exécution des dernieres volontés de Jean Pluyette, Curé du Menil-Aubry, au defir des difpofitions des Lettres Patentes du 21 Novembre 1763, & des autres fondations de Bourfes qui peuvent dépendre du College des Bons-Enfans, comme auffi de l'acquit des cens, droits feigneuriaux, rentes foncieres, & généralement de toutes charges & redevances foncieres à fupporter par les biens du College des Bons-Enfans; procès-verbal préalablement dreffé de l'état defdits biens par Antoine, Juré-Expert, que notredite Cour a commis à cet effet, & ce à la requête de la Partie de Rouhette, en préfence des Parties de Cochin & de Target, ou elles duement appellées; en conféquence, condamne les Parties de Cochin à remettre à la Partie de Rouhette les titres & papiers dont les fieurs Brocquevielle & Coufin ont été chargés par procès-verbal & Ordonnances des Commiffaires de notredite Cour, des 12, 15 & 22 Décembre 1763, fauf à rendre auxdites Parties de Cochin celles qui fe trouveroient n'être point relatives au College des Bons-Enfans & Bourfes y annexées, & fauf à aider du furplus lefdites Parties de Cochin, fous le récépiffé de leur Procureur; à l'effet de quoi l'Archivifte du College de Louis-le-Grand fera tenu dans le mois de dreffer, conformément à l'art. XXVIII defdites Lettres Patentes du 21 Novembre 1763, & faire inventaire fommaire, tant defdits titres, que

II. Partie.   Fff

de ceux qui font déja aux Archives dudit College de Louis-le-Grand & Colleges y réunis ; ordonne que les Parties de Cochin & Rouhette compteront entr'elles de ce qui a été reçu & dépensé par lesdites Parties de Cochin, depuis ledit jour 1er Octobre 1764, du Chef dudit College des Bons-Enfans & fondations y réunies, jusqu'au 1er Avril dernier, lequel compte fera arrêté à l'amiable, fi faire fe peut, finon pardevant Me Jean-Joseph de Beze de la Belouze, Conseiller, que notredite Cour a commis à cet effet ; comme auffi ordonne qu'il fera fait compte à l'amiable, fi faire fe peut, finon pardevant le Conseiller-Commiffaire, entre les Parties de Rouhette & Cochin, en préfence d'un feul fondé de procuration des Parties de Target, des recettes & dépenfes antérieures audit jour premier Octobre 1764 ; ordonne cependant que jufqu'au premier Octobre 1770, lesdites Parties de Cochin ne pourront être contraintes d'évacuer les bâtimens intérieurs de l'ancien College des Bons-Enfans, fervans actuellement aux ufages du Séminaire de Saint-Firmin, à la charge par les Parties de Cochin de payer les loyers defdits bâtimens, fuivant l'eftimation qui en fera faite par l'Expert ci-deffus nommé, lefquels loyers entreront dans les comptes ci-deffus ordonnés, & qu'il fera audit jour premier Octobre 1770, dreffé procès-verbal de l'état defdits bâtimens par ledit Antoine, en préfence defdites Parties de Cochin ; comme auffi, fans préjudice des droits des Parties au principal, & fauf les comptes ci-deffus, ordonne que la Partie de Rouhette fera tenue, par provifion, de payer, à compter du premier Avril dernier, les arrérages à échoir de la rente conftituée au principal de foixante-onze mille foixante-trois livres, lefdits arrérages montant, fauf la déduction des impofitions royales, à trois mille trois cens trente-fix livres dix fols fept deniers par année ; & faute par lefdites Parties de Cochin de préfenter lefdits comptes avec les Pieces juftificatives avant le premier Octobre 1770, en vertu du préfent Arrêt, & fans qu'il en foit befoin d'autre, condamne lefdites Parties de Cochin à payer, par provifion, lefdits arrérages, à compter dudit jour premier Octobre 1770, jufqu'à la clôture defdits comptes, tous dépens compenfés que les Parties emploieront refpectivement en frais d'adminiftration, & fera le coût du préfent Arrêt avancé par les Parties de Cochin, qu'elles emploieront en dépenfe dans leur compte. Si MANDONS mettre le préfent Arrêt à exécution ; de ce faire te donnons pouvoir. DONNÉ en Parlement le huit Mai, l'an de grace mil fept cent foixante-neuf, & de notre regne le cinquante-quatrieme.

LETTRES
PATENTES
du 22 Avril 1773.
Qui ordonnent
que la Principali-
té & la Chapel-
lenie du College
des Bons-Enfans,
foient & demeu-
rent unies à per-
pétuité, à la
Congrégation de
la Miffion.

LOUIS, par la grace de Dieu, Roi de France & de Navarre : A tous ceux qui ces préfentes Lettres verront ; falut. Par nos Lettres Patentes du 21 Novembre 1763, nous aurions ordonné que les Bourfiers des Colleges de notre bonne ville de Paris, dans lefquels il n'y avoit plus de plein exercice, feroient & demeureroient, à l'avenir & à perpétuité, réunis dans le College de Louis-le-Grand, pour y être élevés dans la Religion Catholique, Apoftolique & Romaine, inftitués aux Sciences & bonnes Lettres, & formés aux maximes de notre Royaume. Nous avons été informés que l'exécution de cette difpofition, par rapport au College des Bons-Enfans, donnoit lieu à des conteftations férieufes entre les Adminiftrateurs du College de Louis-le-Grand & les Prêtres de la

Congrégation de la Miffion, Directeurs du Séminaire établi dans ledit College des Bons-Enfans, fous le titre de Saint-Firmin; & que ces conteftations, loin de fe trouver terminées par l'Arrêt de notre Parlement de Paris du 8 Mai 1769, devenoient de jour en jour plus compliquées. Par le compte que nous nous en fommes fait rendre, nous avons reconnu que le College des Bons-Enfans eft un établiffement très-ancien, dont on ignore le Fondateur & l'état primitif: Qu'en 1287, *il y fut érigé une Chapellenie, en titre de Bénéfice* (293), par Raoul, Evêque de Paris: Qu'en 1314, il y fut paffé un titre nouvel, au nom de ce College, par lequel on voit qu'il étoit compofé au moins d'un Provifeur & de onze Bourfiers: Qu'en 1478, Jean Pluyette, qui en étoit principal, y fonda deux nouvelles Bourfes pour deux enfans de fa famille; qu'il donna pour cet effet, en pleine propriété, à ce College neuf maifons par lui acquifes près la porte Saint-

---

(293) Rien n'eft moins exact que cette affertion, que les Prêtres de la Miffion ont fait inférer dans ces Lettres Patentes, & cependant c'eft ce fait avancé comme certain, qui a décidé le feu Roi à accorder ces Lettres Patentes: on dit que cette érection de la Chapellenie en titre de Bénéfice n'eft nullement prouvée; en effet, jamais les Prêtres de la Miffion n'ont pu en repréfenter le titre, mais feulement des actes énonciatifs d'une Chapelle, encore ces titres font-ils dans *du Boulley*, & il faut donner la torture aux expreffions pour y trouver non pas la preuve, mais la probabilité d'un érection de Chapitre en titre: au furplus, pour peu que l'on connoiffe l'hiftoire de ces tems-là, on fait les entreprifes du Clergé & les obftacles que les Parlemens y ont oppofé; on a déja cité ci-deffus (page 403), l'Arrêt du 21 Juin 1562, c'eft le même Arrêt qui eft rapporté par *Choppin*, fous la date fautive de Février 1562: on croit devoir en rapporter l'efpece d'après l'expédition qui en eft dans les papiers du College de Bourgogne.

Un Eccléfiaftique s'étant fait pourvoir en Cour de Rome de la Principalité du College de Bourgogne, *l'Univerfité & le Chancelier de l'Univerfité de Paris, & le Gardien des Cordeliers*, Collateurs & Réformateurs de ce College, *appellerent comme d'abus* de l'octroi de la fignature, prétendant que ce n'étoit pas un Bénéfice, mais une fimple Adminiftration laïcale. *Choppin* remarque que cette collation n'étoit pas la premiere que faifoit le Pape, & que depuis plus de 40 ans il nommoit à cette Principalité, comme étant un Bénéfice. *L'Avocat Général appella comme d'abus* de l'exécution de ladite fignature.

LA COUR *dit mal* & ABUSIVEMENT exécuté.

Les Mémoires du Clergé conftatent, non feulement qu'en 1678 il eft intervenu *pareil Jugement* pour la *Principalité du College de la Marche*, mais que ce premier Corps de l'Etat, éclairé par les Arrêts des Parlemens, ne regarde plus les Principalités & les Chapellenies des Colleges comme des titres de Bénéfices. En effet, dans la collection connue fous le nom de *Mémoires du Clergé*, & imprimée par fes ordres, (Tome 10, page 429), on trouve ce qui fuit:

SI LES PRINCIPALITÉS ET LES CHAPELLENIES DES COLLEGES REMPLISSENT UN GRADUÉ QUI EN POSSEDE POUR UN REVENU SUFFISANT.

La décifion de cette queftion paroît dépendre de la qualité de ces places, fi elles doivent être regardées comme des Bénéfices eccléfiaftiques, lorfqu'elles font perpétuelles.

On ne confidere point ordinairement ces places comme des Bénéfices, mais comme des charges de Colleges.

Victor, avec un quartier de jardin affis hors la ville, & quatre fetiers de blé à prendre au Ménil-Aubri ; qu'au moment de l'acceptation de cette fondation, le College n'étoit plus compofé que d'un Principal, un Chapelain, faifant les fonctions de Procureur, & deux Bourfiers ; que même bientôt après ces deux anciens Bourfiers difparurent ; & que l'on ne vit plus enfuite dans le College que ceux de la famille Pluyette, avec le Princi-pal, qui réuniffoit en fa perfonne le titre de Chapelain & l'office de Procureur ; que ce Principal jouiffoit de tous les revenus du College, charges acquittées, & que fa place étoit regardée comme un Bénéfice & fe réfignoit en Cour de Rome : Qu'à la fin du feizieme fiecle, les revenus étoient fi modiques, que le Principal refufa de nourrir les deux Bourfiers de la famille Pluyette, comme ils auroient dû l'être aux termes de leur fondation, & qu'il fut autorifé par Sentence du Châtelet du 6 Février 1599, à ne leur donner que les deux tiers des revenus des biens légués pour la fondation de leurs bourfes : qu'au commencement du fiecle fuivant, la plupart des maifons dépendantes du College (qui toutes avoient été données à baux emphytéotiques) étoient en mauvais état ; & que les emphytéotes payoient à peine les rentes modiques dont ils étoient chargés ; qu'à cette même époque les bâtimens intérieurs du College étoient dans un tel état de caducité, qu'ils menaçoient tous une ruine prochaine, & que les Principaux refufoient d'y habi-ter (294) : que dans ces circonftances, Jean-François de Gondy, Archevêque de Paris, & en cette qualité feul Supérieur-Majeur & Collateur de tous les Offices & de toutes les Bourfes du College des Bons Enfans, après une *vifite* (295) *exacte* des lieux & une *infor-mation juridique* de la commodité & incommodité dans lefquelles furent conftatés la ceffa-tion de tous les exercices & le mauvais état de tous les bâtimens dudit College, il en unit à perpétuité, par décret du 8 Juin 1627, la Principalité & la Chapellenie, avec tous les droits & appartenances, à la Congrégation des Prêtres de la Miffion, qui étoit alors dans fa naiffance & dont il efpéroit de grands biens pour l'Eglife, & en particulier pour fon diocèfe, en obligeant ladite Congrégation d'acquitter toutes les charges de ce Col-lege, & fingulierement celles des deux Bourfes portées par le teftament de Jean Pluyette ; que ce décret d'union ayant été confirmé par *Lettres Patentes* du Roi Louis XIII, l'un de nos prédéceffeurs, données à Saint-Germain-en-Laye le 15 Septembre 1629 (296),

(294) Tous ces faits font, ou *allégués* par les Prêtres de la Miffion, ou *établis* d'après *des procédures non contradictoires* avec les Parties intéreffées.

(295) Cette *vifite* & cette information ont été faites *fans appeller les Parties intéreffées*, no-tamment l'*Univerfité* & les repréfentans *Pluyette*.

(296) Ces Lettres Patentes font ci-deffus (p. 395) datées de 1627, ce qui dans l'un ou l'autre endroit eft une erreur, cependant il paroît plus probable que c'eft la date inférée dans les Lettres Patentes ci-deffus qui eft fautive ; car les Prêtres de la Miffion, dans leur mémoire im-primé, les datent de 1627, & il ne paroît guere probable qu'ils aient été deux ans à les obte-nir ; au furplus on n'a relevé cette erreur que pour prouver avec quel peu d'exactitude les Lettres Patentes de 1773 ont été rédigées ; d'ailleurs cette variation dans la date eft très-peu intéreffante, mais ce qui l'eft davantage, & ce qui eft ici paffé fous filence, c'eft que ces Lettres

les Prêtres de la Miſſion ſe ſont cru propriétaires incommutables, tant des bâtimens que des biens & revenus du College, ſous la condition d'en acquitter les charges; qu'en conſéquence, ils ont employé leurs propres deniers à réparer, à reconſtruire & à augmenter les maiſons dépendantes de ce College, à meſure qu'ils les ont retirées des mains des emphytéotes; & qu'ils en ont porté les revenus de 450 liv. où ils les ont trouvés, à près de 9000 livres; qu'ils ont également réparé & même reconſtruit en partie les bâtimens intérieurs; qu'ils y ont même ajouté de nouveaux édifices ſur des terreins par eux acquis, afin de pouvoir y exercer les fonctions de leur Inſtitut, en y établiſſant un Séminaire où les jeunes Eccléſiaſtiques puſſent être formés dans la vertu, la piété & la ſcience convenables à la ſainteté de leur état (297): que le Cardinal de Noailles, Archevêque de Paris, conſidérant les grands avantages que ſon diocèſe retiroit de ce Séminaire depuis plus de ſoixante ans, & voulant en aſſurer l'entiere ſtabilité, inſtitua, par acte du 19 Mai 1697, les Prêtres de ladite Congrégation de la Miſſion, pour être ſous ſon autorité & celle de ſes ſucceſſeurs Archevêques de Paris, Directeurs perpétuels d'un des Séminaires dudit diocèſe dans le ſuſdit College des Bons-Enfans, tant au ſpirituel qu'au temporel; que le feu Roi notre très-honoré Seigneur & Biſayeul deſirant concourir à tout ce qui pouvoit être de l'avantage d'une Congrégation qu'il honoroit de ſa protection, confirma ledit acte d'établiſſement par Lettres Patentes du mois de Janvier 1714 (298); qu'en vertu de ces titres, les Prêtres de la Miſſion ont joui paiſiblement & ſans aucun trouble, pendant l'eſpace de cent trente-ſix ans, de tous les biens du College des Bons-Enfans, dont en même tems ils ont acquitté toutes les charges: que ce n'eſt qu'en conſéquence de nos Lettres Patentes du 21 Novembre 1763, qu'ils ont été attaqués dans leur poſſeſſion, d'abord par les Marguilliers des villages du Ménil-Aubri & de Fontenay en France, conjointement avec quelques parens de la famille de Jean Pluyette, ſe diſant ſes repréſentans; & enſuite par les Adminiſtrateurs de notre College de Louis-le-Grand: que néanmoins, avant d'en venir à une procédure judiciaire, dont les Parties ſentoient la délicateſſe, il y a eu entre le College de Louis-le-Grand & les Prêtres de la Miſſion, des projets de conciliation qui ont été pluſieurs fois ſur le point d'être exécutés; mais

---

Patentes *n'ont* jamais *été* non ſeulement *regiſtrées*, mais même *préſentées ou Parlement*, parce que l'on redoutoit l'oppoſition de l'Univerſité & des héritiers Pluyette.

(297) Ceux qui ont lu attentivement les Délibérations du Bureau, imprimées au commencement de ce Chapitre, appercevront aiſément le peu d'exactitude de ces aſſertions, ce qui eſt encore plus démenti par les relevés mentionnés dans ces Délibérations (notamment p. 396 & 397). Au ſurplus, on ne reconnoit pas dans ce préambule la majeſté d'un Souverain qui veut bien rendre compte à ſes peuples des motifs des loix qu'il donne pour leur utilité & leur bonheur, mais les plaidoyers de parties qui colorent le mieux qu'elles peuvent une prétention jugée injuſte par un Arrêt contradictoire.

(298) Ces *Lettres Patentes* ne *confirment* que l'établiſſement du *Séminaire*, & nullement l'*union du College*. Voyez ci-deſſus, pages 395, 398 & 401, dans les Délibérations des 6 Mars 1766 & 22 Avril 1769, la diſcuſſion de ce point de fait.

que lefdits Marguilliers & parens Pluyette (299) ayant fuivi la demande par eux formée en notre Parlement de Paris, par requête du 30 Avril 1765, tendante à ce que les deux Bourfes fondées par ledit Jean Pluyette, dans le College des Bons-Enfans, ainfi que les biens donnés audit College, pour l'entretien & confervation d'icelles, fuffent transférés dans notre College de Louis-le-Grand; & ayant appellé comme d'abus du décret d'union donné par Jean-François de Gondy en ce qui pourroit concerner ladite fondation, les Adminiftrateurs du College de Louis-le-Grand intervinrent dans le procès, appellerent comme d'abus du même décret pris dans tout fon objet, & demanderent à être envoyés en poffeffion de tous les biens du College des Bons-Enfans & fondations y annexées, fans aucune exception, & que notre Procureur Général interjetta pareillement appel comme d'abus dudit décret: que les Prêtres de la Miffion croyant avoir plus d'intérêt à répéter les fommes dont ils prétendent être en avance fur le College des Bons-Enfans, qu'à contefter la propriété des biens de ce College, offrirent de les remettre avec tous les revenus qui en dépendent, à notre College de Louis-le-Grand, & déclarerent qu'à cet égard, ils n'entendoient pas fe prévaloir du décret d'union donné en leur faveur par Jean-François de Gondy, le 8 Juin 1627; mais que leur intention ne fut point de comprendre dans cet abandon la dotation de la Principalité & de la Chapellenie qui leur étoient légitimement unies par le même décret: que cependant fur ces demandes & déclarations, eft intervenu un Arrêt de notre Parlement de Paris le 8 Mai 1769, qui déclare ledit décret du 8 Juin 1627, nul & de nul effet, ainfi que tout ce qui s'en eft enfuivi; envoie le Grand-Maître temporel du College de Louis-le-Grand en poffeffion de tous les biens du College des Bons-Enfans, & fondations des Bourfes y annexées & revenus qui en dépendent, à compter du premier Octobre 1764; ordonne que les Prêtres de la Miffion, Directeurs du Séminaire Saint-Firmin, & le Grand-Maître temporel du College de Louis-le-Grand, compteront entr'eux de ce qui a été reçu & dépenfé par lefdits Prêtres, depuis ledit jour premier Octobre 1764; du chef du College des Bons-Enfans & fondations y annexées, jufqu'au premier Avril 1769, & qu'il fera pareillement fait compte à l'amiable, fi faire fe peut, entre lefdits Grand-Maître & Prêtres de la Miffion, en préfence d'un feul fondé de procuration des repréfentans de Jean Pluyette, des recettes & dépenfes antérieures audit jour premier Octobre 1764; ordonne en outre, que fans préjudice defdits comptes, & jufqu'à la clôture d'iceux, le Grand-Maître temporel du College de Louis-le-Grand fera tenu par provifion de payer les arrérages à échoir de la rente conftituée au principal de 71063 livres, provenant de plufieurs emprunts faits en 1731 & 1732, pour la reconftruction d'une des maifons dépendantes dudit College des Bons-Enfans; qu'en conféquence de cet Arrêt, le College de Louis-le-Grand eft entré en poffeffion de tous les biens du College des Bons-Enfans, & que les Prêtres de la

---

(299) Encore défaut d'exactitude dans l'expofé des faits; pour le rectifier il faut confulter la Délibération du 22 Avril 1769, & notamment la lettre de M. l'Abbé *Terray* du 18 Avril 1765. On y verra que la conciliation n'a pas eu lieu, parce que les Prêtres de la Miffion n'ont pas voulu faire des offres fuffifantes.

Miſſion ont préſenté leurs comptes aux Adminiſtrateurs de ce College; que par ces comptes les Prêtres de la Miſſion prétendent avoir établi, qu'indépendamment des 71063 liv. ci-deſſus, qu'ils ſoutiennent être inconteſtablement à la charge dudit College des Bons-Enfans, ils ſont encore en avance de plus de 140000 liv. ſur ce College, & qu'ils ſont en droit de répéter cette ſomme ſur ſes fonds, & ſingulierement ſur les bâti-mens qu'ils ont reconſtruits ou réparés, tant dans l'intérieur que dans les maiſons dé-pendantes dudit College; que de leur côté les Adminiſtrateurs du College de Louis-le-Grand conteſtant pluſieurs articles de dépenſe employés dans leſdits comptes des Prêtres de la Miſſion, il eſt difficile que ces comptes puiſſent être arrêtés à l'amiable (300), con-formément & au deſir de l'Arrêt de notre Parlement du 8 Mai 1769; que cela eſt d'autant moins à eſpérer, que le Particulier qui eſt fondé de la procuration des Marguilliers du Ménil-Aubry & de Fontenai en France, & de celle des parens Pluyette, & qui a été admis en vertu du ſuſdit Arrêt, à être préſent auxdits comptes, prétend auſſi pouvoir les débattre, & en conteſter une grande partie (301); que d'un autre côté, les Prêtres de la Miſſion prétendent qu'une partie des fonds & bâtimens du College des Bons-Enfans leur appartient & doit leur reſter, pour la dotation des deux places de Principal & de Cha-pelain qui leur ont été affectées à perpétuité par le décret de Jean-François de Gondy du 8 Juin 1627; qu'ils ſoutiennent qu'à cet égard ce décret doit être exécuté, & n'a pu être déclaré nul par l'Arrêt de notre Parlement du 8 Mai 1769; ajoutant qu'en effet cet Arrêt n'ordonne rien relativement auxdites Principalité & Chapellenie, & que cette Chapellenie étant un titre de bénéfice (302), & ayant un Service qui doit être acquitté dans la Chapelle bâtie dans ledit College des Bons-Enfans, elle n'auroit pas pu être transférée dans le College de Louis-le-Grand: que les Adminiſtrateurs du College de Louis-le-Grand ſoutiennent au contraire, que l'Arrêt du 8 Mai 1769 étant contradictoire, & ayant déclaré ledit décret d'union abuſif, nul & de nul effet, les Prêtres de la Miſſion ne peuvent plus rien demander en vertu de ce décret. Ces différentes conteſtations nous

(300) L'Arrêt portoit à l'amiable, *ſi faire ſe peut*, ſinon devant le Commiſſaire du Parlement nommé par cet Arrêt; d'ailleurs cette diſcuſſion n'eſt pas immenſe, elle ſe réduiſoit à *quatre ou cinq chefs* principaux, ainſi que *les Députés* nommés par le *Bureau intermédiaire* le 16 Juin 1772, *l'ont atteſté* au même Bureau le 3 Décembre ſuivant. *Voyez* ces Délibérations.

(301) L'Arrêt du 8 Mai 1769 lui donnoit ce droit; d'ailleurs, preſque tous les biens exiſtans provenans de la fondation Pluyette, leurs droits de conteſter le compte étoit indubitable; enfin le *Bureau intermédiaire* n'ayant qu'une autorité proviſoire, les repréſentans *Pluyette* deve-noient les *ſeuls contradicteurs légitimes*, & c'eſt pour les écarter que les Prêtres de la Miſſion ont obtenu les Lettres Patentes de 1773; car il eſt bon de remarquer que dans la Délibération du *Bureau intermédiaire* du 3 Décembre 1772, où ſes Députés propoſent le plan de conci-liation adopté depuis par les Lettres Patentes de 1773, ce *Bureau* « a unanimement arrêté que » le ſieur Pluyette, fondé de la procuration des Marguilliers de Meſnil-Aubry & de Fontenay » & des parens de M. Jean Pluyette, ſera appellé pour ſatisfaire aux diſpoſitions le concer-» nant, portées par l'Arrêt du 8 Mai 1769 ».

(302) On a déja prouvé la fauſſeté de cette allégation. *Voyez* ſur-tout la *note* 293.

ont paru d'autant plus dignes de notre attention, que fi elles étoient fuivies & difcutées dans les formes ordinaires, elles pourroient devenir très-préjudiciables à deux établiffemens, dont la confervation eft précieufe à notre Etat, & peut-être entraîner l'anéantiffement des Bourfes exiftantes dans le College des Bons-Enfans, & la deftruction du Séminaire Saint-Firmin(303); & nous nous fommes portés d'autant plus volontiers à faire ufage de notre autorité pour les. terminer, qu'elles n'étoient qu'une fuite de l'exécution de nos Lettres Patentes du 21 Novembre 1763. Notre intention, dans nofdites Lettres Patentes, n'ayant point été de détruire aucun établiffement avantageux à la fociété, & l'union de la Principalité & de la Chapellenie du College des Bons-Enfans à la Congrégation des Prêtres de la Miffion, faite par le décret de Jean-François de Gondy, du 8 Juin 1627, n'ayant eu pour objet que le bien public (304), & ayant-donné naiffance à un établiffement qui continue à être utile à l'Eglife & à l'Etat, nous avons cru qu'il étoit de notre amour pour la Religion & pour le bien de notre Royaume, de la confirmer & d'en ordonner l'exécution dans fon véritable & unique objet, qui eft l'union de la Principalité & de la Chapellenie, avec la dotation de ces deux Places, en laiffant au College de Louis-le-Grand la poffeffion de tout le furplus des biens du College des Bons-Enfans & fondations des Bourfes y annexées. Par-là nous concilierons des intérêts qui fembloient fe croifer, & qui divifoient deux établiffemens qui méritent également notre protection, & nous mettrons fin en même tems à des comptes & à des difcuffions qui paroiffoient interminables. A CES CAUSES & autres à ce nous mouvant; de l'avis de notre Confeil & de notre certaine fcience, pleine puiffance & autorité Royale, nous avons ordonné, & par ces préfentes fignées de notre main, ordonnons, voulons & nous plaît ce qui fuit:

ARTICLE PREMIER.

VOULONS que, fans avoir égard à l'Arrêt de notre Parlement de Paris du 8 Mai 1769 (305), en ce qui concerne l'objet propre & direct du décret d'union donné en faveur de la Congrégation des Prêtres de la Miffion, par Jean-François de Gondy, Archevêque de Paris, le 8 Juin 1627, ledit décret foit exécuté felon fa forme & teneur; & qu'en conféquence, la Principalité & la Chapellenie du College des Bons-Enfans foient & demeurent unis à perpétuité à ladite Congrégation, fans néanmoins que lefdits Prêtres puiffent dorénavant, à raifon de ladite Principalité, prétendre aucun droit de fur-

---

(303) Oui quant à la deftruction du Séminaire, fi on faifoit payer aux Prêtres de la Miffion, tout ce qu'ils doivent; mais ni les repréfentans Pluyette ni le Bureau n'ont porté à ce point leurs prétentions, defirant de conferver un établiffement que M. le Cardinal de Noailles a cru utile dans fon diocefe. Voyez la lettre de M. l'Abbé *Terray*, ci-deffus, page 403.

(304) Le bien public n'autorife pas à difpofer du bien d'autrui fans fon confentement; or, c'eft ce qu'a fait en 1627 M. de Gondy, c'eft ce qui a été jugé par l'Arrêt du 8 Mai 1769, & c'eft ce que l'on a caché au Roi.

(305) Cette difpofition annulle un Arrêt rendu fur des conclufions prifes D'OFFICE par M. le *Procureur Général*, ce qui n'a point d'exemple.

veillance

veillance ni d'infpeſtion, foit fur l'éducation des Bourfiers transférés au College de Louis-le-Grand, foit fur l'adminiſtration des biens dudit College des Bons-Enfans.

I I.

Les terreins, bâtimens & Chapelle du College des Bons-Enfans, la rente de quinze livres parifis, à prendre fur notre Domaine de la Prévôté de Paris, feront & demeureront en pleine & perpétuelle propriété aux Prêtres de la Miffion, pour la dotation defdites Principalités & Chapellenie.

I.I I.

Tous les autres biens du College des Bons-Enfans, de quelque nature & condition qu'ils puiffent être, demeureront dans la pleine propriété de ce College ; & feront régis & adminiſtrés par le Grand-Maître temporel du College de Louis-le-Grand, conformément à nos Lettres Patentes du 21 Novembre 1763 & à l'Arrêt de notre Parlement du 8 Mai 1769.

I V.

Les foixante-onze mille foixante-trois livres qui font dûes pour partie des emprunts employés à la reconſtruction d'une des maifons du College des Bons-Enfans, fife rue des Foffés Saint-Bernard, feront acquittées, tant en principal qu'en arrérages, par ce College; & les Prêtres de la Miffion feront & demeureront déchargés de toutes hypoteques par eux contraſtées à cet égard.

V.

Toutes les répétitions prétendues contre le College des Bons-Enfans, par les Prêtres de la Miffion, Supérieurs & Directeurs du Séminaire Saint-Firmin, à titre de réparations, reconſtructions & autres avances quelconques, feront réglées & arrêtées, comme par ces préfentes nous les réglons & arrêtons définitivement à la fomme de trente-trois mille quatre-vingt-dix-huit livres, fur laquelle feront déduites & imputées les huit mille quatre-vingt-dix-huit livres, dont lefdits Prêtres de la Miffion fe font trouvés reliquataires par le compte particulier des quatre dernieres années & fix mois de leur geſtion, à partir du premier Octobre 1764; & les vingt-cinq mille livres reſtantes feront payées comptant auxdits Prêtres de la Miffion par le Grand-Maître temporel du College de Louis-le-Grand, pour ledit College des Bons-Enfans (306).

---

(306) Cet article accorde aux Prêtres de la Miffion *tout* ce qu'ils demandoient, & même *plus* qu'ils ne demandoient ; en effet, les Députés du Bureau intermédiaire lui ont rendu compte le 3 Décembre 1772, que les Prêtres de la Miffion réduifoient leurs prétentions à 63098 livres, fur lefquelles ils confentoient déduire 8098 livres dont ils étoient débiteurs pour le compte des revenus depuis le premier Octobre 1764, & que pour les 55000 livres reſtans, ils offroient de prendre les bâtimens du College pour 30000 livres, & qu'ils demandoient que le College des Bons-Enfans leur payât 25000 livres, & qu'en les recevant ils donneroient quittance abfolue à ce College ; toutes ces demandes leur font accordées par les articles II & V : mais en outre l'article V accorde *plus* qu'ils ne demandoient ; car la Délibération du Bureau intermédiaire du 3 Décembre 1772, conſtate qu'ils confentoient à ne recevoir les 25000 livres qu'ils réclamoient, qu'au bout de cinq années, & effectivement ils ont, le 17 Août 1775, déclaré au Bureau

I I. Partie. G g g

V I.

LES deux Bourses fondées par Jean Pluyette, continueront à être remplies de la maniere prescrite par le titre de leur fondation, mais il n'en sera établi aucune autre pour remplacer les anciennes, jusqu'à ce que la moitié au moins des dettes & emprunts du College des Bons-Enfans, n'ait été acquittée; & dans tous les tems, celles de la famille Pluyette, les seules dont la fondation soit connue, seront préférées à toutes autres.

V I I.

LA nomination desdites deux Bourses appartiendra, comme par le passé, aux Marguilliers des deux Paroisses du Ménil-Aubry & de Fontenay en France, la collation d'icelles réservée à l'Archevêque de Paris, conformément au testament dudit Jean Pluyette. Quant à celles qui seront établies dans la suite en représentation des anciennes, les Archevêques de Paris, Supérieurs-majeurs du College des Bons-Enfans, & Collateurs ordinaires des Offices & Bourses de ce College, en auront la pleine & libre disposition.

V I I I.

TOUS les titres, papiers, mémoires & renseignemens concernant la Principalité, la Chapellenie, les terreins & bâtimens du College des Bons-Enfans qui ont été transportés au College de Louis-le-Grand, seront remis & restitués aux Prêtres de la Congrégation de la Mission, établis dans le Séminaire de Saint-Firmin; & seront nos présentes Lettres exécutées selon leur forme & teneur, nonobstant tous Edits, Déclarations, Lettres, Statuts, Arrêts, usages & toutes choses à ce contraires, auxquels nous avons dérogé & dérogeons en tant que de besoin par ces présentes. SI DONNONS EN MANDEMENT à nos amés & féaux Conseillers les Gens tenant notre Cour de Parlement à Paris, que ces présentes ils aient à faire enregistrer, & le contenu en icelles exécuter selon sa forme & teneur : CAR TEL EST NOTRE PLAISIR; en témoin de quoi nous avons fait mettre notre scel à cesdites présentes. DONNÉ à Versailles le vingt-deuxieme jour du mois d'Avril, l'an de grace mil sept cent soixante-treize, & de notre regne le cinquante-huitieme. *Signé* LOUIS. *Et plus bas,* par le Roi. *Signé* PHELYPEAUX. Et scellé du grand sceau de cire jaune.

Registrées, oui, ce requérant le Procureur Général du Roi, pour être exécutées selon leur forme & teneur, suivant l'Arrêt de ce jour. A Paris, en Parlement, le trente-un Juillet mil sept cent soixante-treize. Signé *VANDIVE.*

Du 21 Janvier 1779.

Discussion des
Lettres Patentes
du 22 Avril 1773. M. le Président Rolland a dit : qu'avant que le Bureau délibérât sur ce qui concerne le College des Bons-Enfans, il avoit cru, ainsi que MM. les Administrateurs particulierement chargés de ce College, qu'il étoit nécessaire de rappeller sommairement tant les

---

intermédiaire, qu'ils ne demandoient le paiement des 25000 livres, qui leur étoit accordé par les Lettres Patentes de 1773, qu'au premier Janvier 1778, & ce d'après la convention portée en la Délibération du 3 Décembre 1772.

différentes délibérations qui ont été prifes au fujet de ce College, que les Lettres Patentes & Arrêts intervenus à fon occafion, & qu'ayant avant 1771 traité ce qui concernoit ce College, il avoit fur les inftances de MM. les Adminiftrateurs qui en font particulierement chargés, rédigé un précis de tout ce que fa mémoire où les Délibérations du
Bureau lui avoient rappellé de ce qui s'eft paffé relativement à ce College, & qu'il alloit
en rendre compte à Meffieurs.

Que peu après l'enregiftrement des Lettres Patentes de 1763, portant réunion des
petits Colleges dans celui de Louis-le-Grand, les Commiffaires du Parlement, par
procès-verbal du premier Décembre fuivant, firent tranfporter dans les archives du
College de Louis-le-Grand, les titres des différens Colleges qui devoient y être réunis.
Qu'ayant été perfonnellement chargés de cette opération en ce qui concernoit le College
des Bons-Enfans, il crut devoir, par égard pour les Prêtres de la Miffion, & pour
ne point caufer de dérangement dans le Séminaire établi dans les bâtimens de ce College, laiffer les Prêtres de la Miffion en poffeffion de tous les titres de ce College.

Que les Prêtres de la Miffion prétendoient alors former oppofition à la réunion du
College des Bons-Enfans à celui de Louis-le-Grand, & que les années 1764 & 1765
furent employées à chercher des voies de conciliation. Que le Gouvernement même fe
prêtoit alors à faire des avantages aux Prêtres de la Miffion, mais que malgré les circonftances qui devoient procurer naturellement une conciliation, il ne fut pas poffible de
rapprocher les prétentions des Prêtres de la Miffion, des propofitions que le Bureau
croyoit pouvoir accepter.

Que toutes voies de conciliation étant devenues inutiles, le Bureau qui s'étoit déjà
occupé les 3 Février & 2 Octobre 1764, & 18 Avril 1765 du College des Bons-Enfans,
crut devoir prendre le 6 Mars 1766 une Délibération définitive pour opérer la réunion
de ce College à celui de Louis-le-Grand. Qu'alors MM. les Adminiftrateurs particulierement chargés de ce College, rendirent un compte détaillé de tout ce qui y
avoit rapport, même des mémoires fournis par les Prêtres de la Miffion pour foutenir
leurs prétentions. Que la réunion du College des Bons-Enfans fut en effet arrêtée, mais
qu'en même tems le Bureau toujours occupé du foin d'éviter toutes voies judiciaires,
autorifa nommément les Adminiftrateurs fpécialement chargés de ce College, d'écouter
les nouvelles propofitions que les Prêtres de la Miffion pourroient faire, & de traiter avec
eux; & comme ces Prêtres étoient alors en procès avec les repréfentans Pluyette pour
raifon des Bourfes fondées dans le College des Bons-Enfans en 1478 par Jean Pluyette,
Curé du Mefnil-Aubry, il fut arrêté que les repréfentans Pluyette feroient appellés à la
tranfaction qui feroit faite avec les Prêtres de la Miffion.

Qu'en exécution de cette Délibération, les Prêtres de la Miffion fe préfenterent au
Bureau le 17 Avril 1766, & offrirent de donner une fomme de 60000 livres, au moyen
de laquelle le Bureau leur abandonneroit tous les biens du College des Bons-Enfans,
dont ils fe chargeoient en outre de payer toutes les dettes, mais que cette offre parut
infuffifante au Bureau, & ne fut point acceptée; que cependant les négociations continuerent, pendant lefquelles les Prêtres de la Miffion entreprirent de faire juger la con-

teftation par des Lettres Patentes *proprio motu* : que par ces Lettres Patentes, ils étoient de leurs confentemens obligés de payer au College des Bons-Enfans, une rente de 3000 livres, au principal de 90000 livres, & en outre chargés de toutes les dettes de ce College; que le Bureau s'oppofa à l'obtention de ces Lettres Patentes, en obfervant que le Roi ne pouvoit juger un procès par des Lettres Patentes *proprio motu* : que tous les détails relatifs à ces Lettres Patentes, ainfi qu'aux différentes démarches faites par le Supérieur des Prêtres de la Miffion pour parvenir à un accommodement que le Bureau a toujours rejetté comme trop onéreux pour le College des Bons-Enfans, fe trouvent rappellés dans la Délibération du Bureau du 22 Avril 1769, par laquelle le Bureau arrêta d'intervenir dans le procès pendant au Parlement, entre les Prêtres de la Miffion & les repréfentans Pluyette : que fur ces conteftations il a été rendu un Arrêt contra-dictoire le 8 Mai 1769, par lequel, (du confentement même des Prêtres de la Miffion, qui par requête du 5 Mai 1768, vifée dans l'Arrêt, & dont il leur a été donné acte, déclarerent n'entendre fe prévaloir du décret d'union du College des Bons-Enfans, à la Congrégation de la Miffion, en date du 8 Janvier 1627), fur les requêtes refpectives du Bureau d'adminiftration & des repréfentans Pluyette, & fur la demande formée par M. le Procureur Général, ledit décret d'union fut déclaré abufif, & il fut arrêté que les Parties compteroient à l'amiable, fi faire fe pouvoit, finon en juftice, & le College de Louis-le-Grand fut envoyé en poffeffion de tous les biens dépendans de celui des Bons-Enfans & chargé par provifion de payer les créanciers qui prétendoient avoir le College des Bons-Enfans pour obligé : que cet Arrêt ordonnoit de plus que les Prêtres de la Miffion continueroient d'occuper les bâtimens du College dans lequel eft le Sémi-naire Saint-Firmin, jufqu'au premier Octobre 1770, mais à la charge d'en payer les loyers.

Que cet Arrêt a été exécuté de la part du Bureau, ainfi qu'il eft conftaté par fes Dé-libérations des 6 & 20 Juillet & 7 Septembre 1769, & que les Prêtres de la Miffion l'ont également exécuté, en préfentant les comptes que cet Arrêt les obligeoit de rendre : que par Délibération du 4 Octobre 1770, le Bureau lui fit l'honneur de le nommer, conjointement avec MM. Sainfray & Lempereur, pour examiner les comptes, mais que les événemens furvenus peu après les empêcher de remplir la miffion dont ils avoient été chargés.

Que le Bureau intermédiaire nomma le 16 Janvier 1772 plufieurs de fes Membres pour examiner ces comptes, lefquels rendirent compte, de leur travail le 20 Août fuivant, & que le 3 Décembre de la même année il fut, par un des Adminiftra-teurs, rendu compte d'un projet de conciliation, fur lequel le Bureau intermédiaire arrêta qu'il feroit communiqué aux repréfentans Pluyette; mais que les Prêtres de la Miffion crurent devoir fuivre une autre route & fe donnerent des mouvemens pour obtenir des Lettres Patentes; qu'en effet il en a été expédiées le 22 Avril 1773, qui paroiffent données *proprio motu*, mais qui portent tous les caracteres poffibles de fubrep-tion : qu'il ne fera point le détail de tous les moyens de réclamation que ces Lettres Patentes peuvent faire-naître, mais qu'il fe contentera d'en faire remarquer au Bureau les principaux.

1°. Que l'on y rappelle les Lettres Patentes données par le Roi Louis XIII, le 15 Septembre 1627, confirmatives du décret d'union du 8 Juin 1627, & qu'on les donne comme faisant loi, tandis que non-seulement ces Lettres Patentes n'ont jamais été enregistrées, mais que même les Prêtres de la Mission n'ont jamais osés les présenter à l'enregistrement.

2°. Que pour éluder la force du désistement que les Prêtres de la Mission avoient donné du décret d'union du College des Bons-Enfans à leur Congrégation, désistement dont il leur a été donné acte par l'Arrêt du 8 Mai 1769, le Roi paroît approuver la distinction subtile que les Prêtres de la Mission ont toujours soutenue dans leurs Mémoires, & qui consiste à diviser les Bourses du College, des places de Principal & de Chapelain, & en conséquence, par l'article premier de ces Lettres Patentes, le Roi décide que le décret d'union du 8 Juin 1627, n'a eu pour objet propre & direct que la Principalité & la Chapellenie du College, & conséquemment annulle indirectement l'Arrêt du 8 Mai 1769.

3°. Que cette disposition est d'autant plus irréguliere, que sans Parties appellées, le Roi, par des Lettres Patentes qui paroissent données *proprio motu*, mais qui dans le fait ne font que sur requête, annulle un Arrêt non-seulement contradictoire, mais encore donné d'après les conclusions de M. le Procureur Général, *qui avoit personnellement requis* d'être reçu appellant comme d'abus dudit décret d'union.

4°. Que les motifs que les Prêtres de la Mission sont parvenus à faire adopter dans ces Lettres Patentes pour faire annuller l'Arrêt du 8 Mai 1769; savoir : que les places de Principal & de Chapelain du College des Bons-Enfans, sont des titres de bénéfices, sont d'autant plus dangéreux, que si ce principe étoit une fois admis, les Lettres Patentes du 21 Novembre 1763, & la réunion des Colleges dans celui de Louis-le-Grand qui en est la suite, se trouveroient de droit annullées, puisque les Principalités & Chapellenies des autres Colleges seroient également des titres de bénéfices.

5°. Que ce n'est pas d'aujourd'hui que différens Membres du Clergé ont cherché à convertir ces places en des titres de bénéfices, mais que l'Université s'y est toujours opposée, & a obtenu plusieurs Arrêts (307) pour proscrire cette prétention, & notamment un le 21 Janvier 1562, concernant la place de Principal du College de Bourgogne.

6°. Que d'après les charges imposées par ces Lettres Patentes au College des Bons-Enfans & le mauvais état des bâtimens qu'on lui abandonne, il en résulte que la transaction faite par ces Lettres Patentes est moins favorable au College que la proposition rappellée dans la Délibération du 22 Avril 1769, puisque les Prêtres de la Mission offroient alors une rente de 3000 liv. au principal de 90000 livres, & qu'il s'en faut de beaucoup que le College, d'après les Lettres Patentes de 1773, ait cette somme de net.

7°. Que non-seulement les Parties principales, & notamment les représentans Pluyette, n'ont pas été appellés, mais que M. l'Archevêque de Paris, Supérieur-Majeur du College des Bons-Enfans, n'a pas non plus été entendu, & qu'enfin comme on ne peut trop

(307) Voyez la *note* 293, ci-dessus.

le répéter, ces Lettres Patentes n'ont pour objet que de juger un procès particulier, d'accueillir toutes les prétentions des Prêtres de la Miſſion & d'anéantir un Arrêt ſolemnel & contradiƈtoire, provoqué par le Miniſtere public.

Que ſi l'on examine le réſultat de ces Lettres Patentes, quant au pécuniaire, il ſe trouve que les Prêtres de la Miſſion ont *joui* pendant près de *cent trente ans* des biens du College des Bons-Enfans, produiſant *ſept à huit mille liv.* de rente, & ce, *ſans autres charges que deux Bourſiers*, & que cependant *ils ſe trouvent créanciers de plus de cent mille livres.*

Qu'il ne croit pas devoir laiſſer ignorer à Meſſieurs, que le Bureau intermédiaire, par Délibération du 2 Décembre 1773, a adhéré aux Lettres Patentes du 22 Avril 1773 (308), mais qu'il paroît que le *rétabliſſement du Parlement* que nous devons au Souverain, ſous le regne duquel nous avons le bonheur de vivre, *a donné de l'inquiétude aux Prêtres de la Miſſion,* qui ont fait en ſorte d'être payées en 1775 des 25000 livres qui leur ſont adjugées par les Lettres Patentes de 1773 (309), & qui d'après les conventions (310) faites entr'eux & le Bureau intermédiaire, ne devoient leur être payées qu'au premier Janvier 1778; mais le Bureau intermédiaire prévoyant apparemment les réclamations que feroit le Bureau contre ces Lettres Patentes, ne voulut pas ſe prêter aux nouvelles vues des Prêtres de la Miſſion, ce qui eſt conſtaté par les Délibérations du Bureau intermédiaire des 17 Août & 7 Septembre 1775 (311).

Qu'auſſitôt après ſon rétabliſſement, & dès le commencement de l'année 1778, le Bureau s'eſt occupé de cet objet; que d'abord il a verbalement autoriſé M. le Grand-Maître temporel à ceſſer les paiemens qu'il faiſoit aux Prêtres de la Miſſion, d'après les Lettres Patentes de 1773; qu'il avoit différé à un autre moment de ſuivre cette affaire, croyant plus inſtant de rétablir l'ordre dans toutes les parties de l'adminiſtration, & notamment dans la comptabilité. Que cependant inſtruit au mois de Juillet 1778 que les Prêtres de la Miſſion élevoient un bâtiment conſidérable dans l'intérieur du College des Bons-Enfans, il s'eſt empreſſé, par Délibération du 16 dudit mois de Juillet, de conſtater

_____

(308) Le Bureau intermédiaire avoit impoſé à ſon acceptation la condition de la communication aux héritiers Pluyette. *Voyez* ci-deſſus, *note* 301.

(309) Ainſi que de 7363 livres pour la valeur d'un *contrat de conſtitution* paſſé au *profit du Séminaire de Saint Firmin par le College des Bons-Enfans,* le 18 Septembre 1738.

Au ſujet de ce contrat, on ne peut pas s'empêcher de remarquer que le *Supérieur* & le *Procureur du Séminaire* de Saint Firmin, prenoient en même tems la qualité de *Principal & Procureur du College;* de ſorte que ces *deux* établiſſemens, qui dans le fait n'en faiſoient qu'un, avoient les mêmes Adminiſtrateurs; mais comme les Prêtres de la Miſſion ſe *croyoient plus ſûrs* de la *propriété du Séminaire,* que de celle *du College,* ils faiſoient au Séminaire des titres contre le College. En vérité on pourroit bien dire ici que c'eſt la main gauche qui prête à la main droite.

(310) *Voyez* ci-deſſus, *note* 306.

(311) Cependant les Prêtres de la Miſſion *offroient* de faire *un ſacrifice,* ſi on les rembourſoit ſur le champ; ſacrifice qui fut refuſé par le Bureau intermédiaire.

son vœu contre les Lettres Patentes de 1773, & d'en donner connoissance aux Prêtres, de la Mission, avec protestation que les dépenses qu'ils faisoient en constructions nouvelles, ne pourroient jamais être imputées au College des Bons-Enfans.

Que cette Délibération du 16 Juillet 1778 ayant été signifiée le 5 Août suivant aux Prêtres de la Mission, ils ont fait à leur tour signifier au Bureau, le 20 dudit mois d'Août un acte par lequel ils font des réserves & des protestations contraires.

Que dans ces circonstances, il pense, ainsi que MM. les Administrateurs particulierement chargés du College des Bons-Enfans, qu'il est essentiel que le Bureau prenne un parti définitif sur tous ces objets.

Sur quoi la matiere mise en délibération,

LE BUREAU a unanimement arrêté, 1°. que le récit de M. le Président Rolland sera inséré dans la Délibération de ce jour.

2°. Qu'il sera formé au nom du Bureau une demande judiciaire pour faire ordonner le rapport des Lettres Patentes, en date du 22 Avril 1773, & qu'à cet effet expédition de la présente Délibération, ensemble de toutes celles y mentionnées, ainsi que les différens mémoires rédigés sur cette affaire, & déposés aux Archives, seront remis à l'Avocat aux Conseils du Bureau.

Et le Secrétaire-Archiviste du Bureau a été autorisé à envoyer expédition de la présente Délibération à M. l'Archevêque de Paris, Supérieur-majeur du College des Bons-Enfans.

Du 17 Mai 1781.

LE BUREAU a chargé le Secrétaire-Archiviste de voir très-incessamment Me Lamotte, Avocat aux Conseils, chargé de présenter requête, pour obtenir le rapport des Lettres Patentes du 22 Avril 1773, concernant le College des Bons-Enfans, de lui annoncer que l'intention du Bureau est qu'il suive la conclusion de cette affaire avec le plus grand soin & la plus grande activité, & de l'inviter à venir en rendre compte au premier Bureau du mois de Juillet prochain.

Du 5 Juillet 1781.

LE Secrétaire-Archiviste a remis sur le Bureau une lettre qui lui a été écrite par M. Cousin, Supérieur du Séminaire de Saint-Firmin, par laquelle il demande qu'il lui soit permis de chercher dans les titres du College des Bons-Enfans qui sont aux archives, des pieces qui peuvent lui être nécessaires dans le procès pendant au Conseil, entre le Bureau & les Prêtres de la Mission, & que lesdites pieces lui soient données en communication, sous le récépissé de son Procureur; lecture faite de ladite lettre,

LE BUREAU a autorisé le Secrétaire-Archiviste, à donner communication à M. Cousin, des différentes liasses contenant les titres du College des Bons-Enfans, & à dresser un état des pieces que mondit sieur Cousin jugera à propos lui être nécessaires, pour ledit état rapporté, être par le Bureau délibéré, ainsi qu'il appartiendra.

Du 19 Juillet 1781.

L E Secrétaire-Archiviste a rendu compte qu'en exécution de la Délibération du 5 de ce mois, il avoit donné communication à M. Cousin, Supérieur du Séminaire de Saint-Firmin, des différentes liasses contenant les titres du Collège des Bons-Enfans, qu'il avoit mis de côté toutes les pieces que mondit sieur Cousin avoit dit pouvoir lui être nécessaires; lesquelles, il a remis sur le Bureau, avec un état qu'il en avoit dressé : examen fait desdites pieces & état,

LE BUREAU a autorisé le Secrétaire-Archiviste à donner, en communication à M. Cousin, lesdites pieces, en mettant par lui son récépissé au bas de l'état d'icelles, lequel sera déposé dans les Archives.

LE BUREAU a pareillement autorisé ledit Secrétaire-Archiviste a remettre à mondit sieur Cousin une liasse contenant douze pieces qui sont baux d'une maison, rue des Fossés Saint-Bernard, appartenante au Séminaire Saint-Firmin, lesquelles pieces sont étrangeres au College des Bons-Enfans, & ne concernent que ledit Séminaire, & forme les cottes 117, jusques & compris 128, de la quatrieme liasse de l'inventaire dressé par MM. les Commissaires de la Cour.

Du 4 Octobre 1781.

M. le Président Rolland a dit que Messieurs n'ignoroient point toutes les démarches qui ont été faites depuis 1763 pour se concilier avec MM. de Saint Lazarre, relativement au Collège des Bons Enfans; que notamment depuis son rétablissement, le Bureau leur a fait proposer de s'en rapporter à la décision de Monseigneur le Garde des Sceaux & de Monseigneur le Cardinal de Rohan; ce qu'ils avoient refusé; qu'ayant eu l'année derniere l'honneur de voir M. l'Archevêque de Paris, ils avoient conféré ensemble de cette affaire; qu'ils l'avoient même depuis traitée plusieurs fois par lettres; que le 4 Août dernier, il avoit cru devoir proposer à M. l'Archevêque de Paris d'engager MM. les Lazaristes de prendre son Conseil pour arbitre; que ce Prélat lui avoit répondu, le 8 du même mois, que les Lazaristes adoptoient cette proposition; qu'en même tems ce Prélat, instruit de sa façon de penser sur la distribution des Bourses de ce College entre son Siége & la famille Pluyette, lui avoit témoigné ne pas être de son avis, & l'avoit prié de lui faire part de ses motifs; que pour satisfaire ce Prélat, & en même tems constater ce qui pouvoit être l'objet de l'arbitrage, il avoit eu, le 15 Septembre dernier, l'honneur d'écrire à M. l'Archevêque de Paris une lettre dont il croit devoir lire un extrait à Messieurs.

Extrait de la lettre de M. le Président Rolland à M. l'Archevêque de Paris, du 15 Septembre 1781.

« Votre lettre, Monseigneur, du 8 Août dernier, avoit deux objets, le premier relatif à l'arbitrage avec MM. de Saint Lazarre; le deuxieme, de me demander les motifs » qui

» qui m'avoient décidé à penser que dans les Bourses qui seroient fondées par la suite dans
» le College des Bons-Enfans, la fondation Pluyette devoit avoir d'abord deux Bourses,
» & partager ensuite les autres avec vous. Quant au premier objet, la réponse, Mon-
» seigneur, des Lazaristes, est captieuse. En effet, ils consentent, vous ont-ils dit, à
» en passer par l'avis de votre Conseil; mais avant que d'entrer en arbitrage, il est,
» Monseigneur, un préalable dont ils ne vous parlent pas. Ce préalable est de se désister
» purement & simplement des Lettres Patentes qu'ils ont surprises en 1773 à la religion
» du feu Roi; en effet, Monseigneur, tant que ces Lettres Patentes existent, il ne peut
» pas y avoir de conciliation, puisqu'il n'y a pas de procès; car vous sentez, Monseigneur
» qu'on ne peut pas mettre en arbitrage le rapport de Lettres Patentes, qui, en parois-
» sant confirmer un Arrêt rendu sur les conclusions du ministere public, l'annulent dans
» le fait; & où le Roi juge par des Lettres de son propre mouvement un procès entre
» particuliers; quand les Lazaristes se seront désistés de ces Lettres Patentes, pour lors
» le Bureau consentira très-volontiers que votre Conseil regle le compte des
» Lazaristes pour le College des Bons-Enfans; & quand je dis, Monseigneur, votre
» Conseil, je n'en exclus personne, pas même l'Avocat qui est le Conseil des Lazaristes,
» je connois trop sa probité pour ne pas l'admettre comme arbitre.

» Puisque je discute cette affaire, je crois devoir, Monseigneur, vous faire deux ob-
» servations importantes; la premiere, que les Délibérations du Bureau qui sont inférées
» dans un Recueil que le Bureau fait actuellement imprimer, vous prouveront, Mon-
» seigneur, tous les détours que les Lazaristes ont employés dans cette affaire: vous y
» trouverez la preuve que les Lettres Patentes de 1773 étoient par eux projettées avant
» 1768, & même 1766.

» 2°. Qu'il est de l'intérêt des Lazaristes de conserver toutes les maisons de ce
» College, & de donner à celui de Louis-le-Grand une somme représentative
» à peu près des objets des fondations; tout autre arrangement leur sera très-préju-
» diciable.

» Pour ce qui est de la fondation Pluyette, faites-vous, Monseigneur, représenter le
» testament du Fondateur, qui est entre les mains d'un des Avocats de votre Conseil;
» vous y trouverez, à la vérité, que le Fondateur n'ordonne l'établissement que de
» deux Bourses; mais qu'il ajoute ensuite, *que s'il reste quelque chose du revenu desdits*
» *héritages, on l'emploiera au profit des Boursiers.* D'après cette clause, Monseigneur, je
» crois que les Héritiers Pluyette auroient droit de demander d'appliquer à des Bourses
» pour leur famille la totalité des revenus de la fondation: or, tous les biens que pos-
» sede actuellement le College des Bons-Enfans (les bâtimens du College exceptés, &
» dont MM. de Saint-Lazare ont la propriété par les Lettres Patentes de 1773) pro-
» viennent de la fondation Pluyette. Cependant, comme on ne peut pas douter qu'il
» n'exista originairement des biens de l'ancienne fondation du College, & qu'il est à pré-
» sumer qu'ils ont été fondus dans les biens de la fondation Pluyette, je serois d'avis,
» ainsi que j'avois l'honneur de vous le mander le 4 Août, d'établir d'abord deux Bour-

II. Partie. Hhh

» fiers Pluyette (312), & enfuite de partager les Bourfes entre vous, Monfeigneur, &
» eux ; en agiffant ainfi, je compte, Monfeigneur, favorifer beaucoup votre Siege ;
» car, je le répete, il n'a ftrictement droit qu'aux Bourfes que l'on établiroit fur le pro-
» duit de la location de la maifon du College ».

La matiere mife en délibération.

LE BUREAU a unanimement adopté les réflexions & obfervations contenues
dans le récit de M. Rolland, & dans fa lettre à M. l'Archevêque de Paris, du 15
Septembre dernier ; il a été de plus arrêté que fon récit & l'extrait de fa lettre feront
inférés dans la Délibération de ce jour, & imprimés dans le Chapitre VI de la
feconde Partie du Recueil dont l'impreffion a été ordonnée par Délibération du 28
Mai dernier.

Du 19 Août 1779.

Bourfier du College. MESSIEURS les Adminiftrateurs fpécialement chargés du College des Bons-Enfans,
ont dit que MM. fe rappellent que depuis le rétabliffement du Bureau, M. l'Archevêque
de Paris, Supérieur-Majeur de ce College, avoit plufieurs fois demandé l'établiffement
d'une nouvelle Bourfe dans ce College ; mais que le Bureau n'avoit pas cru pouvoir ac-
céder aux vœux du Prélat, avant de s'être affuré fi le College des Bons-Enfans pouvoit fupporter cette nouvelle charge ; que par le compte de ce College, arrêté le 29
Mars dernier, l'excédent de fes revenus fur fes charges ordinaires eft de *deux mille fix
cent vingt livres*, & qu'il lui refte un reliquat de *fept mille neuf cent vingt-huit livres*,
qu'ainfi ils penfent que le Bureau peut, comme le demande encore aujourd'hui M. l'Archevêque de Paris, établir une nouvelle Bourfe dans ce College, pour le premier d'Octobre prochain ;

Sur quoi la matiere mife en délibération,

LE BUREAU a unanimement arrêté qu'il fera établi une nouvelle Bourfe dans le
College des Bons-Enfans, pour avoir lieu au premier Octobre de la préfente année
1779, & qu'expédition de la préfente Délibération fera délivrée à M. de Sainfray,
pour, par lui, la remettre à M. le Procureur-Général, en le priant d'en requérir l'homologation en la Cour, (ce qui a eu lieu par Arrêt du 28 du même mois).

Du Mardi 2 Octobre 1764.

Bourfiers Pluyette. M. LEMPEREUR a rendu compte que les difficultés qui exiftent entre les Prêtres
de la Miffion & les repréfentans du fieur Pluyette, Fondateur de Bourfes dans le College
des Bons-Enfans, l'ont empêché de pouvoir rendre compte de ce qui concerne ce
College ; que cependant il lui paroiffoit important que les deux Bourfiers actuellement
pourvus des deux Bourfes qui fubfiftent feulement dans ledit College réfidaffent dans le
College de Louis-le-Grand.

---

(312) *Les Lazariftes*, dans leur projet de Lettres Patentes de 1766, fur cinq Bourfes n'en
donnoient *qu'une* à M. l'Archevêque de Paris. *Voyez* ci-deffus, page 406, *note* 290.

Sur quoi LE BUREAU a arrêté que par provifion lefdits deux Bourfiers feront tenus d'habiter, à la rentrée prochaine des Claffes, le College de Louis-le-Grand; & que les Supérieurs du Séminaire du College des Bons-Enfans feront tenus de payer au Grand-Maître dudit College de Louis-le-Grand la penfion defdits deux Bourfiers, & de fournir aux Bourfiers les différens objets qu'ils avoient accoutumés, le tout fauf à délibérer au mois de Décembre prochain fur ce qui concernera ledit College.

18 Décembre 1777.

VU par le Bureau la Délibération (du Bureau intermédiaire) du 22 Décembre 1775, qui accorde à chacun des Bourfiers *Pluyette*, la fomme de 150 livres par année, pour fubvenir à leur menue néceffité. Vu pareillement la fondation de Maître Jean Pluyette,
La matiere mife en délibération,

LE BUREAU a unanimement arrêté de confirmer ladite Délibération du 22 Décembre 1775, pour être exécutée fuivant fa forme & teneur; en conféquence ladite fomme de 150 livres fera payée tous les ans à chacun defdits Bourfiers Pluyette ou à leurs correfpondans.

Du 7 Septembre 1780.

LECTURE faite de deux actes, en date des 30 Juillet & 3 Août derniers, par lefquels les Marguilliers des Eglifes de Fontenay & du Mefnil-Aubry, préfentateurs des Bourfes de la fondation Pluyette dans le College des Bons-Enfans, ont nommé le fieur Claude le Flaman de Joyenval, pour remplir la premiere Bourfe de ladite fondation qui deviendra vacante, & prient le Bureau de vouloir bien confentir que ledit fieur le Flaman foit reçu au College en qualité de Surnuméraire.

Lecture pareillement faite d'un Mémoire joint auxdits actes, par lequel M. le Chevalier Pluyette demande au Bureau de vouloir bien auffi confentir que fon fils, actuellement penfionnaire au College, foit admis comme Bourfier furnuméraire de ladite fondation.

LE BUREAU a unanimement arrêté, qu'en attendant que la conteftation pendante au Confeil entre le Bureau & les Prêtres de la Miffion foit terminée, & qu'il ait été fait avec lefdits Prêtres un arrangement qui mette le Bureau en état de fixer invariablement le nombre des Bourfiers de ladite fondation Pluyette, les fieurs Claude le Flaman de Joyenval & Jean-Charles Pluyette du Perron feront admis dans le College de Louis-le-Grand en qualité de Bourfiers furnuméraires de la fondation Pluyette, & leur penfion fera payée des deniers du College des Bons-Enfans.

CHAPITRE VII.

COLLEGE DE BOURGOGNE (313).

ON obfervera fur ce College,

1°. Qu'il n'avoit lors de la réunion que *quatorze mille deux cens vingt-trois livres* de revenu, & qu'il en a actuellement *vingt-neuf mille fix cens trente-quatre livres*. Que fes charges, y compris *trois mille fix cens livres* de penfion qu'il paye à fes anciens Officiers, & fes *réparations*, dont le montant a été fixé à *neuf cens livres*, par la Délibération du 3 Mai 1781, font de *vingt-huit mille huit cens quinze livres;* qu'ainfi *l'excédent* de fes revenus, déduction faite de fes charges, eft de *huit cens dix-neuf livres*, & qu'il avoit en caiffe le premier Octobre 1780, la fomme de *dix-neuf mille deux cens quatre-vingt-deux livres*.

2°. Qu'au moment de la réunion ce College devoit *quarante-un mille livres*, qui ont été payés, ainfi qu'une réparation très-confidérable faite en 1776 à une de fes maifons fife rue des Cordeliers, réparation qui a couté environ *douze mille livres*.

3°. Qu'il n'avoit en 1763 que *fix* Bourfes & qu'il en exifte actuellement *quarante-fix*.

4°. Que les Bourfiers doivent être de la *Franche-Comté* (314), & qu'ils font à la nomination du *Chancelier de l'Univerfité dans l'Eglife de Paris*, & du *Gardien des Cordeliers*

---

(313) *Troifieme département.*
(314) *Voyez* ci-après la *note* 318.

Du 19 Juillet 1764.

Sur le compte rendu au Bureau par MM. les Administrateurs chargés du Collège de Bourgogne, duquel il résulte que ce Collège a été fondé le 3 Février 1331, par Jeanne de Bourgogne, femme de Philippe-le-Long, Reine de France & de Navarre, pour vingt pauvres écoliers séculiers ou réguliers du Comté de Bourgogne (315); que pour la nourriture desdits Ecoliers, parmi lesquels devoient être pris le Principal & le Chapelain, cette Princesse légua deux cent livres parisis de rente de forte monnoie à prendre sur les profits du sceau de la Prévôté de Paris; que par une seconde fondation du 17 Juillet 1350, différens particuliers donnerent cent vingt deniers d'or pour un second Chapelain, qui devoit pareillement être pris du nombre des Boursiers; ... Que dans son état actuel ce Collège est composé d'un Principal, de deux Chapelains & de six Boursiers.

Sur quoi le Bureau délibérant a arrêté : .... ·

3°. Qu'à compter du premier Octobre prochain, indépendamment des six Bourses actuellement existantes, il en sera établi neuf nouvelles, lesquelles avec les six anciennes formeront le nombre de quinze Bourses.

4°. Que lesdites quinze Bourses seront, suivant la fondation, affectées à la Province du Comté de Bourgogne. . . . . .

12°. Qu'il sera accordé au principal une pension de 2100 livres, à la charge par lui de ne pouvoir rien répéter pour la construction & l'embellissement par lui faits dans le Collège; au premier Chapelain 1500 livres de pension, & au second 900 livres, le tout payable par chacun an, sans aucune retenue, à compter du premier Octobre prochain, & ce pour leur tenir lieu de ce que leurs places leur produisoient, lesquelles au moyen desdites pensions, seront & demeureront supprimées à compter dudit jour (316).

13°. Que les revenus libres dudit Collège de Bourgogne venant à augmenter par la suite par l'extinction des pensions accordées aux Principal, premier & second Chapelains, ils seront employés à former de nouvelles Bourses, suivant qu'il sera délibéré par le Bureau d'administration (317). . . . . .

---

(315) C'est la Province que l'on appelle à présent *Franche-Comté.*

(316) Le second Chapelain étant mort : ce Collège n'est plus chargé que de 3600 livres de rentes viageres.

(317) Quoique ce Collège paie encore au Principal & au premier Chapelain 3600 livres de pension, ainsi qu'il est observé dans la note précédente, cependant la fondation originaire a été plus que doublée. En effet, lors de la réunion il existoit six Boursiers; par la présente Délibération il en a été établi neuf: plus, le 15 Janvier 1770 cinq autres, ce qui faisoit les *vingt* de la fondation; mais le Collège ayant des fonds, le Bureau s'est empressé d'augmenter le nombre des Bourses, & il a été créé le 16 Décembre 1773 six Bourses, quatre autres le 12 Octobre 1775, & seize le 5 Décembre 1777, ce qui fait en tout *quarante-six* Bourses actuellement existantes.

15°. Que le mobilier du College de Bourgogne, eftimé à la fomme de 946 livres 10 fols par gens à ce connoiffans, appartiendra au College de Louis-le-Grand, à la charge par ledit College de payer à celui de Bourgogne ladite fomme......

Nota. Cette Délibération a été homologuée par Arrêt du 28 Juillet 1764, dépofé aux Archives en vertu d'une Délibération du 2 Août fuivant.

Noms des Fondateurs & Bienfaiteurs du College de BOURGOGNE.

1. *Jeanne*, Comteffe de Bourgogne, époufe de *Philippe-le-Long*, Roi de France, Fondatrice du College, 1331.
2. *Barthelemy de Bruges*, Fondateur de quatre Bourfes, 1350 (318).
3. *Gilles de Raveres*, 1350.
4. *Jean de Martigny*, Prêtre & Principal du College, 1491.
5. *Jacques le Maître*, Prêtre & Principal du College, 1719.

(318) L'afte de fondation de *Barthelemy de Bruges* eft du 5 Juillet 1350, il eft paffé devant Pierre *Beaudit* & Pierre *de Lyons*, Notaires au Châtelet de Paris ; par cet afte, les chargés de procuration du Fondateur donnent au College de Bourgogne, *deux mille cent foixante florins d'or à l'écu*, tant pour des *Obits* & *Meffes* (qui fe célebrent dans la Chapelle du College de Louis-le-Grand en exécution de la Délibération du 27 Avril 1767,) que pour la *fondation de quatre Bourfes.* Cette fondation n'a pas été rappellée dans la Délibération de réunion du 19 Juillet 1764, & il ne paroît pas que l'on s'en foit occupé depuis ; cependant il feroit important de vérifier, 1°. la *valeur* en 1350 de ces 2160 florins ; 2°. s'il eft prouvé qu'ils aient été employés utilement pour le College ; parce qu'il faudroit alors rétablir quelques-unes de ces Bourfes : au furplus le Fondateur en laiffé la *nomination aux mêmes perfonnes qui nomment aux autres Bourfes de ce College ;* mais leur deftination eft différente, *deux* font pour le *Diocéfe de Tournay*, & *deux* pour le *Diocéfe de Sens.*

CHAPITRE VIII.

COLLEGE DE CAMBRAY (319).

CE College a été fondé au milieu du quatorzieme siécle par trois Evêques (320) pour sept Boursiers, qui doivent être pris des trois Diocèses, suivant que chacun des Prélats avoit contribué à la dotation ; lors de la fondation il étoit dû au Commandeur de Saint-Jean-de-Latran une rente de 21 livres à prendre sur la maison que l'Evêque de Cambray (321) avoit donnée pour le logement des Boursiers. Les Exécuteurs testamentaires des trois Evêques ordonnerent la suspension de la septiéme Bourse jusqu'à ce que cette rente fût remboursée, & que les bâtimens qui y étoient sujets fussent réparés ; cette suspension, qui ne devoit être que momentanée, a toujours duré & subsistoit encore en 1763. Quoi qu'il en soit, le Bureau d'Administration a jugé à propos de la faire cesser, & comme les Exécuteurs testamentaires des trois Prélats avoient ordonnés que les Bourses seroient affectées aux trois Diocèses, suivant que le College profiteroit du legs des trois Prélats, & que les bâtimens du College proviennent du legs de l'Eveque de Cambray, on a cru juste d'accorder à ce Diocèse la septieme Bourse que l'on rétablissoit ; mais il fut en même tems délibéré, que les trois Diocèses seroient partagés également relativement aux Bourses qui seroient créées par la suite, ce qui a été exécuté ; en conséquence, il résulte des Délibérations prises relativement à ce College, ainsi que de son état en 1763 & actuellement :

1°. Que lors de la réunion ses revenus étoient de *six mille cinq cens trois livres*, & qu'actuellement ils sont de *dix mille cent cinquante-quatre livres*, que ses charges (322) sont de *neuf mille cinq cens soixante-quatre livres*, qu'ainsi *l'excédent* de ses revenus sur ses charges est de *cinq cens quatre-vingt-dix livres* ; & qu'il avoit en caisse au premier Octobre 1780, la somme de *huit mille huit cens cinquante-huit livres*.

2°. Que ses dettes n'étoient en 1763, que de *deux cens trente-trois livres*, qui sont payées.

3°. Qu'alors il n'y avoit que *six* Boursiers, & qu'il y en a actuellement *dix-neuf* ; mais qu'il ne peut en être créé que trois à la fois, un pour chaque Diocèse.

4°. Que de ces dix-neuf Boursiers, *sept* doivent être du Diocèse *de Cambray*, *six* du Diocèse *d'Autun*, & *six* du Diocèse *d'Auxerre* ; au surplus tous ces Boursiers sont à la nomination du *Chancelier de l'Université dans l'Eglise de Paris.*

---

(319) *Premier département.*

(320) Guillaume *d'Aussonne*, Evêque *d'Autun*, puis de *Cambray* ; Hugues *Pomart*, Evêque de *Langres*, & Hugues *d'Arcy*, Evêque *d'Auxerre.*

(321) Ce Siege n'étoit alors qu'un Evêché dépendant de l'Archevêché de Rheims, & ce n'est que le 12 Mai 1559 qu'il a été élevé à la dignité d'Archevêché.

(322) Ce College n'a aucunes maisons ni biens fonds, & par conséquent n'est chargé d'aucunes réparations.

Du Vendredi 22 Juin 1764.

Sur le compte rendu au Bureau par MM. les Administrateurs chargés du College de Cambray, de tout ce qui concerne ledit College, & des différentes fondations y faites, il résulte que ce College doit son origine à Guillaume d'Offonne, Evêque d'Autun, puis de Cambray qui, pour cette fondation, légua plusieurs objets, entr'autres sa maison, & ce par son testament du 13 Octobre 1344 ; que ce College reconnoît aussi pour ses Fondateurs Hugues de Pomart, Evêque de Langres, & Hugues d'Arcy, Evêque d'Auxerre, suivant leur testament des 6 Avril 1351 & 2 Août 1361 ; que les Statuts de ce College ont été donnés par les Exécuteurs testamentaires de ces trois Prélats en 1379 ; que suivant ces Statuts il devoit y avoir sept Boursiers ; . . . , que cependant il n'y en a jamais eu que six, deux du Diocèse de Cambray, deux de celui d'Auxerre & deux de celui d'Autun, & que par ces Statuts il a été ordonné que les Boursiers seroient pris de ces trois Diocèses, suivant que chaque Fondateur y avoit le plus contribué ; que ces mêmes Statuts donnent la nomination des Bourses au Chancelier de l'Université ; qu'en 1612 Louis XIII, pour bâtir le College Royal, a acheté le College de Cambray ; que par ce contrat ce Prince s'obligea de faire bâtir une chapelle qui appartiendroit au College de Cambray, & un grand corps de bâtiment dans la moitié duquel seroient logés les Principal, Chapelain & Boursiers du College de Cambray ; accorda audit College une rente de 1000 liv. pour indemnité, & 60 liv. pour chaque Boursier qu'il faudroit déloger, & jusqu'à ce que ledit bâtiment fût construit ; & s'obligea de payer la rente de 7 liv. 12 s. 3 den. de cens dû au Commandeur de Saint-Jean-de-Latran, que la valeur du College étoit alors, suivant une estimation du 9 Septembre 1611 de 117500 liv., sur le pied de 75 liv. la toise de superficie ; que non-seulement depuis ce tems la Chapelle & le bâtiment, dont les Boursiers du College de Cambray devoient avoir la propriété, & que le Roi devoit entretenir de toutes réparations, n'ont pas été construits, mais tant la rente de 1000 liv. que celle de 180 livres, pour le logement de trois Boursiers déplacés alors, n'ont pas été payés exactement, & que le Roi n'a point acquitté celle due au Commandeur de Saint-Jean-de-Latran ; que dans cette position les Boursiers crurent devoir en 1672 aliéner une rente fonciere de 100 livres, qu'ils avoient sur la Châtellenie de Mallay-le-Roi, & qui provenoient de la fondation de Hugues d'Arcy ; que le prix qui a été de 3400 liv. a été employé jusqu'à concurrence de 3000 liv. à la réparation des bâtimens du College de Cambray (323) non détruits,

Sur quoi le Bureau a délibéré. . . . .

4°. Qu'il sera établi, à compter du premier Octobre prochain, les sept Bourses fondées par les Statuts de 1379.

_____

(323) Par contrat du 19 Juin 1767, le feu Roi a accordé tant pour le prix des terreins & bâtimens de ce College qui lui ont été abandonnés en entier, que pour indemnité des rentes constituées par Louis XIII & non payées, & en tant que de besoin par supplement de dotation trente-trois muids de bled, mesure de Paris.

5°.

5°. Que ces Bourses seront affectées, trois au Diocèse de Cambray, deux à celui d'Autun, & deux à celui d'Auxerre. . . . .

8°. Que le mobilier qui ne consiste qu'en un calice, quelque peu de batterie de cuisine & très-peu de linge sera & demeurera au College de Louis-le-Grand pour les frais de ladite translation. . . . . .

11°. Que tant du revenu accordé au Principal lors de son extinction, que de celui qui proviendra des sommes qui seront par la suite adjugées par Sa Majesté audit College, il sera formé des Bourses pareilles à celles mentionnées ès articles IV & V, à la charge qu'il en sera établi trois à la fois une pour chaque Diocèse (324). . . .

Nota. Cette Délibération a été homologuée par Arrêt du 5 Juillet 1764, déposé aux Archives en vertu d'autre Délibération du 12 desdits mois & an.

Noms des Fondateurs & Bienfaiteurs du College de CAMBRAY.

1. *Guillaume d'Auffonne*, Evêque d'Autun & de Cambray, premier Fondateur du College, 1344.

2. *Hugues de Pomart*, Evêque de Langres, second Fondateur du College. 1351.

3. *Hugues d'Arcy*, Evêque de Laon, ensuite Archevêque de Reims, troisieme Fondateur du College, 1362.

4. *Jean Orgehan*, Prêtre, Chanoine & Trésorier de l'Eglise de Saint-Martin-de-Tours, au commencement du *quinzieme* siecle.

5. *Guillaume Guyon*, Prêtre & Principal du College, 1488.

6. *Etienne de Chaumont*, entre 1488 & 1492.

7. *Jean de Montigny*, Prêtre, Conseiller au Parlement de Paris, entre 1488 & 1492.

8. *Jean de Sainon*, Prêtre, Chanoine de l'Eglise de Tours, entre 1488 & 1492.

9. *Nicolas de Londis*, entre 1488 & 1492.

10. *Philibert de Marry*, Prêtre & Principal du College, 1492.

11. *Jean de Courcelles*, au commencement du *seizieme* siecle.

12. *Nicolas de Bresseraucourt*, Prêtre, Chanoine de Langres & Trésorier de la Sainte-Chapelle de Bourges, au commencement du *seizieme* siecle.

13. *Pierre de Pille*, Prêtre & Principal du College, 1537.

14. *Jean de Mailly*, Prêtre, Docteur en Théologie, ancien Boursier du College, 1541.

15. *Jean Ferrarius*, Piémontois, 1573.

16. *Pierre Robelin*, Prêtre, Chapelain & Procureur du College, 1615.

17. *Nicolas Bréjart*, Prêtre & Principal du College, 1619.

---

(324) En exécution de cette Délibération, il a été créé douze Bourses, dont quatre pour chaque diocese, & ce par Délibérations des 25 Août 1768, 2 Janvier 1778, 25 Juillet 1779 & 17 Février 1780.

II. Partie. Iii

CHAPITRE IX.

COLLEGE DES CHOLETS (325).

CE College & celui de Laon font les feuls qui fe foient ouvertement oppofés à la réunion ; les Bourfiers du College des Cholets voulurent faire adopter leur réclamation par la Faculté de Théologie ; ils ne purent y parvenir ; en conféquence, plufieurs formerent oppofition à l'Ordonnance des Commiffaires du Parlement ; mais ils en furent déboutés par l'Arrêt du 21 Août 1764 ci-après. Au furplus, quand à ce College, on obfervera :

1°. Que fes revenus, au moment de la réunion, n'étoient que de *quatorze mille trois cens quatre-vingt-treize livres*, & qu'ils font actuellement de *vingt-fept mille fix cens vingt-neuf livres* ; que fes charges, y compris *quatre cens cinquante livres* pour le montant de fes *réparations*, ainfi qu'elles ont été fixées par la Délibération du 3 Mai 1781 , font de *vingt fix mille quatre-vingt livres* ; qu'ainfi *l'excédent* de fes revenus fur fes charges eft de *quinze cens quarante-neuf livres*, & qu'il avoit en caiffe au premier Octobre 1780, la fomme de *vingt-fix mille cinq cens quatre-vingt-fept livres*.

2°. Que fes dettes montoient, en 1763, à *vingt-fept mille neuf cens onze livres*, qui font actuellement payées ;

3°. Qu'il n'y avoit alors que *vingt* Bourfes ; qu'il y en a actuellement *quarante-huit*, & qu'il ne peut en être créé que quatre à la fois ; favoir, *deux* pour *chaque Diocèfe d'Amiens* & de *Beauvais*, dont une à la nomination du Chapitre, & l'autre à celle du Bureau.

4°. Que fes *Bourfiers* doivent être *moitié du Diocèfe d'Amiens*, & *moitié du Diocèfe de Beauvais* ; que les *Chapitres d'Amiens* & de *Beauvais nomment à la moitié de ces Bourfes*, & *le Bureau d'Adminiftration à l'autre moitié* ; que lors de la réunion, les Bourfes à la nomination des Chapitres devoient être Théologiennes, & celles à la nomination du Bureau (qui en cette partie a fuccédé aux droits du Cuftode fupprimé), devoient être Artiennes ; mais (que d'après les Lettres Patentes du 19 Mars 1780 (326), & la Délibération du 2 Août 1781 , prife en conféquence, & que l'on trouvera à la fin de ce Chapitre), ces quarante-huit Bourfiers peuvent indiftinctement commencer par la Faculté des Arts, & étudier enfuite dans celle des trois Facultés fupérieures qu'ils jugeront à propos.

5°. Par le Réglement de 1767 (327), il a été accordé à chacun des deux anciens Bourfiers de ce College, Docteurs en Théologie (un pour chacun des Diocèfes d'Amiens

---

(325) *Quatrieme département.*
(326) *Voyez* ci-deffus , Iere Partie , Chapitre II.
(327) *Idem.*

& de Beauvais), & réfidens à Paris, 200 livres pour leur tenir lieu du logement qu'ils avoient droit d'avoir dans ce College.

Il eft important d'obferver que le plus ancien de ces deux Bourfiers Docteurs en Théologie, que l'on appelloit le *Senior* de la maifon des Cholets, étoit Député né de la Faculté de Théologie, dans toutes les occafions où elle nomme des Députés ou Commiffaires; ce droit étoit commun à la Maifon des Cholets, avec les Maifons de Sorbonne & de Navarre, qui ont également un de leurs Docteurs Député né de la Faculté de Théologie ; comme le Principal du College de Louis-le-Grand doit, aux termes de la Délibération du 25 Février 1778 (328), être toujours un Docteur en Théologie, il y auroit peut-être lieu de fupplier le Roi d'ordonner, que dans le cas où il ne fe trouveroit pas de Docteurs du College des Cholets réfidens à Paris, & par conféquent en état d'affifter aux affemblées de la Faculté de Théologie, le Principal du College de Louis-le-Grand exerceroit fes droits & feroit Député né de cette Faculté.

(328) Ci-deffus, Iere Partie, Chapitre XVII.

Du 19 Juillet 1764.

MESSIEURS les Adminiſtrateurs ſpécialement chargés de ce qui concerne le College des Cholets ont dit que le Cardinal Jean Cholet, par ſon teſtament du 17 Novembre 1289, inſtitua Exécuteurs dudit teſtament le Cardinal Jean Lemoine & Mathieu,
Evêque de Porto, pour la partie de ſes biens ſitués en Italie ; Evrard de Nointel, &
Gerard de Saint-Juſt, Chanoine de Beauvais, pour ceux ſitués en France ; qu'il laiſſa à
ſes Exécuteurs, après qu'ils auroient acquittés les legs ſpécifiés dans ſon teſtament, la
liberté d'employer le ſurplus de ſes biens de la maniere qu'ils jugeroient la plus convenable & la plus utile ; qu'en vertu de cette Faculté, Evrard de Nointel & Gerard de
Saint-Juſt, par acte du 4 Avril 1295, employerent leſdits biens à la fondation du College, qu'ils placerent dans une maiſon rue Saint Etienne-des-Grès, dont une partie leur
fut donnée, & l'autre vendue par Jean de Biellis, Archidiacre de Rouen ; qu'ils deſti-
nerent cette maiſon à loger ſeize Bourſiers Théologiens, & une maiſon contigue, à
loger ſix Bourſiers Artiens, auxquels ils donnerent des ſtatuts datés du 3 Juillet de la
même année 1295, & confirmés par une Bulle de Boniface VIII du 26 Janvier 1296 ;
mais qu'étant morts avant d'avoir mis la derniere main à cet établiſſement, le Cardinal
Jean Lemoine, pour lors Légat en France, leur fut ſubrogé par une Bulle du même
Pape donnée le 9 Mars 1300 ; que ce Cardinal ayant recueilli ce qui reſtoit dans le
royaume de la ſucceſſion du Cardinal Cholet, & y ayant ajouté une partie des biens
ſitués en Italie, & même de ſes propres deniers, donna la derniere forme au College
dans lequel il établit vingt Bourſiers Théologiens & vingt Bourſiers Artiens, auxquels il
donna de nouveaux ſtatuts datés du 24 Février 1301, plus étendus & plus détaillés
que les précédens ; que par ces ſtatuts les Chapitres de Beauvais & d'Amiens ſont inſtitués Supérieurs - Majeurs du College des Cholets, & doivent nommer chacun un
Député de leur Corps pour exercer cette ſupériorité ; que ces Supérieurs, auxquels
l'uſage a donné le nom de Grands-Maîtres, doivent déléguer chacun une ou pluſieurs
perſonnes de probité réſidentes à Paris pour veiller ſur les mœurs, la conduite, & les
études des Bourſiers, les viſiter & les corriger, & donner auxdits Grands-Maîtres avis
des fautes graves qui pourroient mériter que les coupables fuſſent exclus du College ;
que les Grands-Maîtres, ou leurs Délégués doivent faire choix d'un Cuſtode (329) chargé de régler les dépenſes de la maiſon, d'augmenter ou de diminuer le prix des Bourſes,
de préſider aux aſſemblées pour les élections, & de faire l'examen des petits Bourſiers
ſur leſquels il doit avoir une autorité & une inſpection plus particuliere. Qu'entre les
Bourſiers Théologiens, il doit en être choiſi tous les ans un pour Prieur ou chef de la
maiſon des Théologiens, deux pour Procureurs, & deux autres pour veiller ſur les petits Bourſiers ; que les grands & petits Bourſiers doivent être pris moitié du Diocèſe de
Beauvais, moitié du Diocèſe d'Amiens..... Qu'il n'exiſte actuellement dans le College

---

(329) Ce Cuſtode a été ſupprimé par les Lettres Patentes du 21 Novembre 1763 & 20
Août 1767, ci-deſſus, Iere Partie, Chapitre II.

que feize Bourfiers Théologiens & deux Bourfiers Artiens ; que la cuftodie n'eft , depuis très-long-tems qu'un titre prefque fans fonctions , & que fuivant un ufage immémorial , on réferve dans le College deux appartemens pour deux anciens Bourfiers Docteurs ; l'un du Diocèfe de Beauvais ; l'autre du Diocèfe d'Amiens , attendu que le plus ancien Docteur en Théologie du College des Cholets jouit de certains droits & prérogatives dans la Faculté de Théologie , dont il eft l'un des Députés nés...... Qu'il eft d'une néceffité indifpenfable de réferver chaque année une partie de revenu pour fe mettre en état de reconftruire fes maifons , dont plufieurs ne pourront fubfifter que peu de tems....

Sur quoi le Bureau délibérant , a arrêté :...........

3°. Qu'à compter dudit jour premier Août (1764) , le College des Cholets fera réuni dans celui de Louis-le-Grand , où les Bourfiers dudit College des Cholets feront transférés au plus tard dans les huit premiers jours dudit mois d'Août , & où ils feront foumis aux Réglemens , exercices & difcipline dudit College de Louis-le-Grand.

4°. Qu'à compter du premier Octobre prochain , il fera rétabli fix Bourfiers Artiens ; enforte qu'il y en ait huit au lieu de deux qui y font actuellement ; & le nombre des Bourfiers fera par conféquent de vingt-quatre.....

7°. Que les Bourfes Théologiennes feront moitié pour les fujets du Diocèfe de Beauvais , & moitié pour ceux du Diocèfe d'Amiens , & qu'il en fera de même des Bourfes Artiennes........

9°. Que les places de Prieur & de Procureur feront , au moment de la réunion , éteintes & fupprimées , &c......

10°. Que la nomination aux grandes Bourfes fe fera conformément aux ftatuts par les Députés des Chapitres de Beauvais & d'Amiens , communément appellés Grands-Maîtres , lefquels , conformément aux Lettres Patentes du 21 Novembre dernier , conferveront , fur tous les Bourfiers du College des Cholets réunis dans le College de Louis-le-Grand , les droits de vifite , correction & deftitution , qui leur appartiennent par lefdits Statuts.

11°. Que la nomination aux petites Bourfes continuera à être faite par le Cuftode actuel avec les deux plus anciens Bourfiers Théologiens du Diocèfe auquel la nomination de la Bourfe vacante appartiendra ; mais qu'après la mort du Cuftode actuel (330) , la place de Cuftode demeurera éteinte & fupprimée ; & ladite nomination fe fera par le Bureau d'Adminiftration , conformément à ce qui eft porté par les Statuts.

12°. Qu'auffitôt que les revenus & l'état des biens du College permettront une augmentation dans le nombre des Bourfiers , le nombre des Bourfes Artiennes fera

---

(330) M. l'Abbé Langlois. Confeiller de Grand'Chambre, rempliffoit en 1763 la place de Cuftode; il eft décédé en Octobre 1766 , & fa place de Cuftode a été fupprimée, tant en vertu des Lettres Patentes du 21 Novembre 1763 qu'en exécution du préfent article , & même des Lettres Patentes du 20 Août 1767, qui prononcent nommément cette fuppreffion.

d'abord augmenté jufqu'à ce qu'elles foient en nombre égal avec les Bourfes Théologiennes (331).

16°. Que le mobilier du College des Cholets, eftimé par gens à ce connoiffans à la fomme de 2160 livres 10 fols fera & appartiendra à l'Adminiftration, à la charge de tenir compte de ladite fomme audit College des Cholets.

19°. Que dans les bâtimens renfermés dans l'enceinte actuelle du College des Cholets, il fera réfervé, s'il eft poffible, deux appartemens pour deux anciens Bourfiers Docteurs en Théologie; l'un du Diocèfe de Beauvais; l'autre du Diocèfe d'Amiens, réfidens à Paris, & fuivant les exercices de la Faculté de Théologie, lefquels feront tenus d'occuper par eux-mêmes lefdits appartemens, fauté de quoi ils feront loués au profit du College; & dans le cas où il feroit délibéré par le Bureau que lefdits appartemens ne pourroient être réfervés fans nuire à la location du College; qu'il fera payé à chacun defdits anciens Bourfiers Docteurs réfidens à Paris, & fuivans les exercices de la Faculté de Théologie, ainfi qu'il eft dit ci-deffus, la fomme de 150 livres pour lui tenir lieu de fon appartement (332).

---

(331) L'article XVII du titre II du Réglement de 1767, ordonne que le Bureau ne pourra completter les Bourfes anciennes du College des Cholets qui font à fa nomination, qu'après avoir d'abord completté les Théologiennes, ce qui a été exécuté; car le 5 Avril 1780, il a été créé huit Bourfes, dont quatre pour completter les vingt Bourfes Théologiennes & quatre Artiennes, ce qui portoit ces dernieres à douze; elles ont été complettées & portées à vingt par Délibération du 5 Juillet 1770. Enfin le 4 Décembre 1777, il a été créé huit Bourfes, dont quatre Théologiennes & quatre Artiennes, ce qui fait en total quarante-huit, & par conféquent huit de plus qu'il n'étoit porté dans la fondation.

(332) Cette fomme a été portée à 200 livres par l'article XIII du titre II du Réglement attaché fous le contre-fcel des Lettres Patentes du 20 Août 1767; on croit devoir ajouter que la totalité des bâtimens du College des Cholets a été vendu au Roi par contrat du 30 Juillet 1770, & inférer ici en entier les lettres de MM. les Contrôleurs Généraux (Del'Averdy & Abbé Terray), adreffées à ce fujet au Bureau. Elles indiquent l'objet de cette acquifition, elles font tranfcrites à la fuite des Délibérations du Bureau des premier Septembre 1768 & 5 Juillet 1770.

Celle du premier Septembre 1768 eft ainfi conçue:

»S. M. me charge, Meffieurs, de vous mander que fon intention eft de placer le chef-lieu » de l'Univerfité dans le College des Cholets; qu'en conféquence Elle veut acheter ce College, » ainfi que toutes les maifons qui en dépendent & qui y joignent, pour enfuite y placer le chef-» lieu de l'Univerfité.......... fon intention étant de donner pour ces différens objets......... des » rentes en grains, pareilles à celles qu'il a déja accordées aux Colleges de Cambray, Tréguier » & Beauvais, &c. *Signé* DEL'AVERDY ».

La lettre de M. l'Abbé Terray du 23 Juin 1770, porte ce qui fuit:

« Le Roi a cru, Meffieurs, devoir s'occuper des moyens de procurer au College de Louis-le-» Grand toute l'étendue qui lui eft néceffaire pour remplir les vues qu'il s'eft propofé dans fon » établiffement, & d'affurer à l'Univerfité un chef-lieu. Sa Majefté n'en a pas trouvé de plus » convenable que de deftiner pour ce dernier objet l'emplacement du College des Cholets & » des maifons qui lui appartiennent & y font contigues. Sa Majefté s'eft en conféquence déter-

20°. Que le plus ancien Docteur en Théologie de la Société des Cholets continuera à jouir dans la Faculté de Théologie de tous les droits & prérogatives dont il a ci-devant bien & légitimement joui.

Nota. Cette Délibération a été homologuée par Arrêt du 4 Août 1764, déposée aux archives, en vertu d'autre Délibération du 9 du même mois.

VU par la Cour, toutes les Chambres assemblées, les Lettres Patentes du 21 Novembre dernier, l'Arrêt d'enregistrement d'icelles du 25 du même mois, l'Arrêt de la Cour du 4 Août présent mois, qui homologue la Délibération du Bureau d'Administration du College de Louis-le-Grand du 19 Juillet précédent, par laquelle la réunion du College des Cholets est opérée, l'Ordonnance des Commissaires de la Cour du même jour 4 Août, la signification d'icelle du 6 du même mois. Le procès-verbal dressé le 11 au College de Louis-le-Grand par les Commissaires de la Cour, l'Ordonnance de référé desdits Commissaires dudit jour 11 Août; ensemble la Requête présentée à la Cour par le Procureur Général du Roi, contenant qu'en exécution des Lettres Patentes du 21 Novembre dernier, vérifiées en la Cour le 25 dudit mois, qui ordonne la translation & établissement dans le College de Louis-le-Grand, des Boursiers des Colleges où il ne se trouvoit plus de plein exercice, le Bureau d'Administration dudit College a, par une Délibération du 19 Juillet dernier, réglé la forme dans laquelle seroit consommée la réu-

(marge) ARRÊT du 21 Août 1764. Qui ordonne l'exécution de celui du quatre du même mois pour la réunion du College *des Cholets* dans celui de Louis-le-Grand.

» minée à en faire l'acquisition; & pour tenir lieu du produit de ces différens objets, Elle a » résolu de créer en faveur de ce College une rente annuelle & perpétuelle de cinquante-cinq » muids, mesure de Paris, du plus beau bled froment, dont le paiement sera assigné sur la Ferme » des Postes, & sera réglée par la valeur du bled, d'après l'estimation qui sera faite tous les dix-» huit ans, ainsi qu'il a été ordonné pour les différentes acquisitions que Sa Majesté a déjà faites » des Colleges réunis; je vous adresserai incessamment l'Arrêt que Sa Majesté a rendu à cet effet; » vous reconnoîtrez sûrement dans ses dispositions la continuation des bontés de Sa Majesté, sa » bienveillance pour l'Université, & les effets de la protection qu'Elle veut bien accorder au » College de Louis-le-Grand & à ceux qu'Elle y a réunis ».

Nota. Le projet de placer le chef-lieu de l'Université dans le College des Cholets, & de rendre à celui de Louis-le-Grand l'emplacement que l'Université y occupe & qui lui est très-nécessaire pour y placer ses Boursiers, a été dérangé pendant la révolution de 1771. Par Lettres Patentes du 16 Mai 1772, vérifiées par la Commission intermédiaire le 26 Mars 1773, on a fait changer au feu Roi la destination des 30000 livres qu'il avoit accordées par les Lettres Patentes des 3 & 29 Mai 1766 pour la construction du chef-lieu de l'Université; on a engagé ce Prince à distraire de ces 30000 livres la somme de 15000 livres, dont il a fait don au College Royal (qui a été incorporé à l'Université), & les autres 15000 livres ont été accordées aux Professeurs actuels ou Emérites; enfin, pour leur faire plus aisément adopter la distraction faite au profit du College Royal de la moitié de ces 30000 livres, on a ajouté à l'autre moitié qui leur a été abandonnée, les revenus du College des Cholets, dont le feu Roi a de plus donné la propriété à l'Université.

nion du College des Cholets, l'emploi qui feroit fait des revenus dudit College, le nombre des Bourfiers qui feroient entretenus, lequel a été augmenté; que cette Délibération ayant été homologuée en là Cour; & le Subftitut du Procureur Général du Roi ayant donné connoiffance de cet Arrêt à Meffieurs les Commiffaires de la Cour, ils ont le 4 de ce mois rendu leur Ordonnance à ce que les Bourfiers exiftans actuellement dans le College des Cholets, euffent à fe rendre le 11 du préfent mois au College de Louis-le-Grand, pour y être tenus, conformément à ce qui eft ordonné par lefdites Lettres Patentes du 21 Novembre dernier, & à la Délibération du Bureau d'Adminiftration; que cette Ordonnance a été fignifiée auxdits Bourfiers par exploit de Griveau, Huiffier de la Cour, que trois defdits Bourfiers ont en effet comparu ledit jour 11 du préfent mois au procès-verbal dreffé par Meffieurs les Commiffaires de la Cour; mais ont prétendu n'être pas dans le cas d'exécuter l'Ordonnance de Meffieurs les Commiffaires, & ont fait à ce fujet un dire inféré dans le procès-verbal, contenant les raifons de leur refus; que fur cette difficulté, MM. les Commiffaires ont cru devoir ordonner un référé fur lequel le Procureur Général du Roi va propofer à la Cour de ftatuer; que le Procureur Général du Roi obfervera que le refus fait par les Bourfiers du College des Cholets paroît fondé fur deux motifs principaux; le premier, que c'eft en exécution des Lettres Patentes du 21 Novembre dernier, que l'Ordonnance du 4 de ce mois a été rendue, & qu'ils fe font retirés devers le Roi, & ont préfenté leur requête en interprétation defdites Lettres Patentes; le fecond, qu'ils ne peuvent rien innover dans le gouvernement de leur Maifon, fans le confentement des Chapitres de Beauvais & d'Amiens, Supérieurs-Majeurs dudit College, lefquels, loin de confentir à ladite tranflation, fe font au contraire retirés, ainfi que lefdits Bourfiers, devers le Roi; que ces deux motifs paroiffent également mal fondés au Procureur Général du Roi; que la Requête préfentée par lefdits Bourfiers en interprétation des Lettres Patentes du 21 Novembre dernier ne peut, ni n'en doit empêcher l'exécution, puifqu'il n'eft rien intervenu fur cette Requête qui puiffe difpenfer les Bourfiers du College des Cholets de fe conformer aux difpofitions qu'elles renferment, & qui leur font communes avec tous les Bourfiers des Colleges où il ne fe trouvoit plus de plein exercice, & qui n'ont pas été nommément exceptés; que le défaut de confentement des Chapitres de Beauvais & d'Amiens ne peut, par la même raifon, être pour eux un prétexte de ne point exécuter lefdites Lettres Patentes, & l'Ordonnance de MM. les Commiffaires, puifque ces Lettres font une loi à l'exécution de laquelle les Chapitres de Beauvais & d'Amiens ne font pas moins affujettis que les Bourfiers, & dont l'Ordonnance de MM. les Commiffaires n'eft qu'une conféquence; que d'ailleurs la prétention que préfente ladite Requête de la part des Bourfiers de n'être point compris dans les Lettres Patentes, parce que leur Maifon n'eft point un College, mais une Maifon de Théologie fous la Supériorité de la Faculté de Théologie, fe trouve détruit d'avance par le compte rendu par M. Del'Averdy, le 12 Novembre dernier, & par les titres mêmes du College des Cholets; qu'on y voit que fon établiffement eft abfolument le même que celui des autres Colleges; qu'il a eu pour objet, dès fon origine, non de fonder une Maifon pour des perfonnes qui auroient acquis les Dégrés dans la Faculté de

                                                                 Théologie,

Théologie, mais pour des Etudians, foit dans cette Faculté, foit dans celle des Arts;
qu'auffi le Cardinal Lemoine, fubrogé aux Exécuteurs teftamentaires du Cardinal Cholet,
pour l'exécution de fa fondation, n'a pas fait difficulté en confommant l'exécution des
intentions du Cardinal Cholet, d'introduire dans le College des Cholets un nombre de
Bourfiers Artiens égal à celui des Théologiens; que cette Maifon eft toujours reftée fous
l'infpection de l'Univerfité & de la Faculté des Arts, ainfi que l'annonce le dire des
Recteurs & Syndics de l'Univerfité inféré dans le procès-verbal; que c'eft ce que juftifie
encore ce qui s'eft paffé en 1704, 1705, 1706; que la Cour inftruite que ce qui concernoit la difcipline & la régie du temporel, étoit également négligé dans le College des
Cholets, crut devoir prendre une connoiffance particuliere de l'état de ce College;
qu'elle ordonna que les Bourfiers dépoferoient au Greffe les titres & ftatuts, & les
comptes des dix dernieres années; qu'elle en renvoya l'examen, non devant des Membres de la Faculté de Théologie; mais devant Edme Pirot, Docteur de Sorbonne,
Chancelier de l'Univerfité, & Edme Pourchot, Licencié ès Loix, ancien Recteur de
l'Univerfité, pour donner leur avis, qu'ils le donnerent en effet; & que parmi les abus
qu'ils critiquerent, ils remarquerent entr'autres chofes, que par les titres de fondation,
les Bourfiers ne devoient point avoir titre ou droit de perpétuité, mais feulement une
Commande, c'eft-à-dire, une Bourfe pour un tems, comme il fe pratique ordinairement, dirent-ils, dans les autres Colleges de l'Univerfité; qu'en conféquence, ils propoferent à la Cour un Reglement, dont l'objet étoit entr'autres d'obliger les Bourfiers
à fe conformer, pour le tems des études, aux Réglemens de l'Univerfité, & à ne pouvoir garder leurs Bourfes après avoir pris les Dégrés; que ce Réglement fut adopté par
la Cour; qu'il n'eft pas douteux que fi la Faculté de Théologie avoit eu des droits particuliers fur le College des Cholets, elle ne les eût reclamés lors de cette affaire, qui dura
trois années. Que l'on ne peut fuppofer une Maifon de Théologie, proprement dite,
dans un établiffement dans lequel on ne peut pas demeurer après avoir acquis le Doctorat dans la Faculté de Théologie; que le droit qu'a le plus ancien Docteur élevé dans
cette Maifon & réfident dans Paris, d'être Député né de la Faculté de Théologie, droit
que la réunion dans le College de Louis-le-Grand ne peut lui faire perdre ni à fes fucceffeurs, prouve l'ancienneté de l'établiffement du College des Cholets, mais ne peut en
changer la nature ni en dénaturer l'objet, qui eft uniquement d'être deftiné à des étudians dans la Faculté des Arts ou de Théologie, & par conféquent de former un College. Que dans ces circonftances, le Procureur Général du Roi penfe donc qu'il ne
peut y avoir de difficulté à ordonner l'exécution de l'Ordonnance rendue par MM. les
Commiffaires. A CES CAUSES, requiert le Procureur Général du Roi qu'il plaife à la
Cour ordonner que les Lettres Patentes du 21 Novembre dernier, vérifiées en la Cour
le 25 du même mois, l'Arrêt de la Cour qui a homologué la Délibération du Bureau
d'Adminiftration du College de Louis-le-Grand, l'Ordonnance des Commiffaires de la
Cour du 4 de ce mois, feront exécutés felon leur forme & teneur, nonobftant toutes
oppofitions faites ou à faire, tant de la part des Bourfiers du College des Cholets, que
des Chapitres de Beauvais & d'Amiens, & tous autres, & fans y préjudicier; qu'en

II. Partie.   K k k conféquence, lefdits Bourfiers feront tenus de fe rendre au College de Louis-le-Grand les jour & heure qu'il plaira à la Cour indiquer, pour y être inftallés par les Commiffaires nommés par les Arrêts des 6 Août 1762 & 16 Décembre 1763, qui s'y tranfporteront à cet effet, & reçus conformément aux Lettres Patentes du 21 Novembre dernier, & à la Délibération du Bureau d'Adminiftration du 19 Juillet dernier ; ordonner pareillement que le Grand-Maître temporel du College de Louis-le-Grand fera chargé de faire tranfporter dans ledit College tant les effets appartenans au College des Cholets, que ceux des Bourfiers exiftans actuellement dans ledit College ; comme auffi que celui defdits Bourfiers, faifant les fonctions de Procureur, fera tenu de remettre audit Grand-Maître les deniers comptans appartenans audit College & étant entre fes mains ; autorifer ledit Grand-Maître du College de Louis-le-Grand à toucher de tous Fermiers, Locataires & Débiteurs dudit College, tout ce qu'ils peuvent devoir ou devront par la fuite audit College, à quelque titre que ce foit ou puiffe être ; faire défenfes aux Fermiers, Locataires & Débiteurs, de payer à d'autres à peine de nullité des paiemens & de payer deux fois ; ordonner que le préfent Arrêt fera, à la diligence du Procureur Général du Roi, fignifié aux Prieur, Procureur & Bourfiers du College des Cholets, au Grand-Maître temporel du College de Louis-le-Grand, & à tous Fermiers, Locataires & Débiteurs du College des Cholets, & notifié au Bureau d'Adminiftration du College de Louis-le-Grand ; ladite Requête fignée du Procureur Général du Roi : ouï le rapport de Me Jofeph-Marie Terray, Confeiller : tout confidéré :

LA COUR ordonne que les Lettres Patentes du 21 Novembre dernier, vérifiées en la Cour le 25 du même mois, l'Arrêt de la Cour qui a homologué la Délibération du Bureau d'Adminiftration du College de Louis-le-Grand, l'Ordonnance des Commiffaires de la Cour du 4 Août préfent mois, feront exécutés felon leur forme & teneur, nonobftant toutes oppofitions faites ou à faire, tant de la part des Bourfiers du College des Cholets, que des Chapitres de Beauvais & Amiens, & tous autres, & fans y préjudicier ; qu'en conféquence lefdits Bourfiers feront tenus de fe rendre au College de Louis-le-Grand le Mardi 28 du préfent mois d'Août, trois heures de relevée, pour y être inftallés par les Commiffaires nommés par les Arrêts des 6 Août 1762, & 16 Décembre 1763, qui s'y tranfporteront à cet effet, & reçus conformément aux Lettres Patentes du 21 Novembre dernier & à la Délibération du Bureau d'Adminiftration du 19 Juillet dernier ; ordonne pareillement que le Grand-Maître temporel du College de Louis-le-Grand fera chargé de faire tranfporter dans ledit College tant les effets appartenans au College des Cholets, que ceux des Bourfiers exiftans actuellement dans ledit College ; comme auffi que celui des Bourfiers faifant les fonctions de Procureur, fera tenu de remettre audit Grand-Maître les deniers comptans appartenans audit College & étant entre fes mains ; autorife ledit Grand-Maître du College de Louis-le-Grand à toucher de tous Fermiers, Locataires & Débiteurs dudit College tout ce qu'ils peuvent devoir ou devront par la fuite audit College, à quelque titre que ce foit ou puiffe être, fait défenfes auxdits Fermiers, Locataires & Débiteurs de payer à d'autres, à peine de nullité des paiemens, & de payer deux fois. Ordonne que le préfent Arrêt fera, à la diligence du Procureur Général du Roi, fignifié aux Prieur, Procureur & Bourfiers du College des Cholets, au Grand-Maître temporel du College de Louis-le-Grand, à tous Fermiers, Locataires & Débiteurs du College des Cholets, & notifié au Bureau d'Adminiftration du College de Louis-le-Grand. FAIT en Parlement, toutes les Chambres affemblées, le vingt-un Août mil fept cent foixante - quatre. Collationné REGNAULT, *Signé*, DUFRANC.

Du 2 Août 1781.

M. le Principal a dit qu'un des Bourfiers du College des Cholets à la nomination du Bureau, qui terminoit en la préfente année claffique fon cours de Philofophie, l'avoit prévenu dans le courant du Carême dernier qu'il fe propofoit d'étudier en Théologie, mais qu'ayant reconnu que quelques-uns de MM. les Adminiftrateurs doutoient que ce Bourfier eût le droit de refter au College après fa Philofophie, il avoit cru devoir prier le Bureau de décider la difficulté.

Sur quoi la matiere mife en délibération & difcutée,

LE BUREAU, après avoir lu & examiné avec attention la Déclaration du Roi du 3 Septembre 1778, concernant le College de Me Gervais Chrétien; les Lettres Patentes du 14 Février 1779, relatives au College de Dormans-Beauvais; fa Délibération du 4 Juin 1779 (333); l'article IV des Lettres Patentes du 19 Mars 1780 (334), confirmatives de plufieurs Délibérations prifes par le Bureau, enfemble les Statuts du College des Cholets, a unanimement délibéré :

1°. Que d'après les fufdites Lettres Patentes, & notamment celles du 19 Mars 1780, tous les Bourfiers réunis, à l'exception de ceux du College de Beauvais, natif de Dormans, & pour lefquels il y a une exception précife dans lefdites Lettres Patentes du 14 Février 1779, peuvent étudier, foit dans la Faculté des Arts, foit dans telle Faculté Supérieure qu'il leur plaira de choifir; mais qu'ils ne pourront obtenir dans aucune des Facultés Supérieures que le Degré de Licencié, à l'exception des Bourfiers du College des Cholets à la nomination des Chapitres d'Amiens & de Beauvais, conformément à ce qui eft porté par l'article IV ci-après;

(333) Cette Délibération eft ainfi conçue :
« LE BUREAU a unanimement arrêté qu'il croyoit convenable de fupplier le Roi de vouloir
» bien......... étendre, ainfi que Sa Majefté a bien voulu le déclarer dans le préambule des
» Lettres Patentes du 14 Février 1779, à tous les Bourfiers réunis dans le College de Louis-
» le-Grand, les difpofitions de fa Déclaration du 3 Septembre 1778, & defdites Lettres
» Patentes du 14 Février 1779 ».

(334) Cet article eft littéralement conforme à la Délibération du Bureau du 4 Juin 1779, & rend commun à tous les Bourfiers les loix de 1778 & 1779. *Voyez* cet article de la loi de 1780 auquel on a ajouté en *note* les difpofitions des loix de 1778 & 1779, ci-deffus, Ier Partie, Chapitre II, page 111 -- 113.

2°. Que ceux des Bourfiers qui , après avoir étudié dans la Faculté des Arts , voudront étudier dans une des Facultés Supérieures , feront tenus d'en faire leur déclaration à M. le Principal pendant le Carême de leur feconde année de Philofophie, lequel délai n'eft point comminatoire, mais de rigueur ; & qu'en conféquence , faute par les Bourfiers d'avoir fait leur déclaration dans ledit tems , leurs Bourfes feront de droit vacantes après leur Philofophie.

3°. Que les Bourfiers du College des Cholets à la nomination du Bureau peuvent, en fe conformant à l'article précédent, étudier dans celle des trois Facultés fupérieures qu'ils voudront choifir, & y continuer leurs études jufqu'au Doctorat exclufivement ; & qu'en conféquence, le Bourfier de ce College qui finit fon cours de Philofophie , ayant fait fa déclaration à M. le Principal pendant le Carême dernier, peut profiter de la grace que le Roi a accordée à tous les Bourfiers par fes Lettres Patentes de 1780.

4°. Qu'à l'égard des Bourfiers du même College à la nomination des Chapitres d'Amiens & de Beauvais , ils peuvent commencer leurs études par la Faculté des Arts , & les continuer dans celles des Facultés fupérieures qu'ils jugeront à propos ; & ce, jufqu'au Doctorat inclufivement.

5°. Il a été en outre arrêté que M. le Principal remettra chaque année , au premier Bureau après Pâques, la lifte des Bourfiers étant en Philofophie qui lui auront déclaré vouloir étudier dans les Facultés fupérieures , avec le nom de la Faculté dans laquelle ils fe propofent d'étudier ;

Et fera la préfente Délibération inférée dans le chapitre neuvieme de la Seconde Partie du Recueil dont l'impreffion eft ordonnée par Délibération du 28 Mai dernier.

Noms des Fondateurs & Bienfaiteurs du College DES CHOLETS.

1. Le Cardinal *Jean Cholet*, Fondateur du College, 1292.
2. *Jean de Bullys*, Prêtre, Archidiacre de l'Eglife de Rouen, 1295.
3. *Evrard de Noyentelle*, Prêtre & Chanoine de Beauvais, l'un des Exécuteurs teftamentaires du Cardinal Cholet, 1298.
4. *Gerard de Saint Juft*, Prêtre & Chanoine de Beauvais, l'un des Exécuteurs teftamentaires du Cardinal Cholet, 1299.
5. *Jean de Ravenel*, au commencement du *quatorzieme* fiecle.
6. *Jean Quefnel*, au commencement du *quatorzieme* fiecle.
7. Le Cardinal *Jean Lemoine*, chargé par le Pape de la Fondation du College, 1302.
8. *Gerard de Saint Juft*, Prêtre & Chanoine d'Arras, 1305.
9. *Jean Maillard*, vers le milieu du *quatorzieme* fiecle.
10. *Jean Cadel*, Procureur au Parlement, 1378.
11. *Jean Cadel*, Prêtre & Chanoine d'Amiens, 1378.
12. *Jeanne*, femme de *Jean Euftache*, 1386.
13. *Nicolas Jonglet*, Prêtre & Chanoine de Beauvais, 1387.
14. *Raoul Defmarais*, Prêtre & Chanoine de Peronne, 1394.
15. *Pierre de Ruel*, Prêtre, 1398.

16. *Enguerrand de Fresneaux*, dans le *quatorzieme* siecle.

17. *Gerard d'Athies*, Archevêque de Besançon, dans le cours du *quatorzieme* siecle.

18. *Odon de Marolles*, ou de *Mareuil*, dans le *quatorzieme* siecle.

19. *Guillaume Acousteaux*, Prêtre & Chanoine d'Amiens, au commencement du *quinzieme* siecle.

20. *Jacques Lejeune*, au commencement du *quinzieme* siecle.

21. *Jean Petit*, au commencement du *quinzieme* siecle.

22. *Jean de Diodon*, Evêque de Senlis, vers 1400.

23. *Mathieu de Beron*, Prêtre, Chanoine de Chartres & Curé de Villainville, au Diocèse de Rouen, 1401.

24. *Mathieu de Lignieres*, Maître des Comptes, & la Dame *Acelés* son épouse, 1405.

25. *Martin Loutrel*, 1407.

26. *Jean le Sobre*, vers 1410.

27. *Pierre Praoul*, Evêque de Senlis, vers 1410.

28. Le Roi *Charles VI*, 1422.

29. *Jean Caron*, Prêtre & Chanoine de Noyon, 1424.

30. *Jean Fouquerel*, Evêque de Senlis, vers 1425.

31. Le Cardinal *Guy de Boulogne*, vers le milieu du *quinzieme* siecle.

32. *Pierre de Hecquet*, vers le milieu du *quinzieme* siecle.

33. *Jean Balduin*, Prêtre, Doyen de l'Eglise Notre-Dame de Senlis, 1462.

34. *Nicolas Coquerel*, Prêtre & Prevôt de l'Eglise d'Amiens, 1463.

35. *Jean de Courcelles*, Prêtre, Doyen de l'Eglise de Paris, 1485.

36. *Thomas de Courcelles*, Prêtre, Chanoine & Archidiacre de Josas en l'Eglise de Paris, 1485.

37. *Jean d'Angicourt*, Prêtre & Chanoine de Senlis, dans le *quinzieme* siecle.

38. *Pierre Drouart*, dans le *quinzieme* siecle.

39. *Pierre Lejeune*, dans le *quinzieme* siecle.

40. *Nicolas Duchesne*, dans le *quinzieme* siecle.

41. *Etienne de Bourgogne*, dans le *quinzieme* siecle.

42. *Jean le Sieure*, Boursier du College, vers la fin du *quinzieme* siecle.

43. *Jacques Caën*, Prêtre & Chanoine de Noyon, vers la fin du *quinzieme* siecle.

44. *Jean* & *Godefroy le Normand*, freres, vers 1500.

45. *Jean Roger*, Maître Boulanger, & *Robine Michel* sa femme, 1516.

46. *Jean Gaillard*, Prêtre & Curé de Choisy, 1527.

47. *Catherine Laye*, veuve de *Nicolas Boule*, 1532.

48. *Pierre Caron*, Prêtre & Chanoine de Noyon, 1532.

49. *Guillaume Bruflé*, dit *Jumel*, 1535.

50. *Raoul Scellier*, 1535.

51. *Pastour*, Boursier du College, 1536.

52. *Jean de Villepoix*, Prêtre, Chanoine & Pénitencier de l'Eglise de Beauvais, 1539.

53. *Theobald le Bastier*, Prêtre, Chanoine & Chancelier de l'Eglise de Beauvais, 1539.

54. *Nicolas Brachet*, Prêtre, Chanoine des Eglises de Paris & d'Orléans, & Préfident aux Enquêtes du Parlement de Paris, vers 1540.

55. *Innocent Caron*, Prêtre & Chanoine d'Auxerre, 1541.

56. *Nicolas d'Argilliers*, Prêtre, Chanoine & Succenteur de l'Eglise de Beauvais, 1544.

57. *Antoine Lemieurre*, Prêtre habitué de la Paroiffe Saint Paul à Paris, 1545.

58. *Antoine Revelois*, Maître-ès-Arts & Bourfier du College, 1546.

59. *Guillaume Allart*, Prêtre & Chanoine d'Auxerre, 1546.

60. *Antoine Sonnet*, Prêtre & Chanoine d'Auxerre, 1547.

61. *Henry de Bragelles*, Prêtre & Chanoine de Péronne, vers le milieu du *feizieme* fiecle.

62. *Philippe Bonnart*, Prêtre & Chantre de l'Eglife de Senlis, vers le milieu du *fei- zieme* fiecle.

63. *Jean Prothais*, 1550.

64. *Nicolas Pilau*, Bourfier du College, 1550.

65. *Guillaume Proeftrel*, 1551.

66. *Jean Ruffy*, Prêtre & Chanoine de Beauvais, 1553.

67. *Antoine Bailly*, 1554.

68. *Pierre Courchon*, Prêtre & Chanoine de l'Eglife de Paris, 1559.

69. *Antoine Pilau*, Prêtre & Chanoine de Beauvais, 1560.

70. *Jean Mouret*, Prêtre & Chanoine de Noyon, 1566.

71. *Jean Mouret*, Prêtre & Chanoine de Laon, 1566.

72. *Jean Mouret*, Prêtre, Chanoine & Archidiacre d'Amiens, 1566.

73. *Jean Boulanger*, Prêtre & Chanoine d'Amiens, vers 1570.

74. *Jean Prollé*, Bourfier du College, vers 1570.

75. *Gerard Fournier*, Prêtre, Doƈteur en Théologie & Bourfier du College, 1588.

76. *Jacques Obry*, Prêtre & Chanoine de Saint Jean-le-Rond à Paris, 1590.

77. *François Lefevre*, Prêtre & Curé de Groflay, dans le *feizieme* fiecle.

78. *Garnier Guerond*, Prêtre, Archidiacre de Jofas en l'Eglife de Paris, *idem.*

79. *Jean Goiflard*, Prêtre, Doƈteur en Théologie, *idem.*

80. *Jean Lommel*, Prêtre & Chanoine de Noyon, *idem.*

81. *Pierre de Encra*, Prêtre & Doyen de l'Eglife d'Arras, *idem.*

82. *Antoine Pelin*, Prêtre, Principal du College de Sainte-Barbe, *idem.*

83. *Gauthier de Arrenes*, *idem.*

84. *Jean le Begue*, Prêtre, Chanoine de Beauvais & Grand-Maître du College, *idem.*

85. *Jacques Caurieu*, Procureur au Châtelet, & fa femme, *idem.*

86. *Louis Godebert*, Prêtre, Chanoine & Pénitencier de l'Eglife de Paris, 1607.

87. *Louis Bail*, Prêtre, Doƈteur de Sorbonne, Sous-Pénitencier de l'Eglife de Paris, 1607.

88. *Jacques de Villers*, 1610.

89. *Simon Masnier*, Prêtre & Curé de Palaiseau, 1620.

90. *Mathieu Folliette*, Boursier du College, vers 1620.

91. *Pierre Vassagle*, Prêtre, Sous-Pénitencier de l'Eglise de Paris, 1627.

92. *Benoît Baudouin*, Prêtre & Prevôt de l'Hôpital d'Amiens, en 1632.

93. *Noël Neveu*, Prêtre & Curé de Saint Leger, 1636.

94. *Jacques Maleude*, 1646.

95. *Charles Bucquet*, 1658.

96. *François du Monstier*, Prêtre & Principal du College des Grassins, 1659.

97. *Claude Hoyer*, Prêtre habitué de l'Eglise Paroissiale de Saint Severin, vers 1670.

98. *Honoré de Floyon* & *Françoise Dupuis* sa femme, 1688.

99. *François Dubois*, Grand Boursier du College, 1693.

100. *Robert Louchart* & *Marie* sa femme, dans le *dix-septieme siecle*.

101. *Jacques le Sueur*, Prêtre, Sous-Pénitencier de l'Eglise de Paris, 1712.

CHAPITRE X.

COLLEGE DE CORNOUAILLES (335).

On obfervera relativement à ce College :

1°. Que lors de la réunion, fes revenus n'étoient que de *quatre mille fept cens vingt-une livre ;* qu'ils font actuellement de *cinq mille fix-cens foixante-quinze livres ;* que fes charges, y compris la *penfion de huit cens livres* de fon ancien Principal, & le montant de fes *réparations* fixé à *fix cent livres* par la Délibération du 3 Mai 1781, font de *cinq mille cent foixante-fix livres ;* qu'ainfi l'*excédent* de fes revenus fur fes charges eft de *cinq cens neuf livres ;* qu'enfin il avoit en caiffe au premier Octobre 1780 la fomme de *deux mille quarante-neuf livres.*

2°. Que fes dettes montoient, en 1763, à *vingt-neuf mille trois cens foixante-deux livres,* & qu'elles font toutes payées.

3°. Qu'il n'y avoit alors que *trois* Bourfiers qui n'avoient même que *cinquante livres* chacun pour leurs Bourfes ; & qu'il y en a actuellement *fix* à *quatre cens cinquante livres.*

4°. Que de fes Bourfiers, *un* doit être de la famille du fieur *Fontaine ;* & s'il ne fe trouve pas de parens du fieur Fontaine, il doit être pris de la *ville de Quimper ;* mais tous les autres Bourfiers peuvent être choifis dans tout le *Diocèfe de Quimper :* au furplus, ils font *tous* à la *nomination* de M. l'Archevêque de Paris.

(335) *Troifieme département.*

Du

Du Samedi 28 Juillet 1764.

Sur le compte rendu par MM. les Adminiſtrateurs particuliérement chargés du College de Cornouailles, de tout ce qui concerne ledit College, duquel compte il réſulte que le College de Cornouailles a été fondé en 1317 par Galeran Nicolay de la Greve, qui légua le tiers de ſes biens à cinq pauvres Ecoliers du Diocèſe de Quimper, étudians dans l'Univerſité de Paris; qu'en 1378, Jean de Guiſtry fit une ſeconde fondation, & donna pour cinq autres Bourſiers du même Diocèſe mille livres d'or, avec la dîme de Rienville, près de Dreux; qu'en 1453, Hyves de Ponton donna huit livres un ſol pariſis de rente, & en outre, la ſomme de 14 livres 10 ſols pariſis pour deux Bourſes qui n'ont point eu lieu; qu'en 1516, François Vigoureux donna 80 livres tournois pour quatre obits; & en 1528, Guillaume de Liziard douze écus d'or pour un cinquieme obit; qu'en 1709, le ſieur Vallot fonda une onzieme Bourſe, moyennant la ſomme de 3000 livres, actuellement repréſentée par celle de 60 livres de rente ſur les Etats de Bretagne; que les dix premieres Bourſes ſont à la nomination de M. l'Archevêque de Paris, Supérieur-Majeur, & donnent droit de logement dans ledit College; au lieu que la onzieme du ſieur Vallot ne donne point ce droit, & eſt à la nomination du Principal & de la Communauté; que le College eſt actuellement compoſé d'un Principal qui fait les fonctions de Procureur & de Chapelain, & de deux Bourſiers d'ancienne fondation; . . . . . .

Sur quoi le Bureau délibérant a arrêté. . . .

2°. Qu'il ſera accordé au Principal une penſion annuelle de 800 livres, qui courra à compter du premier Octobre prochain, à la charge par lui de quitter ſon logement & dépendances audit tems, pour être le tout loué au profit du College de Cornouailles....

5°. Qu'attendu l'inſuffiſance de la ſomme de 60 livres pour la Bourſe du ſieur Vallot, elle demeurera ſuſpendue, quant à préſent, & que ledit revenu ſera mis en caiſſe pour être placé au profit de ladite fondation; & ce, auſſi-tôt que les arrérages accumulés monteront à la ſomme de 600 livres, & en être par la ſuite formé une Bourſe à la nomination du Bureau d'Adminiſtration (336)....

(336) Cet article a été changé par les Délibérations des 1er Décembre 1768 & 2 Septembre 1779, dont la teneur enſuit:

Du 2 Décembre 1768.

MM. les Adminiſtrateurs particuliérement chargés du College de Cornouailles, ont dit qu'en examinant l'état du College, ils avoient cru qu'il y avoit lieu de propoſer à Meſſieurs de ſtatuer ſur ce qui concerne le Bourſier Vallot, fondé dans le College de Cornouailles; que les fonds de cette Bourſe ſont de 3000 livres de principal, qui, placées au denier 50 ſur les Etats de Bretagne, produiſent ſeulement 60 livres de revenu; que cette Bourſe étoit affectée à un Etudiant de la ville de Quimper, & par préférence de la famille du ſieur Fontaine; que ſon produit devoit être touché par le Bourſier lui-même, & qu'il étoit à la nomination du Principal & Officiers du College de Cornouailles; qu'en conſéquence, dès le moment de la réunion,

II. Partie. LII

12°. Que le revenu annuel qui reſtera libre. . . . . . après les dettes payées. . . . . .

on a penſé que la nomination en étoit dévolue au Bureau, ce qui a été confirmé par l'article XV du titre II du Réglement du 20 Août 1767 ; que ce ſont ces motifs & l'inſuffiſance du revénu de cette fondation pour fournir à une Bourſe, qui ont décidé le Bureau, lors de la réunion, d'arrêter par l'article V de la Délibération du 28 Juillet 1764, que ſon produit ſeroit tous les ans mis en réſerve pour être placé au profit de la fondation juſqu'à ce qu'il y eût de quoi fonder une Bourſe entiere ; mais que cet arrangement économique a été changé par l'article III du titre II du Réglement du 20 Août 1767, qui ordonne qu'il ſera, dans l'année de l'enre-giſtrement dudit Réglement, procédé à la réunion des Bourſes dont le revenu ne pourra fournir la ſomme fixée pour une Bourſe entiere, ſi mieux n'aiment les nominateurs completter ladite Bourſe ; que le Bureau pourroit aiſément completter cette Bourſe Vallot, dont le produit peut être augmenté par le rembourſement du capital ; mais que les Bourſes du College de Cornouailles étant toutes fondées pour le Diocèſe de Quimper, & étant à la nomination de M. l'Archevêque, ils avoient cru convenable de propoſer à MM. de réunir le produit de cette Bourſe au College de Cornouailles, dont elle augmenteroit le revenu, & d'arrêter que le contrat ſur les Etats de Bretagne de 60 liv. au principal de 3000 livres, qui eſt le ſeul fonds de cette fondation, ſera réputé être des biens du College de Cornouailles, & en conſéquence régi & adminiſtré comme les autres biens dudit College, & que les arrérages, enſemble le principal, s'il y a lieu, en ſeront reçus par le Grand-Maître temporel, pour être replacés ainſi qu'il ſera délibéré par le Bureau ; mais qu'ils penſoient qu'il étoit juſte de conſerver le droit particulier du ſieur Fontaine.

Sur quoi la matiere miſe en Délibération.

Le Bureau a unanimement arrêté, que ſe déſiſtant, ſous le bon plaiſir de la Cour, de ſa Délibération du 28 Juillet 1764, les fonds de la Bourſe Vallot ſeront unis & incorporés avec ceux du College de Cornouailles, pour être régis & adminiſtrés dans la même forme & de la même maniere ; que les revenus & le principal, quand il y aura lieu, ſeront touchés par le Grand-Maître temporel du College de Louis-le-Grand & Colleges y réunis, pour le revenu en être verſé dans la caiſſe du College de Cornouailles, & le principal être placé ainſi qu'il ſera or-donné par le Bureau, à la charge cependant que le premier Bourſier qui ſera rétabli, lorſque les revenus du College le permettront, ſera affecté, par préférence, à la ville de Quimper, & aux enfans de la famille du ſieur Fontaine.

2 Septembre 1779.

Vu par le Bureau la Délibération du premier Décembre 1768, portant déſiſtement de la réſerve faite relativement à la Bourſe Vallot, par la Délibération de réunion du 28 Juillet 1764, ladite Dé-libération portant, entr'autre choſe, que le premier Bourſier qui ſera rétabli dans le College de Cornouailles ſeroit natif de la ville de Quimper, & par préférence de la famille du ſieur Fontaine, ladite Délibération homologuée par Arrêt du 13 dudit mois de Décembre 1768, ſignifiée à M. l'Ar-chevêque de Paris, le 22 du même mois ; que cependant la clauſe de cette délibération, qui affecte la premiere Bourſe qui ſera créée à la ville de Quimper, & par préférence à la famille du ſieur Fontaine, a échappé, tant au Bureau intermédiaire, qu'au Bureau lors des créations des 12 Octobre 1775 & 4 Décembre 1777, pour à quoi remédier.

Le Bureau a unanimement arrêté, que la premiere Bourſe qui ſe trouvera vacante dans

fervira à établir de nouvelles Bourfes, ainfi qu'il fera délibéré par la fuite (337)....

13°. Que le mobilier du College de Cornouailles, eftimé par gens à ce connoiffans à la fomme de 295 livres, appartiendra au College de Louis-le-Grand, à la charge par ledit College de payer ladite fomme à celui de Cornouailles.

Nota. Cette Délibération a été homologuée par Arrêt du 7 Août 1764, dépofé aux archives en vertu de la Délibération du 9 defdits mois & an.

Noms des Fondateurs & Bienfaiteurs du College DE CORNOUAILLES.

1. *Galeran Nicolay*, dit *de la Greve*, Clerc du Diocèfe de Cornouailles, premier Fondateur du College, 1317.

2. *Jean de Gueftry*, Prêtre, Chanoine des Eglifes de Paris, de Nantes & de Cornouailles, fecond Fondateur du College, 1380.

3. *Germain Paillart* & fa femme, 1446.

4. *Jean Afpery*, Prêtre, Docteur-Régent en Théologie & Principal du College, 1497.

5. *Pierre Petry*, Prêtre, Sous-Pénitencier de l'Eglife de Paris & Principal du College, 1513.

6. *François Levigoureux*, Prêtre & Chanoine de Cornouailles, 1516.

7. *Guillaume de Lifiart*, Chevalier de Saint Jean de Jerufalem, Seigneur de Trohams, 1528.

8. *Jean Carreft*, Prêtre, Curé de Roiffy en Brie, Chapelain de l'Eglife Saint Merry & Procureur de la Communauté d'Albuffon, 1615.

9. *Ferdinand Vallot*, Prêtre, Abbé Commendataire des Abbayes d'Epernay & de Gaillac, & Chanoine de l'Eglife de Paris, Fondateur d'une Bourfe, 1709.

10. *Jofeph Lemeur*, Prêtre, Docteur de Sorbonne & Chanoine de l'Eglife Saint Honoré de Paris, 1725.

---

le College de Cornouailles, foit par une nouvelle création, foit par la vacance d'une des fix Bourfes actuellement exiftante, fera affectée à la ville de Quimper, & par préférence à la famille du fieur Fontaine, & que la préfente Délibération fera infcrite, tant fur le compte arrêté le 12 Avril 1779, que fur celui de la préfente année claffique courante, & qu'en outre, à l'article des charges, il fera, chaque année, fait mention, dans les comptes, de la préfente Délibération.

(337) C'eft ce qui a été fait par les Délibérations des 12 Octobre 1775 & 4 Décembre 1777, qui ont chacune rétabli deux Bourfes.

CHAPITRE XI.

COLLEGE DE DAINVILLE (338).

CE College, dont le chef lieu eft fitué dans l'encoignure des rues de la Harpe & des Cordeliers, n'a aucuns biens fonds que des maifons : aux détails contenus dans les Délibérations ci-après, on ajoutera :

1°. Que lors de la réunion, fes revenus étoient de *onze mille fept cens quarante-deux livres* ; & qu'ils font actuellement de *dix-huit mille cinquante livres ;* que fes charges mêmes, en y comprenant *treize cens cinquante livres* de *penfion* viagere pour fes anciens Officiers, & le montant de fes *réparations* fixé à *deux mille livres* par la Délibération du 3 Mai 1781, ne font que de *treize mille cent foixante-fept livres ;* qu'ainfi *l'excédent* de fes revenus eft de *quatre mille huit cens quatre-vingt-trois livres ;* qu'enfin, au premier Octobre 1780, il avoit en caiffe *dix-neuf mille cent quatre livres,* fur lefquelles, par Délibération du 5 Avril 1781, il a été placé *dix mille livres.*

2°. Que fes dettes, en 1763, n'étoient que de *quatre cens quatre-vingt-quatre livres,* qui ont été payées.

3°. Que fes Bourfiers étoient, en 1763, au nombre de *douze,* & qu'il n'en a été ajouté que *quatre* (ce qui fait *feize* en tout); qu'il n'en a pas été créé un plus grand nombre, par les motifs expliqués dans la Délibération du 18 Décembre 1777, ci-après en note.

4°. Que fes Bourfiers doivent être *moitié* du *Diocèfe d'Arras,* & *moitié* du *Diocèfe de Noyon,* & font à la *nomination* des *Chapitre des Cathédrales de ces deux Villes.*

(338) *Troifieme département.*

Du 30 Août 1764.

MESSIEURS les Adminiſtrateurs particuliérement chargés du Collège de Dainville rendant compte de tout ce qui concerne ce College , ont dit que le Collège de Dainville doit ſon exiſtence à Michel de Dainville , Archidiacre d'Oſtravan dans le Diocèſe d'Arras ; il avoit été nommé Exécuteur teſtamentaire par Gerard & Jean de Dainville ſes freres ; & l'acte de fondation, qui eſt du 19 Avril 1380 , contient que c'eſt tant en ſon nom qu'au nom de ſes freres qu'il fonde le College auquel il a donné ſon nom. Ce College eſt établi pour douze perſonnes, dix Etudians, un Principal & un Procureur, moitié du Diocèſe d'Arras, moitié du Diocèſe de Noyon ; les Chapitres d'Arras & de Noyon nomment aux Bourſes, chacun pour leur Diocèſe, mais lorſqu'ils entendent & arrêtent les comptes du Procureur par leurs Députés, ils ſont obligés d'appeller le Grand Pénitencier de l'Egliſe de Paris & le Principal du College..... Me Targny , ancien Bourſier, fonda (en 1733) deux Bourſes audit College de même nature que les premieres, & aux mêmes nominations ; & pour cela , il donna un contrat de 24000 livres produiſant 600 livres ; il déclare que ſon intention eſt que ces deux Bourſiers ne puiſſent jamais nuire à la fondation originaire.....

Il eſt bon d'obſerver que le bien du College conſiſte en quatorze maiſons, dont pluſieurs ſont caduques , & que l'Architecte a même obſervé que les trois qui forment l'encoignure de la rue de la Harpe méritent une attention particuliere, & que la premiere groſſe réparation qu'il y aura à faire à l'une, ou à l'autre emportera vraiſemblablement la chûte des trois.....

Sur quoi vu l'acte de fondation originaire contenant les Statuts, l'avis de l'Architecte ſur l'état des bâtimens & maiſons appartenans au College ,

LE BUREAU délibérant a arrêté....

12°. Que la Délibération du Bureau du 5 Juillet dernier, homologuée par Arrêt du 16 dudit mois de Juillet dernier, ſera exécutée ; & en conſéquence, que le Principal jouira ſa vie d'une penſion de 700 livres ; & le Procureur d'une de 650 livres (339).

(339) La Délibération du 5 Juillet 1764 eſt conçue en ces termes.

» Au Bureau aſſemblé eſt comparu Mr Charles-Louis-François Frémont, Prêtre, Bachelier » en Théologie, & Principal du College de Dainville , & Me Antoine-François-Joſeph- » Xavier Lagneau, Prêtre, Procureur dudit College, leſquels ont propoſé à MM. les Admi- » niſtrateurs du Bureau, de leur accorder ; ſçavoir, audit ſieur Principal ſept cens livres , & » audit ſieur Procureur ſix cens cinquante livres de penſion (leur vie durant) portable par-tout ; » mais cependant payable à Paris, à compter du premier Octobre prochain, à la charge & » condition qu'ils conſerveront leſdites penſions quelques Bénéfices & places qu'ils obtinſſent » par la ſuite, & ce pour leur tenir lieu de leurſdites places, dont au moyen de cet arran- » gement ils conſentent la ſuppreſſion, & ont ſignés.

» Eux retirés, le Bureau conſidérant que par cet arrangement le College de Dainville ga- » gnera dès-à-préſent au profit de ſes Bourſiers à peu près pareille ſomme de 1350 livres

13°. Que les revenus dudit College venant à augmenter par la ceſſation des penſions du Principal & Procureur, ou autrement, il ſera établi de nouvelles Bourſes, conformément à ce qui ſera délibéré par le Bureau, leſquelles Bourſes néanmoins ne pourront être établies que deux à la fois, une pour chaque Diocèſe (340).

14°. Que toutes les Bourſes dudit College de Dainville continueront d'être à la nomination des Collateurs choiſis par les titres de la fondation....

17°. Que le mobilier dudit College (341), eſtimé par gens à ce connoiſſans à la ſomme

» par an, montant deſdites deux penſions préſentement demandées, a accepté les offres ci-
» ci-deſſus.

(340) C'eſt ce qui a été fait par les Délibérations des 18 Décembre 1777 & 5 Avril 1781, qui établiſſent chacune deux nouvelles Bourſes; comme la Délibération du 18 Décembre 1777, détaille les raiſons qui ont déterminé le Bureau à n'en point créer davantage, on croit devoir l'inſérer ici en note.

Elle eſt conçue en ces termes:

» MM. les Adminiſtrateurs particuliérement chargés du College de Dainville ont dit: Que
» ce College jouit de 17185 livres de revenu & n'a que 8321 livres 7 ſols 4 deniers de charge,
» en y comprenant même la penſion de 700 livres, accordée à l'ancien Principal, & celle
» de 650 livres accordée à l'ancien Procureur, mais non compris les réparations des maiſons;
» de ſorte que ſes revenus excédent ſes charges de 8863 liv. 12 ſols 8 den. (*); que ce College a
» actuellement en caiſſe environ 5000 livres, ainſi qu'il réſulte de l'état qui a été dreſſé de la
» ſituation de ce College, (& dont il a été fait lecture); que dans cette poſition ils propo-
» ſeroient d'augmenter conſidérablement le nombre des Bourſiers, quoique les douze pour leſ-
» quels ce College a été originairement fondé ſoit actuellement exiſtans; ſi le mauvais état
» de la plus grande partie de ſes bâtimens ne néceſſitoit à faire des épargnes, & à exécuter à
» la rigueur pour ce College le Réglement de 1767, qui ordonne que chaque College ait une
» année de ſon revenu en avance, que cependant, pour faire profiter les ſujets qui ont droit
» à ces Bourſes, du bénéfice à la réunion, & attendu que depuis cette époque il n'a été fait
» aucune augmentation de Bourſes dans ce College, ils propoſeront au Bureau de créer ac-
» tuellement deux Bourſes pour être remplies au premier Octobre prochain.
» Sur quoi la matiere miſe en Délibération.

» LE BUREAU a unanimement arrêté, qu'il ſera établi dans le College de Dainville deux
» Bourſes pour le premier Octobre 1778, l'une affectée au Diocèſe d'Arras, & l'autre à celui
» de Noyon.

(341) Ce College fourniſſoit des lits à ces Bourſiers; c'eſt le ſeul & celui des Dix-Huit qui fiſſent cette dépenſe. Actuellement les Bourſiers de tous les Colleges ont le même avantage; mais ce ne ſont pas les différens Colleges qui fourniſſent ces lits: c'eſt le ſeul College de Louis-le-Grand qui en fait les frais pour tous les Bourſiers réunis. *Voyez* ci-deſſus premiere partie, chapitre 7, page 233, l'article 6 du Réglement pour *l'admiſſion* des Bourſiers.

(*) La différence du montant du revenu, & des charges (en 1777) mentionné dans cette Délibération d'avec celui énoncé ci-deſſus (page 456) (en 1781) provient: 1°. des ſommes qui ont été placées dans l'intervalle: 2°. de la création qui a été faite de deux Bourſiers, par Délibération du 5 Avril 1781; 3°. de l'augmentation de 50 livres par Bourſe ordonnée par les Lettres Patentes du 19 Mai 1780. Enfin 4°. des réparations eſtimées à 2000 livres par la Délibération du 3 Mai 1781.

de 1500 livres, fera & appartiendra au College de Louis-le-Grand, à la charge de tenir compte audit College de Dainville de 1500 livres.

Nota. Cette Délibération a été homologuée par Arrêt du 7 Septembre 1764, dépofé aux archives en vertu d'autre Délibération du 12 defdits mois & an.

Noms des Fondateurs & Bienfaiteurs du College DE DAINVILLE.

1. *Gerard de Dainville*, Evêque d'Arras & fucceffivement de Boulogne-fur-mer & de Cambrai, l'un des Fondateurs du College, 1380.
2. *Jean de Dainville*, Ecuyer, Maître des Requêtes fous les Rois Jean & Charles V, autre Fondateur du College, 1380.
3. *Michel de Dainville*, Prêtre, Archidiacre d'Oftravan dans l'Eglife d'Arras, troifieme Fondateur du College, & celui qui a effectué la fondation, 1380.
4. *Nicolas Ledifeur*, Prêtre, Archidiacre de Noyon, 1399.
5. *Gerard d'Athies*, Archevêque de Befançon, 1404.
6. *Jean Canart*, Evêque d'Arras, 1408.
7. *Gilles de Drouin*, Prêtre & Chanoine de Noyon, 1415.
8. *Furfy de Bruillé*, Prêtre, Prevôt de l'Eglife d'Arras & Archidiacre de celle de Noyon, 1446.
9. *Pierre de Gercy*, Prêtre & Principal du College, 1490.
10. *Jean de Mafencourt*, Prêtre & Chanoine de Laon, 1492.
11. *Mathieu Duhamel*, Prêtre & Chanoine de Noyon, 1529.
12. *Pierre Charlet*, Prêtre & Chanoine de Noyon, 1546.
13. *Jean Quentin*, Prêtre & Chanoine de Noyon, 1547.
14. *Jean Lecaron*, Prêtre & Chanoine de Noyon, 1547.
15. *Grégoire Piot*, Prêtre & Curé de Saint Laurent des Champs, 1587.
16. *Jean Henne*, Prêtre & Chanoine de Noyon, 1587.
17. *Claude Obry*, Prêtre & Chanoine de Noyon, 1592.
18. *Charles de Villiers*, Prêtre & Principal du College, 1619.
19. *Antoine Parmentier*, Prêtre & Chanoine de Noyon, 1635.
20. *Gilbert Trefny*, Prêtre & Procureur du College, 1652.
21. *Jacques de l'Efcot*, Evêque de Chartres, 1656.
22. *Jacques de Mailly*, Prêtre & Procureur du College, 1686.
23. *Martin Grandin*, Prêtre & Principal du College, 1692.
24. *Louis de Targny*, Prêtre, Abbé Commendataire de l'Abbaye de Saint-Lo, au Diocèfe de Coutances, Sous-Bibliothécaire du Roi, Fondateur de deux Bourfes, 1734.

CHAPITRE XII.

COLLEGE DE NOTRE-DAME, dit DES DIX-HUIT (342).

CE College, le feul dont les Bourfes foient encore en moindre nombre qu'elles n'étoient lors de la réunion, avoit alors des dettes, qui ont été augmentées par des reconftructions; de plus, fes Bourfiers ne recevoient que 200 livres, ce qui faifoit pour les douze 2400 livres, au lieu que les huit qui y ont été confervés, coûtent chacun 450 livres, ce qui fait pour les huit la fomme de 3600 livres, non compris un furnuméraire, qui y a été admis plufieurs fois, & à l'occafion duquel il a été délibéré le 15 Juin 1780, *qu'il ne feroit plus à l'avenir, fous aucuns prétextes, admis de Bourfiers furnuméraires.*

Au furplus, pour réunir fur ce College, les mêmes détails que fur les autres, on obfervera,

1°. Qu'au moment de la réunion, fes revenus étoient de *cinq mille fix cens trenteneuf livres*, & qu'ils font actuellement de *fept mille deux cens trente-deux livres*, que fes charges, y compris *les penfions* de fes anciens Officiers, qui font de *fix cens livres* (343), & le montant de fes réparations fixé à *fix cens livres*, par la Délibération du 3 Mai 1781, font de *fix mille cinquante livres*; qu'ainfi *l'excédent* de fes revenus fur fes charges, eft de *onze cens quatre-vingt-deux livres*, & qu'il n'avoit en caiffe au premier Octobre 1780 que la fomme de *deux cens foixante-fix livres*.

2°. Que fes dettes, montantes à *trois mille cent quarante-une livres*, ont été payées, ainfi que la reconftruction d'une maifon, fife au Fauxbourg Saint-Jacques; dépenfe qui a coûté en 1767 environ *vingt-cinq mille livres*.

3°. Qu'il exiftoit alors *douze* Bourfiers, & qu'il n'en a été confervé que *huit*.

4°. Que fes *Bourfes* font *libres*, ne font affectées à aucuns diocèfes, & font à la nomination de M. *le Doyen de l'Eglife de Paris*.

---

(342) *Quatrieme département.*

(343) L'ancien Principal (Chanoine de l'Eglife de Paris) qui jouiffoit d'une penfion de *quatre cens cinquante livres*, a confenti (par acte fous fignature privée du premier Octobre 1781) à s'en défifter, pourvu qu'il fût *établi* avec ce revenu *un Bourfier* à fa préfentation; cet *arrangement* a été *accepté* par M. *le Doyen*, qui a donné le même jour fon confentement. Leur *accord* a été *approuvé* par *délibération du Bureau* du 4 Octobre 1781, à la charge que l'Ecolier y défigné venant à ceffer d'être Bourfier, il y fera de nouveau délibéré; cette délibération ordonne de plus le dépôt aux Archives, & la tranfcription fur les regiftres de l'accord fait entre M. le Doyen & l'ancien Principal.

Du

Du 2 Octobre 1764.

MESSIEURS les Administrateurs, spécialement chargés de ce qui concerne le College des Dix-Huit, ont dit que l'origine de ce College est des plus ancienne; qu'il ne se trouve aucun titre de son premier établissement, mais qu'un acte passé en 1180 apprend qu'un certain nombre de pauvres Clercs étudians avoient depuis long-tems trouvé une retraite dans l'Hôtel-Dieu, *ex antiquâ consuetudine hospitabantur*, & qu'ils gardoient pendant la nuit les corps des fideles décédés dans cet hôpital, auprès desquels ils recitoient des prieres. Josse de Londres, *Jocius de Londoniis*, (qu'on suppose avoir été Chanoine de l'Eglise de Paris), à son retour de la terre Sainte, donna par cet acte à l'Hôtel-Dieu la somme de 52 livres pour l'habitation de ces étudians, & stipula que le Procureur de cette Maison seroit tenu, à perpétuité, de fournir à dix-huit pauvres écoliers les lits qui leur seroient nécessaires, & de leur payer chaque mois douze pieces d'argent *nummos*, qui seroient prises des deniers d'une Confrairie, pour lors établie à l'Hôtel-Dieu, & dont il ne reste aucune connoissance. L'acte dont il s'agit fut ratifié par l'Eglise de Paris, & par Hilduin, Chancelier de l'Université dans ladite Eglise, & en même-tems Procureur de l'Hôtel-Dieu; qu'il est à présumer que ces dix-huit écoliers habiterent d'abord dans l'enceinte de l'Hôtel-Dieu, qui dans la suite leur céda une maison, sise sur le Parvis Notre-Dame, près l'Eglise de Saint-Christophe; qu'il reprit cette maison en 1529, & donna en contre-échange une autre maison assez vaste, sise rue des Cordiers, entre le College de Cluny & le College de Calvy; que cet échange fut ratifié par le Chapitre de l'Eglise de Paris, le 30 Avril de la même année; que le College acquit en même-tems une maison contigue pour agrandir son enceinte, où il subsista jusqu'en 1641; mais que le 7 Juin de cette année, le Cardinal de Richelieu voulant faire enclaver l'emplacement de ce College dans celui de la Sorbonne, obtint un Arrêt du Conseil, qui lui permettoit d'en faire l'acquisition; & que par un autre Arrêt du Conseil du 14 Mai 1642, la valeur des terreins & bâtimens fut fixée à 40000 livres; que dans la suite le College se pourvut en la Cour contre cette estimation; & qu'enfin, le 30 Juin 1670, il y obtint un Arrêt, qui condamna les héritiers du Cardinal de Richelieu à lui payer une somme de 16000 livres pour la plus value de ces terreins & bâtimens; que les fonds provenans de cette vente ont servi à acquérir presque tous les biens dont le College jouit maintenant, puisqu'avant cette époque tous ses revenus ne montoient qu'à 242 livres 14 sols 4 deniers en différentes parties, dont il ne reste que 76 livres 3 sols; trois parties de rentes ayant été rachetées, & une partie de 150 livres sur l'ancien Clergé, étant réduite à 45 livres 3 sols.

Que l'Etat du College, avant 1541, est peu connu; qu'on voit seulement que le Chapitre de Notre-Dame en étoit supérieur, ainsi que de l'Hôtel-Dieu, où le College étoit établi; qu'il devoit être composé de dix-huit pauvres écoliers, auxquels le Procureur de l'Hôtel-Dieu étoit tenu de payer douze écus par mois pour les dix-huit Boursiers, & à chacun desquels il devoit fournir un lit; que des Statuts donnés par le Chapitre en 1541, & de ceux donnés en 1625 par Dominique Seguyer, Doyen dudit Chapitre, ainsi que des différens comptes du College qui ont été remis, il résulte,

II. Partie. M m m

1°. Que le Chapitre de l'Eglife de Paris a toujours confervé la fupériorité fur le Collège, mais que depuis plus de deux fiecles cette fupériorité eft exercée uniquement par le Doyen dudit Chapitre, lequel nomme aux Bourfes & Offices, reçoit les comptes, réforme même les Statuts, & en donne de nouveau, fi befoin eft.

2°. Que jufqu'en 1721 le College n'a eu qu'un feul Officier, fous le nom de Principal ou de Procureur.

Lors de la tranflation du College en 1529, & dans les Statuts de 1541, il n'eft parlé que d'un Procureur ; depuis 1642 les Bourfiers ayant été difperfés, l'Office de Principal eft devenu prefqu'inutile & fans fonction, & a été rempli par un Chanoine de l'Eglife de Paris, qui étoit en même-tems Procureur. En 1721, Mᵉ Antoine Chevalier crut devoir divifer les fonctions qu'il exerçoit depuis 1705 ; il fe réferva la qualité de Principal, & abandonna au fieur Antoine Corel, Chapelain de Paris, avec la geftion & la qualité de Procureur, une gratification de 100 livres qu'il étoit dans l'ufage de recevoir ; ce n'eft que depuis cette époque que l'on trouve un Procureur diftingué du Principal.

3°. Que fuivant les Statuts de 1541, les Bourfiers doivent être de condition libre, nés en légitime mariage, de bonne vie & mœurs, & *capables de réuffir dans les études.....*

Que fouvent la valeur des Bourfes a varié. Dans l'origine, elle confiftoit dans le logement, la fourniture d'un lit & douze écus par mois à diftribuer entre les dix-huit Bourfiers, c'eft-à-dire les deux tiers d'un écu pour chacun. Lorfque le College fut transféré dans la rue des Cordiers, il paroît qu'on ne fourniffoit aux Bourfiers que le logement, les meubles de la falle ou réfectoire, le boire, & les uftenfiles de cuifine, avec quelques légeres diftributions pour affiftance aux Offices. Lorfque le Cardinal de Richelieu eut fait l'acquifition du College, & que les Bourfiers cefferent d'être logés, ils commencerent à percevoir des appointemens en argent. En 1651, chaque Bourfe étoit de 90 l. par an, & on retenoit à chaque Bourfier 16 livres pour trente-deux Meffes qu'ils étoient chargés de faire acquitter. En 1709, on fupprima cette retenue, & la Bourfe fut portée à 100 livres. En 1732, elle fut augmentée à 120 livres. En 1735, à 144 livres. En 1737, à 156 livres ; & enfin, en 1740, à 200 livres, à laquelle fomme elle eft demeurée fixée jufqu'à préfent. Que les honoraires du Principal, depuis que les Bourfes ont été payées en argent, ont été d'une double Bourfe, à laquelle on a ajouté 100 livres pour un logement qui lui avoit été réfervé dans la maifon du Fauxbourg Saint-Jacques ; que ceux du Procureur, depuis que cette place a été démembrée de la principalité, ont été d'abord de 100 livres, & font aujourd'hui de 200 livres.....

Que les Bourfiers n'ayant pas d'habitation commune, le College n'a aucuns meubles, ornemens, uftenfiles.... Sur cet expofé, le Bureau délibérant a arrêté:....

4°. Que la penfion du Principal demeurera fixée à 450 livres, & celle du Procureur à 150 livres par an, payable de quartier en quartier, & fans retenue.

5°. Que les douze Bourfiers du College des Dix-Huit, actuellement exiftans, feront admis dans le College de Louis-le-Grand, & que la Bourfe de chacun d'eux fera fixée, quant à préfent, à la fomme de 200 livres ; mais que les quatre premieres Bourfes qui viendront à vacquer, refteront fufpendues jufqu'à l'acquittement des charges, (pour les réparations confidérables à faire à une maifon rue Saint-Jacques), après lequel les huit Bourfes confervées feront d'abord portées à la fomme qui fera fixée par le Bureau pour la nourriture de tous les Bourfiers étant au College de Louis-le-Grand, & enfuite les Bourfes fufpendues feront rétablies par Délibération du Bureau, à mefure que les facultés du College le pourront permettre (344).

Nota. Cette Délibération a été homologuée par Arrêt de la Cour du 11 Décembre 1764, dépofé aux Archives, en vertu d'autre Délibération du 20, même mois & an.

Noms des Fondateurs & Bienfaiteurs du College de NOTRE-DAME, dit des DIX-HUIT.

1. *Joffe de Londres,* Prêtre, Chanoine de l'Eglife de Paris, fondateur du College, 1180.

2. *Guillaume,* Chancelier de l'Eglife de Paris, avant 1300.

3. *Mᵉ Julien,* 1301.

4. *Mathieu Lefevre,* Prêtre & Bourfier du College, 1505.

5. *Jean Defchamps,* 1525.

6. *Pierre Bonnet,* Prêtre, 1527.

7. *Jacques Lapie,* Prêtre & Principal du College, 1543.

8. *Guillaume Ribou,* Prêtre & Principal du College, 1546.

9. *Claude Gontard,* Prêtre, Chapelain de l'Eglife de Paris, & Bourfier du College, 1569.

10. *Euftache Chollet,* Prêtre & Bourfier du College, 1570.

11. *Philippe Nogent,* 1583.

12. *Etienne Suret,* Prêtre, Chanoine de l'Eglife Collégiale de Saint-Etienne-des-Grès, & Bourfier du College, 1584.

13. *Pierre Gaulcher,* Prêtre & Principal du College, 1585.

14. *Gervais Barbin,* Prêtre & Principal du College, 1616.

15. *Pierre Guichard,* 1652.

16. *Antoine-Claude Chevalier,* Prêtre, Chanoine de l'Eglife de Paris, & Principal du College, 1727.

---

(344) C'eft ce que les réparations & reconftructions qui ont été néceffaires n'ont pas permis d'exécuter; tout ce qui a été poffible de faire, a été de completter les huit Bourfes exiftantes, ce n'eft même que dans l'année 1780 que ce College eft parvenu à fe libérer, car le premier Octobre 1779, il redevoit encore 1533 livres.

CHAPITRE XIII.

COLLEGE DE FORTET (345).

On obſervera relativement à ce College,

1°. Qu'au moment de la réunion, ſes revenus étoient de *treize mille trois cens cinq liv.*, & qu'ils ſont actuellement de *dix-huit mille ſept cens cinquante-trois livres;* que ſes charges, y compris *les penſions* de ſes anciens Officiers , montant à *quinze cens livres*, & ſes *réparations*, fixées à *quatre mille cinq cens livres* par la Délibération du 3 Mai 1781, ſont de *dix-huit mille ſix cens cinquante-quatre livres ;* enſorte que l'*excédent* de ſes revenus ſur ſes charges, n'eſt que de *quatre-vingt-dix-neuf livres*, cependant il y avoit en caiſſe au premier Octobre 1780, la ſomme de *quatorze cens vingt-ſix livres.*

2°. Qu'il n'y avoit alors que *ſeize* Bourſiers, qui ont été, par la Délibération de réunion , réduit à quinze; mais qu'il en a été créé quatre par Délibération des 19 Juin & 4 Décembre 1777 ; ce qui porte à *dix-neuf* les Bourſiers actuels de ce College.

3°. Qu'en 1763 ſes dettes n'étoient que de *cent quatre-vingt treize liv.* qui ont été payées.

4°. Que de ces *dix-neuf* Bourſes, il y en a *une* pour la famille *Watin* (346) ; & à défaut de ſujet, pour les enfans de *Curclu*, ou de quelqu'autre village du *Diocèſe de Noyon.*

Quatre pour la fondation *Croiſier*, ſavoir , *deux* pour les *parens du fondateur*, & *deux* pour les enfans de *Burgheac*, près de Vichy, *Diocèſe de Clermont.*

Deux pour la fondation *Gremiot*, dont *une* à la *préſentation de l'aîné de cette famille* & l'autre à la *libre collation du Chapitre de Notre-Dame*, qui eſt *nominateur* de la Bourſe que *préſente l'aîné* de la famille Gremiot, ainſi que de *toutes les autres Bourſes* de ce College (247).

Que les *douze* autres Bourſes ſont pour la premiere fondation faite par Pierre Fortet; qu'originaïrement ce fondateur n'avoit établi que *huit* Bourſiers , *quatre pour ſes parens*, & *à défaut* pour les *enfans d'Aurillac*, & *quatre* pour les *enfans de Paris* ; mais que le Bureau a cru devoir appliquer à cette fondation (348) les quatre Bourſes créées les 19 Juin

---

(345) *Quatrieme département.*

(346) Nicolas Watin avoit fondé deux Bourſes, mais elles ont été réduites à une par la Délibération du 4 Septembre 1764, ci-après, qui en contient les motifs.

(247) Le Chapitre exerce ſes droits par deux Députés.

(348) On a cru important d'ajouter ici les motifs expoſés dans la Délibération du Bureau intermédiaire du 19 Juin 1777, attendu qu'ils ont été adoptés par le Bureau le 4 Décembre 1777 ; que d'ailleurs il eſt néceſſaire de les connoître pour s'y conformer dans l'adminiſtration de ce College.

» M. Vallée a dit······ que d'après l'état de ſituation de ce College······ (état dont » il a rendu compte) .... Il paroît que le Bureau ne peut point ſe refuſer à la demande » faite par MM. du Chapitre de Notre-Dame, mais qu'il croit devoir obſerver, qu'il ne ſeroit

& 4 Décembre 1777 ; ce qui en procure *six* pour la famille *Fortet*, ou pour les enfans d'*Aurillac*, & *six* pour les *habitans de Paris.*

» pas prudent d'établir un nombre confidérable de Bourfes dans le College de Fortet, dans
» lequel, depuis la fondation, le nombre n'a pas été augmenté, dans quelque fituation avan-
» tageufe qu'il fe foit trouvé : que prefque tout le revenu de ce College eft produit par les
» loyers des maifons qu'il poffede dans Paris ; que ces maifons font d'une conftruction ancienne
» & exigent annuellement des réparations qu'on peut évaluer à une fomme de 3000 liv. (*);
» que le mauvais état de ces maifons exigera néceffairement, dans un intervalle plus ou moins
» long, des dépenfes; que par ces confidérations il croit devoir obferver, qu'en établiffant
» de nouveaux Bourfiers dans le College de Fortet, le Bureau doit être très-réfervé fur le
» nombre qu'il croit devoir ajouter, que cette augmentation ne doit profiter qu'à la premiere
» fondation du College de Fortet, faite par Pierre Fortet pour des enfans de la ville d'Au-
» rillac en Auvergne, avec préférence pour ceux de fa famille, & pour des enfans de la
» ville de Paris en nombre égal; que toutes les autres fondations qui ont été faites poftérieu-
» rement dans le College de Fortet, ne peuvent point profiter de cette augmentation ; celles
» faites par les fieurs Vatin & Gremiot ont été acceptées, fans qu'il y ait de confufion avec
» les biens du College, & par cette confidération le nombre des Bourfiers a été diminué dans
» ces deux fondations, à caufe de la diminution de leur revenu. A l'égard de la fondation
» faite par M. Croifier, quoique les maifons données par ce Fondateur produifent aujourd'hui
» plus de 4000 liv. de rente, elle n'a été faite qu'à la charge d'entretenir quatre Bourfiers au
» College avec les même droits & émolumens que ceux de la premiere fondation. Ainfi le
» nombre des Bourfiers ne peut point être augmenté fous quelque prétexte que ce puiffe être.
» Le gain que le College peut faire aujourd'hui fur les revenus de cette fondation peut être
» abforbé dans la fuite par la reconftruction des maifons données par M. Croifier, & on a
» même lieu de craindre que cette dépenfe ne foit très-prochaine «.

Après le rétabliffement du Bureau, en propofant de créer deux nouveaux Bourfiers, les Adminiftrateurs particuliérement chargés de ce College, propoferent, le 4 Décembre 1777, les mêmes obfervations qui avoient été faites au Bureau intermédiaire fur la néceffité d'être circonfpect dans cette création, & ajouterent : » que cependant, pour procurer aux parens du Fondateur la
» facilité de faire leurs études dans le fein de l'Univerfité de Paris, objet principal de la fon-
» dation faite par Pierre Fortet en 1391, ils croyoient devoir propofer au Bureau, en con-
» firmant la Délibération du 19 Juin dernier, portant création de deux Bourfes, d'en établir
» deux autres . . . . . Qu'à l'égard de l'affectation de fes Bourfes, ils croyent, par les raifons
» détaillées dans la Délibération dudit jour 19 Juin dernier, qu'ils n'ont point inférées dans
» le compte qu'ils ont l'honneur de rendre, mais dont ils vont faire lecture, que les Bourfes
» qu'ils propofent d'établir doivent profiter feulement à la premiere fondation. Sur quoi . . . . .
» le Bureau a unanimement arrêté . . . . de créer deux nouvelles Bourfes . . . . . lefquelles,
» pour les motifs contenus dans la Délibération du 19 Juin dernier, feront affectées, l'une
» pour un fujet du Diocèfe de Clermont en Auvergne, & par préférence à un parent de Pierre
» Fortet, & l'autre pour un enfant de la ville de Paris «.

(*) Par la Délibération du 3 Mai 1781, ils ont été portés, en faifant une année commune d'après les dix dernieres, à 4500 livres.

Du 4 Septembre 1764.

MESSIEURS les Adminiftrateurs, fpécialement chargés de ce qui concerne le College de Fortet, ont dit que Pierre Fortet, natif de la Ville d'Aurillac, Archidiacre de l'Eglife de Clermont, & Chanoine de l'Eglife de Paris, de Beauvais & de Langres, par fon teftament du 14 Août 1391, ordonna qu'il feroit fondé de fes biens un College pour huit écoliers, quatre de la ville d'Aurillac, & par préférence de la famille du fondateur, & à défaut du diocèfe de Saint-Flour, & quatre pauvres enfans de la ville de Paris; qu'il donna pour exécuter cette fondation quatre maifons à Paris, des maifons & biens fonds à Cormeil, à Vitry, près Juvify, à Calendre, à Palaifeau & à Champlant, & différentes parties de rentes; qu'il autorifa même fes Exécuteurs teftamentaires à employer pour cette bonne œuvre ce qu'ils jugeoient à propos des autres biens de fa fucceffion; qu'après la mort de Pierre Fortet, arrivée le 22 Avril 1394, le Chapitre de l'Eglife de Paris prit un foin particulier de l'exécution de fes volontés, par rapport à cette fondation; qu'il nomma à cet effet des Commiffaires de fon Corps, lefquels établirent le College le 6 Septembre 1394, dans une maifon rue des Cordeliers; mais que trois ans après ils le tranfporterent dans une maifon, rue des Sept-Voies, au Mont-Saint-Hilaire, qu'ils avoient acquife du fieur de Liftenois, Seigneur de Montaigu; qu'en 1396 ledit Chapitre donna des Statuts pour régler la difcipline du College & l'adminiftration de fes biens, par lefquels il fe réferva la fupériorité du College, & la nomination du Principal & des Bourfiers; qu'il eft parlé dans ces Statuts d'un Procureur pour l'adminiftration du temporel, & qu'on trouve l'établiffement de cet Officier dès l'année 1414, peu de tems après que les Commiffaires du Chapitre eurent rendu le dernier compte de l'exécution teftamentaire de Pierre Fortet; que la fupériorité du College, quoiqu'elle ne foit pas fondée fur une difpofition formelle du teftament de Pierre Fortet, paroît inconteftable, foit à caufe de la poffeffion non interrompue depuis près de quatre fiecles, foit parce qu'elle a été reconnue & confirmée par deux Arrêts contradictoires de la Cour, en 1578 & 1731; que prefque tous les biens fonds & prefque toutes les maifons provenans de la fucceffion de Pierre Fortet, furent converties en rentes, qui fe perdirent prefque toutes dans l'efpace d'environ cinquante ans, mais qu'une fage économie le mit en état d'acquérir dans le courant du feizieme fiecle huit des maifons qu'il poffede encore aujourd'hui, & dont les loyers font une très-grande partie de fon revenu.

Que Jean Beauchefne, Prêtre, & l'un des Hauts-Vicaires de l'Eglife de Paris, par fon teftament du 12 Janvier 1556, légua au College une ferme affez confidérable, appellée le moulin Martinot, pour la fondation de trois Bourfes & de trois Meffes par femaine; mais que les contestations furvenues à la délivrance de ce legs, forcerent le College à l'échanger contre 350 livres de rente fur l'Hôtel-de-Ville, lefquelles, par la fuite des événemens, fe trouvent aujourd'hui réduites à 65 livres 12 fols 6 deniers; qu'il n'exifte plus aucun Bourfier de cette fondation, mais que le College a continué de faire célébrer un Obit pour le fondateur, & trois Meffes baffes par femaine.

Que Nicolas Watin, Principal du College, par son testament & codicile des 15 & 17 Mai 1574, fonda au College deux Bourses en faveur de ses parens; & à défaut, en faveur des enfans de Curclu, ou de quelqu'autre village du diocèse de Noyon, dont il laissa la pleine collation au Chapitre de l'Eglise de Paris; ..... qu'il a payé pour cette fondation, en différens contrats, au denier douze, la somme de 3900 livres en argent, & celle de 3300 livres, qui fut aussi employée en acquisition de contrats; qu'il fut expressement stipulé que les biens de cette fondation ne pourroient être confondus avec ceux de la premiere fondation, & que ces deux fondations ne seroient pas responsables l'une de l'autre; que cependant les contrats provenans de la fondation Watin ayant été remboursés & les fonds reconstitués à différentes reprises, le College s'est insensiblement dispensé de placer en rentes les sommes provenues des rachats qui ont été faits, mais que ces sommes ayant été employées en recette dans les comptes, il est certain que le College en a fait usage à son profit, & que par conséquent il est chargé envers cette fondation d'un capital de 7200 livres.

Que le 11 Août 1612, Claude Croisier, Principal du College, y fonda quatre Bourses, deux pour les descendans de ses freres & sœurs, & deux pour les enfans de Burgheac, près Vichy, diocèse de Clermont, dont il déféra la pleine collation au Chapitre de l'Eglise de Paris; ..... qu'il donna pour cette fondation trois maisons, dont deux sont sises rue du Four, Fauxbourg Saint-Germain, & la troisieme rue Saint-Jacques.

Que le 15 Mars 1704, Thibault-Joseph Gremiot, Prévôt & Chanoine de l'Eglise de Castres, donna au College, par donation entre-vifs, la somme de 30000 livres; savoir, 6000 livres en un contrat sur les Aides & Gabelles; 3000 livres en un autre contrat sur la Chambre des Comptes, & 21000 livres en argent, qui furent employées en acquisition de contrats sur les Aides & Gabelles; que par un autre acte du 10 Décembre même année, il lui fit encore donation de 210 livres de rente, qui lui avoit été constituée par le College le 23 Août précédent, au principal de 4200 livres; que ledit Gremiot s'étoit réservé la jouissance desdits contrats sa vie durant; & qu'étant mort le 4 Août 1718, après avoir éprouvé lui-même la réduction des rentes, arrivée en 1714, la fondation ne fut rédigée que le 17 Juillet de l'année suivante en faveur de deux Boursiers, dont l'un est à la présentation de l'ainé de la famille Gremiot, & les deux à la collation du Chapitre de Notre-Dame; ..... que par la réduction des rentes, arrivées en 1714 & en 1720, la fondation Gremiot ne produit plus que 843 livres 15 sols de rente, y compris les 210 livres constituées sur le College......

Que le College, dans son état actuel, est composé d'un Principal, d'un Procureur, & de seize Boursiers, dont huit de la premiere fondation, deux de la fondation Watin, quatre de la fondation Croisier, & deux de la fondation Gremiot; qu'il y a aussi un Prêtre, sous le nom de Chapelain, lequel est chargé de la Messe quotidienne, & de faire aux Boursiers des répétitions de Philosophie & de Théologie, pour raison de quoi il est logé, participe aux distributions & au bénéfice de la vie commune, & reçoit 300 liv. d'honoraires du College; l'établissement de ce Chapelain remonte au moins à l'année 1591......

Sur cet expofé, le Bureau délibérant, a arrêté ,.........

5°. Que les deux Bourfes fondées par Nicolas Watin, feront à l'avenir réduites à une feule ; en conféquence, que la premiere defdites deux Bourfes qui viendra vacante, fera & demeurera fupprimée......

10°. Que la penfion du Principal fera fixée à 1400 livres ; celle du Procureur à 740 livres, & celle du Prêtre qui depuis plus de vingt ans acquitte les Meffes , fous le nom de Chapelain, à 240 livres ; lefdites penfions payables fans aucune retenue, de quartier en quartier, dont le premier quartier commencera le premier Oftobre prochain , & fera payé le premier Janvier fuivant (349).........

12°. Que le mobilier du College de Fortet eftimé , par gens à ce connoiffans, la fomme de 450 livres, fera & appartiendra au College de Louis-le-Grand, à la charge de tenir compte audit College de Fortet de ladite fomme de quatre cens cinquante livres.

Nota. Cette Délibération a été homologuée par Arrêt de la Cour du 7 Septembre 1764, & dépofé aux Archives en vertu d'autre Délibération du 12, même mois & an.

Du 13 Avril 1765.

SUR le compte rendu par M. Cochin, que d'après les converfations qu'il avoit eu avec les Membres du Chapitre de Notre-Dame, relativement au College de Fortet, il y a quelques articles à ajouter dans la Délibération du 4 Septembre dernier, homologuée par Arrêt du 7 du même mois ; que les articles font, 1°. de regler la forme de rendre les comptes ; 2°. ordonner que les Bourfiers du College de Fortet qui auront été enfans de Chœur à Notre-Dame, continueroient d'y aller faire leurs fonftions ; 3°. de fixer une fomme qui fera diftribuée tous les ans par le Chapitre aux Bourfiers dudit College qui fe trouveront en avoir befoin.

Sur quoi la matiere mife en Délibération, il a été arrêté,

1°. Que les comptes du College de Fortet feront rendus en la forme ordinaire, & conformément aux Réglemens (350) ;

2°. Que les Bourfiers du College de Fortet qui auront été enfans de Chœur dans l'Eglife de Notre-Dame, feront obligés de fe rendre en ladite Eglife aux jours accoutumés, fuivant l'état , en date du 21 Décembre 1764, figné de MM. Nigon de Berti & Riviere, Chanoines de Notre-Dame, lequel état fera tranfcrit à la fuite de la préfente Délibération , & dépofé ès Archives du College de Louis-le-Grand ;

3°. Qu'il fera remis par M. le Grand-Maître temporel , au Receveur du Chapitre de Notre-Dame , la fomme de 150 livres par chaque trimeftre , & ce à compter du premier Oftobre 1764, à l'effet d'être par ledit Chapitre diftribué , ainfi qu'il avifera bon être, aux Bourfiers dudit College, laquelle fomme fera, après l'extinftion de la

---

(349) De ces trois penfions il ne refte plus que celle du Principal ; mais par Délibération du 6 Septembre 1764, il a été accordé à l'ancienne Portiere 100 livres de rente viagere, ce qui fait que le College de Fortet eft encore chargé de 1500 liv. de Penfion.

(350) Cet article a été changé par les Loix des 20 Août 1767 & premier Juillet 1769.

penfion

penfion de Principal, portée à deux cens livres par chaque trimeftre.

Arrêté en outre qu'il fera remis une expédition de la préfente Délibération aux Supérieurs majeurs dudit College de Fortet.

Noms des Fondateurs & Bienfaiteurs du College de FORTET.

1. *Pierre Fortet*, Prêtre, Chanoine de l'Eglife de Paris, & Fondateur du College, 1391.

2. *Jacques Dupenois* & *Guillemette* fa femme, 1508.

3. *Simon Lefevre*, Prêtre & Procureur du College, 1533.

4. *Ifabeau Duret*, veuve du fieur *Delahaye*, 1543.

5. *Jean Leveyre*, Prêtre & Principal du College, 1543.

6. *Jean Beauchefne*, Prêtre, Grand-Vicaire de l'Eglife de Paris, 1557.

7. *Jean Froideval*, Prêtre & Principal du College, 1560.

8. *Nicolas Watin*, Prêtre & Principal du College, Fondateur de deux Bourfes, réduites à une, 1574.

9. *Jean Bacquelart*, Bourfier du College, 1578.

10. *Pierre Croifon*, Prêtre, Chanoine de l'Eglife de Paris, & Provifeur du College, 1578.

11. *Jean Henne*, Prêtre & Chanoine de Noyon, 1588.

12. *Antoine Talon*, Docteur en Médecine de la ville du Puy-en-Velay, 1611.

13. *Claude Croifier*, Prêtre & Principal du College, Fondateur de quatre Bourfes, 1612.

14. *François Bafin*, Portier du College, 1692.

15. *Jofeph Thibault Gremiot*, Prêtre & Prévôt de l'Eglife de Caftres, Fondateur de trois Bourfes, réduites à deux, 1704.

CHAPITRE XIV.

COLLEGE D'HUBAN (351).

SANS la réunion non-feulement il n'y auroit jamais eu de Bourfes dans ce College, mais fes Créanciers légitimes (352) auroient perdu la plus grande partie de leurs dus, au lieu qu'en fuivant ce qui a été pratiqué depuis la réunion , & ce qui a été ordonné par la Delibération du 7 Septembre 1779 ci-après, il y a lieu d'efpérer que dans le courant du fiécle prochain , & peut-être même dès le commencement, il y aura lieu de rétablir des Bourfiers ; au furplus on obfervera fur ce College :

1°. Que fes revenus au moment de la réunion n'étoient que de *cinq mille fix cens quarante-fept livres*, & qu'ils font actuellement de *fix mille quatre cens treize livres*, mais que fes charges, y compris les *quatre cens livres* de *penfion* de fon ancien Principal, fans y comprendre fes *dettes énormes* (dont il va être parlé article 2 ci-après), ne font plus, au moyen des rembourfemens ordonnés le 17 Mai 1781 , que de *mille trente-fix livres*, qu'ainfi *l'excédent* de fes revenus fur fes charges paroît être de *cinq mille trois cens foixante-dix-fept livres*, fur lefquels cependant il faut déduire les réparations (353), qui annuellement font à peu près un objet de douze à quinze cens livres ; au furplus, ce College avoit en caiffe , au premier Octobre 1780, la fomme de *trois mille huit cens quarante-fix livres*, qui ne fuffiront pas à beaucoup près pour rembourfer les feize mille livres, dont le rembourfement a été ordonné les 5 Avril & 17 Mai 1781.

2°. Qu'en 1763 fes dettes étoient d'environ *deux cens deux mille livres*, que depuis les réunions il en a été *payé*, y compris les rembourfemens ordonnés le 17 Mai 1781, pour environ *cinquante mille livres* ; qu'il eft vrai que fur ces cinquante mille livres, pour lefquels on payoit des intérêts, *il en eft dû*, foit au College de Louis-le-Grand, foit à la caiffe commune, environ *vingt-cinq mille livres*, mais dont le College d'Huban ne paye aucun intérêt.

3°. Qu'il n'exiftoit alors *aucunes* Bourfes, qu'il n'en exifte pas actuellement davantage , & que probablement il n'en exiftera pas encore de fi-tôt.

4°. Quant à fes Bourfiers, il paroît qu'ils avoient été fondés au nombre de fix avec un Chapelain & un Maître, ils doivent être pris dans la ville *d'Huban*, Diocèfe de Nevers, ou dans les villages circonvoifins, & la *nomination* en paroît *contestée* entre

---

(351) *Troifieme département*.

(352) On verra dans la *note* 359 ci-après , que cette qualité n'eft pas inutile , & que plufieurs qui fe prétendent fes créanciers ne le font pas.

(353) Ces réparations n'ont pas été fixées pour ce College par la Délibération du 3 Mai 1781 , attendu que n'y ayant aucune Bourfe, cette fixation eft inutile. *Voyez* cette Délibération ci-deffus , premiere Partie, Chapitre VIII, pag. 248.

le *Seigneur d'Huban*, & les Supérieurs Majeurs qui font M. *l'Abbé de Sainte Geneviève* & M. *le Grand-Maître du Collège de Navarre.*

Quelques recherches que l'on ait fait en 1763, & même depuis, il a été impossible de retrouver les titres de ce Collège; ce n'est que depuis très-peu de tems & que d'après quelques renseignemens, que l'on est parvenu à retrouver dans le greffe de l'Université une copie des Statuts du 14 Septembre 1346, ainsi que quelqu'autres pièces relatives à ce Collège, dont on va donner ici l'extrait; ensuite on rapportera les différentes Délibérations du Bureau relatives à ce Collège.

M. JEAN DE HUBAN, Conseiller Clerc & Président en la Chambre des Enquêtes, est le Fondateur de ce Collège. L'acte de fondation qui se trouve énoncé dans les Statuts, est daté du   in 1339, & il paroît qu'en 1342, ce Fondateur fit quelques changemens à sa première fondation, mais en 1346, il réforma les différentes dispositions contenues dans ces deux actes & donna des Statuts contenus dans un acte daté du 14 Septembre audit an, lequel doit être regardé comme l'acte même de fondation de ce Collège, puisque ceux qui lui sont antérieurs sont inconnus.

Par cet acte M. de Huban fonde à Paris six pauvres Ecoliers, un Chapelain & un Maître, & leur assigne, pour leur habitation, la maison dans laquelle il demeuroit alors, située dans l'enclos Sainte Geneviève, sur la porte de laquelle étoit l'image de la sainte Vierge, avec l'inscription *Ave Maria* en lettres d'or, & c'est de-là que ce Collège tire son surnom *de l'Ave Maria.*

Ces six Ecoliers doivent être nés dans la ville de Huban au Diocèse de Nevers, ou dans les villages circonvoisins jusqu'à la distance de cinq lieues; mais il ne doit point se trouver en même-tems dans le Collège deux sujets nés dans un même desdits villages. Le Fondateur donne cependant la préférence pour les Bourses à ses parens, & il ordonne que dans le cas où il se présenteroit deux sujets du même lieu, le plus capable soit choisi, & s'ils paroissoient tous les deux également capables, le plus jeune.

Le Chapelain & le Maître doivent être des mêmes lieux que les Ecoliers; si cependant il ne s'y trouvoit point de sujets capables de remplir ces places, ils peuvent être pris dans les villes & Diocèses de Nevers, d'Auxerre & de Paris, & même dans la Province de Sens.

Afin que les Religieux de Sainte Geneviève protégeassent lesdits Ecoliers, & les laissassent jouir paisiblement des biens qu'ils avoient dans leur Jurisdiction, le Fondateur annonce qu'il leur a donné six cens livres & plus, de monnoie courante alors, pour employer en acquisition de revenus pour la dotation de cinq Ecoliers Chanoines.

M. de Huban ordonne par ce même acte, que dans deux petites maisons qu'il avoit rue des Amandiers, il soit disposé dix chambres pour être habitées par dix pauvres vieilles femmes, auxquelles il charge les Ecoliers de faire plusieurs aumônes, & qu'en outre il y ait dans lesdites maisons cinq chambres qui doivent être occupées par cinq pauvres ménages, ou par des pauvres Ecoliers ou d'autres pauvres.

Le Fondateur ordonne de plus, que si les facultés du College pouvoient le permettre, il y seroit admis deux pauvres Bénéficiers, lesquels doivent être nourris & dire certaines prieres, & si les revenus du College venoient à augmenter de deux cens livres parisis, le Fondateur veut que ces Bénéficiers soient aggregés au nombre des Ecoliers, lequel par ce moyen, seroit porté à huit; enfin, le Fondateur ordonne que dans une maison située rue des Amandiers, il fût logé six pauvres Ecoliers, auxquels le College ne devoit donner que l'hospice, jusqu'à ce que ses facultés lui permissent de pouvoir les trait comme les autres Bénéficiers.

Par un autre acte, en date du 26 Juin 1346, M. de Huban donne à son neveu, Jean de Huban, le droit d'instituer & destituer, après sa mort, les Ecoliers, le Chapelain & le Maître; de veiller sur l'administration des biens & la discipline du College; de changer & ajouter aux Statuts ce qu'il croiroit utile & convenable, & de commettre à sa mort un de ses freres, ou telle autre personne, pour gouverner ledit College, ou d'en laisser le droit aux Gouverneurs ci-après nommés.

Le Fondateur ordonne que l'Abbé du Monastere de saint Martin de Nevers, par son Député le Curé d'Huban, ou à son défaut le Prieur de la Montagne, aura droit de présenter & choisir les Ecoliers dans les lieux désignés dans les Statuts, & de les remettre au Chapelain ou Maître du College qui iroit sur les lieux les chercher. Ces jeunes gens arrivés à Paris doivent être présentés à l'Abbé de Sainte Genevieve, qui les fera recevoir dans le College, mais qui ne peut examiner lesdits sujets & les refuser, à moins qu'ils n'eussent passé l'âge de seize ans, ou qu'ils ne fussent point munis des lettres du Curé d'Huban ou du Prieur de la Montagne; & sur le refus de l'Abbé de Sainte Genevieve, le Chapelain ou le Maître du College pouvoient se retirer pardevers le Trésorier de la Sainte-Chapelle, pour faire admettre lesdits Boursiers, & pareillement dans le cas où ledit Abbé voudroit faire quelque chose contre les Statuts du College (354).

Le Fondateur donne de plus à l'Abbé de Sainte Genevieve le droit de visiter le College & d'entendre les comptes au moins une fois tous les ans, le jour de saint Jean-Baptiste, & il accorde aussi au Trésorier de la sainte Chapelle le droit de visiter le Col-

---

(354) Dans le Receuil des Constitutions de la Sainte-Chapelle, imprimé à Paris, chez *Clousier* 1779, pages 178 & 179, on trouve l'extrait du titre de 1346 en ces termes: Le Fonda-teur » ordonne que l'Abbé de Sainte-Genevieve & le Grand-Maître du College de Navarre » soient les Supérieurs & Gouverneurs dudit College; & qu'au cas de contravention de » leur part aux Réglemens, portés dans la fondation, le Trésorier de la Sainte-Chapelle, au » nom du Roi, y apporte le remede nécessaire; qu'à cet effet il fasse tous les ans, pendant les » Fêtes de la Pentecôte, la visite de ce College & de ses Membres; & qu'au cas d'empêche-» ment il la fasse faire par le Prieur des Jacobins ». Le même Receuil date un autre titre de 1574, où le Trésorier est qualifié de Surintendant du College; il rapporte aussi une visite faite par le Trésorier en 1614, une Sentence du Châtelet du 13 Février 1612, & deux Arrêts du Parlement de 1623 & 1669, qui confirment les droits du Trésorier de la Sainte-Chapelle.

lege le jour de la Pentecôte, par lui-même ou par le Prieur des Freres Prêcheurs de Paris, fon Député.

En l'an 1386, l'Abbé de Sainte Genevieve & le Maître du College de Navarre réformerent les anciens Statuts ; ils annoncent en tête, qu'il paroît, foit par le teftament de M. Jean de Huban, Clerc du Roi dans fa Chambre des Enquêtes, foit plufieurs anciens titres , foit enfin par les lettres renonciatoires du Prieur des Chartreux de Paris & de celui de Saint Victor, que le Gouvernement & adminiftration du College leur appartient, & qu'étant néceffaire de changer quelque chofe aux anciens Statuts, ils ont pris à cet effet les avis des exécuteurs teftamentaires de M. Jean Huban, neveu du premier Fondateur.

Ils ordonnent enfuite que le College fera compofé d'un Maître, d'un Chapelain & de fix Ecoliers. Le Maître doit faire les fonctions de Procureur & rendre compte tous les ans le jour faint Jean-Baptifte ou dans l'octave ; il doit en outre inftruire les Ecoliers dans la Grammaire & la Logique jufqu'à leur feizieme année.

Par une Ordonnance du 20 Janvier 1413 , l'Abbé de Sainte Genevieve & le Maître du College de Navarre fufpendirent toutes les Bourfes, à caufe de la diminution des revenus, & ordonnerent que la totalité de ces revenus feroit employée à payer les dettes & à réparer le College.

On ignore quelle eft l'origine des droits du Grand-Maître du College de Navarre fur le College d'Huban, il n'en eft fait aucune mention dans les actes émanés du Fondateur, qu'on a rapportés ci-deffus, & qui font les feuls que l'on connoiffe. On ignore pareillement , fi le neveu de M. de Huban, à qui, comme on l'a vu, il avoit tranfmis tous fes droits après fa mort, auroit affocié le Grand-Maître du College de Navarre à l'Abbé de Sainte Genevieve dans la fupériorité fur le College d'Huban ; on voit feulement, par un ancien Mémoire fourni par ces Supérieurs contre le Tréforier de la Sainte-Chapelle, qu'il eft fait mention des droits de fupériorité appartenans au Grand-Maître du College de Navarre, dans les antiquités de Paris par Claude Malingre, ainfi que dans plufieurs actes paffés entre M. de Huban, Fondateur , & les Abbé & Religieux de Sainte Genevieve, & notamment dans un acte du 5 Avril 1340, qui eft fans doute celui par lequel M. de Huban leur a payé la fomme de 600 livres pour la fondation de cinq Ecoliers Chanoines, & l'amortiffement des biens du College, dont il eft parlé dans l'acte de fondation. Ce qu'il y a de certain, c'eft que l'Abbé de Sainte Genevieve & le Grand-Maître du College de Navarre ont exercé concurremment tous les droits de fupériorité fur le College d'Huban prefque depuis fa fondation, puifque le premier acte émané de ces Supérieurs que l'on connoiffe, remonte à l'année 1386, comme on l'a rapporté ci-deffus.

Le Mémoire des Abbés de Sainte Génevieve & du Grand-Maître du College de Navarre donné en exécution de l'Ordonnance de MM. les Commiffaires du 22 Octobre 1762, annonce de plus qu'en 1713, ils nommerent pour Coadjuteur, à la place de Principal, le fieur Claude Morlé, Clerc tonfuré du Diocèfe de Nevers ; que le fieur Louis Grillet ayant envie de cette place , s'en fit pourvoir en 1720 par M. Pierre-

Antoine de Jaucourt, fe difant Baron d'Huban, & en cette qualité avoir droit de nommer à ladite place, ce qui occafionna un procès au Châtelet, dans lequel lefdits Abbé & Grand-Maître intervinrent ; que les Curés d'Huban demanderent pareillement à être reçus Parties intervenantes par une requête du 26 Juillet 1721, & conclurent à ce que le le fieur Grillet fût maintenu dans la Principalité ; que par Sentence, dont la date n'eft point énoncée, la récréance a été adjugée au fieur Grillet, pour provifion feulement, & les Parties appointées fur le fonds ; mais il paroît qu'aucune d'elles n'a produit fur cet appointement, & que cette conteftation eft reftée indécife.

Ce qui eft certain, c'eft que le fieur Grillet n'a jamais voulu remettre les titres de ce College, quoiqu'il eût été fufpendu provifoirement de fes fonctions par Arrêt du 3 Septembre 1737 ; il eft décédé au commencement de Juin 1762, & alors par Arrêt du premier Juillet fuivant le Parlement a confirmé la nomination faite la veille par M. l'Abbé de Sainte Genevieve & M. le Grand-Maître de Navarre, de M. Fourneau pour Principal, le tout fans préjudice du droit prétendu par les Seigneur & Curé d'Huban ; & par autre Arrêt du 19 Août 1763, la Cour a fait ceffer le fequeftre établi par l'Arrêt du 3 Septembre 1737, & a chargé M. Fourneau de l'adminiftration du temporel de ce College.

Avant que d'inférer ici les délibérations du Bureau relatives à ce College, il faut obferver, que dès 1751, M. le Procureur Général articuloit dans fa requête, que ce College avoit quelques biens en Nivernois, probablement auprès de la Tour d'Huban, mais que le fieur Grillet n'en a jamais voulu remettre les titres, quelques recherches que ce Bureau ait fait faire, il lui a encore été impoffible d'avoir aucuns renfeignemens fur cet objet, ce qui l'a déterminé le 17 Mai 1781, à prendre la Délibération que l'on trouvera ici en note (355).

_____

(355) MM. les Adminiftrateurs particuliérement chargé du College de Huban, ont dit, que par l'examen qu'ils ont fait des titres trouvés dans les Archives de l'Univerfité, ainfi que de la requête donnée par M. le Procureur Général en 1752, fur les dettes de ce College, ils ont reconnu qu'il appartenoit à ce College des biens fitués dans le Nivernois, & probablement près la Tour d'Huban ; qu'il paroît, par des renfeignemens qui font parvenus à M. le Grand-Maître, que ces biens font entre les mains des héritiers des Fermiers, auxquels le fieur Grillet, Principal de ce College depuis 1720, les avoit loués ; qu'il feroit très-important de faire tous les efforts poffibles pour faire rentrer le College dans ces biens.

Sur quoi la matiere mife en Délibération.

LE BUREAU a chargé le Secrétaire Archivifte de faire un Mémoire fur cet objet, & de le remettre à M. le Préfident Rolland, qui eft invité d'en conférer avec M. le Duc de Nivernois, & de le prier de faire faire dans les Archives de fon Duché de Nevers toutes les recherches néceffaires pour faire rentrer le College d'Huban dans fes biens.

Du 2 Mars 1769.

MESSIEURS les Adminiſtrateurs du département du College d'Huban ont dit, que le Bureau ayant defiré que l'état de ce College ou le tableau de ſes revenus, de ſes charges & de ſes dettes lui fût mis ſous les yeux, ils avoient travaillé à remplir à cet égard les vues du Bureau. Qu'ils avoient été arrêtés dans leurs recherches par les embarras ſans nombre & l'eſpece de cahos dans lequel étoient tombées les affaires du College d'Huban, pendant la longue adminiſtration du ſieur Grillet, qui en a été Principal juſqu'en 1762; que cependant ils ont acquis aſſez de lumieres ſur cet objet pour mettre le Bureau à portée de juger s'il eſt à propos d'effectuer la réunion de ce College, qui eſt déja réuni de droit par les Lettres Patentes du 21 Novembre 1763.

Que pour mettre dans leur récit l'ordre convenable, ils préſenteront d'abord l'état des revenus, enſuite celui des charges auxquelles on ſatisfait habituellement ; qu'enfin, ils jetteront un coup d'œil rapide ſur la multitude de dettes dont le College eſt grevé.

Que les revenus conſiſtent.

1°. Dans deux rentes, l'une de 18 liv. 6 ſols 8 den. ſur les domaines & bois de la Généralité de Paris, l'autre de 150 liv., réduite par les impoſitions royales à 133 liv. 10 ſols.

2°. Dans le produit de cinq maiſons, dont la premiere appellée le College eſt louée 2400 livres; deux ſiſes rue Bordet, rapportent enſemble 1610 livres; une autre rue des Amandiers, louée 880 livres ; enfin, une ſiſe rue Saint-Victor, laquelle produit 600 liv.

Que ces ſommes réunies montantes à 5647 livres 16 ſols 8 deniers, conſtituent le revenu du College d'Huban.

Que les charges conſiſtent.

1°. Dans cinq rentes conſtituées ſur différens Particuliers, dont les arrérages payés montent, déduction faite des retenues, à la ſomme de 1628 liv. 13 ſols (356).

2°. Dans les impoſitions royales ſur les maiſons, leſquelles ſont portées ſur le bref état à 536 livres 7 ſols 2 deniers.

Que ces deux ſommes déduites du revenu, il reſte 3482 livres 16 ſols 6 den. (357); ſur leſquels on prend annuellement les réparations qui forment la troiſieme eſpece de charges.

Que pour donner une idée de la ſomme à laquelle peuvent monter ces réparations, il ſuffira de rapporter ce que M. Del'Averdy obſerve ſur les maiſons du College d'Huban, dans le compte par lui rendu le 12 Novembre 1763 aux Chambres aſſemblées. » Ses re-

---

(356) Toutes ces rentes ont été rembourſées, les deux dernieres au principal de 14000 liv. en exécution de la Délibération du 17 Mai 1781.

(357) Au moyen de l'augmentation du revenu & de la diminution des charges, même en déduiſant la penſion du Principal, le reliquat du revenu, ſauf les réparations, ſera, vu les rembourſemens ci-deſſus ordonnés, de 5376 livres.

» venus annuels, y eſt-il dit, montent à 5626 liv. conſiſtant dans les bâtimens du College
» qui ſont en bon état, au moyen d'une reconſtruction qui a coûté 37000 livres, pen-
» dant la durée du ſequeſtre de Renard; dans une maiſon rue Saint-Victor, qui a été
» condamnée à être démolie par le Voyer, & qui ne ſubſiſte qu'au moyen des répa-
» rations annuelles; dans deux maiſons rue Bordet, qui ſont vieilles, mais qu'on pourroit
» mettre en état en y dépenſant 12 à 15000 livres; enfin, dans une maiſon rue des Aman-
» diers, en aſſez bon état «. Qu'à cette obſervation on peut en ajouter une autre qui
la confirmera, c'eſt que depuis 1764 l'entretien de ces maiſons à coûté aux environs
de 8000 liv. (358).

Qu'il eſt aiſé de voir que l'état du College d'Huban, tel qu'il vient d'être préſenté, n'eſt
rien moins que floriſſant, puiſque ne pouvant épargner qu'une ſomme aſſez modique chaque
année, il eſt cependant menacé de la reconſtruction prochaine d'une maiſon & d'une réparation de 12 à 15000 liv. dans deux autres; que ce n'eſt cependant rien en comparaiſon des
créances multipliées dont il eſt chargé; qu'on a pris une idée générale de ces créances dans
un procès-verbal dreſſé en conſéquence d'un Arrêt du 16 Avril 1740, portant qu'il ſeroit
fait une convocation générale de tous les créanciers du College d'Huban, leſquels ſeroient
tenus de repréſenter pardevant, le Commiſſaire, les titres de leurs créances; que ces
créanciers comparurent au nombre de quarante-cinq ou environ; qu'il paroît qu'à la
vérité pluſieurs de ces créances étoient illégales & frauduleuſes; ce n'eſt point ici le
lieu de diſcuter la nature de ſes différentes dettes; que ce travail, qui n'eſt pas eſſentiel
à la Délibération préſente, demanderoit bien des recherches (359); qu'il ſuffit ſeule-

---

(358) Et depuis 1769, ces réparations ont été annuellement de 1500 à 2000 livres.

(359) Pour ne rien laiſſer à deſirer ſur ce College, on a cru devoir joindre ici en note
quelques éclairciſſemens ſur ces dettes, ils ſeront puiſés dans quelques pièces au nombre
de cinq, dont on va d'abord donner la notice, & auxquels on pourra recourir.

La premiere eſt un procès-verbal fait devant M. Lemoine, Conſeiller de Grand'Chambre,
le 17 Juin 1737, & clos le 7 Septembre 1740.

La ſeconde eſt un ſecond procès-verbal fait par ce même Magiſtrat le 15 Février 1743, &
clos le 7 Septembre 1744.

La troiſieme eſt un troiſieme procès-verbal fait devant M. de Montullé, Conſeiller de
Grand'Chambre, le 19 Décembre 1746.

La quatrieme eſt un quatrieme procès-verbal fait devant M. de Montholon, Conſeiller de
Grand'Chambre, le 15 Août 1752.

La cinquieme eſt une requête de M. le Procureur Général, ſignifiée le 14 Juin 1752, où
ce Magiſtrat diſcute tous les titres des créanciers.

Pour la plus grande intelligence de ces pieces, on obſervera qu'il avoit d'abord été dreſſé
un procès-verbal des créanciers de ce College devant Renard, Notaire au Châtelet de Paris,
& ce en exécution d'un Arrêt du 30 Juillet 1734; mais que M. le Procureur Général n'ayant
pas trouvé dans ce procès-verbal les éclairciſſemens qu'il deſiroit, requit qu'il en fût dreſſé un
autre devant un de Meſſieurs, ce qui fût ordonné, & ce procès-verbal, commencé en 1737,

ment

ment de montrer par un exemple combien ces dettes doivent s'être accumulées ;

Qu'il eſt dû à l'Univerſité 18000 liv., dont, depuis 1731, temps où cette ſomme a été prêtée, les intérêts montent à 32000l. (360) & qu'elle a peut être à répéter 10000 l. de frais.

Que depuis ce procès-verbal il a été emprunté encore près de 37000 livres, pour faire la réparation dont parle M. Del'Averdy dans ſon compte déja cité ; qu'au moins on ne reconnoît dans la liſte de ceux qui comparurent en 1740, aucun de ces nouveaux créanciers, qui probablement ſont les mêmes que ceux auxquels on paye annuellement les cinq rentes dont on vient de parler; que depuis cette derniere époque, il a encore été fait dans la maiſon rue des Amandiers, une réparation très-conſidérable, dont le capital & les intérêts font dus au ſieur le Bourgeois, Entrepreneur de bâtimens (361).

contient vingt-une pages de petite impreſſion *in-folio*, en caractere dit *Petit-Romain*.

D'après l'examen de ce procès-verbal, qui s'étoit fait en préſence & aux frais de l'Univerſité, M. le Procureur Général repréſenta qu'il étoit utile de le rendre contradictoire, & à cet effet en requit un ſecond, où M. le Procureur Général & l'Univerſité contrediroient les titres des créanciers de ce College, qui, de leur côté, auroient la liberté de fournir leurs réponſes & obſervations ; ce qui fut ordonné & a été exécuté. Ce ſecond procès-verbal contient cinquante-deux pages de même impreſſion.

Lors des deux procès-verbaux de 1737 & 1743, Meſſieurs de Sainte Genevieve, dont l'Abbé eſt un des Supérieurs Majeurs, n'avoient pas été appellés ; ils demanderent que leurs droits, tant comme Supérieurs Majeurs, que comme Seigneur ſuzerain de partie des terreins où ſont bâties les maiſons du College, fuſſent conſtatés, c'eſt l'objet du procès-verbal de 1746 : il contient quatre pages de pareille impreſſion.

Enfin, le quatrieme & dernier procès-verbal de 1752, eſt relatif à un créancier qui n'avoit pas aſſiſté aux précédens procès-verbaux ; il contient huit pages de pareille impreſſion.

Quant à la requête de M. le Procureur Général, elle eſt très-importante dans l'affaire, vu que ce Magiſtrat y diſcute les titres de chaque créancier, & établit en principe que tous les emprunts faits par le ſieur Grillet, Principal, ſans y être autoriſé par la Cour, ne ſont pas des créances du College, mais des créances du Principal; principe certain, & qui décharge le College d'Huban d'une très-grande partie des demandes que l'on formoit contre lui.

Pour ce qui eſt des autres créanciers M. le Procureur Général diſtingue leurs droits, & propoſe la contribution à faire entre eux des objets ſoumis à leurs créances. On ne croit pas devoir entrer, à ce ſujet, dans un plus grand détail, vu qu'il n'y a rien à ſupprimer de cette requête, qu'il eſt preſque impoſſible d'extraire, & qui contient vingt-deux pages de pareille impreſſion.

(360) *Voyez* ci-après l'arrangement fait à ce ſujet avec l'Univerſité, Délibérations des 17 Mai & 19 Juillet 1781.

(361) Ce créancier, ainſi qu'un Charpentier, qui tous deux avoient travaillé à réparer les maiſons de ce College, en exécution d'Arrêts des 31 Juillet 1748, & 23 Août 1749, étoient autoriſés, par un acte du 15 Septembre 1749, à toucher les intérêts de leurs avances à quatre pour cent, & le principal ſur les loyers des maiſons, ce qui n'avoit pas été exécuté ; ils menacerent de faire des frais, le Bureau intermédiaire, par Délibération du 21 Janvier 1773, arrêta de les rembourſer des deniers du College de Louis-le-Grand, à la charge par eux de faire une remiſe qui a été de plus de 3400 livres ; ce paiement a été effectué par quittance devant Gueret du 8 Février 1773. Le College de Louis-le-Grand a été ſubrogé à leur place,

II. Partie. Ooo

Que de tout cela il résulte que les dettes du College d'Huban n'ont pas été exagérées, lorsqu'elles ont été portées par M. Del'Averdy dans son compte à la somme de 201999 livres; cette masse énorme de dettes a été encore augmentée depuis la réunion par les intérêts qui s'accumulent chaque année.

Que d'après ces considérations lesdits Administrateurs seroient naturellement portés à croire, qu'il n'est point à propos d'effectuer la réunion du College d'Huban, vu qu'il seroit à craindre que cette opération ne fût préjudiciable au College de Louis-le-Grand, si on se servoit de ses deniers pour acquitter des dettes aussi considérables, sur-tout sans en tirer aucun intérêt, comme on l'a fait pour les autres Colleges réunis; que si on ne prenoit pas ce parti, il seroit à craindre que la réunion ne devînt alors inutile au College d'Huban; que peut-être même elle accéleroit son extinction totale; car enfin si les créanciers, attentifs à ce qui se passe, apprennent qu'après quatre années de délais on s'est déterminé à réunir, sans aucunes réserves, le College d'Huban, ils ne manqueront pas de recommencer leurs poursuites, avec d'autant plus de confiance qu'ils penseront qu'un Bureau établi particulierement pour améliorer les fondations, & augmenter le nombre des Bourses & qui, jusqu'à présent, a rempli avec exactitude cet objet, aura sans doute des ressources capables de rendre au College d'Huban son existence, & par conséquent sera en état de payer ses dettes; que de ces poursuites résultera cependant la ruine de ce College, malheur probablement inévitable, & dont le Bureau ne devroit pas répondre, mais que le Public pourroit lui attribuer, s'il arrivoit après que la réunion en seroit faite; que cependant malgré ces considérations, forcés par la loi d'opérer cette réunion, nécessités d'aider dans le travail immense qu'exige la liquidation de ce College, (si elle est possible) le Principal, surchargé de trop d'autres affaires pour se livrer entiérement à cet objet, & convaincus que l'autorité du Bureau & la réunion de ses membres & de leurs lumieres peut procurer des facilités que l'on n'apperçoit pas du premier moment; & que le College de Louis-le-Grand s'il voit un moyen de débrouiller le cahos des affaires de celui de Huban, se prêtera volontiers à venir à son secours avec la générosité dont il en use envers les autres Colleges; ils croient devoir proposer d'ordonner la réunion, de charger quelqu'un d'examiner avec soin la nature des différentes créances, de distinguer celles qui sont légitimes de celles qui sont frauduleuses, de voir les créanciers légitimes, de les engager à faire remise d'une partie, ce à quoi on pourroit les déterminer, par la crainte où ils sont de perdre le tout; d'examiner ensuite si les dettes légitimes, réduites du consentement des créanciers, pourroient être payées, & s'il seroit possible de sauver des débris du College de quoi soutenir quelques Boursiers.

Que pour opérer la réunion il est deux objets sur lequel il faudroit statuer; le premier, la portion contributoire, le second la pension du Principal; qu'ils esperent quant au premier objet, que vu le mauvais état des affaires du College de Huban, le

_____

& leur a payé 11242 livres 1 fols 5 deniers, dont il est actuellement créancier du College d'Huban, sans compter les arrérages depuis le 8 Février 1773, mais arrérages dont il fera volontiers le sacrifice, pour contribuer au rétablissement de ce College.

Collège de Louis-le-Grand ne prendra rien pour la part contributoire, & que le Bureau continuera comme par le passé à régir gratuitement ses biens; que quant au second article, ils sentent très-bien que la place de Principal doit avoir des appointemens; que cela est d'autant plus juste, qu'il faut un travail suivi pour débrouiller les affaires embarrassées de ce Collège & porter la lumière dans l'administration du sieur Grillet; que personne n'est plus en état que M. Fourneau, Principal actuel du Collège de Huban, de réussir dans cette entreprise; que c'est la raison pour laquelle les Supérieurs Majeurs, de concert avec le Parlement, l'avoient nommé à cette place, qu'il n'a acceptée, dit M. Del'Averdy dans le compte du 11 Novembre 1763, que par respect pour les ordres de la Cour; mais ils estiment en même temps, que le Parlement n'ayant point déterminé, par son Arrêt, les appointemens du Principal, le Bureau n'auroit point, comme il l'a eu pour les autres Principaux, un point d'appui duquel il pût partir pour les fixer; qu'ainsi il paroîtroit convenable que M. Fourneau s'adressât au Parlement, ou même aux Supérieurs Majeurs pour les déterminer.

Sur quoi la matiere mise en Délibération,

LE BUREAU a arrêté à la pluralité de plus des deux tiers des voix...

2°. Que la réunion dudit Collège de Huban sera effectuée conformément aux dispositions des Lettres Patentes du 21 Novembre 1763, & sous toutes réserves de droit, par rapport aux dettes anciennes dudit Collège de Huban.

3°. Qu'attendu l'état des affaires dudit Collège de Huban & l'insuffisance de ses revenus, il ne sera, quant à présent, prélevé aucune somme au profit du Collège de Louis-le-Grand, pour servir de part contributoire dans les dépenses communes.

4°. Que M. Fourneau, Principal dudit Collège de Huban, se retirera pardevers la Cour pour être statué sur les appointemens de la place de Principal dont il est pourvu (362).

5°. Que M. Maitrel sera prié d'examiner l'état dudit Collège de Huban, l'origine & la nature des dettes dont il est chargé, à l'effet de rendre compte incessamment au Bureau pour être pris à cet égard le parti qui sera jugé convenable........

Nota. Cette Délibération a été homologuée par Arrêt du 14 Mars 1769, déposé aux Archives, suivant la Délibération du 16 des même mois & an.

Les événemens arrivés depuis la Délibération du 2 Mars 1769, n'ayant pas permis à M. Maitrel de s'acquitter de la mission qui lui avoit été donnée, & M. Maitrel n'étant plus Administrateur, il a été pris la Délibération suivante.

Du 2 Septembre 1779.

M. CHUPIN a été prié de vouloir bien examiner tous les papiers relatifs au Collège de Huban, & notamment la Délibération du 2 Mars 1769 & les pieces y relatées; de

___

(362) Ils ont été fixés à 400 livres, par Arrêt du 20 Mars 1769, & ce pour avoir lieu du premier Juillet 1763.

projetter un plan de libération & de traiter avec les différens créanciers, à l'effet de les amener à faire des facrifices, en leur offrant une partie comptant & le furplus à des termes préfix, le tout fous l'obligation du College de Louis-le-Grand, qui veut bien en faire les avances audit College de Huban, & qui fera fubrogé pour les fommes qu'il payera réellement, ainfi qu'il a déja été fait pour les 11242 livres, dont il eft créancier dudit College pour les caufes détaillées dans le dernier compte dudit College.

Les Délibérations fuivantes prouveront que M. Chupin remplit avec foin la miffion qui lui a été donnée.

Du 5 Avril 1781.

Paiement du fieur Gatine, créancier dudit College.

Sur le compte rendu par M. Chupin fpécialement chargé, par Délibération du 2 Septembre 1779, de la libération des dettes du College de Huban, que M. Antoine-Olive de la Gatine, Confeiller au Châtelet de Paris, étoit créancier de ce College, comme fe trouvant aux droits de la dame Magdelaine Caillet, veuve dudit fieur Pierre Phelipart, Marchand Epicier à Paris; 1°. d'une rente de deux cens livres au principal de quatre mille livres, conftituée au profit de ladite veuve Phelipart par le fieur Grillet, Principal dudit College, par contrat paffé devant Regnault, qui en a minute, & fon Confrere, Notaires au Châtelet de Paris, le 20 Janvier 1726, pour raifon de laquelle rente ladite veuve eft colloquée en rang utile, dans la requête dreffée par M. le Procureur Général, pour parvenir à la liquidation des dettes dudit College de Huban, les arrérages de laquelle rente font dus depuis le 26 Juillet 1729; 2°. d'une fomme de 245 livres, montant d'un billet fait par ledit fieur Grillet à ladite veuve Phelipart, le 16 Avril 1727; que d'après les arrangemens qu'il a pris avec mondit fieur Olive de la Gatine, ce créancier confent à donner quittance de tout ce qui peut lui être dû par le College de Huban, moyennant la fomme de 2000 livres une fois payée.

Sur quoi la matiere mife en délibération,

Le Bureau a unanimement autorifé M. Fourneau, Grand-Maître temporel, à payer des deniers du College de Huban, dit de l'*Ave Maria*, à M. Olive de la Gatine, en juftifiant par lui qu'il eft aux droits de la veuve Phelipart, la fomme de 2000 livres, moyennant laquelle mondit fieur Olive de la Gatine donnera quittance de tout ce qui peut lui être dû par ledit College de Huban, tant en capitaux qu'en arrérages, intérêts & frais, & à laquelle fomme mondit fieur Olive de la Gatine confentira que foient réduites fes créances fur ledit College, fera toutes remifes & ceffions du furplus, & renoncera à toute répétition contre ledit College fous quelque prétexte que ce foit (363).

Du 17 Mai 1781.

Arrangement avec l'Univerfité pour fes créances.

Messieurs Guerin, Syndic, & Delneuf, Receveur de l'Univerfité, introduits au Bureau & placés après M. le Subftitut, ont dit, que MM. fe rappellent furement

---

(363) La quittance a été paffée le 3 Mai 1781, devant Gueret.

qu'il a été déja plusieurs fois question de la créance de l'Université sur le College de Huban; que le Tribunal de l'Université avoit pris, le 7 Août 1779, une conclusion à ce sujet, dont ils apportent une expédition; que même en exécution des intentions du Bureau, M. le Grand-Maître temporel avoit déja payé au Receveur de l'Université, le 31 Mai 1780, deux mille livres; mais que n'ayant pas été pris par le Bureau de Délibération à ce sujet, ils venoient au nom de l'Université lui demander de mettre cet objet en regle, & ont *signé*.

Et mesdits sieurs Guerin & Delneuf retirés. Lecture faite de la conclusion du Tribunal de l'Université, dudit jour 7 Août 1779, la matiere mise en délibération.

Le Bureau a unanimement délibéré:

1°. Que ladite conclusion du 7 Août n'étoit pas assez étendue, en ce qu'elle ne parloit pas des frais & qu'elle apposoit une condition qui n'étoit pas admissible.

2°. Que cependant dans la confiance que le Tribunal de l'Université adoptera en entier la présente délibération, le Bureau a approuvé le paiement fait par M. le Grand-Maître, le 31 Mai 1780, de la somme de deux mille livres.

3°. Que pour & au nom du Collège de Huban, le Bureau consent de payer à l'Université la somme de dix-huit mille livres par année, en faisant par l'Université la remise entiere, absolue & sans aucune restriction ou condition, de toutes les répétitions qu'elle pourroit faire contre le College de Huban, en principaux, intérêts & frais.

4°. Que lors du sixieme paiement desdits deux mille livres, qui se fera le 31 Mai 1785, il sera remis par le Receveur de l'Université la grosse du contrat de douze mille livres passé au profit de l'Université, le 3 Mars 1781, devant de Rancy & son Confrere, Notaires au Châtelet de Paris, comme soldé & acquitté.

5°. Que lors du neuvieme & dernier paiement, qui se fera le 31 Mai 1788, la grosse du contrat de six mille livres, passé devant le même Notaire le 6 Octobre 1731, sera pareillement remise par le Receveur comme soldé & acquitté.

6°. Qu'à la premiere assemblée du Tribunal de l'Université il sera pris une conclusion pour adopter purement & simplement la présente Délibération, d'après laquelle conclusion M. le Grand-Maître temporel, est & demeure autorisé à faire le second paiement de deux mille livres & les subséquents.

7°. Que par cette conclusion le Tribunal de l'Université fera remise au College de Huban de toutes ses créances de quelque nature qu'elles soient, en principal, intérêts & frais, même ceux des procès-verbaux faits en exécution des Arrêts de la Cour, devant MM. Lemoine, Montullé & de Montholon, Conseiller de Grand-Chambre, & ce sans aucune répétition, à la charge du paiement desdites 18000 livres.

8°. Que ladite conclusion du Tribunal de l'Université sera rapportée par M. le Grand-Maître au Bureau, pour être lue & ensuite déposée aux Archives parmi les papiers du College de Huban.

9°. Qu'expédition de la présente Délibération sera délivrée à MM. Guerin & Delneuf pour en faire le rapport au Tribunal de l'Université.

MM. Guerin & Delneuf étant rentrés, il leur a été fait lecture de la Délibération ci-deſſus, ils l'ont agréée, ont remercié le Bureau, & ont *ſigné.*

Du 19 Juillet 1781.

M. le Grand-Maître a remis ſur le Bureau un dire ſigné de lui, duquel il réſulte que le Tribunal de l'Univerſité, par conclufion du 14 du préſent mois, a accepté la Déli-libération du Bureau du 17 Mai dernier contenant les propoſitions faites par le Bureau au Tribunal, pour l'acquit de ſa créance ſur le Collége d'Huban, & qu'il a ordonné que ladite Délibération feroit inſcrite ſur les Regiſtres de l'Univerſité & exécutée.

Lecture faite dudit dire, il a été arrêté qu'il feroit dépoſé aux Archives & d'après l'acceptation faite par le Tribunal de l'Univerſité de ladite délibération du 17 Mai dernier, il a été en outre arrêté,

1°. Que les 2000 livres payées par M. le Grand-Maître le 31 Mai 1780, au Rece-veur de l'Univerſité, feront portées en dépenſe dans le compte du College de Huban de la préſente année claſſique & en recette dans celui du College de Louis-le-Grand;

2°. Qu'il ſera fait mention dans le compte du College de Huban de l'arrangement fait avec le Tribunal de l'Univerſité, & ce dans l'état des charges, lequel ſera en conſé-quence augmenté de 2000 livres par année, juſqu'au parfait paiement de la fomme de 18000 livres, montant de la créance de l'Univerſité.

CHAPITRE XV.

COLLEGE DE JUSTICE (364).

IL exifte dans ce College une fondation particuliere, faite par *Etienne Haro*; ce qui fera que ce Chapitre fera divifé en deux Articles.

Le premier, pour le *College de Juftice.*

Le fecond, pour la *fondation Haro.*

ARTICLE PREMIER.

College de Juftice.

Lors de l'Arrêt du 7 Septembre 1762, qui ordonnoit aux Bourfiers des Colleges de non plein exercice de fuivre les claffes du College de Louis-le-Grand, il n'exiftoit, même depuis très-long tems, dans ce College que quatre Bourfiers. Le Principal, pour mettre des entraves à la réunion, engagea le Provifeur à en doubler le nombre; mais le Bureau, par fa Délibération du 27 Septembre 1764, les a réduits à quatre, fans cependant préjudicier à ceux qui pour lors étoient titulaires. D'après cet hiftorique, vu les notes qui font ajoutées à la Délibération du 27 Septembre 1764 ci-après, on fe réduira à réunir ici les mêmes détails que l'on a déja vus fur les autres Colleges.

1°. Ses revenus, au moment de la réunion, n'étoient que de *fix mille huit cens livres,* & ils font actuellement de *dix mille trois cens fix livres;* fes charges, y compris une *penfion* de *cent vingt livres* pour l'ancien Portier (365) de ce College, & le montant de fes *réparations* fixées à *treize cens livres* par la Délibération du 3 Mai 1781, font de *fix mille neuf cens huit livres,* d'où il réfulte que *l'excédent* de fes revenus fur fes charges eft de *trois mille trois cens quatre-vingt-dix-huit livres;* au furplus, il avoit en caiffe au premier Octobre 1780, la fomme de *huit mille trois cens trente livres;* mais ce reliquat n'a pas fuffi pour payer ce qui reftoit dû d'une réparation extraordinaire faite à la maifon du College en 1780; cette réparation formoit en totalité un objet d'environ 18000 livres; en effet, fuivant le bordereau de caiffe arrêté le 19 Juillet 1781, (après le paiement de tous les ouvriers), ce College s'eft trouvé redevoir à la caiffe commune *cinq mille fix cens quarante-deux livres.*

2°. On ne doit, d'après les obfervations ci-deffus, compter fes *Bourfiers,* lors de la réunion, qu'au nombre de *quatre,* & il en exifte actuellement *huit;* dont *fix* pour la premiere fondation; favoir, *quatre* pour le diocèfe de Rouen, & *deux* pour celui de Bayeux;

---

(364) *Premier département.*

(365) Cette penfion a été créée par Délibération du 16 Juillet 1778.

à l'égard des deux autres Bourfiers, ils font pour la fondation *Lizet*, & doivent être *un* de la ville de *Paris*, & *l'autre* de la ville de *Salers*.

3°. En 1763, fes *dettes* étoient de *vingt-deux mille fept cens quatre-vingt-une livres*, qui font payées, avec près de *vingt mille livres* qu'il lui en a coûté en 1768, 1769, 1779, pour des *reconftructions* & réparations extraordinaires ; quant aux *dix-huit mille livres* montant des réparations de 1780, il n'en refte de dû qu'environ *cinq mille livres*, ainfi qu'il eft obfervé an numéro 1er, ci-deffus.

4°. Il a été originairement fondé dans ce College *dix-huit* Bourfiers ; favoir, *douze* pour la premiere fondation, dont *huit* pour le *diocèfe de Rouen*, & *quatre* pour *celui de Bayeux*; mais de ces *douze* Bourfes, il n'y en a actuellement d'exiftantes (ainfi qu'il vient d'être établi dans le numéro 2 ci-deffus) que *la moitié* ; ces Bourfes étoient à la nomination du *Provifeur*, dont par Arrêt du Parlement du 3 Août 1765, les fonctions ont été confiées au Chapitre de Rouen. Le Bureau eft en inftance au Confeil pour la fuppreffion de cette place, & ce n'eft que d'après les Lettres Patentes que le Roi donnera à ce fujet, que l'on peut favoir quel fera le nominateur.

La *treizieme* Bourfe eft fondée par *Etienne Haro*, pour *un Enfant-de-Chœur de la Cathédrale de Rouen*, & eft par la fondation à la *nomination de ce Chapitre*. (Voyez pour cette Bourfe l'article II, ci-après).

Les *cinq* autres Bourfes font fondées par le *Premier Préfident Lizet*, & font à la nomination du *Prieur de Saint Victor; trois* font pour *Paris*, & *deux* pour *la Ville de Salers en Auvergne*, diocèfe de Clermont; ce font les *Officiers Municipaux de Salers* qui préfentent au *Prieur de Saint Victor* les Bourfiers qui font à leur nomination, ils doivent affirmer l'indigence du fujet qu'ils préfentent pour être Bourfier ; le Prieur de Saint Victor eft auffi le *Collateur* des trois Bourfes pour *Paris*; de ces cinq Bourfes le Bureau n'a encore pu en rétablir que deux, ainfi qu'il eft dit au numéro II, ci-deffus; mais il faut obferver que quant aux *Bourfiers* pour *Paris*, ils doivent être *orphelins*.

Voyez au furplus ci-après la Délibération du 19 Juillet 1781.

Du 27 Septembre 1764.

Messieurs les Administrateurs, particulierement chargés de tout ce qui concerne le College de Justice, rendant compte dudit College, ont dit que les Exécuteurs testamentaires de Jean de Justice, en exécution de son codicile du 29 Août 1349, établirent en 1353 dans la maison du Fondateur, située rue de la Harpe, un College pour douze pauvres Ecoliers ;..... savoir, huit du diocèse de Rouen, & quatre du diocèse de Bayeux. Outre les douze Boursiers, la fondation établit un Proviseur qui doit prêter serment en l'Université & demeurer au College, sous peine de destitution, en cas d'absence pendant six mois. Il ne retire aucun émolument de sa place, mais il a la collation de toutes les Bourses. Depuis la mort du dernier Proviseur, la Cour en a, par Arrêt, suspendu la nomination (366). La fondation établit aussi un Principal & un Procureur amovibles & un

---

(366) L'Arrêt est du 8 Mai 1764. Par autre Arrêt du 3 Août 1765 cette suspension a été levée ; ce second Arrêt est conçu en ces termes :

La Cour fait main-levée de la surséance portée par l'Arrêt du 8 mai 1764, à l'élection d'un Proviseur, vacant par le décès de Demilly, Evêque d'Avranches ; en conséquence ordonne que le Proviseur du College de Justice continuera de remplir les fonctions de Supérieur Majeur dudit College de Justice, conformément aux Lettres Patentes du 21 Novembre 1763, & pour régler la maniere dont il sera procédé à la nomination du Supérieur Majeur renvoie les Parties pardevers le Roi, & néanmoins ordonne que, *par provision*, le Chapitre de l'Eglise de Rouen nommera aux Bourses dudit College, & fera toutes les autres fonctions dudit Proviseur Supérieur-Majeur dudit College, conformément aux Lettres Patentes du 21 Novembre 1763 ; jusqu'à ce que par le Roi il y ait été pourvu en la forme ordinaire.

D'après cet Arrêt, le Chapitre de Rouen obtint dans le même mois, des Lettres Patentes qui lui réunissoient la qualité de Proviseur ; le Bureau qui en fut instruit, forma le 5 Septembre opposition à l'enregistrement de ces Lettres Patentes, ce qui l'empêcha. Par Arrêt du lendemain il fut renvoyé à statuer sur l'opposition du Bureau au second samedi d'après la saint Martin, mais cet Arrêt n'a pas été exécuté, le Bureau ayant, par Délibération du 3 Octobre 1765, arrêté de se pourvoir en rapport de ces Lettres Patentes ; rapport qui a été ordonné par Arrêt du 17 Juillet 1768 ; différentes raisons particulieres, & notamment la révolution de 1771 ont empêché de suivre cette affaire, dont le Bureau n'a pu s'occuper que le 6 Juillet 1780, qu'il a pris la Délibération suivante.

5°. Que le Roi ayant, par Arrêt de son Conseil du 17 Juillet 1767, ordonné le rapport des Lettres Patentes du mois d'Août 1765, obtenues par le Chapitre de l'Eglise de Rouen, par lesquelles il avoit été ordonné que la place de Proviseur de ce College demeureroit à perpétuité unie au Corps dudit Chapitre, auquel appartiendroit la nomination des douze Bourses fondées dans ce College par Jean de Justice, & la collation des autres Bourses y fondées ainsi que tous les autres droits de Supérieur Majeur, & ayant en outre été ordonné par ledit Arrêt, que sur ce qui concernoit la place de Proviseur dudit College, droits & fonctions y attachées, le Bureau d'administration, l'Archevêque & Chapitre de Rouen, l'Evêque & Chapitre de Bayeux & autres prétendans droits à la nomination des Bourses fondées dans ledit

II. Partie.

Ppp

Chapelain perpétuel. Le Principal & le Procureur doivent toucher une Bourse & demie, & le Chapelain deux Bourses ; le Principal actuel réunit sur sa tête les trois places......

En 1554, Pierre Lizet, Premier Président du Parlement de Paris, fonda au College de Justice cinq Bourses, dont deux pour la ville de Salers en Auvergne, & trois pour les pauvres orphelins de Paris ; le Curé & les Consuls de Salers, qui ont le droit de présentation des bourses affectées à leur Ville, doivent affirmer l'indigence du sujet qu'ils présentent ; & faute par eux de présenter dans les trois mois de la vacance, la présentation est dévolue au Prieur & Couvent de Saint Victor de Paris, à qui appartient de droit la présentation des Bourses fondées pour Paris......

Sur quoi, vu la fondation de Jean de Justice, de 1349,.............. celle du Premier

---

College ; ensemble le Recteur de l'Université de Paris, & le Grand-Maître temporel du College de Louis-le-Grand, au nom des Boursiers du College de Justice, remettroient à Sa Majesté les Titres, Pieces & Mémoires qu'ils aviseroient pour, d'après les dispositions des Lettres Patentes du 21 Novembre 1763, y être par le Roi pourvu & statué ainsi qu'il appartiendroit ; lequel Arrêt auroit été signifié à la requête du Bureau, aux Recteur & Syndic de l'Université, à M. l'Archevêque & au Chapitre de Rouen, & à M. l'Evêque & au Chapitre de Bayeux, Parties au procès; & le Bureau ayant, conformément audit Arrêt, fait sa production, ainsi qu'il résulte de ses Délibérations des 3 Mars & 19 Mai 1768, il a été arrêté que M. la Mothe, Avocat aux Conseils, sera autorisé à poursuivre incessamment le jugement définitif de cette affaire.

En exécution de cette Délibération il a été présenté une requête, sur laquelle est intervenu, le 2 Juin 1781, un Arrêt conçu en ces termes:

» Le Roi étant en son Conseil a ordonné & ordonne que le sieur Archevêque de Rouen & le Chapitre de l'Eglise Métropolitaine de Rouen & les autres prétendans droits à la no-
» mination des Bourses fondées dans le College de Justice, à la réserve du Grand-Maître
» temporel du College de Louis-le-Grand, audit nom de Grand-Maître, & du sieur Evêque
» de Bayeux ; ensemble les Recteur & Syndic de l'Université de Paris, & le Grand-Maître tem-
» porel dudit College de Louis-le-Grand, au nom des Boursiers du College de Justice, seront
» tenus de remettre, dans trois mois pour tout délai, leurs Titres, Piéces & Mémoires entre
» les mains du sieur de Néville, Maître des Requêtes, que Sa Majesté a commis & subrogé
» à cet effet au sieur Esmangard, pour en communiquer aux sieurs d'Aguesseau & de Marville,
» précédemment commis par l'Arrêt du 6 Juin 1766, & aux sieurs Bertier de Sauvigny, Evêque de
» Senlis, & Taboureau, Conseillers d'Etat, que Sa Majesté a pareillement commis à cet effet,
» pour ladite remise faite dans ledit délai, ou faute de ce faire, être par Sa Majesté, sur le
» rapport dudit sieur de Néville, en présence & de l'avis desdits sieurs Commissaires, fait
» droit aux Parties, ainsi qu'il appartiendra. Fait au Conseil d'Etat du Roi, Sa Majesté y
» étant, tenu à Versailles le 2 Juin 1781. *Signé* AMELOT.

Au surplus, si l'on veut avoir plus de détails sur cette affaire, il faut consulter les Délibérations des 17 Mai, 5 Septembre, 3 Octobre 1765, 20 Janvier & 20 Mars 1766, 3 Mars, 17 Mai & 16 Juin 1768, & notamment le Mémoire approuvé lors de la Délibération du 17 Mai 1765, & depuis imprimé (y compris les Statuts de ce College du 12 Novembre 1358) en soixante-une pages *in-*4°.

Président de Lizet, de 1554, ensemble l'avis de l'Architecte du Bureau d'administration sur l'état des maisons dépendantes du College de Justice,

LE BUREAU délibérant a arrêté....

5°. Que pour procurer au College le moyen de payer ses dettes & remplir les engagemens précédemment contractés avec les différens ouvriers, les Boursiers actuels de la premiere fondation, vacance advenante des Bourses, seront réduits à trois, deux pour le diocèse de Rouen, & un pour le diocèse de Bayeux; les Bourses de la fondation Lizet a une seule, alternativement pour la ville de Salers, & pour la ville de Paris, en commençant par celle de Salers.....

7°. Que cependant les huit Boursiers actuellement existans dans le College de Justice, seront reçus dans le College de Louis-le-Grand.....

9°. Qu'arrivant l'augmentation du revenu du College de Justice par l'acquittement des dettes ou autrement, il sera rétabli des Bourses selon l'ordre qui suit; savoir, pour la premiere fondation, trois à la fois, dont deux pour le diocèse de Rouen, & une pour le diocèse de Bayeux; & que pour la fondation Lizet il en sera rétabli une; & que pour le surplus, selon qu'il en sera délibéré par le Bureau (367).......

14°. Que le mobilier du College, estimé par gens à ce connoissans, la somme de 600 livres appartiendra au College de Louis-le-Grand, à la charge de tenir compte au College de Justice de ladite somme de 600 livres.

Nota. Cette Délibération a été homologuée par Arrêt du 11 Décembre 1764, déposée aux Archives par autre Délibération du 20 Décembre audit an.

Du 19 Juillet 1781.

MESSIEURS les Administrateurs particuliérement chargés du College de Justice, ont observé que les Bourses de ce College sont affectées à différens diocèses, & qu'en conséquence ils croient qu'il seroit utile de fixer l'ordre qui sera suivi à toujours pour la création ou suspension des Bourses de ce College; que pour y parvenir, il faut observer que la fondation originaire étoit de douze Bourses, dont les deux tiers pour le diocèse de Rouen, & un tiers pour celui de Bayeux; qu'à l'égard de la fondation de Lizet, elle a été originairement faite pour cinq Bourses, dont trois pour la ville de Paris, & deux pour la ville de Salers en Auvergne; que pour cette fondation, le Premier Président Lizet a donné deux maisons dans Paris, l'une située rue aux Fers, actuellement louée 900 livres, & l'autre située rue de la Mortellerie, louée 1400 livres, avec 600 liv. en argent, dont l'emploi n'est pas bien constant; qu'en conséquence le revenu de cette fondation n'est que de 2300 livres, somme insuffisante pour fournir à la pension de cinq Boursiers, puisque sur cette somme il faut déduire les impositions royales, les réparations,

---

(367) C'est ce qui a été fait par les Délibérations des 12 Octobre 1775 & 2 Janvier 1778, qui ont rétabli quatre Bourses.

& environ le quart de la part contributoire (368) du College de Justice aux dépenses communes, vu que ces 2300 livres font à-peu-près le quart des revenus de ce College, qui montent à environ 10000 livres; que de plus le Bureau, dans la fixation qu'il fera, doit avoir égard à ce que les deux maisons dépendantes de la fondation Lizet ont été presque rebâties à neuf depuis trente ans, & ont coûté au College environ 50000 livres.

Sur quoi la matiere mise en Délibération.

LE BUREAU a unanimement arrêté que les Bourses de ce College seront rétablies, ou supprimées quatre à quatre; savoir, trois pour la fondation originaire, dont deux pour le diocèse de Rouen, & une pour celui de Bayeux, & une pour la fondation Lizet; qu'à l'égard des Bourses de la seconde fondation, elles seront partagées entre les Villes de Paris & de Salers, en commençant par la Ville de Paris; qu'en conséquence existant actuellement dans ce College huit Bourses, lesquelles, par la Délibération du 2 Janvier 1778, ont été affectées de la même maniere qu'il est porté en la présente Délibération, la premiere création qui sera faite, sera de quatre Bourses; se réservant le Bureau, lors de cette création, de fixer une époque différente pour l'entrée desdits quatre Boursiers, suivant qu'il sera délibéré.

Il a été arrêté de plus que dans le cas où il n'existeroit dans le College de Justice que quatre Bourses, & que conséquemment il n'y en auroit qu'une pour la fondation Lizet, cette Bourse sera alternativement remplie par un enfant de Paris, & par un enfant de Salers.

Enfin, il a été arrêté qu'après qu'il aura été rétabli seize Bourses dans ce College, ce qui complettera les douze Bourses de la premiere fondation, & en formera quatre pour la fondation Lizet, deux pour Paris & deux pour Salers; dans le cas où les revenus du College permettroient de créer une dix-septieme Bourse, elle servira à completter la fondation Lizet, & sera affectée à la ville de Paris.

Et sera la présente Délibération imprimée dans le recueil arrêté le 28 Mai dernier, dans le quinzieme Chapitre de la deuxieme Partie, à la suite de celles relatives au College de Justice.

Noms des Fondateurs & Bienfaiteurs du College de JUSTICE.

1. *Jean de Justice*, Prêtre, Chantre de l'Eglise de Bayeux, Fondateur du College, 1349.

2. *Guillaume Racine*, Prêtre, Médecin du Roi de France & du Duc de Normandie, Chanoine des Eglises de Beauvais & de Senlis, l'un des Exécuteurs testamentaires de Jean de Justice, 1353.

3. *Robert de la Mothe*, Prêtre & Curé de Sannie au diocèse de Rouen, l'un des Exécuteurs testamentaires de Jean de Justice, 1353.

4. *Denis Duclerc*, Prêtre, Docteur en Théologie de la Faculté de Paris, l'un des Exécuteurs testamentaires de Jean de Justice, 1358.

(368) Elle est en totalité de 900 livres.

5. *Nicolas Durescu*, Prêtre & Curé de la paroisse de Saint-Waast de Sainneville, 1398.

6. *Etienne Haro*, Prêtre, Chanoine & Pénitencier de l'Eglise de Rouen, & Proviseur du College, Fondateur d'une Bourse, 1509.

7. *Guilaume Guerin*, Prêtre, Abbé de Behelluin, 1513.

8. *Jean Guillebert*, 1519.

9. *Pierre Richard*, Prêtre & Chanoine de l'Eglise de Troyes, 1519.

10. *Julien Resnel*, Prêtre & Chapelain du College, 1556.

11. *Jacques de Lavase*, Prêtre & Procureur du College, 1561.

12. *Jean Ligeaulx*, Prêtre, Prieur de Saint-Michel de Bouquonvilliers, 1561.

13. *Pierre Lizet*, Premier Président du Parlement de Paris, Fondateur de cinq Bourses, 1563.

14. *Jacques Gervais*, Prêtre, Chapelain & Procureur du College, 1582.

15. *Nicolas Morel*, Prêtre & Curé du Mailly, près Longjumeau, 1582.

16. *Jean Tourneroche*, Prêtre & Principal du College, 1583.

17. *Olivier Poly*, Prêtre & Procureur du College, 1584.

18. *Anselme de Bellengreville*, 1585.

19. *Jeanne* & autre *Jeanne Cossart*, sœurs, 1612.

20. *Jean Lemoine*, Prêtre, Curé & Chefcier de l'Eglise Sainte-Opportune, & Proviseur du College, 1632.

21. *Nicolas de la Cour*, Prêtre habitué de la paroisse Saint-André-des-Arcs, 1632.

ARTICLE II.

Fondation Haro (369).

CETTE fondation n'eft pas encore bien confidérable, c'eft même le Bureau qui lui a donné un commencement d'exiftence (370), & le *Chapitre de Rouen*, qui en eft le *nominateur*, lui aura un jour l'obligation du rétabliffement de cette Bourfe; fes revenus ne font, quant actuellement, que de *cent livres*, & elle avoit en caiffe au premier Octobre 1780, la fomme de *deux cens vingt-cinq livres*.

Du 27 Septembre 1764.

MESSIEURS les Adminiftrateurs, fpécialement chargés du College de Juftice, ont dit..... qu'en 1509 Etienne Haro, Provifeur du College d'Harcourt, fonda deux Bourfes à la préfentation du Chapitre de Rouen, & donna pour cela une fomme de 1200 livres; ces deux Bourfes ont été réduites dans l'inftant de la fondation à une feule, & ce, de l'avis & du confentement du Chapitre même de Rouen; ce titre affimile le Bourfier de cette feconde fondation aux Bourfiers de la premiere,..............

Sur quoi........ vu la fondation d'Etienne Haro de 1509........

LE BUREAU délibérant a arrêté........

8°. Qu'attendu l'infuffifance des fonds donnés en 1509 par Etienne Haro, & le défaut de juftification de l'emploi defdits fonds, la Bourfe par lui fondée demeurera fufpendue, jufqu'à ce qu'autrement il en ait été délibéré par le Bureau.

Le Bureau s'eft plufieurs fois occupé de cette fondation: on fe contentera de rapporter ici les Délibérations les plus importantes relatives à cette fondation : ces Délibérations font des 20 Octobre & 20 Décembre 1764, 17 Janvier 1765, 2 Janvier 1778, & 2 Septembre 1779.

Du 20 Octobre 1764.

M. l'Abbé de Beniere, Chanoine & Député du Chapitre de Rouen, a demandé à entrer au Bureau ; & ayant été introduit, a fait des repréfentations relativement à la Délibération du 27 Septembre dernier, qui détermine la forme de la réunion du College de Juftice, & dont l'article VIII porte que la Bourfe Haro, à la nomination du Chapitre de Rouen, fera fufpendue jufqu'à ce qu'il en ait été autrement délibéré ; lui retiré,

LE BUREAU a perfifté dans ladite Délibération du 27 Septembre dernier, & a chargé M. le Préfident Rolland d'expliquer audit Député les motifs d'icelle Délibération, & de l'affurer que le Bureau avoit reconnu le droit du Chapitre de Rouen de nommer à la Bourfe

---

(369) *Premier département.*

(370) Si l'on a foin de placer exactement fes revenus toutes les fois qu'il y aura 1000 livres en caiffe, il pourra y avoir un Bourfier vers 1826.

Haro, & comptoit faire faire emploi au profit de ladite Bourſe, du revenu annuel des
1200 livres données par Etienne Haro ;

Ledit Député rentré, M. le Préſident Rolland lui a fait entendre le contenu en la préſente Délibération ; & ſur la demande par lui faite, il a été arrêté qu'il lui ſera donné une
expédition de ladite préſente Délibération.

Du 20 Décembre 1764.

M. l'Abbé de Beniere, Chanoine & Député du Chapitre de Rouen, a demandé à
entrer ; & ayant été introduit, a préſenté au Bureau une Conſultation, ſignée d'anciens
Avocats au Parlement, & datée du premier Décembre préſent mois, ſur les Délibérations
du Bureau des 27 Septembre & 20 Octobre dernier, relativement à la Bourſe Haro du
Collège de Juſtice, & a demandé qu'il plût au Bureau de vouloir bien prendre cette affaire
en conſidération ; ſur quoi la Délibération a été remiſe au premier jour.

Du 17 Janvier 1765.

Sur quoi le compte rendu par M. de Sainfray de la Conſultation communiquée au
Bureau par M. l'Abbé de Beniere, Chanoine & Député du Chapitre de Rouen, relativement à la fondation Haro dans le Collège de Juſtice, il a été arrêté que le Bureau
perſiſte dans ſes Délibérations, des 27 Septembre & 20 Octobre 1764.

2 Janvier 1778.

Messieurs les Adminiſtrateurs, ſpécialement chargés du Collège de Juſtice, ont dit que
par la Délibération du 27 Septembre 1764, qui fixe les conditions de la réunion de ce College dans celui de Louis-le-Grand, les deux Bourſes fondées en 1509 par Etienne Haro pour
des Enfans-de-Chœur de l'Egliſe Cathédrale de Rouen, ont été ſuſpendues, & ce attendu
qu'il n'a été orginairement donné pour cette fondation que la ſomme de 1200 l. une fois
payée ; que par cette raiſon même ces deux Bourſes avoient été réduites à une ſeule, peu
de tems après leur création, ainſi que l'atteſtent les Proviſions de ce Bourſier ; mais qu'en
ſuſpendant cette Bourſe, le Bureau avoit pris des précautions pour la rétablir un jour,
en ordonnant que l'on mettroit à part le produit de ces 1200 livres, pour être placé au
profit de cette fondation, & que quand le revenu ſeroit ſuffiſant pour la penſion d'un
Bourſier, il ſeroit rétabli ; que pour aſſurer l'exécution de cette Délibération, ils pro-
poſeroient de fixer à 800 livres les arrérages (371) des 1200 livres données originairement,
& d'ordonner qu'il ſera inceſſamment placé 2000 livres au profit de la fondation Haro ;
que ce premier placement aſſurera, quoique dans un avenir très-éloigné, le rétabliſſement
d'une Bourſe qui leur paroît d'autant plus importante, que cette Bourſe ſera en faveur
des Enfans-de-Chœur de l'Egliſe de Rouen.

Sur quoi la matiere miſe en Délibération,

---

(371) Le Bureau n'a cru devoir faire un fonds que des arrérages qui avoient courus depuis la
réunion, & ne pas remonter à des tems plus éloignés, & antérieurs à ſon adminiſtration.

LE BUREAU a unanimement arrêté qu'il fera placé inceffamment au profit de la fondation Haro dans le College de Juftice une fomme de 2000 livres, & que dans la déclaration qui fera faite dans le contrat qui fera accepté par MM. les Adminiftrateurs particulierement chargés du College de Juftice, & par M. le Grand-Maître, la préfente Délibération, & celle du 20 Octobre 1764, feront relatées.

Arrêté en outre qu'expédition de la préfente Délibération fera envoyée par le Secrétaire au Chapitre de Rouen, tant comme exerçant par provifion les fonctions de Provifeur, que comme étant en vertu d'une Sentence du Châtelet de Paris du 30 Mai 1556, préfentateur de ladite Bourfe de Haro, le tout fans préjudice de la conteftation exiftante, entre le Bureau & le Chapitre de Rouen, relativement aux Lettres Patentes du mois d'Août 1765.

Du 2 Septembre 1779.

LE BUREAU délibérant fur le compte de la derniere année claffique a arrêté ,..........

5°. Que pour entrer dans l'efprit des Délibérations des 27 Septembre, 20 Octobre & 20 Décembre 1764, 17 Janvier 1765, & 2 Janvier 1778, il fera tenu, à commencer de la préfente année, par le Commis à la tenue des regiftres, un regiftre particulier par la fondation d'Etienne Haro, à l'effet de quoi il fera porté en dépenfe dans le regiftre du College de Juftice pour la préfente année, le montant des arrérages qui ont été reçus de la rente de 100 livres, conftituée fur les Etats de Bretagne,........... & lefdits arrérages feront portés en recette dans ledit regiftre de la fondation de Haro, & à la tête dudit regiftre ladite Délibération du 2 Janvier 1778, & la préfente feroit tranfcrite.

Voyez de plus ci-deffus (372) la Délibération du 19 Juillet 1781.

(372) Dans le premier article de ce Chapitre, pag. 487.

CHAPITRE XVI.

COLLEGE DE LAON (373).

LE Préfident Coufin a fait dans ce College une fondation qui s'adminiftre féparément; ce qui néceffite à divifer ce Chapitre en deux articles.

Le premier fera pour le *College de Laon.*

Et le deuxieme pour la *fondation Coufin.*

ARTICLE PREMIER.

College de Laon.

Lorfque M. Del'Averdy, Commiffaire nommé par les Arrêts des 6 Août, 7 Septembre 1762, & 25 Novembre 1763, fe rendit, le 1er Décembre fuivant, au College
de Laon, pour, en exécution des Lettres Patentes du 21 Novembre précédent, faire
tranfporter au College de Louis-le-Grand les papiers du College de Laon, le fieur
Lecomte, qui en étoit Principal, fit la plus grande réfiftance, & ce ne fut pas fans difficulté que M. Del'Averdy parvint à exécuter la miffion dont il étoit chargé; peu après ce
Principal décéda, & alors, par Arrêt du 20 du même mois, M. Fourneau, en qualité de
Grand-Maître temporel du College de Louis-le-Grand & des Colleges y réunis, fut
autorifé à fe faire remettre tout ce qui fe trouveroit fous les fcellés du fieur Lecomte,
& à faire la recette & la dépenfe relative audit College. M. l'Evêque de Laon (M. le
Cardinal de Rochechouard) forma oppofition à cet Arrêt, ainfi qu'à l'enregiftrement
des Lettres Patentes du 21 Novembre précédent, en ce que l'on en vouloit induire la
réunion du College de Laon dans celui de Louis-le-Grand. Par un premier Arrêt du 11
Janvier 1764, en renvoyant à l'Audience la requête de M. l'Evêque de Laon, la Cour
ordonna, par provifion, l'exécution de celui du 20 Décembre précédent; enfin cette conteftation fut jugée contre l'Evêque de Laon, par Arrêt définitif du 24 du même mois(274).

D'après ces Arrêts, on s'occupa de la réunion du College de Laon, & elle fut effectuée
par la Délibération du 20 Juillet 1764; les reconftructions & dépenfes à faire dans ce
College ont néceffité depuis d'en fufpendre quelques Bourfes (375); on ajoutera feulement aux détails contenus dans les Délibérations ci-après ou dans les notes y jointes.

I. Que lors de la réunion, les revenus de ce College étoient de *treize mille livres* (276),

---

(373) *Quatrieme département.*

(374) *Voyez* ci-après ces deux Arrêts.

(375) Délibérations des 15 Juin, 6 & 20 Juillet 1780, & 17 Mai 1781, ci-après.

(376) Ils font portés à 14221 livres dans l'état imprimé dans le Mémoire de M. le Préfident
Rolland, page 95, parce que dans cet état on a réuni les biens du College de Laon & ceux
de la fondation Coufin, qui font féparés dans le préfent Recueil.

II. Partie. Qqq

& qu'ils font actuellement de *dix-neuf mille foixante-feize livres ;* que fes charges actuelles, y compris *la penfion de fept cens vingt livres* pour fon ancien Maître, & le montant de fes réparations fixées à *quatre mille livres* par la Délibération du 3 Mai 1781, font de *feize mille fept cens quarante-fix livres ;* qu'ainfi fon *excédent* feroit de *deux mille trois cens trente livres ;* mais cet excédent eft actuellement diminué de *deux mille deux cens cinquante livres,* & réduit à *quatre-vingt livres* par l'exiftence de cinq des Bourfiers fupprimés; qu'au furplus cet excédent augmentera :

1°. Par la fortie fucceffive (377) des cinq des Bourfiers fufpendus par les Délibérations des 6 & 20 Juillet 1780, & encore réfidens dans le College de Louis-le-Grand, ce qui fera un objet de 2250 livres.

2°. Par la ceffation de la penfion viagere de l'ancien Principal, de 720 livres.

3°. Par la fufpenfion prononcée les 20 Juillet 1780 & 17 Mai 1781, de trois Bourfiers, dont les Bourfes n'étoient pas pleines, objet de 320 livres de revenus, ce qui portera l'excédent à 3370 livres.

Au furplus, ce College étoit débiteur à la caiffe commune, au premier Octobre 1780, de la fomme de *douze mille huit cens quatre-vingt-dix livres ;* debet qui au premier Septembre 1781 étoit réduit à *dix mille cent foixante-quatre livres.*

II. Que fes dettes étoient en 1763 de *vingt-huit mille huit cent quarante-fix livres,* toutes exigibles; qu'elles font toutes payées, ainfi qu'environ *vingt mille livres* qu'il en a coûté pour la reconftruction d'une maifon, fife Montagne Sainte-Genevieve, à l'exception cependant du débet mentionné ci-deffus.

III. Qu'il exiftoit alors *vingt-neuf* Bourfes, & qu'il en exifte encore *vingt-cinq ;* mais que par les Délibérations des 20 Juillet 1780, & 17 Mai 1781, il y en a eu douze de fupprimées ou fufpendues (378), y compris les quatre alors vacantes, de façon qu'il ne lui reftera plus, jufqu'à l'acquittement de fes dettes, que *dix-fept* Bourfiers.

IV. Quant à fes Bourfes, au moyen des fufpenfions ordonnées par les Délibérations des 20 Juillet 1780 & 17 Mai 1781, il n'en refte plus que *dix-fept ;* favoir, douze de la premiere fondation (379), la Bourfe fondée par *Jean le Caron,* dit de Montchallon (380); celle par *François de Montaigu ;* celle fondée par *Raoul de Harbes* (381), une pour la fondation de *Jean Motel* (382), & une pour la fondation *Tilorier* (383).

L'*Évêque de Laon* eft *Collateur* libre des Bourfes de la *premiere fondation,* ainfi que de

---

(377) En fufpendant ces Bourfes, on a confervé aux Titulaires leur droit ; & comme plufieurs de ces Bourfiers ne font qu'en Troifieme ou Cinquieme, cette fufpenfion ne s'effectuera pas promptement.

(378) Savoir, neuf Bourfes pleines, & trois qui payoient un fupplément.

(379) Il y en a cinq de cette fondation de fufpendues.

(380) Ce Bourfier doit être de la famille du Fondateur, ou à fon défaut du village de *Montchallon.*

(381) Faute de parens, les habitans de *la Hérie* font appellés.

(382) Ce Bourfier doit être de la famille du Fondateur, ou à fon défaut du village d'*Origny.*

(383) S'il ne fe trouve pas de parens, il faut nommer des fujets du village de *Marle.*

celle de François de Montaigu, & feulement affujetti à choifir les *fujets dans fon diocefe ;* mais quant aux Bourfes de *Raoul de Harbes, Jean le Caron* & *Jean Motel*, il eft obligé de la conférer aux parens des Fondateurs s'il s'en trouve, finon à un habitant des villages *de la Herye*, de *Montchallon*, ou *d'Origny*, fis dans le diocèfe ; & faute de fujets dans ces villages, il peut choifir dans tout fon diocèfe.

Pour ce qui eft de la Bourfe *Tilorier*, elle eft auffi affectée à la *famille*, avec préférence pour le nom de *Garbe ;* & *faute de fujets*, elle peut être poffédée par ceux de la *ville* & *fauxbourgs de Marle ; le Curé* & *Maire de la ville de Marle*, conjointement avec *l'aîné de la famille Tilorier*, en eft *Préfentateur ;* mais fi *cet aîné n'avoit pas vingt-cinq ans, le Curé de Saint Nicolas de Marle préfenteroit en fon lieu* & *place.*

V. De plus ce College eft chargé, en exécution des conventions faites le 14 Avril 1644 avec *Lucien Stupra*, & du teftament de *Jean Aubert*, du 23 Janvier 1650, de payer à leurs *pauvres parens ;* favoir, pour la *fondation Stupra* 100 livres, & pour la *fondation Aubert* 50 livres : on obfervera à ce fujet que quant aux parens de *Lucien Stupra*, il doit être choifi *chaque année* une *fille* pour lui faire apprendre un *métier.*

Du Jeudi 26 Juillet 1764.

Délibération de
réunion du Col-
lege de Laon. Messieurs les Administrateurs spécialement chargés de ce qui concerne le Collège
de Laon, fondé en l'Université, ont dit que la premiere fondation de ce College a été
faite au mois de Janvier 1313, par Guy de Laon, Chanoine des Eglises de Laon & de
Saint-Quentin, & Tréforier de la Sainte-Chapelle de Paris; qu'il fut d'abord placé dans
une même maison avec le College de Presles, fondé par Raoul de Presles, Avocat en
Parlement, & Clerc du Roi, en faveur des Ecoliers du diocèse de Soissons; que cette
maison étoit sise rue du Clos Brunel, aujourd'hui rue Saint Jean de Beauvais; qu'en 1323
les deux Fondateurs séparerent les deux Colleges, & que celui de Presles, auquel le choix
fut déféré, fut chargé de 24 livres parisis de rente envers le College de Laon; que par des
Statuts dressés en 1327, Guy de Laon établit dans son College seize pauvres Ecoliers ou
Boursiers originaires de la ville ou du diocèse de Laon, entre lesquels il ordonna qu'il
seroit choisi un Maître ou Principal & un Procureur... que M. l'Evêque de Laon est établi
Supérieur-Visiteur & Réformateur du College, & que toutes les Bourses sont à sa pleine
collation....

     Qu'il s'est fait un très-grand nombre d'autres fondations de Boursiers dans le College.

     Qu'en 1353, *Adée de Cerny*, legua 20 livres parisis de rente pour la fondation d'un
Chapelain chargé de quatre Messes par semaine, & que ses Exécuteurs testamentaires
y ajouterent 15 sols parisis de rente pour deux Obits; que les rentes ne subsistent plus
depuis très-long tems, & seroient en tout cas très-insuffisantes pour l'acquit de la fondation; que cependant il existe dans le College un Etudiant-Chapelain prétendu de la fondation d'Adée de Cerny.

     Qu'en 1364 les Exécuteurs testamentaires de *Jean de Coucy*, Docteur en Médecine,
délivrerent au College une rente de 36 livres parisis, sur une maison sise rue de la Montagne Sainte-Genevieve, à l'enseigne du Chef Saint-Denis, pour la fondation de deux
Boursiers étudians en Médecine; que cette rente, quand elle subsisteroit aujourd'hui en
entier, seroit fort éloignée de suffire pour la subsistance desdits deux Boursiers; mais
qu'en effet le College, depuis un tems immémorial, ne jouit plus que de 44 sols parisis
de rente sur une maison susdite rue de la Montagne-Sainte-Genevieve, qui paroît être
celle dont il s'agit, ou en avoir fait partie.

     Que *Jean le Caron*, dit de Monchalon, par son testament du 15 Mars 1352, legua au
College deux maisons, sises rue des Deux-Portes, dont la jouissance ne commença cependant qu'en 1375, pour la fondation d'un Boursier, pris par préférence dans sa famille,
& à défaut du village de Montchalon & enfin du diocèse de Laon; que le College
jouit de ces deux maisons, dont les loyers montent actuellement à plus de 1000 livres.

     Qu'en 1388, deux Bourses qui subsistoient depuis 1323, fondées des biens provenans
de la succession de *Raoul de Rousselot*, Evêque de Laon, en faveur de deux sujets du
diocèse; ..... furent réunies au College. Que les biens servans à la fondation de ces
deux Bourses consistoient en 46 liv. 12 sols 8 den. parisis de rente, dont il ne reste que

32 liv. parifis à prendre fur le domaine de Crefpy en Laonois, & 3 livres 15 fols tournois à prendre fur une maifon fife audit Crepy.

Que les Exécuteurs teftamentaires de *François de Montaigu*, Chanoine de Soiffons, par acte du 27 Mars 1389, firent ceffion & délivrance au College d'une maifon, terres & autres poffeffions fifes à Nouveau-le-Vineux, pour la fondation d'un Bourfier-Chapelain, chargé de dire quatre Meffes par femaine, ... que les biens provenans de ladite fondation ont été vendus avec les formalités requifes en 1675, moyennant la fomme de 5100 livres, qui ont été employées à la reconftruction d'un des bâtimens du College.

Que par acte du 27 Juin 1409, il fut fondé dans le College, des biens de la fucceffion de *Jean Motel*, Chanoine de Noyon, un Bourfier-Chapelain, de même qualité & aux mêmes conditions que ceux fondés par François de Montaigu & Adée de Cerny, & un Bourfier.... femblable à ceux fondés par Guy de Laon; que les Bourfiers doivent être par préférence de la famille du fondateur, enfuite de la ville d'Origny, & à défaut du diocèfe de Laon; que pour la fondation du Chapelain, il fut délivré au College cinq cens écus d'or, & une rente de 8 livres parifis fur une maifon rue de Bievre, ladite rente rachetable de 200 écus d'or, & qu'il y a tout lieu de croire que ce rachat a été fait, & que pour la fondation du Bourfier..... il fut donné au College,

1°. 10 livres parifis de rente fur une maifon fife rue de la Harpe, lefquelles furent rachetées en 1436 moyennant 120 livres, & que les 120 livres furent employées à l'achat de fix taffes & de deux aiguerres d'argent, pour éviter, eft-il dit, la diminution des monnoies qui varioient de jour à autre dans ce tems-là.

2°. 10 autres livres fur une maifon à Longjumeau, dont le College ne jouit plus.

3°. 1 livre parifis fur la maifon rue de Bievre, chargée de 8 livres parifis pour la Bourfe du Chapelain, & enfin 300 écus d'or; qu'il eft à préfumer que les fommes données pour ces fondations ont fervi à l'acquifition de la maifon des Singes, & de celle des Ecoliers de Dace, qui fut faite en ce même tems.

Que toutes les Bourfes ci-devant mentionnées font à la pleine collation de l'Evêque de Laon.

Que par acte du 27 Octobre 1536; *Michel Rouffel*, Prêtre, ancien Prieur de Saint-Denis-de-Poix, Ordre de Saint-Auguftin, dépendant de l'Abbaye de Saint-Quentin-lès-Beauvais, fonda dans le College une grande & une petite Bourfe, en faveur de deux Religieux de ladite Abbaye, & à leur défaut des enfans de Poix, diocèfe d'Amiens; que la préfentation de ces Bourfes appartient au Prieur régulier de Poix, pendant les deux premiers mois de la vacance, après lefquels elle eft dévolue au Prieur régulier, ou même au Prieur clauftral de Saint-Quentin, pendant les deux mois fuivans, & enfin après les deux mois elle retourne au Prieur féculier de Saint-Denis de Poix, pendant le cinquieme mois, après lequel la pleine collation appartient à M. l'Evêque de Laon, qui n'a que la fimple provifion & inftitution des fujets lorfqu'ils font nommés en tems opportun.

Que pour cette fondation il fut donné au College une fomme de 2500 livres, qui paroiffent avoir été employées en acquifition de rentes, qui ont été rembourfées en

1605, & dont le remboursement à servi à la construction de deux maisons, rue de la Montagne-Sainte-Genevieve.

Que le 3 Mai 1542, *Jean Berthoul*, Chanoine de l'Eglise de Paris, & Principal du Collège, y fonda une Bourse en faveur de sa famille, puis du village de Chaource & de celui de Montcornet; & à défaut des villages circonvoisins, que la nomination à cette Bourse appartient aux Maire & Echevins de Chaource, & l'institution à M. l'Evêque de Laon;.... Que les fonds donnés pour cette Bourse furent 910 livres en argent, qui paroissent avoir été employées à la construction de deux maisons, & une maison, cour & vignes au village d'Arcueil; que ces héritages furent vendus en 1700, moyennant la somme de 1050 livres, qui furent employées à la construction de deux maisons rue de la Montagne-Sainte-Genevieve.

Que le 16 Avril 1596, *Antoine le Pot*, Prieur du Prieuré de Saint-Mesme, dépendant de l'Abbaye de Saint-Quentin-lès-Beauvais, donna au College 640 écus d'or sol pour la fondation d'une Bourse Artienne en faveur d'un Religieux de ladite Abbaye, & à défaut d'un enfant de Presles ou des villages circonvoisins du diocèse de Beauvais; qu'il fut fait emploi des 640 écus en acquisition de deux parties de rentes; l'une de 40 livres, rachetée le 4 Juin 1602, moyennant la somme de 480 livres, & l'autre de 75 livres, dont le College n'a tiré que 975 livres en 1715; que les remboursemens ont été replacés sur le College même; que la nomination du Boursier appartient au Prieur claustral & Religieux de Saint-Quentin, & l'institution à M. l'Evêque de Laon.

Que le 5 Mars 1603, *Antoine Chrétien*, Curé de Nantouillet, fonda dans le College une petite Bourse, à la pleine collation de M. l'Evêque de Laon, en faveur d'un enfant de sa famille, & à défaut du village de Challenois, ou des lieux voisins du diocèse de Laon; que les biens donnés pour cette fondation ayant été constitués en rentes du vivant du fondateur, ont éprouvé plusieurs réductions, au moyen desquelles ces rentes ne sont aujourd'hui que de 122 livres 4 sols 10 deniers.

Que *Charles de Vandeuil*, Chanoine de Laon, par son testament du 15 Avril 1653, fonda une petite Bourse en faveur d'un Enfant-de-Chœur de l'Eglise de Laon, dont la nomination appartient au Chapitre de ladite Eglise, & l'institution à M. l'Evêque de Laon; qu'il fut payé pour cette fondation une somme de 3000 livres, mais qu'on ne trouve que 1000 livres employées à rembourser un créancier du College.....

Que le 20 de Mars 1678, *Gilles Tilorier*, Chanoine de Laon, fonda une petite Bourse en faveur d'un enfant de sa famille; & à défaut de la ville & fauxbourg de Marle, dont il déféra la nomination aux Curé & Maire de la ville de Marle, & à l'ancien de sa famille, s'il est âgé de vingt-cinq ans, sinon au Curé de Saint-Nicolas-sous-Marle, & l'institution à M. l'Evêque de Laon;.... qu'il fut donné au College pour cette fondation la somme de 4000 livres; savoir, 2000 livres en argent, & 2000 livres constituées par le fondateur sur le College de Boncourt, lesquelles ont été remboursées en 1713, & que lesdites 4000 livres ont été employées au rachat de quatre cinquiemes d'une rente de 250 livres constituée par le College; que le même Gilles Tilorier, par acte du 27 Août 1683, fonda une grande Bourse de la même qualité, & à la même nomination que le petit Bourſier, en ajoutant ſeulement un droit de préférence pour le nom de Garbe; qu'il voulut que le petit Bourſier paſſât à la grande Bourſe, ſans avoir beſoin d'une nouvelle nomination; . . . . qu'il donna pour cette fondation la ſomme de 7000 livres; ſçavoir, 5000 livres en argent, qui furent employées en un rembourſement, & 2000 livres en un contrat ſur les Aides & Gabelles, réduit au denier quarante, & ne produiſant aujourd'hui que 50 livres de rente.

Que tous les Bourſiers dont les fondations viennent d'être rapportées compoſent la Communauté du College, mais qu'il y a été fait d'autres fondations, dont il eſt indiſpenſable de donner connoiſſance.

Que *Raoul de Harbes*, Docteur en Médecine, & Chanoine de Chartres, par ſon teſtament du 18 Juin 1407, legua au College deux maiſons, l'une ayant pour enſeigne le Soufflet Vert, rue de la Montagne-Sainte-Genevieve, & l'autre rue Judas, à l'enſeigne de la Navette; qu'il chargea le Principal & le premier Chapelain d'adminiſtrer les biens de la fondation, & d'en diſtribuer à un, deux, trois, & même quatre enfans de ſa famille, & à défaut du village de la Herie; que ſes Exécuteurs teſtamentaires ayant négligé de donner à cette fondation une forme convenable, quoique le teſtateur les en eut expreſſément chargés, cette forme lui a manqué juſqu'à préſent; qu'après bien des révolutions, qu'il ſeroit inutile de rapporter, le College eſt reſté en poſſeſſion des deux maiſons, qui produiſent maintenant 1300 livres de loyers, & que cependant, par des arrangemens auxquels il ne paroît pas que la Juſtice ait préſidé, il n'eſt payé que la ſomme de 241 liv. 13 ſols 4 den. aux deſcendans de la famille de Harbes; & qu'enfin, ce qui forme cette fondation, paroît mériter une attention particuliere & une diſcuſſion plus étendue.

Que le 14 Avril 1644, *Lucien Stupra*, Prêtre habitué à Notre-Dame-des-Vertus, fournit au College une ſomme de 3000 livres, qui fut employée à la conſtruction de quelques édifices dans la maiſon du Soufflet Vert, pour laquelle le College s'obligea de lui payer 150 livres ſa vie durant; & après ſa mort à perpétuité celle de 100 livres, à de pauvres enfans de ſa lignée & parentée, entre leſquels il ſeroit toujours choiſi une fille pour leur faire apprendre des métiers; ce qui a été exécuté juſqu'à préſent.

Qu'à l'exemple de Lucien Stupra, *Jean Aubert*, Abbé de Saint-Remy-les-Sens, & Principal du College, par ſon teſtament du 23 Janvier 1650, inſtitua le College ſon légataire univerſel, voulant qu'il lui reſtât une ſomme de 1800 livres, au moins pour le revenu en être employé, moitié pour des enfans de ſa lignée, qui ſe trouveront en néceſſité, & moitié pour les Bourſiers qui ſeront malades au College (384); que le legs n'a produit, ſuivant un mémoire du 5 Avril 1659, qu'une ſomme de 1177 livres 19 ſols, & que néanmoins le College a payé réguliérement chaque année une ſomme de 50 livres aux pauvres parens du teſtateur.....

Que *Jean Bocquillart*, Chanoine de Laon, & ancien Principal du College, par ſon teſtament du 23 Octobre 1638, inſtitua le College & la Fabrique de Notre-Dame de Laon ſes légataires univerſels par égale portion; qu'il deſtina le legs fait au College à fournir

---

(384) Vu l'établiſſement d'une infirmerie, (*Voyez* ci-deſſus Iere Partie, Chapitre XII.) la totalité de la fondation *Aubert* tourne au profit de ſa parentée.

des fecours aux Bourfiers qui foutiendroient des actes publics en Théologie & en Médecine (385), & qu'il en laiffa la diftribution au Principal; que les revenus de cette fondation
fe trouvoient monter en 1645 à la fomme de 515 liv. 14 fols 3 den.; mais que par des
opérations qui n'annoncent pas beaucoup de prudence, ils font aujourd'hui réduits à 1391.
14 f. 6 den., auxquels il faut cependant ajouter 150 liv. à prendre dans les fruits de deux
Chapelles réunies à celle de Notre-Dame-de-Lieffe, mais que les 150 livres n'ont pas
encore été perçus; qu'il n'eft même dû au College que 100 liv. par an depuis 1734; que la
première des deux Chapelles réunies a vacqué, le titulaire de l'autre étant encore vivant....

Que par ce détail des fondations ci-devant rapportées, il paroît qu'il y a eu trente-
trois Bourfes de fondées dans le College, non compris les fondations de Harbes & Coufin, dont les fonds font diftingués de ceux du College; que depuis la mort du dernier
Principal, arrivée au mois de Décembre 1763, il eft refté dans le College quatre Bour-
fiers-Chapelains, fix autres grands Bourfiers, & dix-huit petits Bourfiers, en tout vingt-
huit; plus, les trois Bourfiers Coufin; que par le même détail il a paru que les fondations
poftérieures à celles de Guy de Laon, ne font pas également folides & fructueufes, &
que celle d'un Chapelain par Adée de Cerny, eft abfolument infuffifante; que celle de
Jean de Coucy, pour deux Etudians en Médecine, eft réduite à 2 livres 15 fols par an;
que la fondation Rouffelet, pour deux Bourfiers-Théologiens, a toujours été infuffifante,
& l'eft plus que jamais; que la fondation Rouffel, en faveur de deux Bourfiers, ne peut
fuffire pour un feul; que celle d'Antoine le Pot ne peut fournir au plus que 75 livres;
que celle d'Antoine Chrétien ne produit que 122 livres 4 fols 10 deniers; que celle de
Vandeuil, au plus, que 150 livres; la première, de Tilorier, au plus, 200 livres, & la
deuxieme 350 livres; que cette obfervation a paru néceffaire pour empêcher que les
Bourfes de fondations poftérieures ne nuifent à celles de la première fondation; que
cependant prefque toutes les Bourfes ayant été fondées en faveur de fujets du diocèfe
de Laon, on ne peut s'écarter de l'intention des fondateurs, en diftribuant dans une
jufte proportion les revenus libres du College, entre les Bourfiers qui le compofent.

Sur cet expofé, le Bureau délibérant a arrêté, ...

4°. Que le nombre & la qualité des fujets qui pourront remplir les Bourfes du College
de Laon, à mefure qu'elles viendront vacantes, même les revenus attachés à celles fondées par Antoine le Pot & Antoine Chrétien, feront reglés par la fuite, conformément
aux Articles ci-après.

5°. Que la Bourfe fondée par Adée de Cerny, celle fondée par Jean de Coucy, les deux
Bourfes fondées par Raoul Rouffelot, feront fufpendues jufqu'à ce qu'il en ait été autrement délibéré par le Bureau.

6°. Que les dix-fept Bourfiers fondés par Guy de Laon (386), le Bourfier fondé par
Jean le Caron, dit de Montchalon, celui fondé par François de Montaigu, & les deux

---

(385) Cet objet eft actuellement une charge du College, ainfi que de tous les autres, chacun
relativement à leurs Bourfiers. *Voyez* ci-deffus Iere Partie, Chapitre VIII.

(386) Ces dix-fept Bourfes ont été réduites à douze au moyen de la fufpenfion prononcée
par la Délibération du 20 Juillet 1780, ci-après.

fondés

fondés par Jean Motel (387), tous à la pleine collation de M. l'Evêque de Laon, subsisteront....

10°. Que les Bourses fondées par Michel Roussel seront réduites à une seule, & ladite Bourse à 125 livres par an (388)......

11°. Que la Bourse fondée par Jean Berthoul, en faveur d'un enfant de Chaource, sera conservée (389)......

12°. Que la Bourse fondée par Antoine le Pot sera réduite à 75 livres par an (390)....

13°. Que la Bourse fondée par Antoine Chretien sera réduite à 120 livres par an; qu'elle sera à la pleine collation de M. l'Evêque de Laon, en faveur d'un sujet qui ait les qualités requises pour la fondation (391)......

14°. Que la Bourse fondée par Charles de Vandeuil sera conservée (392); que conformément à ladite fondation, le Boursier sera chargé de donner trois fois par semaine des leçons de plein chant (393)......

15°. Que les deux Bourses fondées par Gilles Tilorier subsisteront (394)......

16°. Que tous lesdits Boursiers seront nommés ou présentés à ceux à qui le droit en appartient, suivant les différentes fondations; qu'ils seront tenus de se conformer aux Réglemens & usages de l'Université dans leurs cours d'études & obtention des degrés, à faute de quoi leurs Bourses seront vacantes de plein droit.

17°. Que la fondation de Harbes, dite du Soufflet Vert, n'ayant eu jusques ici aucune forme fixe contre l'intention expresse du fondateur, il sera formé des revenus de cette fondation une Bourse, réunie ainsi que les autres dans le College de Louis-le-Grand;... que ledit Boursier sera pris dans la famille du sieur Harbes, s'il se trouve quelques sujets capables dont la descendance de ladite famille soit prouvée, sinon du diocèse de Laon (395); .... que la nomination dudit Boursier appartiendra à M. l'Evêque de Laon....

20°. Que les revenus de la fondation Bocquillart seront employés à donner quelque secours aux Boursiers les plus pauvres ou qui se seroient le plus distingués dans leurs études, soit pour prendre le degré de Maître-ès-Arts, soit pour soutenir quelque thèse dans les Facultés supérieures, & que les secours leur seront accordés par le Bureau,

---

(387) Ces deux Boursiers ont été réduits à un par la Délibération du 20 Juillet 1780, ci-après.

(388) Ce Boursier est suspendu par la Délibération du 17 Mai 1781, ci-après.

(389) Cette Bourse est suspendue par la Délibération du 20 Juillet 1780, ci-après.

(390) Cette Bourse a été suspendue par la Délibération du 17 Mai 1781, ci-après.

(391) *Idem.*

(392) Cette Bourse a été suspendue par la Délibération du 20 Juillet 1780, ci-après.

(393) Cette clause n'a plus lieu, y ayant des Maitres de plein-chant d'établis pour tous les Boursiers. *Voyez* ci-dessus, Chap. IV, le Réglement pour les *Théologiens*, page 134.

(394) Par la Délibération du 20 Juillet 1780, ces deux Bourses ont été réduites à une seule.

(395) Vu la destination faite par ce Fondateur en faveur des enfans du village *de la Herie*, le Bureau a cru devoir affecter cette Bourse à un enfant de ce village, mais à défaut de parens du sieur de Harbes. *Voyez* les troisieme & sixieme états des Boursiers, ci-dessus dans la premiere Partie, Chap. V, pages 229 & 234.

II. Partie. Rrr

sur le témoignage du Principal du College de Louis-le-Grand (396); que les revenus des fondations Stupra & Aubert seront pareillement employés, en conféquence de Délibérations du Bureau, conformément à ce qui a été preścrit par les titres des fondations (397)......

26°. Que le mobilier dudit College de Laon, eſtimés 1800 livres par gens à ce connoiſſans, appartiendra au College de Louis-le-Grand, à la charge de compter audit College de Laon de ladite ſomme de 1800 livres.

Nota. Cette Délibération a été homologuée par Arrêt du 7 Août 1764, dépoſé aux Archives, en vertu de la Délibération du 9 Août 1764.

11 *Janvier* 1764. Arrêt provisoire qui confirme la réunion du College de Laon.

VU par la Cour, toutes les Chambres aſſemblées, la requête à elle préſentée par Jean-François-Joſeph, Cardinal de Rochechouart, Evêque & Duc de Laon, Pair de France, & en cette qualité Supérieur majeur & Collateur des Offices & Bourſes de la Maiſon & Société dite du College de Laon, Pierre-Nicolas d'Elvincourt, Prêtre Licentié en Théologie, de la Faculté de Paris, Commiſſaire député par ledit Evêque de Laon pour l'adminiſtration ſpirituelle & temporelle de la Maiſon, après le décès du nommé le Comte, dernier Principal en la Maiſon & Société des grands & petits Bourſiers dudit College de Laon, à ce qu'attendu que ladite Maiſon & Société du College de Laon n'eſt pas dans le cas d'être compriſe ſous la diſpoſition des Lettres Patentes du Roi du 21 Novembre 1763, enregiſtrées à la Cour le 25 du même mois, ladite Maiſon étant moins un College proprement dit, qu'un Séminaire particulier, deſtiné à former des ſujets pour le ſervice du diocèſe de Laon, & les motifs de la ſuppreſſion ordonnée par leſdites Lettres Patentes ne pouvant d'un autre côté s'appliquer à l'état de ladite Maiſon & Société de Laon, les Supplians fuſſent reçus oppoſans à l'Arrêt d'enregiſtrement dudit jour 25 Novembre dernier, en tant qu'on prétendroit faire porter la diſpoſition deſdites Lettres Patentes ſur ladite Maiſon & Société dite du College de Laon, il fût ordonné que pour être fait droit ſur ladite Requête d'oppoſition qui ſeroit ſignifiée au Procureur Général du Roi, les Parties en viendroient à l'Audience de la Cour, toutes les Chambres aſſemblées, au jour qu'il lui plairoit d'indiquer, à l'effet de quoi & attendu que tous les titres & pieces qui devoient ſervir à conſtater le véritable état de ladite Maiſon & Société de Laon en ont été déplacés de l'Ordonnance de MM. les Commiſſaires de la Cour, députés pour l'exécution deſdites Lettres Patentes, il fût ordonné que par proviſion leurſdits titres & pieces ſeroient communiqués aux Supplians ſous le récé-

---

(396) Il eſt accordé des ſecours à tous les Bourſiers pour prendre ces dégrés dans les Facultés, & ce conformément à ce qui ſe pratique pour tous les Colleges réunis. (Voyez ci-deſſus premiere Partie, Chapitre VIII, page 224 & 225.) Au ſurplus, quant au College de Laon, cette dépenſe eſt ordinairement ſupérieure au revenu de la fondation Bocquillart, fixé quant à préſent à 239 livres 14 ſols 6 deniers; ce revenu ſera augmenté de 50 livres après le décès de l'Abbé de la Fare, Chapelain de Notre-Dame de Lieſſe.

(397) On continue de payer chaque année 100 livres aux parens du ſieur Stupra, & 50 livres à ceux du ſieur Aubert.

piffé de leur Procureur , les Supplians fuffent pareillement reçus oppofans à l'Arrêt de la Cour rendu fur la Requête du Procureur Général du Roi, le 20 Décembre 1763, fignifiée le 24 du même mois, en ce que par ledit Arrêt Guy-Antoine Fourneau, en qualité de Grand-Maître du College de Louis-le-Grand, a été autorifé à fe faire remettre, & à dépofer dans fes coffres les deniers & titres qui pourroient fe trouver fous les fcellés appofés après le décès dudit le Comte, & en ce qu'il eft pareillement autorifé à faire dès-à-préfent toute la recette & dépenfe relatives & néceffaires auxdits Colleges & Bénéfices; faifant droit fur ladite oppofition, attendu que l'état dudit College n'eft point changé jufqu'ici, & ne peut l'être par provifion, il fût ordonné que les biens & revenus de ladite Maifon & Société continueroient d'être régis & adminiftrés par provifion, ainfi que par le paffé, par le Procureur en exercice de ladite Société, fous l'infpection dudit Commiffaire & dudit Evêque de Laon, en fa qualité de Supérieur majeur; à cet effet pleine & entiere main-levée fût faite des faifies & empêchemens faits ou qui pourroient l'avoir été à la requête dudit Fourneau entre les mains des Fermiers, Locataires & autres Débiteurs dudit College de Laon. Vu auffi les pieces attachées à la Requête, fignée le Queux, Procureur. Conclufions du Procureur Général du Roi : Oui le rapport de Me Jofeph-Marie Terray, Confeiller. Tout confidéré :

LA COUR, toutes les Chambres affemblées, renvoie les Parties à l'Audience, les Chambres affemblées, au Mardi 17 Janvier préfent mois, avec les Gens du Roi; & cependant, par provifion, ordonne que ledit Arrêt du 20 Décembre dernier fera exécuté; en conféquence, autorife ledit Guy-Antoine Fourneau à recevoir les loyers, fermages, revenus & autres fommes appartenantes audit College, nonobftant tous empêchemens, faifies & oppofitions faites ou à faire, à payer entre les mains dudit Fourneau tous fermiers, locataires & débiteurs contraints, quoi faifant ils en feront & demeureront bien & valablement déchargés; ordonne en outre que le préfent Arrêt fera fignifié à la requête du Procureur Général du Roi, tant audit Fourneau, qu'auxdits Cardinal de Rochechouart, d'Elvincourt, & aux Bourfiers, Fermiers, Locataires & Débiteurs dudit College de Laon. Fait en Parlement, toutes les Chambres affemblées, le onze Janvier mil fept cent foixante-quatre.

ENTRE Jean-François-Jofeph, Cardinal de Rochechouart, Evêque de Laon, & Pierre-Nicolas d'Elvincourt, Commiffaire par lui député pour l'adminiftration temporelle & fpirituelle du College de Laon de cette ville de Paris, après le décès du fieur le Comte, dernier Principal dudit College, demandeurs aux fins de leur Requête, inférée en l'Arrêt du 11 Janvier préfent mois, tendante à ce qu'ils fuffent reçus oppofans à l'Arrêt de la Cour du 25 Novembre dernier, portant enregiftrement des Lettres Patentes du 21 du même mois, en tant que l'on voudroit faire porter la difpofition defdites Lettres Patentes fur la Maifon & Société dudit College de Laon; en conféquence, qu'il fût ordonné que pour faire droit fur leur oppofition, les Parties en viendroient à l'audience de la Cour, toutes les Chambres affemblées; & à cet effet, que tous les titres & pieces de ladite Maifon, dé-

ARRÊT
du 21 Janvier
1764.
Qui déclare définitif ce'ui du 11 du même mois.

Rrr ij

placées de l'Ordonnance des Commiffaires de la Cour députés pour l'exécution defdites
Lettres Patentes, leur fuffent communiqués par provifion ; ils fuffent auffi reçus oppofans à l'Arrêt de la Cour rendu fur la requête du Procureur Général du Roi, le 20 Décembre dernier, fignifié le 24 dudit mois, en ce que par ledit Arrêt le fieur Guy-Antoine
Fourneau, en qualité de Grand-Maître du College de Louis-le-Grand, a été autorifé à
fe faire remettre & à dépofer dans fes coffres les deniers & titres qui pourroient fe trouver
fous les fcellés appofés après le décès dudit le Comte, & autorifé à faire toute la recette
& dépenfe relatives & néceffaires dudit College ; en conféquence, il fût ordonné que les
biens & revenus dudit College continueroient d'être régis & adminiftrés par provifion,
ainfi que par le paffé, par le Procureur en exercice de ladite Société, fous l'infpection
defdits demandeurs, en leur qualité de Supérieurs ; & qu'il fût fait pleine & entiere main-
levée des faifies & empêchemens faits à la requête dudit Fourneau, entre les mains des
fermiers, locataires & débiteurs dudit College de Laon, fur lefquelles Requêtes & demandes il a été ordonné par ledit Arrêt du 11 Janvier préfent mois, que les Parties en
viendroient à l'Audience avec le Procureur Général du Roi, au Mardi 17 dudit préfent mois, d'une part ; & le Procureur Général du Roi, défendeur d'autre part : Et
entre Pierre-Anne Roffat, Chanoine de l'Eglife de Laon, & Syndic du Clergé dudit Diocèfe ; faifant tant pour lui que pour tout le Clergé, & autorifé par acte d'affemblée générale dudit Clergé du 2 préfent mois, demandeur en Requête du 14 dudit préfent mois,
tendante à ce qu'il fût reçu, efdits noms & qualités, Partie intervenante dans la caufe,
d'entre lefdits fieurs Cardinal de Rochechouart, d'Elvincourt & le Procureur Général
du Roi, il lui fût donné acte de ce qu'efdits noms & qualités il adhéroit pour le Clergé du
Diocèfe de Laon aux conclufions prifes & à prendre dans la caufe par ledit fieur de
Rochechouart ; en conféquence, que lefdites conclufions lui fuffent adjugées, d'une part,
& le Procureur Général du Roi, & ledit fieur de Rochechouart & d'Elvincourt, défendeurs d'autre part : Et entre le Procureur Général du Roi, demandeur, fuivant fes
conclufions prifes judiciairement à la Barre de la Cour, tendante à ce que ledit Roffat
fût déclaré non-recevable dans fes demandes, que le Cardinal de Rochechouart & ledit
d'Elvincourt fuffent déboutés de celles par eux formées, & qu'il fût ordonné que lefdites
Lettres Patentes & Arrêts d'enregiftrement des 21, 25 Novembre, 20 Décembre dernier, & 11 Janvier préfent mois, feroient exécutés felon leur forme & teneur, d'une
part, & lefdits fieurs de Rochechouart, d'Elvincourt & Roffat, défendeurs d'autre part.
Après que Doulcet, Avocat du Cardinal de Rochechouart & autres ; & Langlé, Avocat
de Roffat, ont été ouis pendant deux Audiences, enfemble Joly de Fleury pour le Procureur Général du Roi.

LA COUR reçoit la Partie de Langlé Partie intervenante ; lui donne acte de ce
qu'elle adhere aux conclufions prifes par la Partie de Doulcet ; au principal, déclare la
Partie de Langlé non-recevable dans fon intervention ; déboute la Partie de Doulcet de
fon oppofition & de fes demandes ; ordonne que les Lettres Patentes du 11 Novembre
1763, & l'Arrêt d'enregiftrement du 25 du même mois, les Arrêts du 20 Décembre

audit an & 11 Janvier préſent mois, feront exécutés fuivant leur forme & teneur ; ordonne que le préſent Arrêt fera à la requête du Procureur Général du Roi, fignifié aux
Parties de Doulcet & de Langlé, notifié au Bureau d'Adminiſtration du College de Louis-le-
Grand. Fait en Parlement, toutes les Chambres affemblées, le vingt-quatre Janvier mil
fept cent foixante-quatre.

Du 15 Juin 1780.

Vu par le Bureau le compte du College de Laon, arrêté le 13 Mars dernier, pour
l'année claſſique, échue le premier Octobre 1779, il a été arrêté.....

 12°. Que fuivant ledit compte, l'excédent des revenus eſt de 4012 liv. 9 ſ. 8 den.,
en ce compris les 600 livres d'augmentation de revenu, produit par la nouvelle location
de la maiſon fituée rue de la Montagne Sainte-Genevieve, qui a été reconſtruite l'année
derniere, laquelle n'étoit auparavant louée que 750 livres, & l'a été par le nouveau bail
1350 livres ; que l'augmentation de la penſion des Bourſiers, à compter du premier Octobre 1779, conformément à l'article premier des Lettres Patentes du 19 Mars dernier,
forme un objet de 1300 livres, & que les réparations des maiſons dans Paris fe montent,
par année, à 4160 livres, en faifant une année commune fur neuf, d'où il réfulte que les
charges de ce College excédent aujourd'hui fes revenus d'environ 1400 livres ; que la
reconſtruction de la maiſon dont il vient d'être parlé s'eſt montée à environ 16000 liv.,
qui font actuellement payées ; ce qui eſt cauſe que fuivant le bordereau de caiſſe arrêté
cejourd'hui, ce College eſt débiteur à la caiſſe commune de la fomme de 19965 livres
14 fols 11 deniers ; que dans ces circonſtances il eſt néceſſaire de faire une fuſpenſion de
Bourſes, capable non-feulement de faire rentrer au College les 1400 livres, dont fes
charges ordinaires excédent annuellement fes revenus, mais encore de payer les 20000 l.
ou environ dont ce College fe trouve dans ce moment débiteur ; que cette fuſpenſion
ne peut être moindre que de fept Bourſes, qui, jointes aux deux que MM. les Evêques de
Laon laiſſent volontairement vacantes depuis la réunion, pour fournir au paiement de
la penſion viagere accordée à l'ancien Sous-Maître, forment le nombre de neuf Bourſes ;
qu'au moyen de cette fuſpenſion, il n'en exiſtera plus que douze pour le Dioceſe de
Laon ; que cette fuſpenſion eſt d'autant plus néceſſaire, que le debet de ce College ne fera
que s'augmenter par l'exiſtence de tous les Bourſiers actuels, la fuſpenſion ne pouvant
avoir lieu qu'à meſure que les Bourſes deviendront vacantes ; & pour opérer légalement
cette fuppreſſion, il a été arrêté que M. l'Abbé d'Elvincourt, repréſentant de M. l'Evêque
de Laon, fera invité de fe trouver au prochain Bureau ordinaire, qui fe tiendra le 10 du
mois prochain, pour en délibérer, & ce dans la forme preſcrite par les Lettres du premier
Juillet 1769.

Délibérations qui ordonnent la fuppreſſion de deux Bourſes & la fuſpenſion de dix, dont feulement fept Bourſes pleines & trois dont les Bourſiers donnent des fupplémens.

6 Juillet 1780.

Le Bureau ayant été averti que M. l'Abbé d'Elvincourt étoit dans la Chambre du
Confeil, il a été introduit, & a pris féance après M. le Subſtitut.

 Après quoi, lecture a été faite de ladite Délibération du 15 Juin dernier, & difcuſſion
faite du contenu en icelle, la matiere miſe en Délibération,

Il a été unanimement arrêté qu'il fera fufpendu neuf Bourfes dans le College de Laon, y compris les deux Bourfes que MM. les Evêques de Laon ont volontairement laiffé vacantes depuis la réunion de ce College à celui de Louis-le-Grand, pour fournir à la penfion viagere accordée au fieur Pourier, ancien Sous-Maître ; & fur la repréfentation faite par M. l'Abbé d'Elvincourt, que M. l'Evêque de Laon demandoit que cette fufpenfion ne portât pas feulement fur les vingt-une Bourfes, auxquelles il nommoit indiftinctement des fujets de tout fon diocèfe, mais fur toutes les Bourfes fondées dans ce College, le Bureau a prié MM. Tandeau de Marfac & Eftienne, particulierement chargés du College de Laon, d'examiner, conjointement avec M. l'Abbé d'Elvincourt, la nature des différentes fondations de Bourfes faites dans ce College, & de vérifier defquelles de ces fondations proviennent les maifons dont le College jouit actuellement, & quelles font celles defdites maifons qui ont le plus entraîné de dépenfe depuis la réunion, pour fur le compte qui en fera par eux rendu à la prochaine affemblée du Bureau, à laquelle M. l'Abbé d'Elvincourt, de fon confentement, demeure averti de fe trouver, y être délibéré, ainfi qu'il appartiendra, fur la demande de M. l'Evêque de Laon.

Du Jeudi 20 Juillet 1780.

M. l'Abbé d'Elvincourt, repréfentant de M. l'Evêque de Laon, étant entré au Bureau, a pris féance après M. le Subftitut.

MM. Tandeau de Marfac & Eftienne, particulierement chargés du College de Laon, ont dit qu'en exécution de la Délibération du 6 de ce mois, ils ont examiné, conjointement avec M. l'Abbé d'Elvincourt, les différentes fondations de Bourfes faites dans ledit College, & quels étoient les biens qui provenoient de ces fondations, & qu'ils avoient cru à propos de dreffer fur le tout un mémoire qu'ils ont remis fur le Bureau.

Sur quoi, lecture faite dudit mémoire, la matiere mife en Délibération,

Le Bureau a unanimement arrêté que ledit mémoire fera dépofé aux Archives, & que pour former le nombre de neuf Bourfes dont la fufpenfion a été déterminée par Délibération du 6 de ce mois,

1°. Les *deux Bourfes de la premiere fondation* du College que MM. les Evêques de Laon ont laiffé volontairement vacantes depuis la réunion, pour fournir à la penfion viagere du fieur Pourier, ancien Sous-Maître, *feront & demeureront fufpendues*, même arrivant le décès dudit fieur Pourier.

2°. Que la Bourfe dite de *Chaource*, fondée par Jean Barthoul, pour la dotation de laquelle il n'a été donné que la fomme de 1960 livres, & laquelle a cependant été confervée avec la penfion entiere par l'art XI de la Délibération du 26 Juillet 1764, portant réunion du College de Laon à celui de Louis-le-Grand ; ladite Bourfe actuellement remplie par le fieur Jean-Jacques d'Elvincourt, *fera & demeurera fufpendue*, vacance arrivant d'icelle par la retraite, démiffion ou décès dudit fieur d'Elvincourt.

3°. Que la Bourfe fondée par *Charles de Vendeuil*, par la dotation de laquelle il n'a été donné que la somme de 3000 livres argent comptant, laquelle a été aussi conservée avec la pension entiere par l'art. XIV de la Délibération du 26 Juillet 1764; ladite Bourse actuellement remplie par le sieur Fidele-Celestin-Seraphin Pepin, *sera & demeurera pareillement suspendue*, vacance arrivant d'icelle par la retraite, démission ou décès dudit sieur Pepin.

4°. Que les deux Bourses fondées par *Gilles Tilorier*, & pour la dotation desquelles il n'a été donné que la somme de 11000 livres, dont l'intérêt ne peut fournir que la pension d'un seul Boursier, lesquelles deux Bourses ont cependant été conservées avec la pension entiere par l'art. XV de ladite Délibération du 26 Juillet 1764, *seront & demeureront reunies en une seule Bourse*, & que la premiere desdites deux Bourses actuellement remplies par le sieur Abel-Claude-François Tilorier & Charles-François Tilorier, qui deviendra vacante, sera & demeurera éteinte & supprimée.

5°. Que les *deux Bourses* fondées par *Jean Motel*, à la pleine & entiere collation de M. l'Evêque de Laon, & pour la dotation desquelles il n'a été donné que la somme de 3120 livres, lesquelles deux Bourses ont cependant été conservées, avec la pension entiere, par l'art. VI de ladite Délibération du 26 Juillet 1764, *seront* dorénavant *reunies en une seule*, & qu'il ne sera plus reçu dans le College qu'un Boursier de la famille de Jean Motel, ou à défaut de parens du village d'Origny; & attendu que les deux Bourses sont confondues avec celle de la fondation du College, & qu'il n'a pas été fait de nomination particuliere pour ladite fondation, il a été arrêté qu'après que la suspension des neuf Bourses ci-devant ordonnées sera exécutée, la premiere Bourse qui sera à nommer, sera remplie par un parent de Jean Motel, ou à défaut, par un enfant du village d'Origny.

6°. Que pour completter le nombre des neuf Bourses dont la suspension est arrêtée, lesdites *deux Bourses* de la premiere fondation du College, *actuellement vacantes* par la retraite des sieurs François-Théodore d'Hennequin & Adrien-François Allon, *demeureront suspendues*, & qu'il n'y sera point nommé, & que la *premiere Bourse* de cette fondation *qui deviendra vacante*, sera pareillement & *demeurera suspendue*.

7°. Que cependant les sieurs Jean-Jacques d'Elvincourt, Fidele-Celestin-Seraphin Pepin & le Boursier Tilorier, supprimés, jouiront de leurs Bourses jusques à la fin de leurs études.

8°. Qu'au moyen de ladite suppression, ou suspension de neuf Bourses, & des dispositions contenues dans les articles précédens, vacance advenue des Bourses ci-dessus détaillées, il ne restera plus dans le College de Laon que dix-sept Bourses, avec la pension entiere; savoir, douze Bourses pour la fondation de Guy de Laon; la Bourse fondée par Jean le Caron, dit de Montchallon; la Bourse fondée par François de Montaigu; celle fondée par Raoul de Harbes; une Bourse pour la fondation de Jean Motel, & une Bourse pour la fondation de Gilles Tilorier; plus, trois Bourses, dont la pension n'est point entiere; savoir, la Bourse fondée par Michel Roussel, du revenu de 125 livres; celle fondée par Antoine Chretien, du revenu de 120 livres; & celle fondée par Antoine le Pot, du revenu de 75 livres, sur lesquelles trois Bourses il sera ci-après délibéré.

9°. Qu'expédition de la présente Délibération, ensemble de celle du 6 du présent mois, fera délivrée à M. de Sainfray, pour être par lui remife à M. le Procureur Général, lequel eft inftamment prié d'en requérir l'homologation en la Cour.

Arrêté en outre qu'après ladite homologation, expédition de la Délibération ci-deffus, de celle du 6 de ce mois, & de l'Arrêt homologatif d'icelle, feront adreffés par le Secrétaire-Archivifte à M. l'Evêque de Laon, Supérieur majeur dudit College de Laon, & qu'extraits de la Délibération de ce jour feront adreffés aux Maire & Echevins de la Ville de Chaource, Préfentateurs de la Bourfe fondée par Jean Barthoul; au Chapitre de Laon, Préfentateur de la Bourfe fondée par Charles de Vendeuil, & aux Maire & Curé de la ville de Marles, Préfentateurs des Bourfes fondées par Gilles Tilorier, chacun en ce qui les concerne.

Les Délibérations des 6 & 20 Juillet 1780 ont été homologuées par Arrêt du 5 Août fuivant, dépofé aux Archives par Délibération du 17 du même mois.

Du 17 Mai 1781.

Messieurs les Adminiftrateurs particulierement chargés du College de Laon, ont obfervé qu'en exécution de la Délibération du 20 Juillet 1780, le Secrétaire-Archivifte avoit écrit aux nominateurs des Bourfes fondées par Antoine Chrétien, Michel Rouffel & Antoine le Pot, à l'effet de les engager à fe conformer à l'art. III du titre II du Réglement de 1767; & en conféquence, de faire les fonds néceffaires pour completter ces fondations, en les prévenant que, faute par eux de fe conformer au Réglement de 1767, il fera par le Bureau, au mois de Janvier 1781, délibéré fur la fufpenfion, réunion ou fuppreffion defdites Bourfes.

Que lefdits nominateurs n'ont fait aucune réponfe à cette lettre; qu'en conféquence il paroît qu'ils ne font pas dans l'intention de fournir les fommes néceffaires pour completter ces fondations; qu'au furplus ils croient devoir obferver à MM. que les Bourfes d'Antoine Chretien & Michel Rouffel font actuellement vacantes, & qu'il n'y a de remplie que celle d'Antoine le Pot; qu'enfin les revenus de ces trois Bourfes réunies ne formeroient qu'un objet de 320 livres, ceux de la premiere étant de 120 livres, ceux de la feconde de 125 livres, & ceux de la troifieme de 75 livres.

Que pour finir de mettre en regle ce qui concerne les Bourfes du College de Laon, ils penferoient qu'il faudroit prendre au fujet de la Bourfe de Montchalon, la même Délibération qui a été prife le 20 Juillet pour le Bourfier Motel.

Sur quoi la matiere mife en Délibération, le Bureau a unanimement arrêté,

1°. Que les Bourfes fondées par Etienne Chretien & Michel Rouffel, actuellement vacantes, & celle d'Antoine le Pot, lorfque le Bourfier qui la remplit actuellement aura fini fa Phyfique, c'eft-à-dire à la fin de la préfente année claffique, feront & demeureront fufpendues jufques après l'entiere libération des dettes du College de Laon; & qu'après ladite libération, il fera ultérieurement délibéré par le Bureau ce qu'il fera convenable de faire defdites trois fondations, & le Secrétaire Archivifte a été chargé d'envoyer expédition de la préfente Délibération aux nominateurs defdites Bourfes.

2°.

2°. Qu'après la réduction ordonnée par la Délibération du 20 Juillet 1780, & la nomination du Bourfier Motel ordonnée par l'art. V de ladite Délibération, par les mêmes raifons que celles employées dans la Délibération du 20 Juillet 1780, relativement à la Bourfe de Motel; la premiere Bourfe, à la nomination libre de M. l'Evêque de Laon, fera remplie par un Bourfier de la famille de Jean le Caron, ou à fon défaut du village de Montchalon.

3°. Qu'il fera fait mention fur les comptes chaque année, jufqu'à l'entiere exécution, des Délibérations du 20 Juillet 1780, & de la préfente, des Bourfes fupprimées ou fufpendues par lefdites Délibérations.

Noms des Fondateurs & Bienfaiteurs du College DE LAON.

1. *Guy de Laon*, Prêtre, Chanoine des Eglifes de Laon & de Saint-Quentin, Tréforier de la Sainte-Chapelle de Paris, Fondateur du College, 1314.

2. *Raoul de Rouffelet*, Evêque de Laon, Fondateur de deux Bourfes, dont la nomination eft fufpendue, 1323.

3. *Raoul de Prefles*, Sire de Lify, Avocat du Roi au Parlement de Paris, 1329.

4. *Gerard de Montaigu*, Prêtre, Avocat du Roi au Parlement, & Chanoine des Eglifes de Paris & de Rheims, lequel a tranfporté le College dans l'Hôtel du Lion d'Or, qu'il a donné avec toutes fes dépendances, 1339.

5. *Jean Blondel*, Prêtre, Docteur en Théologie, & Principal du College, 1344.

6. *Jean Lebel*, Maître Apothicaire, & *Adée de Cerny* fa femme, Fondatrice d'une Bourfe, dont la nomination eft fufpendue, 1360.

7. *Jean de Coucy*, Prêtre, Docteur en Médecine, & Chanoine des Eglifes de Rheims & de Laon, Fondateur de deux Bourfes, dont la nomination eft fufpendue, 1364.

8. *Jean le Caron*, dit *de Montchalon*, Prêtre & Chanoine de Saint-Denis-du-Haut-Pas, Fondateur d'une Bourfe, 1375.

9. *Jean de Crecy*, dit *de Tronchon*, Prêtre & Procureur du College, 1380.

10. *Gerard de Buiffy*, dit *de Vervins*, Prêtre, Chanoine & Pénitencier de l'Eglife de Paris, 1387.

11. *Etienne Efcaillart*, Prêtre & Doyen de l'Eglife de Laon, 1390.

12. *François de Montaigu*, Prêtre & Chanoine de Soiffons, Fondateur d'une Bourfe, 1390.

13. *Quentin de Moy*, Confeiller au Parlement de Paris, 1391.

14. *Jean Violet*, 1398.

15. *Jean de Sainte-Croix*, 1400.

16. *Nicolas Ledifeur*, 1404.

17. *Jean de Monanteuil*, Prêtre, Chanoine de l'Eglife de Paris, & Principal du College, 1404.

18. *Gerard d'Athies*, Archevêque de Befançon, 1404.

19. *Gerard de Verfigny*, Prêtre & Principal du College, 1406.

I I. Partie. S ff

20. *Raoul de Harbes*, Prêtre, Docteur en Médecine, & Chanoine de l'Eglise de Chartres, Fondateur de quatre Bourses réduites à une seule, 1407.

21. *Jean Motel*, Prêtre & Chanoine de Noyon, Fondateur de deux Bourses, réduites à une seule, 1409.

22. *Michel d'Aubigny*, 1414.

23. *Jean de Roucy*, Evêque de Laon, 1418.

24. *Jean de Poilly*, 1450.

25. *Jean Watier* & *Marie Labataille*, 1456.

26. *Pierre Landreau*, Notaire au Châtelet de Paris, 1460.

27. *Jeanne*, veuve d'*Etienne de Nonnant* ou de *Nouvian*, Avocat du Roi en la Chambre des Comptes & en celle du Trésor, 1461.

28. *Jean de Lagny*, dit *de Marles*, Prêtre & Principal du College, 1465.

29. *Henry Dufour*, Bédeau de la Nation de Picardie, 1485.

30. *Jean de Vervins*, 1485.

31. *Robert de Landas*, 1485.

32. *Pierre de Bievre*, 1490.

33. *Pierre Hennart*, 1490.

34. *Jacques Desfontaines*, Prêtre & Principal du College, 1498.

35. *Jean de Louviers*, 1507.

36. *Gobert de Tournemeule*, Prêtre & Principal du College, 1513.

37. *Odon Carlier*, Prêtre & Chanoine de Laon, 1517.

38. *Gobert Tourier*, Prêtre de la ville de Laon, 1518.

39. *Jean de Mannay*, Prêtre, Chanoine & Archidiacre de Thierarche en l'Eglise de Laon, 1519.

40. *Jean Tournemeule*, Prêtre de la Ville de Laon, 1522.

41. *Michel Roussel*, Prêtre, ancien Prieur de S. Denis de Poix, Ordre de S. Augustin, au diocèse d'Amiens, Fondateur de deux Bourses, actuellement suspendues, 1536.

42. *Jean-Adrien Gemely*, 1540.

43. *Jean Beauvin*, 1541.

44. *Jean Gaugelin*, Prêtre & Chanoine de Laon, 1541.

45. *Jean Berthoul*, Prêtre, Chanoine de l'Eglise de Paris, & Principal du College, Fondateur d'une Bourse, actuellement suspendue, 1542.

46. *Jean Charpentier*, 1545.

47. *Jean Villain*, Prêtre, Chapelain & Procureur du College, 1555.

48. *Pierre Gourdoux*, Prêtre & Procureur du College, 1557.

49. *Guillaume Frialoux*, Prêtre & Chanoine de la Ferre, 1559.

50. *Gratien Herlin*, 1568.

51. *Pierre Thuret*, 1568.

52. *Jean le Moine*, Prêtre, Abbé de Saint-Basle, au diocèse de Laon, 1581.

53. *Antoine Baron*, Prêtre & Procureur du College, 1584.

54. *Guillaume Pauquier*, Prêtre & Curé de Conflaville, 1586.

55. *Claude Cardon*, Prêtre & Procureur du College, 1586.

56. *Antoine le Pot*, Prêtre, Prieur du Prieuré de Saint-Mefme, Ordre de Saint-Auguftin, dépendant de l'Abbaye de Saint-Quentin-lez-Beauvais, Fondateur d'une Bourfe, actuellement fufpendue, 1596.

57. *Antoine Chretien*, Prêtre, Prieur-Curé de Nantouillet, Fondateur d'une Bourfe, actuellement fufpendue, 1603.

58. *Marguerite Lecomte*, veuve de *Pierre Fournier* & de *Jean Lecoq*, 1624.

59. *Geoffroy de Billy*, Evêque de Laon, 1638.

60. *Jean Boquillart*, Prêtre, Chanoine de l'Eglife de Laon, & Principal du College, 1638.

61. *Jean Aubert*, Prêtre, Abbé de Saint Remi-lès-Sens & Principal du College, 1650.

62. *Charles de Vendeuil*, Prêtre & Chanoine de l'Eglife de Laon, Fondateur d'une Bourfe, actuellement fufpendue, 1656.

63. *Louis Dubois*, Prêtre, Aumônier du Roi, & Principal du College, 1657.

64. *Pierre Sarafin*, Prêtre, Chanoine & Théologal de l'Eglife de Chartres, 1661.

65. *Claudine Fournet*, veuve de *François d'Oquinquam*, Maître Apothicaire, & *Jean Fournet*, 1668.

66. *Louis Herman*, Prêtre & Chanoine de Saint-Quentin, 1670.

67. *Claude Sallé*, Prêtre & Chanoine de Laon, 1674.

68. *Etienne Mainon*, Avocat au Parlement de Paris, 1677.

69. *Gilles Tilorier*, Prêtre & Chanoine de l'Eglife de Laon, Fondateur de deux Bourfes, réduites à une feule, 1678.

70. *François Laffilez*, Capitaine au Régiment de Picardie, 1679.

71. *Jean Mullot*, Prêtre & Curé de Saint-Sulpice de Meilleraye, 1680.

72. *Nicolas de France*, Prêtre & grand Archidiacre de l'Eglife de Laon, 1681.

73. *Adrien Bertrand*, Prêtre, Chanoine & Théologal de l'Eglife de Laon, 1685.

74. *Philippe d'Ormay*, Prêtre & Principal du College, 1685.

75. *Jean Garbe*, Docteur-Régent de la Faculté de Médecine en l'Univerfité de Paris, 1687.

76. *Jean Toupet*, & *Anne Renard* fa femme, 1687.

77. *Pierre Paucet*, Prêtre & Chapelain du College, 1697.

78. *Pierre Paucet*, Prêtre & Chanoine de Saint-Quentin, 1697.

79. *Louis Coufin*, Préfident en la Cour des Monnoies, & *Guillaume Menguy*, Prêtre, fon exécuteur teftamentaire, Chanoine de l'Eglife de Paris, & Confeiller au Parlement, Fondateur de fix Bourfes, réduites à trois, 1708.

80. *Charles Marteau*, Docteur-Régent de la Faculté de Médecine de Paris, 1710.

81. *Genevieve Goifet*, époufe de *Charles Marteau*, Docteur en Médecine, 1710.

82. *Pierre Marteau*, Prêtre & Chanoine de Laon, 1710.

83. *François David*, Prêtre & Principal du College, 1737.

84. *Jean de Brie* & *Philiberte Rollin* fa femme, 1737.

ARTICLE II.

Fondation Cousin (398).

Les détails relatifs à cette fondation, sont,

1°. Que lors de la réunion ses revenus étoient de *douze cens vingt-une livres,* & qu'ils font actuellement de *seize cens une livres,* sur lesquels déduisant *quinze cens dix livres* pour ses charges, son *excédent* est seulement de *quatre-vingt-onze livres ;* elle avoit en caisse au premier Octobre 1780 la somme de *dix-neuf cens quarante-sept livres,* sur quoi, par Délibération du 3 Mai 1781, il a été ordonné qu'il en seroit placé *mille livres.*

2°. Que cette fondation n'avoit pas de dettes en 1763.

3°. Que ses *Boursiers* étoient & sont encore au nombre de *trois.*

4°. Que ses *Bourses* doivent être données au concours, excepté la premiere qui vacque après le sacre de l'Evêque de Laon, laquelle est à la libre collation de ce Prélat, mais les autres *sont présentés* par les *Chanceliers de l'Université en l'Eglise de Paris & en celle de Sainte-Genevieve,* & par le *Principal du College de Louis-le-Grand,* qui a succédé en cette partie aux droits du Principal du College de Laon, mais la *collation* en appartient à M. l'Evêque de Laon.

Nota. Au lieu du concours, les nominateurs se contentent actuellement de prendre des sujets qui ont été nommés aux prix de l'Université, & ce d'après l'Arrêt du Parlement du 11 Décembre 1779, qui autorise un pareil changement dans les Bourses particulieres du College de Louis-le-Grand (399).

---

(398) *Quatrieme département.*
(399) Voyez cet Arrêt ci-après, Chapitre XVII, Article V.

Du 26 Juillet 1764.

Messieurs les Adminiftrateurs fpécialement chargés du College de Laon, ont dit.....
que par contrat du 13 Novembre 1708, paffé entre M. l'Abbé Menguy, Confeiller
en la Cour, & les Principal & Bourfiers, il a été établi au College fix Bourfiers, fondés
par Louis Coufin, Préfident à la Cour des Monnoies; que les biens donnés pour les
Bourfes confiftoient en 2000 livres de rente fur les Aides & Gabelles, en trois contrats,
au denier vingt; que de ces fix Bourfiers il n'en eft refté que trois depuis 1720, les rentes
ayant été réduites au denier quarante; & qu'au moyen des fupplémens donnés par M.
l'Abbé Menguy, les revenus de cette fondation montent depuis ce tems à 1221 livres
6 fols; que ces trois Bourfes doivent être données au concours, & que la préfentation
en appartient aux Chanceliers de Notre-Dame, de Sainte-Genevieve, & au Principal du
College conjointement, & l'inftitution à M. l'Evêque, qui nomme auffi de plein droit
à la premiere defdites trois Bourfes, qui devient vacante après fon facre.

Sur quoi la matiere mife en Délibération, il a été arrêté......

18°. Que les fix Bourfes fondées par M. le Préfident Coufin, continueront d'être réduites à trois, jufqu'à ce qu'il en ait été autrement délibéré par le Bureau; qu'elles feront
pareillement réunies au College de Louis-le-Grand;..... que ces Bourfiers feront choifis &
nommés au concours par le Chancelier de Notre-Dame & de Sainte-Genevieve, & par
le Principal du College de Louis-le-Grand, & que la premiere defdites Bourfes qui deviendra vacante après l'avénement & le facre de M. l'Evêque de Laon, fera à fa pleine
collation.

CHAPITRE XVII.

COLLEGE DE LOUIS-LE-GRAND (400).

CE College eſt compoſé de pluſieurs fondations particulieres ; il a de plus une Bibliotheque, pourquoi ce Chapitre ſera diviſé en huit articles :

Le premier, pour le *College de Louis-le-Grand.*

Le ſecond, pour ſa *Bibliotheque.*

Le troiſieme, pour les fondations de *Bourſes*, au nombre de quatre, faites dans le
College de Louis-le-Grand du *tems des Jéſuites*, autres que les Bourſiers *Molony.*

Le quatrieme, pour les Bourſiers *Molony.*

Le cinquieme, pour les *Bourſiers* créés depuis la réunion ſur ſes *revenus particuliers.*

Le ſixieme, pour les Bourſiers *de Harlay.*

Le ſeptieme, pour les Bourſiers *Braquets.*

Le huitieme, pour le Bourſier *Pourchot.*

ARTICLE PREMIER.

Du College de Louis-le-Grand.

On ne conſidere ici ce College que comme un College particulier. Quant à la propriété de ſes bâtimens, on obſervera qu'auſſi-tôt après l'Arrêt du 6 Août 1762, qui ôtoit
l'enſeignement aux Jéſuites, & ſur-tout lorſque d'après l'Arrêt du 7 Septembre 1762, le
Parlement parut vouloir diſpoſer du College de Louis-le-Grand, les partiſans de la So-
ciété détruite répandirent dans le Public, & tâcherent de perſuader au feu Roi & à ſes
Miniſtres, que ce College appartenoit au Roi ; MM. les Commiſſaires furent même, en
Octobre 1762, obligés de rédiger en deux fois vingt-quatre heures un mémoire (d'après
les titres dépoſés au Greffe en exécution de l'Arrêt du 23 Avril 1762), pour diſſuader le feu
Roi des idées que l'on avoit voulu lui inſpirer à ce ſujet ; ces bruits déterminerent MM. les
Commiſſaires à conſtater la propriété des Jéſuites ; ce fut l'objet du compte rendu par
M. Del'Averdy le 14 Janvier 1763 (401) ; ce Magiſtrat porta, d'après les titres, juſqu'à
l'évidence la certitude de la propriété des Jéſuites ; il fut en conſéquence rendu, le 18 du
même mois, Arrêt (402) qui *donne acte à M. le Procureur Général de ce qu'il n'entendoit
rien reclamer des terreins & bâtimens appartenans aux Jéſuites, rue Saint Jacques.*

La propriété des Jéſuites une fois conſtatée, il s'enſuivoit que ces bâtimens étoient
deſtinés à l'éducation, & c'eſt ce qui fut jugé par l'Arrêt du 28 Juillet 1763 (403).

---

(400) *Premier département.*

(401) Voyez dans le Recueil de *Simon*, tome 6.

(402) Voyez cet Arrêt imprimé à la ſuite du compte du 14 du même mois.

(403) Voyez cet Arrêt ci-deſſus dans l'*Introduction*, page 8, *note 2.*

On ne doit point laiffer échapper ici une remarque ; favoir, que jufqu'en 1682, le College que les Jéfuites habitoient rue Saint-Jacques, & qui étoit compofé de plufieurs autres (404), s'appelloit le *College de Clermont*, parce qu'il avoit été d'abord fondé des deniers de *Guillaume Duprat*, *Evêque de Clermont* ; mais lorfque Louis XIV eut décoré par fes Lettres Patentes de Novembre 1682, le College des Jéfuites du titre de *College royal*, & eut bien voulu s'en déclarer *le Fondateur*, les Jéfuites crurent devoir mettre les armes du Roi fur la principale porte, & donner à leur College le nom du Prince qui les combloit de biens ; en conféquence, depuis 1682, ce College a été connu fous le nom de Collége de Louis-le-Grand ; mais comme cette qualification étoit perfonnelle aux Jéfuites, depuis le moment de leur expulfion, jufqu'à ce que le feu Roi eût de nouveau, par fes Lettres Patentes du 21 Novembre 1763, accordé à ce College le nom de fon illuftre bifaïeul ; les créanciers des Jéfuites & le Parlement ne le défignoient que par fon ancien nom ; & c'eft finguliérement fous la qualification de *College de Clermont* que M. Del'Averdy en parle dans fes comptes des 14 Janvier & 12 Novembre 1763, déja plufieurs fois cités (405).

Cette anecdote eft la feule que l'on fe permettra ici, le but de ce recueil n'étant nullement de parler des anciens habitans du College de Louis-le-Grand, mais pour la complétter, on croit devoir obferver que Louis XIV, à toutes les graces qu'il accorda aux Jéfuites, ajouta celle de leur donner fon bufte en marbre du célebre *Coylevox* (406). Les Jéfuites fentirent tout le prix de ce bienfait ; ils le placerent (407) fur le mur qui féparoit le jardin de leurs peres, des cours de ce College, mais de façon cependant qu'il regardoit le jardin. Attentifs à profiter de tout ce qui pouvoit leur être utile, les Jéfuites avoient rempli ce jardin (qui d'ailleurs étoit d'un côté fermé par les bâtimens de l'*Apothicairerie*) de plantes médecinales ; ce qui donna occafion au célebre Pere *Commirre* de faire, à l'occafion de ce bufte & du lieu où il étoit placé, un des plus beaux diftiques que l'on connoiffe à la gloire de Louis XIV (408). Ce diftique étoit gravé fur un marbre noir placé fous ce bufte.

Quant aux Bourfes qui ont été fondées du tems des Jéfuites (409), on en rendra

___

(404) Voyez le compte de M. *Del'Averdy.*, du 14 Janvier 1763, Recueil de *Simon*, tome 6.

(405) Voyez le Recueil de *Simon*, tomes 6 & 7.

(406) Auteur de plufieurs ftatues très-eftimées, & qui font à Verfailles ou dans Paris, & notamment des deux groupes qui font placés fur la terraffe des Thuileries, près le pont-tournant, qui repréfentent, l'un, la *Renommée*, & l'autre, *Mercure*, tous deux montés fur des chevaux ailés.

(407) Le Bureau d'Adminiftration l'a fait placer dans la grande cour, en face de la principale entrée du College.

(408) *En Lodoix, fcholas inter, plantafque falubres ;*
     Quam bene ftat, populi vita, falufque fui.

(409) Outre les Bourfiers dont il fera parlé dans les articles 3 & 4 ci-après, il en eft une efpece dont il a paru néceffaire de faire ici mention, ce font ceux que l'on appelle les *Enfans de Langues* : ils font au nombre de dix ; ce font de jeunes gens que le Roi entretient, aufquels il fait apprendre l'*Arabe*, le *Turc* & le *Perfan*. Ils doivent être nés dans le Levant ; ils

compte dans les articles III & IV ci-après, & dans les ſuivans, on parlera des Bourſes fondées depuis la réunion (410).

Pour, en conſéquence, ſe renfermer dans ce qui eſt relatif au College de Louis-le-Grand, comme College particulier, on devroit naturellement rappeller ici les emprunts, tant perpétuels que viagers, que le College de Louis-le-Grand a été obligé de faire, ſoit pour ſubvenir aux beſoins des Colleges réunis, ſoit pour fournir aux dépenſes que néceſſitoient l'établiſſement du College de Louis-le-Grand; mais comme ces différens emprunts ſont détaillés ci-deſſus dans *l'Introduction* (411), on ne croit pas devoir s'étendre ſur ces objets : on ſe bornera d'obſerver que les dépenſes conſidérables qu'ont entraînés ſoit la nouvelle diſtribution à faire de tous les bâtimens du College, pour y placer les Bourſiers (412), ſoit les arrangemens demandés par l'Univerſité, pour approprier à ſon uſage les ſalles qui lui ont été accordées (413) ; ſoit enfin l'acquiſition des lits, linges, vaiſſelles, & autre mobilier néceſſaire pour plus de ſix cens perſonnes, Maîtres, Bourſiers ou Domeſtiques, actuellement habitans dans le College ; joint à la perte énorme (414) qu'a éprouvée le College de Louis-le-Grand en ſe chargeant *ſeul* de la totalité du *déficit* qui s'eſt trouvé dans la caiſſe à la fin de l'Adminiſtration du Bureau intermédiaire ; ont obligé le College de Louis-le-Grand de conſommer non-ſeulement

---

ſont deſtinés à remplir les places d'Interprêtes, de Conſuls, & autres dans les Echelles du Levant ; ils ſont nommés par le Secrétaire d'Etat chargé de la Marine. Leurs penſions, dès 1763, a été fixée, ſavoir, celle des Eléves à 450 livres, celle de leurs Maîtres à 540 livres, & celle de leurs Domeſtiques à 360 livres, & ce indépendamment des honoraires des Maîtres, qui ſont payés par le Roi ſur le pied de 588 livres, & des gages du Domeſtique qui ſont fixés à 200 livres ; ils avoient été établis par Louis XIV à la fin du ſiecle dernier. Le feu Roi, par ſes Lettres Patentes du 21 Novembre 1763 (art. XXXIX) a ordonné qu'ils continueroient à habiter dans le College de Louis le Grand ; anciennement ils étoient vêtus comme les *Arméniens*, & en conſéquence les Ecoliers ſur-tout, les déſignoient ſous ce nom ; mais pendant la révolution de 1771, on les a habillés à la Françoiſe, avec cependant une eſpece d'uniforme.

(410) On ne parlera pas cependant dans ces articles des Bourſiers *Noirot*, qui ſont à la nomination de M. le *Procureur Général*, attendu que ces Bourſiers ne ſont pas réunis dans le College de Louis-le-Grand, & n'y ſont que tant qu'il conviendra à M. le Procureur Général, qui, à la vérité, les a placés au College de Louis-le-Grand depuis la réunion, mais qui peut les en retirer quand il le jugera à propos ; c'eſt ce qui a décidé à inſérer à la fin du préſent article, les Délibérations relatives à ces Bourſiers, & à n'en point faire un article particulier.

(411) Pages 29 & 30.

(412) Les perſonnes qui connoiſſent la différence des diſtributions des Colleges de l'Univerſité, & de ceux des Jéſuites, concevront aiſément que cet objet a été très-diſpendieux.

(413) Cette dépenſe a été conſidérable, & a excédé la ſomme de *100000 livres.*

(414) Ce *déficit* a été de plus de *200000 livres.* Voyez les Délibérations des 2 Janvier 1778, 19 Août 1779, & 15 Février 1781, ainſi que le compte du College de Louis-le-Grand, pour les ſept années claſſiques échéantes le premier Octobre 1777, ledit compte arrêté le 15 Juillet 1779.

le montant de ces emprunts, tant viagers que perpétuels (415), mais encore *cent trente-cinq mille six cens trente-neuf livres* de ses fonds particuliers, ainsi qu'il est constaté par les Délibérations du Bureau du 2 Septembre 1779, & 17 Mai 1781 ; cependant ces revenus sont encore suffisans pour faire face à ses dépenses personnelles ; & quoique l'on n'ait pas cru devoir entrer, dans les différens chapitres de cette seconde partie, dans les détails des biens des Colleges réunis, le desir de mettre au plus grand jour l'administration du Bureau, l'a décidé à s'éloigner pour le College de Louis-le-Grand, de ce qui a été pratiqué pour les Colleges réunis : on ne présentera cependant pas ici un tableau très-étendu des revenus & des charges du College de Louis-le-Grand, on se contentera d'insérer dans le présent article le résultat du compte pour l'année classique échue le premier Octobre 1780.

RÉCAPITULATION
Des revenus & des charges de ce College.

NATURE DE SES BIENS.	LEUR PRODUIT sans aucune distraction.	MONTANT des charges de ces biens, non compris les réparations.	PRODUIT NET de ces biens, non compris les réparations.
Rentes & arrérages (416)········	25007ᴸ 11ˢ 2ᵈ	············	25007ᴸ 11ˢ 2ᵈ
Exemptions, gratifications (417)··	45179 8 ″	710ᴸ 19ˢ 6ᵈ	44468 8 6
Acquit des fondations (418)·····	3490 ″ ″	2875 15 ″	614 5 ″
Contribution aux dépenses communes (419)············	31775 ″ ″	············	31775 ″ ″
Ferme de Montubois···········	1665 ″ ″	150 ″ ″	1515 ″ ″
Ferme de la Chauffée de Vacquemoulin (420)···············	3000 ″ ″	············	3000 ″ ″
Abbaye de S. Martin-au-Bois (421).	35253 8 ″	10201 3 4 / 15000 ″ ″	25252 4 8
Prieuré de Gargenville & Montalet.	2020 ″ ″	1000 ″ ″	1020 ″ ″
Prieuré de Villenauxe···········	6075 ″ ″	2897 ″ ″	3178 ″ ″
Maladrerie de Brie-Comte-Robert·	1800 ″ ″	395 ″ ″	1405 ″ ″
Maisons dans Paris·············	4162 ″ ″	560 9 5	3601 10 7
	160427ᴸ 7ˢ 2ᵈ	33790ᴸ ″ 3	126636ᴸ 19ˢ 11ᵈ

(415) Sur les *250000 livres*, montant de l'emprunt perpétuel, il y en a actuellement plus de moitié de remboursé.

(416) L'Arrêt du 24 Janvier 1764, qui envoie le College de Louis-le-Grand en possession des biens dont les Jésuites du College jouissoient, est le titre de propriété de la ferme de Montubois, des maisons dans Paris, & des rentes & arrérages, excepté quant aux rentes de celles

II. Partie.   Ttt

De ce détail il s'enfuit que, dans le fait, le revenu du College de Louis-le-Grand n'eſt que de 126636 livres.

Sur quoi les charges particulieres du College ſont,

1°. Les objets ci-deſſus mentionnés dans la Iere Partie, Chap. VIII, XI & XVII (422), & les autres dépenſes de l'Adminiſtration portées, année commune, à · · · · 47612

2°. Les penſions ou rentes viageres ſur quarante-huit têtes, montant à · · 21492ᵘ

3°. Les rentes perpétuelles & les rembourſemens · · · · · · · · · · · 15200

TOTAL · · · · · · · · · · · · · · 84304ᵘ

---

que le Bureau a depuis 1763, acquiſes pour former le remplacement de partie des principaux qu'il a reçus.

(417) Voyez les titres de ces objets dans la premiere partie, Chap. III, où ſont réunies toutes les Lettres Patentes regiſtrées à la Chambre des Comptes.

NOTA. Dans cet article ſont compris les 30000 livres des poſtes, dont, aux termes de l'article 20 des Lettres Patentes du premier Février 1769, regiſtrées en la Chambre des Comptes (ci-deſſus premiere partie, Chapitre III, p. 126.) le College ne doit jouir que juſqu'au 31 Décembre 1806.

Aux exemptions, conceſſions & gratifications mentionnées dans ces différentes Lettres Patentes, il faut ajouter trente-ſix lignes *d'eau d'Arcueil*, que Louis XIV a accordé au College de Louis-le-Grand par ſes Lettres Patentes de Novembre 1682, regiſtrées en Parlement, & dont le feu Roi a confirmé la conceſſion au College de Louis-le-Grand. Le Bureau a pris à ce ſujet une Délibération le 29 Décembre 1763, en ces termes.

« Lecture ayant été faite des Lettres Patentes de 1682, & ayant été rendu compte qu'il ne » venoit point d'eau au College de Louis-le-Grand, M. l'Empereur a été prié de vouloir bien » faire, auprès de MM. les Prevôt des Marchands & Echevins les démarches néceſſaires pour » procurer au College les trente-ſix lignes d'eau mentionnées auxdites Lettres Patentes. »

(418) *Voyez* ci-deſſus, Chap. II, p. 54, l'art. XXXVIII des Lettres Patentes du 21 Novembre 1763, & Chap. XIV, page 290, l'art. premier de la Délibération du 2 Avril 1767.

(419) Lettres Patentes du 20 Août 1767, & 19 Mars 1780, ci-deſſus, Iere Partie, Chapitre II.

(420) L'Arrêt d'envoi en poſſeſſion de cette ferme eſt du 7 Septembre 1764.

(421) Les Lettres Patentes du 16 Août 1764, ont confirmé l'union de cette Abbaye, des Prieurés de Gargenville & Montalet, & de Villenauxe, ainſi que de la Maladrerie de Brie-Comte-Robert.

En exécution de l'article III des Lettres Patentes du 16 Août 1764, regiſtrées au Parlement (ci-deſſus, premiere partie, Chap. II, pag. 60,) le College de Louis-le-Grand ne paiera aux Economats les 15000 livres dont il eſt grevé envers eux, que juſqu'au premier Janvier 1799.

En Décembre 1780, le Bureau a obtenu des Lettres Patentes pour la réunion à la Juſtice de Saint Martin-au-Bois, de la Juſtice Vicomtiere de Vacquemoulin ; voyez les Délibérations du Bureau des 7 Décembre 1780, 18 Janvier & 17 Mai 1781.

(422) Le Chapitre VIII contient la dépenſe des Bureaux, le Chapitre XI la dépenſe des Domeſtiques, & le Chapitre XVII celle des Maîtres.

Enfin, la nourriture de ses Boursiers qui, (au moyen des vingt-deux restans en Janvier 1781, des trente établis par le Bureau intermédiaire, & dont, en supprimant les Bourses, on a conservé les titulaires, par la Délibération (423) du 4 Décembre 1777), sont au nombre de près de quatre-vingt; ce qui fait, à 450 livres chacun, une dépense de 36000 livres; les gratifications; dépenses générales de l'Administration, &c..... Tous ces objets réunis font (ainsi qu'il est constaté dans le compte du College de Louis-le-Grand pour l'année classique échéant le premier Octobre 1780, ledit compte arrêté par le Bureau le 17 Mai 1781) que ces revenus n'excedent ses charges ordinaires que de 1933 livres; somme très-insuffisante pour le paiement des *réparations du Collège* (424); mais cet excédent s'augmentera presque tous les ans par le remboursement annuel des rentes perpétuelles (425), par la cessation de quelques pensions ou rentes viageres, ou enfin pour la sortie (426) des Boursiers créés par le Bureau intermédiaire.

Il est encore une charge que l'on ne doit perdre de vue; c'est celle imposée au College de Louis-le-Grand par les Lettres-Patentes du 21 Novembre 1763, enregistrées le 25 dudit mois, portant *Réglement au sujet des prétentions respectives entre les Administrateurs des Colleges ci devant desservis par la Compagnie & Société des Jésuites, & les Syndics des Créanciers de ladite Société.* La part contributoire que le College de Louis-le-Grand doit payer aux créanciers des Jésuites est fixée, par l'article IV de ces Lettres Patentes, à 300000 livres; cette somme ne doit, il est vrai, être payée, au terme de l'article VII, qu'après que l'ordre général des créanciers, & la contribution du mobilier, auront été homologués en la Grand'Chambre, & dans le cas seulement où il se trouveroit des créanciers qui n'auroient pas été utilement colloqués; le même article ordonne de plus que dans ce cas, le paiement ne se fera qu'en six ans; & même l'article suivant autorise le Parlement de prolonger ce délai, mais en en payant l'intérêt.

On ajoutera que sur ces 300000 livres, dans le cas où le Bureau seroit, (comme il n'est malheureusement que trop probable), obligé de les payer, il y aura une déduction à faire de 10400 livres de principal, avec les intérêts depuis 1765, suivant qu'il est constaté par la Délibération du 2 Septembre 1779, ci-jointe en note (427).

---

(423) Voyez ci-après l'art. V.

(424) Il n'est gueres possible d'estimer cet objet comme une dépense annuelle d'au moins 6000 livres.

(425) Ce remboursement doit être de 10000 livres par an, & s'exécute exactement : *voyez* ci-dessus dans *l'introduction*, page 6, *note* 59.

(426) Cet article seul est un objet de 9900 livres, existant encore 22 Boursiers des 30 établis par le Bureau intermédiaire; voyez à ce sujet ci-dessus la note *B.* de la page 249.

(427) « Vu par le Bureau les Lettres Patentes du 21 Novembre 1763, portant *Réglement au*
» *sujet des prétentions respectives entre les Administrateurs des Colleges ci-devant desservis par la*
» *Compagnie & Société des Jésuites, & les Syndics des Créanciers de ladite Société*, par lesquelles
» Lettres Patentes la contribution du College de Louis-le-Grand est fixée à 300000 livres paya-
» bles dans les cas, & ainsi qu'il est porté par lesdites Lettres Patentes. Vu pareillement la
» Délibération du 15 Avril 1765, par laquelle il est constaté qu'il a été fait déduction au Col-

Du 22 Janvier 1765.

Nomination d'un Organifte, & fes fonctions.

M. le Préfident Rolland a rendu compte au Bureau que M. le Principal l'avoit prié de fupplier le Bureau de vouloir bien nommer un Organifte pour toucher l'orgue ; favoir, en Janvier, le 6, jour des Rois, & le 28, jour de Saint Charlemagne ; en Février, le 2, jour de la Purification ; en Mars & Avril, le jour de l'Annonciation & le Saint Jour de Pâques ; en Mai & Juin, les jours de l'Afcenfion, de la Pentecôte & de la Fête-Dieu ; & le 24 Juin, Fête de Saint Jean-Baptifte ; en Août, le jour de l'Affomption, & le 25, Fête de Saint Louis, Patron de la Chapelle ; en Octobre, le jour de la rentrée, & le 9, Fête de Saint Denis ; en Novembre, le premier, Fête de la Touffaints, & le 25, Fête de Sainte Catherine ; en Décembre, le 6, jour de Saint Nicolas ; le 8, jour de la Conception, & le 25, jour de Noël, tant à la Meffe de la nuit qu'à tous les Offices du jour.

LE BUREAU a nommé pour Organifte le fieur Dufour, Organifte des Théatins, & pour Facteur le fieur Sommaire ; & a accordé à l'Organifte deux cens livres, & au Facteur cinquante livres de gages ; lefquels courront du premier du préfent mois de Janvier, à la charge de toucher les orgues aux jours indiqués dans la propofition de M. le Principal ; enfemble les jours des quatre proceffions de l'Univerfité lors de la fortie defdites Proceffions, & le jour de la Fête de M. le Principal du College.

Du 7 Décembre 1769.

Des Bourfiers Noirot.

MESSIEURS les Adminiftrateurs fpécialement chargés du College de Louis-le-Grand ont dit : que M. le Procureur-Général au Parlement ayant choifi ce College pour y faire inftruire & élever les Bourfiers fondés par le fieur Noirot, le Bureau a délibéré, le 29 Novembre 1764, que M. le Grand Maître feroit pour ces Bourfiers toutes les dépenfes qui feroient néceffaires pour leur entretien ; qu'une expérience de cinq années a dû convaincre le Bureau que la fomme de fix cens livres qui eft payée annuellement au College pour chacun des Bourfiers Noirot n'eft pas fuffifante pour acquitter toutes les dépenfes qu'il faut faire, non-feulement pour la nourriture de ces Bourfiers, mais encore pour les habits, linge, & généralement toutes les autres fournitures qui font néceffaires pour leur entretien ; que les perfonnes qui prennent intérêt aux Bourfiers Noirot, qui font actuellement dans le College, confentent à faire pour eux toutes les dépenfes néceffaires pour leur entretien, & qu'ils demandent que le Bureau veuille bien déterminer la fomme à laquelle doit être fixée à l'avenir la penfion de ces Bourfiers dans le College de Louis-le-Grand, en obfervant

» lege d'une fomme de 10400 livres, avancée par le Roi aux Jéfuites du Canada, il a été
» arrêté que dans les comptes de la préfente année claffique & la fuivante, il fera ajouté que dans
» les cas où en exécution defdites Lettres Patentes du 21 Novembre 1763, le College de Louis-
» le-Grand feroit obligé de payer lefdites 300000 livres, il fera fait déduction fur ladite fomme,
» de celle fufdite de 10400 livres, & des intérêts depuis 1765. »

que si on les regarde comme simples pensionnaires, suivant l'article XXI du titre II du Réglement attaché sous le contre-scel des Lettres Patentes du 20 Août 1767, ils doivent payer quatre cens soixante livres; & si au contraire on les considere comme Boursiers, l'article II du titre III des Lettres Patentes du premier Juillet 1769, fixe leur pension à quatre cens livres; mais comme ces Lettres Patentes n'ont pas dérogé à l'obligation où se trouvent tous les Boursiers de contribuer aux dépenses communes, il doit être reçu quelque chose en représentation de la part contributoire des Boursiers Noirot; que l'article XII du titre II du Réglement du 20 Août 1767 fixe cette contribution à cinquante livres pour chaque nouvelle Bourse qui sera fondée dans le Collège; qu'on peut néanmoins observer, par rapport aux Boursiers Noirot, que cette fondation n'exige aucuns frais de régie, la pension de ces Boursiers étant payée par la personne que M. le Procureur Général a chargé de percevoir les revenus de cette fondation & d'en acquitter les charges; que par cette considération, il paroît que la part contributoire des Boursiers Noirot pourroit être réglée à une moindre somme.

Sur quoi il a été unanimement arrêté qu'il ne sera plus fait aucunes avances ni fournitures par M. le Grand-Maître aux Boursiers de la fondation du sieur Noirot; mais que ces Boursiers seront reçus comme les Boursiers des Colleges réunis, en payant la pension de quatre cens livres pour chacun; & à l'égard de la part contributoire aux dépenses communes, elle a été fixée à la somme de vingt-cinq livres pour chacun, tant que la régie des biens de la fondation du sieur Noirot ne sera point faite par M. le Grand-Maître; mais si dans la suite M. le Grand-Maître étoit chargé de l'Administration des biens de cette fondation; dans ce cas-là, cette part contributoire seroit augmentée à cinquante livres pour chacun desdits Boursiers Noirot.

Du 19 Juillet 1781.

VU par le Bureau sa Délibération du 7 Décembre 1769, qui fixe à 425 livres la pension des Boursiers Noirot; le Bureau, pour les raisons détaillées dans ladite Délibération, consent à continuer de conserver lesdits Boursiers sur ledit pied de 425 livres, & ce, malgré l'augmentation faite de la pension des Boursiers, par les Lettres Patentes du 19 Mars 1780.

Et sera la présente Délibération imprimée dans le Recueil arrêté le 28 Mai dernier, à la fin du premier article du dix-septieme Chapitre de la seconde partie dudit Recueil.

Noms des Fondateurs & Bienfaiteurs du Collège de LOUIS-LE-GRAND.

1. *Guillaume Duprat*, Evêque de Clermont, Fondateur du College, 1560.
2. Le Roi *Henry III*, Fondateur de six Bourses, 1582.
3. *Raoul Bontems*, Fondateur de deux Bourses réduites à une, 1616.
4. *Eustache Meurice*, Prêtre, Chanoine de l'Eglise Collégiale de Saint Paul à Saint Denis, Fondateur d'une Bourse, actuellement suspendue 1643.
5. *Louis XIV*, dit *le Grand*, 1682.

6. *Jean de Molony*, Evêque de Limerick en Irlande, Fondateur de fix Bourfes réduites à deux, 1701.

7. *Etienne Braquet*, Avocat en Parlement, Fondateur de deux Bourfes, 1707.

8. *Achilles de Harlay*, Comte de Beaumont, Confeiller d'Etat ordinaire, dont le legs de la Bibliotheque a fervi (en 1764) pour la fondation de deux Bourfes, 1717.

9. *Edme Pourchot*, ancien Syndic & ancien Recteur de l'Univerfité, Fondateur d'une Bourfe, 1734, exécutée en 1779.

10. *Louis XV*, dit le *Bien-Aimé*, 1763.

Après l'état des Bienfaiteurs particuliers du College de Louis-le-Grand, on a cru devoir inférer ici la *lifte* de tous ceux qui ont, en qualité *de Membres du Bureau d'Adminiftration*, coopéré à la réunion. Les avantages que leurs travaux ont procuré aux Colleges confiés à leurs foins (428), peuvent & doivent même les faire regarder comme les *Bienfaiteurs*, non-feulement du College de Louis-le-Grand, mais encore *de tous les Colleges réunis*. Ils font indiqués fucceffivement (429) en différens endroits de ce Recueil, mais il a paru convenable de les réunir fous un même point de vue, on mettra en PETITES MAJUSCULES le nom de ceux qui formoient le Bureau le jour de la rentrée du Parlement en la préfente année 1781, & en *italique* le nom de ceux qui ont ceffé d'être Adminiftrateurs. Au furplus, on ne fuivra dans cette lifte d'autre ordre que celui de leur admiffion au Bureau, mais on fépa-rera les *cinq Ordres d'Adminiftrateurs*; Monfieur *le Grand Aumônier*, MM. *les Officiers du Parlement*, M. *le Subftitut*, MM. *les Notables*, & MM. *les Principaux Officiers du College*.

Pour que l'on puiffe voir ceux qui compofoient en différens tems le Bureau d'Admi-niftration, on marquera le moment & la raifon pour laquelle chaque Adminiftrateur a ceffé de l'être, & le nom de fon fucceffeur; defirant enfin de rendre cette lifte complette, on parlera auffi de ceux qui n'ont été que Membres du Bureau intermédiaire; mais il n'en fera fait mention qu'en note.

On a vu ci-deffus, dans l'introduction (430), qu'en 1763, lors de fon établiffement, le Bureau n'étoit compofé que de *onze* Adminiftrateurs; qu'en 1767 ils ont été portés à *quinze* (431); que pendant la révolution de 1771, il n'y en avoit que *quatorze* (432); qu'en 1777 il a été réduit à *onze* (433); qu'en 1780 il a été *momentanément* compofé de *douze* (434). Celui qui dans la fuite remplira la place de l'Adminiftrateur ajouté momen-

(428) Voyez *paffim* dans le préfent Recueil, & finguliérement les précis *des revenus*, *des dettes* &. *du nombre des Bourfiers* exiftans en 1763 & 1781, dans les trois premieres obfervations qui font placées à la tête de chaque College, & le Chapitre VIII de la Ire Partie, où l'augmen-tation étonnante des Bourfiers eft démontrée.

(429) *Voyez* ci-deffus les *notes* 6, 7, 8, 9, 23, 34, 35, 40 & 235.

(430) Page 14.

(431) *Voyez* ci-deffus Chapitre II de la Ire Partie, page 65.

(432) *Idem*, page 107.

(433) *Idem*, page 108.

(434) *Idem*, page 111.

tanément en 1780, doit-il toujours être Membre du Bureau, & le nombre de *douze* Administrateurs actuellement subsistans est-il suffisant, ou en faut-il rétablir *quinze* comme il a été fait en 1767, & comme ils existeroient sans la révolution de 1771; c'est ce que l'on trouvera discuté dans plusieurs Délibérations mentionnées dans le présent Recueil (435), & auxquelles on peut recourir.

MESSIEURS LES GRANDS AUMONIERS.

Charles-Antoine *de la Roche-Aymond*, Archevêque de Rheims, nommé par les Lettres Patentes du 21 Novembre 1763, Chef du Bureau d'Administration, en sa qualité de Grand Aumônier de France, Cardinal en 1772, décédé en Octobre 1777, il a eu pour successeur en la Grande Aumônerie.

Louis-René-Edouard, Prince DE ROHAN-GUEMENÉ, Evêque de Strasbourg, & Cardinal en 1778.

MESSIEURS LES OFFICIERS DU PARLEMENT (436).

Joseph-Marie *Terray*, Conseiller de Grand'Chambre, Contrôleur Général en Décembre 1769.

Barthelemy-Gabriel ROLLAND, Président aux Requêtes du Palais.

Pierre-Philippe *Roussel*, Conseiller de la troisieme des Enquêtes, qui, après avoir monté à la Grand'Chambre en 1769, a vendu en 1779.

Clément-Charles-François *Del'Averdy*, Conseiller à la Premiere des Enquêtes.

Nommés par le Roi dans les Lettres Patentes du 21 Novembre 1763.

M. Del'Averdy ayant été élevé à la place de Contrôleur Général le 13 Décembre 1763, & la premiere assemblée du Bureau d'Administration n'ayant été tenue que le 14 du même mois, M. Del'Averdy n'a jamais siégé au Bureau, mais il y a été remplacé par :

---

(435) Délibérations des 6 Août 1778 & 4 Juin 1779, dans l'*Introduction*, page 39. Voyez aussi ci-dessus la *note* 46.

(436) Les Membres de la Commission intermédiaire qui ont fait fonction d'Administrateurs ont été,

Louis-Jean *Berthier de Sauvigny*, Conseiller d'Etat.

Pierre-Charles *de Bonnaire*.

Alexandre-Jean *Mignot*.

Nicolas *Lucker*.

Le premier remplissoit dans la Commission intermédiaire les fonctions de Premier Président, & les trois autres celles de Conseillers de Grand'Chambre.

Le second & le troisieme étoient auparavant Conseillers au Grand-Conseil, & le dernier Chantre de l'Eglise de Paris. Voyez au surplus la *note* 140 ci-dessus.

Auguftin-Henry *Cochin*, Confeiller en la Premiere des Enquêtes, nommé par Arrêt du 16 Décembre 1763, M. Cochin étant devenu en novembre 1767, Intendant des Finances a eu pour fucceffeur,

André-Charles *Débonnaire de Forge*, Confeiller en la Premiere des Enquêtes, nommé par Arrêt du 18 Décembre 1767, M. Déforges ayant été reçu Maître des Requêtes en 1768, a été remplacé par,

Jean *Talon*, Confeiller en la Premiere des Enquêtes, décédé en Juillet 1772.

Lors du rétabliffement du Bureau en 1777 (437), MM. les Préfident Rolland & Rouffel ont été nommés par Arrêt du 2 Septembre 1777, & pour remplacer MM. Terray & Talon, on leur a donné par le même Arrêt pour Collegues:

Léonard de *Sahuget d'Efpagnac*, Confeiller Clerc de Grand'Chambre, &

Michel *Tandeau de Marfac*, Confeiller Clerc à la Premiere des Enquêtes.

M. Rouffel ayant vendu fon Office de Confeiller au Parlement, a été, par Arrêt du 29 Mars 1779, remplacé par,

Adrien LEFEVRE D'AMECOURT, Confeiller de Grand'Chambre.

M. l'Abbé d'Efpagnac étant décédé le 21 Juillet 1781, cette mort a fait vaquer deux places au Bureau; fçavoir, celle de M. l'Abbé d'Efpagnac, & celle de M. l'Abbé Tandeau de Marfac, qui eft, par fa mort, monté à la Grand'Chambre (438); ils ont été remplacés par Arrêt du 27 Juillet 1781, par,

Louis-François-Elie CAMUS DE PONTCARRÉ, Préfident de la Troifieme Chambre des Enquêtes, &

Gabriel TANDEAU DE MARSAC, devenu Confeiller Clerc de Grand'Chambre.

M. LE SUBSTITUT DE M. LE PROCUREUR GÉNÉRAL (439).

Jacques DE SAINFRAY, nommé par les Lettres Patentes du 21 Novembre 1763, & renommé par M. le Procureur Général, par Commiffion du 4 Septembre 1777.

---

(437) Par les Lettres Patentes du 21 Novembre 1763, il devoit y avoir quatre Officiers du Parlement, *un* de Grand'Chambre, *deux* des Enquêtes & *un* des Requêtes du Palais; & par le Réglement de 1767 (article II du titre Ier) il étoit ordonné que, vacance advenante d'une place d'Officier du Parlement, fi la diftribution prefcrite par la loi de 1763 étoit dérangée par l'admiffion à la Grand'Chambre, de ceux qui avoient été nommés pour les Enquêtes ou Requêtes, l'ordre prefcrit par les Lettres Patentes de 1763 feroit rétabli; mais par la loi de 1777, il a été ordonné qu'il y auroit *deux* Adminiftrateurs de *Grand'Chambre*, un *Clerc* & un *Lai*, & *deux* des *Enquêtes* ou *Requêtes*. Voyez ces Lettres Patentes ci-deffus, Iere Partie, Chapitre II, & les *notes* 46 & 102.

(438) Par les Lettres Patentes de 1777, citées en la note précédente, il eft ordonné que ceux de MM. des *Enquêtes* qui monteront à la Grand'Chambre cefferoient d'être Adminiftrateurs. *Voyez* ces Lettres Patentes ci-deffus, Iere Partie, Chapitre II, & la *note* 103.

(439) Celui qui, dans la Commiffion intermédiaire, rempliffoit les fonctions de Procureur Général, n'a pas nommé de Subftitut pour affifter au Bureau intermédiaire, mais il s'y eft trouvé lui-même à la premiere féance. *Voyez* ci-deffus la *note* 140.

MESSIEURS

MESSIEURS LES NOTABLES (440).

Jacques *Vallette le Neveu*, ancien Recteur, décédé le 9 Août 1770, & non remplacé avant la révolution de 1771.

Jean-Charles-François *le Gros*, Chanoine de la Sainte-Chapelle.

Louis-Pierre *Poan*, Conservateur des Hypotheques, s'est démis en 1778.

Jean-Denis *Lempereur*, ancien Echevin, décédé en Novembre 1779.

} Nommés par le Bureau le 14 Décembre 1763, ont prêté serment en la Grand'Chambre le 20 dudit mois.

Prudent DE VILLIERS DE LA NOUE, Conseiller au Châtelet.

Jacques-François *Cellier*, ancien Avocat au Parlement, décédé pendant la révolution de 1771.

Gaspard-Thomas *Maiftrel*, ancien Principal du College de Maître Gervais.

} Nommés par les Lettres Patentes du 20 Août 1767, ont prêté serment le 5 Septembre suivant.

Les Lettres Patentes de rétabliffement du Bureau en 1777, n'ont laiffé fubfifter que quatre Notables; l'on n'a pas jugé à propos de remettre dans le Bureau MM. les Abbés Legros & Maiftrel, qui avoient été Membres du Bureau intermédiaire; mais on a confervé MM. Poan, Lempereur & de Villiers de la Noue (441); en conféquence, il n'y eut à nommer qu'une place de Notable, elle a été donnée par Délibération du 4 Septembre 1777, à

Henri-Ifaac ESTIENNE, ancien Batonnier des Avocats, qui a prêté serment le lendemain 5 Septembre.

M. Poan ayant donné fa démiffion, a été remplacé par,

Jean Nicolas CHUPIN, Conseiller au Châtelet, qui a été nommé le 19 Février 1778, & a prêté serment le 23 du même mois.

---

(440) Les Lettres Patentes de 1771 en nommoient fix, les Abbés *le Gros* & *Maiftrel* mentionnés ci-deffus dans la lifte des Notables du Bureau, & l'Abbé *Gardin*, ancien Principal du College de Louis-le-Grand, pareillement mentionné ci-après dans la lifte des Principaux du College.

Les trois autres places ont été remplies

Par Michel-Marie *Bonnet*, Grand-Maître de la Maifon Royale de Navarre.

Pons-François *Coppette*, Docteur en Théologie de la Maifon & Société Royale de Navarre, ancien Principal du College de Reims.

Gilbert-Jofeph *Vallé*, Licentié en Théologie de la Faculté de Patis, Profeffeur Emérite en l'Univerfité de Paris.

Voyez au furplus la *note* 140.

(441) *Voyez* ci-deffus la *note* 35.

I I. Partie. V v v

Enfin, après le décès de M. Lempereur, par Délibération du 7 Janvier 1780, il a eu pour fucceffeur,

André RAT DE MONDON, Avocat au Parlement, qui a prêté ferment le 14 Janvier 1780.

MONSIEUR LE GRAND-MAITRE TEMPOREL (442).

Dès le 14 Décembre 1763, jour de la premiere Séance du Bureau d'Adminiftration, on a nommé pour Grand-Maître temporel,

Guy-Antoine FOURNEAU, ancien Recteur, qui a prêté ferment le 20 dudit mois de Décembre.

Et auquel, fur fa demande, on a, par Délibération du 16 Juillet 1778, donné pour Coadjuteur Adjoint & Survivancier, avec le droit de Séance au Bureau, mais feulement en l'abfence de M. Fourneau (443).

Mathurin-Georges GIRAULT DE KEROUDOU, ancien Principal du College de Cornouailles, qui a prêté ferment le 17 dudit mois de Juillet, & qui depuis, fur la demande de M. Fourneau, a été autorifé à faire la recette & la dépenfe, mais fans déroger au furplus à la Délibération du 16 Juillet 1778 (444).

MONSIEUR LE PRINCIPAL (445).

L'article 44 des Lettres Patentes du 21 Novembre 1763, affujettiffent la nomination du Principal à la confirmation du Parlement; de plus, en même tems que le feu Roi a fupprimé, (par les Lettres Patentes de 1767), le Bureau de Difcipline établi par celles de 1763, il a accordé au Principal une place dans le Bureau d'Adminiftration; & il l'a affujetti à prêter le même ferment que les Notables. Les Lettres Patentes de 1771, qui établiffent le Bureau intermédiaire, n'avoient rien changé à fon état; mais les Lettres Patentes de 1777 l'ont exclus du Bureau; enfin d'après la demande du Bureau, le Roi, par fes Lettres Patentes de 1780, n'a accordé de féance qu'au Principal actuel (446); au furplus cette place doit actuellement être toujours remplie par un Docteur en Théologie (447) & on obfervera qu'il y a déja eu trois différens Principaux dans le College de Louis-le-Grand; favoir,

---

(442) On doit au fujet de cet Officier obferver que toutes les procédures qui fe font pour les Colleges ou Bourfiers réunis, doivent être fuivies au nom caractériftique de *Grand-Maître temporel*, & fans faire aucune mention de fon nom perfonnel. *Voyez* les articles XXXIV & XXXV des Lettres Patentes du 21 Novembre 1763, ci-deffus Iere Partie, Chap. II, p. 53.

(443) *Voyez* la *note* 40 ci-deffus.

(444) *Voyez* la Délibération du 2 Août 1781.

(445) La féance des Grands-Maîtres temporel & du Principal au Bureau, eft réglée par l'article III du titre 1er du Réglement de 1767, (ci-deffus, Iere Partie, Chapitre II, page 68,) ils fiegent entr'eux fuivant l'ordre de leur nomination.

(446) Voyez ces différentes Lettres Patentes ci-deffus, Iere Partie, Chapitre II.

(447) Voyez la Délibération du 15 Février 1778, ci-deffus, Iere Partie, Chap. II, p. 307.

Jean-Baptiste *Gardin* Dumesnil, Professeur de Rhétorique au Collège d'Harcourt, qui a été nommé Principal le 23 Février 1764; il a prêté serment d'Administrateur le 7 Septembre 1767; sur sa démission on a nommé, par Délibération du 2 Août 1770.

Jean-Baptiste *Poignard*, Principal du College d'Orléans, & Licencié en Théologie, qui a prêté serment d'Administrateur le 7 du même mois d'Août 1780; sur sa démission, il a été, par Délibération du 25 Février 1778, remplacé par

Denis BERARDIER, Docteur en Théologie, & Principal du College de Quimper, qui a prêté serment d'Administrateur le premier Mai 1780.

ARTICLE II.

De la Bibliotheque du College de Louis-le-Grand (448).

L E Parlement ayant, par son Arrêt du 24 Janvier 1764, envoyé le College de Louis-le-Grand en possession des biens dépendans de ce College, & notamment de la Bibliotheque, à la charge de payer 25000 livres à M. le Prince de Tingry pour les raisons qui seront détaillées ci-après, le Bureau, qui d'ailleurs avoit besoin de fonds pour venir au secours des Colleges réunis, se décida à ordonner la vente de cette Bibliotheque, mais crut devoir autoriser M. le Grand-Maître à en acheter pour environ 20000 livres; ce qui a été fait (449). La vente finie, le Bureau s'occupa de placer sa Bibliotheque, & invita l'Université d'y réunir la sienne; il proposa même de se charger du paiement du Bibliothécaire, de toutes les dépenses relatives à la Bibliotheque, & d'affecter 1000 livres par an pour acheter des Livres; ces propositions furent refusées; pour lors le Bureau convaincu de l'utilité de réunir les deux Bibliotheques, crut devoir abandonner à l'Université les Livres appartenans au College de Louis-le-Grand; on trouvera ci-après toutes les Délibérations du Bureau, les conclusions de l'Université, & les Arrêts relatifs à cet objet; attendu la réunion des deux Bibliotheques, on a jugé à propos de faire imprimer à la fin de cet article le Réglement que l'Université a fait pour sa Bibliotheque, Réglement qui a été approuvé par la Délibération du Bureau du 23 Avril 1770, & homologué par Arrêt du 25 Mai 1770.

---

(448) *Premier département.*

(449) La Délibération du premier Décembre 1768, constate qu'il a été acheté des livres pour 18109 livres 0 sols, & que le College n'a touché de net du produit de la Bibliotheque, y compris les Manuscrits & les Médailles, que 74952 livres 16 sols 9 deniers.

LOUIS, par la grace de Dieu, Roi de France & de Navarre : Au premier Huiſſier de notre Cour de Parlement, ou autre notre Huiſſier ſur ce requis. Savoir faiſons; Que vu par notredite Cour, toutes les Chambres aſſemblées, la concluſion du Tribunal de l'Univerſité, du 5 Janvier 1765, contenant, *ſuper propoſitione non ſemel factâ à clariſſimis Collegii Ludovici-Magni Adminiſtratoribus de Bibliothecâ ejus in unum conſociandâ cùm ea quæ Univerſitati legata eſt, audito M. Guerin, Syndico, rogatis dictiſque Sententiis ex pluralitate Suffragiorum è re Academica viſum eſt.* 1°. *Bibliothecam Univerſitatis eſſe ab alterâ ſejungendam.* 2°. *Rogari viſum eſt ampliſſimum M. Michaelem-Franciſcum LE BEL, Rectorem, ut Bibliothecæ Univerſitatis Præfectus eſſe velit, quod munus acceptare non dedignatus eſt.* 3°. *Poteſtatem eidem fieri poſſeſſionem Bibliothecæ ad Univerſitatem ex legato pertinentis ineundi, ſimulque videndi, ne quid res legata detrimenti capiat; ita tàmen ut, ſi quid ulteriùs ſtatuendum occurrat, de eo ad Tribunal Academicum referre velit.* Vu auſſi la Requête préſentée par notre Procureur Général, contenant qu'il croit devoir mettre ſous les yeux de notredite Cour une concluſion de l'Univerſité du 5 Janvier 1765, & une Délibération que le Bureau d'Adminiſtration du College de Louis-le-Grand auroit priſe le 7 Février de la préſente année 1765, concernant la réunion de la Bibliotheque de l'Univerſité & de celle dudit College de Louis-le-Grand; que quoique le projet adopté par cette Délibération, pour réunir enſemble & dans un même lieu dans ledit College ces deux Bibliotheques, paroiſſe concilier tous les intérêts, & qu'il ſoit conforme à l'eſprit de nos Lettres Patentes du 21 Novembre....., de placer la Bibliotheque de l'Univerſité dans le College de Louis-le-Grand, deſti...par noſdites Lettres Patentes à être le chef-lieu de l'Univerſité, cependant l'Univerſité, par ſa concluſion faite à ſon Tribunal le 5 Janvier 1765, n'y auroit pas donné ſon conſentement; que comme pour mettre la Cour en état de ſtatuer définitivement ſur cet objet, il eſt néceſſaire de connoître les motifs que peut avoir eu l'Univerſité de ne pas conſentir à cette réunion, il propoſera à notredite Cour d'ordonner que l'Univerſité remettra inceſſamment à notre Procureur Général des Mémoires à ce ſujet; mais qu'en attendant, il paroît inſtant de fixer l'endroit où ſera placée dans ledit College de Louis-le-Grand la Bibliotheque de l'Univerſité; que le lieu indiqué dans ladite Délibération du Bureau d'Adminiſtration dudit College, ſemble effectivement le plus convenable, parce que ladite Bibliotheque étant placée dans une ſalle voiſine de celle où ſe trouvera celle dudit College, la réunion de ces deux Bibliotheques pourra ſe faire plus facilement, dans le cas où notredite Cour jugeroit à propos par la ſuite de l'ordonner; que dans ces circonſtances, notre Procureur Général propoſera à notredite Cour de fixer le lieu où par proviſion ſera placée ladite Bibliotheque de l'Univerſité; & d'ordonner pareillement qu'elle ſera exécutée relativement aux autres objets qui concernent l'emplacement de la Bibliotheque dudit College, & l'emploi de la ſalle qui y étoit deſtinée. A ces cauſes requéroit notre Procureur Général qu'il plût à notredite Cour homologuer ladite Délibération du Bureau d'Adminiſtration dudit College de Louis-le-Grand du 7 Février 1765; en conſéquence, autoriſer le Bureau d'Adminiſtration du College de Louis-le-Grand à placer la Biblio-

ARRÊT du 11 *Février* 1765.
Qui ordonne que la Bibliotheque de l'Univerſité ſera placée dans le College de Louis-le-Grand.

theque dudit College dans la falle au fecond au-deſſus de l'appartement du Bibliothécaire du College de Louis-le-Grand , & fituée dans le bâtiment qui fépare la cour des Profeſ-feurs Emérites d'avec celle du Baſſin ; autorifer ledit Bureau à employer pour les Bour-fiers la falle au premier dans le Mans vieux qui avoit été deſtiné pour cet objet par les Commiſſaires de notredite Cour ; ordonner pareillement que la Bibliotheque de l'Uni-verſité fera placée dans la falle au fecond du bâtiment qui fépare la cour des Infirmeries de celle du Baſſin ; & que le Tribunal de l'Univerſité fera tenu de remettre inceſſamment à notre Procureur Général des Mémoires contenant les motifs qu'il peut avoir de ne pas confentir que les deux Bibliotheques foient placées dans le même lieu, pour fur ledit Mé-moire être par notre Procureur Général requis, & par notredite Cour ſtatué ce que de raifon ; ordonner que l'Arrêt qui interviendra fur ladite Requête fera ſignifié au Tribunal de l'Univerſité en la perfonne de fon Greffier & de fon Syndic , & inſcrit fur les Regiſ-tres dudit Tribunal , & qu'il fera notifié au Bureau d'Adminiſtration dudit College de Louis-le-Grand, & inſcrit fur fes Regiſtres, pour que le Tribunal de l'Univerſité & le Bureau d'Adminiſtration aient à s'y conformer chacun en droit foi ; ladite Requête ſignée de notre Procureur Général.

Suit la teneur de la Délibération.

M. le Préſident Rolland a dit : qu'avant que Meſſieurs délibérent fur la concluſion du Tribunal de l'Univerſité du 5 Janvier dernier ; & ce, conféquemment à l'arrêté du Bureau du 22 Janvier dernier , qui a continué la Délibération à cejourd'hui , il croit devoir rap-peller les faits & faire quelques obſervations.

Que dès le 30 Août 1764, Meſſieurs du Bureau d'Adminiſtration fe font occupés de ce qui étoit relatif à la Bibliotheque de l'Univerſité & à celle du College de Louis-le-Grand, que ledit jour M. le Grand-Maître temporel, qui , en qualité de Greffier de l'Univerſité a féance au Tribunal, a été chargé de demander au prochain Tribunal de l'Univerſité quelles étoient fes vues fur la Bibliotheque léguée à l'Univerſité par M. de de Montempuis, laquelle étoit alors depuis quelque tems , & eſt encore renfermée dans des caiſſes dans le College de Louis-le-Grand.

Que Meſſieurs qui avoient conjointement avec lui l'honneur d'être Commiſſaires de la Cour, fe rappellent que dans le cours des procès-verbaux faits poſtérieurement audit jour 30 Août, & même antérieurement, ils avoient marqué à M. le Recteur & à d'autres Membres du Tribunal qu'ils penſoient que pour le bien & l'avantage de l'Univerſité, il étoit à defirer que les deux Bibliotheques fuſſent réunies. Mondit fieur Préſident Rolland a de plus obſervé que perfonnellement, mais cependant conformément aux intentions à lui connues de Meſſieurs du Bureau, il avoit, après en avoir communiqué avec M. le Recteur, rédigé un projet de réunion des deux Bibliotheques, que même fur la demande de différens Membres du Tribunal de l'Univerſité, il leur avoit remis ce projet, & que c'eſt ce même projet que M. le Recteur, dans fa Lettre du 21 Janvier dernier , qualifie de Mémoire adreſſé à quelques-uns des Membres du Tribunal de l'Univerſité, & renfermant les propositions du Bureau d'Administration relatives à cette union ; que ce projet n'étant point l'ouvrage du Bureau, mais le sien particulier, il croit devoir demander à Messieurs la permission de le lire pour le soumettre à leurs réflexions, ce qu'il a fait ainsi qu'il s'ensuit.

Projet de réunion des deux Bibliotheques de l'Université & du College de Louis-le-Grand.

1°. La Bibliotheque léguée par feu M. de Montempuis sera placée dans le même vaisseau que la Bibliotheque du College de Louis-le-Grand, & ces deux Bibliotheques réunies s'appelleront la Bibliotheque de l'Université.

2°. Afin néanmoins d'obvier à la confusion des Livres de l'une & l'autre, ceux du College de Louis-le-Grand seront estampillés à ses Armes, ceux légués par M. de Montempuis à celles de l'Université : indépendamment du catalogue général des Livres des deux Bibliotheques réunies, il en sera fait deux de ceux de la Bibliotheque léguée par M. de Montempuis, dont l'un restera à la Bibliotheque, & le second sera déposé au Greffe de l'Université.

3°. La Bibliotheque sera sous la garde d'un Bibliothécaire, qui sera perpétuel, & toujours un Professeur Emérite, qui sera tenu de demeurer dans le College de Louis-le-Grand, dans l'appartement qui lui est destiné. Il sera nommé par le Bureau d'Administration, & aura, conformément à la Délibération dudit Bureau du 5 Juillet 1764, six cent livres d'honoraires à prendre sur les revenus du College.

4°. Il y aura pour le service de la Bibliotheque un Garçon de Bibliotheque au choix du Bibliothécaire, & destituable à sa volonté, lequel sera logé dans le College, nourri comme l'Econome, & aura deux cens livres de gages, payés sur les revenus dudit College, & de plus un Domestique du College sera chargé de tenir les lieux propres & en état.

5°. Le Bibliothécaire se chargera par inventaire des Livres & Manuscrits de la Bibliotheque, ainsi que des meubles qui y seront destinés.

6°. L'Université sera déchargée de tous frais, soit pour la confection des catalogues dont il a été parlé ci-dessus, soit pour l'ameublement & l'entretien de la Bibliotheque.

7°. Les deux contrats de rente sur les Aides & Gabelles, légués à l'Université par feu M. de Montempuis, pour le paiement d'un Bibliothécaire, seront uniquement employés à l'augmentation des Livres de l'Université ; le premier, dès l'instant de la réunion des Bibliotheques ; le second, dont le Tribunal du Recteur a cédé la jouissance à une parente du Testateur sa vie durant, sitôt que le produit annuel en sera revenu à l'Université.

8°. Tous les Livres, dont la portion de l'Université sera annuellement augmentée, soit par achat, soit par donation, seront portés sur son catalogue, & estampillés à ses armes, ainsi que ceux légués par M. de Montempuis.

9°. Il fera, conformément à la Délibération dudit Bureau d'Adminiftration du 16 Octobre 1764, remis tous les ans au Bibliothécaire par le Grand-Maître temporel dudit College, la fomme de quatre cens livres pour l'augmentation des Livres du College, laquelle fomme fera portée dans la fuite à celle de mille livres, fuivant ladite Délibération, & les Livres qui feront achetés de ladite fomme, feront eftampillés des armes dudit College.

10°. Tous les ans, après la Saint-Martin, le Bibliothécaire rendra compte au Tribunal de l'Univerfité & au Bureau d'Adminiftration féparément, de l'emploi des fommes qui lui auront été remifes. par le Receveur de l'Univerfité, & par le Grand-Maître du College de Louis le-Grand, pour lefdites augmentations.

11°. La Bibliotheque fera ouverte aux Membres de l'Univerfité deux jours la femaine, le Mercredi & le Samedi, depuis huit heures du matin, jufqu'à dix heures & demie, & depuis deux heures après midi, jufqu'à quatre heures en hiver, & jufqu'à cinq en été, fes vacances feront du 15 Août à la Touffaints.

12°. Les préfens articles acceptés par l'Univerfité & le Bureau d'Adminiftration, feront homologués par Arrêt de la Cour.

Enfuite M. le Préfident Rolland a ajouté, que le Tribunal de l'Univerfité n'ayant pas jugé à propos de réunir les deux Bibliotheques, il croyoit que pour fuivre l'efprit des Lettres Patentes du 21 Novembre 1763, il faudroit fixer dans le College de Louis-le-Grand un lieu pour placer la Bibliotheque de l'Univerfité, mais qu'il penfe que le Bureau ne peut faire cette fixation, & qu'il faut pour cet effet recourir à l'autorité de la Cour; qu'en même tems il paroîtroit naturel de demander à la Cour la permiffion d'employer pour les Bourfiers le vaiffeau, dit la Bibliotheque de Harlay, que MM. les Commiffaires de la Cour avoient cru devoir deftiner pour la Bibliotheque du College de Louis-le-Grand; qu'il feroit poffible de placer féparément les deux Bibliotheques du College de Louis-le-Grand & de l'Univerfité dans la grande Bibliotheque, placée au fecond de deux des côtés de la cour où eft le baffin; qu'il feroit très-aifé de féparer cette Bibliotheque en deux, de deftiner la falle entre la cour des Infirmeries & la cour du Baffin, pour la Bibliotheque de l'Univerfité, & la falle qui eft au-deffus de l'appartement affecté au Bibliothécaire du College de Louis-le-Grand, par l'Ordonnance de MM. les Commiffaires, pour la Bibliotheque du College de Louis-le-Grand.

Sur quoi la matiere mife en délibération,

LE BUREAU a arrêté qu'il feroit fait regiftre de ce qui avoit été dit par M. le Préfident Rolland, & a déclaré qu'il auroit eu pour agréable la réunion des deux Bibliotheques, aux charges, claufes & conditions inférées dans le projet, dont M. le Préfident Rolland vient de faire lecture. Qu'au furplus la Cour feroit fuppliée d'ordonner ce qu'elle jugeroit à propos, relativement à la Bibliotheque de l'Univerfité, & de permettre au Bureau d'Adminiftration de placer celle du College de Louis-le-Grand dans la falle au fecond, entre la cour des Profeffeurs Emérites & celle du baffin, & au-deffus de l'appartement deftiné pour le Bibliothécaire, & d'autorifer le Bureau à employer pour les Bourfiers la
falle

falle dite la Bibliotheque de Harlay ; & qu'expédition de la préfente Délibération fera remife à M. de Sainfray, pour par lui la remettre à M. le Procureur Général.

Signé au Regiftre TERRAY, ROLLAND, ROUSSEL DE LA TOUR, COCHIN, SAINFRAY, VALLETTE-LE-NEVEU, LEGROS, POAN, LEMPEREUR, FOURNEAU, & *Leflamand.*

Délivré la préfente expédition à M. de Sainfray, Subftitut de M. le Procureur Général, par moi fouffigné Secrétaire du Bureau d'Adminiftration du College de Louis-le-Grand, lefdits jour & an. Signé, *Leflamand.*

Oui le rapport de Me Léonard de Sahuguet, Confeiller : Tout confidéré.

NOTREDITE COUR a homologué & homologue ladite Délibération du Bureau d'Adminiftration dudit College de Louis-le-Grand du 7 Février 1765 ; en conféquence, autorife ledit Bureau d'Adminiftration à placer la Bibliotheque dudit College dans la falle au fecond au-deffus de l'appartement du Bibliothécaire du College de Louis-le-Grand, & située dans le bâtiment qui fépare la cour des Profeffeurs Emérites d'avec celle du baffin ; autorife pareillement ledit Bureau à employer pour les Bourfiers la falle au premier dans le Mans vieux qui avoit été deftiné pour cet objet par les Commiffaires de la Cour ; ordonne que la Bibliotheque de l'Univerfité fera placée dans la falle au fecond du bâtiment qui fépare la cour des Infirmeries de celle du baffin ; & que le Tribunal de l'Univerfité fera tenu de remettre inceffamment à notre Procureur Général des Mémoires contenant les motifs qu'il peut avoir de ne pas confentir que les deux Bibliotheques foient placées dans le même lieu, pour fur lefdits Mémoires être par notre Procureur Général requis, & par la Cour ftatué ce que de raifon ; ordonne en outre que le préfent Arrêt fera fignifié au Tribunal de l'Univerfité en la perfonne de fon Greffier & de fon Syndic, infcrit fur les regiftres dudit Tribunal, notifié au Bureau d'Adminiftration du College de Louis-le-Grand, & infcrit fur fes regiftres, pour que le Tribunal de l'Univerfité & le Bureau d'Adminiftration aient à s'y conformer chacun en droit foi. Fait en Parlement, toutes les Chambres affemblées, le onze Février mil fept cent foixante-cinq, & de notre regne le cinquantiéme. Collationné REGNAULT. *Signé* DUFRANC.

Du 20 Mars 1765.

M. Cochin a dit qu'il croyoit devoir propofer au Bureau un objet de délibération qui lui paroît mériter toute l'attention de MM. les Adminiftrateurs ; qu'ils fe rappellent fans doute celle prife le 7 Février dernier, au fujet du projet de réunion de la Bibliotheque du College & de celle de l'Univerfité ; que le Bureau, en déclarant par cette délibération qu'il auroit eu cette réunion pour agréable, conformément aux articles dont il lui fût fait lecture, & qui font copiés dans fa Délibération, s'étoit principalement propofé de donner à l'Univerfité des preuves de fon zele à concourir à tout ce qui peut être avantageux à un Corps qui, par l'application infatigable de fes Membres pour l'éducation de la jeuneffe, a mérité en tout tems des marques fignalées de la protection du Souverain, & s'eft également concilié l'eftime des François & des Etrangers ; que tous Meffieurs en-

II. Partie. Xxx

vifagerent la réunion comme un moyen d'augmenter la Bibliotheque naiffante de l'Univerfité, & de décharger l'Univerfité de dépenfes confidérables qu'entraîne un pareil établiffement; ce qui leur parut devoir être d'autant plus agréable à cette Compagnie que
fes principaux Membres avoient plufieurs fois déclaré à MM. les Commiffaires de la
Cour que l'Univerfité n'étoit point en état de fupporter aucune dépenfe extraordinaire;
que fi en adoptant le projet de réunion, Meffieurs ont cru qu'il feroit convenable que le
Bureau concourût à la nomination du Bibliothécaire, c'eft qu'il leur a paru naturel que
des co-propriétaires concouruffent au choix de l'Adminiftrateur de la chofe commune;
que les Facultés de Droit & de Médecine ont envifagé cette affaire fous le même point
de vue, ainfi que le prouvent leurs conclufions des 7 & 9 de ce mois, par lefquelles elles
ont jugé l'union avantageufe à l'Univerfité; que le Bureau ne peut douter que les autres
Compagnies n'euffent penfé de même, fi fes intentions leur euffent été mieux connues,
& fi elles n'euffent envifagé le projet d'union comme tendant à diminuer les droits de la
propriété de l'Univerfité; & le concours du Bureau au choix du Bibliothécaire, comme
ôtant à l'Univerfité la libre adminiftration de ce qui lui appartient; que ce font ces craintes
exprimées dans un Mémoire concernant la Bibliotheque de l'Univerfité, qui paroiffent
avoir déterminé la Faculté des Arts à ne pas confentir à la réunion; que les Membres de
cette Compagnie n'ont cependant pu fe refufer à l'évidence de fon utilité; qu'auffi le
Mémoire contient-il une efpece d'acquiefcement fur ce point, pourvu que l'Univerfité
conferve l'adminiftration de fa Bibliotheque, & la liberté pleine & entiere de choifir
celui auquel elle en confiera le foin; qu'il paroît même que fous ces conditions l'Univerfité confentiroit à fe charger gratuitement de la garde & du foin des Livres du College;
que ce nouveau plan rempliffant une partie des vues que Meffieurs s'étoient propofés,
lui a paru mériter l'attention du Bureau, pourquoi il a cru devoir en rendre compte à
Meffieurs, leur remettre le Mémoire concernant la Bibliotheque de l'Univerfité, & leur
propofer d'y délibérer.

Sur quoi, vu les Délibérations ci-devant prifes, lecture faite dudit Mémoire, contenant entr'autres chofes, que dans le cas où la Cour, par des vues fupérieures, jugeroit à propos d'ordonner la réunion des Bibliotheques, l'Univerfité fe chargeroit, par
obéiffance, du foin qui lui feroit confié des Livres du College de Louis-le-Grand; mais
qu'elle demanderoit pour toute grace que ce fut à titre gratuit, & qu'elle eût la liberté
pleine & entiere de choifir celui auquel elle confieroit le foin de fa Bibliotheque,

Il a été arrêté que le BUREAU confent que les Livres appartenans au College de Louis-
le-Grand, ou qui lui appartiendront par la fuite, après avoir été eftampillés aux armes
dudit College, foient placés dans la Bibliotheque de l'Univerfité, & remis à la garde de
fon Bibliothécaire, qui s'en chargera à la fuite du catalogue qui en fera dreffé, lequel
fera dépofé dans les archives dudit College, & dont une copie fera remife au Bibliothécaire, à la charge néanmoins que l'ufage des Livres de ladite Bibliotheque, tant de
ceux appartenans ou qui appartiendront au College, que de ceux de l'Univerfité, fera
libre aux Maîtres & Etudians dudit College, & que les Livres leur en feront prêtés fous
le récépiffé du Principal, aux offres que fait le Bureau de remplacer à la fin de chaque

année, fur la repréfentation des récépiffés, ceux defdits Livres qui feroient ou perdus ou gâtés. Que les falles deftinées par l'Arrêt de la Cour du 11 Février dernier aux Bibliothèques
de l'Univerfité & du College, foient cédées à l'Univerfité, ainfi que les tablettes, tables, bureaux, globes & autres effets propres à une Bibliotheque, qui fe trouvent actuellement dans lefdites falles; qu'enfin l'appartement deftiné au Bibliothécaire du College foit employé pour y loger le Bibliothécaire de l'Univerfité, & comme, en conféquence de la préfente Délibération, la place de Bibliothécaire du College fe trouve
fupprimée, il a été délibéré que le fieur Guérin, Syndic de l'Univerfité, qui avoit été
nommé, continuera à jouir fa vie durant des *fix cens livres* d'honoraires qui avoient
été attachés à ladite place, à moins que ledit fieur Guérin n'obtint par la fuite des bénéfices ou penfions d'un produit au-deffus des *fix cens livres*, autres néanmoins que
celle de Profeffeur Emérite; & qu'en cas que ledit fieur Guérin voulût venir demeurer
dans ledit College, il lui fera libre de choifir l'un des deux appartemens du Mans neuf
deftinés à des Profeffeurs Emérites qui ne feroient pas Membres du Bureau de difcipline : a été en outre délibéré que M. le Grand-Maître fera chargé de remettre expédition de la préfente Délibération à M. le Premier Préfident, à M. le Procureur Général,
aux Recteur, Syndic & Greffier de l'Univerfité, aux Doyens des Facultés Supérieures,
& aux Procureurs des Nations, & de témoigner aux Doyens des Facultés de Droit &
de Médecine combien le Bureau a été fenfible à la juftice que leurs Compagnies ont
rendue à la pureté de fes intentions.

Du 17 Mai 1765.

M. de Sainfray a notifié au Bureau l'Arrêt de la Cour du 7 du préfent mois, qui homologue la Délibération du Bureau du 20 Mars dernier prife relativement à la Bibliotheque du College de Louis-le-Grand; enfemble les articles IV & V de la conclufion de
l'Univerfité du 23 dudit mois de Mars dernier, fur le même objet, & lequel Arrêt regle
tout ce qui a rapport à la réunion de ladite Bibliotheque avec celle de l'Univerfité dont
il eft queftion dans ladite Délibération & dans ladite Conclufion.

Lecture faite dudit Arrêt, il a été arrêté qu'il fera tranfcrit fur le regiftre du Bureau à
la fuite de la Délibération de ce jour, & qu'il fera dépofé aux archives du College de
Louis-le-Grand. Arrêté en outre qu'il fera délivré un extrait dudit Arrêt, en ce qui
le concerne, à M. Guérin, Syndic de l'Univerfité.

LOUIS, par la grace de Dieu, Roi de France & de Navarre : Au premier Huiffier
de notre Cour de Parlement, ou autre Huiffier ou Sergent fur ce requis; favoir faifons:
Que vu par notredite Cour, toutes les Chambres affemblées, la Requête préfentée par
notre Procureur Général, contenant qu'il lui a été remis par le Grand-Maître du College
de Louis-le-Grand une Délibération prife par le Bureau d'Adminiftration dudit College
le 20 Mars dernier, relative à l'union de la Bibliotheque de ce College à celle de l'Univerfité. Qu'il lui a été pareillement remis une Conclufion prife à ce fujet par l'affemblée

A R R Ê T
du 7 Mai 1765.

X x x ij

générale de l'Université tenue au College de Louis-le-Grand le 23 du même mois ; que notredite Cour verra, par la lecture qu'elle voudra bien prendre desdites Délibérations & Conclusions que notre Procureur Général a déposées au Greffe Civil de notredite Cour le 4 Mai 1765, que les difficultés que sembloit présenter l'union des Bibliotheques, sont entiérement levées. Les nouvelles propositions faites par le Bureau d'Administration du College de Louis-le-Grand ayant été acceptées par l'Université par la Conclusion prise en ladite assemblée générale. Que dans ces circonstances, notre Procureur Général croit devoir proposer à notredite Cour de confirmer par son autorité cet arrangement également utile à l'Université & à tous ses Membres. A CES CAUSES requiert notre Procureur Général qu'il plaise à notredite Cour homologuer la Délibération du Bureau d'Administration du College de Louis-le-Grand du 20 Mars dernier, pour être, ensemble les articles IV & V de la Conclusion de l'Université du 23 du même mois, relativement à ladite Bibliotheque ; exécutés suivant leur forme & teneur ; en conséquence, qu'après que les Livres du College de Louis-le-Grand auront été estampillés aux armes dudit College, ils demeureront à la garde du Bibliothécaire de l'Université ; & qu'il en sera dressé un catalogue dont copie sera déposée, tant dans les archives de l'Université que dans celles dudit College. Ordonner pareillement que les Réglemens qui seront faits par le Tribunal de l'Université relativement à la Bibliotheque, conformément à ce qui est porté en l'article V de ladite Conclusion, seront remis à notre Procureur Général dans six mois au plus tard, pour être sur ses conclusions homologués, si faire se doit, en notredite Cour, toutes les Chambres assemblées ; ordonner que l'Arrêt qui interviendra sera signifié au Tribunal de l'Université & notifié au Bureau d'Administration du College de Louis-le-Grand, & *inscrit sur les registres*, tant de l'Université que dudit College ; ladite Requête signée de notre Procureur Général. Vu aussi les articles IV & V de la Conclusion de l'Université du 23 Mars dernier, dont la teneur suit :

ARTICLE IV.

STANDO iis quæ in suo libello memoriali dixit Universitas, & quibus Cl. Administratores in præfatâ Deliberatione aquiescunt ; nihil impedire quo minùs libri ad præd. Collegium pertinentes, ejusque insigniti sigillis, in Bibliothecâ Universitatis collocentur, ab ejus Bibliothecario asservandi, juxta catalogum quam primum conficiendum, ac deponendum in scriniis tum Universitatis, tum ejusdem Collegii.

V.

QUANTUM ad libros in usum dicti Collegii commodandos, eâ de releges à Tribunalis Academici Deputatis proponendas, easdemque cum singulis ordinibus Academicis & clarissimis Collegii Ludovici magni Administratoribus communicandas esse, priusquam supremo senatui offerantur, ejus autoritate, si ipsi ità visum fuerit confirmandæ unâ cum cœteris legibus in usum & Administrationem Bibliothecæ Academiæ ex consensu septem ordinum Academicorum constituendis.

Ouï le rapport de Me Jean Jacques Farjonel, Conseiller, tout considéré :

NOTREDITE Cour a homologué & homologue ladite Délibération du Bureau d'Administration du College de Louis-le-Grand du 20 Mars dernier, pour être, ensemble les articles IV & V de la Conclusion de l'Université du 23 du même mois relativement à ladite Bibliotheque, exécutés suivant leur forme & teneur; en conféquence, ordonne qu'après que les Livres du College de Louis-le-Grand auront été estampillés aux armes dudit College, ils demeureront à la garde du Bibliothécaire de l'Université; & qu'il en fera dreffé un catalogue dont copie fera dépofée, tant dans les archives de l'Université que dans celles dudit College; ordonne pareillement que les Réglemens qui feront faits par le Tribunal de l'Université relativement à la Bibliotheque, conformément à ce qui eft porté en l'article V de ladite Conclusion, feront remis à notre Procureur Général, dans fix mois au plus tard, pour être, fur fes conclufions, homologués, fi faire fe doit, en notredite Cour, toutes les Chambres affemblées; ordonne que le préfent Arrêt fera fignifié au Tribunal de l'Université & notifié au Bureau d'Adminiftration du College de Louis-le-Grand, & infcrit fur les regiftres, tant de l'Université que dudit College. SI MANDONS mettre le préfent Arrêt à exécution. DONNÉ en notre Cour de Parlement, toutes les Chambres affemblées, le fept Mai mil fept cent foixante-cinq, & de notre règne le cinquantieme. Collationné. *Signé* REGNAULT, avec paraphe. Par la Chambre. *Signé* DUFRANC.

Signifié le 17 Mai 1765 au Tribunal de l'Université en la perfonne de M. Fourneau par Griveau, Huiffier, à la requête de M. le Procureur Général.

Du premier Août 1765.

IL a été rendu compte par M. Poan, particuliérement chargé de ce qui concerne le College de Louis-le-Grand, d'un mémoire à lui remis & adreffé au Bureau par le Bibliothécaire relativement aux Livres du College de Louis-le-Grand, qui, au moyen des arrangemens faits dans l'une des deux falles de la Bibliotheque, & d'une cloifon qui interdit la communication avec celle où les ouvriers font encore, peuvent être tranfportés dès à préfent dans la falle préparée; & en conféquence, demande le Bibliothécaire qu'on tire fur les cartes les titres de tous les Livres, pour pouvoir être dreffé le catalogue, & qu'il plaife au Bureau de régler la maniere dont les Livres doivent être eftampillés.

Sur quoi il a été arrêté que les Livres feront tranfportés dans la falle qui eft en état de les recevoir; & que par le fieur Barrois, Libraire, que le Bureau a choifi à cet effet, il fera tiré fur des cartes les titres de tous les Livres, à l'effet de quoi M. le Principal fera invité de vouloir bien faire aider ledit fieur Barrois par tel nombre de Bourfiers Théologiens qu'il fera néceffaire, pour, après ladite opération, être dreffé un catalogue, & être par le Bureau déterminé ce qu'il conviendra faire des Livres doubles, triples, & quadruples; comme auffi que tous lefdits Livres du College de Louis-le-Grand qui feront compris au catalogue, feront eftampillés, fur leurs titres refpectifs, aux armes du College: arrêté en outre qu'il fera donné connoiffance de la préfente Délibération, tant à M. le Principal & à M. le Bibliothécaire, qu'au fieur Barrois, Libraire.

Du 10 Octobre 1766.

LE BUREAU affemblé, le F. Bonhomme, Religieux Cordelier du grand Couvent, a demandé à entrer, & ayant été introduit, il a dit que zélé pour tout ce qui peut concourir au progrès des Sciences & à l'inftruction de la jeuneffe, il offre fes fervices pour l'arrangement & l'ufage des Livres appartenans au College de Louis-le-Grand, promettant d'en faire un inventaire, par ordre de matiere, d'appliquer à chaque Livre l'eftampille qui fera défignée pour la diftinction defdits Livres de ceux de l'Univerfité, & de les ranger de maniere qu'ils puiffent être trouvés facilement lorfqu'on en aura befoin. Qu'il efpere que Meffieurs voudront bien lui faire fournir papier, plumes, encre, & tout ce qui fera néceffaire pour la confection defdits inventaires, que pour le tems & la peine d'un tel ouvrage, il demande une feule grace, celle d'accorder à un de fes neveux l'entrée gratuite dans le College de Louis-le-Grand pour y être nourri & élevé comme les autres Bourfiers, pendant le tems qu'on jugera à propos de fixer; que cette faveur pour un jeune homme qui montre des difpofitions aux Sciences redoublera l'attachement du F. Bonhomme pour un établiffement auffi honorable à la nation que précieux à la jeuneffe du royaume, & a figné.

Enfuite ledit F. Bonhomme retiré, LE BUREAU inftruit que les Libraires auxquels on s'eft adreffé pour cet objet demandent la fomme de 2000 livres, a délibéré qu'au lieu de faire ladite dépenfe, il fera accordé audit F. Bonhomme fa demande; & en conféquence, que le fieur Bonhomme, neveu dudit Religieux, fera admis dans le College de Louis-le-Grand à titre de penfion gratuite, pour y demeurer jufqu'à fa Phyfique inclufivement.

Du 24 Novembre 1768.

LE Frere Bonhomme ayant demandé à entrer, & ayant été introduit, a préfenté au Bureau le catalogue des Livres de la Bibliotheque du College qu'il s'étoit chargé de mettre en ordre, & après que ledit Frere Bonhomme a été remercié par M. le Préfident Rolland, il s'eft retiré : lui retiré, M. Neveu a été prié de faire tout ce qui fera néceffaire & qu'il croira convenable pour procurer l'exécution la plus entiere de l'Arrêt de la Cour, qui homologue la Délibération du Bureau, & celle du Tribunal de l'Univerfité, relativement à l'union de la Bibliotheque du College de Louis-le-Grand avec celle de l'Univerfité.

Du 7 Mars 1771.

M. le Grand-Maître a dit : qu'en exécution de la Délibération du 24 Novembre 1768, M. le Neveu, pour procurer l'exécution de l'Arrêt du Parlement du 7 Mai 1765, qui homologue la Délibération du Bureau du 20 Mars de la même année au fujet de la réunion de la Bibliotheque du College à celle de l'Univerfité, a chargé le fieur de Lonchamp de copier le catalogue des Livres appartenans au College, qui avoit été dreffé par le F. Bonhomme; que cette opération étant finie, ainfi qu'il réfulte de la copie qui a été remife fur le Bureau, il ne refte plus qu'à exécuter le furplus de ladite Délibération.

Sur quoi le BUREAU a prié MM. Maiftrel & Fourneau de collationner avec M. Hamelin, Bibliothécaire de l'Univerfité, la copie dudit inventaire fur la minute, de retirer dudit fieur Hamelin un chargement des Livres appartenans au College au pied de la minute ou de la copie dudit inventaire, lequel fera dépofé avec l'inventaire aux archives du College de Louis - le - Grand.

Du 2 Mai 1777.

SUR ce qui a été repréfenté par M. le Grand-Maître qu'après la confeftion de l'inventaire des Livres de la Bibliotheque appartenant au College de Louis-le-Grand, qui a été unie à celle de l'Univerfité, M. Maiftrel & lui furent nommés pour procéder avec M. Hamelin, Bibliothécaire de l'Univerfité, au récolement de cet inventaire, au pied duquel M. Hamelin devoit fe charger des Livres appartenans au College de Louis-le-Grand, ainfi que porte la Délibération prife le 7 Mars 1771 ; que cette opération, qui ne pouvoit être que fort longue, n'a pu être faite pour lors, à caufe de l'abfence de M. Hamelin, qui fut envoyé au mois d'Oftobre de la même année au College de la Flêche, pour y remplir la place de Principal ; & que depuis le retour de M. Hamelin, cette opération a été négligée. Que M. Hamelin étant mort, l'Univerfité a nommé des Commiffaires pour procéder au récolement des Livres qui compofent fa Bibliotheque. Que ce récolement a été commencé avec lui, non-feulement en fa qualité de Commiffaire de l'Univerfité, mais en fa qualité de Grand-Maître du College de Louis-le-Grand, ayant agi jufqu'ici en cette double qualité, & ayant exigé qu'on procédât conjointement au récolement des Livres appartenans au College de Louis-le-Grand ; qu'il croit devoir obferver qu'il feroit plus régulier de nommer dans ce Bureau des Commiffaires pour continuer cette opération ; & quoiqu'il ait la fatisfaction de voir que jufqu'ici il n'a point manqué de Livres dans les portions d'inventaire qui ont été vérifiées, il eft pourtant néceffaire pour la fûreté du College de prendre fes précautions vis-à-vis des héritiers de M. Hamelin, afin de pouvoir répéter fur eux ce qui pourroit manquer en Livres & effets de ladite Bibliotheque appartenante au College de Louis-le-Grand, dont M. Hamelin étoit véritablement chargé, quoiqu'il n'eût pas été fait de récolement contradiftoirement avec lui, puifque ledit fieur Hamelin s'étoit chargé des clefs de la Bibliotheque dès l'année 1766, & que c'étoit conjointement avec lui que le F. Bonhomme, Cordelier, avoit dreffé l'inventaire de tous les Livres qui compofent, tant la Bibliotheque du College de Louis-le-Grand que celle de l'Univerfité.

Lefture faite de la Délibération du 7 Mars 1771, il a été unanimement arrêté de prier MM. Maiftrel & Fourneau de procéder, conjointement avec MM. les Commiffaires de l'Univerfité, au récolement de l'inventaire des Livres & effets qui appartiennent au College de Louis-le-Grand dans la Bibliotheque, de réitérer ce récolement avec le Bibliothécaire qui fera nommé par l'Univerfité, & d'exiger le chargement de ce nouveau

Bibliothécaire au pied de l'inventaire & de la copie qui en a été faite, laquelle, après ladite opération, fera dépofée aux archives.

Arrêté en óutre d'autorifer M. le Grand-Maître à former oppofition entre les mains de l'Huiffier-Prifeur chargé de la vente des effets provenans de la fucceffion de M. Hamelin, à la délivrance des deniers que produira cette vente, pour la confervation des droits du College que le Bureau fe réferve de faire valoir, ainfi qu'il appartiendra, après que ledit récolement aura été achevé.

Du 7 Août 1777.

LE fieur Robinet, l'un des héritiers de feu M. Hamelin, ayant été introduit au Bureau, a remis un état des Livres appartenans au College de Louis-le-Grand qui manquent dans la Bibliotheque, & a offert de payer le prix des Livres compris dans cet état qui n'ont point été prêtés dans le College, fur des billets de M. le Principal, & ce, fuivant l'eftimation qui en fera faite par le fieur Barrois, Marchand Libraire, & a prié le Bureau de lui accorder la main-levée de l'oppofition qui a été faite par M. le Grand-Maître au nom du Bureau entre les mains de l'Huiffier-Prifeur, à la délivrance des deniers provenans de la vente des meubles & effets délaiffés par ledit feu Sr Hamelin ; & ledit Sr Robinet retiré,

LE BUREAU a prié M. Maîftrel de vérifier fur le catalogue des Livres appartenans au College de Louis-le-Grand, l'état remis par le fieur Robinet; & ce, conjointement avec M. le Grand-Maître, de vérifier auffi les billets fuivant lefquels plufieurs de ces Livres qui manquent ont été prêtés dans le College, & de faire eftimer par le fieur Barrois, Marchand Libraire, ceux defdits Livres qui fe trouvent manquer dans la Bibliotheque, laquelle eftimation fera imputée fur les fommes que le College de Beauvais & celui de Louis-le-Grand peuvent devoir à la fucceffion dudit fieur Hamelin pour les arrérages des penfions qui lui avoient été accordées fur ces deux Colleges, depuis le premier Janvier de la préfente année jufques & compris le 13 Avril, jour du décès dudit fieur Hamelin ; & au moyen de cet arrangement, M. le Grand-Maître a été autorifé à donner main-levée à la fucceffion dudit fieur Hamelin de l'oppofition faite à fa requête entre les mains de l'Huiffier-Prifeur, à la délivrance des deniers provenans de la vente des meubles & effets de la fucceffion dudit fieur Hamelin.

Du 2 Septembre 1779.

M. Duval, Bibliothécaire de l'Univerfité, ayant été introduit, a remis fur le Bureau un état figné de lui, contenant les Livres qui manquent à la Bibliotheque, & qui ont été prêtés à des Maîtres, ou Bourfiers Théologiens, fuivant leurs reconnoiffances y datées. Lecture faite dudit état,

LE BUREAU a autorifé M. le Grand-Maître & M. le Principal à faire remettre inceffamment les Livres y contenus à la Bibliotheque, par les perfonnes auxquelles ils ont été prêtés, comme auffi à faire pour le maintien & la confervation des Livres de la Bibliotheque toutes les dépenfes qu'ils jugeront convenables & néceffaires.

RÉGLEMENT

RÉGLEMENT

Pour la Bibliotheque de l'Université.

TITRE PREMIER.

Du Bibliothécaire.

ARTICLE PREMIER.

LE Bibliothécaire fera nommé par le Tribunal de l'Univerfité, & choifi entre les Profeffeurs-Emérites de la Faculté-ès-Arts.

Réglement pour la Bibliotheque de l'Univerfité, adopté par le Bureau le 23 Avril 1770, & homologué par Arrêt du 25 Mai fuivant.

I I.

AUSSI-TÔT après fa nomination, il prêtera ferment à l'Univerfité, entre les mains du Recteur, en plein Tribunal, & promettra de remplir exactement les fonctions de Bibliothécaire.

I I I.

IL fera mis en poffeffion de la Bibliotheque par le Tribunal de l'Univerfité.

I V.

IL fera dépofitaire & refponfable de tous les Livres, tant imprimés que manufcrits, & généralement de tout ce qui appartiendra à la Bibliotheque, conformément au catalogue & à l'inventaire des effets arrêtés par le Tribunal. C'eft pourquoi il reconnoîtra, en préfence des Commiffaires du Tribunal nommés *ad hoc*, tous les articles portés dans lefdits catalogue & inventaire, & s'obligera de les repréfenter toutes les fois qu'il en fera requis.

V.

ARRIVANT la retraite ou le décès du Bibliothécaire, le Tribunal de l'Univerfité nommera des Commiffaires, à l'effet de procéder conjointement avec lui, ou avec fes repréfentans, au récolement de la Bibliotheque. Et dans le cas qu'il y manquât quelque chofe, ce qui manquera fera remplacé aux dépens du Bibliothécaire, ou de fa fucceffion.

V I.

LE Bibliothécaire veillera avec le plus grand foin à l'arrangement, à la confervation, à la propreté des Livres imprimés ou manufcrits, & des uftenfiles de la Bibliotheque.

V I I.

LES fonds deftinés à l'augmentation de la Bibliotheque feront par lui employés 1°. à acheter les Livres qui conviennent plus particuliérement à l'Univerfité, & aux différentes Compagnies dont elle eft compofée; 2°. à acquérir les fuites d'Ouvrages de Sciences ou de Littérature, qu'il eft utile de completter. Il aura foin de choifir les Editions les plus correctes.

V I I I.

LE Bibliothécaire fera tenu chaque année de fe rendre au Tribunal du mois de Février, & de lui préfenter deux états féparés; l'un des Livres qu'il croira devoir être ache-

II. Partie. Yyy

tés ; l'autre, de ceux qu'il jugera à propos de vendre ou d'échanger ; & lefdits états, après avoir été examinés, difcutés, réglés & arrêtés par le Tribunal, feront à l'inftant fignés par le Recteur, & remis au Bibliothécaire, pour être exécutés, fuivant les occurrences, pendant le courant de l'année.

I X.

AVANT de vendre ou d'échanger aucun des Livres, dont la garde lui eft confiée, le Bibliothécaire aura foin de les faire contremarquer fur le frontifpice, & la contremarque fera un témoignage authentique qu'ils n'appartiennent plus à l'Univerfité.

X.

LE Bibliothécaire néanmoins aura la liberté d'employer par an une fomme modique en Livres, autres que ceux compris dans l'état arrêté au Tribunal, & de profiter des occafions favorables, s'il s'en préfente, à condition que cette fomme n'excede pas celle de 150 livres ; & qu'elle foit employée à l'acquifition de Livres de la qualité requife par l'article VII ci-deffus.

X I.

LE Mardi de la feconde femaine de Carême, après l'ouverture du Rotule, le Bibliothécaire rendra compte au Tribunal 1°. des Livres ou autres chofes qui auront été données ou léguées à la Bibliotheque pendant le courant de l'année précédente ; 2°. des Livres par lui vendus, échangés ou achetés, conformément aux états arrêtés par le Tribunal, & aux difpofitions marquées dans l'article précédent.

X I I.

IL portera fur le catalogue deftiné à la Bibliotheque les Livres ou autres chofes dont elle aura été augmentée, & en fournira l'état au Tribunal pour être tranfcrit fur l'expédition du catalogue dépofé au Greffe de l'Univerfité.

X I I I.

DANS le cas où la portion des Livres appartenans au College de Louis-le-Grand feroit augmentée, 1°. le Bibliothécaire portera cette augmentation fur le catalogue général ; 2°. il en fournira un état au Bureau d'Adminiftration du College de Louis-le-Grand, pour être portée fur le catalogue dépofé aux archives dudit College.

X I V.

Tous les Livres feront eftampillés aux armes de l'Univerfité ; excepté ceux qui appartiennent au College de Louis-le-Grand, lefquels feront eftampillés à fes armes.

X V.

SI quelqu'un donne ou legue des Livres à la Bibliotheque, fon nom fera porté fur ces Livres, & même fur le catalogue de la Bibliotheque, en cette maniere : *ex dono V. C.....* Ces Livres pourront même être eftampillés aux armes des Donateurs ou Teftateurs, s'ils le requierent, & que le don foit confidérable.

X V I.

LE Bibliothécaire occupera par lui-même l'appartement qui lui eft deftiné dans le chef-lieu de l'Univerfité.

X V I I.

IL se trouvera exactement à la Bibliotheque tous les jours, & pendant tout le tems qu'elle sera ouverte.

X. V I I I.

IL aura pour appointemens, 1°. les 600 livres qui lui sont attribuées par Délibération du Tribunal de l'Université ; 2°. les 1000 livres à lui pareillement attribués par l'article XVI des Lettres Patentes du 3 Mai 1766.

X I X.

CONFORMÉMENT au même article, le Bibliothécaire nommera celui qui sous ses ordres prendra soin de la Bibliotheque ; auquel, pour cet effet, il sera payé 600 livres par an, des deniers assignés par le même article.

X X.

LE Domestique de la Bibliotheque sera pareillement nommé par le Bibliothécaire, & aura pour gages la somme de 100 livres, ainsi qu'il a été réglé par le Tribunal.

T I T R E I I.

Du Sous-Bibliothécaire.

A R T I C L E P R E M I E R.

CONFORMÉMENT à l'article V du titre X des Lettres Patentes du 10 Août 1766, la nomination du Sous-Bibliothécaire appartiendra au Tribunal de la Faculté ès Arts.

I I.

SUIVANT le même article, il sera choisi entre les Professeurs & Régens ès Arts qui n'auroient pas encore acquis l'Emérite. Il pourra aussi être choisi entre les Docteurs Agrégés de ladite Faculté, & même parmi ceux qui y sont seulement immatriculés.

I I I.

IL prêtera serment entre les mains du Recteur, en présence du Tribunal ; & s'il est Principal ou Professeur, il sera tenu d'opter dans l'espace d'un mois, à compter du jour de sa nomination.

I V.

SI un Agrégé est nommé Sous-Bibliothécaire, il conservera l'éligibilité aux Chaires de la Faculté ès Arts.

V.

CELUI qui auroit rempli la place de Sous-Bibliothécaire pendant dix ans, pourroit être nommé Bibliothécaire par le Tribunal, encore qu'il n'eût pas acquis l'Emérite.

V I.

EN exécution de l'article XVI des Lettres Patentes du 3 Mai 1766, le Sous-Bibliothécaire aura 800 livres d'appointement ; & en outre, il partagera avec les Professeurs & Régens de la Faculté ès Arts la portion appellée *Emérite.*

VII.

Il occupera par lui-même l'appartement qui lui est destiné dans le chef-lieu de l'Université.

VIII.

Il travaillera sous la direction du Bibliothécaire, à toutes les opérations concernant la Bibliotheque.

IX.

Toutes les fois, & aussi long-tems que la Bibliotheque sera ouverte pour le Public, il sera tenu d'y être présent & d'y exercer ses fonctions.

X.

Il ne lui sera pas libre d'emporter aucun Livre de la Bibliotheque.

TITRE III.

De la Bibliotheque.

ARTICLE PREMIER.

La Bibliotheque sera ouverte tous les ans à la Saint Remi, & fermée au premier Août.

II.

L'accès en sera libre au public trois jours par semaine, le matin & le soir ; savoir, le Lundi, le Mercredi & le Samedi. De la Saint Remi à Pâques, elle sera ouverte le matin, depuis neuf heures jusqu'à onze heures & demie ; & l'après-midi, depuis deux heures jusqu'à quatre. De Pâques aux vacances, elle sera ouverte, le matin, depuis neuf heures jusqu'à midi ; l'après-midi, depuis deux heures jusqu'à cinq.

III.

Il ne sera mis aucun Livre prohibé entre les mains de ceux qui fréquenteront la Bibliotheque.

IV.

Le Bibliothécaire & le Sous-Bibliothécaire veilleront à ce que les Livres dont ils donneront communication, ne soient ni gâtés ni déchirés.

V.

Ils veilleront également à ce que ceux qui fréquenteront la Bibliotheque ne soient aucunement interrompus.

VI.

Ils ne permettront à personne de porter aucun Livre hors la Bibliotheque, sauf néanmoins & sans préjudice de la Délibération du Bureau d'Administration du 20 Mars 1765, & de la conclusion de la Faculté ès Arts du 23 du même mois & an, l'une & l'autre homologuée par Arrêt de la Cour du 7 Mai, même année.

VII.

La Bibliotheque sera garnie de tables & de sieges, à l'usage de ceux qui la fréquenteront, lesquels seront tous assis dans une même salle, sous les yeux du Bibliothécaire & Sous-Bibliothécaire.

Du 23 Avril 1770.

M. le Grand-Maître a remis sur le bureau une copie collationnée du Réglement dressé par l'Université en exécution de l'Arrêt du Parlement du 7 Mai 1765, pour la Bibliotheque de ladite Université, dans laquelle celle du College de Louis-le-Grand a été réunie.

Et lecture faite dudit Réglement, il a été unanimement approuvé; & en conséquence, il a été arrêté que ladite copie collationnée sera déposée aux archives, qu'expédition de la présente Délibération sera délivrée à M. le Grand-Maître, pour être par lui remise au Tribunal de l'Université.

Extrait des Regiftres du Parlement.

Vu par la Cour, toutes les Chambres assemblées, la Requête présentée par les Recteur, Doyens, Procureurs & Suppôts de l'Université de Paris, composant le Tribunal de ladite Université, par laquelle requéroient les Supplians qu'il plût à notredite Cour homologuer le Réglement concernant la Bibliotheque de ladite Université, dressé par ledit Tribunal, en exécution de l'Arrêt du 7 Mai 1765 : ordonner en conséquence qu'il sera exécuté selon sa forme & teneur. Vu les Pieces attachées à ladite Requête signée Basly, Procureur, Conclusions de notre Procureur Général : Oui le rapport de Me Léonard de Sahuguet d'Espagnac, Conseiller, tout confidéré :

La Cour a homologué & homologue ledit Réglement pour être exécuté selon sa forme & teneur. Donné en Parlement, toutes les Chambres assemblées, le vingt-cinq Mai mil sept cent soixante-dix. Collationné REGNAULT. *Signé*, SAVIN.

ARTICLE III.

Bourſiers fondés dans le Collège de Louis-le-Grand, du tems des Jéſuites, autres que les Bourſiers Molony (450).

IL a été fait dans le Collège de Louis-le-Grand, du tems des Jéſuites, quatre fondations de Bourſes, ſans y comprendre celle *Molony.* Tout ce qui concerne ces différentes fondations, eſt rapporté dans le compte rendu par M. Del'Averdy, aux Chambres aſſemblées, le 25 Février 1763 (451). L'Arrêt du 28 Juillet 1763 (452) en ordonne la liquidation. Elle a été faite par procès-verbal de MM. les Commiſſaires, commencé chez M. le Préſident Rolland le 29 Août 1763, & terminé le 12 Décembre ſuivant. Comme dans l'intervalle le Bureau avoit été établi par les Lettres Patentes du 21 Novembre 1763, le Parlement jugea à propos de lui faire communiquer ce procès-verbal. Avant que le Bureau eût donné ſon avis, le Collège de Louis-le-Grand fut, par Arrêt du 24 Janvier 1764, envoyé en poſſeſſion des rentes dont jouiſſoient les Jéſuites de ce Collège, mais à la charge d'acquitter les ſommes qui ſeroient jugées néceſſaires pour le paiement de ces fondations. Tel étoit l'état des choſes lorſque, par Délibération du 16 Février 1764, le Bureau donna ſon avis, qui a été homologué par l'Arrêt du 10 Mars ſuivant ci-après. De cet avis il réſultoit,

1°. Que la fondation faite par *Guillaume Duprat*, par ſon teſtament du 25 Juin 1560, devoit jouir de 2075 livres de rentes; pourquoi la Délibération établit cinq Bourſes, dont *une* à la nomination des *Conſuls & Habitans de Mauriac*, & *quatre* à la *nomination libre du Bureau* (453).

2°. Que la fondation faite par *Henri III*, le 27 Avril 1582, ne jouit que de 2400 livres de rente; que ce Prince avoit établi *ſix* Bourſes, dont trois ſeront à ſa nomination, & trois à celle des Jéſuites; qu'en conſéquence, le Bureau ayant conſervé ces ſix Bourſes, il y en a *trois* à la nomination de M. *le Grand-Aumônier*, & *trois* à celle *du Bureau* (454).

3°. Que la fondation de *Raoul Bontems*, faite par ſon teſtament du 29 Décembre 1616, n'a droit de jouir que de 205 livres; en conſéquence ce Bourſier, quand il eſt de la *famille du Fondateur*, eſt obligé de fournir un ſupplément; & s'il ne préſente pas de parens pour remplir cette Bourſe, le *Bureau*, qui en eſt *Nominateur*, y

___

(450) *Prémier département.*
(451) Recueil de Simon, tome 6.
(452) Ci-deſſus dans l'introduction, note 2.
(453) Quoique ce revenu ne ſoit pas ſuffiſant pour entretenir cinq Bourſiers, puiſque les penſions à 450 livres font 2250 livres, cependant le Bureau n'a rien changé à cette fondation.
(454) Même obſervation.

nomme qui il juge à propos, & alors ce Bourfier n'a plus de fupplément à payer (455).
Si au contraire cette Bourfe eft remplie par un parent du Fondateur, il faut qu'il paie
245 livres de penfion. Au furplus le Bureau ne peut nommer librement à cette Bourfe,
aux termes de la Délibération du 16 Février 1764, qu'après l'avoir laiffée *un an va-*
cante, pour donner le tems aux *parens du Fondateur de fe préfenter* (456).

Enfin, la *quatrieme* fondation, dont on croit devoir rendre compte ici, eft celle
faite par *Euftache Meurice* le 24 Décembre 1643 : fon revenu eft feulement de 200
livres. Ce Bourfier étoit le feul des quatre fondations mentionnées dans cet article qui
exiftât en 1763 (457). Il eft à la *nomination* du *Curé de Poiflard*, près Breteuil en Picardie, & ce Bourfier eft obligé de payer le fupplément. Voyez ci-après les Délibérations des 21 Juillet 1768, & 5 Juillet 1781, dont la derniere fufpend cette Bourfe.

On finira ce qui a rapport à ces Bourfes par obferver, que d'abord il avoit été établi
un compte particulier pour chacune de ces fondations, mais que le Bureau ayant obfervé que les revenus de ces fondations ne fuffifoient pas pour en acquitter les charges,
& ne voulant pas les fupprimer, vu que prefque toutes ces bourfes étoient à fa nomination, il a été, par Délibérations des 21 Juillet & 1er Décembre 1768 arrêté, qu'il n'y
auroit plus, jufqu'à ce qu'il en ait été autrement délibéré, de compte particulier de ces
fondations, & que leurs revenus & leurs charges feroient confondus dans le compte du
Collège de Louis-le-Grand, mais que l'on continueroit de nommer aux Bourfes ; ce qui
a été exécuté jufqu'à préfent, & ce qui continuera de s'exécuter par rapport aux trois
premieres fondations ; mais quant à la quatrieme, les Délibérations de 1768 ont été
changées par celle du 5 Juillet 1781, ci-après.

---

(455) Voyez ci-après les Délibérations des 4 Septembre 1766, & 17 Mai 1781.

(456) Voyez ci-après la Délibération du 16 Mars 1775, qui conftate la généalogie d'un parent
du teftateur.

(457) Voyez l'Arrêt du premier Mars 1763, imprimé à la fuite du compte de M. Del'Averdy,
du 25 Février 1763, fufdaté page 78.

A R R Ê T
du 10 Mars 1764.
Qui homologue
une Délibération
du Bureau du 16
Février précé-
dent , relative
aux Bourfes fon-
dées dans le Col-
lege de Louis-le-
Grand du tems
des Jéfuites.

LOUIS, par la grace de Dieu, Roi de France & de Navarre : au premier Huiſſier de notre Cour de Parlement, ou autre notre Huiſſier ou Sergent ſur ce requis ; ſçavoir faiſons que, vue par notredite Cour la Requête préſentée par notre Procureur Général, contenant qu'en exécution de l'Arrêt de notredite Cour, du 20 Décembre 1763, qui ordonnoit que le procès-verbal dreſſé en l'hôtel de Mᵉ Rolland, Conſeiller-Préſident, le 29 Août 1763 & jours ſuivans, & clos le 12 Décembre de la même année, ledit procès-verbal fait en exécution de l'Arrêt de notredite Cour du 28 Juillet précédent, enſemble les pieces repréſentées par le Subſtitut de notre Procureur Général, & ledit procès-verbal du 29 Août 1763, ſeroient communiquées au Bureau d'Adminiſtration du College de Louis-le-Grand, pour être par icelui donné, ſur les Bourſes fondées dans ledit College, tel avis qu'il jugeroit à propos, ledit Bureau a, le 16 du mois de Février, fait une déclaration dont notre Procureur Général croit devoir demander l'homologa-tion. A CES CAUSES, requéroit notre Procureur Général qu'il plût à notredite Cour ordonner que la Délibération du Bureau d'Adminiſtration du College de Louis-le-Grand, du 16 Février dernier, relativement aux Bourſes fondées dans ledit College, ſera homologuée, pour être exécutée ſelon ſa forme & teneur ; & au moyen de l'affec-tation des rentes déſignées dans ladite Délibération, déclarer n'y avoir plus lieu à la réſerve inférée dans l'Arrêt du 24 Janvier dernier, excepté pour le contrat de 1375 liv., répété par les Bourſiers Molony, & pour les 25000 livres & dépendances, concer-nant la fondation d'Harlay, ſuivant l'Arrêt du 30 Juillet 1763, & que ledit College jouira franchement & quittement du ſurplus des biens adjugés par ledit Arrêt ; or-donner en outre que les rentes deſtinées à remplir les différentes fondations, y ſeront affectées ; que par le Greffier de notredite Cour il ſera, ſur les groſſes deſdits contrats, & par les Notaires qui en ont les minutes, fait mention ſur leſdites minutes de ladite Délibération & de l'Arrêt qui interviendra ſur ladite Requête ; à l'effet de quoi ledit Arrêt ſera ſignifié auxdits Notaires ; renvoyer à la Grand'Chambre l'homologation concernant les Bourſiers Molony ; ordonner pareillement qu'à la requête de notre Pro-cureur Général, pourſuite & diligence de ſes Subſtituts à Aurillac & à Amiens, l'Arrêt ſera, en ce qui les concerne, ſignifié aux Conſuls & Habitans de Mauriac, & au Curé de Poiſlard près Breteuil, pour qu'ils aient à s'y conformer ; que le procès-verbal du 29 Août 1763 & jours ſuivans, enſemble expédition de l'Arrêt de la Cour, du 20 Dé-cembre 1763, & la groſſe de celui qui interviendra ſur ladite Requête, ſera remis au Sub-ſtitut de notre Procureur Général, qui fait partie dudit Bureau ; ordonner que l'Arrêt qui interviendra ſera imprimé, publié & affiché, tant en cette ville qu'en celle de Mauriac & de Poiſlard, près Breteuil ; ladite Requête ſignée de notre Procureur Général : Vu auſſi l'Arrêt de notredite Cour, du 28 Juillet 1763, par lequel il eſt ordonné que toutes les rentes données pour fondation de Bourſes dans le College de Louis-le-Grand, con-tinueront d'y être employées à cet objet, & que pour en fixer l'état & le montant, il ſera dreſſé un procès-verbal de liquidation par les Commiſſaires nommés par l'Arrêt du 6 Août 1762 : ledit procès-verbal fait en exécution dudit Arrêt, le 29 Août & jours

ſuivans,

fuivans, clos le 12 Décembre 1763, qui a ordonné que par le Greffier de notre Cour, expédition du procès-verbal dreffé en l'hôtel dudit Me Rolland, Confeiller-Préfident, enfemble ledit Arrêt & les pieces repréfentées par le Subftitut de notre Procureur Général dans le cours dudit procès-verbal, feroient remifes au Secrétaire du Bureau d'Adminiftration dudit College de Louis-le-Grand, pour, le procès-verbal & pieces communiquées audit Bureau, être par icelui donné fur lefdites Bourfes tel avis qu'il jugera à propos, pour, ledit avis communiqué à notre Procureur Général, être par lui requis & par la Cour ordonné ce qu'il appartiendra : vu pareillement l'avis du Bureau d'Adminiftration du College de Louis-le-Grand, du 16 Février 1764, dont la teneur fuit :

Du 16 Février 1764.

Sur le compte rendu au Bureau par MM. les Adminiftrateurs nommés par la Délibération du 23 Janvier dernier, des différentes fondations faites dans le College de Louis-le-Grand, & détaillées dans le compte rendu par M. Del'Averdy, le 25 Février 1763, enfemble, tant de l'Arrêt du 28 Juillet 1763, qui ordonne que toutes les rentes données pour fondations de Bourfes dans ledit College, continueront d'y être employées à cet objet, & que pour en fixer l'état & le montant, il fera dreffé un procès-verbal de liquidation par les Commiffaires nommés par l'Arrêt du 6 Août 1762, que du procès-verbal fait en exécution dudit Arrêt en l'hôtel de M. le Préfident Rolland, l'un defdits Adminiftrateurs, le 29 Août & jours fuivans, & clos le 12 Décembre dernier, ledit Bureau délibérant, en exécution de l'Arrêt du 20 Décembre, qui ordonne que ledit procès-verbal & les pieces y énoncées feront communiqués audit Bureau, pour fur icelui être par ledit Bureau donné tel avis qu'il jugera : lecture faite de l'Arrêt de la Cour, du 24 Janvier dernier, qui envoie le College de Louis-le-Grand en poffeffion de tous les biens & effets adjugés audit College, par les Lettres Patentes des 14 Juin & 21 Novembre 1763, & compris pour la plus grande partie dans le compte rendu à la Cour par M. Del'Averdy, le 15 Juin 1763 (458), & ce à la charge de payer les fommes qui feront jugées par la fuite néceffaires pour l'acquittement des Bourfes fondées dans ledit College, le Bureau d'Adminiftration du College de Louis-le-Grand eft d'avis qu'il faut reprendre fur les biens dudit College la valeur defdites Bourfes, fauf cependant à en fufpendre l'effet jufqu'au 1er Octobre prochain.

1º. Qu'en ce qui concerne les Bourfes fondées par *Guillaume Duprat*, par fon teftament du 25 Juin 1560, & pour lefquelles il a donné 2145 livres de rente, ainfi qu'il eft détaillé plus au long dans ledit compte du 25 Février 1763, & dans le procès-verbal du 29 Août 1763 & jours fuivans, il eft néceffaire de rétablir, au profit defdits Bourfiers, la valeur defdites 2145 livres de rente, à moins que, par le remploi & les déclarations néceffaires, il ne foit conftant que lefdites 2145 livres font réduites à une moindre fomme : or, étant certain que l'on ne retrouve la filiation que du contrat de 100 livres fur l'ancien Clergé, qui faifoit partie defdites donations, lequel ne produit plus que 30 livres, ainfi qu'il eft détaillé audit procès-verbal du 29 Août, il faut reprendre fur les biens du College 2045

(458) *Voyez* ce compte, Recueil de *Simon*, tome 6.

II. *Partie.*   Zzz

livres ; en conséquence lesdits Administrateurs proposent qu'il plaise à la Cour ordonner que, pour établir la fondation faite par Guillaume Duprat, il sera ordonné que, dans le contrat sur le Clergé de 69 livres, mentionné article XXVII de l'Arrêt du 24 Janvier dernier, il y en aura 30 livres d'affectées aux Boursiers Duprat, & que les 2045 livres restant seront fournies dans les contrats de 1500 livres, de 500 livres & de 45 livres, qui forment les articles II, XVI & XXVIII dudit Arrêt ; & que pour lesdites 2075 livres, il sera établi cinq Bourses de 360 livres chacune, dont une à la nomination des Consuls & Habitans de Mauriac, pour un enfant de ladite Ville ; les quatre autres à la nomination du Bureau, & que les 275 livres restant, ensemble le revenu de chaque Bourse, dans l'intervalle d'une nomination à une autre, appartiendront au College, pour la part desdits Boursiers dans les frais communs.

2°. Qu'en ce qui concerne les Bourses fondées par *Henri III*, par acte du 27 Avril 1582, & détaillé dans le procès-verbal dudit jour 29 Août 1763, il sera, pour fournir les 2400 livres de rente données par ledit Prince, affecté à ladite fondation les 667 livres 10 sols mentionnés article VI dudit Arrêt, & les contrats de 1500 livres & de 220 livres, mentionnés articles III & VIII dudit Arrêt, & que le College fournira tous les ans 12 livres 10 sols, pour parfaire ladite somme de 2400 livres ; que lesdites rentes seront destinées à entretenir six Bourses, à 360 livres chacune, dont, suivant la fondation, moitié sera à la nomination du Roi, & l'autre moitié à celle du Bureau, & que les 240 livres restant, ensemble le produit de chaque Bourse vacante & d'une nomination à une autre, appartiendront audit College, pour la part des Boursiers dans les frais communs.

3°. Qu'en ce qui touche la fondation de *Raoul Bontems*, faite par acte du 29 Décembre 1616, étant constant par ledit procès-verbal du 29 Août 1763, que les 275 livres de rente, données par ledit Bontems le 29 Décembre 1616, étoient composées, entre autres choses, d'un contrat de 100 livres de rente sur l'ancien Clergé, lequel ne produit plus que 30 livres, qui font partie du contrat de 69 livres, mentionnées article XXVII dudit Arrêt, il en résulte qu'il ne faut plus remplacer que 175 livres ; en conséquence le Bureau est d'avis qu'il soit adjugé à ladite fondation les 39 livres restant dans ledit contrat sur l'ancien Clergé, défalcation faite des 30 livres prélevées ci-dessus pour la fondation Duprat ; sçavoir, 30 livres comme appartenant à la fondation Bontems, & 9 livres en remplacement & pour les 166 livres, dont la fondation restera créanciere ; qu'il lui soit adjugé les contrats de 106 livres 5 sols & 60 livres, mentionnés articles XIX & XXIX dudit Arrêt ; qu'il paroît aussi nécessaire auxdits Administrateurs du College d'ordonner que, suivant la fondation, il sera par ledit Bureau nommé à ladite Bourse, qui sera par préférence remplie par des parens dudit Bontems & sa femme, & que ceux qui seront nommés seront tenus de fournir 155 livres pour completter ladite Bourse de 360 livres, & que ladite Bourse, advenant sa vacance, restera un an vacante, pour donner pendant ledit tems la facilité aux parens des Fondateurs de se présenter, & pour que lesdites 205 liv. servent aux dépenses nécessaires audit College, auquel, en conséquence lesdites 205 livres appartiendront pendant ladite vacance.

4°. En ce qui concerne la Bourse fondée par *Eustache Maurice*, le 31 Décembre 1643, ordonner que, pour le remplacement des 4000 livres reçues par les soi-disant Jésuites, le contrat de 200 livres, faiſant l'article XXII dudit Arrêt, ſera affecté à ladite fondation ; ordonner que ladite Bourſe ſera remplie, ſuivant la fondation, par un Sujet préſenté par le Curé de Poiſlard près Breteuil ; que ledit Bourſier ſera tenu de fournir les 166 livres néceſſaires pour complétter ladite Bourſe, & que, vacance advenant de ladite Bourſe, elle reſtera un an vacante au profit dudit Collège.

5°. Qu'en ce qui concerne les Bourſiers *Molony*, attendu qu'ils jouiſſent de leurs Bourſes (avec, il eſt vrai, des changemens), il convient qu'il ſoit, entre les Nominateurs & le Bureau d'Adminiſtration, paſſé un acte pour donner une forme ſtable à ladite fondation ; lequel acte ſera homologué en la Cour (459).

6°. Que le Bureau ſe réſerve de propoſer, relativement auxdites Bourſes, tels réglemens qu'il croira convenables, & ce en exécution des Lettres Patentes du 21 Novembre 1763, mais que dès actuellement il croit devoir propoſer à la Cour d'ordonner que les revenus deſdits objets ſeront affectés auxdites fondations, & ce à compter du 1er Avril 1762 ; mais que leſdites Bourſes, autres que celles Meurice & Molony, ne ſeront rétablies que du 1er Octobre prochain, & que les arrérages deſdites Bourſes, même ſous le bon plaiſir du Roi, celles à la nomination de Sa Majeſté, qui ſont échues du 1er Avril 1762, & qui échoiront au 1er Octobre prochain, ſeront employées aux frais néceſſaires à l'établiſſement deſdits Bourſiers.

Enfin, il a été arrêté qu'expédition de la préſente Délibération ſera remiſe à M. le Subſtitut, à l'effet d'être par lui remiſe à M. le Procureur Général, en exécution de l'Arrêt du 20 Décembre 1763.

Signé en fin ſur le regiſtre, TERRAY, ROLLAND, ROUSSEL DE LA TOUR, COCHIN, SAINFRAY, LENEVEU, LEGROS, POÂN, LEMPEREUR, FOURNEAU & *le Flamand*.

Oui le rapport de Me Joſeph Marie Terray, Conſeiller : Tout conſidéré.

NOTREDITE COUR a homologué & homologue ladite Délibération du Bureau d'Adminiſtration du College de Louis-le-Grand, relativement aux Bourſes fondées dans ledit College, pour être exécutée ſelon ſa forme & teneur ; & au moyen de l'affectation des rentes déſignées dans ladite Délibération, déclare n'y avoir plus lieu à la réſerve inſérée dans l'Arrêt du 24 Janvier dernier, excepté pour le contrat de 1375 livres, répété par les Bourſiers Molony, & pour les 25000 livres & dépendances, concernant la fondation d'Harlay, ſuivant l'Arrêt du 30 Juillet 1763, & que ledit College jouira franchement & quittement du ſurplus des biens adjugés par ledit Arrêt : ordonne que les rentes deſtinées à remplir les différentes fondations y ſeront affectées ; que, par le Greffier de notredite Cour, il ſera, ſur les groſſes deſdits contrats, & par les Notaires qui en ont les minutes, fait mention ſur leſdites minutes de ladite Délibération & du préſent Arrêt, à l'effet de quoi ledit préſent Arrêt ſera ſignifié auxdits Notaires : renvoie à la Grand'Chambre l'homologation des actes concernant les Bourſiers Molony ; comme auſſi ordonne qu'à la requête de notre Procureur Général, pourſuite & diligence de ſes Subſtituts à Aurillac & à Amiens, le préſent Arrêt ſera, en ce qui concerne, ſignifié aux Conſuls & Hab-

_____

(459) *Voyez* cet acte dans l'article ſuivant.

tans de Mauriac, & au Curé de Poiflard, près Breteuil, pour qu'ils aient à s'y conformer : ordonne que lefdites rentes affectées auxdites Bourfes feront touchées, fuivant
qu'il eft ordonné par l'Arrêt du 24 Janvier 1764, par le Grand-Maître Temporel defdits Bourfiers : ordonne pareillement que le procès-verbal du 29 Août 1763, & jours
fuivans, enfemble expédition de l'Arrêt de notredite Cour, du 20 Décembre audit an
1763, & la groffe du préfent, feront remis au Subftitut de notre Procureur Général,
qui fait partie dudit Bureau, pour être ledit procès-verbal & lefdits Arrêts dépofés aux
archives dudit Bureau : ordonne en outre que le préfent Arrêt fera imprimé, publié &
affiché, tant en cette ville qu'en celle de Mauriac & de Poiflard près Breteuil. Si MANDONS
mettre le préfent Arrêt à exécution. DONNÉ en notredite Cour de Parlement, toutes
les Chambres affemblées, le dix Mars, l'an de grace mil fept cent foixante-quatre, de
notre regne le quarante-neuvieme.

Du 16 Mars 1775.

Bourfier Bontems.

Mᴇ le Grand-Maître a communiqué au Bureau une copie de la fondation de Bourfes,
faite dans le College de Louis-le-Grand, par Raoul Bontemps, pour des enfans de fa
famille & de celle de Genevieve du Mouffot, fa femme ; à la fuite de laquelle copie
eft la généalogie de Pierre Mafin, Jofeph-Grégoire Beffin, par laquelle il eft établi qu'il
defcend d'Anne du Mouffot, fœur & héritiere de ladite Genevieve du Mouffot.

Lecture faite dudit contrat de fondation & de ladite généalogie, il a été unanimement
arrêté qu'elles feront dépofées aux archives, pour, vacance arrivant de la Bourfe fondée
par ledit Raoul Bontems, actuellement exiftante au College, y avoir tel égard que de
raifon, pour la nomination à ladite Bourfe dudit Pierre Mafin, Jofeph-Grégoire Beffin.

Du 17 Mai 1781.

Mᴇssɪᴇᴜʀs les Adminiftrateurs, fpécialement chargés du College de Louis-le-Grand,
ont obfervé que, par Délibération du 4 Septembre 1766, il avoit été arrêté que le Bourfier Bontems, lors exiftant, feroit difpenfé de payer le fupplément de fa penfion ; qu'ils
penfoient qu'il y avoit lieu d'étendre cette difpofition à tous les Bourfiers de cette fondation, qui feroient nommés librement par le Bureau.

Sur quoi la matiere mife en délibération,

Lᴇ Bᴜʀᴇᴀᴜ a unanimement arrêté que, lorfque le Bourfier de la fondation Bontems
dans le College de Louis-le-Grand, ne fera point parent du Fondateur, & aura été nommé
librement par le Bureau, il fera difpenfé de payer un fupplément de penfion ; mais que
lorfqu'il fera parent du Fondateur, il fera tenu de payer 245 livres par année, pour, avec
les 205 livres de revenu de fa Bourfe, completter la penfion de 450 livres.

Du 21 Juillet 1768.

Bourfier Meunice.

Lᴇ Secrétaire a rendu compte au Bureau d'un mémoire & d'une lettre datée de Poiflard,
le 14 Juin 1768, fignée P. Geffroy, Curé de Poiflard près Breteuil, en Picardie, lefquels
lui ont été remis depuis le dernier Bureau ordinaire, de la part dudit fieur Geffroy.

Lecture faite, tant de ladite lettre que dudit mémoire, qui s'eft trouvé relatif à la Bourfe *Meurice*, établie dans le College de Louis-le-Grand, il a été arrêté que ladite lettre & ledit mémoire feront dépofés aux archives, & qu'en répondant par le Sécrétaire audit fieur Geffroy, il lui marquera que le revenu de ladite Bourfe Meurice eft actuellement de 200 livres ; qu'on peut donc nommer à ladite Bourfe un Bourfier qui ait les qualités requifes, & qui fe préfente dans le tems utile, lequel Bourfier fournira l'excédent ; .... que fi ledit fieur Curé juge à propos de fonder dès-à-préfent l'excédent de ladite fomme de 200 livres, jufqu'à concurrence de la penfion des Bourfiers, telle qu'elle fe trouve fixée, il y a maintenant un emprunt ouvert dans le College de Louis-le-Grand, dans lequel emprunt il pourra placer fes fonds ; qu'au furplus, aux termes de la Délibération du Bureau, du 16 Février 1764, homologuée par Arrêt du Parlement, qui lui a été fignifié, la Bourfe Meurice, à chaque mutation, doit refter une année vacante, pour les deniers de ladite Bourfe, pendant ladite vacance, être verfés dans la caiffe du College de Louis-le-Grand, pour tenir lieu de la part contributoire de la fondation Meurice aux dépenfes communes.

Du 5 Juillet 1781.

Vu par le Bureau la Délibération du 21 Juillet 1768, par laquelle le Curé de Poiflard près Breteuil au diocèfe d'Amiens, nominateur de la Bourfe de la fondation *Meurice* dans le College de Louis-le-Grand, eft invité, en exécution des Lettres Patentes du 20 Août 1767, de completter cette Bourfe, malgré laquelle invitation ledit Curé ne s'eft point encore conformé auxdites Lettres Patentes, & confidérant que le Bourfier qui remplit actuellement cette Bourfe fe trouve débiteur d'une fomme confidérable pour fupplément de fa penfion.

Le Bureau a unanimement délibéré que faute par le Curé de Poiflard près Breteuil de s'être conformé au contenu en l'article III du titre II du Réglement attaché fous le contre-fcel des Lettres Patentes du 20 Août 1767, & d'avoir en conféquence fourni les fonds néceffaires pour completter la Bourfe de la fondation *Meurice*, vacance arrivant de ladite Bourfe par la démiffion, retraite, renvoi ou la fin des études du Bourfier qui la remplit actuellement, ladite Bourfe fera & demeurera fufpendue, & qu'alors il fera fait un compte particulier de cette fondation ; que fon revenu fera accumulé & employé à acquitter les fommes dont le Bourfier actuel fe trouvera débiteur envers le College de Louis-le-Grand, & qu'enfuite lorfque cette fondation aura 1000 livres en caiffe, cette fomme fera placée à fon profit ; que cette Bourfe ne fera rétablie que lorfque le Bureau fera parvenu à procurer à ladite fondation 550 livres de rente & une année de fon revenu en caiffe, laquelle fomme de 550 livres fera employée ; favoir, 450 livres pour la penfion entiere du Bourfier, 50 livres pour la part contributoire aux dépenfes communes, & 50 livres qui refteront chaque année pour fournir aux dépenfes de ce Bourfier relativement à l'obtention des dégrés, impreffion des thefes ou gratifications extraordinaires que le Bureau jugeroit à propos de lui accorder, ce qui ne fera payé que d'après des ordonnances particulieres du Bureau.

Arrêté en outre qu'expédition de la préfente Délibération fera délivrée à M. Sain-fray, pour être par lui remife à M. le Procureur Général, lequel eft inftamment prié d'en requérir l'homologation en la Cour, & enfuite (ainfi qu'il eft prefcrit par l'article III du titre II du Réglement de 1767,) de faire fignifier la préfente Délibération & l'Arrêt qui l'aura homologuée, à fa requête, audit Curé de Poiflard-fous-Breteuil.

Cette Délibération a été homologuée par Arrêt du premier Août fuivant.

ARTICLE IV.

Boursiers Molony. (460).

ON ne répétera pas ici tout ce que l'on a dit dans l'article précédent (461), relativement au compte de M. Del'Averdy, aux Arrêts du Parlement, & aux Délibérations du Bureau ; tout ce qui y est détaillé pour les fondations y mentionnées depuis & y compris le 25 Février 1763 jusqu'au 10 Mars 1764, a été commun à la fondation Molony ; on croit de plus ne devoir pas oublier de rappeller que ces deux Boursiers étoient avec le Boursier Meurice, les *seuls* qui se soient trouvés dans le College de Louis-le-Grand, au moment que l'éducation fut ôtée aux Jésuites ; au surplus, on trouvera tous les éclaircissemens que l'on peut desirer sur cette fondation dans l'acte ci-joint ; il ne reste qu'à observer,

1°. Que ses revenus, au moment de la réunion, n'étoient que de *onze cens trente-cinq livres*, & qu'ils sont actuellement de *quinze cens trente livres ;* que ses charges sont de *treize cens vingt-cinq livres* (462), qu'ainsi l'*excédent* de ses revenus est de *deux cens cinq livres*. Au surplus cette fondation avoit en caisse au premier Avril 1780, la somme de *soixante-une livres*.

2°. Que cette fondation n'avoit en 1763 aucune dette.

3°. Qu'elle continue toujours d'avoir les *deux* Boursiers qui existoient en 1763.

4°. Que le *Bureau d'Administration* est *Collateur* de ces Bourses, sur la *présentation* qui lui est faite de *deux sujets* par *l'ancien Boursier*, & que ces Boursiers doivent être *Irlandois Catholiques*, & choisis dans les familles *Nihell-Molony , d'Obrienne, Macnemara , Macmahon , Arthur Creagh, & White* du Diocèse de Limerick avec *préférence* pour les jeunes gens portant le nom *Molony*, qui *ont* même *le droit d'exclure* un Boursier *des autres familles* ci-dessus nommés, *quoiqu'admis*, & de *prendre sa place*.

Par l'acte originaire de la fondation *le Prieur des Chartreux* est prié de tenir la main à son exécution ; en conséquence le Bureau a fait ratifier par ce Religieux l'acte qu'il avoit passé avec les Boursiers Molony. *Voyez* ci-après.

---

(460) *Premier département.*

(461) Page 546.

(462) Aux charges annuelles de cette fondation, on doit ajouter les 150 livres qui par la transaction ci-après doivent être payées à chaque Boursier qui a fini ses études pour lui aider à retourner dans son pays.

29 *Février* 1764.
Tranſaction &
convention entre
MM. les Admi-
niſtrateurs du Col-
lege de Louis-le-
Grand & les
Sœurs de Molony.

PARDEVANT les Conſeillers du Roi, Notaires au Châtelet de Paris, ſouſſignés; furent préſens

Meſſire Barthelemy-Gabriel Rolland, Chevalier-Conſeiller du Roi en ſes Conſeils & en ſon Parlement, premier Préſident de la premiere Chambre des Requêtes du Palais, l'un des Adminiſtrateurs du College de Louis-le-Grand, demeurant à Paris, Quai de la Tournelle, Paroiſſe Saint-Nicolas du Chardonnet.

Meſſire Louis-Pierre Poan, Conſeiller du Roi en ſes Conſeils, Secrétaire du Roi en ſa grande Chancellerie, Conſervateur des Hypotheques, l'un des Adminiſtrateurs dudit College de Louis-le-Grand, demeurant à Paris, rue Sainte-Croix de la Bretonnerie, Paroiſſe Saint-Jean en Grêve.

Meſſire Guy-Antoïne Fourneau, ancien Recteur de l'Univerſité, Grand-Maître dudit College de Louis-le-Grand, & en cette qualité, l'un deſdits Adminiſtrateurs, demeurant à Paris, au College des Graſſins, rue des ſept Voyes, Paroiſſe Saint-Etienne du Mont.

Meſdits ſieurs ſuſnommés, eſdits noms & encore comme ſe faiſant & portant forts des autres Membres du Bureau d'Adminiſtration dudit College de Louis-le-Grand, par lequel ils s'obligent de faire ratifier ces préſentes inceſſamment d'une part (463).

Et Meſſire Jean Nihell de Molony, Ecuyer, Docteur en Médecine de la Faculté de Caen, Médecin Conſultant des Rois d'Angleterre & de Pologne, demeurant chez M. le Préſident Portail, rue de la Planche, Fauxbourg Saint-Germain, Paroiſſe Saint-Sulpice, ayant depuis 1744 l'adminiſtration des Bourſes de Molony.

Jean-Paul-Marie Nihell, âgé de près de vingt-un ans, Etudiant en Théologie, & Victor Nihell, Chanoine de Neuville, en Alſace, âgé de dix-ſept ans, Etudiant en Logique, tous deux préſentés aux Bourſes dont va être ci-après parlé, par ledit ſieur Jean Nihell de Molony leur pere, demeurans leſdits ſieurs Nihell, Bourſiers, actuellement à Paris au College de Navarre, Paroiſſe Saint-Etienne-du-Mont: d'autre part.

Leſquels ont dit: ſavoir, ledit ſieur Jean Nihell de Molony, que par contrat paſſé devant Boiſſeau & ſon Confrere, Notaires au Châtelet de Paris, le 18 Août 1701, inſinué au Greffe dudit Châtelet le 17 Octobre ſuivant, Meſſire Jean de Molony, Evêque de l'Unerick en Irlande, avoit fondé ſix Bourſes dans le College de Louis-le-Grand, pour leſquelles il auroit donné 2500 livres de rente, au principal de 50000 livres, à la charge que leſdites Bourſes ſeroient remplies par des Irlandois Catholiques; que les parens du Fondateur du nom de Molony, ſeroient préférés; que cependant les deſcendans de ſes ſœurs auroient concurremment avec les Molony, droit à ces Bourſes juſqu'au quatrieme degré, & que paſſé ledit quatrieme degré, les deſcendans de ſes ſœurs concourroient avec les familles d'Obrienne, Macnemara & Macmahon, du dioceſe de Laon;

---

(463) Ces Adminiſtrateurs étoient autoriſés par une Délibération du 23 Février 1764, qui étoit conçue en ces termes.

MM. les Adminiſtrateurs chargés du College de Louis-le-Grand, ont été conjointement avec M. le Grand Maître, autoriſés à paſſer un acte avec les ayans droit aux Bourſes de la fondation Molony, & chargé de le rapporter au Bureau pour y être ratifié.

autrement

autrement Kellaloë, & les familles d'Arthur Creagh & White de l'Imerick, & que s'il
ne s'en trouve pas, les autres dudit Royaume qui ſe feront préſentés les premiers auront
droit à ces Bourſes, pourvu qu'ils ſoient Catholiques; que cependant s'il ſurvenoit des
parens du Fondateur, du nom de Molony, ils auroient le droit d'exclure ceux qui ne
porteroient pas le nom de Molony & qui rempliroient leſdites Bourſes; que l'intention
du Fondateur étoit que les Bourſiers ſe deſtinaſſent à être utiles à leurs concitoyens, &
par conſéquent étudiaſſent en Théologie le plus qu'il ſe pourroit; qu'il leur avoit auſſi
permis de s'appliquer à la Médecine & au Droit; que par l'acte ſuſdaté, les Bourſes
ſont fixées à 400 livres, tant pour l'entretien, que pour la nourriture de chaque Bourſier :
que le Fondateur s'étoit réſervé la nomination aux Bourſes, & après lui, l'avoit accordé
à deux de ſes parens, & enſuite au plus ancien des Bourſiers, qui étoit obligé de préſenter
aux ci-devant ſoi-diſans Jéſuites, trois ſujets, dans leſquels ils en choiſiſſoient un; qu'à
la ſortie de leurs études, il ordonnoit être donné à chaque Bourſier cent livres, & que
le Procureur du College étoit tenu de tenir un regiſtre de toute ſa recette & dépenſe, &
d'en rendre compte, tant au Provincial qu'au Prieur des Chartreux, toutes les fois que
ce Religieux le demanderoit, lequel eſt prié de tenir la main à l'exécution de la fondation : que le Fondateur aſſujettit ſes Bourſiers, même les Prêtres, tant ceux qui pourroient
vivre dehors que dedans le College, à l'autorité des ci-devant ſoi-diſans Jéſuites, qui
étoient les Maîtres de les congédier, & de les envoyer faire des miſſions en Irlande,
toutes fois & quant ils le jugeroient à propos : qu'enfin le Fondateur avoit obligé les ci-
devant ſoi-diſans Jéſuites d'obtenir du Souverain des Lettres Patentes qui ratifiaſſent cette
fondation, ce qui n'a pas été exécuté; que depuis cette fondation a ſouffert pluſieurs
changemens, que d'abord les 50000 livres données en 1701 ont été rembourſées, en exécution de l'Edit de 1713, & replacées avec les 5000 livres pour l'intérêt des années
1712 & 1713, ce qui a formé un contrat de 55000 livres ſur les Aides & Gabelles, paſſé
devant Richer & ſon Confrere, Notaires au Châtelet, le 21 Juin 1714; qu'alors ce
contrat produiſoit 2200 livres, mais que depuis, par acte regiſtré au Bureau de la Ville,
le 30 Juillet 1720, cette rente a été miſe au denier quarante, & ne produit plus que
1375 livres; qu'en conſéquence le nombre des Bourſiers a été diminué; que d'abord en
1720, il a été réduit à trois, & ſeulement à deux depuis 1750; que juſqu'au premier
Juillet 1761, les revenus ont été touchés par le Procureur du College, qui en rendoit
des comptes aux parens du Fondateur, appellés par l'acte de fondation pour en avoir
inſpection, & depuis audit Nihell de Molony, comme le plus ancien des Bourſiers; que
même les deux Bourſes étoient au premier Avril 1762, remplies par deux de ſes enfans,
d'autant qu'ils ſont les ſeuls qui puiſſent actuellement y prétendre; qu'il n'exiſte plus des
parens du Fondateur du nom de Molony, du moins que le comparant connoiſſe; &
qu'à l'égard des trois ſœurs dudit Evêque de l'Imerick dénommé dans ledit acte du 8
Août 1701, la dame Black eſt la ſeule dont la poſtérité ſubſiſte actuellement; que ſa fille
unique, nommée Eléonore Black de Molony, a épouſé Edmond Nihell, dont elle eut
quatre enfans, ſavoir : Jacques Nihell de Molony, Chanoine & Grand-Chantre du
Chapitre de Neuvillers en Alſace; Barbe Nihell de Molony, veuve du ſieur Demply,

dont elle n'a eu qu'un fils actuellement Prêtre; Jean Nihell de Molony, comparant, & Edmond Nihell, qui depuis quinze ans est passé aux Indes Orientales, & dont on n'a point de nouvelles depuis son départ de Londres, que par conséquent les enfans dudit Jean Nihell, comparant, & de son frere, s'il vit encore & s'il est Catholique, sont les seuls descendans des sœurs dudit Evêque de l'Imerick, qui puissent actuellement prétendre auxdites Bourses, à l'exclusion des autres familles qui y sont appellées.

Que dans ces circonstances, ledit comparant, au nom de ses enfans, a formé sa demande contre les créanciers des ci-devant soi-disans Jésuites, à l'effet d'être payé du montant de leurs Bourses; que par deux Arrêts des 7 Septembre 1763 & 11 Janvier dernier, il leur a été adjugé 2000 livres de provisions; que desirant terminer toutes contestations, & le Bureau d'Administration du College de Louis-le-Grand ayant été, par Arrêt du 24 Janvier dernier, envoyé en possession du contrat de treize cent soixante-quinze livres, le comparant a cru, ainsi que ses deux fils, qui jouissent desdites Bourses, devoir consulter avec MM. les Administrateurs, les arrangemens à prendre, tant relativement auxdites Bourses, que pour faire dans la fondation, sous le bon plaisir de la Cour, les changemens que les circonstances exigent, le tout en se conformant, le plus qu'il sera possible, aux intentions du Fondateur; en conséquence lesdits sieurs Administrateurs, & ledit Grand-Maître temporel, pour & au nom du Bureau d'Administration, & lesdits Jean Nihell de Molony, Jean-Paul & Victor Nihell, sont convenus de ce qui suit:

1°. Lesdits Seigneurs-Administrateurs & Grand-Maître temporel audit nom, reconnoissent que le contrat sur les Aides & Gabelles, du 21 Juin 1714, au principal de 55000 livres, produisant 1375 livres, passé devant Richer & son confrere, Notaires au Châtelet de Paris, & qui forme l'art. 5 des biens dont le College de Louis-le-Grand a été envoyé en possession, par le susdit Arrêt du 24 Janvier dernier, appartient en entier à la fondation Molony, consentant que mention en soit faite, tant sur la grosse que la minute dudit contrat.

2°. Attendu la cherté des vivres, & que les intentions du Fondateur sont, que les Boursiers par lui fondés soient vêtus, & qu'il leur soit fourni toutes les choses nécessaires pour leur entretien, lesdits Seigneurs-Administrateurs & lesdits sieurs de Molony sont convenus que les six Bourses fondées en 1701 seront réduites à deux, comme-elles le sont depuis 1750.

3°. Le prix de chaque Bourse sera de 550 livres, ce qui fera 1100 livres pour les deux, le College de Louis-le-Grand prélevera par chaque an 125 livres, pour la part contributoire desdits Boursiers, aux frais communs, & les 150 livres restans seront mises à part, pour avec ce qui proviendra des vacances des Bourses, être placé au profit de ladite fondation lorsqu'il y aura 1000 liv. (464).

4°. Sur lesdites 550 livres, il sera par chacun an prélevé, au profit du College, 360 liv. pour la pension de chaque Boursier, & même une somme plus forte, si la cherté des

_____

(464) On rend un compte séparé pour cette fondation, & ses revenus, depuis la réunion, sont augmentés de 155 livres de rente.

vivres obligeoit par la fuite d'augmenter les penfions (465)..... Et le reftant fera pour les Bourfiers......

8°. Il fera en outre donné par le College de Louis-le-Grand, à chaque Bourfier, lorf-qu'il aura fait fes études, 150 livres.

9°. Après la fin de la Philofophie, fi lefdits Bourfiers veulent étudier en Théologie, & Médecine, ils jouiront pendant trois ans de ladite Bourfe ; pendant un an feulement, s'ils veulent étudier en Droit-Canon ; fi même ils fe deftinent aux Saints Ordres, ils pourront jouir encore ledit tems paffé de leurs Bourfes, mais feulement pendant deux ans, pendant lequel ils feront tenus, ainfi que pendant leurs études en Théologie, Méde-cine ou Droit, de demeurer dans le College (466).

10°. Le College de Louis-le-Grand fournira auxdits Bourfiers un lit & le linge de lit, table, & chambre ; lefdits Bourfiers feront tenus, fur les 190 livres énoncées en l'arti-cle 4 ci-deffus, de fe fournir de linge de corps, d'habits, livres, papiers, encre & plu-mes, &c.......

11°. La préfentation aux Bourfes appartiendra, fuivant la fondation, au plus ancien des Bourfiers qui fe trouvera dans le College, & cependant lefdits Adminiftrateurs & ledit Grand-Maître temporel audit nom, font convenus que ledit fieur Jean Nihell de Molony en confervera fa vie durant la préfentation.

12°. Ledit fieur Nihell de Molony, pendant fa vie, & après lui le Bourfier qui fe trou-vera le plus ancien, fera tenu de préfenter, autant que faire fe pourra, trois fujets au Bureau d'Adminiftration, lequel en choifira un, & lefdits Bourfiers feront, fuivant l'acte du 8 Août 1701, pris entre les defcendans defdits Jean-Edmond Nihell, concurremment avec les familles d'Obrienne, Macnemara & de Macmahon, du diocefe de Laon, autre-ment Kellaloë, & les familles d'Artur Creagh & Withe du diocefe de l'Imerick, & s'il ne fe trouvoit aucune perfonne defdites familles pour jouir defdites Bourfes, elles feront données aux premiers des Irlandois qui fe feront préfentés.

13°. S'il fe préfentoit des Molony, parens du Fondateur, ils auront le droit d'exclure le dernier Bourfier qui ne fera pas Molony, & de prendre fa place.

14°. Lefdites Bourfes ne pourront être remplies que par des Catholiques, qui feront tenus d'habiter au College de Louis-le-Grand, & les Bourfiers actuels feront tenus de fe rendre audit College au premier Octobre prochain......

---

(465) Peu après cet acte, la penfion des Bourfiers a été fixée à 400 livres, il n'eft refté à chaque Bourfier que 150 livres, qui lui font payées annuellement, & n'ont pas été diminuées par l'aug-mentation ordonnée fur chaque Bourfe d'une fomme de 50 livres, par les Lettres Patentes du 19 Mars 1780, ces 50 livres ayant été, par délibération du 6 Juillet 1780, pris fur les fonds appartenans à cette fondation.

(466) Les difpofitions de cet article font changées, par les Lettres Patentes des premier Juillet 1769, & du 19 Mars 1780, les premieres qui défendent aux Bourfiers Médecins de demeurer au College, les fecondes qui permettent à tous les Bourfiers d'étudier dans toutes les Facultés. *Voyez* ces Lettres Patentes dans le Chapitre II de la premiere partie.

Aaaa ij

Car ainfi, & pour l'exécution des préfentes circonftances & dépendances, les Parties ont élu domicile, favoir : lefdits Seigneurs-Adminiftrateurs audit College de Louis-le-Grand, audit Bureau d'Adminiftration ; & lefdits fieurs de Molony pere & fils, en la demeure dudit Jean de Molony fufdéclaré. Fait & paffé à Paris, en l'étude de Me Gueret, l'un des Notaires fouffignés, l'an 1764, le 29 Février.

Et le 8 Mars 1764, eft comparu devant les Notaires à Paris fouffignés, Dom Marin Dupas, Prieur de la Chartreufe de Paris, y demeurant rue d'Enfer : lequel, après avoir pris communication de l'acte ci-deffus, par la lecture que lui en a faite à l'inftant lefdits Notaires fouffignés, & qu'il a dit bien entendre, a déclaré avoir ledit acte pour agréable, & en conféquence l'a ratifié, confirmé & approuvé, autant qu'il eft en lui, confentant qu'il forte fon plein & entier effet, & foit exécuté en tout fon contenu, felon fa forme & teneur ; dont acte requis & octroyé, pour fervir & valoir, ce que de raifon. Fait & paffé à Paris, audit Couvent des Chartreux, les jour & an.

Extrait des regiftres des Délibérations du College de Louis-le-Grand, du 8 Mars 1764.

Lecture faite au Bureau de l'acte paffé devant Gueret & fon Confrere, Notaires au Châtelet de Paris, le 29 Février dernier, concernant les Bourfiers Molony, par MM. les Adminiftrateurs nommés à cet effet, par la Délibération du 23 Février, il a été approuvé & confirmé en fon contenu, & M. le Subftitut a été prié d'en remettre l'expédition à M. le Procureur Général, à l'effet d'en être par lui demandé l'homologation en la Cour.

Cette tranfaction a été homologuée par Arrêt du 27 dudit mois de Mars, & les mentions en ont été faites ; favoir, par le Notaire dépofitaire de la minute, fur ladite minute, le 2 Avril fuivant, & par le Greffier de la Cour, fur la groffe, le 18 Juin 1764.

ARTICLE V.

Bourſiers du College de Louis-le-Grand (467).

Aussitot que le Bureau eut à-peu-près liquidé les petits Colleges, & ſe fût rendu preſque leur ſeul créancier, il apperçut, quoique dans un tems éloigné, la poſſibilité de créer des Bourſes ſur les revenus du College de Louis-le-Grand, qui devoient ſucceſſivement devenir libre, ſoit par la rentrée des avances qu'il avoit faites aux petits Colleges, ſoit par le paiement des principaux qu'il avoit empruntés en rentes perpétuelles, ſoit enfin par l'extinction des rentes viageres ; il crut donc alors devoir s'occuper non pas de créer encore des Bourſes à ſa nomination (468), mais de fixer par un Réglement les qualités qui ſeroient néceſſaires pour jouir de ces Bourſes. On remarquera dans ce Réglement (qui eſt imprimé ci-après) le déſintéreſſement du Bureau, qui ne devoit créer des Bourſes à ſa libre nomination, qu'après en avoir établi, tant pour l'Aggrégation, que pour les jeunes gens qui les auroient méritées au concours. Ceux qui ne déſirent connoître que l'eſprit de ce Réglement, peuvent avoir recours au Mémoire de M. le Préſident Rolland, ci-deſſus cité, *ſommaire* 55 (469) ; ils y trouveront de plus le développement des vues ultérieures, qui avoient animé le Bureau, (470) ainſi que le détail de la conduite du Bureau

(467) *Premier département.*

(468) Quoique le Bureau n'ait créé des Bourſes ſur les revenus du College de Louis-le-Grand qu'en 1777, c'eſt-à-dire, dans le moment de ſon rétabliſſement, cependant le College de Louis-le-Grand a eu dès le moment de ſa réunion des Bourſiers entretenus ſur ſes revenus, ainſi que la Délibération ſuivante le prouve.

Du 30 Août 1764.

Sur le compte rendu par M. le Préſident Rolland, que le Principal du College de Beauvais avoit des Ecoliers qui étoient à ſa charge.....

Le Bureau, conſidérant qu'il eſt à deſirer que perſonne ne puiſſe raiſonnablement ſe plaindre de la tranſlation du College de Beauvais, a délibéré que les nommés (au nombre de *huit*), qui étoient nourris par le Principal, feront nourris & reçus dans le College de Louis-le-Grand de la même façon qu'ils l'étoient au College de Beauvais, & ſans que, lors de leur ſortie, ils puiſſent jamais, ſous aucun prétexte & en aucuns cas, être remplacés.

(469) Ce ſommaire eſt intitulé : *Etabliſſement en 1770, par le Bureau d'adminiſtration, de trois ſortes de Bourſes ; les premieres au concours pour les Ecoliers ; les ſecondes pour l'aggrégation, & les dernieres à la libre nomination du Bureau ; & ces dernieres à établir doivent cependant être les premieres à ſupprimer, ſi le cas le requéroit : le tout homologué par Arrêt du 4 Septembre 1770 ; ce qui n'a pas été exécuté par les Adminiſtrateurs intermédiaires.*

(470) Il a paru néceſſaire, pour completter l'hiſtorique de ces Bourſes, & ſinguliérement des vues qu'a eu le Bureau en les établiſſant, d'inſérer ici un alinéa du *Mémoire* de M. le Préſident Rolland ; il eſt tiré du *Sommaire* 55, & eſt conçu en ces termes :

» On ſe contentera de remarquer relativement à ce Réglement, qu'il étoit précédé d'un intermédiaire à ce fujet, & fon peu d'égard pour ce réglement, auquel il ne s'eſt nullement conformé, n'ayant créé que des Bourſes à ſa ſeule nomination ; auſſi la ſuppreſſion de ces Bourſes a été une des premieres opérations du Bureau lors de ſon rétabliſſement ; on mettra ici en note la Délibération priſe à ce ſujet, elle eſt du 4 Décembre 1777 (471).

Au ſurplus, les Bourſiers du College de Louis-le-Grand ſont actuellement au nombre de *quarante-deux* ; *douze* au concours, créées par les Délibérations des 4 Décembre 1777 & 25 Novembre 1779 ; *ſix* pour l'Aggrégation, établies par la Délibération du 5 Décembre 1777 ; & *vingt-quatre* ſeulement à la libre nomination du Bureau, & qui ont été créées par les Délibérations des 18 Décembre 1777, 2 Janvier 1778, 16 Décembre 1779, & 17 Janvier 1780.

Toutes ces *Bourſes* ſont à la *libre nomination du Bureau* qui les confere ; ſçavoir, celle pour le *concours* & *l'aggrégation* aux ſujets qui ont les qualités requiſes, c'eſt-à-dire qui ont été *nommés aux Prix de l'Univerſité*, & les *autres* qui ſont abſolument *libres* ſont données par le Bureau concurremment, tant avec celles fondées dans le College

---

» préambule qui en expliquoit les motifs & l'eſprit. On ſera peut-être étonné, en le liſant,
» d'y voir que le Bureau faiſoit un Réglement pour des Bourſes qui ne devoient être établies
» que dans pluſieurs années ; mais la raiſon en étoit ſimple, le Bureau étoit bien aiſe de cón-
» ſigner dans ſes regiſtres ſes vûes pour les opérations ultérieures, & en les faiſant munir
» du ſceau de l'autorité du Parlement, il eſpéroit *lier tous ceux qui adminiſtreroient par la ſuite*
» *les biens du College de Louis-le-Grand, & les forcer d'opérer le bien même malgré eux* ».

Mais les précautions priſes par le Bureau ont été inutiles, & n'ont pas arrêté ce Bureau intermédiaire. *Voyez* la note ſuivante.

(471) M. le Préſident Rolland, en continuant ſon rapport, a obſervé que, pendant l'abſence du Parlement, il y a eu trente Bourſes établies dans le College de Louis-le-Grand ; ſavoir, vingt le 2 Décembre 1773, & dix le 7 Septembre 1775 ; qu'il ne s'étendra pas beaucoup pour démontrer la nullité de ces créations, ſe référant à ce qui eſt contenu dans le compte qu'il vient de rendre ; (ce compte eſt imprimé ci-deſſus dans *l'introduction*, pages 34--38) ; qu'en propoſant à Meſſieurs de ſupprimer ces Bourſes, il croit qu'il eſt de leur juſtice de ne point pré- judicier à ceux qui en ſont Titulaires ; que cependant la durée de ces Bourſes mérite toute l'attention de Meſſieurs ; que par Délibération du 16 Décembre 1773, ces Bourſiers ont la liberté d'étudier en Théologie & d'y prendre le degré de Bachelier ; qu'il croyoit que cette Délibération devoit être purement & ſimplement annullée, & qu'il propoſeroit de réduire la durée de ces Bourſes au même tems fixé pour celles au concours par l'Article XII du Titre II du Ré- glement fait en 1770 pour les Bourſiers du College de Louis-le-Grand ; qu'il croyoit cependant qu'il y auroit une exception à faire pour le ſieur Thiebault, qui eſt actuellement en Théologie.

Sur quoi, la matiere miſe en délibération,

LE BUREAU a unanimement arrêté que les Délibérations de 1770, homologuées par Arrêt du 4 Septembre audit an, & dont il a été de nouveau fait lecture, ſeroient exécutées ſuivant leur forme & teneur ; en conſéquence les Délibérations non homologuées des 2 Décembre 1773 & 7 Septembre 1775 demeureroient nulles ; voulant cependant le Bureau que ceux qui ſont Titulaires deſdites Bourſes les conſervent, ſauf les cas de droit.

LE BUREAU, délibérant ſur la durée deſdites Bourſes, a pareillement annullé d'une voix

de Louis-le-Grand du tems des Jéfuites, & dont il eft Collateur en partie (472), qu'avec celles des Colleges réunis qui font à fa nomination (473), le tout conformément au Réglement inféré ci-deſſus dans la premiere partie, chapitre XIII.

Il y a encore une autre eſpece d'étudians que l'on pouvoit peut-être regarder comme des Bourfiers du College de Louis-le-Grand, dont cependant il n'eſt fait aucune mention dans les états des Bourfiers, imprimés dans la premiere Partie (474); ce font les *Bourfiers de la grande Aumônerie.* Ils dépendent uniquement & abſolument de M. le Grand Aumônier; leurs Bourfes n'a aucun terme fixe; leur nomination n'eſt que pour tant & ſi long-tems qu'il plaira AU ROI. On les regarde plutôt comme des Penſionnaires que comme des Bourfiers; & c'eſt pour cette raiſon qu'ils n'ont pas été compris dans les états ſus mentionnés. Il n'eſt payé pour leurs penſions, des fonds de la Grande Aumônerie, que 300 livres par an; & les parens de ces étudians font obligés de fournir le ſupplément de la penſion.

Etudians de la Grande Aumône-rie.

unanime la Délibération du 16 Décembre 1773, & a arrêté que les Bourfiers qui rempliſſent les Bourfes créées le 2 Décembre 1773 & 7 Septembre 1775, & qui viennent d'être ſupprimées comme contraires au Réglement de 1770, ne jouiront de leurs Bourfes que juſqu'à la Philoſophie incluſivement, & feront tenus de ſe conformer à l'Article XII du Titre II du Réglement de 1770, pour les Bourfes au concours, à l'exception cependant du ſieur Thiebault, qui eſt actuellement à fa premiere année de Théologie, lequel jouira de fa Bourfe ſuivant qu'il y a été autoriſé par ladite Délibération du 16 Décembre 1773.

On croit cependant devoir obſerver que ſi le Bureau intermédiaire a créé des Bourfes contre la teneur des Réglemens, du moins il s'eſt occupé d'encourager les Officiers attachés aux Colleges; car il a conféré une des vingt Bourfes créées en 1773, au fils du Procureur au Châtelet attaché à l'Adminiſtration.

(472) *Voyez* pour ces Bourfes les deux articles précédens.

(473) On a cru devoir réunir dans cette note toutes les nominations des Bourfes des Colleges réunis qui appartiennent au Bureau, en obſervant qu'à l'exception des Bourfiers du College d'Arras, toutes autres nominations font gênées, & affectées aux Diocèfes déſignés dans les titres de fondation.

Il nomme à *la moitié* de celles du College d'*Arras.* *Voyez* ci-deſſus, chapitre premier.

Il nommera le *Bourfier Haro* dans le College d'*Autun* lorſqu'il ſera établi. *Voyez* l'art. II du chapitre II, & notamment l'article III de la tranſaction paſſée avec M. le Maréchal Prince de Soubiſe, le 4 Mars 1779.

Il confere *la Bourfe Wittement* dans le College de *Beauvais*, ci-deſſus chapitre IV.

La moitié des Bourfes du College des *Cholets.*

Il prétend avoir la nomination des Bourfes du College de *Juſtice*, & eſt à ce ſujet en inſtance avec le *Chapitre de Rouen. Voyez* ci-deſſus chapitre XV.

Enfin il eſt Collateur *des Bourfes* du College de *Prefles.*

(474) Chapitre VII, pag. 227-235, & Supplément, pag. 317-319.

Des 10 Mai & 20 Août 1770.

Réglement pour
les Bourfes à éta-
blir dans le Col-
lege de Louis-le-
Grand, homolo-
gué par Arrêt du
4 Septemb. 1770.

MESSIEURS de Sainfray, Vallette le Neveu, Poan & Maiftrel, Commiffaires nommés par Délibération du 7 Décembre 1769, à l'effet de rédiger un projet de Réglement concernant l'âge, la capacité & le tems d'étude des Bourfiers particuliers du College de Louis-le-Grand, ont dit : Qu'après plufieurs affemblées tenues chez M. le Préfident Rolland, où la matiere avoit été difcutée avec foin, ils étoient en état de rendre compte de leur travail.

Qu'ils croyent d'abord devoir obferver qu'il eft probable, qu'il ne fera pas poffible d'établir des Bourfes fur les épargnes du College de Louis-le-Grand, auffitôt & en auffi grand nombre que le bien des études pourroit le demander ; & ce attendu les charges confidérables impofées par le Bureau fur le College de Louis-le-Grand, pour aider les Colleges réunis ; que ces charges confiftent, 1°. en 24000 livres ou environ de rentes viageres ; 2°. dans les arrérages des rentes perpétuelles, auxquels il faut joindre la fomme de 10000 livres fixée par les Lettres Patentes du 20 Août 1767, qui doit être employée tous les ans au rembourfement des capitaux des rentes perpétuelles ; que ces différens objets de dépenfe montent annuellement à près de 45000 liv. ; que cette fomme pourra être par la fuite employée à établir des Bourfes dans le College ; mais que pour le moment une dépenfe annuelle auffi confidérable, mettra, malgré le Bureau, des bornes à fa bonne volonté ; que cependant ils ont penfé devoir toujours s'occuper du Réglement dont ils étoient chargés par la Délibération du 7 Décembre 1769 ; mais qu'avant de propofer à Meffieurs leurs idées à ce fujet, ils croyent néceffaire de faire quelques réflexions, & d'expofer le plan qu'ils fe font formé ; ce qu'ils font avec d'autant plus de confiance, que le projet qu'ils ont rédigé n'eft que le réfultat des réflexions & obfervations qui ont été faites en différens tems & en différentes occafions, par tous Meffieurs les Adminiftrateurs.

Qu'une premiere réflexion, qu'ils ont regardée comme très-intéreffante, eft qu'il y a une différence effentielle entre les Bourfiers du College de Louis-le-Grand & ceux des Colleges qui lui font réunis. Les Bourfes propres au College de Louis-le-Grand font (ainfi qu'il eft ordonné par l'art. X du titre III du Réglement du premier Juillet 1769) à la libre nomination du Bureau, qui, par conféquent, peut en régler la difpofition à fon gré ; ce qu'il lui eft impoffible de faire pour les Bourfes des Colleges réunis ; le Bureau n'a en effet aucune influence fur les Bourfes qui font à la nomination des Supérieurs majeurs ; & à l'égard de celles dont la nomination a été accordée au Bureau, par le défaut de nominateurs actuellement exiftans, il n'en peut pas difpofer librement, puifqu'il eft aftreint, ainfi que les Supérieurs majeurs, à fe conformer aux titres des fondations, qui fixent le lieu où l'on doit prendre les Bourfiers ; les qualités qu'ils doivent avoir ; le genre d'étude qu'ils doivent embraffer ; & enfin la durée de leurs Bourfes ; au lieu que les Bourfes à établir fur les épargnes du College de Louis-le-Grand, pourroient être appliquées aux objets que le Bureau croira les plus utiles pour l'avantage des Lettres, & par

conféquent

conféquent qu'elles pourroient être deftinées à des Etudians de toutes les Provinces du Royaume & de toutes les familles ; d'où il fuit que ces Bourfes ont un avantage marqué fur toutes les autres, puifque n'ayant encore par elles-mêmes aucune deftination déterminée, on peut s'en fervir utilement pour exciter l'émulation, & fuppléer à ce qui pourroit manquer au nouvel établiffement.

Que c'eft d'après ce principe & la connoiffance certaine qu'ils ont des fentimens, dont tous Meffieurs les Adminiftrateurs font animés, fentimens que le Bureau a déja manifeftés dans fa Délibération du 21 Juillet 1768 (475) ; qu'ils croyent devoir lui propofer de fe dépouiller en faveur des études & du public, d'une partie des droits qui leur appartiennent, & de mettre au concours les premieres Bourfes qui feront établies.

Que pour remplir les vues que le Roi s'eft propofées, foit en réuniffant les Bourfiers par fes Lettres Patentes du 21 Novembre 1763, foit en établiffant les Aggrégés par celles du 3 Mai 1766, ils feroient d'avis de fonder deux efpeces de Bourfes, qui feroient données au concours; les unes pour les Ecoliers dont les talens commencent à fe développer; les autres pour les Etudians qui, après avoir achevé le cours ordinaire de Belles-Lettres & de Philofophie, foit à Paris, foit dans les Provinces, chercheroient à fe perfectionner & à fe mettre en état d'être prépofés à l'inftruction de la jeuneffe.

Que fuivant ce plan, les épargnes du College de Louis-le-Grand ferviroient à l'établiffement de trois fortes de Bourfes : les premieres, au concours des Ecoliers ; les fecondes, au concours des Afpirans à l'aggrégation, & les troifiemes, à la libre collation du Bureau; que les deux efpeces de concours qu'ils propofent, auront le double avantage, non-feulement de procurer gratuitement l'éducation à un certain nombre de jeunes gens, dont les parens ne font pas affez favorifés de la fortune pour payer leurs penfions, mais encore de perfectionner les talens & les connoiffances de ceux qui, après avoir fuivi le cours ordinaire de leurs études, & y avoir donné des preuves d'une capacité peu commune, defireroient fe difpofer à obtenir une place d'Aggrégé ; que le concours pour les afpirans à l'aggrégation eft finguliérement capable d'augmenter l'émulation de ceux qui étudieront en Province; qu'il leur faciliteroit les moyens de devenir Aggrégés, & qu'ils n'en feroient cependant pas moins difpofés de retourner enfuite dans les lieux de leur naiffance, pour y remplir les places de Profeffeurs ou de Régens, dans les Colleges auxquels Sa Majefté a defiré procurer des Maîtres, formés dans le fein de l'Univerfité; que le nombre des places d'Aggrégés, qui dans la fuite feront à donner chaque année, devant être proportionné aux vacances, qui feroient arrivées dans l'année précédente, il s'en fuit que ce nombre fera très-borné; que par conféquent il leur a paru convenable de fixer à douze Bourfes celles deftinées à l'aggrégation (476) ; mais qu'ils ont cru pouvoir en établir un plus grand nombre de celles deftinées pour le concours des Ecoliers, fans

(475) Par cette Délibération, le Bureau a arrêté de conférer les Bourfes *Duprat, Henri III, Bontems* & *Meurice*, quoiqu'ils n'euffent pas des fonds fuffifans pour fournir aux prix des Bourfes, *voyez* ci-deffus, *article III*, pag. 546 & fuivantes.

(476) Ce nombre a été dérangé. *Voyez* la *note* fuivante.

II. Partie. Bbbb

cependant les trop multiplier ; c'eſt pour remplir ces deux points de vue qu'ils propoſent, qu'indépendamment des douze Bourſes deſtinées à former des Sujets pour l'aggrégation, les Bourſes deſtinées aux Ecoliers ſoient partagées par tiers, dont un tiers ſeulement au concours, & les deux autres à la libre diſpoſition du Bureau.

Sur quoi la matiere miſe en Délibération, le plan expoſé par Meſſieurs les Commiſſaires a été adopté.

Enſuite lecture a été faite du projet de Réglement dreſſé par Meſſieurs les Commiſſaires, lequel a été arrêté ainſi qu'il s'enſuit.

TITRE PREMIER.

Des Bourſes du College de Louis-le-Grand en général.

ARTICLE PREMIER.

L'ÉTABLISSEMENT des Bourſes propres au College de Louis le-Grand, & dont la nomination appartient au Bureau d'adminiſtration, ne ſera faite que d'après un mûr examen des revenus & charges, duquel il réſulte que le College eſt en état de ſupporter cette nouvelle dépenſe, ſans préjudice à ſes autres obligations, & par Délibération priſe à la pluralité des deux tiers des voix, & homologuée en la Cour.

I I.

LORSQUE le Bureau aura décidé que les revenus du College de Louis-le-Grand permettent ces dépenſes, les nouvelles Bourſes ſeront établies au nombre de ſix par chaque création ; & en quelque nombre que l'état des revenus du College de Louis le-Grand permette l'établiſſement des Bourſes, il ne pourra être fait, ſous aucun prétexte, plus d'une création de Bourſes dans un Bureau. Leſdites créations ne pourront ſe faire que dans des Bureaux ordinaires, & après la reddition des comptes de chaque année.

I I I.

LES ſix premieres Bourſes ſeront affectées au concours des Ecoliers ; les ſix ſecondes ſeront affectées au concours des Aſpirans à l'aggrégation ; les douze Bourſes de la troiſieme & quatrieme créations, ſeront à la libre nomination du Bureau. Les quatre créations ſuivantes ſe feront dans le même ordre & auront la même deſtination.

I-V.

LES Bourſes affectées aux Aſpirans à l'aggrégation, ſeront fixées au nombre de douze, qui ſeront établies dans l'ordre preſcrit par l'art. précédent. Ceux qui en ſeront pourvus ſeront nourris & inſtruits gratuitement dans le College, comme les autres Bourſiers : ils recevront en outre chaque année une ſomme de cent livres pour leur entretien (477).

(477) L'expérience ayant prouvé que ſix Bourſes pour l'aggrégation étoient plus que ſuffiſantes, le Bureau a, le 25 Novembre 1779, pris la délibération ſuivante : « qu'attendu que les » ſix Bourſes deſtinées aux ſujets qui ſe préparent à l'aggrégation, créées par Délibération du » 5 Décembre 1777, ne ſont pas remplies . . . . , la Cour ſera ſuppliée d'autoriſer le Bureau

V.

LE nombre des deux autres fortes de Bourfiers fera indéfini, & n'aura d'autre terme que celui des revenus du College, de maniere cependant qu'après les huit créations ci-deffus mentionnées Article III, la premiere fera une création de fix Bourfes pour le concours des Ecoliers, laquelle fera après fuivie de deux créations de fix Bourfes chacune, à la libre nomination du Bureau; ce qui fera à toujours exécuté, en quelque nombre que les revenus du Collegè de Louis-le-Grand permettent d'établir de nouvelles Bourfes.

V I.

EN cas de fufpenfion ou même de fuppreffion defdites Bourfes, l'une ou l'autre opération fera précédée, d'un mûr examen duquel il réfultera que le College n'eft plus en état de fupporter cette dépenfe, & d'une délibération prife à la pluralité des deux tiers des voix & homologuée en la Cour. Mais la fufpenfion, ou la fuppreffion des Bourfes, ne porteront aucun préjudice à ceux qui feront alors titulaires defdites Bourfes, lefquels continueront d'en jouir, pendant tout le tems qu'ils devoient les poféder en exécution du préfent Réglement.

V I I.

LA fufpenfion ou fuppreffion des Bourfes fe fera dans l'ordre rétrograde de leur création, en forte que les dernieres établies foient fufpendues ou fupprimées les premieres, fans avoir égard à leur objet particulier. Néanmoins dans le cas de fufpenfion, ou fuppreffion ordonnée, & pour accélérer l'effet defdites fufpenfions ou fuppreffions, vacance arrivant des Bourfes du même ordre d'une création antérieure, on les conferera aux titulaires des Bourfes fufpendues ou fupprimées, fans néanmoins que ceux-ci puiffent fe prévaloir de cette nouvelle collation, pour jouir de leurs Bourfes plus de tems qu'il ne leur en a été accordé par le préfent Réglement.

V I I I.

CE qui eft ordonné par l'Article précédent, pour l'ordre de la fufpenfion ou fuppreffion des Bourfes, fera pareillement exécuté lors du rétabliffement defdites Bourfes; & en conféquence, le rétabliffement s'en fera dans l'ordre rétrograde de leur fufpenfion ou fuppreffion, en forte que les dernieres fufpendues ou fupprimées, feront rétablies les premieres.

I X.

DANS le cas où il auroit été fufpendu ou fupprimé quelques-unes des Bourfes, qui feront créées en exécution du préfent Réglement, il fera néceffaire de les rétablir toutes, fuivant & conformément à l'ordre prefcrit par l'article précédent, avant que de pouvoir en créer aucunes nouvelles.

X.

DANS la Délibération du Bureau, concernant l'admiffion d'un Bourfier au College

---

» à ne pas fe conformer, pour cette fois, au Réglement homologué par Arrêt du 4 Août 1770, » & à ne pas créer des Bourfes pour l'aggrégation ».

Cette Délibération a été homologuée par Arrêt du 11 Décembre fuivant.

Bbbb ij

de Louis-le-Grand, quelque foit fon ordre, il fera toujours fait mention du nom de fon prédéceffeur immédiat, & de la date originaire de la fondation de la Bourfe, dont fera pourvu le nouveau Bourfier.

TITRE SECOND.

Des Bourfes au concours pour les Ecoliers (478).

ARTICLE PREMIER.

LES qualités requifes pour être admis à ce concours, feront, 1°. de n'être point étranger, mais né fujet du Roi; 2°. d'être en état de réuffir dans les claffes de troifieme, ou au moins de quatrieme; 3°. enfin d'être muni d'un extrait de baptême, d'un certificat de bonne vie & mœurs, & d'une atteftation d'étude; le tout en bonne forme.

II.

A chaque concours, la moitié des Bourfes qui feront à donner, fera pour la troifieme, & l'autre moitié pour la quatrieme; & dans le cas où le nombre des Bourfes à remplir feroit impair, il y en aura une de plus pour la troifieme......

X.

LES Bourfiers du concours feront obligés de fournir un Correfpondant, ainfi que les autres Bourfiers. Au furplus, ils feront comme eux foumis aux Réglemens du College,

---

(478) La plupart des Articles de ce Titre ne feront pas inférés ici, attendu que, quant à l'Article III, qui régloit l'âge, fes difpofitions ne peuvent plus avoir lieu, vu les Lettres Patentes du 19 Mars 1780, & que les autres Articles, qui fixoient la forme du concours, fon objet, fes Juges, &c. font devenus inutiles par la Délibération du 5 Avril 1781, dont la teneur fuit.

« LE BUREAU s'étant fait repréfenter le Titre II du Réglement qu'il a arrêté en 1770, pour » les Bourfiers du College de Louis-le-Grand, ledit Réglement homologué par Arrêt du 4 » Septembre audit an, a reconnu que le concours ordonné par le Réglement étoit inutile, & » qu'il paroîtroit plus naturel de prendre pour épreuve la diftribution générale des prix qui fe fait » chaque année dans l'Univerfité, en exécution de l'Arrêt du Parlement du 8 Mars 1746, » d'autant que cela évitoit le défagrément qu'éprouvent ceux qui ne réuffiffent pas dans le » concours, & que par ce moyen les perfonnes établies juges des concours ne feroient point » diftraites de leurs occupations.

» Sur quoi, la matiere mife en délibération,

» LE BUREAU a unanimement arrêté, fous le bon plaifir de la Cour, que les épreuves » établies pour les Bourfiers au concours, par le Titre II du Réglement homologué par Arrêt » du 4 Septembre 1770, feront fupprimées; mais que les Bourfes mentionnées audit Titre » feront données, au choix du Bureau, parmi les Ecoliers qui auront été nommés à la diftri-» bution des prix de l'Univerfité.

» Arrêté en outre qu'expédition de la préfente Délibération fera délivrée à M. de Sainfray, » pour être par lui remife à M. le Procureur Général, lequel eft inftamment prié d'en requérir » l'homologation en la Cour ». Ce qui a été fait par Arrêt du 10 Avril 1781.

& à l'infpection & autorité des Examinateurs, qui pourront les renvoyer, fi le cas y écheoit, conformément toutes fois à ce qui eft prefcrit par les articles VI & VII du titre III des Lettres Patentes du 1er Juillet 1769.

X I.

A la premiere affemblée des Examinateurs qui fuivra le concours, le Principal leur préfentera les nouveaux Bourfiers.....

X I I.

LESDITS Bourfiers jouiront de leurs Bourfes jufques à la Philofophie inclufivement, & ils feront tenus de redoubler leurs claffes, quand le Principal le jugera à propos.

TITRE TROISIEME.

Des Bourfes au concours pour les Afpirans à l'aggrégation.

ARTICLE PREMIER.

LES qualités requifes pour être admis au concours, feront, 1°. d'avoir fini fon cours de Philofophie fous des Maîtres féculiers; 2°. d'être Maître-ès-Arts d'une Univerfité du Royaume, dont les Etudians puiffent être immatriculés dans celle de Paris, ou du moins pour ceux qui auront étudié à Paris, d'être dans le cas d'obtenir le degré de Maître-ès-Arts, avant l'ouverture du concours; 3°, d'être munis d'extraits de baptême, de certificats de mœurs, de conduite & d'atteftations d'études des Profeffeurs & Principaux des Colleges où leurs études ont été faites; le tout duement en forme.

I I.

LORS de l'établiffement defdites Bourfes, il y en aura à chaque création deux pour chaque Ordre d'agrégés établis par Lettres les Patentes des 3 Mai & 10 Août 1766.

I I I.

LES Juges du concours feront au nombre de cinq; favoir, le Principal & quatre Membres de l'Univerfité, qui feront pris parmi les Emérites retirés, & fpécialement parmi les Examinateurs établis par le Réglement du 20 Août 1767, ainfi que parmi les Membres du Bureau, qui fe trouveroient en même-tems Membres de la Faculté des Arts, chacun fuivant fon ordre. Le choix defdits Juges appartiendra au Principal; & au défaut des Juges ci-deffus fpécifiés, le Principal pourra les prendre parmi les Profeffeurs actuels, & même il pourra, pour chaque ordre, choifir un Juge parmi les Aggrégés.

I V.

L'OUVERTURE dudit concours fe fera dans les premiers jours du mois de Juin, & fera annoncée trois mois auparavant, par une affiche, où feront marqués les jour & heure que les Concurrens devront fe rendre au College. Le Principal aura foin de faire mettre l'annonce du concours dans les nouvelles publiques, afin que les Maîtres-ès-Arts de Province puiffent lui envoyer leurs titres, un mois au moins avant l'ouverture du concours : ceux de Paris fe rendront chez le Principal, au jour & à l'heure marqués dans l'affiche, pour lui remettre les pieces ci-deffus mentionnées, & il leur dira le tems où il dévront revenir, pour favoir s'ils font admis à concourir.

V.

Les articles VI & VII du titre précédent, feront également exécutés, relativement aux Bourfes affectées à l'aggrégation (479).

V I.

Les exercices du concours confifteront pour la Philofophie, en deux compofitions, deux examens; pour les Rhétoriciens & Grammairiens, en trois compofitions & un examen. Les compofitions feront jugées avant qu'il foit procédé à l'examen des Candidats; & les Auteurs de celles qui feront foibles, ne feront pas admis à l'examen. L'examen de chaque Concurrent fera au moins d'une heure; il fe fera les portes ouvertes, & tous les Membres de l'Univerfité auront le droit d'y affifter.

V I I.

Les compofitions fe feront à l'imitation de ce qui fe pratique pour les prix de l'Univerfité. Les Candidats s'affembleront dans une des falles du College, fous la préfidence & l'infpection d'un Maître, à ce commis, par le Principal. Le fujet de la compofition déterminé par ledit Principal, fera par lui envoyé fous une enveloppe cachetée, qui ne fera ouverte qu'en préfence des Concurrens. Les Candidats fépareront leurs noms de leurs copies, & remettront le tout au Préfident de la compofition, qui écrira fur l'un & fur l'autre la même Sentence, fera des noms & des copies deux paquets féparés, & qui, après les avoir cachetés, les portera chez le Principal, immédiatement après la compofition.

V I I I.

Les compofitions de Philofophie feront écrites en latin; le fujet de la premiere fera une queftion de Métaphyfique ou de morale; celui de la feconde, une queftion de Phyfique.

I X.

Les examens de Philofophie rouleront, l'un fur la Logique, Métaphyfique & Morale,

---

(479) Comme ces deux articles font fupprimés dans le Chapitre précédent, ils feront inférés ici en note.

Article VI.

Le Principal & deux Juges du concours feront chargés d'examiner les pieces remifes par les candidats, & de conftater s'ils ont les qualités néceffaires. Ils apporteront le plus grand foin pour bien connoître les mœurs, le caractere & la conduite des afpirans, ils prendront à cet égard toutes les mefures que les circonftances pourront permettre à leur prudence, & ils n'admettront aucun de ceux qui feront feulement fufpect de mauvaife conduite & de mauvais caractere.

V I I.

Au jour & à l'heure indiqués, les candidats fe rendront chez le Principal, qui remettra à chacun d'eux fon extrait de baptême, avertira ceux qui feront admis à concourir; & leur dira le jour, l'heure & le lieu où fe fera la compofition.

l'autre ſur les Mathématiques & la Phyſique. Ils ſe feront par de ſimples interrogations, qui ne ſeront pas propoſées par les Concurrens, mais par le Principal & les Juges du concours, s'ils le jugent à propos.

X.

LES compoſitions, dans l'ordre des Rhétoriciens, feront une amplification latine, une amplification françoiſe, & une piece de poéſie latine ; dans l'ordre des Grammairiens, un thême, une verſion latine, & une verſion Grecque.

X I.

LES examens des Rhétoriciens rouleront ſur les Orateurs & Poëtes François, Grecs & Latins, & ſur les régles de la Rhétorique & de la Poéſie.

Les examens des Grammairiens rouleront ſur les Auteurs Grecs & Latins, qu'on a coutume de voir juſqu'en troiſieme incluſivement, & ſur les régles des trois Grammaires Françoiſe, Grecque & Latine.

Aux uns & aux autres, dès le moment où ils ſeront admis à concourir, on aſſignera cinq à ſix pages d'un Auteur Grec, ſur lequel ils ſeront interrogés.

X I I.

LES Juges du concours ſe conformeront, pour le jugement des épreuves des Concurrens, à ce qui eſt preſcrit par l'article IV du titre précédent, & leurs jugemens ſeront rendus, inſcrits, communiqués & dépoſés dans la forme preſcrite par l'art. IX dudit titre. Le contenu aux articles X & XI dudit titre, ſera pareillement exécuté pour ce qui concerne leſdits Bourſiers (480).

---

(480) Par les raiſons expliquées en la note précédente, on mettra ici en note les articles IV & IX du titre précédent, ci-deſſus cité.

ARTICLE IV.

LES Juges du concours ſeront priés, 1°. d'accélérer, autant qu'il ſera poſſible, les opérations & clôture du concours, afin que les candidats n'attendent pas trop long-tems la déciſion de leur ſort ; 2°. de rendre à chacun la juſtice la plus exacte, ſans prévention & acception des perſonnes ; 3°. de n'admettre à l'examen que ceux dont les devoirs annonceront des talens & des connoiſſances ; en conſéquence, de rejetter tous ceux dont les copies ſeront foibles ; 4°. de tenir compte aux concurrens du ſuccès qu'ils pourront avoir eu dans la diſtribution des prix de l'Univerſité, de maniere qu'en cas d'égalité, celui qui aura été couronné ou qui aura eu le plus grand nombre de nominations (y compris les *acceſſit*, dont deux ſeront comptés pour un prix,) ait la préférence ſur ſon compétiteur.

IX.

LES Jugemens ſur les concours ſeront portés à la pluralité des ſuffrages, rédigés par écrit & ſignés des Juges qui y auront aſſiſté ; & s'il ſe trouvoit en nombre pair, le Principal aura la voix prépondérante ; les Délibérations qui ſeront priſes pour l'admiſſion des concurrens, & celles qui ſeront prononcées ſur leur capacité, ſeront portées ſur les regiſtres deſtinés par l'article VII du titre IV du Réglement du 20 Août 1767, à inſcrire les Délibérations des examinateurs relatives à l'admiſſion & au renvoi des Bourſiers, & leſdites Délibérations ſeront ſignées deſdits Juges.

XIII.

LA durée defdites Bourfes fera fixée à trois ans, fans pouvoir être augmentée fous quelque prétexte que ce foit. Lefdites trois années courront, à compter du jour que lefdits Bourfiers auront obtenu une defdites Bourfes, dans la forme prefcrite dans les Articles précédens. Ils feront tenus de fe préfenter au concours de l'aggrégation de la Faculté des Arts, au plus tard dans la troifieme année de la jouiffance de leur Bourfe, & ce à peine d'en être privés, à compter du jour où fe fera l'ouverture du concours de l'aggrégation. Lefdits Bourfiers qui feront refufés prendront leur Bourfe, laquelle fera de droit vacante du jour de la clôture dudit concours ; ceux au contraire qui auront obtenu une place d'Aggrégé, dès la premiere ou la feconde année, conferveront, s'ils le jugent à propos, leur Bourfe, pendant tout le tems prefcrit par le préfent Article.

XIV.

LES Bourfiers de cet ordre pourront être chargés par le Principal de remplacer les Sous-Maîtres qui viendront à manquer, pour caufe de maladie ou autrement : ils pourront même être choifis pour Maîtres de quartier, s'ils font jugés capables. Dans ce cas, ils conferveront le titre de leur Bourfe, qui ne fera pas conférée à d'autres, mais dont les émolumens rentreront en entier dans la caiffe particuliere du College de Louis-le-Grand, fans que les Bourfiers, devenus Sous-Maîtres, puiffent prétendre aucun émolument plus fort que celui fixé pour la place qu'ils occuperont.

XV.

IL fera dreffé par le Principal & les Examinateurs, établis par Lettres Patentes du 20 Août 1767, un Réglement particulier, pour les études & les exercices de ces Bourfiers, auquel ils feront tenus de fe conformer.

TITRE QUATIEME.

Des Bourfiers à la nomination du Bureau.

ARTICLE PREMIER.

LES qualités requifes dans lefdits Bourfiers feront, 1°. de n'être point étrangers, mais fujets du Roi ; 2°. d'être d'une bonne conftitution, & d'avoir des difpofitions pour réuffir dans les études ; 3°. de n'être point nés de parens riches & aifés, qui feroient en état de procurer une bonne éducation à leurs enfans, fans le fecours d'une Bourfe ; enforte que s'il arrivoit à cet égard quelque furprife, auffitôt qu'elle feroit découverte, le Bourfier feroit remis à fes parens ou à fon correfpondant, à la fin de l'année fcholaftique, & la Bourfe déclarée vacante, & ce, par le Bureau d'adminiftration ; 4°. les Bourfes ne pourront être auffi données à des enfans d'une naiffance fervile, baffe & abjecte, à moins que ce défaut ne foit compenfé par des difpofitions extraordinaires.

II.

LESDITS Bourfiers ne pourront être reçus qu'ils ne foient en état d'entrer au moins en fixieme. On fe conformera pour l'âge à ce qui eft prefcrit par l'art. III du titre III du
Réglement

Réglement du premier Juillet 1769 (481)..... Au ſurplus, leſdits Bourſiers feront tenus de ſe conformer en tout au Réglement du premier Juillet 1769, & autres concernant les Bourſiers réunis dans le College de Louis-le-Grand.

I I I.

LA durée des Bourſes ſera fixée à douze années, à compter du premier Avril ou du premier Octobre, qui ſuivra la nomination des Bourſiers. Après leur cours de Philoſophie, ils pourront, s'il leur reſte quelque tems à jouir de leurs Bourſes, opter entre l'étude de Théologie & celle de Droit, ſans que ſous aucun prétexte, & notamment ſous celui d'obtenir le dégré de Bachelier en Théologie ou en droit, ou aucun autre grade dans leſdites Facultés, leſdits Bourſiers puiſſent jouir de leurs Bourſes, au-delà deſdites douze années.

I V.

LESDITES Bourſes, conformément aux Délibérations des 26 Juillet 1764 & 3 Août 1769, & à l'Arrêt de la Cour du 18 Août 1764, ſeront données par Délibération du Bureau, ſur les préſentations qui lui ſeront ſucceſſivement faites par chacun des Adminiſtrateurs, en ſuivant l'ordre de la ſéance, & ce, concurremment avec toutes les Bourſes qui ſont à la nomination libre du Bureau.

V.

LORSQU'UN Adminiſtrateur aura préſenté à une des Bourſes, ſoit de celles dont la collation eſt libre, ſoit de celles dont la collation eſt forcée, ſuivant qu'il a été arrêté par la Délibération du 26 Juillet 1764, le ſucceſſeur de cet Adminiſtrateur ne pourra prétendre faire aucune préſentation de Bourſes, de la même nature de celles qu'aura faites ſon prédéceſſeur, que tous les Adminiſtrateurs poſtérieurs en ſéance, à celui qu'il aura remplacé, n'ayent préſenté à une deſdites Bourſes; & que lorſqu'en recommençant par Monſieur le Grand Aumônier, le nouvel Adminiſtrateur ſe trouvera en tour de préſenter.

Tous leſquels articles du ſuſdit Réglement ont été ainſi arrêtés, tant dans la ſéance du 10 Mai dernier, que dans la préſente, ſous le bon plaiſir de la Cour; & en conſéquence, expédition des Délibérations priſes ſur ledit Réglement, tant ledit jour 10 Mai, que ce-jourd'hui, ſera délivrée à M. de Sainfray, pour, par lui, la remettre à M. le Procureur Général, à l'effet d'en être requis l'homologation.

Signés au regiſtre à la ſéance du 10 Mai 1770, ROLLAND, ROUSSEL DE LA TOUR, TALON, SAINFRAY, VALETTE-LE-NEVEU, LE GROS, POAN, LEMPEREUR, MAISTREL, FOURNEAU, GARDIN & *Reboul.*

Et à la ſéance du 20 Août 1770, ROLLAND, ROUSSEL DE LA TOUR, TALON, SAINFRAY, POAN, LEMPEREUR, MAISTREL, FOURNEAU & *Reboul.*

---

(481) Ces diſpoſitions & celles de l'article ſuivant ſont changées par les Lettres Patentes du 19 Mars 1780, ci-deſſus, premiere Partie, Chapitre II.

II. Partie. Cccc

Extrait des regiſtres du Parlement.

Vu par la Cour, la Requête préſentée par le Procureur Général du Roi, contenant qu'il lui a été remis un projet de Réglement, arrêté par le Bureau d'adminiſtration du College de Louis-le-Grand, les 10 Mai & 20 Août 1770, relativement à des Bourſes à fonder & établir ſur les épargnes dudit College; que le Procureur Général du Roi y a vu avec ſatisfaction que les Adminiſtrateurs, occupés du bien des études, ont délibéré d'établir des Bourſes au concours pour les écoliers, & d'autres pour préparer ceux qui ſe deſtinent à l'aggrégation; que ces établiſſemens ne peuvent que concourir aux vues que le Roi s'eſt propoſées par la réunion des Bourſiers dans le College de Louis-le-Grand & l'établiſſement des Aggrégés, & à former cette pepiniere abondante de Maîtres, dont, ainſi que l'atteſtoit le Roi dans ſes Lettres Patentes du 21 Novembre 1763, l'Etat a beſoin, ce qui répandroit par-tout une émulation ſi deſirable pour l'éducation; que le Procureur Général du Roi croit qu'il eſt très-utile de confirmer par le ſceau de l'homologation des Délibérations, que l'amour du bien & des études a dictées. A CES CAUSES, requéroit le Procureur Général du Roi, qu'il plaiſe à la Cour homologuer leſdites Délibérations, des 10 Mai & 20 Août 1770, portant emploi de l'excédent des revenus du College de Louis-le-Grand à l'établiſſement des Bourſes, pour être exécutées ſuivant leur forme & teneur. Ordonner que ledit Réglement, enſemble le préſent Arrêt, ſeront imprimés; & que, conformément au Réglement du 20 Août 1767, ledit Réglement ne ſera pas tranſcrit dans l'Arrêt à intervenir ſur la préſente Requête, mais ſeulement annexé à la minute dudit Arrêt. Ladite Requête ſignée du Procureur Général du Roi. Oui le rapport de Mᵉ Léonard de Sahuguet d'Eſpagnac, Conſeiller: Tout conſidéré.

LA COUR a homologué & homologue leſdites Délibérations des 10 Mai & 20 Août 1770, portant emploi de l'excédent des revenus du College de Louis-le-Grand à l'établiſſement de Bourſes, pour être exécutées ſelon leur forme & teneur. Ordonne que ledit Réglement, enſemble le préſent Arrêt, ſeront imprimés; & que, conformément au Réglement du 20 Août 1767, ledit Réglement ne ſera pas tranſcrit dans le préſent Arrêt, mais ſeulement annexé à la minute d'icelui. FAIT en Parlement, le quatre Septembre mil ſept cent ſoixante-dix. Collationné BRION. *Signé* YSABEAU.

ARTICLE VI.

Bourſiers de Harlay dans le Collège de Louis-le-Grand (482).

CES Bourſiers, fondés en 1764 par M. le Prince de Tingry, avec le produit de la Bibliotheque donné en 1717 par M. de Harlay, ſont au nombre de *deux*, leur revenu eſt de *douze cens cinquante livres*, & leurs charges de *douze cens livres ;* ainſi ſon excédent n'eſt que de *cinquante livres ;* en conſéquence cette fondation ayant en caiſſe au premier Octobre 1780 la ſomme de *deux mille quatre-vingt-quinze livres*, le Bureau a, le 3 Mai 1781, ordonné qu'il ſeroit placé *mille livres*, à prendre ſur ſes épargnes.

Au ſurplus, la nomination de ces Bourſiers, qui doivent être *nobles*, appartient à M. *le Prince de Tingry*, & à ſes deſcendans mâles & femelles nés & à naître, les mâles préférés aux femelles, & après eux de la même maniere, à la nomination de tous les autres *deſcendans* de la maiſon de *Harlay*, avec préférence en faveur de ceux des branches les plus proches, & enfin après l'entiere extinction de tous leſdits deſcendans de la maiſon de Harlay, à la nomination de M. le Premier Préſident, & de M. le Procureur Général.

(482) *Premier département.*

14 *Juillet* 1764.
Tranfaction entre
M. le Prince de
Tingry & les Ad-
miniftrateurs du
College de Louis-
le-Grand,

Pardevant Mes Maupetit & Joſeph Gueret, Conſeillers du Roi, Notaires au Châ-telet de Paris, ſouſſignés, furent préſens Me Pierre d'Anjou, Procureur au Parlement de Paris, y demeurant, rue des Maçons, paroiſſe Saint-Severin, au nom & comme Procureur de très-haut & très-puiſſant Seigneur, Monſeigneur Charles-François Chriſ-tian de Montmorency-Luxembourg, premier Baron Chrétien de France, Prince de Tingry, Comte de Beaumont, Marquis de Breval, Lieutenant Général des Armées du Roi, Lieutenant Général pour Sa Majeſté au Gouvernement de la Province de Flan-dre, Gouverneur des Ville & Citadelle de Valenciennes, & Capitaine des Gardes de Sa Majeſté, fondé de ſa procuration générale & ſpéciale à l'effet des préſentes, paſſée devant les Notaires royaux à Compiegne le 10 Juillet préſent mois, dont le brevet original contrôlé audit Compiegne, par Pinſon, & légaliſé par le Lieutenant général, civil & criminel, & de Police, dans les quatre Prévôtés foraines réunies audit Bail-liage dudit Compiegne le même jour, eſt demeuré joint à la minute des préſentes, après avoir été certifié véritable, ſigné & paraphé en préſence des Notaires ſouſſignés, dudit ſieur Comparant.

Mondit Seigneur Prince de Tingry, au nom & comme fils aîné & principal héri-tier de dame Louiſe-Madelaine de Harlay ſa mere, veuve de Monſeigneur le Maréchal de Montmorency, laquelle étoit ſeule fille & unique héritiere de Meſſire Achilles de Harlay, Chevalier, Comte de Beaumont, Conſeiller d'Etat ordinaire, dernier mâle de la Branche des Harlay - Beaumont, & de la maiſon de Harlay, d'une part.

Et MM. les Adminiſtrateurs du College de Louis-le-Grand, établi en l'Univerſité de Paris, repréſentés par

Meſſire Barthelemi-Gabriel Rolland, Chevalier, Seigneur de Chambaudouin & autres lieux, Conſeiller du Roi en ſes Conſeils & en ſa Cour de Parlement, Préſident en la premiere Chambre des Requêtes du Palais à Paris, y demeurant, en ſon hôtel, Quai des Miramionnes, paroiſſe Saint-Nicolas du Chardonnet.

Meſſire Pierre Poan, Conſeiller, Secrétaire du Roi, Maiſon, Couronne de France & de ſes Finances, Conſervateur des hypotheques, demeurant à Paris, rue Sainte-Croix de la Bretonnerie, paroiſſe Saint-Jean-en-Greve.

Et Me Guy Antoine Fourneau, Prêtre, ancien Recteur de l'Univerſité de Paris, Grand-Maître temporel du College de Louis-le-Grand, demeurant à Paris, au College des Graſſins, rue des Amandiers, paroiſſe Saint-Etienne-du-Mont.

Tous trois ſpécialement autoriſés à l'effet des préſentes par Délibération du Bureau d'adminiſtration dudit College du 24 Mai de la préſente année 1764 (483), dont une

_____

(483) Cette Délibération eſt ainſi conçue :

Sur le compte rendu par M. le Préſident Rolland des propoſitions faites par M. le Prince de Tingry, qu'il lui fût donné par le College de Louis-le-Grand trente mille livres, au moyen deſquels il s'obligeoit de faire audit College douze cens cinquante livres de rente, ſans aucunes retenues, affectées ſur la Terre de Breval près Mantes, même de faire une

expédition délivrée par le ſieur le Flamand, & repréſentée par mondit Seigneur Préſident Rolland, eſt demeurée jointe à la minute des préſentes, après avoir été de lui
ſignée & paraphée, en préſence deſdits Notaires, d'autre part.

Leſquels ont dit que par Arrêt rendu entre mondit Seigneur Prince de Tingry & les
Syndics des créanciers des ci-devant ſoi-diſans Jéſuites, ſur les concluſions de M. le
Procureur Général, le 30 Juillet 1763, la Cour a ordonné que ſur les premiers deniers
à provenir de la vente des Livres du College de Louis-le-Grand, il ſera prélevé, par
privilege & préférence à tous créanciers des ci-devant ſoi-diſans Jéſuites ou autres prétendans droits, la ſomme de 25000 livres, à quoi ladite Cour a fixé la valeur des Livres
légués audit College par le teſtament de Meſſire Achilles de Harlay, paſſé devant le
Merle & ſon confrere, Notaires à Paris, le 29 Mai 1717; & faiſant droit ſur le réqui-
ſitoire de M. le Procureur Général, a ordonné que ladite ſomme de 25000 livres ſera
employée au nom & à la diligence de mondit Seigneur le Prince de Tingry, en acquiſition de fonds ou rentes, produiſans revenus annuels pour la fondation à perpétuité de
deux Bourſes, en faveur de deux pauvres Gentilhommes, depuis les premieres claſſes
juſques & compris les derniers degrés des Facultés de l'Univerſité de Paris, leſquelles
deux Bourſes ſeront à la nomination de mondit Seigneur le Prince de Tingry & de ſes
deſcendans mâles & femelles, nés & à naître, les mâles préférés aux femelles, & après
eux de la même maniere, à la nomination de tous les autres deſcendans de la maiſon de
Harlay, avec préférence en faveur de ceux des branches les plus proches, & enfin après
l'entiere extinction de tous leſdits deſcendans de la maiſon de Harlay, à la nomination
de M. le Premier Préſident & de M. le Procureur Général, à l'effet de laquelle acquiſition en fonds ou rentes mondit Seigneur Prince de Tingry ſe pourvoiroit pour obtenir
toutes Lettres Patentes ſur ce néceſſaires. A ordonné que les frais, loyaux coûts généralement quelconques, pour parvenir à l'obtention deſdites Lettres Patentes, enregiſtrement
d'icelles & acquiſitions ci-deſſus, circonſtances & dependances, ſeroient pris & prélevés
par même privilege que de la ſuſdite ſomme de 25000 livres, ſur les deniers à provenir
de la vente générale des Livres dudit College de Louis-le-Grand, & enfin a ordonné

---

donation de dix mille livres, pour être payée dans le cas du rembourſement deſdits trente
mille livres, le Bureau a accepté leſdites propoſitions, & a chargé M. le Préſident Rolland,
M. Poan & M. le Grand-Maître temporel de paſſer la tranſaction ſur ce néceſſaire avec M. le
Prince de Tingry, & de convenir que les deux Bourſes, fondées par l'Arrêt du 30 Juillet 1763,
ſeront de cinq cens livres, ſur quoi il ſera prélevé trois cens ſoixante livres pour la nourriture
de chaque Bourſier, & même plus grande ſomme, ſi la cherté des vivres le requiert, &
l'excédent des cinq cens livres ſera employé au profit dudit Bourſier; qu'il y aura cent livres de
pris tous les ans au profit dudit College & cent cinquante livres mis à part pour être employés
en augmentation de Bourſes; que cependant, pendant les deux premieres années, leſdits cent
cinquante livres tourneront au profit du College de Louis-le-Grand, pour les dépenſes néceſſaires
à faire pour l'achat de deux lits, couverts & gobelets d'argent, & que tous les frais, tant
ceux faits juſqu'à ce jour par le Prince de Tingry que ceux de l'acte, même des Lettres Patentes
à obtenir ſur ledit projet, ſeront payés par ledit College de Louis-le-Grand.

que lefdites deux Bourfes feront & demeureront attachées à tel College qu'il fera ftatué par les Chambres affemblées, fuivant & conformément à la réferve portée en l'Arrêt du 21 Janvier 1763.

Depuis cet Arrêt, Sa Majefté ayant par Lettres Patentes du 21 Novembre 1763 vérifiées en ladite Cour le 25 dudit mois, réuni dans le College de Louis-le-Grand tous les Colleges de non plein exercice; & ayant par d'autres Lettres Patentes du même jour également vérifiées en la Cour le 25 dudit mois de Novembre, envoyé lefdits Colleges en poffeffion de tous les effets mobiliers & immobiliers dont jouiffoient les foi-difans Jéfuites dans les différens Colleges qu'ils deffervoient, ladite Cour a par Arrêt du 24 Janvier 1764 adjugé la Bibliotheque du College de Louis-le-Grand audit College, à la charge de payer les 25000 livres deftinées par le fufdit Arrêt du 30 Juillet 1763, à la fondation des deux Bourfes, étant à la nomination de mondit Seigneur le Prince de Tingry, & autres defcendans de la maifon de Harlay & des frais & loyaux coûts néceffaires pour l'emploi de ladite fomme; enfin il a été rendu aux Chambres affemblées le 10 Mars dernier, fur le réquifitoire de M. le Procureur Général, un Arrêt fignifié à mondit Seigneur le Prince de Tingry le 14 dudit mois, & notifié au Bureau d'adminiftration le 5 dudit mois d'Avril dernier, par lequel la Cour, en ordonnant l'exécution des fufdits Arrêts des 30 Juillet 1763 & 24 Janvier 1764, a ordonné que lefdites Bourfes feront & demeureront affectées audit College de Louis-le-Grand, & mondit Seigneur Prince de Tingry a été autorifé de faire avec ledit Bureau d'adminiftration tels arrangemens & conventions qu'ils aviferont pour l'emploi defdits 25000 livres, à la charge que les actes qui feront paffés feront homologués en la GrandChambre, fur les conclufions de M. le Procureur Général.

Sur quoi mondit Seigneur Prince de Tingry, & lefdits Seigneurs Adminiftrateurs, après avoir examiné & difcuté tous les moyens poffibles de parvenir à l'emploi le plus utile de ladite fomme de 25000 livres; ayant confidéré qu'une acquifition de fonds, en occafionnant de grands frais à la charge du College de Louis-le-Grand, n'affureroit que difficilement un revenu annuel, toujours égal & fuffifant pour lefdites Bourfes; que toute autre voie de réunir la folidité & la durée dudit revenu doit être préférable; qu'il eft même poffible d'y ajouter un moyen avantageux à toutes les Parties de l'augmenter fucceffivement, foit au profit des Bourfiers, foit au profit de la fondation elle-même, fondation fi digne en particulier de zele & d'attention, par la fource qu'elle prend dans le don que feu M. de Harlay, digne héritier des vertus & des fentimens des grands Magiftrats que fa maifon a produits, avoit fait de fa Bibliotheque au College de Louis-le-Grand, pour le bien & utilité publique, font convenus des articles ci-après, dont le projet préfenté à Sa Majefté a été par elle revêtu de Lettres Patentes.

ARTICLE PREMIER.

LESDITS Seigneurs Adminiftrateurs, en exécution des Arrêts fufdatés, & pour libérer le College de Louis-le-Grand, tant de la fufdite fomme de 25000 livres, que des frais de l'emploi qui auroit pu être fait d'icelle en fonds ou rentes, ont préfentement payé en efpeces ayant cours, comptées, nombrées & réellement délivrées à la vue des Notaires fouffignés, audit Me Danjou audit nom, qui le reconnoît, en quitte & décharge ledit College de Louis-le-Grand, la fomme de 30000 livres, pour être employée fur mondit Seigneur Prince de Tingry, fuivant les conventions ci-après, à la fondation de deux Bourfes établies en faveur de deux pauvres Gentilshommes dans l'Univerfité de cette ville de Paris, par Arrêt de la Cour du 30 Juillet 1763, & unies au College de Louis-le-Grand par autre Arrêt du 10 Mars 1764, ainfi que de la fomme de 87 livres 10 fols que ledit Me Danjou reconnoît avoir pareillement reçue par les mains dudit Grand-Maître temporel, pour tous les frais relatifs à l'établiffement defdites Bourfes.

Déclarant ledit Grand-Maître temporel que tant ladite fomme de 30000 livres, que celle de 87 livres 10 fols ci-deffus, proviennent des deniers par lui touchés, à compte du prix de la vente des Livres dudit College de Louis-le-Grand, par les mains du fieur Greffy, Huiffier-Prifeur.

Et de fa part ledit Me Danjou audit nom, voulant contribuer au bien & avantage de ladite fondation, a créé & conftitué moyennant ladite fomme de 30000 livres au profit de ladite fondation, ce acceptant lefdits Seigneurs Adminiftrateurs une rente annuelle de douze cens cinquante livres par an, exempte de toute retenue, d'impofitions royales, préfentes & à venir, & payable en cette ville de Paris, entre les mains du Grand-Maître temporel du College de Louis-le-Grand, aux quatre termes de l'année accoutumés, dont le premier a commencé à courir le premier Juillet préfent mois, de convention expreffe, à l'avoir & prendre par hypothéque fpéciale, & par privilege & préférence fur la feule terre & Marquifat de Breval, fife près Mantes, & appartenante à mondit Seigneur Prince de Tingry, comme héritier de madite dame Louife-Magdeleine de Harlay fa mere, veuve de M. le Maréchal de Montmorency; & pour affurer audit College de Louis-le-Grand lefdites 1250 livres de rente audit principal de 30000 livres, fans aucune retenue pour la fondation fufdite, Me Danjou audit nom a par les préfentes fait donation entre vifs en la meilleure forme que donation puiffe avoir lieu audit Collège pour ladite fondation; & acceptant lefdits Seigneurs Adminiftrateurs fufnommés, de la fomme de 10000 livres, à prendre en outre fur ladite terre de Breval & dépendances, pour être ladite fomme de 10000 livres (en cas de rembourfement volontaire ou forcé des 30000 livres préfentement reçues) payée par mondit Seigneur Prince de Tingry, ou par tous propriétaires & détempteurs de la fufdite terre, avec lefdites 30000 livres ci-deffus énoncées, lefdites deux fommes faifant enfemble celle de 40000 livres, le tout à la charge qu'à chaque mutation de propriétaire de ladite terre & feigneurie de Breval, il fera par ledit propriétaire paffé titre nouvel, & reconnoiffance de ladite rente de 1250 l. audit principal de 30000 livres, avec foumiffion au paiement de la fufdite fomme de 10000 livres de plus, en cas de rembourfement de ladite rente, & au moyen de la fufdite donation, tous les autres biens dudit Seigneur Prince de Tingry, préfens & à venir, feront & demeureront déchargés de l'hypothéque de ladite rente; a été de plus convenu que dans le cas de rembourfement defdites fommes de 30000 livres & de 10000 livres, il en fera fait remploi en effets permis par l'Edit du mois d'Août 1749, par les Adminif-trateurs dudit College de Louis-le-Grand, du confentement de celui ou de celle qui aura alors droit de nommer auxdites Bourfes ou ceux duement appellés, & que les frais dudit emploi feront pris fur les épargnes qui pourront alors avoir été faites fur le produit def-dites Bourfes, ainfi qu'il fera dit ci-après; finon & en cas d'infuffifance feulement fur la fufdite fomme de 10000 livres, fans pouvoir par le nominateur prétendre aucune chofe contre ledit College; ledit Me Danjou audit nom (au moyen des 30000 livres préfen-tement reçues) fe défiftant en tant que de befoin, tant pour mondit Seigneur Prince de Tingry, que pour fes fuccefleurs nominateurs, de toutes les prétentions qui pourroient être formées en exécution de l'Arrêt du 30 Juillet 1763.

I I.

LES Bourfes de ladite fondation fe nommeront Bourfes de Harlay, & les Bourfiers, *Bourfiers de Harlay.*

I I I.

DES 1250 livres faifant la fondation des deux Bourfes, il en fera pris & employé chaque année 1000 livres pour les deux Bourfiers, à raifon de 500 livres; & les 250 l. reftans, il en fera prélevé 100 livres pour la contribution des Bourfiers aux frais com-muns du College, & fera mis en réferve 150 livres, par chacun an pour ladite fomme de 150 livres accumulée, avec ce qui pourra provenir pendant la vacance des Bourfes, être employée lorfqu'il fe trouvera une fomme de 1000 livres, en acquifition, au profit de la fondation, d'effets que les gens de main-morte peuvent acquérir en exécution de l'Edit du mois d'Août 1749, & le produit de ladite rente diftribué aux Bourfiers, fuivant leurs befoins, & même employé par la fuite, lorfqu'il fera devenu affez confidérable, à l'éta-bliffement d'une troifieme Bourfe, que lefdits Adminiftrateurs du College de Louis-le-Grand s'obligent, par les préfentes, d'établir dans ledit College, & qui fera foumife aux mêmes nominations & regles que les deux autres.

I V.

SUR les 500 liv. appartenantes à chaque Bourfier, il fera prelevé 360 liv. par année au profit du College pour la penfion dudit Bourfier, & même plus grande fomme au cas que l'augmentation des vivres l'exigeât, & qu'il en eût été ainfi ordonné par Délibération du Bureau d'adminiftration (484), & le furplus fera remis à chaque Bourfier....

V I I I.

EN cas de continuation d'étude de la part defdits Bourfiers, dans aucunes des Facultés

---

(484) Les Bourfes ayant été portées, peu après cette tranfaction, à 400 livres, il n'eft plus refté à chaque Bourfier que 100 livres, qui lui font payées annuellement; l'augmentation de 50 livres, ordonnée pour chaque Bourfe par les Lettres Patentes du 19 Mars 1780, n'a rien changé à ce qui étoit payé à chaque Bourfier, le Bureau ayant, le 6 Juillet 1780, délibéré de prendre cette augmentation fur les revenus de la fondation.

fupérieures

ſupérieures de l'Univerſité où ils voudroient obtenir des degrés, ils ſeront toujours tenus de demeurer dans le ſuſdit College de Louis-le-Grand (485).....

X I.

L A nomination auxdites Bourſes, qui ne pourra être faite qu'en faveur des Gentils-hommes nobles, du moins du côté paternel, appartiendra à mondit Seigneur Prince de Tingry, & à tous les deſcendans mâles & femelles de la maiſon de Harlay, les mâles préférés aux femelles dans leurs branches, & les aînés ou aînées aux puînés ou puînées dans l'ordre & de la maniere portée par l'Arrêt du 30 Juillet 1763; & en cas qu'il ne s'en trouve plus, ladite nomination appartiendra à M. le Premier Préſident, & à M. le Pro-cureur Général, conformément audit Arrêt....

X I I I.

L E S Lettres Patentes qui ont été obtenues ſur le projet des préſentes au mois de Juin de la préſente année 1764, regiſtrées en la Cour le 5 Juillet préſent mois, ſcellées en cire verte & lacs de ſoie rouge & verte, enſemble les quatre pieces attachées ſous le contre-ſcel d'icelles, après avoir été ſignées, paraphées & certifiées de toutes les Parties, ſont demeurées annexées à la minute des préſentes, & a été convenu qu'il ſeroit délivré une expédition en parchemin, tant audit Me Danjou qu'audit College & aux frais dudit Col-lege, du préſent acte, & des Lettres Patentes ſeulement.....

Ce qui a été fait & paſſé à Paris au Bureau d'Adminiſtration le 19 Juillet 1764.

Du 9 Août 1764.

S UR la repréſentation faite par MM. les Adminiſtrateurs du College de Louis-le-Grand, nommés particulierement *ad hoc* par la Délibération du Bureau, du 24 Mai dernier, de la tranſaction paſſée avec M. le Prince de Tingry, le 14 Juillet dernier, pardevant le Notaire du College, en exécution des Lettres Patentes du mois de Juin dernier, véri-fiées en la Cour le 5 Juillet dernier; ladite tranſaction a été approuvée dans tout ſon contenu, & il a été arrêté que ladite tranſaction ſera dépoſée aux archives du College de Louis-le-Grand, avec les papiers dudit College.

---

(485) Cette diſpoſition, relativement aux Bourſiers Médecins, a été changée par les Lettres Patentes du premier Juillet 1769, ci-deſſus, premiere Partie, Chapitre II.

A R T I C L E V I I.

Bourfiers Braquet dans le College de Louis-le-Grand (486).

CETTE fondation, faite en 1707 par M. *Braquet*, Avocat en Parlement, avoit d'abord été placée aux *Miffions Etrangeres;* mais les parens, après plufieurs conteftations, l'en ont retirée, & en 1773 elle a été acceptée par le Bureau intermédiaire; cette acceptation a été approuvée & confirmée par la Délibération du 2 Janvier 1778.

Au furplus, M. l'Archevêque a voulu faire annuller la réunion faite de cette fondation au College de Louis-le Grand; mais il a perdu fon procès, par Arrêt du 9 Mars 1780 (487).

Ses revenus font de *douze cens quatre-vingt-dix-fept livres*, & fes charges de *mille liv.;* ainfi *l'excédent* de fes revenus, déductions des charges, eft de *deux cens quatre-vingt-dix-fept livres;* elle devoit au premier Octobre 1780 la fomme de *quinze cens vingt-neuf liv.;* mais fon chapitre de reprife étoit de près de *fix mille livres;* reprifes qui ne font occafionnées que par ce que l'on n'a pas encore levé toutes les difficultés que les Payeurs des rentes fur les Aides & Gabelles ont faites, avant que de payer les rentes de cette fondation; lorfque cet objet fera mis en regle, ce qui ne peut tarder, non-feulement cette fondation ne fera plus débitrice, mais on pourra placer à fon profit environ 3000 livres, ce qui facilitera dans peu l'établiffement d'une troifieme Bourfe, ainfi qu'il eft ordonné par l'art. XII de l'acte ci-après.

Cette fondation eft faite pour *deux* Bourfiers, & doit être portée à *trois*, lorfque fes revenus feront de 1500 livres; ces Bourfes font affectées aux *parens* du fondateur; & s'il n'y en avoit point en état de remplir ces Bourfes, elles feroient *libres;* mais pour donner le tems aux parens du Fondateur de fe préfenter, la *vacance* de ces Bourfes doit être *publiée* dans les *Paroiffes* de la *Ferté-fous-Jouarre* & *Crouy-fur-Ourge*, & ces Bourfes *ne peuvent être conférées* qu'*un mois après* ces publications.

M. l'Abbé du Peron eft *Collateur*, fa vie durant; & après lui, M. *l'Evêque de Meaux.*

---

(486) *Premier département.*

(487) Voyez au fujet de ce procès les Délibérations du Bureau des 18 Mars 1778, 19 Mars 1779 & 20 Avril 1780.

Du 16 Décembre 1773.

Messieurs les Commiffaires nommés pour examiner la propofition qui a été faite par M. l'Abbé Revefche du Peron, de tranfporter dans le College de Louis-le-Grand la fondation des Bourfes qui a été faite par M. Braquet, Avocat, dans le Séminaire des Miffions Etrangeres, ont dit qu'ayant examiné ladite propofition & les qualités, en vertu defquelles ledit fieur Abbé du Peron prétend avoir le droit de tranfporter ladite fondation, & d'en régler les claufes & conditions, ils ont reconnu que ledit fieur Abbé Revefche du Peron avoit le droit de traiter de cette affaire, & qu'il n'y avoit aucun inconvénient pour le College d'accepter ladite fondation, aux claufes & conditions qui ont été arrêtées.

Que pour mettre le Bureau en état de juger la Juftice de ces claufes, ils font obligés d'entrer dans un certain détail, & d'inftruire le Bureau que feu M. Etienne Braquet, Avocat au Parlement, par fon teftament olographe du 24 Avril 1707, laiffa au Séminaire des Miffions Etrangeres, établi à Paris rue du Bacq, le huitieme de fa fucceffion, à la charge d'élever les jeunes hommes qui fe confacreroient à l'état Eccléfiaftique, & qui n'auroient pas le moyen de payer penfion, en préférant ceux de fa famille à des étrangers; & il ajouta que pour le nombre defdits jeunes hommes, & pour le tems qu'ils refteroient dans ladite maifon, il feroit reglé à proportion de ce que ladite maifon profiteroit de fon bien par le contrat de fondation, dont les claufes & conditions feroient arrêtées entre ledit fieur Jacques-Chriftophe Braquet fon frere, Légataire univerfel, & fes Exécuteurs teftamentaires.

Le fieur Jacques-Chriftophe Braquet, frere du teftateur, & légataire de l'ufufruit de tous fes biens, mourut le 23 Janvier 1720, fans avoir fait le contrat de fondation; il en fut de même des Exécuteurs teftamentaires; les maifons appellées à la fubftitution des biens de M. Etienne Braquet, après la mort du fieur Jacques-Chriftophe Braquet fon frere, procéderent entr'elles aux partages de ces mêmes biens, par différens actes des 31 Octobre 1722 & des 27 Janvier & 25 Avril 1724; le huitieme revenant au Séminaire des Miffions Etrangeres fe trouva monter à 59000 livres; favoir, 49000 livres en contrats fur les Aides & Gabelles, fur l'ancien & fur le nouveau Clergé, & autres contrats de même efpece, & en 10000 livres d'arrérages à recouvrer defdites rentes, dont il ne paroît pas que le recouvrement ait été fait. A l'égard des rentes conftituées par ces différens contrats, elles ont éprouvé plufieurs variations; après ce partage, le Séminaire des Miffions Etrangeres a joui des revenus de la fondation, fans en avoir reglé les conditions par un contrat; mais le 18 Octobre 1739, il adhéra à un Réglement qui avoit été fait fous feing-privé le 25 Février 1726 par la maifon de Saint-Lazarre, à laquelle ledit M. Etienne Braquet avoit auffi laiffé un huitieme de fes biens, aux mêmes claufes & conditions. Par le Réglement, les places étoient fixées à deux feulement pour trois années de Théologie, & l'adminiftration de toute la fondation étoit laiffée au Général de

Dddd ij

la Congrégation de la Miffion, fans qu'il fût tenu d'en rendre compte à perfonne, ni aux parens du fondateur, ni aux Bourfiers, mais à Dieu feul (488).

Les chofes étoient en cet état, lorfque le fieur Abbé Revefche du Peron, proche parent du fondateur, forma fa demande contre le Séminaire des Miffions Etrangeres, à ce que les Supérieurs & Directeurs dudit Séminaire fuffent tenus de lui rendre compte de l'adminiftration par eux faite des revenus de ladite fondation, & de procéder avec lui au contrat qui devoit régler les claufes & conditions de cette fondation ; & par Sentence rendue au Châtelet de Paris le 17 Mars 1768, le prétendu Réglement de 1726 fut caffé, & lefdits Supérieurs & Directeurs du Séminaire des Miffions Etrangeres furent condamnés à rendre compte de l'adminiftration par eux faite des revenus de la fondation. Les autres parens dudit Etienne Braquet fondateur, ayant appris le fuccès de la demande du fieur Abbé Revefche du Peron, fe réunirent pour intervenir dans une conteftation dans laquelle ils avoient le plus grand intérêt ; en conféquence, ils fournirent au fieur Abbé Revefche du Peron leurs procurations, dans lefquelles ils lui donnerent pouvoir général & fpécial de débattre, allouer, contefter en Juftice ou à l'amiable les comptes qui feroient rendus par les Supérieurs & Directeurs des Miffions Etrangeres, compromettre même fur lefdits comptes, paffer tranfaction, & en requérir l'homologation, fixer le nombre & le revenu des places, régler les claufes & conditions du contrat de fondation, & notamment le droit de nomination auxdites places, confentant & acquiefçant tous lefdits parens, par leurfdites procurations, que ledit fieur Abbé Revefche du Peron, proche parent du fondateur, ait pendant fa vie le droit de nomination, comme étant le reftaurateur de la fondation, qui étoit prefque anéantie, & dont la famille ne retiroit aucun profit, & comme ayant fait toutes les avances & débourfés de frais & faux frais depuis l'année 1767, fans aucune répétition contre lefdits parens, ainfi qu'il avoit bien voulu le promettre & s'engager de le faire.

En conféquence defdits pouvoirs, ledit fieur Abbé Revefche du Peron ayant pourfuivi l'exécution de la Sentence du 17 Mars 1768, les Supérieurs & Directeurs du Séminaire des Miffions Etrangeres fe déterminerent à abdiquer la fondation ; nonobftant ladite abdication, ledit fieur Abbé Revefche du Peron leur ayant préfenté & nommé le fieur Jean-François-Nicolas Boudier, Clerc tonfuré du diocèfe de Meaux, & parent du fondateur, & lefdits Supérieurs & Directeurs ayant contefté cette nomination, fur cette conteftation, portée au Parlement, intervint Arrêt contradictoire le 30 Avril 1770, qui

---

(488) Le Général de la Congrégation de la Miffion doit à Dieu un compte très-confidérable, fi (comme le prétendent les héritiers Braquet) ce Général n'a pas mieux régi cette fondation que MM. des Miffions Etrangeres, & l'a également appliqué à l'utilité de fa Congrégation & non à celle de la famille du fieur Braquet ; fi les parens du Fondateur demandoient à ce Général un compte de l'emploi des deniers légués par le fieur Braquet, & vouloient rédiger de concert avec lui un contrat de fondation, il pourroit fe trouver auffi embarraffé que l'ont été MM. des Miffions Etrangeres & fuivroit peut-être l'exemple qu'ils lui ont donné d'abdiquer cette fondation.

reçut les parens dudit M. Braquet fondateur, au nombre de cent neuf Parties intervenantes; leur donna acte de ce qu'ils adhéroient à la nomination faite par ledit Abbé
Revesche du Peron, & condamna lesdits Supérieurs & Directeurs du Séminaire des
Missions Etrangeres à rendre compte de leur administration audit sieur Abbé Revesche
du Peron & aux autres parens dudit fondateur; & en outre, ordonna que lesdits Supérieurs & Directeurs du Séminaire des Missions Etrangeres seroient tenus de recevoir aux
places vacantes les jeunes gens qui leur seroient présentés par ledit sieur Abbé Revesche
du Peron, & de payer audit sieur Boudier la somme de 619 livres par an, jusqu'au Jugement à intervenir.

Le 20 Février 1772, ledit sieur Abbé Revesche du Peron ayant nommé le sieur le
Maître Clerc tonsuré, & parent du fondateur, pour remplir l'autre place qui étoit vacante, lesdits Supérieurs & Directeurs du Séminaire des Missions Etrangeres accepterent
cette nomination, en exécution du susdit Arrêt du Parlement du 30 Avril 1770.

En cet état, & par la médiation de M. l'Archevêque de Paris, & par l'avis de son
Conseil, les Parties ont passé un acte de transaction le 27 Juillet de la présente année,
pardevant Me Baron le jeune & son confrere, Notaires au Châtelet de Paris. Par cette
transaction, le compte de l'administration faite par les Supérieurs & Directeurs du Séminaire des Missions Etrangeres, a été reglé & apuré, & les sommes dont ils se sont
trouvés reliquataires ont été déposées entre les mains de Me Baron; lesdits Supérieurs &
Directeurs ont dans le même acte renouvellé l'abdication par eux faite de ladite fondation, laquelle a été acceptée & consentie par ledit sieur Abbé Revesche du Peron,
esdits noms; lesdits Supérieurs & Directeurs ont de plus consenti dans le même acte que
tous les titres & papiers de la fondation déposés au Greffe du Parlement, soient remis à
la maison qui acceptera le transport & translation de ladite fondation, & que les sommes
déposées entre les mains dudit Me Baron soient placées au profit de ladite fondation, en
présence & du consentement dudit sieur Abbé Revesche du Peron, laquelle transaction
a été homologuée en la Cour, contradictoirement avec les parens de Me Etienne Braquet fondateur, lesdits Supérieurs & Directeurs du Séminaire des Missions Etrangeres,
& M. le Procureur Général, par Arrêt du 21 Août de la présente année, portant que
ladite transaction sera exécutée suivant sa forme & teneur.

Dans ces circonstances, le sieur Abbé Revesche du Peron ayant résolu de transporter
ladite fondation dans le College de Louis-le-Grand; & sa proposition ayant été sou-
mise à l'examen des Commissaires à ce députés par la Délibération du 2 de ce mois (489),
les clauses & conditions de la transaction de cette fondation dans ledit College de Louis-
le-Grand, ont été reglées & arrêtées entre lesdits Commissaires & ledit sieur Abbé Revesches du Peron, ainsi qu'il s'en suit.

(489) Les Commissaires nommés pour arrêter les clauses de cette fondation pour le *Bureau
intermédiaire*, étoient M. l'Abbé le Gros, M. l'Abbé Gardin & M. le Grand-Maître temporel.

ARTICLE PREMIER.

LEDIT fieur Abbé Revefche du Peron, ès qualités qu'il procéde, tranfportera dans le College de Louis-le-Grand, par l'acte qui fera paffé, la fondation faite par feu M. Etienne Braquet dans le Séminaire des Miffions Etrangeres de Paris, à laquelle les Supérieurs & Directeurs dudit Séminaire ont renoncé par l'abdication qu'ils en ont faite dans la fufdite tranfaction du 27 Juillet 1773, lequel tranfport de fondation fera accepté par Meffieurs les Adminiftrateurs du College de Louis-le-Grand, qui feront nommés pour paffer le contrat.

I I.

DÉCLARERA ledit fieur Abbé Revefche du Peron que les différentes parties de rentes appartenantes à ladite fondation, auffi transférée dans le College de Louis-le-Grand, confiftent, &c.

I I I.

CONSENTIRA le fieur Abbé Revefche du Peron que les titres de propriété defdites rentes dépofés au Greffe du Parlement, foient retirés par le fieur Grand-Maître dudit College de Louis-le-Grand, lequel fera autorifé par ledit acte à en fournir bonne & valable décharge au Greffier des dépôts, & tous autres dépofitaires.

I V.

CONSENTIRA en outre ledit fieur Abbé Revefche du Peron, que les arrérages defdites parties de rentes foient reçus par ledit fieur Grand-Maître du College de Louis-le-Grand, à compter du premier Janvier 1773; & qu'en les lui payant, MM. les Tréforiers payeurs defdites rentes en foient bien & valablement quittes & déchargés.

V.

CONSENTIRA de plus ledit fieur Abbé Revefche du Peron que ledit fieur Grand-Maître retire des mains de M. Baron le jeune la fomme de..... reftante de celle de 8700 l. 11 fols, qui a été dépofée entre les mains dudit Me Baron, par la tranfaction fufdite du 27 Juillet 1773, & qu'en recevant ladite fomme, ledit fieur Grand-Maître en fourniffe audit Me Baron toute quittance & décharge valable.

V I.

SUR ladite fomme de...... ledit fieur Grand-Maître dudit College de Louis-le-Grand employera jufqu'à due concurrence, ce qui fera néceffaire pour acquérir au profit de ladite fondation un contrat de 200 livres de rente, de la nature de celles qui peuvent être poffédées par les gens de main-morte, duquel contrat il fera délivré une expédition auxdits Supérieurs & Directeurs du Séminaire des Miffions Etrangeres, ainfi qu'il eft porté dans la fufdite tranfaction du 27 Juillet 1773, pour leur juftifier de l'emploi, & fervir à leur décharge, des capitaux des rentes, dont ils avoient reçu le rembourfement.

V I I.

Au moyen des arrangemens ci-deffus, le revenu de la fufdite fondation Braquet fera de 1363 livres 13 fols 9 deniers en onze parties (490).

V I I I.

Il fera prélevé annuellement, & à perpétuité, fur lefdits revenus, une fomme de 100 livres au profit dudit College de Louis-le-Grand, pour la part contributoire de ladite fondation Braquet, aux dépenfes communes.

I X.

Les deux Bourfes qui exiftoient aux Miffions Etrangeres, feront transférées dans le College de Louis-le-Grand, où les Bourfiers feront logés, inftruits & nourris, tant en fanté qu'en maladie comme les autres Bourfiers dudit College, & feront foumis aux mêmes Réglemens & difcipline que les autres Bourfiers de tous les Colleges réunis.

X.

Il fera prélevé tous les ans, fur le revenu de ladite fondation, au profit dudit College de Louis-le-Grand, pour la penfion de chacun defdits Bourfiers, la fomme de 400 livres, ou telle autre fomme, à laquelle pourra être fixée dans la fuite la penfion des Bourfiers dans ledit College.

X I.

Le furplus du revenu de ladite fondation Braquet, & les fommes qui n'auront pas été prélevées à caufe de la vacance des Bourfiers, feront mifes en réferves; & pour fe conformer aux difpofitions des Lettres Patentes du premier Juillet 1769, il y aura toujours en caiffe une fomme pour fubvenir aux dépenfes imprévûes relatives à ladite fondation Braquet, laquelle fomme fera fixée par l'acte à paffer à celle de 1000 livres; & lorfque diftraction faite de ladite fomme, il fe trouvera encore 1000 livres en réferve; elles feront placées au profit de ladite fondation, en acquifitions de rentes de la nature de celles qui peuvent être poffédées par les gens de main-morte.

X I I.

Au moyen des fommes ainfi mifes en réferve, & placées au profit de ladite fondation, lorfque fon revenu fe trouvera augmenté jufqu'à 1500 livres, il fera reçu dans le College de Louis-le-Grand un troifieme Bourfier; mais alors la part contributoire de ladite fondation Braquet, fixée à 100 livres par l'article VIII, fera portée annuellement à 150 liv.

X I I I.

Les Bourfes feront conférées à des jeunes gens qui fe confacreront à l'état Eccléfiaftique, & qui n'auront pas le moyen de payer des penfions, avec préférence pour les parens dudit Me Braquet fondateur; mais au défaut de parens, elles pourront être données indiftinctement à des fujets nés en légitime mariage dans les différentes Provinces du Royaume.

---

(490) Comme il n'a été acquis que 133 livres 10 fols de rente, & que les fonds n'ont pas permis d'en acquérir davantage, cette fondation ne jouit actuellement que de 1297 livres 3 fols 9 deniers.

X I V.

POUR juſtifier de ſa parenté avec le ſieur Braquet fondateur , il ſuffira de prouver ſa deſcendance des perſonnes qui interviendront dans l'acte qui doit être paſſé , à la réſerve des ſieurs Louis Charpentier , Charles-Antoine-Louis Charpentier , & Marie-Angelique Quervin leur mere, habitans de Soiſſons , & Françoiſe-Marie Charpentier Pommeri , Epicier à Neuilly-Saint-Front , & néanmoins les deſcendans deſdits ſieurs Louis-Antoine Charles, Louis Charpentier & Françoiſe-Marie Charpentier, & tous autres qui pourront dans la ſuite établir leur parenté avec ledit Me Braquet fondateur , feront admis aux Bourſes par préférence à des étrangers.

X V.

AFIN de donner aux parens de M. Braquet le tems de ſe faire connoître au nominateur, la vacance des Bourſes ſera publiée aux paroiſſes de la Ferté-ſous-Jouare & de Crouy-ſur-Ourge , & les proviſions ne pourront être données qu'un mois après leſdites publications. Si cependant la Bourſe avoit été conférée à un parent dudit Me Braquet, cette nomination ne pourroit pas être conteſtée par le défaut de publication.

X V I.

LA nomination & pleine collation deſdites Bourſes appartiendra audit ſieur Reveſche du Peron pendant ſa vie , & après ſon décès au Seigneur Evêque de Meaux , & à ſes ſucceſſeurs à perpétuité , leſquels feront toujours les conſervateurs de ladite fondation Braquet, qui eſt faite pour des Eccléſiaſtiques , & pour des parens dudit Me Braquet, dont la famille eſt preſqu'en entier domiciliée dans l'étendue du dioceſe de Meaux , & ſera ladite nomination aux Bourſes faite conformément au modele annexé à la minute de l'acte qui doit être paſſé (491).

X V I I (492).......

X X.

IL ſera fait trois groſſes en parchemin de l'acte qui ſera paſſé , dont l'une ſera remiſe au College de Louis-le-Grand , & dépoſée aux archives dudit College, une autre ſera remiſe audit ſieur Abbé Reveſches du Peron , & la troiſieme ſera dépoſée aux archives de l'Evêché de Meaux.

X X I.

IL ſera imprimé cent cinquante exemplaires de l'acte à paſſer, pour être diſtribués aux parens dudit M. Braquet fondateur.

X X I I.

POURRA ledit ſieur Reveſche du Peron faire placer dans un lieu public & apparent

---

(491) Ce modele eſt celui attaché ſous le contre-ſcel des Lettres Patentes du 20 Août 1767.

(492) Cet Article & le ſuivant, qui fixoient l'entrée des Bourſiers au College, & les études qu'ils devoient faire , ont été ſupprimés , comme devenus inutiles , d'après les Lettres Patentes du 19 Mars 1780, (ci-deſſus, premiere Partie , Chapitre II), qui forment un Réglement général & uniforme pour tous les Bourſiers.

à

à Meaux, la Ferté-fous-Jouarre, & à Crouy-fur-Ourge, trois plaques de cuivre, où fera gravée une notice de la fondation Braquet.

XXIII.

Tous les frais qui feront à faire tant pour le coût de l'acte à paffer, que pour fon entiere exécution, feront payés des deniers appartenans à ladite fondation Braquet.

XXIV.

Il fera fait un compte particulier de la recette & dépenfe relatives à ladite fondation, & le réfultat dudit compte fera envoyé tous les ans audit fieur Abbé Revefches du Peron, & après fa mort audit Seigneur Evêque de Meaux, en la forme prefcrite par l'art. XIII du titre premier des Lettres Patentes du premier Juillet 1769....

XXVI.

Enfin il fera fait une expédition en papier dudit acte, pour être remife à M. le Procureur Général, en le fuppliant de vouloir bien en requérir l'homologation au Parlement, & de faire ordonner qu'il fera exécuté fuivant fa forme & teneur; comme auffi faire ordonner que par le Greffier de la Cour mention dudit acte fera faite fur la groffe des contrats ou titres nouvels des rentes appartenantes à la fondation Braquet, & par les Notaires dépofitaires des minutes defdits contrats & titres nouvels fur lefdites minutes, à l'effet de quoi l'Arrêt d'homologation fera fignifié auxdits Notaires; faire ordonner en conféquence que les contrats & titres nouvels feront, en vertu dudit acte & de l'Arrêt qui l'homologuera, exécutés comme s'ils avoient été paffés au nom du Grand-Maître temporel dudit College de Louis-le-Grand, & qu'il en fera fait mention expreffe par lefdits Notaires & Greffier, tant fur lefdites minutes que fur lefdites groffes.

Sur lequel expofé, il a été unanimement arrêté d'accepter le tranfport de la fondation faite par ledit Me Etienne Braquet dans le Séminaire des Miffions Etrangeres dans le College de Louis-le-Grand, aux claufes & conditions arrêtées par le fieur Abbé Revefches du Peron, & tranfcrites dans la préfente Délibération, & MM. Debonaire, Maiftrel & Gardin ont été nommés pour paffer conjointement avec M. le Grand-Maître, devant M. Baron le jeune, Notaire, l'acte qui contiendra la tranfaction de ladite fondation, aux claufes & conditions fus énoncées; donnant à cet effet auxdits Commiffaires & Grand-Maître tous les pouvoirs néceffaires; & à cet effet extrait de la préfente Délibération fera délivré par le Secrétaire, pour être annexé à la minute dudit acte.

Nota. Le 13 Janvier 1774, il a été paffé entre les Députés du *Bureau intermédiaire* ci-deffus nommés, & le fieur Abbé Revefche du Peron, une tranfaction conforme à la Délibération ci-deffus, laquelle a été homologuée par Jugement de la *Commiffion intermédiaire* du 4 Février fuivant, & confirmée par la Délibération du Bureau du 2 Janvier 1778 ci-après.

2 Janvier 1778.

Messieurs les Adminiftrateurs particuliérement chargés du College de Louis-le-Grand, ont dit que pendant l'abfence du Parlement, M. l'Abbé Revefche du Peron a

II. Partie. Eeee

tranfporté dans ce College les Bourfes fondées par le fieur Braquet, Avocat au Parlement, dans le Séminaire des Miffions Etrangeres, par fon teftament du 24 Avril 1707,
le tout pour les raifons & par les moyens détaillés dans la Délibération du 16 Décembre
1773, qui a accepté ledit tranfport de Bourfes; qu'en exécution de cette Délibération,
il a été paffé le 13 Janvier 1774, devant Me Baron le jeune & fon confrere, Notaires
au Châtelet de Paris, un acte de fondation, qui a été homologué par Jugement de la
Commiffion intermédiaire du 4 Février fuivant, la groffe duquel jugement a été annexée
audit acte du 13 Janvier 1774.

Sur quoi la matiere mife en Délibération, lecture faite dudit acte de fondation,

LE BUREAU a unaniment approuvé, ratifié & confirmé ladite fondation, pour
être exécutée fuivant fa forme & teneur, & a arrêté qu'expédition de la préfente Délibération fera par le Secrétaire dépofée & annexée à la minute dudit acte du 13 Janvier
1773, & par lui tranfcrite fur la groffe dudit acte, dépofée aux archives, & en outre
qu'il enverra une expédition de ladite Délibération au fieur Abbé Revefche du Peron, &
une autre à M. l'Evêque de Meaux.

ARTICLE VIII.

Boursier Pourchot dans le Collège de Louis-le-Grand (493).

CETTE Fondation créée par le testament de M. *Pourchot* de 1733, n'a été exécutée qu'en 1779, & encore parce que le Bureau a bien voulu se contenter de *trois cens livres* pour la pension de ce Boursier. Il est à la *nomination du Tribunal de l'Université*, & doit être pris du *Village de Poilly*, dans la Vallée d'Aillant, *Diocèse de Sens*, lieu de la naissance du Fondateur.

Il y avoit en 1779, au moment de l'établissement de cette Bourse, quelques fonds en caisse, montant à environ *quinze cent livres*, l'acte de fondation porte que ces deniers seront placés au profit de la fondation, ce qui a été ordonné par Délibération du 17 Mai 1781, qui a en même tems arrêté qu'il seroit, à compter de la présente année classique, tenu un registre, & fait un compte séparé de cette fondation.

On doit au surplus observer que ce Boursier a *cinquante livres* pour sa dépense personnelle, qui lui sont payées par le Receveur de l'Université.

Du 4 Septembre 1779.

PARDEVANT les Confeillers du Roi, Notaires au Châtelet de Paris fouffignés.

Furent préfens Meffire Barthelemy-Gabriel Rolland, Chevalier, Comte de Chambaudoin, Seigneur de Rolland, Villiers-Chapuy, & autres lieux, Confeiller du Roi en fes Confeils, & en fa Cour de Parlement, Préfident ancien des Requêtes du Palais, demeurant à Paris, en fon Hôtel, rue Montmartre, Paroiffe Saint-Euftache.

Meffire Prudent de Villiers, Chevalier, Seigneur de la Noue, Confeiller du Roi en fon Châtelet de Paris, y demeurant rue des Tournelles, Paroiffe Saint-Paul.

Et Me Guy-Antoine Fourneau, Prêtre, ancien Recteur de l'Univerfité, Grand-Maître temporel du College de Louis-le-Grand & Colleges y réunis, demeurant audit College de Louis-le-Grand, rue Saint-Jacques, Paroiffe Saint-Benoît.

Tous trois Adminiftrateurs dudit College de Louis-le-Grand, & nommés conjointement Commiffaires par le Bureau de ladite Adminiftration, fuivant fa Délibération du 15 Juillet de la préfente année 1779 (494), fpécialement à l'effet des préfentes, & pour

---

(494) Cette Délibération eft ainfi conçue :

MM. les Commiffaires, nommés par Délibération du 3 Septembre dernier, pour traiter avec le Tribunal de l'Univerfité de la fondation Pourchot, que le Bureau a acceptée par ladite Délibération, & pour préparer les claufes de l'acte à paffer à ce fujet, ont dit qu'ils avoient conféré avec M. Martin & plufieurs Membres du Tribunal de l'Univerfité, des conditions fous lefquelles cet acte feroit paffé, & que, fous le bon plaifir du Bureau, ils avoient arrêté ces conditions, dont tous les articles font tirés des différentes loix relatives aux Bourfiers réunis dans le College de Louis-le-Grand, & notamment de la Déclaration du 3 Septembre 1778, concernant le College de Me Gervais, & des Lettres Patentes du 14 Février dernier, concernant le College de Beauvais, ainfi que du Réglement de 1767; que ces articles ont été adoptés par la conclufion du Tribunal de l'Univerfité du 5 de Juin dernier, & que fi le Bureau les adopte, l'acte fera inceffamment paffé; en conféquence lecture a été faite defdits articles, dont la teneur enfuit.

Après lefdits articles, qui font les mêmes que ceux inférés dans l'acte ci-deffus, eft écrit ce qui fuit :

Sur quoi, la matiere mife en délibération,

LE BUREAU a unanimement approuvé lefdits articles, & MM. le Préfident Rolland & de Villiers de la Noue ont été autorifés, conjointement avec M. le Grand-Maître temporel, à paffer, conformément à iceux, l'acte de ladite fondation Pourchot, avec les Commiffaires nommés à cet effet par le Tribunal de l'Univerfité.

Cette délibération prife, MM. Lebel & Guérin, Receveur & Syndic de l'Univerfité, ayant demandé à entrer, & ayant été introduits, ont dit que le Tribunal de l'Univerfité les avoit chargés de témoigner au Bureau fa reconnoiffance, de ce qu'il avoit bien voulu accepter une fondation faite par un de fes anciens Officiers, qui avoit rendu les fervices les plus effentiels à l'Univerfité, & qui avoit attribué la nomination de la Bourfe par lui fondée au Tribunal; à quoi M. le Préfident Rolland, préfidant le Bureau, auroit répondu que le

paſſer le préſent acte avec MM. les Commiſſaires qui ſeroient auſſi nommés au même effet, par le Tribunal de l'Univerſité, d'une part.

Me Edme Martin, Conſeiller du Roi, Profeſſeur de la Faculté de Droit de Paris, demeurant aux Ecoles de Droit, nouvelle place Sainte-Genevieve, Paroiſſe Saint-Etienne-du-Mont.

Me Louis-François Guérin, ancien Recteur & Syndic de l'Univerſité, demeurant à Paris, au Collège de Louis-le-Grand, rue Saint-Jacques, Paroiſſe Saint-Benoît.

Et Me Jean-Charles Déſeſſarts, Docteur-Régent & Doyen en charge de la Faculté de Médecine, demeurant à Paris, rue de l'Arbre-ſec, Paroiſſe Saint-Germain-l'Auxerrois, nommé par concluſion du Tribunal de l'Univerſité, du 28 Août de la préſente année, pour paſſer & ſigner le préſent acte, au lieu & place, & pour Me Michel-François le Bel, ancien Recteur & Queſteur actuel de ladite Univerſité, demeurant auſſi audit Collège de Louis-le-Grand, actuellement en vacance.

Tous trois nommés conjointement commiſſaires, ſpécialement à l'effet des préſentes, par le Tribunal de l'Univerſité, par ſes Délibérations des 29 Août & 5 Décembre de l'année derniere 1778.

Et encore ledit Me Martin, l'un deſdits ſieurs Commiſſaires, ſtipulant auſſi au préſent acte, comme Procureur des Héritiers & Repréſentans de défunt Me Edme *Pourchot, Procureur-Syndic, & ancien Recteur de l'Univerſité,* en vertu de la procuration ſpéciale qu'ils lui ont donnée conjointement devant Me Sarreſte, Notaire & Tabellion au Bailliage de Poilly, inſtrumentant comme Royal, en préſence de témoins, le 18 Juin 1752; l'original de laquelle contrôlé, légaliſé & certifié véritable par ledit Me Martin, a été par lui dépoſé pour minute à Me Boulard, l'un des Notaires ſouſſignés, le 13 Avril 1753, d'autre part.

Leſquels ont dit que ledit Me Pourchot, par ſon teſtament olographe, en date du 10 Décembre 1733, dépoſé pour minute à Me Sellier, Notaire à Paris, ſuivant le procès-verbal de deſcription qui en a été fait enſuite de celui de l'appoſition des ſcellés ſur les effets dudit Me Pourchot, par Me Lévie, Commiſſaire, en date du 22 Juin 1734, ledit teſtament contrôlé à Paris, par la Croix, le 23 dudit mois de Juin, inſinué à Paris par Thierry, le 14 Mai 1735, approuvé par les Héritiers dudit défunt Me Pourchot, par le compte que Meſſire Alexandre-Julien Clément, Chevalier, Conſeiller du Roi en ſa Cour de Parlement, leur a rendu, par acte paſſé devant ledit Me Sellier, Notaire, qui en a gardé la minute, le 7 Janvier 1736, de l'exécution qui lui avoit été déférée du teſtament duquel ledit Me Martin, audit nom, conſent encore d'abondant, par ces préſentes, la pleine & entiere exécution a fait, entr'autres diſpoſitions, celles ſuivantes, qui vont être tranſcrites ici dans les mêmes termes qu'elles ſont portées audit teſtament.

Bureau avoit été flatté d'avoir pu trouver l'occaſion de faire une choſe agréable au Tribunal de l'Univerſité, & qu'il ſaiſiroit avec ſatisfaction toutes celles qui ſe préſenteroient de concourir avec le Tribunal à tout ce qui pourroit contribuer au bien des études & à l'avantage des Eleves de l'Univerſité.

« J'ai un fonds de 30000 livres, conftitué fur les Meffageries des quatre Nations de la
» Faculté des Arts de l'Univerfité; le fonds ne produira que 500 livres de rente après ma
» mort, fur le pied du denier foixante; il en fera pris 350 livres pour un étudiant, favoir:
» 300 livres pour fa nourriture & fon logement, dans un College de l'Univerfité, &
» 50 livres pour fon entretien. Je fupplie Monfieur le Recteur, & Meffieurs de fon Confeil
» qui compofent le Tribunal de l'Univerfité, de vouloir prendre la direction de cette
» fondation; ce feront eux qui nommeront le Bourfier & qui lui en donneront les pro-
» vifions, par une conclufion du Tribunal; mon intention eft qu'il foit mis dans le College
» des Graffins, & que le Principal qui le nourrira tienne compte au College de ce qui
» conviendra pour fon habitation; il fera foumis à tous les devoirs des autres Bourfiers,
» fans aucune exception: fi le College des Graffins refufoit de le recevoir, ou qu'il arri-
» vât dans la fuite que la difcipline y fût trop relâchée, ou enfin qu'il y eût d'autres raifons
» qui obligeaffent à le transférer ailleurs, en tous cas, Monfieur le Recteur & Meffieurs de
» fon Confeil, feroient les maîtres de le mettre dans un autre College réglé, qui voudroit
» bien fe charger de le loger & nourrir pour la fomme de 300 livres. Si le fonds venoit à
» être remboursé, je prie ces Meffieurs de recevoir le fonds, & d'en faire l'emploi le plus
» affuré qu'il fera poffible.

» Le Bourfier fera pris de la Paroiffe de Poilly, dans la Vallée d'Aillant, au diocefe
» de Sens, lieu de ma naiffance; je fouhaite qu'il foit pauvre, mais qu'il ait bon efprit,
» capable de faire des progrès dans les Belles-Lettres & dans les Sciences, enforte qu'il
» puiffe remplir, ou dans l'Univerfité, ou ailleurs, les places qui ne conviennent qu'à
» des perfonnes diftinguées par leur érudition; *ma raifon eft que les Bourfes fondées*
» *dans l'Univerfité, ne doivent être que pour les fujets qui peuvent lui faire honneur dans*
» *l'Eglife ou dans l'Etat; car pour les efprits médiocres, ou moins que médiocres, les*
» *études qu'ils font dans leurs pays peuvent leur fuffire, pour occuper les places auxquelles*
» *ils feroient deftinés.* »

« Je demande donc en grace à MM. les Recteurs, & à ceux qui me fuccederont dans
» le Syndicat de l'Univerfité, de vouloir, avec le plus ancien Profeffeur du Diocèfe,
» ou du moins de la Tribu de Sens, *examiner de tems en tems le Bourfier, & même de*
» *s'informer du Principal & du Profeffeur, s'il y a lieu d'efpérer qu'il fera un grand pro-*
» *grès dans les études; & en cas qu'on ne lui trouve pas les difpofitions néceffaires pour*
» *cela, après l'avoir tenté à diverfes fois, d'en avertir M. le Recteur & MM. du Tribunal,*
» *afin qu'ils le privent d'une place qui n'eft deftinée qu'à un fujet de diftinction;* qu'ils en
» nomment un autre qu'on examinera de même, jufqu'à ce qu'il s'en trouve un d'affez
» bon efprit pour mériter de jouir de la bourfe; cette jouiffance durera depuis la baffe
» claffe jufqu'à la fin de la Philofophie. J'exige du Bourfier qu'il apprenne bien le Latin
» & le Grec, & même un peu d'Hebreu s'il en a la commodité, que je tâcherai de lui
» procurer, afin qu'il foit à portée d'entendre l'ancien & le nouveau Teftament, fur-
» tout qu'il fache bien fa Philofophie. Si le Sujet étoit excellent, & qu'à la fin du cours
» de Philofophie, il ne trouvât pas d'emploi pour avoir fa fubfiftance, MM. du Tribunal
» de l'Univerfité feront les maîtres de lui continuer la bourfe autant qu'ils le jugeront à

» propos; mais ce que je demande plus que tout le refte, c'eft un bon naturel, un grand
» fond de probité, un grand amour de la Religion Sainte que nous profeffons dans
» l'Univerfité. C'eft pourquoi, *fi on s'appercevoit qu'il fût porté au déréglement, s'il étoit*
» *orgueilleux, indocile, & adonné à quelque vice* que ce foit, *je fupplie* MM. du Tribunal
» *de le renvoyer* (495) ».

» Si la paroiffe de Poilly manque de fujets tels que je les demande, on en pourra prendre
» d'ailleurs, de Chaffy, Saint-Maurice, Fleury, le Duc, Guerchy, Vilmé, Neuffy,
» Senan, Villiers-fur-Tholon, ou enfin de Joigny, pourvu qu'ils foient tout-à-fait pau-
» vres, & qu'ils aient les qualités que j'ai marqué. »

« Pendant que la bourfe fera vacante, le revenu qui s'accumulera fervira à acheter
» un petit lit, une robbe & autres chofes dont le Bourfier aura befoin, & même à payér
» le voyage des pauvres enfans qui feroient venus fe préfenter pour être examinés par
» M. le Recteur, le Syndic & l'ancien Profeffeur du Diocèfe, ou du moins de la Tribu
» de Sens, & qui pourroient être des différens lieux que j'ai marqués à défaut des fujets
» de Poilly, qui, toutes chofes égales, auront toujours la préférence fur les autres. »

« MM. du Tribunal enjoindront s'il leur plaît au Bourfier d'écrire trois mois avant fa
» fortie au Curé de Poilly, & d'avoir fa réponfe de concert avec les principaux habitans,
» afin qu'au défaut de fujets à Poilly, ceux des autres endroits ci-deffus nommés puiffent
» venir fe préfenter; *fur-tout, il faut qu'ils foient pauvres, & que leurs parens foient*
» *dans l'impoffibilité de les entretenir*, ce que les Curés attefteront; & ils fe fouvien-
» dront, s'il leur plaît, *qu'il eft de leur devoir de chercher les meilleurs fujets*, pour les
» difpofer à profiter de l'avantage qui leur eft offert. Après avoir pris 350 livres fur la
» rente de 500 livres, il reftera encore celle de 150 livres, que je defire être donnée
» par égales portions à deux Profeffeurs Emérites, ou à d'autres qui feront, s'il s'en trouve
» du Diocèfe de Sens, ou du moins de la Tribu, afin que l'un d'eux enfeigne, depuis le
» premier lundi de Carême, jufqu'à la fête de Saint Jean-Baptifte, hors le tems des
» claffes, la Grammaire Hébraïque de Meffire François Mafcleff, Prêtre, Chanoine
» d'Amiens, & explique, fans le fecours des points maffonrethiques, ce qu'ils pourront
» des Pfeaumes, pour mettre les jeunes gens en état de lire l'ancien Teftament en Hé-
» breu, comme il convient à des Théologiens, ce qu'il paroît qu'on néglige trop dans
» l'Univerfité; l'autre enfeignera la Grammaire Grecque aux mêmes jeunes gens, &
» expliquera alternativement l'Evangile felon Saint Luc, dont la premiere période fur-
» paffe celles de Démofthène & de Cicéron, & les actes des Apôtres du même Saint;
» ils entreront chacun trois jours par femaine, & commenceront toujours par la Gram-
» maire, fur-tout en faveur des Etudians qui viennent de Province, qui ne font nulle-

---

(495) On a mis en italique les difpofitions principales du teftament du fieur Pourchot,
relatives aux qualités que cet ancien Syndic de l'Univerfité exigeoit de ceux qui rempliroient
la Bourfe qu'il fondoit, & ce tant comme un témoignage irrécufable de l'efprit des fondations
des Bourfes, que comme une juftification du Réglement fait par le Bureau le 15 Février 1781,
pour le renvoi des Bourfiers. *Voyez* ce Réglement ci-deffus, premiere Partie, Chapitre IV,
page 178 & fuivantes.

» ment inftruits de la Langue Grecque, quoique _les Statuts de l'Univerfité exigent la_
» _connoiffance de cette langue, pour parvenir au degré de Maître ès Arts._ Ils recomman-
» deront pour l'Hébreu l'étude des racines du R. P. Houbigant, Prêtre de l'Oratoire ,
» & pour le Grec celles de Port Royal; leur honoraire paroîtra bien modique ; mais
» avant l'affliction où je me trouve de la privation prefqu'entiere de ma vue, j'ai enfeigné
» l'Hébreu, fans aucune rétribution, pendant plufieurs années, & j'ai fait répondre avec
» fuccès en public des jeunes gens fur les pfeaumes, fur les lamentations de Jérémie,
» & fur d'autres parties de l'Ecriture Sainte ; il faut faire quelque chofe pour l'amour de
» Dieu, pour le bien de l'Eglife, & pour l'honneur de l'Univerfité, notre mere; je
» defire que ces leçons fe faffent au College des Graffins; mais MM. du Tribunal
» feront les maîtres d'en changer le lieu dans la fuite, s'ils le jugent à propos par de
» bonnes raifons. »

Que ces difpofitions du teftament dudit M. Pourchot, dont on vient de rendre compte,
& même de tranfcrire littéralement comme formant la bafe de la préfente fondation, en
contiennent deux particulieres ; la premiere, de deux chaires au College des Graffins ,
l'une pour y enfeigner l'Hébreu, & l'autre pour y enfeigner la Langue Grecque.

Et la feconde, d'un Bourfier dans l'Univerfité, & que le Teftateur a defiré être placé
de préférence dans le College des Graffins, fi cela étoit poffible.

Que de ces deux fondations portées au teftament dudit Me Pourchot, la premiere fe
trouve déja avoir aujourd'hui fon exécution, mais avec une modification que le Tribunal
de l'Univerfité, avec la fageffe & la prudence qui dirigent fes décifions, a jugé à propos
d'y appofer, en réuniffant en une feule Chaire au College des Graffins, & deftinée à
y enfeigner uniquement la feule Langue Grecque, les deux Chaires que le Teftateur avoit
defiré y fonder, l'une pour l'Hébreu, & l'autre pour le Grec; ce qui réfulte & fe trouve
conftaté par les deux délibérations dudit Tribunal; la premiere, du 7 Avril 1753, & la
feconde, du 2 Juin de la même année, dont la premiere, qui a attribué au feul Profeffeur réfervé pour l'enfeignement de la Langue Grecque, les 150 livres d'honoraires que
le Teftateur avoit deftiné pour ceux des deux Profeffeurs qu'il defiroit fonder, l'un pour
l'enfeignement de la Langue Hébraïque, & l'autre pour celui de la Langue Grecque, a
été homologuée par Arrêt du Parlement du 17 du même mois d'Avril 1753.

Et à cet égard lefdits fieurs Comparans ont obfervé que les 150 livres d'honoraires
attribués au Profeffeur chargé d'enfeigner, au College des Graffins, la feule Langue
Grecque, en vertu dudit teftament, fe prennent fur les arrérages d'une rente de 500 l.
appartenant à la fucceffion dudit défunt Me Pourchot, & endépendante, laquelle a pour
titre un contrat paffé devant Me Dionis, qui en a la minute, & fon Confrere, Notaires
à Paris; le 26 Octobre 1719, portant conftitution par M. le Recteur de l'Univerfité, &
par MM. les Procureurs, fuppôts des quatre Nations, compofant la Faculté des Arts en
ladite Univerfité, en conféquence des délibérations prifes dans les Affemblées des quatre
Nations, au profit de M. Pourchot, de 1000 livres de rente, au principal, au denier
trentieme, de 30000 livres, à prendre, par privilége fpécial, attendu l'emploi promis
par ledit contrat, & qui a été effectué depuis par deux quittances paffées devant ledit
Me

Me Dionis, Notaire, qui en a gardé les minutes les 9 Novembre 1719 & 15 Février 1720, fur le produit des Meffageries appartenant à ladite Faculté des Arts, & générale-ment par hypotheque fur tous les biens & revenus préfens & à venir defdites quatre Nations, ainfi que le tout eft plus au long porté au contrat fufdaté de ladite conftitution faite directement au profit dudit Me Pourchot, après le décès duquel, & ainfi qu'il l'a annoncé par fondit teftament, la rente de 1000 livres y portée n'a plus dû avoir lieu ainfi qu'elle fubfifte effectivement quant à préfent, que pour 500 livres de rente feule-ment, au même principal de 30000 livres, fur le pied du denier foixante.

Qu'au moyen de l'exécution de cette premiere fondation, dont les honoraires que le Teftateur y avoit deftinés, ont reçu un accroiffement par les libéralités de MM. Graffin & Daireaux, fuivant qu'il eft conftaté par acte paffé devant Me Vanin, qui en a gardé la minute & fon Confrere, Notaires à Paris, le 12 Février 1754, il ne refte plus pour donner le complément total aux difpofitions dudit Me Pourchot, relativement à ces fon-dations, qu'à pourvoir à celle du Bourfier par lui fondé dans l'Univerfité, & dont il a defiré que l'établiffement pût être fait au College des Graffins.

Enfin, que l'Univerfité qui a accepté ces deux fondations par fa Délibération du 7 Juillet 1753, autant pour le progrès des Etudes dans fon fein, qui, par reconnoiffance pour un homme auffi célébre que ledit défunt Me Pourchot, qui a fait autant d'honneur à l'Univerfité, & qui lui a été auffi utile, & dont la mémoire lui fera toujours chere & précieufe, auroit fait propofer par fes Commiffaires, à MM. les Supérieurs & Adminif-trateurs dudit College des Graffins, l'acceptation de ladite Bourfe, fous les conditions portées audit teftament; mais que par deux actes enfuite l'un de l'autre, & du même jour 4 Février 1777, le premier foufcrit par Monfeigneur le Cardinal de Luynes, Arche-vêque de Sens, & en cette qualité Supérieur majeur dudit Collège des Graffins; l'autre par MM. les Principal & Procureur dudit College; ils ont déclaré que malgré le defir qu'ils avoient de donner en cette occafion des marques de leur refpect pour un homme auffi célebre que ledit Me Pourchot, & qui avoit auffi bien mérité de l'Univerfité, l'état actuel dudit College ne leur permettoit pas d'accepter ladite fondation, attendu la mo-dicité de la fomme à laquelle elle fe trouve fixée, & même qu'ils y renonçoient; en con-féquence defquelles déclaration & renonciation le Tribunal de l'Univerfité ayant fait propofer à MM. les Adminiftrateurs dudit College de Louis-le-Grand, d'admettre ledit Bourfier dans ledit College, fous les conditions portées audit teftament, ils l'ont volon-tairement accepté par leur Délibération du 3 Septembre 1778, (496) autant par atta-

___

(496) Cette Délibération eft ainfi conçue :

Me Edme Martin, Profeffeur dans la Faculté de Droit de Paris, ayant demandé à entrer au Bureau, & ayant été introduit, a expofé fes demandes dans les termes fuivans :

Monfieur le Préfident & Meffieurs,

Me Edme Pourchot, après avoir confacré fes talens & fes travaux aux avantages & à l'honneur de l'Univerfité, dans les différentes places qu'il y a occupées avec la plus grande diftinction, a voulu lui laiffer après fa mort une derniere marque de fon attachement, en lui laiffant la pleine

I I. Partie.

chement pour l'Université, que par vénération pour la mémoire dudit Me Pourchot, & par égard pour ledit Me Martin, son parent; & même depuis, après en avoir conféré avec plusieurs Membres du Tribunal de l'Université, ils ont arrêté par leur Délibération

& entiere disposition du peu de bien qu'il laissoit en mourant. Des 500 livres de rente qu'il laisse, il en a destiné une partie à une fondation pour une Chaire de grec, & l'autre partie à la fondation d'une Bourse ; ces deux fondations à la nomination du Tribunal de l'Université.

Les deux fondations ont été acceptées par le Tribunal de l'Université ; cette Chaire de grec est exécutée au moins des sommes qui y ont été ajoutées par M. Grassin, bienfaiteur du College des Grassins.

La fondation de la Bourse est demeurée jusqu'à présent sans exécution, le fondateur ayant souhaité que la Bourse fût placée au College des Grassins. Sur mes instances réitérées, en ma qualité de parent du Fondateur & fondé de la procuration des héritiers du testateur, je fus nommé par le Tribunal pour, conjointement avec MM. Fourneau & Lebel, aviser aux moyens de parvenir à l'exécution de cette fondation au College des Grassins.

Après beaucoup de conférences avec les Supérieurs de ce College, & plusieurs propositions faites à ce sujet, il n'en est résulté qu'un désistement des Supérieurs de ce College, motivé sur la modicité des revenus & sur l'impossibilité où ce College se trouve de pouvoir accepter la fondation pour la somme de 300 livres de rente, fixée par le testateur pour cette Bourse. L'acte de désistement est conçu dans les termes les plus honnêtes pour la mémoire de M. Pourchot.

« Il est dit en propres termes dans ce désistement, *qu'encore que les Supérieurs du College » des Grassins* desirassent donner en cette occasion des marques de leur respect pour un homme » aussi célebre & qui a si bien mérité de l'Université, l'état actuel du College ne leur permet » pas d'accepter cette fondation ».

Muni des pouvoirs de MM. Fourneau & Lebel, je me suis présenté au Tribunal de l'Université samedi dernier ; j'y ai rendu compte de nos démarches & du désistement du College des Grassins ; j'ai exposé la difficulté de trouver un College qui voulût se charger de la fondation, vu la modicité de la somme qui y est affectée ; j'ai représenté au Tribunal qu'il ne restoit plus d'autre espérance, pour l'exécution de cette fondation, que la bienveillance, pour l'Université & le zele pour l'éducation publique, de MM. les Administrateurs du College de Louis-le-Grand ; que par la sagesse de leur administration, le nouvel ordre qu'ils y avoient établi, & l'attention avec laquelle ils veilloient sur toutes les dépenses, & par l'économie avec laquelle toutes les parties de l'administration étoient régies, les revenus de ce College étoient considérablement augmentés ; qu'il y avoit lieu d'espérer que le Bureau d'Administration se prêteroit à l'exécution d'une fondation faite par un homme qui a fait autant d'honneur à l'Université que M. Pourchot, & dont la pleine & entiere exécution est confiée au Tribunal de l'Université.

Après m'avoir entendu, le Tribunal de l'Université a pris en bonne part cette proposition que j'avois l'honneur de lui faire de la part & au nom de ses Commissaires ; il a pensé qu'en effet le College de Louis-le-Grand étoit le seul College qui pût se prêter, dans les circonstances, à l'exécution de la fondation ; il a paru avoir la plus grande confiance dans votre attachement pour l'Université, Messieurs, dans les soins que vous prenez pour vous mettre en état d'augmenter le nombre de vos Bourses ; en conséquence le Tribunal a chargé les

du 15 Juillet 1779, les conditions de l'acte qui feroit paffé à ce fujet avec le Tribunal de l'Univerfité, lequel, par fa conclufion du 5 Juin auffi dernier, a adopté auffi lefdites conditions, dont tous les articles font tirés des différentes loix relatives aux Bourfiers réunis dans le College de Louis-le-Grand, & notamment de la Déclaration du 3 Septembre 1778, concernant le College de Maître Gervais, & des Lettres Patentes du 14 Février dernier, concernant le College de Beauvais, ainfi que du Réglement de 1767, dont l'exécution a été ordonnée par ladite Déclaration du 3 Septembre 1778.

Et defirant lefdits fieurs comparans, dans les qualités qu'ils procedent, & en vertu des pouvoirs dont ils font fondés, qui font annexés à la minute des préfentes, régler invariablement les conditions fur lefquelles ledit Bourfier fera admis audit College de Louis-le-Grand, en exécution de la fondation faite par ledit Me Pourchot par fon tefta-ment fufdaté, ils reconnoiffent avoir, par ces préfentes, arrêté entr'eux ce qui fuit :

ARTICLE PREMIER.

LE Bourfier fondé en l'Univerfité par ledit Me Pourchot, & qui fera admis audit Col-lege de Louis-le-Grand, fera, à la nomination de M. le Recteur & de MM. du Tribunal de l'Univerfité, ainfi qu'il eft porté au teftament dudit Me Pourchot.

I I.

M. le Recteur & MM. du Tribunal de l'Univerfité fe conformeront dans la nomination dudit Bourfier à la volonté dudit Me Pourchot, confignée dans fon teftament, dont les difpofitions ont été littéralement tranfcrites en tête du préfent acte, & il fera donné audit Bourfier, par le Tribunal des provifions conformes au modele attaché fous le con-trefcel des Lettres Patentes du 20 Août 1767.

I I I.

LE Receveur de l'Univerfité qui touchera des arrérages de la rente de 500 livres, au

---

Commiffaires de s'adreffer à vous, Meffieurs, de vous expofer l'état des chofes, & vous repréfenter que fans votre fecours la Bourfe fondée par un homme dont la mémoire fera tou-jours chere à l'Univerfité, l'unique Bourfe qui foit à la nomination du Tribunal de l'Univerfité, peut demeurer fans exécution, & a figné. *Signé* MARTIN.

Et ledit Me Martin retiré.

LE BUREAU ayant pris en confidération la propofition qu'il venoit de faire & les motifs dont il l'a appuyée, s'eft déterminé à accepter le Bourfier à la nomination de l'Univerfité pour la fomme de 300 livres par an feulement, laquelle propofition il accepte & a pour agréable, par attachement pour l'Univerfité, par vénération pour la mémoire de M. Pourchot, & par égard pour M. Martin fon parent; & fera ledit Bourfier réputé Bourfier du College de Louis-le-Grand : en conféquence le Bureau a nommé MM. le Préfident Rolland, de Villiers de la Noue & Girault de Keroudou, furvivancier de M. le Grand-Maître temporel, pour traiter avec le Tribunal de l'Univerfité de la fondation, & préparer les claufes de l'acte qu'il fera néceffaire de paffer à ce fujet...... Et ledit Me Martin étant rentré au Bureau, il lui a été fait part de la Délibération qui vient d'être prife fur la propofition par lui faite ; il en a remercié le Bureau, & a figné. *Signé* MARTIN. Et s'eft retiré.

principal de 30000 livres, conftituée par le contrat fufdaté fur les Meffageries appartenantes à la faculté des Arts, au profit dudit Me Pourchot, qui l'a défigné par fon teftament pour faire le fonds de ces deux fondations, & de laquelle en conféquence ledit
Me Martin, audit nom, fait par ces préfentes tout délaiffement néceffaire à l'Univerfité,
payera annuellement au College de Louis-le-Grand fur fa recette des arrérages de ladite
rente, *quartier par quartier, & d'avance pour la penfion dudit Bourfier, tant en fanté
que maladie*, & à compter du jour de l'ingreffion dudit Bourfier audit College *la fomme
de 300 livres, dont le Bureau d'Adminiftration dudit College veut bien fe contenter PAR
ATTACHEMENT POUR L'UNIVERSITÉ, ET PAR ÉGARD POUR LA MÉMOIRE
DU TESTATEUR ; & en outre, fous le bon plaifir de la Cour, lefdits fieurs Commiffaires
du Bureau d'Adminiftration dudit College en vertu des pouvoirs qui leur ont été donnés,
exemptent par ces préfentes, ET POUR TOUJOURS, la bourfe fondée par ledit Me Pourchot, tant de la portion contribuable, à laquelle font affujetties les autres bourfes, par les
articles VIII & XII du titre II du Réglement ci-deffus mentionné, que de toute augmentation dans le prix de la penfion des autres Bourfiers, qui pourroit être ordonnée par la fuite,
à quelque fomme qu'elle puiffe monter.*

I V.

VACANCE arrivant de ladite Bourfe, le Bureau en fera donner avis au Tribunal de
l'Univerfité dans la forme prefcrite par les articles XVIII & XIX du titre II du Réglement ci-deffus mentionné, & M. le Recteur & MM. du Tribunal feront notifier ladite
vacance au fieur Curé, & aux Principaux Habitans de Poilly, conformément audit
teftament.

V.

LE Bourfier ne pourra être admis à ladite Bourfe, qu'il ne foit en état d'entrer en la
claffe de fixieme, & dans ce cas, il ne fera reçu que depuis l'âge de neuf commencés jufqu'à quatorze ans révolus, mais il fera reçu en cinquieme s'il en eft trouvé
capable jufqu'à quinze ans, en quatrieme jufqu'à feize, & ainfi de fuite de claffe &
d'année en année ; & s'il eft reçu après quatorze ans révolus, il fera tenu d'apporter un
certificat de vie & mœurs, figné de ceux fous lefquels il aura commencé fes études.

V I.

LE Bourfier, après fa Philofophie & après avoir pris le degré de Maître-ès-Arts,
aura la liberté d'étudier dans celle des Facultés fupérieures qu'il jugera à propos de
choifir, pour y obtenir les degrés de Bachelier & licencié feulement, lefquels il fera
tenu de prendre de fuite & fans interruption, faute de quoi fa bourfe fera de droit
vacante.

V I I.

DANS le cas où ledit Bourfier fe propoferoit de concourir pour être aggrégé dans la
Faculté des Arts, il pourra jouir de fa bourfe un an après fon cours de Philofophie, à
la charge par lui de déclarer par écrit au Principal, dans la premiere femaine de Carême
de fa derniere année de Philofophie, qu'il fe propofe de concourir pour être aggrégé,

de laquelle Déclaration ledit Principal, dès le Bureau ſuivant, donnera connoiſſance aux Adminiſtrateurs, & les Adminiſtrateurs en avertiront le Tribunal de l'Univerſité.

V I I I.

LEDIT Bourſier, ne pourra être reçu dans ledit College que depuis le 15 Septembre de chaque année, juſqu'au premier Novembre excluſivement, & pendant la quinzaine de Pâques ; celui qui aura négligé de ſe préſenter à ces deux époques, perdra, pour cette année ſeulement, les fruits de ſa bourſe, leſquels demeureront entre les mains du Receveur de l'Univerſité, pour être employés au profit de la fondation.

I X.

DANS le cas où le Bourſier deſireroit de prendre les ordres ſacrés, & qu'à cet effet il ſeroit obligé de ſe retirer dans un Séminaire, la bourſe lui ſera continuée aux conditions ſuivantes.

1°. Qu'il ne pourra quitter le College pour aller au Séminaire qu'après ſon *quinquennium* ſeulement, & dans l'intervalle du Baccalauréat à la Licence.

2°. Qu'il ſera tenu de ſe retirer dans celui des Séminaires de Paris, qui lui ſera indiqué par ſon Evêque.

Et 3°. De ſubir pendant ſon Séminaire les examens préalables à la Licence.

Et faute par lui de ſe conformer aux diſpoſitions du préſent article, ſa bourſe ſera vacante.

X.

LEDIT Bourſier ſera éprouvé pendant deux ans, dans le cours deſquels les Examinateurs, conjointement ou ſéparément, lui feront ſubir pluſieurs examens, & à la fin de la ſeconde année, ils décideront définitivement s'il ſera confirmé dans la jouiſſance de ſa bourſe, ou s'il ſera congédié ; les Examinateurs n'admettront définitivement que ceux dans leſquels ils trouveront des diſpoſitions décidées pour les Sciences, conformément aux intentions du Teſtateur, qui ordonne de renvoyer celui qui ſera pourvu de ſa bourſe, s'il n'y a pas lieu d'eſpérer qu'il faſſe un grand progrès dans les études ; & qui veut qu'il ſoit privé d'une place qui n'eſt deſtinée qu'à un ſujet de diſtinction, le tout ſans préjudice des examens que M. le Recteur & M. le Syndic ſont invités perſonnellement de faire dudit Bourſier (497).

X I I.

CES préſentes ſeront inceſſamment homologuées au Parlement, ainſi qu'il eſt convenu & arrêté entre leſdits ſieurs comparans eſdites qualités, leſquels à cet effet donnent reſpectivement tous les pouvoirs & conſentement qui pourroient être néceſſaires.

---

(497) L'on a laiſſé ſubſiſter dans cette fondation tous les articles qui y ont été inſérés, quoiqu'ils ne fuſſent que la copie du Réglement de 1767, expliqué & perfectionné par la Déclaration du 3 Septembre 1778 & les Lettres Patentes du 14 Février 1779, étendu depuis à tous les Colleges par les Lettres Patentes du 19 Mars 1780, parce que l'on a voulu conſtater l'adhéſion formelle du Tribunal de l'Univerſité à ces loix, cette adhéſion étant le déſaveu le plus précis de toutes les réclamations que l'on l'avoit engagé de faire contre le Réglement de 1767.

L'Arrêt qui contiendra ladite homologation ſera apporté & annexé à la minute des préſentes, pour être du tout fait trois expéditions en parchemin, dont l'une ſera dépoſée aux Archives de l'Univerſité, une autre aux Archives du College de Louis-le-Grand, & la troiſieme ſera envoyée aux Curé & Habitans de Poilly (498)

X I I I.

TOUS les frais néceſſaires pour l'exécution des préſentes conventions ſeront payés ſur les arrérages échus de la rente appliquée & deſtinée à la préſente fondation, laquelle n'aura ſon exécution qu'à compter du premier Octobre de la préſente année 1779; & ſi audit jour il ſe trouve des fonds en caiſſe d'après le compte qui en ſera rendu au Tribunal de l'Univerſité, ils ſeront, par le Receveur de l'Univerſité, remis au Bureau d'Adminiſ-tration du College de Louis-le-Grand, qui s'en chargera, & en fera tel emploi qu'il jugera à propos, pour le produit à cinq pour cent du capital, être employé au profit de ladite fondation (499).

Car ainſi le tout a été convenu, accordé & arrêté entre leſdits ſieurs comparans eſdits noms & qualités; nonobſtant, promettant, obligeant, eſdits noms & qualités, renon-çant. Fait & paſſé à Paris, ès demeures de toutes les Parties, l'an mil ſept cent ſoixante-dix-neuf, le quatrieme jour de Septembre avant midi: & ont ſigné la minute des pré-ſentes demeurée audit Me Boulard, l'un des Notaires ſouſſignés.

(498) La Délibération du 15 Juillet 1779, d'après laquelle la préſente tranſaction a été redigée, a été homologuée par Arrêt du 6 Septembre 1779, qui a été annexée à la minute de ladite tranſaction, & tranſcrit à la ſuite des Délibérations du Bureau du 7 Octobre ſuivant.

(499) En exécution de cet article, par Délibération du 17 Mai 1781, le Bureau a ordonné, 1°. de placer, au profit de cette fondation, les 1896 livres 12 ſols que le Receveur de l'Uni-verſité avoit remis pour cette fondation au Grand-Maître temporel le 30 Mai 1780; 2°. de faire tous les ans un compte particulier de cette fondation.

CHAPITRE XVIII.

COLLEGE DU MANS (500).

QUANT à ce College, on observera,

1°. Que lors de la réunion, ses revenus n'étoient que de *cinq mille cinquante-trois livres*, & qu'ils sont actuellement de *six mille neuf cens cinquante-neuf livres*, & ses charges, y compris *mille livres pour la pension* d'un de ses Officiers, & le montant de ses *réparations* fixé à *trois cens livres* par la Délibération du 3 Mai 1781, sont de *six mille cinq cens vingt-neuf livres*; de sorte que *l'excédent* de ses revenus sur ses charges, n'est que de *quatre cens trente livres* : il étoit, au 1er Octobre 1780, débiteur de *deux mille soixante-sept livres*; débet qui provient, en grande partie, d'un placement que le Bureau intermédiaire a fait à son profit, d'environ *cinq mille livres* de plus qu'il n'avoit alors à remplacer.

2°. Qu'il ne devoit, en 1760, que *deux cens sept livres*, qui ont été payées.

3°. Quant aux Boursiers, rien n'a été changé, & il n'y a toujours que les *dix* qui existoient en 1763; mais leurs Bourses n'étoient que d'environ *deux cens quarante livres*, & elles sont actuellement de *quatre cens cinquante livres*.

4°. Qu'à l'égard de ses *Boursiers*, ils sont à la *nomination de M. l'Evêque du Mans*; si ce Prélat est quatre mois sans nommer aux Bourses, la Collation est dévolue à l'Archevêque de Tours, & après un pareil délai, le Primat devient nominateur; au surplus, ces différens Collateurs ne peuvent choisir que des sujets nés dans *le Diocèse du Mans*.

5°. Que le *Bureau*, comme étant au droit du Principal dudit College, *est*, conjointement *avec le Doyen de la Faculté de Théologie*, & *le Doyen de la Tribu de Tours*, nominateur du *Principal* du College de *Courdemanche*; droit que le Bureau a déja exercé deux fois, ainsi qu'il est mentionné ci-après, page 605.

---

(500) *Troisieme département.*

Du 9 Août 1764.

M ESSIEURS les Administrateurs particuliérement chargés du College du Mans, rendant compte de tout ce qui concerne ledit College, ont dit que Philippe de Luxembourg, Evêque du Mans, Cardinal & Légat du Saint-Siege, chargea, par son testament du 26 Mai 1519, ses Exécuteurs testamentaires d'employer *dix mille livres* tournois à la fondation d'un College, pour y entretenir & nourrir convenablement douze personnes natives du Diocèse du Mans. En l'année 1521, les Exécuteurs testamentaires de ce Cardinal acheterent un hôtel qui appartenoit aux Evêques du Mans ; ils y firent bâtir une Chapelle, & y logerent des Boursiers, à qui ils donnerent des statuts en 1526. Ces statuts reglent que la Maison sera composée de dix Etudians, d'un Principal, qui doit être Maître ès Arts, & capable d'instruire ; & d'un Procureur, qui régira le temporel, & sera en même-tems les fonctions de Chapelain ; raison pour laquelle ce dernier doit être Prêtre, ou du moins parvenir à la prêtrise dans l'année de sa nomination. Les dix autres Etudians, lors de leur entrée, ne doivent pas être engagés dans les Ordres. L'Evêque du Mans est Collateur ; mais si, dans l'espace de quatre mois, il ne nommoit pas, la collation est déférée à l'Archevêque de Tours, & ensuite au Primat. C'est aussi devant l'Evêque du Mans que doivent se rendre les comptes. Les mêmes droits sont accordés au Chancelier de l'Eglise & Université de Paris. Les statuts accordent 25 livres par an à chaque Boursier, & le double tant au Principal qu'au Procureur. Ces statuts ajoutent que lesdits Exécuteurs testamentaires, par des recherches exactes, ont reconnu que cette fondation de 25 livres (501) par an, étoit la plus riche de l'Université : *nullam Bursam esse majoris fundationis & valoris.*

En 1682, l'emplacement du College du Mans fut réuni au College de Clermont, & Louis XIV paya pour cette acquisition 53156 liv. 13 s. 4 den. On trouve le détail de cette réunion dans le compte rendu par M. Del'Averdy, le 14 Janvier 1763, des terreins & bâtimens du College de Louis-le-Grand (502). Les Boursiers du College du Mans, après avoir loué pendant neuf ans une maison rue de la Harpe, acheterent l'hôtel qu'ils occupent actuellement à la place Saint-Michel ; ils employerent à cette acquisition une partie de 53000 livres, & placerent le reste en rentes. Le College ne possede aujourd'hui que cette maison ; l'argent qu'il avoit placé lui a été remboursé à différentes fois, & on remarque qu'à chaque reconstitution le College a toujours joint des deniers de ses épargnes pour augmenter son revenu. Du reste, ces reconstitutions sont faites avec intelligence, & on voit toujours l'origine des fonds & leur filiation, jusqu'aux contrats actuels. Le College est actuellement composé de dix Etudians, d'un Principal & d'un Procureur. Les dix Boursiers ont chacun 150 livres par an ; le College paie en outre 850 livres pour les frais communs de cuisine.

---

(501) Ces *vingt-cinq livres* forment le prix d'environ *deux marcs d'argent.* Voyez l'*Essai sur les Monnoies*, de M. Dupré, imprimé à Paris, *in-4°.* en 1746, chez Coignard.

(502) Recueil de *Simon*, tome VI.

Sur quoi, vu les ſtatuts du College du Mans, du 9 Juillet 1526, le compte rendu aux Chambres aſſemblées le 14 Janvier 1763,

LE BUREAU, délibérant, a arrêté,........

4°. Que le nombre des Bourſiers demeurera fixé, quant à préſent, à celui de dix.....

7°. Qu'il ſera accordé au Principal dudit College une penſion de 1000 livres, & au Procureur une de 900 livres, ſans aucune retenue, & qui courra à compter du 1er Octobre prochain, à la charge par eux de laiſſer leur logement libre pour le terme de la Saint Remy de la préſente année. (503)........

9°. Que tous leſdits Bourſiers continueront d'être à la nomination de M. l'Evêque du Mans, conformément au titre de la fondation...........

12°. Que le mobilier du College, eſtimé par gens à ce connoiſſant à la ſomme de 700 livres, ſera & appartiendra à l'Adminiſtration, à la charge de tenir compte audit College du Mans de ladite ſomme de 700 livres.

Nota. Cette Délibération a été homologuée par Arrêt de la Cour, du 21 Août 1764, dépoſé aux Archives en exécution d'autre Délibération du 23 mêmes mois & an.

Du 2 Septembre 1779.

L E BUREAU a arrêté qu'il ſera inſéré dans les comptes du College du Mans, après l'état des biens, que, par l'article III des Statuts du College fondé dans le Bourg de Courdemanche, près du Château du Loir, au Maine, par Jacques de Lamothe, Abbé de Saint-Prix-lès-Saint-Quentin en Vermandois, & Chanoine de l'Egliſe de Paris, par acte paſſé devant Luſſon & ſon Confrere, Notaires au Châtelet de Paris, le 27 Janvier 1579, le droit de nomination & préſentation à la place de Principal du College de Courdemanche, eſt déféré au Principal du College du Mans, à Paris, au Doyen de la Faculté de Théologie, & à celui de la Tribu de Tours; lequel droit, aux termes des Lettres Patentes du 21 Novembre 1763, appartient au Bureau d'Adminiſtration, comme exerçant les droits du Principal du College du Mans.

Le Bureau a exercé ce droit de nomination en 1771, par M. le Grand-Maître, ſuivant la Délibération du 18 Avril 1771; & en 1779, par M. le Principal, ſuivant la Délibération du 20 Mai audit an.

Noms des Fondateurs & Bienfaiteurs du College du M A N S.

1. Le Cardinal *de Luxembourg*, Evêque du Mans, Fondateur du College. 1556.
2. *Guillaume le Favrais*, Prêtre de la Maiſon & Communauté de Saint-Nicolas du Chardonnet. 1734.

---

(503) La penſion du Principal ſubſiſte, mais celle du Procureur eſt éteinte.

CHAPITRE XIX.

COLLEGE DE MAITRE GERVAIS (504).

LE Roi Charles V, ayant bien voulu accepter la qualité & les fonctions de Fondateur de ce College, fur les inftances qui lui en furent faites par Chrétien-Gervais, fon Médecin, le Roi a fait ufage de fes droits de Fondateur, en permettant, par fa Déclaration du 3 Septembre 1778 (ci-après) à fon Grand-Aumônier de nommer librement les Bourfiers établis outre & par-deffus le nombre fondé originairement par Chrétien-Gervais : au furplus, toutes les obfervations à faire fur ce College, ainfi que fur les autres, font au nombre de quatre.

1°. Son revenu, au moment de fa réunion, n'étoit que de *dix-neuf mille livres ;* il eft actuellement de *trente mille deux cens foixante-quinze livres ;* & fes charges (505), y compris les *feize cens livres de penfion* de fon ancien Principal, & le montant de fes *réparations,* fixé à *deux mille livres* par la Délibération du 3 Mai 1781, font de *vingt-neuf mille cinq cens quarante-quatre livres ;* ainfi *l'excédent* de fes revenus fur fes charges, n'eft que de *fept cens trente - une livres :* il avoit en caiffe, au 1ᵉʳ Octobre 1780, la fomme de *dix mille fept cens quinze livres.*

2°. Ses dettes, montantes en 1763 à *trente-cinq mille quatre-vingt-onze livres,* font payées, ainfi qu'environ *dix-fept mille livres* qu'il en a coûté pour faire des appartemens dans l'ancienne Chapelle.

3°. Il n'avoit que *douze* Bourfiers, & il en exifte actuellement *quarante-huit.*

4°. M. le *Grand-Aumônier* eft *nominateur* des quarante-huit bourfes, dont il y en a *vingt - quatre* pour différens Diocèfes ou Villes ; favoir, *douze* pour le Diocèfe de *Bayeux ;* mais de ces douze bourfes il y en a cinq d'affectées, favoir, trois pour les habitans de *Vende,* *une* pour ceux de *Saint-Germain-de-Hales,* & *une* pour ceux de *Voraville* (506) *; douze* font pour toute la *Normandie ;* mais *une* de ces douze eft affectée au Diocèfe de *Coutances :* enfin les *vingt-quatre* autres bourfes *font libres ;* il y en a feulement *douze* qui doivent être conférées à des *Gentilshommes,* obligés de faire des preuves pareilles à celles exigées pour l'Ecole Militaire.

---

(504) *Troifieme département.*

(505) Dans ces charges ne font point compris les 400 livres qu'il faut donner à chaque Bourfier Théologien qui a fini fa Licence, & ce en exécution de la Déclaration du 3 Septembre 1778, ci-après.

(506) D'après des Lettres Patentes du 7 Septembre 1743, dont l'exécution eft de nouveau ordonnée par la Déclaration du 3 Septembre 1778 ci-après, la vacance de ces Bourfes doit être publiée au Prône defdites Paroiffes.

Du Jeudi 5 Juillet 1764.

Sur le compte rendu par MM. les Adminiſtrateurs chargés du College de Me Gervais, & de tout ce qui concerne ledit College, duquel compte il réſulte que ce College a été fondé vers l'an 1373, par Me Gervais-Chrétien, pour vingt-quatre Bourſiers, dont douze Artiens ou petits Bourſiers, & douze grands Bourſiers (507);..... que depuis 1745, il n'y a dans ledit College, conformément aux Lettres Patentes de ladite année, enregiſtrées en la Cour en 1746, que douze Bourſiers, avec un Principal & un Procureur................. Sur quoi le Bureau a délibéré, ...

2°. Qu'il ſera accordé au Principal une penſion de 1600 liv., payable ſans aucune rete-nue, & qui courra à compter du premier du préſent mois, à la charge par lui de laiſſer ſon logement libre pour le 1er Octobre prochain. ......

5°. Qu'il ſera rétabli, à compter du 1er Octobre prochain, ſix Bourſiers.......

6°. Qu'auſſi-tôt que les revenus du College le permettront, il ſera rétabli ſix autres bourſes. (508) ......

17°. Que les nominations aux bourſes feront faites...... ainſi qu'il ſe pratique de tout tems dans ledit College.

Nota. Cette Délibération a été homologuée par Arrêt du 16 Juillet 1764, dépoſé aux Archives, en vertu de la Délibération du 19 dudit mois audit an 1764.

Du 2 Août 1781.

Vu par le Bureau l'état des Bourſiers du College de Me Gervais, arrêté le 19 Juillet dernier :

Le Bureau a arrêté que, lors de la vacance des bourſes dudit College, le Secré-taire-Archiviſte ſera tenu, en annonçant ladite vacance à M. le Grand-Aumônier, de lui indiquer en même-tems quel Diocèſe ou quelle Ville a droit à la Bourſe vacante, en ſe conformant par ledit Secrétaire à la Délibération du 3 Septembre 1778, & en conſé-quence en indiquant, pour les premieres vacances, les Diocèſes & Villes déſignés dans ladite déclaration, & dont cependant il n'y a aucun Bourſier.

Et ſera la préſente Délibération inſérée dans le Recueil dont l'impreſſion a été ordon-née le 28 Mai dernier.

Du 3 Septembre 1778.

Louis, par la grace de Dieu, Roi de France & de Navarre : A tous ceux qui ces préſentes Lettres verront, SALUT. Sur le compte qui nous auroit été rendu de l'état du

---

(507) L'affectation de ces Bourſiers n'étoit pas exacte dans le récit des Commiſſaires, ce qui a décidé à le ſupprimer, & à ſe référer à la Déclaration du 3 Septembre 1778, qui a été, quant à cet objet, rédigée d'après les Lettres Patentes de 1745.

(508) Ces ſix Bourſes qui complettoient les vingt-quatre fondées par Chrétien Gervais ont été rétablies par Délibération du 5 Septembre 1771, & de plus il en a été créé vingt-quatre autres par Délibération du 5 Décembre 1778.

College de Me Gervais , aujourd'hui réuni à celui de Louis-le-Grand , Nous aurions reconnu que Me Gervais-Chrétien auroit, au quatorzieme fiecle , fondé dans l'Univer- fité de Paris le College qui porte fon nom ; que le Roi Charles V auroit bien voulu augmenter cette fondation , & accepter le titre de Fondateur & de Collateur des Bourfes établies dans ledit College ; que la fondation primordiale étoit de vingt-quatre Bourfes , dont fept pour les Etudians en Théologie , deux pour les Etudians en Médecine , deux appellées Bourfes du Roi , une pour les Etudians en Droit , & les douze autres pour les Etudians dans les Humanités ; que ces vingt-quatre Bourfes ont été affectées aux habi- tans des lieux de la province de Normandie , défignés dans la fondation ; que, lors de la réunion du College de Me Gervais à celui de Louis-le-Grand , il n'exiftoit plus que douze de ces Bourfes ; mais que , par une fage économie , les Adminiftrateurs du Col- lege de Louis-le-Grand feroient parvenus , non-feulement à acquitter les anciennes dettes dudit College de Me Gervais , & à rétablir les vingt-quatre Bourfes de la fondation primitive , mais même à fe procurer , par leurs épargnes , des fonds fuffifans pour en établir vingt-quatre nouvelles ; qu'en conféquence , il auroit été pris une délibération au Bureau dudit College de Louis-le-Grand , le 5 Décembre 1777 , homologuée par Arrêt de notre Cour de Parlement , fur la Requête de notre Procureur-Général , le 18 des mêmes mois & an , par laquelle ledit Bureau auroit créé vingt-quatre nouvelles Bourfes pour ledit College de Me Gervais ; & comme l'objet de la fondation originaire fe trouve rempli par le rétabliffement des vingt-quatre anciennes Bourfes deftinées aux habitans des lieux défignés dans ladite fondation , & qu'il n'appartient qu'à Nous , en qualité de Fondateur dudit College de Me Gervais , de déterminer les lieux & les perfonnes aux- quels doivent être affectées les vingt-quatre nouvelles Bourfes , nous avons penfé que notre amour pour tous nos Sujets devoit nous porter à faire participer toutes les pro- vinces de notre Royaume au bénéfice tant defdites vingt-quatre nouvelles Bourfes , que de celles qui pourroient être créées à l'avenir dans ledit College : Nous avons en mê- me-tems jugé à propos d'accorder à tous les Bourfiers de ce College les mêmes graces dont jouiffoient feulement quelques-uns d'entr'eux , en leur permettant à tous de com- mencer leurs études dès la plus baffe claffe des Humanités , & même de les continuer dans celles des trois Facultés fupérieures qu'ils jugeroient à propos de choifir ; & fi , d'un côté , nous avons cru devoir fixer le tems defdites Bourfes jufqu'après la licence incluſivement , de l'autre , en permettant aux Bourfiers qui fe deftineroient à concourir pour une place d'Agrégé dans la Faculté des Arts , de conferver leurs Bourfes un an après avoir obtenu le dégré de Licencié , nous avons donné par-là des preuves de l'en- vie que nous avions de maintenir un établiffement fi utile pour les Lettres. Informé , enfin , que ceux defdits Bourfiers qui étudient en Théologie , reçoivent dans ledit Col- lege les inftructions propres à l'état auquel ils fe deftinent , nous avons cru devoir obliger tous les Bourfiers du College de Me Gervais de réfider dans celui de Louis-le-Grand pendant le cours de leur Théologie. A CES CAUSES & autres à ce nous mouvant, de l'avis de notre Confeil , de notre certaine fcience , pleine puiffance & autorité royale , Nous avons dit , déclaré , & par ces préfentes fignées de notre main , difons , décla- rons , voulons & nous plaît ce qui fuit :

ARTICLE PREMIER.

ORDONNONS que le titre de fondation du College de Me Gervais, continue d'être exécuté ; en conséquence, que les Bourses dudit College demeurent fixées à vingt-quatre ; que douze soient spécialement affectées au Diocese de Bayeux, dont trois, par préférence, aux Habitans de Vende, une aux Habitans de Saint-Germain de Hales, une à ceux de Voraville ; à l'effet de quoi la vacance des Bourses affectées auxdites Paroisses, sera publiée au Prône desdites Paroisses, ainsi qu'il est prescrit par les Lettres Patentes du 7 Septembre 1745 ; que des douze autres Bourses, une continue d'être spécialement affectée au Diocèse de Coutances, & que les onze autres puissent être conférées indistinctement à tous les Habitans de notre province de Normandie.

I I.

ORDONNONS pareillement que les Lettres Patentes de Charles V, du mois d'Avril 1378, soient aussi exécutées ; ce faisant, que le Grand-Aumônier de France continue, en qualité de Proviseur dudit College, de nommer aux Bourses de ladite fondation.

I I I.

VOULONS & ordonnons que les vingt-quatre nouvelles Bourses qui ont été créées par Délibération du College de Louis-le-Grand, du 5 Décembre 1777, homologuée par Arrêt de notre Cour de Parlement, du 18 du même mois, ainsi que celles qui pourroient être créées par la suite, soient également à la nomination de notre Grand-Aumônier, qui pourra en pourvoir tels de nos Sujets qu'il jugera à propos, & ce, en quelque lieu de notre Royaume que les jeunes gens soient nés, pourvu qu'ils aient d'ailleurs l'âge & la capacité pour ce requis.

I V.

VOULONS que des vingt-quatre Bourses nouvellement établies, il y en ait moitié affectée à la Noblesse de notre Royaume, & que toutes celles qui pourroient être établies par la suite, soient pareillement affectées à ladite Noblesse. Voulons que ceux qui seront pourvus desdites Bourses nobles, soient tenus de faire des preuves pareilles à celles qui sont prescrites pour être admis à notre Ecole-Royale-Militaire, sans cependant que notre Grand-Aumônier soit astreint à suivre l'ordre des classes établies pour notre-dite Ecole-Royale-Militaire, par l'Edit de Janvier 1751.

V.

DANS le cas où la diminution des revenus obligeroit de suspendre quelques-unes desdites Bourses, la suspension ne pourra être faite que dans la forme prescrite par les Lettres Patentes du 21 Novembre 1763, & autres Réglemens sur ce depuis intervenus, & elle portera d'abord sur les Bourses étant à la nomination libre de notredit Grand-Aumônier, & premiérement sur celles qui ne sont pas affectées par l'article précédent à la Noblesse de notre Royaume.

V I.

LES Boursiers qui se disposeront à étudier dans une des trois Facultés supérieures, feront obligés de juftifier de leurs titres de Maîtres-ès-Arts dans l'Univerfité de Paris ; & ils feront tenus de réfider dans le College de Louis-le-Grand , fans pouvoir s'en ab-fenter qu'ainfi & dans les cas prévus par l'article II du titre III du Réglement attaché fous le contre-fcel des Lettres Patentes du 20 Août 1767.

V I I.

AUCUN Bourfier ne pourra être nommé à une Bourfe dudit College pour étudier dans la Faculté des Arts, qu'il n'ait au moins neuf ans commencés, & qu'il ne foit en état d'entrer en la claffe de fixieme , & d'en fuivre les exercices.

V I I I.

AUCUN Bourfier ne fera reçu pour la claffe de fixieme après quatorze ans , de cin-quieme après quinze ans , de quatrieme après feize ans , de troifieme après dix-fept ans , de feconde après dix-huit ans , & de Rhétorique après dix-neuf ans , le tout révolu ; & pour connoître fi lefdits Bourfiers n'ont pas paffé le tems prefcrit par lefdits articles , leur extrait baptiftaire fera rapproché de leurs Lettres de nomination : voulons cependant que les parens de Chrétien-Gervais , Fondateur , & les jeunes gens qui auront mérité les prix de l'Univerfité, foient reçus fans faire attention à leur âge , de même que ceux que, pour des raifons particulieres , nous jugerons à propos d'en difpenfer.

I X.

TOUS les Bourfiers qui feront reçus après quatorze ans révolus , feront tenus d'ap-porter , outre les pieces néceffaires, un certificat de vie & de mœurs de ceux fous lef-quels ils auront commencé leurs études.

X.

TOUS lefdits Bourfiers , tant ceux actuellement exiftans dans ledit College de Me Gervais , que ceux qui feront nommés par la fuite , auront , après leur Philofophie , la liberté d'étudier dans celle des trois Facultés fupérieures qu'ils voudront choifir , & ce , pour y obtenir le degré de Licencié feulement ; lequel degré , ainfi que celui de Bache-lier , ils feront tenus de prendre dans le tems pour ce prefcrit par les ftatuts de chaque Faculté ; & faute de ce , & ledit tems paffé , leurs Bourfes feront , de droit , vacantes. Voulons qu'il foit accordé aux Bourfiers qui auront été reçus Licenciés dans une des Fa-cultés fupérieures , une gratification de quatre cens livres , qui leur fera payée , fur leurs fimples quittances , par le Grand-Maître temporel du College de Louis-le-Grand & Col-leges réunis , en juftifiant audit Grand-Maître temporel de leurs Lettres de licence.

X I.

CEUX defdits Bourfiers qui fe deftineront à concourir pour être agrégés dans la Faculté des Arts , jouiront de leurs Bourfes un an après le terme fixé par l'article précédent , en déclarant par écrit au Principal , dans la premiere femaine de Carême de leur derniere année d'étude , qu'ils entendent concourir pour être agrégés ; de laquelle déclaration ledit Principal donnera connoiffance aux Adminiftrateurs au premier Bureau fuivant.

X I I.

LES Bourfiers ne pourront être reçus dans ledit College que depuis le 15 Septembre de chaque année , jufqu'au 1er Novembre inclufivement , & pendant la quinzaine de

Pâques. Ceux qui auront négligé de s'y préfenter à ces deux époques, perdront, pour cette année feulement, les fruits de leur Bourfe, qui refteront dans la caiffe dudit College de Me Gervais.

XIII.

VOULONS que ceux des Bourfiers qui, avant d'être promus aux Ordres facrés, fe trouveroient dans la néceffité de fe rendre dans un Séminaire, puiffent continuer de jouir de leurs Bourfes, à la charge de ne pouvoir s'abfenter dudit College que dans l'intervalle du Baccalauréat à la Licence ; comme auffi de fe retirer dans celui des Séminaires de Paris qui leur fera indiqué par leur Evêque ; & enfin, de fubir, pendant leur féjour au Séminaire, les examens préalables à la Licence ; & faute par eux de fe conformer aux difpofitions du préfent article, leurs Bourfes feront vacantes.

XIV.

ORDONNONS qu'après l'arrêté des comptes de l'année claffique, qui a commencé au 1er Octobre 1777, ledit College de Me Gervais foit tenu de payer, pour fa contribution aux dépenfes communes du College de Louis-le-Grand, le dixieme de fes revenus, dont la fixation fera faite (fi fait n'a été) par délibération du Bureau d'Adminiftration dudit College de Louis-le-Grand, laquelle fera homologuée fur la Requête de notre Procureur-Général, fauf à être ladite fixation augmentée ou diminuée, fuivant les circonftances, par nouvelle Délibération dudit Bureau.

XV.

VOULONS au furplus que les Lettres Patentes du 20 Août 1767, & le Réglement attaché fous le contre-fcel defdites Lettres, foient exécutés en ce qui n'eft pas contraire à ces préfentes. SI DONNONS EN MANDEMENT à nos Amés & féaux Confeillers les Gens tenant notre Cour de Parlement à Paris, que ces préfentes ils aient à faire enregiftrer, & le contenu en icelles garder, obferver & exécuter fuivant leur forme & teneur, & nonobftant toutes chofes à ce contraires. CAR tel eft notre plaifir ; en témoin de quoi Nous avons fait mettre notre fcel à cefdites préfentes. DONNÉ à Verfailles le troifieme jour du mois de Septembre l'an de grace mil fept cent foixante-dix-huit, & de notre regne le cinquieme. *Signé*, LOUIS. *Et plus bas :* par le Roi, AMELOT. Et fcellée du grand fceau de cire jaune.

Regiftrée, oui & ce requérant le Procureur-Général du Roi, pour être exécutée felon fa forme & teneur, fuivant l'Arrêt de ce jour. A Paris, en Parlement, les Grand'Chambre & Tournelle affemblées, le fept Septembre mil fept cent foixante-dix-huit. Signé, DUFRANC.

Noms des Fondateurs & Bienfaiteurs du College de NOTRE-DAME DE BAYEUX, *dit de* Me GERVAIS-CHRÉTIEN.

1. *Gervais-Chrétien*, Prêtre, Chanoine des Eglifes de Paris & de Bayeux, Médecin du Roi Charles V, Fondateur du College. 1370, 1381.
2. *Géoffroy Manfel.* 1433.
3. *Roger du Monftier*, Prêtre & Curé de Saint-Aignan. 1433.

4. *Richard Habart.* 1435.

5. *Nicolas Habart*, Evêque de Bayeux. 1435.

6. *Richard Dumefnil* 1440.

7. *Guillaume de Algia.* 1443.

8. *Denis Payen.* 1443.

9. *Nicolas de Beffy.* 1454.

10. *Guillaume Meufnier.* 1466.

11. *Jean de Bonneftable.* 1466.

12. *Thomas François.* 1466.

13. *Raoul Pallouin.* 1473.

14. *Jean Bochart* ou *Boucart*, Evêque d'Avranches. 1482.

15. *Raoul Toftain.* 1482.

16. *Guillaume Duchefne.* 1497.

17. *Raoul de Montfiquet.* 1501.

18. *Nicolas Coulomb.* 1501.

19. *Guillaume Cornet*, Prêtre, Archidiacre de Soiffons. 1501.

20. *Etienne Grandier*, Prêtre, Curé de l'Eglife Saint Benoît de Paris, & Provifeur du College. 1502.

21. *Denis Leharpeur.* 1515.

22. *Richard Helluin.* 1516.

23. *Jaqueline Frapier*, dite *de Laubert.* 1517.

24. *Julien Prénel.* 1517.

25. *Pierre de Bérolles.* 1517.

26. *Léon Confeil.* 1519.

27. *Thomas Foffart.* 1521.

28. *Robert Cornet*, Seigneur de Saint Martin, Prêtre & Curé de Briqueville & de Sevre. 1523.

29. *Richard Bailly*, dit *Bellehache.* 1530.

30. *Gérard Regnault*, Prêtre & Chanoine de Soiffons. 1534.

31. *Guillaume Vaultier.* 1534.

32. *Pierre Rofée*, Docteur en Médecine de la Faculté de Paris, & Maître du College. 1535.

33. *Jacques de Tournebu*, Prêtre, Curé de Laqueue en Brie, & Principal du College. 1547.

34. *Pierre Michel.* 1548.

35. *Jean de Launoy.* 1552.

36. *Jean Petit*, Evêque du Montverd dans le Portugal. 1555.

37. *Jean Geppey.* 1568.

38. *Jean Benoît*, Prêtre, Curé des Saints Innocens, & Provifeur du College. 1573.

39. *Jacques Vincent*, Principal des Artiens. 1585.

40. *Thomas de Fayel*, Prêtre & Principal du College. 1590.

41. *Dominique Lemaifnier*, Prêtre, Curé des Saints Innocens, & Chapelain du College. 1602.

42.

42. *Guillaume Yfabel*, Prêtre & Principal du College. 1621.
43. *René Beaufire*, Prêtre & Chapelain du College. 1622.
44. *Jacques Habert*. 1624.
45. *Pierre Raoul*, Prêtre habitué de l'Eglife Saint Jacques de la Boucherie. 1625.
46. *Catherine Girard*. 1633.
47. *Claude Jacquet*, Avocat au Parlement. 1643.
48. *Richard de Langle*, Prêtre & Curé de Vallencourt. 1645.
49. *Jacques Roger*, Prêtre & Curé des Saints Innocens. 1647.
50. *Charles Bihoreau*, Prêtre, Archidiacre de l'Eglife de Bayeux, & Aumônier de la Reine. 1656.
51. *Michel Langlois*, Prêtre habitué de l'Eglife Saint Jacques de la Boucherie. 1666.
52. *Jean Monnier*, Prêtre habitué de l'Eglife Saint Severin, & Chapelain de Notre-Dame. 1674.
53. *Louis Lahogue*, Procureur au Châtelet. 1674.
54. *Guillaume Regnault*, Prêtre & Chapelain du College. 1677.
55. *André Manfel*, Prêtre & Principal du College. 1700.

CHAPITRE XX.

C O L L E G E M I G N O N (509).

CE College n'a été réuni que par les Lettres Patentes du 25 Juin 1769, & par conséquent dix-huit mois avant la révolution de 1771 ; ce qui n'a pas permis au Bureau de lui rendre tous les services qu'il auroit defiré. Le Bureau intermédiaire, loin de fuivre les principes du Bureau, l'a chargé de la dépenfe d'un Bourfier, quoique le Réglement du 20 Août 1767, dont l'exécution étoit nommément ordonnée par les Lettres Patentes de réunion du College Mignon, ordonne expreffément qu'il ne foit établi de Bourfiers dans aucun College, que lorfque toutes fes dettes feroient payées : auffi le Bureau a, par fa Délibération du 4 Décembre 1777, fupprimé la Bourfe établie par le Bureau intermédiaire, mais en en laiffant jouir le Titulaire jufqu'à la fin des études, qui font actuellement finies.

Au furplus, on obfervera fur ce College,

1°. Qu'en 1769, au moment de fa réunion, fes revenus étoient de *cinq mille cent vingt-une livres*, & qu'ils font actuellement de *cinq mille deux cens quatre-vingt-fix livres*, quoiqu'il y ait eu deux maifons de vendues à forfait, & deux vendues à vie, dont au moyen des fommes données en paffant les baux, & des dépenfes que les acquéreurs y ont été obligés de faire à la décharge du College, les loyers ne produifent que *fept cens livres* net ; cet ufufruit ceffant, elles formeront une augmentation de revenu d'environ *quatre mille livres*. Qu'au furplus, fes charges actuelles, malgré *l'extinction de trois mille deux cens cinquante livres* de rentes viageres, font encore de *trois mille fix cens foixante-deux livres*, dont *trois mille deux cens cinquante livres* de rentes viageres, & non compris les réparations, dont le montant n'a pas été fixé par la Délibération du 3 Mai 1781 ; & pour les raifons y détaillées (510) ; ainfi *l'excédent* de fes revenus, charges déduites, n'eft donc que de *mille fix cens vingt-quatre livres*, fur lefquelles il faut en outre défalquer le montant des réparations. De plus, ce College devoit, au 1er Octobre 1780, à la caiffe commune *douze mille cinq cens foixante-fept livres ;* débet qui étoit, au 28 Mai 1781, réduit à *onze mille fix cens vingt-trois livres*.

2°. Qu'en 1769 fes dettes étoient de *foixante-trois mille cinq cens quarante-neuf livres*, qui font payées, ainfi qu'environ *trois mille livres* qu'il en a coûté en 1777, pour une groffe réparation d'une de fes maifons rue du Jardinet.

---

(509) *Premier département.*
(510) Voyez cette Délibération, premiere Partie, Chapitre VIII, pag. 245 & fuivantes.

3°. Qu'il n'y avoit pas de Bourfiers lors de fa réunion; qu'il n'y en a pas davantage actuellement, le Bureau n'ayant pas remplacé celui que le Bureau intermédiaire avoit établi contre la teneur du Réglement, ainfi qu'il a été obfervé dans la page précédente.

4°. Quant à ces Bourfiers, ils font tous à la *nomination* de M. le *Grand-Aumônier* ; ils doivent, fuivant la fondation originaire, être au nombre de douze ; & fûrement, après l'extinction des rentes & la ceffation des ufufruits, il fera aifé d'en rétablir un plus grand nombre. Le Fondateur (Jean *Mignon*, Archidiacre de Blois dans l'Eglife de Chartres, & Maître des Comptes à Paris), avoit deftiné ces Bourfes pour fes parens ; comme ils font actuellement inconnus, & comme probablement il ne s'en préfentera aucuns, ces Bourfes fe trouveront (quand elles feront rétablies) n'avoir aucune affectation particuliere, & par conféquent elles feront à la *libre nomination* de M. le Grand-Aumônier.

Du 5 Mai 1769.

L'UN de Meſſieurs les Adminiſtrateurs a dit que l'Ordre de Grammont, qui vient d'être éteint & ſupprimé par les Lettres Patentes du Roi, enregiſtrées au Parlement le 28 du mois dernier, poſſédoit dans Paris un College ſis rue Mignon, paroiſſe Saint André-des-Arcs, connu ſous le nom de College de Grammont, & anciennement ſous celui de College Mignon ; que pour faire ſentir au Bureau, l'intérêt qu'il peut prendre à ce qui concerne ce College, il croit qu'il eſt à propos de lui en faire connoître la fondation originaire, & la maniere dont il a paſſé à l'Ordre de Grammont ; qu'il ſeroit entré dans un détail plus circonſtancié, s'il avoit eu le tems de conſulter les titres & les diffé-rentes pieces relatives à ce College ; mais qu'il eſpere que le peu qu'il va dire, ſuffira pour montrer au Bureau qu'il eſt intéreſſant de ne pas tarder à prendre des meſures pour s'inſtruire plus parfaitement de ce qui concerne cet établiſſement, & de faire quelques démarches pour empêcher, s'il eſt poſſible, qu'il n'en ſoit diſpoſé au préjudice de ſa deſtination primitive.

Que vers le milieu du quatorzieme ſiecle, Jean Mignon, Archidiacre de Blois dans l'Egliſe de Chartres, & Maître des Comptes à Paris, fonda par ſon teſtament un Col-lege en faveur de douze Bourſiers étudiant dans l'Univerſité, avec préférence pour les enfans de ſa famille ; que ſes héritiers, ayant différé à exécuter cette fondation, l'Uni-verſité en porta ſes plaintes au Roi Jean en 1355 ; que ce Prince ne ſe contenta pas d'o-bliger leſdits héritiers à exécuter la fondation du College, mais qu'il voulut y contribuer lui-même, & que pour cet effet il fit remiſe des droits d'amortiſſement, & autres qui pouvoient lui être dus pour l'acquiſition des terreins & maiſons dudit College ; mais que, pour l'indemniſer en quelque ſorte de cette libéralité, il ſe réſerva, à lui & à ſes ſucceſ-ſeurs, la nomination des Officiers & Bourſiers de ce College.

Qu'il eſt donc certain,

1°. Que, dans ſon origine, le College Mignon a été fondé en faveur d'Etudians ſé-culiers.

2°. Qu'il a été fondé des biens de Jean Mignon, dont les héritiers ont été condamnés à exécuter, à cet égard, le teſtament.

3°. Que la préférence pour les Bourſes a été aſſurée pour les parens du Fondateur.

4°. Et que le Roi ne s'eſt réſervé la nomination aux Bourſes & Offices, qu'à cauſe de la remiſe des droits d'amortiſſement & autres.

Que le College Mignon a ſubſiſté dans cet état pendant plus de 220 ans, c'eſt-à-dire, depuis l'époque de ſa fondation juſqu'à 1554 ; qu'en cette année Henri III, ayant conçu le deſſein de placer dans un Monaſtere appartenant aux Religieux de Grammont, d'au-tres Religieux qu'il affectionnoit, il ſe fit un échange de ce Monaſtere contre ce Col-lege, que le Roi abandonna à l'Ordre de Grammont. Qu'il n'eſt pas queſtion d'examiner ſi le Roi pouvoit donner aux Grammontains un College purement ſéculier, dont les biens provenoient de la donation faite par le teſtament de Jean Mignon, en échange du Monaſtere qui appartenoit à ces Religieux, dans le parc de Vincennes ; mais qu'on ne

peut fe difpenfer d'obferver que cet échange ne fe fit que fous la condition que le College Mignon continueroit d'être un College de l'Univerfité, & qu'il y feroit entretenu
fept Ecoliers de l'Ordre de Grammont, qui étudieroient chacun pendant fept ans dans
les claffes de l'Univerfité, & qui feroient gouvernés par un Supérieur dudit Ordre.

Qu'au moyen de cette union du College Mignon à l'Ordre de Grammont, il arriva
dans ce College des changemens confidérables :

1°. Que le nombre des Bourfiers fut réduit de douze à fept.

2°. Que les fept Bourfiers furent des Réguliers de l'Ordre de Grammont, au lieu
qu'auparavant ils étoient Séculiers, avec préférence pour les parens du Fondateur.

3°. Que le College fut gouverné par un Supérieur régulier, au lieu qu'il l'étoit auparavant, par un Principal & des Officiers féculiers.

Mais il eft à remarquer que, malgré ces changemens, le College a toujours continué
d'être employé fuivant fa deftination originaire, c'eft-à-dire, à l'éducation d'Etudians
dans l'Univerfité de Paris ; qu'il eft refté foumis à l'autorité, infpection & jurifdiction
de l'Univerfité, qui n'a ceffé d'y exercer fes droits toutes les fois que l'occafion s'en eft
préfentée, qui y a fait fes cours de vifites comme dans les autres Colleges, & dont le
Recteur, affifté de fon Tribunal, y a encore exercé fa jurifdiction dans une vifite qu'il
a faite en 1752.

Que l'Ordre de Grammont, qui poffédoit ce College, étant éteint, il femble qu'on
en peut conclure qu'il doit être rendu à fa deftination primitive, & que fes biens doivent maintenant être appliqués à l'éducation d'Etudians féculiers ; qu'il eft jugé par plufieurs Arrêts, & récemment par celui du 28 Juillet 1763, concernant le College de
Louis-le-Grand, que les établiffemens des Colleges & des biens donnés en faveur de
l'éducation publique de la Jeuneffe, ne peuvent être détournés de leurs deftinations originaires, pour être appliqués à d'autres ufages ; que dans le cas préfent, la revendication
du College Mignon paroît devoir être d'autant plus favorablement écoutée, que les
Bourfiers de ce College doivent être à la nomination du Roi, ainfi qu'ils l'ont été depuis la fondation jufqu'en 1554.

Qu'il ne doute pas que l'Univerfité ne faffe les démarches convenables pour la confervation du College fondé dans fon fein, qu'il paroît auffi que le Bureau ne doit point
négliger cette occafion de demander l'entiere exécution des Lettres Patentes du 21 Novembre 1763 ; & que ces Lettres ayant réuni dans le College de Louis-le-Grand tous
les Colleges où il n'y avoit pas plein & entier exercice, le College Mignon eft compris
ou cenfé compris dans le nombre de ces Colleges, dès l'inftant ou l'obftacle qui empê-
choit fa réunion, c'eft-à-dire, la poffeffion qu'en avoit l'Ordre de Grammont, a ceffé
par l'extinction de cet Ordre.

Sur quoi, la matiere mife en délibération, il a été unanimement arrêté,

1°. Que le récit qui vient d'être fait par l'un de MM. les Adminiftrateurs, fera tranfcrit dans les regiftres.

2°. MM. le Neveu & Maiftrel ont été priés & fe font chargés de faire inceffamment la recherche des titres , pieces & monumens relatifs au College Mignon , & d'en rendre au Bureau un compte détaillé.

3°. Attendu que le College Mignon doit , suivant la teneur des Lettres Patentes du 21 Novembre 1763 , être réuni dans le College de Louis-le-Grand , & que ses revenus provenans de la fondation primitive , doivent être employés , suivant leur destination , à procurer l'éducation à des Boursiers étudiant dans l'Université de Paris , M. le Préfident Rolland a été prié d'envoyer une expédition de la préfente Délibération à Monfeigneur le Chancelier , de le fupplier au nom du Bureau de vouloir bien continuer fa protection au College de Louis-le-Grand & Colleges y réunis , & en conféquence de vouloir bien favorifer la demande du College de Louis-le-Grand relativement au College Mignon.

4°. M. le Préfident Rolland a été auffi prié d'envoyer pareille expédition à M. le Grand-Aumônier , & de lui faire la même demande.

5°. MM. le Préfident Rolland & l'Abbé Legros ont été priés de vouloir bien fe charger de faire auprès de Meffieurs de la Commiffion , pour les Ordres religieux , les démarches qu'ils eftimeront convenables pour procurer le fuccès de la demande du College de Louis-le-Grand , par rapport à la réunion dudit College Mignon.

Du 27 dudit mois.

M. l'Abbé Legros a dit que M. le Préfident Rolland , n'ayant pas pu fe trouver au Bureau , vu qu'il eft à la campagne , l'avoit prié de rendre compte à Meffieurs qu'en exécution de la Délibération du Bureau , du 5 de ce mois , il avoit eu l'honneur d'envoyer à Monfeigneur le Chancelier & à M. le Grand-Aumônier , des extraits de cette Délibération , relative au College Mignon ; qu'il en avoit même parlé à ce Chef de la Juftice , qui lui avoit paru très-bien difposé en faveur de la réunion du College Mignon à celui de Louis-le-Grand ; que de plus , fuivant la miffion qui leur avoit été donnée par la même Délibération , ils avoient été enfemble chez tous les Prélats & Magiftrats qui compofent la Commiffion des Réguliers ; qu'enfin , il avoit fait perfonnellement auprès de M. le Grand-Aumônier les démarches & inftances qu'il avoit cru convenables pour remplir les intentions du Bureau , & que M. le Grand-Aumônier l'avoit affuré , non-feulement de fes bonnes difpofitions , mais encore de celles où étoient Meffieurs de la Commiffion , & notamment M. l'Archevêque de Touloufe , Rapporteur ; qu'il lui avoit même ajouté que l'on fe propofoit , d'après la demande de l'Ordre de Grammont & la Délibération du Bureau , du 5 de ce mois , de faire à ce fujet des Lettres Patentes qui contiendroient un arrangement utile ; que d'après ces circonftances , il propofoit à Meffieurs de délibérer ce qu'ils croiroient convenable.

Sur quoi , la matiere mife en délibération ,

LE BUREAU a prié M. l'Abbé Legros de continuer feul de remplir la miffion dont il avoit été chargé conjointement avec M. le Préfident Rolland , par la Délibération du 5 de ce mois. Il a été , de plus , arrêté que le College Mignon fera ajouté au troifieme département (511) , & que MM. les Adminiftrateurs particuliérement chargés de ce département , & notamment M. l'Abbé Legros, font & demeureront autorifés, conjointement avec M. le Grand-Maître., à faire toutes les démarches qu'ils jugeront néceffaires pour procurer la réunion du College Mignon à celui de Louis-le-Grand.

Du 6 Juillet 1769.

M. l'Abbé Legros a dit qu'il étoit chargé par M. l'Archevêque de Toulouse de préfenter au Bureau les Lettres Patentes qui accordent au College de Louis-le-Grand la jouiffance de tout ce qui a appartenu au College de Grammont de Paris, aux charges y portées , & a demandé qu'on en fît lecture.

Sur quoi lecture faite defdites Lettres Patentes ,

LE BUREAU a arrêté,

1°. Que lefdites Lettres Patentes feront remifes à M: le Grand-Maître , pour en pourfuivre l'enregiftrement , conjointement avec Meffieurs de Grammont , par le miniftere d'un feul & unique Procureur.

2°. Qu'après ledit enregiftrement , les Adminiftrateurs dans le département defquels fe trouve ledit College de Grammont, dit Mignon, procureront inceffamment la réunion dudit College , & feront part au Bureau des moyens qu'ils jugeront les plus avantageux pour parvenir à la liquidation des dettes , & au rétabliffement des Bourfiers.

Les Lettres Patentes mentionnées dans le dire de M. l'Abbé Legros , font datées du 25 Juin 1770 ; elles ont été enregiftrées le 19 Juillet fuivant : on les trouvera ci-après, on y obfervera l'article V , où le feu Roi , inftruit des facrifices que le College de Louis-le-Grand faifoit en faveur des Colleges réunis , le charge de faire toutes les avances qui étoient néceffaires pour payer les dettes de ce College , dont , au moment de la réunion , les charges (viageres il eft vrai pour la plus grande partie) excédoient de près de 2500 liv. les revenus , indépendamment de l'augmentation que ces charges devoient éprouver par les paiemens des dettes exigibles , montantes à 34183 livres (512) ; dettes que l'actif de ce College , porté par les Lettres Patentes à environ 10000 livres, ne devoit gueres diminuer , vu que la très-grande partie de ces prétendues dettes actives , font abfolument impoffibles à recouvrer.

Dans cette pofition , le feul moyen que le Bureau ait trouvé pour libérer ce College , a été d'ufer de la liberté qui lui étoit accordée par les Lettres Patentes , & en conféquence de vendre plufieurs maifons. Les unes ont été vendues à forfait , & les autres à vie. Par ce moyen le Bureau a fatisfait aux dettes exigibles , & a rembourfé toutes les rentes confti-

---

(511) Lors du rétabliffement du Bureau en 1777, il a été placé dans le premier département.

(512) Les dettes, par contrat de conftitution , étoient en outre de 29366 liv. On obfervera à ce fujet qu'il s'eft gliffé une faute d'impreffion dans le Mémoire de M. le Préfident Rolland , où ces dettes font (dans l'état imprimé page 95) porté à 49366 liv. , au lieu de 29366 liv. qu'elles étoient feulement.

tuées. Enfin, depuis 1769 il eſt décédé environ la moitié des rentiers viagers de ce College, & par ce moyen, les revenus excedent actuellement les dépenſes d'environ 1500 liv.; & après l'extinction totale des rentes viageres, & la ceſſation des uſufruits des maiſons que le Bureau a vendues à vie, il y a lieu d'eſpérer de rétablir des Bourſiers dans ce College.

L OUIS, par la grace de Dieu, Roi de France & de Navarre : A tous ceux qui ces préſentes Lettres verront; SALUT. Les Prieur & Religieux du College de Gram-mont nous auroient, tant en leur nom qu'en celui du ſieur Abbé Général de tout l'Ordre, très-humblement repréſenté qu'après avoir obtenu de Nous nos Lettres Pa-tentes du 24 Février dernier, enregiſtrées en notre Cour de Parlement le 28 Avril ſui-vant, ils n'auroient rien eu de plus à cœur, ainſi qu'ils y avoient été autoriſés par le Chapitre général de leur Obſervance, tenu au mois de Septembre dernier, que de cher-cher le moyen d'acquitter les grandes dettes que la reconſtruction des bâtimens de leur College & ſes charges les avoient obligés de contracter, & qu'ils n'auroient pu trou-ver d'autre moyen que celui de vendre l'emplacement & bâtimens dudit College & des quatre maiſons qui en dépendent; mais qu'ils auroient été inſtruits que ce projet trou-veroit les plus grands obſtacles de la part de notre Univerſité de Paris, & de nôtre College de Louis-le-Grand, parce qu'ils prétendent, non ſans apparence de raiſon, que cet emplacement & ces maiſons, même une grande partie des revenus de ce College, n'ayant été donnés audit Ordre par échange avec un Monaſtere qu'il avoit à Vincennes, dans lequel le Roi Henri III devoit établir des Religieux d'un autre Inſtitut, que ſous la condition expreſſe d'y élever ſept Etudians; dès qu'il ſe trouve hors d'état de ſoute-nir cet établiſſement, l'ancienne fondation doit revivre, & le College connu alors ſous le nom de College Mignon, être réuni à celui de Louis-le-Grand, en exécution de nos Lettres Patentes du 21 Novembre 1763, comme les autres de pareille nature, pour y être rétablies les Bourſes qui y avoient été originairement fondées. Que ne vou-lant s'expoſer à aucunes conteſtations, ils auroient cru ne devoir prendre d'autre parti que de nous ſupplier d'accepter leur démiſſion de tous les droits qu'ils pouvoient avoir ſur un College qu'ils étoient hors d'état de ſoutenir, & de nous ſupplier ſeulement de pourvoir à leur ſubſiſtance leur vie durant, & à l'acquittement de leurs dettes & charges. Nous aurions reçu en même-tems les très-humbles repréſentations de notredite Univer-ſité & de notre College de Louis-le-Grand, lequel nous auroit, en particulier, ſupplié de conſidérer qu'il étoit de notre juſtice & de notre attention à tout ce qui intéreſſoit l'éducation de nos Sujets (puiſque l'Ordre de Grammont ſe trouvoit dans l'impuiſſance de ſoutenir les charges qui lui avoient été impoſées par l'acte d'échange de 1584) de rendre à notredit College de Louis-le-Grand, auquel le College Mignon ſe trouvoit réuni de droit, en vertu de noſdites Lettres Patentes du 21 Novembre 1763, tous les biens & revenus provenans de ſa fondation, ſous leurs offres d'y rétablir un nombre de Bourſes proportionné au montant deſdits revenus, d'en acquitter toutes les charges, &

de

de fatisfaire à telles autres conditions qu'il nous plairoit de leur impofer. Ces différentes repréfentations nous ayant paru mériter notre attention, nous les aurions fait examiner en notre Confeil, ainfi que la fituation actuelle dudit College de Grammont; & par le compte qui nous en a été rendu, nous aurions reconnu que nous ne pouvions rien faire de plus utile audit Ordre & au bien public, que de prendre les arrangemens néceffaires pour conferver une fondation fi ancienne & fi conforme à nos vues, & en même-tems que nous remplirions ce que la juftice exigeoit de Nous, en diftinguant dans les biens dudit Còllege ce qui pourroit appartenir à fa fondation primitive, & ce qui pourroit y avoir été ajouté en faveur des Religieux de l'Ordre dont il faifoit partie, & en affurant aux Religieux dudit College une fubfiftance convenable, ainfi qu'à fes créanciers, le paiement de ce qu'ils avoient prêté pour la reconftruction & confervation defdites maifons, & pour l'acquit des autres charges du College. A CES CAUSES & autres à ce nous mouvant, de l'avis de notre Confeil, & de notre certaine fcience, pleine puiffance & autorité royale, nous avons ordonné, & par ces préfentes fignées de notre main, ordonnons que l'article VIII de nos Lettres Patentes du 21 Novembre 1763, portant réunion dans notre College de Louis-le-Grand, de tous les Colleges de notre bonne Ville de Paris où il n'y avoit plus de plein exercice; comme auffi nos Lettres Patentes du 24 Février dernier, concernant les Religieux de l'ancienne Obfervance de l'Ordre de Grammont, feront exécutées felon leur forme & teneur, & en conféquence avons ordonné & ordonnons ce qui fuit:

ARTICLE PREMIER.

NOTRE College de Louis-le-Grand jouira, à compter du 1er Juillet prochain, des maifons, cours, Eglife, & autres bâtimens qui compofent actuellement le College de Grammont de Paris, comme auffi des quatre maifons dépendantes dudit College, des vignes de Châtillon, & de la rente de quatre cens cinquante livres affignée fur notre Domaine de Paris, & ce à la charge de nourrir & entretenir le nombre des Bourfiers proportionné aux revenus defdits biens; le tout conformément à nos Lettres Patentes du 21 Novembre 1763: Voulons, à cet effet, que les fommes dues audit College de Grammont, & portées en l'état attaché fous le contre-fcel de nos préfentes Lettres, foient payées à notredit College de Louis-le-Grand, & lui appartiennent, ainfi que les biens ci-deffus énoncés, pour en être fait emploi, fans que notre Univerfité & notredit College de Louis-le-Grand puiffent exercer aucunes autres prétentions fur le furplus des biens dudit College de Grammont, pour quelque caufe & fous quelque prétexte que ce puiffe être.

II.

LES biens énoncés en l'article précédent, feront & demeureront chargés de toutes les rentes, penfions & dettes dudit College de Grammont, comprifes dans l'état attaché fous le contre-fcel des préfentes; lefquelles rentes & penfions feront payées par notredit College de Louis-le-Grand, à compter dudit jour 1er Juillet prochain.

II. Partie.   Iiii

I I I.

LES maisons, cours, Eglise & bâtimens dudit College de Grammont, & les quatre maisons en dépendantes, seront vendues incessamment, en la forme prescrite par nosdites Léttres Patentes du 21 Novembre 1763, pour être les deniers en provenant employés, d'abord à l'extinction des dettes dudit College, comprises dans l'état attaché sous le contre-scel des présentes, & le surplus en acquisition d'effets permis par notre Edit du mois d'Août 1749.

I V.

IL sera payé par les Administrateurs dudit College de Louis-le-Grand, au Prieur du College de Grammont, une pension viagere de quinze cens livres, & une de cinq cens livres au Pere Regnauldin, Religieux dudit Ordre ; lesquelles pensions seront exemptes de toutes charges ou retenues, & payées de quartier en quartier & par avance, à compter du 1er Juillet prochain, sans que lesdits Prieur & Religieux puissent exercer aucune autre prétention contre notredit College de Louis-le-Grand, pour quelque cause & sous quelque prétexte que ce puisse être.

V.

EN cas que les revenus des biens réunis à notredit College de Louis-le-Grand par l'article premier des présentes, ne suffisent pas pour remplir les charges portées par les deux articles précédens, le surplus sera payé sur les revenus de notredit College de Louis-le-Grand, lequel, après l'extinction desdites charges, se remboursera dudit excédent sur les revenus provenans des biens portés par ledit article premier, avant qu'il en puisse être fait aucun autre emploi.

V I.

LES sommes qui proviendront des revenus après lesdites charges acquittées & déduction faite des frais & dépenses nécessaires pour l'entretien & la régie desdits biens, seront employées successivement, & à proportion du montant des charges éteintes, au rétablissement des Bourses anciennement fondées dans ledit College Mignon, jusqu'à ce que le revenu dudit College réuni à notre College de Louis-le-Grand, lesdites charges & entretiens déduits, se trouve consommé par les pensions desdites Bourses.

V I I.

LESDITES Bourses seront établies sur le pied réglé par nos Lettres Patentes du 21 Novembre 1763, & 20 Août 1767, & conformément au Réglement attaché sous le contre-scel des dernieres, qui seront exécutées en tout leur contenu, tant à l'égard desdites Bourses, qu'à l'égard de tout ce qui pourra concerner lesdits Boursiers, dont la nomination continuera de nous appartenir, conformément au premier établissement dudit College.

V I I I.

LA part contributoire qui sera due audit College de Louis-le-Grand sur lesdits biens réunis, sera & demeurera fixée au dixieme de leur produit, sans toutefois qu'elle puisse être perçue avant l'extinction des charges ci-dessus & l'établissement desdites Bourses.

I X.

LES Prieur & Religieux du College de Grammont feront tenus de remettre aux archives de notre College de Louis-le-Grand, tous les titres de propriété, baux, papiers & renfeignemens concernant les biens énoncés dans l'article premier des préfentes, defquels fera fait un inventaire fommaire, figné double par le Prieur dudit College de Grammont, & par celui qui aura été députe par le Bureau d'Adminiftration de notre College de Louis-le-Grand, au pied de l'un defquels fera donné décharge audit Prieur & audit Ordre par le Secrétaire-Archivifte dudit College de Louis-le-Grand, & l'autre demeurera dépofé auxdites archives ; ce qui fera exécuté dans un mois du jour de la publication & enregiftrement des préfentes Lettres. SI DONNONS EN MANDEMENT à nos amés & féaux Confeillers les Gens tenant notre Cour de Parlement à Paris, que ces préfentes ils aient à faire regiftrer, & le contenu en icelles garder & obferver felon fa forme & teneur, ceffant & faifant ceffer tous troubles & empêchemens à ce contraires : CAR tel eft notre plaifir ; en témoin de quoi nous avons fait mettre notre fcel à cefdites préfentes. DONNÉ à Verfailles, le vingt-cinquieme jour de Juin, l'an de grace mil fept cent foixante-neuf, & de notre regne le cinquante-quatrieme. *Signé*, LOUIS : *Et plus bas*, Par le Roi, PHÉLYPEAUX. Et fcellées du grand fceau de cire jaune.

Regiftrées ce confentant le Procureur général du Roi, pour jouir par les Impétrans de leur effet & contenu, & être exécutées felon leur forme & teneur, fuivant l'Arrêt de ce jour. A Paris, en Parlement, le quatorze Juillet mil fept cent foixante-neuf. Signé YSABEAU.

CHAPITRE XXI.

COLLEGE DE NARBONNE (513).

CE College eft un de ceux qui, en 1763, étoient dans le plus mauvais état, & auxquels la réunion a été le plus utile ; les détails fuivans vont le prouver.

1°. Ses revenus étoient alors, en eftimant la valeur du loyer des principaux appartemens du College, mais qui n'étoient pas loués, de *fix mille huit cens trente-fept livres* (514). Il eft bon d'obferver que, dans ce revenu, la maifon du College & fes dépendances étoient comprifes pour *quatre mille trois cens quatre-vingt livres*, & que, malgré *la vente* qui a été faite de ces bâtimens, fes revenus font actuellement de *fept mille cent trente-fept livres*. Quant à fes charges, elles font, y compris le montant de fes *réparations*, fixées à *cent livres* par la Délibération du 3 Mai 1781, de *fix mille cent quatre-vingt-douze livres* ; en conféquence *l'excédent* de fes revenus, charges déduites, eft de *neuf cens quarante-cinq livres*. Au furplus, ce College avoit en caiffe, au 1er Octobre 1780, la fomme de *trois mille deux cens foixante-quatre livres*.

2°. Ses dettes, au moment de la réunion, montoient à *quatre-vingt-dix-neuf mille livres*, dont *foixante-deux mille livres d'exigibles* ; ce qui a forcé à vendre les bâtimens de ce College, & par ce moyen *fes dettes ont été totalement payées*.

3°. Quant à fes Bourfiers, il n'en exiftoit *qu'un* en 1763, & qui finiffoit fes études. Sa Bourfe étant devenue vacante, a même *été fupprimée* par la Délibération du 12 Juillet 1764 : mais actuellement il y a dans ce College *douze* Bourfiers.

4°. Ces Bourfiers font tous à la nomination de M. *l'Archevêque de Narbonne*, & doivent être choifis parmi fes *Diocéfains*, ou au moins dans les Evêchés de fes Suffragans.

---

(513) *Premier département.*

(514) Même obfervation que dans la note 512 ci-deffus, d'une faute d'impreffion dans le Mémoire de M. le Préfident Rolland.

Du Jeudi 12 Juillet 1764.

MESSIEURS les Adminiftrateurs fpécialement chargés du College de Narbonne, ont dit que le titre originaire de la fondation de ce College ne s'eft point trouvé (515), mais qu'on fait d'ailleurs que cette fondation a été faite en 1316 ou 1317, par Bernard de Farges, Archevêque de Narbonne, en faveur de neuf Bourfiers..... tous de la Ville & du Diocèfe, ou enfin de la Province de Narbonne, auxquels a été enfuite ajouté un Chapelain; que pour cette premiere fondation, outre le logement dans une maifon rue de la Harpe, Bernard de Farges unit au College le Prieuré de la Madeleine-les-Aziles, diocèfe de Narbonne; que le Pape Clément VI, qui avoit été élevé dans ce College en qualité de Bourfier, lui unit le Prieuré de Notre-Dame de Marfeille, même diocèfe, & ordonna en conféquence qu'il feroit dans la fuite compofé de vingt Bourfiers; que des ftatuts donnés au College en 1544, par le Cardinal Jean de Lorraine, Archevêque de Narbonne, réduifirent le nombre des Bourfiers à feize...... Que le dernier Principal étant mort en 1762, fa place eft reftée vacante, & qu'il n'y a plus au College qu'un Bourfier, qui remplit les fonctions de Procureur, que les revenus de ce College confiftent......; que le revenu net, lefdites charges prélevées, eft de 5180 livres 14 fols 4 deniers; qu'il eft fort à craindre que ce revenu ne puiffe fuffir au paiement de la maffe énorme des dettes dont le College eft chargé envers les ouvriers qui ont travaillé à la reconftruction de ces bâtimens; que par un marché fait avec eux, le Procureur du College a ftipulé qu'ils feroient payés chacun de la moitié de ce qui leur feroit dû dans le courant & lors de la réception des ouvrages, & de l'autre moitié en huit années & huit paiemens égaux; que les mémoires ayant été réglés & arrêtés en 1763, la premiere moitié n'a pas été payée en entier, & qu'il refte dû fur ladite moitié une fomme de 12348 livres 17 fols, actuellement exigible, auffi bien que 4800 livres dues à l'Architecte. Que le fieur Mouffard, Maçon, a obtenu, le 15 Juillet 1763, Arrêt, qui condamne le College à lui payer, fur cette premiere moitié, la fomme de 11019 livres 7 fols, avec les intérêts; fur laquelle fomme il ne lui a cependant été payé que celle de 4019 livres 7 fols, en forte qu'il lui refte dû à cet égard 7000 livres; plus, 4774 livres 16 fols 9 deniers pour le premier huitieme de la feconde moitié, échu le 4 Février dernier. Qu'il paroît indifpenfable que le College ait recours à de nouveaux emprunts pour acquitter les dettes actuellement exigibles, & empêcher les frais de pourfuite auxquels il eft expofé de la part de fes créanciers; que ces emprunts feront également néceffaires pendant le courant de chacune des huit années où doit fe faire le paiement de la feconde moitié des ouvrages, puifque les revenus nets du College ne fuffiront pas, à beaucoup près, pour l'acquitter; qu'en effet, cette feconde moitié eft de 62559 livres 4 fols 1 denier, & que chaque huitieme eft de 7728 liv. 17 fols 11 deniers, fomme plus forte de 2540 livres que les revenus nets du College.

Délibération de réunion du College de Narbonne.

(515) Par des renfeignemens que l'on a retrouvés, on eft certain que ce titre, ainfi que tous ceux de fes biens, ou du moins ceux relatifs aux unions de Bénéfices, font dans les Archives de l'Archevêché ou du Chapitre de Narbonne.

Sur quoi LE BUREAU, confidérant qu'il eft également difficile & néceffaire de prendre promptement les arrangemens convenables pour les affaires du College de Narbonne, a arrêté ......

2°. Que les Bourfes dudit College de Narbonne continueront d'être fufpendues,
comme elles le font à préfent de fait, jufqu'à ce qu'il en ait été autrement, par le
Bureau, délibéré, attendu la maffe énorme des dettes dont le College eft chargé.

3°. Que, fous le bon plaifir & l'autorité de la Cour, il fera actuellement emprunté à
conftitution de rente fur les biens dudit College, la fomme néceffaire pour payer ce à
quoi montent les dettes exigibles (516) ......

5°. Qu'il fera furfis, quant à préfent, à délibérer fur le parti à prendre pour l'amortiffement des dettes & l'arrangement total des biens & revenus dudit College, ainfi que
fur le rétabliffement des Bourfes & les autres objets fur lefquels il a été ftatué par les
autres Délibérations de réunion (517) ......

Nota. Cette Délibération a été homologuée par Arrêt du 28 Juillet 1764, dépofé
aux archives en vertu de la Délibération du 2 Août fuivant.

Noms des Fondateurs & Bienfaiteurs du College de NARBONNE.

1. *Bernard de Farges*, Archevêque de Narbonne, & Fondateur du College. 1316.
2. Le Pape *Clément VI.* 1343.
3. *Amblard Cerene* 1379.

---

(516) Au lieu d'emprunter, en exécution de la Délibération du 18 Juillet 1765, homologuée
par Arrêt du 13 Août fuivant, on a vendu les bâtimens du College, loués environ 4000 liv.,
& ce pour 120200 livres. Ladite adjudication du 19 Juin 1766.

(517) Il a été rétabli dans ce College douze Bourfes, par Délibérations des 21 Août 1766,
3 Septembre 1767, 1er Décembre 1768, 18 Janvier & 6 Septembre 1770, 17 Décembre
1772 & 2 Janvier 1778.

CHAPITRE XXII.

COLLEGE DE PRESLE (518).

On obſervera ſur ce Collège :

1°. Que ſes revenus étoient, au moment de la réunion, de *ſix mille cent quatre-vingt-dix-ſept livres*, & qu'ils ſont actuellement de *onze mille huit cens dix-neuf livres* ; que ſes charges, y compris le montant de ſes *réparations*, fixé à *ſix cens livres* par la Délibération du 3 Mai 1781, ſont de *dix mille deux cens quatre-vingt-quatre livres* ; qu'ainſi *l'excédent de ſes revenus*, charges déduites, eſt de *mille cinq cens trente-cinq livres*. Ce Collège avoit en caiſſe, au premier Octobre 1780, la ſomme de *treize mille ſix cens dix livres*, ſur leſquelles, en exécution de la Délibération du 5 Avril 1781, il a été placé *ſix mille livres* ; ce qui augmentera ſon revenu de *deux cens ſoixante-ſept livres*.

2°. Qu'au moment de la réunion, ce Collège n'avoit aucunes dettes ; mais en 1768, il lui en a coûté environ *vingt mille livres* pour la reconſtruction d'une maiſon au coin des rues des Lavandieres & Gallande, dépenſe qui eſt *payée*.

3°. Qu'il n'y avoit, en 1763, que *huit* Bourſiers, & qu'il en exiſte actuellement *dix-huit*.

4°. Que tous ces Bourſiers ſont à la *nomination du Bureau*, mais il eſt obligé de nommer des Sujets du *Diocèſe de Soiſſons*, & par préférence, des villages de *Preſles*, de *Cys*, de *Ru*, de *Saint-Marc*, & des *Boues* ; à l'effet de quoi *la vacance des Bourſes de ce Collège doit être publiée dans ces villages*.

Le village de *Saint-Pierre de Vitry* & les *villages circonvoiſins* pourroient, d'après le teſtament du ſieur *Paulchar*, Principal en 1439, prétendre à quelques Bourſes pour leurs enfans, & encore plus les *parens* de ce Principal, & du ſieur *Boüillé*, l'un des prédéceſſeurs du ſieur Paulchar ; mais quant à ces derniers, ils ſont inconnus, & probablement très-difficile & preſqu'impoſſible à trouver : à l'égard des habitans de Saint-Pierre de Vitry, ils ne paroiſſent pas, depuis 1439, avoir réclamé cette fondation, dont le *revenu* doit être actuellement d'environ *douze à quinze cens livres*.

(518) *Second département.*

Du 25 Septembre 1765.

Délibération de
réunion du Col-
lege de Prefles. MESSIEURS les Adminiſtrateurs chargés du College de Preſles rendans compte de
tout ce qui concerne ledit College, ont dit, que Me Raoul de Preſles, ſieur de Liſy,
Clerc du Roi, & Me Guy de Laon, Tréſorier de la Sainte-Chapelle, formerent enſemble le projet d'établir chacun un College, pour élever des ſujets du Dioçéſe de Laon
& de Soiſſons, d'où ils tiroient leur origine ; ce qu'ils exécuterent au mois de Janvier
1313 ; qu'il paroît par l'acte de fondation revêtu de Lettres Patentes du Roi Philippe-
le-Bel de même date ; que Guy de Laon donna pour cet objet toutes les maiſons &
places qu'il poſſédoit entre la rue Saint-Hilaire ou des Carmes, & celle du clos Brunel,
aujourd'hui Saint-Jean-de-Beauvais ; de ſon côté, Me Raoul de Preſles s'obligea de faire
réparer ces maiſons, de les rendre propres à l'uſage auquel elles étoient deſtinées, &
d'employer à cette dépenſe 1000 livres pariſis. Ces deux Colleges de Preſles & de Laon
n'avoient de commun que l'habitation ; leur dotation & leurs manſes furent ſéparées
dans l'acte même de fondation, Me Guy de Laon ſe contenta d'aſſigner aux Ecoliers de
ſon College 100 livres pariſis ſur les revenus de la Prévôté de Laon, & ſur le domaine
de Vermandois. Me Raoul de Preſles dota le ſien de 200 livres pariſis de rentes amorties
qu'il aſſigna ſur le produit des bois qu'il avoit dans ſa terre de Liſy, ſur les revenus de
ſon moulin d'Yverny, & généralement ſur tous ſes biens. Dans ces premiers tems, ces
deux Fondateurs gouvernerent enſemble leurs Colleges, dans leſquels ils avoient aſſemblé pluſieurs Ecoliers des deux Dioçéſes de Laon & de Soiſſons ; mais des raiſons particulieres les obligerent de ſe ſéparer ; en conſéquence, ils nommerent un arbitre pour
procéder au partage de la maiſon que les Ecoliers habitoient en commun ; il fut adjugé
aux Ecoliers du Dioçéſe de Soiſſons la partie la plus conſidérable de cette maiſon ſituée
ſur la rue Saint-Hilaire ou des Carmes, & les Ecoliers du Dioçéſe de Laon eurent
l'autre partie de la même maiſon qui étoit du côté du clos Brunel ou Saint-Jean-de-Beauvais ; Me Raoul de Preſles fut chargé par le même acte d'aſſigner au College de Laon
24 livres pariſis de rente pour ſervir à l'entretien de trois Bourſiers de ce Dioçéſe ; cette
rente depuis a été réduite à 15 livres tournois par acte du 21 Mars 1448 ; & c'eſt ſur le
pied de cette réduction qu'elle ſe paie encore aujourd'hui. Le Bureau ſe ſouvient qu'il
lui a été rendu compte de ce qui concerne le College fondé par Guy de Laon, & qui
porte ſon nom, & d'avoir délibéré ſur cet objet. Depuis la ſéparation du College de
Preſles d'avec celui de Laon, Me Raoul de Preſles, & Jeanne du Chatel, ſon épouſe,
donnerent à ce College pluſieurs autres biens, leſquels ſont plus amplement déſignés
dans le Mémoire détaillé des titres de ce College. Par un acte du 28 Décembre 1324.
Me Raoul de Preſles donna des Statuts au College qui porte ſon nom.... Le ſecond Chapelain eſt déclaré dans ſes Statuts Maître & Gouverneur des Bourſiers, chargé par le
même acte de veiller ſur leurs études & ſur leurs mœurs, & il doit vivre avec eux,
ainſi que le premier Chapelain, à même table & à même ſalle, & aſſiſter aux exercices
de la Communauté ; il doit y avoir dans le College treize Bourſiers, outre les deux
                                                                            Chapelains

Chapelains, ces Boursiers doivent être nés dans le Diocèse de Soissons & non ailleurs, & la préférence est accordée pour les Bourses aux Sujets qui sont originaires des villages de Presles, de Cys, de Ru, de Saint-Marc & des Boues; & à cet effet, la vacance des Bourses doit être publiée dans chacun de ces villages; il n'est pas dit dans l'acte de 1324, à qui la collation & l'institution des Bourses doit appartenir, il y a apparence que l'intention du Fondateur étoit d'en laisser le choix à la Communauté des Chapelains & des Boursiers, à laquelle il a déféré l'élection des Chapelains; par un usage très-ancien c'est le second Chapelain qui, en sa qualité de Maître & Principal du College, nomme les Boursiers & leur accorde des provisions en son nom; & il ne paroît pas qu'il y ait eu de réclamation contre cet usage..... Le revenu des Bourses étoit fixé par ces Statuts à 4 sols parisis par semaine pendant l'année scholastique, qui n'étoit que de quarante semaines, depuis la Saint-Remi jusqu'à l'octave de la Saint-Jean. Ces Réglemens furent confirmés par une Bulle du Pape Clément VI du 28 Juillet 1348, & sont demeurés en vigueur jusqu'à cejourd'hui. Les malheurs des tems, dont le College s'est ressenti, ont seulement fait diminuer le nombre des Boursiers qui se trouve réduit & fixé à huit depuis le commencement de ce siecle. Cette fixation a été approuvée par un décret du Tribunal de l'Université de l'année 1709; & le revenu des Bourses a été augmenté jusqu'à 30 sols par semaine, par le même décret, ainsi qu'un supplément de dépense commune qui est porté aujourd'hui jusqu'à 700 livres, sans y comprendre le bois, le sel, la chandelle & les domestiques & autres dépenses communes qui ont eu lieu de tous les tems.....

Le College peut mettre au nombre de ses Bienfaiteurs le Roi Philippe-le-Long, lequel, en considération des services que Me Raoul de Presles lui avoit rendus, & aux Rois ses prédécesseurs, & pour favoriser & augmenter la fondation du College faite par ce fidele Sujet, donna au College de Presles le droit de Gruerie qui lui appartenoit dans les bois du Loup situés près de Château Thiery, & chargea les Chapelains & Boursiers de célébrer pendant sa vie & celle de Jeanne de Bourgogne, sa femme, une Messe solemnelle du Saint-Esprit tous les ans & après leur mort un anniversaire. Il paroît que le College n'a pas rempli l'obligation qui lui étoit imposée; car depuis plus de deux siecles on ne trouve point que l'anniversaire de Philippe-le-Long (519) ait été célébré; il est vrai que depuis très-long-tems il ne jouit plus de ce droit de Gruerie, les Officiers des Maîtrises des eaux & forêts s'en étant emparés; cependant pour conserver la mémoire du don fait par ce Monarque, il est dit qu'on prie Dieu toujours pour les Rois & Reines de France aux prieres du matin, du soir, & à la messe.

Plusieurs autres personnes ont donné de leurs biens au College de Presles, mais il ne paroît pas qu'ils y aient affecté aucune charge; on croit cependant devoir observer que M. Paulchar, Maître & Principal dudit College en 1439, a donné & légué à ce College en différens tems diverses especes de biens, lesquels produisent aujourd'hui plus

(519) Cet anniversaire a été rétabli par la Délibération de réunion du 25 Septembre 1764, & conservé par celle du 30 Avril 1767, qui fixe l'obituaire de ce College.

II. Partie. Kkkk

de 800 livres; & que par fon teftament du 23 Novembre 1473, il ordonna que, fans augmenter le nombre des Bourfiers fixé par la fondation, il y en auroit trois, ou même quatre pris dans fa famille ou dans celle de Me Geoffroy Bouillé, jadis Maître & Principal du College, & à leur défaut, parmi les enfans originaires de Saint-Pierre de Vitry ou autres villages circonvoifins du Diocèfe de Soiffons; & que dans le cas où les Chapelains négligeroient de pourvoir à ces Bourfes, qu'elles feroient conférées par l'Archevêque de Paris, auquel la collation appartient, dans le cas de négligence de la part des Collateurs ordinaires; il ordonna de plus la célébration de fon anniverfaire avec toutes les folemnités ordinaires; & que trois ou quatre jours après il feroit dit une meffe baffe pour Jean Imbault fon ami. Il ne paroît aucune trace dans les comptes de l'exécution de cette fondation.....

Les Bourfiers actuellement exiftans dans le College font au nombre de huit.

Sur quoi LE BUREAU délibérant a arrêté.....

5°. Que les Bourfes actuellement fubfiftantes, ainfi que celles qui pourront y être ajoutées par la fuite pour completter le nombre de treize Bourfiers de la premiere fondation, ainfi que toutes celles qui pourront y être ajoutées par la fuite fur les épargnes ou autrement, refteront à la nomination & collation du Principal, fecond Chapelain, le Bureau lui confervant ce droit pendant fa vie, ainfi qu'il en a joui jufqu'à ce jour, laquelle nomination & collation appartiendra après lui au Bureau d'Adminiftration du College de Louis-le-Grand (520).

6°. Que les Bourfiers feront pris des lieux défignés par les titres des fondations.....

11°. Que le mobilier du College de Prefles.... eftimé par gens à ce connoiffans la fomme de 1600 livres, fera & appartiendra au College de Louis-le-Grand, à la charge de tenir compte de ladite fomme au College de Prefles.....

Nota. Cette Délibération a été homologuée par Arrêt de la Cour du 4 Décembre 1764, dépofé aux archives le 20 Décembre audit an.

Noms des Fondateurs & Bienfaiteurs du College de PRESLES.

1. *Raoul de Prefles*, Sire de Lify, Avocat du Roi au Parlement de Paris, & *Jeanne de Chaftel*, fa femme, Fondateurs du College, 1314.
2. *Philippe V*, dit *Le-Long*, & *Jeanne*, Comteffe de Bourgogne, fon époufe, 1320.
3. .... *Paulchar*, Principal du College, 1439.
4. *Jean Imbault*, au commencement du *quinzieme fiecle.*
5. *Jean Pametchar*, Prêtre, Prevôt de l'Eglife de Soiffons, & Principal du College, 1473.

(520) Depuis le décès du fecond Chapelain, arrivé au commencement de 1766, le Bureau a nommé aux Bourfes de ce College, qui ont été fucceffivement portées au nombre de dix-huit par les Délibérations des 2 Décembre 1773, 12 Décembre 1775 & 18 Décembre 1777.

6. *Jeanne Lambert*, dite *du Vergier*, 1478.

7. *Medard Bourgeotte*, Prêtre & Principal du College, 1606.

8. *Charles Morel*, Prêtre & Principal du College, 1621.

9. *Marin Levasseur*, Prêtre & Chapelain de la Chapelle Notre-Dame du College, 1633.

10. *Paul Hervoise*, 1645.

11. *Claude Hennecault*, Prêtre & Chanoine de Saint Paul, en la ville de Saint Denis en France, 1649.

12. *Antoine Moreau*, Prêtre & Principal du College, 1679.

CHAPITRE XXIII.

COLLEGE DE REIMS (521).

IL exifte dans ce College une fondation particuliere faite par le fieur Ponfinet, pour-quoi ce Chapitre fera divifé en deux articles ; le premier, pour le *College de Rheims* ; le fecond, pour la *fondation Ponfinet.*

ARTICLE PREMIER.

Du College de Rheims.

On obfervera fur ce College,

1°. Que lors de la réunion fes revenus étoient de *huit mille fix cens foixante-neuf livres*, & qu'ils font actuellement de *dix mille fix cens foixante-huit livres ;* que fes charges, en y comprenant le montant de fes *réparations*, fixé à *quinze cens livres* par la Délibéra-tion du 3 Mai 1781, font de *fix mille fept cens trente-deux livres ;* qu'ainfi *l'excédent* de fes revenus, fes charges déduites, eft de *trois mille neuf cens trente-fix livres* (522) ; qu'enfin, il avoit en caiffe, le premier Octobre 1780, la fomme de *neuf mille quatre cens trente livres*, fur laquelle fomme il a été, le 5 Avril 1781, délibéré de placer *quatre mille livres* ; ce qui augmentera fes revenus de *cent foixante-dix-huit livres.*

2°. Qu'alors fes dettes étoient de *cinquante-deux mille cent vingt-quatre livres*, qui font toutes payées.

3°. Qu'il n'y avoit, en 1763, *qu'un* Bourfier, & qu'il y en a actuellement *huit.*

4°. Que fes Bourfiers font à la nomination de *l'Archevêque de Rheims*, & doivent être de *fon Diocèfe.*

---

(521) *Troifieme département.*

(522) Le logement de l'ancien Principal, décédé dans les premiers jours d'Octobre 1781, & de valeur de 500 livres ou environ, attendu fur-tout que les embelliffemens ou amélio-rations qu'il y a faites reftent au College, fuivant le contenu en la Délibération de réunion, (voyez les Délibérations des 5 Mars & 4 Décembre 1777), va augmenter les revenus de ce College ; vu ce décès, on a diminué fes charges de 1000 livres, montant de la penfion de cet ancien Officier ; ainfi cet article ne fera pas conforme à l'état ci-deffus, page 250.

Du Samedi 28 Juillet 1764.

Sur le compte rendu par MM. les Adminiftrateurs fpécialement chargés du College de Rheims, de tout ce qui concerne ledit College, duquel compte il réfulte que le College de Rheims a été fondé dans le quinzieme fiecle par Guy de Roye, Archevêque de Rheims, pour les Clercs de fon Diocèfe étudians en l'Univerfité de Paris, fans fixation du nombre des Bourfiers; qu'en 1443, Charles VII unit audit College celui de Rhetel, dans lequel il y avoit, felon les apparences, quatre Bourfiers; qu'en 1607, le fieur Affelin légua pour un obit, 322 livres, maintenant réduites à 30 livres; qu'en 1649, le fieur Perreau légua audit College 2800 livres pour quatre Bourfiers, fur le pied de 25 livres chacun, dont deux à la nomination du Principal des Lombards, & deux à la nomination du Principal de Rheims; qu'en 1660, le fieur Barrois légua pour un obit 100 livres, réduites à 23 livres 16 fols; qu'en 1699, le fieur Gerbais légua pour deux bourfes à la nomination de M. l'Archevêque de Rheims, une rente de 600 livres, aujourd'hui réduite à 270 liv.... Que ledit College eft actuellement compofé d'un Principal, qui fait en même tems fonction de Procureur & de Chapelain, dont le revenu, fous toutes ces qualités, & toutes charges déduites, monte à la fomme de 959 livres, fans y comprendre l'appartement qu'il occupe dans ledit College, d'un Bourfier de la premiere fondation qui jouit de 200 livres, & d'une chambre; & de deux Bourfiers de la fondation Perreau, auxquels on paie à chacun 25 livres par an, fans logement, & qui font tenus d'aller au College Royal entendre les Profeffeurs de Philofophie grecque & latine....

Sur quoi LE BUREAU délibérant a arrêté.....

4°. Qu'indépendamment de la bourfe actuelle poffédée fur le pied de 200 livres, laquelle fera mife fur le pied des bourfes entieres du College de Louis-le-Grand; il en fera établi une feconde, à compter du premier Octobre prochain (523).

5°. Que ces bourfes feront affectées au Diocèfe de Rheims.....

11°. Que par rapport aux deux petites bourfes de 25 livres par an chacune de la fondation du fieur Perrault, & nommées par le Principal de Rheims, elles continueront d'être payées fur le même pied aux deux Etudians qui les poffedent actuellement, lefquels ne demeureront point au College de Louis-le-Grand, & vacance avenant defdites bourfes, lefdites cinquante livres de revenu d'icelles feront employées à diftribuer aux Bourfiers dudit College de Rheims qui prendront des dégrés, ainfi qu'il fera délibéré par le Bureau (524).....

14°. Que le mobilier du College de Rheims, eftimé par gens à ce connoiffans 200

Délibération de réunion du College de Reims.

---

(523) Il en a été établi fix autres par les Délibérations des 12 Octobre 1775 & 18 Décembre 1777.

(524) Le payement d'une gratification pour l'obtention des degrés eft actuellement une charge de ce College, ainfi que de tous les autres, chacun relativement à leurs Bourfiers. *Voyez* ci-deffus premiere Partie, Chapitre VIII.

livres, appartiendra au College de Louis-le-Grand, à la charge par ledit College de payer ladite fomme à celui de Rheims.....

Cette Délibération a été homologuée par Arrêt du 7 Août 1764, dépofé aux archives par autre Délibération du 9 defdits mois & an.

Nota. Dans la même lettre de M. le Contrôleur Général (Del'Averdy), rapportée ci-deffus au College des Cholets (525), du 26 Août 1768, ce Miniftre marquoit au Bureau ce qui fuit ;

« Sa Majefté me charge de vous mander que fon intention eft de rendre plus facile » l'arrivée à Sainte Genevieve par la rue Charretiere, ce qui la néceffiteroit d'acheter » une partie des maifons du College de Rheims, & que fon intention étoit de donner » pour ces différens objets..... des rentes en grains pareilles à celles qu'Elle a déja accor- » dées aux Colleges de Cambray, Tréguier & Beauvais, &c.

Il eft à obferver que la vente du College des Cholets, mentionnée dans cette lettre, a eu fon exécution, mais qu'il n'en a pas été de même des maifons du College de Rheims.

Noms des Fondateurs & Bienfaiteurs du College de RHEIMS.

1. *Guy de Roye*, Archevêque de Rheims, Fondateur du College, 1409.

2. *Michel Anfelin*, Prêtre & Curé de la Madeleine à Paris, 1607.

3. *Jean Perreau*, Profeffeur de Philofophie au College Royal, 1645.

4. *Nicolas Barrois*, Prêtre, Chanoine de l'Eglife de Rheims, & Principal du College, 1668.

5. *Jean Ponfinet*, Avocat au Parlement, Fondateur d'une Bourfe en 1756.

---

(525) *Voyez* ci-deffus page 442, *note* 332. On obfervera en même tems qu'il y a dans cette note une faute d'impreffion ; la lettre de M. Del'Averdy y eft datée mal à propos du premier Septembre ; elle eft du 26 Août 1768, mais tranfcrite à la fuite de la Délibération du premier Septembre fuivant.

ARTICLE II.

Fondation Ponfinet dans le College de Rheims (526).

CETTE fondation faite en 1756, mais exécutée feulement en Mai 1774, a été acceptée par le Bureau intermédiaire, & confirmée par le Bureau le 5 Février 1778, après que par Arrêt rendu fur la Requête de M. le Procureur Général le 16 Janvier précédent, un article de la fondation avoit été réformé.

Son revenu eft de *fix cens fix livres*, & fes *charges* font *égales* à fon revenu.

Au premier Octobre 1780, elle avoit en caiffe 616 livres.

Cette fondation eft pour un Bourfier *de la famille du Fondateur ;* & à *défaut de parens,* pour les enfans de la *Neuville* en *Tournafuy,* Doyenné de la Vannes, Diocèfe de Rheims.

Le plus proche parent du Fondateur eft *Collateur*, & à fon défaut le *Curé* de *la Neuville en Tournafuy.*

---

(526) *Troifieme département.*

Du 19 Mai 1774.

Messieurs les Commiffaires chargés par la Délibération du 5 de ce mois de régler & déterminer avec Me Barrois les articles & conditions de la fondation, que ledit Me Barrois eft chargé de faire dans le College de Rheims réuni à celui de Louis-le-Grand, ont dit qu'après avoir fait plufieurs affemblées où ledit Me Barrois a affifté, ils ont arrêté les claufes & conditions fous lefquelles cette fondation doit être faite.

Que pour mettre le Bureau en état de juger de la juftice de ces claufes, ils croient devoir lui rappeller que Me Jean Ponfinet, Avocat au Parlement de Paris, par fon dernier teftament olographe du 10 Juillet 1754, dépofé le 25 Juin 1756 chez Me Charlier, Notaire au Châtelet de Paris, duement infinué le 24 Juillet de la même année, auroit fait & inftitué fon légataire univerfel ledit Me Barrois fon neveu; à la charge par lui de fonder au College de Rheims une bourfe de 600 livres par an, laquelle bourfe feroit occupée par le plus proche parent dudit Me Ponfinet, teftateur, de fon nom; & à défaut, par fon plus proche parent de quelque famille qu'il foit, c'eft-à-dire, quand il ne porteroit pas fon nom; & s'il n'y avoit pas de Sujet pour remplir ladite bourfe, que des arrérages qui pourroient écheoir, moitié feroit donnée aux pauvres de la Neuville, (lieu de fa naiffance) & l'autre moitié feroit confervée à celui qui occuperoit ladite bourfe, afin de l'aider dans fon établiffement; que l'exécution de ce teftament pour ce qui concerne la fondation de cette bourfe a été fufpendue jufqu'aujourd'hui, parce qu'il étoit queftion de déterminer fi ce feroit au College de Rheims, fondé à Paris ou au College de la ville de Rheims, que M. Barrois devoit faire cette fondation (527).

Que fur les Mémoires refpectifs de toutes les Parties qui pouvoient y être intéreffées, cette queftion a été décidée par Arrêt contradictoirement rendu au Parlement entre M. le Procureur-Général & ledit Me Barrois le 12 Mars de la préfente année 1774; par lequel Arrêt la Cour a ordonné que cette bourfe feroit fondée à Paris dans le College de Louis-le-Grand, à caufe du College de Rheims y réuni.

Que cet Arrêt ayant été fignifié audit Me Barrois du 28 dudit mois de Mars, il ne refte plus pour fon entiere exécution que de régler les conditions fous lefquelles cette fondation doit être faite, lefquelles conditions ont été arrêtées entre lefdits fieurs Commiffaires & ledit Me Barrois en la maniere qui fuit:

1°. Ledit Me Barrois fondera, par l'acte qui fera paffé, une bourfe à perpétuité dans le College de Rheims réuni dans celui de Louis-le-Grand, par les Lettres-Patentes de Sa Majefté du 21 Novembre 1763, laquelle fondation fera acceptée par MM. les Adminiftrateurs du College de Louis-le-Grand, qui feront nommés pour paffer ledit contrat.

---

(527) Le Bureau s'étoit, avant la révolution de 1771, occupé de cette fondation. *Voyez* fes Délibérations des 28 Juillet 1764, 7 Août 1766 & 5 Juillet 1770, ainfi que le Mémoire arrêté dans ladite Délibération du 5 Juillet 1770, pour prouver que la fondation devoit être faite à Paris & non à Rheims.

2°.

2°. Ladite bourfe fera remplie par le plus proche parent dudit Mᵉ Ponfinet, teſta-teur, qui portera fon nom, & à défaut de parens portant le nom de Ponfinet, qui ait au tems de la vacance l'âge & les qualités requiſes pour remplir ladite bourfe, elle fera conférée au plus proche parent de quelque branche ou famille qu'il foit, quand il ne porteroit pas le nom de Ponfinet. A l'effet de quoi il fera dreſſé une généalogie con-tenant les noms, furnoms, qualités & demeures de tous les parens paternels & mater-nels dudit Ponfinet, dont il fera remis une expédition dans les archives dudit Collège, & une autre dans celle de la Fabrique de la Paroiſſe de la Neuville, en Tournafuy; & dans la ſuite des tems, nul ne pourra être admis à ladite bourfe en qualité de parens dudit Mᵉ Ponfinet qu'après avoir juſtifié qu'il tire fon origine de quelques-unes des perſonnes contenues en cette généalogie (528).

3°. Dans le cas où la famille dudit Mᵉ Ponfinet feroit totalement éteinte, de maniere qu'il ne reſteroit plus aucun parent, tant paternel que maternel dudit Ponfinet, alors ladite Bourfe feroit conférée à un Sujet né dans le Doyenné de la Vannes au Diocèſe de Rheims, avec préférence pour les enfans de la Paroiſſe de la Neuville, en Tour-nafuy.

4°. Ledit Mᵉ Barrois aura, pendant fa vie, la nomination dudit Bourfier, & la pleine & entiere collation de ladite bourfe.

5°. Après la mort dudit Mᵉ Barrois, la nomination & pleine collation de ladite bourfe appartiendra au plus proche parent dudit Mᵉ Ponfinet, quand même il ne porteroit pas fon nom, pourvu qu'il ait accompli l'âge de vingt-cinq ans; dans le cas où il feroit mi-neur, ce droit fera exercé par fon tuteur en fon nom, lequel pourra nommer fon mineur.

6°. Celui des parens à qui la nomination appartiendra fera obligé de fe faire recon-

(528) Il n'a pas encore été juſtifié au Bureau de cette généalogie, ce qui l'a déterminé à faire, le 6 Septembre 1781, la Délibération ci-après.

Vu par le Bureau l'acte paſſé le 7 Juillet 1774, devant Gueret, en exécution de la Déli-bération du Bureau intermédiaire du 19 Mai précédent, & confirmé par le Bureau le 5 Février 1778, concernant la fondation Ponfinet, dont le ſecond article porte qu'il fera inceſſamment dreſſé un arbre généalogique des parens dudit ſieur Ponfinet, & que dans la ſuite des tems nul ne pourra être admis à ladite Bourfe en qualité de parent dudit Mᵉ Ponfinet qu'après avoir juſtifié qu'il tire fon origine de quelques-unes des perſonnes contenues en cette généa-logie; que cependant cette généalogie n'a pas encore été dépoſée aux Archives.

Sur quoi la matiere miſe en délibération,

Le Bureau a unanimement arrêté que Mᵉ Barrois, nominateur de ladite Bourfe, comme neveu du fondateur, fera invité à faire très-inceſſamment dreſſer cet arbre généalogique pour le dépoſer aux Archives; & le Secrétaire Archiviſte a été chargé d'envoyer la préſente Délibération audit Mᵉ Barrois, d'en ſuivre vis-à-vis de lui l'exécution, & d'en rendre compte à un des deux Bureaux du mois de Mars prochain.

II. Partie. LIII

noître en cette qualité par le Bureau d'Adminiſtration dudit College de Louis-le-Grand, & d'indiquer le lieu de ſa demeure.

7°. Dans le cas prévu par l'article III où il ne reſteroit plus aucuns parens dudit Me Ponſinet, la pleine collation de ladite bourſe appartiendra au Curé de la Paroiſſe de la Neuville, en Tournafuy, au Diocèſe de Rheims, lequel ne pourra accorder des proviſions de ladite bourſe qu'à un enfant né dans ſa Paroiſſe, ou à défaut, à un Sujet qui ait pris naiſſance dans le Doyenné de la Vannes au même Diocèſe ; & ſera tenu ledit Curé de conférer ladite bourſe dans les trois mois qui ſuivront la notification qui lui ſera faite de la vacance de la bourſe, faute de quoi il y ſera pourvu par le Bureau d'Adminiſtration du College de Louis-le-Grand.

8°. Les proviſions de ladite bourſe qui ſeront données, ſoit par Me Barrois pendant ſa vie, ſoit après ſa mort par le plus proche parent dudit Me Ponſinet, ou enfin par le Curé de la Neuville, ſeront conformes au modele qui ſera annexé à la minute du contrat qui doit être paſſé. (celui annexé au Réglement de 1767).

9°. Le Bourſier fondé par ledit contrat ſera reçu dans ledit College, où il ſera inſtruit, logé & nourri, tant en ſanté qu'en maladie, comme les autres Bourſiers du College de Rheims, & autres Colleges réunis, & ſera ſoumis au même Réglement & diſcipline que les autres Bourſiers.....

. 13°. Le Bourſier qui aura été admis dans le College de Louis-le-Grand ne pourra en être renvoyé que pour des fautes graves, & lorſqu'il n'y aura plus d'eſpoir d'amendement ; & ce, *par une Délibération expreſſe du Bureau d'Adminiſtration dudit College* (529) ; que ledit Me Barrois priera dans le contrat de vouloir bien être dans tous

---

(529) Cette clauſe a été annullée par un Arrêt du Parlement dont la teneur ſuit.

Vu par la Cour la Requête préſentée par le Procureur Général du Roi, contenant que par Délibération du 19 Mai 1774, ceux qui adminiſtroient alors le College de Louis-le-Grand accepterent une fondation faite dans le College de Reims, l'un de ceux réunis au College de Louis-le-Grand, par le ſieur Jean Ponſinet ; qu'en exécution de ladite Délibération, le contrat de fondation a été fait par acte paſſé devant Gueret & ſon Confrere, Notaires au Châtelet de Paris, le 7 Juillet 1774 ; que ce contrat a   homologué par Jugement du 26 du même mois ; que par l'examen qu'il a fait dudit acte de fondation, le Procureur Général a reconnu que les diſpoſitions des Articles XIII & XXVI dudit acte de fondation étoient littéralement contraires aux Lettres Patentes & Réglemens concernant le College de Louis-le-Grand & Colleges y réunis ; qu'en effet, ſuivant leſdits Articles XIII & XXVI, il eſt dit que les Bourſiers de ladite fondation ne pourront être renvoyés que par une Délibération expreſſe du Bureau d'Adminiſtration, & en préſence d'un repréſentant des Fondateurs ; que cependant, par le Titre IV du Réglement attaché ſous le contre-ſcel des Lettres Patentes du 20 Août 1767, l'admiſſion & le renvoi des Bourſiers eſt ſpécialement affecté au Principal & aux Examinateurs. A ces causes, requéroit le Procureur Général du Roi qu'il plût à la Cour le recevoir oppoſant audit Jugement du 26 Juillet 1774 ; ce faiſant, ordonner que leſdites diſpoſitions des Articles VIII & XXVI, concernant le renvoi des Bourſiers de ladite fondation Ponſinet, & inſérées dans ledit acte de fondation, paſſé devant ledit Gueret & ſon Confrere,

les tems confervateur de ladite fondation, & le protecteur des Sujets qui rempliront ladite bourfe.

14°. Dans le cas où ladite bourfe deviendra vacante par deftitution, par défertion, mort, démiffion, même par la fin des études du Bourfier, il en fera auffi-tôt donné avis à celui qui aura droit d'y nommer.

15°. Les revenus de ladite bourfe pendant le tems de la vacance feront mis en réferve pour être diftribués ainfi qu'il eft porté par le teftament dudit M° Ponfinet, la moitié aux pauvres de la Paroiffe de la Neuville en Tournafuy, & l'autre moitié à celui qui fera nommé pour remplir ladite bourfe ; & feront les fommes ainfi mifes en réferve, payées par le Grand-Maître du College de Louis-le-Grand ; favoir, la portion des pauvres de la Paroiffe de la Neuville par fix mois échus fur la fimple quittance du Curé, & du premier Marguillier en charge de ladite Paroiffe. A l'égard de la portion concernant le Bourfier, elle ne lui fera payée que lorfqu'il fortira du College, fur fa fimple quittance, s'il eft majeur, & s'il ne l'eft pas, fur celle de fon pere ou de fon tuteur ; fi cependant la fomme qui reviendra au Bourfier eft modique, & qu'elle n'excéde pas 50 livres, elle

---

Notaires au Châtelet de Paris, le 7 Juillet 1774, feront regardées comme nulles & non avenues, & que ledit acte de fondation ne fera homologué, pour être exécuté fuivant fa forme & teneur, qu'abftraction faite defdites difpofitions concernant le renvoi des Bourfiers, lequel continuera d'appartenir aux Principal & Examinateurs établis par Lettres Patentes du 20 Août 1767, & dans la forme prefcrite pour le Réglement attaché fous le contre-fcel defdites Lettres Patentes ; ordonner en outre que l'Arrêt à intervenir fur ladite Requête fera infcrit fur les regiftres du Bureau d'Adminiftration du College de Louis-le-Grand, & annexé à la minute dudit acte du 7 Juillet 1774, & que par les voies qu'il eftimera convenables, ledit Bureau d'Aminiftration en donnera connoiffance aux Parties intéreffées. Ladite Requête fignée du Procureur Général du Roi.

Oui le rapport de M° Pommyer, Confeiller : Tout confidéré.

La Cour reçoit le Procureur Général du Roi oppofant audit Jugement du 26 Juillet 1774 ; ce faifant, ordonne que lefdites difpofitions des Articles XIII & XXVI, concernant le renvoi des Bourfiers de ladite fondation Ponfinet, & inférées dans ledit acte de fondation, paffé devant Gueret & fon Confrere, Notaires au Châtelet de Paris, le 7 Juillet 1774, feront regardées comme nulles & non avenues, & que ledit acte de fondation ne fera homologué, pour être exécuté fuivant fa forme & teneur, qu'abftraction faite defdites difpofitions concernant le renvoi des Bourfiers, lequel continuera d'appartenir aux Principal & Examinateurs établis par les Lettres Patentes du 20 Août 1767, & dans la forme prefcrite par le Réglement attaché fous le contre-fcel defdites Lettres Patentes ; ordonne en outre que le préfent Arrêt fera infcrit fur le regiftre du Bureau d'Adminiftration du College de Louis-le-Grand, & annexé à la minute dudit acte du 7 Juillet 1774, & que par les voies qu'il eftimera convenables, ledit Bureau d'Adminiftration en donnera connoiffance aux Parties intéreffées. Fait en Parlement, le 16 Janvier 1778. Signé LEBRET. Collationné, figné LUTTON, avec paraphe.

Par la Délibération du 5 Février 1778 ci-après, le Bureau a donné connoiffance de cet Arrêt aux Parties intéreffées.

pourra lui être payée ou à fon correfpondant lors de fon entrée au College ; mais fi le Bourfier eft renvoyé ou qu'il vienne à mourir pendant la durée de fa bourfe, la fomme qui lui étoit réfervée reftera en caiffe & tournera au profit de ladite fondation.

16°. Le revenu de la fondation fera de 600 livres, fur lequel il fera prélevé annuellement & à perpétuité, à compter du premier Octobre 1774, une fomme de 50 livres au profit du College de Louis-le-Grand pour la part contributoire de ladite fondation aux dépenfes communes. Les 550 livres de furplus feront appliquées auxdits Bourfiers, dont 400 livres pour le paiement de fa penfion dans ledit College, tant qu'elle reftera fixée à cette fomme, & l'excédent fera remis annuellement & par quartier échu audit Bourfier, ou à fon correfpondant, pour fournir à fes néceffités particulieres.....

18°. Et par le même contrat, MM. les Adminiftrateurs dudit College de Louis-le-Grand, & de celui de Rheims y réunis, promettront & s'obligeront de payer, fur le produit de ladite rente, à la décharge dudit Mᶜ Barrois, le 24 Juin de chaque année, à commencer en la préfente année 1774, fur la fimple quittance du premier Marguillier en charge de la Paroiffe de la Neuville en Tournafuy, la fomme de 6 livres 13 fols 4 deniers pour fervir au paiement de l'obit qui doit être célébré chaque année dans ladite Paroiffe pour le repos de l'ame dudit Mᵉ Jean Ponfinet, ainfi qu'il eft porté dans fon teftament fufdaté......

20°. Les frais defdites lettres de ratification, ainfi que le droit de mutation, dans le cas où il feroit dû, en vertu de l'Edit du mois de Décembre 1764, le coût dudit contrat, & généralement toutes les dépenfes néceffaires pour fon entiere exécution, feront prifes fur le produit des arrérages de ladite rente échus & à écheoir.....

22°. Au moyen de la deftination faite par les deux articles précédens des arrérages de ladite rente échus & à écheoir, ladite bourfe ne fera remplie qu'à compter du premier Octobre 1776, auquel jour il pourra y avoir en caiffe une fomme de 600 liv. laquelle, du confentement des parties, a été réduite celle de 3000 livres que lefdites Lettres Patentes du premier Juillet 1769 ordonnent être prélevées fur les revenus de chacun des Colleges réunis, pour refter en caiffe, & être employées aux dépenfes extraordinaires & imprévues.

23°. Moyennant la ceffion & tranfport qui feront faits par ledit Mᵉ Barrois de la fufdite rente de 650 livres (530). Ledit Mᵉ Barrois, ni fes héritiers, fucceffeurs & ayans-caufe ne pourront être aucunement recherchés ni inquiétés à l'avenir, fous quelque prétexte que ce puiffe être, à l'occafion de la charge impofée audit Mᵉ Barrois par le teftament dudit Mᵉ Ponfinet fon oncle, de fonder dans le College de Rheims une bourfe de 600 livres par an.

24°. Si dans la fuite ladite rente de 650 livres vient à être réduite ou grevée de nouvelles charges, ou que la penfion des Bourfiers foit augmentée dans le College de Louis-

---

(530) Cette rente eft détaillée dans la fondation, Article X V I I, mais a été fupprimée comme inutile.

le-Grand; l'excédent qui doit être délivré au Bourfier pour fes néceffités particulieres fera diminué d'autant (531). Mais fi ladite rente eft tellement réduite qu'elle ne puiffe pas fervir au paiement de la penfion du Bourfier, des 50 livres pour la part contributoire aux dépenfes communes, & de la rente de 6 livres 13 fols 4 deniers, payable à la Fabrique de la Paroiffe de la Neuville en Tournafuy, ladite bourfe fera & demeurera fufpendue jufqu'à ce qu'il ait été épargné fur les revenus un fonds fuffifant pour produire la rente néceffaire pour completter ladite bourfe ; ne pourra néanmoins ladite fufpenfion être effectuée qu'après que le Bourfier, lors en place, aura fini le cours de fes études.

25°. Lorfque cette bourfe aura été ainfi fufpendue pour les motifs énoncés en l'article précédent, les 50 livres pour la part contributoire de ladite fondation aux dépenfes communes, continueront d'être prélevées annuellement au profit dudit College de Louis-le-Grand, & la rente de 6 livres 13 fols 4 deniers pour fervir à acquitter l'obit de Me Ponfinet, continuera d'être payée tous les ans à la Fabrique de la Paroiffe de la Neuville en Tournafuy ; mais il ne fera rien mis en réferve au profit des pauvres de ladite Paroiffe, ni du premier Bourfier qui fera nommé ; & le furplus du revenu de ladite fondation fera employé en entier en acquifition de rente de la nature de celles qui peuvent être poffédées par les gens de main-morte.

26°. Si ladite rente de 650 livres, ou quelques-unes des autres rentes qui pourront dans la fuite appartenir à ladite fondation, fe trouve dans le cas d'être remboursée, le fort principal defdites rentes ne pourra être reçu par le Grand-Maître temporel du College de Louis-le-Grand, & le remploi en être fait qu'en vertu d'une Délibération prife par le Bureau d'Adminiftration dudit College, en préfence d'un repréfentant domicilié à Paris ; que ledit Me Barrois, pendant fa vie, & après fa mort les autres nominateurs à ladite bourfe, feront tenus de nommer, conformément à ce qui eft prefcrit par les fufdites Lettres Patentes du premier Juillet 1769 ; que le repréfentant fera auffi appellé aux Délibérations qui feront prifes par le Bureau d'Adminiftration, fur la fufpenfion de ladite bourfe & fur la deftitution du Bourfier, fi le cas y écheoit (532).

27°. Il fera arrêté chaque année un compte de la recette & dépenfe relative à ladite fondation, le réfultat duquel compte fera envoyé tous les ans à Me Barrois pendant fa vie, & après fa mort, à celui des parens dudit Me Ponfinet qui aura le droit de conférer la bourfe, & enfin au Curé de la Paroiffe de la Neuville en Tournafuy, en la forme prefcrite par l'article III du titre premier defdites Lettres Patentes du premier Juillet 1769.

28°. Il fera fait trois groffes en parchemin du contrat qui fera paffé, dont la premiere fera remife au College de Louis-le-Grand & dépofée aux archives dudit College ; la fe-

---

(531) C'eft ce qui a été ordonné pas la Délibération du 15 Février 1780, relativement aux 50 livres dont la penfion des Bourfiers a été augmentée par les Lettres Patentes du 19 Mars 1780, & en conféquence le Bourfier ne touchera plus que 100 livres par an.

(532) Cette derniere claufe a été annullée par l'Arrêt du 16 Février 1778, ci-deffus.

conde fera remife audit Me Barrois ; & la troifieme fera dépofée aux archives de la Pa‑ roiffe de la Neuville en Tournafuy.

Sur lequel expofé, la matiere mife en délibération,

Le Bureau a unanimement approuvé les articles arrêtés par MM. les Commif‑ faires ci-devant tranfcrits ; en conféquence, il a autorifé MM. Legros & Maiftrel, con‑ jointement avec M. le Grand-Maître, à paffer avec ledit Me Barrois l'acte de ladite fon‑ dation, aux claufes & conditions énoncées dans le projet arrêté avec ledit Me Barrois, & tranfcrit dans la préfente Délibération.

Nota. Que le 7 Juillet 1774 a été paffé devant Gueret & fon confrere, entre les Admi‑ niftrateurs du College de Louis-le-Grand & le fieur Barrois, Curé de Venteuil-fur-Marne, conforme à la Délibération ci-deffus, laquelle tranfaction a été homologuée par Juge‑ ment du 26 du même mois de Juillet.

Du 5 Février 1778.

Messieurs les Adminiftrateurs particuliérement chargés du College de *Rheims* ont dit que pendant la commiffion intermédiaire, la conteftation exiftante depuis 1756, pour favoir fi c'étoit au College de Rheims, à Rheims, ou celui de Rheims fitué à Paris, & depuis réuni au College de Louis-le-Grand, que devoit être exécutée la fondation faite par le fieur Ponfinet, a été jugée ; que Meffieurs fe rappellent cette conteftation fur laquelle ils avoient anciennement fait rédiger un Mémoire qui fut arrêté par Délibération du 5 Juillet 1770 ; que la Commiffion intermédiaire avoit penfé comme le Bureau, & que par Jugement du 12 Mars 1774, elle avoit décidé que cette fondation feroit faite dans le College de Rheims à Paris ; qu'elle a été adoptée par Délibération du 19 Mai 1774 ; & qu'en conféquence, il en a été paffé avec M. Barrois, neveu & légataire univerfel dudit fieur Ponfinet, Fondateur, contrat devant Me Guerret, Notaire du Bureau, le 7 Juillet audit an, lequel a été homologué par autre Jugement de la Com‑ miffion du 26 du même mois de Juillet, dont la groffe a été annexée à la minute dudit acte du 7 Juillet 1774 ; duquel a été fait lecture.

Meffieurs ont ajouté que M. le Procureur Général ayant eu depuis connoiffance de ces pieces, s'étoit fait recevoir oppofant au Jugement du 26 Juillet 1774, & avoit de‑ mandé que les deux claufes dudit contrat de fondation relatives au renvoi des Bourfiers, fuffent regardées comme non avenues ; & que ledit acte de fondation ne fût homo‑ logué, qu'abftraction faite defdites deux claufes, ce qui avoit été ordonné par Arrêt du 16 Janvier dernier, dont a été fait lecture.

Sur quoi la matiere mife en délibération,

Le Bureau a unanimement approuvé, ratifié & confirmé ladite fondation pour être exécutée fuivant fa forme & teneur, à l'exception cependant de la difpofition re‑ lative à la deftitution des Bourfiers, énoncée articles XIII & XXVI, qui, fuivant &

conformément à l'Arrêt du 16 Janvier 1778, fera & demeurera comme non avenue, & a arrêté que conformément à ce qui eft ordonné par ledit Arrêt, il fera tranfcrit à la fuite de la Délibération de ce jour, & par le Secrétaire-Archivifte, annexé à la minute dudit acte de fondation du 7 Juillet 1774; que copie dudit Arrêt fera, par le Secrétaire-Archivifte, tranfcrite fur la groffe dudit acte de fondation, & qu'il fera fait deux expéditions de la préfente Délibération; enfemble dudit Arrêt du 16 Janvier 1778, pour être par ledit Secrétaire envoyées, l'une à M. Barrois, & l'autre au Syndic de la Paroiffe de la Neuville en Tournafuy, pour être dépofée aux archives de ladite Paroiffe.

644

CHAPITRE XXIV.

COLLEGE DE SAINTE BARBE (533).

Il exiſte dans ce College deux fondations particulieres, & quoique le Bureau n'ait pas encore pu parvenir à le mettre en regle, on n'en formera pas moins un article féparé; car comme elles ont beaucoup de relation enſemble, on a cru devoir les réunir. Ce chapitre fera donc compoſé de deux articles.

Le premier, pour le College de *Sainte Barbe.*

Le ſecond, pour les fondations *Seurat & Menaſſier.*

ARTICLE PREMIER.

Du College de Sainte Barbe.

Les obſervations relatives à ce College font les mêmes que celles faites ſur les précé-dens, & ſe réduiſent à quatre.

1°. Ses revenus, au moment de la réunion, étoient de *cinq mille ſix livres*, & ils ſont actuellement de *ſix mille cent quatre-vingt-ſept livres;* quant à ſes charges, en y com-prenant la penſion de ſon ancien *Procureur*, qui eſt de *huit cens livres*, & le montant de ſes *réparations*, fixé à *mille livres* par la Délibération du 3 Mai 1781, elles ſont de *ſix mille quatre cens quarante-quatre livres;* & par conſéquent, *excedent ſes revenus de trois cens ſept livres;* mais cet excédent eſt, quant à préſent, couvert, parce que ſes Supérieurs-Majeurs ont laiſſé vacantes les deux bourſes créées en 1777; & comme dans le bordereau ci-deſſus (p. 250) on n'a fait mention que de ſept Bourſes, il paroît avoir un excédent de revenus de 143 livres. Au ſurplus, ce College avoit en caiſſe, au pre-mier Octobre 1780 la ſomme de *mille trois cens dix-ſept livres.*

2°. Ses dettes n'étoient que de *quatre cens ſoixante-huit livres*, qui ont été payées, ainſi que *trois mille livres*, qui ont été employées, en 1769, à des *reconſtructions* dans les bâtimens du College. Mais en réglant ce qui concerne les fondations *Seurat & Menaſſier* (qui font l'objet du ſecond article ci-après), il paroît qu'il faudra que le College leur tienne compte de pluſieurs objets.

3°. Il n'y avoit en 1763 que *deux* bourſes, il y en a actuellement *huit* (534).

4°. Ses bourſes font à la nomination du *Doyen de MM. les Conſeillers-Clercs du*

---

(533) *Second département.*

(534) Une de ces Bourſes eſt ſuſpendue pour quelque tems. Voyez ci-après la Délibération du 5 Juillet 1781.

Parlement

Parlement, du *Chancelier de l'Université dans l'Eglise de Notre-Dame*, & du *Doyen des Professeurs de Droit François*.

De ces *huit* bourses,

Une est affectée au *Diocèse de Paris*.

Une à celui d'*Autun*.

Une à celui d'*Evreux*.

Une à celui de *Rouen*.

Deux à la *Paroisse Saint Hilaire à Paris*.

Une à la *Paroisse de la Neuville d'Aulmont*, ou à défaut de sujets, au *Diocèse de Beauvais*.

Et *une* à la *Paroisse de Saint Nicolas des Alleux-le-Roi*, & faute de sujets, au *Diocèse de Chartres*.

Délibération de
réunion du Col-
lege de Sainte
Barbe.

Messieurs les Adminiſtrateurs particuliérement chargés du Collége de Sainte Barbe rendant compte de tout ce qui concerne ledit College, ont dit que le College de Sainte Barbe doit ſon origine à Me Jean Hubert, Docteur-Régent en Droit Canon, lequel, le 30 Mai 1430, avoit pris à rente des Abbé & Religieux de Sainte Genevieve, un terrein ſitué devant la Chapelle Saint Symphorien-des-Vignes, ſur lequel terrein il avoit fait conſtruire une maiſon qui ſervoit aux exercices d'un College ſous le nom de Sainte Barbe, mais ayant laiſſé cette maiſon dans le commerce, ce ne fut que le 6 Novembre 1512 que Me Robert Dugaſt, Docteur-Régent en Droit Canon, & Principal du College de Coquerel en fit l'acquiſition des héritiers de Jean le Maître, à qui elle appartenoit alors, dans l'intention, comme il eſt vraiſemblable, d'appliquer à perpétuité cette maiſon à l'uſage pour lequel Me Hubert l'avoit fait conſtruire, en fondant des Bourſiers & des Officiers; Me Robert Dugaſt effectua cette fondation par acte du 19 Novembre 1556, par lequel il établit à perpétuité dans le College de Sainte Barbe ſept Bourſiers, dont trois grands; ſavoir, un Principal, un Procureur & un Chapelain, & quatre petits Bourſiers. Les trois grands Bourſiers doivent être Maîtres ès Arts de l'Univerſité de Paris, & natifs de l'un des Diocèſes d'Evreux, Rouen, Paris ou Autun... Les quatre petits Bourſiers doivent être âgés de dix ans ou environ, nés en légitime mariage & originaires; le premier, de la Neuville d'Aulmont, Paroiſſe Saint Nicolas, au Diocèſe de Beauvais; le ſecond, de la Paroiſſe de Saint Nicolas des Alleux-le-Roi, près Poiſſy, au Diocèſe de Chartres, & les deux autres de la Paroiſſe de Saint-Hilaire au Mont de Paris.... *S'il ſe trouve que les Sujets qui en ſont pourvus ſoient négligens aux études, ou peu propres à y faire des progrès, s'ils ſont indiſciplinables & incorrigibles, ils peuvent être privés de leurs bourſes....* Les grands & petits Bourſiers doivent être choiſis parmi les enfans les plus pauvres du Diocèſe & Paroiſſes auxquelles ces bourſes ſont affectées, ſur le certificat & atteſtation des Curés, Vicaires & Marguilliers; mais ſi ceux-là n'ont aucunes diſpoſitions aux études, en ce cas, les bourſes doivent être conférées à des Sujets de mêmes Paroiſſes, qui ſeront moins pauvres; Me Robert Dugaſt a nommé pour Collateurs-Supérieurs & réformateurs du Collegè, trois Eccléſiaſtiques; ſavoir, un de MM. les Conſeillers-Clercs du Parlement, le Chancelier de l'Univerſité & le Doyen des Docteurs-Régens en la Faculté de Décret, leſquels Supérieurs ont le droit d'inſtituer ou de deſtituer les petits Bourſiers, de préſenter les grands Bourſiers au Parlement à qui l'inſtitution en appartient, & de recevoir le ſerment deſdits grands Bourſiers, leſdits Supérieurs doivent auſſi recevoir & clorre les comptes du Procureur....

Sur quoi LE BUREAU délibérant a arrêté.....

3°. Qu'il ſera accordé au Procureur, pour lui tenir lieu de ce que pouvoit lui produire ſa place, outre le logement qu'il occupe actuellement dans ledit College qu'il a fait accommoder à ſes dépens, & dont les ajuſtemens reſteront & demeureront acquis audit College après lui, la ſomme de 500 livres de penſion, payables ſans aucune retenue, laquelle aura cours, à compter du premier Octobre prochain ; & arrivant le cas de prédécès du Principal, il fera loifible au Bureau de difpofer du logement dudit Procureur, en lui payant annuellement la fomme de 300 livres, tant pour lui tenir lieu dudit logement, qu'à caufe defdits ajuftemens qui demeureront, comme il eft dit, au Collège (535).

5°. Qu'à compter du premier Septembre prochain, la réunion dudit Collège fera effectuée, & les deux Bourfiers actuellement exiftans, logés dans le Collège de Louis-le-Grand au plus tard dans le courant dudit mois.

6°. Que les bourfes qui pourront y être ajoutées par la fuite pour compléter le nombre de fept Bourfiers de la première fondation (536), ainfi que toutes celles qui pourront être ajoutées par la fuite fur les épargnes & après l'extinction des penfions accordées aux Principal, Procureur & Chapelain, refteront toujours à la nomination, collation & inftitution de ceux qui en ont le droit par les titres de fondation.

11°. Que le mobilier dudit Collège confiftant en un calice avec fa patenne, un ciboire & une croix d'argent, pefant enfemble cinq marcs deux onces deux gros, & les vieux ornemens & linges de la Chapelle eftimés par gens à ce connoiffans la fomme de 310 livres, fera & appartiendra au Collège de Louis-le-Grand, à la charge de payer ladite fomme de 310 livres au Collège de Sainte Barbe.

Nota. Cette Délibération a été homologuée par Arrêt du premier Septembre 1764 dépofé aux archives en vertu d'autre Délibération du 4 des même mois & an.

Du 18 Décembre 1777.

MESSIEURS les Adminiftrateurs fpécialement chargés du Collège de Sainte-Barbe ont dit que ce Collège a été originairement fondé pour un Principal, un Procureur & un Chapelain qui dévoient être pris dans les Diocèfes d'Evreux, Autun, Rouen & Paris, & pour quatre Bourfiers pris dans différens pays & différentes familles ; qu'au moyen de la création de quatre bourfes, faite par Délibérations des 16 Décembre 1773 & 7 Janvier 1774 non homologuées, il exiftoit aujourd'hui dans ce Collège fix Bourfiers ; favoir, deux de la Paroiffe Saint-Hilaire de Paris, un de la Paroiffe de la Neuville d'Aulmont au Diocèfe de Beauvais, & trois pour remplacer les anciens Officiers pris indiftinctement dans les Diocèfes d'Evreux, Autun, Rouen & Paris ; que d'après l'état des revenus de ce Collège qui a été dreffé (& dont il a été fait lecture), il jouit de 5824 livres, & fes charges, en y comprenant même la penfion des quatre Bourfiers établis en 1773 & 1774, ne font que de 3866 livres 16 fols 3 deniers ; qu'ainfi il lui refte

(En marge : Délibération portant affectation des Bourfes de ce College.)

---

(535) Cet ancien Officier eft le feul qui refte, & en exécution de cet article, il lui eft payé 800 livres, & il n'a pas de logement.

(536) Il en a été créé fix par Délibération des 16 Décembre 1773, 7 Janvier 1774 & 18 Décembre 1777, dont une a été fufpendue par la Délibération du 5 Juillet 1781, ci-après.

de net par chacun an 1957 livres 3 fols 9 deniers, chargé feulement des réparations des bâtimens; que de plus le College a en caiffe à peu près l'année de fon revenu exigée par le Réglement de 1767; que dans ces circonftances, ils propoferoient au Bureau de créer deux bourfes; la premiere, pour completter les quatre bourfes Artiennes anciennement fondées, laquelle fera affeétée à un enfant de la Paroiffe de Saint Nicolas des Alleux-le-Roi, près Poiffy, au Diocèfe de Chartres; qu'à l'égard de la feconde bourfe, leur objet eft de la réunir aux trois établies en 1773 & 1774, & d'en former quatre bourfes pour repréfenter les trois Officiers de ce College (dont il y a encore un vivant) qui devoient être pris dans les quatre Diocèfes ci-deffus dénommés; que les trois bourfes créées en 1773 & 1774 étant affeétées à ces quatre Diocèfes, il devoit néceffairement s'en trouver toujours un qui n'eut point de Bourfier; que de plus les nominateurs avoient cru avoir la liberté de choifir les Sujets indifféremment dans les quatre Diocèfes, tellement que ces trois bourfes étoient aujourd'hui remplies par trois enfans de Paris; ce qui leur paroît contraire à l'efprit de la fondation, & ce qui arrivera cependant prefque toujours, les nominateurs étant tous réfidens à Paris; que pour obvier à cet inconvénient, ils croient qu'il conviendroit d'affeéter la feconde bourfe qu'ils propofent de créer, ainfi que celles établies en 1773 & 1774 aux quatre Diocèfes dans lefquels devoient être pris les Officiers du College; & cela, de maniere qu'il y eût une de ces quatre bourfes affeétée à chacun des quatre Diocèfes; qu'il eft encore un autre abus auquel ils croient qu'il eft à propos de remédier; qu'ils viennent d'obferver au Bureau que parmi les quatre bourfes Artiennes originairement fondées dans ce College, il y en a deux affeétées à des Paroiffes particulieres; l'une dans le Diocèfe de Beauvais, & l'autre dans le Diocèfe de Chartres; qu'il arrivoit quelquefois qu'il ne fe trouvoit pas dans ces Paroiffes de Sujets capables de remplir les bourfes lorfqu'elles fe trouvent vacantes; qu'alors les nominateurs croyoient avoir la liberté de choifir un Bourfier dans tel endroit du Royaume qu'ils jugeoient à propos; que cependant, puifqu'il y a dans la fondation deux affeétations; l'une pour tel Diocèfe, & l'autre pour telle Paroiffe de ce Diocèfe, il paroiffoit que lorfqu'il ne fe trouvoit pas dans la Paroiffe défignée un Sujet capable de remplir la bourfe, les nominateurs devoient être alors aftreints à choifir un Sujet dans le Diocèfe.

Sur quoi la matiere mife en délibération,

Le Bureau a unanimement arrêté,

1°. De confirmer les créations de quatre bourfes faites les 16 Décembre 1773 & 7 Janvier 1774; & qu'en outre il en fera établi deux nouvelles pour avoir lieu au premier Oétobre 1778; & qu'en conféquence, il y aura par la fuite dans ledit College de Sainte Barbe huit bourfes, *deux* pour la *Paroiffe de Saint Hilaire* au Mont de Paris, *une* pour un enfant de la *Paroiffe de la Neuville d'Aulmont*, au Diocèfe de Beauvais; *une* autre pour un Sujet de la *Paroiffe de Saint Nicolas des Alleux-le-Roi*, près Paris, au Diocèfe de Chartres, & les *quatre* autres pour chacun des Diocèfes, d'*Evreux, Autun, Rouen & Paris*.

2°. Que lorsqu'il ne se trouvera point dans les Paroisses de la Neuville d'Aulmont & de Saint-Nicolas des Alleux-le-Roi des Sujets capables de remplir la bourse affectée à chacune de ces Paroisses, les nominateurs seront tenus de choisir un Boursier dans les Diocèses où sont situées lesdites Paroisses; & en conséquence, le sieur la Bourcey qui remplit actuellement une des bourses créées en 1773, & affectées à la Paroisse de la Neuville d'Aulmont, au Diocèse de Beauvais, ne pourra être remplacé que par un enfant de cette Paroisse, & à défaut, du Diocèse de Beauvais.

3°. Qu'une des deux bourses présentement créées sera pour un Sujet de la Paroisse de Saint Nicolas des Alleux-le-Roi près Poissy, au Diocèse de Chartres, & ne pourra être remplie que par un Sujet de ladite Paroisse, & à défaut, du Diocèse de Chartres.

4°. Qu'il sera par le Secrétaire donné connoissance de la présente création au Curé de ladite Paroisse de Saint Nicolas des Alleux-le-Roi, Diocèse de Chartres, & par la suite, par M. le Principal (537) à chaque vacance des bourses affectées auxdites Paroisses de la Neuville d'Aulmont, au Diocèse de Beauvais, & de Saint Nicolas des Alleux-le-Roi, au Diocèse de Chartres, aux Curés desdites Paroisses, à l'effet par lesdits Curés de publier, par trois Dimanches consécutifs, lesdites créations ou vacances, desquelles publications ils enverront les certificats à l'un des trois Supérieurs-Majeurs dudit College de Sainte Barbe; & dans le cas où il ne se trouveroit point dans ces Paroisses de Sujets capables de remplir lesdites bourses, lors de leur vacance; & qu'en conséquence, les nominateurs auroient la liberté de choisir dans tout le Diocèse, ainsi qu'il est stipulé par l'article II ci-dessus, lesdits nominateurs seront alors obligés de relater dans leur nomination lesdits procès-verbaux de publications.

5°. Que la seconde des deux bourses créées par la présente Délibération, ainsi que les trois créées en 1773 & 1774, seront & demeureront affectées, une à chacun des Diocèses d'Autun, Evreux, Rouen & Paris; en conséquence, ladite seconde bourse présentement créée sera & demeurera affectée à un Sujet du Diocèse d'Autun; la première des trois bourses créées en 1773 & 1774, pour remplacer les Officiers du College, qui deviendra vacante, sera remplie par un enfant du Diocèse d'Evreux; la seconde, par un Sujet du Diocèse de Rouen, & la troisieme & derniere, par un enfant du Diocèse de Paris (538).

Cette Délibération a été homologuée par Arrêt du 23 Décembre 1777, & l'Arrêt déposé aux archives, en exécution de la Délibération du 2 Janvier 1778.

_____

(537) C'est actuellement le Secrétaire qui est chargé de ce soin. Voyez la Délibération du 5 Avril 1781, ci-dessus, *note* 98.

(538) *Du 5 Juillet 1781.*

Vu par le Bureau le compte du College de Sainte-Barbe, arrêté le 15 Mars dernier, pour l'année classique, échue le premier Octobre 1780, ensemble ladite Délibération du 3 Mai aussi dernier, portant fixation du montant des réparations annuelles, le Bureau auroit reconnu que les charges de ce College excedent ses revenus de la somme de 307 livres; en conséquence, cherchant à rapprocher sa recette de sa dépense, il auroit considéré que les deux Bourses, créées dans ce College par Délibération du 18 Décembre 1777, n'ont pas encore été rem-

Du 18 Décembre 1777.

Accord entre les
Supérieurs - Ma-
jeurs pour la no-
mination des
Bourses.

LE BUREAU délibérant fur ce qui concerne le College de Sainte Barbe, il a été obfervé que ce College a trois Supérieurs-Majeurs; favoir, le Doyen de MM. les Confeillers-Clercs du Parlement, le Chancelier de l'Univerfité (dans l'Eglife de Notre-Dame de Paris), & le Doyen des Profeffeurs de la Faculté de Droit; qu'en conféquence, la nomination aux bourfes fe fait conjointement par les trois Supérieurs-Majeurs, ce qui les gêne tous les trois, & ne laiffe à aucun la liberté du choix; que dans le College de Bourgogne, il y a deux Supérieurs-Majeurs, dont un eft également le Chancelier de l'Univerfité, que ces deux Supérieurs-Majeurs donnent bien les provifions des bourfes conjointement, mais qu'ils y nomment alternativement,

Sur quoi la matiere mife en Délibération,

LE BUREAU a unanimement arrêté d'inviter MM. les Supérieurs-Majeurs du Col-lege de Sainte Barbe de faire entre eux le même arrangement qui a été fait par MM. les Supérieurs du College de Bourgogne; & en conféquence, de continuer à donner conjointement les provifions des bourfes de ce College, mais de nommer alternativement auxdites bourfes.

Arrêté en outre que lorfque le Secrétaire enverra à chacun des trois Supérieurs-Majeurs du College de Sainte Barbe la Délibération ci-devant prife pour l'augmentation des Bourfes de ce College, enfemble de l'Arrêt d'homologation d'icelle, il leur enverra pareillement à chacun une expédition de la préfente Délibération.

Du 17 Mai 1781.

LE Secrétaire-Archivifte a remis fur le Bureau une expédition qui lui a été envoyée par M. Thomaffin, l'ancien des Profeffeurs de la Faculté de Droit de Paris, d'un accord fait le 9 de ce mois entre MM. les Supérieurs-Majeurs du College de Sainte-Barbe, au fujet de la nomination aux bourfes de ce College, conformément à l'invitation qui leur avoit été faite dudit accord, il a été arrêté que cette expédition fera dépofée aux archives, & tranfcrite à la fuite de la Délibération de ce jour.

---

plies, ce qui même a facilité le placement d'une fomme de 6000 livres, qui a été faite des épargnes de ce College.

Sur quoi la matiere mife en délibération,

LE BUREAU a unanimement délibéré que MM. les Supérieurs majeurs du College de Sainte-Barbe feront invités à laiffer vacante une des deux Bourfes créées dans ce College par Délibération du 18 Décembre 1777, & ce feulement jufqu'après l'extinction de la penfion viagere de 800 livres dont jouit l'ancien Procureur de ce College, & qu'expédition de la préfente Délibération fera adreffée, par le Secrétaire-Archivifte, à chacun de MM. les Supérieurs majeurs dudit College, & qu'elle fera imprimée dans le Recueil arrêté le 28 Mai dernier, à la fin du vingt-quatrieme Chapitre de la feconde Partie dudit Recueil.

Accord fait entre les Supérieurs-Majeurs du College de Sainte Barbe, concernant la nomination aux bourses dudit College.

Nous souffignés Léonard de Sahuguet d'Efpagnac, Abbé des Abbayes royales de Notre-Dame de Coulons, Diocèfe de Chartres, & de Saint Pierre & Saint Paul de Ferriere, Diocèfe de Sens, Confeiller en la Grand'Chambre du Parlement, & Doyen de MM. les Confeillers-Clercs; François-Charles Chevreul, Doƈteur de la Maifon & Société de Sorbonne, Chanoine de l'Eglife de Paris, Chancelier de ladite Eglife & de l'Univerfité de Paris, Official du Diocèfe, & Vicaire général de Paris; Alexandre-Louis Thomaffin, Avocat en Parlement, & l'ancien des Profeffeurs de la Faculté de Droit de Paris, tous trois créés Supérieurs-Majeurs du College de Sainte Barbe par le teftament de défunt Me Dugaft, Fondateur dudit College, en date du 7 Avril 1651; & en cette qualité, Collateurs des bourfes par lui fondées dans ledit College, fur l'invitation que nous ont fait MM. les Adminiftrateurs du College de Louis-le-Grand, par une Délibération en date du 18 Décembre 1777, à nous communiquée par le Secrétaire dudit Bureau les jour & an que deffus, par laquelle nous fommes engagés, à l'exemple des Supérieurs-Majeurs du College de Bourgogne, de nommer aux bourfes vacantes alternativement, & par tour, & non en commun, comme par le paffé, de maniere cependant que les provifions fe donnent conjointement; defirant déferer à ladite invitation, fommes convenus de ce qui fuit:

1°. Qu'à l'avenir les bourfes du College de Sainte Barbe venant à vaquer, nous y nommerons alternativement, & par tour, & non à la pluralité des voix comme par le paffé.

2°. Que les provifions de chaque nomination feront expédiées en commun; enforte qu'elles femblent faites par les trois Supérieurs d'un confentement unanime.

3°. Que la premiere bourfe vacante fera conférée par le Doyen des Confeillers-Clercs; la feconde, par le Chancelier de Notre-Dame, & la troifieme, par l'ancien des Profeffeurs en Droit, fuivant l'ordre défigné par le teftament du Fondateur dans la nomination des trois Supérieurs-Majeurs qu'il a créés. En conféquence, MM. les Adminiftrateurs du College de Louis-le-Grand ayant créé par leur fage économie deux nouvelles bourfes dans ledit College de Sainte Barbe, par une Délibération en date du 18 Décembre 1777, homologuée le 23 Décembre fuivant, & à nous communiquée par le Secrétaire du Bureau d'Adminiftration; l'une, pour un Sujet de la Paroiffe de Saint Nicolas des Alleux-le-Roi, près Poiffy, au Diocèfe de Chartres; l'autre, pour un Sujet du Diocèfe d'Autun; ces deux bourfes vacantes feront conférées; l'une, par le Doyen des Confeillers-Clercs; l'autre, par le Chancelier de Notre-Dame; & la premiere qui viendra à vacquer, par l'ancien des Profeffeurs en Droit.

Nous nous fommes portés d'autant plus volontiers à ce nouvel arrangement que, comme l'ont très-bien obfervé MM. les Adminiftrateurs, l'ancienne méthode étoit très-gênante, & ne laiffoit à aucun des nominateurs la liberté du choix.

Arrêté de plus que copie du préfent accord fera portée au Greffe du Bureau de l'Adminiftration au College de Louis-le-Grand, & en outre, qu'il en fera fait trois copies pour chacun de nous ; fait à Paris le 9 Mai 1781. *Signés*, SAHUGUET D'ES- PAGNAC, CHEVREUIL, Chancelier de l'Eglife & Univerfité de Paris, & THOMASSIN, Avocat, & l'ancien des Profeffeurs en Droit.

Noms des Fondateurs & Bienfaiteurs du College DE SAINTE BARBE.

1. *Robert Dugaft*, Docteur-Régent en Droit Canon, & Principal du College de Co-querel, Fondateur du College, 1556.

2. *Jean Leclerc*, Docteur-Régent du College, 1559.

3. *Nicolas Seurat*, Prêtre & Prieur de Saint Mandé, Fondateur d'une bourfe non encore établie, 1699.

4. *Anne Couvreur* & *Claude Tureau*, Prêtre, 1704.

5. *Simon Menaffier*, Prêtre & Principal du College, Fondateur d'une bourfe non encore établie, 1714.

6. *Catherine Garnetos*, 1715.

7. *Marie Guyard*, veuve de *Pierre Guilles*, 1715.

ARTICLE II.

Fondations Seurat & Menaſſier (539).

Du 21 Août 1764.

Messieurs les Adminiſtrateurs particuliérement chargés du College de Sainte Barbe rendant compte de tout ce qui concerne ledit College, ont dit... qu'il a été fait dans ce College deux fondations ; celle de Me Nicolas Seurat & celle de Me Menaſſier, dont l'exécution a été ſuſpendue juſqu'à ce jour. On apprend par des notes trouvées dans les papiers du College, parmi leſquels on n'a pas trouvé les titres de la fondation, que le 28 Juin 1699, Me Nicolas Seurat, Prêtre & Prieur de Saint Mandé, fonda une bourſe dans le College de Sainte Barbe pour un enfant de ſa famille : on ſait que les héritiers de Me Seurat céderent au College, pour la dotation de cette bourſe, un contrat de conſtitution de rente de 150 livres, au principal de 3000 livres ſur les Aides & Gabelles ; que lors de la réduction des rentes, en 1714, ce contrat a été fondu dans un autre de 1000 livres qui fut conſtitué alors, & le principal augmenté de 300 livres de deux années d'arrérages, de maniere que la fondation ne ſe trouva cependant que de 130 livres de rente pour ſa part dans le contrat de 1000 livres : dans la ſuite le College a employé à rembourſer un de ſes créanciers une autre ſomme de 300 livres provenans d'autres arrérages de ladite rente envers la fondation Seurat. La premiere rente de 130 livres a éprouvé une autre réduction en 1720, & n'a plus produit que 82 livres 10 ſols ſur le pied du denier quarante ; mais comme elle n'a pas été acquittée depuis 1733, & que la bourſe n'a pas non plus été remplie depuis ce tems, il ſe trouve entre les mains des Payeurs un fonds de 2640 livres (540) qui, devant être placé au profit de la fondation, augmentera ſon revenu, la rente de 15 livres mentionnée ci-deſſus n'ayant pas non plus été acquittée depuis cette derniere époque ; il ſe trouve d'arrérages accumulés une ſomme de 480 livres qui doit être placée également ; enforte que les revenus de la bourſe fondée par Me Seurat peuvent être portés chaque année à la ſomme de 253 livres 10 ſols.

Me Simon Menaſſier, d'abord Procureur, puis Principal du College de Sainte Barbe, fonda, dès l'année 1711, une bourſe qu'il affecta à un Sujet de ſa famille qui ſeroit nommé par lui, & après ſa mort, par trois notables de ſa parenté, leſquels obſerveroient

(539) *Second département.*

(540) Depuis 1764, cette ſomme a beaucoup augmentée ; mais on ſera long-tems à la recevoir (même lorſque cette affaire ſera en regle), attendu que les rentes que paye le Roi, lorſqu'elles ont été portées par les Payeurs au Tréſor royal (ce qui ſe fait après ſix ou ſept ans de non réclamation), ne ſont rétablies que par doublement ; ainſi, y ayant près de cinquante ans de dus, il faudra un délai auſſi long pour recevoir tous ces arrérages arriérés.

II. Partie. Nnnn

de donner la préférence à celui qui porteroit le nom de Menaffier; il ordonna que la bourfe par lui fondée feroit remplie par un enfant de la ville de Sémur en Bourgogne, à la nomination des Maire & Echevins de ladite Ville, fa patrie. Me Menaffier deftina à la dotation de cette bourfe une fomme de 3160 livres, qui fut placée, le 23 Octobre 1711, en un contrat fur les Aides & Gabelles, produifant, au denier vingt, 158 livres, dont Me Menaffier fe réferva la jouiffance pendant fa vie, & il ordonna qu'après fa mort cette rente feroit diftribuée; favoir, 100 livres au Bourfier qui feroit nommé, & 58 livres au College, pour l'inftruction & logement qu'il feroit tenu de fournir à ce Bourfier. L'acte de fondation, apparemment de la même date, ne fe trouve point; mais il y a dans les papiers du College un acte fous fignature privée du 10 Juillet 1712, par lequel les Supérieurs & Réformateurs approuvent & acceptent cette fondation; les ré-volutions que les rentes ont éprouvées depuis 1712, ont mis le fieur Menaffier dans la néceffité de refondre plufieurs contrats, auxquels ayant joint quelques fommes de fes deniers, il en compofa 10000 livres, fort principal du contrat du 28 Novembre 1714, dont on vient de parler à l'occafion de la fondation Seurat; le 29 Décembre 1712 Me Menaffier a encore acquis, au moyen d'un rembourfement de 1000 livres fait de fes deniers, avec fubrogation à fon profit aux Religieufes de Barbonne, une rente de 50 livres, dont il fe réferva également la jouiffance; & le 29 Août 1719, ayant encore acquis 50 autres livres de rente, au moyen d'une fomme de 1250 livres de fes deniers, employée dans un rembourfement de 3000 livres fait par le College de Sainte Barbe, le revenu de la fondation du fieur Menaffier s'eft trouvé fixé & porté à la fomme de 250 livres par année: la nouvelle réduction que les rentes fur les Aides & Gabelles ont éprouvées au denier quarante, en 1720, ayant dérangé les arrangemens pris par Me Me-naffier pour la fondation, il s'obligea, pour fuppléer à la réduction par Délibération prife avec tous les Bourfiers & Officiers du College, le 22 Décembre 1720, à fupporter la perte faite par le College fur 2620 livres de billets de banque, & abandonna fa vie durant, au College la jouiffance qu'il s'étoit réfervé de la feconde defdites deux parties de rentes de 50 livres; par fon teftament du premier Juin 1732 il recommanda que les 250 livres de redevance par lui données pour la fondation, fuffent confervées en leur entier, voulant que dans le cas où on jugeroit devoir y retrancher, qu'une rente de 100 livres à lui due par le College, dont il difpofoit en faveur des Officiers & Bourfiers par égale portion, fut, dans le cas, appliquée à fa fondation & à fon Bourfier feul; il legua de plus au College, fans aucunes charges, fes meubles, livres & ornemens d'Eglife avec fa chapelle.

Depuis l'année 1733 que le fieur Menaffier eft mort, fa fucceffion eft reftée indivife, fes meubles & ornemens d'Eglifes font demeurés dans les mains du Principal actuel, & les arrérages de la rente de 250 livres fur les Aides & Gabelles fe font accumulés entre les mains des Payeurs, de maniere qu'avec le capital que fes arrérages forme-ront, & dans la fuppofition la plus rigoureufe, les revenus de la fondation du fieur Menaffier pourront être portés à la fomme de 497 livres 17 fols 6 deniers. Ces deux fondations font demeurées fufpendues, ainfi que le refte de l'exécution du teftament de Me Menaffier.

Du 20 Avril 1769.

MESSIEURS les Adminiftrateurs particuliérement chargés du College de Sainte Barbe ont dit.... que n'ayant pas pu jufqu'à ce jour terminer l'affaire de la fucceffion du fieur Menaffier, la délivrance des legs faits à ce College par ledit feu Me Menaffier pour fa fondation eft fufpendue depuis plus de trente années, ce qui occafionne un dommage confidérable à ce College, par le défaut de la rentrée de la fomme de 7904 livres 7 fols 8 deniers, reftée & accumulée par les arrérages de trois contrats fur les Aides & Gabelles légués pour cette fondation, ainfi que le mobilier dudit feu fieur Menaffier, qu'ils croient que cette affaire doit être inceffamment terminée.....

Sur quoi la matiere mife en délibération,

LE BUREAU a arrêté.... qu'il fera fait regiftre du récit de MM. les Adminiftrateurs.... & qu'en adoptant les obfervations y contenues, mefdits fieurs les Adminiftrateurs, conjointement avec M. le Grand-Maître, feront les diligences néceffaires pour terminer l'affaire de la fondation de Me Menaffier, ainfi que pour le rétabliffement des contrats des rentes par lui léguées pour l'entretien des Bourfiers fondés par ledit Me Menaffier & ledit fieur Seurat dans ledit College.

Du 17 Mars 1770.

MESSIEURS les Adminiftrateurs particuliérement chargés du College de Sainte Barbe ont dit... qu'à l'égard du contenu en la délibération du 20 Avril 1769, il y a un objet qui n'a pas pu être exécuté; favoir, l'affaire concernant la fondation faite par le fieur Menaffier, MM. les Adminiftrateurs chargés, conjointement avec M. le Grand-Maître, de terminer cette affaire, fe font abouchés avec Me Menaffier, Procureur au Parlement, lequel a fourni un mémoire contenant les prétentions des héritiers fur les biens affectés à la fondation; que cette affaire fouffre dans la forme les plus grandes difficultés, attendu le grand nombre des héritiers; que cependant ledit Me Menaffier, chargé de la procuration de la plupart, a promis de donner inceffamment fon confentement, tant pour la vente du mobilier légué par ledit fieur Menaffier au College, que pour le rétabliffement entre les mains de M. le Grand-Maître des contrats affectés à ladite fondation.

Sur quoi il a été unanimement arrêté :

1º. Que mefdits fieurs Adminiftrateurs feront priés de continuer leurs foins pour terminer inceffamment l'affaire de la fondation du fieur Menaffier.

Du 2 Septembre 1779.

VU par le Bureau le compte du College de *Sainte Barbe*, arrêté le 4 Mai dernier, pour l'année claffique échue le premier Octobre 1778, il a été arrêté :....

3º. Que le fieur Duval, Procureur au Châtelet, fera autorifé à donner affignation au fieur Menaffier, Procureur au Parlement, pour terminer la fondation Menaffier, fur laquelle il fera fait un mémoire par le Secrétaire-Archivifte, dont copie fera remife audit Me Duval ; & l'article premier des reprifes concernant ladite fondation, fera à l'avenir rejetté des comptes ; il fera feulement mis à la fuite des charges une mention de la préfente Délibération, de celle du 20 Avril 1769, & de ladite fondation, & un renvoi pour les objets qui en dépendent, au premier compte du College de Sainte Barbe, arrêté le 14 Avril 1768.

4°. Qu'il fera pareillement dreffé par le Secrétaire-Archivifte un mémoire fur la fondation Seurat, pour connoître la nature des biens affectés à cette fondation, pour, fur ledit mémoire être délibéré par le Bureau, ainfi qu'il appartiendra, en exécution de la Délibération du 21 Août 1764.

Du 15 Juin 1780.

Vu par le Bureau le compte du College de Sainte Barbe, arrêté le 5 Avril dernier pour l'année claffique échue le premier Octobre 1779.

3°. M. le Rat de Mondon a été prié de fuivre vis-à-vis de Me Menaffier, Procureur au Parlement, l'exécution de la fondation Menaffier, faite dans ce College ; enfemble de la fondation Seurat, qui en eft une fuite ; & dans le cas où il ne pourroit parvenir à terminer cette affaire à l'amiable avec ledit Me Menaffier, de donner ordre au Procureur du College de l'affigner.

Du 5 Juillet 1781.

Vu par le Bureau le compte du College de Sainte Barbe, arrêté le 15 Mars dernier, pour l'année claffique échue le premier Octobre 1780, il a été arrêté :

1°. Que le Secrétaire-Archivifte fera chargé de fuivre le procès pour la fondation Menaffier, & le Caiffier, de fournir les quittances à la Ville pour faire recevoir les arrérages des rentes appartenantes à cette fondation, & l'un & l'autre rendront compte de ce qu'ils auront fait aux Adminiftrateurs particuliérement chargés de ce College.

CHAPITRE XXV.

COLLEGE DE SAINT MICHEL (541).

IL n'y a aucunes remarques particulieres à faire fur ce College; tout ce qu'on en dira fe réduira donc aux obfervations fuivantes.

1°. Que fes revenus, au moment de la réunion, étoient de *cinq mille cinq cens foixante-huit livres*, & qu'ils font actuellement de *fix mille huit cens foixante-quatorze livres ;* que fes charges, y compris le montant des *réparations*, fixé à *neuf cens livres* par la Délibération du 3 Mai 1781, font de *quatre mille cinq cens trois livres :* qu'ainfi fes revenus *excedent fes* charges de *deux mille trois cens foixante-onze livres*, indépendamment de l'augmentation du revenu qu'a procuré à ce College le placement de *fix mille livres*, qui a été fait le 5 Avril 1781 fur les *neuf mille quatre cens cinquante livres* qu'il avoit en caiffe le premier Octobre 1780.

2°. Qu'en 1763, ce College devoit *trente-huit mille deux cens cinquante-quatre livres*, qui font payées, à l'exception de *trois mille cinq cens cinquante-quatre livres* qui n'ont pu encore être rembourfées avec fûreté, & relativement auxquelles il a été, le 15 Juin 1780, délibéré de faire les diligences néceffaires pour effectuer le rembourfement; on a de plus payé les *neuf mille livres* qu'il en a coûté en 1774 pour les réparations qui ont été faites dans les bâtimens de ce College.

3°. Qu'il n'y avoit, au moment de la réunion, *aucuns* Bourfiers, & qu'il y en a actuellement *huit*.

4°. Quant à fes bourfes, elles font à la nomination de *M. le Comte de Périgord*, comme ayant épousé Mademoifelle de Chalais, *héritiere* de la Maifon *de Chenac*. Elles étoient par la fondation deftinées d'abord à *fes parens*, & à leur défaut, aux habitans du *Limoufin* (542); mais pendant l'impreffion du préfent Recueil, M. le Comte de Périgord a obtenu du Roi, des Lettres-Patentes en date du 5 Septembre 1781, qui ont été vérifiées au Parlement le 7 du même mois.

Ces Lettres Patentes, qui feront imprimées ci-après, étendent la fondation.

Elles fixent à *fix* les Bourfiers de l'ancienne fondation; & ce, conformément aux Statuts donnés à ce College par l'Univerfité le 23 Mars 1404; & *faute de Sujets dans le Diocèfe de Limoges*, elles autorifent M. le Comte de Périgord à nommer des enfans nés dans *le Diocèfe de Perigueux*, & même *dans la haute Guyenne* (543).

---

(541) *Second département.*

(542) Le fameux Cardinal Guillaume *Dubois*, mort le 10 Août 1723, Archevêque de Cambray & premier Miniftre, avoit été Bourfier de ce College.

(543) Cette dénomination a été attribuée à la Généralité de Montauban, compofée des

Enfin, elles ordonnent que *toutes les bourfes* qui feront créées *après que la fondation originaire fera complette*, feront *à la libre collation de M. le Comte de Périgord* & de fes fuccefleurs qui pourront en pourvoir tels des Sujets de S. M. qu'ils jugeront à propos, en quelque lieu qu'ils foient nés ; mais auffi, fi par la fuite il faut fufpendre des bourfes, celles dont la collation eft abfolument libre feront les premieres fufpendues.

Provinces du Quercy & du Rouergue, & ce par Lettres Patentes du 26 Novembre 1779, vérifiées au Parlement, féant à Touloufe, le 23 Décembre fuivant.

Ces Lettres Patentes ont été données d'après la demande qui en a été faite par l'Affemblée provinciale de cette Province, par Délibération du 17 Septembre 1779. *Voyez* le Procès-verbal, imprimé *in*-4°. à Villefranche en 1780, pag. 34-36, & 247-251.

Du 20 Octobre 1764.

MESSIEURS les Administrateurs du College de Chenac-Pompadour, dit Saint Michel, ont rendu compte de tout ce qui concerne ledit College, duquel compte il réfulte que ce College doit fon origine à Guillaume de Chanac, ou vulgairement dit Chenac, Evêque de Paris, & enfuite Patriarche d'Alexandrie, originaire de la Province de Limoges, lequel, par fon teftament, dont la date n'eft pas connue, & dont l'exécution n'a été remplie qu'en 1402, avoit ordonné qu'il feroit établi dans fon hôtel, rue de Bievre à Paris, un College compofé de dix ou douze Ecoliers; il ordonna qu'ils feroient pris dans fa famille, s'il y avoit des Sujets pauvres, & à défaut de la famille de Chenac, ils doivent être pris dans la Province de Limoges. Guillaume de Chenac, Cardinal de Mende, & Bertrand de Chenac, Cardinal de Jérufalem, fes Exécuteurs teftamentaires, pour augmenter ladite fondation, firent auffi, par leurs teftamens, des legs en faveur dudit College; lefdits Patriarches & Cardinaux étant morts fucceffivement, Elie de Chenac & autres Exécuteurs de Bertrand de Chenac, dernier mort, donnerent leur procuration le 17 Juin 1401, pour parvenir à la confommation de l'établiffement du College; l'Univerfité y donna fon approbation par un acte en forme de procuration, le 22 Décembre de ladite année 1401. Ce ne fut cependant que le 13 Septembre 1402 qu'il fut paffé un accord entre lefdits Exécuteurs & héritiers, d'une part; l'Univerfité & la Nation de France de l'autre, homologuée au Parlement le 23 dudit mois.... Elie de Chenac, tant pour affection pour ledit College que pour remplir les intentions de Bertrand de Chenac, dont il étoit Exécuteur teftamentaire, fit en outre ceffion au College du Domaine d'Aurigny par acte du 12 Novembre 1405.... L'Univerfité, qui avoit toujours fuivi l'exécution de l'établiffement de ce College, lui donna des Statuts, par acte authentique du 23 Mars 1404, par lefquels il ordonna que pour gouverner ledit College, il y auroit un Maître ou Principal qui feroit Maître ès Arts ou reçu dans quelqu'autre Faculté, & avec lui fix Ecoliers étudians, dont l'un feroit Prêtre & feroit l'office de Chapélain.... Qu'il feroit choifi tous les ans par la Communauté un d'entre les Bourfiers pour être le Procureur du College & en régir les biens, & qu'il en rendroit compte en préfence des Bourfiers & du Procureur de la Nation de France ou du Doyen de la Tribu de Bourges.... Les Bourfiers doivent être nommés par les Chefs de la maifon de Chanac, repréfenté aujourd'hui par M. le Comte de Périgord, comme ayant époufé Mademoifelle de Chalais.... La mauvaife adminiftration fucceffive de ce College, les malheurs des tems, les réparations & reconftructions des maifons ont mis, dans les derniers tems, l'Univerfité dans la néceffité d'obtenir un Arrêt de la Cour le 21 Mars 1743, confenti par le Prince de Chalais, repréfentant le chef de la famille du Fondateur, par lequel il a été ordonné la furféance à la nomination des bourfes & place du Principal du College.... Par trois autres Arrêts de la Cour rendus avec le Prince de Chalais & le Comte de Périgord, les 7 Septembre 1741, 5 Avril 1743, & 13 Mars 1744, ce College a été autorifé à emprunter jufqu'à la concurrence de 45915 livres de différens par-

Délibération portant réunion du College de Saint Michel.

ticuliers, pour être employées à la reconstruction d'une maison dépendante du College ; conformément à l'Ordonnance des Tréforiers de France ; il n'a été remboursé jufqu'à ce jour, fur cet emprunt, que la fomme de 7661 livres ; de forte que le College doit encore en capitaux de rentes conftituées la fomme de 38254 livres....

Sur quoi le Bureau délibérant a arrêté :....

4°. Qu'à compter de cejourd'hui, la réunion dudit College fera effectuée, & que la fufpenfion des bourfes d'icelui ordonnée par Arrêt de la Cour du 21 Mars 1743 fubfiftera en fon entier jufqu'à ce que la moitié des capitaux de rentes dues par le College, foit acquittée, auquel tems il fera nommé & admis le nombre de Bourfiers qui fera alors fixé par Délibération du Bureau d'Adminiftration (544).

5°. Que les bourfes qui pourront être rétablies, tant pour remplir le nombre fixé par les fondations, que celles qui pourront y être ajoutées par la fuite, fi il y a lieu, refteront toujours à la nomination des Fondateurs ci-deffus défignés.

6°. Que les Bourfiers feront pris de la famille des Fondateurs ou des lieux défignés par les titres de fondations....

Nota. Cette Délibération a été homologuée par Arrêt de la Cour du 14 Décembre 1764, dépofé aux archives le 20 des même mois & an.

LETTRES PATENTES du 5 Septembre 1781.
Portant réglement pour les Bourfes du College de Saint Michel.

LOUIS, par la grace de Dieu, Roi de France & de Navarre : A tous ceux qui ces préfentes Lettres verront ; SALUT. Notre très-cher & bien amé coufin le Comte de Périgord, Grand d'Efpagne de la premiere claffe, Chevalier de nos Ordres, Lieutenant-Général de nos armées, Gouverneur & Lieutenant Général en notre Province de Picardie & pays conquis & reconquis, & Commandant en chef en celle de Languedoc, nous a fait repréfenter qu'à caufe de la Demoifelle de Chalais, fon époufe, il eft non feulement nominateur des bourfes du College de Saint Michel fondé en l'Univerfité de Paris, & l'un de ceux réunis dans le College de Louis-le-Grand ; mais encore que ladite Dame Comteffe de Périgord eft, comme héritiere de la maifon de Chenac-Pompadour, repréfentant les Fondateurs, & comme telle en ayant tous les droits ; que par les Statuts donnés à ce College par l'Univerfité le 23 Mars 1404, il n'y avoit été établi que fix Bourfiers qui, fuivant les intentions de Guillaume de Chenac, Evêque de Paris, & enfuite Patriarche d'Alexandrie & Fondateur de ce College, doivent être pris dans la Province de Limofin ; qu'en 1763, lors de la réunion, il n'exiftoit aucun Bourfier dans ce College & qu'il devoit près de 40000 livres ; que non-feulement ces dettes font prefqu'entiérement payées, mais qu'au moyen de la bonne adminiftration du College de Louis-le-Grand, il a déja été rétabli cinq bourfes dans ce College, & que dans peu il en fera encore rétabli d'autres ; que dans ces circonftances, il nous fupplioit de lui accorder pour les bourfes du College de Saint Michel la même grace que nous avons accordée par

---

(544) Il en a été rétabli huit par Délibérations des 10 Octobre 1775, 18 Décembre 1777, 5 Mai 1780 & 4 Octobre 1781.

notre

notre Déclaration du 3 Septembre 1778 pour le Collège de Mᵉ Gervais, & de lui permettre de difpofer librement des bourfes qui feront créées au-delà des fix établies par
les Statuts de 1404; qu'ayant même de la peine à trouver des Sujets dans le Limofin pour
remplir les cinq bourfes rétablies par le Bureau d'Adminiftration, il a été jufqu'à ce moment obligé d'en laiffer une partie de vacante; & comme il feroit à defirer pour le
bien de l'éducation de nos Sujets qu'il ne reftât aucune bourfe vacantes, il nous auroit
fupplié de lui permettre, faute de Sujets dans le Limofin, de nommer auxdites fix
bourfes ceux de nos Sujets qui feroient nés, foit dans notre Province de Périgord,
foit dans celle de la haute Guyenne, Provinces limitrophes de notredite Province de
Limofin; & voulant donner à notredit très-cher & bien amé coufin le Comte de Périgord des marques de notre fatisfaction & du contentement que nous avons du zele avec
lequel il remplit les différentes fonctions dont nous l'avons chargé, notamment en qualité de Commandant en chef de notre Province de Languedoc; & defirant d'ailleurs
faire participer toutes les Provinces de notre Royaume au bénéfice des bourfes qui pourroient être créées dans le Collège de Saint Michel outre & par deffus celles originairement fondées. Nous avons cru devoir avoir égard à la demande qui nous a été faite par
notredit très-cher & bien amé coufin le Comte de Périgord; & ce, d'autant plus volontiers que notredit très-cher & bien amé coufin le Comte de Périgord étant, par fucceffion aux droits des Fondateurs & le repréfentant, a naturellement le droit d'expliquer & d'étendre les difpofitions de la fondation originaire; & ce qu'il nous propofe ne
pouvant qu'être utile à nos Sujets, nous avons cru devoir l'autorifer à faire à la fondation du Collège de Saint Michel les légers changemens qu'il nous a propofés. A CES
CAUSES, de l'avis de notre Confeil & de notre pleine puiffance & autorité Royale,
Nous avons dit, ordonné & ftatué, & par ces préfentes, fignées de notre main, difons, ftatuons & ordonnons ce qui fuit:

ARTICLE PREMIER.

CONFORMÉMENT aux Statuts donnés par notre Fille aînée l'Univerfité de Paris
audit Collège de Saint Michel, le 23 Mars 1404, les bourfes dudit Collège demeureront
fixées à fix qui, fuivant les intentions de Guillaume de Chenac, Fondateur, feront
affectées aux Sujets nés dans notre Province de Limofin (545).

I I.

DANS le cas cependant où il ne fe trouveroit pas dans notre Province de Limofin
un nombre fuffifant de Sujets pour remplir lefdites fix bourfes, notre très-cher & bien
amé coufin le Comte de Périgord & fes fucceffeurs, pourront nommer auxdites Bourfes
tels de nos Sujets qu'ils jugeront à propos, nés, foit dans notre Province de Périgord,
foit dans celle de la haute Guyenne.

(545) Pour completer la fondation originaire, il a été, le 4 Octobre 1781, rétabli une
Bourfe, qui, avec les cinq antérieurement rétablies, forment les fix mentionnées dans les
ftatuts de l'Univerfité de 1404.

II. Partie. Oooo

I I I.

QUANT aux bourſes qui pourront être créées par la ſuite outre & par-deſſus leſdites ſix bourſes originairement fondées , elles ſeront également à la nomination de notredit très-cher & bien amé couſin le Comte de Périgord & de ſes ſucceſſeurs , qui pourront en pourvoir tels de nos Sujets qu'ils jugeront à propos ; & ce , en quelque lieu de notre Royaume que les jeunes gens ſoient nés , pourvu qu'ils aient d'ailleurs l'âge & la capacité pour ce requis , conformément à nos Lettres Patentes du 19 Mars 1780 , & autres Réglemens ſur ce intervenus (546).

I V.

DANS le cas où la diminution des revenus obligeroit de ſuſpendre quelques-unes deſ-dites bourſes , la ſuſpenſion ne pourra être faite que dans la forme preſcrite par les Lettres Patentes du 21 Novembre 1763 , & autres Réglemens ſur ce depuis intervenus ; & elle portera d'abord ſur les Bourſes étant à la nomination libre de notre très-cher & bien amé couſin le Comte de Périgord & de ſes ſucceſſeurs. SI DONNONS EN MANDEMENT à nos amés & féaux Conſeillers les gens tenant notre Cour de Parlement à Paris , que ces préſentes ils aient à faire regiſtrer & enregiſtrer , & du contenu en icelles faire jouir & uſer notre très-cher & bien amé couſin le Comte de Périgord , ſes hoirs & ayans cauſe pleinement & paiſiblement , ceſſant & faiſant ceſſer tous troubles & empê-chement quelconque , & nonobſtant toutes choſes à ce contraires : CAR tel eſt notre plaiſir ; en témoin de quoi nous avons fait mettre notre ſcel à ces Préſentes. Donné à Verſailles le cinquieme jour de Septembre , l'an de grace mil ſept cent quatre-vingt-un , & de notre regne le huitieme. *Signé* LOUIS : *Et plus bas ,* par le Roi. AMELOT. Et ſcellées en double queue du grand ſceau ſur cire jaune.

Regiſtrées ce conſentant le Procureur Général du Roi, pour jouir par l'impétrant de leur effet & contenu , & être exécutées ſelon leur forme & teneur , ſuivant l'Arrêt de ce jour. A Paris , en Parlement , le ſept Septembre mil ſept cent quatre-vingt-un. Signé YSABEAU.

Expédition de ces Lettres Patentes a été dépoſée aux archives & tranſcrite ſur les regiſtres du Bureau en exécution de la Délibération du 4 Octobre 1781.

Noms des Fondateurs & Bienfaiteurs du College DE SAINT MICHEL.

1. *Guillaume de Chenac,* Cardinal, Evêque de Paris, & enſuite Patriarche d'Alexandrie, Fondateur de ce College, 1404.

2. *Guillaume de Chenac,* Cardinal, Evêque de Mende, Fondateur de ce College, 1404.

3. *Bertrand de Chenac,* Cardinal du titre de Sainte Potentienne, dit *de Jéruſalem,* Fon-dateur de ce College, 1404.

4. *Antoine Carbonnier,* Procureur au Parlement , 1654.

(546) Par la même Délibération du 4 Octobre 1781, il a été créé deux Bourſes , qui , d'après la teneur de cet article , ſont à la libre nomination de M. le Comte de Périgord ; mais ces Bourſes n'ont été établies , l'une que pour le 1ᵉʳ Octobre 1781 , & l'autre que pour le 1ᵉʳ Octobre 1783.

CHAPITRE XXVI.

COLLEGE DE SÉEZ (547).

L E compte de M. Del'Averdy du 12 Novembre 1763 conftate le befoin urgent que ce College avoit de la réunion, befoin qui étoit tel que les Bourfiers eux-mêmes la defiroient ; le même compte indique en peu de mots le procès exiftant avec la Chambre Syndicale de Séez, que le Bureau a terminé par une tranfaction du 25 Juin 1770 dont on trouvera ci-après les détails ; au furplus on obfervera :

1°. Que lors de la réunion, les revenus de ce College étoient de *neuf mille cent feize livres*, & qu'ils font actuellement de *treize mille trente-fix livres ;* quant à fes charges, en y comprenant les *deux mille deux cens cinquante livres de penfion* qu'il paie, tant à fes anciens Officiers qu'à un ancien Portier (548), & fes réparations, fixées, par Délibération du 3 Mai 1781, à *dix huit cens livres*, elles font de *neuf mille deux cens cinquante-deux livres :* qu'ainfi fes revenus excedent fes charges de *trois mille fept cens quatre-vingt-quatre livres ;* qu'il avoit en caiffe, le premier Octobre 1780, la fomme de *trois mille cinq cens foixante-dix livres.*

2°. Que fes dettes, en ne comptant la créance de la Chambre Syndicale que conformément à ce qu'elle a été fixée par la tranfaction du 25 Juin 1770, étoient de *cinquante-cinq mille fix cens vingt-cinq livres* & que ce College ne doit plus que *quinze mille livres*, reftans des 25000 livres que le Bureau s'eft, par la tranfaction de 1770, obligé de payer à la Chambre Syndicale de ce Diocèfe.

3°. Qu'il n'exiftoit alors que *deux* Bourfiers, & qu'il y en a actuellement *cinq.*

4°. Quant à ces Bourfiers, *celui* établi par la tranfaction du 25 Juin 1770., eft à la nomination de M. *l'Evêque de Séez*, & doit être de fon *Diocèfe* ; tous *les autres* font *moitié* à la nomination du *même Prélat*, & doivent auffi être de *fon Diocèfe*, & *par préférence*, de *fa Ville Epifcopale*, & *des lieux où il poffede des biens* ; & l'autre *moitié* eft à la nomination de l'*Archidiacre de Paffays*, un des Dignitaires de la Cathédrale du Mans, & doivent être nés dans *fon Doyenné* ; il a cependant la liberté de prendre des Sujets dans tout le *Diocèfe du Mans* ; mais feulement *s'il n'en trouve pas* dans fon *Archidiaconé.*

---

(547) *Quatrieme département.*
(548) Cette penfion a été créée par Délibération du 3 Décembre 1764.

Du 20 Septembre 1764.

MESSIEURS les Adminiftrateurs fpécialement chargés du College de Séez rendant compte de tout ce qui concerne ledit College ont dit : que le College de Séez, fitué rue de la Harpe, doit fon origine à Grégoire Langlois, Evêque de Séez; que par fon teftament, qui eft du 13 Mai 1404, il chargea fes Exécuteurs teftamentaires, toutes fes dettes payées, d'employer les biens qui fe trouveroient libres dans fa fucceffion à l'établiffement de ce College, pour de pauvres Ecoliers; partie du Diocèfe de Séez à la nomination de l'Evêque; partie du Doyenné de Paffays à la nomination de l'Archidiacre de Paffays, Diocèfe du Mans. Les Exécuteurs teftamentaires payerent les dettes paffives, firent le recouvrement des dettes actives; & enfin, après trois années de peines & de foins, ils acquirent, en 1407, le terrein où eft le College, fitué rue de la Harpe, vis-à-vis Saint Côme, traverfant jufqu'à la rue des Maçons; l'année fuivante ils acquirent la terre de Boudainville; & enfin, en 1414, ils firent prendre poffeffion aux Bourfiers de la maifon qu'ils avoient achetée à leur intention; ils y placerent une Bibliotheque, dont chaque Ecolier devoit avoir une clef pour lui faciliter le travail & l'étude; mais ce ne fut qu'en 1427 que le College prit une forme conftante de Gouvernement. Les Exécuteurs teftamentaires donnerent des Statuts dont nous parlerons plus en détail lorfqu'il fera queftion de fixer le fort des Officiers de ce College, & le nombre & le montant des bourfes.

En 1549, Pierre Joffe légua au College de Séez des héritages fitués à Pierrefite & à Saint Denis, à la charge d'une Meffe baffe par femaine.....

Dans le tems que le College cherchoit à acquitter ce qu'il devoit aux ouvriers qui avoient fait fon grand bâtiment fur la rue de la Harpe, M. l'Allemant, lors Evêque de Séez, prêta 40000 livres au College, dont il lui fut paffé contrat de conftitution au denier vingt-cinq, produifant 1600 livres de rente, le 27 Mars 1737. L'acte porte que pendant trente-neuf ans le College ne paiera que 800 livres, & que les autres 800 livres feront mifes en réferve dans un coffre. Ces 800 livres ainfi accumulées doivent former un fonds de 30000 livres deftiné à l'entretien de trois Bourfiers à la nomination du Clergé de Séez. Une déclaration trouvée après la mort de l'Evêque de Séez, & une transaction entre fes héritiers & la Chambre Syndicale du Diocèfe, ont fait paffer la propriété de ce contrat au Clergé du Diocèfe de Séez; au refte, ce contrat paroît fouffrir de grandes difficultés, & le Bureau fe fouvient d'avoir déja délibéré fur cet article....
Le mobilier de ce College..... a été eftimé 300 livres....

Sur quoi, vu les Statuts de l'année 1427, les décrets de l'Univerfité de l'année 1710, le procès-verbal de MM. les Commiffaires du Parlement du mois de Mars 1763, contenant leur tranfport au College de Séez, & l'Ordonnance rendue en conféquence,

LE BUREAU délibérant a arrêté :....

4°. Que jufqu'à la décifion de la conteftation, relativement aux 1600 livres de rente prétendues par la Chambre Eccléfiaftique de Séez, il n'y aura que deux Bourfiers, l'un du Diocèse de Séez; & l'autre du Diocèse du Mans, principalement du Diocèse de Paſſays.....

8°. Qu'il ſera accordé au Principal du College de Séez une penſion de 1200 livres.

9°. Qu'il ſera accordé au Chapelain une penſion de 1000 livres.....

12°. Qu'il ſera délibéré par la ſuite par le Bureau ſur les trois bourſes établies en faveur du Diocèſe de Séez, après la déciſion de la conteſtation ſur le fond de l'acte du 27 Mars 1737 (549).

13°. Que toutes les bourſes dudit College de Séez continueront d'être à la nomination des Collateurs nommés dans les titres de fondation.....

15°. Que les revenus dudit College de Séez venant à augmenter de quelque maniere que ce ſoit, il ſera rétabli des bourſes, conforméement à ce qui ſera délibéré par le Bureau, leſquelles néanmoins ne pourront être rétablies que deux à la fois; une pour le Diocèſe de Séez & l'autre pour le Diocèſe du Mans (550).

16. Que le mobilier du College, eſtimé par gens à ce connoiſſans, la ſomme de 300 livres, appartiendra au College de Louis-le-Grand, à la charge de tenir compte audit College de Séez de ladite ſomme de 300 livres....

Nota. Cette Délibération a été homologuée par Arrêt de la Cour du 11 Décembre 1764, dépoſé aux archives en vertu d'autre Délibération du 20 même mois & an.

Noms des Fondateurs & Bienfaiteurs du College DE SÉEZ.

1. *Grégoire Langlois*, Evêque de Séez, Fondateur du College, 1404.
2. *Jean Richer*, Ecuyer, 1477.
3. *Ambroiſe Joſſe*, Prêtre & Principal du College, 1549.
4. *Pierre Joſſe*, 1549.
5. *Michel Durand*, Prêtre & Curé d'Ancony, 1559.
6. *Jean Levaſſeur*, 1627.

(549) La conteſtation mentionnée articles IV & XII a été terminée par une tranſaction du 25 Juin 1770, dont les articles ont été convenus avec le Député de la Chambre Syndicale de Séez, dans une aſſemblée du Bureau, tenue le 30 Mai 1770, à laquelle aſſemblée ce Député a aſſiſté. Par cette tranſaction, le College s'eſt ſeulement obligé de payer à la Chambre Syndicale de Séez 24000 livres, & l'intérêt au denier vingt-quatre, & d'avoir un Bourſier du Diocèſe de Séez, & que les autres Bourſiers qui ſeront rétablis dans ce College le ſeront conformément à ce qui eſt preſcrit par l'article XV ci-deſſus; tellement qu'il y aura toujours un Bourſier du Diocèſe de Séez de plus que du Diocèſe du Mans.

Cette tranſaction a été homologuée par Arrêt du 26 Juillet 1770, dépoſé aux Archives en exécution de la Délibération du 2 Août ſuivant.

(550) C'eſt ce qui a été fait par la Délibération du 30 Août 1780, qui a créé deux Bourſes dans ce College.

CHAPITRE XXVII.

COLLEGE DE TOURS (551).

CE College eſt un de ceux auquel la réunion a été le plus utile; en effet, il y avoit plus de trente ans qu'il n'exiſtoit point de Bourſiers, & de long-tems il n'auroit été poſſible d'en établir; mais le College de Louis-le-Grand lui ayant avancé de quoi payer ſes dettes, & ce, ſans intérêt; il s'eſt ſucceſſivement libéré avec les ſommes qu'il employoit auparavant à payer les intérêts; la comparaiſon de ſa ſituation en 1763 & en 1781 eſt la démonſtration la plus complette de l'utilité qu'il a retirée de la réunion; en effet,

1°. Lors de la réunion, ſes revenus n'étoient que de *deux mille ſix cens quinze livres*, & ils ſont actuellement de *trois mille cinq cens ſoixante-dix livres;* & ſes charges, y compris une *penſion de cent livres* que l'on paie à un ancien Portier (552), & le montant de ſes *réparations*, fixé à *cinq cens livres*, par la Délibération du 3 Mai 1781, ſont de *trois mille ſoixante-dix-ſept livres;* ainſi *l'excédent* de ſon revenu ſur ſes charges n'eſt que de *quatre cens quatre-vingt-treize livres;* mais il ſera augmenté par le produit des *deux mille livres* que le Bureau a, le 5 Avril 1781, ordonné être placées ſur les *quatre mille ſix cens cinquante livres* de reliquat que ce College avoit le premier Octobre 1780.

2°. Il devoit en 1763 la ſomme de *quinze mille trois cens livres* en rentes conſtituées, indépendamment d'une *rente viagere de ſix cens trente-trois livres ſix ſols* : cette derniere eſt éteinte, & les rentes conſtituées ſont rembourſées.

3°. Il n'y avoit alors *aucuns* Bourſiers, & il en exiſte actuellement *quatre*.

4°. Les bourſes de ce College ſont toutes à la nomination de *M. l'Archevêque de Tours*; & les Sujets pour les poſſéder, doivent être nés dans ſon *Diocèſe*.

---

(551) Second département.
(552) Cette penſion a été créée par Délibération du 27 Juin 1765.

College de Tours.

Du 3 Décembre 1764.

Sur le compte rendu par MM. les Adminiſtrateurs chargés du College de Tours de
tout ce qui concerne ledit College, duquel compte il réſulte que le College de Tours a
été fondé par Mᵉ Etienne de Bourgueil, Chanoine de l'Egliſe de Tours, & Archidiacre
d'outre Loire, lequel fut élevé en 1323 ſur le Siége Archiépiſcopal de ladite Egliſe, &
qu'il fit cette fondation pour un Maître ou Principal, & pour dix Ecoliers originaires de
la ville ou du diocèſe de Tours; le titre de cette fondation ne ſe trouvant point parmi
les papiers qui ont été remis, on ne peut rien aſſurer de poſitif ſur la date du tems, auquel elle a été faite, ni ſur ce qu'elle contenoit, il eſt ſeulement vraiſemblable que ce
College a été fondé dans l'intervalle de 1330 à 1335. L'acquiſition de la maiſon, rue Ser-
pente, dans laquelle le College a été établi, ayant été faite par ledit M. Etienne de
Bourgueil, Archevêque de Tours, ainſi que celle d'un autre maiſon, ayant ſon iſſue rue
Percée, contigue à la précédente: il paroît par des lettres d'amortiſſement de Philippe
de Valois, du 2 Mars 1336, que cet Archevêque étoit mort dans cet intervalle; car les
lettres d'amortiſſement ont été obtenues par ſes Exécuteurs teſtamentaires, tant pour
les deux maiſons que pour les autres biens dont il avoit diſpoſé pour la fondation du
College.... Les charges de ce College ne ſont connues que par des ſtatuts dreſſés en 1540
par M. Martin Ruſé, Chanoine, & Chantre de l'Egliſe de Paris, Conſeiller au Parlement
de Paris, & Vicaire général de l'Archevêque de Tours, pour la viſite & réformation du
College, & par M. Nicolas Brachet, Préſident aux Enquêtes, Commiſſaire député par
le Parlement pour la réformation des Colleges de l'Univerſité. Par ces ſtatuts,..... les
Bourſes ſont affectées aux ſujets originaires de la ville & du diocèſe de Tours,.... leſquels
doivent avoir les diſpoſitions néceſſaires pour faire des progrès dans les ſciences & être
pauvres... Tous les Bourſiers du College doivent prendre les degrés dans les tems preſcrits par les Réglemens de l'Univerſité, & les uſages des facultés dans leſquelles ils étudient; les Théologiens peuvent reſter dans le College une année après avoir obtenu la
licence.... La collation & l'inſtitution des Bourſiers appartient à l'Archevêque de Tours,
qui eſt Supérieur du College, & qui a le droit de nommer des Commiſſaires pour la viſite
& réformation du College. L'art. XXII des ſtatuts porte qu'il y aura toujours deux viſi-
teurs du College; ſavoir, le Chancelier de l'Egliſe & Univerſité de Paris, & un Grand-
Vicaire de l'Archevêque de Tours, par lui député; mais quoique les ſtatuts de 1540
accordent à perpétuité ce droit au Chancelier de l'Univerſité, il paroît qu'il n'en a fait
uſage que très-rarement. Les comptes ont toujours été rendus par le Principal, (qui dans
le College a toujours fait les fonctions de Procureur & de Chapelain) à l'Archevêque de
Tours, ou en ſon abſence à ſon Vicaire Général; il n'y a point eu d'autres fondations
de Bourſe dans ce College depuis ſon établiſſement;.... les Bourſes de ce College n'ont
point été remplies depuis trente années, attendu le mauvais état auquel il eſt réduit.

Sur quoi le Bureau délibérant, a arrêté,....

3 Qu'à compter du premier du mois d'Octobre dernier, la réunion du College

fera effectuée, & que les Bourfes fondées en icelui refteront vacantes jufqu'à l'entier acquittement des capitaux de rentes perpétuelles dont il eft chargé.

4°. Que les rembourfemens defdits capitaux de rentes perpétuelles ne pourront avoir lieu qu'après l'extinction de la rente viagere due à la veuve Covart, ou de la penfion accordée au Principal, la totalité des revenus du College étant à-peu-près annuellement employée au paiement de ces charges, & qu'il ne pourra être rétabli aucune Bourfe avant le rembourfement au moins de la moitié des capitaux de rentes dues par le College de Tours.

5°. Que les Bourfes qui pourront être rétablies après l'acquittement defdites rentes (553), tant pour remplir le nombre fixé par la fondation, que celles qui pourront y être ajoutées par la fuite, s'il y a lieu, refteront toujours à la nomination & collation de M. l'Archevêque de Tours, Supérieur Majeur dudit College.

6°. Que conformément à la fondation, les Bourfiers feront pris de la ville ou du diocèfe de Tours.....

14°. Que le mobilier dudit College,.... eftimé par gens à ce connoiffans, la fomme de 300 livres, fera & appartiendra au College de Louis-le-Grand, à la charge de payer ladite fomme de 300 livres au College de Tours.

Nota. Cette Délibération a été homologuée par Arrêt de la Cour, du 2 Avril 1765, dépofé aux archives en vertu d'autre Délibération du 3 Mai fuivant.

Noms des Fondateurs & Bienfaiteurs du College de TOURS.

1. *Etienne de Bourgeuil*, Archevêque de Tours, Fondateur du College, 1333.
2. *Hardouin Lemafle*, Prêtre & Principal du College, 1537.
3. *Jaqueline de Courbes*, 1656.
4. *Pierre Leverrier*, Prêtre & Principal du College, 1713.

---

(553) C'eft ce qui a été fait par les Délibérations des 12 Décembre 1775; 18 Décembre 1777 & 17 Mai 1781, qui ont créé quatre Bourfes dans ce College.

CHAPITRE

CHAPITRE XXVIII.

COLLEGE DE TRÉGUIER (554).

CE College étant compofé de trois fondations différentes, qui cependant s'adminif-
trent enfemble, demandera quelques détails de plus que les autres Colleges. Au furplus
on les réunira également dans quatre articles différens.

1°. Au moment de la réunion, fes revenus n'étoient que de *quatre mille cinq cens foixante livres*, & ils font actuellement de *onze mille trois cens trente fept livres* ; fçavoir :

Par la Fondation de *Koetmohan* . . . . 5930 l.
Pour celle de *Donjon*. 3549
Et pour celle de *Kerambert*. 1858

TOTAL. . . . . 11337 l.

Les charges de ce College, y compris les *réparations* fixées à *fept cens livres* par la
Délibération du 3 Mai 1781, font de *onze mille neuf livres*. Ainfi *l'excédent* des revenus
fur les charges n'eft que de *trois cens vingt-huit*. (555) Au furplus, ce College avoit en
caiffe, le premier Août 1781, la fomme de *trois mille cent quatre livres*.

2°. Ses dettes, qui étoient en 1763 de *quatorze mille fept cens quatre-vingt-une livres*,
font entiérement payées.

3°. Il n'exiftoit en 1763 que *trois* Bourfiers, & il y en a actuellement *vingt* ; fçavoir,

Deux pour la *Fondation de Kerambert*. D'après les titres & en exécution des Délibérations du Bureau, & notamment de celles des 30 Avril 1768, & 2 Août 1770, ces
deux Bourfiers doivent toujours fubfifter, quand bien même il n'exifteroit que deux
Bourfiers dans ce College ; mais auffi quelque nombre de Bourfiers qu'il y ait, les
Bourfes de cette fondation ne doivent pas être augmentées.

Quant aux dix-huit autres bourfes exiftantes, elles doivent être partagées, *douze pour
la Fondation de Koetmohan*, & *fix* pour la *fondation de Donjon*.

4°. Les Bourfes des fondations de *Koetmohan* & de *Donjon*, font affectées à des fujets
nés dans le *Diocèfe de Treguier*.

Les Bourfiers de la fondation de *Koetmohan*, qui font proprement ceux du College

---

(554) *Premier département*.

(555) On trouvera, tant dans le revenu que dans l'excédent, *vingt fols* d'erreur entre les
calculs inférés au préfent Chapitre, & ceux portés en l'état inféré ci-deffus, Chapitre VIII
de la premiere Partie, page 250. Cette erreur provient des *fols* à ajouter aux revenus des
trois fondations, & que, fuivant la feconde des dernieres obfervations de l'Avertiffement
(ci-deffus, page 323), on a fupprimés.

II. Partie.   Pppp

de Treguier, font quant à préfent nommés, moitié par M. *l'Evêque de Treguier*, &
moitié par M. *le Préfident de Robien* (556).

. Et ceux de la Fondation *de Donjon* font, *quant à préfent, nommés* par M. *l'Evêque de
Treguier* (557).

A l'égard des bourfes de la fondation *de Kerambert*, elles doivent être occupées par des
enfans nés dans le *Diocèfe de Leon* en Bretagne, & font nommées par Madame la Marquife *de Houchin*, qui repréfente les Fondateurs.

---

(556) Ce feroit à M. *le Préfident de Robien feul* à *nommer* à ces Bourfes. *Voyez* ci-après la
Délibération du 2 Août 1770, *note* 559.

(557) Ce feroit au *Bureau d'Adminiftration* à *nommer* à ces Bourfes. *Voyez* ci-après la Délibération du 2 Août 1770, *note* 560.

Du Vendredi 22 Juin 1764.

S U R le compte rendu par MM. les Adminiſtrateurs du College de Tréguier de ce qui concerne ledit College, dont il réſulte que ledit College a été fondé par le teſtament de Guillaume *de Koetmohan*, Chantre de l'Egliſe Tréguier, du 11 Avril 1325, que les biens qui en reſtent conſiſtent,

1°. Dans le reſte de l'emplacement du College de Tréguier, Louis XIII ayant acheté une partie pour la conſtitution du College Royal de France, par contrat du Juin 1611, lors duquel achat le Roi s'eſt obligé de payer 5400 livres, ce qui a été fait; plus, une rente de 400 livres, dont il eſt dû pluſieurs années d'arrérages, & de faire conſ-truire un bâtiment dans moitié duquel feroient placés les Principal, Procureur, Bour-fiers & Officiers du College de Tréguier, ce qui n'a pas été exécuté (558)........

---

(558) Cette acquiſition commencée par Louis XIII en 1611, n'a été conſommée qu'en 1767 par le feu Roi.

Malgré les précautions qui furent priſes alors pour empêcher que le Domaine ne ſe mît en poſſeſſion des objets que conſervoit le College de Tréguier; (précautions qui conſiſtoient, entre autres choſes, en un plan fait triple en original, dont l'un a été annexé à la minute & les deux autres ont été jointes aux groſſes deſtinées pour le College Royal & pour celui de Tréguier, & dans leſquels les objets cédés au Roi étoient lavés d'une couleur différente que celle des objets reſtans au College); cependant par Arrêt du Conſeil du 14 Juillet 1776, le College a été privé d'un terrein qu'il louoit à un Menuiſier 400 livres. Comme le Bureau n'a pas encore pu ſe procurer la juſtice qu'il a droit d'attendre, on a cru néceſſaire d'entrer dans quelques détails à ce ſujet.

Au mois de Mars 1775, l'Architecte du Bureau & l'Inſpecteur du College Royal avoient pris les alignemens relativement au mur mitoyen entre ce terrein & les bâtimens du College de Cambray, alignement qui avec l'avis particulier de l'Architecte du Bureau, a été dépoſé aux archives en exécution de la Délibération du Bureau intermédiaire du 16 Mars 1775.

Apparemment que par cet alignement le College Royal avoit cru appercevoir qu'il avoit beſoin de ce terrein; ce qu'il y a de certain, c'eſt que M. le Duc de la Vrilliere écrivit au Bureau intermédiaire la lettre dont la teneur ſuit:

A Verſailles le 24 Avril 1775.

« L'intention du Roi, Meſſieurs, étant de procurer au College Royal tout le terrein utile
» & indiſpenſablement néceſſaire pour completter cet établiſſement, ſuivant le nouveau plan
» approuvé par Sa Majeſté, auroit beſoin, pour y parvenir, d'une petite portion de terrein
» qui eſt contigu & qui fait partie de l'ancien emplacement du College de Tréguier, qui
» appartient au College de Louis-le-Grand, auquel il n'eſt d'aucune utilité; je vous prie donc
» de nommer des Commiſſaires pour procéder à l'évaluation de ce terrein, & lorſque le prix
» en ſera convenu, je prendrai les ordres du Roi pour le paiement; je ſuis perſuadé que vous
» vous ferez plaiſir de concourir au ſuccès d'une choſe qui eſt agréable à Sa Majeſté. On ne
» vous peut être, Meſſieurs, plus ſincerement dévoué que je le ſuis ».

Signé LE DUC DE LA VRILLIERE.

Le Bureau intermédiaire nomma le même jour 24 Avril 1775, pour traiter cette affaire deux

Que fuivant les ftatuts de 1411 , il devroit y avoir huit Bourfiers , y compris le Procureur & le Principal, qui doivent être du Diocèfe de Tréguier, que ces Statuts ne donnent à M. l'Evêque de Tréguier qu'une infpeƈtion qui , *par la fuite*, *eft dégénérée en une collation* (559)........

Députés , qui ne purent convenir de rien ; & pendant qu'on les amufoit, il intervint le 14 Juillet 1776, un Arrêt du Confeil qui dépouilloit le College de Tréguier de ce terrein en faveur du College Royal ; on n'a même eu connoiffance de cet Arrêt que par la fignification qui en fut faite le 25 Septembre 1776 au Locataire, avec fommation de vuider les lieux pour le premier Oƈtobre fuivant ; ce que le Locataire a été obligé de faire, malgré la brieveté du délai. Il s'eft pourvu au Bureau à fa rentrée , & le 28 Novembre 1776 il a demandé une indemnité de 6000 liv. Sur cette demande le Bureau intermédiaire arrêta de rédiger un mémoire pour faire connoître la furprife faite au Roi, furprife prouvée par l'énoncé même des motifs conçus dans l'Arrêt du Confeil : ce mémoire a été approuvé par Délibération du 16 Janvier 1777 ; la même Délibération prie Monfieur le Grand-Aumônier (M. le Cardinal de la Roche-Aymond) « de préfenter » lui-même ce mémoire au R o i & à M. *le Comte de Maurepas*, & d'en remettre des copies à » M. *Amelot* & à M. *le Contrôleur Général* & autres *Miniftres*, afin de faire connoître la furprife » qui a été faite au Roi dans l'expofé de l'Arrêt du Confeil du 14 du mois de Juillet dernier ».

Malgré ce mémoire & les démarches faites, foit par le Bureau intermédiaire, foit même par le Bureau, depuis fon rétabliffement, ils n'ont pu parvenir à faire rendre juftice au College de Tréguier. Bien plus, quoique ce terrein ait été concédé au College Royal par l'Arrêt du Confeil fufdaté, un particulier fe l'eft fait adjuger par des Commiffaires du Confeil comme *vain & vague*, & a bâti deffus ; en conféquence ce terrein eft aƈtuellement réclamé ,

1°. Par le College de Louis-le-Grand au nom de celui de Tréguier.

2°. Par le College Royal en exécution de l'Arrêt du 14 Juillet 1776.

3°. Par celui auquel il a été accordé comme terrein *vain & vague* , & qui a bâti deffus.

Et après bien des renvois d'un département à l'autre, enfin tous les papiers fur cette conteftation font entre les mains du *Miniftre des Finances* pour y être ftatué, & ce Miniftre a chargé M. *Debonnaire de Forge* de lui en rendre compte ; ainfi il y a lieu d'efpérer que le College de Tréguier obtiendra bientôt la juftice qu'il réclame depuis 1776.

(559) Il y a de l'erreur dans cet énoncé ; pour le reƈtifier, on croit devoir inférer ici la Délibération du Bureau du 2 Août 1770 , relative à la fondation *Koetmohan.*

Du 2 Août 1770.

Les Adminiftrateurs particulierement chargés du College de Tréguier ont dit......... qu'en ce qui concerne la nomination des Bourfes de la fondation de *Koetmohan*, elle a été long-tems difputée entre les Evêques de Tréguier & les defcendans du Fondateur ; que par Arrêt du 14 Janvier 1617, rendu contradiƈtoirement avec tous les prétendans à cette nomination, & notamment avec M. l'Evêque de Tréguier, Yves de Coefquet, defcendant du Fondateur, fut maintenu en fa poffeffion de fe dire Fondateur & Patron du College de Tréguier, & en cette qualité de pourvoir aux Charges & Bourfes de ce College.

Que malgré les difpofitions précifes de cet Arrêt, la conteftation s'eft renouvellée en 1682 entre M. l'Evêque de Tréguier feulement & M. le Préfident de Robien, repréfentant ledit Yves de Coefquet ; que fur l'oppofition formée par cet Evêque à l'Arrêt du 14 Janvier 1617,

Que l'année suivante de ces Statuts, Olivier *Donjon* fonda un Collège pour six Ecoliers du Diocèse de Tréguier; que ces Exécuteurs testamentaires réunirent ces six bourses fondées par Olivier Donjon au Collège de Tréguier, & réservèrent la nomination aux P**a**rons du Fondateur représenté *aujourd'hui par M. de Robien, Président au Parlement de Bretagne* (560)......

---

il en fut rendu un le 5 Septembre 1684, qui en statuant sur plusieurs autres chefs de contestation actuellement peu intéressans, a ordonné, par provision, que, pendant le procès, il sera pourvu auxdites Bourses alternativement par M. l'Evêque de Tréguier & par M. le Président de Robien, en commençant par M. l'Evêque de Tréguier.

Que depuis ce tems les Parties n'ont pas fait juger le fond de ces contestations; que le mauvais état des affaires de ce Collège, dont toutes les Bourses ont été suspendues dès le commencement de ce siecle, a vraisemblablement été la cause de leur inaction..........

Sur quoi la matiere mise en Délibération,

Le Bureau a arrêté...........

5°. Qu'à l'égard de la fondation de Koetmohan, jusqu'à ce que M. le Président de Robien ait fait statuer sur le fond de la contestation & ait fait déclarer exécutoire, contre M. l'Evêque de Tréguier, l'Arrêt du 14 Janvier 1617, il sera, par provision, pourvu auxdites Bourses suivant & conformément à ce qui est prescrit par l'Arrêt du 5 Septembre 1684, & qu'en conséquence M. l'Evêque de Tréguier & M. le Président de Robien nommeront alternativement auxdites Bourses, & ce en commençant par M. l'Evêque de Tréguier.

(560) Il y a pareillement erreur dans cet énoncé, & pour le rectifier, on rapportera l'extrait de la Délibération du 2 Août 1770, relatif à la fondation *Donjon*.

Du 2 Août 1770.

MM. les Administrateurs, particuliérement chargés du Collège de Tréguier, ont dit..... que la nomination des Bourses de la fondation *Donjon* a été accordée à M. l'Evêque de Tréguier, par Arrêt de la Cour du 4 Juin 1683; qu'il est probable que jusqu'à cette époque les descendans du fondateur avoient nommé à ces Bourses; mais qu'alors la famille étant, à ce qui paroît, éteinte, M. l'Evêque, qui, par la premiere fondation du Collège, n'avoit qu'une *inspection sur la nomination* des Boursiers de Koetmohan, ayant demandé celle des Boursiers de la fondation Donjon, il l'obtint d'autant plus aisément, qu'il n'avoit alors aucun contradicteur; aussi l'Arrêt de la Cour exprime-t-il le motif, *attendu que la famille du fondateur se trouve éteinte;* qu'ils croyent très-important de remarquer que l'Arrêt du 4 Juin 1683 n'a accordé à l'Evêque de Tréguier la nomination aux Bourses que par la considération *que la famille du fondateur étoit éteinte;* que d'un autre côté l'Article XIV du Titre II du Réglement attaché sous le contrescel des Lettres Patentes du 20 Août 1767, & l'Article X du Titre III des Lettres Patentes du premier Juillet 1769, accordent au Bureau la nomination aux Bourses dont les collateurs & les nominateurs n'existeroient plus; qu'en vertu de ces dispositions desdites Lettres Patentes, la nomination aux Bourses de la fondation Donjon paroît dévolue au Bureau, attendu que l'Arrêt de 1683 paroît devoir être annullé par les Lettres Patentes de 1767 & de 1769; que cependant ils pensent que le Bureau ne peut jouir de ce droit qu'après qu'il aura été déclaré que ces Lettres Patentes ont annullé l'Arrêt de 1683; & comme cette difficulté pourroit être

Qu'enfin le 25 Avril 1575, le College de Kerambert, fondé en faveur des Habitans du Diocèse de Leon en Bretagne, fut uni au College de Tréguier, à la charge d'y entretenir deux Boursiers, dont la nomination a été conservée à la famille du Fondateur, représenté aujourd'hui par la dame de Houchin.

Que le mauvais état du College força, en 1726, de suspendre toutes les bourses, & que la bonne Administration des Sequestres a mis la Cour en état de rétablir, en 1759, trois bourses, une pour chaque fondation, en leur attribuant 100 livres, qui a été porté à 150 livres par Arrêt du 16 Février 1760.....

Sur quoi LE BUREAU considérant qu'il est nécessaire de laisser une portion des revenus, tant pour libérer le College, que pour fournir aux frais des réparations ordinaires & extraordinaires, a délibéré.....

3°. En ce qui concerne les Boursiers du College de Tréguyer (c'est-à-dire de la fondation de *Koetmohan*) il sera, à compter du premier Octobre prochain, rétabli un Boursier outre celui qui existe en exécution de l'Arrêt de la Cour de 1759 (561).....

4°. Qu'en ce qui concerne les Bourses de la fondation *Donjon*, il sera, à compter du premier Octobre prochain, rétabli un Boursier, outre celui qui existe en exécution de l'Arrêt de la Cour de 1759 (562).....

5°. Qu'en ce qui concerne les Boursiers du College de *Kerambert*, réunis audit Collage de Tréguyer, il sera, à compter dudit jour premier Octobre prochain, rétabli pareillement les deux bourses de cette fondation (563).....

6°. Que l'on continuera de payer 117 livres par an au Receveur de Saint Yves, pour

---

longue à décider, & qu'il est nécessaire de pourvoir sans délai aux Bourses, ils croyent qu'il y auroit lieu de laisser l'exécution provisoire à l'Arrêt de 1683, mais sous la réserve des droits du Bureau.

Sur quoi la matiere mise en délibération,

Il a été unanimement arrêté sous le bon plaisir de la Cour......

4°. Que M. le Président de Robien, qui, depuis la réunion, a nommé aux Bourses de la fondation Donjon, sera averti de n'y plus nommer; & que, *sans préjudice du droit du Bureau,* résultant de l'Article XIV du Titre II du Réglement attaché sous le contre-scel des Lettres Patentes du 20 Août 1767, & de l'Article X du Titre III des Lettres Patentes du premier Juillet 1769, que le Bureau se réserve de faire valoir ainsi & quand il avisera bon être, *l'Arrêt du 4 Juin 1683 sera exécuté* suivant sa forme & teneur, mais seulement *par provision;* & qu'en conséquence jusqu'à ce qu'il en ait été autrement ordonné par la Cour, lesdites Bourses de la fondation Donjon seront conférées par M. l'Evêque de Tréguier.

(561) Il a été rétabli dix autres Boursiers pour cette fondation par les Délibérations des premier Décembre 1768, 2 Août 1770, 12 Octobre 1775 & 2 Janvier 1778; ce qui fait douze Boursiers pour cette fondation.

(562) Par les Délibérations de 1768, 1770, 1775 & 1778 susdatées, il a été établi quatre nouveaux Boursiers pour cette fondation, ce qui en fait six en tout.

(563) Ces deux Bourses doivent toujours subsister. Voyez ci-après la Délibération du 30 Avril 1768, Article XI.

l'honoraire des trois meffes par femaines qui s'acquittent dans ladite Eglife (564). ......

Cette Délibération a été homologuée par Arrêt du 5 Juillet 1764, dépofé aux Archives, en vertu de la Délibération du 12 defdits mois & an. ....

Du 30 Avril 1768.

MESSIEURS les Adminiftrateurs chargés du College de *Tréguyer* ont dit............
Qu'il y a trois Fondations dans ce College; la premiere appellée la Fondation de *Koet-mohan*; la feconde, la Fondation *Donjon*; la troifieme, la Fondation *Kerambert*, que les biens de ces trois Fondations ont toujours été gérés enfemble, & font compris dans le même compte arrêté le 18 de ce mois; que M. le Grand-Maître, a cru devoir joindre à ce compte un état particulier de la fituation de ces différentes Fondations; qu'ils penferoient que cet état particulier eft inutile, & qu'il fuffit, dans le préambule defdits comptes, de fpécifier les objets appartenant à chaque Fondation, que les trois Fondations font diffé-rentes. Que celle de *Kerambert* n'eft que pour deux Bourfiers, que c'eft la feule charge impofée au College de *Tréguyer*, lors de la réunion de celui de *Kerambert*. Qu'ainfi ils penfent que quelque foient les revenus ou les dettes de cette Fondation, ou même de ce College, il faut toujours y entretenir deux Bourfiers, fi ce n'eft dans le cas où il n'y auroit pas pour les autres Fondations le nombre de Bourfiers qui fera fixé par la préfente Délibération.

Qu'à l'égard des biens indivis & des Bourfiers à établir, il paroît à MM. les Admi-niftrateurs, qu'il eft convenable de fuivre la divifion; que d'après les titres le Bureau a établi, par fa Délibération du 15 Janvier 1767, relativement à la rente en grains accordée par le Roi (565). ..... Que la Fondation *Koetmohan* devant avoir...... le double des bourfes, il faudra obferver que les premieres bourfes à établir..... feront pour la fonda-tion *Koetmohan*, & qu'enfuite on en établira trois à la fois, deux pour l'une, & une pour l'autre fondation. .....

Sur quoi la matiere mife en Délibération, & vu ledit compte & état particulier des trois fondations, enfemble les apoftilles mifes fur ledit compte.

Délibération pour fixer le nom-bre des Bourfiers des différentes fondations.

---

(564) Extrait de la Délibération du 27 Avril 1767, laquelle a été exécutée.
« Etant conftant par l'obituaire (qui vient d'être dreffé) que les trois Meffes par femaine
» qui fe célébroient avant la réunion dans la Chapelle de Saint Yves, (attendu que depuis
» 1612 au moins il n'y a plus de Chapelle dans le College de Tréguier), font une charge
» pour ledit College, fupérieure à celle dont il doit être grevé, ce qui a même été
» prévu lors de la Délibération de réunion faite le 22 Juin 1764; il a été arrêté que M. le
» Grand-Maître fe tranfportera demain matin à la Chapelle Saint Yves pour payer tous les
» honoraires defdites Meffes dues jufqu'à ce jour, & déclarera que les fondations faites dans
» le College de Tréguier feront à l'avenir acquittées dans la Chapelle du College de Louis-
» le-Grand; qu'en conféquence il ne fera plus rien payé, pour l'acquit defdites fondations,
» dans ladite Chapelle de Saint Yves ».
(565) C'eft-à-dire, deux tiers pour la fondation Koetmohan, & un tiers pour la fondation
Donjon.

LE BUREAU a arrêté unanimement :

1°. Que le récit fait par MM. les Adminiſtrateurs chargés dudit College de *Tréguyer*, dont le Bureau a adopté les réflexions, ſera tranſcrit dans le Regiſtre de ce jour.

2°. Que dans les comptes dudit College de *Tréguyer*, il ne ſera fait aucune diviſion des biens affectés aux différentes Fondations ; mais que dans l'extrait des biens mis en tête de chaque compte, leſdits biens ſeront mis ſéparément, en commençant par ceux de la Fondation *Koetmohan*, enſuite ceux de la Fondation *Donjon*, & enfin ceux de la Fondation *Kerambert*.

3°. Que conformément à la Délibération du 15 Janvier 1767, le produit de la rente en grains ſera réparti, les deux tiers pour la Fondation *Koetmohan*, & l'autre tiers pour la fondation *Donjon*, &c. (566)..........

11°. Qu'il y aura toûjours dans le College deux Bourſiers de la Fondation *Kerambert*, & que le ſurplus des revenus dudit College ſera employé, les deux tiers pour les Bourſiers *Koetmohan*, & l'autre tiers pour les Bourſiers *Donjon* ; qu'en conſéquence, les deux premieres bourſes qui ſeront établies le ſeront pour la Fondation *Koetmohan*, & qu'enſuite il ne pourra en être établi que trois à la fois, deux pour Fondation *Koetmohan*, & une pour celle de *Donjon* ; mais que les bourſes *Kerambert* ſubſiſteront, quelque diminution qui puiſſe arriver dans les bourſes des deux autres Fondations, & quand même tous les fonds dudit College & des trois Fondations ne pourroient fournir aux dépenſes que pour deux Bourſiers.

Nota. Cette Délibération a été de nouveau confirmée le 2 Août 1770, par la Délibération dont pluſieurs articles ſont ci-deſſus en note.

Noms· des Fondateurs & Bienfaiteurs du College DE TRÉGUIER.

1. *Guillaume de Koetmohan*, Prêtre, Chantre de l'Egliſe de Tréguier & Fondateur du College, 1325.
2. *Olivier Donjon*, Docteur en Droit Canon, Fondateur de ſix Bourſes, 1412.
3. *Chrétien d'Hauterive*, Evêque de Tréguier, 1416.
4. *Philippe Ravillon*, 1477.
5. Les *Fondateurs* du College de *Kerambert*, 1575.

---

(566) Le ſurplus des articles, juſques & y compris le dixieme, ne contient que l'application aux différentes fondations des biens qui leur appartiennent.

CHAPITRE

CHAPITRE XXIX.

COLLEGE DU TRÉSORIER (567).

On Obfervera fur ce College :

1º. Qu'au moment de la réunion, fes revenus n'étoient que de *huit mille fept cens foixante-deux livres*, & qu'ils font actuellement de *douze mille foixante-douze livres*. Que fes charges, y compris la *penfion* de *deux mille deux cens livres* de fon ancien Principal, & le montant de fes *réparations* fixées à *douze cens livres* par la Délibération du 3 Mai 1781, font de *onze mille cinq cens trente-neuf livres*, qu'ainfi *l'excédent* de fes revenus, charges déduites, eft de *cinq cens trente-trois livres*.

Que ce College avoit, au premier Octobre 1781, en caiffe, la fomme de *dix mille quatre cens fept livres*.

2º. Qu'il n'avoit pas en 1763 de dettes ; mais qu'en 1767 il en a couté *vingt-fix mille livres* pour une réparation faite à une maifon au coin des ruës de la Harpe & Neuve Richelieu, dépenfe qui a été payée.

3º. Qu'il n'avoit alors que *huit* Bourfiers, & qu'il y en a actuellement *quatorze*.

4º. Que ces Bourfiers font à la nomination de *l'Archidiacre du Grand & Petit Caux*, dans l'Eglife de Rouen (568) ; qu'ils doivent être pris de cet *Archidiaconé*, s'il s'y trouve des fujets capables ; finon de tout l'Archevêché de Rouen.

---

(567) *Second département.*

(568) Le *Seigneur du Fief de la Poterie-au-Bufc* (qui eft actuellement M. de Brebeuf, Procureur Général du Parlement de Rouen) a cependant le droit de préfenter à une Bourfe ; & quant à cette Bourfe, les nominateurs ne font que collateurs. Ce qui eft étonnant à ce fujet ; c'eft que l'on n'a trouvé dans les Archives du College du Tréforier aucuns titres ni aucuns renfeignemens fur ce droit du Seigneur du Fief de la Poterie-au-Bufc, on les lui a même demandés plufieurs fois, pour les dépofer aux Archives ; mais on n'a reçu aucunes réponfes ; ce qui eft conftant, c'eft qu'en 1763 il jouiffoit de ce droit, & qu'il continue d'en jouir.

Du premier Septembre 1764.

MESSIEURS les Adminiftrateurs fpécialement chargés de ce qui concerne le College du Tréforier rendant compte dudit College ont dit : Meffieurs, le College du Tréforier fondé en 1268, doit fon origine à Meffire de Saane, Tréforier de l'Eglife de Rouen. Pour faire fon établiffement, Meffire de Saane acheta une maifon fife au bas de la rue de la Harpe, appellée la maifon de Samfon Fortin, près de celle dite *ad Cytaram*, il y plaça une Bibliotheque, y logea fes Bourfiers, & leur donna des Statuts ; cette premiere habitation a été vendue depuis moyennant 2 livres 10 fols de rente fonciere & 3 f. 6 d. de cens, emportant lods & ventes ; c'eft ce qui forme aujourd'hui le fief de Samfon Fortin, dont relevent & dépendent deux maifons ; fçavoir, celle dont nous parlons, & celle dite *ad Cytaram*; on ne fçait pas précifément la date de cette vente. En 1273, le Fondateur acheta une nouvelle maifon, qui eft dite donnant fur la rue Saint-Cofme & Saint-Damien, c'eft aujourd'hui le haut de la rue de la Harpe, au coin de la rue des Poirées, donnant fur la rue des Maçons, & en face du College de Cluny ; c'étoit là où il vouloit placer définitivement fon College, n'ayant jamais regardé la premiere maifon, comme devant être le centre de fon établiffement. Cependant les Bourfiers du Tréforier, qui par acte de l'année 1279, avoient été mis en poffeffion de l'une & de l'autre maifon, échangerent cette derniere avec Meffire Robert Mallet, Archidiacre de l'Eglife de Rouen, qui donna en échange 12 livres de rente, à prendre au village d'Aumenache, Diocèfe d'Evreux ; cet acte d'échange eft du 2 Juillet 1285. Robert Mallet, propriétaire, compofa avec le fieur de Villeperon pour 6 deniers de cens dont cette maifon étoit chargée, & moyennant 50 livres qu'il paya, il fit le rachat des cens & rentes, fit ériger fa maifon en fief, avec tout droit de Juftice & Seigneurie. La même année le fieur Mallet fit un nouvel échange avec le College du Tréforier, il reprit fa rente de 12 livres, & leur rendit leur maifon toute amortie. De-là l'origine du fief du Tréforier, qui ne s'étendoit alors que fur la maifon dont l'enceinte circonfcrite formoit le College, & qui fe trouve s'étendre aujourd'hui fur cinq maifons extérieures ; on en va voir les raifons dans un inftant. Le 15 Juillet 1321, le College acheta, des héritiers d'Ernay, une maifon tenant à fon terrein & donnant fur la rue des Maçons ; le 23 Février 1489, nouvelle acquifition par le College, d'une grange tombant en ruine, fituée rue des Maçons ; enfin, le 11 Mai 1507, les Chartreux céderent au College la maifon de la Souche, qui s'étendoit depuis la rue de la Harpe jufqu'à la rue des Maçons. Le College fe trouvoit donc alors poffeder un vafte terrein terminé par la rue des Maçons, la rue des Poirées, le College de Cluny, & enfin la rue de la Harpe, toutes ces maifons fe tenoient, à la réferve d'un petit terrein en face du College d'Harcourt, donnant fur la rue de la Harpe feulement, qui féparoit cette poffeffion.

Ce petit terrein n'a été acquis du College d'Harcourt, à qui il appartenoit, que le 11 Mai 1639. En 1638 le Cardinal de Richelieu, qui vouloit donner un nouveau relief à la Sorbonne, fit ordonner par un Arrêt du Confeil, que pour la décoration de la Ville, il feroit ouvert, en face du portail de l'Eglife une grande rue jufqu'à la rue de la Harpe.

Cette rue paſſoit préciſément à travers les terreins du College, & le partageoit en deux. On offrit aux Bourſiers du Tréſorier une indemnité de 19000 livres; ils la refuſerent; mais après une proteſtation ils furent obligés de prendre cette ſomme, & de ſe contenter pour toute indemnité du don que leur faiſoit le Roi d'une partie du terrein de la rue aux Poirées, devenu inutile au moyen du percement de la nouvelle rue: on obligea de plus le College du Tréſorier à bâtir des deux côtés de cette rue des maiſons garnies de boutiques. Il avoit emprunté, pour faire ces bâtimens, près de 180000 livres. Il comptoit ſur la généroſité du Cardinal de Richelieu pour ſe libérer de ces emprunts. Le Cardinal promit beaucoup & ne donna rien, & le College ſe trouva forcé, pour ſe libérer, de vendre les cinq maiſons qu'il venoit de bâtir ſur la face de la nouvelle rue de Richelieu du côté du College de Cluny. Sur ces cinq maiſons il retint un cens emportant lods & ventes envers le fief du Tréſorier; par-là le College du Tréſorier ſe trouva réduit à un terrein terminé par la rue des Maçons, la nouvelle rue, & la rue de la Harpe; c'eſt ce qui forme aujourd'hui l'enceinte du College & des maiſons qui l'environnent.......... Le Fondateur n'a impoſé aucune charge à ſes Bourſiers; il deſire qu'il y ait 12 Bourſiers Théologiens; *ſi bonorum facultas & tempora ſic eſſe permiſerint;* il veut que l'on y joigne 12 Artiens; *ſi aliquando eſſe poſſint;* il veut qu'ils ſoient choiſis dans le grand & petit Caux, ſi on en trouve de capables, ſinon de tout le Diocèſe de Rouen. Les Archidiacres du grand & petit Caux ſont Collateurs & ils nomment aux bourſes alternativement; ils ont le droit d'entendre & de clorre les comptes, droit dans lequel ils ont été confirmés par Arrêt de l'année 1679. Cependant depuis un tems infini le Marquis de Belbeuf eſt dans l'uſage de préſenter un Bourſier, que l'on nomme *Bourſier de Belbeuf;* & alors les deux Archidiacres ſe réuniſſent pour la collation. Le titre de fondation nomme l'Archevêque de Rouen *deffenſorem & rectorem perpetuum.*

Sur quoi, vu l'acte de fondation du mois de Novembre 1268, l'Arrêt du Parlement de l'année 1679, LE BUREAU délibérant a arrêté..........

4º. Qu'à compter du premier Octobre prochain, aux huit Bourſiers actuellement exiſtans, il ſera ajouté deux autres, choiſis pareillement dans le grand & petit Caux, & au défaut de ſujets capables de ces deux cantons, dans tout le Diocèſe de Rouen.......

9º. Qu'il ſera accordé au Principal du College du Tréſorier une penſion de 2200 liv. ſans aucune retenue & qui courra à compter du premier Octobre prochain, à la charge par lui de laiſſer ſon logement libre pour le terme de la Saint-Remi de la préſente année.

10º. Que les revenus dudit College venant à augmenter par la ceſſation de la penſion du Principal ou autrement, il ſera établi de nouvelles Bourſes conformément à ce qui ſera délibéré par le Bureau (569).

11º. Que toutes leſdites Bourſes continueront d'être à la nomination des Collateurs nommés dans les titres de fondation..........

(569) C'eſt ce qui a été fait par les Délibérations des 8 Avril 1777 & 18 Décembre 1778, qui établiſſent chacune deux nouveaux Bourſiers, & ce quoique la penſion du Principal ne ſoit pas éteinte.

14º. Que le mobilier dudit College, eftimé par gens à ce connoiffans, à la fomme de 1500 livres, fera & appartiendra au College de Louis-le-Grand, à la charge de tenir compte audit College des Tréforiers de ladite fomme de 1500 livres.

Nota. Cette Délibération a été homologuée par Arrêt du 7 Septembre 1764, & dépofé aux Archives en vertu d'une autre Délibération du 12 des mêmes mois & an.

Noms des Fondateurs & Bienfaiteurs du College DU TRÉSORIER.

1. *Guillaume de Saane*, Prêtre, Tréforier de l'Eglife de Rouen, & Fondateur du College, 1268.

2. *Robert Liot*, vers la fin du *treizieme fiecle.*

3. *Pierre Voifin*, au commencement du *quatorzieme fiecle.*

4. *Jean Baret*, au commencement du *quatorzieme fiecle.*

5. *Yves Godefcar*, vers 1320.

6. *Richard de Menville*, vers 1330.

7. *André Margueritte*, vers 1370.

8. *Nicolas Durefcu*, Prêtre & Curé de la paroiffe Saint Vaaft de Sainneville, 1398.

9. *Jean Loyer*, dans le *quatorzieme fiecle.*

10. *Jean Lepetit*, dans le *quatorzieme fiecle.*

11. *Pierre Viart*, 1410.

12. *Jean le Sueur*, Prêtre & Procureur du College, 1491.

13. *Jean Aubery*, Prêtre & Provifeur du College, 1516.

14. *Jean le Rat*, 1525.

15. *Artus Daunay*, Prêtre, Archidiacre du petit Caux en l'Eglife de Rouen, 1533.

16. *Jean Denis*, Prêtre, Docteur-Régent en Théologie, & Provifeur du College, 1542.

17. *Martin Tabellot*, Prêtre, Docteur-Régent en Théologie, & Provifeur du College, 1559.

18. *Guillaume Collet*, Prêtre, Docteur-Régent en la Faculté de Théologie, & Bourfier du College, 1574.

19. *Robert de Montagne*, Prêtre, Licencié en Théologie, 1578.

20. *Pierre Auvray*, Bourfier du College, 1588.

21. *Jean de Rouen*, Prêtre, Docteur en Théologie, & Aumônier du Roi, 1596.

22. *Antoine Galliot*, Prêtre & Principal du College, 1682.

23. *Pierre Defmanes*, Bourfier du College, 1688.

CATALOGUE

PAR ORDRE ALPHABÉBTIQUE,

De tous les FONDATEURS *&* BIENFAITEURS *du College de Louis-le-Grand & Colleges y réunis.*

POUR completter tout ce qui avoit rapport à chaque College particulier, on a imprimé à la fin des Chapitres qui leur étoient relatifs, le nom de leurs Fondateurs ou Bienfaiteurs, avec la date de leurs bienfaits. On a cru devoir les y ranger par ordre chronologique. Mais on a de plus jugé à propos de les réunir dans un même Catalogue, & de les y placer par ordre alphabétique.

Dans la vue d'abréger, on n'a donné aucunes qualités aux différentes personnes comprifes dans le catalogue ci-après, & cela avec d'autant plus de raifon qu'en recourant au College indiqué après chaque nom, on trouvera dans la lifte des Fondateurs ou Bienfaiteurs de ces Colleges toutes les qualités fous lefquelles ils font défignés dans les titres. Quant à ceux qui dans ces liftes particulieres n'ont aucunes qualités, c'eft qu'ils étoient ainfi inférés dans les obituaires des différens Colleges.

Defirant abréger le plus qu'il feroit poffible, après les noms de famille & de baptême de chaque Fondateur ou Bienfaiteur, on a fimplement indiqué le College qu'ils avoient ou fondé ou enrichis de leur don, mais on a fupprimé le mot de *College*. A l'égard des Membres du Bureau d'Adminiftration, d'après le rang où ils ont été placés dans le préfent Recueil, & par les raifons ci-deffus expliquées (page 522), ils ne feront compris qu'au nombre des Bienfaiteurs du College de Louis-le-Grand; mais comme dans le fait ils font Bienfaiteurs de tous les Colleges réunis, ainfi qu'il a été établi à l'endroit ci-deffus cité, pour les diftinguer, après le mot de *Louis-le-Grand*, on ajoutera la qualité d'ADMINISTRATEUR, nom générique qui en même tems qu'il convient à chacun des différens Membres du Bureau d'Adminiftration, les diftinguera affez pour qu'on ne les regarde pas comme Bienfaiteurs du feul College de Louis-le-Grand.

Au furplus on n'a pas jugé à propos d'inférer dans ce catalogue ceux qui n'ont été que *Membres du Bureau intermédiaire*, parce qu'il n'étoit pas poffible de les y mettre en note, ainfi qu'il a été fait (à leur égard) dans le préfent Recueil à l'endroit ci-deffus cité; d'ailleurs les Colleges réunis n'ont nullement à fe louer de leur adminiftration (570).

---

(570) *Voyez* ci-deffus dans l'*Introduction* la Délibération du 4 Décembre 1777, pages 34--38; & une autre Délibération de même date, *note* 471.

A

ACELÈS, épouse de Mathieu de Lignieres, *des Cholets.*

ACHERES, Jean de, *de Cambray.*

ACOUSTEAUX, Guillaume, *des Cholets.*

ALENÇON, le Comte d', *des Bons-Enfans.*

ALGIA, Guillaume de, *de Maître Gervais.*

ALLART, Pierre, *de Beauvais.*

ALLOUIN, Philippe, *de Bayeux.*

ANJORANT, Marie, veuve de Jean Berthoul, *de Beauvais.*

ANSELIN, Michel, *de Reims.*

ANTONIS, Catherine, veuve de Jean Malingre, *d'Autun.*

ARENES, Gauthier de, *des Cholets.*

ASPERY, Jean, *de Cornouailles.*

AUBERT, Jean, *de Laon.*

AUBERY, Jean, *du Tréforier.*

AVERDY (DEL'), Clément-Charles-François, *de Louis-le-Grand,* ADMINISTR.

AUVRAY, Pierre, *du Tréforier.*

B

BACQUELART, Jean, *de Fortet.*

BAIL, Louis, *des Cholets.*

BAILLY, Antoine, *des Cholets.*

BAILLY, Richard, *dit* BELLEHACHE, *de Maître Gervais.*

BALDUIN, Jean, *des Cholets.*

BARBE, Firmin, *de Beauvais.*

BARBIN, Gervais, *des Dix-Huit.*

BARET, Jean, *du Tréforier.*

BARON, Antoine, *de Laon.*

BARROY, Nicolas, *de Reims.*

BARTHELEMI, Jean, *de Beauvais.*

BASIN, François, *de Fortet.*

BASIN, Gerard, *de Beauvais.*

BAUDOUIN, Benoît, *des Cholets.*

B

BEAUCHESNE, Jean, *de Fortet.*

BEAUSIRE, René, *de Maître Gervais.*

BEAUVIN, Jean, *de Laon.*

BELARD, Jean, *de Séez.*

BELLENGREVILLE, Anselme de, *de Juftice.*

BELLESSOR, Pierre, *de Beauvais.*

BENOIT, Robert, *d'Autun.*

BENOIST, Jean, *de Maître Gervais.*

BERARDIER, Denis, *de Louis-le-Gr.* ADM.

BEROLLES, Pierre de, *de Maître Gervais.*

BERON, Mathieu de, *des Cholets.*

BERTHOUL, Jean, *de Laon.*

BERTHOUL, Jeanne, épouse de François de Montholon, *de Beauvais.*

BERTRAND, Adrien, *de Laon.*

BERTRAND D'ANONAY, Pierre, *dit* D'AUTUN, *d'Autun.*

BESSY, Nicolas de, *de Maître Gervais.*

BIEVRE, Pierre de, *de Laon.*

BIHOREAU, Charles, *de Maître Gervais.*

BILLY, Geoffroy de, *de Laon.*

BLONDEL, Jean, *de Laon.*

BLOYN, Michel, *de Bayeux.*

BOCHARD ou BOUCHARD, Jean, *de Mc Ger.*

BOBELENE, Bertrand, *d'Autun.*

BOCQUILLART, Jean, *de Laon.*

BOILEAU, Jean, *de Boiffy.*

BOISSY, Godefroy de, *de Boiffy.*

BONIFACE VII, le Pape, *des Cholets.*

BONNART, Philippe, *des Cholets.*

BONNET, Michel, *d'Autun.*

BONNET, Pierre, *des Dix-Huit.*

BONNESTABLE, Jean de, *de Mc Gervais.*

BONTEMS, Raoul, *de Louis-le-Grand.*

BOULANGER, Jean, *des Cholets.*

BOULOGNE, Guy de, *des Cholets.*

BOURGEOTTE, Médard, *de Beauvais* & *de Prefles.*

B

BOURGOGNE, Etienne de, *des Cholets.*
BOURGUEIL, Etienne de, *de Tours.*
BOURSIER, Colombe, veuve d'Etienne Mengois, *de Beauvais.*
BOURSIER, Robert, *de Beauvais.*
BOUVET, Guillaume de, *de Bayeux.*
BRACHET, Nicolas, *des Cholets* & *de Tours.*
BRAGELLES, Henri de, *des Cholets.*
BRAQUET, Etienne, *de Louis-le-Grand.*
BRÉJART, Nicolas, *de Cambray.*
BRESSERAUCOURT, Nicolas de, *de Camb.*
BROÉ, Bon de, *d'Autun.*
BRUGES, Barthélemy de, *de Bourgogne.*
BRUILLÉ, Furſy de, *de Dainville.*
BRUSLÉ, Guillaume, *dit* JUMEL, *des Cholets.*
BRYE, Jean de, *de Laon.*
BUCQUET, Charles de, *des Cholets.*
BUISSY, Gérard de, *dit* DE VERVINS, *de Laon.*
BULLIS, Jean de, *des Cholets.*

C

CADEL, Jean, *des Cholets.*
CADEL, autre Jean, *des Cholets.*
CAEN, Jacques, *des Cholets.*
CAMUS DE PONTCARRÉ, Louis-François-Elie, *de Louis-le-Grand,* ADMINISTRAT.
CANART, Jean, *de Dainville.*
CARDON, Claude, *de Laon.*
CARLIER, Odon, *de Laon.*
CARON, Jean, *des Cholets.*
CARON, Innocent, *des Cholets.*
CARON, Pierre, *des Cholets.*
CARREST, Jean, *de Cornouailles.*
CAURIEU, Jacques, *des Cholets.*
CAVENET, Guillaume, *de Beauvais.*
CERENE, Amblard, *de Narbonne.*

C

CARBONNIER, Antoine, *de Saint Michel.*
CELLIER, Jacques-François, *de Louis-le-Grand,* ADMINISTRATEUR.
CERNY, Adée de, épouſe de Jean Lebel, *de Laon.*
CHARLES V, le Roi, *de Maître Gervais.*
CHARLES VI, le Roi, *des Cholets.*
CHARLES VII, le Roi, *de Reims.*
CHARLET, Pierre, *de Dainville.*
CHARPENTIER, Jean, *de Laon.*
CHATEL, Jeanne de, épouſe de Raoul de Preſles, *de Preſles.*
CHAUMONT, Etienne, *de Cambray.*
CHAUVET, Léonard, *d'Autun.*
CHAUVIN, Pierre, *de Beauvais.*
CHENAC, Bertrand de, *de S. Michel.*
CHENAC, Guillaume de, *de S. Michel.*
CHENAC, autre Guillaume de, *de S. Michel.*
CHENAC, Elie de, *de S. Michel.*
CHEVALIER, Antoine-Claude, *des Dix-Huit.*
CHOLET, Jean, *des Cholets.*
CHOLLET, Euſtache, *des Dix-Huit.*
CHRESTIEN, Antoine, *de Laon.*
CHRESTIEN, Gervais, *de Maître Gervais.*
CHUPPIN, Jean-Nicolas, *de Louis-le-G.* ADM.
CLÉMENT VI, le Pape, *de Narbonne.*
CLÉMENT VII, le Pape, *de Boiſſy.*
COCHIN, Auguſt.-Henri, *de Louis-le-G.* ADM.
COFFIN, Charles, *de Beauvais.*
COLLET, Guillaume, *du Tréſorier.*
COMBES, Antoine, *d'Autun.*
CONSEIL, Léon, *de Maître Gervais.*
COQ, Jean le, *de Laon.*
COQUEREL, Nicolas, *des Cholets.*
CORBIN, Jean, *de Bayeux.*
CORNET, Guillaume, *de Maître Gervais.*
CORNET, Robert, *de Maître Gervais.*
CORRIERES, Claude de, *d'Autun.*

C

COSSART, Jeanne, *de Justice.*
COSSART, autre Jeanne de, *de Justice.*
COUCY, Jean de, *de Laon.*
COULHET, Pierre, *d'Autun.*
COULOMB, Nicolas, *de Maître Gervais.*
COURBES, Jacqueline de, *de Tours.*
COURCELLES, Jean de, *de Cambray & des Cholets.*
COURCELLES, Thomas de, *des Cholets.*
COURCHON, Pierre, *des Cholets.*
COUSIN, Louis, *de Laon.*
COUVAY, Laurent, *de Beauvais.*
COUVREUR, Anne, *de Sainte Barbe.*
CRECY, Jean de, *dit* DE TRONÇON, *de Laon.*
CRIN, Pierre, *de Beauvais.*
CROISIER, Claude, *de Fortet.*
CROISON, Pierre, *de Fortet.*

D

DAINVILLE, Gérard de, *de Dainville.*
DAINVILLE, Jean de, *de Dainville.*
DAINVILLE, Michel de, *de Dainville.*
DAMESNES, Pierre, *du Trésorier.*
D'ANGICOURT, Jean, *des Cholets.*
DARANGEON, Etienne, *d'Autun.*
D'ARCY, Hugues, *de Cambray.*
D'ARGILLIERS, Nicolas, *des Cholets.*
D'ARGONNE, Guillaume, *de Beauvais.*
DARVIEUX, Fleury, *d'Autun.*
D'ATHIES, Gérard, *d'Autun, des Cholets, de Dainville & de Laon.*
DAUBIGNY, Michel, *de Laon.*
DAVID, François, *de Laon.*
DAULNOY, Artus, *de Beauvais.*
DAULNOY, Jean, *dit* LE GALLOIS, *de Beauv.*
DAUNAY, Artus, *du Trésorier.*
D'AUSSONNE, Guillaume, *de Cambray.*

D

DEBONNAIRE DE FORGES, André-Charles, *de Louis-le-Grand,* ADMINISTRATEUR.
DENIS, Jean, *du Trésorier.*
DÉPENSE, Claude, *de Beauvais.*
DESCHAMPS, Jean, *des Dix-Huit.*
DESFONTAINES, Jacques, *de Laon.*
DESFRANÇOIS, Nicolas, *d'Autun.*
DESMARAIS, Raoul, *des Cholets.*
D'HAUTERIVE, Chrétien, *de Tréguier.*
DIODON, Jean de, *des Cholets.*
DONJON, Olivier, *de Tréguier.*
DORGEMONT DE MONTJAY, la Dame, *de Beauvais.*
DORMANS, Guillaume de, *de Beauvais.*
DORMANS, Jean de, *de Beauvais.*
DORMANS, Jeanne de, veuve de Guillaume de Dormans, *de Beauvais.*
DORMANS, autre Jeanne de, *de Beauvais.*
DORMANS, Marie de, épouse de René de Pincé, *de Beauvais.*
DORMANS, Miles de, *de Beauvais.*
DORMAY, Philippe, *de Laon.*
DROUART, Hugues, *de Beauvais.*
DROUART, Pierre, *des Cholets.*
DROUIN, Gilles de, *de Dainville.*
DU BESSET, Jean, *d'Autun.*
DUBOIS, François, *des Cholets.*
DUBOIS, Louis, *de Laon.*
DUCHESNE, Guillaume, *de M{t} Gervais.*
DUCHESNE, Nicolas, *des Cholets.*
DUCLER, Denis, *de Justice.*
DUFOUR, Henri, *de Laon.*
DUGAST, Robert, *de Sainte Barbe.*
DUHAMEL, Mathieu, *de Dainville.*
DUMESNIL, Richard, *de Maître Gervais.*
DUMONSTIER, François, *des Cholets.*
DUMONSTIER, Roger, *de Maître Gervais.*
DUPRAT, Guillaume, *de Louis-le-Grand.*
DUPENOIS,

D

DUPENOIS, Jacques, *de Fortet.*
DUPUIS, Françoise, *des Cholets.*
DURAND, Michel, *de Séez.*
DURESCU, Nicolas, *de Justice* & *du Tréforier.*
DURET, Yfabeau, v^e de la Haye, *de Fortet.*
DUTARTRE, Jean, *de Beauvais.*

E

ENCRA, Pierre de, *des Cholets.*
ESCAILLARD, Etienne, *de Laon.*
ESTIENNE, Henri-Ifaac, *de Louis-le-G.*ADM.
EVRARD, Guillaume, *de Beauvais.*

F

FARGES, Bernard de, *de Narbonne.*
FAULCON, Pierre, *d'Autun.*
FAURIÉ, Etienne, *d'Autun.*
FAYEL, Thomas de, *de Maître Gervais.*
FERRARIUS, Jean, *de Cambray.*
FERREBOUR, François, *de Beauvais.*
FLOYON, Honoré de, *des Cholets.*
FOLLIETTE, Mathieu, *des Cholets.*
FORTET, Pierre, *de Fortet.*
FOSSART, Thomas, *de Maître Gervais.*
FOUQUEREL, Jean, *des Cholets.*
FOUREL, Charles, *d'Autun.*
FOURNEAU, Guy-Antoine, *de Louis-le-Grand*, ADMINISTRATEUR.
FOURNET, Claudine, épouse de François d'Oquinquam, *de Laon.*
FOURNET, Jean, *de Laon.*
FOURNIER, Gérard, *des Cholets.*
FOURNIER, Catherine, épouse d'Etienne Petit, *d'Autun.*
FRANCE, Nicolas de, *de Laon.*
FRANÇOIS, Thomas, *de Maître Gervais.*
II. Partie.

F

FRAPIER, Jacqueline, *dite* DE LAUBERT, *de Maître Gervais.*
FRESNAUX, Enguerrand de, *des Cholets.*
FRIALOUX, Guillaume, *de Laon.*
FROIDEVAL, Jean, *de Fortet.*

G

GAILLARD, Jean, *des Cholets.*
GALLIOT, Antoine, *du Tréforier.*
GARBE, Jean, *de Laon.*
GARDIN DU MESNIL, Jean-Baptiste, *de Louis-le-Grand*, ADMINISTRATEUR.
GARNETOT, Catherine, *de Sainte Barbe.*
GAUGELIN, Jean, *de Laon.*
GAULCHER, Pierre, *des Dix-Huit.*
GEMELLY, Jean-Adrien, *de Laon.*
GEPPEY, Jean, *de Maître Gervais.*
GERBAIS, Jean, *de Reims.*
GERCY, Pierre de, *de Dainville.*
GERVAIS, Jacques, *de Justice.*
GILLETTE, épouse de Pierre Lecomte, *d'Autun.*
GIRAUD DE KEROUDOU, Mathurin-Georges, *de Louis-le-Grand*, ADMINISTRAT.
GIRARD, Catherine, *de Maître Gervais.*
GODEBERT, Louis, *des Cholets.*
GODESCART, Yves, *du Tréforier.*
GOISET, Genevieve, épouse de Charles Marteau, *de Laon.*
GOISLARD, Jean, *des Cholets.*
GONTARD, Claude, *des Dix-Huit.*
GOURDOUX, Pierre, *de Laon.*
GRANDIER, Etienne, *de Maître Gervais.*
GRANDIN, Martin, *de Dainville.*
GRÉGOIRE, ... *de Bayeux.*
GREMIOT, Joseph-Thibault, *de Fortet.*
GUENÉE, Nicolas, *de Beauvais.*

Rrrr

G

GUERIN, Guillaume, *de Juftice.*
GUEROND, Garnier, *des Cholets.*
GUESTRY, Jean de, *de Cornouailles.*
GUICHARD, Pierre, *des Dix-Huit.*
GUILLARD, Jean, *de Boiffy.*
GUILLAUME, ... *des Dix-Huit.*
GUILLEBERT, Jean, *de Juftice.*
GUILLEMETTE, épouse de Jacques du Penois, *de Fortet.*
GUYARD, Marie, veuve de Pierre Guilles, *de Sainte Barbe.*
GUYON, Guillaume, *de Cambray.*

H

HABART, Nicolas, *de Maître Gervais.*
HABART, Richard, *de Maître Gervais.*
HABERT, Jacques, *de Maître Gervais.*
HALLIAC, Pierre de, *d'Huban.*
HARBES, Raoul de, *de Laon.*
HARLAY, Achilles de, *de Louis-le-Grand.*
HARO, Etienne, *de Juftice.*
HECQUET, Pierre de, *des Cholets.*
HELLUIN, Richard, *de Maître Gervais.*
HENNART, Pierre, *de Laon.*
HENNE, Jean, *de Fortet* & *de Dainville.*
HENNECAULT, Claude, *de Prefle.*
HENRI III, le Roi, *de Louis-le-Grand.*
HERBIN, Gratien, *de Laon.*
HERMAN, Louis, *de Laon.*
HERVOISE, Paul, *de Prefle.*
HODEY, Guillaume, *de Boiffy.*
HOYER, Claude, *des Cholets.*
HUBAN, Jean de, *d'Huban.*
HUBAN, autre Jean de, *d'Huban.*
HUBERT, Jean de *Sainte Barbe.*

J

JACQUET, Claude, *de Maître Gervais.*
JACQUILLON, Charles, *de Beauvais.*
JEAN, le Roi, *Mignon.*
JEAN, ... *d'Arras.*
JEAN, ... *d'Huban.*
JEANNE, Comteffe de Bourgogne, époufe du Roi *Philippe V, de Bourgogne* & *de Prefles.*
JEANNE, femme de Jean-Euftach. *des Cholets.*
JEANNE, vᵉ d'Etienne de Nonnant, *de Laon.*
IMBAULT, Jean, *de Prefle.*
JONGLET, Nicolas, *des Cholets.*
JOSSE, Ambroife, *de Séez.*
JOSSE, Pierre, *de Séez.*
JULIEN .... *des Dix-Huit.*
JUSTICE, Jean de, *de Juftice.*

K

KERAMBERT, les Fondateurs du College de, *de Tréguier.*
KOETMOHAN, Guillaume de, *de Tréguier.*

L

LA BATAILLE, Marie, épouse de Jean Watier, *de Laon.*
LACOUR, Nicolas de, *de Juftice.*
LAFFILÈS, François, *de Laon.*
LAGNY, Jean de, *dit* DE MARLES, *de Laon.*
LAHOGUE, Louis, *de Maître Gervais.*
LAMBERT, Jeanne, *dite* DU VERGIER, *de Prefles.*
LANDAS, Robert de, *de Laon.*
LANDREAU, Pierre, *de Laon.*
LANGLE, Richard de, *de Maître Gervais.*
LANGLOIS, Grégoire, *de Séez.*

L

LANGLOIS, Michel, *de Maître Gervais.*

LAON, Guy de, *de Laon & de Presles.*

LA PIE, Jacques, *des Dix-Huit.*

LAROLLANDE, Simonne, épouse de Pierre Rousselot, *d'Autun.*

LAUNOY, Jean de, *de Maître Gervais.*

LAVASE, Jacques de, *de Justice.*

LAYE, Catherine, veuve de Nicolas Boulle, *des Cholets.*

LE BASTIER, Théobald, *des Cholets.*

LEBEGUE, Jean, *des Cholets.*

LEBEL, Jean, *de Laon.*

LEBLANC, Pierre, *d'Autun.*

LEBRUN, Mathurin, *de Bayeux.*

LE CANDRELIER, Nicolas, *d'Arras.*

LECARON, Jean, *de Dainville.*

LECARON, Jean, *dit* DE MONTCHALLON, *de Laon.*

LECLERC, Jean, *de Sainte Barbe.*

LECOMTE, Marguerite, veuve de Pierre Fournier, *de Laon.*

LECOMTE, Pierre, *d'Autun.*

LEDISEUR, Nicolas, *de Dainville & de Laon.*

LEFAVRAIS, Guillaume, *du Mans.*

LE FEBVRE D'AMECOUUT, Adrien, *de Louis-le-Grand,* ADMINISTRATEUR.

LEFEVRE, François, *des Cholets.*

LEFEVRE, Mathieu, *des Dix-Huit.*

LEFEVRE, Simon, *de Fortet.*

LEFLAMENG, Guillaume, *de Beauvais.*

LEFORT, François, *de Beauvais.*

LEGENTIL, Gabriel, *de Beauvais.*

LEGROS, Jean-Charles-François, *de Louis-le-Grand,* ADMINISTRATEUR.

LE HARPEUR, Denis, *de Maître Gervais.*

LEJART, Robert, *de Beauvais.*

LEJEUNE, Jacques, *des Cholets.*

LEJEUNE, Pierre, *des Cholets.*

L

LEMAISNIER, Dominique, *de M.* Gervais.

LEMAITRE, Jacques, *de Bourgogne.*

LEMASLE, Hardouin, *de Tours.*

LEMEUR, Joseph, *de Cornouailles.*

LEMIEURRE, Antoine, *des Cholets.*

LEMOINE, Jean, *des Cholets.*

LEMOINE, autre Jean, *de Justice.*

LEMOINE, autre Jean, *de Laon.*

LEMPEREUR, Jean-Denis, *de Louis-le-Grand,* ADMINISTRATEUR.

LENAIN, Nicolas, *de Beauvais.*

LENOIR, Gervais, *de Boissy.*

LENORMAND, Jean, *des Cholets.*

LENORMAND, Godefroy, *des Cholets.*

LEORIER, Antoine, *d'Autun.*

LEPETIT, Jean, *du Tréforier.*

LEPOT, Antoine, *de Laon.*

LERAT, Jean, *du Tréforier.*

LEROUX, François, *de Bayeux.*

LESIEURE, Jean, *des Cholets.*

LESNOT, Jacques de, *de Dainville.*

LESOBRE, Jean, *des Cholets.*

LESUEUR, Jacques, *des Cholets.*

LESUEUR, Jean, *du Tréforier.*

LEVASSEUR, Jean, *de Séez.*

LEVASSEUR, Marin, *de Presle.*

LEVERRIER, Pierre, *de Tours.*

LEVEYRE, Jean, *de Fortet.*

LEVIGOUREUX, François, *de Cornouailles.*

LIGEAULX, Jean, *de Justice.*

LIGNIERES, Mathieu de, *des Cholets.*

LIMONNE, Alexandre de, *d'Autun.*

LISET, Pierre, *de Justice.*

LISIART, Guillaume de, *de Cornouailles.*

LIOT, Robert, *du Tréforier.*

LOMMEL, Jean, *des Cholets.*

LONDIS, Nicolas de, *de Cambray.*

LONDRES, Josse de, *des Dix-Huit.*

L

LORRAINE, Jean de, *de Narbonne.*

LOUCHART, Robert, *des Cholets.*

LOUIS, *Saint*, le Roi, *des Bons-Enfans.*

LOUIS XIV, le Roi, *de Louis-le-Grand.*

LOUIS XV, le Roi, *de Louis-le-Grand.*

LOUP, Jean, *de Cambray.*

LOUTREL, Martin, *des Cholets.*

LOUVIERS, Jean de, *de Laon.*

LOYER, Jean, *du Tréforier.*

LUXEMBOURG, Philippe de, *du Mans.*

M

MAILLARD, Jean, *des Cholets.*

MAILLY, Jacques de, *de Dainville.*

MAILLY, Jean de, *de Cambray.*

MAINON, Etienne, *de Laon.*

MAISTREL, Gafpard-Thomas, *de Louis-le-Grand*, ADMINISTRATEUR.

MALEUDE, Jacques, *des Cholets.*

MANGLOUST, Guillaume, *de Beauvais.*

MANNAY, Jean de, *de Laon.*

MANNEVILLE, Jean de, *de Beauvais.*

MANSEL, André, *de Maître Gervais.*

MANSEL, Geoffroy, *de Maître Gervais.*

MARGUERITE, André, *du Tréforier.*

MARIE, ép. de Robert Louchard, *des Cholets.*

MAROLLE ou MAREUIL, Odon de, *des Cholets.*

MARRY, Philibert de, *de Cambray.*

MARTEAU, Charles, *de Laon.*

MARTEAU, Pierre, *de Laon.*

MARTIGNY, Jean de, *de Bourgogne.*

MARTIN, Edme, *de Louis-le-Grand*, & ADM.

MASSENCOURT, Jean de, *de Dainville.*

MASKIER, Simon, *des Cholets.*

MATHÉ, Pierre, *de Bayeux.*

MENASSIER, Simon, *de Sainte Barbe.*

M

MENGOIS, Etienne, *de Beauvais.*

MENGUY, Guillaume, *de Laon.*

MENVILLE, Richard de, *du Tréforier.*

MEURICE, Euftache, *de Louis-le-Grand.*

MEUSNIER, Guillaume, *de Maître Gervais.*

MICHEL, Pierre, *de Maître Gervais.*

MICHEL, Robine, épouse de Jean Roger, *des Cholets.*

MIGNON, Jean, *Mignon.*

MOLONY, Jean de, *de Louis-le-Grand.*

MONANTEUIL, Jean de, *de Laon.*

MONCHAL, Pierre de, *d'Autun.*

MONNIER, Jean, *de Maître Gervais.*

MONTAGNE, Robert de, *du Tréforier.*

MONTAIGU, François de, *de Laon.*

MONTAIGU, Gérard de, *de Laon.*

MONTDORGE, Pierre de, *de Beauvais.*

MONTFIQUET, Raoul de, *de Maître Gervais.*

MONTIGNY, Jean de, *de Cambray.*

MOREAU, Antoine, *de Prefle.*

MOREL, Charles, *de Prefle.*

MOREL, Nicolas, *de Juftice.*

MOTEL, Jean, *de Laon.*

MOTHE, Robert de la, *de Juftice.*

MOULINS, Oudard de, *d'Autun.*

MOURET, Jean, *des Cholets.*

MOURET, autre Jean, *des Cholets.*

MOURET, autre Jean, *des Cholets.*

MOUY, Quentin de, *de Laon.*

MULLOT, Jean, *de Laon.*

N

NEVEU, Noel, *des Cholets.*

NEUFOND, Guillaume, *de Cambray.*

NICOLAY, Galeran, *dit* DE LA GREVE, *de Cornouailles.*

NOGENT, Philippe, *des Dix-Huit.*

N

NOTIN, Jean, *de Beauvais.*
NOYENTEL, Evrard de, *des Cholets.*

O

OBRY, Claude, *de Dainville.*
OBRY, Jacques, *des Cholets.*
OGIER, Gilbert, *d'Autun.*
ORGÉHAN, Jean, *de Cambray.*

P

PAILLART, Germain, & sa femme, *de Cornouailles.*
PAILLART, Jacqueline de, *de Beauvais.*
PALLOUIN, Raoul, *de Maître Gervais:*
PAMETCHAR, Jean, *de Presle.*
PARMENTIER, Antoine, *de Dainville.*
PASTOUR .... *des Cholets.*
PAUCET, Pierre, *de Laon.*
PAUCET, autre Pierre, *ae Laon.*
PAULCHAR .... *de Presle.*
PAUQUIER, Guillaume, *de Laon.*
PAYEN, Denis, *de Maître Gervais.*
PELIN, Antoine, *des Cholets.*
PELLETIN, Simon, *de Beauvais.*
PERROT, Charles-Pierre, *de Beauvais.*
PERREAU, Jean, *de Reims.*
PETIT, Étienne, *d'Autun.*
PETIT, autre Jean, *des Cholets.*
PETIT, Jean, *de Maître Gervais.*
PETRY, Pierre, *de Cornouailles.*
PHILIPPE V, le Roi, *de Presle.*
PHILIPPE, ... *d'Arras.*
PILAU, Antoine, *des Cholets.*
PILAU, Nicolas, *des Cholets.*
PILLE, Pierre de, *de Cambray.*
PINCÉ, René de, *de Beauvais.*

P

PINCÉ, Renée de, épouse de Jean Rigolet, *de Beauvais.*
PIOT, Grégoire, *de Dainville.*
PLUYETTE, Jean, *des Bons-Enfans.*
POAN, Louis-Pierre, *de Louis-le-Gr.* ADM.
POIGNARD, Jean-Baptiste, *de Louis-le-Grand,* ADMINISTRATEUR.
POILLY, Jean, *de Laon.*
POLY, Olivier, *de Justice.*
POMART, Hugues de, *de Cambray.*
PONSINET, Jean, *de Reims.*
PONTON, Yves, *de Cornouailles.*
POTTIER, Urbain, *de Bayeux.*
POURCHOT, Edme, *de Louis-le-Grand.*
PRAOUL, Pierre, *des Cholets.*
PRENEL, Julien, *de Maître Gervais.*
PRESLES, Raoul de, *de Presles & de Laon.*
PROESTREL, Guillaume, *des Cholets.*
PROLLÉ, Jean, *des Cholets.*
PROTHAIS, Jean, *des Cholets.*

Q

QUENTIN, Jean, *de Dainville.*
QUESLIN, Nicolas, *de Beauvais.*
QUESNEL, Jean, *des Cholets.*

R

RACINE, Guillaume, *de Justice.*
RAOUL, Pierre, *de Maître Gervais.*
RAVENEL, Jean de, *des Cholets.*
RAVERES, Gilles de, *de Bourgogne.*
RAT DE MONDON, André, *de Louis-le-Grand,* ADMINISTRATEUR.
REGNAULT, Guillaume, *de Maître Gervais.*
REGNAULT, Gérard, *de Maître Gervais.*
RENARD, Anne, épouse de Jean Toupet, *de Laon.*

R

RENAT, Guy, *des Bons-Enfans.*
RENAUD,......... *des Bons-Enfans.*
RESNEL, Julien, *de Juſtice.*
REVELOIS, Antoine, *des Cholets.*
REVESCHE DU PERON, Jean-François, *de Louis-le-Grand.*
RIBOU, Guillaume, *des Dix-Huit.*
RICHARD, Jean, *de Beauvais.*
RICHARD, Pierre, *de Juſtice.*
RICHER, Jean, *de Séez.*
RIGOLET, Jean, *de Beauvais.*
RIVALLON, Philippe, *de Tréguier.*
ROBELIN, Pierre, *de Cambray.*
ROBERT, le Roi, *des Bons-Enfans.*
ROBIN, Louis, *d'Autun.*
ROCHE-AYMOND, Charles-Antoine de la, *de Louis-le-Grand,* ADMINISTRATEUR.
ROGER, Jacques, *de Maître Gervais.*
ROGER, Jean, *d'Autun.*
ROGER, autre Jean, *des Cholets.*
ROHAN, Louis-René-Edouard, Prince de, *de Louis-le-Grand,* ADMINISTRATEUR.
ROLLAND, Jean, *de Beauvais.*
ROLLAND, Barthélemi-Gabriel, *de Louis-le-Grand,* ADMINISTRATEUR.
ROLLIN, Charles, *de Beauvais.*
ROLLIN, Philiberte, épouſe de Jean de Brie, *de Laon.*
ROSÉE, Pierre, *de Maître Gervais.*
ROUCY, Jean de, *de Laon.*
ROUEN, Jean de, *du Tréſorier.*
ROULARD, Gilbert, *d'Autun.*
ROUSSEL, Pierre-Philippe, *de Louis-le-Grand,* ADMINISTRATEUR.
ROUSSEL, Michel, *de Laon.*
ROUSSELET, Raoul de, *de Laon.*
ROUSSELOT, Pierre, *d'Autun.*
ROYE, Guy de, *de Reims.*

RUEL, Pierre de, *des Cholets.*
RUFFY, Jean, *des Cholets.*

S

SAANE, Guillaume de, *du Tréſorier.*
SAHUGUET D'ESPAGNAC, Léonard, *de Louis-le-Grand,* ADMINISTRATEUR.
SAINFRAY, Jacques de, *de Louis-le-Gr.* ADM.
SAINON, Jean de, *de Cambray.*
SAINTE-CROIX, Jean de, *de Laon.*
SAINT-JUST, Gérard de, *des Cholets.*
SAINT-JUST, autre Gérard de, *des Cholets.*
SALINES, Henri de, *de Cambray.*
SALLE, Claude de, *de Laon.*
SARRASIN, Pierre, *de Laon.*
SAUSEA, André de, *d'Autun.*
SCELLIER, Raoul, *des Cholets.*
SEGUIER, Dominique, *des Dix-Huit.*
SEVIN, Nicolas, *de Beauvais.*
SEURAT, Nicolas, *de Sainte Barbe.*
SOILLY, Clément de, *de Beauvais.*
SONNET, Antoine, *des Cholets.*
STUPRA, Lucien, *de Laon.*
SURET, Etienne, *des Dix-Huit.*

T

TALLEBOT, Martin, *du Tréſorier.*
TALON, Jean, *de Louis-le-Grand,* ADM.
TALON, Antoine, *de Fortet.*
TANDEAU DE MARSAC, Gabriel, *de Louis-le-Grand,* ADMINISTRATEUR.
TARGNY, Louis de, *de Dainville.*
TERRAY, Joſeph-Marie, *de Louis-le-G.* ADM.
THIANGES, Gérard de, *de Beauvais.*
THURET, Pierre, *de Laon.*
TILLORIER, Gilles, *de Laon.*

T

TOSTAIN, Raoul, *de Maître Gervais.*
TOUPET, Jean, *de Laon.*
TOURIER, Gobert, *de Laon.*
TOURNEBU, Jacques de, *de Maître Gervais.*
TOURNEMEULE, Gobert de, *de Laon.*
TOURNEMEULE, Jean, *de Laon.*
TOURNEROCHE, Jean, *de Juſtice.*
TRESNY, Gilbert, *de Dainville.*
TRIPET, Gilles, *de Beauvais.*
TUDERT,........... *des Dix-Huit.*
TUREAU, Claude, *de Sainte Barbe.*

V

VALETTE LE NEVEU, Jacques, *de Louis-le-Grand*, ADMINISTRATEUR.
VALLOT, Ferdinand, *de Cornouailles.*
VASSAGLE, Pierre, *des Cholets.*
VAUTIER, Guillaume, *de Maître Gervais.*
VENDEUIL, Charles de, *de Laon.*
VENDOSME, Mathieu de, *des Bons-Enfans.*
VERNE, Claude, *d'Autun.*
VERSIGNY, Gérard de, *de Laon.*
VERVINS, Jean de, *de Laon.*

V

VIART, Pierre, *du Tréforier.*
VIDÉ, Etienne, *de Boiſſy.*
VILLAIN, Jean, *de Laon.*
VILLEBLOUIN, Jean de, *de Beauvais.*
VILLEPOIX, Jean de, *des Cholets.*
VILLEQUIN, Jean, *de Beauvais.*
VILLERS, Jacques de, *des Cholets.*
VILLIERS, Charles de, *de Dainville.*
VILLIERS DE LA NOUE, Prudent de, *de Louis-le-Grand*, ADMINISTRATEUR.
VINCENT, Guillaume, *de Beauvais.*
VINCENT, Jacques, *de Maître Gervais.*
VIOLET, Jean, *de Laon.*
VOISIN, Pierre, *du Tréforier.*

W

WATIER, Jean, *de Laon.*
WATIN, Charles, *de Fortet.*
WAROQUIER, Laurent, *de Beauvais.*
WITTEMENT, Jean, *de Beauvais.*

Y

YSABEL, Guillaume, *de Maître Gervais.*

ADDITIONS.

VU la multiplicité, soit des pieces qu'il a fallu compulser, soit des faits que l'on a été obligé de se rappeller pour rédiger le préfent Recueil, on ne sera pas étonné qu'il soit échappé plusieurs objets qui auroient dû y être inférés. On a déja par un supplément placé à la fin de la Iere Partie (page 215--220) réparé les oublis dont on s'étoit alors apperçu; mais même pour cette Iere Partie il s'en faut de beaucoup que ce supplément soit complet; de plus, il y a également des omissions dans la seconde Partie; enfin pendant l'impression de ce Recueil il a été pris plusieurs Délibérations qui n'ont pu être mises à leurs places.

Ce sont ces différens objets que l'on réunira ici sous le titre d'*Additions*; quant aux fautes d'impression, elles feront l'objet d'un *Errata* qui sera placé après la Table des Matieres: on a cependant rectifié dans les présentes additions les fautes relatives aux lieux d'où doivent être les Boursiers, & aux conditions nécessaires pour leur admission.

OBJET DE CE RECUEIL.

Page 4, à la fin du cinquieme *alinea*, il faut ajouter une *note* en ces termes:
Dès le tems de cette Délibération il fut observé que si jamais on faisoit un Recueil des Délibérations du Bureau, le dire de M. le Préfident Rolland inféré dans la Délibération du 11 Octobre 1764, lui serviroit de préface.

A la fin de la Délibération du 28 Mai 1781, page 6, il faut ajouter une *note* en ces termes:
Par Délibération du 7 Décembre 1781, le Bureau a approuvé l'impression faite pour les Supérieurs-Majeurs & Nominateurs, de l'*Avertissement* qui est placé à la tête de la seconde Partie, & qui a été joint aux différens Chapitres relatifs à chaque College, & a arrêté la liste des personnes auxquelles il falloit envoyer lesdits extraits.

Dans la Délibération du 5 Juillet 1781, page 7, il faut ajouter l'envoi du Recueil:
Aux Examinateurs des Boursiers établis par les Lettres Patentes du 20 Août 1767.

INTRODUCTION.

Page 19, ligne 33, après le mot *tracasseries* il faut ajouter une *note* en ces termes:
On pourroit, au lieu du mot *tracasseries*, mettre celui de *vexations*; car le sieur Louvel, Proviseur d'Harcourt, a voulu rendre plainte contre trois Membres du Bureau d'Administration, M. le Préfident Rolland, M. Valette le Neveu & M. Fourneau. On trouvera le détail de ce fait singulier, & l'on pourroit presque dire incompréhensible, dans la seconde édition du Mémoire de M. le Préfident Rolland, que le Bureau a ordonnée par Délibération du 20 Décembre 1781.

Page 38, dans une seconde édition il faudra supprimer en entier la *note* 40, & la placer au lieu de la 443. *Premiere*

CHAPITRE II.

Lettres Patentes enregiftrées au Parlement.

Page 54, ligne 7 de l'article XXXVIII des Lettres Patentes du 21 Novembre 1763, il faut ajouter une *note* en ces termes :

Il ne s'eft trouvé aucuns Chapelains en titre de Bénéfice, & il ne peut y en avoir, *voyez* cette queftion difcutée dans la IIe Partie, Chapitre VI, concernant le College des Bons-Enfans & fur-tout la *note* 293.

Page 59, à la fin de la *note* 56, ajouter :

A l'exception de l'article XIV, qui ordonne la diftribution des jetons dont mention eft faite ci-deffus Chapitre Ier.

CHAPITRE IV.

Arrêts & Réglemens.

Page 129, avant le Réglement pour les Théologiens il faudra placer les deux *états* qui font dans le fupplément pages 314--316.

Page 197, avant le tarif pour le Notaire il faudra placer le Réglement fuivant :

Réglement pour le Chef des Cuifines.

Du 4 Janvier 1782.

Le département des Cuifines du College de Louis-le-Grand étant un des plus confidérables pour la dépenfe, il eft important que fa régie foit fuivie très-exactement. En conféquence il eft enjoint au Chef, à fon Aide & aux gens qui y font employés de faire tous leurs efforts pour remplir leurs devoirs avec fidélité & exactitude, feul moyen de contenter le Bureau & de fe conferver dans leur condition, en conféquence ils fe conformeront exactement au Réglement fuivant :

ARTICLE PREMIER.

Le Chef des Cuifines ainfi que tous ceux des autres départemens, & par conféquent ceux qui leur font fubordonnés font fous l'autorité immédiate de l'Econome ; ils doivent prendre fes ordres dans toutes les occafions & s'y conformer ; ils doivent lui obéir en tout ce qu'il leur commandera & s'adreffer à lui pour obtenir des graces du Bureau, qui ne leur en accordera aucunes que fur le témoignage de l'Econome.

II.

Ce Chef doit fe perfuader que dans fa place il ne peut contenter fes Supérieurs & fe

Sffff

faire confidérer de fes fubordonnés, qu'autant qu'il fe montrera lui-même attentif à bien remplir fes devoirs & qu'il donnera l'exemple d'une conduite fage & bien réglée.

I I I.

SURTOUT il évitera avec le plus grand foin de s'adonner au vin ; outre le mépris qu'il s'attireroit par ce défaut, il doit confidérer qu'il fe mettroit hors d'état de pouvoir veiller fes fubordonnés, de leur prefcrire leurs devoirs, de bien remplir le fien & de pouvoir faire de juftes réprimandes à ceux qui auront le même défaut.

I V.

IL doit conduire les autres perfonnes employées aux Cuifines; il doit en travaillant leur montrer l'exemple ; en un mot, il eft chargé de préparer ou faire préparer fous fes yeux tout le comeftible.

V.

LA variété des mets ne peut être grande dans une Communauté telle que celle du College de Louis-le-Grand. Cependant avec de l'habileté le Chef peut éviter une répétition trop fréquente pour ne pas rebuter ; il ne le fera cependant qu'avec prudence & en confultant ce qui convient pour éviter une trop forte dépenfe.

V I.

IL doit encore faire voir fon intelligence & fon zele par la maniere de faire les achats journaliers de légumes, herbes, poiffon & marée; il faut qu'il s'attache les Marchandes de ces différentes denrées, mais il doit les contenir & les rendre traitables en ne leur montrant point trop de confiance, & il eft de la prudence de marchander fouvent à d'autres pour n'être pas dupe de celles qu'il aura choifies : comme le Chef peut fixer leur attention par la quantité des confommations journalieres, & la préférence qu'il donne, il doit s'en fervir pour obtenir une remife fur le prix courant & pour contenir les Marchandes par la crainte de perdre fa confiance.

V I I.

LES achats de marée doivent fe faire en concurrence avec ceux des Marchandes : il en réfulte trois avantages ; le premier, celui du meilleur marché ; le fecond, celui de l'avoir toujours plus fraiche, parce que les achats fe font à l'arrivée des voitures & que c'eft fur ces voitures que fe font les criées; le troifieme enfin, qu'en fe conduifant ainfi, les paniers ne font point altérés, n'étant point alors poffible de fubftituer de la vieille marée, & même quelquefois de très-ancienne.

V I I I.

POUR réuffir dans ces achats & s'attacher quelques-unes des femmes qu'emploient les Marchandes mêmes pour mettre la criée en leur nom, il faut leur accorder une augmentation du petit droit de commiffion que les Marchandes leur donnent par panier, ce qui n'eft d'aucune conféquence.

I X.

L'ACHAT du poiffon d'eau-douce ne doit fe faire que fur le carreau de la halle ; il eft avantageux de s'y attacher quelqu'un pour cet objet. Le poiffon s'y vend au cent comme à la piece ; il ne faut pas, sous le prétexte de la proximité ou quelqu'autre que ce soit, s'adresser aux boutiques entre le port Saint Paul & l'Isle Saint Louis, attendu que le poisson s'y vend plus cher qu'à la halle, parce qu'étant en pleine eau, les Marchandes savent qu'il peut souffrir l'attente, avantage que les autres Revendeuses à la halle n'ont pas.

X.

LES articles VI, VII, VIII & IX ci-dessus seront exécutés par ledit Chef des Cuisines lorsque l'Econome ne jugera pas à propos d'aller lui-même faire les achats ; ce que l'Econome fera lui-même lorsqu'il le croira convenable & utile pour le bon ordre & pour l'avantage de l'Administration.

X I.

LE service des repas étant à midi & à sept heures un quart précis, le Chef prendra pour loi de ne se trouver jamais en retard.

X I I.

IL hâtera son retour de la halle, qui ne pourra être le matin plus tard que neuf heures & demie, afin de pouvoir juger à tems de ce qui aura été fait pendant son absence, & de ce qui lui reste à faire pour ses préparations & assaisonnemens.

X I I I.

L'APRÈS-MIDI il disposera les choses pour le souper & ne sortira qu'après s'en être bien assuré, pour revenir au plus tard à six heures.

X I V.

ENCORE qu'il puisse & doive compter sur l'assiduité de son Aide, il lui est enjoint de ne pas trop s'en prévaloir pour prendre occasion de s'absenter, sous prétexte que le service des Cuisines est fort simplifié par la pratique des cuissons au four & par l'avantage des nouveaux fourneaux ; mais toutes ces choses veulent être suivies pour bien réussir à la satisfaction des consommateurs, & utilement pour l'Administration.

X V.

IL doit parfaitement connoître le genre & les qualités des viandes, afin d'en pouvoir bien juger, & il est de son exactitude d'en dire son sentiment à l'Econome s'il y trouvoit quelques défauts.

X V I.

IL doit savoir couper les viandes dans la boucherie & les préparer suffisamment pour former des plats de bouilli & de rôti, & faire attention que des abatis de veau & de mouton, il doit faire des entrées à la quantité desquelles il suppléera par des oignons, des navets & autres légumes.

X V I I.

IL doit savoir encore dresser les viandes sur les plats d'une maniere propre & les distribuer avec attention, en observant de donner les plus forts aux Théologiens & autres en raison de leurs classes.

X V I I I.

LES jours de congés il aura égard aux absences de coutume, & s'il lui reste quelques pieces, il les retirera dans une armoire, dont feul il aura la clef, pour les refervir le jour fuivant.

X I X.

IL doit auffi connoître les différens légumes & les différens pays dont on les tire pour les avoir meilleurs & à meilleur compte.

X X.

IL aura foin les jours maigres de voir & juger de la jufte quantité de légumes qu'il convient pour chaque repas, dont il fuivra l'emploi le plus qu'il fera poffible; & comme il y a des coffres pour renfermer ces légumes, il en gardera la clef, qu'il ne confiera à perfonne.

X X I.

IL tiendra de même fous la clef les épices, la caffonnade, le riz, la morue & le fel, &c.

X X I I.

IL tiendra la main pour qu'il y ait la plus grande propreté, tant dans le local des Cuifines, Serre, Office & Pâtifferie, que dans tous les vaiffeaux & uftenfiles d'ufage.

X X I I I.

IL tiendra regiftre des chofes qu'il recevra, du jour de leur entame, du jour de leur emploi & de la quantité pour chaque fois.

X X I V.

IL ne pourra vendre aucuns reftes, ils feront rapportés des réfectoires pour les diftri-buer aux domeftiques d'une maniere convenable & fuffifante, & il aura la même atten-tion pour ce qui fe donne aux pauvres (571).

X X V.

IL ne fouffrira pas qu'aucun comeftible demeure dans des vafes de cuivre; il aura foin de les faire fouvent étamer; il apportera le plus grand foin à éviter à ce fujet toutes fortes d'accidens, & en conféquence il fe fervira des baffines d'étain qui font deftinées pour pouvoir conferver les comeftibles fans rifques.

X X V I.

SI quelqu'un prévarique il en avertira auffi-tôt l'Econome, après cependant avoir reconnu l'inutilité de fes avertiffemens particuliers.

X X V I I.

IL rendra compte à l'Econome de toutes fes opérations, duquel il prendra toujours les ordres pour ne rien faire de lui-même.

X X V I I I.

IL examinera & jugera de tous les comeftibles apportés par les Fourniffeurs & en fera fon rapport avec fcrupule s'il y trouve quelques chofes à redire.

Et fera le préfent Réglement inféré dans le Recueil dont l'impreffion a été ordonnée le 28 Mai dernier, aux additions du Chapitre IV de la Premiere Partie. Il en fera en outre imprimé féparément cent exemplaires.

---

(571) *Voyez* ci-deffus, I.re Partie, Chapitre X, page 255, la Délibération du 17 Décembre 1767, & la *note* 169.

CHAPITRE V.

De l'Administration.

PAGE 201, fept & huitieme lignes, au lieu de ces termes :

La Délibération du 17 Août 1769, qui eſt la ſeconde de celles contenues dans ce Chapitre, eſt la ſeule qui ait

Il faut mettre :

Les Délibérations des 17 Août 1769 & 20 Décembre 1781, ci-après, ſont les ſeules qui aient

Même *page*, ligne 4 du premier *alinea*, après le mot *regiſtres*, il faut mettre une virgule, & ajouter enſuite : *à l'exécution*

Page 202, entre les Délibérations des 17 Août 1764 & 7 Juin 1765, il faut inſérer celle ci-après.

Du 20 Décembre 1781.

M. le Préſident Rolland a dit que le 4 Septembre 1777, lors du rétabliſſement du Bureau, il avoit été convenu « que M. le Subſtitut pourroit remplacer ceux de MM. les » Officiers du Parlement qui, vu leurs autres occupations, ne pourroient pas veiller » autant qu'ils le deſireroient aux différens Colleges dont ils ſont chargés & qui le » prieroient de les aider & même de les ſuppléer, & que dans le cas où il ne ſeroit » prié nommément par aucun deſdits quatre Officiers du Parlement de les aider & » ſuppléer, il ſeroit adjoint de droit au premier département, comme à celui qui a le » plus de détail, étant chargé du College de Louis-le-Grand ».

(marginal note : Délibération pour charger M. le Subſtitut de veiller à l'exécution des Délibérations.)

Que le principal motif qui avoit dicté cette Délibération étoit l'impoſſibilité de donner un département à M. le Subſtitut, vu la réduction des Notables à quatre par les Lettres-Patentes de 1777; que le Bureau deſirant en même tems profiter du zele de M. de Sainfray, qui depuis 1763 remplit dans le Bureau la place de Subſtitut, a cru devoir le charger, par Délibération du 25 Novembre 1779, d'arrêter les regiſtres de M. le Grand-Maître, ainſi que ceux des Colleges particuliers; qu'il propoſeroit à Meſſieurs de prier M. de Sainfray de continuer de ſe charger de ce ſoin, ſans même qu'il ſoit néceſſaire de prendre par la ſuite chaque année une Délibération à ce ſujet au premier Bureau de Décembre, ainſi qu'il eſt ordonné par le Réglement de 1767.

Qu'il eſt encore un objet important qu'il propoſeroit de confier à la vigilance de M. de Sainfray, ſavoir l'exécution des différentes Délibérations du Bureau; que cette opération ſeroit d'autant plus facile à M. de Sainfray, que ces Délibérations ſe trouvent actuellement preſque toutes réunies dans le Recueil dont le Bureau a ordonné l'impreſſion le 28 Mai dernier.

Sur quoi la matiere miſe en délibération,

LE BUREAU a unanimement délibéré que M. de Sainfray ſeroit prié de continuer d'arrêter les regiftres de M. le Grand-Maître, ainfi que les regiftres particuliers des pettits Colleges, & ce chaque jour d'affemblée du Bureau, non-feulement pendant la préfente année claffique, mais même jufqu'à ce qu'il en ait été autrement ordonné.

Il a été en outre arrêté que M. de Sainfray feroit prié de vouloir bien veiller à l'exécution de toutes les Délibérations du Bureau, tant celles faites jufques à ce jour, que celles qui feront prifes par la fuite; de donner tous les ordres néceffaires pour leur procurer une pleine & entiere exécution, fauf lorfqu'il le jugera à propos, & lorfqu'il y aura quelques ordres importans à donner, d'en conférer avec les Adminiftrateurs des différens départemens, ou même d'en rendre compte au Bureau s'il l'eftime néceffaire.

Il fera par le Secrétaire-Archivifte remis expédition de la préfente Délibération à M. de Sainfray, & elle fera imprimée dans les Additions au Recueil dont l'impreffion a été ordonnée le 28 Mai dernier.

Page 211, entre les Délibérations des 4 & 19 Juillet 1781, il faut inférer ce qui fuit:

Le Bureau defirant encourager les études, a faifi avec empreffement toutes les occafions où il a pu procurer des graces aux Bourfiers ou leur accorder des gratifications, entre plufieurs exemples on fe bornera aux trois fuivans.

Le fieur Ouvray, Bourfier du College des Cholets pour le Diocefe d'Amiens, ayant obtenu le cinquieme *lieu* de la Licence qui a commencé en Janvier 1778, étoit en même tems le premier des *Ubiquiftes*. Le Roi, toujours attentif à exciter l'émulation, avoit bien voulu donner des marques de fa fatisfaction en accordant à ceux qui avoient été les premiers des Licentiés des Maifons de Sorbonne ou de Navarre (572), à l'un une Abbaye & à l'autre une penfion; le Bureau d'Adminiftration inftruit de ces faits, a cru devoir s'occuper de procurer au fieur Ouvray, qui d'ailleurs étoit très-peu fortuné, quelques graces de Sa Majefté, il pria en conféquence Monfieur le Grand-Aumônier & M. le Préfident Rolland de folliciter à ce fujet Monfieur l'Evêque d'Autun, & le Roi a nommé en 1781 le fieur Ouvray, Chanoine de la Collégiale de Verdun.

Du 7 Septembre 1780.

« LE BUREAU informé par M. le Principal des fuccès que le fieur d'Auriol de Lauraguet » a eu, tant à la derniere diftribution des Prix de l'Univerfité qu'à celle du College, a » unanimement arrêté qu'il fera fait remife audit fieur Auriol de Lauraguet, Penfion- » naire de la Grande-Aumônerie, de la fomme de 600 livres fur ce qu'il peut devoir » pour fupplément de fa penfion ».

---

(572) Les *lieux* de ces deux Licentiés étoient poftérieurs à celui de l'Abbé Ouvray.

CHAPITRE VII.

Des Boursiers.

PAGE 222. Avant la Délibération du 17 Mai 1781, il faut ajouter un *alinéa* en ces termes :

On finira ces observations préliminaires par une qui est des plus importantes ; sçavoir, que le Bureau a toujours desiré, pour le bien de l'éducation & l'avantage des Boursiers, que le College de Louis-le-Grand fût considéré comme une Maison de Théologie, & même comme un Séminaire :

(marginal note: Le College de Louis-le-Grand est-il une Maison de Théologie, & les Boursiers peuvent-ils y faire leur séminaire.)

Quant à ce dernier objet, il dépend des Prélats, & un très-grand nombre admet actuellement le College de Louis-le-Grand pour Séminaire. Comme le Ministere a sur cet objet les mêmes vues que le Bureau, le Roi a cru devoir s'en expliquer précisément, d'abord dans sa Déclaration pour le College de Me Gervais (573), ensuite dans ses Lettres Patentes pour le College de Beauvais (574); enfin il a rendu communes à tous les Colleges réunis, les dispositions de ces différentes Loix (575), & a ordonné que les Boursiers ne pourront s'absenter pour aller au Séminaire que dans l'intervalle du Baccalauréat à la Licence.

Pour ce qui concernoit de regarder le College de Louis-le-Grand comme Maison de Théologie, cet objet dépendoit de cette Faculté, & dès 1770 elle a rendu au College de Louis-le-Grand la justice qu'il avoit droit d'attendre d'elle, ainsi qu'il est constaté par la Délibération suivante.

Du Vendredi 7 Décembre 1770.

M. le Principal a fait part au Bureau de la résolution qui a été prise par la Faculté de Théologie de faire soutenir dans le College les theses & autres exercices que les Boursiers étudians dans cette Faculté auroient à soutenir pour obtenir les degrés ; que cette résolution de la Faculté de Théologie paroît avantageuse pour le College, & le confirme dans la qualité de Maison de Théologie, qu'il peut prétendre à de très-justes titres ; qu'il est nécessaire, pour remplir les vues de la Faculté, de faire placer dans la salle des actes un banc pour les Censeurs, ce qui est une dépense très-modique, requérant le Bureau de délibérer.

(marginal note: La Faculté de Théologie reconnoît le College de Louis-le-Gr. pour une Maison de Théologie.)

Sur quoi la matiere mise en délibération,

Il a été unanimement arrêté d'autoriser M. le Principal à faire faire & poser dans la salle des actes un banc pour les Censeurs de la Faculté de Théologie.

(573) IIe Partie, Chapitre XIX.
(574) IIe Partie, Chapitre IV.
(575) *Voyez* Iere Partie, Chapitre II, les Lettres Patentes du 19 Mars 1780.

Même *page 222*, *note* (150), cette *note* doit être rédigée ainfi qu'il fuit

(150) Ci-après deuxieme Partie, Chapitre IX. Cette Délibération eft d'autant plus importante à confulter, qu'elle développe l'efprit des Letttes Patentes du 19 Mars 1780; d'où il réfulte, 1°. qu'il n'y a plus (excepté pour quelques-uns des Bourfiers du College de Beauvais) de diftinctions de grandes ou petites Bourfes; 2°. que tous les Bourfiers peuvent commencer leurs études par celles des Facultés qu'ils jugeront à propos; 3°. qu'après avoir étudié dans la Faculté des Arts, ils pourront étudier dans celle des trois Facultés fupérieures qu'ils eftimeront convenable, & ce jufqu'au Doctorat exclufivement, à l'exception des Bourfiers des Cholets à la nomination des Chapitres d'Amiens & de Beauvais, qui pourront même prendre le degré de Docteur.

Page 223. Après le Réglement pour l'admiffion des Bourfiers, & avant la Délibération du 20 Juillet 1780, il faut inférer celle ci-après.

Ce 7 Décembre 1781.

Le Secrétaire eft chargé de l'envoyer aux Nominateurs à chaque vacance.

Sur ce qui a été obfervé par M. le Principal qu'il arrivoit fouvent que les Bourfiers qui fe préfentoient pour être admis dans le College n'apportoient point toutes les chofes prefcrites par les Réglemens, il a été arrêté que toutes les fois que, par le Secrétaire-Archivifte, il fera donné avis aux différens Collateurs & Nominateurs qu'ils ont des Bourfiers à nommer, il leur fera envoyé autant d'exemplaires du Réglement arrêté par le Bureau le 17 Mai dernier, pour l'admiffion des Bourfiers dans le College de Louis-le-Grand, qu'ils auront des Bourfes à donner, en les prévenant de vouloir bien les faire remettre aux jeunes gens qu'ils nommeront, avec leurs provifions, afin qu'ils aient à s'y conformer.

Page 224. A la fin de la Délibération du 6 Août 1772, & avant la *note* qui la fuit, il faut mettre une *note* pour renvoyer au Chapitre V, page 202, & ci-deffus, additions de ce Chapitre, relativement aux graces & aux gratifications que le Bureau a procurées ou accordées aux Bourfiers.

Aux additions & corrections mentionnées devoir être faites aux états des Bourfes, dans le Supplément, *pages* 317-319, il faut encore ajouter les fuivantes.

PREMIER ÉTAT.

PREMIERE PARTIE.

Bourfes créées libres.

Page 227. Après le College d'ARRAS, il faut ajouter ;

AUTUN . . . . M. le Maréchal Prince de Soubife, en fa qualité de Marquis d'Annonay.

Les Bourfes qui feront créées après les *vingt-une* originairement fondées, ou repréfentatives des Officiers fupprimés, mais ne pourront être conférées qu'à des nobles.

BEAUVAIS

BEAUVAIS········	{ L'Abbé de Saint-Jean-des-Vignes , *Préfentateur* , & le Parlement , *Collateur.* }	········ { Toutes celles qui feront créées outre & par-delà les *quarante-huit* fixées par les Lettres Patentes du 14 Février 1779 , mais ne pourront être conférées qu'à des nobles. }

TROISIEME ÉTAT.

Bourfes affectées à certaines familles.

Page 230, cinquieme colonne, après le mot *Marles*, ajouter :
Avec préférence pour le nom de GARBES.
Idem, au lieu de *Curclu*, lifez *Curelu.*

CINQUIEME ÉTAT.

Bourfes affectées à certains Dioceses.

Page 233, article College de *Prefles*, cinquieme colonne, au lieu de *Lys*, lifez *Cys.*

SIXIEME ÉTAT.

Bourfes affectées à certaines Paroiffes.

Page 235, au College de *Juftice*, feconde colonne, après les mots *les Confuls & Habitans de Salers*, ajoutez *Préfentateurs, le Chapitre de Rouen, Collateur PAR PROVISION.*

Même addition, à l'avant derniere ligne de la même *page*, après les mots, *le Prieur de Saint Victor*, il faut ajouter, *Préfentateur, & le Chapitre de Rouen Collateur PAR PROVISION ;* & à la quatrieme colonne, au lieu du chiffre 1, mettre le chiffre 2.

Dans la même *page*, aux articles du College de *Laon*, après le premier *idem*, il faut, dans la feconde colonne, au lieu de ces mots, *le même*, mettre *les Curé & Maire de Marles*, & comme ci-deffus, page 230.

Après le fecond *idem*, toujours dans la feconde colonne, au lieu de ces mots, *le même*, il faut mettre, M. *l'Evêque de Laon.*

Et après le troifieme *idem*, auffi dans la même feconde colonne, au lieu de ces mots, *les Curé & Maire de Marles*, mettez *le même.*

Immédiatement après ces quatre articles, concernant le College de *Laon*, ajoutez :

FORTET········· Fondation *Watin.*	{ Le Chapitre de l'Eglife de Paris. }	{ Curelu *Diocese* de *Noyon.* }	····1···· { Mais faute de parens. }

Page 235, au premier article de *Beauvais*, troifieme colonne, au lieu du mot *Biffeuil*, lifez *Biffeuil.*

CHAPITRE VIII.

Des Comptes.

VU la Délibération du Bureau du 7 Décembre 1781 (576), qui établit un Boursier pour la fondation *Lifet* dans le College de *Justice*, outre le changement mentionné ci-deſſus, page 320, il faudra, dans le Bordereau ci-deſſus, page 249, changer le numéro 8, qui indique le nombre des Bourſiers de ce College, & mettre en place un 9, & il faudra auſſi augmenter d'*un* le total des Bourſiers réunis; en conſéquence il exiſtoit en Décembre 1781, dans le College de Louis-le-Grand & Colleges y réunis, *cinq cens trente* Bourſiers, en y comprenant les Bourſiers reſtans encore de ceux créés par le Bureau intermédiaire (577), mais ſans y comprendre les *quatre* Ecoliers *admis comme Bourſiers* à l'occaſion de la naiſſance de MONSEIGNEUR LE DAUPHIN (578).

Page 243. Après la Délibération du 2 Septembre 1779, & avant celle du 5 Mai 1769, il faut placer la Délibération ſuivante.

Du 2 Septembre 1779.

VU par le Bureau la multiplicité des repriſes des différens Colleges, montant, d'après les comptes arrêtés pour l'année échue au premier Octobre dernier, à la ſomme de trois cens dix mille ſept cens trente-ſept livres dix ſols neuf deniers, & convaincu de l'importance dont il eſt de faire rentrer inceſſamment leſdits objets,

LE BUREAU a chargé le ſieur Pantin de Verceil, ſon Caiſſier, de faire faire ladite rentrée, & de faire paſſer des titres nouveaux de toutes les rentes foncieres ou autres qui ſont dues aux différens Colleges réunis; & pour toutes les peines & ſoins extraor-dinaires relatifs à cet objet, le Bureau lui accorde le ſol pour livre de la recette effective des objets ſeulement dus antérieurement au premier Janvier 1778.

---

(576) *Voyez* cette Délibération ci-après dans les additions de l'Article Ier du Chapitre XV de la deuxieme Partie.

(577) *Voyez* ci-deſſus la *note* (*a*), page 249.

(578) *Voyez* ci-après, dans les additions de l'Article V du Chapitre XVII de la deuxieme Partie, la Délibération du 7 Décembre 1781.

CHAPITRE X.

De la Cuisine & dépense de Bouche.

Page 254, après le *nota* qui finit cette page, on ajoutera la Délibération suivante.

Du 4 Janvier 1782.

Sur le compte rendu par M. le Principal, qu'il étoit d'usage de donner un déjeûné aux Boursiers Théologiens qui assistent le jour de Noël à l'Office de la nuit, mais qu'il n'en étoit pas donné aux autres Boursiers, ce qui occasionnoit des abus, auxquels il seroit facile de remédier, en rendant commun à tous les Boursiers qui assistent ce jour-là à l'Office de la nuit, le déjeûné que l'on donne aux Boursiers Théologiens.

Sur quoi la matiere mise en délibération,

Le Bureau a unanimement arrêté qu'il ne sera, sous aucun prétexte, permis aux Boursiers ou Pensionnaires, qui résideront dans le College, de faire venir aucuns comestibles, même à l'occasion de la Messe de minuit ; mais que dorénavant l'Econome fera, dans les Réfectoires, servir à tous les Boursiers qui assisteront le jour de Noël à l'Office de la nuit un déjeûné pareil à celui qui, jusqu'à présent, a été donné aux Boursiers Théologiens, & ainsi qu'il est d'usage dans le Séminaire Saint Sulpice.

On a inféré dans ce Chapitre, *pages 256 & 259*, le relevé & le détail des dépenses journalieres & manuelles de l'Econome, & page 257 le relevé de la dépense de l'Econome, mais qui se paie d'après des ordonnances du Bureau ; enfin, page 258, le résultat de ces différens états ou relevés ; il n'y a que les dépenses journalieres faites par l'Econome qui soient détaillées mois par mois : on a cru devoir donner les mêmes éclaircissemens sur ce qui étoit payé par M. le Grand-Maître, & d'ailleurs faciliter la comparaison d'une année à l'autre en insérant dans le présent Recueil les dépenses de l'année classique échéant le premier Octobre 1781, & ce d'après un nouveau bordereau que l'Econome a dressé & qu'il remettra dorénavant tous les mois à MM. les Administrateurs chargés du College de Louis-le-Grand.

En rapprochant les états qui vont être insérés ci-après de ceux ci-dessus imprimés, pages 256--259, on sera à portée d'apprécier les talens & les soins de l'Econome & de juger de l'attention de MM. les Administrateurs.

Pour la plus grande facilité du lecteur on distribuera ce nouveau bordereau en trois, dont les deux premiers seront sur la même feuille ; le premier correspondra avec le relevé inféré ci-dessus, page 256, & la seconde partie du bordereau de la page 259 ; le second pourra être comparé au relevé de la page 257 ; enfin le troisieme qui formera ci-après la page 706, sera le même que le résultat qui se trouve page 258 & la premiere partie du bordereau de la page 259 ; la seule différence sera que les premiers sont pour l'année claſſique échue le premier Octobre 1780, & les ſeconds feront pour celle échue le premier Octobre 1781. Pour faciliter la comparaiſon on placera dans les bordereaux ci-après, chaque article dans le même ordre qu'ils font portés ci-deſſus, pages 256--259. On s'eſt feulement permis dans le deuxieme bordereau de ne faire que deux colonnes de ce qui faiſoit quatre articles dans le relevé de la page 257 (579).

On finira cette addition par quatre obſervations qui établiront en peu de mots la comparaiſon de la dépenſe des deux années.

1°. La dépenſe totale de l'Econome pour 1781 a été de ·········· 202439^{u} 12^{f} 9^{d}

Celle pour 1780 feulement de ···························· 199834 13 3

Ainſi celle de 1781 a excédé celle de 1780 de ··············· 2599^{u} 19^{f} 6^{d}

Encore ſur cette ſomme devroit-on déduire le dernier article du ſecond bordereau, vu que c'eſt une dépenſe extraordinaire qui n'avoit pas encore eu lieu depuis la réunion, & qui probablement ne ſe répétera que très-rarement.

2°. D'après l'état des Bourſiers, Maîtres & Domeſtiques des deux années, il eſt conſtant qu'il y a eu en 1781, *vingt à vingt-cinq* perſonnes à nourrir de plus qu'en 1780.

3°. Les mêmes états prouvent qu'en exécution des Lettres Patentes du 19 Mars 1780 (580), il y a eu plus de grands Bourſiers en 1781 qu'en 1780, vu que pluſieurs qui feroient fortis après leur Philoſophie, & qui auroient été remplacés par des Sixiemes, font reſtés pour étudier dans les Facultés Supérieures : or les grands Bourſiers conſomment plus que les petits.

4°. Quoique la dépenſe de 1781 paroiſſe plus forte que celle de 1780, de près de 2600 livres ; cependant de la deuxieme obſervation qui conſtate qu'il y a eu plus de conſommateurs, il réſulte que dans le fait cette dépenſe a été moindre, puiſqu'avec une augmentation de dépenſe inférieure à la valeur de la penſion de *ſix* Bourſiers on en a nourri entre *vingt* & *vingt-cinq* qui ont exiſté en 1781 de plus qu'en 1780.

_____

(579) Ces articles font ceux de la *bougie* & de la *cire* pour la *Chapelle* que l'on a réunis avec la *bougie pour les claſſes* (ci-deſſus page 212), ainſi que ceux du *bois* à brûler & des *voitures.*
(580) Ci-deſſus Chapitre II de la Iere Partie.

Il faut corriger les quatre dernieres lignes de la *page* 260 & les lire ainsi qu'il suit :

Bénéfice de quatre-vingts livres par tête, & cependant on ne parle, ni des *avantages* qu'ils retirent de l'*infirmerie*, ni de l'*habitation* qu'ils ont *gratis* dans le College de Louis-le Grand, & qui leur produit un double bénéfice, puisque d'un côté ils font logés *gratis*, & que de l'autre on *loue* à leur profit les bâtimens qu'ils occupoient avant la réunion.

CHAPITRE XIII.

Nomination aux Bourses & aux Bénéfices.

PAGE 283, avant la Délibération du 5 Septembre 1776, il faut ajouter ce qui suit :

Le Bureau ne nomme qu'à la Cure de *Fresles* (584), Diocese de Rouen, dépendante du College de Cornouailles (585), & aux Bénéfices dépendans de ceux unis au College de Louis-le-Grand par les Lettres Patentes du 16 Août 1764, & dont l'état suit.

ÉTAT des Bénéfices dépendans de l'Abbaye Saint Martin-aux-Bois, unie au College de Louis-le-Grand, qui font à la nomination du Bureau d'Administration dudit College, d'après le pouillé de ladite Abbaye dressé en 1730.

> Etat des Bénéfices à la nomination du Bureau à cause des Bénéfices unis au College de Louis-le-Grand.

DIOCESE DE BEAUVAIS.

1º. Le Prieuré-Cure de *Saint Léonard de Menesvillé*, régulier.

2º. Le Prieuré-Cure de *Saint Christophe de Vaquemoulin*, régulier.

3º. Le Prieuré-Cure de *Notre-Dame de Tricot*, régulier.

4º. Le Prieuré-Cure de *Saint Martin de Coivrel*, régulier.

5º. La Cure de *Sainte Marie de Norroy & Cernoy*, succursale.

> Le Pouillé porte que cette Cure est réguliere de sa nature ; mais qu'en 1736 (586) elle étoit possédée par un séculier, & qu'il y avoit eu trois Curés séculiers par résignation.

6º. La Cure de *Sainte Madeleine d'Halluin* ou *de Meignelay*, séculiere.

7º. La Cure de *Notre-Dame de Rouviller*, séculiere.

8º. La Cure de *Saint Jean-Baptiste de Belloy*, séculiere.

9º. Le Prieuré simple de *Saint Denis de Ladrancourt* & la Chapelle *de Notre-Dame du Croq*, régulier.

10º. La Chapelle *de Saint Léger de Tricot*, séculiere.

---

(584) Cette Cure est *séculiere.*

(585) *Voyez* ci-après aux présentes additions pour le College de Cornouailles, deuxieme Partie, Chapitre X.

(586) *Voyez* la *note* suivante.

DIOCESE DE MEAUX.

1°. Le Prieuré-Cure de *Saint Jean-Baptiste de Dammartin en Goelle*, régulier.
2°. Le Prieuré-Cure de *Saint Maixme* ou *Memme*, régulier.
3°. Le Prieuré-Cure de *Saint Martin de Mouſſy-le-Vieil*, régulier.
4°. Le Prieuré-Cure de *Saint Denis de Nantouillet*, régulier.
5°. Le Prieuré-Cure de *Notre-Dame de Vinances*, régulier.
6°. Le Prieuré-Cure de *Saint Pierre de Rouvre*, régulier.
7°. Le Prieuré-Cure de *Saint Germain de Betʒ* & *Antilly*, régulier.
8°. Le Prieuré-Cure de *Sainte Marie-Madeleine de Longperrier*, régulier.
9°. La Prébende de *Dammartin* dans l'Egliſe Collégiale dudit lieu, réguliere.

DIOCESE D'AMIENS.

1°. Le Prieuré-Cure de *Saint Martin de Goyencourt-lès-Roye*, régulier.
2°. Le Prieuré-Cure de *Saint Médard-lès-Roye*, régulier.

DIOCESE DE PARIS.

1°. Le Prieuré-Cure de *Saint Pierre de Pomponne*, régulier.
2°. Le Prieuré-Cure de *Sainte Agathe de Vaires*, régulier.
3°. Le Prieuré-Cure de *Saint Baudille* ou *Baudrille de Brou*.

Ce Bénéfice étoit autrefois annexé au précédent. Le pouillé porte qu'il a été conféré en 1738 (587) au ſieur Delorier, Prêtre du Dioceſe d'Avranches, qui étoit ſans doute un Séculier.

On croit devoir obſerver que le Pouillé de cette Abbaye, daté ci-deſſus, fait mention d'autres Bénéfices, que les Abbés de Saint-Martin-aux-Bois prétendoient avoir droit de nommer; mais il paroit que ce droit étoit preſcrit; en conſéquence, il n'en ſera pas parlé ici, ſauf, ſi on le veut, a recourir à ce Pouillé.

A cauſe du Prieuré de Saint Martin de Gargenville, uni au College de Louis-le-Grand, par les mémes Lettres Patentes, le Bureau nomme,

La Cure ou Vicairerie perpétuelle de *Gargenville*, ſéculiere.

---

(587) On ne doit pas être étonné de trouver ſur un Pouillé dreſſé en 1730, des faits de 1736 & 1738, parce que les Jéſuites y écrivoient toutes les nominations qu'ils faiſoient, & tout ce qui avoit rapport à chaque Bénéfice auxquels ils nommoient.

CHAPITRE XV.

Des Ouvriers.

PAGE 300, après la Délibération du 27 Septembre 1764, il faudra insérer la suivante :

Du 20 Décembre 1781.

VU par le Bureau la Délibération du 21 Décembre 1780, qui autorise M. le Grand-Maître temporel à donner, tous les trois mois, à la veuve Rossignol, Entrepreneur de Bâtimens, qui fait les ouvrages de maçonnerie pour le College de Louis-le-Grand & plusieurs autres Colleges réunis, & qui en même tems est Locataire de la maison appellée le College de Cornouailles, une quittance de ses loyers, en recevant d'elle une quittance de pareille somme, à compte sur le montant des ouvrages de sa profession.

LE BUREAU a arrêté que ladite Délibération sera commune pour tous les autres Ouvriers, & en conséquence M. le Grand-Maître demeure autorisé à donner tous les trois mois aux Ouvriers qui occupent des maisons, soit du College de Louis-le-Grand, soit des autres Colleges y réunis, des quittances de leurs loyers ; en recevant d'eux des quittances de pareilles sommes à compte des ouvrages qu'ils auront faits, lesquelles quittances ne pourront être données par lesdits Ouvriers qu'au bas des certificats délivrés par l'Architecte du Bureau, attestans qu'ils auront fait des ouvrages pour une somme supérieure au montant de leur terme, & ce tant de celui alors à payer que des précédens, depuis le commencement de l'année classique lors courante.

Et sera la présente Délibération remise à l'Architecte du Bureau, & imprimée aux additions du Recueil dont l'impression a été ordonnée le 28 Mai dernier.

CHAPITRE XVII.

Du Principal, des Maîtres & de leurs honoraires.

PAGE 308, à la fin de la Délibération du 25 Février 1778, il faudra ajouter une *note* en ces termes :

Voyez (page 439) dans la IIe Partie au Chapitre IX, concernant le *College des Cholets*, une observation importante & relative au Principal.

ADDITIONS

Au Supplément de la premiere Partie.

PAGE 314, dans l'état *des affaires qui doivent être traitées dans les différens Bureaux*, à l'article du *premier Bureau de Décembre*,

Il faut ajouter dans la *seconde colonne*,

La préfentation, par M. le Principal, des Bourfiers du College de Louis-le-Grand qui auront été nommés aux Prix de l'Univerfité au mois d'Août précédent, pour recevoir des éloges & des récompenfes du Bureau;

Et *dans la troifieme colonne*, renvoyer aux Délibérations des 6 Août 1772 & 4 Février 1779.

---

(588) Dans le mot *Bourfiers*, le Bureau comprend tous les Etudians du College de Louis-le-Grand, Bourfiers, Penfionnaires, & même les Externes.

DEUXIEME PARTIE.

AVERTISSEMENT.

PAGE 321, à la fin de l'*alinea* coté V, il faut mettre une *note* en ces termes :

Voyez la Délibération du 27 Avril 1767, ci-deſſus, Iere Partie, Chapitre XIV, page 191.

A la fin de l'*alinea* coté VIII, il faut placer une autre *note* en ces termes :

On croit devoir ne pas laiſſer échaper une obſervation importante, ſavoir que les *honoraires des Principaux* avoient tous été originairement fondés de la valeur de *deux Bourſes*, & que les *autres Officiers* du College n'avoient ſouvent qu'*une Bourſe* ou *une Bourſe & demie*, mais qu'*aucun* par les actes des fondations, ni même long-tems après, *n'avoient plus de deux Bourſes*, que même pluſieurs fondations y ſont préciſes. C'eſt d'après ces faits que le Roi a cru devoir décider par l'article IV de ſes Lettres Patentes du 14 Février 1779, que les 18 Bourſiers créés pour le College de *Beauvais* par la Délibération du 2 Janvier 1778, repréſenteroient les neuf anciens Officiers de ce College, ſupprimés, & ſeroient pris des lieux dont ces différens Officiers devoient être nés, aux termes des titres de fondations. (*Voyez* les Lettres Patentes, ci-deſſus, IIe Partie, Chapitre IV, article Ier).

CHAPITRE II.

College d'Autun.

ARTICLE PREMIER.

PAGE 331, à l'article III, ligne 3, après le mot *Bourſiers* il faut mettre une *note* qui renvoie à l'article premier de la tranſaction du 4 Mars 1779 & à la *note* 244.

Après l'article IV, il faut ajouter ce qui ſuit :

Les Bourſes doivent demeurer deux mois vacantes, pour donner le tems aux habitans de la ville & de la banlieue d'Annonay de ſe préſenter ; & s'il ne ſe trouve pas de ſujets d'Annonay, on pourra en choiſir des Dioceſes du *Puy en Vélay*, de *Clermont* ou même de *Saint-Flour*, ou enfin de *tout le Royaume*.

ARTICLE II.

Fondation d'Oudard de Moulins dans le College d'Autun.

PAGE 346, au lieu de l'*alinea* en ces termes,

En exécution de cet article, le Bureau a pris le 2 Septembre 1779 la Délibération suivante.

Il faut mettre,

En exécution de cet article, & le Bureau ne recevant pas de réponse des Officiers Municipaux de Moulins, à la Délibération du 20 Mai 1779, il a été pris le 2 Septembre suivant la Délibération ci-après.

En marge de cette Délibération il faudra en mettre le *sommaire* en ces termes:

Séparation de la *Fondation d'Oudard de Moulins* d'avec les *biens* du *College d'Autun.*

CHAPITRE III.

College de Bayeux.

PAGE 348, ligne 4, après le mot Principal, ajoutez en *note* ce qui suit:

La mort de l'ancien Principal, arrivée au mois de Novembre 1781, en diminuant de 1200 livres les charges de ce College, procurera plutôt sa libération & fera cesser la suspension momentanée de deux de ses Boursiers, suspension faite par la Délibération du 15 Juin 1780, & mentionnée article III, ci-dessus.

Page 350, chiffrée 348, faute qu'il faudra corriger, il faut, dans la liste des Fondateurs & Bienfaiteurs, ajouter à leur ordre de date,

Robert Benoît, Chanoine de Bayeux, & exécuteur testamentaire du Fondateur, 1315.

Pierre Mathé, Conseiller au Parlement, 1543.

Jean Corbin, Conseiller au Parlement, 1543.

C H A P I T R E I V.

A R T I C L E P R E M I E R.

College de Dormans-Beauvais.

PAGE 352, ligne 2, de l'article 4, au lieu de *Biffeuil* & *d'Athis*, lifez de *Biffeuil* & *d'Athis*.

Ligne 4 du même article, après le mot *Diocefe*, ajoutez une *note* en ces termes:

D'après les articles II & XIII des Lettres Patentes du 14 Février 1779, ci-deffus (p. 363 & 365), ces *vingt-trois* Bourfiers ne peuvent être *reçus* qu'en *Quatrieme*; pour les *autres* il fuffit (d'après l'article XIII de la même loi) qu'ils foient capables de *Cinquieme*.

A R T I C L E I I.

Fondation Bafin dans le College de Dormans-Beauvais.

EN marge de la Délibération du premier Mars 1770, page 374, il faut en mettre l'objet en ces termes:

Délibération qui fixe les conditions de la Fondation *Bafin*.

A R T I C L E I I I.

Fondation Perrot dans le College de Dormans-Beauvais.

PAGE 379, mettre le même fommaire que ci-deffus, en marge de la Délibération du 15 Juillet 1773, en fubftituant le nom de *Perrot* à celui de *Bafin*.

C H A P I T R E V.

College de Boiffy.

PAGE 386, en marge de la Délibération du 12 Juillet 1764, en mettre le fommaire en ces termes:

Délibération de réunion du College de *Boiffy*.

Page 390, au nombre des *Bienfaiteurs* de ce College, ajoutez à fon ordre de date, *Gervais Lenoir*, Prêtre & Principal du College, 1655.

CHAPITRE VI.

College des Bons-Enfans.

P AGE 415, *note* 293, ajoutez avant l'*alinea* commençant par ces mots, *les Mémoires du Clergé*

Aux Arrêts cités dans cette *note*, on doit en ajouter un du 14 Mars 1622, dont le contenu a paru trop important sur la question soutenue par les Prêtres de la Mission, & qui fait la base des Lettres Patentes du 22 Avril 1773, pour ne pas en insérer ici un extrait un peu détaillé.

A R R Ê T
du 14 Mars 1622.
Qui juge que les
*Chapelles du Col-
lege de Cambray*
qui doivent être
possédées par des
Prêtres, & dont
les *Titulaires*
sont chargés d'ac-
quitter des *Messes*,
ne sont pas *Bé-
néfices.*

« E N T R E Me Claude Bartholomier, Prêtre, Procureur-Chapelain perpétuel du College
» Royal de France, dit de Cambray, *aliàs* des Trois Evêques de cette Ville de Paris,
» appellant comme d'abus de l'octroi & exécution des provisions en forme de *dévolu*, obtenues
» en Cour de Rome le 10 Avril 1621, par Me François Henry, Prêtre de la *Chapelle &
» Procuration* dudit College, & encore appellant purement & simplement de l'octroi & exé-
» cution de deux provisions, obtenues en forme de *dévolu*, de la *Chapelle & Procuration* dudit
» College, du Chancelier de l'Université de Paris, l'une par Me Charles Virot, Licencié en
» Droit Civil & Canon, le .... Décembre dernier; l'autre par ledit Henry, le 6 Février
» aussi dernier, d'une part; & ledit Henry, intimé sur ledit appel comme d'abus, & deman-
» deur en Requête d'évocation du principal, du 19 dudit mois de Février dernier, & lesdits
» Henry & Virot, intimés sur ledit appel pur & simple desdites provisions dudit Chancelier
» de l'Université de Paris, & ledit Virot, demandeur en Requête d'intervention, par lui
» présentée à la Cour le 16 dudit mois de Février, d'autre part : Et entre Me Jehan Dautun,
» Prêtre, ci-devant Procureur-Chapelain perpétuel dudit College, demandeur en Requête
» d'intervention, du vingt-sixieme jour de Février dernier, tendante à fin de réparation
» d'honneur contre lesdits Henry & Virot, & à fin de pension & de provision d'aliment sur
» les fruits & revenus de ladite Chapelle & Procuration dudit College, d'une part; & lesdits
» Bartholomier, Henry & Virot, défendeurs, d'autre part.

» Après que Couescault pour l'Appellant, ... a conclu, attendu que *par Arrêt solemnel
» a été jugé que lesdites* CHARGES NE SONT BÉNÉFICES *fondés ni sujets à la provision du
» Pape, & qu'elles dépendent de la Charge du Chancelier de l'Université*, qu'il a été mal &
» abusivement octroyé....... SERVIN, pour le Procureur Général du Roi, qui a dit que,
» conformément à l'Arrêt allégué par l'Avocat de l'Appellant, la Cour a ci-devant jugé que
» cette Chapellenie au College Royal des Trois Evêques, même les places de Boursiers &
» Chapellenies principales du College, fondées en l'Université de Paris, ce ne sont Bénéfices
» pour raison desquels soit besoin se faire pourvoir en Cour de Rome....... (vu que) les
» Boursiers & Chapellenies du College, *ne sont, ainsi que la Cour a jugé, Bénéfices.* .....

» L A C O U R .... dit qu'il a été *mal &* ABUSIVEMENT *procédé* & exécuté, a cassé
» & annullé tout ce qui a été fait; & sur l'appel des Parties de Couescault, a mis & met
» l'appellation & ce dont est appellé au néant, a évoqué & évoque l'instance principale, &
» y faisant droit, sans s'arrêter à l'intervention & provisions obtenues par la Partie de Cor-
» noaille, a maintenu & gardé, maintient & garde Bartholomier en la possession & jouissance

» de la Charge de Procureur-Chapelain audit College, QU'ELLE A DÉCLARÉ SÉCULIERE.
» Fait en Parlement le 14 Mars 1622 ».

Page 428, dans l'*extrait de la lettre de M. le Président Rolland à M. l'Archevêque de Paris*, ajoutez (M. *de Beaumont*).

A la fin de la page 431 il faut, avant le réglet, ajouter,

Noms des Fondateurs & Bienfaiteurs du College des BONS-ENFANS.

1. *Robert*, le Roi, vers 1000.
2. *Renaud*, Evêque de Paris en 1257.
3. *Le Comte d'Alençon*, frere du Roi Saint Louis, vers 1250.
4. *Saint Louis*, le Roi, 1269.
5. *Mathieu de Vendosme*, vers 1280.
6. *Guy Renat*, Médecin de Philippe-le-Hardi, vers 1280.

CHAPITRE VII.

College de Bourgogne.

PAGE 432, à la troisieme ligne, après ces mots, *trente-quatre livres*, ajoutez une *note* en ces termes:

Une grande partie de cette augmentation provient de la vente qui a été faite au Roi, par contrat du 9 Mars 1769, des bâtimens de ce College & de plusieurs maisons y joignantes, & ce, pour y placer l'Ecole de Chirurgie. Un Recueil *in-4°.*, imprimé en 1781, à l'occasion de la nouvelle translation des Ecoles de Droit, apprend qu'en 1680, Louis XIV avoit voulu placer l'Ecole de Droit dans ce College; qu'il avoit même été rendu à ce sujet un Arrêt du Conseil, le 26 Mars 1680, dont l'objet étoit en même-temps de faire un Réglement sur les Bourses de Droit. MM. Boucherat, de Besons & Bignon, Conseillers d'Etat, nommés Commissaires du Conseil pour cet objet, firent, en conséquence de cet Arrêt, un procès-verbal en date du 24 Septembre 1780, contenant la comparution du Principal du College de Bourgogne, & des principaux Officiers du College de Sainte Barbe, dans lequel, aux termes de l'Arrêt du Conseil, on devoit transférer celui de Bourgogne; mais cette translation n'a pas eu lieu, & il ne paroit pas que ce projet eût eu aucune suite.

Page 432, en marge de la Délibération du 19 Juillet 1764, il en faut mettre l'objet en ces termes:
Délibération de réunion du College de *Bourgogne*.
Même *page*, à la fin de la premiere *note* 315, il faut ajouter,

Elle appartenoit en propriété à la Reine de France, qui étoit Souveraine, comme héritiere de Othon IV, Comte de Bourgogne, son pere.

CHAPITRE VIII.

College de Cambray.

PAGE 436, mettre à la marge de la Délibération du 22 Juin 1764 un sommaire en ces termes :

Délibération de réunion du College de *Cambray.*

Page 437, dans le catalogue des *Fondateurs* & *Bienfaiteurs*, ajoutez à leur ordre de date, *Henri de Salines*, l'un des exécuteurs testamentaires de Guillaume d'Auffonne, 1350.

Jean de Acheres, exécuteur testamentaire d'Hugues de Pomart, 1560.

Jean Loup, Chanoine de l'Eglise de Paris,   Exécuteurs testamentaires d'Hugues
Guillaume de Neufons, Chanoine d'Auxerre,   d'Arcy, 1563.

CHAPITRE IX.

College des Cholets.

PAGE 440, en marge de la Délibération du 19 Juillet 1764 en mettre l'objet ainsi qu'il suit :

Délibération de réunion du College *des Cholets.*

Même *page*, supprimer la *note* 329, comme comprise dans la *note* suivante, à la fin de laquelle il faut ajouter, *voyez* ces Lettres Patentes, ci-dessus, Ire Partie, Chap. II.

Dans le catalogue des *Bienfaiteurs*, &c. page 448, ajouter à son ordre de date, *Boniface VIII*, le Pape, 1296 & 1300.

CHAPITRE X.

College de Cornouailles.

PAGE 452, ajouter à la fin de cette page le texte suivant :

Que l'un des objets donnés par Jean de Gueftry pour la fondation de ce College, par acte de Novembre 1379, est la Terre de *Frefles* par lui acquise le 14 Octobre 1377, cette Terre située en Normandie, jouit du droit de *patronage de la Cure*, & depuis sa fondation, ce College y a toujours nommé; elle est située dans l'Evêché de *Rouen* & est *féculiere.*

Page 453, en marge de la Délibération du 28 Juillet 1764 en mettre l'objet en ces termes : Délibération de réunion du College *de Cornouailles.*

Page 455, dans la liste des *Bienfaiteurs*, ajoutez à son ordre de date, *Yves de Pouton*, Principal du College, 1453.

CHAPITRE XI.

Collège de Dainville.

PAGE 457, en marge de la Délibération du 30 Août 1764, placer un sommaire en ces termes :

Délibération de réunion du College de Dainville.

Page 458, ligne 3 de la *note* marquée par une.*, au lieu de ces mots :

Deux Bourfiers par Délibération du 5 Avril 1781 , lifez quatre Bourfiers par les Délibérations des 18 Décembre 1777 & 5 Avril 1781.

Et à la ligne fuivante, au lieu de *Mai*, lifez *Mars.*

CHAPITRE XII.

Collège de Notre - Dame , dit des Dix - Huit.

PAGE 461, en marge de la Délibération du 21 Octobre 1764, en mettre l'objet en ces termes :

Délibération de réunion du College des *Dix-Huit.*

Et *page* 463 , dans la lifte des *Bienfaiteurs*, ajoutez à leur ordre de date,

Dominique Seguyer, Doyen de l'Eglife de Paris, 1625.

Tudert, Doyen de l'Eglife de Paris, vers 1650.

CHAPITRE XIII.

Collège de Fortet.

PAGE 467, en marge de la Délibération du 4 Septembre 1764, en mettre l'objet en ces termes :

Délibération de réunion du College de *Fortet.*

Page 469 , à l'article *Jean Beauchefne*, l'un des *Bienfaiteurs* de ce College, ajoutez,

Fondateur de trois Bourfes qui n'ont jamais eu lieu.

CHAPITRE XIV.

College d'Huban.

PAGE 475, en marge de la Délibération du 2 Mars 1769, en mettre l'objet en ces termes :

Délibération de réunion du College d'*Huban.*

Page 481, article III, ligne 2, dix-huit mille livres par année, *lise*z dix-huit mille livres en neuf paiemens, deux mille livres par chaque année,

Page 482, avant le *réglet*, il faut ajouter,

Noms des Fondateurs & Bienfaiteurs du College D'HUBAN.

1. *Jean de Huban*, Conseiller au Parlement & Président en la Chambre des Enquêtes, Fondateur dudit College, 1339.

2. *Jean de Huban*, neveu du Fondateur, & son successeur dans ses droits de Fondateur, 1350.

3. *Jean*, Abbé de Sainte Genevieve, 1386.

4. *Pierre de Halliac*, Grand-Maître du College de Navarre, 1386.

CHAPITRE XV.

ARTICLE PREMIER.

College de Justice.

PAGE 483, ligne 2 du 2°., après le mot *huit*, ajoutez une *note* qui renvoie à celle qui doit être placée à la fin de la Délibération du 19 Juillet 1781, page 488.

Page 484, ce qui concerne les Nominateurs des Bourses de la fondation *Liset* est fautif, il faut corriger ainsi tout le dernier article de cette page.

Les cinq autres Bourses sont fondées par le *Premier Président Liset*, & sont *trois* pour *Paris*, & *deux* pour la ville de *Salers* en Auvergne ; les trois *Boursiers* pour *Paris* sont présentés par le *Prieur de Saint Victor*, & *ceux* pour *Salers* le sont par *les Officiers Municipaux* de cette ville ; ils doivent *affirmer* l'indigence du sujet qu'ils présentent, & s'ils sont *trois mois* sans pourvoir à la Bourse, le *Proviseur*, conjointement avec le *Prieur de Saint-Victor*, ont le *droit* de conférer la Bourse, mais pour cette fois seulement, droit dans lequel ils ont été confirmés par Arrêt du 28 Avril 1638. Le *Proviseur du College*, & par conséquent, actuellement *par provision*, le *Chapitre de Rouen* est Collateur de ces Bourses. De ces *cinq* Bourses le Bureau n'en a encore pu rétablir que *trois ;* savoir *deux* pour *Paris* & *une* pour *Salers*, ainsi qu'il est observé page 483, n°. 2, & aux présentes additions, ci-après. Au surplus il est important de remarquer que les *Boursiers* pour Paris doivent être orphelins.

Voyez

Voyez auffi (page 487) la Délibération du 19 Juillet 1781, & ci-après la *note* qui doit être ajoutée à cette Délibération.

Page 485, en marge de la Délibération du 27 Septembre 1764, il faut en mettre le fommaire en ces termes :

Délibération de réunion du College de *Juflice.*

Page 488, ligne 16, après ces mots, *qu'il fera délibéré*, ajoutez une *note* en ces termes :

En exécution de cette Délibération, il a été créé quatre Bourfes dans ce College, le 7 Décembre 1781 ; il a été en même-temps arrêté, d'après la réferve faite dans la Délibération du 19 Juillet précédent, que le Bourfier *Lizet* entreroit à Pâques ; mais que les trois autres ne feroient admis qu'après que les dettes de ce College, mentionnées (pag. 483, art. 1ᵉʳ.) feroient payées, & que ce College aura en caiffe l'année de fon revenu, prefcrit par le Réglement de 1767 ; en conféquence, *il ne pourra être nommé à ces trois Bourfes*, qu'après que *le Bureau aura*, par une nouvelle Délibération, *fixé le temps de l'admiffion* de ces Bourfiers.

CHAPITRE XVI.

ARTICLE PREMIER,

College de Laon.

PAGE 495, le premier *alinea* de cette page eft fautif ; le corriger ainfi qu'il s'enfuit :
Pour ce qui eft de la Bourfe *Tilorier*, elle eft auffi affectée à la *famille*, avec préférence pour le nom de *Tilorier* ; & faute de *parens*, elle peut être poffédée par ceux de la *ville & fauxbourg de Marles*, avec *préférence* pour ceux du *nom de Harbes* ; les *Curé & Maire de la ville de Marles*, conjointement avec l'aîné de la famille Tilorier, en font *Préfentateurs* ; mais fi *cet aîné*, &c.

Page 511, dans la lifte des *Bienfaiteurs*, il faut placer à fon ordre de date,
Lucien Stuprat, Prêtre habitué à Notre-Dame des Vertus, 1644.

ARTICLE II.

Fondation Coufin.

PAGE 513, en marge de la Délibération du 26 Juillet 1764, en mettre le fujet en ces termes :
Délibération de réunion des Bourfes *Coufin.*

CHAPITRE XVII.

ARTICLE PREMIER.

Du College de Louis-le-Grand.

P AGE 518, à la fin de la *note* 421, il faut ajouter que ces Lettres Patentes ont été enregistrées par Arrêt du 31 Décembre 1781.

Page 522, dans la liste des *Bienfaiteurs* &c. de ce College, il faut insérer à leur ordre de date,

Jean-François Revesche du Perron, Chanoine de l'Eglise Cathédrale de Coutances, Vicaire Général de M. l'Evêque de Coutances, & Aumônier de l'Ordre de Saint Louis, 1773, qui a rétabli la fondation Braquet.

Edme Martin, Professeur dans la Faculté de Droit de l'Université de Paris, qui a fait exécuter la fondation Pourchot, 1779.

Page 525, ligne deuxieme, rayez *& non remplacé avant la révolution de 1771.*

Même *page*, avant l'*alinea* qui commence par ces mots, *les Lettres Patentes*, il faut placer tout ce qui suit :

Après le décès de M. le Neveu, par Délibération du 17 Août 1770, le Bureau a nommé pour le remplacer,

Edme Martin, Professeur de la Faculté de Droit, qui a prêté serment le 18 du même mois.

La Délibération qui nomme ce Professeur, & qui est ci-jointe (589), contient les motifs qui avoient décidé le Bureau ; cependant la Faculté des Arts crut devoir, le 20 du même mois, former une opposition à cette nomination. M. le Grand-Maître en donna le même jour connoissance au Bureau, qui délibéra de s'en rapporter à la prudence de la Cour (590).

---

(589) « L E B U R E A U, délibérant sur le remplacement à faire de M. Vallette le Neveu,
» l'un des notables Administrateurs du College de Louis-le-Grand, & considérant que, suivant
» les Lettres Patentes du premier Juillet 1769, ledit notable doit être choisi parmi les Membres
» de l'Université, & qu'il y a actuellement parmi les notables un Docteur en Théologie & un
» Membre de la Faculté des Arts, & qu'en conséquence il seroit à souhaiter d'y placer un
» Membre de la Faculté de Droit, pour que les trois Facultés, dont les Ecoliers sont résidens
» dans le College de Louis-le-Grand, aient quelqu'un qui puisse particuliérement veiller sur
» ce qui concerne les Boursiers desdites Facultés, a unanimement nommé, pour remplir la
» place vacante par le décès de mondit sieur Vallette le Neveu, arrivé le 9 du présent mois,
» M. Edme Martin, Professeur en Droit de la Faculté de Paris ; & le Secrétaire a été chargé
» de lui faire part de sa nomination, & d'en remettre une expédition à M. de Sainfray,
» pour par lui la remettre à M. le Procureur Général, en le suppliant de présenter ledit sieur
» Martin à la Cour pour y prêter le serment d'Administrateur ».

(590) « Sur la lecture faite au Bureau par M. le Grand-Maître de la signification à lui
» faite, à la requête du Tribunal de la Faculté des Arts, de l'opposition par lui faite à la

Le 29 du même mois, le Parlement statua provifoirement fur ces difficultés ; on mettra en *note* l'Arrêt, vu fur-tout la requête de M. le Procureur Général du Roi, qui difcute la queftion (591). On ajoutera dans la même *note* la mention des procédures faites

» nomination de M. Martin à la place de notable en l'Adminiftration, vacante par la mort
» de M. Vallette le Neveu, il a été arrêté que LE BUREAU d'Adminiftration, obligé de
» nommer un Membre de l'Univerfité, & ayant déja au nombre des Notables des Membres
» de la Faculté des Arts & de la Faculté de Théologie, a cru devoir choifir une perfonne
» de la Faculté de Droit, & n'a pu fe perfuader que cette Faculté eût une exclufion à cette
» nomination, ce qui néanmoins arriveroit, fi dans cette Faculté, où tous font Profeffeurs,
» ou deftinés à l'être, la qualité de Profeffeur étoit auffi exclufive que dans la Faculté des
» Arts ; qu'au furplus le Bureau s'en rapporte à la prudence de la Cour ; auquel effet expé-
» dition de la préfente Délibération fera délivrée à M. de Sainfray, pour être par lui remife
» à M. le Procureur Général du Roi, avec la copie de l'oppofition fignifiée aujourd'hui à M. le
» Grand-Maître, à la requête du Tribunal de la Faculté des Arts ».

(591) « Vu par la Cour la Requête préfentée par le Procureur Général du Roi, contenant que
» le 17 Août 1770 le Bureau d'Adminiftration du College de Louis-le-Grand a nommé, pour un
» des notables Membres dudit Bureau, Edme Martin, Profeffeur en Droit de l'Univerfité de
» Paris, lequel a prêté ferment en la Cour le lendemain ; qu'il fe préparoit à prendre féance à
» un Bureau, indiqué pour le 20 dudit mois, lorfqu'il a été inftruit d'une oppofition faite par
» la Faculté des Arts ; le Bureau en a réfervé en la Cour, & s'en rapporte à fa prudence ;
» que de l'oppofition de la Faculté des Arts & des Délibérations du Bureau d'Adminiftration
» du College de Louis-le-Grand, des 17 & 20 Août 1770, il en réfulte que la difficulté
» naît du contenu ès articles II, III & IV du titre premier des Lettres Patentes du premier
» Juillet 1769 ; que les articles II & III ordonnent qu'il y aura toujours dans le Bureau deux
» Membres de l'Univerfité ; qu'il eft certain que ces expreffions étant générales, embraffent les
» quatre Facultés dont l'Univerfité eft compofée, & que par conféquent tous les Membres
» defdites quatre Facultés font, d'après ces deux articles, refpectivement éligibles ; mais
» l'article IV reftraint l'éligibilité, & décide qu'aucun Profeffeur ne pourra être admis au
» Bureau ; que du premier coup d'œil il paroît naturel de penfer que les Profeffeurs des quatre
» Facultés doivent être exclus ; que cependant le Procureur Général du Roi ne peut s'empê-
» cher de convenir de la réalité de l'objection faite à ce fujet dans la Délibération du Bureau
» du College de Louis-le-Grand, du 20 Août 1770, & que les motifs qui ont décidé le
» Bureau à nommer un Membre de la Faculté de Droit, motifs détaillés dans fa Délibération
» du 17 Août 1770, lui paroiffent fortifier cette objection ; qu'en effet, dans les Facultés de
» Théologie & de Médecine, il n'y a qu'un très-petit nombre de Profeffeurs ; que dans celle
» des Arts il y a toujours un très-grand nombre de Profeffeurs retirés, parmi lefquels il eft
» aifé de choifir ; mais que la conftitution de la Faculté de Droit eft toute différente ; elle
» n'eft compofée que de fept Profeffeurs, y compris celui du Droit François, de douze
» Aggrégés & des Docteurs, dont le nombre n'eft pas limité ; mais que les Profeffeurs font
» les feuls qui affiftent au Tribunal de l'Univerfité, les feuls qui, avant l'établiffement des
» Aggrégés, formoient la Faculté ; qu'ils ne pourroient jamais être Adminiftrateurs, fi
» l'article IV du titre premier avoit rapport à toutes les Facultés ; d'où il s'en fuivroit qu'une

Xxxx ij

à ce sujet par la Faculté des Arts ; d'ailleurs on se contentera d'observer que, d'après l'Arrêt du Parlement du 29 Août 1770, M. Martin a pris séance au Bureau du 6 Septembre suivant : que depuis, la Chambre des Vacations, par Arrêt du 6 Octobre 1770, a sursis par provision à l'exécution de celui du 29 Août précédent ; qu'en conséquence cette

» des Facultés de l'Université, appellée par les articles II & III à fournir des Notables, s'en
» trouveroit, par l'article IV, exclue, ou que du moins ils ne pourroient être choisis dans cette
» Faculté parmi ceux qui la forment essentiellement, ce qui ne paroît pas admissible ; que
» dans ces circonstances le Procureur Général du Roi proposeroit à la Cour de recourir au
» Roi, pour le supplier d'expliquer sa volonté à ce sujet ; mais qu'étant nécessaire de com-
» pletter, autant qu'il est possible, le nombre des Administrateurs, le Procureur Général du
» Roi proposera en même tems de maintenir par provision ledit Martin dans une place qui
» lui a été déférée par le vœu unanime du Bureau, & dans laquelle la Cour l'a reçu, par
» le serment qu'elle lui a fait prêter le 18 du présent mois d'Août. A CES CAUSES, requiert
» le Procureur Général du Roi qu'il plaise à la Cour renvoyer le Bureau d'Administration
» du College de Louis-le-Grand, ainsi que la Faculté des Arts, à se pourvoir pardevers le
» Roi, pour en obtenir l'explication du contenu ès articles II, III & IV du titre premier
» des Lettres Patentes du premier Juillet 1769 ; autoriser même la Faculté de Droit de se
» pourvoir au même effet pardevers le Roi, & cependant par provision, & jusqu'à ce qu'il
» ait plu au Roi de faire connoître sa volonté en la forme ordinaire, ordonner que ledit
» Edme Martin remplira les fonctions d'Administrateur, & ce conformément à la nomination
» qui en a été faite le 17 Août 1770 & le serment qu'il en a prêté le 18 dudit mois ; ordonner
» que l'Arrêt à intervenir sur la présente sera signifié aux Facultés de Droit & des Arts, en
» la personne de leurs Greffiers, & audit Martin, & par le Substitut du Procureur Général
» du Roi, qui est Membre dudit Bureau d'Administration, notifié audit Bureau, & inscrit sur
» ses registres ; ordonner en outre que, suivant ce qui est porté dans le Réglement du 20 Août
» 1767, lesdites Délibérations des 17 & 20 Août 1770 ne seront pas transcrites dans l'Arrêt
» à intervenir sur la présente Requête, mais seulement annexées à la minute dudit Arrêt ;
» ladite Requête signée du Procureur Général du Roi. Oui le rapport de Me Léonard de
» Sahuguet d'Espagnac, Conseiller : Tout considéré.

» LA COUR renvoye le Bureau d'Administration du College de Louis-le-Grand, ainsi que
» la Faculté des Arts, à se pourvoir pardevers le Roi, pour en obtenir l'explication du contenu
» ès articles II, III & IV du titre premier des Lettres Patentes du premier Juillet 1769,
» autorise même la Faculté de Droit à se pourvoir au même effet pardevers le Roi, &
» cependant par provision, & jusqu'à ce qu'il ait plu au Roi de faire connoître sa volonté en
» la forme ordinaire ; ordonne que ledit Edme Martin remplira les fonctions d'Administrateur,
» & ce conformément à la nomination qui en a été faite le 17 Août présent mois, & le
» serment qu'il en a prêté le 18 dudit mois ; ordonne que le présent Arrêt sera signifié aux
» Facultés de Droit & des Arts, en la personne de leurs Greffiers, & audit Martin, & par
» le Substitut du Procureur Général du Roi, qui est Membre dudit Bureau d'Administration,
» notifié audit Bureau & inscrit sur ses registres, pour qu'ils aient à s'y conformer chacun en
» ce qui les concerne ; ordonne en outre, conformément à ce qui est porté dans le Réglement
» du 20 Août 1767, que lesdites Délibérations des 17 & 20 Août présent mois ne seront

nomination paroiſſant devoir être le germe d'une conteſtation dans le ſein même de l'Univerſité, & les *circonſtances particulieres* où l'on étoit alors néceſſitant plus que jamais d'éviter tous les objets de diviſion, M. Martin jugea convenable de donner ſa démiſſion. Elle eſt datée du 10 Décembre 1780, & on la joint ici en *note* (592),

---

» pas tranſcrites dans la groſſe du préſent Arrêt, mais ſeulement annexées à la minute d'icelui.
» Fait en Parlement le 29 Août 1770 ».

Cet Arrêt a été, le 6 Septembre, ſignifié, à la requête de M. le Procureur Général, aux Facultés de Droit & des Arts, & à M. Martin.

Le même jour lecture en a été faite au Bureau, enſuite M. Martin eſt entré, & a dit que l'Arrêt de la Cour du 29 Août dernier lui ayant été ſignifié ce matin, il s'eſt empreſſé de ſe rendre à la préſente aſſemblée, pour obéir aux ordres de la Cour, & pour venir témoigner à Meſſieurs combien il eſt ſenſible à l'honneur qu'ils lui ont fait, de les aſſurer qu'il s'efforcera de juſtifier leur choix par ſon aſſiduité & ſon zele à concourir au bien & à l'avantage des Colleges réunis; mais qu'au moment qu'il ſe préparoit à ſe rendre au Bureau, il lui a été ſignifié une Requête, préſentée au Parlement par Meſſieurs de la Faculté des Arts, par laquelle ils s'oppoſent à ſon inſtallation au Bureau, & le font aſſigner à la Grand'Chambre, pour répondre & procéder ſur ce aux fins de ladite Requête, dont il a remis ſur le Bureau la copie à lui ſignifiée, afin qu'il y ſoit délibéré; & s'eſt retiré dans le Cabinet.

Lecture faite de ladite Requête & de l'Exploit d'aſſignation donné à mondit ſieur Martin,

Le Bureau, conſidérant que la Faculté des Arts a préſenté cette Requête, ce n'a été vraiſemblablement que pour mettre en regle l'oppoſition qu'elle avoit formée extrajudiciaire-ment le 20 Août dernier à l'inſtallation de M. Martin, & qu'elle ignoroit ſans doute la diſpoſition de l'Arrêt du 29 du même mois, qui ne lui a été ſignifié que ce matin; que d'ailleurs la ſignification faite à M. Martin ne contient pas le moindre oppoſition audit Arrêt du 29 Août, & que, quand même la Faculté des Arts formeroit oppoſition à cet Arrêt, cette oppoſition n'en empêcheroit pas l'exécution, attendu qu'il eſt de principe que tout Arrêt, rendu ſur la requête de M. le Procureur Général, s'exécute toujours par proviſion, & nonobſtant & ſans préjudice des oppoſitions qui peuvent y être formées, a unanimement arrêté que ledit Arrêt du 29 Août ſera exécuté ſelon ſa forme & teneur; en conſéquence que M. Martin ſera invité à venir prendre ſa place au Bureau.

Et mondit ſieur Martin étant rentré, il lui a été fait part de la Délibération qui vient d'être priſe à ſon ſujet; à laquelle acquieſçant, il a pris ſéance au Bureau.

(592) *Du 4 Janvier 1771.*

« Ouverture a été faite d'une lettre adreſſée à MM. les Adminiſtrateurs du College de » Louis-le-Grand & Colleges y réunis, laquelle s'eſt trouvée être de M. Martin, en date du » 23 Décembre 1770, par laquelle mondit ſieur Martin adreſſe au Bureau une expédition de » la démiſſion qu'il a cru devoir donner de la place d'Adminiſtrateur du College de Louis-» le-Grand, à laquelle il avoit été nommé.

» Lecture faite de l'expédition de la démiſſion ci-jointe, il a été unanimement arrêté que » ladite lettre & ladite démiſſion ſeront tranſcrites à la ſuite de la Délibération de ce jour, & » dépoſées aux Archives. Le Secrétaire-Archiviſte a été chargé de voir M. Martin, & de

ainfi que la Délibération du 4 Janvier 1771 qui l'accepte. On y remarquera que le Bureau (auquel aucuns Officiers du Parlement ne purent affifter, parce que les Chambres étoient reftées affemblées) ne crut pas alors devoir remplacer M. Martin, & fa date en indique affez les raifons ; au furplus cette difficulté eft peut-être un des motifs qui a engagé le Roi, lors du rétabliffement du Bureau, de ne pas confirmer la conceffion faite par le feu Roi à l'Univerfité, par fes Lettres Patentes du premier Juillet 1769, de deux places de notables dans le Bureau d'Adminiftration.

Quoi qu'il en foit, les Lettres Patentes, &c.

» lui témoigner le regret dont le Bureau eft pénétré, de ce que les circonftances s'oppofent
» au defir & à la fatisfaction qu'il auroit de travailler conjointement avec lui au bien & à
» l'avantage des Colleges réunis. Et fur le furplus, la Délibération a été renvoyée au tems
» où tous Meffieurs pourront fe trouver au Bureau ».

Suit la teneur de la lettre de M. Martin.

» Meffieurs, permettez que j'aie l'honneur de vous adreffer une expédition de la démiffion
» que j'ai cru devoir donner de la place d'Adminiftrateur du College de Louis-le-Grand, à
» laquelle vous m'avez nommé ; je ne l'ai donnée qu'après vous avoir prévenus fur les motifs
» qui m'ont déterminé à la faire ; je vous prie d'être perfuadés que ma reconnoiffance eft & fera
» toujours proportionnée à cette marque de diftinction dont vous m'avez honoré. C'eft avec
» ces fentimens que j'ai l'honneur d'être, Meffieurs, votre très-humble & très-obéiffant
» ferviteur. *Signé* MARTIN. A Paris, ce 23 Décembre 1770 ».

Suit la teneur de la démiffion.

« Aujourd'hui eft comparu devant les Confeillers du Roi, Notaires au Châtelet de Paris,
» fouffignés ; Me Edme Martin, Avocat au Parlement, Profeffeur dans la Faculté de Droit
» en l'Univerfité de Paris, y demeurant rue des Sept-Voies, Paroiffe S. Etienne-du-Mont ;
» lequel a déclaré qu'il eft pénétré de la plus vive reconnoiffance de la marque de confiance
» dont MM. les Adminiftrateurs du College de Louis-le-Grand l'ont honoré, en le nommant
» à la place vacante dans le Bureau d'Adminiftration, & en l'affociant à leurs travaux ; mais
» que des circonftances particulieres le déterminent à les prier de trouver bon qu'il fe démette
» de cette place : enfant de l'Univerfité, élevé dans fon fein, inftruit, par M. Pourchot fon
» grand-oncle, à lui facrifier fes intérêts les plus chers, il lui en coûteroit trop d'être l'occa-
» fion d'une conteftation prête à s'élever entre la Faculté de Droit, la Faculté des Arts,
» laquelle, avec des égards qui méritent toute fa reconnoiffance, a réclamé contre fa nomi-
» nation à la place d'Adminiftrateur du College de Louis-le-Grand & Colleges y réunis, &
» le Bureau d'Adminiftration. D'après ces motifs, ledit Me Martin s'eft démis & fe démet
» volontairement & librement par ces préfentes de la place & fonction d'Adminiftrateur du
» College de Louis-le-Grand & Colleges y réunis, & prie MM. les Adminiftrateurs de
» n'attribuer fa préfente démiffion ni au defir de fe fouftraire aux foins & aux travaux qu'exige
» cette place, ni à indifférence pour une place à laquelle il tiendra toujours à honneur d'avoir
» été nommé ; dont & de quoi a été requis acte aux Notaires fouffignés, qui ont octroyé le
» préfent. Fait & paffé à l'Etude le 20 Décembre 1770, & a ledit Me Martin figné, avec
» lefdits Notaires, la minute des préfentes, demourée à Me Boulard, Notaire ».

Page 526, dans une seconde édition, il faudra placer à la *note* 443 celle ci-deſſus numéro 40.

Idem, dans la *note* 447, au lieu de 15 Février, *liſez* 25 Février, & au lieu de Chapitre II, *liſez* Chapitre XVII.

ARTICLE IV.

Bourſiers Molony.

VOYEZ dans l'*errata* ci-après quelques correﬅions importantes des pages 556, 557 & 559.

ARTICLE V.

Bourſiers du College de Louis-le-Grand.

PAGE 563, *note* 473, ligne 6, au lieu de *Bourſier Haro*, liſez *Bourſier d'Oudard de Moulins*.

A la fin de la ligne 10, ajoutez, ci-deſſus, Chapitre IX.

A la fin de la ligne 12, ajoutez, ci-après, Chapitre XXII.

Avant le *réglet* de la *page* 574, il faut ajouter la Délibération ſuivante.

Du Vendredi 7 Décembre 1781.

LE BUREAU, pénétré des ſentimens d'amour & de reſpeﬅ pour le Roi & ſon auguſte Famille, dont ſont animés tous les François, & dont ils ont donné les preuves dans tous les tems, & notamment à l'occaſion de l'heureux événement de la naiſſance de MONSEIGNEUR LE DAUPHIN, & n'ayant pas encore pu (attendu ſes vacances) donner des témoignages de ſes ſentimens, s'empreſſe, le premier jour de ſa rentrée, d'ordonner qu'il ſera chanté un *Te Deum*, pour remercier Dieu de la naiſſance de MONSEIGNEUR LE DAUPHIN, à laquelle cérémonie le Bureau aſſiſtera.

(marginal note:) Admiſſion de quatre Etudians, à l'occaſion de la naiſſance de Monſeigneur le Dauphin.

Et en outre LE BUREAU a arrêté d'admettre au nombre des Bourſiers de Louis-le-Grand quatre ſujets qui, par leurs talens & les preuves qu'ils auront données de leur capacité, donnent lieu d'eſpérer qu'ils pourront un jour être utiles à leur Patrie, & remplir les vues que le feu Roi s'étoit propoſées par la réunion des Bourſiers.

Et à l'inſtant, en exécution de la Délibération ci-deſſus, & d'après le compte qui a été rendu, par M. le Principal, des différentes perſonnes qui demandoient des Bourſes, de leurs talens & capacités, LE BUREAU a choiſi & nommé pour être admis au nombre des Bourſiers du College de Louis-le-Grand,

Les ſieurs *Pierre du Viquet*, du Dioceſe d'Auxerre, Ecolier de ſeconde au College de Liſieux, qui a eu un prix & un *acceſſit* à la derniere diſtribution des prix de l'Univerſité.

François Rigaut, de Paris, Ecolier de troiſieme dans le College, qui a compoſé à l'Univerſité, qui a eu un premier *acceſſit* aux prix du College, & a toujours été dans les dix premiers de ſa Claſſe.

Henri Luce, du Diocèſe de Laon, Ecolier de ſixieme dans le College, qui a déja été cette année pluſieurs fois Empereur.

Et *Louis-Marie le Beſcond de Coatpont*, du Diocèſe de Quimper, Ecolier de troiſieme, qui a eu à Quimper des prix & *acceſſit* dans toutes ſes claſſes.

Leſquels ſieurs du Viquet, Rigaut, Luce & le Beſcond de Coatpont jouiront de tous les avantages attachés aux Bourſes du College de Louis-le-Grand, juſqu'au Doctorat excluſivement, dans celle des Facultés ſupérieures qu'ils choiſiront, après avoir fini leurs cours d'études dans la Faculté des Arts.

Et ſera la préſente Délibération inſérée *aux Additions* dans le Recueil, dont l'impreſſion a été ordonnée par Délibération du 28 Mai dernier.

Du 20 Décembre 1781.

M. le Préſident Rolland a dit qu'il avoit cru devoir envoyer au Chef de la Juſtice une Expédition de la Délibération qu'il avoit eu l'honneur de propoſer au dernier Bureau, à l'occaſion de la naiſſance de Monseigneur le Dauphin, & que Meſſieurs avoient adoptée. Qu'il en a reçu une réponſe trop flatteuſe pour le Bureau, pour qu'il ne s'empreſſe pas de la lui communiquer.

Lecture faite de ladite lettre du 17 du préſent mois, le Bureau a unanimement arrêté que ladite lettre de Monſeigneur le Garde des Sceaux, adreſſée à M. le Préſident Rolland, en date du 17 du préſent mois, ſera dépoſée aux Archives, tranſcrite à la ſuite de la Délibération de ce jour, & imprimée, ainſi que la préſente Délibération, à la ſuite de celle priſe le 7 du préſent mois, & ſuſmentionnée, & ce dans le Recueil dont l'impreſſion a été ordonnée le 28 Mai dernier.

Suit la teneur de ladite Lettre de Monſeigneur le Garde des Sceaux, à M. le Préſident Rolland.

Monſieur,   J'ai rendu compte au Roi de la Délibération du Bureau d'Adminiſtration du College de Louis-le-Grand, du 7 de ce mois; Sa Majeſté a vu avec ſatisfaction les témoignages du zèle & de l'attachement de MM. les Adminiſtrateurs; cette Délibération a encore eu l'avantage de prouver au Roi la ſageſſe avec laquelle les biens des différens établiſſemens réunis au College de Louis-le-Grand ſont gouvernés, puiſque l'Adminiſtration s'eſt trouvé en état de faire une libéralité auſſi conſidérable & auſſi bien employée. Je ſuis,

> Monſieur,
> *Verſailles, le 17*
> *Décembre 1781.*

> Votre affné Serviteur,
> *Signé* MIROMENIL.

ARTICLE

ARTICLE VII.

Bourfier Braquet , dans le College de Louis-le-Grand.

P AGE 583 , en marge de la Délibération du 16 Décembre 1773, il faut en mettre l'objet en ces termes :

Délibération pour fixer les conditions de l'admiffion du Bourfier *Braquet.*

CHAPITRE XIX.

College de Maître Gervais.

P AGE 611 , dans la lifte des *Bienfaiteurs*,&c. de ce College , il faut inférer à fon ordre de date ,

Charles V, le Roi , 1378.

CHAPITRE XX.

College Mignon.

P AGE 623 , avant le *réglet*, il faut ajouter :

Sous le contre-fcel de ces Lettres Patentes, il y avoit *fix états* d'attachés, dont le *cinquieme* & le *fixieme* étoient relatifs à des biens du College de Grandmont, que le Roi n'a pas jugé à propos d'unir au College de Louis-le-Grand; quant aux quatre autres,

Le *premier* concernoit les dettes conftituées par le College de Grandmont , & montant en principaux, à .... 26000ᵘ »ˢ»ᵈ.

Et en intérêt feulement, à ···································· 757 12 ».

Le *fecond* étoit relatif aux dettes exigibles (593) dues par ce College , & étoient portées à ·· 34183 8 3.

La *troifieme*, contenoit les penfions dues par ce College, qui formoient un objet de ···································· 6500 » ».

Actuellement, (Décembre 1781) il y a environ la moitié de ces rentes d'éteintes.

Enfin , le *quatrieme état* renfermoit tout ce qui étoit dû à ce College ; il étoit de ···································· 10407 6 ».

(593) Les dettes de ce College étoient plus confidérables, & il s'en eft trouvé pour environ 3000 livres de plus qu'il n'en étoit porté dans ces deux états ; c'eft ce qui fait la différence de leur montant avec ce qui eft mentionné ci-deffus, article II, page 614.

Mais il est bon d'obferver qu'il n'a pas été poffible de recouvrer un *cinquieme* de cet objet.

Noms des Fondateurs & Bienfaiteurs du College Mignon.

Jean Mignon, Archidiacre de Blois, dans l'Eglife de Chartres, & Maître des Comptes à Paris, *avant le milieu du quatorzieme fiecle.*

Jean, le Roi, 1335.

CHAPITRE XXI.

College de Narbonne.

Page 626, dans la lifte des *Bienfaiteurs*, &c. de ce College, il faut inférer à fon ordre de date,

Jean de Lorraine, Archevêque de Narbonne & Cardinal, 1544.

CHAPITRE XXII.

College de Prefles.

Page 630, *idem.*

Guy de Laon, Prêtre, Chanoine de l'Eglife de Laon & Saint-Quentin, Tréforier de la Sainte-Chapelle de Paris, 1314.

CHAPITRE XXIII.

ARTICLE PREMIER.

College de Reims.

Page 634, dans la lifte des *Bienfaiteurs*, &c. de ce College, ajouter à fon ordre de date :

Charles VII, le Roi, qui a *uni* à ce College celui de *Rhétel*, 1445.

Jean Gerbais, Doĉteur en Théologie de la Maifon & Société de Sorbonne, Profeffeur au College Royal de France, & Principal du College de Reims, 1699.

ARTICLE II.

Fondation Ponfinet, dans le College de Reims.

A la fin de la fixieme ligne, après les mots, *fes revenus*, il faut ajoûter :

Et ce qui *écheoit* de fes *revenus* pendant la *vacance* de ce Bourfier, appartient *moitié* au *fucceffeur* du Bourfier, & *moitié* aux *Pauvres* de la Paroiffe de la *Neuville en Tournafuy*.

CHAPITRE XXIV.

ARTICLE PREMIER.

College de Sainte-Barbe.

PAGE 646, ligne 28, après le mot *Eccléfiaftiques*, ajoûter une note en ces termes :

Dans ce tems, tous les Membres des Univerfités étoient *Eccléfiaftiques*, & même actuellement ils font réputés tels, & jouiffent des privileges de *Clerc*, quoique plufieurs, & notamment les *Profeffeurs en Droit*, puiffent être mariés. Ce n'eft que depuis la réformation du Cardinal d'Eftouteville, en 1452, que les *Médecins* ont la liberté de fe marier.

Page 652, dans la lifte des *Bienfaiteurs*, &c. de ce College, il faut inférer à fon ordre de date,

Jean Hubert, Docteur-Régent en Droit Canon, Premier Fondateur de ce College, 1430.

A l'article de *Robert du Gaft*, il faut mettre : *Second Fondateur & Reftaurateur*

ARTICLE II.

Fondations Seurat & Menaffier, dans le College de Sainte-Barbe.

PAGE 654, ligne 2 de l'*alinea*, ajoûter en note :

Que ce Principal eft lui-même décédé le 8 Novembre 1770.

CHAPITRE XXV.

College de Saint-Michel (594).

PAGE 662, dans la liste des *Bienfaiteurs*, &c. de ce College, il faut placer à son ordre de date,

Élie de Chenac, Exécuteur testamentaire de *Bertrand de Chenac*, 1405.

Même *page*, à l'article d'*Antoine Charbonnier*, ajoutez à sa qualité de *Procureur au Parlement*, celle de *Secrétaire de la Chambre du Roi*.

---

(594) Comme le Roi par des Lettres Patentes particulieres a changé quelque chose dans la fondation de ce College, en se référant d'ailleurs à celles du 19 Mars 1780, qui accordent à tous les Boursiers la liberté d'étudier dans toutes Facultés, ce qui fait un très grand changement *apparent* dans les fondations, on croit devoir en profiter pour faire une remarque très-importante, qui jusqu'à ce moment avoit échappé & qui auroit été mieux placée dans l'*Introduction*, page 30, ou dans une seconde édition on pourra insérer ce qui suit, & ce, soit en note, soit dans l'*alinea* ou se trouve la *note* 25.

Les personnes peu versées dans l'histoire de l'Université & attachées à l'exécution littérale des fondations se sont beaucoup élevées contre les changemens (on le répete *apparens*) que le feu Roi & le Roi y ont faits, sur-tout au sujet de deux des dispositions principales des Loix données depuis 1763, & singuliérement des Lettres Patentes de 1767.

Ces deux changemens prétendus faits aux fondations, ont été en effet le prétexte des réclamations qui se sont élevées contre ce Réglement; réclamations que, par des circonstances particulieres, (dans le détail desquels on ne croit pas devoir entrer) on a même accueillies en partie par le Réglement de 1769, mais qui depuis, ont d'abord été implicitement proscrites par la Déclaration du 3 Septembre 1778, (concernant le College de Mᵉ Gervais,) & ensuite totalement par les Lettres Patentes générales du 19 Mars 1780.

Ces deux articles, contre lesquels on a le plus réclamé, étoient :

I. Que la plus grande partie des Bourses étoient fondées pour la Théologie, & que cependant le Réglement de 1767 permettoit aux Boursiers d'étudier à leur choix dans les Facultés de Droit & de Médecine, ce qui changeoit en entier l'objet des études prescrit par les Fondateurs.

II. Que la plupart de ces fondations n'étoient que pour six, huit ou dix ans au plus, & qu'au moyen de la liberté donnée aux Boursiers d'étudier jusqu'au Doctorat inclusivement dans celles des Facultés supérieures qu'ils voudroient choisir, ils conserveroient leurs Bourses beaucoup plus long-tems que les fondations ne le permettoient.

Pour répondre à ces deux objections on remarquera,

I. Que presque tous les Colleges ont été fondés dans les 12ᵉ, 13ᵉ & 14ᵉ siecles.

II. Qu'ainsi qu'il a déja été remarqué dans la page précédente, aux additions du College de Sainte Barbe, non-seulement tous les Membres de l'Université étoient alors *Clercs*, mais même tous les Ecoliers étoient réputés tels. *Crevier*, dans son histoire de l'Université (tom. Iᵉʳ, p. 243), établit d'après *du Boulay*, « que l'expression *de Clercs résidens à Paris* désigne indubitablement

CHAPITRE XXVI.

College de Séez.

PAGE 665, *idem.*

Jean Belard, l'un des Exécuteurs testamentaires du Fondateur, 1427.

» les *Ecoliers* qui étoient *tous Clercs*, & qui sans appartenir, au moins pour la plupart, à
» l'Eglise de Paris, faisoient seulement une résidence passagere dans cette ville ».

De ce fait que l'on peut d'autant moins révoquer en doute, que tous les monumens du tems attestent, que dans les siecles où les Colleges ont été fondés, on considéroit comme Ecclésiastiques tous ceux qui étudioient ou avoient étudié, & qu'ils jouissoient, *même étant mariés*, des privileges de la Cléricature, qui alors étoient fort considérables ; on doit conclure que l'indication des études théologiques n'étoit pas exclusive. Ce raisonnement acquiert beaucoup de force si on observe,

1°. Que le Droit & la Médecine n'étoient alors enseignés & pratiqués que par des Ecclésiastiques.

2°. Que les Facultés de Droit & de Médecine n'étoient pas encore séparées de celle des Arts, leur séparation & leur formation en Corps n'étant que de la fin du quatorzieme siecle. (*Crevier*, tome 2, pages 54 & 55).

3°. Que la séparation de la Faculté de Théologie ne date que de la fin du treizieme siecle. (*Crevier*, tome 1, page 466 ; tome 2, pages 33 & 98).

4°. Que par conséquent les études dans l'Université, ou même en Théologie, s'entendoient & s'appliquoient à ce que nous appellons aujourd'hui les trois Facultés supérieures, qui alors ne faisoient qu'un Corps, & n'étoient pas séparées de celle actuellement connue sous le nom de Faculté des Arts ; cette derniere est même encore composée des Bacheliers & Licenciés des trois Facultés supérieures, qui ne sont chacune composées que des Docteurs ou Professeurs en Théologie, Droit & Médecine.

5°. Que dans ces différentes époques les études Théologiques étoient les plus brillantes de l'Université ; que les degrés dans cette Faculté étoient un moyen pour parvenir aux plus grandes places, non seulement dans l'Eglise, mais même dans l'Etat ; & que la qualité de Docteur en Théologie étoit alors si considérée, que les Papes croyoient qu'elle pouvoit ajouter à leur dignité, & qu'ils employoient leur crédit pour la procurer à ceux qu'ils vouloient favoriser. (*Crevier*, tome 2, pages 321, 355 & 422).

Mais actuellement que toutes les sciences sont remises à leurs places, & sont distinctes & séparées, n'est-ce pas entrer dans l'intention des Fondateurs que de laisser aux Etudians la liberté de choisir celle des Facultés pour lesquelles ils ont le plus d'aptitude.

III. Que personne n'ignore que dans le tems de la fondation des Colleges on ne commençoit à étudier que très-tard, & à vingt ou vingt-cinq ans ; que c'est par cette raison que dans plusieurs Colleges ce sont les Boursiers qui, suivant les fondations, administroient les biens

CHAPITRE XXVII.

College de Tours.

P AGE 668 , *idem.*

Martin Rufé , Chanoine & Chantre de l'Eglife de Paris, 1540.
Nicolas Brachet , Préfident aux Enquêtes , 1540.

des Colleges, ou en nommoient les principaux Officiers, ce qui auroit été abfurde fi les Bourfiers avoient, comme actuellement, commencé leurs études dès huit ou dix ans.

IV. Qu'alors la Faculté des Arts ne comprenoit que la Philofophie. « Elle avoit, (dit » *Crevier,* Tom. I, pag. 308), tous les honneurs; feule, elle attiroit l'attention de ceux qui » enfeignoient & étudioient les arts ; enforte , qu'enfin , elle s'en eft approprié le nom ; & que » par *Artiftes* ou *Artiens* , on a entendu dans l'Univerfité les *Philofophes* , comme fi la Gram- » maire & la Rhétorique n'euffent plus dû être comptées parmi les Beaux Arts ». Et même actuellement il ne faut, pour obtenir le dégré de Maître-ès-Arts, que juftifier des études de Philofophie.

Crevier , qui n'eft que l'abréviateur de *Duboulay* , attefte , (Tom. I.er pag. 376 , Tom. III, pag. 139, Tom. IV , pag. 243 , 244 , & Tom. V, pag. 341 ,) que dans les 13 & 14e fiecles, l'étude de la Rhétorique étoit totalement en oubli, & celle de la Grammaire très négligée. Que « pendant plus de deux cens ans , la Faculté des Arts étoit prefque uniquement livrée à » la Dialectique & à la Philofophie », dont le cours étoit alors de trois ans & demi, & n'a même été réduit à deux ans, que par la réforme de 1600. Mais il ne faut pas négliger d'obferver qu'alors il y avoit dans la Faculté des Arts les dégrés de Bachelier , Licencié & Docteur, ou Maître-ès-Arts (*) , comme dans les trois Facultés fupérieures ; & que depuis la réforme de 1600 , tous ces dégrés fe conférent enfemble, ou plutôt, & qu'après des examens très peu rigou- reux , on obtient des Lettres de *Maître-ès-Arts.*

De ces faits , il réfulte :

I. Que lors de la fondation des Colleges de non plein exercice , l'état des études étoit bien différent de celui actuel ; qu'en conféquence , il étoit jufte que le Souverain apportât à ces fondations les changemens que néceffitoit l'état actuel des études.

II. Que les Bourfiers commencent actuellement leurs études par la claffe de Grammaire , au lieu que lors des fondations , ils ne les commençoient que par la Philofophie.

III. Que des jeunes gens de vingt à vingt-cinq ans apprennent plus promptement que des enfans de huit à dix ans, qu'en conféquence, comme lors des fondations , les Bourfiers ne commençoient à jouir de leurs Bourfes que par la Philofophie , en fept à huit ans d'études, ils parvenoient au Doctorat des Facultés fupérieures , au lieu qu'actuellement il leur faut le même tems avant que de parvenir à la Philofophie.

IV. Qu'il étoit donc néceffaire d'accorder plus de tems aux Bourfiers, pour qu'ils puffent

---

(*) Voyez dans *Crevier* , tome IV , page 194--197 , les études & les preuves qu'il falloit faire pour obtenir le Bacalauréat , la Licence & la Maîtrife ès Arts , ainfi que les formalités qui s'obfervoient en conférant ces dégrés.

CHAPITRE XXVIII.

College de Treguyer.

PAGE 671, en marge de la Délibération du 22 Juin 1764, en mettre l'objet en ces termes :

Délibération de réunion du College de Tréguyer.

---

remplir les intentions des Fondateurs, & acquérir des dégrés dans les Facultés fupérieures ; mais que cette augmentation fe trouve plus que couverte par le doublement & plus de Bourfiers, procuré par la bonne adminiftration du Bureau, ainfi qu'il eft démontré ci-deffus, (page 221, *note* 148); au furplus, par le Réglement de 1767, les Bourfiers ne pouvoient entrer que jufqu'à quatorze ans, & par conféquent étoient forcés d'étudier la Grammaire & les Humanités; mais par le Réglement de 1780, ils peuvent n'entrer qu'en Rhétorique & être nommés jufqu'à dix-neuf ans révolus; en conféquence il dépend des Nominateurs de ne conférer les Bourfes qu'à des jeunes gens de dix-neuf ans & capables de Rhétorique, alors ils fe rapprocheront de ce qui fe pratiquoit dans les 12e, 13e & 14e fiécles, & leurs Bourfiers ne jouiro. de leurs Bourfes qu'à peu près le tems porté aux fondations.

V. Qu'enfin, la réunion de vingt-neuf Colleges dans un feul, néceffitoit auffi pour la facilité de l'Adminiftration, d'affujettir tous les Bourfiers à une même regle, n'étant ni poffible ni praticable de faire vingt-neuf regles différentes, qui auroient apporté une très grande confufion, & occafionné un dégoût aux Bourfiers, qui verroient leurs camarades jouir de droits ou priviléges qui leur feroient refufés.

RELEVÉ CHRONOLOGIQUE

D E s différentes Délibérations du Bureau réunies dans ce Recueil,
avec un précis de leur objet.

On a pu voir dans le préfent Recueil que l'on a réuni enfemble toutes les Délibérations relatives à chaque matiere particuliere, & ce quoique de différentes dates, mais
on les a placées entre elles fuivant leur ordre chronologique; la néceffité de ne point
féparer ce qui concernoit un même fujet, & cependant de comprendre dans chaque
Chapitre des objets différens à la vérité, mais homogenes entre eux, (à l'exception
de ce qui forme le Chapitre V de la premiere Partie, & ce pour les raifons qui y
font détaillées), a forcé de placer des Délibérations très poftérieures de date avant
plufieurs qui leur font de beaucoup antérieures; cet arrangement très néceffaire pour
répandre toute la clarté poffible dans un Recueil de pieces qui par fa nature eft un
peu abftrait, a cependant l'inconvénient de ne point préfenter de fuite la férie des
opérations du Bureau, ce que l'on a cru utile de faire pour que l'on put connoître &
apprécier les travaux fucceffifs des Adminiftrateurs; en conféquence on a jugé à propos
de réunir de fuite toutes les Délibérations inférées dans le préfent Recueil, & ce par
ordre de date, en y ajoutant en outre un précis de l'objet de chaque Délibération.

DATES.

DATES

Aaaaa

Aaaaa ij

TABLE
DES MATIERES.

A

I

B bbbb

B

de l'Université, pages 566 & fuiv. *Voyez* Concours & Louis-le-Grand. Les Loix données pour la réunion font-elles un changement *réel* dans les Bourfes des Colleges réunis, *note* 594. *Voyez* au furplus, dans le Chapitre II de la deuxieme Partie, le titre II des Lettres Patentes de 1767 & le titre III de celle de 1769, & *l'article fuivant*, ainfi que, Artiens, Juristes, Médecins & Théologiens. De chaque College. *Voyez* au nom du *College*, pour cet objet & pour la totalité du préfent article.

Boursiers, confidérés en général ; comment font-ils nourris. *Voyez* Nourriture. Au moment de la réunion, il n'en exiftoit que cent quatre-vingt-treize, actuellement il en exifte quatre cens quarante-fept, fans y comprendre ceux du College de Louis-le-Grand. Le calcul de cette augmentation eft établi dans le Mémoire de M. le Préfident Rolland, pag. 221, 249, 250, 320 & 702, ainfi que la *note* 148. Réglement contenant les caufes d'après lefquelles ils peuvent être renvoyés, pages 177--180. Doivent prendre les dégrés dans leurs Facultés dans les tems prefcrits par les ftatuts, & fous quelles peines, page 225. Ne doivent faire aucuns préfens au Portier, page 261. Quelles qualités les Fondateurs exigeoient d'eux, & quelles étoient leurs obligations, page 594, 595 & la *note* 495. *Voyez* Ecolier, Etudians, Gratifications, Prix, Réglemens, Réunion *des Bourfes*.

—*des Colleges de non plein exercice*, logés à Louis-le-Grand, inftruits dans les Lettres & la Religion. Tenus de fuivre les leçons publiques, page 49. (Exception pour les Médecins, page 105, & pour les Théologiens, dans l'intervalle feulement du Baccalauréat à la Licence, pages 111 & 112). Etudians en Théologie, ou autres Facultés fupérieures, logés dans un bâtiment féparé des autres, autant que faire fe pourra, page 50. Sous l'infpection du Supérieur général ou Principal, & en outre fous l'infpection d'un Maître particulier, *idem*. Bourfiers, Humaniftes fous la conduite de Maîtres particuliers, page 50. De tous les petits Colleges réunis & ceux du College de Beauvais, tenus d'habiter le College de Louis-le-Grand, ne peuvent poffléder en même tems deux Bourfes, ne peuvent s'abfenter ni fortir fans la permiffion du Principal, page 62 & 105. Ne peuvent être admis ni renvoyés fans une Délibération des Principal & Emérites, page 65. Leur admiffion peut être fufpendue pour acquitter les dettes du College auquel ils font attachés. Formalités prefcrites pour cette fufpenfion, pages 72 & 97. Exécution de cette forme de fufpenfion, page 305 & fuivantes. *Voyez* Suspension de Bourses. Pour être admis doivent avoir acte ou brevet de nomination. En quels cas privés de leurs Bourfes. A quelle époque feront-ils reçus ? Doivent avoir des Correfpondans. Ce qu'ils doivent faire pour être admis. Pieces néceffaires pour leur inftallation. Combien de tems d'épreuve. Formalités pour être renvoyés, pages 76 & 77. Jufqu'à quelle époque jouiront-ils de leurs Bourfes ? Ceux qui veulent être Aggrégés, ou qui étudieront en Théologie jouiront plus longtems. Sous quelles conditions. Pourront être vifités & interrogés par les Supérieurs majeurs, & renvoyés fi le cas y échet. Quelle fomme leur fera payée au Séminaire, pages 78 & 223. Ne peuvent donner démiffion de leurs Bourfes fans le confentement par écrit de leurs parens. Renvoyés par le Principal & les Examinateurs, (ce qui ne peut être par eux ordonné qu'aux deux tiers des voix, page 51) ; peuvent fe pourvoir au Tribunal de l'Univerfité, page 102. Où feront logés ceux des Facultés fupérieures. A quelle épreuve, à quels examens font-ils affujettis ? Seront renvoyés en cas d'incapacité. Ceux de Médecine n'habiteront point le College. A quelles formalités font-ils affujettis ? Quelles fommes leur feront payées, pages 105, 177 & fuivantes, 223, & les *notes* 99 & 101. Le prix des Bourfes

C

D

E

Ddddd

employés; Arrêt du 28 Novembre 1764, qui contient l'historique de cette affaire & qui la termine, page 21 & suivantes, ainsi que la *note* 18. Celle faite de la Chapelle du College *Mignon*, par permission de M. l'Archevêque de Paris, & détails y relatifs, page 28.

EXEMPTION des droits d'entrée pour cinq cens muids de vin, accordée au College de Louis-le-Grand, pages 61, 116, 120. *Voyez* VIN.

EXPÉRIENCES de Physique pour tous les Boursiers réunis, aux frais du seul College de Louis-le-Grand, page 213.

F

FACULTÉS de Théologie, de Droit, de Médecine & des Arts. *Voyez* à ces différens mots.

FAMILLES PARTICULIERES, pour lesquelles il y a des Bourses de fondées. *Voyez* ETATS DES BOURSIERS.

FARGUES (Bernard de), Archevêque de Narbonne, Fondateur du College de Narbonne. *Voyez* NARBONNE.

FEMMES. Aucunes ne peuvent être admises dans l'intérieur du College, si ce n'est les très-proches parentes, & avec la permission du Principal ; les autres reçues au parloir, page 156.

FERMIERS *en retard*. Le Contrôleur de la Caisse doit tous les trois mois remettre un état des Fermiers en retard de payer, pour être ordonné ce qui sera nécessaire pour les faire payer, page 243.

FILLE, parente du sieur Aubert, doit (d'après une fondation par lui faite dans le College de LAON) être choisie tous les ans pour lui faire apprendre un métier, page 495.

FOI ET HOMMAGE à fournir par le Bureau au changement de Seigneur suzerain, sera faite au Seigneur par l'homme vivant & mourant qui en a déja fourni une, mais aux frais du Seigneur nouveau, & non aux frais du Bureau, comme l'avoit à tort décidé le Bureau intermédiaire, page 202.

FONDATEURS. *Voyez* BIENFAITEURS.

FONDATIONS *de Bourses*. Ne peuvent être reçues par le Bureau que sous la condition de placer les fonds destinés pour icelles en rentes permises aux gens de main morte, page 61. Ne peuvent être acceptées que par Délibérations à la pluralité des deux tiers des voix, & homologuées, page 62. Seront de 500 livres de revenu, franc de toute imposition. Formalités de cet acte de fondations, page 74. De nouvelles Bourses; en quel cas, page 103. Motifs des changemens faits aux fondations des Bourses des Colleges réunis, & ce changement est-il réel, page 730 & suivantes, *note* 594.

—*pieuses* faites dans les Colleges réunis, & acquittées dans les Chapelles desdits Colleges, le seront dans la Chapelle de Louis-le-Grand, page 54. Quelles sommes seront prélevées pour les acquitter, page 73. Délibérations prises à ce sujet doivent être remises à M. le Chancelier, pour être par le Roi ordonné ce qu'il appartiendra, page 106. Délibérations prises à ce sujet, page 285 & suivantes. Etat de ces fondations, le nom des Colleges, le nombre d'Obits, de Messes, &c. qui doivent être acquittés dans la Chapelle du College, page 296.

FORTET (Pierre), natif d'Aurillac, Archidiacre de l'Eglise de Clermont, & Chanoine de l'Eglise de Paris, de Beauvais & de Langres, est le Fondateur du College de son nom. *Voyez* l'article ci-après.

Ddddd ij

GRAND-AUMÔNIER (M. le) eſt Préſident né du Bureau, page 51. Ne peut être chargé des détails de l'Adminiſtration, page 70. *Voyez* ETUDIANS *de la Grande Aumônerie.*

GRAND-MAÎTRE TEMPOREL. Ne peut être chargé des détails de l'Adminiſtration, page 70. Tous les actes & procédures ſe feront ſous ſon nom & celui des Bourſiers que ces actes concerneront, page 84. Ses fonctions, ſes droits, ſes comptes, page 85 & ſuivantes. Ne doit avoir que 6000 livres dans ſa caiſſe, page 87. Doit remettre au Caiſſier les oppoſitions faites entre ſes mains, & ſigner ſur le regiſtre à ce deſtiné la mention tant de chacune deſdites oppoſitions, que de leur main-levée, page 195. Doit prêter ſerment au Parlement; ſa nomination doit y être homologuée, page 316. *Voyez* COMMIS, CAISSE, CAISSIER, CONTRÔLEUR DE LA CAISSE.

GRATIFICATIONS ou penſions; en quel cas accordées, à quelles perſonnes, après quels tems, page 210 & ſuivantes. Gratifications pour examens particuliers; quelles conditions pour les obtenir. Gratifications aux Bourſiers qui ont été nommés aux Prix de l'Univerſité, & à ceux qui obtiennent des Lettres de Maître-ès-Arts, avec différence pour les gentils-hommes ou roturiers, page 224 & 698. Aux Bourſiers Médecins, page 225. Celle accordée au Chirurgien, page 251, *note* 165. L'Econome en peut accorder aux Domeſtiques, *note* 582. *Voyez* GRAISSES.

GREMIOT (Joſeph-Thibault) Prévôt de l'Egliſe de Caſtres, Fondateur de Bourſes dans le College de Fortet. *Voyez* FORTET.

GUERIN (François-Nicolas), ancien Recteur de l'Univerſité, & Syndic, nommé par Arrêt du 4 Février 1763, pour vérifier les Mémoires des Officiers des Colleges de non plein exercice, page 17, *note* 11. On lui accorde une penſion de 600 liv. pour l'indemniſer de la place de Bibliothécaire du College de Louis-le-Grand, page 535.

H

HAMELIN (Paul), ancien Recteur de l'Univerſité, nommé, par Arrêt du 4 Février 1763, pour vérifier les Mémoires des Officiers des Colleges de non plein exercice, page 17, *note* 11.

HARBES (Raoul de), Docteur en Médecine & Chanoine de Chartres, Fondateur de Bourſes dans le College de Laon. *Voyez* LAON.

HARLAY (Bourſiers de) dans le College de Louis-le-Grand; leur nombre, les qualités qu'ils doivent avoir; par qui fondés; &c. page 575. Tranſaction y relative avec M. le Prince de Tingry, *Nominateur*, page 576-581.

HARO (Etienne), Fondateur d'une Bourſe dans le College de JUSTICE, à laquelle le Chapitre de Rouen nommera lorſqu'elle ſera établie. Elle eſt deſtinée pour un de ſes Enfans-de-Chœur, page 490-492.

HENRI III. Bourſes fondées à LOUIS-LE-GRAND par ce Prince, page 546. M. le Grand-Aumônier & le Bureau en ſont *Nominateurs* chacun pour moitié, *idem*. Le Bureau les a conſervées quoique les fonds ne ſoient plus ſuffiſans, *note* 454.

HERON (le ſieur), Econome, en remplit les fonctions à la ſatisfaction de l'ancien Bureau. Le Bureau intermédiaire le renvoie; ordre du Roi à ce ſujet. Lettre de M. le Chancelier; en conſéquence Délibération, &c. Le ſieur Heron, dont les comptes ſe ſont trouvés en regle, eſt ſur le champ congédié. On lui nomme un ſucceſſeur. Rentre avec l'ancien

K

L

LIT

M

les talens, veiller à la fanté des Eleves, &c. page 139 & fuiv. Doivent veiller au bon ordre, empêcher les Ecoliers de donner en cachette des commiffions aux Domeftiques, les empêcher de faire des ventes, des trocs avec leurs camarades, de fe prêter de l'argent, des Livres, &c. pages 156 & 157.

—de Danfe, de Mufique, de Deffin & autres, ne donneront leurs leçons aux Ecoliers que pendant les récréations, page 156.

—en chambres particulieres, logés au College, fe retirent; logés au dehors, ils demandent à être toujours réputés Maîtres particuliers du College, leur demande eft accueillie, fous quelles conditions, page 305, note 207.

—particuliers. Le Bureau en attache un à l'Infirmerie; Réglement fur fes fonctions, pages 265 & 266. Le Bureau i..termédiaire avoit diminué leurs honoraires; le Bureau les rétablit, page 309 & note 211.

MALADES, dépenfes y relatives, page 272--276. Voyez ETAT. La date de leur entrée aux infirmeries, le nom, la qualité, le genre des maladies, la date des forties, le nombre journalier des malades, la durée de leur demeure aux infirmeries, le nombre des morts en 1780 & 1781, page 273 & fuiv.

MALADRERIE de Brie-Comte-Robert unie à Louis-le-Grand, page 60.

MANS (College du), IIIe Département. Ses revenus avant la réunion, fon revenu actuel, le nombre de fes Bourfes. Nominateur, M. l'Evêque du Mans, & les Bourfiers doivent être de fon Diocefe, page 603 & fuiv. Délibération pour fa réunion, page 604. Noms des Fondateurs & Bienfaiteurs, page 605 & fuiv.

MARTIN (Edme), Profeffeur en Droit, propofe au Bureau d'accepter la fondation de M. Pourchot; eft Commiffaire de l'Univerfité à ce fujet, & par fes foins procure l'exécution des intentions de M. Pourchot. Voyez POURCHOT. A été en 1770 nommé par le Bureau pour l'un des Notables. La Faculté des Arts a élevé des difficultés fur la validité de cette nomination, ce qui l'a engagé à donner fa démiffion, pour éviter d'être le fujet d'une conteftation. Voyez DROIT (Faculté de).

MÉDAILLONS repréfentans Louis XIV & Louis XV, gravés fur la porte du College de Louis-le-Grand, page 43, & fur les jettons que le College fait frapper, page 45.

MÉDECIN du College de Louis-le-Grand, y eft logé, quel logement lui eft accordé? page 205. Sa nomination, dès le premier moment de la réunion, page 263. Médecins & Chirurgiens étrangers peuvent être appellés par les parens des Bourfiers, mais à leurs frais, page 270.

MÉDECINE (Faculté de), obligée de fournir au Roi des Mémoires au fujet de fes Bourfiers, & jufqu'à ce, ces Bourfes demeureront fufpendues, page 66. Le feu Roi y ftatue par fes Lettres Patentes du premier Juillet 1769, page 105.

MÉDECINS, depuis quand ils ont la liberté de fe marier, page 729.

—(Bourfiers) ne peuvent pas réfider au College de Louis-le-Grand, page 105. Quelle fomme leur eft payée pour leur tenir lieu de leur penfion, pages 223 & 224. Tous les Bourfiers des Colleges réunis peuvent-ils étudier dans cette Faculté, & la permiffion qui leur en a été donnée eft-elle un changement fait aux fondations. Voyez dans les additions la note 594, & BOURSIERS.

MÉMOIRES ordonnés par les Commiffaires du Parlement par leur Ordonnance du 20 Octobre 1764, leur être préfenté le 25 Novembre fuivant, par les Principaux, Procureurs, &c. pour

MOULINS (Oudard de), Préſident en la Chambre des Comptes, Fondateur d'une Bourſe dans le College d'AUTUN. Delibérations relatives à cette Bourſe ; c'eſt le Bureau qui y nommera lorſqu'elle ſera établie, pages 343--347.

N

NARBONNE (College de), Ier *Département.* Ses revenus au moment de la réunion, ſon revenu aĉtuel ; ſes dettes, l'acquit d'icelles ; point de Bourſiers en 1763, aĉtuellement douze. *Nominateur,* M. l'Archevêque de Narbonne, & les Bourſiers doivent être de ſon Diocèſe, pag. 624. Délibération de réunion, page 625. Noms des Fondateurs & Bienfaiteurs, page 625, & *additions,* page 728.

NICOLAY DE LA GREVE (Galeran), Fondateur du College de Cornouailles. *Voyez* CORNOUAILLES.

NOEL, Office de la nuit, déjeûné pour les Bourſiers après cet Office, page 703.

NOIROT (Bourſiers), à la nomination de M. le Procureur Général, ne ſont au College de Louis-le-Grand que tant qu'il plaira à M. le Procureur Général les y laiſſer, fixation de leurs penſions, pages 520 & 521, & *note* 410.

NOMINATEURS. Forme de les avertir lors de la vacance des Bourſes, page 39. Nominateurs aux Bourſes. *Voyez* ETATS, *des Bourſiers,* voyez de plus au nom de chaque College en particulier. Doivent nommer à Paris un Repréſentant ; Réglement à ce ſujet, ainſi que ſur les Délibérations où ce Repréſentant doit être appellé, & forme de ſa convocation, pag. 96--98 & *note* 92. Objets dont le Secrétaire doit les avertir, page 311, pieces qu'il doit leur envoyer à chaque vacance, page 700.

NOMINATIONS *aux Bénéfices.* Le Bureau éprouve des conteſtations, elles ſont décidées par des Arrêts ; le Bureau, paiſible poſſeſſeur, regle la forme de ces nominations, quelques difficultés s'élevent, on les applanit par des Délibérations, page 277 & ſuiv. Ordre pour la nomination aux Bénéfices, page 282. *Voyez* BÉNÉFICES & PRÉSENTATION.

—aux *Bourſes* appartiendra aux Fondateurs ou à leurs repréſentans, ou à ceux déſignés par la fondation, à leur défaut appartiendra au Bureau, page 75. Nominations qui étoient faites par les Bourſiers ou Officiers ſupprimés des Colleges réunis appartiendront au Bureau, ſous quelles conditions, page 75. Ordre dans lequel le Bureau y nomme, ſur la préſentation de qui. Rôle établi relativement aux différentes Bourſes, page 277 & ſuiv. Quand le droit de nomination des Adminiſtrateurs eſt il conſommé, page 278. Ne l'eſt que l'année révolue, *idem.* Le délai fixé pour renommer prolongé à deux années, page 279. Celles du concours ne devoient s'accorder qu'à ceux qui ont été nommés aux Prix de l'Univerſité, page 562. *Voyez* ETATS *des Bourſiers.*

NOTABLES : il n'en a été établi que quatre par les Lettres Patentes du 21 Novembre 1763 ; pages 14 & 51. Trois ont été ajoutés par les Lettres Patentes de 1767, page 30. Donnent leurs démiſſions ou ſe retirent lors de la révolution de 1771, page 30, à l'exception des Abbés Legros & Maiſtrel, qui reſtent au Bureau intermédiaire, page 31. Lors du réta- bliſſement du Bureau en 1777, il n'en eſt rétabli que quatre, & les deux qui avoient été Membres du Bureau intermédiaire, en ſont par le fait exclus, page 33. Ceux qui avoient été Membres de l'ancien Bureau ſont ſur le champ inſtallés ſans prêter de nouveau ſerment,

O

Meffe

Bureau d'après la Pentecôte, l'état des Bourses qui seront vacantes à la fin de l'année scholastique, page 85. Nommera seul les Maîtres, Sous-Maîtres, Portiers & Domestiques; pourra les renvoyer. Le Bureau pourra aussi les renvoyer ; dans quel cas, page 80. *Voyez* DOMESTIQUES. Ne pourra être admis au Bureau, y prendre séance que sur la demande des Administrateurs, page 111. Ce qui est relatif à sa nomination, à sa prise de possession ; son inspection générale, les changemens qu'il peut faire ; son amour pour le bien général ; choix des personnes à placer. Son Office a deux rapports, la réussite des études, le gouvernement de l'intérieur, &c. pages 140 & suivantes. Avoit, avant d'être Membre du Bureau, la nomination d'un Boursier, dont il s'est désisté, vu que depuis son entrée au Bureau il nomme à son tour aux Bourses, page 277. Ses honoraires ; sa nomination doit être homologuée au Parlement, & il doit y prêter serment avant que d'assister au Bureau, page 316. Pourroit réclamer le droit d'être député né de la Faculté de Théologie, page 439.

—Il y en avoit deux dans le College de Louis-le-Grand ; leurs fonctions fixées ; pouvoient-ils ensemble gagner l'Emérite ; cette difficulté levée par Arrêt ; la difficulté relative aux honoraires terminée par le Roi, page 20.

PRINCIPAUX des Colleges de non plein exercice, obéissent à l'ordonnance de MM. les Commissaires, en remettant des Mémoires instructifs sur l'état de leurs Colleges, page 16. Leurs places dans les Colleges de non plein exercice sont supprimées du jour de la sortie des Boursiers desdits Colleges. La somme fixée par le Bureau leur sera annuellement payée ; sous quelles conditions, page 54. *Voyez* PENSIONS. Ne devoient jouir, d'après les fondations, au plus que de deux Bourses, page 711.

PRIX accordés par le Bureau à ceux qui auront des prix ou même des *accessit* à l'Université, page 224. *Voyez* GRATIFICATIONS.

—*Leur dépense* pour le College de Louis-le-Grand fixée à 400 livres, en acquisition de livres aux armes du College, page 213. Leur distribution, la Chambre des Comptes doit y assister. *Voyez* CHAMBRE DES COMPTES.

—*du pain* & *de la viande* consommés dans le College de Louis-le-Grand en 1778, 1779 & 1780, page 258.

PROBATION. *Voyez* EPREUVES.

PROCÈS. Ne peuvent être intentés sans une Délibération expresse du Bureau, ils seront faits sous le nom du Grand-Maître & des Boursiers qu'ils concerneront, pages 53 & 84. Ceux concernant la propriété seront suivis par l'Archiviste, page 183. Ceux relatifs aux revenus, par le Caissier, page 194. Délibération à ce sujet, page 210.

PROFESSEURS. En cas de vacance, remplacés par le Principal, page 51. Leurs logemens, leurs honoraires ; somme qui leur est accordée lorsqu'ils quitteront, page 79. Ne peuvent être admis au Bureau tant qu'ils posséderont une Chaire, pages 96 & 720--724, ainsi que les *notes* 589, 590, 591 & 592. Sont nommés par le Principal, & doivent être choisis parmi les Aggrégés, page 100. Ne doivent s'occuper que de leurs classes, page 309. Sont logés dans le College de Louis-le-Grand, & doivent y occuper leurs logemens, & ce suivant l'ordre des classes, page 354.

PROMENADES (jours & heures des). Le lieu en sera indiqué par le Maître qui doit conduire. Regles prescrites à ce sujet, page 170.

S

à

à l'effet de rétablir dans le Bureau, le Principal & trois Notables, page 39. Sa nomination, page 523. Son décès, *idem*.

aux Créanciers des Jéfuites ; à quelle époque , & quelle déduction y aura-t-il à faire , page 519 ?

SORTIE *des Ecoliers en Ville*, très-rare. Permiſſions néceſſaires. Jours auxquels elles ne doivent pas être accordées. *Exeat* du Maître néceſſaire pour les obtenir. Seront les fortans accompagnés d'une perſonne connue. Heure où il faut être rentré , page 171.

—*du College* , des Maîtres, Bourſiers , Penſionnaires ; formalités preſcrites à ce ſujet , doivent avoir un billet du Bureau , ne peuvent l'obtenir qu'en cas qu'ils ne laiſſent point de dettes, & en juſtifiant qu'ils n'ont rien dégradé , page 196.

SOUMISSION des Correſpondans des Bourſiers, Modele de cet acte, page 91.

SOUS-MAÎTRES, mêmes regles, mêmes devoirs que les autres Maîtres ; le nombre en ſera fixé par le Bureau , ſont chargés de l'éducation des Ecoliers , de maintenir le bon ordre ; feront doux , honnêtes , ni trop d'auſtérité , ni trop d'indulgence , le moins poſſible de corrections humiliantes , doivent veiller au lever, au coucher, viſiter des livres , page 148 & ſuiv. *Voyez* MAÎTRES.

SOUS-PRINCIPAUX , Préſès & autres nommés par le Principal , page 101 ; leurs fonctions , leurs devoirs : feront Maîtres-ès-Arts, les Aggrégés , & fur-tout Bourſiers du College , auront la préférence , pourront être renvoyés par le Principal, le ſuppléeront, feront les premiers aux exercices , aſſiſteront aux Offices , veilleront au bon ordre , iront aux réfectoires , rendront compte au Principal, veilleront à l'exécution des Réglemens , pag. 144 & ſuiv. *Voyez* MAÎTRES.

SUBSTITUT de M. le Procureur Général , nommé par le Roi pour aſſiſter au Bureau , page 51 , rénommé en 1777 par M. le Procureur Général , *note* 34. *Voyez* SAINFRAY (M. de).

SUPÉRIEURS *majeurs* du College de LISIEUX , ſe prêtent avec peine à la tranſlation de leur College à Louis-le-Grand , page 15.

—*des Colleges* , leurs droits de nominations & autres conſervés , page 52. Modele des nominations aux Bourſes, auquel ils ſont aſtreints de ſe conformer, page 90. Obligés de nommer , dans un délai fixé , une perſonne domiciliée à Paris, pour les repréſenter & prendre place au Bureau , ſi le cas y échet, page 96 ; qui avoient d'abord le droit d'ouir des comptes , ne pouvoient conteſter les dépenſes ordonnées par le Bureau, ni déplacer les pieces y relatives, page 88 , & la *note* 86. Ce droit leur eſt ôté par les Lettres Patentes du premier Juillet 1769 , page 98 , ainſi que la *note* 93 ; ils doivent recevoir tous les ans l'état & ſituation des Colleges qui les concernent. Délibération priſe en conſéquence. Noms des Colleges & des Supérieurs majeurs , à qui ces états doivent être envoyés , page 98 , & la *note* 93.

SURETÉ. Bon ordre établi dans le College , crochets aux portes , corridors fermés , barreaux aux croiſées, aſſiduité recommandée aux Maîtres, Veilleurs établis, &c. page 136 & ſuiv.

SUSPENSION de Bourſes, ne peut être faite que pour payer les dettes des Colleges , page 72, & qu'en préſence du repréſentant du Supérieur Majeur, page 97. *Voyez* REPRÉSENTANT. Quant aux Bourſes ſuſpendues , *voyez* le nom de chaque College en particulier , & dans le Chapitre du College de LAON, page 305 , une ſuſpenſion de Bourſes faite avec les formalités preſcrites.

T

W

Fin de la Table des matieres.

TABLE

DES CHAPITRES

Contenus dans le préfent Recueil.

CHAPITRE

FAUTES A CORRIGER.

PAGE 5, *ligne* 6, Chirurgien, *lisez* Chirurgiens. *Même page, ligne* 18, chaque Chapitre, *lisez* chacun de ces Chapitres. *Même page, ligne* 21, d'article féparé, *lisez* d'articles feparés.

Page 6, *ligne* 2, Prefle, *lisez* Prefles. *Même page, ligne* 24, de Bonnaire, *lisez* Debonaire.

Page 10, *ligne* 1ère, un chef-lieu, *lisez* fon chef-lieu.

Page 12, *ligne* 16 *de la note*, de plein exercice, *lisez* de non plein exercice.

Page 15, *ligne* 10, de Lifieux & ceux de Beauvais; ainfi les Principal, *lisez* de Lifieux; & ceux de Beauvais ainfi que les Principal. *Même page, ligne* 14, fes, *lisez* ces.

Page 16, *ligne* 12, finiffez l'alinea après le mot fréquentent, & fupprimez le refle.

Page 17, *ligne* 21 *de la note*, dreffés, *lisez* dreffé.

Page 19, *ligne* 39, après le mot importante, *ajoutez* en. *Ligne* 40, *fupprimez* de l'accepter.

Page 21, *ligne* 7 *de la note*, fitué, *lisez* fitués.

Page 29, *ligne* 10, dérivent, *lisez* délivrent. *Ligne* 14, obtenues, *lisez* obtenue

Page 30, *ligne* 7, dequels, *lisez* defquelles. *Ligne* 14, après les mots qui ont, *ajoutez* une virgule.

Page 31, *ligne* 22, 1777, *lisez* 1771.

Page 33, *ligne* 13 *des notes*, Chupin, *lisez* Chuppin, & faites la même correction à chaque endroit où fe trouve la même faute, notamment pages 479 & 525.

Page 34, *ligne* 10 *de la note*, par le Tribunal, *lisez* par la Commiffion.

Page 35, *ligne* 3 *des notes*, il n'y a pas, *lisez* il n'y en a pas. *Même ligne*, celle, *lisez* celles.

Page 36, *ligne première de la note*, l'affemble, *lisez* l'affemblée. *Même page, ligne* 31, pouvoir, *lisez* capables de.

Page 37, *ligne* 23, convenables, *lisez* convenable.

Page 38, *ligne* 2 *des notes*, après furvivancier, *ajoutez* adjoint. *Même ligne*, Keroudon, *lisez* Keroudou.

Page 39, *ligne* 4, l'on revenoit, *lisez* l'on en revenoit.

Page 40, *ligne* 26 *de la note*, pour, *lisez* par. *Ligne* 37, quelques importantes, *lisez* quelqu'importantes.

Page 45, *ligne* 3 de la Délibération du 18 Juillet 1765, il faut une *virgule* après le mot coins.

Page 49, *ligne* 13, du Juin, *lisez* de Juin.

Page 56, *avant derniere ligne*, déterminé, *lisez* déterminés.

Page 59, *ligne* 11, confiérable, *lisez* confidérable.

Page 60, *ligne* 26, des Adminiftrations, *lisez* d'Adminiftration.

Page 69, *ligne* 14, Délibérations fignées, *lisez* Délibérations feront fignées.

Page 70, *ligne* 3 *des notes*, deux Notables, *lisez* d'un Notable.

Page 73, *ligne* 3 *des notes*, quatre états à chaque, *lisez* quatre états, un à chaque.

Page 79, *ligne premiere des notes*, & n'a pas été augmentée, *lisez* & eft fixée à la même fomme. *Ligne* 2, de ces penfions, *lisez* des penfions. *Ligne derniere*, Délibération, *lisez* Délibérations.

Page 80, *ligne* 9, acquis à l'émérite, *lisez* acquis l'émérite.

Page 82, *ligne première de l'addition marginale*, 1769, *lisez* 1764.

Page 90, *ligne* 18, 20 Août du préfent mois, *lisez* même jour.

Page 92, *ligne* 22, renvoyées, *lisez* envoyées. *Ligne* 35, Patences, *lisez* Patentes.

Page 104, *ligne* 3 *de la note*, Bourfiers, *lisez* Bourfes. *Ligne* 21, ou en la forme, *lisez* & en la forme.

Page 108, *ligne* 2 *des notes*, 45, *lifez* 46.

Page 110, *ligne* 4 *des notes*, de ces détails, *lifez* de connoître ces détails.

Page 112, *ligne* 14 *des notes*, du 15, *lifez* des 15.

Page 115, *ligne* 15, d'établiffement, *lifez* d'établiffements.

Page 117, *ligne* 20, accordé, *lifez* accordée.

Page 118, *ligne* 2 *des notes*, que le College, *lifez* pendant lequel le College.

Page 121, *ligne* 33, réuni, *lifez* réunis.

Page 128, *ligne* 2 *de l'addition marginale*, 1768, *lifez* 1766.

Page 132, *ligne* 3, établis, *lifez* établies.

Page 136, *ligne* 1ère de l'article VII, droits, *lifez* droit. *Ligne* 4 du même article, affiduités, *lifez* affiduité. *Même page*, *ligne derniere*, ayant, *lifez* aient.

Page 143, *ligne*, dans fes occafions, *lifez* dans ces occafions.

Page 163, *ligne* 21, à prendre, *lifez* à apprendre.

Page 165, *ligne* 20, & maintenir, *lifez* & pour maintenir.

Page 170, *ligne* 2 de l'article XII, & en fa préfence, *lifez* & hors de fa préfence.

Page 174, *ligne* 19, grande Meffe, *lifez* grand Meffe. *Faites la même correction à la ligne* 25 *de la même page, ainfi qu'aux lignes* 22 & 26 *de la page fuivante.*

Page 178, *ligne* 9, des mauvais, *lifez* de mauvais.

Page 182, *ligne* 2 du titre, *des fonctions d'Archivifte*, lifez *des fonctions de l'Archivifte*.

Page 187, *ligne* 21, dont il ne fortira, *lifez* il n'en fortira. *Ligne* 31, feroient, *lifez* feront.

Page 188, *ligne* 1ère, *fupprimez* & mangera avec l'Econome. *Même ligne*, d'appointement, *lifez* d'appointements. *Même page*, *ligne derniere de la note*, coureront, *lifez* courront.

Page 191, *ligne* 2 *du titre*, avant les mots *du Contrôleur*, ajoutez un &. *Même page*, *ligne* 4; le Réglement, *lifez* le préfent Réglement.

Page 201, *ligne* 10, qui pouvoit, *lifez* que l'on a cru pouvoir. *Ligne* 21, pour aux prix, *lifez* pour les prix. *Même page*, *ligne premiere des notes*, aucunes perfonnes, *lifez* aucune perfonne.

Page 204, *ligne* 8, fera dreffé, *lifez* fera adreffé. *Ligne* 25, confirmés, *lifez* confirmées. *Ligne* 26, ne feront pas, *lifez* ne feroient pas. *Ligne* 36, Décembre, *lifez* Octobre.

Page 206, *ligne* 14, Lecamus, *lifez* le Camus. *Ligne* 31, quarties, *lifez* quartiers.

Page 207, *ligne* 26, fcolaftiques, *lifez* fcolaftique.

Folio faux, 213, *lifez* 211. *Même page*, *ligne* 9, lefdits, *lifez* defdits.

Page 212, *ligne* 32, étant, *lifez* étoient.

Page 213, *ligne* 27, objet arrêté, *lifez* objet, a arrêté.

Page 214, *ligne* 12, délibération du College, *lifez* délibération du Bureau d'Adminiftration du College. *Ligne* 22, théfes & placards, *lifez* thèfes en placards.

Page 215, *ligne* 24, donné, *lifez* donnés.

Page 216, *lignes* 5 & 6, nouvelle demande, *lifez* nouvelles demandes

Page 217, *ligne* 30, voyant, *lifez* voient.

Page 219, *ligne derniere*, donné, *lifez* donnée.

Page 221, *ligne* 2, d'un tel College, *lifez* de tel College, *en italique*.

Page 222, *ligne* pour l'adminiftration, *lifez* pour l'admiffion. *Même page*, *ligne* 36, des Colleges, *lifez* du College.

Page 223, *ligne* 34, lefquels, *lifez* laquelle.

Page 224, *ligne* 3 du *nota*, 212, *lifez* 211.

Page 225, *ligne* 13, 1768, *lifez* 1778. *Ligne* 28, d'où il en réfulte, *lifez* d'où il réfulte.

Page 227, *ligne* 5, charcuterie, *lifez* chaircuterie.

Page 230, *cinquieme colonne*, *ligne* 8, *Curclu*, lifez *Curclu*.

Page 233, *cinquieme colonne*, *ligne* 7, *faites la même correction.*

Page 236, *ligne* 16, appartenantes, *lifez* appartenant. *Ligne* 23, *même correction.*

Page 238, *ligne* 14, Octebre, *lifez* Octobre.

Page 239, *ligne* 5, rentes vageres, *lifez* rentes viageres.

Page 240, *ligne* 2 *de la note*, échéante, *lifez* échéant. *Ligne* 6, *faites la même correction.*

Page 247, *ligne* 29, *fupprimez* 2000 liv.

Page 253, *ligne* 5, que par eux en donnant un reçu, *lifez* qu'en donnant par eux un reçu.

Page 255, *ligne* 30, que bordereau, *lifez* que le bordereau.

Page 261, *ligne* 10, coureront, *lifez* courront. *Ligne* 13, *faites la même correction.*

Page 265, *ligne* 2 de l'article V, pareill, *lifez* pareille.

Page 268, *ligne derniere*, que pa, *lisez* que par.

Page 270, *ligne* 15, menè, *lisez* menés.

Page 271, *ligne* 10, que le grand nombre, *lisez* que vu le grand nombre.

Page 272, *ligne* 7, ptochain, *lisez* prochain.

Page 285, *ligne* 2, de la réunion, *lisez* de réunion. *Ligne* 7, fixé par chaque, *lisez* fixé pour chaque.

Page 286, *derniere ligne*, d'état, *lisez* d'états.

Page 290, *ligne* 24, vivant, *lisez* vivants. *Ligne* 29, *après* Messes basses, à la place de la virgule, *mettez* un point & une virgule. *Ligne* 31, inutile, *lisez* utile.

Page 291, *ligne* 7, tournés, *lisez* tourné. *Ligne derniere du texte*, distribations, *lisez* distributions.

Page 297, *ligne* 2, nature, *lisez* métier. *Ligne* 9, ces, *lisez* leurs. *Ligne* 10, ce livre, *lisez* ces livres. *Ligne* 24, Lecaisse, *lisez* de Caisne.

Page 302, *ligne* 3, demeurantes, *lisez* demeurant.

Page 303, *ligne* 14, aucuns Pensionnaires, *lisez* aucun Pensionnaire.

Page 304, *ligne* 29, de Louis-le-Grand, *lisez* de Beauvais.

Page 305, *ligne* 11, aucuns Pensionnaires, *lisez* aucun Pensionnaire.

Page 307, *ligne* 3, aucuns septiemes, *lisez* de septieme.

Page 309, *ligne premiere des notes*, 1764, *lisez* 1774.

Page 311, *ligne* 23, suspendue, *lisez* suspendu.

Folio faux, 213, *lisez* 313.

Page 317, *ligne* 2 du texte, après le troisieme état, Obrienne, *lisez* Obrien. Faites la même correction *ligne* 3 de l'article IV de la page 555, *ligne derniere* du texte de la page 556, & *ligne* 23 de la page 559.

Page 321, *ligne derniere du texte*, par Délibération, *lisez* par la Délibération.

Page 322, *ligne* 13, Sa Majesté, *lisez* le feu Roi. *Ligne* 20, Bourses & de les créer ou de les suspendre, *lisez* Bourses, de les créer, de les suspendre. *Ligne* 31, qui les ont homologués, *lisez* qui ont homologué ces Délibérations.

Page 323, *ligne* 10, après le mot College, au lieu d'un ; *mettez* une , : *à la ligne* 12, *au même mot*, faites la même correction. *Ligne* 14, de ladite Délibération, *lisez* de la Délibération. *Ligne* 15, *supprimez* mais, & *même ligne mettez une virgule après* détails. *Ligne* 22, les 12, *lisez* le 12.

Page 324, *ligne* 17, revenus, *lisez* revenu.

Page 325, *ligne* 6, On finira cet avertissement par observer, *lisez* Enfin on observera.

Page 327, *ligne* 26, existantes, *lisez* existant. *Ligne* 32, croient, *lisez* croyoient.

Page 330, *ligne* 5, après les mots Saint-Waast, *faites alinea* LE BUREAU. *Même ligne*, après le mot arrêté, *mettez* des . . . .

Page 331, *ligne* 7, cès, *lisez* ses. *Ligne* 10, fixé, *lisez* fixées. *Ligne* 15, *mettez en caracteres italiques* les mots neuf mille livres.

Page 333, *ligne* 12, provisorie, *lisez* provisorerie. *Ligne* 15, après le mot arrêté, *ajoutez* . . . . . *Ligne* 17, aussi, *lisez* ainsi. *Ligne* 3 des notes, Professeur au, *lisez* Proviseur du.

Page 334, *ligne* 7, lesquels, *lisez* lesquelles. *Ligne* 11, déposée, *lisez* déposé.

Page 335, *ligne* 31, ardamment, *lisez* ardemment.

Page 336, *ligne* 7, de ses sujets, *lisez* de ces sujets. *Même page*, *ligne* 10, de leur part de contribuer, *lisez* de leur part contribuer.

Page 338, *à la fin de la note*, *ajoutez* pag. 343.

Page 339, *ligne* 4, délibéré, *lisez* délivré.

Page 341, *ligne* 13, après le mot faire, *supprimez* la virgule. *Ligne* 23, après Bartrand, ajouté d'Annonay.

Page 344, *ligne* 29, préposé, *lisez* proposé.

Page 346, *ligne* 12, cede, *lisez* cédé.

Page 348, *ligne* 3, & ils, *lisez* & qu'ils.

Page 349, *ligne* 24, courera, *lisez* courra. *Ligne* 28, lesquels, *lisez* lesquelles. *Ligne* 30, connoissant, *lisez* connoissants.

Folio faux, 348, *lisez* 350.

Page 351, après les mots ci-après, *ajoutez* (pag. 370).

Page 352, *ligne* 8, les Boursiers, *lisez* le Boursier. *Même ligne*, lesquels, *lisez* lequel. *Ligne* 10, être trois du, *lisez* être, trois des. *Ligne* 17, mais doit être, *lisez* mais il doit être.

Page 354, *ligne* 41, d'Embrie, *lisez* d'Emérite.

Page 355, *ligne* 11, Bourſe, *liſez* Bourſes.

Page 358 y *avant derniere ligne des notes*, 43 livres, *ôtez* livres.

Page 359, *ligne* 22, eſquels, *liſez* leſquels.

Page 360, *ligne* 28, *après le mot* Abbaye, *mettez deux points au lieu de la virgule. Ligne* 31, du 21, *liſez* des 21. *Ligne* 4 *des notes*, leſdits Officiers, *liſez* les Officiers.

Page 362, *ligne* 5, tèls des droits, *liſez* tels droits. *Ligne* 11, le Prieur, *liſez* les Prieur.

Page 363, *ligne* 4, Biſſeuil, *liſez* Biſſeuil. *Ligne* 35, les dix-huit Bourſiers, *liſez* leſdites dix-huit Bourſes.

Page 367, maiſon du Grainetier, *liſez* maiſon du Gris-vêtu.

Page 371, *ligne* 22, Fourrebour, *liſez* Ferrebour.

Page 375, *ligne* 6, ſieur le Grand-Maître, *liſez* ſieur Grand-Maître. *Ligne* 2 *de la note*, touche, *liſez* touchent. *Ligne* 5 *de la même note*, chacun, *liſez* chacune.

Page 376, *ligne* 3, les noms, *liſez* ſes noms. *Ligne* 6, inſcrit, *liſez* inſcrits. *Ligne* 29, gravé, *liſez* gravées.

Page 377, *ligne* 25, fondé, *liſez* fondés.

Page 378, *ligne* 8, *après le mot* circonvoiſins, *ôtez la virgule*, & *mettez un point* & *virgule. Ligne derniere*, Février, *liſez* Janvier.

Page 379, *ligne* 18, il y fut, *liſez* il fut. *Ligne* 27, quelqu'il, *liſez* quelsqu'ils. *Ligne* 36, tous ces biens, *liſez* tous ſes biens. *Ligne derniere*, Perrot, au ſieur, *liſez* Perrot, & au ſieur

Page 381, *ligne* 20, Examinateur, *liſez* Examinateurs.

Page 382, *ligne premiere de la note*, faite pour des, *liſez* faite pour les.

Page 383, *ligne* 23, trois groſſes ou expédition, *liſez* ſix groſſes ou expéditions.

Page 386, *ligne* 16, provenantes, *liſez* provenant

Page 389, *ligne* 12, 1780, *liſez* 1680. *Ligne* 29, audit Chévillard, *liſez* audit ſieur Chevillard.

Page 391, *ligne* 20, d'éviter, *liſez* éviter. *Ligne* 26, prête à être, *liſez* près d'être.

Page 393, *ligne* 11, Bourſiers étant actuellement, *liſez* Bourſiers actuellement. *Ligne* 32, confirmées, *liſez* confirmée

Page 396, *ligne derniere*, reconſtruction, *liſez* reconſtructions.

Page 399, *ligne* 24, Wiſſou, *liſez* Wiſſous.

Page 400, *ligne* 5, couſtruit, *liſez* conſtruit. *Ligne* 25, la déclarer, *liſez* la faire déclarer.

Page 401, *ligne* 13, *après le mot* Patentes, *au lieu du point* & *virgule*, *ne mettez qu'une virgule*.

Page 402, *ligne* 15, Recteurs, anciens Recteurs, *liſez* Recteur & anciens Recteurs. *Ligne* 24, Recteurs, *liſez* Recteur, & *avant derniere ligne*, valable, *liſez* valables.

Page 404, *Ligne* 3 *de la note*, Conſin, *liſez* Couſin.

Page 405, *ligne* 10, termes qui ſeroient convenus, *liſez* termes convenus.

Page 406, *ligne premiere*, adreſſantes, *liſez* adreſſées. *Lignes* 8 & 9, repréſenta, *liſez* communiqua, *Ligne* 3 *des notes*, retournez la parenthèſe.

Page 407, *ligne* 26, que le Supérieur, *liſez* que les Supérieur.

Page 408, *ligne* 28, ſuppleent, *liſez* ſupplient.

Page 415, *ligne* 6 *de la note*, du Boulley, *liſez* du Boullai. *Ligne* 7, Chapitre, *liſez* Chapelle.

Page 416, *ligne* 9 *de la note*, quel peu, *liſez* combien peu.

Page 423, *ligne* 11, chargés, *liſez* chargé.

Page 424, *ligne* 2, leurs conſentemens, *liſez* leur conſentement. *Ligne* 28, les *liſez* ces. *Ligne* 29, les empêcher, *liſez* les ont empêchés. *Ligne* 37, expédiées, *liſez* expédié.

Page 425, *ligne* 4, oſés, *liſez* oſé.

Page 427, *avant derniere ligne*, effacez à propos.

Page 429, *ligne* 38, n'exiſta, *liſez* n'exiſtât.

Page 431, *ligne* 3, Séminaire du Collège, *liſez* Séminaire établi dans le Collège. *Ligne* 10, menue néceſſité, *liſez* menues néceſſités.

Page 432, *ligne* 10, payés, *liſez* payées.

Page 435, *ligne* 10, ordonnés, *liſez* ordonné.

Page 436, *ligne* 3, d'Oſſonne, *liſez* d'Auſſonne.

Page 438, *ligne* 3 *de l'article* III, *après* Chapitre & *avant la virgule*, *ajoutez* Cathédrale de chacune de ces deux villes.

Page 440, *ligne* 4, Nointel, *liſez* Noyentel. *Ligne* 8, *faites la même correction. Ligne* 11, Biellis, *liſez* Bullis.

Page 442, *ligne* 2 *de la note*, anciennes, *liſez* artiennes. *Ligne* 3, 1780, *liſez* 1770. *Ligne* 15,

Celle du premier, *lifez* Celle de M. Del'Averdy du 26 Août 1768 inféré dans la Délibération du premier.

Page 443, *ligne* 16, ordonne, *lifez* ordonnent.

Page 444, *ligne* 10, *après le mot* Cour, *mettez un* point & virgule *au lieu de la* virgule. *Ligne* 11, *après le même mot*, *ne mettez qu'une* virgule. *Ligne* 25, ne peut, *lifez* n'en peut.

Page 447, *ligne* 23, natif, *lifez* natifs.

Page 448, *ligne* 25, *Bullys*, lifez *Bullis*. *Ligne* 25, *Noyentelle*, lifez *Noyentel*.

Page 453, *ligne* 7, Rienville, *lifez* Rieuville. *Ligne* 9, Vigoureux, *lifez* le Vigoureux. *Ligne* 10, Lixiard, *lifez* Lifiard. *Ligne* 3 *des notes*, du 1er Décembre, *lifez* du 2 Décembre.

Page 454, *ligne* 28 *de la note*, le premier Bourfier, *lifez* la premiere Bourfe. *Ligne* 29, affecté, *lifez* affectée.

Page 458, *ligne* 20 *des notes*, à la réunion, *lifez* de la réunion. *Ligne* 27, ces Bourfiers, *lifez* fes Bourfiers. *Même ligne*, feul & celui, *lifez* feul, ainfi que celui. *Ligne* 28, fiffent, *lifez* fit.

Page 460, *ligne premiere*, foient encore en moindre, *lifez* foient en moindre.

Page 463, *ligne* 2 *de la note*, qui a, *lifez* qu'il a.

Page 464, *ligne* 10, réduit, *lifez* réduits. *Ligne* 14, *Curclu*, lifez *Curelu*, ainfi qu'à la *ligne* 3 de la page 467.

Page 465, *ligne* 37 *de la note*, fujet du Diocèfe, *lifez* fujet de la ville d'Aurillac au Diocèfe.

Page 466, *ligne* 4, de l'Eglife, *lifez* des Eglifes.

Page 468, *ligne* 35, diftribué, *lifez* diftribuée.

Page 470, *ligne* 19, les réunions, *lifez* la réunion.

Page 473, *ligne* 5, foit plufieurs, *lifez* foit par plufieurs.

Page 474, *ligne* 6, pour, *lifez* par. *Ligne* 20, *après le mot* titres, *mettez* deux points *au lieu de la* virgule. *Même ligne*, ce, *lifez* le.

Page 476, *ligne* 17, *après le mot* pardevant, *fupprimez* la virgule. *Ligne* 3 *des notes*, dans quelques piéces au nombre de cinq, *lifez* dans cinq piéces.

Page 481, *ligne* 23, 1781, *lifez* 1731.

Page 482, *ligne* 2, figné, lifez, *fignés*.

Page 485, *ligne* 4, *de la note*, Demiffy, *lifez* de Miffy. *Ligne* 21, Confel du 17 Juillet 1767, *lifez* Confeil du 19 Juillet 1768.

Page 488, *ligne* 19, de la même maniere, *lifez* de la maniere.

Page 490, *ligne* 17, il en ait été, *lifez* il ait été. *Ligne derniere du texte*, droit du Chapitre, *lifez* droit qu'a le Chapitre.

Page 492, *ligne* 21, feroit tranfcrite, *lifez* feroient tranfcrites.

Page 494, *ligne* 8, des cinq, *lifez* de cinq.

Page 495, *ligne premiere*, & feulement, *lifez* & eft feulement. *Ligne* 3, de la, *lifez* de les.

Page 496, *ligne* 36, Rouffelot, lifez Rouffelet.

Page 497, *ligne* 5, Nouveau-le-Vineux, *lifez* Nouvian-le-Vineux.

Page 498, *ligne* 27, *Vandeuil*, lifez *Vendeuil*. Faites la même correction page 500, ligne 22, & 501, ligne 11.

Page 499, *ligne* 14, diftribuer à un, *lifez* diftribuer le revenu à un.

Page 500, *ligne* 24, de fondations, *lifez* des fondations. *Ligne* 28, qu'elles viendront, *lifez* qu'elles deviendront. *Ligne* 32, Rouffelot, *lifez* Rouffelet.

Page 503, *lignes* 7 & 8, Bénéfices, *lifez* Bourfiers.

Page 505, *ligne* 33, le 10, *lifez* le 6.

Page 506, *ligne* 32, Barthoul, *lifez* Berthoul. Faites la même correction page 508, ligne 7.

Page 507, *ligne* 18, *après le mot* parens, *ajoutez* une virgule. *Ligne* 24, lefdites, *lifez* les.

Page 509, *ligne* 34, Bourfe de Motel, *lifez* Bourfe. Motel.

Page 512, *ligne* 6, qu'il en feroit, *lifez* qu'il feroit. *Ligne* 11, mais les, *lifez* mais que les.

Page 514, *ligne* 2, Bourfiers, *lifez* Bourfes. *Ligne* 10, *Braquets*, lifez *Braquet*. *Lignes* 18 & 19, au feu Roi, & à fes Miniftres, que ce College appartenoit au Roi, *lifez* aux Miniftres, & même au feu Roi que ce College lui appartenoit.

Page 515, *ligne* 20, Coylevox, lifez Coyzevox. *Ligne* 22, de leurs peres, *lifez* des peres. *Ligne* 24, étoit d'un côté fermé, *lifez* étoit fermé d'un côté. *Ligne* 26, *fupprimez* de ce bufte &.

Page 516, *ligne* 3, Pour, en conféquence, *lifez* En conféquence, pour. *Ligne* 9, bornera, *lifez* contentera. *Ligne* 9 & 10, entraînés, *lifez* entraînées. *Ligne* 4 *des notes*, des Maîtres, *lifez* du Maître. *Ligne* 9, *après le mot* conféquence, *ajoutez* une virgule.

Page 517, *ligne* 7, l'a décidé à, *lisez* a décidé de. *Ligne premiere des notes*, plus de, *lisez* plus de la.
Page 419, *ligne* 12, pour, *lisez* par. *Ligne* 13, ne doit perdre, *lisez* ne doit pas perdre. *Ligne* 24, de prolonger, *lisez* à prolonger. *Ligne* 25, comme i, *lisez* comme il.
Page 521, *ligne* 22, après le mot augmenté, *ajoutez* jusques à la somme de.
Page 522, *ligne premiere de la note*, le précis, *lisez* le montant. *Ligne* 2, du nombre, *lisez* le nombre.
Page 523, *ligne* 5 des notes, Berthier, *lisez* Bertier. Ligne 6, de Bonnaire, *lisez* Debonnaire.
Page 524, *ligne* 4, Débonnaire de Forge, *lisez* Débonnaire de Forges. Ligne 5, Déforges, *lisez* de Forges. Ligne 11 & 22, *mettez* Clerc en *caractere italique*. Ligne 12, Michel, *lisez* Gabriel. *Ligne* 22, *mettez* Clerc en *caractere italique*.
Page 525, *ligne* 3, *supprimez* & non remplacé avant la révolution de 1771. *Lignes* 8 & 9, en Novembre, *lisez* le 11 Décembre.
Page 526, *ligne* 18, assujettissent, *lisez* assujettit. *Ligne* 24, exclus, *lisez* exclu. *Ligne* 7 des notes, Grands-Maîtres temporel & du Principal, *lisez* Grand-Maître temporel & Principal.
Page 527, *ligne* 5, 1780, *lisez* 1770.
Page 530, *ligne* 4, destinée, *lisez* destinée. Ligne 17, *ajoutez* du 7 Février 1765.
Page 532, *ligne* 11, jours la, *lisez* jours de la. *Ligne* 14, Toussaints, *lisez* Toussaint.
Page 533, *ligne* 31, paroit, *lisez* paroissoit.
Page 534, *ligne* 2, de dépenses, *lisez* des dépenses. Ligne 23, proposés, *lisez* proposées.
Page 536, *ligne* 34, dereleges, *lisez* de re leges.
Page 542, *premiere ligne du titre*, Article I, *lisez* Article II. *Ligne* 29, portée, *lisez* porté. *Ligne* 37, requierent, *lisez* requerent.
Page 543, *ligne* 6, attribués, *lisez* attribuées.
Page 545, *ligne* 1ère, du Bibliothécaire, *lisez* des Bibliothécaire.
Page 552, *ligne* 17, Masin, Joseph, *lisez* Marin-Joseph. Ligne 22, *faites la même correction*.
Page 556, *ligne* 29, l'Unerick, *lisez* l'Ymerick. Même correction dans la premiere ligne de la page suivante.
Page 557, *ligne* 1ère, Kellaloë, *lisez* Killaloë. Même correction ligne 24 de la page 559. *Ligne* 35, plus des, *lisez* plus de.
Page 559, *ligne* 9, lequel, *lisez* lesquels. *Ligne* 27, auront le droit, *lisez* auront droit.
Page 560, *ligne* 8, l'instant lesdits, *lisez* l'instant par lesdits.
Page 561, *ligne* 4, libre, *lisez* libres.
Page 562, *ligne* 10, Janvier, *lisez* Février. Ligne 12, celle, *lisez* celles.
Page 563, *ligne* 8, n'a, *lisez* n'ont. Ligne 15 des notes, toutes autres, *lisez* toutes les autres.
Page 569, *ligne* 22, par Lettres les Patentes, *lisez* par les Lettres Patentes.
Page 570, *ligne derniere du texte*, Métaphysique & Morale, *lisez* la Métaphysique & la Morale.
Page 572, *ligne* 7, prendront, *lisez* perdront.
Page 574, *ligne* 4, & établir, *lisez* & à établir.
Page 575, *ligne* 2, donné, *lisez* donnée.
Page 579, *ligne* 13, Gressy, *lisez* Grossy. Ligne 29, &, *lisez* ce.
Page 580, *ligne* 3, ceux, *lisez* eux.
Page 588, *ligne* 28, Revesches, *lisez* Revesche. Faites la même correction ligne 8 de la page suivante.
Page 589, *ligne* 14, & de faire, *lisez* & faire.
Page 598, *ligne* 5 de la note, au moins, *lisez* au moyen.
Page 606, *ligne* 22, de Halles, *lisez* d'Hallot. Ligne 23, Voraville, *lisez* Varaville. Même correction lignes 5 & 6 de la page 609.
Page 607, *ligne* 24, Délibération, *lisez* Déclaration.
Page 609, *ligne* 17, Délibération du College, *lisez* Délibération du Bureau d'Administration du College.
Page 616, *ligne* 11, de faire, *lisez* à faire. Ligne 33, 1554, *lisez* 1584. Même correction ligne 28 de la page suivante.
Page 619, *ligne* 20, 1770, *lisez* 1769. Ligne 24, *mettez* les mots il est vrai *entre deux virgules*.
Page 620, *ligne* 22, après le mot, Etudians, *ne mettre qu'une* virgule.
Page 623, *ligne* 10, *mettre des points après le mot* lettres.
Page 627, *ligne* 2 du titre, PRESLE, *lisez* PRESLES, Faites la même correction au titre des pages 629 & 631.

Page 628, *ligne* 1ere *du titre*, *1765*, lifez *1764*. Ligne 8, *après le mot* date, *ôtez le point* & *ne laiffer que la virgule.*

Page 629, *ligne* 23, & aux, *lifez* ainfi qu'aux.

Page 632, *au mot* Rheims *ainfi qu'aux pages fuivantes où ce nom fe trouve*, fupprimez *l'*h.

Page 633, *ligne* 7, 1649, *lifez* 1645. *Ligne* 26, Perrault, *lifez* Perreau.

Page 638, *ligne* 7 *de la note*, *remplir le blanc qui s'y trouve par le mot* été.

Page 640, *ligne premiere de la note*, mais a été fupprimée, *lifez* qui a été fupprimé.

Page 641, *ligne derniere de la note*, Février 1778, ci-deffus, *lifez* Janvier 1778, ci-deffus, *note* 529.

Page 642, *ligne* 11, conforme à la Délibération ci-deffus, laquelle tranfaction a été, *lifez* une tranfaction conforme à la Délibération ci-deffus, laquelle a été.

Page 644, *ligne* 2, à le mettre, *lifez* à les mettre.

Page 645, *ligne* 2, *de Droit François*, lifez *la Faculté de Droit François*. Ligne 8, *Paroiffe Saint*, lifez *Paroiffe de Saint*.

Page 646, *ligne* 27, Sujets de mêmes, *lifez* Sujets des mêmes.

Page 647, *ligne* 14, *fupprimez depuis le mot* confiftant *jufqu'au mot* Chapelle *de la* 16e *ligne*, & *lifez* dudit College eftimés par gens, &c.

Page 648, *ligne* 38, Paris, *lifez* Poiffy.

Page 629, *ligne* 4, Bourcey, *lifez* Lourcey.

Page 651, *ligne* 11, 7 Avril 1651, *lifez* 27 Avril 1558. *Ligne* 13, ont fait, *lifez* ont faite.

Page 654, *ligne* 27, réfervé, *lifez* réfervée.

Page 656, *dans le titre*, *au lieu de* Chapitre XIV, *mettez* Chapitre XXIV. *Ligne* 15, M. le Rat, *lifez* M. Rat.

Page 660, *ligne* 25, *après les mots* Louis-le-Grand, *au lieu du point* & virgule, *ne mettez qu'une* virgule.

Page 661, *lignes* 5 & 6, vacante, *lifez* vacantes. *Ligne* 19, le repréfentant, *lifez* les repréfentans.

Page 665, *ligne premiere*, du Diocèfe, *lifez* de l'Archidiaconné.

Page 669, *ligne* 13, Août 1781, *lifez* Octobre 1780.

Page 671, *ligne* 6, conftitution, *lifez* conftruction. *Ligne* 22 *de la note*, auroit, *lifez* on auroit.

Folio faux, 573, *lifez* 673.

Page 674, *ligne* 7, qui a été, *lifez* qui ont été. *Ligne* 8, portées, *lifez* portées.

Page 675, *ligne* 12, Fondation, que, *lifez* Fondation. Que. *Ligne* 15, quelque, *lifez* quelques, *Ligne* 20, *après le mot* divifion, *mettez une virgule au lieu du* point & virgule.

Page 676, *ligne* 16, pour Fondation, *lifez* pour la Fondation.

Page 681, *ligne* 18, enrichis, *lifez* enrichi.

Page 692, *à la fin de la page*, *fupprimez* la réclame pour la feuille fuivante.

Page 695, *ligne derniere*, congés, *lifez* congé.

Page 711, *ligne* 4, 191, *lifez* 291. *Ligne* 8, mais qu'aucun, *lifez* mais qu'il n'y en avoit aucuns qui. *Ligne* 9, *fupprimez* même. Dans la même ligne, n'avoient, *lifez* euffent.

Page 719, *ligne* 4 *des additions au College de Laon*, HARBES, *lifez* GARBES.

Page 758, *ligne* 23, JURISTES, MÉDECINS, *lifez* JURISTES, MAÎTRES, MÉDECINS.

Page 777, *ligne* 12, *ajoutez* à la fin de l article des *Maîtres particuliers*, combien y en avoit-il en 1780 qui fuffent Bourfiers, page 312.

Fin de l'Errata.

www.ingramcontent.com/pod-product-compliance
Lightning Source LLC
Chambersburg PA
CBHW060538280326
41932CB00011B/1335